■ 主 编 　王胜三　陈德正

一带一路名城志

丝绸之路经济带南线国家卷

加强地名文化建设　服务国家重大战略

（丛书序言）

民政部副部长　宫蒲光

　　文化是一种精神、一种信念，是民族的血脉，是人民的精神家园。当今世界，文化在综合国力竞争中的地位和作用日趋凸显，增强中华文化国际影响力的要求更加紧迫。党的十八大提出了建设社会主义文化强国的战略目标，强调要推动社会主义文化大发展、大繁荣。党的十八届三中全会强调，要坚持中国特色社会主义文化发展道路，培育和践行社会主义核心价值观。习近平总书记高度重视中华传统文化，在中央城镇化工作会议、中央政治局集体学习以及在调研时多次强调，要保护好历史文化遗产，传承历史文脉。李克强总理在2015年的政府工作报告中专门强调要"保护和传承历史、地域文化"，这些充分体现了文化在国家"五位一体"总体布局中的重要位置。

　　地名是传统文化的见证和载体。地名记录着人类的历史、民族的融合、环境的变化、社会的发展。地名文化内涵丰富，源远流长，既是国家的重要历史遗产，也是五千年中华文脉不可或缺的组成部分，在社会主义文化建设中具有重要地位和作用。在新形势下，加强地名文化建设，既是促进社会主义文化大繁荣、发展社会主义先进文化的重要举措，也是传承和弘扬中华文化、增强国家文化软实力、提高国民对中华文化认同感和自豪感的重要途径。

　　当前，在党中央、国务院的高度重视下，地名文化工作迎来了繁荣

发展的美好春天。地名文化建设是一项基础性、长远性的文化工作，要始终坚持"三项原则"：一要坚持保护传承与创新发展并重。保护传承与创新发展相辅相成，不可偏废，要坚持继承传统与创新发展的有机统一，在继承中创新，在创新中发展。既要在推进地名标准化的过程中做好地名文化遗产保护工作，坚持"地名要保持相对稳定"的原则，慎重更名；又要通过有效措施，深入挖掘符合时代发展要求的文化内容，提高新生地名的文化含量和文化品位，保证中国特色地名文化健康发展。二要坚持社会效益与经济效益双赢。地名文化事业具有很强的公益性，发展地名文化要把社会效益放在首位，特别是对有偿命名问题，要慎重对待，坚守健康文化和社会效益底线，确保地名文化的传承和发展。同时又要适应社会主义市场经济要求，大力发展地名文化产业，努力做到社会效益和经济效益双丰收。三要坚持理论研究与工作实践兼顾。当前，我们正在按照国务院要求开展第二次全国地名普查。各地要抓住普查之机，认真开展地名文化资源调查、挖掘、整理和研究工作，运用多种方式，宣传弘扬好地名文化，真正使地名文化建设接地气、聚人气、见实效；要及时总结地名文化建设实践经验，深入探索地名文化建设规律，充分发挥专家、学者的作用，专题研究地名文化出现的新情况、新问题，为地名文化发展提供理论支撑。

地名文化建设是地名工作的重要组成部分，要紧紧围绕中心、服务大局，重点抓好"三个关键"：一要抓好地名文化服务工作。文化是地名工作的灵魂，服务是地名工作的目的。地名文化建设要紧密围绕国家中心工作和重点任务，积极开展工作，主动作为。要积极研究丝绸之路沿途地名文化，强化丝绸之路地名考证、认定和发布工作；要围绕抗日战争胜利纪念日开展红色地名研究、认定等工作。逐步形成百花齐放的良好局面，共同挖掘、传承地名文化，为国家重大战略实施和经济社会发展服好务。二要抓好地名文化遗产保护工作。历史地名往往有着非常厚重的文化积淀，承载着优秀的文化基因。要按照中央提出的"望得见山、看得见水、记得住乡愁"的要求，按照习近平总书

记关于解决"热衷于起洋地名、乱改历史地名"问题的重要指示，进一步做好"乡愁"这篇地名文化建设文章，深入开展"大洋古怪重"等地名乱象整治，构筑《地名文化遗产重点保护名录》制度，建立地名文化遗产数据库，健全地名文化评价标准体系，深入推进"千年古县"等地名文化遗产认定工作，使地名文化遗产得到分类、分级和分层保护。三要抓好地名文化发展平台建设。要进一步密切与中央主流媒体合作，着力搭建地名文化发展平台。要积极发挥高等院校、科研机构、社会组织等在推动地名文化建设方面的作用，形成社会各界关心、支持地名文化建设的良好氛围。

近年来，民政部将地名文化放在重要位置，开展了"千年古县"等地名文化遗产认定工作，在编撰图录典志、出版影视媒介等方面积极实践，深入探索，取得了可喜成绩。最近，为进一步推进"一带一路"地名文化建设，隆重纪念中国人民抗日战争胜利暨世界反法西斯战争胜利70周年，地名研究所精心编辑了"一带一路"地名文化系列丛书和红色地名文化系列丛书，这批书籍的出版既是近年来地名研究所科研成果的展示，也是普及地名文化知识、了解地名文化历史和"一带一路"战略的一个窗口。我相信，这批书籍的出版对于弘扬地名文化，加强对党和国家重要战略决策的理解将起到见微知著的促进作用。

出版说明

2013年9月和10月，习近平总书记在访问中亚和东南亚国家期间，先后提出建设"丝绸之路经济带"和"21世纪海上丝绸之路"（简称"一带一路"）的战略构想。2015年3月，经国家授权，国家发展和改革委员会、外交部和商务部联合发布《推动共建丝绸之路经济带和21世纪海上丝绸之路的愿景与行动》，提出"一带一路"建设是一项系统工程，要坚持共商、共建、共享原则，积极推进沿线国家发展战略的相互对接。"一带一路"战略致力于加强亚欧非大陆与相关海域的互联互通，建立和加强沿线各国的互联互通伙伴关系，构建全方位、多层次、复合型的互联互通网络，实现沿线各国多元、自主、平衡、可持续的发展。共建"一带一路"符合当今世界经济全球化、政治多极化和文化多样化的趋势，是当代中国提升国际影响力、提升人民福祉的重大战略举措。

民政部、文化部、住房和城乡建设部、工业和信息化部等多个部门提出《"一带一路"文化遗产保护与传承重点专项动议》。为响应贯彻国家"一带一路"战略，做好"一带一路"沿线文化遗产保护工作，促进文化交流，民政部组织力量编撰"一带一路"地名文化系列丛书，旨在服务于国家的"一带一路"战略，普及"一带一路"沿线著名国家和城市的相关知识，以促进社会对"一带一路"战略的认知和"一

带一路"沿线著名城市的了解。《一带一路名城志》是本丛书继《一带一路列国志》之后的又一成果，全书共分为5册，所涉城市分别属于丝绸之路经济带北线国家、丝绸之路经济带中线国家、丝绸之路经济带南线国家、21世纪海上丝绸之路西线国家和21世纪海上丝绸之路南线国家。在具体介绍每一个城市时，首先以地名学研究为切入点，说明该城市的地名由来及其演变过程；然后从区位、历史、地理、经济、文化和旅游等6个方面进行全方位的展现。

王胜三、陈德正、宋久成、张清华设计制作本套丛书的整体架构和每一个城市条目的内容格式，陈德正组织协调编撰人员及进度。本书所涉著名城市共有41个，属于丝绸之路经济带南线的11个国家，分别为越南、老挝、柬埔寨、泰国、缅甸、孟加拉国、不丹、尼泊尔、印度、巴基斯坦和斯里兰卡。具体编撰分工如下（按作者姓氏拼音排序）：宋立杰负责老挝、柬埔寨、缅甸、孟加拉国、巴基斯坦等国家的所有城市以及越南、泰国、斯里兰卡的大部分城市；尹璐瑶负责越南、泰国和斯里兰卡的部分城市；张杰负责不丹、尼泊尔、印度等国家的所有城市。高宁参与了文字整理工作。由吴坚对本书所有条目进行逐一修改、整理，并与宋立杰共同完成统稿工作。

在本书编著过程中，我们参考了相关的政策文件、地图资料以及文字资料，力求内容准确和数据严谨。同时，"一带一路"战略在不断发展，沿线所涉及国家及相关数据也处在变动中，我们将根据情况适时调整修订。虽然我们已尽全力，但是书中难免出现错误和疏漏，还请广大读者不吝指正。希望本书的出版，能够为"一带一路"战略的宣传和实施，尽一份绵薄之力。

目　录

越 南

越南（Vietnam），意为"（中国）百越之南"，全称为越南社会主义共和国。越南位于中南半岛的东部，北与中国接壤，西与老挝、柬埔寨交界，东、南两面紧临南海。国土总面积为 33.27 万平方千米，人口数量为 9444.42 万[①]（2016 年）。全国共分为 58 个省和 5 个直辖市，主要城市包括河内（Hanoi）、胡志明市（Ho Chi Minh City）、海防（Hai Phong）、岘港（Da Nang）、芽庄（Nha Trang）等。

河 内

地名由来

河内，英文拼写为 Hanoi，城市的名字来源于它所处的地理位置。在越南语中，Ha 意为"河流"，Noi 意为"内部"，因此 Hanoi 具有"河流之内"或"为

---

① http://worldpopulationreview.com/countries，查阅日期：2016年4月20日。

河流环绕"的意义。由于城市位于红河①下游右岸，且被红河所环绕，因此阮朝的第二代君主明命帝（Minh Mang，1791—1841年）于1831年将其改名为Hanoi。

区位

河内地处越南北部，位于红河三角洲的西北部、红河与墩河（Song Duong）的交汇处，北临太原省，东连北江省、北宁省，东南与兴安省、河南省相接，西南与和平省相邻，西北与富寿省、永福省接壤。城区总面积为3329平方千米，是越南的首都、直辖市和北方最大的城市，也是全国的政治、经济、交通与文化中心。

历史

早在公元前3000年，河内一带就有人居住。秦汉时期，中国朝廷在越南北部设立郡县，河内自此以后长期处于中国的直接管辖之下，一直持续到公元10世纪。

东汉光武帝时，河内一带属交趾郡管辖。公元40年，出身军事家庭的征侧（Trung Trac）和其妹妹征贰（Trung Nhi）一起，举行反抗东汉王朝的起义，公元43年，马援击败征王军队，征氏姐妹战死。从此，征氏姐妹被视为国家的巾帼英雄，在越南各地建有大量的祠堂和庙宇。许多地方也以她们的名字命名，现今河内市的一个郡就被命名为二征夫人郡。

公元679年，唐朝在越南北部设立安南都护府，管辖12个州，治所在宋平（Tong Binh，即今河内），史称安南②。当时，安南人和中国内地人一样，

---

① 红河（Song Hong或Red River），发源于中国云南省中部，为中国、越南跨境水系，是越南北部地区的最大河流，故有"母亲河"之称。由于流域多红色沙页岩地层，水呈红色，故称红河。红河呈西北—东南流向，全长1280千米，其中越南境内长508千米，流域面积75700平方千米。

② 在越南古代历史中，有北越、南越两个不同的国家长期并存。北越称为安南国，南越称为占城国（192—1832年）。1471年，占城国都被安南国的后黎朝（1428—1789年）攻陷，国力大大削弱，苟延残喘。1832年，占城国为安南国的阮朝（1802—1945年）所灭。

可以入京考试，可以做官。安南如果受到外族入侵，唐朝派兵保护。

公元863年，安南十二州被南诏国（Nanshao Kingdom，公元738—902年）占领，唐朝撤销安南都护府建制。公元866年，唐朝派大将高骈南征，大破南诏军，随后在安南设立静海军，命高骈为节度使。为了抵御南诏的进攻，高骈下令修筑大罗城（Dai La，即今河内）。

10世纪时，中国进入五代十国时期，安南利用中国的四分五裂局面，逐渐摆脱了中国的直接控制，不过仍为中国的藩属国。

1010年，安南李朝的开国君主李公蕴（Ly Cong Uan，974—1028年）将国都从今宁平省的华闾（Hoa Lu）迁到大罗城，并在城中修筑了许多宫殿、楼台和庙宇。城区分为内城和外城，内城为禁城、皇城和京城所在地。禁城是皇帝、后妃及其子孙、侍从的住地；皇城在禁城之外，为皇帝和朝臣的办事场所；京城环绕皇城，是街坊、集市和居民区。相传，李公蕴有次在城内乘船游玩时，突见一条金龙从红河飞腾升天，他认为这是吉兆和天意，遂将大罗城改名为升龙（Thang Long）。

在其后近八百年的时间里，升龙先后成为李朝、陈朝、后黎朝等许多封建王朝的都城，一直是安南的政治、经济和文化中心。时至今日，这里仍然保存了大量的历史文物和名胜古迹，因此享有"千年文物之地"的美称。

1802年，阮福映（Nguyen Phuc Anh，1762—1820年）在法国的帮助下建立阮朝，定都顺化，而升龙则成为阮朝的陪都。次年，阮福映遣使宗主国中国，请求改国号为南越，嘉庆皇帝下赐国号越南，这就是越南国名的由来。1831年，明命帝阮福晈将陪都之名改为河内。

19世纪中叶以后，法国开始侵略蚕食越南，与宗主国清朝发生了多次战争，驻扎在中越边境的刘永福黑旗军曾在河内一带给予法军沉痛的打击。1885年，中法战争结束，清政府与法国签订《中法新约》，放弃了对越南的宗主权，越南则沦为法国殖民地。1887年，法属印度支那联邦正式成立，总督驻扎于西贡（Saigon，今胡志明市），对越南、老挝、柬埔寨进行殖民统治；1902年，总督驻地迁往河内。法国人到来之后，拆除了部分皇宫建筑和古老寺庙，盖起了新式样的欧洲风格居住区，城市面貌发生了很大程度的变化。

第二次世界大战期间，河内被日本占领。1945 年 8 月，日本被逐出越南，阮朝末代皇帝阮福晪（Nguyen Phuc Thien，1913—1997 年）亦宣布退位。9 月 2 日，越南共产党的领导人胡志明 [①] 在河内的巴亭广场发表《独立宣言》，宣布越南民主共和国成立，首都定为河内。同年 9 月，法国再次入侵越南，越南人民又进行了历时 9 年的抗法战争。1954 年，《日内瓦协议》签署，宣布越南脱离法国的殖民统治，同时规定越南以北纬 17° 线为界，实行南北分治，北方由胡志明领导，南方由阮福晪统治。

越南战争时期，河内的交通运输设备因桥梁和铁路的炸毁而遭到严重影响，不过越南人民在战争结束后很快就将其修复。1975 年 5 月，越南南方全部解放，抗美救国战争赢得彻底胜利。1976 年 7 月，越南南北宣布统一，国名为越南社会主义共和国，首都定为河内。

2008 年 8 月，邻接的河西省、永福省的麋泠县以及和平省梁山县的四个地方自治体划归河内市，城市面积大大增加。

2010 年，河内的升龙皇城被联合国教科文组织（UNESCO）列入世界文化遗产名录。

地理

河内的地势自西北向东南倾斜，平均海拔约 13 米。受河流冲积的影响，河内有 75% 左右的自然面积为平原，山地主要分布在较偏远的郊区，主要的高山有海拔 1281 米的巴位山、海拔 707 米的嘉耶山以及海拔 462 米的鸟脚山等。境内河流纵横交错，除红河、墩河外，还有底河、桥河、卡罗河、苏历河、金牛河等河流。市内湖泊星罗棋布，著名的湖泊有还剑湖、西湖、竹帛

---

① 胡志明（Ho Chi Mihn，1890—1969 年），是越南共产党的卓越领导人、伟大的无产阶级革命家、杰出的马克思主义者，被誉为越南的"独立之父"。胡志明是中国共产党和中国人民的亲密朋友，与毛泽东、刘少奇、周恩来、朱德、邓小平等中央领导人有着深厚的友谊，生前曾多次访问中国。

湖、七庙湖等。

河内属热带季风气候，全年气温较高，年平均气温为 24℃左右，年降雨量为 1680 毫米左右。受季风影响，全年具有明显的雨季和旱季。每年的 5—10 月为雨季，降雨量占到全年总降雨量的 85% 以上；8 月份降雨最多，平均降雨量为 320 毫米左右；雨季期间气温也较高，平均气温为 30℃以上，其中 7 月份为最热的月份，平均气温为 32.9℃左右。每年的 11 月至次年的 4 月为旱季，降雨较少，气温适宜，平均气温为 18.6℃左右；1 月份降雨最少，温度最低，平均降雨量为 18.6 毫米左右，平均气温为 13.7℃左右。

河内风光绮丽，树木终年常青，鲜花四季盛开，因此素有"百花春城"之称。目前，河内共分为 12 个郡、1 个郡级镇和 17 个郊县。2016 年，河内的人口数量达到 143.13 万 [①]。

经济

河内地处红河三角洲，土地肥沃，气候湿润。农业是河内的传统产业部门，主要种植作物为水稻。从 20 世纪 90 年代开始，河内的工业得到了迅速发展，已建有较为系统的工业体系，拥有机械、化工、纺织、制糖、卷烟等工业部门，其中机器制造在全国处于中心地位。

河内是越南的交通中心，陆运、水运、空运都比较发达。公路四通八达，从河内可通往越南全国各地以及柬埔寨、老挝；铁路南可直达胡志明市，东可至海港城市海防，北连钢城太原，西北、东北分别可达中国云南和广西。水路可顺红河向东直达大海。内拜国际机场是越南的第二大国际机场。依靠便利的交通网络，河内成为全国重要的贸易枢纽和产品集散地。

近年来，河内旅游业发展迅速，已成为越南乃至亚洲著名的旅游目的地。2015 年，美国著名的杂志《旅游和休闲》评选出了"亚洲十大最佳旅游城市"，河内位居第七名。

[①] http：//worldpopulationreview.com/countries/vietnam-population/major-cities-in-vietnam，查阅日期：2016年2月27日。

文化

河内的主要居民为京族（Gin），通用越南语，主要信奉佛教、天主教。京族的大姓有阮、陈、吴、黎等，与中国人一样，他们也是姓在前，名在后，多数是单姓双字名，少数也有单姓单字名。

河内的建筑风格多姿多彩，主要包括越南本土、中国和法国三种风格。独柱寺是最具越南民族特色的建筑，寺庙选用高级木料建成，整个寺庙建于灵沼池中一根直径为 1.25 米的巨大石柱上，远远望去就好似一朵出水莲花一样，非常富有诗意和浪漫色彩。文庙是一座典型的中国式建筑，其建筑风格与我国国内的文庙如出一辙，庙内悬有康熙亲笔御书的"万世师表"汉字匾额，正殿内设有孔子供桌，两侧奉祀中越两国先儒；庙内还存有 80 多块雕工精细的进士碑，分别由一只只活灵活现的石龟背驮。圣约瑟夫大教堂，又名河内大教堂，是河内很具代表性的法式建筑，据说是仿巴黎圣母院兴建而成；它是河内最古老的教堂，也是河内天主教徒的活动中心。

河内最古老、最有活力的地方为喧闹忙碌的老城区，由于这里拥有 36 条街道，所以又被当地人称为"36 行街"。每条街道都具有自己的特色，出售丝绸、竹制品等不同种类的产品。街道也多以其从事的行业命名，街道名称由两个词组成，第一个词为通名 Hang（相当于汉语中的巷），第二个词为出售产品的名称。例如，Hang Gain 表示丝绸巷，Hang Bac 表示银巷，Hang Huong 表示香烛巷等。

河内的节庆活动较为丰富，节庆多为全国性的节日。许多节庆与中国颇为相似，时间也在同一天，如春节、清明节、端午节、中秋节等，其中春节是一年之中最盛大的传统节日，节日期间家家户户送灶王、备年货、祭祖先、放烟花、贴春联、挂红灯笼，大街上有舞龙舞狮等文艺表演。此外，雄王节和国庆日，也是河内的重要节日。雄王被视为越南人的祖先，每年的农历三月初十，河内的所有寺庙都会举行盛大的庆祝活动；9 月 2 日为越南的独立日，届时河内的巴亭广场会举行隆重的庆祝活动。

河内一带是水上木偶戏的发源地。水上木偶戏是越南最具特色的民间传统表演艺术，堪称世上独一无二的木偶戏，其历史可追溯至1000多年前。过去，艺人们会在河流、湖泊或稻田中进行表演。如今，木偶戏已移至剧院进行室内表演，艺人们站在后台齐腰深的水中，以水面为舞台，在传统乐器（如琵琶）演奏的音乐以及喷火龙、烟雾、鞭炮等营造的特效中，操纵手中的木偶，表演各种场景和故事。故事的主题多与传统的农村生活有关，主角有英雄、勇士以及贪官污吏，越南文化中的龙、凤、麒麟在表演中也占有重要地位。

河内是越南的教育中心，拥有众多大学。著名的大学包括河内医科大学、越南河内国家大学、越南美术大学、河内科技大学等。其中，法国人于1902年创建的河内医科大学为越南最古老的一所大学，越南河内国家大学是越南规模最大的两所大学之一。

河内非常注重与国外主要城市之间的交流与合作，先后与全球16个国家的近20个城市建立了友好城市关系，其中包括中国的北京和香港。

旅游

河内的旅游景点非常丰富，既有众多的人文旅游资源，也有为数不少的自然旅游景观。位于市中心的巴亭广场是河内的"心脏"，其地位如同天安门广场在中国的地位一般，是越南国家重大节日时举行集会、庆典和阅兵的场所。每天早上6：30左右，这里都有庄严隆重的升国旗仪式。巴亭广场周围有多座与胡志明相关的建筑，西北边有胡志明故居，坐落于一栋法式风格的别墅主席府内；广场西侧有胡志明纪念堂，陵堂内用中国提供的水晶棺安放胡志明的遗体，陵前大厅的红色花岗岩墙壁上题有胡志明的名言："没有什么比独立、自由更可贵了"；广场西南面则有胡志明博物馆，主要展出胡志明生平事迹、手稿、生前使用物品以及越南人民和外国友人赠送的礼物等。

在河内的众多湖泊中，最著名的为还剑湖，面积最大的为西湖，素有"剑湖烟水西湖月"之美誉。还剑湖，原名为绿水湖，是河内的灵魂之湖。相传，后黎朝开国之君黎利（Le Loi，1385—1433年）在发动起义之时，湖中的一只金色神龟赠送了他一把神剑，在神剑的帮助下，黎利取得了起义的胜利，并建立了后黎朝。后来，黎利在湖上游玩时，又遇到了那只金龟，并将神剑奉还。为了表达对金龟的感谢和尊敬，黎利将湖名改为还剑湖。西湖占地面积 500 公顷，与杭州西湖齐名，传说天上有位仙女，梳妆时不慎将镜子摔破，一半落在越南河内，一半落在中国杭州，形成了两个秀丽迷人的西湖。

河内拥有丰富的文化娱乐设施，如博物馆、剧院、美术馆等。越南国家历史博物馆融合了法国、柬埔寨以及越南等地的建筑风格，主要介绍了从史前时代一直到近代的越南历史，馆内藏有各种珍贵的展品，如石器、古铜器、石碑、铜鼓、占城艺术、陶器和少数民族服饰等。河内歌剧院仿巴黎歌剧院建造，融法国式、罗马式建筑风格为一体，拥有越南最先进的音响设备，演出节目多为古典音乐。升龙水上木偶剧院是游客在越南观看水上木偶戏的最佳场所，是亚洲唯一的一年 365 天永不落幕的剧院。此外，河内著名的文化娱乐设施还包括越南军事历史博物馆、越南民族学博物馆、越南美术馆等。

河内是亚洲著名的购物城市，特色商品主要有越南香水、奥黛①、丝绸、椰壳工艺品、精美漆器、斗笠、咖啡、会安沉香、特色绘画等。购物场所众多，包括购物中心、集会市场、超市、特色街道和特色纪念品商店，如长钱购物中心、36 行街、东宣市场、东宣周末夜市等。

河内是越南特别是北部平原饮食文化的荟萃之地，饮食文化受中国、法国的影响较深。新鲜食材以蒸、炖、拌、烤、焖等手法，配以青柠檬、香草、香菜和鱼露②等调料，清爽可口，令人回味无穷。特色美食包括越南米粉、糯米饭、越式三明治、越南春卷、越南火锅、甘蔗虾、越南烤鱼、滴漏咖啡、水果冰沙、什锦糖水、椰子冻、当地啤酒等。此外，游客也可以在此品尝到法国、中国以及其他国家的风味美食。

河内的住宿设施非常齐全，既有奢华的五星级饭店，也有条件简陋的青年旅店，可满足各层次游客的住宿需求。世界知名的酒店品牌，诸如索菲特、

---

① 奥黛（Ao Dai），是越南女子的传统服装，通常使用丝绸等软性布料制成。上衣是一件类似中国旗袍的长衫，胸袖剪裁非常合身，可凸显女性玲珑有致的曲线，而两侧开高衩至腰部，走路时前后两片裙摆随风飘逸，下半身则配上一条喇叭筒的长裤。

② 鱼露，是用小鱼虾为原料，经腌渍、发酵、熬炼后得到的一种味道极为鲜美的汁液，色泽呈琥珀色，带有咸味，味道鲜美。

希尔顿、洲际、喜来登、万豪、雅高等，都在此设有连锁酒店。在高档星级饭店中，具有110多年历史的索菲特河内传奇大都市酒店最为闻名，该酒店是河内最古老的酒店，属于法国殖民建筑，在亚洲乃至世界都颇具名气，曾接待过无数贵宾。2015年，美国著名的《旅游和休闲》杂志评选出了"全球100座最佳酒店"，索菲特河内传奇大都市酒店就名列其中。

河内市区内有内拜国际机场、嘉林机场、河内火车站、嘉林火车站、美庭汽车站、嘉林汽车站和航运码头。市内交通工具主要有公交车、摩托车、人力三轮车、自行车等。

胡志明市

地名由来

胡志明市，英文拼写为 Ho Chi Minh City，它是以越南国父胡志明的名字命名的城市。1976年，越南实现南北统一之后，越南政府为了纪念已经故去的越南共产党领袖胡志明，正式将越南南方最大的城市命名为胡志明市。

区位

胡志明市地处越南南部，位于湄公河（Mekong River）①三角洲的东北部，北距河内1760千米，南临南海，西连隆安省，西北与西宁省相接，北靠平阳省，东接同奈省和巴地——头顿省。城区总面积为2095.5平方千米，是越南最大的港口城市和五大直辖市之一，也是越南南方最大的城市，越南南方的经济、交通、贸易、文化和旅游中心。

---

① 湄公河，发源于中国青海省玉树藏族自治州杂多县，流经中国云南省、老挝、缅甸、泰国、柬埔寨和越南，于越南胡志明市以南流入南海。干流全长4908千米，是亚洲最重要的跨国水系。湄公河是老挝的母亲河，流经老挝的总长度为1987千米，其中老挝与缅甸的界河长度为234千米、老挝境内的干流长度为777千米、老挝与泰国的界河长度为976千米。

历史

胡志明市起初只是一个名为普利安哥（Prey Nokor）的小渔村，周围到处都是沼泽地，属于柬埔寨的统治区域，生活于此的居民为高棉人（Khmer，柬埔寨的主体民族）。公元8世纪初，真腊王国（The Kingdom of Chenla，公元550—706年）分裂为北方的陆真腊（Land Chenla）和南方的水真腊（Water Chenla）两个王国，普利安哥隶属于水真腊。其后，普利安哥又先后受吴哥王朝（Angkor Dynasty，公元802—1431年）、金边王朝（Phnom Penh Dynasty，1431—1689年）管辖，并逐渐发展成为柬埔寨的一处重要贸易港口。

1623年，金边王朝的国王哲塔二世（Chey Chettha II）准许越南难民进入普利安哥定居，以躲避越南南北方的内战。随着一批批难民的涌入，原住民高棉人的主体地位逐渐丧失。然而，面对来势汹汹的难民潮，国力日渐衰退的柬埔寨王朝却束手无策，只能眼睁睁地看着普利安哥逐渐投入越南的怀抱。

1689年，占据越南南方的阮氏家族派来了一位名为阮有景（Nguyen Huu Canh）的贵族来到普利安哥一带，设立嘉定府。自此之后，普利安哥改名为嘉定（Gia Dinh），正式归入越南版图，而柬埔寨由此入海的贸易通道也因之被切断。

1859年，嘉定沦为法国的殖民地，后来又成为法属印度支那联邦的首府。法国殖民者将嘉定改名为西贡（Saigon），并以西方式的现代化规划进行城市建设，形成了颇具法国风格的城镇，西贡也因而被称为"东方小巴黎"。

1931年，西贡与其西南方5千米处的堤岸市（Cholon）合并成立西贡—堤岸联区，简称西堤。不过两个城市仍为相互独立的城市，分别由不同的地方长官管理。直到越南完全脱离法国殖民统治后，两个城市才正式合并为一个城市，名称仍为西贡。

第二次世界大战期间，西贡被日本占领。1945年9月2日，越南宣布独立，西贡暂时回归。同年9月23日，法国殖民军卷土重来，侵占西贡。9月26日，胡志明致函号召南方同胞奋起抗战，号召全国支援南方，同时越南的反法斗争也得到了中国人民的大力支持。1954年，《日内瓦协议》签署，规定越南以北纬 17°线为界实行南北分治，北方由胡志明领导，南方由阮福暎统治，南方的统治中心设在西贡。

1955 年 7 月，美国撕毁了《日内瓦协议》，取代了法国在越南南方的地位，越南战争拉开序幕。吴庭艳（Ngo Dinh Diem）在美国的支持下发动政变，废黜阮福暎，建立以西贡为首都的越南共和国（即南越伪政权），与北方的越南民主共和国进行了长达 20 年的内战。1975 年，在中国军民的大力支持下，越南南方全部解放，抗美救国战争赢得彻底胜利，这一事件被美国称为"西贡陷落"。

1976 年 7 月，越南南北宣布统一，成立越南社会主义共和国。同时，为了纪念胡志明对越南独立和民族解放事业中作出的不朽贡献，越南政府决定将西贡（含堤岸）、嘉定省以及平阳、厚义两省的一部分合并为一个城市，并以胡志明作为城市的正式名称。不过，在日常生活中，尤其是在一些非正式场合，西贡这个名字在越南仍然被广泛使用。

地理

胡志明市的地势较为平缓，平均海拔约 9 米。境内自然河流和人工运河纵横交错，湖泊沼泽星罗棋布，自然景色非常秀丽，主要河流包括同奈河、西贡河、威古河等。

胡志明市属热带季风气候，全年气温较高，年平均气温为 27.4℃左右，年降雨量为 1930 毫米左右。受季风影响，全年具有明显的热季、雨季和凉季。每年的 3—5 月为热季，平均气温为 34.2℃左右；4 月是一年之中最热的月份，平均气温达 34.6℃。每年的 5—10 月为雨季，平均气温在 27.6℃左右，每月的降雨日数至少占到一半，整个雨季的降雨量占到全年总降雨量的 75% 左右；9 月份降雨最多，平均降雨量为 330 毫米左右。每年的 11 月至次年的 2 月为凉季，气温适宜，降雨较少，平均气温为 22℃左右；1 月份为最凉的月份，平均气温为 21.1℃左右。

目前，胡志明市共分为 19 个郡和 5 个郊县。胡志明市是越南人口最多的城市，也是世界人口密度最大的城市之一。2016 年，胡志明市的人口数量达到 346.73 万 [①]。

经济

胡志明市地处湄公河三角洲一带，土地肥沃，气候湿润，主要出产水稻、橡胶、甘蔗等农作物，这里是越南稻米的重要生产基地和出口基地，是世界著名的米市。作为越南最大的工业基地，胡志明市的工业产值占全国工业产值的三成左右，主要有碾米、纺织、化学、造船、机械制造、酿酒、制糖、卷烟等工业部门。

胡志明市是越南南方的交通中心，陆运、水运、空运都比较发达。公路四通八达，从胡志明市可通往越南全国各地以及柬埔寨、老挝；铁路可通达包括河内在内的全国各大中城市以及柬埔寨的金边。由天然河道和人工水道构成的水路运输网，将胡志明市与整个湄公河三角洲联系在一起，使之成为湄公河三角洲的重要门户；通过海路，可到达世界各大港口。新山一国际机场是越南最大的国际机场。依靠便利的交通网络，胡志明市成为越南南方重要的贸易枢纽和产品集散地。

近年来，胡志明市旅游业发展迅速，已成为越南乃至世界著名的旅游目的地。2015 年，美国著名的《旅游和休闲》杂志评选出了"亚洲十大最佳旅游城市"，胡志明市位居第九名。在万事达 2015 年公布的《全球目的地城市索引》年度旅游调查结果中，胡志明市入选"全世界游客人数增长最快的十大城市"，增幅为 12.9%。

文化

胡志明市的主要居民为京族（Gin），通用越南语，在旅游服务部门的工作人员也常常使用英语，居民主要信奉佛教、天主教。该市是越南华侨聚居最集中的城市，华侨主要集中于第 5 郡和第 6 郡，主要从事经商活动或经营手工业，使用语言多为广东话和潮州话，在宗教信仰、生活习俗、宗族观念

[①] http://worldpopulationreview.com/countries/vietnam-population/major-cities-in-vietnam，查阅日期：2016年3月3日。

等方面保持着深厚的中华传统文化特色。在宗教信仰方面，华侨多信奉儒、道、佛三教，其中佛教为大乘佛教，因此佛教寺庙建筑与中国国内的寺庙建筑在外观与内部陈设上几无二致。在生活习俗方面，华侨喜欢红色，喜欢使用谐音表达美好愿望，喜欢在室内挂设五福临门图、万寿图，喜爱龙、虎、狮、鹤、燕子、喜鹊等吉祥物。另外，中国人重地缘关系、重宗族关系的传统也被华侨们较好地保留了下来，在胡志明市许多同乡会馆和宗族祠堂（如客家会馆、关氏祠堂等），往往由同乡或同宗族者捐钱共建，以加强沟通，相互帮衬。

胡志明市的节庆活动较为丰富，节庆多为全国性的节日，如春节、雄王节、清明节、端午节、中秋节、国庆日等。此外，比较有地方特色的节庆为每年 3 月中旬举行的三轮车比赛。届时，胡志明市的三轮车车夫们将汇聚一堂参加三轮车比赛，比赛场面热闹非凡，比赛筹来的款项将捐献给当地的慈善机构。

胡志明市是越南南方的教育中心，拥有为数不少的大学。著名的大学包括胡志明市国家大学、胡志明市科技大学、胡志明市理科大学、胡志明市人文社科大学等。其中，胡志明市国家大学是越南规模最大的两所大学之一。

胡志明市非常注重与国外主要城市之间的交流与合作，先后与全球十几个国家的 20 多个城市建立了友好城市关系，其中包括中国的上海和沈阳。

旅游

胡志明市的旅游景点众多，既有人文旅游资源，也有自然旅游景观，其中最具特色的景点是法国殖民时期遗留下来的古典建筑。位于市中心的圣母大教堂是胡志明市最著名的地标建筑，是一座典型的法式建筑，因其使用红砖建造而成，故又名红教堂，建造教堂所用的红砖全部从法国运来，虽已过去百余年，但至今色泽依然鲜明，毫无褪色；教堂两侧两座 40 米高的钟楼直入云霄，是仿照巴黎圣母院的钟楼样式而设计的。教堂前面的广场上，矗立着一座重达 4 吨的圣母玛利亚雕像。与圣母大教堂相邻的另外一座著名法式建筑为中央邮局，是由法国著名建筑大师古斯塔夫·埃菲尔①设计的，是法国殖民时期的第一座邮政局，现仍在使用；其外形乍一看像是一座气派的车站，大厅则宽敞大气，装饰华丽，极富法式情调。统一宫也是一座著名的法式建筑，原名为诺罗敦宫，是法国殖民统治的总督府，后又改为独立宫，越南统一之后才改为统一宫。此外，胡志明市的著名景点还包括市政厅、天后宫、西贡河、古芝地道等。

胡志明市拥有丰富的文化娱乐设施，如博物馆、剧院、美术馆等。战争遗迹博物馆是越南重要的爱国主义教育基地，展览包括室内与室外两部分，室内部分主要以图片、地图和文字等形式来描述越战期间美军的暴行，室外部分主要展示越战期间美军使用的飞机、炮弹和各种毒气弹。西贡歌剧院是专门用于举办各种艺术表演的多功能剧院，属于典型的哥特式建筑风格，其内部装饰和外部浮雕均按照19世纪末法国的剧院风格修建。胡志明市美术馆是由越南和法国的设计师共同设计完成的建筑，展出越南各个时期的艺术家所创作的画作、家具、瓷器、雕塑等艺术品。此外，胡志明市著名的文化娱乐设施还包括越南历史博物馆、胡志明市博物馆、南部妇女博物馆、金龙水上木偶剧院等。

胡志明市是亚洲著名的购物城市，特色商品种类繁多，主要商品包括越南香水、漆器、木雕、奥黛、丝绸、椰壳工艺品、白虎活络膏、咖啡粉、椰子糖、会安沉香等。购物场所众多，既有大型购物中心和百货商场，又有购物街区、特色集市以及特色纪念品商店，主要购物场所包括钻石广场、百盛商场、边青市场、平西市场、安东市场等。

在胡志明市，游客不仅可品尝到各种传统的越南美食，而且能够品尝到较为正宗的中国菜、法国菜、柬埔寨菜以及其他国家的风味美食。特色美食包括越南米粉、糯米饭、越南煎饼、越式三明治、越南春卷、越南火锅、炸象鱼、越南酸奶、越式螃蟹、虾饼、肉粽、甘蔗虾、越南烤鱼、滴漏咖啡、

① 古斯塔夫·埃菲尔（1832—1923年），是法国著名建筑大师、结构工程师、金属结构专家，因设计巴黎的标志性建筑埃菲尔铁塔和美国的标志性建筑自由女神像等建筑作品而闻名于世。

水果冰沙等。市内有一条著名的美食街，名为范五老街，拥有为数众多的餐厅和小吃摊，是游客寻找美食的理想去处。

胡志明市的住宿设施非常齐全，既有奢华的五星级饭店，也有条件相对简陋的经济型饭店，可满足各层次游客的住宿需求。索菲特、凯悦、洲际、艾美、喜来登等世界知名的酒店品牌在此设有连锁酒店。2015年，美国著名的《旅游和休闲》杂志评选出了"全球100座最佳酒店"，胡志明市的西贡柏悦酒店就名列其中。

胡志明市的交通较为便利，市区内有新山一国际机场、西贡火车站、棉登长途汽车站、堤岸长途汽车站、棉泰长途汽车站和航运码头。市内交通工具主要有公交车、出租车、摩托车、人力三轮车、自行车等。

海　防

地名由来

海防，英文拼写为 Hai Phong。越南的许多地名，都有相应的汉字表示，而且词义明显，海防便是其中之一。1870年，阮朝政府在这里修建码头，设立同外国船只进行贸易的商馆，同时在此建立兵站，执行海边防务，海防之名由此而得。海防之名，名副其实，长期以来一直是越南重要的军事基地，目前越南海军的最高指挥机构——海军司令部就设在此地。

区位

海防地处越南东北部的沿海地区，位于红河三角洲的东北部，西距首都河内120千米，南距胡志明市1640千米，北与广宁省相邻，西接海阳省，南临太平省，东靠北部湾。城区总面积为1527.4平方千米，是越南的五大直辖市之一、仅次于河内和胡志明市的第三大城市，也是北方最大的港口城市和重要的工业中心。

历史

秦汉时期，中国朝廷在越南北部设立郡县，从此海防长期处于中国的直接管辖之下。东汉光武帝时，海防一带属交趾郡管辖。公元 679 年，唐朝在越南北部设立安南都护府，海防在其管辖范围之内。

莫朝（Mac Dynasty，1527—1592 年）时期，海防的战略地位开始显现，从一个名不见经传的小渔村转变为越南北方重要的"海上防御门户"。1870 年，阮朝政府下令在此建立港口、兵站，以开展对外贸易，并加强海上防卫能力，自此之后方有海防之名。

由于海防地理位置优越，入侵越南的法国殖民者很快就看中了这个地方。1874 年，法国强迫阮朝政府准许他们在海防驻军，并且着手扩建港口，将其作为掠夺越南财富和镇压越南人民抗法斗争的主要据点。1888 年，法国殖民者将海防升格为市，与河内、西贡齐名，成为越南北方最重要的海上门户。

第二次世界大战期间，海防被日本占领。1945 年 8 月，日本被逐出越南。同年 9 月，越南共产党宣布越南民主共和国成立。1946 年 11 月，法军在海防登陆，发动了第一次印度支那战争。在中国军队的帮助下，越南军队最终在 1955 年赶走法国士兵，解放了海防市。

越战期间，海防作为越南北方唯一的重要港口，受到了美国海军和空军战机的猛烈轰炸。1975 年 5 月，越南南方全部解放，持续 20 年的抗美救国战争最终赢得胜利，而海防也迅速从战争中复苏，恢复了原来的港口城市地位，工业也得到了长足发展。

1996 年 11 月，海防和河内、胡志明市、岘港一起，成为全国的四个直辖市。

地理

海防地势北高南低，受河流冲积的影响，有 85% 左右的自然面积为平原，山地主要分布在城市北部。境内河流纵横交错，湖泊星罗棋布，主要河流、湖泊包括禁河、白藤河、太平河、安边湖、芳露湖等。海防的海岸线长达 125 千米，沿海一带分布着众多的海岛、海滩，如吉婆岛、涂山半岛、白龙尾岛等。

海防属热带季风气候，全年气温较高，年平均气温为 23.1℃ 左右，年降水量为 2200 毫米左右。受季风影响，全年具有明显的雨季和旱季。每年的 4—10 月为雨季，整个雨季的降雨量占到全年总降雨量的 90% 左右；8 月份降雨最多，平均降雨量为 470 毫米左右；雨季期间气温也较高，平均气温达 30.2℃ 以上，其中 7 月份为最热的月份，平均气温为 32.1℃ 左右。每年的 11 月至次年的 3 月为旱季，降雨较少，气温适宜，平均气温为 16.2℃ 左右；1 月份降雨最少，温度最低，平均降雨量为 37 毫米左右，平均气温为 14.6℃ 左右。

海防市区的街道两侧种植了大量的火焰树，故而享有"红色火焰之城"的美誉。目前，海防共分为 7 个郡 8 个郊县。

经济

海防地处红河三角洲平原，土地比较平坦和肥沃，主要种植水稻、玉米、红薯、土豆、烟草、花生、西红柿、辣椒、胡瓜、龙眼、椰子、芒果、荔枝、香蕉等农作物。渔业也较为发达，吉婆岛是越南北方最大的渔业中心，盛产鱼、虾、蟹、贝等海产品。

海防是越南北方重要的工业中心，主要包括造船、水泥、钢铁、炼油、缝纫、制鞋、食品加工、纺织、碾米、刺绣、雕刻、海盐制造、电子产品组装等工业部门。

海防是越南北方重要的交通枢纽，水运、陆运和空运交通都比较发达。禁河、白藤河、太平河等河流构成了便利的内河运输网络，将海防与红河三角洲的各个省份联系起来。海防港是越南北部最大的港口，也是国内海运的主要港口之一。公路、铁路可直达首都河内，进而与全国各地以及周边国家相连通。吉碑国际机场是越南重要的国际机场之一。依靠便利的交通网络，海防成为越南北部重要的贸易枢纽和产品集散地。

海防风景迷人，气候适宜，是越南重要的旅游目的地之一。近年来，旅游业发展较为迅速，在国民经济中的地位日益提升。

文化

2016 年，海防的人口数量达到 60.27 万[①]。主要居民为京族（Gin），通用越南语，主要信奉佛教、天主教。

海防的节庆活动较为丰富，节庆多为全国性的节日，如春节、清明节、端午节、中秋节等。此外，当地较为知名的节庆为涂山斗牛节，于每年农历的八月初九在涂山县举行。该节日历史悠久，自李朝时期（Ly Dynasty，1009—1225 年）就已经出现，1990 年正式设立为传统节日。2013 年，涂山斗牛节被正式被列为越南国家级非物质文化遗产。

海防的大学数量不多，主要包括海防医科大学、越南海防大学、越南海事大学、海防私立大学等。

海防注重与国外重要城市之间的交流与合作，先后与韩国的仁川（Incheon）、美国的西雅图（Seattle）、中国的天津、俄罗斯的圣彼得堡（Saint Petersburg）、日本的北九州（Kitakyushu）等城市建立了友好城市关系。

旅游

海防的旅游资源比较丰富，既有风景迷人的自然景观，也有文化深厚的人文景观。吉婆岛是海防市最大的海岛，岛上有一大片漫无边际的原始森林，保存着白格木、乳香木、白头叶猴、金丝猴、灵猫等珍稀物种，已被越南政府划为国家级自然保护区。岛的周围是曲折的海岸线和许多波平浪静的海湾，在海滨石山之间，有不少天然的海滨浴场。涂山风景区是越南著名的避暑胜地，与吉婆岛隔海相望，这里有越南北部最大的涂山海滩。在半岛的山头，有越南末代皇帝修建的避暑行宫，现在被称为万花宾馆，是涂山风景区的标志。在涂山半岛的尽头，还有一座著名的涂山赌场，相传最初是由一位名叫 Stone 的法国女士在中了印度支那头等奖之后兴建的，如今是越南唯一合法经营博彩业的场所。此外，海防的著名景点还包括海防歌剧院、仁寿祠、福林

① http://worldpopulationreview.com/countries/vietnam-population/major-cities-in-vietnam，查阅日期：2016年3月22日。

寺、黎蝉女将军铜像等。

海防的娱乐项目较为丰富，游客可以到海防博物馆了解海防的历史文化和自然地理，或到海军博物馆了解越南海军的历史，或到各个海滩体验海浴、沙浴、风浴、日光浴等海滨娱乐活动。

海防是越南著名的购物城市，特色商品主要有海产品、漆器、竹藤制品、木雕、贝雕、煤雕、民族服装、绿豆糕、干果等。购物场所较多，包括购物中心、集会市场和特色纪念品商店，如百盛商场、铁市场、三北市场、花市场等。

在海防，游客不仅可以品尝到正宗的越南北方饮食，而且可以品尝到美味可口的海鲜。特色美食包括越南米粉、糯米饭、越式三明治、越南春卷、越南火锅、甘蔗虾、越南烤鱼、海虾、海参、鲍鱼等。此外，游客也可以品尝到中餐、印度餐、法国餐、日本料理等各国风味美食。

海防的住宿设施比较齐全，既有奢华的五星级酒店，也有条件简陋的青年旅店，可满足各层次游客的住宿需求。不过，高星级酒店数量不多，世界知名的酒店品牌中，仅有最佳西方一家在此设有连锁酒店。

海防的交通较为便利，市区内有吉碑国际机场、海防火车站、三北汽车站和航运码头。市内交通工具主要有公交车、摩托车、出租车、游船等。

岘　港

地名由来

岘港，英文拼写为 Da Nang，它是以地理位置而命名的城市。Da Nang 源于占婆语（越南古代的占城国所使用的语言）中的 Da Nak，意为"一条大河的河口"。由于城市位于汉江（Song Han，又称为岘港河）河口，故而得名 Da Nang。

区位

岘港地处越南中部，北距河内 760 千米，南距胡志明市 960 千米，北连承天顺化省，南接广南省，东临南海。城区总面积为 1285.4 平方千米，是越南的五大直辖市之一和重要的港口城市、越南中部最大的城市，也是越南中部的经济、交通与贸易中心。

历史

岘港最初只是越南沿海的一个小渔村，不过地理位置非常优越。它北临岘港湾，东靠汉江，北边的海云岭、东北方的山茶半岛、东南方的五行山、西边的巴拿山构成天然的保护屏障，地势相当险要，具有重要的战略地位。

公元 2 世纪末，生活在越南中部的占族建立起了一个强大的越南王国——占城国（又称为占婆国），国家的政治、经济、文化与军事中心就集中在岘港一带。自公元 3 世纪直到 14 世纪，占城国一直处于强盛时期，形成了当时独具特色的占城文化和占城文明。在岘港及其周边地区，至今仍然遗留着占城古国的历史遗迹。

15 世纪以后，占城国逐渐衰弱，国土面积日益缩小，而岘港则脱离占城国，先后成为越南后黎朝、莫朝、西山朝、阮朝等封建王朝的统治区域。16 世纪开始，岘港的港口贸易地位逐渐显现，一些欧洲国家的商船开始由此转运货物。不过，与南边 30 千米处的会安港口（Hoi An）相比，仍存在很大差距。1835 年，阮朝的第二代君主明命帝颁布法令，规定所有欧洲商船只能在岘港从事贸易，岘港遂立即取代会安，成为越南中部最大的商业港口。

1847 年，法国炮舰"维克多利"号以保护传教士为名，轰击驻扎在岘港的越南军舰，拉开了法国侵占越南的序幕。1858 年，法国和西班牙的联合舰队以相同的借口，再次炮轰岘港。法国人的侵略行为，遭到了越南人民的顽强抵抗。直到 1885 年，越南才沦为法国的殖民地。

第二次世界大战期间，岘港被日本占领。第二次世界大战结束后，岘港又重新陷入法国的殖民统治。随着 1954 年《日内瓦协议》的签署，越南脱离法国的殖民统治，并以北纬 17° 线为界实行南北分治，北越由胡志明领导，南越由阮福暎统治，岘港属于南越地区。

1965 年，美国海军在岘港登陆，直接参与越南战争。美军在岘港建立了众多的军事设施，将其建设成为一个大型的海、陆、空三军联合军事基地。随着 1973 年《巴黎和平协约》的签订，美军开始陆续全部撤离越南，并在岘港举行了正式的告别仪式。

在 1976 年越南实现南北统一之后，岘港市被确定为广南—岘港省的省会。1996 年 12 月，越南政府决定，将广南—岘港省分拆，岘港成为越南的直辖市。

地理

岘港的西部和西北部地势陡峭，海拔较高，矗立着许多海拔 700 米至 1500 米的山峰，最高的山峰为巴拿山，海拔高度为 1487 米。岘港的东部和南部地势较为平坦，多为低缓的海滨平原，沿海一带分布着岘港湾、山茶半岛和几处海滩。岘港湾呈马蹄形，港阔水深，形势险要，为越南的一大天然良港。山茶半岛的最高峰海拔为 696 米，岛上有原始森林 4370 公顷，生长着各种珍贵的稀有动物，如爪哇猴、长尾猴、红脸鸡等。

岘港属热带季风气候，全年气温较高，年平均气温为 26.3℃左右，最凉的月份为 1 月，平均气温为 21.7℃左右，最热的月份为 7 月，平均气温为 29.8℃左右。年降雨量为 2040 毫米左右，受季风影响，全年具有明显的干季和雨季。每年的 2—7 月为干季，降雨稀少，3 月份降雨最少，平均降雨量为 22 毫米左右。每年的 8 月至次年的 1 月为雨季，每月的降雨日数至少占到该月的一半，整个雨季的降雨量占到全年总降雨量的 85% 左右；10 月份降雨最多，平均降雨量为 610 毫米左右。

目前，岘港共分为 6 个郡和 2 个县，分别为海州郡、清溪郡、山茶郡、五行山郡、莲沼郡、锦丽郡、和荣县和黄沙县。2016 年，岘港的人口数量达到 75.25 万[①]。

经济

农业和渔业是岘港的传统生产部门，郊区出产水稻、橡胶、椰干、胡椒等农产品，龙虾、螃蟹等渔产也颇为有名。岘港是越南中部重要的工业基地，主要包括橡胶塑料、钢铁、水泥、食品饮料、食盐、服装、纺织、造纸、化学等生产部门。

岘港是越南中部的交通中心，陆运、水运、空运都比较发达。公路、铁路均可向北到达河内，向南到达胡志明市。通过海路，可到达周边国家及世界各地的各大港口。岘港国际机场是越南第三大国际机场。依靠便利的交通网络，岘港成为越南中部重要的贸易枢纽和产品集散地。

近年来，岘港旅游业发展迅速，已成为越南乃至世界著名的旅游目的地。美国著名的《国家地理》杂志曾经评选出了"人生必游的全球 50 个旅游目的地"，其中从岘港到顺化（阮朝故都、承天顺化省的省会）的这一段海岸线就名列其中，杂志赞誉其为"文明与大自然的和谐结合"。

文化

岘港的主要居民为京族，其他居民多为岱依族（Tay）、戈都族（Co Tu）等少数民族。居民多信奉佛教、天主教，使用的语言主要为越南语，在旅游服务部门的工作人员也经常使用英语。

岘港的节庆活动较为丰富，除全国性的节日（如春节、雄王节、清明节、端午节、中秋节等）外，当地比较有特色的节庆包括烟花节、观音菩萨诞辰会、龙舟节等。岘港是一座与烟花有渊源的浪漫城市，每年 4 月的最后一周都会举行烟花节，而自 2008 年开始的岘港烟花比赛已成为越南重要的文化节目。观音菩萨诞辰会是本地佛教徒一个盛大的节日，于每年的农历二月十九日在五行山举行，佛教徒们纷纷前来庆祝观音诞辰，烧香跪拜，诵经祈福，

[①] http://worldpopulationreview.com/countries/vietnam-population/major-cities-in-vietnam，查阅日期：2016年3月6日

声势浩大，香火鼎盛。在每年的国庆日（9月2日），越南各地都有不同的庆祝形式，而靠海近河的越南中部会举行一年一度的龙舟节，从各省市派来的龙舟代表队，会在岘港的汉江和顺化的香江（Song Huong）上一决高下。

岘港是越南中部地区的教育中心，拥有数所高等院校，如岘港大学、岘港医科与医药大学、岘港建筑大学、维新大学等。其中，岘港大学是越南中部规模最大的一所大学。

岘港注重与国外重要地区之间的交流与合作，先后与全球十几个国家的20多个城市（或省）建立了友好关系，其中包括中国的山东省、江苏省和青岛市。

旅游

岘港的旅游景点众多，既有自然旅游资源，也有人文旅游景观。位于岘港市东郊的美溪海滩，沙滩细软，景色宜人，空气清新，被美国著名的《福布斯》杂志评为全球最美的六大海滩[①]之一。位于市区东南的五行山，为大理石结构，又称大理石山，由金山、木山、水山、火山和土山等5座山峰（其中火山为双峰）组成，群峰拔地而起，气势雄伟壮观；五山之中，以水山最高，海拔108米，山腰有一处洞窟，供奉佛祖、观音菩萨等神明，终年都有信徒前来膜拜；五行山下的山水村，是越南闻名的石雕村，聚焦了许多能工巧匠，他们利用山上的大理石雕刻出一件件精美的作品。位于汉江河畔的岘港大教堂，是一座典型的法国殖民建筑，中世纪风格的彩绘大玻璃窗与粉红色的外观相映成趣，鲜明可爱；它是越南中部最大的西方教堂，也是当地天主教徒的礼拜场所。此外，岘港的著名景点还包括岘港湾、山茶半岛、巴拿山、山水海滩、红海滩等。

岘港的文化娱乐设施较为齐全，娱乐项目相当丰富。占族雕刻博物馆是

[①] 2005年，《福布斯》杂志根据沙滩的柔软洁白细腻程度、交通便利程度、周边的度假设施、阳光日照、海滩大小、水上活动种类等各项指标，评出全球最美的六大海滩，分别为美国的夏威夷、澳大利亚的黄金海岸、印度尼西亚的巴厘岛、马尔代夫、爱琴海和越南的美溪海滩。

越南最大的占族石雕艺术博物馆，也是世界上第一家收藏占族雕刻的博物馆，收藏了 7—15 世纪从越南各地出土的占族石雕和陶雕文物，共有几百件大大小小的美术精品。岘港博物馆则向游客展示了岘港的历史文化以及少数民族的风土民情。在岘港，游客还可以在各个海滩体验海上摩托艇、香蕉船、拖伞等海上运动项目，或到巴拿山上乘坐世界最长、落差最大的缆车，或泛舟汉江之上欣赏岘港城市夜景。岘港的特色商品种类较多，主要商品包括石雕、木雕、漆器、灯笼、咖啡、胡椒、鱼露、腰果、藏红花、燕窝、方便米粉、香水、奥黛、丝绸、橡胶拖鞋、会安沉香等。购物场所主要为超市、特色集市以及一些特色纪念品商店，包括 BigC 超市、乐天超市、韩市场等。

在岘港，游客可以品尝到新鲜的海鲜大餐、各种传统的越南美食、较为正宗的法国菜以及其他国家的风味美食。特色美食包括当地海鲜、海鲜粥、芝麻饼干、越南米粉、糯米饭、越南春卷、越式三明治、越南酸奶、滴漏咖啡、水果冰沙等。海鲜餐厅和海鲜排档主要集中于沿海的黄沙街上。

岘港的住宿设施比较齐全，既有奢华的五星级饭店，也有条件相对简陋的经济型饭店，可满足各层次游客的住宿需求。世界知名的酒店品牌中，有洲际、凯悦、雅高等在此设立连锁酒店。

岘港是连接越南北部与南部的交通枢纽，市区内有岘港国际机场、岘港火车站、岘港城际汽车站和航运码头。市内交通工具主要有出租车、摩托车、人力三轮车、自行车等。

芽　庄

地名由来

芽庄，英文拼写为 Nha Trang，其名称来源于当地的一条河流。这条河名为丐河（Song Cai），在占婆语中则为 Ya Trang，意为"竹林河流"。后来，Ya

Trang 又演变为 Nha Trang，并成为城市的名字。

区位

芽庄是越南中南部的沿海城市，位于首都河内以南 1200 多千米，西南距离胡志明市 430 千米左右。城区总面积为 252.6 平方千米，是庆和省的首府。它所在的庆和省，北连富安省，西北与得乐省相邻，西南与林同省接壤，南接宁顺省，东濒中国南海。

历史

由于芽庄一带靠近大海，因此历史上很早就有人居住，但是它作为城市的历史却非常短，还不到 100 年的时间。最初芽庄一带属柬埔寨扶南王国（The Kingdom of Funan，公元 68—550 年）管辖，公元 7 世纪时，归入占城国的版图。其后，又先后由越南后黎朝、阮朝所统治。不过，直到 19 世纪末期，这里仍然是一片人烟稀少、经常有野兽出没的原始村落。

法国殖民者的到来，改变了芽庄的命运。1924 年，法国人将芽庄一带的 5 个村庄合在一起，组成了一个小村镇，后其规模逐渐扩大。1937 年，芽庄被升格为城镇，成为庆和省的省会，一批批具有法式风格的办公大楼、教堂、邮局、别墅等建筑相继建立起来。第二次世界大战期间，芽庄成为法国和美国军队的度假疗养地。

1958 年，南越政权取消了芽庄的城镇建制，将其划分为东芽庄和西芽庄两个小村镇。1970 年，南越政权又将东芽庄、西芽庄以及其他几个村镇合并在一起，重新组成芽庄镇，继续作为庆和省的省会。

越南实现南北统一之后，越南政府于 1977 年将芽庄升格为城市，隶属于富庆省（包括今富安省和庆和省）。1989 年，越南政府又将富庆省划分为原来的庆和省和富安省，芽庄再次成为庆和省的省会，一直至今。

地理

芽庄位于越南中南部海岸线最东端的地方，林木葱郁，风景秀丽，大部分地区以平原为主，地势起伏不大，平均海拔4米左右。市区内河流纵横交错，丐河自西向东穿过市区，将其一分为二。海岸沿线分布着竹岛、妙岛、银岛、木岛、墨岛等众多岛屿，构成城市的天然屏障，其中竹岛是芽庄最大的离岛。

芽庄属热带季风气候，全年气温较高，年平均气温为26.8℃左右，各月温差相差不大。年降雨量为1360毫米左右，受季风的影响，具有明显的雨季和干季。每年的9—12月为雨季，降雨量占到全年总降雨量的76%左右；11月份降雨最多，平均降雨量为363毫米左右。其余各月为干季，降雨较少，其中2月份降雨最少，平均降雨量不足18毫米。

目前，芽庄共分为27个乡镇，其中19个位于市区，8个位于郊区。2016年，芽庄的人口数量为16.9万①。

经济

芽庄的农业较为发达，主要种植水稻、腰果、椰子、甘蔗、咖啡、芝麻、肉桂等农作物。其渔业也十分发达，附近海域的海产种类繁多，包括鲍鱼、龙虾、玳瑁、明虾、墨鱼、贝壳等。工业部门较少，以造船业和制盐业为主，但对当地的经济发展贡献较大。

芽庄是越南众多滨海城市当中一个较为僻静的城市，是越南颇具代表性的度假胜地，拥有"东方马尔代夫"之美誉。近年来，旅游业发展较为迅速，已成为该市国民经济的绝对支柱产业。

文化

芽庄的居民主要是越族，少数民族主要为占族（Cham）、格贺族（Koho）以及华侨。居民使用的语言多为越南语，少数民族也使用自己的民族语言。在宗教信仰方面，居民主要信奉佛教和伊斯兰教。

芽庄的节庆活动较为丰富，节庆多为全国性的节日，如春节、清明节、

---

① http://worldpopulationreview.com/countries/vietnam-population/major-cities-in-vietnam，查阅时间：2016年4月14日。

端午节、中秋节等。此外，当地较为知名的节庆当是芽庄海洋文化节。该节日是越南最著名的海洋节庆活动，它始于 2003 年，每两年举行一次，一般在6、7 月份举办，持续一周左右；节日期间，将举行海洋文化遗产展、艺术表演、嘉年华狂欢、美食比赛、葡萄酒会、沙滩排球等数十项精彩的娱乐项目。

芽庄拥有多所高等院校，涉及各类学科，包括芽庄大学（前身为芽庄渔业大学）、海军学院、师范学院、空军学院、艺术与旅游学院等。

芽庄比较注重与国外城市之间的交流与合作，2001 年与中国的株洲建立友好城市关系。

旅游

芽庄的旅游资源比较丰富，既有风景迷人的自然景观，也有文化深厚的人文景观。芽庄海滩滩面平展，沙质细腻，海水清澈，绵延长达 6 千米，酷似一弯新月，是越南最美丽的海滩之一。天依女神庙，是古代占城灿烂文化的遗迹，这里供奉的是庇佑占城渔民的天依女神（Po Nagar，其地位相当于中国渔民心目中的妈祖）。芽庄大教堂是一座典型的哥特式建筑，具有浓厚的法国气息，虽装饰颇为朴素，却不乏复古和大气。此外，芽庄比较著名的景点还包括各个海岛、龙山寺、钟屿石岬角等。

芽庄拥有较为丰富的文化娱乐设施，如博物馆、游乐园等。芽庄国家海洋博物馆是越南最早设立的海洋研究中心，这里保存了 6 万多种海洋生物标本以及各种各样的海船模型。耶尔辛①博物馆由耶尔辛博士的故居改建而成，主要展出耶尔辛博士的生平、当年的实验器材和研究成果。芽庄珍珠岛游乐园是越南远近闻名的集住宿、餐饮、游乐等为一体的娱乐场所，拥有东南亚最大的游泳池、长达 700 米的私属海滩、世界上最长的跨海缆车、大型游乐

---

① 亚历山大·耶尔辛（1863—1943年），法国著名的医生和细菌学家，是鼠疫杆菌的最早发现者，因此鼠疫杆菌的正式学名就以他的名字命名为Yersinia Pestis（耶尔辛氏菌）。他穷其一生致力于霍乱、破伤风和鼠疫的研究，并于1896年在世界上首先成功治愈了一名鼠疫患者，为彻底控制当时流行于中国、越南和东南亚一带的鼠疫作出了杰出的贡献。此外，耶尔辛还为越南人引进了巴西橡胶树、金鸡纳树和优良品种的耕牛。

园、4D 电影院、海洋馆、五星级度假酒店等设施。此外，游客还可以在芽庄体验日光浴、海水浴、冲浪、深潜、帆船、海上降落伞、泥浆浴、高尔夫、漂流、喂鳄鱼、民族艺术表演等娱乐项目。

芽庄是越南著名的购物城市，特色商品主要有越南咖啡、越南酸奶、鱼露、芽庄沉香、综合果蔬干、手工皮具、贝壳、燕窝、肉桂、椰子糖等。购物场所众多，包括购物中心、集会市场和特色纪念品商店，如芽庄购物中心、芽庄市场、芽庄夜市、谭市市场、马克西超市、芽庄 XQ 绣坊等。

芽庄的美食以海鲜为主，这里拥有越南最便宜的海鲜，龙虾、鲍鱼、海参、海蟹、海螺等各种海鲜应有尽有。在这里，游客也可以品尝到正宗的越南传统美食，如越南米粉、越南春卷、越式烤肉、越南煎饼、滴漏咖啡、甘蔗汁等。此外，中国、法国、印度、日本、意大利等国的风味餐厅也随处可见。

芽庄的住宿设施相当齐全，既有奢华的五星级饭店，也有条件简陋的青年旅店，可满足各层次游客的住宿需求。世界知名的酒店品牌，诸如最佳西方、洲际、喜来登、雅高等，都在此设有连锁酒店。

芽庄交通便利，拥有芽庄金兰机场、芽庄火车站、芽庄长途汽车站、林汀汽车站和航运码头等。市内交通工具主要有自行车、公交车、摩托车、出租车、游船等。

老 挝

老挝（Laos），又称寮国，意为"老挝人的国土"，其全称为老挝人民民主共和国，素有"万象之邦"的美誉。该国位于中南半岛的北部，北连中国，东接越南，南邻柬埔寨，西南、西北分别与泰国、缅甸接壤。国土总面积为 23.68 万平方千米，人口数量为 691.84 万 [①]（2016 年）。全国共分为上寮、中寮和下寮等三大区域，下设 17 个省和 1 个直辖市，主要城市包括万象（Vientiane）、琅勃拉邦（Luang Prabang）、巴色（Pakse）等。

万 象

地名由来

万象，又称永珍，为老挝的首都。老挝是东南亚唯一的内陆国家，境内山峦起伏，森林密布，盛产大象，故素有"万象之邦"的美称。不过，首都万象之名，并非"一万头大象"之意，与大象其实没有多大关联。

万象，由其英文拼写 Viang Chan 音译而来。在老挝语中，Viang 意为"城

[①] http：//worldpopulationreview.com/countries，查阅日期：2016年4月20日。

市"，而 Chan 则具有两层含义。第一层含义为"檀木"，过去万象境内曾经生长着茂密的檀木树林，故称为"檀木之城"。然而，由于殖民统治时期的过度砍伐，如今万象市内的檀木树已非常罕见。第二层含义为"月亮"，古代的万象城区东西长，南北窄，城中多白色或黄色建筑，四周皆为绿树，从空中俯瞰，宛如一弯新月，故又称为"月亮之城"。现在，万象市区向多方面发展，当然已不再是新月形状。

19 世纪末，万象沦为法国的殖民地之后，由于 Chan 中的 Ch 音在法语之中表达起来非常困难，所以将 Viang Chan 改为现在通用的 Vientiane。

区位

万象地处老挝中部，位于湄公河中游左岸的万象平原上，北接万象省，东临波里坎塞省，南与泰国的廊开市隔河相望，是世界上少有的位于边境的首都。城区总面积为 3920 平方千米，是老挝最大的城市和唯一的直辖市，也是老挝的政治、经济、文化与交通中心。

历史

最初，万象一带的原始居民为高棉人。11—12 世纪，来自中国南方的佬族和傣族迁至此地，成为这里的主人，而原来居住于此的高棉人或者被杀，或者迁移，或者被同化。

14 世纪中期，法昂王（Fa Ngum，1316—1393 年）在柬埔寨国王的帮助下，经过多年征战，先后强迫华潘（Hua Phan）、川圹（Xiangkhoang）、万象、占巴塞（Champasak）等地的领主向自己称臣，建立了老挝历史上第一个统一的多民族国家——澜沧王国（The Kingdom of Lan Xang，1353—1707 年），意为"百万大象之国"或"万象之邦"。万象成为澜沧王国的中部重镇，地位仅次于首都琅勃拉邦（Luang Prabang）。

1563 年，为了加强对缅甸的防御，塞塔提腊王（Setthathirath，1534—1572 年）将都城迁至万象。在其后近一个半世纪的时间里，万象不仅成为澜沧王国的政治中心，而且是佛教信仰的中心，全城佛寺多达 149 座。此外，万象还是对外贸易的一个主要口岸，老挝的虫胶、安息香、砂仁、象牙等土特产品，都由此运经曼谷，远销欧洲。

1707 年起，澜沧王国先后分裂为万象、琅勃拉邦和占巴塞三个王国，万象成为万象王国的国都，各国之间纷争不息。1779 年，吞武里王朝（Thonburi Dynasty，1769—1782 年）的昭披耶却克里将军（即后来的拉玛一世）占领万象，万象王国遂成为泰国的附属国。

1805 年，一位曾在曼谷接受教育的老挝王子阿努（Anouvong，1767—1829 年）在泰国的扶植下登上王位，历经长期战乱的万象才得到暂时的喘息休整机会。然而好景不长，怀有雄心壮志的阿努王发动起义，以试图摆脱泰国的统治。这次起义非但没有成功，反而引来了万象历史上最残酷血腥的灭顶之灾。1828 年，泰国军队将阿努王的军队击溃之后，立即将万象洗劫一空，大批文物和人口被掳走，万象被夷为平地，沦为一片荒野，万象王国宣告灭亡。

19 世纪末期，法国殖民主义者占领老挝，并将统治中心设在万象。此后，法国人开始着手进行万象的重建工作，一些具有法式风格的官邸和行政大楼相继拔地而起。第二次世界大战期间，万象被日军占领，但不久之后又重新陷入法国的统治。

《日内瓦协议》签订前后，老挝进入了内战时期（1953—1975 年），这不仅是左派的老挝人民革命党巴特寮（Pathet Lao）与右派的老挝皇家政府之间的内部斗争，而且还有北越、美国、泰国以及南越等外部势力的直接或间接参与。在这段时期，万象一直笼罩在政治动荡的阴影之中。

1975 年 12 月 2 日，巴特寮取得内战胜利，宣布废除存在了 600 余年的君主制，并成立老挝人民民主共和国，国都为万象。自此之后，万象开始慢慢复苏。1989 年，万象市从万象省分出，成为老挝唯一的直辖市。

地理

万象地形多为平原，地势较为平坦，平均海拔 174 米。市区紧紧傍依在湄公河东岸，由西向东、向北延展，形成"上"字形，环境幽静，绿树成荫，到处可见老挝国花占芭花（俗称鸡蛋花）。在市区的背面，有一片郁郁葱葱的森林，构成了一道天然的屏障。

湄公河畔有一条宽阔的滨河大道，横贯全市，两侧遍植椰子、凤凰树、香蕉、槟榔、龙眼、凤尾等热带植物。每年4、5月份，凤凰树花盛开，艳红如火，是万象最美的街道。不过，万象市内的大多数马路因年久失修，路面已变得坑坑洼洼。雨季时道路泥泞不堪，旱季时则又会打上许多难看的"补丁"。反观城外的道路，特别是穿城而过的13号公路，却宽阔平坦，与城内坑洼不平的马路形成鲜明的对比。

万象属热带季风气候，终年如夏，年平均气温为26.5℃左右，年降雨量为1660毫米左右。受热带季风影响，全年具有明显的热季、雨季和凉季。每年的3—5月为热季，平均气温为33.4℃左右；4月是一年之中最热的月份，平均气温达34.3℃，白天的极端最高气温甚至能达到40℃。每年的5—9月为雨季，平均气温在27℃左右，每月的降雨日数至少占到一半，整个雨季的降雨量占到全年总降雨量的85%以上；8月份降雨最多，平均降雨量为520毫米左右。每年的10月至次年的2月为凉季，天气晴朗，气温适宜，平均气温为19℃左右；12月份为最凉的月份，平均气温为16.7℃左右。

万象下辖8个县。城区有4县，分别为占塔布里（Chanthabouly）、西沙达纳（Sisattanak）、西柯达蒙（Sikhottabong）和塞色塔（Xaysetha）；郊区也有4县，分别为哈塞丰（Hadxaifong）、塞塔尼（Saythany）、纳塞通（Naxaithong）和培腊（Pak Ngeum）。

经济

万象地区为冲积平原，土壤肥沃，透气性好，有机质含量高，气候温暖湿润，具有发展农业的良好条件。主要农作物有水稻、玉米、烟叶、甘蔗、绿豆、香蕉、菠萝、柑橘、芒果等。

万象是老挝的工业中心，工业产值占全国工业总产值的一半左右。工业部门主要为轻工业，如碾米、食品、木材加工、卷烟、纺织、刺绣、服装、木藤、竹器、金银首饰等。郊外有盐井，盛产食盐。

万象是老挝的陆运、水运和空运中心，交通运输业较为发达。13 号公路是贯穿老挝全境的南北交通大动脉，以万象为中心，北可至上寮各省以及中国云南，南可达下寮诸省以及柬埔寨、越南。湄公河及其在老挝的 20 余支流，是老挝的水路交通大动脉，连接了万象和老挝的主要城市以及绝大多数省份，而横跨湄公河之上的泰老第一友谊大桥（廊开—万象），则是老挝与泰国商贸往来的重要通道。瓦岱国际机场是老挝最早的机场，拥有较现代化的航空设施。

自 20 世纪 90 年代以来，万象开始重视旅游业的发展。宜人的气候、田园式的风光、丰富的旅游资源和诚实好客的市民，吸引了越来越多的国内外游客。旅游业已成为万象最大宗的外汇收入行业。

文化

万象居民的数量为 78.3 万（2013 年），以老龙族（Lao Loum）为主，其语言、风俗习惯和我国傣族相似，其余为老听族（Lao Theung）、老松族（Lao Song）、华侨、越侨等。居民通用老挝语，多信奉佛教。

万象市中的许多村子都会修一座寺庙，寺庙的规模大小和装饰程度，能够反映村里人民生活水平的高低。为了显示本村的生活富裕，人们便互相攀比，热心捐款，竞相把寺庙装饰得金碧辉煌。更为有趣的是，很多村庄的小学都设在寺庙内。

万象人主食为糯米饭，但是菜肴却千奇百怪，有用蚂蚁和蚂蚁卵做的酸汤，有一盘盘新鲜的树枝、树叶、野菜、野果，常见的有薄荷、荠菜等，还有一些叫不上名字的，据说这些野生蔬菜具有祛病健体的药用功能。

万象市内无高楼大厦，多数建筑都在四层以下，既有老挝本土风格，又有法国、泰国、中国、美国等异域式样，似万花筒一般，让人眼花缭乱。万象郊区的住房，多是用数根长柱支撑起来的，离地面约 1 米高的木楼和竹楼，称为"高脚屋"或"浮脚楼"。这种民族传统建筑，是为了适应当地热带气候而设计的，既可以通风纳凉，又可以躲避洪水灾害和野兽侵扰。

万象的节日活动丰富多彩，其中最为著名的为塔銮节。该节日因在塔銮

（意为"皇塔"或"大塔"）举行而得名，是万象市规模最大、场面最隆重的传统宗教节日，每年 11 月份举行，历时半个月。节日期间，全国各地的僧侣络绎不绝地前来朝拜，佛教徒们携带食物、香烛、鲜花、钱等物品前来斋僧礼佛，国家要员要在塔銮的佛像前举行宣誓仪式、饮圣水仪式，并参加游神活动。节日的高潮是夜间的持烛绕塔仪式，由乐队、僧侣和善男信女们组成的游行队伍，先绕塔銮三周，再跪地膜拜。除塔銮节外，万象重要的节庆还包括泼水节、龙舟节、万佛节、水灯节、稻魂节等，都是全国性的节日。

老挝共有 5 所公办大学，其中 2 所位于万象，分别为老挝国立大学和老挝医科大学。其中，老挝国立大学为老挝国内水平最高、规模最大的综合性大学，已与广西民族大学合作成立了孔子学院。此外，成立于 2011 年的老挝苏州大学是老挝政府批准设立的第一所外资大学，也是中国政府批准设立的第一所境外大学，开创了中国高校赴国外办学之先河。

万象注重与国外主要城市进行交流与合作，先后与泰国的曼谷（Bangkok）、孟加拉的吉大港（Chittagong）、柬埔寨的金边（Phnom Penh）、越南的胡志明市（Ho Chi Minh City）、印度尼西亚的井里汶（Cirebon）等城市建立了友好城市关系。

旅游

万象的旅游景点较为丰富，以佛教建筑为主，最具代表性的景点包括塔銮、凯旋门和玉佛寺。塔銮是历代国王和高僧存放骨灰之所，是老挝最宏伟、最重要的一座佛塔，是老挝的象征和国宝，其地位相当于北京的天安门。此塔是一座风格独特的四方形佛塔，整体建筑分为三层，意比佛教中的三界——欲界、色界和无色界。凯旋门是为纪念老挝人民的解放独立而建，四面为造型完全相同的拱形门，远看像法国巴黎的凯旋门，但在其拱门基座上，饰有充满佛教色彩的精美雕刻，展示了老挝传统的民族文化艺术。凯旋门共七层，登上最高层，万象市容尽收眼底。玉佛寺是塞塔提腊王迁都万象之后下诏而建，主要用于供奉从琅勃拉邦带来的玉佛，目前玉佛被供奉于曼谷的玉佛寺中。此外，万象的著名景点还有西萨格寺、香昆寺、西孟寺、丹塔等。

万象的娱乐项目比较丰富，其中游船就餐最受游客欢迎。湄公河的一大支流——南俄河流经万象市区，河流两侧建有游船餐厅，游客在搭乘游船欣赏美景的同时可享用美味可口的老挝菜。此外，游客还可以参观国家历史博物馆、国家文化宫等文化娱乐设施，或者体验自行车骑行、按摩、瑜伽、SPA、高尔夫、厨艺培训等娱乐项目。

万象的特色商品主要有纺织品、民族服装、金银首饰、咖啡、甜角糖、果干等。这里没有高档的购物商场，主要购物场所包括 Talat Sao 集市、万象早市、万象夜市以及一些特色商店，如 Camacrafts 传统服饰店、Saoban 特色手工艺品店、Mixay Boutique 商店等。

在万象，游客可以品尝到各种各样的老挝美食，如糯米饭、腊普（又称肉末沙拉）、春木瓜、米粉、炒面、春卷、烤鱼、烤肉等。由于万象曾经长期作为法国的殖民地，法式餐厅在市内的大街小巷随处可见，法国长面包在当地颇受欢迎。另外，中国餐厅、泰国餐厅、柬埔寨餐厅、越南餐厅、印度餐厅也为数不少。

万象的住宿设施较为齐全，既有一些高档次的星级酒店，也有很多条件相对简陋的家庭旅馆，能够满足不同层次游客的住宿需求。不过，世界知名的酒店品牌很少入驻，仅有最佳西方在此设立连锁酒店。

万象为老挝的交通运输中心，拥有瓦岱国际机场、塔纳楞火车站、Talat Sao 长途汽车站、长途汽车北站和多个航运码头。市内交通工具主要有摩托车、嘟嘟车、自行车等。

琅勃拉邦

地名由来

琅勃拉邦，英文拼写为 Luang Prabang 或 Louang Phrabang，其名称源于老挝国内的一座国宝级佛像。1359 年，澜沧王国的开国之君法昂王收到了来自岳父的一份礼物。他的岳父是当时柬埔寨吴哥王朝的国王，礼物相当贵重，是一座高达 83 厘米、重约 50 公斤的纯金佛像，名为 PhraBang（勃拉邦）①。法昂王对此佛像视为珍宝和王国的保护神，特修建寺庙将其供奉起来，并以佛像的名字将国都改名为 Louang Phrabang。在老挝语中，Louang 意为"首都"，因此 Louang Phrabang 具有"勃拉邦佛之都"之意。

区位

琅勃拉邦地处老挝上寮地区，位于湄公河与其支流南康河（Nam Khan）的交汇处，南距首都万象 340 千米。城区总面积不足 10 平方千米，是琅勃拉邦省的省会老挝北部最大的城市，也是上寮地区的政治、经济、文化和军事中心。它所在的琅勃拉邦省，东临华潘、川圹两省，南靠万象省，西南与沙耶布里省接壤，西邻乌多姆塞省，北接丰沙里省。

历史

琅勃拉邦是老挝现存最古老的城镇。由于地处湄公河左岸和南康河河口，为沿河通道要冲，所以很早就有人在此居住，并逐渐形成聚落、城镇。早在公元前 2 世纪时，这里就已成为地方政权的都城。公元 7 世纪中叶以后，琅勃拉邦属于柬埔寨真腊王国的管辖区域，名为勐斯瓦（Muang Sua）。公元 9 世纪初，吴哥王朝取代真腊王国，继续管辖此地，并改名为香通（Xieng Thong）。11—12 世纪，来自中国南方的佬族和傣族迁至此地，逐渐成为这里的主要民族。

14 世纪中期，法昂王在吴哥王朝国王的帮助下，经过多年征战，先后强迫华潘、川圹、琅勃拉邦、占巴塞等地的领主向自己称臣，建立老挝历史上第一个统一的多民族国家——澜沧王国，王国的都城就设在香通。法昂王的

---

① 勃拉邦佛像是老挝佛教最重要的圣物。据传在公元1世纪时铸造于锡兰（今斯里兰卡）。自11世纪起，佛像一直保存在吴哥（吴哥王朝的首都）。1359年，佛像被送至老挝的琅勃拉邦。1563年，塞塔提腊王迁都之后，佛像被带至万象。1779年，万象城破，佛像被抢至泰国，三年之后便归还老挝。1828年，万象再次被泰国洗劫，佛像又被抢走。1867年，佛像再次归还老挝，现保存在老挝的国家博物馆内。

王后是来自吴哥的娘乔乐公主（Nang Keolot），是一名虔诚的佛教徒。当时，老挝人民信奉鬼神，用牲畜甚至用人来进行祭祀。王后对此感到颇为痛心，遂建议丈夫从吴哥引进小乘佛教。法昂王同意了王后的请求，派遣使臣来到吴哥，请求岳父派高僧至老挝传播佛教。

1359年，吴哥王朝国王派来了2名高僧、3名精通巴利三藏的佛学家和20名僧侣，前来老挝弘扬小乘佛教。随同他们一起到来的，还有许多工匠、随从人员以及那尊赫赫有名的勃拉邦佛像。自此之后，法昂王将香通改名为琅勃拉邦，将佛教立为国教，小乘佛教在老挝得到广泛深入的传播。

1563年，为了加强对缅甸的防御，塞塔提腊王将都城迁至万象，琅勃拉邦成为皇族权贵的后花园。1707年起，澜沧王国先后分裂为万象、琅勃拉邦、占巴塞三个王国，琅勃拉邦成为琅勃拉邦王国的国都，各国之间纷争不息。1779年，琅勃拉邦王国沦为泰国大城王朝（Ayutthaya Dynasty，135—1767年）的附属国。

19世纪末期，琅勃拉邦王国成为法国的殖民地，但在名义上保持着主权。法国殖民者扶植了傀儡政权，并引入越南劳工修建具有法式风格的办公楼和别墅。第二次世界大战期间，琅勃拉邦被日军占领，但不久之后又重新陷入法国的统治，一直持续到1954年《日内瓦协议》的签订。在此期间，琅勃拉邦王国的最后一任国王西萨旺·冯（Sisavang Vong）于1946年再次统一老挝，成立老挝王国（The Kingdom of Laos，1946—1975年在位），定都万象，但琅勃拉邦仍为王都。

1975年12月2日，巴特寮取得了老挝内战胜利，宣布废除存在了600余年的君主制，并成立老挝人民民主共和国，老挝王国宣告灭亡，琅勃拉邦由王都变为省会。1977年，老挝王国的最后一任国王西萨旺·瓦达纳（Sisavang Vattnana）及其妻子以"主席最高顾问"的身份被放逐到华潘省，不久相继去世。

1995年，琅勃拉邦古城被联合国教科文组织列入世界文化遗产名录。

地理

琅勃拉邦地处湄公河左岸，地势较为平缓，平均海拔约300米。四周群山环抱，森林茂密，东有浦沧山、浦爽山，西有浦陶山、浦娘山，市区中央矗立着景色秀丽的浦西山，海拔372米，是全城的最高点。南康河穿城而过，与湄公河一起将市区轻轻托起，形成"L"形的半岛，城依水建，水绕城流。街道两旁，槟榔树、椰子树挺拔葱郁；凤尾竹、翠竹随风摇曳；草坪如茵，鲜花怒放。如此风景雅致，比我国江南水乡更胜一筹。

琅勃拉邦属热带季风气候，终年如夏，年平均气温为26.5℃左右，年降雨量为1440毫米左右。受热带季风影响，全年具有明显的热季、雨季和凉季。每年的3—5月为热季，平均气温为33.4℃左右；4月是一年之中最热的月份，平均气温达34.4℃。每年的5—10月为雨季，平均气温仍在27℃左右，整个雨季的降雨量占到全年总降雨量的85%左右；8月份降雨最多，平均降雨量为290毫米左右。每年的11月至次年的2月为凉季，天气晴朗，气温适宜，平均气温为18.6℃左右；12月份为最凉的月份，平均气温为16℃左右。

经济

琅勃拉邦位于河谷地带，土地肥沃，气候适宜，农业是传统的生产部门，主要农作物包括水稻、玉米、薯类、菠萝、蜜瓜等。这里的菠萝和蜜瓜，皮薄、肉厚、多汁，味道香甜，品质极佳。

琅勃拉邦的手工业较为发达，此地出产的金银饰品、漆器、象牙雕刻、丝绸、陶器等手工艺品在国内享有盛名。另外，制材、铁器、食品等工业也很兴盛。

琅勃拉邦是上寮地区陆运、水运和空运的交通枢纽，交通运输业比较发达。老挝的交通大动脉13号公路纵贯市区，北可至上寮各省以及中国云南，南可达下寮诸省以及柬埔寨、越南。湄公河、南康河、南乌河等河流，构成了城市的水上交通线，可通达全国各主要省份。琅勃拉邦国际机场是上寮各航空线的调度周转中心。依靠较为发达的交通网络，琅勃拉邦成为上寮地区安息香、紫胶、砂仁、咖啡、鹿茸、木材、柴炭、玉米、水稻等土特产的集散地。

琅勃拉邦是老挝首屈一指的旅游胜地，这里民风淳朴，没有过分商业化的人际关系，自然生态保护良好，被公认为东南亚传统与殖民风格保存最为完好的城市，成为西方游客梦寐以求的世外桃源。每年来此旅游的国际游客数量都会大大超过本地居民数量，旅游业已成为本地的重要支柱产业。

文化

2016年，琅勃拉邦居民的数量为4.74万[1]，大多数为老龙族，其语言、风俗习惯和我国傣族相似，其余为老听族、老松族、华侨、越侨、泰侨、越侨等。居民通用老挝语，能够说一口流利的英语、法语的当地人也不在少数。

琅勃拉邦佛教气息浓郁，城市居民笃信佛教，宁静平和，虔诚善良。这里路不拾遗，夜不闭户，没有坑蒙拐骗，没有假冒伪劣，没有钩心斗角，在这样一种舒适、恬静的环境之中，人们生活得悠然自得，轻松惬意。每天清晨，这里都会呈现一大景观，那便是僧人沿街化缘。等待布施的信徒们沿街排列，铺着席子，跪在路边，将准备好的糯米饭、粽子等食物依次献给前来化缘的僧人们。化斋之后的僧人回到寺庙进餐，从中午到晚上，便不再进食，这种传统一直延续至今。

琅勃拉邦共遗留下来679座颇有历史价值的古老建筑物，包括寺庙、佛塔、王宫、民居等。市内寺庙众多，风格多样，有的寺庙古榕参天，有的寺庙花木繁茂，有的寺庙佛塔耸立。寺庙的主色，有的以红色为主，华贵雍容；有的以金色为主，金碧辉煌；有的以黑色为主，庄严肃穆。市内的村子都以当地的寺庙来命名，如基利村出自基利寺，霍香村源于霍香寺。居民将寺庙的功用推向了极致，寺庙不仅是传教诵经的场所，还可作为学校、医院、俱乐部、议事所、体育场、艺术馆等之用。

琅勃拉邦是一座东西合璧的城市，法国殖民者带来的欧洲风情和本土佛教文化在此融合，东方韵味的底色上点缀着许多欧洲文化的痕迹。欧洲风格的小楼比比皆是，街头巷尾的咖啡厅、酒吧星罗棋布，构成了城市一道亮丽

---

[1] http://worldpopulationreview.com/countries/laos-population/major-cities-in-laos，查阅日期：2016年2月25日。

的风景线。

琅勃拉邦的节日活动丰富多彩，主要为老挝全国性的传统节日，如泼水节、万佛节、龙舟节、佛诞节、水灯节等。不过，相对于其他各地来说，这里的泼水节和龙舟节更具特色。在这两个节日期间，来自全国各地的人们，包括达官显要、各国驻老挝使节，都会云集于此。琅勃拉邦的泼水节，又被称为"女人节"，因为在打水仗之时，妇女是主动和得势的一方，男人们则欢天喜地地接受一年一度的"洗礼"。而琅勃拉邦的龙舟节，则又被称为"男人节"，因为在这个节日期间，男人则成为主动和得势的一方，可以向任何一个女人吐露爱情甚至品头论足。

老挝共有 5 所公办大学，其中 1 所位于琅勃拉邦，即苏发努冯大学。该大学以老挝共和国第一任国家主席、人称"红色亲王"的苏发努冯亲王（Prince Souphanouvong，1909—1995 年，祖籍为琅勃拉邦）的名字命名，吸引了上寮地区不同民族的众多学子。

琅勃拉邦比较注重与国外城市的交流与合作，2009 年与缅甸的蒲甘（Bagan）建立了友好城市关系。

旅游

琅勃拉邦的旅游资源较为丰富，人文旅游景点主要集中于市区，自然旅游景观则主要分布在郊区。香通寺，是琅勃拉邦最宏伟、最负盛名的一座寺庙，其大殿代表了经典的琅勃拉邦寺庙建筑风格，其后墙上镶嵌着壮观的生命之树图案。维苏那拉特寺是琅勃拉邦最古老的寺庙，曾两度供奉勃拉邦佛像。大殿前矗立着一座高达 34 米的莲花佛塔，圆顶造型，状如西瓜，俗称西瓜塔。普西山作为全城的最高点，是观赏日出、日落的最佳地点；登上山顶的观景台，可饱览全城景色，精巧雅致的法式别墅、古朴肃穆的宗教建筑、静静流淌的湄公河和南康河，一切美景，尽收眼底。山顶之上，有一座金碧辉煌的佛塔，名为宗西塔，塔身呈四角形，塔尖似一朵含苞待放的莲花。

位于北郊的唐丁古洞，名气颇高，被誉为湄公河的灵魂。此洞为石灰岩溶洞，景色极似桂林山水，被认为是神仙所居之所，洞中藏有佛像上千座。

位于南郊的光西瀑布和东郊的达塞瀑布均为天然的瀑布，周围是大片的原始森林，景色颇为壮观。

琅勃拉邦的娱乐项目较为丰富。普西山的西麓，坐落着一座著名的皇宫博物馆，原为王宫，后改为国家博物馆，馆内主要收藏了澜沧王国的历史遗迹，屡经劫难的勃拉邦佛像就珍藏在这里，是博物馆的镇馆之宝。此外，游客还可在此体验丛林穿越、骑象、攀岩、漂流、自行车骑行等娱乐项目。

琅勃拉邦的特色商品种类繁多，以手工艺品和食品居多，主要包括民族服装、民族布艺、金银首饰、麻绳灯笼、环保笔记本和灯罩、绘画、咖啡、花草茶、养生酒、甜角糖、果干等。和万象一样，这里没有高档的购物商场，主要购物场所包括达拉市场、万家隆购物广场、早市、夜市以及一些特色购物商店。

在琅勃拉邦，游客既可品尝到正宗的老挝菜，也可以品尝到世界各地风味的料理，如精致考究的法式大餐、口味纯正的印度料理等。当地的特色美食种类繁多，如糯米饭、老式火锅、老挝啤酒、腊普、湄公河苔、自助素餐、冬阴功汤、春卷、烤鱼、烤鸡腿、椰子饼等。

琅勃拉邦的住宿设施数量众多，种类齐全，既有奢华的星级饭店，也有条件简陋的家庭旅馆，可满足各层次游客的住宿需求。不过，世界知名的酒店品牌很少，仅有雅高一家在此设立连锁酒店。

琅勃拉邦是上寮地区的交通运输中心，市区内有琅勃拉邦国际机场、南部客运汽车站、北部客运汽车站和多个航运码头。市内交通工具主要有摩托车、嘟嘟车、自行车等。

巴 色

地名由来

巴色，英文拼写为 Pakse，以其所处的地理位置而得名。在老挝语中，

Pak 意为"河口"，Se 是 Se Don River（色敦河）的简称，因此 Pakse 的意思为"色敦河的河口"。因此城位于色敦河汇入湄公河的河口两侧，故名巴色。

区位

巴色地处老挝下寮地区，位于湄公河与其支流色敦河的交汇处，北距首都万象 600 千米、琅勃拉邦 900 千米。城区总面积约 10 平方千米，是占巴塞省的省会、老挝南部的最大城市，也是下寮地区的政治、经济和文化中心。它所在的占巴塞省，北临沙拉湾省，东靠塞公省和阿速坡省，南与柬埔寨相连，西与泰国接壤。

历史

由于巴色地处湄公河沿岸和色敦河河口，为沿河通道要冲，所以很早就有人在此居住，但它成为城镇却是 20 世纪初期的事情，至今仅有 100 多年的历史。

最初，巴色一带先后属于柬埔寨扶南王国（The Kingdom of Funan，公元 58—550 年）、真腊王国以及吴哥王朝的管辖区域。14 世纪中期，在法昂王统一老挝之后，巴色正式成为澜沧王国的领土。1707 年起，澜沧王国先后分裂为万象、琅勃拉邦和占巴塞三个王国，巴色属于占巴塞王国的统治范围。1778 年，占巴塞王国的国王被泰国大城王朝俘获，占巴塞王国遂先于其他两个王国成为泰国的附属国。

19 世纪末期，老挝沦为法国的殖民地，而巴色的命运也随之发生改变。1905 年，法国殖民者将巴色设为下寮地区的前哨基地，巴色正式成为占巴塞王国的首府，直到 1946 年老挝王国成立。法国殖民者引入越南劳工修建具有法式风格的办公楼和别墅，而且还将咖啡引入，在巴色以东的波罗芬高原广泛种植。在此期间，一批批来自泰国和越南的华人涌入巴色，傍河搭棚建店，巴色逐渐发展成为重要的运输码头和下寮地区最大的城市。

1946 年，琅勃拉邦王国的最后一任国王西萨旺·冯再次统一老挝，成立老挝王国，定都万象，占巴塞王国成为老挝王国的一个省。1975 年 12 月 2 日，巴特寮（Pathet Lao）领导取得了老挝内战胜利，宣布废除存在了600余年的君主制，并成立老挝人民民主共和国，老挝王国宣告灭亡，巴色成为占巴塞省的省会。

地理

巴色地处老挝地势最低的巴色低地北端，海拔约100米。湄公河南北穿城而过，色敦河东西横贯市区。城市以西为层峦叠嶂的苍翠远山，城市以东为广阔肥沃的波罗芬高原。

巴色属热带季风气候，终年如夏，年平均气温为26.6℃左右，年降雨量为2070毫米左右。受热带季风影响，全年具有明显的热季、雨季和凉季。每年的3—5月为热季，平均气温为34℃左右；4月是最热的月份，平均气温达34.8℃左右。每年的5—10月为雨季，平均气温在27℃左右，整个雨季的降雨量占到全年总降雨量的93%以上；8月份降雨最多，平均降雨量为520毫米左右。每年的11月至次年的2月为凉季，天气晴朗，气温适宜，平均气温为22.4℃左右；12月份为最凉的月份，平均气温为20℃左右。

经济

巴色所在的巴色低地，水源充足，土壤肥沃，气温适宜，是老挝主要的稻米产区。巴色以东的波罗芬高原，盛产咖啡、茶叶、砂仁、木材、热带水果和畜产品。另外，巴色郊区有养鱼场、铜矿场，市区内有碾米、锯木、砖瓦等工厂。

巴色是下寮地区的交通枢纽，陆运、水运和空运较为发达。老挝的交通大动脉13号公路纵贯市区，北可通上寮各省以及中国云南，南可达柬埔寨，东可至越南。16号公路东可达塞公省，西可达泰国，而横跨于湄公河之上的老挝日本大桥也是老挝、泰国贸易交流的重要通道。湄公河、色敦河构成城市的水上交通线，可通达全国各主要省份。巴色机场是老挝为数不多的国际机场之一。依靠四通八达的交通网络，巴色成为下寮地区的物流中心和经济贸易重镇。

近年来，巴色的旅游业得到了较大程度的发展，已成为城市赚取外汇收入的重要产业。目前，巴色不仅是老挝的一个重要旅游目的地，而且是游客前往瓦普庙[①]、四千美岛等周边著名景点的重要中转地。

文化

2016年，巴色居民的数量为8.83万[②]，大多数为老龙族、老听族、老松族，其余为华侨、越侨及部分少数民族等。居民通用老挝语，多信奉佛教。民间节庆活动多与佛教有关，主要为老挝全国性的传统节日，如泼水节、万佛节、佛诞节、水灯节、送水节等。

巴色市内拥有寺庙20多座，多为老挝传统建筑风格。巴色市内高楼大厦非常少，居民的住房，多为距离地面较高的"高脚屋"或"浮脚楼"，既可以通风纳凉，又可以躲避洪水灾害和野兽侵扰。由于巴色是由法国殖民者所建，城市建筑也遗留下了许多殖民主义的痕迹。

老挝共有5所公办大学，其中1所位于巴色，即占巴塞大学。该大学下设科学基础学院、师范学院、工程学院等学院，吸引了下寮地区不同民族的众多学子。

旅游

巴色市内景点数量不多，以寺庙为主，规模最大的两座寺庙为瓦琅寺和坦费寺。瓦琅寺始建于1830年，是巴色最古老的寺庙，也是当地的佛学院。坦费寺，因寺内的一座神殿拥有佛祖脚印而备受百姓尊崇。市郊自然风光秀丽，森林茂密，瀑布众多，例如芬瀑布、达宋帕米瀑布等。

巴色的娱乐项目较为丰富。占巴塞历史遗产博物馆，是游客了解占巴塞省历史文化的场所，馆内主要收藏了占巴塞王国时期的文物、瓦普庙的部分

[①] 瓦普庙，是老挝著名的佛教古刹，建筑富有高棉风格，素有"小吴哥"之称。2001年，被联合国教科文组织列入世界文化遗产名录。

[②] http://worldpopulationreview.com/countries/laos-population/major-cities-in-laos，查阅日期：2016年2月25日。

精美雕刻以及波罗芬高原少数民族的服饰文化介绍等。此外，游客还可在此体验丛林穿越、骑象、漂流、按摩、桑拿、自行车骑行等娱乐项目。

巴色的特色商品种类较多，主要包括咖啡、茶叶、丝绸、珠宝首饰、民族服装、甜角糖、果干等。和老挝其他城市一样，这里没有高档的购物商场，主要购物场所有 Dooheuang 市场、早市以及一些特色购物商店。

在巴色，游客既可品尝到正宗的老挝菜，也可以品尝到世界各地风味的料理，如法国菜、泰国菜、中国菜、越南菜、印度菜等。当地的特色美食种类众多，如糯米饭、老式火锅、老挝啤酒、湄公河苔、冬阴功汤、春卷、烤鱼等。

巴色的住宿设施数量较多，种类齐全，既有豪华的星级饭店，也有条件简陋的青年旅馆，可满足各层次游客的住宿需求。不过，星级饭店数量较少，世界知名的酒店品牌没有一家在此设立连锁酒店。

巴色是下寮地区的交通运输中心，市区内有巴色国际机场、汽车北站、汽车南站、VIP汽车站和多个航运码头。市内交通工具主要有摩托车、嘟嘟车、自行车等。

柬埔寨

　　柬埔寨（Cambodia），全称为柬埔寨王国，国名源于柬埔寨语中的
Kampuchea一词，其中Kampu（卡姆布）为柬埔寨主体民族高棉族的始祖，
Chea意为"子孙"，Kampuchea则意为"卡姆布的子孙"。该国位于中南半岛
的东南部，西部、北部与泰国接壤，东北部与老挝交界，东部、东南部与越
南毗邻，西南部则濒临泰国湾，国土总面积为18.1万平方千米，人口数量为
1582.72万[①]（2016年）。全国共分为24个省和1个直辖市，主要城市包括金
边（Phnom Penh）、暹粒（Siam Reap）、马德望（Battambang）、西哈努克市
（Sihanoukville）等。

金　边

地名由来

　　金边，英文拼写为Phnom Penh，它是一座以山命名的城市。在柬埔寨语
中，Phnom意为"山"，Penh意为"奔"，是一位夫人的姓氏，因此Phnom

---

① http://worldpopulationreview.com/countries，查阅日期：2016年4月20日。

Penh 具有"奔（夫人）山"的意义。关于 Phnom Penh 的由来，在当地有一段古老的传说。

14 世纪时，在今金边附近，居住着一位姓 Penh（奔）的妇女，人们称她为奔夫人。她生活富裕，而且是一位虔诚的佛教徒。1372 年的一天，阴云密布，雷电交加，大雨滂沱，河水暴涨。等到雨过天晴之后，奔夫人来到河边，发现一棵大树在水面上盘旋。于是，奔夫人招呼邻居们，用绳索拴住大树，将其拖上河岸。在大树上的污泥被冲洗之后，他们发现树上竟然有一个洞，里面藏有 4 尊铜铸佛像和 1 尊石佛像。众人以为这是天赐之物，便将佛像恭恭敬敬地迎回奔夫人的家中，并盖了一座小棚，暂时供奉起来。随后，奔夫人又召唤邻居们抬土把她家西面的一座小山加高，并把大树锯成柱子，在山顶建起一座寺庙，将佛像供奉其中。自此之后，这座小山就被称为 Phnom Penh（奔山）。

1434 年，金边王朝 ① 的第一位国王本哈·亚（Ponhea Yat，1396—1466 年）将都城迁至此地，并以 Phnom Penh 作为国都的名字。

区位

金边地处柬埔寨南部，位于湄公河、洞里萨河（Tonle Sa River）和巴沙河（Bassac River）的交汇处，东临波萝勉省，南连甘丹省和茶胶省，西接磅士卑省，西北与磅清扬省相连，东北与磅湛省接壤。城区总面积为 678 平方千米，是柬埔寨的首都、柬埔寨的唯一直辖市和最大城市，也是柬埔寨的政治、经济、文化、交通、贸易和宗教中心。

历史

金边原为湄公河岸边的一个小渔村，它正式走向历史舞台是在 15 世纪上半期，至今已有近 600 年的历史。

---

① 柬埔寨，古称高棉，其历史主要包括四个时期，依次为扶南王国（公元58—550年）、真腊王国（公元50—706年）、吴哥王朝（公元802—1431年）和金边王朝（1431年至今）。

1431 年，由于不堪忍受泰国大城王朝的侵扰，吴哥王朝的最后一位国王本哈·亚放弃了原来的都城吴哥，迁至今磅湛省的巴山（Basan）。但是，巴山一带地势低洼，常遭洪水侵袭，因此本哈·亚决定继续迁都。于是，他派遣官员和高僧至各地寻找适合建新都的地方。当考察团一行来到金边时，见此地河渠纵横，土地肥沃，交通便利，易守难攻，具有重要的战略位置，是建立国都的理想之地。而且，他们又听当地居民讲述了奔夫人的故事，一致认为将国都迁至金边也符合佛祖的心意。在听取了考察团的建议之后，国王大喜，遂于 1434 年迁都金边，建立金边王朝。

迁都之后，本哈·亚国王在金边进行了许多建设，修筑了王宫，加高了奔山，建造了 6 座佛寺，开挖了运河，使城市初具规模。然而，由于王室成员之间为争权夺利，发生内乱，金边在成为国都仅仅 73 年之后，便被抛弃。在其后的 360 年的时间里，金边王朝屡次迁都，先后在菩萨（Pursat）、洛韦（Longvek）、乌栋（Oudong）等地建立王宫。

16 世纪中期，一大批来自中国等地的商人在此开展贸易，使金边成为一个比较繁华的城市。然而，一个世纪之后，越南入侵柬埔寨，封锁了海上的贸易航线，金边贸易遭受重创。1772 年，泰国吞武里王朝入侵柬埔寨，将金边夷为平地。

1863 年，柬埔寨成为法国保护国，金边开始走向现代化的发展道路。1866 年，诺罗敦·安·吴哥国王（NorodomAng Voddey，1834—1904 年）再次迁都金边，使之成为金边王朝的永久首都。在法国殖民者的支持下，金边城区得到了较为系统的规划，一栋栋具有法式风格的大楼、别墅相继建成，金边成为一座真正的美丽城市，被称为"东方小巴黎""印度支那的绿洲"。

1940 年，柬埔寨被日本占领。第二次世界大战结束之后，法国殖民者卷土重来。为了争取独立解放，柬埔寨人民进行了长期英勇的斗争，终于在 1953 年 11 月 9 日获得完全独立。为了纪念这一历史性的胜利，诺罗敦·西哈努克国王（Norodom Sihanouk，1922—2012 年）在金边建立了高大雄伟的独立纪念碑。

柬埔寨独立之后，金边城市的经济得到快速发展，人口迅速膨胀，居民的居住条件得到较大改善，学校、医院、公路、运动场等基础设施相继落成，一切似乎都朝着美好的方向发展。然而 1970 年的朗诺政变，使得金边的城市建设戛然而止，城市又重新陷入了灾难的深渊。

1970 年，朗诺（Lon Nol，1913—1985 年）在美国政府的支持下，发动政变，推翻了以诺罗敦·西哈努克国王为首的柬埔寨王朝政府，成立高棉共和国。在其统治的 5 年时间里，金边遭受了严重的摧残和轰炸，成千上万的难民蜷缩在仅可以遮风避雨的各个角落。

1975 年，红色高棉（柬埔寨共产党）解放金边，成立民主柬埔寨。金边居民被疏散至乡村，仅三天时间，拥有 200 万人口的金边几乎成为一座空城。1979 年，越南入侵柬埔寨，战争延续了整个 20 世纪 80 年代。至 1989 年越柬战争结束时，金边已是一座千疮百孔的垃圾城市。

1993 年，柬埔寨恢复了君主立宪制，诺罗敦·西哈努克再次成为国王。当柬埔寨重归国际社会时，金边也被推到了政治、经济的最前沿，大量资金的涌入，使金边重新走上了恢复和平和经济发展的道路。

地理

金边的地形为平原，地势很低，平均海拔不足 12 米。来自不同方向的湄公河、洞里萨河和巴沙河在市区东侧汇流之后，向东南方向流去，颇似四只巨大的手臂，将金边轻轻托起。因此，三河相汇之处所形成的广阔水面，被当地人称为四面河，而华侨则给它起了一个更形象的名字——四臂湾。河流不仅为金边提供了充分的水源和其他自然资源，也经常发生洪水之灾。金边的制高点即前面所提到的奔山，因山顶寺庙上建有高达 30 米的圆锥形佛塔，故俗称塔山。此山高约 100 米，站在山顶上，可饱览金边全景。

金边属热带季风气候，全年气温较高，年平均气温为 28.2℃左右，年降雨量为 1640 毫米左右。受热带季风影响，全年具有明显的热季、雨季和凉季。每年的 3—5 月为热季，平均气温为 34.7℃左右；4 月是一年之中最热的月份，平均气温 35℃，白天的极端最高气温甚至能达到 40.5℃。每年的 5—10 月为雨季，平均气温在 28.7℃左右，每月的降雨日数至少占到一半，整个雨季的降雨量占到全年总降雨量的 75% 以上；10 月份降雨最多，平均降雨量为 320 毫米左右。每年的 11 月至次年的 2 月为凉季，气温适宜，降雨较少，平均气温为 22.3℃左右；12 月份为最凉的月份，平均气温为 21.7℃左右。

目前，金边共分为 12 个区（Khan，相当于县），其中有 8 个区位于市内，4 个区位于市郊。金边是柬埔寨人口最多、分布最为稠密的地区，2016 年的人口数量达到 157.35 万人[1]。

经济

金边是柬埔寨的经济中心，经济生产总值在柬埔寨的 GDP 中占有重要比重。近年来，金边的经济速度较快，一直保持着两位数的增长率。

金边一带是柬埔寨的三大稻米产区之一，湄公河在金边的落差较大，洪水退后留下的肥沃淤泥，是天然的优质肥料。在长期的生产实践中，柬埔寨人民培育出适应洪水条件的稻米品种——浮稻，有红、白两种，品质极佳。

金边是柬埔寨的工业中心，其主要工业是加工工业和手工业，主要有纺织、食品加工、造纸、化工、电信器材、轮胎制造、木材加工、碾米等。

金边是柬埔寨的交通中心，也是中南半岛重要的交通枢纽之一，陆运、水运和空运都相当发达。金边的公路四通八达，有 7 条国家公路通向全国各地及周边邻国。柬埔寨仅有的两条铁路汇合于金边，西北可达位于泰柬交界的班迭棉吉省，东南可至西哈努克市。金边为柬埔寨的内河枢纽，船只可沿湄公河、洞里萨河通往全国主要城市，还可经越南南方出海。金边国际机场是柬埔寨最大、最繁忙的国际机场。依靠便利的交通网络，可将各省出产的稻米、木材、橡胶、水产等运往金边或出口到世界各地，或将金边的工业产品或进口物资运向全国。

金边是柬埔寨的主要旅游目的地和旅游集散地。近年来，金边的旅游业发展迅速，国内外游客数量逐年增加，旅游业已成为该市的重要支柱产业。

---

[1] http：//worldpopulationreview.com/countries/cambodia-population/major-cities-in-cambodia，查阅日期：2016年2月18日。

文化

金边的居民中，高棉人占到 90%，其他为华侨、越侨以及占族（Chams）、普农族（Budong）、老族（Laos）、泰族（Thai）等少数民族。居民多使用柬埔寨语，英语、法语的使用也较为普遍。90% 以上的居民信仰佛教，少数人信奉伊斯兰教和基督教。

金边市区街道纵横交错，主要街道多用国内外名人的名字命名，包括著名的柬埔寨国王诺罗敦·西哈努克以及友好国家的领导人戴高乐（De Gaulle，1890—1970 年，法国第 18 任总统）、铁托（Tito，1892—1980 年，南斯拉夫总统）、尼赫鲁（Nehru，1889—1964 年，印度独立后第一任总理）、毛泽东（1893—1976 年）等。主要街道之外的街道则多数没有名称，只有数字编号，一般规则是数字由北向南逐渐增大，东西方向的街道为偶数，南北方向的街道为奇数。

金边节庆活动众多，每月都有不同的节庆，其中最隆重、最热闹的是送水节和御耕节。送水节是为庆祝雨季结束、河水消退而设，每年 11 月初举行，为期 3 天。节日期间，金边万人空巷，外省人也纷纷赶到首都，将湄公河两岸挤得水泄不通，皇宫前的湄公河畔搭起漂亮的浮宫，国家元首、政府要员、外交官员都在浮宫内观看节日景象；主要庆祝活动为下午的划船比赛和晚上的游灯船活动。御耕节，每年 4 月底或 5 月初举行，是一个在王室成员带领下进行的传统农业节庆。金边皇宫的南面有一块专供国王耕种的王家田，是节庆仪式的举办地，届时国王及王室成员会亲自扶犁撒种，宣布传统种稻季节的开始。此外，还有柬埔寨新年、佛诞节、亡人节等。

金边拥有著名的柬埔寨皇家芭蕾舞团，柬埔寨国王诺罗敦·西哈努克的母亲曾亲自指导和监督芭蕾舞团的排练演出，西哈努克的大女儿和小儿子西哈莫尼（Norodom Sihamoni，柬埔寨现任国王）都曾是皇家芭蕾舞剧团的明星。柬埔寨皇家芭蕾舞源于印度宫廷舞蹈，至今已有 1000 多年的历史，是世界舞蹈艺术花园中经久不衰的一朵奇葩。皇家芭蕾舞被视为国宝，通常在王室的各种庆典和仪式（如冕礼、婚礼、葬礼以及重大节日等）上演出，以其优雅的手势和色彩艳丽的服饰而著称。2003年，柬埔寨皇家芭蕾舞被联合国教科文组织列入世界非物质文化遗产名录。

金边是柬埔寨的教育中心，全国高等学校几乎都集中在这里。比较著名的大学包括金边皇家大学、皇家艺术大学、皇家农业大学、皇家经济法律大学等。其中，金边皇家大学是柬埔寨办学时间最长、规模最大的高等学府。

金边注重与国外主要城市之间的交流与合作，与全球9个国家的20个城市建立了友好城市关系，其中包括中国的上海、天津、昆明和长沙。

旅游

金边的旅游资源丰富，既有文化底蕴深厚的人文景观，又有风光秀丽的自然景观。皇宫，始建于1866年，具有传统的高棉建筑风格和浓厚的宗教色彩，是现任国王西哈莫尼的宅邸。其建筑风格与曼谷的大皇宫颇为相似，是金边最主要的地标之一。宫内有一处著名的寺庙，地板由5300多块银砖铺就，称为银阁寺，因寺内供奉玉佛，又称为玉佛寺。乌那隆寺是金边市内最大的佛教寺院，也是柬埔寨的佛教中心，因传说寺内藏有一位高僧的眉毛而得名。寺内拥有金边最大的佛塔，塔内供奉着1890年从斯里兰卡迎来的佛祖舍利子，后来达官贵人也趋之若鹜，纷纷将先人的骨灰附葬于此，以致四周塔群林立。此外，塔山寺、兰卡寺、独立广场、野生动物园等景点也较为著名。

金边拥有较为丰富的文化娱乐设施，主要为博物馆或纪念馆。柬埔寨国家博物馆是柬埔寨国内首屈一指的历史学和考古学博物馆，也是拥有世界最多的高棉艺术收藏品的场馆之一。馆内藏品丰富，主要展出史前时期至吴哥王朝的文物，展品主要有四类——石器、青铜器、瓷器和木器。吐斯廉屠杀博物馆和钟屋杀人场是游客深刻了解红色高棉历史的理想场所。在金边，游客还可以泛舟四臂湾上静观长河落日，或去金色时代艺术中心欣赏高棉表演艺术。

金边的特色商品种类较多，其中银器、纺织品、木雕、版画、红宝石、香料（以胡椒为代表）、果脯等颇为著名。购物场所众多，拥有大型购物中心、超级市场、集贸市场和很多纪念品商店，主要的购物市场有三个，分别为中央市场、俄罗斯市场和苏利亚购物中心。

金边的餐饮业较为发达，而且非常国际化。在这里不仅可以品尝到正宗的柬埔寨菜，还可以领略各国菜品的风味，如中国菜、法国菜、越南菜、泰国菜等。柬埔寨菜接近泰国菜，但酸辣不强，甜味较浓，以河鲜、海鲜、牛肉、鸡肉为主，并吸收了越南菜和中国菜的烹饪技术和食材，特色美食包括阿莫克鱼（Amok）、酸汤鱼、酱汁炒牛肉、柬式春卷、柬式火锅、柬式三明治、咖喱汤等。

金边的住宿设施齐全，既有奢华的五星级饭店，也有条件简陋的青年旅店，可满足各层次游客的住宿需求。世界知名的酒店品牌中，有洲际、索菲特、最佳西方、艾美等在此设立连锁酒店。

金边为柬埔寨的交通中心，市区内有金边国际机场、金边火车站、金边长途汽车站和西索瓦码头。市内交通工具主要有出租车、嘟嘟车、摩的、公交车、人力三轮车等。

暹 粒

地名由来

暹粒，英文拼写为 Siam Reap。在柬埔寨语中，Siam 意为"暹罗"（泰国的旧称），Reap 意为"打败"，因此 Siam Reap 具有"打败暹罗"的意义。暹粒在1794—1907年期间被泰国占领，柬埔寨收复之后便将该地区改名为暹粒，暗寓高棉人最终战胜了暹罗人，夺回了属于自己的领土。

区位

暹粒地处柬埔寨西北部，位于洞里萨湖的西北端，东南距金边320千米，西距泰柬交界的波别镇152千米，是暹粒省的首府，也是柬埔寨西部的交通中心和著名的旅游城市。它所在的暹粒省，东连柏威夏省，东南与磅同省接壤，南临菩萨省，西靠马德望省和班迭棉吉省，北邻奥多棉吉省。

历史

暹粒原为洞里萨湖岸边的一个小村庄，直至 20 世纪初才成为一个小城镇，至今仅有 100 多年的历史。然而，市内的吴哥（Angkor）却是一座有 1000 多年历史的古老城市，而暹粒则在一边默默地见证了这座千年古城的沧桑巨变。

据史料记载，自公元 1 世纪时，暹粒一带属于扶南王国的统治区域。公元 6 世纪时，扶南王国被真腊王国取代。公元 8 世纪初，真腊王国分裂为北方的陆真腊和南方的水真腊两个王国，暹粒地区隶属于陆真腊。

公元 802 年，阇耶跋摩二世（Jayavarman II，公元 770—835 年）统一了两北真腊，建立了统一的高棉帝国，定都吴哥，史称吴哥王朝。阇耶跋摩二世自称为湿婆神①的化身，并在吴哥东北的荔枝山②上修建了一座象征宇宙中心的寺庙。此后几百年时间里，其后继者纷纷仿效，一座座寺庙、佛塔、宫殿等建筑拔地而起，共计 600 余座。

11 世纪后半叶，吴哥王朝发生内乱。经过一番血腥争斗，苏耶跋摩二世（Suryavarman II，1113—1150 年在位）重新统一了柬埔寨，疆域空前辽阔，吴哥王朝进入鼎盛时期。他不再信奉之前的湿婆神，转而信仰毗湿奴神③，并花费 30 多年的时间为其修建了恢宏雄伟的吴哥窟。在苏耶跋摩二世生前，吴哥窟作为皇宫，在其死后，又成为皇陵。

1177 年，吴哥被来自越南的占城国攻陷，国王被杀。四年之后，王子阇

---

① 湿婆是印度教三大神之一，具有不同的形象和复杂的性格。他既是恐怖的毁灭之神，又是欢乐的舞蹈之神；既是男性生殖力量的象征，又是禁欲的伟大苦行者。

② 荔枝山位于吴哥东北30千米处。1295年，中国元朝使节访问柬埔寨的吴哥王朝，随行人员周达观，在从事吴哥历史研究之余，将随船带来的中国荔枝种子赠给吴哥附近的居民。后来荔枝长满山坡，遂命名为荔枝山。周达观回国后，创作了一部游记，名为《真腊风土记》，是一部研究柬埔寨古代历史文化的重要史籍。

③ 毗湿奴是印度教三大神之一，是宇宙的保护之神。他有四只手，分别持有轮宝、法螺、仙杖和莲花，其坐骑是大鹏金翅鸟。

耶跋摩七世（Jayavarman VII，1125—1218年）率兵将占城军队赶走，收复吴哥。阇耶跋摩七世则摒弃了印度教，改信大乘佛教，并且在吴哥窟以北的不远处建立了更为宏伟的吴哥通王城。吴哥古迹中的众多经典寺庙，如巴戎寺、塔布隆寺等，都是在他统治期间完成。

阇耶跋摩七世死后，高棉帝国开始衰落，强大起来的泰国大城王朝先后两次洗劫了吴哥王城。1431年，因不堪忍受泰国人的屡次侵扰，吴哥王朝的最后一位国王本哈·亚放弃了都城吴哥，迁至今磅湛省的巴山，而昔日繁华的吴哥古城也从此湮没于丛林榛莽之中，到16世纪时已成为一片杂木丛生的废墟，逐渐被人们遗忘。

16世纪以后，柬埔寨王室成员之间为争权夺利，内乱不断，屡屡受到两个更为强大的邻邦（即越南和泰国）的侵扰。1794年，吴哥地区以及马德望（Battambang）、诗梳风（Sisophon）等西北重镇被泰国曼谷王朝（1782年至今）占领，长达100多年。在泰国统治期间，吴哥地区被称为暹罗城（Siam Nakhon）。

1860年，一位名为亨利·穆奥（Henri Mouhot，1826—1861年）的法国植物学家和探险家为捕捉珍稀的蝴蝶标本来到暹罗城。在这片野兽经常出没的荒蛮森林中，亨利·穆奥一行发现了那座沉睡了许久的吴哥古城遗址。在发现吴哥古迹的一瞬间，亨利·穆奥即为其无与伦比的惊艳之美所深深折服："此地庙宇之宏伟，远胜古希腊、罗马遗留给我们的一切。走出森森吴哥庙宇，重返人间，刹那间犹如从灿烂的文明堕入蛮荒。"自此之后，隐没400余年的吴哥古城，再度重现于世人的视野之中。

在吴哥古迹被发现的三年之后，柬埔寨成为法国的保护国。1907年，因慑于法国的威力，泰国将暹罗城、马德望、诗梳风等地归还给柬埔寨。长期遭受欺凌的柬埔寨，终于在法国人的帮助下战胜了泰国，为了表达内心的喜悦之情，金边王朝将暹罗城改名为暹粒。而正是在改名之后，暹粒才得以开始发展，并迎来了第一次旅游浪潮。1932年，著名的吴哥大饭店开业。直到20世纪60年代末，吴哥古迹一直是亚洲主要的旅游热点地区之一，吸引了很多名人，例如20世纪最伟大的喜剧电影大师查理·卓别林，美国总统肯尼迪的夫人杰奎琳·肯尼迪等。

1970 年开始的柬埔寨内战，使暹粒的发展进入漫长的停滞期。在红色高棉统治时期，和金边等其他城市一样，暹粒的居民也被遣散至乡村。直到 1993 年诺罗敦·西哈努克重新统一柬埔寨之后，暹粒的经济才开始复苏，并迅速迎来了第二次旅游浪潮，成为柬埔寨发展速度最快的城市。

1992 年，吴哥古迹被联合国教科文组织列入世界文化遗产名录。

地理

暹粒的地形为平原，地势很低，平均海拔约 18 米。南北流向的暹粒河（Siam Reap River）将市区一分为二，河西侧多为公共机构和政府机构，南北走向的商业大街是城市的主干道，两侧酒店、餐厅鳞次栉比。河东侧多为民居，布满了较窄的街道，呈现一幅悠闲的情景。郊区则是一片田园风光，森林茂密，景色幽美。

城区东南侧的洞里萨湖是东南亚最大的淡水湖，旱季时南北长约 130 千米，东西最宽处约为 32 千米，湖面总面积约为 2700 平方千米，平均水深约为 1 米，然而在雨季时因湄公河回流，湖水面积会增大至 16000 平方千米，平均水深达 10 米，因而又被称为伸缩湖；洞里萨湖是湄公河的天然蓄水池，具有调节水量的功能，每当雨季湄公河暴涨之时，汹涌的河水倒灌湖中，减轻了湄公河下游的泛滥，而在旱季时，湖水经洞里萨河流入湄公河，补充了湄公河水量的不足，有利于沿河稻田的灌溉。

暹粒属热带季风气候，全年气温较高，年平均气温为 27.2℃左右，年降雨量为 1500 毫米左右。受热带季风影响，全年具有明显的热季、雨季和凉季。每年的 3—5 月为热季，平均气温为 35.1℃左右；4 月是一年之中最热的月份，平均气温达 35.5℃。每年的 5—10 月为雨季，平均气温在 28.6℃左右，每月的降雨日数至少占到一半，整个雨季的降雨量占到全年总降雨量的 87% 以上；10 月份降雨最多，平均降雨量为 250 毫米左右。每年的 11 月至次年的 2 月为凉季，气温适宜，降雨较少，平均气温为 22.3℃左右；12 月为最凉的月份，平均气温为 20.3℃左右。

经济

洞里萨湖的水位在旱季、雨季时悬殊，雨季时湄公河会带来大量的泥，旱季时湖水消退便在周边形成广阔肥沃的湖滨平原，长约 500 千米，宽 110 多千米，是柬埔寨最重要的农业区和稻米产地。湄公河冲积物质所带来的养分以及雨季时沉入湖底的无数昆虫和杂草，成为滋养鱼类的天然饲料，因此洞里萨湖盛产鱼虾，淡水鱼约 300 种，是东南亚淡水鱼种类最多的湖。洞里萨湖是世界上淡水鱼产量最多的湖泊之一，湖泊周围有 300 万以上的人直接或间接地以渔业为生。

暹粒是柬埔寨西部的交通枢纽和农产品的集散地，陆运、水运和空运都比较发达。6 号国家公路贯穿暹粒市区，连接金边及国内重要城市。通过水路，船只可循洞里萨湖、洞里萨河到达金边。暹粒—吴哥国际机场是柬埔寨国内的第二大机场。

自 20 世纪 90 年代以来，暹粒的旅游业发展迅速，成为该市的绝对支柱产业。暹粒是柬埔寨乃至世界上著名的旅游目的地，在美国著名的旅游杂志《旅游和休闲》评选的 2015 年"全球十大最佳旅游城市"中，暹粒名列第三。另外，美国著名的《国家地理》杂志曾经评选出了"人生必游的全球 50 个旅游目的地"，暹粒的吴哥窟名列其中。

文化

2016 年，暹粒的人口数量为 13.95 万[①]，以高棉人为主。居民多信仰佛教，使用的语言多为柬埔寨语，旅游从业人员基本都会说英语。

暹粒市区的建筑风格多姿多彩，既有传统的柬埔寨民族建筑，也有殖民时期遗留下来的法式建筑。洞里萨湖的民居也颇具特色，人们居住在用竹子建成的高脚木屋内，当雨季来临水面上涨时，整个屋子可以用船拖走或是用卡车搬走。湖畔的村落有住家、学校、商店、邮局、教堂，街道搭建在水面

---

① http://worldpopulationreview.com/countries/cambodia-population/major-cities-in-cambodia，查阅日期：2016年2月20日。

上，形成非常特殊的聚落景观。

柬埔寨皇家芭蕾舞发源于暹粒的吴哥，最具代表性的舞蹈为阿卜娑罗[②]舞（又称仙女舞）。它与吴哥王朝一同诞生于公元9世纪前后，具有供奉神灵、对神灵祈祷的宗教功能，其内容多源自于印度两大史诗——《罗摩衍那》和《摩诃婆罗多》。阿卜娑罗舞动作缓慢优柔，舞者带着矜持的微笑轻移莲步，将双手化作了绽放的花蕾婉转翻飞，利用不同的手势和手指动作，演绎着不同的含义和情感。

暹粒一带又是柬埔寨皮影戏的发源地，传统的皮影戏称为斯贝克托姆（其字面意义为大块皮革），是一种以采用整张皮革制作人偶为特征的皮影戏，主要演出剧目也源于印度史诗《罗摩衍那》。演出在户外的谷场或宝塔旁边进行，舞台是宽10米、高5米的巨大幕布，后面点燃成堆的椰子壳形成光源，人偶的大小在1—1.5米之间，伴奏乐器有锣、鼓、木琴和长笛等。斯贝克托姆流行于吴哥王朝，与皇家芭蕾舞一样，都被认为是神圣的表演艺术，皮影戏的表演者享受僧侣一般的待遇。在真腊吴哥王朝末期，斯贝克托姆也随之衰落。20世纪90年代末，斯贝克托姆在暹粒开始恢复演出，并且在一些餐厅和剧场都会有室内表演。2005年，斯贝克托姆被联合国教科文组织列入世界非物质文化遗产名录。

暹粒拥有一家名为吴哥艺术学校的职业学院，这是柬埔寨教育部门联合法国政府部门为传承吴哥传统文化而设立的专门学校。学校成立于1998年，是柬埔寨的一个公益机构，学生多为生活贫困的青年人和残疾人。在这里，学生免费学习，不仅可以学到木雕、石雕、银器、漆器、彩绘、绢画、丝绸等方面传统技艺，而且可以学到木匠、泥匠和瓦匠等建筑方面的专业技能。

暹粒注重与国外主要城市之间的交流与合作，先后与缅甸的蒲甘（Bagan）、法国的枫丹白露（Fontainebleau）、德国的圣戈阿（Sankt Goar）、中国的石家庄等城市建立了友好城市关系。

---

② 阿卜娑罗是印度教中的仙女，由飞溅的浪花变身而来，年轻貌美，形态优雅，擅长舞蹈，舞姿曼妙，与敦煌壁画中的飞天比较相似。

旅游

暹粒的旅游资源非常丰富，品质极高，以吴哥古迹最具代表性，其中又以吴哥窟和吴哥通王城最为著名。

吴哥窟又称为吴哥寺、小吴哥，是柬埔寨的国宝、吴哥古迹中保存得最完好的建筑，其原始名字为 Vrah Vishnulok，意为"毗湿奴的神殿"。吴哥窟的外观设计，颇似一幅宇宙的三维立体图——最外面为长方形的护城河，象征着环绕陆地的原生海洋。护城河环绕着一座代表地球的长方形小岛，岛上长满了郁郁葱葱的树木，岛的中央坐落着一座金字塔式的寺庙，寺庙的最高层矗立着五座宝塔，代表众神之家，中间的宝塔最为雄伟，象征着神秘的须弥山①，即毗湿奴的住所。吴哥窟以宏大的规模、匀称的布局、均衡的比例和精致的浮雕闻名于世，与中国的长城、印度的泰姬陵和印度尼西亚的婆罗浮屠并称为"古代东方四大奇迹"。

吴哥通王城，因其面积大于吴哥窟，故又被称为大吴哥。大吴哥为正方形城池，四周有护城河和城墙环绕，城内散落着众多古迹，其中以城中心的巴戎寺最为闻名。巴戎寺是依照佛教须弥山的概念建立起来的宏伟寺庙，也是一座金字塔式建筑，最高层矗立着 49 座佛塔，如同连绵起伏的山峰，中间的一座为顶峰，其余 48 座如众星捧月般簇拥在它的周围。佛塔四面均刻有巨大的四面佛雕像。不过，这里的四面佛被信奉佛教的阇耶跋摩七世由印度教中的梵天①改成了佛教中的观音，面容安详恬静，略带神秘的微笑，据说原本是阇耶跋摩七世的面容，这便是蜚声世界的"高棉的微笑"，享有"亚洲蒙娜丽莎"之誉。

此外，塔布隆寺、女王宫、比粒寺、巴肯山、洞里萨湖、高棉民族村等诸多景点也较为著名。

暹粒拥有丰富的文化设施和娱乐项目。吴哥国家博物馆展有从吴哥古迹

---

① 须弥山是古印度神话中位于世界中心的山，后为佛教所采用。

① 梵天是印度教的三大神之一，是宇宙的创造之神。他有四张脸，面向东西南北；还有四只手，分别持有莲花、吠陀经典、念珠和匙子。

中出土的石像、浮雕、碑文石等真品，是游客了解吴哥王朝历史的良好场所。柬埔寨地雷博物馆通过展示各种内战时期使用的地雷、其他战时遗物以及受害者的照片和故事等展品，让游客深刻感受战争的残酷和血腥。在暹粒，游客还可以乘坐热气球俯瞰吴哥古城，或泛舟洞里萨湖上欣赏日落美景，或到普列托尔鸟类保护区观赏珍稀水鸟，或在剧院或餐厅观赏传统的阿卜娑罗舞、皮影戏，或在旅行劳累之后体验一下正宗的柬式按摩。

暹粒的特色商品种类较多，如木雕、泥塑、丝绸产品、油画、皮影人偶、银饰、餐具、棕糖、香料等。购物场所众多，拥有许多特色集市、超级市场和纪念品商店，主要的购物场所包括中心市场、老市场、吴哥夜市、午夜市场等。

暹粒的餐饮业较为发达，而且非常国际化。在这里不仅可以品尝到正宗的柬埔寨菜，而且可以领略各国菜品的风味，如法国菜、中国菜、越南菜、泰国菜等。特色美食包括阿莫克鱼、酸汤鱼、酱汁炒牛肉、柬式三明治、柬式春卷、柬式火锅、米粉等。

暹粒的住宿设施齐全，既有奢华的五星级饭店，也有条件简陋的青年旅店，可满足各层次游客的住宿需求。世界知名的酒店品牌中，索菲特、艾美、最佳西方、丽晶等品牌都在此设有连锁酒店。吴哥大饭店是暹粒最古老、最知名的酒店，曾接待了许多世界名人和皇室成员，美国总统奥巴马夫人米歇尔·奥巴马曾于2015年入住。2015年，在美国著名的《旅游和休闲》杂志评选的"亚洲最佳酒店"中，吴哥大饭店名列第15位。

暹粒是柬埔寨西部地区的交通枢纽，市内有暹粒—吴哥国际机场、暹粒长途汽车站和航运码头。市内交通工具主要有嘟嘟车、摩的、自行车等。

马德望

地名由来

马德望，英文拼写为 Battambang。在柬埔寨语中，Bat 意为"丢失"，

Tambang 意为"拐杖",因此 Battambang 具有"丢失的拐杖"的意义。其名称由来,源于一个在当地广为流传的故事。

传说,有个牧羊人在无意中得到了一根拥有魔法的拐杖,他一心想变成神仙,却未能如愿。于是,他拿着魔杖去找一位神灵斗争。在打斗过程中,牧羊人不小心将魔杖丢失,大败而归。神灵原谅了他的鲁莽之举,将魔杖找回并还给牧羊人。为感谢神灵的宽宏大量和仁慈之心,牧羊人决定不再使用魔杖来满足一己私欲,而是用它来造福附近的百姓。这把失而复得的魔杖,便成为当地人的保护神。后来,人们就将魔杖丢失的地方命名为 Battambang。

在马德望市的一个十字路口处,矗立着一座巨型雕像——圆形的坛台之上,一个皮肤黝黑的人,威严恭敬地跪在地上,双手捧着一根巨大的黑色拐杖。这座雕像已成为马德望城市的象征,雕像前摆满了鲜花、贡品,不时会有人来烧香磕头,以祈求神灵庇佑。

区位

马德望地处柬埔寨西北部,东北距暹粒 80 千米,东距洞里萨湖 50 千米,东南距金边 290 千米,西北距泰柬交界的波别镇 110 千米。城区总面积 293 平方千米,是马德望省的首府、柬埔寨国内仅次于金边的第二大城市,也是柬埔寨西部的经济中心和著名的旅游城市。它所在的马德望省,北连班迭棉吉省,东接暹粒省,南临菩萨省,西与泰国的桐艾府接壤。

历史

自公元 1 世纪时,马德望一带属于扶南王国的统治区域。公元 6 世纪时,扶南王国被真腊王国取代。公元 8 世纪初,真腊王国分裂为北方的陆真腊和南方的水真腊两个王国,马德望地区隶属于陆真腊。

公元 802 年,阇耶跋摩二世统一了两北真腊,建立了统一的吴哥王朝。因距离吴哥较近,马德望一直处于高棉帝国的中心地带。由于这一带土地肥沃,农业出现了繁荣的景象,成为吴哥王朝的经济中心。城里居住着大量居民,城中兴建许多寺庙,诸如巴南寺、埃普农寺等。

阇耶跋摩七世死后，高棉帝国开始衰落，而泰国大城王朝逐渐强大，地处边境地区的马德望地区经常受到泰国的骚扰。1431年，因不堪忍受泰国人的屡次侵扰，吴哥王朝的最后一位国王本哈·亚放弃了都城吴哥，迁至今磅湛省的巴山，而马德望的经济中心地位也随之失去。

1794年，暹粒、马德望、诗梳风等地被泰国曼谷王朝占领，合为一个名为Phra Tabong的府，府治就设在马德望。泰国指派阿派旺家族（一个会说泰语的高棉皇族）具体负责该府的地方管理事务，历经六代，长达100多年。

1907年，泰国将暹粒、马德望、诗梳风等地归还给柬埔寨。但因当时柬埔寨已成为法国的保护国，马德望遂又陷入法国的殖民统治下。在此期间，城市得到了较好的规划，逐渐发展成为具有法式风格的现代化城镇。城中的街道整修一新，一座座法式建筑拔地而起，城市规模不断扩大，其发达程度仅次于首都金边。

第二次世界大战期间，日本侵占柬埔寨，又将马德望、暹粒等地割让给泰国。在日本投降之后，马德望再次成为法国的殖民地。直到1953年柬埔寨取得独立，马德望在被外族侵占150多年之后，最终回到了祖国的怀抱。在其后的十几年时间里，城市的基础建设、经济、文化等各个方面取得了进一步的发展。

柬埔寨内战时期，马德望的城市发展陷入停滞甚至倒退的状态。在红色高棉统治时期，和金边、暹粒等城市一样，马德望的居民也被遣散至偏远的乡村。越南侵占柬埔寨之后，向马德望派驻重兵，调进大批坦克、大炮，在此建立镇压柬埔寨爱国军民抵抗的大本营，马德望也因此遭到了较大程度的破坏。直到1993年诺罗敦·西哈努克重新统一柬埔寨之后，马德望的经济才逐渐复苏。

地理

马德望的地势南高北低，地形较为平缓，平均海拔约39米。市区西部有几座海拔250米左右的小山，为豆蔻山脉的余脉，东北接洞里萨湖平原。桑岐河将市区分为东西两部分，河西为行政区和商业区，河东为居民区。桑岐河蜿蜒东流，最后注入洞里萨湖。这一段水路的两侧，有柬埔寨国内最美的河边风景。

马德望属热带季风气候，全年气温较高，年平均气温为 26.5℃左右，年降雨量为 1350 毫米左右。受热带季风影响，全年具有明显的热季、雨季和凉季。每年的 3—5 月为热季，平均气温为 35℃左右；4 月是一年之中最热的月份，平均气温达 36℃。每年的 5—10 月为雨季，整个雨季的降雨量占到全年总降雨量的 80% 以上；9 月份降雨最多，平均降雨量为 260 毫米左右。每年的 11 月至次年的 2 月为凉季，气温适宜，降雨较少，平均气温为 21℃左右；12 月为最凉的月份，平均气温为 20℃左右。

经济

马德望一带地处洞里萨湖的西南平原，土地非常肥沃，是东南亚著名的稻米产地，也是柬埔寨的鱼米之乡，拥有"柬埔寨的粮仓"的美誉。这里盛产稻米、玉米、大豆、黄麻、芒果、柑橘、榴莲、椰子、豆蔻等作物，出产柬埔寨最好的稻米、最香的橘子和最甜的椰子。

马德望的工业在国内相对较为发达，工业部门以轻工业为主，主要包括碾米、锯木、棉纺、麻袋、砖瓦、磷酸盐等部门。

马德望是柬埔寨西部的交通枢纽和农产品的集散地，陆运、水运和空运都比较发达。5 号国家公路贯穿马德望市区，连接金边及国内重要城市。通过铁路，东南可直达金边，西北可直通波别，并可继续向西通往泰国曼谷。通过水路，船只可循桑岐河通往暹粒，再沿洞里萨湖、洞里萨河到达金边。马德望机场是柬埔寨重要的国内机场。

自 20 世纪 90 年代以来，马德望的旅游业发展较为迅速，已逐渐成为该市的支柱产业。马德望继暹粒、金边、西哈努克市之后，成为柬埔寨的第四大旅游目的地。

文化

2016 年，马德望的人口数量为 15.05 万 [①]，以高棉人为主。由于城市长期处于泰国的统治之下，因此城中也居住着大量的泰族居民。另外，华侨也占有相当大的比例，街面上随处可见张贴着对联或悬挂着中文招牌的华侨店铺。马德望的居民多信仰佛教，部分居民信仰伊斯兰教，使用的语言多为柬埔寨语，旅游从业人员基本都会说英语。

马德望的特殊魅力大部分来自于 20 世纪早期的法式建筑，其中最精美的建筑坐落于桑岐河边。大多数房屋拥有上下两层的格局、参差的彩瓦屋顶和修长的百叶窗，格调明快，空间宽敞，是柬埔寨保存最完好、分布最集中的法式老建筑。

马德望拥有一所大学，名为马德望大学，成立于 2007 年，旨在为生活在柬埔寨西北部农村地区的学生提供高层次的学习机会，以缩小农村人口与城市人口的文化水平差异。

马德望比较注重与国外城市的交流与合作，先后与美国的斯托克顿（Stockton）和德国的小马赫诺（Kleinmachnow）建立了友好城市关系。

旅游

马德望的旅游资源较为丰富，既有文化深厚的人文景观，也有风光秀丽的自然景观。芥末黄色的总督官邸，修建于最后一届泰国总督任期之内（1907年离任），是马德望市内最醒目的法式殖民建筑。这里的法文界石、整齐的草坪和只允许行人和摩托车通过的法式老铁桥，都是值得一看的景点。农沙帕山是一座著名的石灰岩山，山上有一座曾被红色高棉用作监狱的古庙和两个阴气森森的杀人洞。山脚下有一处蝙蝠洞，栖息着上百万只蝙蝠，每逢傍晚时分，成群的蝙蝠从洞中飞出，景象颇为壮观。农巴南山的山顶之上，矗立着一座庙宇，即巴南寺，寺中有五座宝塔，颇似吴哥窟的轮廓，据说这里就

[①]　http://worldpopulationreview.com/countries/cambodia-population/major-cities-in-cambodia，查阅日期：2016年2月25日。

是吴哥窟的灵感之源。此外，埃普农寺、堪达尔寺、桑岐河、老火车站、穆斯林村等景点也较为著名。

马德望的娱乐项目也较为丰富，其中最受游客欢迎的当是乘坐竹车。竹车由一个长约 3 米的铁质框架、几块竹子制成的长条竹板、4 个小滑轮和一个固定在竹板尾部的发动机组成，可承载 10 余人或重达 3 吨重的货物。竹车在一段废弃的铁轨上以 15 千米 / 小时的速度行驶，当两辆竹车相遇时，载重量较少的竹车会非常自觉地停下来拆卸，让另外一辆车通过。不过，这个比较刺激的娱乐项目，在金边通往波别的铁路如期改造完成后，将被政府禁止开展。在马德望，游客还可以到马德望博物馆欣赏吴哥时期的精美门楣和雕像，或泛舟桑岐河上观赏两岸的美丽风景，或在市区体验柬式按摩、柬埔寨菜制作等娱乐项目。

马德望的购物没有金边和暹粒的丰富，特色商品主要包括棉纺织品、手工艺品、农产品等。购物场所较少，主要包括中央市场以及一些手工艺品商店。

马德望的餐饮业较为发达，而且比较国际化。在这里不仅可以品尝到正宗的柬埔寨菜，而且可以领略各国菜品的风味，如法国菜、中国菜、越南菜、泰国菜等。特色美食包括阿莫克鱼、酸汤鱼、柬式三明治、柬式春卷、柬式火锅等。

马德望的住宿设施较为齐全，既有较为奢华的四星级饭店，也有条件简陋的青年旅店，可满足各层次游客的住宿需求。不过，高档次的酒店所占比例较小，在世界知名的酒店品牌中，没有一家在此设立连锁酒店。

马德望是柬埔寨西部地区的重要交通枢纽，市内有马德望机场、火车站、长途汽车站和航运码头。市内交通工具主要有出租车、嘟嘟车、摩的、自行车等。

西哈努克市

地名由来

西哈努克市，英文拼写为 Sihanoukville，它是以柬埔寨前国王诺罗敦·西哈努克①的名字命名的城市，也是一个具有法语渊源的地名。Sihanouk 源于梵文中的两个单词 Siha 和 Hanu，分别意为"狮子"和"下巴"，因此 Sihanouk 具有"狮子的下巴"的意义，而 Ville 则是法语中常用的地理通名，意为"城市"。1960 年，该城建立之后，为了向西哈努克国王表示敬意和纪念他在城市兴建中的功绩，特将此城命名为西哈努克市。

区位

西哈努克市地处柬埔寨西南沿海，位于泰国湾东北的磅逊湾（Kompong Som Bay）出口南侧，东北距金边 170 千米，北距暹粒 470 千米，城区总面积为 80 平方千米，是西努哈克省的首府、柬埔寨最大的海港城市，也是柬埔寨的对外贸易枢纽和著名旅游城市。它所在的西努哈克省，东临贡布省，西北与戈公省相连，东北与磅士卑省接壤。

历史

西哈努克市原名为磅逊（Kompong Som）。在柬埔寨语中，Kompong 意为"村或镇"，Som 是当地一种藤本植物的名称，这种植物幼嫩时可食，枝条可编制用具，颇具经济、使用价值。两个词合在一起，意思就是"长满野藤

---

① 诺罗敦·西哈努克（1922—2012年），被誉为柬埔寨独立之父和宪政之父。1953年11月9日，西哈努克领导人民取得国家独立，结束了法国在柬埔寨延续90多年的殖民时代，使柬埔寨获得领土完整与民族统一；1954年，柬埔寨的独立获得国际社会承认，遵照《日内瓦协议》，柬埔寨于次年举行全国选举。西哈努克又是中国人民的老朋友，长期致力于中柬友好事业。

的村镇"。

磅逊最初只是柬埔寨沿海的一个小渔村，不过地理位置非常优越。它依偎在椭圆形磅逊湾的出口处，附近水深超过10米，外侧有一连串的小岛构成天然屏障，起着防波堤的作用，在国内拥有首屈一指的建港条件。然而，长期以来却从未被开发利用，一直埋没于荒丛蔓草的包围之中。直到20世纪50年代中期，磅逊才迎来了命运的转折。

柬埔寨独立之后，为了加快经济发展和加强对外贸易联系，同时发展西南沿海地区的经济，西努哈克选定磅逊作为外贸港口，大力进行城市建设。自1955年起，柬埔寨在法国的资金援助下开始兴建磅逊港，仅用5年时间，港口即正式建成，并改名为西哈努克港。西哈努克港水深港阔，万吨海轮可以自由出入。自此以后，柬埔寨结束了没有海港的历史，国内对外贸易从此不用经过越南的湄公河三角洲。对此，西努哈克曾有一个形象的比喻，他将这个海港比作柬埔寨的鼻子，有了自己的鼻子，就可以自由地呼吸，不必再依靠别人了。

西哈努克港建成之后，柬埔寨的对外贸易重心也逐渐发生变化。1964年，西哈努克港的货物吞吐量就开始超过金边，成为国内最大的对外贸易枢纽。另外，依靠其迷人的海滨风景，西哈努克港在20世纪60年代迎来了一个旅游小高峰，许多大型旅店拔地而起。为了进一步建设港口，柬埔寨政府于1966年设立西哈努克市。

柬埔寨内战时期，由于西哈努克的下台，西哈努克市的名字被恢复为磅逊，所有城市建设戛然而止，城市遭遇了前所未有的破坏。1975年4月，红色高棉劫持了一班名为SS Mayaguez号的货船。为了营救货船和全体船员，美国派出海军飞机对磅逊市进行了为期两天的狂轰滥炸，城市满目疮痍。

为了重建被战争破坏得支离破碎的经济，柬埔寨政府于1989年实行全方位的开放政策，效仿中国将金边、暹粒和磅逊设立为经济特区，制定各项优惠措施，最大限度地吸引外商投资。1993年，柬埔寨恢复了君主立宪制，诺罗敦·西哈努克再次成为国王，磅逊市的名字恢复为西哈努克市。经过近30

年的发展，城市面貌焕然一新，重新迸发出了蓬勃的生机与活力。

地理

西哈努克市地势较低，平均海拔约 15 米。城区西部和中部为连绵起伏的丘陵，东部和东南部为沿海平原、沼泽地和海滩。西哈努克山为全城的制高点，海拔 132 米，植被覆盖率较高，在山顶可鸟瞰整个海港。海岸沿线分布着十几个岛屿，岛上生活着许多令人惊奇的野生动物，如猕猴、黑松鼠、蝾螈、犀鸟、海鹰、海蛤蝓和美洲大蜥蜴等动物。

西哈努克市属热带季风气候，全年气温较高，年平均气温为 28.3℃左右；各月温差相距不大，最凉的月份为 1 月，平均气温为 27.6℃左右，最热的月份为 5 月，平均气温为 29.5℃左右。年降雨量为 2200 毫米左右，受热带季风影响，全年具有明显的干季和雨季；每年的 12 月至次年的 3 月为干季，其中 2 月份降雨最少，平均降雨量为 25 毫米左右；每年的 4—11 月是雨季，降雨量占到全年总降雨量的 90% 左右，其中 8 月份降雨最多，平均降雨量为 380 毫米左右。

西哈努克市包括 Muoy、Pir、Bei 和 Boun 四个镇，共 19 个村。2016 年，城市的人口数量为 15.67 万人[①]。

经济

渔业是西哈努克市的传统产业，这里盛产鱼、虾、蟹、贝等海产品。泰国湾靠近柬埔寨的水域产鱼量大大超过西边的泰国水域。

西哈努克市是一座新兴的工业城市，市内设有专门的工业区，工业部门涉及服装、炼油、渔产品加工、啤酒、汽车装配、箱包、钢结构、地板、电子器材等部门。

西哈努克市是柬埔寨重要的交通枢纽，水运、陆运和空运都比较发达。西哈努克港是柬埔寨的对外贸易枢纽，可以直通东南亚各国、中国、日本、德国、法国等国家和地区。由美国援建的 4 号公路可直达金边，铁路也可直通金边。西哈努克国际机场是柬埔寨第三座国际机场。

西哈努克市是柬埔寨的主要旅游目的地之一。近年来，西哈努克市的旅游业发展迅速，国内外游客数量逐年增加，旅游业已成为该市的重要支柱产业。

文化

西哈努克市的居民以高棉人为主，其他居民为越侨、华侨、法侨以及占族、泰族等少数民族。居民使用的语言多为柬埔寨语，多数居民信仰佛教，少数人信奉伊斯兰教和基督教。

由于西哈努克的城市建设发生在柬埔寨独立之后，因此城市风格具有较强的现代化气息。根据不同的功能，城市被划分为行政区、商业区、港口区、工业区、旅游区、居民区等不同区域。与金边、暹粒等城市不同，这里没有法国殖民者遗留下的西式建筑。传统的居住建筑保存较好，生活在水域附近的许多渔民们仍然生活在传统的高脚屋中，有些渔民甚至以渔船为居所。

西哈努克市拥有多所高等院校，如建光大学、拉弗大学、管理与经济大学、高棉技术与管理大学等。

西哈努克市比较注重与国外城市之间的交流与合作，先后与美国的迈阿密（Miami）、西雅图（Seattle）和坦帕（Tampa）建立了友好城市关系。

旅游

西哈努克市是柬埔寨的海滨度假胜地，旅游资源以典型的"3S"（Sun、Sea、Sand，即阳光、海水、海滩）为主。在众多海滩中，以索卡海滩、奥克提尔海滩、胜利海滩和独立海滩最有名气。索卡海滩是西哈努克市最著名的海滩，呈弯月形，沙滩洁白，海底平缓，椰树茂密，椰香袭人。奥克提尔海滩曾是法国维和部队和柬埔寨军队的驻扎基地，以美丽的景致而闻名，也是理想的跑步之地。胜利海滩是最早开发的海滩，被礁石和小山分为两段，北段是西哈努克市观看日落的最好去处，南段又称夏威夷海滩或国王海滩。独立海滩因海滩上的独立酒店而得名，是属于这座酒店的私人海滩。西哈努克市周边著名的岛屿，包括高龙撒冷岛、高龙岛、蛇岛等，郊区的著名景点有利阿国家公园、格巴柴瀑布群等。

西哈努克市的娱乐项目比较丰富，以海上运动项目为主，如滑水、潜水、潜泳、划船等。另外，西哈努克市的夜生活也丰富多彩，例如在奥克提尔海滩附近有大量的西式酒吧、夜总会、迪斯科舞厅等娱乐场所。

西哈努克市的购物没有金边和暹粒的丰富，特色商品主要包括贝壳工艺品、船模、文化衫、特色装饰品等。购物场所较少，主要包括普瑟列伊市场以及一些手工艺品商店。M'lop Tapang 是一家由非政府公益组织经营的商店，出售流浪儿童制作的包、围巾等手工艺品，致力于帮助处于困难中的儿童。

西哈努克市的餐饮业较为发达，而且比较国际化。在这里，游客能够吃到最好的海鲜，海鲜摊贩、餐厅随处可见。除此之外，游客也可以品尝到正宗的柬埔寨菜，如阿莫克鱼、酸汤鱼、酱汁炒牛肉等，还可以领略各国菜品的风味，如中国菜、法国菜等。

西哈努克市的住宿设施较为齐全，既有奢华的五星级饭店，也有条件简陋的经济型饭店，可满足各层次游客的住宿需求。不过，世界知名的酒店品牌中，没有一家在此设立连锁酒店。

西哈努克市的交通较为便利，市区内有国际机场、火车站、长途汽车站和航运码头。市内交通工具主要有出租车、嘟嘟车、摩的、自行车等。

泰 国

泰国（Thailand），意为"自由之国"，其全称为泰王国。该国位于中南半岛的中南部，西与缅甸接壤，北与老挝交界，东与柬埔寨为邻，东南临泰国湾，南与马来西亚相连，西南濒安达曼海。国土总面积为 51.31 万平方千米，人口数量为 6814.66 万[①]（2016 年）。全国共分为中部、南部、东部、北部和东北部等五个地区，下设 77 个府（Changwat，相当于省），其中曼谷是唯一的府级直辖市。主要城市包括曼谷（Bangkok）、清迈（Chiang Mai）、普吉岛（Phuket Island）、芭提雅（Pattaya）、清莱（Chiang Rai）、大城（Ayutthaya）等。

曼 谷

地名由来

曼谷，又名泰京、共台甫、军贴，其全名[②]共有 160 多个字母，由泰国曼

---

① http：//worldpopulationreview.com/countries，查阅日期：2016年4月20日。

② 曼谷的全名为Krung Thep Mahanakhon Amon Rattanakosin Mahinthara Yuthaya Mahadilok Phop Noppharat Ratchathani Burirom Udomratchaniwet Mahasathan Amon Piman Awatan Sathit Sakkathattiya Witsanukam Prasit，意为"天使之城、宏伟之城、永恒的宝石之城、坚不可摧的城市、被赋予9枚宝石的宏伟首都……由因陀罗（Indra，为印度教中的雷神和战神、佛教护法神）给予且由巧妙天（Vishvakarman，为印度教中的创造宇宙万有之神）建造的城市"。

谷王朝第一代国王拉玛一世（1737—1809年）命名。此名因其罕见的长度入选吉尼斯世界纪录，成为世界最长的地名。为了方便使用，泰国人取前两个词 Krung Thep（汉语音译为"共台甫"或"军贴"）作为城市的简称和正式名称，意为"天使之城"。

曼谷的英文拼写为 Bangkok，其由来有两种说法：一说认为，在泰语中 Bang 意为"小溪边的村庄"，ko 意为"小岛"，Bangkok 一词则生动地描述了曼谷区内河渠纵横的景象。另一说认为，Bangkok 是 Bang Makok 的缩写形式，Makok 是泰国一种果实形似橄榄果的本土植物的名字，Bangkok 一词则具有"坐落于小溪之畔、掩映于橄榄丛中的村庄"的意义。

区位

曼谷地处泰国中部，位于昭披耶河①两岸，南临泰国湾（The Gulf of Thailand，旧称暹罗湾），城区总面积为 1569 平方千米，是泰国的首都、直辖市和最大城市，是泰国的政治、经济、贸易、交通、文化、科技、教育、宗教等各方面的中心，同时也是中南半岛的最大城市、仅次于印度尼西亚首都雅加达的东南亚第二大城市。它与周围的暖武里府、巴吞他尼府、北榄府、龙仔厝府和佛统府等 5 府，一起构成曼谷大都市区。

历史

曼谷的历史至少可以追溯到 15 世纪早期，那时它只是湄南河东岸的一个小渔村。但因因处于湄南河口附近，战略、贸易地位逐渐显现。1767 年，历时 400 余年之久的大城王朝②为缅甸贡榜王朝所灭。大城王朝的旧将、华人后

---

① 昭披耶河，源于泰国北部山地，自北而南纵贯泰国全境，最后注入曼谷湾，全长 1352 千米，流域面积 17 万平方千米，是泰国第一大河。其英文拼写为 Chao Phraya River，Chao Phraya 是泰国封建时代的最高爵位，以此命名可显示该河的至高地位。华人的俗称为湄南河，意为"河流之母"。

② 泰国，古称暹罗（Siam），历史上共有 4 个独立的封建王朝，分别为素可泰王朝（Sukhothai Dynasty，1238—1378 年）、大城王朝（又称阿瑜陀耶王朝，Ayutthaya Dynasty，1350—1767 年）、吞武里王朝（Thonburi Dynasty，1769—1782 年）和曼谷王朝（Bangkok Dynasty，又称却克里王朝、拉玛王朝，1782 年至今），各王朝均保持着以国都名字命名的传统。

裔郑信（又名达信，Taksin）高举义旗，率领华侨和泰人，经过艰苦卓绝的战斗，终于将缅甸人赶走，收复失地，并在湄南河西岸的吞武里（Thonburi）建立了自己的政权，这便是泰国历史上的第三个独立王朝——吞武里王朝。

然而，郑信虽然是一个杰出的军事家，却不是一个合格的统治者。不久之后，郑信麾下部将昭披耶却克里（Chao Phraya Chakri）将其罢黜，加冕为王，史称拉玛一世（Rama Ⅰ，拉玛是泰国民间传说中的一位英雄）。短命的吞武里王朝宣告结束，曼谷王朝随即拉开序幕，而曼谷的命运也随着曼谷王朝的建立而发生了根本改变。

为了加强对缅甸人的防御，拉玛一世于1782年将国都从吞武里迁至湄南河东岸的曼谷，这里港湾交错，易守难攻。拉玛一世在此修建岛屿，建造宫殿，修筑城墙，挖掘护城河，并兴建了曼谷最早的九条街道，其中以唐人街的三聘街（Sam Pheng Lane）最为闻名。拉玛二世和拉玛三世统治期间（1809—1851年），城内增建和维修了许多佛寺，泰国政府还充分利用曼谷的港口优势，与中国以及西方国家开展海上贸易，曼谷经济迅速发展。在此期间，居民区多分布在河渠两侧，人们凭水而居，形成了一片片水上人家。

拉玛四世和拉玛五世在位期间（1851—1910年），曼谷的大部分城墙被拆除，新建了许多马路、运河、桥梁和铁路等基础设施。关于修筑马路，还有一段趣话：当时驻曼谷的一些西方国家使节都有骑马或乘马车兜风的习惯，但曼谷却不具备这样的条件。于是，颇感不爽的使节们联名上书拉玛四世，请求修建马路。为了维护国家颜面，保持与列国的友好关系，这一请求立刻得到了国王的允许。1917年（拉玛六世在位期间），曼谷建立了泰国历史上最古老的一所大学——朱拉隆功大学，这是一所以拉玛五世国王的名字命名的大学。

第二次世界大战期间，曼谷被日本占领，并曾遭受过盟军战机的轰炸。战后，在美国政府的援助下，曼谷很快便恢复了元气，旅游业得到了长足发展。人口规模迅速增加，至20世纪60年代，人口数量已达300万人。1971年，曼谷和吞武里两个市区合并为一个区，组成曼谷吞武里京都，又称为大曼谷。1972年，泰国成立曼谷城市管理局，以加强对大曼谷地区的统一管理。越战结束之后，日本成为曼谷最大的投资国，曼谷出口制造业规模不断增大，金融市场日益繁荣，迅速发展成为世界闻名的大都市。

地理

曼谷的地形为平原，地势很低，平均海拔约为 1.5 米。湄南河纵贯市区南北，诺伊运河、雅伊运河、善塞普运河、帕东卡伦卡善运河等大小河渠蜿蜒分布。19 世纪晚期现代公路修建之前，水上交通一直是曼谷人最主要的出行方式，绝大多数曼谷人住在水边或水上，曼谷也因之享有"东方威尼斯"之美誉。不过令人遗憾的是，随着现代城市建设步伐的加快，许多运河都被填平掩埋在大道、高楼之下，只有部分运河被保留下来，主要承担着排水和交通的功能，但受污染程度较为严重。

曼谷境内没有高山，只有一座海拔约 78 米的人造小山丘，名为金山，为拉玛三世所建。拉玛三世的初衷不只是为了建造一座小山，而是在小山之上筑造一座大佛塔。然而事与愿违，曼谷松软的土质并不能承受大佛塔的巨大重量。大佛塔在修建期间即告倒塌，而人造的金山却永久地保留了下来。金山是曼谷的地理最高点，站在山顶之上，城市美景，尽收眼底。

曼谷的地质较为松软，地表为平均厚度约 15 米的海相软黏土层，黏土层之下为地下水含水层。这种独特的地质构造，再加上地下水的大量抽取，导致曼谷的地面出现较为严重的下沉现象。1981 年，地面下沉幅度竟然达到了120 毫米。尽管泰国政府采取了一系列措施来缓解这一难题，但地面仍以平均每年 20—30 毫米的速度下陷，城市的许多地方已低于海平面 1 米左右。有专家研究表明，曼谷可能会在 2030 年之前被海水全部淹没。

曼谷属热带季风气候，雨水充沛，年降雨量 1600 毫米左右。受西南季风的影响，曼谷有明显的雨季。每年 5—10 月为雨季，这期间的降雨量占到全年降雨总量的 80% 左右，其中 9 月份的降雨最多，平均降雨量达到 330 毫米左右。降雨多以雷雨形式出现，倾盆而下的瓢泼大雨常常会导致河流水位暴涨，致使城市遭受洪水的威胁和困扰。近年来，曼谷仍然屡次遭受洪水泛滥之灾。2011 年，曼谷北部、东部和西部的绝大部分区域均被洪水淹没，有些地方的洪水灾害竟一直持续了两个多月。

曼谷终年炎热，年平均气温 29.1℃，但也有明显的热季和凉季。每年 3—5 月为热季，平均气温为 34.7℃左右；4 月为最热的月份，平均气温在 35.4℃左右，极端高温甚至超过 40℃。每年 11 月至次年的 2 月为凉季，平均气温为 23.3℃左右；12 月为最凉爽的月份，平均气温在 22℃左右。

目前，曼谷共分为 50 个区（Khet，相当于县），其中有 35 个区位于湄南河东岸，15 个区位于湄南河西岸。曼谷是泰国人口最多、分布最为稠密的地区，也是世界上人口密度最大的城市之一。2016 年，曼谷的人口数量达到 510.45 万[①]。此外，周边地区有相当数量的居民会选择白天到曼谷上班、晚上回家休息，每天的往返穿梭，在很大程度上造成了曼谷市区的拥堵现象。

经济

曼谷是泰国的经济中心，经济生产总值占泰国 GDP 的三成以上，在亚洲城市中名列前茅。曼谷的服务业较为发达，服务业产值能够占到泰国服务业总产值的一半左右。

曼谷地处湄南河三角洲，土地肥沃，气候湿润。农业是曼谷的传统产业部门，主要种植水稻、甘蔗、玉米、木薯、橡胶、果树等作物。这里是泰国稻米的重要生产和出口基地，是世界著名的米市。另外，曼谷又是泰国重要的渔业中心和渔产品集散地。

曼谷集中了泰国一半以上的工业企业，主要电子电器工业、汽车工业等产业部门。这里是东南亚最大的汽车工业生产基地，日本的丰田、铃木、尼桑以及欧美的奔驰、宝马等公司均在此设有生产线。

曼谷是泰国的交通中心，水运、陆运、空运都相当发达。曼谷港是泰国最大的港口，也是世界二十大集装箱港口之一，承担着泰国 90% 的外贸货物运输业务。公路、铁路四通八达，从曼谷可通达泰国全国各地以及柬埔寨、老挝等国。曼廊曼国际机场和素万那普国际机场是泰国重要的国际机场。依

[①]　http：//worldpopulationreview.com/countries/thailand-population/major-cities-in-thailand，查阅日期：2016年2月20日。

靠便利的交通网络，曼谷成为全国最重要的贸易枢纽和产品集散地。

近年来，曼谷的旅游业发展迅速，已成为泰国乃至世界著名的旅游目的地。在万事达 2015 年公布的《全球目的地城市索引》年度旅游调查结果中，曼谷入选"全球最受欢迎的十大旅游城市"，排名第二。

文化

曼谷居民中，泰族人占到 80% 左右，使用的语言主要为标准泰语（又称中部泰语），许多泰族人也会说英语和中文。同时，曼谷又是一个世界性的大都市，来自世界各大洲的许多国家（如中国、日本、缅甸、柬埔寨、澳大利亚等国）的大量侨民在此居住，华侨人数最多，占曼谷人口总数的 10% 左右，使用的语言多为潮汕话。

曼谷被称为"佛教之都"，佛教历史悠久，东方色彩浓厚，佛寺庙宇林立，建筑精致美观，这里是世界上佛寺最多的地方，有大小 400 多个佛教寺院。曼谷有 90% 以上的居民信奉佛教，人们见面打招呼时，总会面带微笑，会双手合十并向对方点头问好，曼谷也因此享有"微笑之都"之美誉。在曼谷街道，身穿黄袍（袈裟）的僧侣、尼姑随处可见。

曼谷是泰国传媒产业的中心，所有国家性的报纸、广播电视公司、出版机构以及主要的电影公司均在此设有基地。每年，曼谷都会举办两大重要的电影节——曼谷国际电影节和曼谷世界电影节。

曼谷的节庆活动众多，每月都有不同的节庆，最有名气的节庆活动包括万佛节、泼水节（又称宋干节）、水灯节等，这些节日也是泰国全国性的节日。万佛节始于大城王朝，在每年泰历 3 月 15 日举行，至曼谷王朝拉玛五世时，官方开始举行庆祝仪式。节日当天，泰国男女老少会带上鲜花、香烛和施舍物品前往附近寺院，进行施斋、焚香、拜佛活动。泼水节是泰国传统的新年，每年 4 月 13—15 日举行，活动内容丰富多彩，包括浴佛、堆沙、放生、游行、泼水等项目，参与活动的不仅有曼谷当地人，许多外国人也慕名而来。水灯节是泰国最富诗意的民间传统节日，每年 11 月份的月圆之夜举行，节庆当晚，人们会将用面包制成的水灯放入河流、运河或海水中，以表示对水神的崇敬和尊重，并乞求水神宽恕自己过去一年的所作所为对水体造成的伤害。此外，佛诞节、农耕节、国庆日等也是曼谷重要的节庆。

曼谷体育文化浓厚，泰拳作为一种传统的体育项目，深受当地人们喜爱。足球也是广受人们青睐的项目。世界各大足球联赛，尤其是英超联赛，在曼谷拥有相当数量的粉丝。近年来，泰超联赛也已拥有越来越多的球迷和观众，曼谷拥有一支实力较强的足球俱乐部——萨桑纳足球俱乐部。此外，藤球、高尔夫、赛马等活动也广受欢迎。曼谷的体育设施也较为齐全，曾举办过亚运会、东南亚运动会、世界大学生夏季运动会、世界杯五人制足球赛等国际体育赛事。

曼谷是泰国的教育中心，全国80%左右的大学汇集于此，包括泰国最古老的五所大学：朱拉隆功大学、国立政法大学、农业大学、玛希隆大学和艺术大学。其中，朱拉隆功大学和玛希隆大学名列QS世界大学排名500强。

曼谷注重与国外主要城市之间的交流与合作，与全球15个国家的20多个城市建立了友好城市关系，其中包括中国的北京、潮州、广州、重庆和天津。

旅游

曼谷的人文旅游景点非常丰富，以皇宫和寺庙为主要特色，最具代表性的景点为大皇宫、玉佛寺、卧佛寺和金佛寺。大皇宫始建于1782年，后经历代不断扩建，是泰国规模最大、保存最完美、最有民族特色的王宫，历代国王（拉玛一世到拉玛八世）均在此居住。它集泰国数百年建筑艺术之大成，是泰国的标志性建筑，宫内有玉佛寺，是泰国王族供奉玉佛①和举行宗教仪式的场所，是泰国最重要的寺庙。卧佛寺始建于大城王朝，是泰国规模最大的

---

① 玉佛是泰国的镇国之宝。1434年在兰纳王国（Lan Na Kingdom，1262—1775年）的清莱城被发现，遂被供奉在其玉佛寺内。后来，玉佛先后辗转至南邦、清迈、琅勃拉邦（老挝澜沧王国的旧都）、万象（老挝澜沧王国的新都）。1779年，昭披耶却克里将军占领万象，将玉佛带至吞武里。曼谷王朝建立后，拉玛一世建立大皇宫，并在宫内专门修建玉佛寺供奉玉佛，并为其制作了三套分别在热季、雨季、凉季穿的金缕衣。每逢季节变化时，由国王亲自主持仪式为玉佛更衣，以保国泰平安。

寺庙，寺内有一尊长达46米的大佛卧于神坛之上，为世界最大卧佛之一。金佛寺，因寺内供奉一尊世界上最大的金佛而闻名，此佛是一尊用纯金铸成的如来佛像，高近4米，重达5.5吨，金光灿烂，庄严肃穆。玉佛寺、卧佛寺和金佛寺合称为"泰国三大国宝"。此外，郑王庙、苏泰寺、金山寺等寺庙也较为著名。

在曼谷的特色街区中，唐人街闻名遐迩。它是曼谷最繁华的商业区之一，其规模及繁华程度，在东南亚各地的唐人街中堪称魁首。唐人街已有近200年历史，由三聘街、耀华力路、石龙军路三条大街以及许多街巷连接而成。浓郁的潮汕风情，是唐人街的最大特色。

曼谷拥有丰富的文化娱乐设施，如艺术馆、博物馆、影院、剧院等。国家艺术馆汇集了泰国本土艺术家所创作的传统和现代艺术品，曼谷文化艺术中心则主要展览泰国的当代艺术品。国家大剧院和萨拉查隆功剧院会定期上演倥舞（Khon，是泰国古典的宫廷舞剧，因演员表演时需戴面具，故又称面具舞剧）等泰国传统剧目，而泰国文化中心则常常举办各类音乐盛会。

曼谷是亚洲著名的购物天堂，特色商品主要有曼谷包（又称空姐包）、高级燕窝、泰丝、皮革制品等。购物场所众多，既有奢侈品牌云集的大商场，也有商品琳琅满目的特色市场。曼谷的大型商场多集中在暹罗广场附近，主要包括中央世界购物广场、暹罗中心、Terminal 21购物中心等，其中中央世界购物广场为曼谷最大的购物中心，拥有许多品牌专卖店和工艺品商店。特色市场主要有考山路夜市、乍都乍周末市场、安帕瓦水上市场等。

曼谷是泰国菜的发源地之一，主料多为当地生产的稻米、蔬菜、水果和海鲜，口味以辣、酸、甜为特点，主要特色美食包括冬阴功汤、椰汁鸡汤、泰式红咖喱、泰式炒粉、船面、泰式菠萝炒饭、青木瓜沙拉等。由于曼谷是国际性大都市，游客可以在此品尝到来自全球各地的风味美食，从法国的甜点烤布蕾、意大利的奶油培根面到拉丁风味海鲜沙拉，都不一而足。

曼谷的住宿设施非常齐全，既有奢华的五星级饭店，也有条件简陋的青年旅店，可满足各层次游客的住宿需求。世界知名的酒店品牌，诸如半岛、四季、万豪、假日、喜来登、索菲特、香格里拉等，都在此设有连锁酒店。在高档星级饭店中，具有 130 多年历史的泰国文华东方饭店最为闻名，屡次获得"世界最佳饭店""亚洲最佳饭店"等殊荣。

曼谷为泰国的交通运输中心，市区内有廊曼国际机场、素万那普国际机场、华南蓬火车站、东线火车站、吞武里火车站、汽车北站、汽车东站、汽车南站和许多航运码头。市内交通工具主要有轻轨、地铁、出租车、公交车、嘟嘟车、摩的、游船等，许多热门景点都有轻轨或地铁连接。

清 迈

地名由来

清迈，英文拼写为 Chiang Mai。在泰语中，Chiang 意为"城市"，Mai 意为"新"，Chiang Mai 则具有"新的都城"之意。1296 年，兰纳王国（1262—1775 年）的开国之君孟莱王（King Mengrai，1238—1317 年）建立清迈城，取代清莱成为新的国都，清迈之名由此而得。

区位

清迈位于泰国北部，地处湄南河主要支流滨河（Ping River）上游，距离曼谷 700 千米。城区总面积为 40.22 平方千米、是清迈府的首府，也是泰国北部的政治、经济和文化中心，其发达程度仅次于首都曼谷。清迈所在的清迈府，东北与清莱府相邻，南接南邦府、南奔府，西南与达府相连，西临湄宏顺府，北与缅甸接壤。

历史

清迈的历史，与孟莱王有着不解之缘。孟莱是泰国历史上一名富有政治智慧、功勋卓著的国王。1259 年，孟莱继承父位之后，很快便统一了泰北地区的各个部落，于 1262 年定都清莱，建立了著名的兰纳王国①。传说，孟莱王在一次外出打猎时，在清迈地区发现了被视为吉祥之兆的白色水鹿、白麂和白老鼠。心中大喜的孟莱王决定在此建城，他的这一决定得到了当时素可泰王朝的兰甘亨国王（King Ramkhamhaeng）和帕尧王国（Phayao Kingdom，1096—1338 年）的南蒙王（King Ngam Muang）两位盟友的大力支持。1296 年，清迈城建成，并成为兰纳王国的新都城。清迈城为一矩形城池，长 2000 米，宽 1800 米，护城河宽 18 米，与今中国景洪、老挝琅勃拉邦、缅甸景栋并称为"兰纳王国四大城市"。

兰纳王国成立之初，为扩张领土，曾与中国的元朝政府发生了几场战争。但是在孟莱王的晚年，与元朝的关系开始转向和平友好。1312 年，兰纳王国接受了元朝的招抚，从此不再兵戎相见。1388 年，明朝政府在此设立八百大甸军民宣慰使司，兰纳王国定期朝贡，朝贡物品多为大象、象牙、金银制品等当地土特产。明朝政府则回赠各种丝绸制品以及当时流通的铜钱。

在孟莱王逝世 120 多年后，兰纳王国又迎来了一位伟大的君主，他便是提拉卡洛王（King Tilokaraj，1441—1487 年在位）。在他统治的 46 年时间里，兰纳王国的疆域得到了空前的规模，南至甘烹碧（Kamphaeng Phet），北至老挝的琅勃拉邦，而清迈此时也成为泰国重要的宗教和文化中心。提拉卡洛王修建了许多佛寺，其中就包括著名的柴尤寺和柴迪隆寺。1477 年，第八次世界性的上座部佛教会议在柴尤寺召开，将兰纳文化带入了全盛时期。

随着缅甸东吁王朝（Toungoo Dynasty，1531—1752 年）的崛起和明朝国力的日渐衰落，自 1558 年清迈被缅甸攻陷以后长达 200 多年的时间里，兰纳王国虽然在名义上保持着相对独立的藩属王国地位，实际上一直处于缅甸的控制之下。1752 年，东吁王朝被后来的贡榜王朝（Konbaung Dynasty，1752—1885 年）取代，清迈随即暂时摆脱了缅甸的统治。但不久之后，又重

---

① 在中国史籍中，兰纳王国被称为八百媳妇、八百大甸或八百。明代王宗载在其所著的《四夷馆考》中说："八百大甸军民宣慰使司，世传其土酋有妻八百，各领一寨，因名八百媳妇"。这一说法是对"八百媳妇"的最早解释。《元史》卷一四九和《明史》卷三一五均有"八百媳妇传"，其中写道："八百媳妇者，其长有妻八百，各领一寨，故名。"

新为贡榜王朝所控制。

1767 年，缅甸军队攻陷大城，结束了大城王朝 400 余年的历史。大城王朝的旧将、华人后裔郑信，率领华侨和泰人，进行了艰苦卓绝的复国斗争。在郑信的领导下，来自南邦（Lampang）的披耶卡维拉将军（Phraya Kawila）于 1775 年收复清迈。至此，兰纳王国宣布结束，清迈归入吞武里王朝的统治。曼谷王朝建立后，多次击退了缅甸对清迈的进攻，进一步巩固了对清迈地区的控制。1933 年，清迈地区成为泰国的一个府，首府为清迈。

地理

清迈位于泰国北部高原盆地，平均海拔约为 300 米，是泰国的高原城市。四周群山环抱，市区最高的山名为素贴山（又称遇仙山、会仙山），位于城区西北 16 千米处，海拔 1667 米，山上开满五色玫瑰，山间白云缭绕，山顶有一观景台，是清迈的天然瞭望台。清澈的滨河自北向南穿城而过，将清迈市区一分为二。

清迈属热带季风气候，全年气温较高，年平均气温在 26.5℃左右，年降雨量为 1130 毫米左右。受热带季风影响，全年具有明显的热季、雨季和凉季。每年的 3—5 月为热季，平均气温为 35.3℃左右；4 月份气温最高，平均气温在 36.5℃左右，极端高温达 41.6℃。每年的 5—10 月为雨季，气温比热季略低，雨水丰富，降雨量占到全年总降雨量的 85% 以上；8 月份降雨最多，平均降雨量为 220 毫米左右。每年的 11 月至次年的 2 月为凉季，平均气温在 17℃左右；1 月为最凉的月份，平均气温为 14.9℃左右。

清迈气候温暖湿润，拥有丰富的生物资源，尤以玫瑰花最为著名，清迈也因之享有"北国玫瑰"的雅称。清迈不仅盛产鲜花，更盛产美女。泰国每年都会举行选美大赛，胜出的"泰国小姐"多来自清迈。清迈郊外的姗甘平村，是泰国著名的美女村，大批游客纷纷云集至此，只为一睹泰国美女的芳容。

目前，清迈共分为四个区，北为滨河区（Nakhon Ping），西为室利佛逝区（Srivijaya），南为孟莱区（Mengrai），东为卡维拉区（Kawila），前三个区位于滨河西岸，卡维拉区位于东岸。2015年，清迈人口数量为20.1万①，泰族人口占到85%以上，另外还包括一些山区少数民族，如阿卡族（Akha）、拉胡族（Lahu）、苗族、瑶族等。

经济

清迈地区拥有山地、坡地、阶地和河谷平原，气温、光照、土质、水分等条件适宜，人们习于农耕，传统的农业一向都比较发达。此地盛产稻米、花卉、果蔬、果木、烟叶、香料等，其中烟叶产量居全国第一。鲜花、观赏植物等一系列园艺产品，已成为泰国的主要出口产品。

清迈的手工业非常发达，被称为泰国的"手工艺之家"，其中以丝织业最为著名。每年都有大批丝绸、纺织品出口，是泰国制造业的重要支柱。

清迈气候宜人，风景秀丽，是泰国乃至亚洲的著名旅游胜地。旅游业是清迈经济的重要支柱产业，每年吸引的国内外游客人数远远大于本地居民的数量。在美国著名的《旅游和休闲》杂志组织的年度最佳旅游城市评选活动中，清迈曾多次入选"亚洲十大最佳旅游城市"之列。

文化

清迈居民大都笃信佛教，使用的语言主要为泰国北部的兰纳方言（又称康曼语，Kam Mueang），但清迈学校的教学语言为中部地区的标准泰语。由于旅游业的发展，英语在酒店和旅游相关行业中的应用也较为普遍。

清迈的节庆活动数量较多，除泰国全国性的节日（如万佛节、泼水节、水灯节、佛诞节、国庆日等）之外，当地最知名的节庆当是清迈花卉节。花卉节在每年2月的第一周的周五到周日举行，共持续3天，是泰国最美丽和最充满活力的节日之一。节庆期间，正值鲜花盛开的时节，会有大型的园艺品展览、花车巡游、花卉比赛、鲜花盆景集市、艺术品展销等活动。值得一提的是，每年的"清迈小姐"选举总决赛都会选在花卉节期间举行。当地另

---

① http://worldpopulationreview.com/countries/thailand-population/major-cities-in-thailand，查阅日期：2016年2月25日。

外一个较为有名的节庆为城柱节，每年 5 月中旬在柴迪隆寺举行，庆祝活动以寺内的城市支柱（清迈居民认为里面居住着城市的守护神）为中心展开，祈求神灵保佑每年的雨季能够按时到来。

清迈市内唯一的国立大学为清迈大学，也是泰北地区首屈一指的高等学府，成立于 1964 年。在农业较为发达的泰国北部地区，一直没有一所高水平的大学，对当地的教育和经济的发展形成很大的限制。于是，泰国政府决定在清迈设立大学。经过 50 多年的发展，清迈大学的基础学科、农林学科不断进步，为泰国北部地区的经济提供了必要的技术支持。

清迈较为重视与国外城市之间的交流与合作，先后与日本的鱼津（Uozu）和琦玉县（Saitama Prefecture）、中国的昆明和哈尔滨建立了友好城市关系。

旅游

清迈的旅游资源非常丰富，既有文化深厚的人文景观，也有风景迷人的自然景观。清迈古城内寺庙云集，三步一寺，五步一庙。帕辛寺是清迈规模最大的佛寺，是兰纳式建筑的完美典范，这里还是泼水节的庆祝中心。清曼寺又称昌挽寺，建于 1300 年，是清迈最古老的寺庙，寺中最好的建筑是由 15 只大象承载的塔。柴迪隆寺，又名大塔寺，寺内矗立着清迈最大的舍利塔。盼道寺又名柚木寺，寺内有一座古老精致的全木质大殿，是清迈城中一座瑰宝级殿堂。三王纪念碑，是清迈最重要的纪念碑，以纪念对清迈建城有重大贡献的三位国王——孟莱王、兰甘亨国王和南蒙王。清迈古城之外的布帕兰寺（因电影《泰囧》而闻名于世）、柴尤寺、界遥寺、素贴山等景点也较为有名。

清迈的文化娱乐设施较多，是游客了解兰纳历史文化和泰国北部传统文化的理想场所。清迈国家博物馆主要展出兰纳时期的历史文物、艺术品和冷兵器等展品，清迈市立艺术文化中心的展览项目包括清迈的历史资料、清迈人古今生活、清迈佛教文化、农业与山地民族资料等内容。另外，清迈的户外娱乐活动非常丰富，游客可在此体验骑象、徒步、橡皮艇漂流、峭壁攀岩等项目。

  清迈是泰国的手工艺品中心，传统手工艺品素以品种繁多、质量上乘而闻名，特色商品主要有泰丝、肥皂花、手工灯笼、手绘纸伞、木雕、漆器等。大型商场包括尚泰清迈购物中心、尚泰嘎春娇购物中心、玛雅购物中心等商场，其中尚泰清迈购物中心为清迈最大的购物中心。特色购物场所主要有长康路夜市、周日步行街、博桑伞村、山甘烹泰丝村等场所。

  清迈是著名的美食之城，是泰国菜的发源地之一，菜品以辣味闻名，调料多为咖喱、辣椒和生姜，主要特色菜品包括芒果糯米饭、菠萝炒饭、咖喱面、烤香肠、烤鸡等。品尝清迈地道菜品的最佳方法是体验传统的康托克餐宴（Khantoke，Khan 的意思为"圆盘"，Toke 的意思为"小圆桌"），此宴原为兰纳王国的帝王之宴，后来则成为清迈居民宴请宾客的主要形式。另外，中餐、意大利餐、法国餐、阿拉伯餐、印度餐等各国风味餐厅在清迈也随处可见。

  清迈的住宿设施较为齐全，类型多样，既有豪华的高档宾馆和度假村，又有条件舒适的家庭旅馆和青年旅店，可满足不同层次游客的住宿需求。四季、香格里拉、假日、艾美等世界知名的酒店品牌都在此设有连锁酒店。2015 年，美国著名的《旅游和休闲》杂志评选出了"世界 100 座最佳酒店"，清迈的四季度假酒店就名列其中。另外，帝国美平酒店是台湾著名歌手邓丽君生前最后居住的地方，她所住过的房间仍保持着当年的模样。

  清迈为泰国北部的交通枢纽，市区有清迈国际机场、清迈火车站和阿卡汽车站，交通较为便利。市内交通工具主要有出租车、嘟嘟车、双条车（Sawngthaew，一种改装的小货车，后车厢的两侧安装着长凳）、摩托车、自行车等。

普吉岛

地名由来

普吉岛，英文拼写为 Phuket Island，其由来有两种说法。一说认为 Phuket

一词来源于马来语 Bukit，意为"山丘"。普吉岛上，山丘绵延起伏，间或点缀着一块块小盆地，青翠的丛林片片相接，不愧 Phuket 之名。另一说认为，在泰语中，Phu 意为"小山"，Ket 意为"宝石"，而 Phuket 则具有"宝石之山"的意思。

区位

普吉岛位于泰国南部，地处马来半岛西海岸的安达曼海东南部海面之上，东隔攀牙湾与甲米府相望，北隔巴帕海峡与攀牙府相邻，由撒拉辛桥和帖卡撒堤大桥与泰国本土连接，北距曼谷 860 千米。普吉岛是一座南北较长、东西稍窄的狭长状岛屿，南北长 48 千米，东西宽 20 千米，总面积为 543 平方千米，是泰国最大的岛屿，是泰国境内唯一一个拥有省级行政区划的岛屿，也是泰国最小的府，府治为普吉市（Phuket）。

历史

普吉岛以前的名字为它朗（Thalang），源于古马来语 Telong，意为"海角"。在西方早期的文献和导航地图中，普吉岛被称为 Jung Ceylon，这个名字是马来文 Tanjung Salang 的变体，意为"萨朗海角"。

最初，岛上居住着一些身材非常矮小的原始居民。公元 4 世纪左右时，一群因为不堪侵扰而逃离原居地印度的泰米尔人（Tamil）开始在整个马来半岛西岸殖民，殖民范围包含了普吉岛。公元 7 世纪至 13 世纪期间，普吉岛被以苏门答腊为根据地的室利佛逝国（Sri Vijaya）所控制，当时该王国以普吉岛北方和今日泰国攀牙府的竹古巴（Takua Pha）作为附近地区的商业与文化中心。

13 世纪末，素可泰王朝的兰甘亨国王将普吉岛首次纳入泰国的版图，竹古巴和普吉岛一起被划入洛坤府的管辖区域之内。17 世纪初期，第一座锡矿矿坑在岛上开挖，此后华人、马来人纷纷来此采矿。

1785 年，缅甸贡榜王朝组织了庞大的远征舰队进攻普吉岛，缅军长驱直入，围攻岛上的它朗城。守卫城池的地方长官率众顽强抵抗，不幸阵亡，城中男子几乎全部牺牲。在此危难时刻，长官的遗孀庄（Chan）没有选择逃离，而是接过了丈夫的接力棒。她与姊妹穆（Mook）一起，召集了 500 名妇女，组成了一支智勇双全的娘子军。娘子军穿上军装，扛上木制假枪，在城中不时地进进出出，好像有大批部队守卫一般，令缅军不敢轻举妄动。在与缅军巧妙周旋了一个月之后，终于迎来了援军，缅甸军队被迫撤退，而这两个姐妹也成为当地人们感恩戴德的英雄。

为了表彰她们的英勇之举，曼谷王朝的拉玛一世特别授予她们两个皇家贵族称号，分别为帖卡撒堤（Thao Thep Kasat Tri，意为"善战仙女"）和诗顺通（Thao Si Sunthon，意为"吉祥仙女"）。为了永久地纪念这两位英雄，人们于 1966 年在岛中心竖立了一座纪念碑，成为普吉岛的标志性建筑。不仅如此，连接普吉岛与泰国本土的大桥，也以帖卡撒堤命名。

1890—1909 年期间，普吉岛的地方长官为拉斯达爵爷[①]。在他的治理下，普吉岛的城市面貌焕然一新，城内修筑了一批欧式建筑和宽阔道路，银行、医院也相继落成。另外，他又从马来西亚引进了橡胶树，而普吉岛也成为泰国南部的锡矿开采中心。拉斯达爵爷取得如此业绩，令拉玛五世颇为高兴，遂将附近盛产矿石的攀牙、甲米、竹古巴、拉廊、董里、沙敦等六府均交由他管理，共同组成普吉道。1933 年，普吉道被取消，普吉岛成为泰国的一个府。

地理

普吉岛境内多山，约 70% 的面积属于山地地形，岛上到处都是绿树成荫的小山岗，最高峰海拔 529 米。其余的小型平原主要散布在岛屿的中部与南部，岛上主要有挽艾河、挽隆河、呈娘河等几条小型河流。普吉岛周围散落着许多大小不同的卫星岛屿，共有 39 个。

普吉岛属热带季风气候，全年气温较高，年平均气温为 28.7℃左右。由

---

① 拉斯达爵爷的英文拼写为 Phraya Rasdanupradit Mahissara Phakdi，Phraya 是拉玛五世赐给他的尊号，直译为佛爷，相当于英国的爵爷（Sir），原先仅由泰王赐予王公贵族和大将。

于接近赤道，一年中的温度变化不大，各月温差也不大，最凉的月份为12月，平均气温为28℃左右；最热的月份为4月，平均气温为29.8℃左右。年降雨量为2200毫米以上，受季风影响，全年有明显的干季和雨季。每年的12月至次年的3月为干季，其中2月份降雨最少，平均降雨量为24毫米左右；每年的4月到11月是雨季，降雨量占到全年总降雨量的90%左右，其中9月份降雨最多，平均降雨量为360毫米左右。

普吉岛素有"金银岛"之称，陆地和沿海海底都蕴藏着极为丰富的锡矿、钨矿，其中锡矿储量居世界首位。橡胶树、椰树、棕榈树及各种热带果树遍布全岛，其中生长在水中的红树是普吉岛特有的一种珍贵木材，榴莲在东南亚一带享有盛名。普吉岛的水产也很丰富，盛产鱼、虾、蟹、贝类等各种海鲜食物，出产的优质珊瑚世界闻名。

普吉岛在行政上被划分为普吉直辖县（Amphoe Mueang Phuket）、甲涂县（Amphoe Kathu）和它朗县（Amphoe Thalang）三个县，并又进一步被划分为17个小区及103个村。2014年，岛上共有居民37.8万人，居民多为华人和葡萄牙人的后裔，还有马来人、印度人、乔莱人（Chao Leh）等。

经济

普吉岛美丽富饶，资源丰富，农业、渔业、采锡矿业等是传统的产业部门。普吉岛的采锡历史较为悠久，已有近400年，锡矿产量占全国的三分之一。泰国的锡矿产量仅次于马来西亚，居世界第二位，是除大米之外的泰国第二大出口物资。

20世纪70年代以后，泰国政府发现普吉岛的旅游资源比锡矿还宝贵，这是一个完全未受工业污染的岛屿，这里有曲折的海岸线、蔚蓝的海水、细白的沙滩、奇妙的峡谷、五彩斑斓的海底世界。依托丰富的旅游资源和优美的自然环境，普吉岛旅游业发展迅速，成为享誉世界的旅游度假天堂。目前，普吉岛是泰国四大旅游中心之一（其他三处为曼谷、清迈和芭提雅），旅游业已成为当地的支柱产业。2015年，在美国著名的《旅游和休闲》杂志组织的年度最佳旅游岛屿评选活动中，普吉岛入选"亚洲最佳旅游岛屿"之列，名列第三。

文化

普吉岛的官方语言为中部地区的标准泰语，但当地居民多使用泰南方言，间有中国潮州话和马来话。在宗教信仰方面，有60%左右的人信奉佛教，35%左右的人信奉伊斯兰教，其他人群占5%左右。由于华人和葡萄牙人的后裔众多，岛上的建筑风格和生活习俗深受中国和葡萄牙的影响。

普吉岛的节庆活动相当丰富，除泰国全国性的节日（如万佛节、泼水节、水灯节、佛诞节、国庆日等）之外，当地的传统节日也为数众多。素食节是普吉岛上最隆重的节日，最早开始于1825年。当年采锡矿工们突发一种怪病，在久治无效的情况下，人们选择吃素，怪病竟然奇迹般地痊愈了。人们认为这是神灵庇佑，于是在每年中国农历的九月初一到初九，连续9天戒荤吃素，并举行各种各样的拜神、游神活动，以祈求神灵消灾祛难。节日期间，虔诚的信徒们还会举行踩火仪式，踩火者用金属等坚硬的物体刺穿自己的脸颊，赤脚走过燃烧的煤火，以示对神灵的忠诚。另外，超雷船节、普吉海鲜节、芭东海滩狂欢节等节日也较有特色。

普吉岛比较重视与国外地区之间的交流与合作，先后与法国的尼斯（Nice）、中国的海南省和烟台、俄罗斯的纳霍德卡（Nakhodka）、印度的布莱尔港（Port Blair）建立了友好关系。

旅游

普吉岛享有"热带天堂""泰南珍珠""海上明珠"之美誉，具有典型的热带海滨风光。普吉岛的海滩，以芭东海滩、卡塔海滩和卡伦海滩最为著名。三大海滩中，芭东海滩是开发最完善、人气最旺的海滩，也是欣赏安达曼海落日的最佳场所。卡塔海滩是最清静的海滩，静谧而带着浓郁的浪漫气息。卡伦海滩是最长的海滩，沙质金黄细腻，享有"金沙滩"的美称。普吉岛周边著名的海岛，包括皮皮岛、皇帝岛、蜜月岛等。

普吉岛的娱乐项目非常丰富。首先，这里是海上运动的天堂，在这里可以进行划艇、滑水、潜水、帆伞、垂钓等海上活动项目。其次，夜生活是普吉岛不可或缺的主题，每天晚上在芭东海滩的酒吧区，灯红酒绿，车水马龙。最后，游客还可以在普吉岛上体验丛林飞跃、骑象、观海龟下蛋、骑海龟等特色娱乐项目。

普吉岛的特色商品主要有宝石、皮革制品、黄金、泰丝、锡制品等。大型的购物商场包括江西冷购物中心、尚泰普吉购物中心等商场，芭东夜市、班赞生鲜市场、马林市场等场所是岛上的特色集市。

普吉岛位于盛产鱼虾的安达曼海中，这里海鲜资源非常丰富，菜品以各种海鲜为主的饭菜最具特色，并且混合了泰国菜、马来西亚菜和中国菜的口味。主要特色菜品包括海鲜沙拉、泰式海鲜汤面、普吉咖喱浓汤等。就餐场所主要集中在芭东海滩和普吉市内，最广为人知的餐厅就是位于芭东海滩上的 Savoey 海鲜餐厅。

普吉岛的住宿设施种类齐全，从高级酒店、中档旅馆到可以长期居住的公寓，应有尽有。由于这里是泰国最高级的度假区，住宿设施多为度假酒店，廉价旅馆较少。世界知名的酒店品牌，如假日、希尔顿、最佳西方、艾美等，都在此设有连锁酒店。

普吉岛的交通相当便利，拥有普吉国际机场、普吉长途汽车站、查隆码头、皇家游艇码头、拉姆码头。岛内交通工具主要有公交车、嘟嘟车、双条车、出租车、轮渡等。

芭提雅

地名由来

芭提雅，英文拼写为 Pattaya，其由来与吞武里王朝的开创者达信（即披耶达信，英文拼写为 Phraya Taksin，Phraya 为达信成为国王之前的爵位）有着密切的关系。

1767 年，大城王朝的首都未被缅甸军队攻陷之前，达信率领军队从大城奔赴庄他武里。当达信一行来至今芭提雅附近时，遭到了以 Nai Klom 为首的当地武装的拦截。不过，当两位统帅面对面相见时，Nai Klom 被达信的威严以及达信军队的严格纪律所深深折服，遂主动投降并加入达信的部队。于是，两军相遇的地方，就被命名为 Thap Phraya，意为 "The Army of Pharya"（即披耶的军队）。

后来，Thap Phraya 被改写为 Phatthaya。每当雨季来临时，芭提雅便会迎来西南方向的季风，而 Phatthaya 恰恰具有 "雨季时的西南季风" 的含义。现在普遍使用的 Pattaya，其实是 Phatthaya 的简写形式。

区位

芭提雅位于泰国中部，地处中南半岛和马来半岛之间的泰国湾东部，西北距离曼谷 160 千米，市区总面积 22.2 平方千米。芭提雅为泰国的一个经济特区，虽然地处春武里府，但不受其管辖。春武里府北邻北柳府，西接庄他武里府，东南与罗勇府接壤。

历史

20 世纪 60 年代以前，芭提雅还是一个不知名的小渔村，人们用树皮盖茅棚为居，以打鱼、种木薯为生。

芭提雅命运的改变发生在越战期间（1955—1975 年）。1959 年 6 月 29 日，驻扎在泰国呵叻（Korat）的 500 名美国大兵被派至芭提雅休整一个星期。美国大兵在海滩上搭起许多帐篷，这个昔日无人问津的小渔村慢慢地热闹了起来。

与此同时，泰国政府也充分地认识到芭提雅蕴含着巨大的经济潜力，专门将其设为经济特区，鼓励并支持国内外企业前来投资开发，芭提雅地区的餐饮业、旅馆业、娱乐业得到了迅速发展。

地理

芭提雅濒临海湾，海水碧蓝如靛，海滩洁白细腻，岛屿如诗似画，它与西班牙的太阳海岸、美国的夏威夷、澳大利亚的黄金海岸一起并称为"世界四大最迷人的海滩"。

芭提雅属热带季风气候，全年气温较高，年平均气温为 28.2℃左右。终年温差不大，最凉的月份为 12 月，平均气温为 26.3℃左右；最热的月份为 4 月，平均气温为 29.6℃左右。年降雨量为 1100 毫米左右，受热带季风影响，全年有明显的干季和雨季。每年的 11 月至次年的 4 月为干季，其中 12 月份降雨最少，平均降雨量为 8 毫米左右；每年的 5—10 月是雨季，降雨量占到全年总降雨量的 85%左右，其中 10 月份降雨最多，平均降雨量为 220 毫米左右。

芭提雅依山傍海，气候宜人，各种鲜花遍布街道、庭院，甚至连篱笆也是花墙，故它又有"花城"之称。海滩旁边遍植热带树林，椰林处处，造型雅致的住宅、旅馆、别墅，掩映在林荫之中，极富东方热带情调。这里不仅盛产各种热带水果（如芒果、香蕉、榴莲、菠萝、火龙果等），还盛产各种水产（如鱼、虾、蟹、贝类等）。

芭提雅有三条南北走向的大路，最西边的大路为滨海大道。东西走向的大街也有三条，分别为北街、中街和南街。以中街为界，芭提雅被分为南芭提雅和北芭提雅两部分。2016 年，芭提雅的人口数量为 9.73 万[①]，多数具有华裔血统。这一数字并不包括一大批虽在芭提雅工作但其户籍却在家乡的外地人。另外，泰国政府对退休的外国人提供一种特殊的签证，再加上芭提雅的生活成本相对较低，吸引了许多欧美等地的老人来此长期居住。

经济

渔业、农业是芭提雅的传统产业部门，但随着经济特区的设立，传统产业部门已完全让位于旅游业。芭提雅被称为"亚洲度假皇后"，是世界知名的旅游度假胜地，也是泰国四大旅游中心之一，旅游业是当地绝对的支柱产业。另外，芭提雅依芭提雅湾而建，其周边地区已成为泰国的工业基地，芭提雅湾也成为泰国的一处重要工业港口。

---

① http://worldpopulationreview.com/countries/thailand-population/major-cities-in-thailand，查阅日期：2016年2月18日。

文化

芭提雅居民使用的语言为中部地区的标准泰语，华语、英语等语言使用也较为普遍。许多报纸和杂志都使用外语出版，以英语、俄语和德语居多。

芭提雅的节庆活动非常丰富，除泰国全国性的节日（如万佛节、泼水节、水灯节、佛诞节、国庆日等）之外，当地也有许多具有特色的节庆活动。最具特色的当是每年5月份举行的蒂芙尼人妖选美大赛，常规节目包括花车游行、才艺表演等，另外还会推出各种衍生的娱乐项目，让游客也可以最大限度地融入其中。每年3月份，这里会上演一场为期三天的音乐盛会——芭提雅国际音乐节，届时流行音乐、摇滚音乐、乡村音乐、流行爵士等均会悉数上演。此外，芭提雅的马拉松大赛、国际烟火节、素食节等也较为有名。

芭提雅比较重视与国外城市之间的交流与合作，先后与哈萨克斯坦的奇姆肯特（Shymkent）、俄罗斯的圣彼得堡（Saint Petersburg）建立了友好城市关系。

旅游

芭提雅享有"东方夏威夷"之美誉，具有典型的热带海滨风光。芭提雅的海滩，以芭提雅海滩和中天海滩最为著名。芭提雅海滩是芭提雅沙质最细腻、海水最清澈的海滩，而中天海滩是芭提雅最长的海滩。芭提雅附近的海岛主要包括可兰岛（又称珊瑚岛）、萨岛、沙美岛等。

除自然风光外，芭提雅的人文景观也较为丰富。东芭乐园是一个集泰国各式园林艺术家创作精华于一身的休闲度假公园，园内的游览项目主要有大象表演、传统民俗表演和兰花展。此外，大象村、小人国、真理寺等景点也很有特色。

芭提雅的娱乐项目极为丰富。白天，芭提雅是运动的天堂，在这里可以进行冲浪、划艇、游泳、潜水、帆伞、垂钓等海上运动项目，也可以进行网球、羽毛球、赛车、射箭、保龄球等陆上运动项目。晚上，芭提雅便成了一座不眠之城。晚间最大的娱乐项目非人妖表演莫属，人妖^①表演是泰国独特的人文风景，在各大城市均可见到，但以芭提雅最为著名。芭提雅有蒂芙尼和阿卡萨两大人妖表演剧院，表演中还融入了西方古典歌剧、中国戏曲、韩国歌舞等。

芭提雅本地的特产较少，但泰国其他地区的各种特产都在此销售，而且价廉物美，如泰丝、品牌服饰、棉制 T 恤、化妆品等。大型的购物商场包括皇家花园芭莎购物中心、尚泰芭提雅海滩购物中心、皇权免税店等商场，特色集市主要有四方水上市场、海滩路夜市等场所。

芭提雅的餐饮以海鲜最为闻名，种类繁多，烹调精美，滋味独特。除原汁原味的海鲜外，泰国中部地区的名菜，如冬阴功汤、泰式红咖喱、泰式炒粉、泰式菠萝炒饭、青木瓜沙拉等，也地道味浓。由于来这里的游客多为外国人，在这里也能品尝到来自美国、德国、中国、日本等地的菜肴。

芭提雅住宿设施种类齐全，既有装饰豪华的星级酒店，还有景色优美的海边旅馆，又有清静雅洁、收费低廉的小旅店。世界知名的酒店品牌，如希尔顿、假日、万豪、喜来登等，都在此设有连锁酒店。

芭提雅的交通比较便利，拥有芭提雅火车站、空调汽车站、芭提雅码头。岛内交通工具主要有摩托车、双条车、出租车、轮渡等。

清　莱

地名由来

清莱，英文拼写为 Chiang Rai。1262 年，孟莱王（King Mengrai）在此建

---

① 人妖（Shemale），原为一些身材窈窕、相貌漂亮的男孩子。在经过整容、服用（或注射）女性激素或者进行变性手术之后，他们体内的雄性激素减少，男性生理特征逐渐萎缩，而渐渐呈现明显的女性生理特征。在经过特殊的专业训练之后，人妖比女性更柔媚，比女人更女人。人妖多集中于泰国，主要以各种歌舞表演为生。

城，作为兰纳王国的首都，并以自己的名字命名。另外，Rai 在泰语中又意为"田地"或"稻田"，因此 Chiang Rai 又具有"田城"或"稻田之地"的意义。

区位

清莱地处湄公河的支流郭河（Mae Kok）的南岸，位于清迈东北 180 千米、曼谷以北 830 千米。城区总面积为 60.85 平方千米，是清莱府的首府，也是泰国最北方的首府。它所在的清莱府，东南与帕尧府相邻，南接南邦府，西南、西面与清迈府相连，西北与缅甸接壤，东北与老挝为邻。

历史

清莱作为兰纳王国都城的历史，比清迈要早 30 多年。相传，孟莱王为了追寻自己心爱的一头大象，行至郭河河畔，深觉此地美好，于是下令在此修建城池，并将其作为兰纳王国的国都，成为兰纳王国的第一个首都。孟莱王以清莱为基础，不断扩展政治疆域，还在此创制了兰纳泰文，制定了《孟莱法典》，将上座部佛教[①]引入泰北地区，从而奠定了兰纳宗教、文化和历史发展的基础。1296 年，孟莱王迁都清迈之后，清莱在政治、经济、文化等方面仍起着重要的作用。

1558 年，清迈被缅甸的东吁王朝攻陷，兰纳王国虽然在名义上保持着相对独立的藩属王国地位，实际上一直处于缅甸的控制之下，长达 200 多年。1786 年，清莱被曼谷王朝收回，重归泰国。

1910 年，清莱地区成为泰国的一个府，首府为清莱。在此前后，位于泰国、缅甸、老挝三国交界地带的清莱地区，开始广泛种植罂粟，成为制造鸦

---

① 上座部佛教，因其由印度本土向南传播到斯里兰卡之后进一步发展起来，故又称为南传佛教。目前，盛行于泰国、越南、老挝、柬埔寨、缅甸、斯里兰卡及我国云南省的傣族地区。

片的大本营，从而形成了声名狼藉的"金三角地区"[①]。

20世纪60年代，寓居瑞士多年的诗纳卡琳皇太后（Srinagarindra）回到泰国后，定居于清莱城。她亲眼目睹泰北山民种植罂粟对山林自然环境造成的严重破坏，于是指示成立基金会，发起山地开发计划，大力推动当地植树造林，支持当地居民以水果、蔬菜、手工艺品等产业来代替罂粟种植，并实行一系列的扫毒措施对毒贩进行严厉打击。

20世纪90年代后期，泰国政府鼓励清莱地区开展旅游业，"金三角"渐渐成为泰北旅游的一个品牌。

地理

清莱处于郭河南岸的冲积平原上，平均海拔约395米，是泰国的高原城市。四周群山环绕，林木葱郁，风景秀丽，北面为丹老山脉，南面为披泛南山脉。在山区深处，居住着许多少数民族，如阿卡族、克伦族（Karen，又称长颈族）、苗族、瑶族、拉胡族等。

清莱属热带季风气候，全年气温较高，年平均气温为24.6℃左右，年降雨量为1700毫米左右。受热带季风影响，全年具有明显的热季、雨季和凉季。每年的3—5月为热季，平均气温为33.9℃左右；4月份气温最高，平均气温在35℃左右，极端高温达42.3℃。每年的5—10月为雨季，气温比热季略低，雨水丰富，降雨量占到全年总降雨量的85%以上；8月份降雨最多，平均降雨量为360毫米左右。每年的11月至次年的2月为凉季，平均气温在14.3℃左右；1月份为最凉的月份，平均气温为12.8℃左右。

农业是清莱地区的传统产业，盛产稻米、茶叶、水果、木材等，尤以生产高品质的咖啡豆、荔枝而闻名。近年来，旅游业逐渐成为清莱的重要支柱产业。

---

① 金三角是指位于泰国、缅甸和老挝三国交界的一个三角形地带，因泰国政府在三国交界点竖立一座刻有"金三角"字样的牌坊，故有"金三角"之称。其范围大致包括缅甸北部的掸邦、克钦邦、泰国的清莱府、清迈府北部及老挝的琅南塔省、丰沙里省、乌多姆塞省和琅勃拉邦省西部，共有大小村镇3000多个。

文化

2016 年，清莱人口数量为 7.88 万①，居民大都笃信佛教，使用的语言主要为泰国北部的兰纳方言。由于清莱景色优美，环境宜人，吸引了不少欧美国家的人们前来定居，因此英语的使用也比较普遍。

清莱的节庆活动数量较多，除泰国全国性的节日（如万佛节、泼水节、水灯节、佛诞节、国庆日等）之外，当地较为有名的节日有两个——孟莱王节和荔枝节。孟莱王节每年 1 月举行，以纪念兰纳王国的开国之君孟莱王，节庆内容有游行、文化表演、竞赛等活动。荔枝节每年 5 月的第三个星期举行，是庆祝荔枝收获的节日。节日期间，不仅会有各种水果、农作物以及当地手工艺品展销活动，还有一年一度的"荔枝小姐"选美活动。

旅游

清莱的旅游资源数量比较丰富，文化内涵较为深厚，以玉佛寺、帕辛寺和白庙为代表。玉佛寺是清莱城最受人尊崇的佛寺，寺内曾供奉玉佛像，目前此像供奉于曼谷的玉佛寺中。帕辛寺，据说是模仿清迈的帕辛寺而建的，寺院内供奉着狮佛帕辛的佛像。白庙是由泰国著名建筑师 Chalermchai 耗尽毕生心血创作的现代建筑，完全不同于其他寺庙的恢宏豪华，全身通透洁白，一尘不染，堪称一件绝美的艺术杰作。清莱其他的著名景点还包括界遥寺、钟塔、孟莱王雕像等。

清莱的文化娱乐设施主要有乌堪博物馆、黑屋博物馆、皇太后文化艺术园等。前两处博物馆均为私人博物馆，前者主要展示兰纳王国时期的皇冠、龙袍、古董、陶瓷、佛像等皇室物品，后者则以"地狱与死亡"为主题，展示数千年前的兽骨、原始民族的猎杀工具、各种古代工具、各类古董和标本等物品。在清莱，游客可以体验泰式按摩、温泉、SPA、烹饪培训、远足寻幽等娱乐项目。

清莱的特色商品主要有咖啡豆、中草药以及山区少数民族的手工艺品等。中环商场是清莱最大的购物中心，清莱夜市、周六步行街、清莱草本商店是比较有特色的购物场所。

清莱与清迈同属泰北地区，饮食文化较为相似，主要特色菜品包括芒果糯米饭、菠萝炒饭、咖喱面、烤香肠等。另外，在清莱也有一些口味地道的西餐厅，有比萨、英式炸鱼以及荷兰菜、地中海菜等菜品。

清莱的住宿设施虽然数量不及曼谷、清迈等城市，但这里高、中、低档旅馆一应俱全。清莱的度假酒店比例较高，大多数酒店环境舒适，风格清新，分布在市中心、河边和周边美丽的山谷中，且价格比较亲民。世界知名酒店品牌的连锁酒店数量不多，只有艾美、四季等品牌在此设有连锁酒店。

清莱的交通较为便利，拥有清莱国际机场、清莱汽车站、清莱码头。市内交通工具主要有出租车、嘟嘟车、双条车、摩托车、自行车等。

大　城

地名由来

大城，其正式名称为阿瑜陀耶，英文拼写为 Ayutthaya。1347 年，大城王朝的开国之君乌通王（KingU-Thong，1314—1369 年）迁至此处建立新都，并以印度史诗《罗摩衍那》记载中的不落之城 Ayodhya（阿约提亚）①的名字为依据，将首都命名为 Ayutthaya，意为"永远胜利之城"或"不可攻占之城"。而当时的旅泰华侨以其城池为全国之冠，则习惯称之为大城。

区位

大城位于泰国中部，地处湄南河、华富里河（Lopburi River）、巴塞河（Pa Sak River）三条河流的交汇处，南距首都曼谷 80 多千米，北距清迈 610 多千

①　阿约提亚是印度北方邦著名宗教圣地，传为罗摩（Rama）的出生地和《罗摩衍那》故事的主要发生地。

米。城区总面积 14.84 平方千米，是大城府的首府。它所在的大城府，北连红统府和华富里府，东邻北标府，南毗巴吞他尼府和暖武里府，西临素攀武里府，西南与那空帕农府接壤。

历史

最初，大城仅仅是湄南河下游的一个小渔村。但是这里四周环水，水路纵横交错，交通极为便利，而且此地土地肥沃，物产丰富，因此无论是在军事方面还是在经济方面，都具有重要的战略意义。

兰甘亨国王去世以后，素可泰王朝开始衰落，在湄南河冲积平原上崛起了一个小城邦——乌通城（U-Thong，今素攀武里府的西南部），并逐渐征服南方各邦。1347 年，乌通城内发生瘟疫，乌通王便将首都迁至大城，将其取名为阿瑜陀耶，并开始着手准备大城王宫的建设。1350 年，乌通王宣布独立，被征服的南方各邦共同尊其为首领，于是泰国历史上的第二个王朝——大城王朝诞生，与当时的素可泰王朝形成南北对峙的局面。在乌通王统治期间（1350—1369 年），大城王朝先后征服了柬埔寨的吴哥王朝、北方的素可泰王朝和兰纳王国，版图日益扩大，国力日渐强盛，成为当时东南亚地区的一个强国。

16 世纪时，随着缅甸东吁王朝的崛起，大城王朝的权威受到了严峻的挑战，两国为了扩张领土和争夺对中南半岛控制权，进行了长达 200 多年的斗争。1569 年，大城被缅甸军队攻陷，遭到大肆洗劫，王室全部成员被押往缅甸，大城王朝遂沦为缅甸的附属国。

就在此时，东边的柬埔寨趁机向国力虚弱的大城王朝落井下石，侵占了部分泰国领土。在此形势下，被扣押为人质的、年仅 17 岁的王子纳黎萱（Naresuan，1555—1605 年）得到缅甸的恩准，回国协助父亲组织防御。泰军在少帅纳黎萱的领导之下，相继收复了丢失的城府，将柬军赶出泰国。

纳黎萱的勇武和睿智，令缅甸王忧心忡忡，视其为心头大患，遂于 1581 年策划了一次秘密暗杀活动。暗杀不仅以失败而告终，而且促使大城王朝脱离缅甸获得重新独立。随后，纳黎萱率军东征西讨，将缅军赶出国境。1592年，继承王位的纳黎萱又给来犯的缅军以沉重的打击。纳黎萱因为多次击败了缅甸的侵略，赢得并维护了国家的独立，从而名声大振，成为泰国历史上的五大帝王①之一。在其统治期间（1590—1605年），泰国的版图空前广阔。当时首都大城约有60万人口，佛寺超过500座。

纳黎萱大帝之后，泰国历代国王再也没有重现其先祖的风光，他们耽于梵音，溺于安逸，国力渐衰，而西边的缅甸却又再度崛起。1767年4月，缅军在围困大城14个月之后，用大炮将城墙轰塌，攻入城中，维持了400余年的大城王朝遂宣告灭亡。缅军在此焚烧寺院，抢夺珍宝，屠杀百姓，长达15天。昔日繁华的都市，被毁于一旦，仅剩下一些断壁残垣。

1991年，大城遗址（即大城历史公园）被联合国教科文组织列入世界文化遗产名录，其入选理由是：大城遗址代表着"天才的大师级水准"，世间再无别处可寻。

地理

受河流冲积的影响，大城的地形多为平原，地势较低，平均海拔2米左右。境内河道纵横，四周河流环抱，是一座被水环绕的岛上城市，和曼谷一样，也享有"东方威尼斯"的美誉。

大城属热带季风气候，全年气温较高，年平均气温为27.2℃左右，年降雨量为1430毫米左右。受热带季风影响，全年具有明显的热季、雨季和凉季。每年的3—5月为热季，平均气温为35.2℃左右；4月是一年之中最热的月份，平均气温达35.9℃。每年的5—10月为雨季，每月的降雨日数至少占到一半，整个雨季的降雨量占到全年总降雨量的87%以上；8月份降雨最多，平均降雨量为260毫米左右。每年的11月至次年的2月为凉季，气温适宜，

① 泰国历史上的五大帝王，分别为兰甘亨大帝（Ramkhamhaeng，1239—1317年）、纳黎萱大帝（Naresuan，1555—1605年）、达信大帝（Taksin，即郑信，1734—1782年）、马古大帝（Mongkut，即拉玛四世，1804—1868年）和朱拉隆功大帝（Chulalongkorn，即拉玛五世，1853—1910年）。

降雨较少，平均气温为 18.5℃左右；12 月为最凉的月份，平均气温为 17.4℃
左右。

经济

大城一带位于三条河流交汇的平原地区，水源充足，土地肥沃，气候、
光照等条件适宜，是泰国最重要的稻米产区。大城的工业以碾米和酿酒为主，
手工业也较为发达。

此外，作为泰国著名的历史文化名城，大城拥有丰富的历史文化古迹和
深厚的文化底蕴。近年来，旅游业发展较为迅速，已成为泰国重要的旅游目
的地之一。

文化

2016 年，大城的人口数量大约为 8.2 万 [1]。居民主要为泰族，使用的语言
多为标准泰语，大部分居民信奉佛教，也有部分居民信奉伊斯兰教。

大城的传统节日非常多，除泰国全国性的节日（如万佛节、泼水节、水
灯节、佛诞节、国庆日等）之外，当地最为知名的节庆为大城世界遗产节。
该节日于每年的 12 月份在大城历史公园举行，共持续一周左右，以纪念大城
遗址在 1991 年被列入世界文化遗产名录。节日期间，会推出各种丰富多彩的
活动内容，如展品展销会、声光秀表演、花卉展览、美食品尝等。

大城市内的最高学府为大城皇家大学，该大学是大城府的一所综合性高
等公立大学，也是泰国较早的大学之一。

旅游

大城的旅游资源非常丰富，以寺庙、宫殿等佛教建筑遗址为主，多数遗
址都坐落于大城历史公园内。大城王宫曾是大城王朝的统治中心，由乌通王
始建于1350年，其后历代国王又增建了许多宫殿和亭台楼榭，令人痛心的是，

---

[1] http://worldpopulationreview.com/countries/thailand-population/major-cities-in-thailand，
查阅日期：2016年3月10日。

1767 年在缅甸人的侵略下，王宫遭到严重破坏，几乎没有留下任何建筑。菩斯里善佩寺始建于 1491 年，与曼谷的玉佛寺齐名。寺中有三座高大的佛塔被较好地保留了下来，塔内分别埋葬着大城王朝的三位国王，高棉风格的佛塔体现了大城建筑的精髓，因此被联合国教科文组织誉为"吴哥窟第二"。玛哈泰寺始建于 1374 年，与菩斯里善佩寺齐名，寺内最著名的景点是位于入口处的树缠佛头（闭目含笑的佛头被菩提老树根缠绕），是泰国七大奇迹之一。此外，大城比较著名的旅游景点还包括帕蒙空博碧寺、崖差蒙空寺、柴瓦塔那兰寺、三保公寺、邦芭茵夏宫等。

大城的娱乐项目较为丰富，游客可以到昭三披耶国家博物馆观赏大城王朝时期的珍贵艺术品，或到玩具博物馆去回味童年的乐趣，或骑乘大象游览大城历史公园内的各处遗址，或泛舟湄南河上欣赏两岸美景，或者在旅途劳累之余享受一下 SPA 带来的舒适体验。

大城的特色商品主要包括木雕、陶器、银器、蜡制工艺品、丝绸、珠宝等，最具特色的购物场所为大城水上市场。这座市场依水而建，是泰国目前保存最为完整、最具有原始风貌的水上市场。在这里，游客可以选购当地特色的手工艺品，或者品尝地道的泰式小吃。

在大城，游客可以品尝到较为正宗的泰国菜，而且可以品尝到美味可口的河鲜和清真美食，特色菜品包括冬阴功汤、泰式菠萝炒饭、泰式炒河粉、青木瓜沙拉、椰汁鸡汤、船面、穆斯林甜点、烤河虾、烤河蟹等。

大城的住宿设施数量较多，既有较为豪华的四星级酒店，又有条件较为简陋的经济型酒店，可基本满足不同层次游客的住宿需求。不过，高星级酒店的数量较少，绝大多数酒店为三星级及以下的中低档次酒店。世界知名的酒店品牌中，没有一家在此设立连锁酒店。

大城的交通较为便利，拥有火车站、长途汽车站和航运码头。市内交通工具主要有嘟嘟车、公交车、双条车、自行车、摩托车、轮渡等。

缅　甸

缅甸（Myanmar），全称为缅甸联邦共和国，其国名源于本国人口最多的民族——缅族。该国位于中南半岛的西部，西面与印度、孟加拉国接壤，北面、东北面与中国交界，东面与老挝、泰国毗邻，南面、西南面分别濒临安达曼海和孟加拉湾。国土总面积为67.66万平方千米，人口数量为5436.34万[①]（2016年）。全国共分为7个省、7个邦和1个联邦特区，主要城市包括内比都（Naypyidaw）、仰光（Yangon）、曼德勒（Mandalay）、蒲甘（Bagan）等。

内比都

地名由来

内比都，为缅甸的首都，英文拼写为Naypyidaw。在古缅甸语中，Naypyidaw具有"皇家首都"的含义。2005年，缅甸军政府将首都从仰光（Rangoon）迁至曼德勒省的一个名为彬马那（Pyinmana）的县城。军政府感觉这个小城的名字不够大气，不合适作为首都的名字，于是在2006年将其改

---

① http://worldpopulationreview.com/countries，查阅日期：2016年4月20日。

名为 Naypyidaw。

区位

内比都位于缅甸中部，坐落于勃固山脉和本弄山脉之间的锡当河谷的狭长地带，北距曼德勒市 320 千米，南距仰光 390 千米，市区总面积为 7054 平方千米，是仰光城区面积的 9 倍。内比都为缅甸的新都和联邦特区，是缅甸的政治和军事中心。

历史

内比都原名彬马那，原来是缅甸中部的一个小城镇。它第一次进入人们视野是在第二次世界大战日本占领缅甸期间（1942—1945 年）。彬马那地方虽小，但北依山势，南望平川，丛林密布，易守难攻，具有重要的军事战略地位。缅甸独立运动的领导人昂山将军[①]遂将其作为独立运动的大本营和共产党游击队的军事要冲。

内比都第二次进入人们视野是在 2005 年。是年 11 月，缅甸军政府下令，国防部、外交部、内政部、能源部等政府主要部门以及军队总部和电视台全部从仰光迁至新建的行政首都彬马那。缅甸政府之所以要迁都，外界有诸多猜测。一说认为迁都是由于原首都仰光面积较小，人口拥挤，城市扩张已至极限，且有被海水淹没的潜在危险；一说认为迁都是由于政府有鉴于伊拉克遭美国军事攻击的教训；一说认为位于缅甸中部的彬马那有利于政府加强对边境地区钦族（Chin）、克伦族（Karen）、卡雅族（Kayah）、掸族（Shan）等少数民族的控制；一说认为迁都只不过是缅甸历史上的一个传统而已[②]；还有一说认为这次迁都是由于政府高层领导人听从了占卜者"迁都以避凶趋吉"的建议。不管动机如何，迁都都是一个强有力的信号：缅甸政府要集权，要加强控制。

[①] 昂山将军（Aung San，1915—1947年），为缅甸独立运动领袖、缅甸反法西斯人民自由同盟主席、缅甸共产党创始人之一，有"缅甸国父"之称。其女儿昂山素季（Aung San Suu Kyi）于1991年获诺贝尔和平奖。

[②] 从历史上看，缅甸确实有迁都的习惯。仅在贡榜王朝时期（1752—1885年）的一个多世纪里，缅甸就迁都6次。

2006 年 3 月 27 日，这一天是缅甸的建军节 [3]。这是彬马那作为新都以来举办的第一个重大庆典活动。而正是在这一天，在盛大的阅兵式完毕之后，彬马那被正式改名为内比都。经过 10 多年的发展，内比都的城市基础设施逐渐改善，不过与仰光等大都市相比，尚存在很大差距。

地理

内比都地处缅甸中部山区，西倚勃固山脉，东对本弄山脉，周围多为林业山区，海拔 115 米。勃固山脉是缅甸中南部著名山脉，南北延伸 435 千米，位于伊洛瓦底江（Ayeyarwady，缅甸的最大河流）与锡当河之间。最高点为博巴山，海拔 1519 米，是一座熄灭的死火山，传说为缅甸民间所崇拜的 37 个神灵的居住地。

内比都属热带季风气候，全年气温较高，年均气温为 26.8℃左右，年降雨量为 1150 毫米左右。受热带季风的影响，一年分为明显的热季、雨季和凉季。每年的 3—5 月为热季，平均气温为 36.4℃左右；4 月为最热的月份，平均气温为 38℃左右。每年的 5—10 月为雨季，降雨量为全年的 90% 左右；8月份降雨最多，平均降雨量为 230 毫米左右。每年的 11 月至次年的 2 月为凉季，平均气温为 16.5℃左右；1 月份气温最低，平均气温为 14℃左右。

内比都下辖彬马那、雷威（Lewe）、达贡（Tatkone）、欧达亚帝力（Ottarathiri）、戴奇拉帝力（Dekkhinathiri）、博巴帝力（Pobbathiri）、滋布帝力（Zabuthiri）、泽亚帝力（Zeyarthiri）等 8 个镇区。城区内，划有办公区、军事区、居民区等各个专门区域。2016 年，内比都的人口数量为 92.5 万 [1]，主要居民为缅族，另有掸族、德努族（Danu）、勃朗族（Blang）、勃欧（Paoh）等少数民族居住于此。

---

[3]　1945年3月27日，昂山等人发起抗日运动，将缅甸独立军改称为爱国军。因此，每年3月27日被定为缅甸的建军节。

[1]　http://worldpopulationreview.com/countries/myanmar-population/major-cities-in-myanmar，查阅日期：2016年2月23日。

经济

内比都虽为首都，但经济相对发展落后。农业和林业是内比都的支柱产业，主要作物有水稻、黄麻、柚木、蔬菜、水果等。贸易业也是内比都的重要产业，在未成为首都之前，内比都（彬马那）一直是位于仰光与曼德勒之间的一个重要的山区贸易城镇。近年来，随着人口的增加和城市的发展，服务业也开始逐渐兴旺。

文化

内比都的官方语言为缅甸语（即仰光话），在商务及外交等场合通用英语。缅族居民使用的语言为缅甸语，掸族、德努族等少数民族使用的语言为本族方言。在宗教信仰方面，居民大多信仰佛教。

由于内比都气候炎热，这里的居民有着许多奇异的风俗，其中以"男子乘车在外，妇女脸上涂两块，交通警察戴钢盔，人人背个花布袋"最为独特。由于公交汽车内又挤又闷，缅甸交通部门便在汽车尾部开一道门并搭上踏板，专供年轻的小伙子"兜风"。绝大多数妇女会在面部颧骨至耳根部位，涂上一种用当地树干磨成的特纳卡粉浆（Thanakha），以防晒养颜。这种粉浆被晒干后，会变成两个乳白色的粉块，远远看去就像脸上贴着两片白色的树叶。钢盔是现代战争中用来保护头部的特殊装备，可内比都的警察却人人头戴白色钢盔，以防止强烈的日晒。由于天热，人们衣服穿得少，衣服上口袋少，出门背个花布包，放些随身用品或财物比较方便。

内比都的大学包括耶津农业大学、林业大学和耶津兽医大学等3所学校，它们均为缅甸国内该领域中唯一的专业性大学。

旅游

内比都的旅游景点主要有大金塔、动物园、国家地标公园、宝石博物馆、体育中心。内比都大金塔，又称内比都和平塔，依照仰光的世界和平塔的样式和比例仿建而成，是内比都的地标建筑。内比都动物园是缅甸最大的动物园，许多动物来自于仰光动物园。国家地标公园是一个类似于深圳锦绣中华的文化主题公园，园内景点大多是按它在缅甸版图上的位置摆放的，全园犹如一幅巨大的缅甸地图。

内比都主要的特色商品包括翡翠、花茶、特纳卡等，第一家购物中心为Junction Center。特色餐饮多为缅甸传统菜品，如咖喱米饭、椰奶面条、鱼汤粉等。星级酒店数量较少，档次较低，价格较为低廉，世界知名的酒店品牌也相对较少。拥有机场、火车站和汽车站，机场以国内航班为主，国际航班非常少。

总体来讲，由于作为首都的时间不久，内比都的旅游服务设施建设尚处于初期阶段，在食、住、行、游、购、娱等方面的设施和服务还不健全。

仰 光

地名由来

仰光，为缅甸旧都，英文拼写为 Yangon 或 Rangoon。它原来的名字为大光（Dagon），意为"三岗村"，因其位于三个高岗上而得名。1755 年，贡榜王朝[①]的开国之君雍籍牙（Alaungpaya，1714—1760 年）率领上缅甸[②]的缅族人占领大光，并重新统一缅甸，结束了东吁王朝末年的混乱局面。为庆祝胜利，雍籍牙将 Dagon 改名为 Yangon。在缅语中，Yan 意为"敌人"，Gon 意为"完结"，因此 Yangon 具有"战胜敌人""平息战乱"的意思。

区位

仰光地处缅甸南部，位于伊洛瓦底江[③]入海口附近，地处仰光河（Yangon

---

① 缅甸历史上共有三个统一的封建王朝，分别为蒲甘王朝（1044—1257年）、东吁王朝（1531—1752年）和贡榜王朝（1752—1885年），均为缅族建立。

② 缅甸以曼德勒为界，分为上缅甸和下缅甸。上缅甸为指曼德勒以北、距海较远的中部和北部地区，下缅甸是指曼德勒以南、距海较近的南部地区。

③ 伊洛瓦底江是缅甸最大的河流，被称为缅甸的"母亲河"。其东源为发源于中国西藏察隅县境内的恩梅开江，西源是发源于缅甸山区的迈立开江，两江在密支那城以北约50千米处汇合后，始称伊洛瓦底江。然后蜿蜒曲折纵贯缅甸全境，最后注入安达曼海。全长2714千米，流域面积420934平方千米，约占全国面积的60%。

River）与勃固河（Pegu River）交汇处，距离安达曼海的马达班湾37千米，城区总面积为599平方千米。仰光是仰光省的首府，是缅甸的经济、文化中心和交通枢纽，是缅甸最大的港口。仰光所在的仰光省，西与伊洛瓦底省相连，北与勃固省接壤。

历史

2000多年前，仰光是孟族居住的一个莽草丛生的小渔村，因村子建在三个山岗上，故名三岗村（即大光）。

公元前6世纪，印度发生饥荒，缅甸商人科迦达普陀兄弟，载了一船稻米前去救济。两人从印度回来时，带回了释迦牟尼的8根头发，并在大光的新固达罗山冈上修建了一座佛塔，以供奉佛发。该塔被命名为ShweDagonPagoda（中文译为瑞大光塔），Shwe在缅语中意为"金"，ShweDagonPagoda就是"三岗村的金塔"的意思。这座塔便是后来闻名世界的仰光大金塔，是世界佛教的一大圣地。1044—1257年，缅甸形成了历史上第一个统一的封建王朝——蒲甘王朝，前来大光的朝圣者不绝于途。

东吁王朝末年，政治腐败，经济衰退，战乱四起，分崩离析。下缅甸的孟族人以勃固为都城，势力日益强大。1752年，孟族人攻陷国都阿瓦（Ava），掳走了国王，东吁王朝宣告灭亡。但是，上缅甸本梳（今瑞保，Shwebo）地区的缅族首领雍籍牙不服从孟族人的统治，自立为王，定都本梳，并联合周围地区的力量，筑栅据守，多次击败北犯的孟族部队。1754年，雍籍牙分兵攻取阿瓦，随后又在上缅甸各地肃清孟族的势力。1755年，雍籍牙率领军队沿伊洛瓦底江南下，先后收复了许多地方。同年5月，收复大光，并在此下令彻底消灭敌人。在取得大光之后，雍籍牙登临瑞大光塔，礼佛祭祀，以祈求和平，消弭兵灾。

为期求早日结束战争，雍籍牙将大光改名为仰光。同年，仰光被开辟为商埠，虽然当时仰光范围很小，方圆仅约3平方千米，但由于靠近仰光河口和马达班湾，海船进出相当方便，而且腹地较广，有利于物资集散，所以仰光发展非常迅速，很快便取代了附近市镇的贸易，成为缅甸重要的商港。

1824 年，占领了印度的英国开始向东吞食缅甸。最初位于仰光西侧的勃生（Bassein）向英国开放，成为英国的通商口岸。但英国嫌此港沙淤水浅，多次要求在仰光开港，却遭到贡榜王朝的拒绝，遂引发了三次英缅战争（分别发生在 1824—1826 年、1852 年和 1885 年），均以缅甸的失败而告终。1852 年，缅甸向英国开放仰光港。1885 年，英国占领缅甸，将其划为英属印度的一个省，省会为仰光，贡榜王朝宣告灭亡，而缅甸则进入了长达 60 多年的殖民时期。1937 年，缅甸转为英国直辖殖民地。

1942 年，缅甸独立运动领袖昂山将军在日本的支持下使缅甸脱离英国的殖民统治，却再次落入日本的虎口。1945 年日本战败投降之后，英国则再次重新控制缅甸。1947 年 2 月 12 日，在昂山将军的领导下，缅甸政府联合掸邦、克钦邦、钦邦等少数民族地区，一起签署了一份《彬龙协议》，积极争取从英国殖民者手中独立。在昂山将军及其继承人德钦努（Thakin Nu，1907—1995 年）的不懈努力下，英国终于在 1948 年 1 月 4 日正式承认缅甸独立，仰光成为缅甸联邦共和国的首都，而昂山将军却为其奋斗一生的光荣事业付出了自己宝贵的生命。

1974 年 1 月 4 日，缅甸联邦共和国改名为缅甸联邦社会主义共和国。1988 年 9 月 23 日，将国名恢复为缅甸联邦共和国。2005 年 11 月 6 日，基于多种因素的考虑，缅甸政府将首都从仰光迁至彬马那，其后将彬马那改名为内比都。

地理

仰光地处伊洛瓦底江三角洲东侧，城市的东、南、西三面皆为平原，平缓的仰光山从北边伸进市区，地势较低，平均海拔 5.5 米。城区三面环水，仰光河流经城区的西侧和南侧，勃固河流经市区东侧，勃生堂河从市区中间蜿蜒流过，市区南北还有茵雅湖、甘道枝湖等湖泊，湖水清澈，波光潋滟。仰光的水路经仰光河向西与端迪运河与伊洛瓦底江干流相通，向东通过勃固—锡当运河与锡当河水系相接，从而构成了以仰光为中心的全缅甸最为繁忙的内河航运网。

仰光属显著的热带季风气候,是一个四季如夏的热带城市,年平均气温为 27.3℃左右,年降雨量为 2680 毫米左右。受热带季风影响,全年具有明显的热季、雨季和凉季。每年的 3—4 月为热季,平均气温为 36.5℃左右,盛行较干的偏西风,炎热干燥,降雨稀少;4 月是一年之中最热的月份,平均气温为 37℃左右,极端高温超过 41℃。每年的 5—10 月为雨季,平均气温仍超过 27℃,每月有一半以上的时间跟雨水打交道,整个雨季的降雨量占到全年总降雨量的 80% 以上;8 月份降雨最多,平均降雨量为 600 毫米左右。每年的 11 月至次年的 2 月为凉季,降雨稀少,气温适宜,平均气温为 19℃左右;1 月份气温最低,平均气温为 17.9℃左右。

仰光城区分为西区、东区、南区和北区四大区域,共包括 27 个镇。其中,西区为中心区域,共有 10 个镇,东区有 9 个镇,南区和北区各有 7 个镇。2016 年,仰光的人口数量达到 447.76 万 [1]。

经济

仰光是缅甸的经济中心,地区生产总值占缅甸 GDP 的 20%,农业、工业、贸易业、旅游业等都是重要的产业部门。

仰光地处平原地区,地势平坦,土地肥沃,是全缅甸最发达和最富庶的地区。仰光附近的伊洛瓦底江三角洲和锡当河谷一带是缅甸水稻的主要产区,这里的水稻产量占缅甸稻谷总产量的 2/3 以上。在英国殖民统治时期,英国看准了世界市场对大米需求迅速增加的机会,竭力鼓动上缅甸农民和印度移民去开发仰光附近的农田,水稻种植面积迅速增加,稻米出口量也快速增长。20 世纪 40 年代初期,缅甸的稻米出口量占世界的 45%,成为世界上最大的稻米出口国,从而享有"世界粮仓"的美誉。

除稻米外,仰光的另外两大出口产品为柚木和宝石。柚木被誉为"万木之王",质地坚韧,抗霉烂,耐腐蚀,是造船工业、铁路运输业、建筑业、家具制造业的上佳材料。缅甸是柚木的故乡,仰光等地所生产的柚木是世界上

---

[1] http://worldpopulationreview.com/countries/myanmar-population/major-cities-in-myanmar,查阅日期:2016 年 2 月 23 日。

最优质的柚木。缅甸也盛产宝石，素有"宝石之国"的美称，这里出产世界上最著名的红宝石。自 1964 年开始，缅甸政府都会在仰光举行一年一度的宝石交易会，仰光的宝石贸易是缅甸外汇的主要来源之一。

仰光是缅甸最大的工业城市，主要包括碾米、木材加工、炼油、造船、橡胶、机械、化学等产业部门。大部分工厂集中于西郊和北郊，市内也有部分企业。

仰光兼有海港与河港的双重功能，水深港阔，是缅甸最大的商港，终年可停泊万吨远洋巨轮。仰光港共有 10 余个码头，东西绵延 11 千米，是缅甸吞吐量最大的港口，缅甸全年进出口贸易的大多数货物都从这里经过。

仰光是一座具有热带风光的海滨城市，鲜花盛开，植被茂盛，风景如画，气候宜人，旅游资源丰富，文化底蕴深厚，吸引着越来越多的国内外游客，旅游业也已成为缅甸外汇的主要来源之一。

文化

仰光居民中，缅甸人占到 90% 左右，使用的语言为标准的缅甸语（又名仰光话）。其余居民多为华人和印度人，华人多集中居住在仰光的唐人街。华人和缅甸人自古以来就有着深厚的感情，他们之间融洽相处，亲如兄弟。缅甸人唯独不把中国人称为"外国人"，而是亲切地叫作"胞波"，意为"一母所生的兄弟"。

仰光被称为"和平城"，是一个平和、安宁的城市，这与绝大多数居民信奉佛教密不可分，在仰光随时可见披着袈裟、带着黄伞的和尚，到处可见大大小小、金光闪闪、风格各异的佛塔。历代国王都不惜花重金建造佛塔，甚至平民都以建造佛塔作为人生最大的一个善果。佛教转世的观念令仰光的居民尊重世间的一切，在他们心里，做善事的人死后可以进入极乐世界，做坏事的人死后要下地狱。因此，包括仰光人在内的缅甸人从小就在佛教教义的熏陶下养成了乐善好施、与人为善的品性。

在仰光，超过 80% 的居民还穿着民族服装。无论男女，下身都穿"纱笼"①，男式称为"笼基"，女式称作"特敏"，虽然男女穿法稍有不同，但色彩都比较鲜艳。为了适应热带气候，纱笼多用薄纱制成，而且男女老少都爱穿拖鞋，很少穿鞋袜。妇女一般都留长发，卷发髻，并佩戴鲜花和各种首饰。

仰光市内的多数建筑具有传统的缅甸风格，以技艺精湛的佛塔、寺庙最为典型。由于英国殖民者在此长期统治的关系，市内还遗留下许多西式建筑，如仰光市内的政府机关、中央银行、海关、邮电、火车站等大楼均为英式建筑。此外，在仰光还有不少由印度移民建造的具有伊斯兰教风格的建筑和一些印度教寺庙。

仰光的节庆活动众多，最有名气的节庆活动包括瑞大光塔佛节、泼水节和浴榕节。瑞大光塔佛节是缅甸最重要、最壮观的佛节，在每年 2—3 月之间满月前后的一周左右举行。节日期间，人们纷纷前来拜佛、献花、点灯、捐款。泼水节在每年 4 月中旬举行，一般持续 4 天，第 5 天为缅历新年。节日期间，人们用纯净的清水相互泼洒，祈求洗去过去一年的不顺。浴榕节在每年 4 月下旬举行。缅甸的佛教徒将榕树（即菩提树）视为佛的化身，在最炎热的干旱季节给榕树淋水，有希望佛教弘扬光大之意。此外，敬老节、献袈裟节、点灯节、作家节等也是仰光重要的传统节庆。

仰光拥有缅甸最好的体育设施，绝大多数国家级的体育锦标赛，如田径、足球、排球、网球、游泳等，都在此举行。昂山体育场和 Thuwunna 体育场是足球锦标赛的主要举办场所。在仰光，足球运动颇受居民欢迎，很多居民喜爱观看欧洲足球联赛，大大超过对本国联赛的关注程度。

仰光是缅甸的教育中心，共有 20 多所大学（或学院），集中了缅甸绝大多数最好的大学。著名的大学包括仰光大学、仰光第一医科大学、仰光科技大学、缅甸海事大学等。其中，仰光大学是缅甸最古老、最著名的大学，是模仿英国剑桥大学和牛津大学而建立的，昂山将军及其女儿都是该学校的著名校友。

---

① 纱笼（Sarong），一种类似筒裙的服装，由一块长方形的布系于腰间，盛行于东南亚、南亚、阿拉伯半岛、东非等地区。

仰光注重与国外主要城市之间的交流与合作，先后与中国的扬州、昆明、南宁，越南的胡志明市（Ho Chi Minh City）和美国的旧金山（San Francisco）等城市建立了友好城市关系。

旅游

仰光的人文旅游景点众多，规模宏大、金碧辉煌的佛塔寺庙是其引以为傲的珍宝。瑞大光塔，又称瑞光大金塔、仰光大金塔，始建于公元前585年，位于仰光的海拔最高处。此塔是缅甸最神圣的佛塔，因为它供奉了四位佛陀的遗物——拘留孙佛（Kakusandha）的杖、正等觉金寂佛（Konagamana）的净水器、迦叶佛（Kassapa）的袍和佛祖释迦牟尼的8根头发。它是缅甸国家的象征，与柬埔寨的吴哥窟、印度尼西亚的婆罗浮屠合称为"东南亚三大古迹"。世界和平塔位于仰光市东郊的斯里孟加罗山岗上，又称为"至尊吉祥大千世界安宁宝塔"，建于1952年，是为1954年在此举行的第六次世界佛教大会而建造的，是缅甸众多寺庙中比较年轻的一座。此外，仰光市内的著名景点还包括苏雷宝塔、乔达基卧佛寺、卡拉威宫等。

仰光拥有丰富的文化娱乐设施，如博物馆、剧院、纪念馆等。国家博物馆是游客了解缅甸历史的绝佳场所，分为缅甸历史和缅甸文化两大主题展区。缅甸历史展区主要展示缅甸自古至今的历史，展品包括化石、绘画、泥罐、服饰、珠宝、家具等。缅甸文化展区主要展示缅甸的传统文化，展品包括金石书画、佛陀神像、民俗工艺、表演艺术等。珍宝博物馆内收藏了缅甸自独立以来的各种国宝级珠宝玉石珍品，其中包括一种重达33吨的老坑玻璃种玉石。昂山将军博物馆展有反映昂山将军生平的各种图片、与昂山将军同时遇难的内阁官员的生平介绍、遇难模拟现场以及昂山素季儿时的展品。此外，游客还可在仰光体验内观禅修、环线火车、缅式按摩、SPA等娱乐活动。

仰光的特色商品种类较多，主要有珠宝翡翠（如红宝石、蓝宝石、翡翠、金珍珠等）、木偶、纱笼、木雕、漆器、特纳卡等。购物场所数量较少，最主要购物场所为昂山市场，是仰光市内最大的旅游工艺品市场，共分为手工艺品、宝石等八大区域，是游客的必逛之地。

　　因缅甸境内种族的多元，仰光的餐饮也呈现包罗万象的特色，尤其以掸族、缅族、中国和印度的影响最为显著，其饮食具有辣味浓、油性大、炸食多、酸菜多等特点。主要特色美食包括茶叶沙拉、掸族汤粉、缅式干拌面、麻辣鲜、鱼汤粉、掸式米饭、掸族豆腐面、咖喱鸡肉等。

　　仰光的住宿设施种类较为齐全，包括星级酒店、青年旅舍、家庭旅馆等。相对于周边的其他东南亚国家而言，星级酒店的住宿条件相对较差，但价格却相对较高。世界知名的酒店品牌中，仅有香格里拉、最佳西方等少数品牌在此建立连锁酒店。

　　仰光为缅甸的交通枢纽，市区有仰光国际机场、仰光中央火车站、公路客运中心、汽车站和 4 个客运码头。市内交通工具主要有公交车、出租车、环线火车、三轮车等。

曼德勒

地名由来

　　曼德勒，英文拼写为 Mandalay，因背枕曼德勒山而得名，是缅甸乃至东南亚地区极少数以山得名的大城市之一。Mandalay 究竟何意，存在着很多说法。一说认为它来自巴利文[①]，具体词语不详，意为"（山脚下的）平原"，因此地位于伊洛瓦底江冲积平原而得名；一说认为它来自梵文中的 Mandala，原意为"圆圈"，引申为"佛教寺院之圈"，意指这里为佛教中心；一说将其与印度神话联系起来，它本为曼德勒山上一座金塔的名字，是"神的搅海棒"，后用作山名，再用作城名；还有一说认为它来自缅甸语，意为"百宝之光"，百宝为当地出产的黄金、朱砂、大象、孔雀等天然宝藏及珍禽异兽的统称，因此地为宝物荟萃之地而得名。

---

① 巴利文（Pali）是记录南传佛教经典的语言，与梵文（Sanskrit）相对应，二者均为现存佛教经典的主要语言。

另外，华侨称曼德勒为"瓦城"，其来历同样不明。一说认为因城内房屋多为瓦顶而得名；另一说认为，由于缅甸的另外一个古都阿瓦（Ava）就在附近，故华侨将二者混淆。

区位

曼德勒地处缅甸中部，位于伊洛瓦底江中游东岸，西临钦敦江河谷（钦敦江为伊洛瓦底江的一大支流），东邻掸邦高原，南距内比都 320 千米、仰光 700 千米，城区总面积为 163.84 平方千米。曼德勒是曼德勒省的首府，是上缅甸的经济、文化中心和交通枢纽。曼德勒所在的曼德勒省东靠掸邦，南连勃固省，西邻马圭省，北接实皆省，东北与克钦邦接壤，是缅甸各省（邦）中距离我国云南省最近的省份之一。

历史

一个半多世纪以前，曼德勒还是一片荒郊旷野。然而，此地地处缅甸中心，北控掸邦，南俯下缅甸，依山傍水，地势险要，具有极为重要的战略地位。

1752 年，雍籍牙建立贡榜王朝之后，建都瑞保，仅用了几年的时间便重新统一了缅甸。在贡榜王朝统治的 130 多年的时间里，共迁都 6 次，一次迁都于实皆（Sagaing），两次迁都于阿瓦，两次迁都于阿马拉布拉（Amarapura），最后一次迁都发生在 1857 年。最后这次迁都缘于 1852 年发生的第二次英缅甸战争。

因曼德勒王昏庸无能，且双方实力相差悬殊，英军仅用了半年时间便控制了整个下缅甸地区。战争的失败，引起了缅甸统治阶级内部的分裂，曼德勒王（BaganMin）被废黜，由其弟敏东王（King Mindon）接替王位。朝中许多大臣、高僧上书，认为阿马拉布拉是失败之都，很不吉利，建议迁都。于是，敏东王召集文武百官，共商迁都大计。随后，敏东王颁布一份檄文：阿马拉布拉是指挥第二次英缅战争失败的都城，是昏君曼德勒王的下台之地，已失去民众之信任，新君不宜在此主持朝政，宜迁至新都。而新都就选择在离阿马拉布拉东北不远的曼德勒。

1857年，敏东王下令在曼德勒修建皇城，主持皇城设计和修建工作的是一位被国王尊为国师的、来自中国云南腾冲的华侨。两年之后，皇城建成，呈正方形，边长2千米，城墙高8米，厚3米。四周有护城河环绕，河宽60米，深3米。城内建筑风格多样，集缅甸、中国和印度建筑风格于一体。在皇城刚刚修建之初，敏东王就把都城迁至此地，而曼德勒就成为贡榜王朝的最后一个都城。不过，曼德勒作为都城的时间却相当短，仅28年。

1855年第三次英缅战争结束之后，缅甸沦为英国的殖民地。英军将曼德勒城内的皇宫洗劫一空，许多珍贵文物现在还陈列在英国的维多利亚和阿尔伯特博物馆内。英军还将皇宫重新命名为达弗林城堡，作为兵舍之用。

在英国殖民统治时期，缅甸的政治、贸易中心转至仰光，而曼德勒仍然是上缅甸的主要城市，承担着重要的贸易功能。不仅如此，曼德勒仍然是缅甸的文化中心和佛学中心，被缅甸人视为主权与尊严的象征，是缅甸人反抗英国殖民统治的中心。另外，大量的印度移民也在此期间被英国殖民者遣至曼德勒。

第二次世界大战期间，曼德勒先后遭到日军和盟军的空袭，城市遭受了毁灭性的破坏，城内的皇宫几乎化为灰烬，成为一片废墟。1992年，缅甸政府投入巨资，仿照旧皇宫的模样进行重修，恢复了旧日王宫庄严宏伟、雍容华贵的风貌。

20世纪80年代，两场大火将曼德勒烧得面目全非，许多居民流离失所。而这两场大火也导致城市的人口结构发生了根本变化。一批批来自中国云南等地的华侨来到这里，购买良田，开展贸易，对曼德勒的经济恢复起了决定性的作用，使曼德勒重新成为连接下缅甸、上缅甸、中国和印度的贸易枢纽。

地理

曼德勒的地形多为平原，地势不高，平均海拔约为74米。城市东北依靠曼德勒山，海拔240米，是全市的最高点。登山远眺，曼德勒城全景和奔流的伊洛瓦底江尽收眼底。城市西南侧的东塔曼湖泊，是市内最大的湖泊，湖面平静，环境静谧，湖泊之上横跨着闻名世界的乌本桥（长 1200 米，是世界上最长的柚木桥）。

曼德勒属热带季风气候，全年气温较高，年均气温为 27.3℃左右，年降雨量为 840 毫米左右。受季风影响，一年分为明显的热季、雨季和凉季。每年的 3—5 月为热季，平均气温为 37℃左右，4 月是一年之中最热的月份，白天的最高温度常常超过 40℃，历史纪录为 45.6℃，因此曼德勒素有"火炉"之称。每年的 5—10 月为雨季，平均气温仍在 29℃以上，整个雨季的降雨量占到全年总降雨量的 90%以上；9 月份降雨最多，平均降雨量为 150 毫米左右。每年的 11 月至次年的 2 月为凉季，降雨稀少，气温适宜，平均气温为 16℃左右；1 月份气温最低，平均气温为 13.3℃左右。

曼德勒共下辖 7 个城镇，集中于旧市区、新市区和王城区三大区域。旧市区多为传统木制房屋，新市区内多为现代化建筑，王城区即皇城。2016 年，人口数量达到 120.81 万 [①]。

经济

曼德勒是上缅甸地区的经济中心，经济发展水平仅次于仰光，农业、工业、交通运输业、旅游业是该市的主要产业部门。

曼德勒地处伊洛瓦底江冲积平原，河渠纵横，土地肥沃，盛产水稻、玉米、豆类、薯类、咖啡、香料、甘蔗、柚木等。曼德勒工业也较为发达，是缅甸重要的工业区之一，主要有纺织、翡翠加工、木材加工、木雕、造船、机械、化工、食品等产业部门。

曼德勒是缅甸内陆的交通枢纽。仰光的铁路、公路、航运、航空等交通线，均经过这里深入至下缅甸地区。伊洛瓦底江的航运以曼德勒为始终点，沿江上溯可达密支那（Myitkyina，克钦邦首府），顺流而下可抵仰光，沿钦敦江可达缅甸西北各重镇。发达的水、陆、空交通体系，使曼德勒成为缅甸中部进出口货物的集散地，从上缅甸、下缅甸运来的货物都要在此集结，然后

---

① http://worldpopulationreview.com/countries/myanmar-population/major-cities-in-myanmar，查阅日期：2016 年 2 月 23 日。

输往国外或运往全国各地销售。

近年来，随着缅甸旅游业的发展，曼德勒凭借其迷人的山水风光和浓郁的宗教文化，已成为国家重点旅游城市之一，旅游业已成为曼德勒的重要外汇收入来源之一。

文化

曼德勒的居民，主要由缅甸人、华人、印度人等构成。缅甸人使用的语言主要为曼德勒语（缅甸语中最优美的韵文语言），华人、印度人多使用本国语言。多数居民信仰佛教，还有部分居民信仰印度教、基督教和伊斯兰教。

曼德勒是缅甸的佛教圣地，市内大寺庙上百座，小寺院数以千计，大小佛塔随处可见，和尚、尼姑约 1 万人。这里涌现出不少全国闻名的高僧长老，每年从全国各地前来参观学习的僧侣络绎不绝，他们皆把赴曼德勒学经拜佛视为至高无上的荣耀。

曼德勒是缅甸华人聚居的主要城市。这里的华人数量最多，经济地位最高，居住于繁华的商业区。华人社团组织非常多，有云南、福建、广东等会馆，还有妇女联合会、中国留学生联合会、各宗亲会、同姓组织等侨团。中文教育开展较好，有福庆、明德、孔教、昌华、新世纪等华文学校以及大大小小的私人汉语补习班。传统习俗保存完好，民间宗教节日盛行。

曼德勒的城市景观颇具特色，与充满欧式建筑的仰光不同，曼德勒的城市建筑多为木材建造的缅甸式的两层楼房。深褐色的木屋、白色的佛塔和庙宇以及青翠的棕榈树，色彩分明，参差排列，构成了独特的缅甸式城市风光。

曼德勒的节庆活动众多，除全国性的节日（如泼水节、浴榕节、敬老节、点灯节等）之外，地区性的节庆也丰富多彩，如马哈木尼佛塔节、敏贡神节、实皆瓦索节、唐邦神节、塔丁瑜节等。

曼德勒是缅甸学校最多的城市，民间艺术也很发达，这里集中了众多的学者、高僧、艺术家和文学家，因此被称为"文化城"。著名的大学包括曼德勒大学、曼德勒医科大学、曼德勒科技大学等。其中，曼德勒大学是上缅甸地区最古老的大学，其规模仅次于仰光大学。

曼德勒比较注重与国外重要城市之间的交流与合作，先后与印度尼西亚的井里汶（Cirebon）、中国的昆明、柬埔寨的金边（Phnom Penh）建立了友好城市关系。

旅游

曼德勒的人文旅游景点众多，最令人称道的为皇宫、寺庙和佛塔。曼德勒皇宫是缅甸建筑的代表作，由柚木建造而成，色调以红色、金色为主，金碧辉煌，精美绝伦。皇宫博物馆内有许多国王用过的物品、家具、服饰、相片等展品，是游客了解缅甸历史的良好场所。马哈伽纳扬僧院是全缅甸最大的僧院，云集了全国各地来此学习的上千名僧侣，各国游客纷纷至此，只为目睹"千人僧饭"的盛大场面。曼德勒山脚下的固都陶佛塔，意为"世界上最伟大的功德佛塔"，主塔为缩小版的大金塔，周围建有 729 座白塔，每座白塔内均竖有一块刻有《三藏经》①经文的石碑，从而构成了一部世界上最伟大的经书。此外，金色宫殿僧院、马哈木尼佛塔、敏贡古城等许多景点也颇为著名。

曼德勒最具特色的娱乐活动当属木偶戏。木偶戏是缅甸的国粹，是缅甸民间艺术的骄傲和灵魂，其地位相当于中国的京剧。不过，作为国家级的非物质文化遗产，这门艺术形式已经濒临失传。在曼德勒，曼德勒和胡子兄弟两个著名的木偶剧团，承担着木偶戏的传承和保护的责任，并以其精彩的表演吸引了众多游客。曼德勒的手工艺品种类多样，质量上乘，缅甸质量最好的手工艺品多数产于此地。特色产品主要包括珠宝翡翠、木雕、象牙雕、木偶、漆器、刺绣、笼基等。这里没有豪华的现代化购物商场，购物场所多为特色集市和小型商店。良依市场是市内最大的购物市场；玉石市场是市内最有名的玉石交易场所；唐人街夜市聚集了许多云南傣族、掸族后裔，在这里不仅可以购物，而且可以品尝到许多民族传统小吃。

---

① 三藏经，又称一切经、大藏经。佛陀示寂后，弟子们将其一生所说的教法结集成一部全书，其内容由经藏、律藏和论藏三部分组成，故称三藏经。其中，经藏是佛陀一生所说的言教的汇编，是佛教教义的基本依据；律藏是佛陀为教徒或信众制定的纪律或行为规范；论藏是对经藏、律藏等佛典中教义的解释或重要思想的阐述，一般被认为是菩萨或各派的论师所作。

曼德勒的餐馆以缅餐、中餐和印度餐为主。在这里可以品尝到缅甸各地的特色美食，如缅式咖喱饭、咖喱鸡肉、掸族汤粉、茶叶沙拉、缅式干拌面、麻辣鲜、鱼汤粉、掸式米饭、掸族豆腐面等。

曼德勒是缅甸重要的旅游目的地，住宿比较方便。大多数中档酒店和青年旅馆位于市中心，高档酒店多数位于市区北部的皇宫和曼德勒山附近。但是，没有一家世界知名的酒店品牌在此建立连锁酒店。

曼德勒的交通非常便利，拥有曼德勒国际机场、曼德勒中央火车站、长途汽车站和曼德勒客运码头。市内交通工具主要有出租车、公交车、人力三轮车、自行车等。

蒲 甘

地名由来

蒲甘，英文拼写为 Bagan。在巴利文中，Bagan 意为"克敌制胜之城"。公元 849 年，蒲甘国王频耶（Pyinbya，公元 846—878 年在位）在此建城，并取名 Bagan，作为王国的京城。

区位

蒲甘地处缅甸中部，位于伊洛瓦底江中游东岸，东北距曼德勒 180 千米，东南距内比都 255 千米、仰光 610 千米，城区总面积为 104 平方千米。蒲甘所在的曼德勒省东靠掸邦，南连勃固省，西接马圭省，北邻实皆省，东北与克钦邦接壤，是缅甸各省（邦）中距离我国云南省最近的省份之一。

历史

蒲甘，古称阿利摩达那补罗（Arimaddanapura），是公元 3 世纪时由十几个村落汇集而成的一个小镇。当时，缅甸尚处于几个王国并峙的分裂时期，骠人、孟人、掸人、缅人等部落首领划地而治，其中包括来自上缅甸的缅族人在蒲甘地区建立的蒲甘王国。公元849年，蒲甘王国的第34代国王频耶下令在蒲甘修建城池，建城门12座，城墙用砖石砌成，高10米，宽4米，城外开挖护城河，宽30米。城池建成之后，频耶将国都迁至此地。此后，蒲甘得到了迅速发展和兴旺。

1044年，阿奴律陀（Anuruddha，1015—1078年）继承王位，成为蒲甘王国的第42代国王。雄才大略的阿奴律陀，立志富国强兵，建立不朽伟业。他利用伊洛瓦底江兴修水利，种植水稻，使蒲甘以东地区变成缅甸的大粮仓。他建立了一支纪律严明、实力强大的军队，并亲自率军四处征讨，先后征服了上缅甸的各个小国以及下缅甸的直通王国，于1057年统一缅甸全境，建立起缅甸历史上第一个统一的封建王朝——蒲甘王朝（1044—1287年）。在蒲甘王朝统治的240多年的时间里，蒲甘一直是国家的经济、政治和文化中心。

阿奴律陀是一个虔诚的佛教徒。为了统一国家的需要，他下令解散原来在缅甸流行的崇尚精灵崇拜的纳特教和大乘佛教的支派阿利教，将上座部佛教定为国教，并拜高僧阿罗汉为国师。在征服南部文化发达的直通王国之后，他获取了32部上座部的佛教经典——《三藏经》。当《三藏经》沿着伊洛瓦底江运至蒲甘时，如获至宝的阿奴律陀率领众臣前往江边迎接，并亲自下水将经书顶在头上取回，将其安放在一头白象（国王权力的象征）的背上。白象驮着经书，行走在茂密的森林时，忽然双膝跪地，阿奴律陀以为佛祖显灵，遂在此地建造了蒲甘的第一座金塔。经文运至蒲甘之后，阿奴律陀又下令，将这些佛教典籍翻译为他所创制的缅文，使其在全国广为传诵。从此，佛教深深地根植在缅甸人民心中。

除获取经文外，阿奴律陀还从直通王国俘获了300名高僧和大批身怀各种精湛技艺的工匠。阿奴律陀及其后继者们，将修建佛寺、佛塔作为一生广积功德、不可或缺的伟大事业。蒲甘城内，先后修建佛塔13000多座[①]，"菩萨比人多，寺庙比房多"，"手指之处必有浮屠"，蒲甘也因之享有"万塔之城"

---

① 还有一说认为，蒲甘城内佛塔最多时有444万余座，号称"四百万宝塔之城"。

的美誉，成为缅甸的佛教中心。

蒲甘的万座佛塔，既是蒲甘王朝繁荣鼎盛的象征，也是王朝覆灭的根本原因。如此兴师动众地修建佛寺、佛塔，消耗了大量的财力、物力和人力，动摇了封建王朝的经济基础。巨额的开支，使国库日渐空虚，塔与稻争地，使耕地面积日趋减少，征调农民修建佛塔，导致田园日益荒芜。在蒲甘王朝的末期，王族骄奢淫逸，争权夺利，互相残杀，人民生活在水深火热之中，不满情绪日益高涨，而边远地区的一些小王国的离心倾向也逐渐加强，蒲甘王朝危如累卵，摇摇欲坠。

从 1271 年开始，元世祖忽必烈就多次派使臣，要求蒲甘王朝纳贡归附。国王那罗梯诃波蒂（Narathihapate）非但拒绝了招抚请求，而且以"觐见时拒不脱鞋"[②] 这样一个冠冕堂皇的理由将元朝使臣处死，令忽必烈勃然大怒，蒙古铁骑飞奔而来。1287 年，元军攻破蒲甘，蒲甘王朝宣告灭亡，缅甸很快陷入长期的分裂时期。伴随着蒲甘王朝的瓦解，蒲甘亦遭到后来各个朝代的冷落和废弃，其中心地位一去不复返。不过，蒲甘仍然是缅甸的一个重要佛教圣地。

长期的战乱，致使土地荒芜，经济衰退，蒲甘不但已经无力修建寺塔，甚至连基本的日常维护都显得力不从心，只有极少数的著名寺庙得到了修葺。数百年来，风雨的无情侵蚀、江水的屡次泛滥、殖民主义的入侵以及地震的频繁发生，致使蒲甘的大部分佛教建筑遭到毁坏和废弃，仅有 2200 多座佛塔被幸运地保存了下来。

20 世纪 90 年代，缅甸军政府斥资，对许多被毁的佛教建筑重新进行修复。2014 年，蒲甘古城被联合国教科文组织列入世界文化遗产名录。

地理

蒲甘地处广阔的伊洛瓦底江冲积平原，地势较低。同时，蒲甘又位于缅甸的地震活跃带，地震活动非常频繁，平均百年就会发生一次强烈地震。公

[②] 在缅甸人的眼中，鞋子是最肮脏、最龌龊的物品。因此，无论是进入佛寺，还是步入殿堂，人们必须要脱鞋，而且连袜子都不能穿。

元前 442 年的一次大地震，在蒲甘市区东侧的平原上，造就了一座海拔 1518 米的波巴山。此山被缅甸人视为神的居住地，被尊为"圣山"，可与希腊神话中的奥林匹斯山或佛教传说中的须弥山相媲美。波巴山上覆盖着肥沃的火山灰，长满了鲜艳的奇花异草，是缅甸景色最美丽、风光最奇异的山峰。最后的一次强烈地震发生在 1975 年 7 月 8 日，震级达 8 级，使蒲甘地区的佛教建筑遭受严重的摧残。

蒲甘属热带季风气候，年均气温为 27℃左右。受季风影响，一年分为明显的热季、雨季和凉季。每年的 3—5 月为热季，4 月是一年之中最热的月份，平均气温 37℃以上；每年的 5—10 月为雨季，降雨量占到全年总降雨量的 90% 左右；每年的 11 月至次年的 2 月为凉季，降雨稀少，气温适宜，平均气温为 18℃左右。

蒲甘共分为旧蒲甘（Old Bagan）、新蒲甘（New Bagan）和良乌（Nyaung-U）三大区域。旧蒲甘为历史文化遗产保护区，居住人口数量受到严格限制，多数居民居住在新蒲甘和良乌区。蒲甘居民绝大多数为缅甸人，使用的语言主要为缅甸语，几乎所有居民信仰佛教。

经济

蒲甘地处平原地区，河水充足，土地肥沃，盛产水稻、豆类、薯类、玉米、甘蔗等作物。蒲甘工业也比较发达，有令人叹为观止的传统漆器制作工艺。这里是东南亚最负盛名的漆器之乡，据史料记载，东南亚的漆器制作即起源于 12—13 世纪的蒲甘。这里有世界上最精致的漆器作坊，蒲甘漆器以式样精美、做工精湛而举世闻名。另外，蒲甘的浮雕、陶瓷和传统布艺也享有国际声誉。

自 20 世纪 90 年代以来，旅游业逐渐成为蒲甘市的主要支柱产业。蒲甘政府坚持"保护与开发"并重的原则，一方面强调要保护历史文化遗产，另一方面要适度开发独特的旅游资源发展旅游业。为保护旧蒲甘的佛教建筑，政府将居民和经济中心迁至新蒲甘和良乌区，并将大多数旅游设施建于老城区之外。目前，蒲甘已经发展成为缅甸的一处著名旅游胜地。

文化

蒲甘的佛塔建筑艺术是缅甸一切建筑艺术的缩影，集中体现了缅甸劳动人民的智慧和创造力。佛塔在风格、造型、结构、装饰等方面，具有独特的艺术特色。

佛塔大致可以分为两类：一是缅甸式的，一是蒙古式的。缅甸式的佛塔，窗多而大，光线充足；蒙古式的佛塔，窗少而小，甚至没有窗户，光线黑暗。

佛塔大小各异，有高有低，小的佛塔仅有一间房子大小，而大的佛塔则高达数十米。佛塔的外形多种多样，有圆形、方形、扁形、条形等形状，有的像宫殿，有的似城堡，有的如石窟。佛塔的颜色丰富多彩，有的金光闪闪，富丽堂皇；有的洁白无瑕，朴素淡雅；有的红里透蓝，神秘莫测。

从结构来看，佛塔由塔基、坛台、钏座、复钵、莲座、蕉苍、宝伞、风标、钻球等9部分。塔尖悬有银铃、铜铃，每当微风吹来，会发出清脆优美的叮当之声，犹如一曲美妙的乐章，而每当狂风大作，铃声则犹如波涛汹涌、万马奔腾。塔的四周簇拥着小巧玲珑的小佛塔，还有形神兼备的狮子像、龙像等塑像。

塔内的结构各不相同，有的只有一层，有的则是层楼叠阁。壁龛内供奉着一尊尊大大小小的佛像，有玉雕的，有石砌的，有泥塑的，还有碎石堆成的。这些通身闪金或红妆素裹的佛像，或坐，或立，或卧，姿态万千，栩栩如生。塔内饰有壁画、浮雕，大多讲述佛陀的人生故事，内容丰富，图案多样，技艺高超，独具匠心。

蒲甘的节庆活动主要为全国性的节日，如泼水节、浴榕节、敬老节、点灯节、献袈裟节。地区性的节庆较少，较为有名的为每年4月份在波巴山举行的祭神节，大批缅甸人到山顶朝圣，行人如织，热闹非凡。

蒲甘比较注重与国外城市的交流与合作，先后与老挝的琅勃拉邦（Luang Prabang）和柬埔寨的暹粒（Siem Reap）建立了友好城市关系。

旅游

蒲甘是世界上佛寺、佛塔最多的城市。在现存的佛塔中，比较著名的有几十座，其中最著名的当是瑞西光塔。此塔是蒲甘王朝的开国之塔，由阿奴律陀及其儿子主持建造，是蒲甘古塔群中历史最悠久、保存最完整的建筑。在佛塔的旁边，有一座精美别致的凉亭，凉亭正面镌刻着一行镀金大字——"人民群众使用中华人民共和国总理周恩来所捐之款做的善事"，象征着中缅人民友谊万古长青。1961年，周恩来总理访问缅甸时，曾至蒲甘参观了瑞西光塔等著名建筑，并为保护这里的文物捐了款。当地人民就使用这笔捐款，修建了这座凉亭，以纪念周恩来的这次具有历史意义的访问。陪同周总理访问的陈毅副总理在游览蒲甘时，曾即兴赋诗一首："蒲甘圣地欣同游，佛塔百万四野稠。劳动智慧能永在，伊洛瓦底是安流。"

蒲甘最优美的佛教建筑为阿南达寺，寺庙中心是美丽的阿南达塔，塔座是印度式的正方形大佛窟，塔内供奉高达10米的释迦立佛。蒲甘规模最大的佛塔为达玛央吉佛塔，也是建筑艺术最好的佛塔。该塔外形颇像埃及的金字塔，是砖塔建筑杰出代表，整个塔体全部由大块红砖砌成，砖与砖之间结合十分紧密，不仅看不见缝隙，而且连针都插不进去，令人拍案叫绝。蒲甘塔身最高的佛塔是他冰瑜塔，高达66米，是欣赏蒲甘风景、观看日出日落的绝佳之所，塔壁四周刻有著名的巴利文长颂的石刻。此外，瑞山都塔、悉隆敏罗寺、摩诃菩提寺、苏拉玛尼塔等建筑也比较有名。

蒲甘最主要的文化娱乐场所为考古博物馆，具有100多年历史，馆内展品大多是蒲甘地区12—15世纪的文物，包括碑铭、佛像、漆器等物品。大多数碑铭是用缅、孟、骠、巴利等文字雕刻，其中一块碑铭是中文雕刻，可能是元代作品。佛像展览体现了佛像的面部特征从印度人过渡到缅甸人的演变过程。漆器上大多绘有被缅甸人视为吉祥的猫头鹰图案。此外，游客在蒲甘还可以体验日落游船、热气球、厨艺培训等娱乐项目。

蒲甘并非一个购物狂的天堂，但是这里却有质量上乘的特色商品和为数不少的特色购物场所。特色商品主要包括漆器、沙画、木雕、笼基、特纳卡等，购物场所主要有良乌市场、不倒翁漆器工坊、金蒲甘漆器店等。

蒲甘的餐馆以缅餐、印度餐和西餐为主，比较高级的餐厅集中在老城区。在这里可以品尝到缅甸各地的特色美食，如缅式咖喱饭、咖喱鸡肉、缅式干拌面、茶叶沙拉、掸族汤粉、麻辣鲜、鱼汤粉、掸式米饭、掸族豆腐面等。

蒲甘是缅甸重要的旅游目的地，住宿设施数量较多。旧蒲甘地区的酒店档次较高，价格较贵。新蒲甘地区主要聚集着中档酒店和经济型客栈。良乌地区是背包客的主要据点，拥有较多廉价客栈。但是，没有一家世界知名的酒店品牌在此建立连锁酒店。

蒲甘的交通比较便利，拥有良乌机场、蒲甘火车站、良乌火车站、良乌汽车站、良乌码头、旧蒲甘码头。市内交通工具主要有出租车、面包车、马车、自行车、电动车等，其中乘坐马车游览蒲甘佛塔，是一种极为浪漫的旅游体验。

孟加拉国

孟加拉国（Bangladesh），意为"孟加拉人的国家"，全称为孟加拉人民共和国。该国位于南亚次大陆的东北部，西、北、东三面与印度毗邻，东南面与缅甸接壤，南面濒临孟加拉湾。国土总面积为 14.76 万平方千米，人口数量为 1.63 亿[①]（2016 年）。全国共分为 8 个专区，主要城市包括达卡（Dhaka）、吉大港（Chittagong）等。

达　卡

地名由来

达卡，英文拼写为 Dhaka，其地名由来主要有两种说法。一说认为，Dhaka 之名源于一位印度教女神的名字。这位女神名为 Durga，即杜尔迦女神，又称难近母女神，是印度中最受尊崇的女神，是湿婆神的妻子，十只手各执一种兵器，以狮子或老虎为坐骑，以降魔伏妖为己任。另一说认为 Dhaka 之名来源于一种乐器的名字，这种乐器名为 Dhak，在孟加拉语中意为

[①] http://worldpopulationreview.com/countries，查阅日期：2016年4月20日。

"鼓"。相传，莫卧儿王朝的大将伊斯拉姆·汗（Islam Khan）于 1608 年在此扩建城池，将其作为孟加拉省的首府。在确定城市规模时，将鼓置于城池中央，其城郭四边以能听到鼓声为限。

区位

达卡地处孟加拉国中部，位于恒河三角洲的腹地、布里甘加河（The Buriganga River）的左岸。城区总面积为 300 平方千米，是孟加拉国的首都和最大城市，是达卡专区的首府，也是孟加拉国的政治、经济、文化和交通中心。它所在的达卡专区北连迈门辛专区，东北与锡莱特专区相接，东南与吉大港专区相邻，南接巴里萨尔专区，西临库尔纳专区，西北与拉吉沙希接壤。

历史

达卡是孟加拉国的一座古老的城市，始建于公元 7 世纪，已有 1300 多年的历史。1608 年，莫卧儿王朝在此建立邦府。自此之后，达卡就逐渐发展成为孟加拉地区的政治、经济和文化中心，成为南亚次大陆东部地区的一个通都大邑。在莫卧儿王朝时期，达卡的造船、纺织、瓷器、象牙雕刻等工业就很有名气，这里生产的木板船、木帆船遍及整个恒河三角洲。

18 世纪，英国殖民者侵入南亚次大陆之后，加尔各答逐渐兴起，而达卡则逐渐衰落，原先拥有 50 万人口的城市，到 1882 年时锐减到 6 万多人。1875 年，孟加拉人民因不堪忍受英国殖民者的剥削和压迫，爆发了大规模的反英起义，达卡陷入一片火海。由于英国殖民者的残酷镇压和混入起义队伍的封建贵族的叛变，起义因而以失败而告终。

1947 年，英国殖民统治结束，印、巴实现分治，达卡重获新生，成为东巴基斯坦省的省会。1971 年 3 月 26 日，孟加拉脱离巴基斯坦宣告独立。1972 年 1 月，在经过 9 个月的民族解放战争之后，孟加拉人民共和国宣告成立，达卡成为共和国的首都。

地理

达卡地处恒河三角洲，地势平坦，平均海拔高度为 4 米左右。城市四周为数条河流所环绕，西南面为布里甘加河，西北面、北面、东北面为图拉格河，东面为巴鲁河，东南面为拉克亚河。城市内部河渠纵横，湖泊、沼泽密布。

达卡属热带季风气候，气候温暖湿润，年平均气温为 26.1℃左右。每年的 12 月至次年的 2 月为凉季，平均气温为 20.4℃左右；1 月份气温最低，平均气温为 19.1℃左右。每年的 3—11 月为热季，平均气温为 28℃左右，各月份之间温度相差不大；6 月份气温最高，平均气温为 29.1℃左右。年降雨量为 2150 毫米左右，每年的 5—9 月为雨季，每个月的降雨量都大于 300 毫米，整个雨季的降雨量占到全年总降雨量的 75% 以上；7 月份降雨最多，平均降雨量为 370 毫米以上。每年的 11 月至次年的 3 月为干季，降雨量较少，1 月份降雨最少，平均降雨量不到 8 毫米。

达卡的市容整齐，景色秀丽，市内绿树婆娑，遍植椰子、棕榈、芒果、荔枝、香蕉等热带树木。市区共分为三大部分：老市区内街道狭窄，交通拥挤，许多建筑物为殖民风格建筑；拉姆纳区街道宽阔，高楼林立，政府机关、外国使馆、医院、学校均集中于此；新区是在 1947 年之后发展起来的，为达卡市的工业区和住宅区。达卡是孟加拉国人口最多、分布最为稠密的地区，也是世界人口分布最为稠密的地区之一。2016 年，达卡人口数量达到 1035.65 万 [①]。

经济

达卡一带地势平坦，土地肥沃，农业条件优越，是黄麻、稻米、油籽、棉花、茶叶、甘蔗等农产品的重要产区。

达卡是孟加拉国的工业中心，工业部门包括麻纺、棉纺、化肥、化工、

[①] http://worldpopulationreview.com/countries/bangladesh-population/major-cities-in-bangladesh，查阅日期：2016 年 4 月 2 日。

机器制造、机电、橡胶加工、皮革制造、手工艺品制作等。这里是世界黄麻产销中心，黄麻工业非常发达。市区东南的阿达姆吉黄麻厂，是世界上最大的黄麻厂，生产的麻布、麻毯、麻袋、帆布和其他黄麻制品，质量上乘，价格低廉，远销世界各地。

达卡是孟加拉国的交通中心，水运、陆运和空运都比较发达。布里甘加河自北而南注入孟加拉湾，为达卡的水运提供了便利条件，宽阔的河面上，货船、驳船和木船川流不息，百舸争流。公路、铁路四通八达，将达卡与全国各大城市以及印度的加尔各答等地连接起来。哈兹拉特·沙迦拉国际机场是孟加拉国最大、最繁忙的国际机场。依靠便利的交通网络，达卡成为全国最重要的贸易枢纽和产品集散地。

达卡是孟加拉国的金融中心，中央银行、索纳里银行、人民银行、阿格拉尼银行等全国重要银行的总部均设在此地，许多外国银行也在达卡设立分支机构。

达卡是孟加拉国的主要旅游目的地和旅游集散地。近年来，达卡的旅游业发展迅速，国内外游客数量逐年增加，旅游业已成为该市的重要支柱产业。

文化

达卡的居民绝大多数为孟加拉族（Bengali），孟加拉族是南亚次大陆的古老民族之一，拥有 2000 多年的历史和文化。达卡居民使用的语言多为孟加拉语，英语的使用也较为普遍。在宗教信仰方面，80% 以上的居民信奉伊斯兰教，其余居民信奉印度教、基督教、佛教和其他宗教。

达卡被誉为"清真寺之城"，市内共有大小不一、风格各异的清真寺 800 多座，其数量之多，在世界上非常少见。著名的寺庙包括巴伊杜尔·穆卡拉姆清真寺、星星清真寺、达卡大学校园清真寺、七顶清真寺等，其中巴伊杜尔·穆卡拉姆清真寺是达卡规模最大的清真寺，可供数万人同时礼拜。另外，达卡市内还有许多不同风格的印度教寺庙、佛教寺庙和基督教教堂。

达卡的节庆活动非常丰富，除了政府规定的全国性的节日外，还有与多元宗教文化相关的节日。全国性的节日主要有新年（4 月 14 日）、独立日（3 月 26 日）、烈士节（2 月 21 日）等。宗教节日主要包括伊斯兰教的开斋节、古尔邦节、圣纪节，印度教的洒红节、难近母节，佛教的佛诞节以及基督教的圣诞节等。

达卡是孟加拉国的教育中心，拥有 50 多座大学。著名的大学包括达卡大学、孟加拉工程技术大学、达卡医学院等。其中，始建于 1921 年的达卡大学是孟加拉国最著名的大学，为社会各界培育输送了大量的高级知识人才。由于校园内富有英伦风格的特色建筑，而且学校以牛津、剑桥大学的教育模式为模板，因此达卡大学素来享有"东方牛津"之美誉。1956 年，中国人大常委会副委员长宋庆龄和周恩来总理曾先后参观过这所学校，并接受了该校的名誉法学博士学位。

达卡比较注重与国外城市的交流与合作，先后与中国的广州、印度的加尔各答（Calcutta）等城市建立了友好城市关系。

旅游

达卡的旅游资源丰富，既有文化底蕴深厚的人文景观，又有风光秀丽的自然景观。除众多的清真寺外，比较著名的景点还包括拉尔巴格堡、比比·帕丽陵墓、巴尔达公园等。拉尔巴格堡建于 1678 年，坚实雄厚，气势宏伟，正中是一座三层楼的拱形宫殿，四周环绕着高大的城墙，登上城墙，达卡全城风光尽收眼底。比比·帕丽陵墓建于 1684 年，系仿照印度泰姬陵的规制而建，用拉杰普塔纳的大理石、中印度的灰色砂岩和比哈尔的黑色玄武岩建成，被誉为"孟加拉的泰姬陵"。巴尔达公园内，收集了全国的奇花异草，据说园中的"世纪花"16 年才开一次。

达卡拥有较为丰富的文化娱乐设施，如国家博物馆、解放战争博物馆、阿赫桑曼济勒粉红宫殿等。国家博物馆为孟加拉国最大的综合性博物馆，保存了大量印度教、佛教、伊斯兰教的雕刻和绘画、《古兰经》的碑铭、阿拉伯文和波斯文书法、古币、金佛像，还有世界闻名的穆斯林纺织品。解放战争博物馆以大量的图片、资料和武器等展品，展示了反英斗争和民族解放战争时期的历史。阿赫桑曼济勒粉红宫殿原为英国殖民时期一位地主的私人住所，现为博物馆，通过生活实物及照片集中展示了当时那些土皇帝的奢侈生活。

在达卡，游客还可以泛舟布里甘加河上体验沿途美景，或到达卡动物园观赏孟加拉虎、骑象或骑马，或到附近乡村体验民俗风情（如观赏黄麻种植、陶器制作等）。

达卡的特色商品种类较多，特色商品包括黄麻制品、丝织品、刺绣、木器、陶器、皮革制品、藤器、贝雕、金银器、铜器、珠宝首饰等。购物场所众多，拥有大型购物中心、集贸市场和很多纪念品商店。主要购物场所包括Bashundhara City 购物中心、Jamuna Future Park 购物中心、Shimanto Square 购物中心等。

在达卡，游客不仅可以品尝到正宗的孟加拉美食，而且可以领略各国菜品的风味，如中国菜、印度菜、越南菜、泰国菜、希腊菜、墨西哥菜等。孟加拉美食以牛羊肉和鱼类为主，经过煎、烤或扒等手段烹制，配以各种口味的辣汁和蔬菜，味道浓烈鲜香。另外，孟加拉国拥有历史悠久的甘蔗种植和制糖史，糖和甜味是孟加拉美食的重要组成部分。

达卡的住宿设施较为齐全，既有奢华的五星级饭店，也有条件简陋的青年旅店，基本能够满足各层次游客的住宿需求。世界知名的酒店品牌中，有丽晶、威斯汀、最佳西方品牌在此设立连锁酒店。

达卡为孟加拉国的交通中心，市区内有哈兹拉特·沙迦拉国际机场、Kamalapur 火车站、Banani 火车站、Sayedabad 长途汽车站、Gabtali 长途汽车站和Sadarghat码头。市内交通工具主要有人力三轮车、机动三轮车、公交车、出租车、自行车等。达卡被称为"三轮车之都"，马路上奔跑着数十万辆三轮车，三轮车夫们将车辆打扮得五颜六色，也成为达卡市内一道独特的风景。

吉大港

地名由来

吉大港，英文拼写为 Chittagong，其地名由来有多种说法。一说认为，

Chittagong 之名源于阿拉伯语中的两个词语 Shatt 和 Ganga，分别意为"三角洲"（Delta）和"恒河"（Ganges）。另一说认为，公元 10 世纪时，缅甸若开王国（The Kingdom of Arakan）的一位国王占领此地，并在此竖立了一块纪念碑，所刻碑文为 Tsit-ta-gung，意为"制造战争是不正当的"，而 Chittagong 之名就由此碑文演变而来。还有一说认为，Chittagong 之名源于梵文中的 Saptagrama 一词，意为"七个村庄"。

区位

吉大港地处孟加拉国的东南部，位于孟加拉湾东北岸、戈尔诺普利河（Karnaphuli River）的右岸，西北距首都达卡 248 千米。城区总面积为 168.07 平方千米，是孟加拉国的第二大城市和最大海港，是吉大港专区的首府，也是孟加拉国重要的贸易中心和工业中心。它所在的吉大港专区，西临巴里萨尔专区，西北与达卡专区相连，东北与锡莱特专区相接。

历史

吉大港作为港口的历史可以追溯到公元前 4 世纪。活跃于公元 2 世纪的古罗马著名天文学家、数学家和地理学家托勒密（Claudius Ptolemy）在其《地理学指南》一书中曾经提到过吉大港，说它是"东方最好的港口之一"。

公元 6 世纪以后，吉大港发展成为一个重要的佛教文化中心。公元 7 世纪时，唐代著名高僧玄奘曾经来过此地，并盛赞它为"出现在薄雾和水面上的睡美人"。同时，吉大港作为国际贸易港口的地位逐渐增强，来自阿拉伯、中国、波斯、葡萄牙、英国的商人在此进行贸易。

公元 10 世纪时，缅甸若开王国征服了吉大港，并建立了一座刻有"制造战争是不正当的"字样的纪念碑。14 世纪时，吉大港归入穆斯林建立的孟加拉苏丹国（The Bengal Sultanate，1342—1576 年）的版图，前后达 200 多年。15 世纪时，明代著名的航海家郑和曾率领船队来过此地。

1666 年，吉大港被纳入莫卧儿帝国的版图。1760 年，莫卧儿帝国将吉大港割让给英国东印度公司。在英国殖民统治时期，吉大港爆发了两次大规模的反英斗争，一次发生在 1857 年，一次发生在 1930 年，两次反英斗争均遭到英国殖民者的残酷镇压。

第二次世界大战期间，吉大港成为盟军重要的战略基地，日本曾对这座城市进行了数次空袭，城市遭到了很大程度的破坏。1947 年，英国殖民统治结束，印、巴实现分治，吉大港成为东巴基斯坦省最主要的贸易港口，工业、商业也得到了较大发展。

1971 年 3 月 26 日，孟加拉政府在吉大港发布《独立宣言》（The Bangladeshi Declaration of Independence），宣告脱离巴基斯坦的统治。在经过长达 9 个月的民族解放战争之后，孟加拉人民共和国宣告成立，而吉大港则迅速从战争的破坏中恢复元气，成为共和国重要的经济中心。

地理

吉大港地处孟加拉国东南的丘陵地带，相对于国内其他城市，地势较高。市内有许多莫卧儿帝国时期开凿的以佛伊湖为代表的人工湖，戈尔诺普利河从城市的东侧自北向南蜿蜒流过，最后注入孟加拉湾，海湾岸边分布着帕腾加等几处优良的海滨浴场。

吉大港属热带季风气候，气候温暖湿润，年平均气温为 25.9℃左右。每年的 12 月至次年的 2 月为凉季，平均气温为 21.1℃左右；1 月份气温最低，平均气温为 20℃左右。每年的 3—11 月为热季，平均气温为 27.5℃左右，各月份之间温度相差不大；5 月份气温最高，平均气温为 28.5℃左右。年降雨量为 2920 毫米左右，每年的 5—9 月为雨季，平均月降雨量为 484 毫米左右，整个雨季的降雨量占到全年总降雨量的 80% 以上；7 月份降雨最多，平均降雨量为 720 毫米以上。每年的 11 月至次年的 3 月为干季，降雨量较少，1 月份降雨最少，平均降雨量不到 6 毫米。

吉大港的中心为古城区，南部和西部商业区和港口区，东南部、东北部和西北部为工业区，北部为住宅区。吉大港的人口数量仅次于首都达卡，

2016 的人口数量达到 392.02 万 [①]。

经济

吉大港是孟加拉国重要的工业中心，工业部门包括钢铁、机械、炼油、化工、化肥、造船、玻璃制造、麻纺、棉纺、茶叶加工、卷烟、水果罐头、皮革加工等。

吉大港是孟加拉国重要的交通枢纽，水运、陆运、空运都相当发达。吉大港是孟加拉国最重要的海港，有"孟加拉湾门户"之称，承担了全国 70% 左右的外贸货物运输业务。公路、铁路可通往达卡、库米拉（Comilla）、迈门辛（Mymensingh）等全国各个城市。沙赫阿马纳国际机场是国内最繁忙的国际机场之一。依靠便利的交通网络，吉大港成为孟加拉国重要的贸易中心和产品集散地。

吉大港依山傍水，山丘草木葱郁，海湾碧波荡漾，市内寺庙和尖塔掩映于椰林之中，交织成一幅美丽的风景画，吉大港也因此享有"绿色之城"的美誉。作为孟加拉国的主要旅游目的地之一，吉大港近年来的旅游业发展较为迅速，已成为该市的重要支柱产业。

文化

吉大港的居民绝大多数为孟加拉族（Bengali），少数民族主要为查克马族（Chakma）和马尔马族（Marma），居民使用的语言多为吉大港语（Chittagonian）和孟加拉语。在宗教信仰方面，接近 84% 的居民信奉伊斯兰教，其余居民信奉印度教、基督教、佛教和其他宗教。

吉大港是孟加拉国重要的教育中心，著名的大学包括吉大港大学、吉大港工程技术大学、国际伊斯兰大学、吉大港医学院等。其中，始建于 1966 年的吉大港大学是孟加拉国内规模最大的大学之一。

吉大港比较注重与国外城市的交流与合作，先后与中国的昆明、老挝的

---

① http://worldpopulationreview.com/countries/bangladesh-population/major-cities-in-bangladesh，查阅日期：2016年4月4日。

万象（Vientiane）等城市建立了友好城市关系。

旅游

吉大港的旅游资源丰富，既有文化底蕴深厚的人文景观，又有风光秀丽的自然景观。卡达姆·穆巴拉克清真寺建于 1336 年，传说寺内有伊斯兰教先知穆罕默德的足迹。巴耶齐德·博斯塔密墓位于一座小山丘上，旁边的一处池塘内蓄养着世界上仅存的一个黑鳖群。帕腾加海滨浴场海滩平缓，沙粒细白，是吉大港主要的海滨旅游区。此外，比较著名的景点还包括沙赫·阿马纳陵墓、昌丹普拉清真寺、佛伊湖等。

吉大港的娱乐项目较为丰富，游客可以到民族博物馆观赏当地各个山区部落的考古文物，也可以在戈尔诺普利河上进行漂流、划船等水上活动，还可以到帕腾加海滨浴场体验海水浴、日光浴、沙浴、风浴、垂钓、乘艇观光等娱乐活动。

在吉大港，游客不仅可以品尝到正宗的孟加拉美食和新鲜可口的海鲜，而且可以领略各国菜品的风味，如中国菜、印度菜、泰国菜、西式菜点等。在品尝美食之余，游客还可以在此购买许多具有地方特色的商品，如黄麻制品、丝织品、珍珠、皮革制品、茶叶等。

吉大港的住宿设施较为齐全，既有较为奢华的四星级饭店，也有条件简陋的青年旅店，基本能够满足各层次游客的住宿需求。不过，高星级饭店的数量非常少，世界知名的酒店品牌中，没有一家在此设立连锁酒店。

吉大港的交通较为便利，市区内有沙赫阿马纳国际机场、火车站、长途汽车站和航运码头。市内交通工具主要有人力三轮车、机动三轮车、公交车、出租车、自行车等。

不 丹

不丹（Bhutan），意为"西藏南端（的国家）"，全称为不丹王国，另有"雷龙之国""高山之国"等别称。该国位于南亚次大陆的东北部，东部、北部、西北部与中国接壤，西南部、南部与印度交界。国土总面积为 3.84 万平方千米，人口数量为 78.41 万 [①]（2016 年）。全国共分为 20 个宗（Dzongkhag），主要城市包括廷布（Thimphu）、普那卡（Punakha）等。

廷 布

地名由来

廷布，英文拼写为 Thimphu。该城市的原名为扎什曲（Tashichho），意为"天府"，源于当地的一座著名的宗堡（Dzong）——扎什曲宗堡。1955 年，不丹王国决定将首都从普那卡（Punakha）迁至扎什曲，并将其改名为廷布。关于廷布之名的由来，主要有两种说法：一说认为它与河名有关；另一说认为它原为一位神祇的名字。

---

① http://worldpopulationreview.com/countries，查阅日期：2016年4月20日。

区位

廷布地处不丹中西部，位于不丹第三大河——旺河（Wang Chhu）的上游谷地。廷布是不丹王国的首都和最大城市，是廷布宗的首府，也是全国的政治、经济、宗教、文化和军事中心。它所在的廷布宗，东北与加萨宗相连，东接普那卡宗，东南与达加纳宗和旺度波德朗宗相邻，西南与楚卡宗接壤，西临帕罗宗，北接中国边境。

历史

早在 13 世纪时，现代不丹人的宗教信仰之父帕角·达冈·斯普戈喇嘛就在廷布修建了一座较小的寺院，即蓝石城堡。这座寺院的修建，可视为廷布城市历史的开端。

1616 年，藏传佛教竺巴噶举派（Drukpa Kagyu）的高僧阿旺·纳姆加尔（Ngawang Namgyal，1594—1651 年）从西藏来到不丹，先后战胜了不丹境内的其他教派。1629 年，他在廷布谷地南端的山坡上建立了不丹历史上的第一座宗堡——辛托卡宗堡，据守在不丹两大要塞地区（普那卡谷地和廷布谷地）之间的交通要道上，作为自己驻锡弘法的寺庙以及政权中心。1637 年，阿旺·纳姆加尔首次统一了不丹，创立了中央集权下的神权统治，成为不丹历史上第一次同时拥有宗教和世俗权力的国家领袖，史称沙布东一世（Zhabdrung Ⅰ），即政教合一的最高统治者。

1638 年，随着普那卡宗堡的建成，沙布东一世将政权中心迁至地势较低的普那卡，而地势较高的廷布则成为不丹统治者的夏都。1641 年，沙布东一世下令将蓝石城堡扩建为一座规模较大的宗堡，改名为扎什曲宗堡。宗堡建成后，它一直是基堪布[①]以及中央寺院众喇嘛的"夏宫"所在地。在之后的几百年间，扎什曲宗堡历经多次大火及地震的破坏，又进行了数次重修和扩建。

---

① 基堪布（Je Khenpo），即大方丈、法王，其地位仅次于国王，负责管理全国宗教事务，任命僧官，参与讨论国家大事。

1885年，在今廷布市的查里米谭体育场上发生了一场重要的战役，乌颜·旺楚克（Ugyen Wangchuck，1862—1926年）取得了最后的胜利。这场战役的胜利，为乌颜·旺楚克最终实现对全国的统治起到了关键性的作用。1907年，由大喇嘛、高级官员以及人民代表组成的议会，一致推选乌颜·旺楚克为不丹王国的第一位世袭国王，旺楚克王朝从此建立，不丹逐渐走向了和平发展的现代化道路。

1952年，吉格梅·多尔吉·旺楚克（Jigme Dorji Wangchuck，1929—1972年）继位，成为不丹王国的第三位国王。这位被誉为"现代不丹之父"的国王，在政治、经济、文化、教育、外交等方面进行了许多卓有成效的改革。1961年，由于普那卡城内经常发生疟疾，于是国王宣布将首都迁至廷布，并下令对扎什曲宗堡进行大规模的扩建，将其作为国家的行政中心和宗教中心。

廷布成为首都之后，城市面貌发生了较大的变化，居民人数也迅速增加。目前，廷布是不丹国内现代化程度最高、经济最发达的城市，也是国内人口最多、增长速度最快的城市。

地理

廷布位于喜马拉雅山南麓，地势很高，平均海拔高度为2320米，是亚洲地势最高的首都，也是世界海拔最高的首都之一。城市周围森林密布，空气清新，旺河自北向南从城中穿过，将城市一分为二。

廷布属亚热带山地季风气候，因海拔较高，全年凉爽宜人，年平均气温在13.6℃左右，年降水量为1430毫米左右。一年四季分明，每年的3—4月为春季，平均气温为11.9℃，昼夜温差较大，可达13℃左右。5—9月为夏季，平均气温为19.5℃，8月气温最高，平均气温为20.4℃左右；夏季降雨较多，整个夏季的降雨量占全年降水量的87%左右，其中7月、8月降雨量最多，均在350毫米左右。10—11月为秋季，平均气温为13.9℃左右，是旅游的黄金季节。每年的12月至次年的2月为冬季，平均气温为6℃，1月气温最低，平均气温为-2.6℃。

经济

廷布地处河谷地带，土地肥沃，盛产稻米、玉米、土豆、小麦、小米、青稞、棉花、蔬菜、水果、花卉等。这里没有现代工业，工业部门主要为林木加工、水果加工、手工艺品制作、酿酒、造纸、水力发电等。

近年来，廷布的旅游业发展较为迅速，是不丹最重要的旅游目的地，与普那卡、帕罗（Paro）构成不丹的三大旅游城市。

文化

2016年，廷布的人口数量为9.87万[①]，居民主要为不丹族。使用的语言多为宗卡语，英语的使用也较为普遍。在宗教信仰方面，绝大多数居民信仰藏传佛教（俗称喇嘛教）。廷布居民笃信喇嘛教，每户人家中至少有一个男子终生出家为僧，朝气蓬勃的小喇嘛在廷布街头随处可见，格外醒目。

廷布居民的住宅颇具民族特色，住宅多分布在旺河两侧，多为两三层的土砌楼房，描红绘绿，色彩鲜艳，底层用来饲养家禽或储存工具、粮食等物品，上层用来居住。

廷布居民的服饰与我国藏族服装较为相近。男人所穿服饰称为帼（Gho），是一种用厚棉布或毛织品制成的过膝长袍，腰间系一条细腰带，宽松的衣服袖口向上拘着，胸前的衣服褶层成口袋状，可装很多东西。妇女所穿服饰称为旗拉（Kira），是一种长至脚踝的长袍，用一块床单大小、织有五彩条纹的土布像裙子一样裹在身上，在肩部用一银饰别住，腰间束一条色泽鲜艳的宽腰带，长袍外面再配一件外衣。

廷布的节庆活动较为丰富，其中最著名的节庆活动为戒楚节。戒楚节于每年的9月或10月在扎什曲宗堡举行，为期四天。节日的最大特色便是一连串的民族传统舞蹈表演——查姆舞（Cham），许多头戴各式面具、身着五颜六色服装的僧人载歌载舞，以纪念公元8世纪时来不丹传播佛教的莲花生大

[①] http：//worldpopulationreview.com/countries/bhutan-population/major-cities-in-bhutan，查阅日期：2016年4月12日。

师 [2]。除戒楚节外，著名的节庆活动还包括不丹新年、国庆日、多楚节等。

廷布是不丹的教育中心，拥有不丹国内的第一所大学，即成立于 2003 年的不丹皇家大学。此外，还拥有许多专门学校，如国家手工艺学院、皇家表演艺术学校、传统医学专科学校等。

廷布较为重视与国外城市的交流与合作，与印度尼西亚的马诺夸里（Manokwari）建立了友好城市关系。

旅游

廷布的旅游资源非常丰富，其中以扎什曲宗堡、辛托卡宗堡和国家纪念碑最为著名。扎什曲宗堡矗立于旺河西岸，具有典型的不丹建筑风格，它既是不丹久负盛名的佛教寺院，同时也是首都廷布的政府中心，不丹国王办公室、国民议会、中央寺院等政治和宗教最高权力机构均设于此。辛托卡宗堡是不丹最古老的宗堡，它曾是不丹的社会、宗教和教育中心，现为僧众研究佛教的文化学院。建于 1974 年的国家纪念碑，是为纪念已故第三任国王吉格梅·多尔吉·旺楚克而修建的，同时它又是一座佛塔，是廷布人每日转塔最集中的地方，当地人认为转塔可以洗清先前犯下的罪孽。此外，廷布的著名景点还包括德钦曲林宗堡（不丹王宫所在地）、多楚拉山口、昌岗卡拉康寺庙、国家邮政总局等。

廷布的文化娱乐项目相当丰富，游客可到国家纺织博物馆欣赏不丹的民族编织工艺，或到国家手工艺学院欣赏不丹 13 种传统手工艺 [1] 的制作过程，或到查里米谭体育场观看射箭比赛，或到莫提塘羚牛保护区观赏不丹国兽羚牛，或者在此从事徒步探险、游泳、骑车、攀岩等体验项目。

廷布的特色商品种类繁多，主要包括民族服饰、手工编织品、刺绣、木雕、唐卡（佛教绘画）、面具、邮票、金银首饰、金属器具、珠宝、藏红花、

---

[2] 莲花生大师（Padmasambhava），印度佛教史上最伟大的大成就者之一，藏传佛教宁玛派（Nyingma）祖师。公元8世纪中期，他来到不丹传播佛教，成为将文化种子播撒到不丹的圣人，遂历来为不丹人所深深敬仰。

[1] 不丹的传统艺术，共分为13类，分别为木工、石工、雕刻、绘画、雕塑、铸造、打铁、金银工艺、竹藤工艺、编织、刺绣、木车削和造纸。

香草茶、辣椒等。购物场所较多，既有大型的集贸市场，也有各式各样的特色商店，其中百年农贸市场（又称周末市场）是不丹国内规模最大、商品最丰富的集市。

在廷布，游客可以品尝到天然无公害的绿色食品和不丹的传统美食。这里没有任何环境污染，当地种植的粮食和蔬菜几乎不使用农药。不丹的传统饮食主要包括牛肉、猪肉、蔬菜（以辣椒为最）、稻米、奶茶、青稞酒等。此外，游客在廷布也可以品尝到印度菜、中国菜、泰国菜、日本菜、墨西哥菜等各国风味美食。

廷布是不丹国内住宿设施最为齐全的城市，既有五星级的豪华酒店，也有条件相对简陋的经济型酒店。世界知名的酒店品牌中，仅有阿曼一家在此设立连锁酒店。虽然高星级酒店、世界知名品牌酒店的数量较少，但绝大多数酒店环境优美，服务质量优良。

相对于国内其他城市，廷布的交通较为便利。位于廷布以西65千米的帕罗国际机场是不丹境内唯一一座机场，可为廷布提供航空服务。公路可通达普那卡、帕罗、塔希冈（Trashigang）等国内主要城市以及印度的甘托克（Gangtok）等城市。市内交通方式主要为出租车、公交车、步行等。

普那卡

地名由来

普那卡，英文拼写为Punakha，其名称源于当地一座著名的宗堡。1637年，阿旺·纳姆加尔（沙布东一世）下令建立普那卡宗堡，意为"幸福王宫"，这是不丹历史上的第二座宗堡，而宗堡及其周边地区便被称为普那卡。

区位

普那卡地处不丹中北部，位于不丹境内两条重要河流波河（Pho Chhu，父亲河）与莫河（Mo Chhu，母亲河）交汇处，西南距首都廷布 85 千米。普那卡是普那卡宗的首府，是不丹王国的冬都。它所在的普那卡宗，西连廷布宗，北接加萨宗，东面、南面与旺度波德朗宗接壤。

历史

普那卡城市的形成历史始于 17 世纪 30 年代，以普那卡宗堡的建立为标志。在完成不丹的统一大业之后，阿旺·纳姆加尔于 1637 年下令建立普那卡宗堡，仅一年多的时间即宣告完工。宗堡建成之后，阿旺·纳姆加尔便将政权中心从西姆托卡宗堡迁至普那卡宗堡。自此之后，普那卡便成为不丹的首都，长达 300 余年。

关于普那卡宗堡的修建，当地流传着一个美丽的传说。相传，莲花生大师在公元 8 世纪在不丹传播佛教时，曾有一个预言——有一位名叫纳姆加尔（Namgyal）的人将在一座形状如卧象的丘陵处建立一座宗堡。而当阿旺·纳姆加尔来到普那卡时，果然发现有一座丘陵的外形酷似一头卧象。于是，阿旺·纳姆加尔龙颜大悦，下令在卧象的鼻尖处（即丘陵的最低处）修建了普那卡宗堡，应验了千年之前的预言。

当藏传佛教竺巴噶举派的高僧阿旺·纳姆加尔在 1616 年来到不丹时，他从西藏带来了一尊极为珍贵的观音自生像（现为不丹国内最神圣的国宝）。在普那卡宗堡建成之后，此佛像就被供奉在一个专门的经堂内。1639 年，大批西藏军队入侵普那卡，欲夺回这尊佛像。阿旺·纳姆加尔在藏军的眼皮底下，使用了偷天换日之策，假装将佛像装入一个宝匣内，亲自投入莫河之中，从而使藏军信以为真，悻悻而归。

1651 年，阿旺·纳姆加尔在普那卡宗堡的一座僧房里静修，最后圆寂，其肉身至今被保存在此。令人不可思议的是，为了避免引起社会动荡，他去世的消息被秘而不宣长达 40 多年。在阿旺·纳姆加尔逝世之后，其继任者对普那卡宗堡进行了多次扩建。1676 年，杰西·丹增·立杰（Gyalse Tenzin Rabgye，1638—1696 年）修建了高达 6 层的中央主塔乌策（Utse）。在悉喜饶·旺楚克（Sherab Wangchuck）在位的 1744—1763 年期间，又扩充了许多特色建筑，而且还绘制了一幅描述阿旺·纳姆加尔的巨大唐卡绘画。

在杰西·丹增·立杰之后，不丹陷入了长期的动乱之中。而英国东印度公司则看中了不丹境内一块名为杜瓦的肥沃地区，从而引起了一系列的小规模冲突。19 世纪中叶之后，不丹与英国之间的冲突升级为战争。战争的最终结果是《辛楚拉条约》的签订，不丹逐步沦为英国的殖民地。

1907 年，由大喇嘛、高级官员以及人民代表组成的议会，一致推选乌颜·旺楚克为不丹王国的第一位世袭国王。国王加冕仪式的日期为 12 月 17 日（现在成为不丹王国的国庆日），加冕地点就在普那卡宗堡。就在乌颜·旺楚克登基 3 年之后，为了进一步控制不丹，英国强迫不丹王国在普那卡签署了新条约，即《普那卡条约》。根据这一条约，不丹王国同意"在对外关系上接受英国的指导"，从而丧失了对外主权，实际上成为英国的保护国。

1961 年，由于普那卡城内经常发生疟疾，当时的国王吉格梅·多尔吉·旺楚克下令将首都迁至廷布，普那卡遂降为普那卡宗的首府。不过，由于此地冬天气候温和，所以一直还作为不丹王国的冬都使用，仍具有重要的政治地位。

2011 年 10 月 13 日，不丹人民举国欢庆。被誉为"世界最年轻、最英俊国王"的现任国王吉格梅·凯萨尔·纳姆耶尔·旺楚克（Jigme KhesarNamgyelWangchuck），将小自己 10 岁的平民女子吉增·佩玛（Jetsun Pema）迎娶为皇后，婚礼举行的地点就在普那卡宗堡。

地理

不丹是一个喜马拉雅山国，但普那卡却是一座"低城"，海拔不足 1400 米，比首都廷布要低得多。正因为海拔较低，这里夏天较为炎热，而冬天则温和宜人，因此每逢冬天到来，王室人员一般都迁居于此。普那卡宗堡则是基堪布的"冬宫"，每年的 10 月 1 日（不丹历），基堪布都会率领中央寺院众喇嘛从"夏宫"扎什曲宗堡搬到这里来过冬，在翌年的 4 月 1 日再返回扎什曲宗堡。

普那卡地处河谷地带，土地肥沃，盛产稻米、小麦、玉米、豆类、小米、棉花、蔬菜、水果、花卉等，这里生产的柑橘全国闻名。近年来，普那卡的旅游业发展较为迅速，与廷布、帕罗构成不丹的三大旅游城市。

文化

2016 年，普那卡的人口数量为 2.15 万 [①]，居民主要为不丹族。使用的语言多为宗卡语，英语的使用也较为普遍。在宗教信仰方面，绝大多数居民信仰喇嘛教。

普那卡最著名的节庆活动为多楚节，于每年的 2 月或 3 月在普那卡宗堡举行，为期三天。该节日的举办，是为了纪念 1639 年不丹军队与西藏军队之间爆发的那场战役，节日的最大亮点便是这场战役的情景再现——由 136 人组成的队伍，身着戎装，在宗堡内进进出出，大声呐喊；由基堪布率领一批僧人，抬着一个匣子，在铜钹、鼓点和小号的伴随下，缓缓走向河边，然后将匣子以及一把柑橘抛入河中。

旅游

普那卡最著名的旅游景点就是普那卡宗堡，它被称为"不丹最漂亮的宗堡建筑"。该宗堡长 180 米，宽 72 米，是不丹规模最大的宗堡之一。与其他宗堡不同，普那卡宗堡共有三进庭院——第一进庭院为行政办公区域；第二进庭院为寺庙区，精美华丽的乌策便坐落于此，乌策内供奉着珍贵的观音自生像；第三进庭院在不丹宗堡中较为罕见，是供奉佛祖、莲花生大师以及阿旺·纳姆加尔等圣人的场所。除普那卡宗堡外，比较著名的景点还包括彭措巴瑞宫（不丹王室的夏宫）、卡姆沙耶里纳耶佛塔等。

普那卡的娱乐项目较为丰富，游客可以在山区谷地进行徒步探险，或在射箭场地一试身手，或沿莫河体验漂流、皮划艇等水上项目，或在当地采购一些颇具地方特色的手工艺品。

在普那卡，游客可以品尝到天然无公害的绿色食品和当地的特色美食。

[①]　http://worldpopulationreview.com/countries/bhutan-population/major-cities-in-bhutan，查阅日期：2016年4月10日。

这里的住宿设施数量不多，档次不高，但环境优美，服务质量优良。世界知名的酒店品牌中，仅有阿曼一家在此设立连锁酒店。

　　普那卡的公路交通较为便利，可通达廷布、帕罗、塔希冈等国内主要城市以及印度的甘托克等城市。市内交通方式主要为出租车、步行等。

尼泊尔

尼泊尔（Nepal），意为"丛林之中的国家"，其全称为尼泊尔联邦民主共和国，素有"高山之国""节日之邦"的美称。该国位于南亚次大陆的北部，北与中国接壤，东、南、西三面被印度包围。国土总面积为 14.72 万平方千米，人口数量为 2885.07 万 [①]（2016 年）。全国分为 7 个联邦州，主要城市包括加德满都（Kathmandu）、博卡拉（Pokhara）、蓝毗尼（Lumbini）等。

加德满都

地名由来

加德满都，英文拼写为 Kathmandu，其名称源于当地的一座著名寺庙。相传，这里曾生长着一棵参天古树。公元 10 世纪时，国王古纳卡马·德瓦（Gunakam Deva）用整棵大树的木料修造了一座高达 20 余米的寺庙，取名为"加德满达普"（Kasthamandap），意为"全木寺庙"或"独木庙"。在当时，这是一座了不起的建筑，吸引了四面八方的人们前来起房造舍，逐渐形

---

① http://worldpopulationreview.com/countries，查阅日期：2016年4月20日。

成了一座以寺庙为中心的城市，而城市就以寺庙的名字为名，后来逐渐演变
为 Kathmandu。

区位

加德满都地处尼泊尔中部的加德满都谷地、巴格马提河（Bagmati River）
和其支流维什努马蒂河（Bishnumati River）的交汇处，位于第三联邦州境内，
城区总面积约 395 平方千米，是尼泊尔的首都、第一大城市，也是尼泊尔的
政治、经济、交通和文化中心。加德满都所在的第三联邦州，西邻第四联邦
州、第五联邦州，西南与印度相连，南面、东面分别与第二联邦州、第一联
邦州交界，北面与中国西藏接壤。

历史

加德满都的历史是从神话与宗教传说开始的。相传，加德满都一带原
本是一个名叫纳格达哈（Nagdaha，意为"蛇湖"）的大湖泊，湖中居住
着一条凶猛的蛇怪，当地居民深受其害。后来，来自中国五台山的文殊师
利菩萨路过这里，得知百姓疾苦，决心解救百姓的苦难。于是，他挥舞神
剑，驱蛇斩兽，并劈开一座大山，湖水遂倾泻而出，形成了一个富饶的谷
地。人们来到谷地修建房屋，定居下来，渐渐地形成了一座城市，取名为
文殊帕坦（Manjupattan，意为"文殊师利菩萨建立的城池"），这便是后来
的加德满都。

当然，这只是上古时期的传说。加德满都有文字记载的历史最早可以
追溯到李查维王朝（Licchavi Dynasty）统治时期。公元 723 年，国王加雅
德瓦二世（Jayadeva Ⅱ）在此正式建城，取名为坎提普尔（Kantipur），意
为"光明的城市"。城市最初的规模较小，但在建筑、手工业以及金属铸造
工艺等方面，却已达到了较高的水平，当地出产的羊毛、毛毯已畅销印度
市场。公元 10 世纪时，国王古纳卡马·德瓦在城中修建了一座宏伟的寺庙，
即独木寺，城市的规模随着寺庙的兴建逐渐扩大，后来城市的名字也改为
加德满都。

1328 年，来自尼泊尔西部的马拉王国进入加德满都谷地，建立了马拉王朝（Malla Dynasty）。马拉王朝时期是尼泊尔历史上最繁荣的时期，商业和贸易颇为兴盛，建筑、艺术和文化等方面也取得了伟大的成就，加德满都现今保存下来的王宫、佛塔、神庙、雕刻等古迹，大都建造于这一时期。

1482 年，亚克希亚·马拉（Yakshya Malla）国王去世，他的三个儿子在加德满都谷地各据一方，自立为王，马拉王朝分裂为加德满都、巴德岗（Bhadgaon）和帕坦（Patan）三个王国。马拉王朝混乱的局面，给位于尼泊尔中西部的廓尔喀王国（Gurkha Kingdom）提供了生存发展的机会。1559 年，德拉比亚·沙阿（Drabya Shah）在加德满都西部的廓尔喀地区建国，成为王国的第一代君主。此后，廓尔喀王国不断发展，到其第十代君主统治时期，廓尔喀王国已经发展成为一个有实力的强国。面对摇摇欲坠的马拉王朝，国王普里特维·纳拉扬·沙阿（Prithvi Narayan Shah）觉得统一尼泊尔的时机已经成熟。

经过漫长的征战，廓尔喀王国终于在 1768 年攻占了加德满都，建立沙阿王朝（Shah Dynasty），并迁都加德满都。普里特维·纳拉扬·沙阿是一位开明的君主，在他的统治下，沙阿王朝不仅疆域得到大大的扩展，国家机构也逐步完善起来，经济、文化、外交等各领域都呈现一派繁荣的景象。18 世纪末，沙阿王朝在消灭其他地方割据势力之后，终于统一了整个尼泊尔，从此加德满都成为全国的首都。

19 世纪初开始，尼泊尔国内政局飘摇，英帝国主义的势力也开始向尼泊尔延伸。至 1846 年忠格·巴哈杜尔·拉纳（Jung Bahadur Rana）发动政变后，国王成为傀儡，国家的军政大权都落入了拉纳家族的手中。为了巩固自己的势力，拉纳家族实行亲英的政策，尼泊尔则成为英国殖民者的附庸。在拉纳家族的独裁统治下，尼泊尔的经济发展非常缓慢，不过加德满都作为全国的政治、经济和文化中心，也发生了一些变化。从 19 世纪 70 年代起，陆续建成了一些半欧式的宫殿建筑。进入 20 世纪以后，又先后创办了高等学校、报社、出版社和医院等机构。

1947年，印度摆脱英国的统治，建立独立政权，这对尼泊尔人民产生了巨大影响。1950年，特里布文国王（Tribhuvan Bir Bikram Shah）在印度政府的支持和帮助下，成功地与拉纳家族达成协议，夺回王权，并宣布实行君主立宪制。之后，尼泊尔政权虽又经过数次更迭，但加德满都的首都地位一直没有发生改变，并在交通、工业、教育等各个方面获得了长足的发展。

2008年5月，尼泊尔制宪会议宣布取消君主制，将国体改为联邦民主共和国，首都仍为加德满都。

地理

加德满都位于加德满都谷地的西北部，地势较高，平均海拔高度为1400米。城市周围被湿婆布利、昌德拉吉里、纳加尔郭特和普拉卓克等高山环绕，素有"山中天堂"的美誉。境内地势平坦，河流众多。著名的巴格马提河及其5条主要支流在加德满都境内穿行而过，为城市提供了充足的水源。

加德满都属亚热带季风气候，全年气候非常温和，年平均气温为18.9℃左右，年降雨量为1455毫米。每年的5—9月是最热的季节，也是雨水最多的季节；平均气温为28.6℃左右，6月份最热，平均气温为29.1℃左右；降雨量占全年总降雨量的86%，其中降雨量最大的为7月和8月，平均降雨量在300毫米以上。每年的12月到次年的2月是最凉的季节，也是降雨较少的季节；平均气温为5℃左右，1月份温度最低，平均气温为2.4℃左右，每月的平均降雨量都在20毫米以下。

经济

加德满都地处巴格马提河的冲积平原地带，地势平坦，土壤肥沃，自古以来就是农业生产的基地。主要农作物有水稻、玉米、小麦和谷子等。

加德满都是全国的工业中心，工业部门包括纺织、机械、水泥、造纸、家具、食品、塑胶制品、地毯、皮革、卷烟等。加德满都的对外贸易也比较发达。几个世纪以来，加德满都沿丝绸之路连接了印度和中国西藏，将手工艺品、艺术品、服装、地毯、披肩和纸张源源不断地出口到世界各地，其具有民族特色的服装和羊毛地毯深受各地人民的喜爱。

近年来，加德满都的旅游业呈蓬勃发展的态势，旅游业已经成为该市的重要支柱产业。为此，加德满都成立了包括旅游业发展局、旅游局和民航处在内的各种组织机构，以引导和促进旅游业的发展。

文化

2016 年，加德满都的人口数量约为 98.5 万 [①]。加德满都是一个多民族的聚居地，主要民族包括尼瓦族（Newar）、苏努瓦尔族（Sunuwar）、古隆族（Gurung）、卡斯族（Khas）、塔芒族（Tamang）等。居民的通用语言为尼泊尔语，各民族也使用自己的民族语言；此外，英语也被广泛使用，尤其是在服务业领域。在宗教信仰方面，大多数居民信仰印度教（尼泊尔的国教），其余居民多信仰佛教、伊斯兰教。

加德满都市内寺庙林立，古迹遍布，素有"寺庙之都"的美誉。历代国王都曾在这里大兴土木，修建寺院和庙宇，使之成为国内寺庙建筑艺术和宗教文化的中心。据统计，全市有大小寺庙 2700 多座，著名寺庙包括独木庙、猴庙、帕斯帕提那神庙、库玛丽神庙、昌古·纳拉扬神庙等。

加德满都的传统服装很有特色。男子上身穿大襟和尚领服，长至双膝，下衣是胯大裆肥、腿瘦、包着脚腕的马裤。女子上衣是紧身齐胸的无领对襟短衫，下衣是一条长 6 米左右的纱丽（Saree）。无论贫富，女子都要佩戴项链、耳饰、手镯和戒指等饰品。

加德满都的节庆活动众多，仅全国性的节日就有 20 多个，因此又享有"节日之都"的美称。德赛节又称十胜节，是尼泊尔规模最盛大、持续时间最长的节日，于每年尼历 6 月举行，共半个月左右。据说与印度史诗《罗摩衍那》有关——罗摩在杜尔迦女神的帮助下，终于在第十日战胜罗刹王。节

---

① http://worldpopulationreview.com/countries/nepal-population/major-cities-in-nepal，查阅日期：2016年4月9日。

日的高潮是在第九天，人们纷纷宰杀牲畜，祭祀杜尔迦女神。赛马节于每年的春夏之交举行，尼泊尔皇家骑兵队在要市内的杜巴广场举行扣人心弦的骑马比赛，届时，上到国王，下到平民百姓，都会来现场观看，将广场围得水泄不通。此外，加德满都著名的节日还包括因陀罗节、神牛节、湿婆节、洒红节、佛诞节等。

加德满都是尼泊尔的教育中心，市内拥有尼泊尔国内两所著名的大学——特里布文大学和加德满都大学。特里布文大学成立于1959年，是以尼泊尔前国王特里布文的名字命名的大学，是国内历史最悠久、规模最大的大学。加德满都大学成立于1991年，其规模仅次于特里布文大学，2007年与中国河北经贸大学合作成立了孔子学院。

加德满都注重与国外城市之间的交流与合作，先后与英国的爱丁堡（Edinburgh）、美国的尤金（Eugene）、伊朗的伊斯法罕（Isfahan）、日本的松本（Matsumoto）和中国的西安等十几个城市建立了友好城市关系。

旅游

加德满都是亚洲著名的旅游胜地，市内景点非常丰富。位于市中心的杜巴广场曾是城邦国王加冕登基的地方，如今是加德满都辉煌的世界文化遗产，这里汇集了众多的历史文化古迹。杜巴广场的东侧有一座旧皇宫——哈努曼多卡宫，这座新古典主义风格的白色建筑与广场上的传统尼泊尔建筑形成了鲜明对比。著名的独木庙位于广场的西南角，它是加德满都最古老的建筑之一，不幸的是，这座寺庙在2015年的大地震中受损严重，如今已完全坍塌。库玛丽神庙位于独木庙以东，又称童女神庙，是被奉为库玛丽女神化身的女孩的居住之所。每天在规定时间，童女神会在居室的窗口露面，接受众人瞻仰，而在每年的因陀罗节期间，人们还要接受她表示祝福的额头点红。除杜巴广场周边的景点外，加德满都著名的景点还包括猴庙、博达哈大佛塔、塔莱珠神庙、太后庙等。

加德满都的娱乐项目相当丰富，游客可以到特里布文博物馆、马亨德拉国王纪念博物馆、纳拉扬希蒂王宫博物馆等了解尼泊尔的历史文化，或到纳加阔特饱览喜马拉雅雪山全景，或从这里出发徒步攀登喜马拉雅山，或在翠苏里河上体验惊险刺激的漂流之旅。

加德满都是购物的天堂，特色商品主要有手工艺品、宝石、民族服装、羊绒制品、黄金饰品、特色木偶、宗教用品、香料、菩提子、红茶等。主要购物场所包括泰美尔街、阿山街、因陀罗广场、加德满都购物中心、联合世贸中心、帕德帕代尼超市等。其中，有不少购物中心都是改建自拉纳家族旧宫殿，装饰精致豪华，商品琳琅满目。

在加德满都，游客可以品尝正宗的尼泊尔风味美食。尼泊尔的饮食口味比较单调，多以各种咖喱口味为主，特色美食包括尼泊尔饺子、手抓饭、春卷、黄油煎饼、恰巴蒂（粗面饼）、咖喱小包子、炭烤肉、陶瓷碗酸奶、奶茶等。比较有趣的是，加德满都的许多餐厅都是由旧宫殿或民宅改建而成，建筑外形、美食种类、餐桌席位等均是纯正的尼泊尔风格。有的餐厅还会举行文艺表演，使游客既可以品尝纯正的尼泊尔美食，又可以欣赏尼泊尔传统风情的歌舞表演。此外，游客在加德满都也可以品尝到印度菜、中国菜、日本料理、西式菜点等世界风味的美食。

加德满都的住宿设施非常齐全，既有奢华的五星级饭店，也有条件简陋的青年旅店，可满足各层次游客的住宿需求。世界知名的酒店品牌中，有凯悦、丽笙、香格里拉等在此设立连锁酒店。

加德满都的交通比较方便，市区内有特里布文国际机场、市公共汽车站和新公共汽车站。市内交通工具主要包括公交车、嘟嘟车、人力三轮车、自行车等。

博卡拉

地名由来

博卡拉，英文拼写为 Pokhara。在尼泊尔语中，Pokhara 是"湖泊"的意思。

这里有许多美丽的湖泊，其中以费瓦湖和贝格纳斯湖最为有名。因此，当地人把这片神奇的土地称为 Pokhara。

区位

博卡拉地处尼泊尔中部喜马拉雅山脉腹地，位于博卡拉谷地的西北角，距首都加德满都 200 千米。它隶属于第四联邦州，市区面积约 225 平方千米，是尼泊尔第二大城市。博卡拉所在的第四联邦州，西、南、东三面分别与第六联邦州、第五联邦州、第三联邦州相连，北面与中国西藏接壤。

历史

博卡拉是一个历史悠久的小城，但其有文字记载的历史却并不长。17 世纪时，博卡拉处于加德满都西部一个小土邦国——卡斯基王国（The Kingdom of Kaski）的统治之下，来自中国西藏和印度的商人时常在这里进行贸易。

18 世纪中后期，廓尔喀国王普里特维·纳拉扬·沙阿攻克加德满都，建立沙阿王朝。随后，他开始向西部的土邦国联盟发起攻击，并于 1771 年顺利攻克了包括卡斯基在内的三个小土邦国。从此，博卡拉正式纳入到沙阿王朝的统治之下，成为尼泊尔西部的一个重要城市，也是印度至西藏贸易线路上的重要环节。

19 世纪中叶，拉纳家族发动政变，篡取尼泊尔军政大权，开始独裁统治，尼泊尔整个国家都处于封闭落后的状态。博卡拉作为其西部的重要城镇，也在拉纳家族的掌控之下，经济发展极其落后，交通十分不便，人民生活困苦。

20 世纪中叶，特里布文国王在印度政府的帮助下迫使拉纳家族交出政权，宣布国家实行君主立宪制，而博卡拉也迎来了新的发展机遇。来自西方的一些探险者和嬉皮士来到博卡拉，向世人揭开了它神秘的面纱。此后，气候温和、景色优美、生活悠闲的博卡拉成为令人无比向往的旅游胜地。1968 年，悉达多公路建成通车之后，博卡拉的经济得到迅速发展，成长为尼泊尔继加德满都之后的第二大城市，被誉为"东方的瑞士"。

地理

博卡拉位于尼泊尔中部安纳布尔那山脚下，地形是北高南低，北部群山环绕，平均海拔1740米。在博卡拉城内向北望去，三座海拔8000米的高峰——道拉吉里峰、安纳布尔那峰和马纳斯鲁峰尽收眼底。紧临城市的鱼尾峰，海拔6993米，是尼泊尔著名的旅游景点。在从北到南短短的几千米范围内，博卡拉的地势急剧降低，形成巨大的落差。至城市南部的费瓦湖时，海拔已降到827米。

塞蒂河及其支流是博卡拉市内最大的河流，在它的冲刷下，博卡拉市内及周围形成了许多峡谷。这些峡谷宽窄不一，有的地方仅几米宽，有的地方则相当开阔，形成了博卡拉独特的地形。此外，博卡拉有许多地下溶洞，河流穿过时会被溶洞吸入地下。城市南部塞蒂河的一条支流，源自费瓦湖，后被吸入地下，由于地势的原因又以瀑布的形式倾泻出来，形成了著名的巴德莱瀑布。这一瀑布又被称为魔鬼瀑布或戴维斯落水处，据说是为了纪念在此溺水身亡的瑞士游客戴维斯及其女友。

博卡拉属亚热带季风气候，由于其海拔较高，气候相对比较温和，全年气温变化不大，年平均气温在21.1℃左右。雨水充沛，年降水量为3900毫米左右，受亚热带季风的影响，全年有明显的雨季和旱季。每年的5—9月为雨季，整个雨季的降雨量约占全年总降水量的90%左右；7月、8月份降雨最多，平均降雨量都在860毫米以上。每年的10月至次年4月为旱季，降雨较少；11月份降雨最少，平均降雨量为18毫米左右。

经济

博卡拉是尼泊尔中西部一个乡村小镇，周围群山环绕，气候适宜，雨水充足，土地肥沃，物产丰富，盛产水稻、大麻、柑橘等，居住在此的人们世代以农业为生。20世纪70年代以前，这里封闭落后，除农业以外几乎没有其他产业。

自1968年开通公路以来，博卡拉经历了快速的城市化，旅游业开始发展，与其相关的服务行业也随之发展起来。目前，旅游业已成为博卡拉经济发展的支柱产业，也是当地人的主要收入来源。

文化

2016 年，博卡拉人口数量约为 20 万 [1]。居民主要为尼瓦人（Newari）和古伦人（Gurung），使用的语言为尼泊尔语，也使用尼瓦尔语、古伦语等民族语言。在宗教信仰方面，多数居民信仰印度教，其余居民多信仰佛教和伊斯兰教。

博卡拉的节庆活动较为丰富，除全国性的节日之外，当地的特色节日有博卡拉街道美食节和除虎节。博卡拉街道美食节于每年 12 月底至次年 1 月初举行，这是一个美食的盛会，人们不仅可以随意品尝各种美食，还可以欣赏精彩的歌舞表演。除虎节在每年的 8 月举行，共持续三天，是当地人庆祝其祖先铲除吃人老虎的节日；节日期间，人们会进行狩猎游行，还会穿上传统装束进行狩猎表演。

博卡拉高等教育的发展始于 20 世纪末，现拥有多所高等学府。其中，建于 1996 年的博卡拉大学，是该市的最高学府，其前身为尼泊尔第五大学。尼泊尔总理是博卡拉大学的校长，尼泊尔教育部长是该校的代理校长。

博卡拉比较注重与国外城市之间的交流与合作，先后与多所城市建立了友好城市关系，其中就包括中国的昆明、西宁和玉树。

旅游

博卡拉地理位置优越、环境优美、气候怡人，使其成为众多旅游者向往的世外桃源。同时，历史上的博卡拉还曾经是中国西藏和印度之间贸易往来的必经之路，这里的老市场还留有古老街道的景观，充满沧桑感的石板路上散发着浓厚的历史气息。这些都使博卡拉成为尼泊尔乃至南亚的一个重要旅游目的地。

---

[1] http：//worldpopulationreview.com/countries/nepal-population/major-cities-in-nepal，查阅日期：2016年4月23日。

博卡拉的主要景点有鱼尾峰、费瓦湖和世界和平塔。鱼尾峰是安纳布尔那山峰的一支，因峰顶形状如鱼而得名。此峰是尼泊尔人眼中的圣地，是女神的住所，因此政府禁止攀登。费瓦湖是尼泊尔皇家度假胜地，是博卡拉的名片与象征。白雪覆盖、雄伟壮丽的安纳布尔那峰倒映在宁静的费瓦湖上，组成了一幅令人难以忘怀的美景图，湖中的小岛上还有一座佛塔式造型的印度教寺庙，里面供奉的毗湿奴雕像，更为费瓦湖增添了几分神秘的色彩。世界和平塔坐落在费瓦湖畔，位于海拔 1000 多米的山丘上，由尼泊尔和日本、泰国、斯里兰卡的佛教信徒和僧侣为祈祷世界和平而建，整座佛塔通身为白色，四面各有一尊佛像，分别是日本的坐佛、尼泊尔的立佛、斯里兰卡的佛陀悟道和泰国的卧佛涅槃。此外，博卡拉的著名景点还包括萨朗科（市内最高峰）、贝格纳斯湖、巴德莱瀑布等。

博卡拉的文化娱乐设施较多，游客在这里能充分了解和感受博卡拉的民俗风貌以及独特的高山文化。博卡拉博物馆主要展示了博卡拉谷地及其周边山区的民族分布以及各民族的历史渊源、文化艺术、生活习惯和建筑特色。廓尔喀博物馆展示了尼泊尔著名的廓尔喀军团的历史和成就。世界山峰博物馆介绍了喜马拉雅山的知名高峰、人类征服世界高峰的历史以及世界各国科考人员对喜马拉雅山进行考察研究和开发保护的历程。此外，博卡拉的户外娱乐活动也非常多，以滑翔、徒步和漂流最具特色。

博卡拉的特色商品种类较多，主要包括围巾、毯子、披肩、民族服饰、金银首饰、佛像面具、经幡、廓尔喀弯刀、特色木偶、民族乐器、草木药妆、户外用品等。主要购物场所包括费瓦湖东岸商业街、妇女手工艺发展中心、旧市场等。

博卡拉的餐饮业比较发达，这里聚集着各种各样的餐馆、酒吧和咖啡厅，除了地道的尼泊尔菜式之外，东方和西方的美食这里都可以品尝到。扁豆粥和西藏饺子是比较受外国游客欢迎的本地美食，几乎也是每个餐馆都提供的。

博卡拉的住宿设施齐备，类型多样，能够满足游客不同层次的需求。最为知名的是建于 1966 年，位于费瓦湖中小岛上的鱼尾山庄，这是专供尼泊尔皇室下榻的酒店，包括日本皇太子德仁和英国查尔斯王子在内的许多名人都曾在此下榻。世界知名的酒店品牌较少，仅有香格里拉一家在此设有连锁酒店。

博卡拉的交通较为便利，市内拥有博卡拉机场、主汽车站、博卡拉旅游汽车站。市内交通工具主要包括出租车、摩托车、自行车等。

蓝毗尼

地名由来

蓝毗尼，英文拼写为 Lumbini。蓝毗尼在古代属于北印度。相传，古印度拘利国天臂城主善觉王（Suprabuddha）的夫人 Lumbini（在梵文中，意为"可爱"）是一位美丽温柔的女子，善觉王在此地为她建造了一座漂亮的花园，并以夫人的名字命名。后来，这里逐渐发展成为一座城镇。由于城镇是在原蓝毗尼花园的基础上发展而来，因此，这座城镇便被命名为 Lumbini。

区位

蓝毗尼地处尼泊尔狭长领土中间位置的最南端，距离尼印边境最近处约 8 千米，东距加德满都 290 千米，隶属于第五联邦州，是世界著名的佛教圣地。蓝毗尼所在的第五联邦州，西、北、东三面被第七联邦州、第六联邦州、第四联邦州和第三联邦州所环绕，南部与印度接壤。

历史

蓝毗尼所在的小村落原本坐落于印度的北方邦。相传，公元前 565 年，迦毗罗卫国（Kapilavast，古尼泊尔）净饭王夫人摩耶（Maya Devi）产期临近，按照当地习俗要回娘家分娩。经过蓝毗尼花园时，摩耶夫人下车沐浴。当她上岸后，用右手攀住一棵无忧树的树枝略作休息时，王子乔达摩·悉达多（Siddartha Gautama）便从她的左腋下肋骨中降生了。一位圣人预言，王子会出家修道，悟道成佛，教化人间。果然，35 岁那年，他在一棵菩提树下觉悟成道，创立了世界三大宗教之一的佛教。他被称为"释迦牟尼"，意为"释迦族的智者"，后来，佛门弟子称其为"佛"或"佛陀"，意为"觉悟者"。

公元前 251 年，也就是佛陀涅槃 200 多年后，古印度孔雀王朝第三代君主阿育王来到这里朝拜，竖立石柱纪念，并于其上铭刻敕文，说明此为世尊出生之地。此后，蓝毗尼成为佛教圣地，修建了无数的寺庙和佛塔。

公元 403 年，我国高僧法显到蓝毗尼来朝圣，著成《佛国记》一书，记载了他在此地见过的无忧树和摩耶夫人沐浴过的水池。公元 636 年，大唐高僧玄奘来到蓝毗尼朝圣，著成《大唐西域记》，详细记载了当时的情况，并且提到了阿育王石柱。

此后，虽有一些佛教徒也曾来到蓝毗尼朝圣，但是，在历史的战乱岁月中，蓝毗尼逐渐被人们遗忘。

至 19 世纪，随着英国对印度殖民统治的加深，印度人民也掀起了反对殖民主义的热潮。1857 年，印度各地发生了大规模反抗英国统治的军事冲突，当时的尼泊尔政府曾派兵援助英军。为了表示回报，英国将尼、印边界的部分土地割划给尼泊尔政府，而蓝毗尼就这样被划入了尼泊尔。

1896 年，一支由德国考古学家傅尔（Alois A. Fuhrer）和卡伽·桑雪（Khadga Samsher）领导的挖掘队伍来到蓝毗尼，再度发现并确认了它的历史地位。从此以后，世人得以亲临圣域，朝礼佛陀诞生之地。后来，由于佛教朝圣者不断涌入，引起尼泊尔政府的注意。20 世纪中期，尼泊尔政府提出要对蓝毗尼进行开发，着手将其规划为遗迹公园并加以管理。1968 年，联合国教科文组织对蓝毗尼进行了考察。1970 年，尼泊尔政府正式开始开发蓝毗尼，并成立了蓝毗尼开发委员会。1978 年，受联合国教科文组织和蓝毗尼开发委员会委托，日本建筑工程师 Kenzo Tange 开始对蓝毗尼进行设计规划。2000 年，中国在蓝毗尼建造的中华寺落成。目前，中国、韩国、日本、越南、法国、德国、印度等多个国家的佛教组织已在蓝毗尼建造了寺院。蓝毗尼逐渐成为世界佛教信徒向往的朝圣地之一。

地理

蓝毗尼位于尼泊尔南部的特莱平原上，平均海拔约为 150 米。市内没有高山，仅有丘陵，地势较为平坦。

蓝毗尼属热带气候，全年气温较高，降水量较大。受季风的影响，蓝毗尼全年具有明显的热季、雨季和凉季。每年的 4—6 月为热季，此时空气干燥，气温一般都在 35℃ 以上；6 月份气温最高，有时可达 47℃。7—9 月为雨季，此时，几乎每天都要下雨，交通非常不便。从 10 月一直到次年 3 月是凉季，这时，季风的影响慢慢消失，天气比较凉爽宜人，适宜出行。

经济

蓝毗尼地处平原地区，土壤肥沃，盛产水稻、小麦、甘蔗、花生、黄麻和棉花等农作物，农业生产比较发达。近年来，蓝毗尼小型工业也逐步得以发展，建有造纸厂、酒厂、面粉厂等。

此外，作为佛教创始人释迦牟尼的出生地，蓝毗尼被人们奉为佛教四大圣地[①]之一。从 20 世纪 70 年代开始，尼泊尔政府为保护古迹和发展宗教旅游，在联合国和外国佛教组织的帮助下，制订和实施了蓝毗尼复兴开发计划。现在，蓝毗尼在基础设施和旅游设施的建设以及佛教古迹的保护方面都取得了长足的进展，成为尼泊尔重要的宗教和旅游中心，来此的朝圣和旅游的人数逐年增加。

文化

蓝毗尼的居民主要是马嘉尔人（Magar）、塔鲁人（Tharu）和尼瓦尔人，使用的语言主要是尼泊尔语，塔鲁语（Tharu）、尼瓦尔语（Newari）和马嘉语（Magar）等也在一定范围内使用。蓝毗尼是一个宗教氛围浓郁的城市，印度教和佛教是本地最主要的两种宗教，拥有为数众多的信徒。

---

① 佛教四大圣地，指佛祖出生地——蓝毗尼、成道地——菩提伽耶、初转法轮地——鹿野苑和涅槃地——拘尸那迦。

蓝毗尼的节庆活动数量众多，其中最隆重的节日为佛诞节。这是纪念佛祖释迦牟尼诞辰的节日，在每年尼历一月下旬（公历5月）举行。节日期间，尼泊尔国内的佛教信徒及中国、印度、泰国、日本等世界各地的佛教信徒纷纷来到蓝毗尼朝圣，云集此地的僧侣、香客不计其数。蓝毗尼僧团组织庆祝大会，僧人们诵经文、浴佛身、供鲜花、燃香烛，然后抬着佛像上街游行。

旅游

作为著名的佛教圣地，蓝毗尼拥有许多宗教气息浓厚的建筑，主要景点有蓝毗尼园、蓝毗尼博物馆和中华寺。蓝毗尼园全称为"蓝毗尼佛祖诞生遗迹公园"，是尼泊尔的世界文化遗产之一。蓝毗尼园的正中央为摩耶夫人祠，供奉和纪念释迦牟尼的母亲，祠内珍藏着古代摩耶夫人诞子浮雕。摩耶夫人祠西侧是著名的阿育王石柱，上面刻有阿育王铭文。蓝毗尼博物馆位于蓝毗尼园内寺庙区的后面，主要收藏和展示蓝毗尼及其周边出土的佛教文物。中华寺是我国以佛教协会名义在海外建造的第一座寺院。寺院仿清宫殿式建筑风格，由山门、大雄宝殿及禅房等组成，气势宏伟，令人印象深刻。此外，泰国寺和缅甸寺等也是别具一格的景点。

与世界其他旅游胜地相比，蓝毗尼是恬静安逸的，来到这里的人们除了旅游观光，便是静思冥想。在简单幽静的禅房里，盘腿上床，打坐静思，让心灵安定愉悦，对于来到这座圣城的人们来说，一定是不错的体验。

蓝毗尼是一个民风淳朴的小城，只有一条主要道路，单独经营的餐厅很少，因此，旅游者的餐饮一般要在住宿的酒店或宾馆解决。蓝毗尼的酒店和宾馆数量也不多，不过，种类还是比较齐全的，既有高级豪华的酒店，也有经济实惠的旅馆；既有洋溢着尼泊尔风情的客房，也有具有西式风格的房间，可以满足游客的不同需求。此外，游客还可选择住在寺庙，品尝斋饭，体验清修生活。

蓝毗尼的外部交通不是十分便利，最近的佛陀机场位于蓝毗尼东部的派勒瓦市，从这里可以往返加德满都。公共汽车也需要到派勒瓦转车，才能去往加德满都和博卡拉，然后再从那里前往国内各地。市内交通，主要是步行，或者也可以租用当地的自行车。

印　度

　　印度（India），全称为印度共和国，其国名来源于南亚地区的一条大河——印度河。该国是南亚次大陆上的最大国家，西北部与巴基斯坦交界，东北部与中国、不丹、尼泊尔、孟加拉国接壤，东部与缅甸、孟加拉湾相邻，东南部隔保克海峡与斯里兰卡相望，西部濒临阿拉伯海。国土总面积为 328.73 万平方千米，人口数量为 13.27 亿 [①]（2016 年）。全国分为 29 个邦和 7 个中央直辖区，主要城市包括新德里（New Delhi）、孟买（Mumbai）、斋浦尔（Jaipur）、阿格拉（Agra）、瓦拉纳西（Varanasi）、班加罗尔（Bangaluru）等。

新德里

地名由来

　　新德里，英文拼写为 New Delhi，所谓"新"德里是相对于"旧"德里而言的。"旧"德里是一座古城，"新"德里是一座新城，建于 20 世纪 30 年代，

[①]　http：//worldpopulationreview.com/countries，查阅日期：2016年4月20日。

与"旧"德里毗邻。

关于"德里"一词的来源，众说纷纭。一种说法认为，公元前 1 世纪印度王公迪里（Dhillu 或 Dilu）在这里建城，并以自己的名字命名为 Dhillu 或 Dilu，后转为谐音 Delhi。另一种说法认为，城市名称来源于印地语"dhili"一词，意为"不牢"。传说古印度一位国王曾命人在德里竖起许多铁柱，但铁柱立得不稳，加固后仍松弛不牢，因此，城市便以 Dhili 为名，后来演变为 Delhi。还有许多历史学家认为，城市名称来源于 Dilli，这是 dehali 或 dehleez 的变体，意为"入口"或"门槛"，象征着这座城市是恒河平原的入口。

区位

新德里地处印度西北部，坐落在恒河平原入口处，西、北、南三面被哈里亚纳邦环绕，东面与北方邦相邻。市区面积 1484 平方千米，是印度的首都和面积最大的城市，是全国的政治、经济、交通与文化中心。

历史

印度著名史诗《摩诃婆罗多》中记载，德里最初是一片森林，约公元前 1400 年，班度人（Pandavas）在此建城，名叫"因陀罗普拉斯特"（Indraprastha），意为"雷霆神之住所"。公元前 1 世纪，孔雀王朝（Maurya Dynasty）的王公拉贾·迪里在此立国，并以自己的名字命名这座城市。至阿育王（Asoka）时，城市得到了初步发展。至今，德里城中仍留有当时的碑文。孔雀王朝没落之后，德里附近接连遭到外族的入侵，先是希腊人和安息人，后来又是塞人和大月氏人。公元 4 世纪中叶，旃陀罗·笈多（Gandra Gupta）将势力扩展到恒河流域后，建立了统一的笈多王朝（Gupta Dynasty）。这一时期，社会稳定，德里的经济文化得到了发展。笈多王朝崩溃后，一些小国又在它的废墟上涌现出来。公元 6 世纪，布舍菩地王朝（Pusyabhuti Dynasty）始建于德里附近。公元 8—9 世纪，德里又落入托马尔王国的统治下，城市规模不断扩大，建起了石头城堡、典雅的寺庙、游泳池等建筑物。

经过几个世纪的动乱不安之后，1206 年，艾巴克（Aibak）建立了奴隶王朝（Slave Dynasty），成为德里苏丹国（Delhi Sultanate）的第一个苏丹（Sultan）。艾巴克爱好文学和艺术，他在位时开始修建的古德高塔，现在仍然矗立在德里。这座塔高 72.5 米，是世界上最高的砖塔，由红砂岩和大理石建成，造型精美，雄伟壮丽，被联合国教科文组织列入世界遗产名录。另外，他还投入大量资金用于德里的城市基础设施建设，使其成为帝国名副其实的政治与经济文化中心。之后，德里先后经历了哈尔吉王朝（Khalji Dynasty）、图格鲁克王朝（Tughluq Dynasty）、萨义德王朝（Sayyid Dynasty）和洛提王朝（Lodi Dynasty）的统治。

1526 年，巴布尔（Babur）战胜了洛提王朝的最后一位苏丹易卜拉钦·洛提（Ibrahim Lodi），入主德里。在德里大清真寺，巴布尔被拥戴为"印度斯坦皇帝"，从此，一个强大的莫卧儿王朝（Mughal Dynasty）建立起来。此后，王朝几经兴衰，直到 17 世纪中叶，第五代皇帝沙·贾汗（Shah Jahan）称帝。但当时他并未建都德里，而是住在距德里 200 多千米之外的阿格拉城（Agra）。1631 年，他的妻子阿姬曼·芭奴（ArjumandBanu）逝世后，他悲痛至极，离开阿格拉，迁都德里。之后，他命人对德里进行整修和扩建，历时 10 年之久才完工。如今的旧德里城正是当时沙·贾汗所建，城内留下了丰富的遗址和遗物，可以说是印度历史文物的宝库。

19 世纪中期，英国吞并印度，英属印度的首都定在加尔各答。1911 年，英印当局决定重新定都德里，并在距老城不远处建立新城，称"新德里"。当时，设计师们对印度及其他国家的城市建筑进行考察后决定，建造一座既有古代色彩，又有现代风格的新城。由于第一次世界大战的影响，原计划四年竣工的新城直到 1929 年才初具规模。1931 年，英印当局举行隆重庆祝仪式，正式迁都新德里。1947 年，印度独立，尼赫鲁总理（Javaharlal Nehru）在新德里著名的红堡宫墙上升起了第一面印度独立的旗帜。1950 年，新德里正式成为印度民主共和国的首都。但是，现代意义上的新德里既包括饱经沧桑的旧德里，也包括活力四射的新德里。当地人在谈起首都时大多也说"德里"，而非"新德里"。

地理

新德里地处恒河平原，海拔高度较低，约 216 米。城市南、西、北三面被德里岭环绕，市内大部分面积受河流冲积的影响，地势平缓开阔。市内较大的河流只有亚穆纳河，该河沿城市东部流过，将北方邦的城市加济阿巴德挡在河流以东。

新德里属亚热带风气候，全年气温较高，年平均气温为 25.2℃左右，年均降水量为 762 毫米左右。受季风的影响，雨水分配不均，干季和雨季十分鲜明。每年的 7—9 月为雨季，来自热带海洋上的潮湿气流源源不断涌入城市上空，带来充沛的雨水，这三个月的总降雨量占到全年降水量的 80% 以上；8 月份降雨最多，平均降雨量为 232 毫米左右；雨季期间气温也较高，平均气温在 25.8℃以上，其中 7 月份最热，平均气温为 35.4℃左右。每年的 10 月到次年 5 月为干季，盛行偏西气流，雨水非常稀少，空气十分干燥；最干的 11 月，平均降雨量只有 4.9 毫米左右；干季期间气温变化较大，每年 12 月至次年 2 月气温较低，平均气温不超过 10.4℃；最冷的 12 月，平均气温只有 8.3℃左右；4—6 月气温较高，平均气温在 36.3℃以上，最热的 5 月，平均气温达 39.5℃左右。

新德里与周围的北德里、西北德里、西德里、西南德里、南德里、东南德里、中央德里、东北德里、东德里和沙赫德拉一起构成了大德里。新德里是印度人口密度最大的城市之一，也是世界上人口分布最为稠密的地区之一。2016 年，德里的人口数量达到 1092.7 万 [①]。

经济

新德里地处恒河平原，土壤属冲积土，土层较厚，肥力充足，易于灌溉，非常适合农作物的长期耕作。新德里的农业产品丰盛，主要农作物有小麦、甘蔗、稻米和棉花等，其各种农作物的产量在印度全国均位居前列。除了丰

---

① http://worldpopulationreview.com/countries/india-population/major-cities-in-india，查阅日期：2016 年 4 月 17 日。

盛的农产品，新德里的鲜奶和奶制品的供应量也非常充足。

新德里的工业主要包括纺织、食品加工、化工、造纸、制药、钢铁、水泥、石油和机械等。其中，机械制造是实力较强的传统行业，新德里的机械产品出口量占印度机械产品总出口量的七成左右。此外，新德里的手工业非常发达，特别是宝石、金银加工和象牙雕刻，在印度的出口总额中占有一定的比重。

新德里是印度主要旅游地之一，旅游业发展迅速。近年来，新德里入境旅游人数逐年递增，已经成为亚洲著名的旅游目的地之一。2015年，新德里入选美国著名杂志《旅游和休闲》评选出的"亚洲十大最佳旅游城市"。

文化

大多数新德里人使用官方语言印地语和英语，也有部分人使用乌尔都语和旁遮普语。

新德里是一个宗教之都，绝大多数居民都有自己的宗教信仰。其中，约80%的人信仰印度教，约13%的人信仰伊斯兰教，另有7%的人信仰锡克教（Sikhism）、耆那教（Jainism）等其他宗教。浓厚的宗教氛围在新德里人社会生活的各个方面都留下了深深的印记，让新德里呈现出独有的安宁与繁华、传统与现代并存的特点。

新德里是动物的天堂，各种动物的地位非常高。其中，最令人瞩目的就是牛。对大多数信奉印度教的新德里人来说，黄牛是"神圣动物"，是不可亵渎侵犯的。在新德里，常常可以看见"圣牛"大摇大摆，四处游荡，或立或卧，或行或停，甚至横卧在马路中间，不仅行人要避让它们，就连汽车也只好绕道而行。另一种受神灵庇佑的动物就是猴子。传说神猴哈奴曼（Hanuman）曾帮助阿逾陀国王子罗摩（Rama）从魔王罗波那（Ravana）手中解救出王妃悉多（Sita），故而猴子一直受到人们的喜爱和尊重。新德里还建有两尊巨大的哈奴曼塑像。除此之外，狮子、大象、狗等动物在新德里也受到人们的喜爱与保护。

新德里节日众多，较大的节日就有百个以上。比较著名的有洒红节和排灯节等，这些也是印度全国性的节日。洒红节是印度教的四大节日之一，每年 3 月间举行。节日期间，人人手拿纸袋或小塑料口袋，里面装有五颜六色的粉末，亲朋好友见面先是贺喜，然后拥抱，接着相互往对方脸上、头上、身上洒红取乐。排灯节也是印度教的重要节日之一，在 10—11 月之间举行，节日那天，人们要在墙上张贴神像，摆放供品。并且，家家户户的墙上、门口都要点上一排排油灯，不留黑暗的死角。

新德里是印度的文化教育中心，许多大学在全国享有盛誉，如印度技术学院、德里科技大学、德里大学、贾瓦哈拉尔尼赫鲁大学等。其中，印度排名第一（2015 年）的印度国立伊斯兰大学也坐落在新德里。

新德里注重与国外主要城市之间的合作与交流，先后与 8 个国家的 10 个城市建立了友好城市关系，其中包括中国的北京。

旅游

新德里历史悠久，文化灿烂，新城与旧城交相辉映，既有古代名胜遗迹，又有现代宏伟建筑，吸引着印度乃至世界各地人们的视线。印度门是新德里的地标性建筑，位于国家大道东侧，始建于 1921 年，因其是为了纪念第一次世界大战中英国和印度阵亡将士而建，故又称"印度战士纪念碑"。它的外形与法国巴黎的凯旋门相似，高 48.7 米，宽 21.3 米，全部用红砂石砌成，其拱门顶端有一个直径 3.5 米的大油灯，每逢重大节日，夜间都燃起一米多高的火焰，彻夜不熄。红堡距印度门不远，它沿袭了典型的莫卧儿王朝风格，整个建筑呈八角形，全部都是用大理石与红砂石砌成，石柱和墙壁上刻有花卉人物的浮雕，雄伟壮观，气势磅礴。它宣告了印度独立于英国的统治，是印度的主权象征，所以，每年国庆节（1 月 26 日）和独立日（8 月 15 日），红堡都会举行特别的升旗仪式，非常壮观。贾玛清真寺位于德里皇宫附近，是印度最大的清真寺，最多能承载 25000 人同时祈祷。从远处望去，其三座弧形突起的白色圆顶和两支高耸的尖塔，在蓝天白云映衬下，格外宏伟雄壮。令人尤为称叹的是，整座建筑没有使用木料，完全是采用雕工精美的白石用铅灌封而成，被誉为"建筑奇迹"。此外，甘地陵、印度总统府、胡马雍陵墓、新德里国立博物馆、巴哈伊教莲花庙、拉克希米纳拉扬印度教寺庙、阿克萨达姆印度教神庙等也都是著名的景点，令人神往。

新德里拥有丰富的文化娱乐设施，如博物馆、剧院、美术馆等。印度国家博物馆藏有公元 3 世纪至今的印度不同时期与地区的各种珍贵文物，包括古代印度铜器、陶器、雕刻等艺术品。国立现代美术馆展出许多现代艺术作品。国家自然历史博物馆珍藏着许多珍贵动物的标本与化石，其中包括世界上最大的恐龙化石。

新德里是著名的购物城市，特色商品主要有香料、木雕、银饰、珠宝、陶器、纺织品等。购物场所众多，从传统的集贸市场到现代的豪华商场，消费者想要的一切，在新德里都能找到，如康诺特广场、甘地格尔市场、月光集市、帕哈拉甘区集市等。

新德里是品尝地道印度菜的理想场所，菜品以其浓郁的香料味而享誉全世界。特色菜品主要有塔利（印度最传统的一种套餐，由米饭、面饼、酸奶、咖喱、蔬菜、甜点等组成）、咖喱羊肉、烤羊肉串、奶油鸡、恰巴蒂、咖喱米饭、馕、手抓饭、印度奶茶、印度酸奶等。在新德里，游客还可以品尝到中餐、意大利餐、日本料理、泰国餐等各国风味美食。

新德里的住宿设施非常齐全，既有简陋的小宾馆，也有奢华的五星级大饭店，可以满足游客多层次的需求。其中，泰姬陵酒店是印度最知名的酒店，曾经接待过很多国家元首。世界知名的酒店品牌，如香格里拉、希尔顿、万豪、艾美、假日等，都在此设有连锁酒店。

新德里是印度全国的交通枢纽，交通线路四通八达。市内有英迪拉甘地国际机场和 Palam 国内机场，另外还有新德里火车站、尼桑木丁和阿南德·豪尔 3 个火车站以及 5 个长途汽车站。市内交通工具有地铁、公交车、机动三轮车、人力三轮车和出租车等，遍及城市的每个角落。其中，地铁是新德里最快捷、最方便的交通工具，各方面设施已达到了世界级标准，并有专门的女性排队通道和女性车厢。

孟 买

地名由来

孟买，英文拼写为 Mumbai。孟买原来是濒临阿拉伯海的七个小岛，当地渔民用雪山女神（Mumba Devi，也叫 Mumba Bai，是印度教主神之一湿婆神的妻子，也是渔民的保护神）之名为它命名。16 世纪初，葡萄牙殖民者曾将其改名为 Bombaim，意为"美丽的海湾"。17 世纪，孟买被转赠给英国，改名为 Bombay，意为"良港"。1995 年，孟买市政府恢复了 Mumbai 的读音，但旧称"Bombay"仍然在一些居民和著名机构中广泛使用。

区位

孟买地处印度西部，濒临阿拉伯海，市区面积约为 603 平方千米，是马哈拉施特拉邦的首府，也是印度第一大港、印度西海岸的重要城市，被誉为"印度的门户"。孟买所在的马哈拉施特拉邦，西临阿拉伯海，北部与古吉拉特邦、中央邦相邻，东部与恰蒂斯加尔邦、特伦甘纳邦相连，南部与安得拉邦和卡纳塔克邦相连。

历史

孟买的历史非常久远，大孟买市卡恩迪维发现的石碑表明，早在石器时代，这里就已经有人类活动的遗迹。但与印度其他地方相比，它的历史显然没有那么厚重。最早的史料记载可追溯到公元前 250 年，古罗马天文和地理学家托勒密（Claudius Ptolemy）称它为"希普坦尼西亚"（Heptanesia），意为"七岛"之地。那时的孟买处于孔雀王朝的统治之下，是古印度同波斯和埃及进行海上贸易的中心。

进入中世纪以后，孟买几经变迁。14 世纪中叶，孟买被信奉伊斯兰教的古吉拉特王朝（Gujarat Dynasty）兼并。15 世纪末和 16 世纪初，随着世界新航路的开辟，欧洲许多殖民者相继来到印度。率先到达的是葡萄牙，1534 年，孟买被割让给葡萄牙。从此，孟买的殖民地生涯开始了。

1661 年，英、葡两国王室结秦晋之好，孟买被当作凯瑟琳公主的嫁妆送给了英国。1668 年，英国政府又以每年 10 英镑的名义租金将孟买租给东印度公司。东印度公司得到对孟买的所有权后，对孟买进行了大规模的开发与改造，建造深水港、围海造陆，将七个小岛连接起来。此后，孟买逐渐成为东印度公司在印度西海岸的重要根据地。特别是 1869 年，苏伊士运河开通后，孟买成为阿拉伯海上最大的海港之一。

1947 年印度独立后，孟买的殖民地生涯终于结束，它成为孟买邦的首府。后来，印度各邦按照语言进行重组，因孟买的马拉地人和古吉拉特人对其归属存在争议，故孟买的归属一直未能确定。直到 1960 年，马哈拉施特拉邦以孟买为首府成立，孟买的归宿总算尘埃落定。如今，孟买已经发展成为世界十大城市之一，是印度第一大城市、海陆空运输的重要枢纽、重要的工商业城市、最大的金融中心。

地理

孟买位于印度西海岸，距海岸 16 千米，海拔较低，在 10—15 米之间，全市平均海拔 14 米左右。孟买的海岸线非常曲折，呈锯齿状，拥有众多的港湾。孟买市内水源充足，其城市用水由 5 个湖泊供应，其中 3 个湖泊位于孟买市内，这其中又有 2 个位于桑贾伊·甘地国家公园内。孟买市内还有 3 条小型河流，都发源于国家公园。

孟买濒临阿拉伯海，属热带季风气候，冬夏两季温差不大，年平均气温在 27.1℃左右，年降雨量为 2258 毫米左右。受热带季风影响，全年具有明显的热季、雨季和凉季。每年的 4—5 月是热季，平均最高气温为 33.3℃左右，日间最高气温有时会达到 40℃以上；6—9 月是雨季，降雨量占全年降雨量的 96%，每月平均降雨的天数几乎都在 15 天以上，每月平均降雨量都在 310 毫米以上，最高的 7 月甚至接近 800 毫米。尽管孟买有明显的雨季和旱季之分，但从全年来看，空气都比较湿润，相对湿度都不低于 67%；11 月至次年 3 月是凉季，平均最低气温为 16.8℃左右，气候宜人，但昼夜温差比较大，夜间最低气温可降至 10℃左右。

孟买由大孟买自治市管理，下设市区和郊区两个独立的区。市区通常被称为岛城，郊区又分为三部分：库尔勒（Kurla）、安泰（Andheri）和包里瓦利（Borivali）。孟买是印度人口密度最大的城市，也是世界上人口分布最为稠密的地区之一。2016 年，孟买人口数量为 1269.1 万 ①。

经济

孟买靠近海洋，土壤肥沃，气温、光照、水分等条件适宜，但是，孟买及其近郊地区很少种植农作物，仅有的少量种植也非商品性的。孟买农产品的供给主要依赖于马哈拉施特拉邦。

孟买的工业非常发达，纺织业尤为著名。它拥有印度最大的棉纺织中心，纱锭和织机数均约占全国的 1/3，是世界上最大的纺织品出口港之一，素有"棉花港"之称。此外，毛织、皮革、化工、制药、机械、食品等工业在孟买也较为发达。作为印度最大的海港，全国海运的 1/5 和集装箱运输的 1/2 都从孟买出海。

孟买是印度的金融中心，众多证券交易所都集中在这里。其中，被称为"孟买的华尔街"的达拉尔街是印度证券交易的中心。位于达拉尔街的孟买证券交易所与印度国家证券交易所承担了全印度 99% 的证券交易。孟买证券交易所成立于 1875 年，是亚洲最古老的证券交易所。现在，作为单一的证券交易所，它也是世界上拥有上市企业最多的证券交易所。

孟买的电影业非常繁荣。自 1912 年孟买成为印度重要的电影基地开始，孟买的电影业已经获得长足发展。现在，著名的"宝莱坞"①已经在国际舞台

---

① http://worldpopulationreview.com/countries/india-population/major-cities-in-india，查阅日期：2016年4月9日。
① 宝莱坞（Bollywood），由孟买（Bombay）和好莱坞（Hollywood）整合而成的词，形成于20世纪80年代，是西方用来指称由孟买制作的印地语流行电影，它以歌舞动作片著称。

上拥有一席之地，其最大的摄影棚就坐落在这里。2009 年，描写一个孟买贫民街少年故事的影片——《贫民窟的百万富翁》，获得了奥斯卡最佳影片奖和最佳导演奖等 8 项电影奖。另外，印度大部分重要电视、卫星网络以及主要出版社的总部也设在孟买。

孟买是印度最现代化的城市。在这里，既有印度的古老文明孕育的深厚文化积淀，又有西方现代工业文明所产生的精英文化，因此，有人将它比作"印度的上海"。在印度人心中，孟买更是最具梦幻色彩的城市。加之其背靠青山、面朝大海，环境优美，这一切，都使孟买成为全世界旅游者向往的目的地。

文化

孟买融合了传统文化与现代文明，具有开放和包容性，这里聚集了来自世界各地的人，除了当地人外，还有 60 多个国家的侨民。古典与现代、西方与东方的文化在此交流、碰撞，形成了独特的孟买文化。

孟买流行多种语言，主要的有英语、马拉地语和印地语等。其中，马拉地语是官方语言，3/4 的小学使用马拉地语，其他则使用不同的 9 种主要语言。成年人则操着各种各样的方言土话，形成了独特的孟买腔。

孟买的信仰是多样化的。其中 67% 以上的居民信奉印度教，其余居民则信奉几乎世界所有的宗教，孟买的建筑也集中反映了这一特点。如今的孟买市内，既有欧洲风格的古典式建筑，也有一幢幢现代化的摩天大楼，同时还有印度教寺庙、基督教大教堂、伊斯兰教清真寺、佛教寺庙等宗教建筑。

孟买的节庆活动众多，既有印度全国性的节日，如洒红节、排灯节，也有孟买地方性的节日，如克里希那神诞辰日、象头神节、象岛艺术节等，还有经典的西方节日。克里希那神诞辰日是印度教的传统节日，节庆活动中最惊险刺激的就是叠罗汉——人们相互骑在各自的脖子上，最高可达四五层楼高。象头神节也是印度教的节日。节日当天，人们相互泼洒红色粉末，一边载歌载舞，一边推送神像上街游行，直至将其放入大海。象岛艺术节每年的二月在象岛举行，来自全国各地的人们尽情地表演印度古典音乐和舞蹈。此外，孟买国际电影节和邦根加节等都能让人感受到浓浓的节日气氛。

孟买是印度西部的教育中心，著名的孟买大学是印度三所历史最悠久、规模最大的综合性大学之一，在国际上也享有较高的声誉。这所大学培养出许多印度各界著名人士，印度宪法之父博希姆劳·安贝德卡尔和印度前总理拉奥都毕业于这所大学。孟买还拥有印度两个重要的研究机构，分别是塔塔基础研究协会和巴巴原子研究中心。孟买非常重视与国外城市的交流与合作，先后与英国的伦敦（London）、美国的洛杉矶（Los Angeles）、俄罗斯的圣彼得堡（Saint Petersburg）、中国的上海、德国的斯图加特（Stuttgart）和日本的横滨（Yokohama）建立了友好城市关系。

旅游

孟买背靠青山、面临大海，有"皇后项链"的美称，是世界著名的旅游城市，旅游资源非常丰富。印度门是孟买的标志性建筑，高 26 米，顶部有 4 座塔楼，是一座融合了印度和波斯文化特色的建筑。1911 年为迎接英国国王乔治五世和玛丽皇后在此登陆而建。贾特拉帕蒂·希瓦吉终点站（又叫维多利亚终点站），是孟买乃至全印度最大、最繁忙的铁路车站，1878 年为纪念维多利亚女王即位 50 周年而建。这座百年老站，将哥特式建筑与印度建筑的传统风格完美结合，显得古老而典雅，精致而奢华，被誉为世界上最漂亮的铁路建筑，电影《贫民窟的百万富翁》的舞蹈场面就在这里取景，2004 年这座车站被列入世界遗产名录。同样被列入世界遗产名录的象岛石窟，坐落在孟买以东 6 千米的阿拉伯海的象岛之上。石窟雕刻大部分都是印度教的主题，表现湿婆神的传说故事及古代印度人民的生活情景，其造型优美、题材丰富、风格独特，是印度石窟艺术的杰出代表。此外，泰姬陵酒店、孟买大学、贾汉吉尔艺术画廊、威尔士亲王博物馆、海上清真寺、马哈拉克希米寺及孟买影城等也是知名的景点。

孟买的文化娱乐设施非常多，是游客了解印度西部文化的理想城市。位于孟买南部的威尔士亲王博物馆，展出稀有的古代印度历史藏品。建于1833年的孟买亚洲协会是该市最古老的公共图书馆之一。贾汉吉尔艺术画廊，展示印度艺术家的优秀作品。游客徜徉于孟买大学、印度门、贾特拉帕蒂·希瓦吉博物馆之间，可以感受到浓浓的印度风情，喜欢艺术的游客还可以免费观看一流的古典歌舞、戏剧演出，欣赏代表印度最高水平的绘画和雕刻展览。此外，在孟买影城，旅游者有机会看到电影的拍摄过程，甚至有机会充当群众演员，过一把影星瘾。喜欢看电影的游客，也可以到电影院欣赏一场纯正的宝莱坞电影，还可以参加每年一届的孟买国际电影节。

孟买是印度商业最发达的城市，是旅游者购物的天堂。特色商品主要有金银线刺绣软皮皮包、木雕、印度香料、印度传统服装、金银首饰等，另外，欧美名牌及各种奢侈品在这里也都可以见到。大型购物中心包括英菲尼迪商城、Inorbit Mall、High Street Phoenix 等。特色购物场所主要有克劳福德市场、曼加尔达斯市场、科拉巴路等。

孟买是印度最大的移民城市，其饮食风格是多元化的。在这里既可以享受到各种印度本土美食，如什锦炒饭、孟买鸭、香辣什锦配面包和香辣三明治等，也可以品尝到国际化的美食，如中餐、日本料理、意大利菜等。此外，与印度其他城市不同的是，孟买并不是一个严格禁酒的城市，其饮酒文化相对比较开放。

孟买作为著名的旅游城市，其住宿设施比较完善，拥有多种类型的酒店与旅馆，能够满足游客各种层次的需求。孟买泰姬陵宫酒店集印度和欧式风格于一体，是世界著名奢华酒店之一；展现印度传统文化特色的 Abode Bombay 宾馆，具有复古主题的民宿风格，环境也比较优雅。

孟买是印度西部的交通枢纽，交通方式多样、线路四通八达。市内有3个飞机场，其中贾特拉帕蒂·希瓦吉国际机场是印度最繁忙的机场，主要是国际航班。贾特拉帕蒂·希瓦吉终点站和孟买中央车站是最主要的两个火车站。火车站对面有孟买长途巴士站，可以通往周边城市。孟买的海上交通也很发达，海港承担了印度一半以上的客运和货运，从轮渡码头可以搭载轮渡游览附近的岛屿和海滩。市内交通主要是市内火车、巴士和出租车。

斋浦尔

地名由来

斋浦尔，英文拼写为 Jaipur。在当地语言中，"Pur"意为"城墙包围的城市"，"Jai"是印度有名的土邦王公斋·辛格二世（Jai Singh Ⅱ）的名字，意为"胜利"，故"斋浦尔"是"辛格的城市"，意为"胜利之城"。1927 年，斋·辛格二世在此建城，城市由此而得名。

区位

斋浦尔地处印度北部，距新德里 260 千米，城区面积约 484.64 平方千米，是拉贾斯坦邦的首府，也是该邦最大的城市和经济文化中心。斋浦尔所在的拉贾斯坦邦，北部与旁遮普邦相临，东北与哈里亚纳邦和北方邦相邻，东南与中央邦相连，西南与古吉拉特邦相接，西部和西北分别与巴基斯坦的信德省和旁遮普省接壤。

历史

斋浦尔建于 1727 年，建造者是斋·辛格二世。这位著名的统治者在幼时便被认为天资聪敏，能够成就大业，因此，父亲为他取名 Jai（意为"胜利"）。他年仅 11 岁就登基为王。凭借聪慧的头脑、卓越的远见，成功地使王国繁盛起来。但人口迅速增加带来的一系列问题，使旧都安梅尔不堪重负。为了解决旧都人口拥挤和水源短缺的问题，辛格决定建造一座新都城。博学多才的他潜心研究天文、数学和建筑，于 1727 年策划建设了斋浦尔城。这座城以长方形为主，城区布局严谨，街道纵横，公路两旁重楼叠阁，庙宇林立，四周环以高大的城墙，有 7 座城门。这样的设计使其不仅是一座精妙绝伦的城市，更是一座坚不可摧的城堡。

　　1744 年，斋·辛格二世去世，其后人陷入权力的争斗中，王国逐渐没落，英国人逐步控制了斋浦尔。1857 年，在印度反英斗争中，因为拉姆·辛格（Ram Singh）始终站在英国一方，给予了英国强有力的支持，作为回报，英国政府继续保留拉姆·辛格"王公"的称号。1876 年，为了迎接威尔士亲王（即后来的国王爱德华七世）来访，拉姆·辛格命人把整座旧城涂成了代表热情好客的粉红色，由此，斋浦尔便被称为"粉红之城"。

　　1947 年，印度独立之后，斋浦尔和其他几个拉其普特（Rajput）地区，包括焦特布尔（Jodhpur）、杰伊瑟尔梅尔（Jaisalmer）和比卡内尔（Bikaner）一起组成了大拉贾斯坦邦。当时的斋浦尔王公曼·辛格二世（Man Singh Ⅱ）被授予"拉尔巴拉木"（Rajpramukh）的称号，意为"城邦之首"，并被赋予了这个新省份的行政管理权。后来，印度的行政区划经过多次调整，最终，斋浦尔被确定为拉贾斯坦邦的首府。王公的封号被撤除，但王公及王室成员仍然享有斋浦尔旧宫殿的居住权。

　　斋浦尔独特的粉色风格吸引着大量国内外游客，近年来，这座城市已经成长为印度著名的旅游目的地。同时，斋浦尔也是去往焦特布尔、杰伊瑟尔梅尔、乌代布尔（Udaipur）等印度其他旅游城市的门户。

地理

　　斋浦尔位于印度北部塔尔沙漠边缘，海拔约 431 米。城市三面环山，东南部是肥沃的冲积平原，西北部为丘陵和沙漠。

　　斋浦尔属半干型热带季风气候，终年炎热，年平均气温在 25.5℃左右，年降雨量约为 635.4 毫米。受热带季风的影响，全年具有明显的热季、雨季和凉季。每年的 4—7 月是热季，月平均气温都超过 35℃，5 月份气温最高，平均气温在 40.3℃左右，有记录的最高气温甚至达到 48.5℃；每年 6—9 月为雨季，降雨量占全年降雨量的 88% 左右，其中以 7 月和 8 月降雨量最大，月均降雨量在 200 毫米以上，其他月份则非常干燥，月均降雨量几乎都不超过 10 毫米。每年 12 月至次年 2 月为凉季，平均气温不超过 10℃；1 月份最冷，平均气温为 8.4℃左右；凉季昼夜温差比较大，在 15℃左右。

经济

斋浦尔位于塔尔沙漠边缘，气候炎热，空气干燥，农业生产较为困难，但是其手工业非常发达，主要产业涉及机械、金属加工、宝石切割与加工、手工织布、地毯、酿造、玻璃、靴鞋、药品、陶器等多种行业。其中，最有代表性的是手织地毯。斋浦尔是印度最大的手织地毯出产地之一。

斋浦尔是一座古城，其丰厚的文化底蕴吸引着世界各地的游客。近年来，随着经济的发展和交通条件的改善，旅游业逐渐成为斋浦尔的主要产业之一。斋浦尔与新德里、阿格拉一起成为印度旅游之"黄金三角"。

文化

2016 年，斋浦尔的人口数量为 271.1 万 [1]，城市人口约占 52.21%，其余居民居住在市区周边的各个城镇或乡村，外来人口数量很少。斋浦尔的官方语言为印地语，通行语言为拉贾斯坦语（Rajasthani）。另外，在许多场合，马尔尼里语（Marwari）和英语也被广泛使用。

斋浦尔是一个宗教氛围浓厚的城市。居民信奉的宗教以印度教和伊斯兰教为主，78% 的居民信奉印度教，18.6% 的居民信奉伊斯兰教，2.3% 的居民信奉者那教，还有 1% 的居民信奉其他的宗教。

斋浦尔的节庆活动众多，最知名的主要有风筝节、大象节和提吉节。风筝节在每年 1 月举行，为了迎接春天的到来，人们纷纷走上街头，放起风筝。其中，最引人注目的是风筝比赛：将风筝线上沾满碎玻璃，要求参赛者将对手的风筝线割断而又必须确保自己的风筝线不被割断。大象节每年 3 月举行，这一天，大象是整个活动的主角，它们被装扮得神奇而美丽，与骆驼、马和舞者一起在街上穿行。另外，城区还会举行象球比赛、大象赛跑以及人与大象进行的拔河比赛等。提吉节是一个秋千的节日。节日来临之际，女性穿上传统的绿色衣服，载歌载舞，庆祝雨水的降临。同时，树上会被吊上扎满鲜

---

① http://worldpopulationreview.com/countries/india-population/major-cities-in-india，查阅日期：2016年4月23日。

花的秋千，异彩纷呈。另外，人们还会进行持续两天的游行，队伍中会有神像，还有很多漂亮的服装。

斋浦尔是拉贾斯坦的教育中心。主要学术机构包括拉贾斯坦科技大学、国家农业管理干部学院、拉贾斯坦大学、印度学院健康管理研究所、马尔维亚国家技术学院、斋浦尔国立大学等。

斋浦尔比较重视与国外城市的合作与交流，先后与加拿大的卡尔加里（Calgary）、美国的弗里蒙特（Fremont）和加利福尼亚（California）以及尼日利亚的拉各斯（Lagos）建立了友好城市关系。

旅游

斋浦尔位于沙漠边界，是一座风格独特的城市，吸引着世界各地的旅游者。其中，最引人注目的就是那些在树丛中若隐若现的宏伟建筑。城市宫殿位于斋浦尔旧城中心，始建于 1726 年，是斋浦尔王公的宫殿。1959 年，曼·辛格（Man Singh）王公将这座宫殿变成了一个公众博物馆，不过宫殿内仍有一座七层建筑是王公的私人居所。皇宫由多个宫殿组成，收藏着许多很有价值的艺术品。其中最吸引人的是两个大银壶，它们是为玛多·辛格二世（Madho Singh II）而铸造的。这位王公是一位十分虔诚的印度教教徒，为了每日沐浴，他命人在这两个大壶中装满恒河水。1902 年，他出席英国国王爱德华七世（Edward VII）的加冕仪式时，竟也随船携带着这两个银壶。这两个银壶各有一人高，作为世界上最大的银壶而被收录进吉尼斯世界纪录。位于城市宫殿正东方向的风之宫殿，建于 18 世纪中叶，是专为王室中的女性成员观看城市生活而建的。宫殿造型独特，式样不凡，是拉其普特艺术杰出的代表作，也是斋浦尔最有特色的地标性建筑。宫殿正面是数量众多、精工雕饰的窗户，向外突出很多，使得宫殿的通风条件非常好。简塔曼塔建于 1728 年，毗邻城市宫殿。在梵文中，"简塔曼塔"意为"计算工具"，它里面的每一个仪器都有独特的用途，比如测量星星的位置、高度和方位角以及计算日食等。它的建造者是爱好天文学的斋·辛格二世。他一共建造了五座天文台，这是其中规模最宏大、观测仪器数量最多、保存最完整的一座，自 1901 年修复后，至今它仍被天文学家们使用。此外，琥珀堡、斋格尔堡、中央博物馆、纳尔加尔堡、加尔塔等也是著名的景点。

斋浦尔拥有丰富的文化遗址，是游客了解拉贾斯坦文化的理想场所。政府中央博物院和风之宫殿收藏了许多艺术品和文物。阿尔伯特大厅博物馆展出部落服装、瑜伽模型、透视画、木偶、地毯及乐器。安诺其手绘博物馆展示印度传统的印花布料制品。为了更好地恢复和保存这个地区的文化传统，斋浦尔还设立了斋浦尔国际遗产节。届时，在各个古堡和庙宇中都会有演出。除了通常的民间舞蹈、经典舞蹈和现代舞蹈之外，还有剧场演出、电影、音乐、体育比赛以及音乐会、讨论会、展览和时装表演等。

斋浦尔是印度著名的宝石加工中心和手工艺品集散地，特色商品主要有精美的民族服饰、金丝绣、香料、雕版印刷、雕塑、象牙雕刻、皮革加工等。其中最著名的是宝石和钻石加工，在很多商店游客还能亲眼看到宝石被切割打磨成型。特色购物场所主要有巴布巴扎和约哈里巴扎等。

斋浦尔市内大型餐厅相对较少，比较受欢迎的是大街上随处可见的各式小吃。典型菜肴包括塔利、咖喱羊肉、烤羊肉串、咖喱米饭、馕、手抓饭等。另外，具有当地特色风味的冰激凌、糖果等甜食也深受欢迎。当然，与印度其他城市一样，这里的纯素食餐厅也不错。此外，斋浦尔也有许多餐厅可以提供西餐、中餐等美食。

斋浦尔的酒店层次差别很大，既有可以体验王公贵族生活的豪华酒店，也有连热水供应都比较麻烦的小旅馆。豪华酒店中比较有特色的是那些由宫殿遗产改建而成的酒店，如拉吉·玛哈尔宫（伊丽莎白女王曾在此下榻）、斋·玛哈尔宫、比绍王宫酒店、迈鲁宫、朗巴格宫以及乌麦尔德·帕旺酒店等。万豪、喜来登、希尔顿、假日等世界知名酒店品牌都在此设有连锁酒店。

斋浦尔的交通设施比较齐全，市内有斋浦尔机场、斋浦尔火车站和长途巴士站，交通较为便利。市内交通工具主要有公交车、嘟嘟车和出租车。

阿格拉

地名由来

阿格拉，英文拼写为 Agra。关于阿格拉的最早记载出现于印度著名史诗《摩诃婆罗多》，其中称阿格拉为 Agrevana，意为"森林的边界"。17 世纪末，强大的莫卧儿王朝衰弱以后，马拉地人（Maratha）统治了这座城市，并将其名称简化为 Agra，这个名字一直沿用至今。

区位

阿格拉地处印度北方邦，地处亚穆纳河（Yamuna）河畔，位于首都新德里以南 206 千米、北方邦首府勒克瑙（Lucknow）以西 378 千米。城区总面积约为 82 平方千米，是阿格拉专区的首府，也是北方邦的经济文化中心。阿格拉所在的北方邦，西面与哈里亚纳邦、拉贾斯坦邦相连，南面与中央邦、恰蒂斯加尔邦相邻，东面与比哈尔邦、恰尔肯德邦相临，北面与北安恰尔邦和尼泊尔接壤。

历史

阿格拉是一个历史悠久的城市。这个在《摩诃婆罗多》中被称为"森林的边界"的城市，传说最早是由拉其普特人（Rajput）于公元前 1475 年建立的，他们的城堡，就建在离今天的阿格拉堡不远的地方。但那时，阿格拉还只是一个小村落。

1504 年，苏丹西坎德尔·洛提（Sikander Lodi）定都阿格拉，兴建了阿格拉城和王宫。但是，他的王国并没有长久兴盛，1526 年，阿格拉便落入莫卧儿王朝的手中。16 世纪中叶，阿格拉成为莫卧儿帝国的首都，开始声名鹊起。1565 年，莫卧儿王朝第三代帝王阿克巴（Akbar）命人在阿格拉建造大片宫殿，前后共花费约十五六年时间，由于所有建筑都是使用当地出产的红砂岩建成，所以这座王宫又被称为大红堡。此后，阿格拉成为莫卧儿王朝的学术、艺术、商业和宗教中心，开启了城市的黄金时代。

1628年，莫卧儿王朝第五代帝王沙·贾汗对阿格拉城加以扩充和改建，增建了宫殿和花园。1631年，沙·贾汗的妻子阿姬曼·芭奴（Arjumand Banu）因难产而逝世。他悲伤欲绝，倾尽全国之力，从世界各地收集各种名贵石料，花费了22年时间，终于建成了一座举世无双的陵墓，即被世人誉为"完美建筑"的泰姬陵。可叹的是，陵墓建成后不久，他的儿子奥朗则布（Aurangzeb）篡夺皇位，并将他囚禁起来。奥朗则布即位后，继续对阿格拉城进行扩建。100余年间，经过莫卧儿王朝几代人的不断整修和扩建，阿格拉最终成为帝国的一座重要城市，既有坚固的军事要塞，又有气势恢宏的宫殿。

17世纪末期，随着莫卧儿王朝的衰落，马拉地人统治了阿格拉。之后，阿格拉又成为英属殖民地，并于1835年成为英属印度中央政府所在地。1857年，印度爆发了反抗英国殖民统治的斗争，英国人把行政中心移到了阿拉哈巴德（Allahabad）。此后，阿格拉逐渐发展成为印度北部的化学工业城市，空气遭受严重污染。

1947年，印度独立，阿格拉成为北方邦的一座重要城市，政府致力于转变当地的经济发展结构，城市环境得到了较大程度的改善，旅游业成为主要的经济来源。

1983年，泰姬陵和阿格拉堡被联合国教科文组织列入世界文化遗产名录；1986年，法塔赫布尔·西格里城（FatehpurSikri）也被列入世界文化遗产名录。自此以后，阿格拉成为印度乃至亚洲著名的旅游城市。

地理

阿格拉位于印度北部的亚穆纳河河畔，地势较为平坦，平均海拔约为171米，西连旁遮普平原，东接恒河平原，南通马尔瓦高原。亚穆纳河穿城而过，著名的泰姬陵就位于亚穆纳河边。

阿格拉属亚热带季风气候，全年气温都比较高，年平均气温在26℃左右，年平均降水量为 724.8 毫米左右。受季风影响，全年有明显的热季、雨季和凉季。每年的 4—6 月是一年中的热季，月平均气温都不低于 38.5℃；5 月份气温最高，平均气温可达 41.6℃，有记录的最高气温甚至超过 48℃。7—9 月是雨季，这三个月的降雨量占全年降水量的 80%；8 月份降雨最多，平均降雨量为 240 毫米左右；由于降雨量大，这几个月的气温要相对低一些，平均气温在 30℃左右；进入 10 月以后，随着降雨的迅速减少，气温也有所下降，但日均气温也在 20℃以上，比较舒适。12 月到次年 3 月，是一年中的凉季，平均气温一般不超过 16℃；1 月最凉，平均气温为 8℃左右。

经济

阿格拉地势平坦，土壤肥沃，气候适宜，农业生产比较发达。至今，仍有大约 40% 的人口从事农业生产。

阿格拉的手工制造业比较发达，个体经营者们大多从事皮革、制鞋、地毯加工、金丝绣、宝石雕刻与镶嵌等行业。目前，阿格拉的个体经营者数量仅次于瓦拉纳西，排在印度全国的第二位。另外，阿格拉的糖果、零食和服装制造业也比较有名，在印度的出口中占有一定的比重。

在传统行业继续发展的同时，新兴行业也开始崭露头角。北方邦第一家生物科技公司——赫里赫尔生物科技公司就位于泰姬陵附近，这里还有大约 7000 个小规模的工业企业。房地产开发在阿格拉的经济中也占有一席之地，许多购物中心和珠宝服装店迅速抢占了城市的黄金地段。随着新兴行业的发展，阿格拉的金融渗透指数和消费指数均已上升到印度的第五位。

阿格拉历史悠久，古迹名胜众多，是印度最著名的旅游城市之一，与新德里、斋浦尔一起并称为印度旅游业的"金三角"。

文化

2016 年，阿格拉的人口数量为 143 万 [①]。阿格拉居民使用的语言为印度的

---

① http://worldpopulationreview.com/countries/india-population/major-cities-in-india/，查阅日期：2016 年 4 月 9 日。

官方语言印地语，此外，布拉吉语在本地居民中也被普遍使用。由于旅游业
的发展，英语在酒店和旅游相关行业中的应用也较为普遍。阿格拉居民的宗
教信仰是多样化的，印度教、伊斯兰教和佛教在这里和谐发展。

　　阿格拉的节庆活动非常丰富。除了印度全国性的洒红节、排灯节之外，
最具特色的地方性节日是泰姬民俗节。泰姬民俗节于每年 2 月 18—27 日在阿
格拉的师培格拉姆民俗村举行。由装饰过的大象和骆驼组成的游行队伍仿照
莫卧儿时代帝王和军队的样子游行，民间舞蹈者、熟练的手工艺者和工匠们
也加入其中，尽情展示民族舞蹈、各种手工艺品和美食。

　　阿格拉的教育融合了传统与现代、东方与西方的各种元素。在莫卧儿王
朝统治时期，阿格拉就是帝国的教育中心。19 世纪初，英国人又将西方的教
育理念带到了阿格拉。在整个英属殖民地时代，阿格拉都有着浓厚的教育氛
围。建于 1823 年的阿格拉学院在印度享有盛誉，是印度最古老的大学之一。
此外，建于 1927 年的布希姆·拉奥·安贝德卡博士大学（原名阿格拉大学）
拥有众多学院、研究机构，也是北方邦最早的大学之一。

旅游

　　阿格拉是著名的旅游胜地，旅游资源非常丰富，最引人注目的是这里的
三处世界文化遗产：泰姬陵、阿格拉堡和法塔赫布尔·西格里城，全部建于
莫卧儿王朝时期。泰姬陵是印度旅游业最著名的一张名片，印度著名诗人泰
戈尔称赞它是"永恒面颊上的一滴眼泪"，印度出生的英国作家鲁德亚德·吉
卜林形容它是"所有纯洁之物的化身"。它由前庭、正门、花园、陵墓主体以
及两座清真寺组成，全部用纯白色大理石建成，再辅以玻璃、玛瑙镶嵌，堪
称伊斯兰教建筑中的代表作。阿格拉堡位于亚穆纳河河畔，城堡内古建筑近
500 座，融合了印度教和伊斯兰教的建筑艺术风格。由于城堡内建筑全部用
红砂岩建成，也被称为"红堡"，与德里的"红堡"齐名。法塔赫布尔·西格
里城距阿格拉市中心约 40 千米，意为"胜利之城"，城堡建在岩石高原之上，
三面由总长 6000 米的城墙环绕，城墙内设有塔楼，主体建筑全部采用赤砂石
建成，再用白色大理石嵌出图案，并刻上各种细密精致的花纹，其外形壮观、

设计精巧，集佛教、印度教与伊斯兰教艺术之大成，被誉为足以与泰姬陵相媲美的宫城。此外，珍珠清真寺、贾玛清真寺、镜宫、马图拉等也是阿格拉的著名景点。

阿格拉的文化娱乐设施众多，游客徜徉其中，既能放松身心，也可以了解印度北部灿烂的传统文化。Kalakriti 文化中心是阿格拉最大的工艺品展览场所，这里展出极富印度特色的地毯、金银细工、雕刻和铁器等手工艺品，种类齐全、制作精美。此外，在月亮公园欣赏夜光下的泰姬陵，对游客来说也会是一种难忘的体验。

阿格拉是印度土特产云集的地方，大理石雕刻、工艺地毯、皮革制品、玫瑰木雕和金线刺绣等是代表性的产品。大型商场包括太平洋购物中心和阿育王商城等，特色购物场所主要有萨达尔集市、泰姬陵市场、Kinari 市场等。

阿格拉的饮食受到宗教文化的影响，也是以素食为主。多种口味的米糕、豆面薄饼、塔利等都是地道的印度美食。除了素食，口味较重的烤肉、甜品和零食也是比较受欢迎的美食，如咖喱鸡肉、咖喱羊肉和蜂蜜香蕉薄饼等。此外，有些餐厅也提供中国菜、韩国菜和西餐，能够满足旅游者的多种需求。

阿格拉的住宿设施比较齐全，类型多样，既有豪华的高档宾馆和度假村，也有条件舒适的家庭旅馆和青年旅店，可以满足游客不同层次的住宿需求。希尔顿和华美达等世界知名酒店品牌也在此设有连锁酒店。ITC 穆哥哈尔豪华酒店是阿格拉最豪华的酒店，拥有亚洲最大的休闲健身中心。

阿格拉的交通比较便利。民航方面，阿格拉机场每天都有通往德里的航班；铁路方面，阿格拉有 6 个火车站，其中阿格拉军用火车站是德里至孟买铁路线上的重要一站，每天都有往返这些城市的列车；公路方面，阿格拉有三个主要的长途汽车站，伊德加长途汽车站、ISBT 长途汽车站和毕吉利加尔长途汽车站，可以通往德里、斋普尔、瓦拉纳西等主要城市，但车程较长。市内交通主要有出租车、公交车和人力车等。

瓦拉纳西

地名由来

瓦拉纳西，英文拼写为 Varanasi。历史上，瓦拉纳西也曾被称为贝拿勒斯（Bnares）或"加西"（Kashi），意为"神光照耀的地方"。因城市地处恒河[①]中游的瓦拉纳（Varuna）和阿西（Assi）两河的交汇处，故 1957 年取两条河的名称合成，改为现名。

区位

瓦拉纳西位于印度北部恒河沿岸，隶属北方邦，距首都新德里 780 千米，距北方邦首府勒克瑙 320 千米，城区面积约为 3131 平方千米，是北方邦的重要城市，也是印度著名的历史古城和印度教圣地。瓦拉纳西所在的北方邦，西面与哈里亚纳邦、拉贾斯坦邦相连，南面与中央邦、恰蒂斯加尔邦相邻，东面与比哈尔邦、恰尔肯德邦相临，北面与北安恰尔邦和尼泊尔接壤。

历史

"贝拿勒斯（瓦拉纳西的旧称）比历史还年迈，比传统更久远，比传说更古老，甚至比这些加起来更古老两倍。"美国著名短篇小说家马克·吐温曾这样感慨。的确，瓦拉纳西的历史绵远悠长、辉煌灿烂。相传，6000 年前，湿婆神在此建城，将瓦拉纳西置于最安全的地方——湿婆三叉戟的尖顶。每当季风来临，周围的城邦洪水肆虐，而瓦拉纳西在湿婆神的庇佑下却只淹没了几座石阶，因此，人们一直供奉湿婆神。

公元前 6—前 4 世纪，位于城市西北 10 千米处的鹿野苑已经成为印度的

[①] 恒河，发源于喜马拉雅山脉，全长2700多千米，是印度第一大河。中上游2100多千米在印度境内，下游500多千米在孟加拉国。

学术中心。公元前 528 年，佛祖释迦牟尼来到这里，首次布道、传教，使瓦拉纳西成为佛教教徒心中的"圣地"。在众多朝拜者中，最著名的是孔雀王朝的阿育王。佛祖去世一百多年后，笃信佛教的阿育王命人在鹿野苑竖起高高的四狮王纪念碑来纪念伟大的佛祖。这朝向四个方向的四只狮子图案以及阿育王法轮正是今天印度共和国的国徽和国旗的图案。

公元 4 世纪初，北印度建立了统一的帝国笈多王朝（Gupta Dynasty）。在笈多王朝的提倡和保护下，婆罗门教逐渐发展成为延续至今的印度教，瓦拉纳西遂逐渐成长为印度教重镇。公元 6 世纪，戒日王（Siladitya）将都城从德里附近迁到曲女城（今称卡瑙杰，Kannauj）。公元 640 年，唐朝高僧玄奘来到曲女城讲经论道，与会听讲的佛教教徒、婆罗门教教徒和耆那教教徒达 5000 余人。

但是，自公元 10 世纪末开始，随着伽色尼（Ghaznavid）和古尔（Ghurid）军队入侵北印度和恒河、亚穆纳河流域，伊斯兰教势力得以深入印度腹地。特别是在穆斯林政权德里苏丹国（Delhi Sultanate）和莫卧儿王朝统治时期，伊斯兰教成为居统治地位的宗教和思想体系。在这一时期，瓦拉纳西的大部分印度教神殿被毁灭，取而代之的是大量的清真寺。后来，印度的古王朝几经更迭，瓦拉纳西仍旧是知识分子和神学家们活动的中心，各种宗教、文化在此交融发展。

15 世纪以后，荷兰、英国、法国等势力相继进入印度，各列强相互争斗，最后英国获胜。在英国统治下，瓦拉纳西的基础设施、文化教育等都有了一定程度的发展。1857 年，印度爆发了反对英国人的大起义。英国军队与印度军队展开激战。最终，印度人民在民族主义领袖甘地的领导下取得胜利。1947 年，印度宣布独立，摆脱了英国的统治，瓦拉纳西成为印度北方邦的一个重要城市。由于瓦拉纳西一直是一座宗教圣城，因此，它也享有"印度之光"的称号。

地理

瓦拉纳西地处印度北部恒河流域的中心，平均海拔约 80.71 米，是恒河沿岸的大城市。这一区域地势平坦，水源充足，恒河、瓦拉纳、阿西三条主要河流穿城而过。恒河是瓦拉纳西的主要河流，也是当地人心目中的圣河。恒河一路东流，在到达瓦拉纳西时突然向北转向，直到100多千米后，才又改向朝东的方向流入大海，这使瓦拉纳西成为恒河的一个"拐点"。

瓦拉纳西属亚热带季风气候，全年各月温差较大，年平均气温在25.6℃左右，年降雨量为1110毫米左右。受亚热带季风影响，全年具有明显的热季、雨季和凉季。每年4—6月是热季，平均最高气温为39℃左右。5月份气温最高，平均气温在40.3℃左右，极端高温可达46.8℃。每年的7—9月为雨季，气温比热季略低，雨水充沛，降雨量约占全年总降雨量的80%，7月份降雨最多，平均降雨量为309毫米左右；其他月份降雨量非常小，最干燥的12月平均降雨量甚至不足5毫米。每年的10月到次年3月为凉季，平均气温在14℃左右，昼夜温差非常大，低于5℃的寒冷天气并不少见；1月份气温最低，平均气温在9.2℃左右。

目前，瓦拉纳西共分为四个区：金道利（Chandauli）、加济布尔（Ghazipur）、江布尔（Jaunpur）和瓦拉纳西（Varanasi）。2016年，瓦拉纳西人口数量为116.4万 [①]。

经济

由于恒河、瓦拉纳、阿西三条河流的不断冲积，瓦拉纳西的土壤非常肥沃，加之其地势平坦、气温适宜、水源充足，传统农业一向比较发达。此地农作物种类十分丰富，主要有水稻、甘蔗、豆类、油料、马铃薯、小麦等。

瓦拉纳西的手工业非常发达。其中，丝绸业是瓦拉纳西的主导产业。瓦拉纳西生产的丝绸、纱丽和锦缎，制作精美，常常用于婚礼和特殊场合，与刺绣、地毯、手染印花布匹一起在印度闻名遐迩。除此之外，瓦拉纳西的象牙雕刻品、木制玩偶、金银丝细工、手镯、脚镯、铜器等特产也闻名于全印度。

---

① http://worldpopulationreview.com/countries/india-population/major-cities-in-india，查阅日期：2016年4月16日。

瓦拉纳西是著名的印度教圣城，每年都吸引无数的印度教教徒前来朝拜和举行大型宗教集会，这带动了当地旅游业的发展。旅游业已经成为瓦拉纳西的第二大产业，每年国内游客达 300 万人次，国外游客达 20 万人次。大部分国内游客来自比哈尔、西孟加拉邦、中央邦和北方邦，而大多数外国游客来自斯里兰卡和日本。

文化

瓦拉纳西是印度最负盛名的印度教圣城之一，当地居民绝大多数是印度教教徒，使用的语言为印地语。

瓦拉纳西的节庆活动非常丰富，除印度全国性的节日，如排灯节、洒红节、印度共和国日等之外，当地最热闹的节日是除十节。除十节在每年 5—6 月间，是印度教的盛大节日。节庆期间，印度教教徒们都要前往恒河沐浴，以清洗自身的十种罪恶。傍晚，人们还会点起河灯，景色非常壮观。

瓦拉纳西自古以来就是印度北部的文化教育中心，这里设有两所大学和众多学院。其中，创立于 1916 年的贝拿勒斯印度教大学延续了印度古都的学术传承，着重于梵文和印度教的研究。贝拿勒斯印度教大学设有 100 多个院系，拥有约 3 万名学生，在印度乃至全世界都享有良好的声誉。

瓦拉纳西较为重视与国外城市的合作与交流，先后与尼泊尔的加德满都和日本的京都建立了友好城市关系。

旅游

瓦拉纳西是印度的宗教圣城，是印度古老文化的缩影，自古以来，就对世界各地的游客具有极大的吸引力。其最负盛名的旅游景点是恒河、河坛以及风格各异的庙宇。恒河被誉为印度的母亲河，是印度教教徒心目中最神圣的地方，他们不远万里来到这座圣城，只为能用圣水冲刷掉自己身上的污浊、罪孽与病痛，死后可到达天国、获得永生。达萨瓦梅朵河坛是恒河边 80 多个河坛中最热闹的一个，每天清晨，印度教教徒们在此沐浴洗礼；晚上，这里则会进行祭祀活动：庄严的音乐响起，熊熊的圣火燃起，祭司身着及地的白色丝袍，缓步走上河坛，左手执铜铃，右手握羽扇，口中吟唱经文，身体轻轻慢舞；夜复一夜，年复一年，几千年来，这座河坛见证了人们对恒河的无限敬仰以及对死亡与重生的思索。黄金寺庙，又名毗湿瓦那特，是瓦拉纳西印度教寺庙中地位最高的一座。最早建于公元5世纪，12世纪时曾遭受穆斯林的破坏，于1776重建。该庙供奉印度教湿婆神，无数信徒们前来膜拜。此外，鹿野苑、玛尼卡尼卡河坛、贝拿勒斯印度教大学、杜尔迦寺庙等也是比较有名的景点。

瓦拉纳西的文化娱乐设施较多，是游客了解印度教历史与文化的理想场所。拉姆讷格尔堡博物馆展示一些古代印度帝王的服饰、轿辇、兵器等。鹿野苑考古博物馆收藏鹿野苑出土的文物，包括许多印度佛教艺术的珍品。另外，瓦拉纳西的户外活动也十分丰富，游客可在老城区徒步游览恒河、河坛和寺庙，也可以参加神圣的祭祀活动，还可以体验恒河漂流等项目。

瓦拉纳西的特产种类很多，价格实惠，是各地旅游者理想的购物天堂。其中，瓦拉纳西生产的纱丽被认为是印度最好的纱丽之一。另外，饰品、手工艺品也是闻名印度的，特别是手镯，花色繁多，做工精良。

瓦拉纳西的饮食属北印度风味，在这里可以品尝到地道的印度美食，如塔利、咖喱羊肉、烤羊肉串、奶油鸡、咖喱米饭、馕等。此外，中餐、西餐、东南亚菜和韩国菜等各国风味饮食在这里也可以品尝到。

瓦拉纳西的住宿设施比较齐全，类型多样，既有高档的度假酒店，又有经济实惠的家庭旅馆，可以满足不同层次游客的住宿需求。纳德萨瑞宫殿酒店是一座历史悠久的宫殿式酒店，位于一片芒果果园和茉莉田地内，多国皇室成员和名人都曾入住该酒店。

瓦拉纳西是印度北方铁路、公路与河道的交通枢纽，水、陆、空交通都十分便利。市内有瓦拉纳西机场以及 Varanasi Cantonment 和 Mughal Sarai Station 两个火车站，其中，前者设有专门的外国游客服务点，非常方便。另外，长途汽车站位于瓦拉纳西火车站东边几百米处，可以通往周边的市和邦。市内交通主要依赖于出租车和嘟嘟车，如果要游览恒河的话，也可以选择乘游船。

班加罗尔

地名由来

班加罗尔，英文拼写为 Bengaluru。在古卡纳达语①中，意为"守卫之城"。传说，12 世纪时曷萨拉帝国（Hoysala Empire）国王巴拉拉二世（Veera Ballala Ⅱ）在一次打猎时迷了路，疲倦饥饿之时，他遇到了一位老妇人，为他煮豆充饥。出于对老妇人的感激，国王就把这个地方命名为 Benda-kaal-uru，字面意思为"煮豆之城"，后来逐渐演化成了 Bengaluru。

区位

班加罗尔地处印度南部，地处德干高原中部，市区总面积为 709 平方千米，是卡纳塔克邦（Karnataka）的首府，也是该邦最发达的城市。班加罗尔所在的卡纳塔克邦，西面紧邻果阿邦、阿拉伯海，南面与本地治理中央直辖区和泰米尔纳德邦相连，东接安得拉邦、特伦甘纳邦，北连马哈拉施特拉邦。

历史

班加罗尔是一个历史悠久的城市。其近郊地区发现的石器时代的古器物表明，早在公元前 4000 多年就已经有人类在此定居。关于班罗加尔最早的文字记载出现于公元 9 世纪。贝古尔（班加罗尔的市政府所在地）城中一块西恒伽王朝（Western Ganga Dynasty）时的石碑上记载，班加罗尔是该王朝的一部分。11 世纪，朱罗王国（Chola Dynasty）逐渐强盛起来。1004 年前后，朱罗王国打败了西恒伽王朝，并占领了班加罗尔。在朱罗王国统治期间，班加

---

① 卡纳达语是卡纳塔克邦的官方语言，属于德拉维语系，主要使用者是印度南部卡纳塔克邦的卡纳达人。此外，中央邦、特伦加纳邦、泰米尔纳德邦、马哈拉施特拉邦、喀拉拉邦和果阿也有少数居民使用。

罗尔逐渐发展起来，许多社会群体，如士兵、管理者、商人、艺术家、农民和宗教人员等纷纷从各地迁居到班加罗尔，一批寺庙也在这时建立了起来。

1117年，曷萨拉王国打败了朱罗王国，占领了班加罗尔。在曷萨拉王国的统治下，班加罗尔获得了短暂的和平。13世纪末，班加罗尔再次陷入各个小王国间的混战之中，见证了一个个王朝兴盛衰弱的不断更迭，经历了一次次分裂统一的洗礼。

1537年，在维查耶纳伽尔帝国统治下，现代意义上的班加罗尔城市初步建立起来。维查耶纳伽尔帝国的统治者在现在的班加罗尔市中心的位置建立起一座防御城堡，称为"英雄之地"。城堡内道路整齐、设施完备，班加罗尔城市由此初具规模。但是，好景不长，1565年，经过塔利科塔战役后，维查耶纳伽尔帝国很快便没落了。后来，班加罗尔又在一些地方性政权中不断流转，几经变迁，其中比较有影响的是迈索尔王国（Mysore Kingdom）。

18世纪60年代，海德尔·阿里（Hyder Ali）篡夺了迈索尔的王位。海德尔是一个深谋远虑的政治家，面对英国在印度推行的殖民统治，他采取了批判的态度，即推行民族主义，保持印度本土的生活方式，同时又授受英国式的科技和教育，为其所用。海德里的儿子迪布（Tipu）也是一个思想开明的政治家，他继续大力引进科学技术。在这对父子的统治下，迈索尔王国不但没有在英国殖民主义运动中没落下去，反而成为了全印度新思潮的中心之一。

1799年，迪布去世，迈索尔四分五裂。英国人乘机统治了班加罗尔及其附近区域，并将其送给了海德里篡权之前的迈索尔王公家族。此时，迈索尔王公虽然在政治上已经成为了英国的附庸，但他们的治国传统仍然是很开明的。历代迈索尔王公都非常重视发展教育和科技，在他们的努力下，迈索尔成为全印度最发达的邦国之一。1903年，班加罗尔开始出现汽车；1906年，班加罗尔成为印度首批拥有电力供应的城市之一；1909年，印度科学研究所在班加罗尔建立，这促使班加罗尔成长为印度的一个科学研究中心。1927年，为了庆祝迈索尔王公克里希纳·伍德亚四世（Krishnaraja Wodeyar Ⅳ）执政25周年，班加罗尔进行了大规模的基础设施建设，城市的环境得到了很大改善，获得了"花园城市"的美誉。

1947年，印度独立以后，班加罗尔作为重要的科技中心被政府大力扶植。1991年，印度政府在这里设立了第一个国家级软件技术园。微软、惠普等世界知名企业都在这里设立了办事处，我国的华为公司也在班加罗尔成立了印度研究所。

经过短短十几年的发展，班加罗尔迅速成长为印度的高科技中心。进入21世纪，班加罗尔更是以其无与伦比的新科技力量，获得了"印度硅谷"的美誉。

地理

班加罗尔位于印度南部高原地区，平均海拔约为900米，是印度的高原城市。城市西部多山，其余地区较为平坦。市内没有大的河流，淡水湖和水库也很少，再加上降雨量不大，给班加罗尔的城市用水带来了巨大的挑战。尽管市内开凿了许多人工湖泊，但班加罗尔仍然是一个水源短缺的城市。

班加罗尔属热带季风气候，由于海拔较高，所以四季气候宜人，年平均气温在24℃左右。全年气温相差不大，1月最凉，平均最低气温约为15.3℃；5月天气最热，平均最高气温约为33.3℃。年平均降雨量为974毫米左右，由于季风的影响，全年具有明显的雨季和干季。每年的5—10月为雨季，雨水丰富，降雨量占到全年总降雨量的85%以上；9月份降雨最多，平均降雨量为240毫米左右。每年的11月到次年4月为干季，降雨量较小，1月份的平均降雨量甚至不足2毫米。

班加罗尔市区分为四个区域：北班加罗尔、东班加罗尔、南班加罗尔和阿内卡尔（Anekal）。班加罗尔是印度人口密度最大的城市之一，也是世界上人口分布最稠密的地区之一。2016年，班加罗尔人口数量为510.4万 [1]。

经济

班加罗尔地势平坦，气候温暖，土壤肥沃，传统农业比较发达。此地生

---

[1] http://worldpopulationreview.com/countries/india-population/major-cities-in-india，查阅日期：2016年4月4日。

产高粱、玉米、谷子、棉花等农作物。

班加罗尔是印度南部的工业中心，其工业主要涉及化工、电器、钟表、机械、金属加工以及飞机制造等多个领域。此外，班加罗尔的手工业也比较发达，传统的地毯纺织业、棉纺织、丝纺织业在这里得到了很好的传承。

班加罗尔是印度的信息科技中心，被誉为"科技之都"和"印度硅谷"，在世界范围内也颇有名气，曾被美国《新闻周刊》评为"全球十大高科技城市之一"。目前，印度已成为世界上仅次于美国的第二大软件出口国，而班加罗尔软件产值占全印度的一半左右。

班加罗尔气候温和宜人，风景秀丽，被誉为印度的"花园城市"，是著名的旅游胜地。此外，班加罗尔市内数量众多的小酒吧为城市赢得了"酒吧之都"的雅号，加之各种时尚产品专卖店比比皆是，吸引着众多旅游者前来，这使得旅游业成为班加罗尔的重要产业之一。

文化

班加罗尔的官方语言是卡纳达语，这也是当地居民使用最多的语言。在一些正式场合及商业领域，英语也被广泛使用。此外，也有部分居民使用少数民族语言，如泰尔米语（Tamil）、泰卢固语（Telugu）、马拉雅姆语（Malayalam）、印地语（Hindi）和乌尔都语（Urdu）。班加罗尔的宗教信仰呈现出多样化的特点。居民中印度教教徒约占 79.4%，伊斯兰教教徒约占 13.4%，基督教教徒和耆那教教徒分别约占 5.8% 和 1.1%。

班加罗尔的节庆活动主要是印度全国性的节日，如洒红节、排灯节等宗教节日和国庆节、独立节等非宗教性节日。

班加罗尔还是一个教育中心。这里聚集了大量印度一流的高等学府和研究机构，如印度科学院、班加罗尔大学、印度管理学院、印度科学研究所等。其中，印度科学院在全印度首屈一指，其发表论文、成果数量均位列第一。

班加罗尔非常重视与国外城市的合作与交流，先后与中国的成都、美国的克利夫兰和旧金山以及白俄罗斯的明斯克建立了友好城市关系。

旅游

班加罗尔气候温和，享有"花园城市"的美誉，且市内景点众多，传统寺庙和现代建筑林立，是著名的旅游城市。神牛庙建于 16 世纪，是一座印度教神庙，当地人一般会在这里举行婚礼。神庙中最引人注目的就是神牛像，这座像高 4.5 米，宽 6 米，由一块完整的岩石雕刻而成。提普苏丹王宫建于 18 世纪，是迈索尔王国统治者提普苏丹的宫殿遗址。这是一座非常少见的木质建筑，墙壁和木柱均刻有色彩绚丽的壁画和精致的雕刻。议会大楼建于 1957 年，位于卡本公园以北的政府街，是一座新达罗毗荼风格的宏伟建筑。此外，拉巴克植物园、难提山、班加罗尔大学等也是不错的景点。

班加罗尔的文化娱乐设施众多，是游客了解迈索尔王国历史和印度南部文化的理想场所。卡纳塔克邦政府博物馆是印度最古老的博物馆之一，建于 1886 年。博物馆中收藏了许多迈索尔时期的出土文物，其中，最值得注意的是印度教石像群。博物馆旁边的产业技术馆展示着柴油机、蒸汽机、发电机等工业机械，游客还可以利用它们的模型进行亲身实践。此外，班加罗尔的户外活动也非常丰富，游客可以去难提山露营，去迈索尔动物园观看热带动物，去拉巴克植物园欣赏热带和亚热带珍稀树木，还可以在绿树成荫的库本公园悠闲地散步。

班加罗尔的商业发达，非常适合旅游购物。特色商品主要有充满印度风情的丝绸、香料、木雕、印染、宝石等手工艺品及充满异域特色的民族小吃。大型商场包括福临购物中心、哥鲁达购物中心和锐步商场等。特色购物场所主要有希瓦吉格尔、甘地街、布里盖德路、马列斯瓦兰路等。

班加罗尔是著名的美食城，在这里可以品尝到各种经典的印度美食，包括豌豆奶豆腐、黄豆汤、鲁堤（一种印度面包）等。最具特色的是班加罗尔风味菜，由英籍印度人发明。这是一种综合了本地食材和英国烹调方式的美食，已经传承了 100 多年，主要菜品包括鸡肉（鱼肉）烤馅饼、绿汁鸡、咖喱羊腿等。此外，中餐和西方的快餐在这里也很受欢迎。

班加罗尔是一座信息化城市，住宿设施比较齐备，既有高档酒店、中档商务酒店，也有经济型酒店，种类多样，风格各异。其中，不少酒店的建筑承袭了印度传统建筑的风格，置身其中，可以感受到浓浓的印度风情。

班加罗尔的交通比较便利。市区有印度航空公司、班加罗尔机场、班加罗尔城市火车站和班加罗尔汽车站。市内交通主要有巴士、机动人力车和出租车。但是，由于道路狭窄，马车、人力车、公交车、小汽车等都挤作一团，所以到处都存在堵车的现象。

巴基斯坦

巴基斯坦（Pakistan），意为"圣洁的地方""清真之国"，全称为巴基斯坦伊斯兰共和国。该国位于南亚次大陆的西北部，西接伊朗，西北与阿富汗交界，东北与中国接壤，东邻印度，南濒阿拉伯海。国土总面积为 79.61 万平方千米，人口数量为 1.93 亿[①]（2016 年）。全国分为 4 个省和 4 个地区，主要城市包括伊斯兰堡（Islamabad）、卡拉奇（Karachi）、拉合尔（Lahore）等。

伊斯兰堡

地名由来

伊斯兰堡，英文拼写为 Islamabad，是世界上唯一以宗教名命名的首都。Islam 意为"伊斯兰教"，Abad 意为"城市"，Islamabad 则具有"伊斯兰教的城市"的意思。

区位

伊斯兰堡地处巴基斯坦东北部，位于波特瓦尔高原的西北端，北连旁遮

---

① http://worldpopulationreview.com/countries，查阅日期：2016年4月20日。

普省，南接西北边境省。城区总面积为906平方千米，是巴基斯坦的首都，也是全国的政治中心和文化中心。

历史

伊斯兰堡是世界上最年轻的首都之一，至今仅有半个世纪的历史。

1947年8月，巴基斯坦脱离英国殖民统治，宣布独立，将首都定于全国最大的城市卡拉奇（Karachi）。卡拉奇位于巴基斯坦的南部，濒临阿拉伯海，是一座商业港口城市，交通较为便利。但是，它与巴基斯坦内地的联系很不方便，而且从军事上讲也不符合国防的要求。因此，选择一个理想的新都，便成为这个新成立的国家不可忽视的迫切问题。

1959年2月，巴基斯坦成立专门的首都选址委员会。委员会从地理、气候、资源、交通、通信、国防等多方面对国内的各个地方进行了考察和比较，最终将新都的位置确定在拉瓦尔品第（Rawalpindi）东北的10千米处。这里气候温和，水源充沛，环境优美，并且深处腹地，居高临下，具有重要的战略地位，是非常理想的建都之所。新都地址选定之后，巴基斯坦便将首都迁至拉瓦尔品第，作为临时首都。

1960年6月，巴基斯坦成立专门的首都规划委员会。他们集中了巴基斯坦建筑方面的精英，并邀请了希腊、美国、英国、意大利等各个流派的著名建筑学家，将巴基斯坦传统的建筑风格与现代的建筑风格巧妙地融合在一起，通盘规划，分期施工。

1961年，开始动工兴建新都，取名为伊斯兰堡。整个城市的蓝图是由希腊的Doxiadis Associates公司负责设计的，城市从马尔加拉山开始，呈一个巨大的三角形向东、南、西三个方面扩展。1967年，巴基斯坦正式将首都迁至伊斯兰堡。1970年，伊斯兰堡的城市建设已初具规模。

随着伊斯兰堡的城市扩展，它与西南方向的拉瓦尔品第逐渐连成一片，构成伊斯兰堡—拉瓦尔品第大城市区。

地理

伊斯兰堡坐落于波德瓦尔高原上，地势较高，平均海拔约540米。北面为海拔1500多米的马尔加拉山，东面是景色秀丽的拉瓦尔湖，南面是起伏的山丘和广阔的印度河①平原，西面是一片开阔的河谷地带。湖光山色自然天成，再加以人工的精雕细琢，使伊斯兰堡成为南亚次大陆上一颗耀眼的明珠。

伊斯兰堡是世界著名的花园城市，其绿地面积是建筑用地面积的三四倍。全市种植树木超过1000万株，并遍植各种奇花异草，一年四季，绿树流翠，郁郁葱葱，繁花似锦，姹紫嫣红。公园、花园星罗棋布，市北有马尔加拉山国家公园，市内有F9公园，市南有夏克巴利山国家公园。夏克巴利山顶上，专门辟有一块园地，供到巴基斯坦访问的外国首脑植树纪念。园地里的第一棵树，是周恩来总理于1964年2月访巴时亲手种植的乌桕树，象征中巴人民的友谊，故被称为"友谊树"。此后，刘少奇、李先念、杨尚昆、江泽民、李鹏、万里、朱镕基、胡锦涛等中国党和国家领导人也到此种过"友谊树"。夏克巴利山以南，有一处著名的玫瑰和茉莉花园，园内种植了几十种茉莉花（巴基斯坦的国花）和200多种玫瑰花。

伊斯兰堡属亚热带季风气候，年平均气温为21.3℃左右。每年的4—10月为热季，平均气温为27℃左右；6月为最热的月份，平均气温为31.2℃左右。每年的11月到次年的3月为凉季，平均气温为13.4℃左右；1月为最凉的月份，平均气温为10.1℃左右。与全国大部分地区相比，伊斯兰堡的降水较为充沛，年降水量为1140毫米左右。7月、8月降雨最多，平均降雨量为300毫米左右；11月降雨最少，平均降雨量为17.8毫米左右。

伊斯兰堡市区井然有序，分为行政区、使馆区、公共设施区、商业区、

---

① 印度河（The Indus River）发源于喜马拉雅山西部中国境内的狮泉河，自东南向西北流经克什米尔后，转向西南贯穿巴基斯坦全境，在卡拉奇附近注入阿拉伯海。总流域面积为103.4万平方千米，干流长约2900平方千米，是南亚地区的主要河流之一，是巴基斯坦的母亲河。

工业区、学校区、住宅区等功能区域。住宅区被街道分割成76个正方形街区，区内多为别墅式庭院，风格各异，区内服务设施完备，有学校、商店、饭馆、银行等，而且每个街区均建有一座清真寺。2016年，伊斯兰堡的人口数量达到60.16万[②]。

经济

伊斯兰堡设有专门的农业区，种植小麦、玉米、水稻、大豆等粮食作物以及各类瓜果、蔬菜。伊斯兰堡的工业，主要为消费品工业和服务性行业，包括面粉厂、纺织厂、面包房、塑料厂、汽车修理厂等。根据巴基斯坦政府规定，凡是产生烟雾、粉尘、臭味、噪声污染和空气污染的工厂不能设在市内，因此伊斯兰堡是一座基本上没有污染的绿色城市。近年来，伊斯兰堡旅游业发展较为迅速，是巴基斯坦乃至亚洲著名的旅游目的地。

文化

伊斯兰堡的主要居民为旁遮普人（Punjabi）、普什图人（Pashtun）和信德人（Sindhi），使用的语言为乌尔都语和英语，也使用旁遮普语、普什图语、信德语等民族方言。绝大多数居民信奉伊斯兰教，少数居民信奉基督教、印度教及其他宗教。

伊斯兰堡的节庆活动较为丰富，节庆多为全国性的节日，其中最为重要的节日为开斋节。每年的7月20日—8月18日为伊斯兰教的斋月，在此期间，除病人、孕妇、喂奶的妇女、幼儿以及在日出前踏上旅途的人之外，均应全月斋戒——从黎明至日落，戒饮水进食、戒房事、戒绝丑行和秽语。斋戒的主要目的有两个：一是表示对伊斯兰教创始人穆罕默德（Mohammed，公元570—632年）的纪念和对真主安拉的笃信；二是通过体验饥渴困苦的滋味，从心灵深处培养对贫弱者的同情心，从而使自己心地善良，道德纯正。在斋月结束的第二天（即8月19日），便是开斋节，持续三天时间。节日期间，

② http://worldpopulationreview.com/countries/pakistan-population/major-cities-in-pakistan，查阅日期：2016年3月21日。

人们纷纷沐浴更衣前去清真寺做礼拜，亲朋好友之间要相互登门道贺，而许多青年男女也特意在此时举行盛大的婚礼。此外，伊斯兰堡比较著名的节日还包括古尔邦节（又名宰牲节）、圣纪节（穆罕默德诞辰日）、新年、独立日、国父真纳①诞辰日等。

伊斯兰堡拥有近20所大学，包括国立科技大学、信息技术学院、真纳大学、阿拉玛·伊克巴尔①开放大学、巴基斯坦工程和应用科学学院等。其中阿拉玛·伊克巴尔开放大学是亚洲第一所提供远程教育的开放大学，每年注册入学的学生人数在全世界名列前茅。

伊斯兰堡注重与国外主要城市之间的交流与合作，先后与约旦的安曼（Amman）、土耳其的安卡拉（Ankara）、中国的北京、印度尼西亚的雅加达（Jakarta）、孟加拉的达卡（Dhaka）、韩国的首尔（Seoul）、阿联酋的阿布扎比（Abu Dhabi）等城市建立了友好城市关系。

旅游

伊斯兰堡的旅游景点比较丰富，人文旅游资源与自然旅游景观交相辉映。费萨尔清真寺是巴基斯坦的国家清真寺，是南亚地区最大的清真寺，也是世界最大的清真寺之一，可同时容纳10万人进行礼拜。该寺由已故的沙特前国王费萨尔（King Faisal，1906—1975年）出资兴建，并以其名字命名。寺庙呈金字塔形，通身白色，设计新颖，在全世界清真寺中独树一帜。国家纪念碑由四个大花瓣、三个小花瓣和一座小型五角尖碑组成。从空中俯视，七个花瓣围成的新月形，环抱着尖碑的五角星形，恰好构成巴基斯坦国旗的星月标志。半山公园位于马尔加拉山的山腰，海拔730米，是观赏伊斯兰堡全景的绝佳之所。此外，伊斯兰堡的著名景点还包括拉瓦尔湖、塞伊德布尔村、玫瑰和茉莉花园、体育中心等。

---

① 穆罕默德·阿里·真纳（Muhammad Ali Jinnah，1876—1948年），是巴基斯坦立国运动领袖、巴基斯坦国的创建者、巴基斯坦自治领首任总督。他终生致力于巴基斯坦的民族独立事业，被巴基斯坦人民尊称为"国父"。

① 阿拉玛·伊克巴尔（Allama Iqbal，1877—1938年），巴基斯坦近代最著名的诗人、哲学家，被誉为"巴基斯坦近代文学之父"。

伊斯兰堡的娱乐项目较为丰富，游客可以到 Lok Virsa 博物馆欣赏来自巴基斯坦各地的传统艺术品，或到拉瓦尔湖划船、钓鱼、野外烧烤、攀岩，或到马尔加拉山徒步、野营，或去市内的射击俱乐部去一试身手。

伊斯兰堡的特色商品以手工艺品为主，手工艺品以技术精湛、历史悠久而著称于世。特色商品包括骆驼皮制品、鹿皮制品、羊毛制品、木雕制品、地毯、缟玛瑙制品、红木家具、黄铜器皿、松子等。购物场所主要为各个街区的市场和特色商店，如真纳超市、麦德龙超市、G6 超市、亚洲手工艺品店等。

在伊斯兰堡，游客可以品尝到正宗的巴基斯坦风味美食。当地人喜欢吃香辣的食品，他们用胡椒、姜黄等做的咖喱食品闻名世界。烹饪方式多为炖、烧烤、凉拌等，常见的菜肴有炖牛羊肉、炖鸡、炖豆、烤牛肉、烤羊肉、土豆沙拉、青菜泥、豌豆肉末等。主食为小麦、玉米，一种名为恰巴蒂的粗面饼最受当地人们青睐，馕饼（Naan）、油饼、黄油抓饭、肉抓饭也非常受欢迎。当地人最喜欢的饮料为奶茶，除了甜、咸两种口味之外，还有一种加捣碎的开心果和巴旦木果仁做成的克什米尔奶茶。此外，游客也可以在伊斯兰堡品尝到中国、意大利以及其他国家的美味佳肴。

伊斯兰堡的住宿设施较为齐全，既有奢华的五星级饭店，也有条件简陋的青年旅舍，不过四星级以上的高档酒店数量较少。世界知名的酒店品牌中，只有万豪在此设有连锁酒店，而伊斯兰堡万豪国际酒店以其高端的设施和周到的服务成为市内最为奢华、最受欢迎的酒店。

伊斯兰堡交通相当便利，拥有贝纳芝·布托国际机场、拉瓦尔品第火车站、Daewoo 长途汽车站。市内交通工具主要为出租车，多数是破旧的、烧天然气的本地组装铃木小车。

卡拉奇

地名由来

卡拉奇，英文拼写为 Karachi。在乌尔都语中，Karachi 意为"黑色"，其由来有两种说法。一说认为它来源于当地一口著名的淡水井的名字，另一说认为它来源于当地一个原始聚落酋长的姓氏。

区位

卡拉奇地处巴基斯坦南部，位于印度河三角洲的西北部，南临阿拉伯海，东北距首都伊斯兰堡 1500 千米。城区总面积为 3527 平方千米，是巴基斯坦的最大海港城市和最大城市，是全国的经济中心，也是信德省的省会。它所在的信德省，西北接俾路支省，东北连旁遮普省。

历史

卡拉奇的历史并不久远，直到 18 世纪初，它还是一个小渔村。不过，卡拉奇的地理位置非常优越。它面临阿拉伯海，一条长达 16 千米的礁石带，构成了一道天然防波堤，使其成为一个天然的深水港。

18 世纪 30 年代开始，当地的渔民开始穿越阿拉伯海与阿曼的马斯喀特以及波斯湾地区从事贸易。为了加强防御，他们还在此修建了一座小型的城堡，筑起城墙，安上土炮。

1839 年，英国殖民者在了解了卡拉奇港口的重要性之后，使用武力将其占领，并对港口进行了卓有成效的建设，而卡拉奇的命运随之发生改变，迅速发展成为亚洲地区一座重要的港口城市。1869 年，苏伊士运河通航之后，卡拉奇成为经苏伊士运河出红海后的第一大港。1861 年和 1878 年建成的卡拉奇—戈德里（Kotri）、卡拉奇—海尔布尔（Khairpur）两条铁路，将卡拉奇与富庶的旁遮普省连接起来。港口和铁路的建设，使卡拉奇成为印度河流域的门户。

第一次世界大战期间，卡拉奇成为英国海军的补给港，殖民当局利用卡拉奇储存、转运军事物资，并在此设立伤病医院。第二次世界大战期间，卡拉奇成为盟军的重要战略基地，特别是盟军舰艇的维修基地和空军基地，卡拉奇的金属加工和机械制造业从此发展起来。

巴基斯坦独立后，卡拉奇成为首都，其发展也进入了一个新的时期。独立之初，大批难民迁入卡拉奇，使之一跃成为巴基斯坦人口最多的城市。1959 年，巴基斯坦将首都迁至拉瓦尔品第，卡拉奇则成为信德省的省会。

经过数十年的努力，卡拉奇从一个单一的港口城市，逐渐发展为具有工业、商业、交通、金融、政治、文化等多种功能的大城市，成为巴基斯坦的经济中心。

地理

卡拉奇处于科希斯坦高原南麓至沿海平原地带，地势自东北向西南倾斜，海拔在 1.5—40 米之间。市区东部和北部有低山和孤丘，其中门戈皮尔山为城市的最高点，海拔为 528 米。自高原南流的默利尔河和勒亚里河分别流经市区东部和西部，为季节性河流，河床宽广，平时呈沙滩景象。沿海地带分布着许多风景优美的海滩、海湾和岛屿。

卡拉奇属亚热带季风气候，气候炎热干燥，年平均气温为 26℃左右。每年的 3—10 月为热季，平均气温为 28.8℃左右；6 月为最热的月份，平均气温为 31.4℃左右，极端高温甚至超过 47℃。每年的 11 月到次年的 2 月为凉季，平均气温为 20.4℃左右；1 月为最凉的月份，平均气温为 18.1℃左右。虽然靠近海洋，但卡拉奇的降雨非常稀少，年降雨量仅为 220 毫米左右。绝大多数降雨集中在 7 月和 8 月，总降雨量达 150 毫米左右。

目前，卡拉奇共分为西区（Karachi West）、中心区（Karachi Central）、南区（Karachi South）、东区（Karachi East）、默利尔区（Malir）、戈伦吉区（Korangi）以及国防区（Cantonment）等 7 个区域。卡拉奇是巴基斯坦人口最多、分布最为稠密的城市，也是世界人口密度最大的城市之一。2016 年，卡拉奇的人口数量达到 1162.42 万 [①]。

经济

卡拉奇是巴基斯坦的工业中心，工业产值占全国的 50% 左右，主要工业

[①] http://worldpopulationreview.com/countries/pakistan-population/major-cities-in-pakistan，查阅日期：2016年3月21日。

部门有纺织、制鞋、粮食加工、木材加工、饮料、金属制品、电气制品、机械、化工、石油、造船等。其中，炼油厂、钢铁厂和核电站都是全国著名的大型企业。

卡拉奇是巴基斯坦的交通中心和贸易中心，水运、陆运、空运都相当发达。卡拉奇港是一座大型的现代化港口，承担了全国 95% 以上的外贸吞吐任务，而且还为阿富汗转运一部分进出口货物。卡拉奇是全国铁路和干道公路的起点和终点，西与伊朗有公路相连，东经海得拉巴（Haiderabad）与印度相通。真纳国际机场是巴基斯坦最大的国际机场，也是南亚次大陆重要的国际航空港。依靠便利的交通网络，卡拉奇成为全国最重要的贸易枢纽和产品集散地。

卡拉奇是巴基斯坦的金融中心，国家银行、民族银行、联合银行、工业发展银行、农业发展银行等全国各大银行以及保险公司、证券公司的总部均设于此，多数外国金融机构的分支机构也集中于此。另外，卡拉奇是巴基斯坦重要的旅游目的地。近些年来，旅游业的发展较为迅速，成为国民经济的重要组成部分。

文化

卡拉奇是一个多民族聚居的城市，主要居民为旁遮普人、普什图人、信德人、俾路支人（Baluchi）以及来自南亚各地区的移民。使用的语言为乌尔都语和英语，也使用旁遮普语、普什图语、信德语、俾路支语等民族语言。居民的宗教信仰也较为复杂，包括伊斯兰教、天主教、基督教、印度教及其他宗教。

卡拉奇的节庆活动较为丰富，节庆多为全国性的节日，如开斋节、古尔邦节、圣纪节、新年、独立日、国父真纳诞辰日等。卡拉奇是真纳的诞生地，每年的 12 月 25 日，卡拉奇的民众都会在真纳墓前为其举行隆重的诞辰纪念仪式。此外，当地较为著名的节庆活动包括卡拉奇时装周、卡拉奇文学节等。

卡拉奇是巴基斯坦重要的文化中心，拥有近 40 所大学，如卡拉奇大学、阿迦汗大学、NED 工程技术大学、哈姆达德大学等。其中，卡拉奇大学是巴基斯坦国内历史最为悠久、规模最大的大学之一，与四川师范大学合作成立了孔子学院。

卡拉奇注重与国外主要城市之间的交流与合作，先后中国的上海、毛里求斯的路易港（Port Louis）、美国的休斯敦（Houston）、伊朗的马什哈德（Mashad）等城市建立了友好城市关系。

旅游

卡拉奇的旅游景点比较丰富，自然旅游景观与人文旅游资源交相辉映。克利夫顿海滩是市内最著名的海滩，是老少皆宜的度假场所，19世纪时英国将这里建成了士兵康体中心，至今仍存有许多样式优美、带宽敞花园的欧式建筑。真纳墓是国父真纳的陵墓，是一座典型的伊斯兰风格建筑，也是市内最重要的纪念性建筑物，整座陵墓均用白色大理石建造而成，方形的陵墓巍然屹立于棕榈树丛和各色鲜花之中，给人以庄严、圣洁之感。巴图大清真寺是卡拉奇最大的清真寺，因位于国防区，故又被中国人称为"海军教堂"。主体建筑为半球形的祷告大厅，全部由白色大理石建成，可同时容纳5000人进行祷告。此外，卡拉奇的著名景点还包括桑斯皮特海滩、霍克斯海滩、弗里尔厅、守护寺庙、卡拉奇动物园等。

卡拉奇的文化娱乐设施较为齐全，娱乐项目较为丰富。卡拉奇拥有三座著名的博物馆，巴基斯坦国家博物馆陈列了从史前石器时代一直到巴基斯坦建国时期的文物，囊括了历史发展、宗教、民族和艺术等各个方面；巴基斯坦海事博物馆和巴基斯坦空军博物馆是两个以军事为主题的博物馆，游客可在此了解巴基斯坦的军事历史。海边也是游客娱乐的良好场所，游客可以到各个海滩骑骆驼、骑马、观龟产卵，或到基马里码头租船出海钓螃蟹。

卡拉奇是巴基斯坦最大的商业都市，特色商品以手工艺品为主，种类繁多，价廉物美，主要包括纺织品、刺绣、玛瑙制品、象牙制品、镶嵌工艺品、银制胸饰、地毯、铜器、陶器、木雕等。最繁华的购物场所包括萨达尔市场、博哈里市场、快市、Dolmen商场等。其中，萨达尔市场被中国人誉为"卡拉奇的王府井大街"，其面积之大、商品之丰富，比王府井有过之而无不及。曾有人作过这样的评价:"除了洲际导弹和航天飞机,你能在萨达尔市场买到你想要的任何东西。"

在卡拉奇,游客可以品尝到正宗的巴基斯坦风味美食,如炖牛羊肉、炖鸡、烤牛肉、烤羊肉、土豆沙拉、青菜泥、恰巴蒂、奶茶、黄油抓饭、肉抓饭等。由于卡拉奇靠近阿拉伯海,游客也可以在此品尝到新鲜的海鲜大餐。另外,卡拉奇市内还有许多中餐厅、法国餐厅、印度餐厅、日本餐厅等外国餐厅。

卡拉奇的住宿设施较为齐全,既有奢华的五星级饭店,也有条件简陋的廉价旅馆,可满足各个层次游客的住宿需要。世界知名的酒店品牌中,万豪、喜来登、华美达、丽晶等品牌都在此设立连锁酒店。卡拉奇的交通相当便利,拥有真纳国际机场、市区火车站、军营火车站、长途汽车站和航运码头。市内交通工具包括公交车、出租车、人力车等。

拉合尔

地名由来

拉合尔,英文拼写为 Lahore。在印度教传说中,将拉合尔建城的历史上溯到史诗《罗摩衍那》。相传,此城是由罗摩之子 Loh(洛合)建立,取名为 Lohawar。其中 Awar 意为"城堡",而 Lohawar 则具有"洛合的城堡"之意。现在的名字 Lahore 即由 Lohawar 这个名字演变而来。

区位

拉合尔位于巴基斯坦东北部,地处印度河上游的冲积平原、拉维河(Ravi River)的东岸,西北距首都伊斯兰堡 380 千米,西南距卡拉奇 1200 千米,东距印巴边境约 30 千米。城区总面积为 1772 平方千米,是旁遮普省的省会,也是巴基斯坦的第二大城市。它所在的旁遮普省,东北与吉尔吉特—巴尔蒂斯坦地区、克什米尔地区相连，北接伊斯兰堡首都区，西邻西北边境省和俾路支省，西南与信德省接壤。

历史

拉合尔是一座拥有 2000 余年历史的古老城市，传为罗摩之子洛合所建。公元 7 世纪时，中国高僧玄奘曾在其著作《大唐西域记》中详细介绍了他在此访问时的见闻，成为历史上关于这座城市的最早记载。

公元 10 世纪末，迦兹纳维王朝（Ghaznavid Dynasty，公元 977—1186 年）占领了拉合尔，不久之后就将其作为国都，并在此用泥土修建了一座军事城堡。许多穆斯林诗人、学者的到来，使拉合尔逐渐发展成为伊斯兰文化的重要中心。

1526—1707 年，拉合尔成为莫卧儿王朝（Mughal Dynasty，1526—1857 年）的陪都。在此期间，历代皇帝在城内兴建了大量金碧辉煌的宫殿、寺院和陵墓等建筑，使拉合尔的城市建设迎来了空前的繁荣。

1556 年，阿克巴大帝（Akbar the Great，1542—1605 年）为了抵御外敌入侵，下令将旧城拆除，并修建了高墙环绕的红砂岩砖石结构堡垒，之后又在城堡内进行了大量建设。

在沙·贾汗皇帝（Shah Jahan，1592—1666 年）统治时期，拉合尔进入了最辉煌的时代。沙·贾汗命令工匠们改建、加固城堡，将原来砖石结构的城墙改为白色的大理石，并在城墙上修建望楼、碉堡。在城堡之内，又修建许多宫殿、寺院，其中最为经典的建筑是沙·贾汗为其皇后阿姬曼·芭奴（Arjumand Banu，即泰姬，1593—1631 年）修建的镜宫。此外，沙·贾汗还在拉合尔城内修建了美丽的夏利玛花园。

在莫卧儿王朝衰落之后，拉合尔又先后受到锡克人（Sikh）和英国殖民者的统治。在英国统治时期，拉合尔市内又兴建了一批哥特式、维多利亚式的殖民建筑，如高级法院大楼、邮政总局大楼、旁遮普大学、拉合尔博物馆等。这些风格迥异的欧式建筑与本土的历史文化建筑互为衬托，相映成趣。

巴基斯坦独立后，拉合尔成为旁遮普省的省会，在巴基斯坦国内的文化、经济、政治等各个领域都扮演着重要的角色。尤其值得一提的是，拉合尔是巴基斯坦保存莫卧儿建筑最多的城市，是国内最重要的历史文化名城和文化中心，被誉为"巴基斯坦的灵魂"。

1981 年，作为莫卧儿王朝灿烂文明的杰出代表，拉合尔古堡和夏利玛花园被联合国教科文组织列入世界文化遗产名录。

地理

拉合尔位于印度河平原地带，地形较为平坦，地势较低，平均海拔约 217 米。印度河的重要支流拉维河从市区西侧缓缓流过，为城市提供了充沛的水源。市内到处是高大的葱翠树木，举目便见如茵的芳草，伊斯兰风格建筑和欧式建筑参差错落，掩映在绿树繁花丛中，犹如一座美丽的大花园，因此拉合尔素有"花园城市""庭院之都"的美誉。

拉合尔属亚热带季风气候，气候炎热干燥，年平均气温为 24.3℃左右。每年的 4—10 月为热季，平均气温为 29.9℃左右；6 月为最热的月份，平均气温为 33.9℃左右，极端高温甚至超过 47℃。每年的 11 月到次年的 3 月为凉季，平均气温为 16.5℃左右；1 月为最凉的月份，平均气温为 12.8℃左右。降水不多，年平均降水量为 630 毫米左右；大多数降水集中在 7 月和 8 月，总降水量达 370 毫米左右。

目前，拉合尔共分为拉维镇（Ravi Town）、夏利玛镇（Shalimar Town）、瓦加镇（Wagah Town）等 9 个乡镇和 1 个国防区。拉合尔的人口数量仅次于卡拉奇，是世界上人口密度最大的城市之一。2016 年，拉合尔的人口数量达到 631.09 万 [1]。

经济

拉合尔一带土地肥沃，是巴基斯坦重要的农业基地，主要生产小麦、水稻、棉花、玉米、甘蔗等农作物。这里生产的稻米，质量优于全国其他任何

---

[1] http://worldpopulationreview.com/countries/pakistan-population/major-cities-in-pakistan，查阅日期：2016年3月27日。

地区。拉合尔是仅次于卡拉奇的全国第二大工业中心，主要包括纺织、农副产品加工、化工、农业机械、车辆制造、医疗器械、制革、刺绣、陶瓷、地毯等工业部门。

拉合尔是巴基斯坦重要的交通枢纽，陆运、空运都较为发达。通过公路、铁路，西北可至拉瓦尔品第、伊斯兰堡、白沙瓦（Peshawar），西南可达木尔坦（Multan）、莱亚普尔（Lyallpur），东南可达印度首都新德里。伊克巴尔国际机场是巴基斯坦第二大民用机场。依靠便利的交通网络，拉合尔成为巴基斯坦国内重要的贸易枢纽和产品集散地。

拉合尔是巴基斯坦最重要的旅游目的地之一。近年来，旅游业的发展较为迅速，已成为国民经济的重要组成部分。

文化

拉合尔的主要居民为旁遮普人、普什图人、俾路支人，使用的语言为乌尔都语和英语，也使用旁遮普语、普什图语、俾路支语等民族方言。绝大多数居民信奉伊斯兰教，少数居民信仰基督教、印度教及其他宗教。

拉合尔的节庆活动相当丰富，除全国性的节日（如开斋节、古尔邦节、圣纪节、独立日、国父真纳诞辰日等）之外，当地较有名气的节日还有牛马大赛和风筝节（又称巴桑特节）。为了促进畜牧业的发展，自1952年起，拉合尔在每年的2、3月间都会举办为期一周的牛马大赛，比赛的主要内容是各类牲畜评比，项目达300多种；此外，比赛又是巴基斯坦传统文化的展览会，期间会有总统卫队的古代布阵表演、盛大的军乐演出、马术表演、马球比赛、画展、影展、书展、音乐展等活动。每年的2月底，拉合尔还会举行规模宏大的风筝节，以迎接春天的到来；节日期间，成千上万的人们从全国各地以及世界各国汇聚于此，使拉合尔顿时成为风筝的海洋，流光溢彩，通宵不止。另外，风筝节不仅仅是风筝的盛会，也是传统食品、服饰、舞蹈与音乐的文化节日。

拉合尔是巴基斯坦最重要的教育中心，大学的数量和水平在国内首屈一指，这里汇集了许多历史较为悠久的大学。著名的大学包括旁遮普大学、拉合尔工程技术大学、拉合尔管理科学大学、拉合尔政府学院等。其中，旁遮普大学是巴基斯坦历史最悠久、规模最大的高等院校，曾培养出了3位诺贝尔奖得主。

拉合尔注重与国外重要城市之间的交流与合作，先后与土耳其的伊斯坦布尔（Istanbul）、朝鲜的沙里院（Sariwon）、中国的西安、比利时的科特赖克（Kortrijk）、美国的芝加哥（Chicago）等十几个城市建立了友好城市关系。

旅游

拉合尔的旅游景点相当丰富，以莫卧儿王朝时期遗留下来的人文建筑最具特色。拉合尔古堡位于城市的西北角，东西长380米，南北宽330米，堡内有亭台楼阁、深宫大院、喷泉池塘、园林花圃等皇家宫苑建筑，是巴基斯坦唯一一组完整地反映从迦兹纳维王朝到莫卧儿王朝数百年建筑史的建筑群。城堡中最美丽的地方为镜宫，宫殿为大理石结构，穹顶和墙壁上镶嵌了90多万片红色、蓝色和褐色的玻璃镜片和各色宝石，五彩缤纷，琳琅满目。镜宫本为沙·贾汗皇帝为皇后阿姬曼·芭奴建造的寝宫，然而就在宫殿建成前夕，皇后却不幸离开人世，悲痛欲绝的沙·贾汗遂在阿格拉为其爱妻修建了那座举世闻名的泰姬陵。夏利玛花园位于拉合尔市东郊，又名欢乐宫，是莫卧儿王朝时期皇家园林建筑艺术的杰作，也是世界上最罕见的花园之一。巴德夏希清真寺与古堡遥遥相对，是巴基斯坦最大的清真寺之一，寺内珍藏着世界上唯一一部用金线绣成的30卷阿拉伯文《古兰经》。此外，拉合尔的著名景点还包括巴基斯坦塔、伊克巴尔陵墓、贾汉吉尔陵墓、瓦齐尔·汗清真寺等。

拉合尔内最著名的文化娱乐设施为拉合尔博物馆，它是巴基斯坦规模最大、收藏最丰富的博物馆。博物馆分为17个部分，分别陈列着自石器时代以来各个历史时期的文物、雕刻、绘画、民族服饰、手工艺品等，展示了巴基斯坦悠久辉煌的历史文化遗产。馆内珍藏的大量图片则反映了巴基斯坦人民争取民族独立的斗争历史。

拉合尔是巴基斯坦重要的商业城市，特色商品以手工艺品为主，种类繁多，价廉物美，主要包括披肩、拖鞋、皮革制品、木制品、黄铜制品、丝织品、地毯、挂毯、金银手工艺品、象牙手工艺品等。主要购物场所包括亚那卡利市场、夏亚拉米市场、苏哈市场等。

在拉合尔，游客可以品尝到正宗的巴基斯坦风味美食，如咖喱羊肉、炖牛羊肉、炖鸡、烤牛肉、烤羊肉、土豆沙拉、恰巴蒂、奶茶、黄油抓饭、肉抓饭等。另外，拉合尔市内还有许多中餐厅、印度餐厅、法国餐厅、日本餐厅等外国餐厅。

拉合尔的住宿设施较为齐全，既有奢华的五星级饭店，也有条件简陋的廉价旅馆，可满足各个层次游客的住宿需要。不过，高星级的饭店数量不多。世界知名的酒店品牌中，仅有希尔顿一家在此设立连锁酒店。

拉合尔的交通较为便利，拥有伊克巴尔国际机场、火车站和长途汽车站。市内交通工具主要包括公交车、地铁、出租车、人力车等。

斯里兰卡

斯里兰卡（Sri Lanka），意为"乐土""光明富庶的土地"，全称为斯里兰卡民主社会主义共和国，素有"宝石王国""印度洋上的明珠"之美称。该国位于南亚次大陆的南端，是印度洋上的岛国，四面环海，西北隔保克海峡与印度相望。国土总面积为6.56万平方千米，人口数量为2081.08万[1]（2016年）。全国分为9个省，主要城市包括科伦坡（Colombo）、康提（Kandy）、贾夫纳（Jaffna）等。

科伦坡

地名由来

科伦坡，英文拼写为 Colombo，其名称由来有三种说法。一说认为Colombo 来源于阿拉伯语化的僧迦罗语[2]中的 Kalanbu 一词，意为"凯勒尼河

---

[1] http：//worldpopulationreview.com/countries，查阅日期：2016年4月20日。

[2] 僧迦罗语（Sinhalese），斯里兰卡的主体民族僧伽罗族所使用的语言，是斯里兰卡的两大官方语言之一。另一种官方语言为泰米尔语（Tamil），是斯里兰卡第二大民族泰米尔族所使用的语言。

的港口";其中,Kalan 属于僧迦罗语，是 Kalani 的缩写形式，意为 "凯勒尼河"（Kalani Ganga，Ganga 意为 "河流"），而 Bu 属于阿拉伯语，是 Bandar 的缩写形式，意为 "港口"。另一说认为 Colombo 来源于梵语中的 Kalamba 一词，也意为 "港口"。还有一说认为 Colombo 是由僧迦罗语中 Cola 和 Ambo 两个词演变而来，意为 "芒果城"，其中 Cola 意为 "树"，Ambo 意为 "芒果"。

区位

科伦坡地处斯里兰卡的西南海岸，位于凯勒尼河河口的南岸，西临印度洋，是斯里兰卡的最大港口，也是世界最大的人工港之一，因其处于欧洲、非洲、亚洲和大洋洲海洋航运的必经之路上，素有 "亚洲门户" 和 "东方十字路口" 之称。城区总面积为 37.31 平方千米，是斯里兰卡的首都和最大城市，也是全国的政治、经济、文化和交通中心。科伦坡又是西方省的省会，该省北连西北省，东靠萨巴拉加穆瓦省，南接南方省。

历史

科伦坡最初只是凯勒尼河附近的一个小海湾。公元前 5 世纪时，僧迦罗人来此定居，他们捕鱼狩猎，耕耘种植，修筑房屋，逐渐形成了一个小渔村，人们就以其所处的位置取名为卡兰托塔（Kalanttota，Kalan 是 Kalani 的缩写形式，Totta 意为 "渡口"），意为 "凯勒尼河的渡口"。

公元 8 世纪时，阿拉伯人看中了这里的地理位置和天然形势，遂陆续来此侨居、经商，小渔村很快发展成为一个重要的贸易商镇和颇为热闹的港口。阿拉伯人还将原来的名字改为卡兰布（Kalanbu），意为 "凯勒尼河的港口"。14 世纪时，我国元代著名的航海家、享有 "东方马可·波罗" 之誉的汪大渊曾来到这里，在其所著的《岛夷志略》一书中，按照这个阿拉伯语化的名字，将其音译为 "高郎步" 或 "高浪阜"。

16 世纪初，葡萄牙人绕过好望角到达这里，在此建立了军事基地，并将其名字改为科伦坡。随着葡萄牙殖民主义者势力范围的扩大，科伦坡成为葡萄牙殖民当局的政治与海运中心。

1658年，荷兰殖民者占领科伦坡，并将其建成殖民统治的政治中心。在此以后，科伦坡逐渐发展成为斯里兰卡全岛的主要港口和对外贸易中心。

1796年，英国人占领科伦坡，结束了荷兰人对本地的殖民统治。1815年，随着康提王国①的灭亡，英国殖民者实现了对全岛的殖民统治，而科伦坡则成为英国殖民当局的政治和经济中心。1833年，英国殖民当局正式宣布科伦坡为全岛首都，从而确立了科伦坡的首都地位。在1869年苏伊士运河开通后，英国为争夺殖民市场，在科伦坡的西南、东北和西北修筑了三条防波大堤，总长达8000米，使科伦坡成为世界上最大的人工港之一。

1948年2月4日，斯里兰卡正式宣布独立，定国名为锡兰，定科伦坡为首都。锡兰先后于1972年、1978年改国名为斯里兰卡共和国和斯里兰卡民主社会主义共和国，首都仍为科伦坡。1982年，斯里兰卡政府决定行政首都迁往科伦坡南郊的科特（Kotte），而科伦坡则继续作为商业首都。但是自迁都以来，除国会、森林局等少数机构以外，大部分职能部门尚未从科伦坡转移过来，因此绝大多数国家仍将其大使馆设在科伦坡。

地理

科伦坡位于斯里兰卡西南沿海平原地带，地势较为平缓，平均海拔高度为10米左右。科伦坡三面环陆，西面濒临浩瀚无际的印度洋，港口的三条大防波大堤伸向海洋，阻挡住了汹涌澎湃的波涛。全长145千米的凯勒尼河从城市北郊蜿蜒流过，注入印度洋。市中心有一处大型的人工湖，名为贝拉湖，占地65公顷，湖上有鸬鹚、白鹭等鸟儿盘旋，湖边的树木洒下浓重的树荫，是当地人最喜欢的休闲场所。

科伦坡属热带季风气候，四季长夏，终年暖热，很少出现酷暑天气，年平均气温为27.4℃左右；因靠近赤道，全年温差相距不大，各月平均温度在26.6℃—28.3℃之间。雨水充沛，年降雨量为2530毫米左右，受热带季风的影响，降雨量在各月的分布很不平均。每年的4—5月、9—11月为两个降雨

---

① 康提王国（Kandy Kingdom，1469—1815年），为斯里兰卡的最后一个独立王国。

盛期，有一半以上的时间会下雨，常常雷电交加，降雨总量达到1660毫米以上，占全年总降雨量的65%以上；其中，5月和11月为降雨最多的两个月份，平均降雨量都在400毫米左右。其余7个月份降雨相对较少，但也都在58毫米以上，其中1月份降雨最少，平均降雨量为58.2毫米左右。

科伦坡气候宜人，风景秀丽，是世界上著名的热带花园城市。这里一年到头绿树葱茏，繁花似锦，街道两侧棕榈树茂盛挺拔，铁木树（斯里兰卡的国树）、芒果树、榕树、雨树①、木瓜树、面包果树、菠萝蜜树等热带树木随处可见，鹅黄色的庙花、黄色的马尔花、红色的灯笼花、白色的茉莉花、紫色的紫荆花以及五颜六色的睡莲（斯里兰卡的国花）等鲜花将城市装扮得绚丽多彩。

目前，科伦坡共分为城堡区（Fort）、帕塔区（Pettah）等15个区，其中城堡区原为葡萄牙殖民者建造的要塞，现为科伦坡的政治与商业中心，是政府大楼和主要企业总部的汇聚之处，而帕塔区则为旧城区，街道狭窄，人口稠密，各类店铺鳞次栉比，商品琳琅满目，仍然保持着东方集市的特色。科伦坡是斯里兰卡人口最多、分布最为稠密的地区，2016年的人口数量达到64.8万②。其中，僧迦罗人占到75%左右，泰米尔人约占15%，其他人口包括摩尔人（Moor）、马来人（Malay）、伯格人（Burgher）等。

经济

科伦坡所处的西南平原地区，是斯里兰卡最富庶的地区，这里土地肥沃，气候湿润，是全国的椰子③生产中心，也是全国重要的稻米产地。

科伦坡是全国最重要的工业基地，主要包括电力、钢铁、造纸、油料、化学、木材、盐业、纺织、煤气、石油加工、食品、饲料、烟草等工业部门。

---

① 此树的树叶在傍晚时吸收水分，在次日日出时便将水分泻出，好似雨滴一般洒落树下，故名雨树。

② http://worldpopulationreview.com/countries/sri-lanka-population/major-cities-in-sri-lanka，查阅日期：2016年3月9日。

③ 茶叶、橡胶和椰子，号称斯里兰卡的"三宝"，是该国的三大传统经济作物，也是该国最重要的出口产品。

科伦坡是全国的交通枢纽，水运、陆运、空运都非常发达。从科伦坡沿海路向南可达南部港口加勒（Galle），向北可抵北方重镇贾夫纳（Jaffna），经加勒或贾夫纳可达东部天然良港亭可马里（Trincomalee）。公路、铁路四通八达，可到达全国各大城市。班达拉奈克④国际机场是斯里兰卡最大的国际机场。依靠便利的交通网络，科伦坡成为全国最重要的物资集散地和出口贸易中心。科伦坡承担了全国90%以上的外贸运输任务，出口产品主要为红茶、橡胶和椰子，这里是世界上最大的红茶输出港，年出口量为20万吨左右，出口红茶的收入占全国外贸收入的一半以上。另外，科伦坡还担负着东西方各国的转口运输任务，是印度洋地区的国际货物转运站。

科伦坡是斯里兰卡最重要的旅游目的地，也是亚洲较为著名的旅游目的地城市之一。近年来，特别是斯里兰卡内战（1983—2009年）结束之后，科伦坡的旅游业得到了迅速发展。在万事达2015年公布的《全球目的地城市索引》年度旅游调查结果中，科伦坡成为全世界游客人数增长最快的城市，增幅为21.1%。

文化

科伦坡是一个民族和文化多元的城市，其居民的语言和信仰较为复杂。在语言方面，僧迦罗人使用僧迦罗语，泰米尔人使用泰米尔语，摩尔人和马来人使用的语言以泰米尔语为主，伯格人使用英语，而各民族的上层社会也通用英语。在宗教信仰方面，约70%的居民信仰佛教，约15%的居民信仰印度教，其余居民信仰伊斯兰教、天主教、基督教等。

科伦坡的建筑风格多姿多彩，既有斯里兰卡的民间传统建筑，又有葡萄牙、荷兰、英国殖民者遗留下来的欧式建筑。在绿树鲜花的掩映之下，一座座佛教寺庙、印度教庙宇、伊斯兰教寺院以及西式教堂点缀在城市的各个角

---

④ 班达拉奈克家族是现代斯里兰卡政坛的显赫家族。班达拉奈克（1899—1959年）于1956年担任斯里兰卡总理。1959年，班达拉奈克遇刺身亡，其妻继承夫志，成为世界上第一位女总理，治国长达40年。1994年，其女钱德里卡成为斯里兰卡第一位民选女总统。

落，灿若星斗，交相辉映。冈嘎拉马寺是一组精雕细琢的建筑，融合了斯里兰卡、泰国、印度和中国的建筑特色，最珍贵的藏品是一撮来自佛祖的头发。新、旧印度庙隔街相望，寺庙入口处上方装饰有大量的印度教佛像，色彩亮丽，精彩纷呈。红色清真寺，是一栋红白两色砖造建筑，为科伦坡的地标建筑之一。圣安东尼教堂具有典型的葡萄牙天主教教堂式的外观，内部装饰却富有浓厚的南亚风格。

科伦坡的居民喜欢各种鸟类，尤其喜欢乌鸦。这里是乌鸦的天堂，颜色不仅有漆黑一团的，还有黑白相间、浅灰色、浅绿色、淡黄色的。乌鸦被当地人视为"神鸟"，受到了不同寻常的礼遇。虔诚的人们认为乌鸦落入院子是吉祥之兆，他们会把剩菜、剩饭放在院中喂养乌鸦；行人在街上吃零食，如有乌鸦前来索讨，定会欣然分享。不仅如此，乌鸦还进入了当地居民的语言和生活。当地人将聪明的人或心眼多的人称作"来自科伦坡的乌鸦"，并对《伊索寓言》中的《狐狸和乌鸦》这则著名的寓言故事进行了改编。故事的前半部分没有改动，故事的结尾却大相径庭——乌鸦在听到狐狸的赞美之后多了一个心眼，先把肉放在树杈上，然后再一展歌喉，而狐狸的诡计宣告落空，不由得发出"科伦坡的乌鸦真狡猾"的感叹，最后悻悻而去。

科伦坡的节庆活动众多，每月都有不同的节庆，重要的节庆活动包括新年、国庆节、月圆节等，这些节日也是斯里兰卡全国性的节日。每年的4月13—14日是僧伽罗人和泰米尔人的新年，这是斯里兰卡最重要的传统节日，类似于中国的春节。斯里兰卡的新年有一个特别的习俗，就是把新年钟声敲响的前后半小时称为"凶期"或"行善期"，节日期间，人们会停止一切活动待在家里，或出去听念经。每年的2月4日为国庆节，也是独立日，以庆祝斯里兰卡脱离英国殖民统治取得国家独立。每个月的月圆之日都要举行月圆节，各个月的月圆节具有不同的主题，节日当天，广大佛教信徒纷纷前往寺庙做燃灯、献花等佛事活动，盏盏油灯象征着佛祖成道的智慧之光。

科伦坡是斯里兰卡的教育中心，拥有科伦坡大学、视觉及表演艺术大学、斯里兰卡信息技术学院等多所大学。其中，科伦坡大学是斯里兰卡最古老、规模最大的大学，与中国的北京外国语大学和云南红河学院合作设立了孔子学院。

科伦坡注重与国外重要城市之间的交流与合作，先后与尼泊尔的比拉德讷格尔（Biratnagar）、俄罗斯的圣彼得堡（Saint Petersburg）、中国的上海、英国的利兹（Leeds）、蒙古国的乌兰巴托（Ulan Bator）、马尔代夫的马累（Male）等城市建立了友好城市关系。

旅游

科伦坡的旅游景点非常丰富，人文旅游景点云集，自然旅游景观荟萃。科伦坡市政厅是一栋新古典主义风格的英式建筑，其外形与颜色同美国白宫很像，故有"小白宫"之称。对面的维哈马哈德维公园也是市政厅的一部分，是科伦坡市区最大的公园。独立广场是斯里兰卡 1948 年 2 月 4 日独立仪式举行的场所，广场中央矗立着一座独立纪念堂，模仿康提王国时期皇室接见朝觐者的大厅而建。班达拉奈克国际会议大厦是由中国政府无偿援助斯里兰卡的项目，建筑宏伟，精美壮观，是该市标志性建筑之一，其地位相当于中国的人民大会堂，被誉为"中斯友谊的象征"。此外，科伦坡市内的著名景点还包括旧国会大厦、阿输迦拉马雅寺、冈嘎拉马寺、圣安东尼教堂、贝拉湖、蒙特拉维尼亚海滩等。

科伦坡的文化娱乐设施较为齐全，娱乐项目较为丰富。科伦坡国家博物馆是斯里兰卡最古老的博物馆，藏有斯里兰卡各个历史时期的珍贵文物，如石雕像、铜雕像、宝石、武器、画作以及康提王国时期的各种编织品、金属制品、民俗手工艺品等。馆内有一件引人注目的展品，是中国明代郑和下西洋到此地时所立的一块石碑，其顶端刻有二龙戏珠浮雕和汉文、阿拉伯文、泰米尔文 3 种文字的碑记，主要记载郑和来斯里兰卡的目的。荷兰殖民时期博物馆主要介绍了荷兰在斯里兰卡的殖民历史，展品主要是荷兰殖民时期的家具以及石雕、石柱、陶器、瓷器、纺织品等文物。莲池剧院也是由中国政府援建，是南亚地区最先进的剧院，经常有大型演出在此上演。在科伦坡，游客还可以到动物园骑在象背上观赏各种飞禽异兽及水上动物，也可以乘坐从科伦坡到加勒的"海上火车"饱览印度洋美景，还可以海边体验各种海上娱乐项目。

科伦坡的特色商品种类多样，主要有锡兰红茶、宝石、木雕、陶瓷器、纺织品、编织品、香料等。购物场所较多，既有大型的购物商场、超级市场，又有集贸市场、特色纪念品商店，主要包括 ODEL 商场、Majestic City 商场、荷兰医院购物中心、Arpico 超市、Crescat 购物长廊、贝塔市场、Barefoot 连锁店等。

科伦坡汇聚了世界各地的美食，这里不仅有斯里兰卡本地特色餐厅、印度餐厅和穆斯林餐厅，又有中餐厅、泰餐厅、日式餐厅以及各种西式餐厅。当地的特色美食包括咖喱饭、泄湖蟹、炒饼、薄饼、煎饼、鱿鱼卷、椰子煲鸡汤、锡兰红茶等。传统的咖喱饭，一般是一碗米饭、一个豆子汤、一个咖喱菜，再配上几个小炒和口味很辣的凉拌菜。

科伦坡的住宿设施相当齐全，既有奢华的五星级饭店，也有条件简陋的经济型饭店，可满足各层次游客的住宿需求。世界知名酒店品牌的连锁酒店数量不多，只有希尔顿、华美达等品牌在此设立连锁酒店。在高档星级饭店中，具有 200 多年历史的蒙特拉维尼亚酒店最为闻名，英国驻斯里兰卡第二任总督托马斯·蒙特兰德爵士和一位美丽的斯葡混血舞女拉维娜·阿彭苏瓦在此上演了一段浪漫凄美的爱情故事，从而使其享有"世界上最浪漫的酒店"之美誉。

科伦坡为斯里兰卡的交通运输中心，市区内有班达拉奈克国际机场、拉特马拉纳机场、城堡火车站、德玛塔戈达火车站、中央汽车站、巴斯蒂安马瓦汽车站和航运码头。市内交通工具主要有出租车、公交车、嘟嘟车等。

康　提

地名由来

康提，英文拼写为 Kandy，其得名来源于其所处的地理环境。Kandy 源于僧伽罗语中的 Kanda Uda Rata，意为"高山上的土地"。康提位于斯里兰卡的中部山区，四周群山环抱，远峰近峦，连绵起伏，是一座名副其实的山城。

区位

康提地处斯里兰卡的中部地区，位于马哈韦利河[①]的右岸，西南距科伦坡115千米。城区总面积为28.53平方千米，是中央省的省会、斯里兰卡的第二大城市和宗教文化中心，也是斯里兰卡中部的政治、经济、文化与交通中心。康提所处的中央省，北连北中央省，东接东方省和乌瓦省，西南与萨巴拉加穆瓦省接壤，东南与西北省相邻。

历史

公元前5世纪时，僧迦罗人来到康提一带定居，先后历经诸多朝代，直到14世纪时才发展成为一个城市。在甘波罗王朝（Gampola Dynasty）的Vikramabahu三世统治时期（1357—1374年），始建康提城。

1473年，出身科提皇族的Sena Sammatha Wickramabahu（1473—1511年）以康提为国都，建立康提王国，是科提王国（Kotte Kingdom，1412—1597年）下属的一个半独立国家。1521年，科提王国内部发生分裂，康提王国遂取得完全独立。

1592年，斯里兰卡的各个沿海王国均被葡萄牙人征服，康提王国成为岛上最后的一个独立王国。当时的国王Vimaladharmasuriya一世（1592—1604年在位）将象征王权的佛教极品圣物——释迦牟尼的佛牙舍利[①]请到康提，康提便从此成为斯里兰卡的政治中心和宗教中心，成为举世闻名的佛教圣城。

在葡萄牙占领沿海地区期间，康提成为反抗殖民者侵略的大本营。1603

---

① 马哈韦利河（Mahaweli Ganga）是斯里兰卡最长的河流，全长333千米。该河源于哈通高原，河源有四条，干流注入亭可马里以南的科迪亚尔湾。上游是茶叶和橡胶种植区；中游是丘陵多雨区，未充分开发；下游三角洲为椰子、水稻和烟草种植区。

① 释迦牟尼涅槃之后遗留下来的两颗佛牙舍利，一颗保存在北京八大处的灵光寺佛牙舍利塔内，另一颗保存在康提的佛牙寺内。公元4世纪时，佛祖的一颗佛牙舍利由印度传入斯里兰卡，先后供奉于僧伽罗王朝的各个首都，如阿努拉德普勒（Anuradhapura）、波隆纳鲁沃（Polonnaruwa）等，最后于16世纪末期辗转至康提，此后一直供奉于此。

年，英勇的康提军民打败了葡军的大规模进犯。1638 年，葡军血洗康提后，遭到康提军民的沉痛打击，几乎全军覆没。

1658 年，荷兰殖民者取代葡萄牙的统治后，对沿海地区进行变本加厉的掠夺，并试图征服康提王国，却仍未能如愿。1761 年，Kirti Sri Rajasinha 国王（1747—1782 年）几乎将荷兰人赶出斯里兰卡，当时荷兰仅剩尼甘布（Negombo）的最后一个堡垒未被攻克。1763 年荷兰人卷土重来，并于两年后成功夺取了首都康提，不过主动放弃康提是 Rajasinha 国王采取的一个以退为进的战略，他领导军民在山区与荷军展开激烈的丛林战，使荷兰士兵疲于作战，被迫与康提王国议和。

1796 年，英国殖民者夺取荷兰人占领的沿海各省之后，开始征服康提王国。最初的几次直接进攻均遭到康提军民的顽强抵抗，以失败而告终。见武力难以取胜，英国殖民者转而借康提王国内讧之机，采取收买分化的手段，最终于 1815 年征服了最后一个僧罗迦王国。至此，康提人民前后与葡萄牙、荷兰以及英国殖民者进行了长达 300 余年的斗争，也正由于这段光荣的抗争历史，人们把康提称为"马哈努瓦拉"（Maha Nuwara），意为"伟大的城市"。

此后，康提一直保留着它作为斯里兰卡宗教中心的地位，是佛教徒的朝拜圣地。1948 年，斯里兰卡宣布独立，康提才重新回到祖国的怀抱。

康提圣城自 14 世纪创建以来，积淀了人类在城市规划、建筑、雕刻、绘画、音乐、舞蹈等各方面的无上智慧，遗留下了包括佛牙寺在内的一些价值颇高的历史文化遗迹。1988 年，康提圣城被联合国教科文组织列入世界文化遗产名录。

地理

康提位于斯里兰卡的中部山区，地势较高，平均海拔高度为 500 米左右。康提四面被生长着稀有植物的群山所环抱，如纳克勒斯山脉、汉塔纳山脉等。马哈韦利河绕市区西侧、北侧、东侧缓缓流淌，市区中心有一处由稻田挖掘而成的康提湖，湖泊景色秀美，湖边上长满了热带花草树木，树木郁郁葱葱，构成天然的凉棚。

康提属热带季风气候，四季长夏，终年温暖，年平均气温为 24.5℃左右；因靠近赤道，全年温差相距不大，各月平均温度在 23.1℃—25.6℃之间。雨水充沛，年降雨量为 1840 毫米左右，受热带季风的影响，存在较为明显的干季和雨季。每年的 1—3 月为干季，降雨相对较少，但每月平均降雨量也都在 70 毫米以上。每年的 4—12 月为雨季，每月的降雨天数一般都在 15 天左右，月平均降雨量为 180 毫米左右；11 月份降雨最多，平均降雨量为 300 毫米左右。

经济

康提所处的中部山区，海拔较高，日照充足，赋予了茶叶生长的有利条件。这里是锡兰红茶的主要生产地，这里出产的高地红茶品质最高，与大吉岭红茶（印度）、阿萨姆红茶（印度）和祁门红茶（中国）并称为"世界四大红茶"。除茶叶外，这里还盛产椰子、水稻、可可、香料等。

康提是斯里兰卡中部的经济中心，工业部门主要包括纺织、家具、珠宝、砖瓦以及信息科技等。作为斯里兰卡重要的旅游目的地和世界闻名的宗教圣地，康提的旅游业在近年来也得到了迅速发展，成为国民经济的重要支柱产业。

文化

2016 年，康提的人口数量达到 11.17 万[①]。其中，僧迦罗人占到 70% 左右，摩尔人占 14% 左右，泰米尔人约占 13%，其他人口包括伯格人、马来人等。在语言方面，僧迦罗人使用僧迦罗语，泰米尔人使用泰米尔语，摩尔人和马来人使用的语言以泰米尔语为主，也使用僧伽罗语，伯格人使用英语。在宗教信仰方面，多数居民信仰佛教，其余居民信仰天主教、基督教、伊斯兰教等。

康提的节庆活动比较丰富，最为闻名的节日是为期 10 天的佛牙节，其英文拼写为 Esala Perahera，其中 Esala 是"八月份"的专有名称，Perahera 意为"游行"，因此佛牙节又被称作埃萨拉游行。此游行最始于公元前 3 世纪，原本是求神降雨的宗教仪式，直到 18 世纪中期以后，Kirti Sri Rajasinha 国王才请佛牙加入一年一度的游行，让普通民众也能够一睹佛牙的神采。随着佛牙的加入，埃萨拉游行名气倍增，现已发展成为斯里兰卡国内最盛大的节日、世界上规模最大的佛教"嘉年华"，届时会有数十万计的国内外佛教信徒和旅游者参加这一盛典。节日期间，每晚都有大象游行和歌舞表演，其中以月圆节这晚的场面最为壮观。浩浩荡荡的游行队伍由上百头大象和数千名演员（如长鞭表演者、杂技演员、乐手、鼓手、舞蹈演员等）组成，队伍之中最引人注目的是来自佛牙寺的一头"圣象"，披金戴银，珠光宝气，装饰最为华丽，背上驮负着安放佛牙的金龛。圣象以及佛牙所到之处，虔诚的人们都会双手合十，向其顶礼膜拜。

康提舞是僧伽罗族传统舞蹈中最有代表性的舞蹈派别，也是僧伽罗族的文化标志之一。因起源于古代康提王国的中央山地地区，故又称为高地舞。康提舞分为古典舞和民间舞两大类，其中古典舞以瓦纳姆舞最为著名。它主要通过模拟各种禽兽的姿态，来表现诸神的奇幻和以神话故事为主的内容。民间舞则多表现世俗生活和劳动场景，如收割舞、采茶舞、汲水舞、棍棒舞等。

康提是斯里兰卡中部地区的教育中心，拥有一所国内非常著名的佩拉德尼亚大学。该大学是斯里兰卡最古老的大学之一，被称为"斯里兰卡的清华"，拥有东南亚最好的佛学院。校内古木参天，环境优美，马哈韦利河自南向北穿过校区。学校完全开放，不但没有围墙，甚至铁路也从校园中间穿过。

康提比较注重与国外城市之间的交流与合作。2010 年，与印度的索拉普（Solapur）市建立了友好城市关系。

旅游

康提的旅游景点，虽然数量不是很多，但具有非常高的品质。佛牙寺是市内最著名的景点，以供奉佛牙舍利而闻名于世，是世界佛教信徒重要的朝圣之地。寺内大殿是供奉佛牙之所，内有石雕、木雕、象牙雕、金银饰、铜饰、赤陶等各种装饰，墙壁、梁柱、天花板上布满了精美的彩绘，堪称康提的艺术博物馆。佩拉德尼亚植物园又称皇家植物园，是斯里兰卡最大的植物园，也是亚洲最大的植物园之一，东、西、北三面为马哈韦利河所环绕，园内种植着来自亚洲、非洲、拉丁美洲和大洋洲等地的热带和亚热带植物，共4000多种，其中不乏珍奇花木，如檀香、红木、智利松、澳洲柳等。园中有一棵紫薇树，树上挂有一木牌，上书"中华人民共和国周恩来总理于1957年2月1日种植"的字样，是中斯两国友谊的良好见证。此外，康提市内的著名景点还包括康提湖、国家公园、花园寺、马山寺等。

康提的文化娱乐设施较为齐全，娱乐项目较为丰富。在康提，游客可以到康提博物馆（原为康提王国的王宫）了解康提王国的历史，可以去茶叶博物馆免费品茶、学习茶叶相关知识，可以乘坐从康提到埃拉的"山地火车"欣赏沿途的茶园美景，可以到大象孤儿院与大象进行亲密接触，也可以到康提湖俱乐部等场馆观看精彩纷呈的康提舞。

康提的特色商品种类多样，主要有锡兰红茶、宝石、木雕、漆器、铜器、蜡染、香料、大象粪便笔记本等。购物场所较多，既有大型的购物商场、超级市场，又有集贸市场、特色纪念品商店，主要包括康提购物中心、Main市场、康堤艺术协会文化中心等。

康提深受斯里兰卡饮食文化的影响，游客可以在此品尝到各种具有本土风味的特色美食，如咖喱饭、炒饼、薄饼、煎饼、椰子煲鸡汤等。另外，这里也汇聚了世界各地的美食，拥有许多印度餐厅、中餐厅、穆斯林餐厅以及各种西式餐厅。

康提的住宿设施相当齐全，既有奢华的五星级饭店，也有条件简陋的经济型饭店，可满足各层次游客的住宿需求。不过，世界知名酒店品牌的连锁酒店数量不多，只有丽晶等少数品牌在此设立连锁酒店。在高档星级饭店中，具有斯里兰卡本土风格的康提阿马亚山酒店最为著名，它是康提最好的酒店，也是斯里兰卡国内最好的酒店之一，酒店坐落于山腰之间，号称"空中宫殿""天堂花园"，在此可饱览康提全景。

康提为斯里兰卡中部地区的交通枢纽，市区内有火车站和Goods Shed长途汽车站。市内交通工具主要有出租车、公交车、嘟嘟车等。

贾夫纳

地名由来

贾夫纳，英文拼写为 Jaffna，其名称由来主要有三种说法。一说认为，Jaffna 源于泰米尔语中的 Yalpannan 一词，传说历史上有一位盲诗人取得该城统治权后，将其作为都城并命名为 Yalpannan，意为"琵琶演奏者"。一说认为，Jaffna 源于泰米尔语中的 Yalpanam 一词，意为"天琴座"，至今贾夫纳的城徽仍然是一条蛇盘的天琴。还有一说认为 Jaffna 之名是由 Yapana 演变而来，Yapana 中的 Yapa 是古代一位部落酋长的姓氏。

区位

贾夫纳是斯里兰卡北部的沿海城市，地处贾夫纳半岛西南部，位于首都科伦坡以北约 396 千米，南距康提 320 千米。城区总面积为 20.2 平方千米，是斯里兰卡的第三大城市、北方省的首府，也是斯里兰卡的印度教中心。它所在的北方省，西、北、东三面环海，东南与东方省相连，南接北中央省，西南与西北省接壤。

历史

贾夫纳的城市历史最早可追溯到 13 世纪。1215 年，来自印度的泰米尔统领者卡林加·摩伽（Kalinga Magha，1215—1236 年在位）领导军队在斯里兰卡的北部登陆，建立了贾夫纳王国（Jaffna Kingdom，1215—1624 年），将国都定于贾夫纳以南 3 千米处的纳卢尔（Nallur），与南方的僧伽罗王朝形成了南北对峙的局面，长达 400 余年。

17 世纪 20 年代，葡萄牙殖民者消灭了贾夫纳王国，开始兴建贾夫纳城，他们在城内修建了城堡、港口、天主教堂、政府大楼等设施，使之成为北方的殖民统治中心和重要的港口城市。为了稳定殖民统治秩序，葡萄牙人决定按照泰米尔人的习惯法来管理贾夫纳，并且将贾夫纳直接交由舰队司令管辖。

1658年，荷兰殖民者将葡萄牙人赶出贾夫纳，接管了对贾夫纳的统治权。他们对原来的城堡进行了扩建，并在城内修建了基督教堂和政府大楼。荷兰人采取了比葡萄牙人更为宽容的殖民政策，他们重修了许多被葡萄牙人摧毁的印度教寺庙，保留了泰米尔人的地方行政体系，甚至还把泰米尔的习惯法汇编成法典来进行司法判决。在荷兰人的统治下，贾夫纳的人口数量和城市规模得到发展，商贸港口的地位进一步巩固。

1796年，英国殖民者打败了荷兰殖民军，贾夫纳又落入了英国人的手中。英国人保留了许多荷兰统治时期的殖民政策，修筑了连接科伦坡、康提等国内重要城市公路和铁路，使贾夫纳走上了快速发展和繁荣的道路。在英国殖民统治时期，许多学校、寺庙、图书馆、博物馆纷纷落成。

1948年，斯里兰卡正式宣布独立，贾夫纳也从英国殖民者的手中解脱出来，但继之而来的却是民族内部矛盾的逐渐升级。1976年，十几个泰米尔人政党组成联合解放阵线，要求在泰米尔人聚居的东部和北部地区建立一个叫作"泰米尔伊拉姆"的独立国家。随后，一些激进分子从中分裂出来，组成泰米尔伊拉姆猛虎解放组织（简称猛虎组织），以贾夫纳半岛作为大本营，开始了独立运动。1983年7月，猛虎组织成员在贾夫纳半岛打死13名政府军士兵，成为斯里兰卡内战爆发的直接导火索。

这是一场旷日持久的内战，战争使贾夫纳的经济、社会状况日益恶化，社会发展受到极大阻碍，人民生活日益困苦。直到2009年5月18日，猛虎组织领导人被击毙后，斯里兰卡政府才正式宣布内战结束，而饱受战乱摧残的贾夫纳也开始慢慢地恢复元气。

地理

贾夫纳位于贾夫纳半岛上，林木葱郁，风景秀丽，地形较为平坦，平均海拔高度约5米。城市的西侧和南侧被贾夫纳潟湖环绕，潟湖长80千米，宽16千米，渔产资源较为丰富。潟湖周围有曼代提武岛、韦拉乃岛、卡拉提武岛等海岛和卡苏亚里纳海滩、马那尔考海滩等海滩。

贾夫纳属热带季风气候，终年高温，年平均气温为27℃左右，降雨不多，年降雨量为1270毫米左右。受季风影响，全年具有明显的干季和雨季。1—9月为干季，降雨较少；6月份降雨最少，平均降雨量仅为10毫米左右。每年的10—12月为雨季，整个雨季的降雨量占到全年总降雨量的67%左右；11月份降雨最多，平均降雨量为380毫米左右。

虽然贾夫纳多旱少雨，又无河流、湖泊，但地下水资源相当丰富。泰米尔人利用地下水，创建了复杂的井水灌溉系统。耸立在农田、排列整齐的水井吊杆，构成了贾夫纳地区独具特色的景观。

经济

贾夫纳地区以农业为主，是斯里兰卡农业高度发达的地区之一，主要种植水稻、马铃薯、洋葱、烟草、椰子、芒果等农作物。由于靠近大海，贾夫纳的海产也很丰富，尤其是对虾特别有名。这里的工业不太发达，主要有食品加工、家居用品生产、制盐等工业部门。

贾夫纳是斯里兰卡北方的一座古老城市，文化底蕴深厚，又濒临大海，拥有迷人的自然风景，是一处理想的旅游度假胜地，然而长期的战乱使这里的旅游业遭受重创。内战结束后，贾夫纳的旅游业也开始逐渐复苏。

文化

2016年，贾夫纳的人口大约为16.9万人[①]，居民绝大多数是泰米尔人，也有少量的僧伽罗人和摩尔人。居民多使用泰米尔语，主要信奉印度教，少数信奉佛教、天主教和伊斯兰教。

贾夫纳的传统节日较多，除全国性的节日（如新年、国庆节、月圆节）之外，当地较为知名的节庆包括战车节、泰米尔收获节和贾夫纳音乐节。战车节，在每年的7—8月举行，长达25天，是印度教徒纪念战神鸠摩罗的盛大节日。泰米尔收获节在每年的1月中旬举办，是印度教信徒为了感激太阳

---

① http://worldpopulationreview.com/countries/sri-lanka-population/major-cities-in-sri-lanka，查阅日期：2016年3月9日。

神苏里耶赐予丰收的节日。贾夫纳音乐节每两年举办一次，通常是在奇数年的3月举行，在节日当天会表演各种各样的民族歌曲和舞蹈。

贾夫纳是斯里兰卡北部的教育中心，当地最为著名的大学为贾夫纳大学。该大学始建于1974年，最初为斯里兰卡大学的第六个校区，1979年成为一所独立的公办大学。它是斯里兰卡规模较大的一所大学之一，也是泰米尔人的最高学府。

旅游

贾夫纳的旅游资源较为丰富，既有文化深厚的人文景观，也有风景迷人的自然景观。康德萨米神庙是贾夫纳最著名的印度教寺庙，也是斯里兰卡最重要的印度教寺庙之一；庙内供奉的是战神鸠摩罗，是一年一度的战车节的主要举办地。贾夫纳城堡是贾夫纳的城市标志，承载了深深的历史记忆。城堡在内战中损毁严重，后经历了重新整修，不过重修后的城墙依然是一派断壁残垣的景象。站在城墙上，可以观赏潟湖美景。卡苏亚里纳海滩是贾夫纳最著名的海滩，因沙质洁白细软而驰名于世。此外，贾夫纳比较著名的景点还包括娜迦神庙、佩德罗角、马那尔考海滩等。

贾夫纳的娱乐项目较为丰富，游客可到贾夫纳考古博物馆了解贾夫纳的历史文化以及泰米尔人的生活风俗，或到冲迪库拉姆动物保护区观赏鸟类，可到佩德罗角去欣赏晚霞，或到海滩体验海水浴、日光浴或沙浴等娱乐活动。在娱乐之余，游客还可以购买到当地的一些特产商品，如海产品、棕榈制品、纺织品、珠宝、雪茄、咖啡、茶叶、姜油等。

在贾夫纳，游客不仅可以品尝到地道的泰米尔风味食品，而且可以品尝到美味可口的海鲜。特色美食包括咖喱饭、椰肉蒸饭（将米饭与椰肉混合后，在竹筒里蒸熟）、蒸米粉、炸豆饼、米糕、贾夫纳冰淇淋、椰奶等。

贾夫纳的住宿设施数量不及科伦坡、康提等城市，高星级酒店数量偏少，世界知名酒店品牌中，没有一家在此设立连锁酒店。

贾夫纳的交通较为便利，拥有帕拉里机场、贾夫纳火车站、中央汽车站和海上公路。市内交通工具主要有嘟嘟车、公交车、自行车等。

参考文献

著作

王胜三、陈德正主编:《一带一路列国志》,人民出版社 2015 年版。

邵献图:《外国地名语源词典》,上海辞书出版社 1983 年版。

刘伉:《环球地名初探》,百花文艺出版社 2009 年版。

王际桐:《世界地名与民俗漫谈 (亚洲卷)》,辽宁人民出版社 1993 年版。

刘伉:《外国地名探源》,星球地图出版社 1998 年版。

黄蔚薇:《国外旅游名城气候纵览》,气象出版社 2013 年版。

寒江雪:《亚洲最美的 60 座名城》,北京工业大学出版社 2010 年版。

舒醒等:《亚洲世界遗产》,华南理工大学出版社 2009 年版。

廖春敏:《世界文化与自然遗产 (上)——亚洲》,内蒙古大学出版社 2010 年版。

刘稚:《纵览两岸今昔》,云南民族出版社 2004 年版。

卫杰文:《中学地理教师手册·资料部分》,上海教育出版社 1983 年版。

黄峻菠:《世界地理 .com》,安徽文艺出版社 2009 年版。

昆明市对外贸易经济合作局:《昆明外经贸大全》,云南美术出版社 2005 年版。

朱耀廷:《亚非文化旅游》,北京大学出版社 2006 年版。

探索发现丛书编委会:《探索发现丛书·闻名世界的浪漫岛屿》,四川科学技术出版社 2013 年版。

万象文画编写组:《世界最有魅力 101 个浪漫城市》,内蒙古人民出版社 2009 年版。

章青青等:《100 个国家的 100 处迷人地方》,浙江少年儿童出版社 2009 年版。

郑怀义等:《世界各国首都大全》,北京出版社 1991 年版。

王建中:《云南边境经济贸易全书》,云南人民出版社 1993 年版。

高秋福:《亚洲情脉漫追叙》,新华出版社 2012 年版。

于淼:《图说世界著名城市》,吉林出版集团有限责任公司 2012 年版。

王长海等:《世界名城 100 座》,甘肃人民出版社 1984 年版。

陈瑞云:《大学历史词典》,黑龙江人民出版社 1988 年版。

罗克平:《行走旅途——全球值得一游的 N 处》,三联书店 2013 年版。

看图走天下丛书编委会:《走进世界著名海港》,世界图书出版公司 2009 年版。

北京未来新世纪教育科学研究所:《舞蹈知识探讨》,远方出版社 2006 年版。

钱昆等:《天地趣闻》,湖南教育出版社 1994 年版。

王贵桓:《世界名胜》,黑龙江科学技术出版社 1984 年版。

楼培敏:《世界文化遗产图典》,上海文化出版社 2002 年版。

澳大利亚 Lonely Planet 公司:《孤独星球旅行指南系列:东南亚》,中国地图出版社 2014 年版。

澳大利亚 Lonely Planet 公司:《孤独星球旅行指南系列:越南、老挝、柬埔寨和泰国北部》,中国地图出版社 2014 年版。

日本大宝石出版社:《走遍全球——东南亚》,中国旅游出版社 2012 年版。

上海市中国旅行社:《东南亚四国导游手册》,东方出版中心 2000 年版。

APA Publications :《东南亚》,中国水利水电出版社 2001 年版。

李志雄等:《一江五国游》,云南人民出版社 2005 年版。

小重山:《背包东南亚——越南、柬埔寨、泰国》,经济管理出版社 2012

年版。

王颖等:《越南、柬埔寨、老挝》,中国大百科全书出版社 2008 年版。

刘必权:《世界列国志——越南、老挝、柬埔寨》,福建人民出版社 2004 年版。

徐绍丽等:《列国志——越南》,社会科学文献出版社 2009 年版。

澳大利亚 Lonely Planet 公司:《孤独星球旅行指南系列:越南》,中国地图出版社 2014 年版。

日本大宝石出版社:《走遍全球——越南》,中国旅游出版社 2013 年版。

马树洪等:《列国志——老挝》,社会科学文献出版社 2009 年版。

澳大利亚 Lonely Planet 公司:《孤独星球旅行指南系列:老挝》,中国地图出版社 2014 年版。

日本大宝石出版社:《走遍全球——老挝》,中国旅游出版社 2014 年版。

李晨阳等:《列国志——柬埔寨》,社会科学文献出版社 2010 年版。

澳大利亚 Lonely Planet 公司:《孤独星球旅行指南系列:柬埔寨》,中国地图出版社 2014 年版。

日本大宝石出版社:《走遍全球——柬埔寨和吴哥寺》,中国旅游出版社 2015 年版。

奥亚斯等:《百地福旅游指南——柬埔寨》,当代世界出版社 2002 年版。

刘美凤:《柬埔寨——金边耀眼的地方》,广西民族出版社 2006 年版。

田禾等:《列国志——泰国》,社会科学文献出版社 2010 年版。

澳大利亚 Lonely Planet 公司:《孤独星球旅行指南系列:泰国》,中国地图出版社 2015 年版。

日本大宝石出版社:《走遍全球——泰国》,中国旅游出版社 2013 年版。

罗斯静:《泰国旅游指南》,广东省地图出版社 1999 年版。

叶同:《微笑的国度——泰国风情之旅》,云南人民出版社 2005 年版。

贺圣达等:《列国志——缅甸》,社会科学文献出版社 2009 年版。

澳大利亚 Lonely Planet 公司:《孤独星球旅行指南系列:缅甸》,中国地图出版社 2014 年版。

日本大宝石出版社:《走遍全球——缅甸》,中国旅游出版社 2013 年版。

戴志坚:《佛塔之国——缅甸》,中国电力出版社 2009 年版。

刘建:《列国志——孟加拉国》,社会科学文献出版社 2010 年版。

张汝德:《当代孟加拉国》,四川人民出版社 2003 年版。

朱在明等:《列国志——不丹》,社会科学文献出版社 2010 年版。

澳大利亚 Lonely Planet 公司:《孤独星球旅行指南系列:不丹》,中国地图出版社 2014 年版。

多杰·旺姆·旺楚克:《秘境不丹》,九州出版社 2011 年版。

叶孝忠:《不丹——佛光温暖的国度》,广东旅游出版社 2012 年版。

王宏纬:《列国志——尼泊尔》,社会科学文献出版社 2010 年版。

澳大利亚 Lonely Planet 公司:《孤独星球旅行指南系列:尼泊尔》,中国地图出版社 2014 年版。

日本大宝石出版社:《走遍全球——尼泊尔》,中国旅游出版社 2013 年版。

孙士海等:《列国志——印度》,社会科学文献出版社 2010 年版。

澳大利亚 Lonely Planet 公司:《孤独星球旅行指南系列:印度》,中国地图出版社 2014 年版。

日本大宝石出版社:《走遍全球——印度》,中国旅游出版社 2013 年版。

杨翠柏等:《列国志——巴基斯坦》,社会科学文献出版社 2010 年版。

陆水林:《巴基斯坦》,重庆出版社 2004 年版。

杨士龙等:《叩开巴基斯坦神秘之门》,世界知识出版社 2003 年版。

王兰:《列国志——斯里兰卡》,社会科学文献出版社 2010 年版。

澳大利亚 Lonely Planet 公司:《孤独星球旅行指南系列:斯里兰卡》,中国地图出版社 2013 年版。

日本大宝石出版社:《走遍全球——斯里兰卡》,中国旅游出版社 2014 年版。

何道隆:《当代斯里兰卡》,四川人民出版社 2000 年版。

江勤政:《印度洋明珠——斯里兰卡》,上海锦绣文章出版社 2010 年版。

论文

农立夫:《河内小史》,《印支研究》1982 年第 1 期。

张维:《走进河内》,《今日国土》2003 年第 Z3 期。

杨然:《越南华侨华人文化的中心——胡志明志华侨华人文化浅析》,《东南亚纵横》2014 年第 12 期。

黄敏:《越南第一大城市——胡志明市》,《东南亚》1992 年第 1 期。

蔡文枞:《老挝的行政区划演化》,《东南亚》1987 年第 1 期。

马树洪:《老挝首都万象市》,《东南亚》1992 年第 3 期。

李平:《初识琅勃拉邦》,《东南亚南亚信息》1999 年第 24 期。

李达:《老挝历史名城——琅勃拉邦》,《东南亚纵横》1986 年第 2 期。

王忠田:《柬埔寨的首都——金边》,《国际瞭望》1991 年第 22 期。

焦虎三:《暹粒:众神的微笑》,《西部广播电视》2008 年第 4 期。

邓美:《春天的狂想曲——西哈努克港》,《科学大观园》2008 年第 2 期。

王忠田:《柬埔寨的重要战场——马德望》,《国际瞭望》1990 年第 4 期。

达达 ZEN:《马德望的竹车来了》,《南方人物周刊》2011 年第 29 期。

王明琨、陆学志、晓鸣:《曼谷沧桑二百年》,《世界知识》1982 年第 8 期。

贺圣达:《孟莱王建都清莱的历史功绩和兰那(八百媳妇)的历史发展》,《东南亚南亚研究》2013 年第 2 期。

青岛市外办:《泰国清迈府》,《走向世界》2010 年第 23 期。

徐成龙:《泰国清迈经济发展见闻》,《东南亚》1989 年第 12 期。

中国地名编辑部:《从仰光迁内比都缅甸政府为何迁都成难解迷团》,《中国地名》2011 年第 11 期。

陈协川、胡善美:《东南亚名城——仰光》,《东南亚南亚信息》1995 年第 8 期。

鲜丽霞:《曼德勒华人的语言生活》,《东南亚研究》2008 年第 1 期。

许清章:《缅甸历史文化名城——曼德勒》,《东南亚》2004 年第 2 期。

马维光:《尼泊尔佛教的亮点(上)》,《南亚研究》2007 年第 2 期。

定慧:《蓝毗尼简史》,《法音》2000 年第 7 期。

肖艳:《不朽之城瓦拉纳西》,《民族论坛》2005 年第 7 期。

宗辑:《巴基斯坦之心——拉合尔》,《决策与信息》2013 年第 4 期。

鲍佛恩:《海岛佛国——斯里兰卡古城康提印象》,《中国宗教》2004 年第 6 期。

E. 容根斯、柯文 :《斯里兰卡的泰米尔人问题》,《民族译丛》1985 年第 2 期。

网站

维基百科，https : //en.wikipedia.org

维基旅行，http : //wikitravel.org

百度百科，http : //baike.baidu.com

读秀，http : //www.duxiu.com

马蜂窝，http : //www.mafengwo.cn

携程，http : //you.ctrip.com

谷歌地图，http : //www.google.cn/maps

■ 主 编　王胜三　陈德正

一带一路名城志

丝绸之路经济带中线国家卷

人民出版社

加强地名文化建设　服务国家重大战略

（丛书序言）

民政部副部长　宫蒲光

文化是一种精神、一种信念，是民族的血脉，是人民的精神家园。当今世界，文化在综合国力竞争中的地位和作用日趋凸显，增强中华文化国际影响力的要求更加紧迫。党的十八大提出了建设社会主义文化强国的战略目标，强调要推动社会主义文化大发展、大繁荣。党的十八届三中全会强调，要坚持中国特色社会主义文化发展道路，培育和践行社会主义核心价值观。习近平总书记高度重视中华传统文化，在中央城镇化工作会议、中央政治局集体学习以及在调研时多次强调，要保护好历史文化遗产，传承历史文脉。李克强总理在 2015 年的政府工作报告中专门强调要"保护和传承历史、地域文化"，这些充分体现了文化在国家"五位一体"总体布局中的重要位置。

地名是传统文化的见证和载体。地名记录着人类的历史、民族的融合、环境的变化、社会的发展。地名文化内涵丰富，源远流长，既是国家的重要历史遗产，也是五千年中华文脉不可或缺的组成部分，在社会主义文化建设中具有重要地位和作用。在新形势下，加强地名文化建设，既是促进社会主义文化大繁荣、发展社会主义先进文化的重要举措，也是传承和弘扬中华文化、增强国家文化软实力、提高国民对中华文化认同感和自豪感的重要途径。

当前，在党中央、国务院的高度重视下，地名文化工作迎来了繁荣

发展的美好春天。地名文化建设是一项基础性、长远性的文化工作，要始终坚持"三项原则"：一要坚持保护传承与创新发展并重。保护传承与创新发展相辅相成，不可偏废，要坚持继承传统与创新发展的有机统一，在继承中创新，在创新中发展。既要在推进地名标准化的过程中做好地名文化遗产保护工作，坚持"地名要保持相对稳定"的原则，慎重更名；又要通过有效措施，深入挖掘符合时代发展要求的文化内容，提高新生地名的文化含量和文化品位，保证中国特色地名文化健康发展。二要坚持社会效益与经济效益双赢。地名文化事业具有很强的公益性，发展地名文化要把社会效益放在首位，特别是对有偿命名问题，要慎重对待，坚守健康文化和社会效益底线，确保地名文化的传承和发展。同时又要适应社会主义市场经济要求，大力发展地名文化产业，努力做到社会效益和经济效益双丰收。三要坚持理论研究与工作实践兼顾。当前，我们正在按照国务院要求开展第二次全国地名普查。各地要抓住普查之机，认真开展地名文化资源调查、挖掘、整理和研究工作，运用多种方式，宣传弘扬好地名文化，真正使地名文化建设接地气、聚人气、见实效；要及时总结地名文化建设实践经验，深入探索地名文化建设规律，充分发挥专家、学者的作用，专题研究地名文化出现的新情况、新问题，为地名文化发展提供理论支撑。

地名文化建设是地名工作的重要组成部分，要紧紧围绕中心、服务大局，重点抓好"三个关键"：一要抓好地名文化服务工作。文化是地名工作的灵魂，服务是地名工作的目的。地名文化建设要紧密围绕国家中心工作和重点任务，积极开展工作，主动作为。要积极研究丝绸之路沿途地名文化，强化丝绸之路地名考证、认定和发布工作；要围绕抗日战争胜利纪念日开展红色地名研究、认定等工作。逐步形成百花齐放的良好局面，共同挖掘、传承地名文化，为国家重大战略实施和经济社会发展服好务。二要抓好地名文化遗产保护工作。历史地名往往有着非常厚重的文化积淀，承载着优秀的文化基因。要按照中央提出的"望得见山、看得见水、记得住乡愁"的要求，按照习近平总书

记关于解决"热衷于起洋地名、乱改历史地名"问题的重要指示，进一步做好"乡愁"这篇地名文化建设文章，深入开展"大洋古怪重"等地名乱象整治，构筑《地名文化遗产重点保护名录》制度，建立地名文化遗产数据库，健全地名文化评价标准体系，深入推进"千年古县"等地名文化遗产认定工作，使地名文化遗产得到分类、分级和分层保护。三要抓好地名文化发展平台建设。要进一步密切与中央主流媒体合作，着力搭建地名文化发展平台。要积极发挥高等院校、科研机构、社会组织等在推动地名文化建设方面的作用，形成社会各界关心、支持地名文化建设的良好氛围。

近年来，民政部将地名文化放在重要位置，开展了"千年古县"等地名文化遗产认定工作，在编撰图录典志、出版影视媒介等方面积极实践，深入探索，取得了可喜成绩。最近，为进一步推进"一带一路"地名文化建设，隆重纪念中国人民抗日战争胜利暨世界反法西斯战争胜利70周年，地名研究所精心编辑了"一带一路"地名文化系列丛书和红色地名文化系列丛书，这批书籍的出版既是近年来地名研究所科研成果的展示，也是普及地名文化知识、了解地名文化历史和"一带一路"战略的一个窗口。我相信，这批书籍的出版对于弘扬地名文化，加强对党和国家重要战略决策的理解将起到见微知著的促进作用。

出版说明

2013年9月和10月，习近平总书记在访问中亚和东南亚国家期间，先后提出建设"丝绸之路经济带"和"21世纪海上丝绸之路"（简称"一带一路"）的战略构想。2015年3月，经国家授权，国家发展和改革委员会、外交部和商务部联合发布《推动共建丝绸之路经济带和21世纪海上丝绸之路的愿景与行动》，提出"一带一路"建设是一项系统工程，要坚持共商、共建、共享原则，积极推进沿线国家发展战略的相互对接。"一带一路"战略致力于加强亚欧非大陆与相关海域的互联互通，建立和加强沿线各国的互联互通伙伴关系，构建全方位、多层次、复合型的互联互通网络，实现沿线各国多元、自主、平衡、可持续的发展。共建"一带一路"符合当今世界经济全球化、政治多极化和文化多样化的趋势，是当代中国提升国际影响力、提升人民福祉的重大战略举措。

民政部、文化部、住房和城乡建设部、工业和信息化部等多个部门提出《"一带一路"文化遗产保护与传承重点专项动议》。为响应贯彻国家"一带一路"战略，做好"一带一路"沿线文化遗产保护工作，促进文化交流，民政部组织力量编撰"一带一路"地名文化系列丛书，旨在服务于国家的"一带一路"战略，普及"一带一路"沿线著名国家和城市的相关知识，以促进社会对"一带一路"战略的认知和"一

带一路"沿线著名城市的了解。《一带一路名城志》是本丛书继《一带一路列国志》之后的又一成果，全书共分为 5 册，所涉城市分别属于丝绸之路经济带北线国家、丝绸之路经济带中线国家、丝绸之路经济带南线国家、21 世纪海上丝绸之路西线国家和 21 世纪海上丝绸之路南线国家。在具体介绍每一个城市时，首先以地名学研究为切入点，说明该城市的地名由来及其演变过程；然后从区位、历史、地理、经济、文化和旅游等 6 个方面进行全方位的展现。

王胜三、陈德正、宋久成、张清华设计制作本套丛书的整体架构和每一个城市条目的内容格式，陈德正组织协调编撰人员及进度。本书所涉著名城市共有 55 个，属于陆丝中线的 20 个国家，分别为吉尔吉斯斯坦、塔吉克斯坦、乌兹别克斯坦、土库曼斯坦、阿富汗、伊朗、阿拉伯联合酋长国、卡塔尔、巴林、科威特、伊拉克、约旦、叙利亚、以色列、巴勒斯坦、黎巴嫩、格鲁吉亚、阿塞拜疆、亚美尼亚和土耳其。具体编撰分工如下（按作者姓氏拼音排序）：李博豪负责吉尔吉斯斯坦、塔吉克斯坦、乌兹别克斯坦、土库曼斯坦、阿富汗等国家的所有城市；孟秋莉负责伊朗、阿拉伯联合酋长国、卡塔尔、巴林、科威特、伊拉克、约旦、叙利亚、以色列、巴勒斯坦、黎巴嫩等国家的所有城市；张剑锋负责格鲁吉亚、阿塞拜疆、亚美尼亚和土耳其等国家的所有城市。高宁参与了文字整理工作。由刘志聪对本书所有条目进行逐一修改、整理，并与孟秋莉完成统稿工作。

在本书编著过程中，我们参考了相关的政策文件、地图资料以及文字资料，力求内容准确和数据严谨。同时，"一带一路"战略在不断发展，沿线所涉及国家及相关数据也处在变动中，我们将根据情况适时调整修订。虽然我们已尽全力，但是书中难免出现错误和疏漏，还请广大读者不吝指正。希望本书的出版，能够为"一带一路"战略的宣传和实施，尽一份绵薄之力。

目 录

吉尔吉斯斯坦

吉尔吉斯斯坦，全称为吉尔吉斯斯坦共和国。该国是位于中亚东北部的内陆国家，北和东北接哈萨克斯坦，南邻塔吉克斯坦，西南毗连乌兹别克斯坦，东南和东面与中国接壤。国土面积为 19.99 万平方千米（90%在海拔1500 米以上），截至 2016 年，总人口为 596.69 万人[①]。全国划分为 7 州 2 市，包括楚河州、塔拉斯州、奥什州、贾拉拉巴德州、纳伦州、伊塞克湖州、巴特肯州，首都比什凯克和常常被称作"吉尔吉斯斯坦的南方之都"的奥什市。国内主要城市有比什凯克、奥什、卡拉科尔等。

比什凯克

地名由来

比什凯克是吉尔吉斯斯坦族人自古以来对该市的称呼，其吉尔吉斯斯坦语的意思是"搅拌马奶的棒子"。它在历史上是丝绸之路上的一座古城，是古代重镇和中亚名城。

[①] http://worldpopulationreview.com/countries，查阅日期：2016年5月6日。

区位

比什凯克坐落在美丽富饶的楚河河谷，南靠天山支脉吉尔吉斯斯坦山，面积约 130 平方千米，其中城区面积 123 平方千米，是吉尔吉斯斯坦共和国的首都，全国的政治、经济、文化、科技中心。

历史

比什凯克是一座拥有 100 多年历史的古城，始建于 1864 年，当时是浩罕国要塞，后为沙俄要塞，1878 年建市。俄国人将该地称为必茨伯克，1926 年吉尔吉斯斯坦加入苏联，成为其中一个加盟共和国——吉尔吉斯斯坦苏维埃社会主义共和国，比什凯克随即成为此加盟共和国首府，为纪念在吉尔吉斯斯坦出生的苏联和吉尔吉斯斯坦共产党军事家米哈伊尔·伏龙芝，当地政府将比什凯克改称为伏龙芝。随着吉尔吉斯斯坦于 1991 年脱离苏联独立，吉尔吉斯斯坦政府于同年 2 月 7 日恢复比什凯克的地名。

地理

比什凯克坐落在共和国北部吉尔吉斯斯坦阿拉套山山麓，楚河盆地中央，海拔 750—900 米，阿拉—阿尔恰河、阿拉米丁河和楚河大渠穿城而过。

比什凯克属大陆性气候，夏季干燥炎热，7 月最高气温达到 40℃以上，冬季平均气温为 –7℃左右，全年平均气温不超过 10℃，全年降水量约为 400 毫米。受气候影响，该市阳光充足，平均一年当中有多达 322 个晴天，日照将近 2590 个小时。

比什凯克号称是中亚绿化最美的城市。整个城市就像一个大公园，又高又粗的大树在街道上比比皆是，不经意间会发现小松鼠寻觅果实的踪影。一些外地游客喜欢在林间拍照，林间小道上随处能看到年轻的夫妇带着孩子徜徉其中，沐浴着暖洋洋的阳光。

比什凯克下设四个区，即五一区、列宁区、十月区和斯维尔德洛夫区。

截至 2016 年，比什凯克的人口数量约 90 万①，主要为吉尔吉斯斯坦人和俄罗斯人，其余为乌克兰人、鞑靼人、维吾尔人、乌兹别克人等。

经济

比什凯克是吉尔吉斯斯坦最大的工业中心，主要工业部门有机器制造和金属加工工业、轻工业、食品工业、电力工业等。另外，该市还盛产黄金和羊毛制品。该市的商业也比较发达，梅赛德斯—奔驰、丰田、起亚汽车、联邦快递、DHL、UPS、LG 电子、三星、利是美烟草公司、可口可乐及其他大型国际公司都在该市设立了办事处。

随着经济的发展，比什凯克的全国结算体系已经形成。银行系统包括了 21 家与国外银行有往来关系的银行，其中几家银行还被纳入 VISA 和 EUROPAY（欧陆卡）等国际支付体系中。

为进一步吸引国际投资，比什凯克努力优化本市的投资环境，在市区内设有一个自由经济区，有单独的海关和注册管理机构，实行封闭式管理。在自由经济区注册的外资企业进口货物时，免征增值税、消费税和其他税费。出口货物，仅需缴纳出口报关货值 1%—2% 的"提供税收优惠服务费"，而且出口手续非常简单，只要在海关办理登记就行了，不受出口配额和许可证的限制。

文化

比什凯克比较重视文化发展，市内文化机构林立。图书馆、文化宫、剧院、博物馆等一应俱全。其中大型图书馆有国家图书馆、科学院图书馆和少年图书馆，博物馆有共和国历史博物馆、造型艺术馆等，剧院有国家模范歌剧芭蕾舞剧院、国家模范话剧院、俄罗斯话剧院、木偶剧院和马戏剧场以及音乐馆等，这些建筑门前一般都有广场、花圃、雕塑、喷泉，构成一幅幅城市风景画。

吉尔吉斯斯坦人崇尚绘画艺术，特别是对马有着特殊的情感，许多绘画题材都是以马为素材创作的。21 世纪以来，该国的绘画已经步入市场，许多名家的作品在比什凯克画廊都能寻到。

---

① http：//worldpopulationreview.com/countries/kyrgyzstan-population/major-cities-in-kyrgyzstan/，查阅日期：2016年5月6日。

比什凯克还集中了吉尔吉斯斯坦主要的教育、科研机构。该市的高等学校主要有吉尔吉斯民族大学、比什凯克人文大学、比什凯克工学院、比什凯克俄罗斯语言文学师范学院等。吉尔吉斯斯坦国立民族大学和比什凯克人文大学自建校以来为国家培养出大批政治活动家、著名学者和其他不同专业的优秀建设人才，并同中国很多高校如新疆师范大学、中南民族大学等有合作办学协议和交流。

旅游

比什凯克市旅游资源丰富，著名的旅游景点有阿拉套广场、胜利广场、邓小平大街等。

阿拉套广场是城市的主要景点之一，每年独立日等重大国家和民族节日，这里都要举行庆典活动。广场北侧是国家历史博物馆，广场西侧则是吉尔吉斯斯坦议会大厦。位于楚河大街和玛纳斯大街西北侧的国家音乐厅坐落在比什凯克市又一重要建筑群的中心。国家音乐厅对面矗立宏伟的苏联建筑是比什凯克市政厅，音乐厅后面则是吉尔吉斯民族大学所在地，它是吉尔吉斯斯坦的主要高等教育学府之一。

胜利广场由三尊雕塑组成，主要反映的是吉尔吉斯斯坦参加二战的情况。在广场中心，三个巨大的弯拱将花环高擎于碧空，地上是燃烧着的长明火，一个母亲雕塑，戴着头巾，形象仿佛中国北方的妇女，她右手托着个碗，神态安详，目光中隐含着胜利的信念和对亲人的期待；左边的雕塑，两个大人和两个孩子，其中一个大人肩扛着小女孩，充满胜利的欢乐；右边是一对机枪手的雕塑，一扛枪筒，一背枪轮，提着子弹箱。

邓小平大街位于比什凯克西部，长 3.5 千米、宽约 25 米，有双向 6 条车道。大街东端，矗立着一座 2 米多高的红色花岗岩纪念碑。以邓小平名字命名这条街的想法是 1996 年 6 月由时任比什凯克市长、吉尔吉斯斯坦著名经济学家西拉耶夫提出来的，其目的是昭示吉尔吉斯斯坦以中国为榜样，走有自己特色的改革开放之路。

比什凯克有很多富有地方特色的美食，比如抓饭、烤包子、焖肉、牛肉汤等。比什凯克的居民比较喜好砖茶、绿茶、红茶。喝茶时一般搭配一些干果、甜食等。

比什凯克是重要的交通枢纽。铁路直达莫斯科、伊尔库茨克、塔什干、贾拉拉巴德、塞米巴拉金斯克、雷巴奇耶等城市。航空运输发展迅速，连接莫斯科、圣彼得堡、新西伯利亚、基辅、塔什干、阿拉木图等 50 多个城市。公路交通四通八达，首都同各州首府和区中心都通长途汽车，市内有公共汽车、电车、出租车、私人小车等，城市交通很方便。

奥　什

地名由来

当地民间传说，公元前 4 世纪，远征至此的马其顿王国的亚历山大感觉非常满意，便随口说了一句"够了"，当地人便以这句话的发音命名这座城市为"奥什"。城市有至少 3000 年的历史，并且从 1939 年开始就是奥什州的行政中心。

区位

奥什位于吉尔吉斯斯坦南部的费尔干纳盆地东南端，阿克布拉河出山口附近，面积约 18.5 平方千米，距首都比什凯克 300 千米，是吉尔吉斯斯坦第二大城市，奥什州的首府，常常被称作"吉尔吉斯斯坦的南方之都"。奥什经中吉边境伊尔克什坦口岸与新疆喀什相连，公路里程 460 千米，互联互通建设良好，已成为中国商品输往中亚各国的重要集散地。

历史

奥什是一座古城，早在西汉武帝时，就已出现在史籍记载中。汉武帝为了获得大宛的良种马——汗血宝马，曾派大将李广利两次远征大宛，迫使大宛献出良马，李广利也因功被封为"贰师将军"，有学者说奥什应该为贰师城，但是大部分学者更倾向于奥什为郁成城。公元 8 世纪这里就已成为丝绸之路上一个以丝绸生产和加工中心而闻名于世的城市，这条著名的贸易线路由喀什穿越阿赖山脉向西抵达奥什。现在奥什已经成为帕米尔高速公路的起点，这条高速公路穿越了帕米尔山脉，终点到达塔吉克斯坦城市霍罗格。

该城后来在长时间内属中国清朝，清代文献中的鄂斯即是该地。后以一系列不平等条约割让并入俄罗斯帝国，并于1876年被俄罗斯帝国正式吞并，当时俄罗斯帝国在所谓的"大博弈"中已经击败了中亚所有的汗国，这场大博弈是大英帝国和俄罗斯帝国为争夺中亚的统治权而进行的一场竞争。

1919年新成立的俄罗斯苏维埃联邦社会主义共和国境内建立了卡拉吉尔吉斯斯坦自治州，奥什当时是这个自治州的一部分。

1990年，在苏联对中亚的统治行将结束前，奥什及其郊区出现了血腥的民族冲突，吉尔吉斯斯坦人和乌兹别克人之间相互攻击，导致约1000人死亡。

2000年10月吉尔吉斯斯坦庆祝奥什建城3000周年时，阿卡耶夫总统发布《关于奥什地位的命令》，明确将奥什市定为共和国第二首都。10月5日是奥什的城市纪念日。

地理

奥什属大陆性气候，夏季炎热，春秋湿润，冬季较冷。春季和初夏降水最多，达全年的70%，仲夏以后进入干旱期。山前地带的气候带有半荒漠的特点，夏季燥热，冬季温度不是很低，大部分地区全年降水量为600毫米。在这样的气候条件下可种植棉花和石榴、无花果等喜温作物和果类，各地的种植业几乎全需要灌溉。山区的气候和降水情况因海拔高度不同而有明显差异。

奥什水资源丰富，以高山冰雪消融为水源的河流很多，其中有些是季节性河流，卡拉达里亚河是该州最大的河流。境内有大量高山湖泊和冰川，河谷地区地下水特别丰富。

奥什是一个多民族混居的城市，人口数量约为20万（2016年）[1]，主要由吉尔吉斯斯坦、乌兹别克、俄罗斯、塔吉克和其他小民族组成。

经济

该城市的工业基础主要建立于苏联时期，而在苏联解体之后，城市的工业开始走向衰败，直到现在，城市的工业才开始逐渐复苏。奥什的工业部门

---

[1] http://worldpopulationreview.com/countries/kyrgyzstan-population/major-cities-in-kyrgyzstan/，查阅日期：2016年5月6日。

主要包括电力工业、机械制造工业等，轻工业的主要部门有净棉、棉纺、丝织、缫丝等。奥什的主要农业部门是种植业，播种的作物以谷物为主。就产值而言，经济作物棉花和烟草占有更重要的位置，棉田分布在阿赖山的山前地带。谷类作物中播种面积最多的为小麦，其他谷物有玉米、大麦和水稻。

旅游

奥什是一个充满活力的城市，有中亚所有城市当中最大和最拥挤的露天市场。

城市有许多纪念碑，其中就有阿赖女王库尔曼江·达特卡（1811—1907 年，称为阿赖女王或者南部女王，抵抗沙俄侵略的英雄人物）纪念碑和在原苏联地区少量保留的列宁雕像。当地的一座俄罗斯东正教教堂在苏联解体后重新开放，而吉尔吉斯斯坦最大的清真寺（位于巴扎旁边）——建于 16 世纪的拉巴特·阿布杜勒汗清真寺也可以在奥什找到。吉尔吉斯斯坦唯一的世界遗产苏莱曼山提供了一个俯瞰奥什城市及郊区全貌的最佳观测点。在苏莱曼山的一个山洞里有一个博物馆，包括考古、地理和历史文物的藏品以及关于当地动、植物信息的藏品。

交通运输事业有较大发展。十月革命前，奥什地区交通闭塞，只有兽力车行驶的土路和崎岖的山路。20 世纪初，开采煤矿，铺设了窄轨铁路和铁路支线。最初几个五年计划期间，戈尔恰科沃—克兹尔基亚、卡拉苏—奥什、乌奇科尔贯—塔什库米尔等铁路支线建成交付运营。公路交通比较发达，公路总长 2458 千米，其中硬路面公路 926 千米。主要干线有：比什凯克—奥什、奥什—霍罗格、奥什—克留克塔公路。航空线把奥什同共和国内外许多城市连接了起来，奥什机场是吉尔吉斯斯坦两大国际航空港之一。

卡拉科尔

地名由来

"卡拉科尔"被东干人称为"哈儿湖"，意思是"黑湖"。

区位

卡拉科尔是吉尔吉斯斯坦东部城市，伊塞克湖州的首府所在地，距离首都比什凯克 380 千米，也是吉尔吉斯斯坦第四大城市。

历史

1869 年 7 月 1 日，这里开始建立俄国军事哨所。19 世纪后期，随着探险家进入吉尔吉斯斯坦的这一地区后，大量来自中国的东干人随之进入。1888 年 10 月 20 日，俄国探险家尼古拉·米哈伊洛维奇·普热瓦利斯基病逝于卡拉库尔。1939 年 5 月 31 日，为纪念普尔热瓦尔斯基，卡拉科尔市更名为普尔热瓦尔斯克。1991 年苏联解体后，复名卡拉科尔。

地理

卡拉科尔位于伊塞克湖湖畔，平均海拔 1745 米。从地图上看，卡拉科尔城是吉尔吉斯斯坦最靠近中国边界的小城。2016 年，人口约 70100 人[①]，主体民族为东干族。

经济

十月革命前经济落后，以手工业为主。现在是吉尔吉斯斯坦重要的工业中心，主要工业有机器制造、食品、轻工、木材加工和建材工业企业。为进一步促进经济的发展，1994 年，政府建立卡拉科尔自由经济区，主要贸易伙伴是中国和俄罗斯。

文化

卡拉科尔文化教育机构齐全。市内有师范学院和医学、农业、音乐等中等专业学校、普通教育学校以及图书馆、俱乐部、电影院、医院等文教卫生设施。卡拉科尔的居民主要信仰伊斯兰教，市内有很多伊斯兰教建筑

---

① http://worldpopulationreview.com/countries/kyrgyzstan-population/major-cities-in-kyrgyzstan/，查阅日期：2016年5月6日。

物。从中国移民于此的东干人和当地人相处得非常融洽。东干人不仅适应当地的一些穆斯林风土民情，而且还将中国回族文化中的习俗、语言保留下来。如喜食面食，仍用筷子吃饭，食品也保留原来名称，如莲花白、黄瓜、凉粉、卤面、面片儿、馍馍、胡椒等。大多数东干人都讲汉语，语调中仍有纯朴浓重的陕西、甘肃方言和一些北方汉语成分。结婚时讲究嫁妆、彩礼、闹新房。

旅游

卡拉科尔是开启天山之旅的起点，游客可以从这里进入天山的南部和东部，是兴世闻名的徒步旅游、滑雪、山地自行车之地。这座城市因一系列的旅游景点而备受青睐，其中最具名气的是东干清真寺，是由中国艺术家为当地的东干族建立的木制清真寺，建造于 1907—1910 年。这里还有一座地区博物馆，以收藏和展出伊塞克湖岩画、塞西亚青铜艺术作品等为主。热闹非凡的周末市场则是体验当地传统生活方式、了解当地传统文化的一个好去处。

卡拉科尔还是一座因滑雪而知名的城市，苏联时期著名的"卡拉库尔山滑雪地"位于该市市郊，坐车仅需 20 分钟路程，因价格便宜、设施齐全而备受喜欢，吸引着众多滑雪爱好者的到来。

距卡拉科尔 13 千米的伊塞克湖是吉尔吉斯斯坦著名的旅游景点，该湖位于吉尔吉斯斯坦西北部天山山脉北侧，中国古名热海、图斯池、清池。伊塞克湖长 182 千米，最宽处 60 千米，面积 6332 平方千米，平均湖面海拔 1602 米，最深 702 米，是世界最大的山地湖泊之一。湖泊名字"Issy-Kul Lake"源自吉尔吉斯语，意为"热湖"，暗示这是一个在冬天不封冻的湖泊。这里有"中亚明珠"的美誉，湖区气候宜人，风景美丽。此外，湖泥中含有多种微量元素，可治疗多种疾病，故是中亚地区旅游疗养的胜地。

塔吉克斯坦

　　塔吉克斯坦，全称为塔吉克斯坦共和国。该国位于中亚东南部，东部与中国新疆毗邻，南与阿富汗接壤，西邻乌兹别克斯坦，北接吉尔吉斯斯坦共和国。国土面积为14.31万平方千米，境内多山，山地面积约占国土面积的93%，有"高山国"之称。该国总人口为853.07万人（2016年）[1]，主要民族为塔吉克族、乌兹别克族、俄罗斯族。全国共分为三个州、一个区、一个直辖市：戈尔诺—巴达赫尚州、索格特州（原列宁纳巴德州）、哈特隆州、中央直属区和杜尚别市，主要城市有杜尚别、苦盏等。

杜尚别

地名由来

　　杜尚别原译为久沙姆别，在波斯语解作"星期一"，因每星期一的集市而得名。百余年前，这里只是周边村民赶集汇聚之地，如今，已经发展成人口上百万的大城市。

---

[1]　http://worldpopulationreview.com/countries，查阅日期：2016年5月7日。

区位

杜尚别坐落在瓦尔佐布河及卡菲尔尼甘河之间的吉萨尔盆地，面积 125 平方千米，是塔吉克斯坦的首都，也是该国政治、经济和文化中心。全市分为伏龙芝区、十月区、铁道区和中央区四个区。

历史

杜尚别是十月革命后由久沙姆别等 3 个荒僻的小村建立起来的一个新兴城市，1925 年称市。1925 年以前称基什拉克，意为"村"的意思。1925—1929 年，称杜尚别，原译为久沙姆别，意为"星期一"，因每星期一的集市而得名。1929—1961 年，称斯大林纳巴德，意为"斯大林城"。1929 年，成为塔吉克苏维埃社会主义共和国（苏联加盟共和国）的首都。1961 年后改称杜尚别。1991 年 9 月，成为宣布独立的塔吉克斯坦共和国首都。

地理

杜尚别位于塔吉克斯坦西部，海拔 750—930 米。夏季最高气温可达 40℃，冬季最低气温 –20℃。杜尚别的人口数量为 67.94 万（2016 年）[1]，主要为塔吉克族，其他民族有塔塔尔族、乌克兰族等。

杜尚别是一片四周由绵延起伏的山脉环绕的绿洲，城市北部是一座座雪山。雪山融化的雪水，点点滴滴，支支脉脉，自上而下，汇成了冰凉湍急的杜尚别河，滋润着沃土，灌溉着良田，养育着这个城市。到了盛夏酷暑，这些雪山就像一面巨大的芭蕉扇，为这座炎热难耐的城市扇风降温。

杜尚别是塔吉克斯坦绿化最好的城市，绿树环抱，林木苍翠。高处，粗壮挺拔的白杨、槐树、红枫等直举蓝天。低处，樱桃和各种带花的小树连绵相拥。装点在地上的是蔷薇、月季、玫瑰和各色叫不出名的艳丽花卉。杜尚别盛产玫瑰。商店里一年四季都在出售玫瑰花，逢年过节、婚嫁喜庆，人们对所爱的人，对亲人朋友相赠的大多也都是玫瑰。在主要的街道中心及两旁，

---

[1]　http：//worldpopulationreview.com/countries/tajikistan-population/major-cities-in-tajikistan/，查阅日期：2016年5月7日。

红、黄、白色的玫瑰花相沿竟达几千米。怪不得这里的人们常夸耀说："我们杜尚别人最喜欢玫瑰。"

经济

杜尚别是塔吉克斯坦的主要工业中心，工业总产值约占全国的1/3。大型工业企业包括杜尚别棉纺织联合企业、钢筋混凝土构件厂、杜尚别机器制造厂、塔吉克水利工程设备联合企业、杜尚别专业自动化试验工厂、杜尚别"帕米尔"电冰箱生产联合企业、杜尚别制砖生产联合企业、杜尚别挖掘机修造厂、汽车修理厂、杜尚别油漆涂料厂、杜尚别塑料制品及非标准型设备厂等。轻工企业有杜尚别饮料和矿泉水厂、杜尚别卷烟厂、木材加工厂、卫生工程设备厂、制药厂、针织厂、织袜厂、制鞋厂、头巾厂、糖果点心厂等。

文化

塔吉克人信仰伊斯兰教，由于受俄罗斯民族影响，塔吉克斯坦比伊朗和阿富汗等传统的穆斯林邻国更开放和自由一些，并不完全遵守伊斯兰教义的规定。塔吉克斯坦有自己的宗教领袖穆夫提，普通百姓经常去清真寺做礼拜。婚丧事及男孩子的割礼（5岁前做）都要请客聚会。

肉食以羊、牛、骆驼为主，忌食猪、马、驴、狗、熊等动物，禽类食用鸡、鸭、鹅等，忌食乌鸦和猛禽，并忌食所有动物的血。凡可食动物，宰杀时必须祈祷，未经宰而死的动物，一般成年男子不食其肉，但妇女和儿童可食。塔吉克人不忌烟、酒，但禁忌酒后做违反教规的事。

杜尚别人非常友善、谦和、尚礼和明理。比如打招呼，杜尚别人一般先不说什么，而是左手按胸，身体微微前倾，右手伸出去握对方的右手。然后两人用面颊往左往右各贴一下，或用额头相互轻轻一碰，然后再开始寒暄。妇女们见面则直接把脸往左右各贴一下，这一过程显出亲密友好。

杜尚别也非常注重文化设施建设。在这里，图书馆、歌剧院、话剧院、电影院、音乐厅、马戏场、体育馆、游泳馆等一应俱全。比如以塔吉克斯坦作家、学者、社会活动家艾尼的名字命名的艾尼芭蕾舞歌剧院（建于1939—1946年）、马雅可夫话剧院、拉胡提话剧院等都是著名的文化设施。

杜尚别还是塔吉克斯坦重要的科研机构和教育基地。这里的科研机构主要有塔吉克科学院、塔吉克农科所（附设 4 个试验站）、果树和蔬菜研究所、土壤研究所、畜牧和兽医科研所、塔吉克水利技术和土壤改良研究所、科学技术和技术经济情报科研所、计划经济和数学方法研究所、塔吉克自动化系统研究所、塔吉克农业经济和体制研究所、塔吉克马铃薯研究所等。

杜尚别的高等学校主要有塔吉克国立大学、国家医科大学、塔俄斯拉夫大学、塔吉克斯坦农业大学、塔吉克斯坦师范大学等。

旅游

杜尚别旅游资源丰富，是塔吉克斯坦重要的旅游地。这里的名胜古迹主要有塔吉克地质博物馆、萨马尼纪念碑、鲁达基纪念碑、艾尼纪念碑、图尔松扎德纪念碑。

塔吉克地质博物馆成立于 1959 年，原为地质矿产部内部展室，后对公众开放。博物馆内收藏各类矿石、宝石样品 1.6 万余件，但由于场地所限，只展出 4500 件，其中 90% 展品是本国出产的矿石，小部分是通过交换由其他国家提供的。展馆面积 320 平方米，展出了地质学中矿物学、岩石学、古生物学和古植物学四个学科的展品。博物馆既全面展示塔吉克斯坦的地质分布情况，又展示了矿产的分布情况，并展出了矿产和不同起源演化阶段的样品。

萨马尼纪念碑位于杜尚别市中心。萨马尼，又称"萨曼"，纪念碑是为纪念萨曼王朝而建。萨曼王朝存在于公元 874—999 年，由波斯人纳斯尔阿赫马德创建，因其祖先为波斯贵族萨曼得名。最初建都撒马尔罕，后迁至布哈拉（撒、布两市现在乌兹别克斯坦境内）。萨马尼王朝信奉伊斯兰教，公元 10 世纪上半叶国势最强，占据了包括今伊朗东部及阿姆河和锡尔河之间的地区，后被喀拉汗王朝所灭。

鲁达基纪念碑位于杜尚别市东北角。阿卜杜拉·鲁达基（860—941 年），出生于塔吉克潘吉肯特区，担任萨马尼王朝首席宫廷诗人 40 余年，一生写过 13 万首两行诗。其诗歌充满对劳动人民的爱，讴歌理性、善良，被认为是塔吉克—波斯文学的奠基人。

艾尼纪念碑位于杜尚别市东南角。萨德里丁·艾尼（1878—1954 年），塔吉克作家、诗人，塔吉克科学院第一任院长。其长诗《自由进行曲》号召人民起来推翻沙米尔的残暴统治，"为了光荣的十月"吹响了人民为苏维埃政权而战的号角。

图尔松扎德纪念碑位于杜尚别市西北角。米尔扎·图尔松扎德（1911—1977年），塔吉克诗人。生前任塔吉克作协主席。苏联作协执委员会的秘书，曾获苏联国家奖金，著名诗歌有《祖国的儿子》《永恒之光》《亚洲之声》等。

塔吉克斯坦国家古史博物馆坐落在杜尚别城区一个十分幽静的住宅区中。作为一个国家历史积淀，里边陈列有非常多的出土文物，从衣食住行到金戈铁马，无不展现出鲜明的民族特色。中亚地区曾一度盛行从印度传入的佛教，大约16世纪，伊斯兰教开始传入并迅速取代了佛教，因此，古代的遗迹中有很多佛教内容，"镇馆之宝"亦是一尊20多米长的卧佛。

吉萨尔古城位于杜尚别以西26千米的吉萨尔盆地，距离吉萨尔村5千米。1982年，塔吉克斯坦政府颁布命令，将吉萨尔区的古建筑确定为历史文化遗产。吉萨尔古城其实是一个古建筑群，在方圆86公顷的土地上散落着包括吉萨尔要塞、要塞拱门、砖砌驼队客栈、老宗教学校、新宗教学校、洗礼所、大广场、马赫杜米·阿扎姆陵墓及石砌清真寺等古代遗迹。这些石头、黏土建筑陆续建造于公元8—19世纪。吉萨尔古城在公元前4—前3世纪时就已经有人类居住，中世纪起开始称为"市"，并在中东地区以自身的手工艺产品和品种丰富的市场交易中心享有盛誉，并成为布哈拉酋长国中28个加盟邦国之一。而塔吉克人祖先的所在地——巴克特里亚，就是今天的吉塞尔。当时的巴克特里亚商人以他们的骏马、双峰驼和客栈而举世闻名。

杜尚别是塔吉克斯坦的铁路枢纽、航空枢纽，公路四通八达。市内无轨电车单线长125.8千米，还开通了通往莫斯科、阿拉木图、比什凯克、阿会哈巴德、叶卡捷琳堡、新西伯利亚、沙迦、卡拉奇等城市的国际航班。

苦　盏

地名由来

苦盏又称胡占德，中亚著名古城。该城始建于公元前6世纪至前4世纪，建城初期的"胡占德城堡"经多次修建保存至今。胡占德曾是古丝绸之路重镇，是塔吉克斯坦重要交通枢纽，政治、经济、文化和教育科研中心，有中亚规模最大的集市之一的班沙姆别巴扎。

区位

苦盏位于费尔干纳谷地谷口，临锡尔河，距首都杜尚别约341千米，战略地位重要。苦盏是塔吉克斯坦北部索格德州的首府，也是塔吉克斯坦第二大城市及经济中心，是中亚地区最古老的城市之一。

历史

传说苦盏城的建立者是来自于欧洲东南部巴尔干半岛上的马其顿国王亚历山大大帝，该城在希腊史籍中称"Alexandria Eschate"，意为"最遥远的亚历山大里亚"，但是没有任何考古学的证据可以证明这一点。波斯帝国崛起后，该城成为了其北部边境的一部分，也是丝绸之路上的重镇。公元8世纪时，苦盏被阿拉伯帝国占领，12世纪时又遭受了蒙古帝国的征服。1866年，俄罗斯帝国占领了苦盏。1924—1929年间，苦盏被划入乌兹别克斯坦，1939年10月27日，苦盏被更名为列宁纳巴德，以纪念列宁。1991年，苏联解体后随同塔吉克斯坦独立，次年恢复旧名。

地理

苦盏地处塔吉克斯坦北部，坐落于锡尔河畔，市区风景优美，绿树成荫，锡尔河穿城而过，将城市一分为二。

苦盏属温带沙漠气候。夏季炎热且漫长，4—9月，平均气温都是30℃以上，紫外线强；冬季凉爽，时间较短，在冬天和秋天略有降雨。

2016年，苦盏人口约为144865人，[①]主要是塔吉克族，约占92%，乌兹别克族约占4%，俄罗斯族约占3%，其他民族约占1%。居民主要信仰伊斯兰教和基督教。

---

① http：//worldpopulationreview.com/countries/tajikistan-population/major-cities-in-tajikistan/，查阅日期：2016年5月7日。

经济

苦盏是塔吉克斯坦重要的工业中心。主要工业部门有轻工、食品、机器制造、金属切削、家具制造等。大型企业有农业机械厂、纺织机械厂、钢筋混凝土制品厂、建筑材料厂、丝纺织联合企业、服装厂、鞋厂等。

文化

苦盏是一个小城，面积不是很大，也没有太多高层建筑，但拥有自己的清真寺、博物馆、文化宫等多个历史、文化设施，苦盏市民的文化娱乐活动也非常丰富。

旅游

苦盏是塔吉克斯坦著名的旅游胜地。在苦盏市中心有一座广场名叫"潘尚别"，塔吉克语是"星期四"的意思。广场边上是苦盏市最大的平民巴扎，称"潘尚别市场"。过去中亚集市都是在每个星期的某一天，潘尚别市场就是星期四的市场。一层卖食品和副食品，二楼百货用品，后面的大院子卖蔬菜水果。潘尚别广场附近有一座二战胜利纪念碑公园，一些雕塑记录了塔吉克斯坦人民的抗战历史。

潘尚别广场西面是谢赫·穆斯列赫丁建筑群，由清真寺和穆斯列赫丁教长陵墓组成，是为了纪念穆斯列赫丁·胡江基，一位生活在 12 世纪的苦盏领导人、诗人。谢赫·穆斯列赫丁中的"谢赫"，阿拉伯语是"族长、教长"的意思，指德高望重的首长。清真寺建于 1512—1513 年。

索格特州历史博物馆也坐落于苦盏市。该馆于 1986 年 11 月 29 日开放，详细记录了苦盏 2500 多年的历史。博物馆是公元 8—10 世纪在苦盏东城墙的旧址上修建的，外观上模仿中世纪城堡。博物馆中共计 1200 套藏品，大多是 1954—1986 年在苦盏范围内出土的文物。博物馆共两层，一进门看到的是抗击蒙古入侵的苦盏当地民族英雄帖木儿马立克 (Timurmalik) 的雕塑。一层分古代区、近代区和现代区，分别展示了古代中亚、近代苏联时期和独立之后的塔吉克斯坦的图片、服饰、物品等。顺着楼梯进入地下室，亚历山大大厅用四面大理石马赛克墙展现了苦盏城的建立者亚历山大大帝的传奇一生。大厅一侧有一个小门，进去仿佛身处幽林，在两个人造"山洞"中，几尊栩栩如生的蜡像向游客展示了原始塔吉克人的生活。

在苦盏市的东南方向有座小城叫凯拉库姆市，从苦盏市中心坐车过去要半个小时。进入市区范围的时候可以看到路右边有大大的地标——凯拉库姆欢迎您，路左是仙鹤的雕塑，仙鹤在塔吉克斯坦被视为神鸟。凯拉库姆有塔吉克斯坦最大的人工湖——凯拉库姆水库，当地人称之为"凯拉库姆海"。风景宜人，有沙滩、汽艇，是当地人休闲度假的好去处。凯拉库姆水库盛产鱼虾，湖边有几家餐厅，以烤鱼为特色菜。烤鱼外焦里嫩，味道鲜美。

Ehson 酒店是苦盏最好的酒店之一，外墙涂料刷的颜色亮丽，里面的环境舒适，价格适中。

乌兹别克斯坦

　　乌兹别克斯坦，全称为乌兹别克斯坦共和国。该国是中亚中部的内陆国家，西北濒临咸海，与哈萨克斯坦、吉尔吉斯斯坦、塔吉克斯坦、土库曼斯坦和阿富汗毗邻。总面积约为 44.74 万平方千米，总人口为 3002.3 万人（2016年）[1]。全国共划分为 1 个自治共和国、12 个州和 1 个直辖市：卡拉卡尔帕克斯坦共和国、安集延州、布哈拉州、吉扎克州、卡什卡达里亚州、纳沃伊州、纳曼干州、撒马尔罕州、苏尔汉河州、锡尔河州、塔什干州、费尔干纳州、花拉子模州、塔什干市。主要城市有塔什干、撒马尔罕、安集延、布哈拉、费尔干纳等。

撒马尔罕

地名由来

　　"撒马尔"在乌兹别克语中意为"肥沃"，"罕"在乌兹别克语意为"土地"，撒马尔罕意为"肥沃的土地"。耶律楚材说："寻思干者西人云肥也，以地土肥饶故名之。"（耶律楚材《西游录》）中亚历史名城，有 2500 年的历史。为古代

---

① http://worldpopulationreview.com/countries，查阅日期：2016年5月7日。

索格德、帖木儿帝国的古都。享有"东方罗马"的美誉。2000多年前，汉朝张骞通西域，跋山涉水来到这一带。《史记》《汉书》称此地为"康居"。

区位

撒马尔罕位于中亚古国乌兹别克斯坦中部地区，地处泽拉夫尚河谷的一个巨大的绿洲中。撒马尔罕东北至塔什干的铁路距离为270千米，南至阿富汗国境为249千米，面积51.9平方千米，是乌兹别克斯坦第二大城市，撒马尔罕州的首府。这里是当年中国通向印度、阿拉伯和欧洲的必经之地。

历史

撒马尔罕是中亚最古老的城市之一，关于它的记载最早可以追溯到公元前5世纪，居于此地的、善于经商的粟特人把撒马尔罕建造成一座美轮美奂的都城。公元前4世纪，当马其顿帝国的亚历山大大帝攻占该城时不禁赞叹："我所听说到的一切都是真实的，只是撒马尔罕要比我想象中更为壮观。"

作为丝绸之路上重要的枢纽城市以及康国的首都，撒马尔罕连接着波斯、印度和中国这三大帝国，但也饱受了战火的蹂躏。公元3—8世纪时，康国成为中亚最先进的国家之一，撒马尔罕城由此发迹，曾被称为"沙漠明珠"。公元7世纪后半叶，阿拉伯人征服波斯后，向粟特进兵，公元8世纪时占领布哈拉和撒马尔罕，公元712年签订撒马尔罕条约，确定了阿拉伯人在粟特地区的霸权，随后撒马尔罕又经历波斯萨曼王朝统治。公元8世纪中期粟特人开始皈依回教，几十年后终于伊斯兰化，成书于公元9世纪下半叶至10世纪上半叶的《道里邦国志》说："世界上最圣洁美好的高地是粟特山中的撒马尔罕城——她像天空；她的宫殿如繁星；她的河流似银河；她的城垣若太阳。"

1219年，撒马尔罕是花剌子模帝国的新都和文化中心。1220年，被成吉思汗的蒙古帝国攻陷之后，遭受了灭顶之灾。城内的大多数建筑，则是由后来的帖木儿大帝敕令修建。1370年，撒马尔罕成为帖木儿帝国的首都。1405年帖木儿在东征途中病死，他的孙子兀鲁伯开始统治撒马尔罕。兀鲁伯酷爱科学艺术，这里学者云集，使撒马尔罕成为伊斯兰文化的一大中心。

16世纪，乌兹别克人迁都布哈拉，再加上海上交通的兴起，中亚丝路日益萧条，导致撒马尔罕趋于衰落。

1924—1930 年，曾为乌兹别克苏维埃共和国首都。作为世界著名的古城之一，撒马尔罕与罗马、雅典、巴比伦同龄，在古阿拉伯文献中被称为"东方璀璨的明珠"，是历史上中亚重要的政治、科学、文化中心，也是古丝绸之路上的枢纽之一。

中国历代对撒马尔罕的称谓不同，《魏书》称为"悉万斤"；《隋书·西域传》称为"康国"；唐慧超《往五天竺国传》作"康国"；唐杜环《经行记》作"康国"、"萨末建"；《新唐书》称为"康国""萨秣建"；元耶律楚材《西游录》作"寻思干"；《长春真人西游记》作"邪米思干"；《元史》作"薛迷思加"；明陈诚《西域番国志》《明史》、明严从简《殊域周咨录》均作"撒马儿罕"。

地理

撒马尔罕位于乌兹别克斯坦海拔约 710 米的泽拉夫尚河畔。属严重干旱的大陆性气候，夏季漫长、炎热，7 月平均气温为 26℃—32℃，南部白天气温经常高达 40℃；冬季短促、寒冷，1 月平均气温为 -6℃—-3℃，北部绝对最低气温为 -38℃。年均降水量平原低地为 80—200 毫米，山区为 1000 毫米，大部分集中在冬春两季。

经济

撒马尔罕是撒马尔罕州的经济和商业中心，出口葡萄酒、干果、棉花、稻米、丝绸和皮革，还有一座中亚地区唯一生产电梯的工厂。这里的民族工艺以手织地毯和制作陶器最为闻名。

文化

撒马尔罕地处古代东西方文化交流的中心，是世界多元文化交汇的大熔炉，其城市建筑和城镇景观，是伊斯兰文化创造力的杰作。撒马尔罕的杰出建筑，比如比比·哈内姆大清真寺和列吉斯坦广场，极大地促进了从地中海到印度次大陆广大地区的伊斯兰建筑的发展，撒马尔罕历史古城的艺术、建筑和城市结构表现了 13 世纪至今中亚文化发展历史和政治历史的最重要阶段。城内现存文物古迹众多，如建于 15 世纪的帖木儿家族陵墓，15—17 世纪的"列吉斯坦"伊斯兰教神学院、15 世纪的比比·哈内姆大清真寺、兀鲁伯天文台、

11—15世纪中亚最大的"不死之王"陵墓建筑群等。它金碧辉煌的宫殿陵寝、庄严肃穆的古清真寺和神学院，还有气势恢宏的古天文台和大学等鳞次栉比的古迹，就像《一千零一夜》中描述的阿拉伯神话国度。

撒马尔罕是乌兹别克斯坦文化中心之一，设有多所高等院校及科研机构。1995年7月，在此成立了联合国教科文组织项目下的国际中亚研究所。自1997年起每两年在该市举行一次"国际东方音乐节"，1997年，中国曾派团参加并获奖。1999年8月，陕西省音乐家小组参加第二届音乐节并获奖，2003年8月，上海市文化广播电视管理局代表团参加第四届音乐节。2013年习近平主席访问乌兹别克斯坦期间，双方决定在撒马尔罕建立乌兹别克斯坦第二家孔子学院。我国的陕西省、西安市已分别同撒马尔罕州、撒马尔罕市建立友好省州和友好城市关系。

旅游

撒马尔罕是一座有着浓郁西域风情的城市，整座城市整洁、宁静。这里几乎没有高层建筑，山坡上一座座浅白色、奶黄色的小房子错落有致，名胜古迹数不胜数——帖木儿家族陵墓、列吉斯坦广场建筑群、比比·哈内姆大清真寺、兀鲁伯天文台等等。游客在这里流连忘返，在时空交错中感受历史的沧桑巨变。

撒马尔罕是一座历史文化名城，2000年，撒马尔罕古城整体被联合国教科文组织评定为世界文化遗产。整个城市根据建成年代的不同，显著的分为"Afrasiab遗址区""帖木儿时期建成区""沙俄—苏联时期建成区"等不同的区域，城市中保存了大量帖木儿时期的宗教、文化建筑和格局较为完好的低层传统住宅区。城内主要的著名景点有"列基斯坦"神学院、古尔—艾米尔陵墓、兀鲁伯天文台、"沙赫静达"陵墓等。

"列基斯坦"神学院位于撒马尔罕市中心的"列吉斯坦"（意为"沙地"）广场，是一组宏大的建筑群，建于15—17世纪。建筑群由三座神学院组成：左侧为兀鲁伯神学院（兀鲁伯为乌兹别克斯坦中世纪的学者、天文学家、诗人和哲学家），建于1417—1420年；正面为季里雅—卡利（意为镶金的）神学院，建于1646—1660年；右侧为希尔—多尔（意为藏狮的）神学院，建于1619—1636年。这三座建筑高大壮观、气势宏伟，内有金碧辉煌的清真寺。

兀鲁伯神学院的正门和彩色的穹顶是用各种色彩的陶瓷装饰的，后遭地震破坏，又重新修建了高 13 米、直径 13 米的新穹顶，建筑材料采用特殊金属结构。这些神学院是中世纪培养穆斯林神职人员的学府，其中兀鲁伯神学院是 15 世纪最好的穆斯林学府之一。据说，兀鲁伯曾亲自在此授课，这里是他统治期间世俗科学思想的中心。三座神学院虽建于不同时代，但风格组合相当成功，是中世纪中亚建筑的杰作。

古尔—艾米尔陵墓位于撒马尔罕市区内，是帖木儿及其后嗣的陵墓，建于 15 世纪。陵墓造型壮观，色彩鲜艳，有球锥形大圆顶，具有浓厚的东方建筑特色，是世界著名的中亚建筑瑰宝。陵墓始建于 1403 年，最初作为猝死的帖木儿之孙穆罕默德·苏尔丹之墓，后成为帖木儿家族墓。陵墓的灵堂中放有 9 个象征性的石棺椁，真正盛放遗体的棺椁深深埋在地下。陵墓中分别安葬着帖木儿、帖木儿的两个儿子、两个孙子（其中一个是兀鲁伯）、兀鲁伯的两个儿子、兀鲁伯的宗教老师以及一个未查明姓氏者。这里最引人注目的是帖木儿之孙兀鲁伯为帖木儿建的墨绿色玉石棺。帖木儿墓上写着："谁掘我的墓，谁就遭殃。"1941 年 6 月 8 日，曾有人挖掘了帖木儿的墓，两周后希特勒就开始进攻苏联。不过，那一次对墓葬的发掘证实了关于帖木儿面部特征的历史记载，证实了兀鲁伯死于暴力杀害的传说，以及所葬其他帖木儿家族成员身份的真实性。

兀鲁伯天文台是乌兹别克斯坦的重要古迹之一，坐落在撒马尔罕的东北郊。它由帖木儿帝国的创建人帖木儿之孙，著名天文学家、学者、诗人和哲学家，撒马尔罕的统治者兀鲁伯于 1428—1429 年建造，是中世纪时期具有世界影响的天文台之一。兀鲁伯在此测出的一年时间的长短与现代科学计算的结果相差极微。如今，兀鲁伯天文台只留下一座巨大的、由大理石制成的六分仪。六分仪安装在离地面 11 米深、2 米宽的斜坑道里，部分伸出地面，坑道上面是兀鲁伯天文台博物馆。当年兀鲁伯天文台编制的《新天文表》，概述了当时的天文学基础理论和 1018 颗星辰的方位，这是继古希腊天文学家希巴尔赫之后，测定星辰位置的最准确的记录。

沙赫静达陵墓建于 14 世纪和 15 世纪，由 13 座陵墓和一座清真寺组成。"沙赫静达"意为"永生之王"，是撒马尔罕的执政者及其家属的坟墓。建筑的基调为青色，以彩色陶瓷贴面作为装饰。其中最主要的一座是伊斯兰教创建人穆罕默德的堂弟库萨姆之墓。帖木儿大帝的妻子图玛·阿卡和侄女图尔坎·阿卡也葬在这里。

撒马尔罕是乌兹别克斯坦铁路、公路、航空交通运输中心之一。

布哈拉

地名由来

"布哈拉"一词源自梵语的"维哈拉",是"佛教寺院"的意思。公元 9 世纪,萨曼王朝容忍和鼓励了伊斯兰教的发展,加上布哈拉优越的地理位置,很快就成为世界著名的伊斯兰教文化和学术中心。

区位

布哈拉位于乌兹别克斯坦西南部,泽拉夫尚河三角洲上的沙赫库德运河河畔,布哈拉距撒马尔罕 250 千米,是布哈拉州的首府,中亚最古老城市之一,也是乌兹别克斯坦第三大城市。布哈拉所在的布哈拉州北与哈萨克斯坦接壤,西与卡拉卡尔帕克斯坦共和国相连,南与土库曼斯坦相邻。

历史

布哈拉有 2500 多年的历史。城市始建于公元前 1 世纪,公元 9—10 世纪时为萨曼王朝的首都和文化艺术中心。1220 年为成吉思汗所占,后又遭卡拉罕王朝和契丹人的统治。1370 年被阿木尔·帖木儿征服。16 世纪中叶,乌兹别克的谢巴尼德建立布哈拉罕国,把布哈拉定为都城。1920—1924 年,是布哈拉苏维埃人民共和国的首都。

中国古书中所说的不花刺,《新唐书》中的戊地国、唐代昭武九姓中的毕国、安国,都是指布哈拉。

地理

布哈拉地处布哈拉绿洲的中部,属于典型的大陆性气候。布哈拉冬季寒冷，极端最低温可达到 –35℃，夏季炎热，极端最高温又可达到 45℃，降水较少，年平均气温在 12℃左右。同时这里的地形为开阔式大平原，阿姆河与泽拉夫尚河水系丰富的流量提供了必要的灌溉用水资源，也促进了流域内的相互交流。

2016 年，布哈拉的人口数量约为 24.76 万，[①]主要为乌兹别克人，其余为俄罗斯人、伊朗人、鞑靼人、韩国人、土库曼人、乌克兰人等。

经济

布哈拉的经济以食品工业和轻工业为主。20 世纪 50 年代，布哈拉附近发现了天然气。此后布哈拉的经济迅速发展，该城地位日趋重要。

文化

布哈拉地处欧亚交通要道，自古以来是中亚地区商业、建筑技术、科学、文学艺术比较发达的城市。

关于布哈拉市的形象概述有很多说法。有人说它是"城市博物馆"，因为历史上的布哈拉王朝修建了很多独具匠心、极负盛名的宫殿、清真寺、陵墓、神学院和市场等建筑物。还有人称它为"智慧的布哈拉""博学的布哈拉"，因为有庞大的知识分子群体和许多著名的诗人和科学家。也有人称它为"蓝色的布哈拉"，则是因为这里的建筑多以蓝色为主调，给人一种梦幻般的感觉。当地布哈拉人还将其称之为"绅士的布哈拉"，这是因为布哈拉人讲究尊严和形象，他们做事不紧不慢，很有分寸，大多过着俭朴的生活。他们知识丰富，幽默诙谐，喜欢沉思甚至带点忧郁，或许，这正是布哈拉多出诗人和艺术家的原因。

旅游

布哈拉素有"中亚城市博物馆"之称。据考证，自建城以来，布哈拉的位置没有改变，而在地下 20 米的纵深范围内，却埋藏着不同时期的大量文物

和古迹。地面上则分布着 170 多座中世纪以来各种风格的伊斯兰建筑。其中最著名的是夏宫、雅克城堡、萨曼陵墓、卡梁建筑群等。

夏宫位于布哈拉市郊，是布哈拉最后一位埃米尔穆罕默德·阿里的住所，也是迄今为止留存的唯一一座布哈拉统治者宫殿。宫殿分为两个部分：旧宫称为阿卜杜·阿哈德汗宫，建于 1892 年，为布哈拉传统建筑风格；新宫称为萨伊德·阿里姆汗宫，兼具欧洲和中亚风格，建于 1917 年，包括一些装饰华丽的居室和大厅，由布哈拉最优秀的工匠建成。除宫殿本身建筑外，夏宫还包括一个很大的园子，内有喷泉、池塘、房屋等设施。据说，宫殿前池塘为宫女戏水所用，此时埃米尔坐于楼上观赏，看中某个宫女后向其抛出苹果，该宫女即受宠幸。该座建筑外部装饰兼具欧洲和中亚建筑风格，从建筑结构到内部装饰都反映出当时欧洲对中亚的影响。宫殿外表虽较为粗糙，但内部居室和大厅无论从设计品味到制作工艺都堪称精湛。传说布哈拉埃米尔在建该宫之前曾为选址问题绞尽脑汁。后来听从一位老者的建议，埃米尔命令杀死四只羊，并将羊肉悬挂在布哈拉城的四个方向。一段时间后，挂在其他几个方向的羊肉都已腐烂，只有挂在城北的羊肉新鲜如故，埃米尔认为此地空气更加清新，于是选择城北作为建宫地址。

雅克城堡位于布哈拉市西北角，是布哈拉统治者及其亲属的城堡和居所，建于公元前 1 世纪，是布哈拉中世纪文明的象征。几个世纪以来，由于古堡几经毁坏和重建，多次叠加，使整个古堡形成一座高达 18 米的丘岗，外边由层层的城墙所围。最上面一层是布哈拉最后一代统治者所建，面积约 4 公顷。当时，该城堡为一个综合建筑，有 3000 多人居住在里面，建筑包括当时统治者的宫殿、国库、官吏们的住所、兵器库、清真寺、手工作坊、监狱等，但保留下来的建筑不多。1920 年，在布哈拉埃米尔与苏联红军的交战中，城堡的东、南、北部城墙及大部分建筑，特别是木制框架部分基本被毁。乌兹别克斯坦独立后，城堡南部的城墙及一些残存的建筑得到了修复。留存下来的建筑之一是城堡的大门，18 世纪时被建成两侧树立粗壮塔形圆柱，中间为拱形入口的形式。大门对面广场称为列吉斯坦广场，曾是当时的城市中心，也是举行庆典和公决犯人的地方。

卡扬宣礼塔，是布哈拉最著名的标志性建筑，这座高 46.5 米的高塔，建成于 1127 年，坐落在布哈拉市老区中心大清真寺旁。宣礼塔周围有很多结构整齐的建筑群。宣礼塔是用烧过的砖建成的。地基深达 16 米，勒脚直径达 9 米。巨大的锥形细脚到顶部时则成为圆筒形悬楼。圆形建筑物在柱子的顶部，悬楼有 16 个拱形透光窗，上面装饰有钟乳石状的檐。顶部有狭长的拱形回廊通往梯子。回廊由 16 个透光并与主体建筑物相连的拱门组成，回廊的外部被建成两个相连的半圆柱形，托着两个拱门。宣礼塔的楼身布满了砖制装饰图案。楼身共分成 14 个装饰带，每个装饰带里都有清晰图案作装饰，所有的图案都不同。

卡扬清真寺位于宣礼塔前的广场之上，与撒马尔罕的比比·哈努姆清真寺具有同样规模。用蓝砖建砌，十分精美。清真寺于 1514 年建成，属开放风格，基本为砖制，装饰面由磨光并涂釉的砖制成，类似马赛克。在宽阔的直角院子里有一个悠长的回廊，回廊旁边是由 288 个双层顶壳的楼顶组成的主体建筑。清真寺长 127 米，宽 78 米，可以同时容纳 12000 人，院里中间有四个传统的平顶凉台。

米里·阿拉布神学院位于卡扬清真寺对面，建于 1530—1536 年。神学院为三层建筑，内有教室和许多小室，主要用于伊斯兰僧侣研习之用。其中，小室数目为 114 个，与《古兰经》章数相同。当时，该座神学院是中亚地区唯一的伊斯兰教神学院，来自中亚各地的伊斯兰教徒都到这里来进行伊斯兰教学术研究。

阿尔卡禁城城墙周长 780 米，始建于公元前 3 世纪。由于世世代代在原来的地基上不断重建，禁城的地基越来越高，以至于形成了 18 米高的山上城堡。城墙也是层层叠叠地在原来的基础上不断加高，如今，城墙高 11 米，宽 4 米，墙上有齿状射孔。阿尔卡禁城是历代布哈拉统治者生活、工作的地方，内有清真寺、监狱、仓库、手工作坊、马厩、武器库、造币厂、交易市场、医院和药店等。城的正门朝西，门外是大校场，称为列吉斯坦广场，布哈拉的统治者们经常站在城门上一个木亭子里观看盛大庆典、阅兵或斩首罪犯。再外围的广场则是热闹的集市和奴隶交易市场。

萨曼陵墓是中世纪中亚建筑艺术的典范。波斯人在这一建筑中首次使用火烧砖，据说和泥的液浆用骆驼奶调成。墙砖以不同的方式搭列，间有空隙，拼成了精巧别致的花草鱼虫或历史故事图案，墙体坚固无比。陵墓呈立方体，覆以大圆拱顶，四角有小圆顶。立方体象征着稳固，也代表地球；大圆顶象征着天空，也代表宇宙。它们的结合，象征着天地合一。屋檐用砖砌成圆形，象征着太阳和星星。在干旱的沙漠，砖砌的陵墓经年不变，看起来像是一个巨大的木雕，但在不多见的雨天，整个建筑又变成了滋润的泥塑。这是此类建筑最为传神之处。相传，成吉思汗大军攻陷布哈拉之前，当地居民为保护陵墓，用土将其掩埋成一个山丘，从而使这一建筑杰作免于战火的摧残。如今，萨曼陵墓成为来布哈拉朝觐的穆斯林信徒必到之处和旅游者必看的古迹。

布哈拉果蔬丰富，工艺品繁多。在布哈拉大校场旁的市场里，阿拉伯红宝石、香烟、香料、干果、石榴、葡萄、青李子等各色物产应有尽有。布哈拉的石榴是中亚最有名的特产，不但粒大、色红，而且香甜可口。据说中国的石榴就是从中亚传来的，古称安石榴。"安"是指布哈拉（古称安国），"石"指塔什干（古称石国）。除了瓜果蔬菜外，最吸引人的是工艺品。布哈拉人擅长手工艺制作，古地毯是古董地毯中的精品。还有金银首饰、丝织品也很出名。因为深居沙漠之中，火红的太阳是人们最熟悉的，所以丝织品中多以红色和亮黄色为主，就像是太阳和沙漠。

除了当地盛产的石榴等水果，市集旁的小餐厅还有着众多美味。布哈拉几乎每家餐厅门口都有一大锅抓饭。当地人说抓饭就起源于乌兹别克，所以口味也最地道，有句谚语："如果你只有一千天的生命，去吃抓饭吧；如果你只剩最后一天的生命，赶紧去吃抓饭吧。"

古城开满林林总总的茶馆，到了下午，茶室总坐满人。乌兹别克人爱茶，有着一套自己的茶礼，规定桌中最年幼的要负责斟茶，首泡要冲三次，茶量不可多过三分二，还要让杯中起泡，寓意年年有余。除了黑茶和绿茶，布哈拉人还集结了中国、波斯和欧洲等地研制出的药用香料茶，老城里现在还有香料茶馆，被誉为世上最贵的香料——伊朗出产的藏红花茶都能看到。布哈拉饮茶时还必配茶点，如花生糖、冰糖、葡萄干和糖糕。

塔什干

地名由来

塔什干是乌兹别克语"石头城"的意思，因地处山麓冲积扇一带，有巨大卵石而得名，具有 2500 年的历史。在 11 世纪以前，它先后被称为恰齐、沙什和宾肯特。11 世纪时，乌兹别克斯坦著名的文学家别鲁尼和卡什卡里在编纂的一部百科全书中，第一次称该城为塔什干，从此沿用至今。

区位

塔什干地处乌兹别克斯坦东部、恰特卡尔山脉西面，面积 260 平方千米，是塔什干州首府，乌兹别克斯坦首都，是乌兹别克斯坦的政治、经济、文化、交通中心，也是中亚地区第一大城市和重要的经济文化中心。

历史

塔什干是一座历史悠久的古城，早在公元前 2 世纪就建有城池，公元 6 世纪属于突厥汗国时，就以商业、手工业著称，成为古代丝绸之路的必经之地。公元 11 世纪首见史书记载。1865 年，成为一座建有城墙的城市，当时的人口约 7 万人，是与俄国进行贸易的主要中心，后来并入俄罗斯帝国。1867 年，成为突厥斯坦总督区的行政中心。1930 年起成为乌兹别克共和国（苏联加盟共和国之一）首府。1966 年被大地震破坏后重建。塔什干有新、旧城之分，清真寺、陵墓等古迹大都集中在旧城。1991 年 8 月 31 日，成为独立的乌兹别克斯坦共和国的首都。

地理

塔什干地处锡尔河右岸支流奇尔奇克河谷地的绿洲中心，海拔 440—480 米。属于温带大陆性气候，冬季温和，夏季炎热，降水稀少，日照充足，年平均气温 13.3℃，有"太阳城"之称。1 月份平均气温约为 –11℃，最低温度

为 –29℃；7 月份平均气温约为 27.5℃，最高气温达 42℃。年降雨量为 360—390 毫米，大部分的降雨集中在冬季和春季，而 7—9 月是干旱季。

全市分 11 个区：萨比尔·拉赫莫夫区、阿克马里·伊克拉莫区、齐兰扎尔区、谢尔盖里区、哈姆津区、尤奴萨巴特区、米拉巴特区、雅克萨拉伊区、沙伊汉达乌尔区、米尔扎·乌鲁克别克区，别克切米尔区。市中心为乌兹别克行政机关所在地，也是商业和文化区。

塔什干是中亚地区人口最多的城市，人口约 260 万人。人口最多的民族是乌兹别克族，占总人口的一半以上。其余人口较多的民族有俄罗斯族、塔塔尔族、朝鲜族、哈萨克族、塔吉克族等，其他少数民族还有维吾尔族、乌克兰族、卡拉卡尔帕克族、阿塞拜疆族、土库曼族、吉尔吉斯斯坦族、犹太族等。

经济

塔什干是乌兹别克斯坦最大的工业城市，是全国农业机械和纺织机械的生产基地，工业产值占全国工业总产值的 25%。主要工业部门有电力、航空、机械制造、金属加工、建材、轻工等。著名的大企业有：塔什干契卡洛夫航空生产联合企业、"塔什干拖拉机厂"生产联合企业、农业机械厂、纺织机械厂等。主要的出口产品有丝绸、棉花、纺织品、石油、煤、铜、硫黄、大米以及电视机零部件、汽车、拖拉机等制造业产品。

文化

塔什干是一座伊斯兰风情浓郁、同时深受俄罗斯文化影响的城市。这里信仰自由，金色耀眼的清真寺、华丽庄严的东正教圣地、肃穆威严的天主教拜堂互不相扰，随处可见。

塔什干是国际文化交流的场所，这里举办过亚非拉国际电影节、各种国际学术讨论会。每年夏、秋季节，世界各地游客纷至沓来。

乌兹别克科学院及中亚石油工业研究所、中亚地质研究所、小农业研究所都设在该城。此外 19 所高等院校，200 多座图书馆，10 座剧院，8 座博物馆和展览馆，也为塔什干这座文化名城增色不少。

旅游

1966 年震后重建的塔什干是一座新型的欧洲化城市。从空中鸟瞰，宛若浮在绿海上的花园，青葱秀丽。塔什干也是中亚最早兴建地铁的城市，地上交通发达，地下地铁环绕全城，交通十分方便。市内，街道宽阔，绿树成荫。新建的歌剧院、电视台、运动场等大型公共建筑和高层住宅，造型明快，间以花园、广场、喷水池、纪念碑等，错落分布在新旧城中。塔什干著名的景点有独立广场、国立艺术博物馆、国立帖木儿博物馆、纳沃伊公园、民族友谊宫、民族友谊广场、国家历史博物馆、地震纪念碑等。

1999 年 3 月，乌兹别克斯坦总统卡里莫夫发布命令，将每年 5 月 9 日（原胜利日）改为纪念和荣誉日。据此，塔什干市中心的原无名烈士广场被改为纪念广场，并在其上修建了哀伤母亲纪念碑 (1999 年 5 月 9 日揭幕)，以纪念反法西斯战争中牺牲的烈士和为乌兹别克斯坦自由与独立献身的人们。在哀伤母亲纪念碑前燃有长明火，纪念碑两侧是具有民族建筑风格的木雕长廊，廊上有铜版刻制的荣誉簿，里面刻有在反法西斯战争中牺牲的乌兹别克斯坦公民的名字。

国立艺术博物馆始建于 1918 年，是乌兹别克斯坦民族艺术品收藏最丰富的博物馆之一。该馆不仅收藏了大量精美的、富有乌兹别克民族特色的刺绣、地毯工艺、铜器皿、木雕等，还有中国、印度、日本等东方艺术珍品，例如我国著名画家齐白石的作品也陈列其中。

国立帖木儿博物馆主要介绍帖木儿的生平事迹及少部分实物和资料。建筑为伊斯兰风格，蓝色圆顶，豪华典雅。1995 年，联合国教科文组织通过决议，庆祝帖木儿诞辰 660 周年。同年 12 月 26 日，卡里莫夫总统宣布 1996 年为帖木尔年。1996 年 3 月 14 日，乌兹别克斯坦政府通过决议，建立国立帖木儿家族史博物馆。同年 10 月 18 日，帖木儿家族史博物馆正式开馆。

纳沃伊公园坐落在塔什干市西南部，原名"列宁共青团公园"，始建于 1938 年。为塔什干最大公园，占地面积约 75 公顷，园内有一大一小两个湖，湖上有楼阁亭台和两个拱桥。公园高坡上立有阿里舍尔·纳沃伊的塑像，为乌兹别克语言和文学奠基人、著名诗人、思想家、国务活动家，被尊称为乌兹别克民族"精神之父"。

民族友谊广场坐落在塔什干市中心。1966 年塔什干发生大地震，城市严重被毁，苏联各加盟共和国纷纷伸出援助之手，帮助塔什干重建。广场即为纪念这一友谊之举而建。广场南侧坐落着民族友谊宫，广场中间有一组象征各民族友谊的铜雕塑群，记述了卫国战争期间马赫穆多夫铁匠一家收养 15 个孤儿的真实故事。

民族友谊宫位于塔什干市民族友谊广场南侧，是多用性建筑，可放映电影，举办文艺表演、音乐会、群众集会等。建筑面积 11300 平方米，观众席总面积 3600 平方米，共有 4000 个座位。

国家历史博物馆位于塔什干市中心，前身为塔什干公共博物馆，建于 1876 年，后改称人民历史博物馆。1992 年乌兹别克斯坦内阁通过决议，对博物馆进行重建并更名为乌兹别克斯坦国家历史博物馆。外形为不对称的立方体，在东方建筑学中此形状是 "永久" 的象征。该博物馆是中亚地区最大的博物馆之一，展出了中亚地区考古学、古钱币学、民族学等各领域丰富藏品及最新历史文献档案，反映了乌兹别克斯坦各个历史时期的概况。展品有费尔干纳盆地出土的公元前 2000 年的石刻辟邪物、公元前 5—6 世纪的青铜锅、布哈拉出土的公元前 4—5 世纪的陶器、14—15 世纪帖木儿及其后时期的钱币和武器等。博物馆还展示了乌兹别克斯坦独立后工业、农业、教育、文化、艺术、外交等各领域取得的成就。

地震纪念碑是为纪念 1966 年 4 月 26 日塔什干地震死难者而建。纪念碑的主体造型宏伟，突出展现人类勇于同自然灾害作斗争的不屈精神。方形时针雕塑所指时间即为地震发生的一刻。

塔什干电视塔高 375 米，始建于 1978 年，1985 年 1 月 15 日投入使用。兼具传送电视节目、接收和传送卫星电讯信号、气象观测及旅游观光等多种功能。在 100—120 米高处设有旋转餐厅，分 "红厅" 和 "蓝厅"，可容纳 120 人同时就餐。参观者可在用餐同时观赏城市风景。

塔什干交通发达，有 3 条地铁线路，相互交错，已运行 35 年，有 29 个地铁站，每个地铁站里都是用各种大理石装修，雄伟美丽。2012 年，塔什干地铁运行 30 多年的时候，第二个建设地铁的中亚城市阿拉木图地铁才开始运行。塔什干地面交通有有轨电车、公交车、线路车、出租车。

塔什干拥有中亚唯一的高速铁路，时速为 250 千米的 Afrasiyob 高速列车运行于塔什干—撒马尔罕—卡尔什之间。

希 瓦

地名由来

关于希瓦地名的具体由来现在已经不得而知了。不过有很多有趣的故事可以对希瓦的由来做个简单的解释。一则故事是一个美丽的传说：据说大洪水之后，挪亚的儿子和同伴们在卡拉库姆沙漠迷了路，又饥又渴时，他们忽然发现一眼清泉，泉水给他们带来了生机和力量，后来他们就在清泉边兴建了希瓦城。另一则故事是：很多路过这个城市的游客，喝了这个地方的水后，都会惊呼"Khey vakh！"，由此这个地方就被称作为"Khiva"。还有人认为希瓦的名字来源于单词花剌子模（Khwarezm），由突厥传入后变更为Khivarezem，然后进一步缩短为"希瓦"。

区位

希瓦古城位于乌兹别克斯坦阿姆河下游的希瓦绿洲上，位于乌兹别克斯坦西南边界，是一座美丽的绿洲城。希瓦主要分为两个部分：外面的组成部分被称为伊钦—卡拉，由一个拥有 11 个门的城墙围护着。里面的组成部分称为迪珊—卡拉，主要由砖墙围绕着，据说修建于公元 10 世纪。如今这些锯齿形的墙壁可以追溯到 17 世纪晚期左右，高度大约有 10 米。

历史

希瓦城始建于公元 10 世纪，当时是花剌子模的强盛时期，城市建于荒漠之中的商道旁。17 世纪希瓦城成为希瓦汗国的首都。在很长一段时期内，希瓦城都是伊斯兰世界最大的宗教中心之一。希瓦城的建筑艺术吸纳了当地形成于相关历史背景和自然条件下的建筑特点和建筑风格。这里的许多建筑都可以抵御沙漠地区严酷的大陆气候，如酷热的夏季和骤然来临的无雪寒冬。1920 年 2 月，在当地人民和苏俄红军的攻击下，希瓦汗国覆亡，建立了花剌子模苏维埃人民共和国，希瓦为首都。1924年并入乌兹别克斯坦和土库曼斯坦两加盟共和国。1991年乌兹别克斯坦共和国独立，希瓦成为花刺子模州的一个重要城市。

地理

希瓦，位于乌兹别克西南与土库曼交界的地方，阿姆河以西，临帕尔万运河，是花刺子模州城市。

经济

希瓦是家庭手工业中心，有一大批杰出的能工巧匠，他们的木雕、石雕、珠宝首饰、版画、刺绣花毯（在丝绸上和在天鹅绒上刺绣）远近闻名。

希瓦天然气储藏比较丰富，已经成为推进希瓦经济发展的支柱产业。此外希瓦拥有炼油厂、轧棉厂、丝绸厂、大型制毯厂等一大批现代工业。同时，伴随着旅游业的发展，这里还开始生产旅游纪念品等，旅游经济发展迅速。

文化

希瓦是历史古都，创造了非常丰富和灿烂的古代文明，留下了大量的历史遗迹，文化气息浓郁。如今城内分布着众多具有鲜明民族特色的建筑，有清真寺、陵墓、经学院，也有商栈和浴室，是业已销声匿迹的花刺子模文明的罕有见证。在长期发展过程中，希瓦建筑虽然曾受到多种民族文化的影响，但主流仍是伊斯兰建筑文化。一座座宫阙和陵墓，一座座清真寺、宣礼塔、经学院，形制虽各不相同，但从建筑的材料、建筑的结构、细部的装饰，都展现出极其鲜明的伊斯兰风格和色彩。建筑使用的大多是琉璃瓦、马赛克、大理石、珍稀木材、金箔和蓝彩，外部修有华丽的墙体、拱形的门楣、圆锥形的彩柱、半圆形的穹顶，内部所有墙面和天花板皆绘满各种鲜丽的树木、花卉、几何形图案和阿拉伯文字，显得庄严而别有韵致。保存完好的建筑，一幢连一幢，矗立在街巷两侧。街巷都相当狭窄，汽车不能通行，游客只能徒步行走。一条条街巷就好像一座座彩廊，两侧的建筑看上去极其相似，但又各不相同，令人目不暇接，又令人惊叹不已。

随着希瓦经济的发展，政府也比较注重希瓦当地的文化建设，兴建了博物馆、各级学校等文化设施，并成立了保护传统历史遗迹的管理机构。

旅游

希瓦是童话般的中亚古城。有一句中亚古谚语是这样形容它的美丽："我愿出一袋黄金，但求看一眼希瓦。"希瓦被誉为"中亚的明珠""太阳之国"，是体现乌兹别克斯坦民族建筑艺术和建筑水平的瑰宝。它不仅是乌兹别克斯坦的骄傲，更是人类文明史上的奇葩，拥有众多保存完好的古迹和建筑，1990年已被联合国教科文组织确定为世界古城，并作为世界文化遗产列入世界遗产名录。游客来到这里仿佛置身于《一千零一夜》中的东方古城。

希瓦古城最著名的是伊钦卡拉内城，它是由高10米的城墙围成的内城，南、北城墙各长650米，东、西城墙各长400米，希瓦的伊钦卡拉内城是独特的伊斯兰城区和文化博览城，所有的历史古迹都得以完好地保存在内。这里由宫殿、清真寺、礼拜殿、宣礼尖塔、经学院、浴室等组成。

作为穆斯林城市的伊钦卡拉内城，随处可见装饰着马赛克、大理石和珍稀木材的重要建筑遗迹。这些古迹与干打垒和土坯平顶房共同勾画了一道传统的建筑风景。两座引人关注的宫殿分别据守着城市东西主轴线的两端。清真寺、陵墓、经学院、商栈和浴室则组成一幅完整的古迹图卷。作为保存完好、整体连贯的城市，伊钦卡拉内城成为销声匿迹的花剌子模文明罕有见证。伊钦卡拉内城的许多古迹都带有时代建筑特色。希瓦城中最有历史意义的建筑物是1835年建造的尼亚滋·沙里卡、阿拉·巴尔坎·伊山等著名清真寺，寺内有很多形态各异的木柱，造型独特。城中还有一座美丽的古堡，堡中矗立着希瓦汗国皇宫，宫墙为沙黄色，没有窗户，整座宫殿如一座奇特的碉堡。

由于时光的流逝，希瓦的本地建筑已日益消失，尽管只有很少的一些老的纪念性建筑保存下来，但它依然是中亚保存完好的穆斯林建筑群的典范，成为文化价值的重要组成部分。

土库曼斯坦

土库曼斯坦是位于中亚西南部的内陆国家，北部和东北部与哈萨克斯坦、乌兹别克斯坦接壤，西濒里海与阿塞拜疆、俄罗斯相望，南邻伊朗，东南与阿富汗交界。国土面积 49.12 万平方千米，截至 2016 年总人口数量为 544 万[①]。全国划分成 5 个州、1 个直辖市：阿哈尔州、巴尔坎州、列巴普州、马雷州、达沙古兹州和阿什哈巴德市。主要城市有首都阿什哈巴德、土库曼纳巴德、马雷、库尼亚乌尔根奇等。

阿什哈巴德

地名由来

阿什哈巴德最早是土库曼人的分支捷真人的城堡。"阿什哈巴德"一名，源于阿拉伯语"爱"，其意思是"全城热恋"和"城市奉献"，因此阿什哈巴德又被称为"爱之都"。一些土库曼学者坚持认为，名字可以追溯到帕提亚时代，公元前 3 世纪，从帕提亚帝国创始人阿尔沙克一世的名字中派生。

[①] http://worldpopulationreview.com/countries/turkmenistan-population/，查阅日期：2016年7月6日

区位

阿什哈巴德位于土库曼斯坦南部卡拉库姆沙漠和科佩特山交界处，占地约 300 平方千米，是土库曼斯坦首都，政治、经济、文化和科学中心，也是阿什哈巴德州的首府。

阿什哈巴德市共分 3 个区，分别为科佩特达格区、阿扎特内克区和尼亚佐夫区。

历史

历史上曾被马其顿人、波斯人、突厥人、阿拉伯人、蒙古人征服。公元 9—10 世纪受塔赫里王朝、萨曼王朝统治。11—15 世纪受蒙古人统治。15 世纪基本形成土库曼民族。16—17 世纪隶属于希瓦汗国和布哈拉汗国。19 世纪 60 年代末至 80 年代中期，部分领土并入俄罗斯帝国。

1881 年沙俄组建后里海军区，在此设行政中心。由于地处交通要冲，加上外里海铁路经此，吸引各方移民在此定居，到 1911 年人数超过 45000，成为沙俄与伊朗的贸易重镇。

该市土库曼人民参加了 1917 年的二月革命和十月革命。1917 年 12 月建立苏维埃政权，很快以当地一名革命者之名更名为波尔托拉茨克。其领土并入土耳其斯坦苏维埃社会主义自治共和国、花剌子模和布哈拉苏维埃人民共和国。

在划定民族管理区后，于 1924 年 10 月 27 日建立土库曼苏维埃社会主义共和国，成为土库曼苏维埃社会主义加盟共和国首府，并加入苏联。1927 年又恢复阿什哈巴德原名。第二次世界大战结束后，苏联政府在阿什哈巴德进行了大规模的战后建设。1948 年 10 月发生了里氏 9—10 级大地震，是当时有史书记载最强烈的一次，使整座城市几乎毁灭，近 18 万人罹难。1958 年，依地震前原样重建完毕。

1962 年卡拉库姆运河通至该市，多年缺水现象缓解。此后经过 50 多年的建设和开发，阿什哈巴德又重新发展起来。1990 年 8 月 23 日，土库曼最高苏维埃通过了国家主权宣言。1991 年 12 月 27 日，土库曼宣布独立，改国名为土库曼斯坦，阿什哈巴德成为了土库曼斯坦的首都。同年 12 月 21 日加入独立国家联合体。

地理

阿什哈巴德位于土库曼斯坦中南部的阿哈尔绿洲、卡拉库姆大沙漠南部边缘，地处交通要道，平均海拔约 215 米，是中亚一座比较年轻，但历经磨难的城市。

阿什哈巴德属典型的大陆性气候，夏季漫长、炎热干燥；冬季短暂，温暖少雪。1 月平均气温约 4.4℃，7 月平均气温约 27.7℃，昼夜温差较大，日照充分，平均月降雨量仅约 5 毫米。

经济

阿什哈巴德是全国的工业中心，拥有机械制造、电机、玻璃、食品、纺织、建材、金属加工等工业。它的工业产量占全国的 11%。阿什哈巴德生产的玻璃、离心水泵等产品在国内外市场享有盛名；用优质羊毛精编的地毯更是驰名世界，不仅是日常生活用品，还是珍贵的艺术品。阿什哈巴德主要的农业产品有棉花、小麦、瓜果蔬菜等，交通运输以铁路、公路运输为主，航空运输亦发达。

2011 年重金打造的金色世纪东方市场逐渐成为土库曼斯坦一张新的经济名片。该市场是由总统古尔班古雷·别尔德穆罕默多夫倡导并直接参与下建设的，于 2011 年 2 月 15 日建成开业。金色世纪东方市场目前是中亚地区最大的现代化商业综合体，位于阿什哈巴德市北郊，融现代化的欧洲超市功能和风味独特的东方集市特色为一体，占地 100 公顷，建设耗资 1.5 亿美元。从空中俯瞰，整个市场的外形似飞鸟，奢华美丽。市场内有 16 个大型设施建筑，划分出了各种专项贸易区域，共有 2055 个摊位。市场中央有一座 30 米高的钟楼，是标志性建筑。同时，还建有咖啡馆与快餐店、宾馆、停车场（1500 多个车位）等辅助设施，营造了一种舒适、和谐的贸易环境。金色世纪东方市场为土库曼斯坦经济发展起到融资作用，带动了农业、纺织与食品等轻工业、服务业、旅游业的发展，是土库曼斯坦国家经济发展和人民福利提高的象征。金色世纪东方市场与阿什哈巴德现有的十几个大型集市，即伊帕什现代购物中心、派塔格特贸易中心、沙漠市场、俄罗斯市场、纺织市场、塔沙乌兹市场、和平市场、第三小区市场、第三十小区市场、一百喷泉市场、拉列扎尔市场、别杰夫建材批发市场、阿伊科夫街食品批发市场等一起构成了阿什哈巴德发达的商品零售与批发网络。随着土库曼斯坦国民经济的快速发展，今后，阿什哈巴德将成为中亚最重要的零售商品贸易中心。

文化

绝大多数阿什哈巴德人为伊斯兰教逊尼派信徒，严格地遵循伊斯兰教义。伊斯兰文化在土库曼人的社会生活中占有重要地位，阿什哈巴德人很尊敬伊斯兰教的圣者。

阿什哈巴德节庆众多，每年在土库曼斯坦的民族传统节日诺乌鲁孜节、库尔邦节、赛马节、地毯节、甜瓜节等举行丰富的文化活动。此外，作为国家的首都，阿什哈巴德在独立日（即国庆节，10月27日）、国旗节（2月19日）、中立日（12月12日）、复兴日（5月18日）、胜利日（5月9日）等举行隆重的纪念活动。

阿什哈巴德还是土库曼斯坦的文化和教育中心。拥有18个科研机构、9所高等院校、43个图书馆、5个博物馆和6座剧院。此外，它还是旅游胜地和电影业的中心。

旅游

阿什哈巴德是一座历史悠久，既有古城特色，又有现代化设施的中亚名城，是土库曼斯坦的重点旅游观光城市。阿什哈巴德曾受沙漠影响而严重缺水，但自从1962年卡拉库姆大运河通到这里后，市内缺水的现象得到了根本改变。市内主要街道的两侧铺设了一条宽半米左右的水渠，用以浇灌路边的花草树木。土库曼人尤其重视植树造林，在阿什哈巴德城区及周边，到处可见大片新栽的小树苗。阿什哈巴德主要建筑物前、广场上、公园里，甚至道路隔离带上都设置了造型各异的喷泉。阿什哈巴德因此又被誉为"喷泉之城"或"沙漠中的水城"。

1991年土库曼斯坦宣布独立后，政府加快推进阿什哈巴德的建设，市内接连不断涌现出大量的风格独特的建筑，城市变化日新月异，拥有"白色大理石之都""喷泉之都""水晶之都"等诸多美称。阿什哈巴德著名的景点有土库曼斯坦国家博物馆、独立柱、地毯博物馆、鲁赫耶特宫、中立柱、地震纪念碑、金色世纪东方市场和灵感林荫路等。

中立柱和独立柱是阿什哈巴德主要的标志性建筑和观光景点。中立柱位于阿什哈巴德市中心总统府广场，象征土库曼斯坦的中立国地位。3个柱体支撑脚代表土库曼斯坦3个不可分割的基础：独立、中立和民族团结。在阿什哈巴德城南，矗立着象征土库曼斯坦作为独立主权国家的独立柱，塔基上方的塔柱高91米，象征土库曼斯坦于1991年获得独立。每年10月27日的"独立日"和12月12日的"中立日"已成为土库曼斯坦最重要和最隆重的节日。

灵感林荫路于2010年10月1日建成对外开放，位于阿什哈巴德市中心的吉奥罗格雷大街和马赫图姆库里大街之间，是一处人文艺术综合园区。在园区内古老的树林中，种植了新树苗，修建了花坛并栽植了花草。在园区内，人工河辅以彩色喷泉装饰，艺术造型独特的路灯密布林立，建有咖啡厅、小憩长椅等设施。园区内，最大的亮点是三部分艺术创造水准很高的人像雕塑群。第一部分雕塑群，塑造的是突厥民族古代和近代最著名的伟大诗人、思想家、科学家等形象，有阿斯·苏里、阿利·法拉比等十几位名人。第二部分雕塑群，塑造的是11—19世纪杰出诗人的形象，有霍贾·阿赫迈特、尤尼斯·艾姆列、阿扎季等十多位诗人。第三部分雕塑群，塑造的是土库曼斯坦近代史上杰出人物的形象，有别尔德·凯尔巴巴耶夫、阿马纳凯基洛夫等名人。灵感林荫路艺术综合园的建造，不但再现了当代土库曼民族对艺术的完美追求，同时彰显着土库曼民族对亚细亚地区其他民族的智慧和文明的赏识与尊重。灵感林荫路人文艺术综合园区的落成，给阿什哈巴德市民和外国游客提供了一处休闲与观光的新去处，同时亦为阿什哈巴德梦幻的夜景增添了浓厚、绚丽的色彩。

另外，土库曼斯坦特有的阿哈尔捷金马也吸引很多游客慕名参观。阿哈尔捷金马在中国文献中为"天马"和"大宛良马"，史书中的"血汗宝马"即源自阿哈尔捷金马。此马产于土库曼斯坦科佩特山脉和卡拉库姆沙漠间的阿哈尔绿洲，是经过3000多年培育而成的世界上最古老的马种之一。此马神态威严，步伐轻盈，体态匀称，威武彪悍，力量大、速度快、耐力强，性情暴烈，但驯服后却非常顺从。2002年尼亚佐夫总统访华时赠给江泽民一匹名为"阿赫达什"（意为"白石"）的阿哈尔捷金马。2006年土库曼斯坦总统尼亚佐夫向中国赠送了汗血马"阿尔喀达葛"。2014年5月12日,习近平接受了别尔德穆哈梅多夫代表土方赠予中方的一匹汗血马。

　　除了拥有丰富的旅游资源,阿什哈巴德还有很多传统的美食。较为广泛地使用胡椒、洋葱、茴香、薄荷等调味品是阿什哈巴德乃至中亚厨艺的一大特色。比较有名的土库曼传统食品有烤肉、抓饭、烤馕、烤肉饼、炸馓子和包子等,饮料以茶为主,夏天人们往往喝酸骆驼奶用以消暑。

　　阿什哈巴德也是土库曼斯坦乃至于中亚地区的重要交通枢纽。与独联体各国、伊朗、巴基斯坦、印度、德国、土耳其、英国、阿联酋和泰国等40多个国家和地区直接通航,与中国乌鲁木齐通包机。

土库曼纳巴德

地名由来

　　土库曼纳巴德原来的名称叫"查尔朱",该地原来是布哈尔埃米尔王国的堡垒,为了抵御外敌从阿姆河对岸入侵而建。1999年查尔朱改名叫土库曼纳巴德。

区位

　　土库曼纳巴德位于土库曼斯坦东部,面积25300平方千米,是列巴普州首府,也是土库曼斯坦第二大城市,是列巴普省中心,靠近乌兹别克斯坦边境,与玛丽、阿哈尔和达沙古兹三省交界。

历史

　　土库曼纳巴德拥有2000多年的历史。土库曼纳巴德是古代丝绸之路通往布哈拉、希瓦和梅尔夫的重要枢纽。

　　很多年前,布哈拉酋长国将这座要塞称为查尔朱(Chardzhui),用来抵御阿姆河的游牧民族的袭击。1886年,一条跨里海的铁路到达了这座城市。它增长了国家的军事实力,解决了许多民用问题。1901年,一座铁路桥横跨河而建，使得查尔朱逐渐成为了该地区的中心城市。1999 年，土库曼斯坦政府将查尔朱正式更名为土库曼纳巴德。今天的土库曼纳巴德是一个发达的工业和文化中心。

地理

土库曼纳巴德是土库曼斯坦东部的中心城市，位于阿姆河畔，平均海拔187 米。在土库曼纳巴德南部约 70 千米的东卡拉库姆沙漠，是雷佩特克自然保护区，这里有闻名的沙漠鳄鱼等动物。

土库曼纳巴德属温带大陆性气候，夏季炎热，冬季凉爽，雨量较少，主要发生在冬季和秋季。

居民主要以土库曼族为主，其次为俄罗斯族、乌兹别克族等。

经济

土库曼纳巴德是全国重要的工业城市之一，工业以石油加工、轻工业和食品加工业为主。拥有石油冶炼厂、船舶修理厂、建筑材料厂、丝织联合企业以及毛纺、轧棉、针织、毛皮加工、肉奶加工等工厂。该市的石油冶炼在全国占有重要地位，石油冶炼厂的年产量达 1000 万吨以上，居全国第一。

文化

土库曼纳巴德是列巴普省的文化中心，这里有一所专门的教师培训机构，还有航空学校、专业艺术学校和体育学校等很多公立教育机构。为方便市民，市政府还修建了博物馆、现代剧院、动物园、主题公园等休闲和娱乐场所。距离城市中心 5 千米的地方有一处人工沙滩，是青少年夏季放松和娱乐的好去处。

土库曼纳巴德的居民大多信仰伊斯兰教，俄罗斯族和亚美尼亚族信仰东正教。因此，土库曼纳巴德的伊斯兰文化非常浓厚，市内有很多伊斯兰风格的建筑。

旅游

土库曼纳巴德紧邻库吉唐套山脉（城市东南），这里有着丰富的动物和植物。在这里，你甚至可以看到高原的博雅达格恐龙和史前穿山甲留下的痕迹以及独特的岩溶洞穴的烙印。如果你参观城市中间的 Atamurat 博物馆，还能看到中亚地区古老的商队。Alamberdar 陵墓和阿斯塔纳巴巴，即使现在仍是许多信徒的朝圣地。

土库曼纳巴德的地标性建筑就是古老的定居点的阿穆勒（10—11 世纪）。它是古代聚落的废墟中的堡垒，距离土库曼纳巴德市中心大约 10 千米。这是一座在 10 世纪修建的堡垒，周围围绕着护城河。整座堡垒共有 4 个门，每个方向的城门都有瓦特战士（sarabazs）日夜执勤和守卫。要塞内有广场、军营、食品仓库、花园宫殿、监狱等。

土库曼纳巴德还有一座古老的陵墓：Allamberadar 的陵墓。它是一栋 11 世纪修建的陵墓。 陵墓其实是由一座清真寺和一座坟墓组成，陵墓建筑风格独特，装饰非常华丽，雕刻极为细腻，充分反映了中亚黄金时期的建筑风格。陵墓现为土库曼纳巴德重要的景点之一。

马 雷

地名由来

旧称梅尔夫，古称蒙奇、马鲁、麻里兀、马兰。旧城附近是阿拉伯人统治时期中世纪伊斯兰文化的中心。有印度和阿拉伯的传统，据认为是雅利安人种的起源地。

区位

马雷是土库曼斯坦共和国马雷州首府，也是土库曼斯坦第四大城市和重要外贸口岸。

历史

1884 年马雷被俄罗斯帝国占领，并引发阿富汗部队和俄罗斯帝国陆军之间的潘贾德事件。2012 年 4 月 30 日，独联体正式授予土库曼斯坦城市马雷

2012 年"独联体文化之都"称号。2013 年 9 月，中国国家主席习近平访问马雷市。

马雷（古梅尔夫）有着悠久的历史。4000 年来，古梅尔夫绿洲文化对中亚和伊朗等地的文化产生了重要而深刻的影响。早在雅典帝国时代，该城即是欧洲、西亚与中国间的重要交通枢纽。公元 651 年，此地是呼罗珊领地的一部分，其后又成为阿拉伯人研习伊斯兰教义的重要中心。在它受塞尔柱人统治时（12 世纪），此地曾一度成为首都所在地。1221 年，蒙古人征服古梅尔夫。1884 年马雷被俄罗斯帝国占领，并引发阿富汗部队和俄罗斯帝国陆军之间的潘贾德事件。2012 年 4 月 30 日独联体正式授予土库曼斯坦城市马雷2012 年"独联体文化之都"称号。2013 年 9 月，中国国家主席习近平访问马雷市。2014 年 5 月 12 日，在国家主席习近平和土库曼斯坦总统别尔德穆哈梅多夫的见证下，陕西省委常委、市委书记魏民洲与土库曼斯坦马雷市市长比尔德·阿达木拉多夫在北京人民大会堂共同签署了《西安市与马雷市建立友好城市关系协议书》，西安市与马雷市成为中土两国第二对友好城市。

地理

马雷位于穆尔加布河与卡拉库姆运河岸边，在卡拉库姆沙漠中的一片绿洲上。该市交通便利，土库曼巴希至乌兹别克斯坦首都塔什干的铁路途经该城，与土库曼斯坦南端的库什卡市通有铁路。

经济

马雷出产棉花，有纺织工业。马雷的经济原以棉花种植为主，后于 1968 年发现天然气后成为资源重镇。

文化

马雷文化教育较为发达，市内有师范学校、卫生学校、剧院和地方志博物馆等文化机构。

旅游

马雷曾是古丝绸之路上重要的绿洲城市，现留存的梅尔夫古城是中亚地区丝绸之路沿线最古老、保存最完好的绿洲城市，1999被列入世界文化遗产名录。

梅尔夫历史与文化公园建于12世纪，公园中的大部分建筑都是土库曼斯坦帝国时建造的。现在国家公园内大部分建筑不是受到人为的破坏就是毁于一次又一次的地震。国家公园内的陵墓是一座高达约3.7米的砖制建筑，有800多年的历史，尽管陵墓的圆顶已经遭到破坏，但它仍然耸立如初。在古代，人们可以从很远的地方看到陵墓的圆顶。如今陵墓的状况不容乐观，亟待维护。

国家公园内的克兹卡拉要塞建于公元7世纪，相传在古时候，苏丹把所有的青年女子都关进了克兹卡拉要塞，而命令所有的青年男子去守卫国库。守卫国库的青年们想尽了一切办法试图进入要塞来和自己相爱的人见面，但都未成功。有一天苏丹下令说，如果有人能把苹果从国库扔到要塞，它就可以从要塞中选一名女子为妻。聪明的青年发明了弹弓，成功地实现了夙愿，据说这也是弹弓的由来。

库尼亚—乌尔根奇

地名由来

库尼亚—乌尔根奇又称老乌尔根奇，区别于乌兹别克斯坦境内的乌尔根奇。该城古称玉龙杰赤，又称玉里健、乌尔达赤、兀笼格赤、花剌子模城、乌尔坚奇等，在公元10世纪时，成为花剌子模地区最大的城市，也是丝路在中亚地区的重要交易都市之一。

区位

库尼亚—乌尔根奇地处土库曼斯坦的西北部、阿姆河的南面，隶属于土库曼斯坦的达绍古兹州，毗邻与乌兹别克斯坦接壤的边境，距离首都阿什哈巴德480千米。

历史

库尼亚—乌尔根奇的早期历史可以追溯至公元前 6 世纪至前 5 世纪，古波斯的阿赫美尼德王朝早期。公元 712 年，遭到阿拉伯人入侵，并改名为玉龙杰赤。由于地处丝绸之路，玉龙杰赤逐步繁荣起来，成为中亚地区的重要中心城市。

公元 995 年，马蒙·伊本·穆罕默德推翻了花剌子模的实际统治者阿夫里格王朝，建立了马蒙王朝（公元 995—1017 年），以花剌子模沙的称号统治着该地区，并将玉龙杰赤设为王国首都。11—12 世纪时，花剌子模王国兴起，玉龙杰赤作为中亚地区最繁荣国家之一的首都，成为东方最美丽、设备最完善的城市之一，同时也是文化中心。在花剌子模朝廷里住着许多东方国家的杰出学者。直到阿拉乌丁·摩诃末时期，因为政治上的因素，帝国首都被迁至撒麻耳干，今乌兹别克斯坦的撒马尔罕。

1220 年秋至次年春，蒙古军队连破花剌子模城池，在河中之战，成吉思汗命术赤为主帅，察合台、窝阔台为副帅，率军合围玉龙杰赤，又分兵封锁呼罗珊北境，截断其后路。由于术赤和察合台意见相左，蒙古军围城六个月而不下，成吉思汗在塔里寒闻报，改命窝阔台统全军，限其克日攻下玉龙杰赤。

1221 年 4 月，玉龙杰赤破城，残军及妇孺誓死抵抗，巷战七昼夜，蒙古军驱赶其出城，挑选出 10 万工匠送往东方。5 万壮丁编签军，妇孺尽为奴婢。其余居民被悉数屠杀。蒙古军队又掘开阿姆河，引水淹城，将玉龙杰赤夷为平地。

成吉思汗死后，蒙古帝国四分五裂，花剌子模地区被金帐汗国所统治。玉龙杰赤在原城池的南方重建，到了 14 世纪重新成为花剌子模地区的最大都市。但是 1372—1388 年间，玉龙杰赤再一次被中亚地区的新统治者帖木儿帝国所征服。出于对于花剌子模的忌惮，蒙古贵族帖木儿于 1388 年强令居民迁出玉龙杰赤并摧毁了该城，此后该地区的繁华便日渐没落。

16 世纪以后，该城逐渐重建，但由于阿姆河改道，政治、商业的重心渐渐移向了南部的希瓦。1646 年，老乌尔根奇（玉龙杰赤）被毁弃。

今天，老乌尔根奇的大部分城区都埋在地下，但城郊地区仍有当年辉煌岁月的蛛丝马迹。2005 年，联合国教科文组织将库尼亚—乌尔根奇列入世界文化遗产名录，成为土库曼斯坦境内的重要旅游景点之一。

旅游

如今游客所能看到的古都约有 3.5 平方千米，散布着一系列包括由泥砖建筑而成的曾用于防卫的碉堡等遗迹。这里得以保存的遗迹主要是以烧砖修筑而成的陵寝，用釉面砖、切割砖和灰泥装饰装修的清真寺。

库特卢—帖木儿清真寺是一个伊斯兰式的宣礼塔，高约 60 米，由砖砌成，有亮蓝色的飞檐，是中亚地区最高的宣礼塔之一。塔内有梯子盘旋而上，梯子共有 144 个台阶，但不允许游客攀登。陵墓的门饰花纹雕刻技术十分精湛。

图拉白可汗陵墓，被考古学家认为是一座陵墓，但也有一些考古学家认为它是建于 12 世纪的一座神庙。但无论如何，该建筑均可视为中亚地区最完美的建筑之一。穹顶内 365 个细瓷部分代表一年 365 天，穹顶垂直下方的 24 个弧形代表一天 24 小时，下面 12 个较大的弧形代表一年 12 个月，4 扇大窗户代表一个月 4 个星期。

帖乞失陵墓与阿尔斯兰陵墓。帖乞失，又称塔乞失、塔喀什等，为阿拉乌丁·摩诃末的父亲，1172—1200 年在位，曾与兄弟苏丹·沙赫争立，后在西辽帮助下即位。阿尔斯兰，为帖乞失的父亲，阿拉乌丁·摩诃末的祖父，1156—1172 年在位。蒙古军攻陷玉龙杰赤后，这两座坟墓得以幸存并成为如今库尼亚—乌尔根奇的标志建筑。

库白拉墓。库白拉是 12 世纪著名的伊斯兰教师与诗人，他的陵墓是小镇中最神圣的地方。他的陵寝据说有治愈疾病的力量，所以有很多信徒在此祈祷。

阿富汗

    阿富汗，其全称为阿富汗伊斯兰共和国，是亚洲中西部的内陆国家，位于西亚、南亚和中亚交汇处，扼南北交通要冲，地理位置重要。北接土库曼斯坦、乌兹别克斯坦和塔吉克斯坦，东北突出的狭长地带与中国接壤，东和东南与巴基斯坦毗邻，西与伊朗交界。国土面积为 64.75 万平方千米，总人口约 3279 万人（2016 年）[①]。全国划分为 34 个省，主要城市有喀布尔、坎大哈、赫拉特、马扎里沙里夫等。

喀布尔

地名由来

    "喀布尔"之名源于一个传说：很早以前，这里是一个湖心岛，风景十分秀丽。岛上住着一个爱唱歌的人，唱的歌十分动听。国王得知此事，便带着一队人马来湖边，湖水很深，兵马过不去，国王派人找来干草，堆成一座桥，登上了岛，在这里建城堡。城堡建成，国王便用"干草桥"来命名。在波斯语中，"干草"这个词念作"喀"，"桥"念作"布尔"，"喀布尔"即"干草桥"

---

① http://worldpopulationreview.com/countries，查阅日期：2016年5月7日。

的意思。

区位

喀布尔位于阿富汗东部的喀布尔河谷、兴都库什山南麓，城市面积 4583 平方千米，是阿富汗的首都和最大城市，也是喀布尔省的省会。

历史

阿富汗历史悠久，喀布尔亦然。印度古经典《吠陀经》提到一个叫库拔的地方，梵文研究者认为就是今天的喀布尔。《波斯古经》也证实，库拔就是今天喀布尔所在的地方。中国《汉书》记载的叫高附的地方就是喀布尔。

喀布尔是著名的东西方通商要道丝绸之路上的重要城镇，2000 多年前就是东西方贸易文化交流的一个中心。在信德语中，喀布尔意为贸易中枢。在阿拉伯入侵时期，喀布尔从属于哈里发·穆阿威叶一世（Muawiya I）。公元 9 世纪，喀布尔被萨法尔王朝（Saffarid dynasty）征服。13 世纪，喀布尔被成吉思汗所毁灭。16 世纪初，来自中亚的莫卧儿王朝创建者巴卑尔占领喀布尔。

18 世纪，波斯阿夫沙尔王朝帝王纳迪尔沙赫均把这里作为穿越兴都库什山脉南下征服印度的军事要道。1773 年，杜兰尼王朝统一阿富汗后定都于此，从此成为阿富汗的政治文化中心。1838—1919 年，英国曾三次入侵阿富汗。曾经于 1842 年攻陷喀布尔，但由于阿富汗人民的反抗而撤出。1920 年，阿富汗重新获得了独立。自 18 世纪以来，俄罗斯帝国也一直试图占领阿富汗地区，苏联时期也一直干预阿富汗政治。1979—1989 年期间，苏联发动了十年阿富汗战争，最后也以失败而告终。

地理

喀布尔位于阿富汗东部，海拔 1800 米。喀布尔河穿城而过，将城市一分为二，南岸为旧城区，北岸是新城区，全市呈现 U 字形，四周群山环抱，城市开口处面对西面的高山峻岭，是一座风景异常优美的高原城市，也是世界上地势最高的山区都城之一。

喀布尔属于高山高原气候，气候温和，同北京相差不多，四季分明，全年平均气温 13℃左右。

喀布尔气候条件良好，适宜种植多种农作物和葡萄、杏、枣等水果，四周郊区也是全国最主要的园艺和蔬菜种植地。喀布尔附近的矿业资源也非常丰富，已经开采的有煤、铁、锰、铜、石墨等。

经济

喀布尔是阿富汗的经济中心。20 世纪七八十年代以前，喀布尔集中了全国大部分工业，主要有纺织、水泥、食品、制革以及汽车修理等。但由于受战乱和塔利班势力的影响，喀布尔经济发展受到严重影响。

文化

喀布尔居民大都信仰伊斯兰教，因此伊斯兰教文化在喀布尔有着极为重要的地位。该宗教不仅提供了一整套信仰与道德体系，深深影响着人们的价值取向和思维定式，而且很大程度上还为整个社会构建了某种约束和调节机制，规范人们的行为方式与生活方式。喀布尔居民大都热情好客、心地善良、举止文雅、彬彬有礼。

喀布尔节日文化丰富，开斋节和库尔邦节是两个极为重要的节日。"库尔邦"即"献牲"之意，因而又称"宰牲节"。每逢此节，穆斯林就要沐浴礼拜，宰羊杀骆驼杀牛，作为馈赠，以示纪念。在库尔邦节，人们都会去阿里巴德圣地进行朝拜，并举行赛马、演奏器乐等文体活动，还会举行"破土春耕"的仪式等。

喀布尔也是阿富汗文化和教育中心，拥有众多图书馆、博物馆和学校。其中喀布尔国家博物馆是阿富汗最大的博物馆，也是世界公认的多种文化珍品聚集的宝库。在馆内众多文物中，有一组是"巴格拉姆文物系列"，为镇馆之宝，主要是在巴格拉姆周围遗址中挖掘和发现的珍贵文物，包括大量源自古印度、希腊和罗马、中国和中亚的文物，比如象牙饰品、青铜器以及精美的玻璃制品等，大多文物属于公元 1—3 世纪。喀布尔大学是阿富汗最好的大学。2008 年年初，中国孔子学院总部与喀布尔大学签署了共建孔子学院的协议，正式启动阿富汗第一所孔子学院的建设。

旅游

喀布尔是一座山水相映的城市，市中心的梅旺德大街矗立着绿色的梅旺德纪念碑，纪念碑周围有四尊大炮。城市周围的山坡上，古塔、古墓、古堡以及清真寺、寺庙比比皆是。著名的有沙希杜沙姆希拉清真寺、巴布尔陵墓、国王穆罕默德·迪纳尔·沙陵墓、国家博物馆、考古博物馆等。河北岸新城是主要商业区，并有皇宫、官邸和高级住宅。皇宫中有古尔罕纳宫、迪尔库沙宫、萨达拉特宫、蔷薇宫（今称人民宫）等。过去的达尔阿曼宫现在是议会和政府所在地。城市周围的山峰上屹立着当年抵御外侮的城墙，被称为"喀布尔的长城"。

喀布尔是美丽的，并且笼罩着一层东方山国的神秘色彩，吸引许多外国游客。特别是 3 月，园林和市场上郁金香竞开盛放，给城市披上浓艳的衣装，使喀布尔成为一座美丽的花城。

历史上一些征服了喀布尔的帝王，都为喀布尔的魅力所折服。据说阿马德沙为喀布尔大学放弃了印度。印度莫卧儿帝国的缔造者巴卑尔征服了喀布尔后，流连忘返，乐不思归，再也没回到他的故土。临死前，他再三叮嘱，一定要把他葬在这块他心爱的土地上。巴卑尔墓坐落在他生前经常游幸的谢尔达尔瓦扎山上。

喀布尔交通便利，现有两个现代化的机场与邻国通航，是全国公路交通的枢纽，有公路连接喀布尔省各地。以喀布尔为中心，长达 2000 多千米的环形现代化公路通往阿富汗全国各地，到邻国巴基斯坦和伊朗也有公路相通。

坎大哈

地名由来

坎大哈在公元前 330 年时由亚历山大大帝建成，原名"安其提亚的亚历山大城"，作为波斯与印度之间的屏障，其中安置了部分希腊老兵。

区位

坎大哈地处阿富汗南部,地理位置重要,北通首都喀布尔,往西可达阿富汗第三大城市赫拉特,而东距巴基斯坦边境只有 100 千米,是坎大哈省省会,也是阿富汗第二大城市。

历史

据史学家考证,坎大哈为公元前 4 世纪亚历山大大帝所建。1221 年曾遭蒙古人破坏。14 世纪又遭帖木儿破坏。16 世纪时,被划入莫卧儿帝国的版图。1747 年,普什图人艾哈迈德·汗被选为坎大哈各部落的最高首领,艾哈迈德·汗从此改称艾哈迈德·沙赫(意即"皇帝"),宣布建立杜兰尼王朝,定都坎大哈。后来,艾哈迈德·沙赫的儿子帖木儿将首都迁往喀布尔,但坎大哈一直是阿富汗南部的商业中心和军事重镇。

1995 年年初,塔利班把总部设在坎大哈。1996 年 9 月 27 日,塔利班武装攻占首都喀布尔,并成立了临时政府接管政权。

地理

坎大哈位于喀布尔、赫拉特以及奎达(巴基斯坦)的公路交叉点,同时也处于勒齐斯坦沙漠东北端海拔 1000 米的绿洲上,具有重要战略意义。

坎大哈属亚热带干旱气候,夏季从 5 月中旬持续到 9 月底,炎热干燥,7 月每天的平均温度都在 31.9℃左右;其次是干燥的秋季,从 10 月初持续到 11 月下旬,每天的平均温度在 20°以上;冬季从 12 月份开始,1 月的平均气温约为 5.1℃;从 3 月初到 4 月底,是比较舒服的春季,气温维持在 10℃—30℃。坎大哈一年四季主要以晴天为主,尤其是在夏季,全年的降雨比较少,年平均温度约为 18.6℃。

坎大哈最著名的特产是各种水果。作为一个绿洲上的城市,坎大哈和灼热干旱的沙漠完全绝缘。这里有的是成片的绿地、阴凉的果园,出产的葡萄、甜瓜、桑葚、蜜桃、石榴、无花果享誉伊朗和印度。其中,坎大哈的石榴最著名。

坎大哈的大部分居民是普什图人和塔吉克人,也有少量俾路支人。

经济

坎大哈周围为灌溉农田，农产品主要有小麦、羊毛和水果，为工业发展提供了丰富的原料，农产品集散于此。工业有粮食、果品加工和棉毛纺织工业。手工业以制毯著称。矿产品主要出产黄金和宝石，以此为主的手工业也较为发达。附近受阿尔干达布河水灌溉，产小麦、稻米、棉花、甘蔗、芝麻、烟草、水果等。农产品市场以水果加工等食品工业为主，还有棉、毛纺织与丝织工业。

旅游

与喀布尔比较，坎大哈没有多少高楼大厦，市内交通也不发达。但街道宽阔，草木常绿，颇具亚热带风光。市内主要街道两旁，耸立着高大的法国梧桐，许多两层的楼房粉刷得雪白，掩映在棕榈、夹竹桃、塔松、石榴等树丛花影之中，恍如花园。

坎大哈分为新旧城两部分。市内和市郊著名的景点有 18 世纪中叶建造的阿赫美德沙（杜伦尼王朝）的陵墓以及其陵墓旁边闻名遐迩的海尔格·穆巴拉克清真寺，内藏穆罕默德圣袍。另外还有梅旺德古战场等。

坎大哈有机场，但主要用于国内航线。

赫拉特

地名由来

在伊朗、阿富汗、土库曼斯坦和乌兹别克斯坦交界处，有一片地方，历史上被称为呼罗珊，意思是"日出之地"，这里是以游牧为主的中亚塞种人、突厥人和以定居为主的伊朗高原波斯语族人之间交锋融合的十字路口。

赫拉特就是呼罗珊地区的中心城市，古代呼罗珊四郡（赫拉特、马雷、尼沙布尔、巴尔赫）之首。这里曾经良田阡陌，物产丰饶，帖木儿的后人、印度莫卧儿帝国的开国皇帝巴卑尔大帝曾经赞美道："普天之下，难以找到赫拉特这样的城市。"

区位

赫拉特位于喀布尔西约 600 千米处，哈里河中游右岸，是阿富汗西北部历史名城，赫拉特省省会，也是阿富汗第三大城市。历史上赫拉特为中亚、南亚同西亚各地区交通、贸易的枢纽，战略地位重要。

历史

公元前 541 年，被兴起于亚洲西部伊朗高原上的古波斯帝国的居鲁士二世纳入其治下。公元前 329 年，在兴起于欧洲东南部巴尔干半岛地区的马其顿帝国对波斯帝国的战争中，亚历山大大帝攻陷赫拉特城后建筑堡垒。公元前 312 年，该区成为希腊化的塞琉古帝国的一部分。公元前 246 年，该区成为中亚希腊化王国狄奥多特一世的巴克特里亚的一部分。公元前 167 年，赫拉特为帕提亚帝国的一部分。公元 300 年左右，赫拉特成为萨珊王朝治下的基督教中心，设有一名景教派主教。公元 484 年赫拉特为嚈哒帝国的一部分。公元 644 年，成为阿拉伯帝国的一部分。公元 786—809 年，赫拉特是阿拔斯王朝的一部分，后被塔希尔王朝和萨法尔王朝统治。公元 867—869 年，纳入萨曼王朝统治。1040 年前，从属于伽色尼王国，1040 年始被塞尔柱帝国统治。1175 年，被阿富汗中部的古尔王朝占领，后归属阿拉乌丁·摩诃末的花剌子模帝国。在这时期，赫拉特发展成为金属品制造业的中心，尤以镶金银的铜器闻名。

地理

赫拉特系阿富汗西部经济中心、交通要道，是受哈里河灌溉的全国人口最为稠密、最富裕的农业区之一。赫拉特平均海拔约 920 米，属温带大陆性气候，1 月平均气温约 2.9℃，7 月平均气温约 29.8℃。

赫拉特矿产资源蕴含丰富，其中大理石蕴藏量和质地更是世界闻名。

经济

赫拉特除食品、纺织（羊毛、绢）等工业外，地毯制造也颇具知名度，紫羔羊皮生意兴隆。

在赫拉特城机场附近，坐落着阿富汗最大的工业园。阿富汗为吸引外国投资出台了许多优惠政策。比如，外资企业在阿富汗投资 100 万美元以上可以享受五年免税和机械设备进口免征海关关税的优惠。

文化

由于曾是伊斯兰世界的知名城市和古阿富汗的首都，赫拉特城文化底蕴十分深厚。作为阿富汗文明的摇篮，赫拉特这座绿洲城市的历史已经接近5000 年，从古代希腊学者到近代英国探险家，给这座城市留下过太多的溢美之词。

赫拉特古城内外分布着许多伊斯兰风格建筑，是作为帖木儿汗国都城最重要的见证。1405 年，帖木儿去世，数子夺嫡，国家四分五裂。四子沙哈鲁在短时间内再次统一全国，把首都从撒马尔罕迁到了赫拉特，收罗了来自波斯、印度和中亚各地的能工巧匠，大兴土木，精心营造，使它成为一座媲美甚至超越撒马尔罕的世界大都会。突厥文化和波斯文化在这里融合，开始了赫拉特历史上最辉煌的时期。

15 世纪末，高赫绍德女王在此修建伊斯兰经学院并传播伊斯兰文化，赫拉特成了当时伊斯兰世界文化名城。

明朝史籍上，干脆把帖木儿汗国称作"哈烈国"，就是赫拉特国。明永乐帝朱棣曾遣使到过哈烈国，留下了陈诚的西使记《西域番国志》和《西域行程记》，沙哈鲁汗亦派使访明，有《沙哈鲁遣使中国记》，是中西交通史的名著。哈烈国时代，数不清的诗人、学者、画家聚集在这座城市，沙哈鲁的宰相纳瓦依曾自豪地说："在赫拉特每跨一步，都会踢到一位诗人。"从今天遍布城市大街小巷的书店和旧书摊，依稀可以看出赫拉特的文脉。

赫拉特的城市格局很奇妙，与其他西域城市都不相同，呈正方形，城里两条主干道，一条正东正西、一条正南正北，十字交叉，把城市均匀分成四块，和中国古代城市布局非常类似。聚礼清真寺在城市东北区域，城堡在西北区域。

旅游

作为古代丝绸之路上的历史名城，赫拉特遗留下丰富的历史文化旅游资源。赫拉特至今尚有 12 世纪的大清真寺、14 世纪的赫拉特城堡及帖木儿王朝时代的建筑物等诸多名胜遗迹。

城西的郭瓦夏古学府系沙哈鲁之后裔建于 1420 年，历经 22 年完工，现只剩废墟，但遗存的高塔六柱，外层以蓝绿琉璃瓦镶嵌，规模宏伟。东北郊的加扎尔加赫有一座苏菲派修道院，内有 11 世纪苏菲派诗人阿卜杜拉·安萨里的大理石陵墓，是著名的苏菲派圣地。西北郊有加瓦尔·沙德皇后墓和 6 座尖塔。从皇后墓北行不远，还有苏菲派诗人贾米的陵墓，也是该城的主要古迹。城北以 15 世纪波斯艺术家的名字命名的比札德公园，有 500 年历史。园中有帖木儿的儿媳高哈尔·萨德的陵墓，建造精巧，蓝色拱顶别具一格。

赫拉特聚礼清真寺规模宏大，堪比伊朗伊斯法罕，主体结构建造于 13 世纪的古尔王朝，沙哈鲁汗时代重建，现存外观是波斯萨法维王朝的产物。由于受过战争的摧残，原始构件损失较大，内部通常刷白灰来遮掩，看起来比较粗糙。清真寺有三个大门，东门尤其好看，外面有根石柱，雕刻精美。清真寺北有一座古尔王朝皇帝的陵墓，小巧精致，门券处有漂亮的镜子装饰。

马扎里沙里夫

地名由来

马扎里沙里夫是"神圣陵园"的意思。因为整座城市是围绕一座陵园而出现并发展起来的，它之所以被称为神圣陵园，是因为阿富汗的什叶派穆斯林将那里看作为先知穆罕默德的女婿和弟子、第四代哈里发阿里的陵墓。

区位

马扎里沙里夫位于阿富汗北部邻近乌兹别克斯坦的边境，距首都喀布尔约 300 千米，是阿富汗巴尔赫省的省会和阿富汗第四大城市，也是阿富汗北部最大城市与交通枢纽和商业、文化中心。

地理

马扎里沙里夫位于兴都库什山北麓巴尔赫河灌溉的绿洲中，阿富汗和土克曼界河阿姆河南岸，海拔 380 米。

马扎里沙里夫夏季炎热，冬季寒冷。降水较少，大多发生在 12 月和次年 4 月之间。6—8 月的气温非常高，经常超过 40℃。冬天温度比较低，从 11 月开始就可能下雪。

经济

棉毛纺织业、地毯加工业以及其他手工业比较发达，是国内小麦、皮革和棉花贸易的中心，也是国内羊皮贸易的最大集散地。马扎里沙里夫化肥厂是全国唯一一家大型化学工业企业。

文化

伊斯兰教什叶派的圣地，也是当年玄奘法师从乌兹别克斯坦进入阿富汗的第一站。每年的伊斯兰教历新年，来自各地的阿富汗穆斯林聚集在阿里圣陵广场上，举行一年一度的宗教集会。

旅游

马扎里沙里夫是一个美丽而古老的边陲城市，是古代丝绸之路的要冲，有众多的古建筑遗迹。近郊的阿里圣陵据说是伊斯兰教创始人穆罕默德的女婿和弟子、第四代哈里发阿里的陵墓。阿里圣陵巍峨宏伟，富丽堂皇，各种雕塑和图案十分精美，堪称帖木儿王朝传统建筑中的精华，在中亚伊斯兰寺院建筑中也称得上是一件艺术珍品。

另外，在距城市 20 千米远的西北方向便是巴尔赫。可以到兴都库什山去看看山脉风光，或者体验一下受巴尔赫河流灌溉的绿洲风景。

伊 朗

伊朗，其全称为伊朗伊斯兰共和国。该国位于亚洲西南部，同土库曼斯坦、阿塞拜疆、亚美尼亚、土耳其、伊拉克、巴基斯坦和阿富汗相邻，南濒波斯湾和阿曼湾，北隔里海与俄罗斯和哈萨克斯坦相望，素有"欧亚陆桥"和"东西方空中走廊"之称。海岸线长 2700 千米。境内多高原，东部为盆地和沙漠。属大陆性气候，冬冷夏热，大部分地区干燥少雨。该国国土面积为 164.5 万平方千米，总人口数量为 7940.78 万（2016 年）[①]。全国共有 31 个省，主要城市有德黑兰、伊斯法罕、库姆、马什哈德、大不里士、设拉子等。

德黑兰

地名由来

在前伊斯兰及伊斯兰时代早期，德黑兰在祆教里被称为"拉伊"（Ray），也就是波斯古经里的刺伽。

在波斯语里，"德黑兰"意为"洁净之城"，也可解释为"圣洁的地方"。德黑兰还有一种解释是"炎热的地方"，据说，伊朗历代帝王迟迟没有选中德

---

① http://worldpopulationreview.com/countries，查阅日期：2016年5月7日。

黑兰建都，很重要的原因是这里夏季太热。然而，自从恺加王朝在这里建都后，德黑兰便一直是伊朗的首都。第二次世界大战期间，1943年，苏、美、英盟国首脑在德黑兰聚会并发表了著名的《德黑兰宣言》，号召全世界联合起来击败法西斯德国，德黑兰这个名字自此蜚声全球。

区位

德黑兰，位于伊朗中部偏北，坐落在辽阔的伊朗高原北缘的厄尔布尔士山脉南麓，面积6000多平方千米，是德黑兰省省会、伊朗的首都，全国的政治、经济和文化中心。它是伊朗最大的城市，并且是西亚地区最大的城市之一。

历史

德黑兰，位于伊朗中部偏北，是一座历史悠久的城市。早在公元9世纪初期，这里已成为居民住宅点，是当时著名城市雷伊的郊区，为古代丝绸之路往来的歇脚之处。13世纪，因受到强大外族入侵，雷伊城惨遭破坏，随后德黑兰兴而代之，由于这里是伊朗北部东西向大道与通往南部大道的交会点，在短时期内成为一座中等规模的城市和贸易中心。1795年，伊朗恺加王朝的第一任国王奥高·穆罕默德把这里定为波斯首都。1926年之后，巴列维王朝推行现代化，对德黑兰市进行大规模的改造和扩建，使它成为中东地区现代化的大都市之一。20世纪60年代以后，由于伊朗石油财富与日俱增，使这座城市也获得了空前的发展，并成为一座规模庞大、繁华热闹的大都市

地理

德黑兰分布在一片平原上，城郊东、西、北三面为厄尔布尔士山脉和成弧形状的丘陵环绕，海拔1200—1500米。市北的达玛万德峰高达5670米，山顶终年积雪，炎热的夏天在市区北望，有时还可以看到山顶雪花纷飞，形成德黑兰的壮丽景观。

德黑兰属于大陆性半干旱气候。受海拔高度不同影响，北部山丘地带的气候通常较南部平原凉爽。夏季炎热、干旱、少雨，相对湿度较低，晚间天气清凉。冬季寒冷、干燥，但降水多于夏季。大部分的降雨都发生在晚秋至

春季之间，全年湿度较平均。1月为最冷月，平均最低温度约 −1℃，平均最高温度约 8℃，6月为最热月，平均最低温度约 26℃，平均最高温度约 36℃。德黑兰的气候较伊朗许多地区温和，但极端天气状况也并不罕见。极端最高气温为 43℃，极端最低气温为 −15℃。

德黑兰的居民包括了全国各个民族及语族，他们代表了伊朗的各个民族（所占百分比不一）。德黑兰的母语是带有德黑兰方言特点的波斯语，98% 人口都使用母语，大部分居民都是波斯人。居住在德黑兰的少数民族包括阿塞拜疆人、库尔德人、俾路支人、亚美尼亚人、巴克提尔人（Bakhtiari）、亚述人、塔里什人（Talysh）等。

德黑兰市划分为 22 个市辖区，每个市辖区都设有行政中心。

经济

德黑兰是伊朗的经济中心。汽车制造业、电子及电力设备、军工、纺织、制糖、水泥及化工都是德黑兰的主要现代产业，德黑兰还是首屈一指的地毯及家具销售中心。城市南部靠近雷伊还有炼油厂。

文化

伊斯兰教十二伊玛目派是什叶派中最大的支派，也是目前伊朗的国教，大部分德黑兰人都被认为是十二伊玛目派的温和信徒。德黑兰的周五礼拜通常在德黑兰大学举行，由一位周五礼拜者带领，伊朗最高领袖有时也会出席周五礼拜。数十万民众参与周五礼拜，期间全城都会陷入静止状态。

德黑兰年青一代最喜爱的社交活动都围绕着电影院，许多电影院都位于市中心，德黑兰最大的电影院阿扎迪电影院在 2008 年落成。但对家庭来说，伊尔姆动物园和伊尔姆城市游戏城是流行的聚会地点。

艺人经常在艺人之家会面。赫尔剧院在 1962 年开幕，是德黑兰及中东最大的剧院。德黑兰电视一台、德黑兰剧院电视、奥米德电视及德黑兰演艺电视是德黑兰最受欢迎的电视台。

德黑兰作为伊朗文化教育中心，集中了全国著名的高等学府、科研机构、新闻出版机构、文化艺术团体以及电影院等。在德黑兰众多教育机构当中，谢里夫理工大学是伊朗最负盛名的理工大学，德黑兰大学是伊朗最大及历史最悠久的国立大学，也是中东及中亚最古老的大学之一。德黑兰的另一个文化特点是拥有40多家博物馆，其中有伊朗国家博物馆、伊朗母亲博物馆、美术博物馆、地毯博物馆、钱币博物馆和历史博物馆等。

德黑兰还是西亚地区的体育运动中心之一，伊朗的数十个单项体育协会大多设在德黑兰。德黑兰的奥扎迪综合运动场占地450公顷，建筑面积达20万平方米，拥有10万个座位的足球场，还有22个其他体育项目的场馆。

旅游

作为伊朗的首都，德黑兰拥有丰富的自然和人文旅游资源。德黑兰距里海100多千米，中间隔着巍峨的阿尔布尔士山脉，整个城市建在一个山坡上，全城北高南低，两条宽阔笔直的林荫大道贯穿市区的南北和东西。南部多古老的建筑，至今这里的许多市场仍保留着古代波斯风貌。北城则为现代化建筑，有高级饭店和各种商店，美丽的鲜花和喷泉，把整个城市装扮得清新、秀丽。现代化的建筑夹杂着古香古色的清真寺、教堂，使这座城市显得既古老又年轻。

德黑兰拥有很多宏伟的建筑。自由广场上矗立的雄伟纪念塔是伊朗首都的标志性建筑，"自由纪念塔"建于1971年，为纪念伊朗帝国成立2500周年而建。夜色中的自由塔在灯光的照耀下异常雄伟漂亮，风格简洁，纪念塔正面有2500块各式石块，共15000种不同形式，呈倒置"Y"形，建筑物高达50米、其中18米为地下层，地下层为展览厅。是完全用钢筋水泥浇灌而成的塔式建筑，高三层，为古代建筑与伊斯兰建筑结合的产物。在西北和东南共有电梯可以通往每一层面，也可通达顶部一览德黑兰市全景。位于优素福阿巴德地区以北的德黑兰国际大厦是德黑兰最高的住宅建筑，其设计与美国内华达州克拉克县帕拉代斯拉斯维加斯大道的曼德勒海湾酒店相似。1989年伊朗国父霍梅尼去世后修建的霍梅尼陵墓坐落在德黑兰市南郊，是一座伊斯兰风格的宏伟建筑，同时也是为穆斯林朝觐和祈祷的圣地。

德黑兰还拥有众多的历史文化景点。占地面积400公顷、空气新鲜、环境优美、位于德黑兰最北部山上的萨德阿巴德王宫建筑群。1979年联合国教科文组织列入世界遗产名录的波斯波利斯遗迹、1612—1630年修建的伊玛姆清真寺、建于1865—1867年间的格雷斯坦王宫（又称"玫瑰宫"）等历史遗迹都是绝佳的旅游景点。

除此之外，集中展示波斯 4000 多年历史精华的伊朗国家博物馆、收藏包括凡·高、巴勃罗·毕加索及安迪·华荷等作品的德黑兰现代艺术博物馆以及伊朗玻璃制品及陶瓷博物馆、伊朗地毯博物馆、德黑兰釉下彩绘博物馆等也是非常好的参观旅游景点。

德黑兰是伊朗重要的交通枢纽，市内交通设施比较完善。正在开放使用的机场有两个：梅赫拉巴德国际机场及伊玛目霍梅尼国际机场。梅赫拉巴德国际机场是军民两用机场，供本地及专供朝圣的航班使用，位于德黑兰西部。伊玛目霍梅尼国际机场则位于德黑兰市以南 50 千米，供几乎所有国际航班使用。德黑兰有一个中央火车站，连接全国各个城市，德黑兰连接欧洲的铁路亦已开通。德黑兰地铁是世界上最洁净的地铁系统之一，日载乘客达 2 万多人。公共汽车、无轨电车及巴士快速交通系统都纳入了德黑兰的交通系统。

伊斯法罕

地名由来

"伊斯法罕"一名源自波斯语"斯帕罕"，意思是"军队"，古时这里曾是军队的集结地，由此而得名。

区位

伊斯法罕位于伊朗中部，地处扎格罗斯山和库赫鲁山的谷地中、扎因代河畔，距离德黑兰 435 千米，是伊斯法罕省省会，也是伊朗第二大城市。

历史

伊斯法罕早在玛代王国时已存在。在公元前 6 世纪中叶时成为居鲁士二世的阿契美尼德帝国治下的一个大城市。在公元前 4、5 世纪的阿黑门尼德王朝时期，多次成为首都。在公元前 330 年马其顿王国军队入侵时遭受破坏，后被修复，并在塞琉古帝国、阿尔沙克王朝及萨珊王朝时期为重要城镇。公元 640 年，阿拉伯帝国占据伊斯法罕时也遭受毁坏，后被修复，伊斯兰式的建筑亦随之出现，并开始了伊斯兰时代的繁荣和辉煌。伊斯法罕曾在 1051—1118 年为塞尔柱帝国的首都。1387 年，被当时的帖木儿攻占及蹂躏，一共被屠杀了 7 万人。其后在 1453 年，伊斯法罕重新被建立。萨法维帝国时期（1501—1736 年），伊斯法罕第二次成为波斯的首都，17 世纪该城处于全盛时期，商贾云集，八方宾客汇聚，市内多数建筑物和清真寺都是那时建造的。伊朗有谚语说"伊斯法罕半天下"，反映了该市当时的繁荣景象和深远影响。现今的伊斯法罕为伊朗的文化古都，城内的伊玛目广场被列为世界遗产。历史上，伊斯法罕与中国有着密切往来，并于 1989 年 5 月，与西安市结为友好城市。

地理

伊斯法罕位于海拔 1570 米的高原，属于温带大陆性气候，全年降水量平均约 120 毫米，属于严重干旱地区。冬季气候寒冷，常降大雪，并经常封山。夏季虽然气候炎热，但晚上很凉爽，仍需穿上厚衣。春季气候温和宜人。伊斯法罕依山傍水，景色秀美。

伊斯法罕的居民以波斯人为主，还居住着少数巴赫蒂亚里人和亚美尼亚人。

经济

伊斯法罕是伊朗经济发达的城市之一，不但商业繁荣，而且还是仅次于德黑兰的工业区。伊斯法罕的轻纺工业发达，也是全国纺织业的中心，拥有数十家纺织厂，其产品占全国纺织品的一半。伊斯法罕还是伊朗的重工业基地，拥有现代化的冶金综合企业，它的钢铁年产量达数百万吨，不但能满足本国大多数钢材的需要，还可以少量出口。伊斯法罕轻工业企业规模也不小，主要有家用电器、农产品加工、食品、饮料、火柴、水泥、造纸等企业。伊斯法罕的手工艺也比较著名，主要有银器、铜器、陶器、地毯业等。

文化

伊斯法罕的伊斯兰宗教气息浓郁，拥有 11—19 世纪的各种伊斯兰风格建筑，全市有大小清真寺 200 多处。

　　伊朗一共有六处世界文化遗产，而伊斯法罕就占了一半。"伊斯法罕，拥有世界的一半"，这句话来源于 16 世纪法国诗人雷尼尔对伊斯法罕的赞誉。那时的萨法维国王酷爱建筑，全国上下无论身份地位如何，只要是同好之人都可能得到国王的接见，每个人都有权利规划自己设计的建筑物，如果得到国王的赏识，马上就可以得到资金进行建设，完成之后更可以得到丰厚的奖金。于是，全国的能工巧匠都聚集到首都伊斯法罕，用自己的艺术灵感来建造这座瑰丽的城市，这也成就了伊斯法罕为艺术之都的美名。《伊斯兰在波斯》一书上这样描述伊斯法罕："全城有 60 万居民，162 座清真寺，48 所经学院，182 个客栈和 173 个公共澡堂。路人服饰豪华，市场繁荣，精美的帐篷一个挨着一个，货铺上排列着姿丽多彩的工艺品。"

旅游

　　伊斯法罕是一座伟大的历史文化名城和旅游胜地，城内拥有众多名胜古迹。古迹中最负盛名的是市中心的长方形伊玛姆广场，长 500 米，宽 160 米，面积 8 万多平方米，是当年阿巴斯大帝检阅军队和观看马球比赛的广场，也是世界上仅次于北京天安门广场的第二大广场。在它周围，屹立着一批波斯古代建筑群：西面的阿里·卡普宫，建于 17 世纪初，是阿巴斯大帝和皇族的居住地，登上这座宫殿，可以俯瞰全城；谢赫·卢特福拉清真寺是皇家清真寺，现称伊马目霍梅尼清真寺；广场南面是伊玛目清真寺，修建于 1612—1630 年，占地面积 1.7 万平方米，是伊斯法罕最大的双层（层距 15 米）拱顶清真寺；广场附近还有当年阿巴斯大帝接见和宴请外宾的著名的 "40 柱宫"，此宫其实只有 20 根柱子，由于设计精巧，20 根柱子的影子倒映入前面的大水池中，又显现出 20 根柱子而得名；北部保留了伊朗的传统市场——巴扎尔；此外，伊斯法罕还有建于萨法维二世时期的哈朱桥、建于阿巴斯皇帝时期的三十三孔桥、亚美尼亚人的万克教堂以及位于城市西郊的摇晃塔等建筑。这些设计高超绝伦的建筑艺术，反映了辉煌灿烂的古代波斯文化。

　　伊斯法罕有许多接待游客的酒店和旅馆，沙赫阿巴斯酒店是最豪华的一家，保持了伊朗古代的建筑特色。加兹糖是伊斯法罕有名的特产，类似我国的麦芽糖加开心果仁。手工锤盘也是该市远负盛名的工艺品。

库　姆

地名由来

关于库姆的名字和起源，有很多传说，伊朗历史学家阿布杜·巴尔吉认为，它最初是两条河汇合的地方。一条河叫"第米尔"，另一条河叫"阿纳尔"。久而久之，两条河冲积成一块平原，土地肥沃，水草旺盛，成为放牧的天然牧场。于是，牧民们在这里搭起了帐篷，建设家园。波斯语称牧民的固定帐篷为"库麦"，阿拉伯人称两河汇合点为"库姆"，后来随着时间的推移，人们就习惯地称它为库姆了。《库姆志》的作者哈桑·伊本·穆罕默德则认为，库姆建于公元 720 年或 721 年。当时，有一些沙利部落的阿拉伯人，由于信仰什叶派，遭到当地统治者的残酷迫害，他们迫不得已到了伊朗，并在今天的库姆地区定居下来。他们大兴土木，修筑长墙，把附近的 7 个村庄连接起来，建立了一个城市，并以其中最大的村庄"库米丹"的名字作为城名。后来，住在这里的阿拉伯人就将"库米丹"缩称为库姆，在伊朗伟大诗人费尔多西的笔下，曾多次出现过"库姆"这个名字。

区位

库姆位于伊朗中部，库姆河畔，紧靠卡维尔沙漠，距德黑兰 135 千米，是库姆省的省会。库姆是从德黑兰通向南部重要城市阿瓦士、亚兹德和伊斯法罕的必经之地。

历史

伊朗出版的《列王记》中记载说："伊朗古代的国王吉吉·卡乌什视察过库姆，并派人建设和管理这个水草旺盛的地方。"因此，库姆是一座有着悠久历史的城市。在伊斯兰教兴起前，库姆就以古代骆驼商队的重要驿站而出名。库姆真正为人们所熟知是在公元 816—817 年间，什叶派第八代伊玛目阿里·本·穆萨·利达之妹法蒂玛·马尔苏玛因探望其兄，途经库姆时病故并葬于此，此后成为什叶派穆斯林崇敬的圣地。13 世纪蒙古入侵时，库姆曾遭劫难，15 世纪才得恢复。16 世纪初萨法维王朝建立后将马什哈德及其妹妹法蒂玛在库姆的陵墓列为什叶派最大的圣地，并将库姆修建成为一座壮丽的圣城。18 世纪初阿富汗入侵伊朗，库姆又遭兵祸。18 世纪末恺加王朝建立后，法拉赫·阿里国王重修圣城，库姆再度繁荣。20 世纪 20 年代中期，巴列维王朝建立，什叶派受到打击，库姆一度萧条冷落。巴列维王朝被推翻后，库姆又重新兴起。

地理

库姆东临无垠的卡维尔沙漠，西接崇山峻岭。湍急的库姆河由西南绕城而去，注入东部的纳马克湖。城内多水井，井水清澈甘甜，这在干燥缺水的伊朗高原上确实是一块难得的宝地。库姆和德黑兰虽然只相距 135 千米，气候却相差很大，这里气候干燥、少雨。

经济

库姆的纺织、制鞋、玻璃、陶器等工业较著名。附近有油田，但产量不大。在农业经济方面，库姆绿洲盛产瓜类、石榴、无花果、扁桃、阿月浑子、谷物与棉花等。

文化

库姆是著名的伊斯兰宗教圣城，其居民素以对真主的虔诚而闻名，很少接受西方文化的影响。在这里有年代悠久的神学院和神学研究院，经常有数千名学员和教士在这里学习和研究什叶派神学。还有一批高级神学家长期住在这里，从事伊斯兰宗教研究，著书立说，出版刊物。如今，库姆依旧保留着非常浓郁的宗教气氛，男女都严格身着伊斯兰标准的服饰。平时不少坚持信仰的穆斯林按时在清真寺大殿做礼拜。每逢星期五，大小清真寺都挤满了来做礼拜的穆斯林，不论领拜人还是毛拉都在台上讲经说道，或抨击世道和时局。

旅游

作为伊斯兰宗教的圣城，库姆蕴含着丰富的伊斯兰文化旅游资源。12 世纪中期建成的莫扎赫尔清真寺，14 世纪 20 年代建造的贾阿德尔清真寺和卡节姆清真寺，以及 15 世纪 60 年代兴建的阿里清真寺等，至今巍然屹立。这些气势雄伟、巍峨壮观的古代建筑是伊斯兰文化的珍品与建筑艺术的精华，也是伊朗古代能工巧匠们智慧的结晶。

马什哈德

地名由来

马什哈德一词的波斯文词意是"殉难者的葬地"；另一种说法是马什哈德应该称为马什哈迪·穆格达斯——马什哈德圣城，因为它与伊玛姆阿里·里达的殉难有密切关系。里达是什叶派的第八代伊玛姆，他本应是阿巴斯王朝的继承人。按照民间的传说，阿里·里达是被哈里发马蒙下令毒死的，死后安葬在萨纳巴德村。该村遂以"马什哈德·里达"（意为里达殉难处）闻名。此后该村成为什叶派朝觐的圣地，并逐渐发展成为一座小城，它就是马什哈德的前身。

区位

马什哈德又译为麦什德，位于国境东北部，德黑兰以东 850 千米，靠近阿富汗与土库曼斯坦边境，距离土库曼斯坦首都阿什哈巴德大约 250 千米。马什哈德市的面积约 204 平方千米，是拉扎维霍拉桑省的省会，伊朗第三大城市，也是唯一一个拥有阿拉伯语名字的伊朗大城市。

历史

在公元 9 世纪初，马什哈德还只是个名为萨纳巴德的小村庄，距离图斯 24 千米远。在公元 818 年伊玛姆阿里·里达在这里被哈里发马蒙毒死，他被埋在哈伦的陵墓旁边。在这次事件之后，这个地方就被称为马什哈德·阿里·里达，意为阿里·里达殉道的地方。

在超过 1000 年的时间里，该城数次遭到损毁和重建。1220 年，被蒙古人摧毁后，重建为马什哈德城，后成为伊朗北部通往中亚的商队的过境要道和地区贸易中心。

在沙哈鲁时代，马什哈德成为帖木儿帝国的主要城市之一。1418 年，帖木儿的妻子古哈尔·沙德提议在伊玛目里达陵墓旁建造一座壮观的清真寺，这座清真寺今天被称作古哈尔沙德清真寺。

萨法维帝国的建立者伊斯玛仪一世在赫拉特的统治者帖木儿的五世孙侯赛因·拜卡拉去世后征服了马什哈德并削弱了帖木儿帝国。不久在阿巴斯一世统治时期，马什哈德被乌兹别克人占领，阿巴斯皇帝在经历了长期的血战，并在赫拉特附近的一场大战役中击败乌兹别克人，将他们赶过阿姆河，并于 1597 年重新夺回了这座城市。

1736—1747 年，阿夫沙尔王朝的纳迪尔沙将首都设在马什哈德，直到 1796 年穆罕默德汗·卡加尔征服当时大部分霍拉桑地区之前，马什哈德一直是阿夫沙尔王朝的都城。

1912 年，伊玛目里达圣地被沙皇俄国的军队轰炸，这一事件也导致了在什叶派穆斯林世界广泛和持久的怨恨。

1935 年，出于对礼萨·汗反宗教和现代化政策的强烈反抗，马什哈德的圣地爆发了起义，这次起义标志着什叶派宗教人士和伊朗国王的最终决裂。

地理

马什哈德位于靠近阿富汗与土库曼斯坦边境的卡沙夫河谷中、比纳鲁德山脉和赫扎尔—马谢德山脉之间，地势平坦，平均海拔 985 米。这里土地肥沃，气候宜人，雨量基本上能满足所需，是一个富饶的农业区。

马什哈德的气候类型属于半干旱气候，有炎热的夏季和凉爽的冬季，城市的年平均降雨量大约是 250 毫米。马什哈德也有潮湿和干燥的时间段，每年 12 月到次年 5 月巨大的降雨量会让城市变得湿润。夏季是典型的炎热、干燥时期，有时气温会超过 35℃。而冬季则是凉爽时期，由于山脉对于寒流的阻断作用使得冬季不会感觉非常寒冷，不过在冬夜里气温常会降至零下。马什哈德享受着全年平均约 2900 个小时的日照时间。

马什哈德分老城区和新城区。老城区以宗教建筑和古建筑为主,新城区多商业街和住宅。

马什哈德的居民以波斯人为主,约占总人口的 93.5%,突厥族占 3.4%,库尔德族占 1.5%,阿拉伯族占 0.5%,其他民族占 0.5%。

经济

马什哈德是伊朗东部的经济中心,现已建立了许多现代化工业企业,如食品加工、纺织、皮革、水泥工厂,还有汽车制造、电器等企业。

马什哈德还是伊朗最富庶的农业区之一,也是北部羊毛贸易中心。以香料、染料、皮革及其制品、地毯和丝织品生产和贸易为主。

文化

作为世界上第二大伊斯兰教圣城,马什哈德的伊斯兰文化非常兴盛,每年都要吸引超过 2000 万的游客和朝圣者前来观光朝圣,他们中的许多人都是来向什叶派的第八代伊玛目阿里·里达表示敬意的。

很长时间以来,马什哈德一直作为伊斯兰教研究的一个世俗中心,而在科学和艺术上马什哈德也一直是伊朗的一个重要中心。以波斯诗人菲尔多西的名字命名的菲尔多西大学就位于马什哈德。大阿亚图拉霍伊神学院,最初建于 17 世纪,最近已经用现代化的设施替代了原来的老式建筑。这座神学院也是城市最重要的进行伊斯兰教研究的传统中心。建于 1984 年的拉扎维伊斯兰教研究大学位于马什哈德市中心,并成为伊玛目里达圣地的组成部分。马什哈德传统的伊斯兰宗教教育的威望吸引着大批穆斯林学生前来求学,这些学生被称为塔拉班(talaban),在国际上也被称为莫拉(Mola)。

马什哈德也是中东地区最古老的图书馆之一阿斯坦·库德斯·拉扎维中央图书馆的所在地,这座图书馆建于 1457 年前,有超过 600 年的历史。在图书馆创建伊始就拥有大约 600 万份历史文献,随后陆续拥有 110 万册图书和一个伊斯兰教国际研究中心。该图书馆有 35 个分馆,其中 17 个在马什哈德,5 个在霍拉桑省,12 个在伊朗其他城市,1 个在印度,图书馆藏有大量的手稿和罕见的古代伊斯兰教历史的著作。而阿斯坦·库德斯·拉扎维博物馆也是这个图书馆的组成部分，藏有超过 7 万份不同历史时期的手稿。

旅游

马什哈德是有丰富自然和人文资源的旅游胜地。走进马什哈德，发现这是一座绿树成荫、鲜花遍地、整洁安静而令人心旷神怡的城市，又是一座宗教气氛浓厚、历代名人陵园众多和古迹丰富的城市。

马什哈德城区现分新老两部分，里扎陵园位于老城区。经过历代营建，形成了包括陵墓、清真寺、神学院、博物馆、医院等的建筑群，占地 11 万平方米。陵园由墓冢大厅和其他柱廊、大厅组成。墓冢大厅的拱形圆顶高约 45 米，全部用纯金包镶。墓冢四周绕以金银焊制高约 3 米的栅栏。参谒者由栅栏空隙投入硬币或珍贵纪念物以示敬意，有的则在墓前默祷或哀泣。博物馆内藏有伊朗历代文物、工艺品及《古兰经》手抄珍本。西侧的广场有蓄水池和喷泉，可供参谒者沐浴。皇帝米尔扎·沙鲁赫 (1377—1447 年) 之妻古哈尔·沙德清真寺位于南端，与陵墓主要建筑连成一体。此外，马什哈德还有 18 世纪波斯皇帝纳迪尔沙等人的陵墓以及新建的伊斯兰大学。新区则有比较现代化的街道、住宅以及一些旅游设施。

除了伊玛目里达圣地之外，马什哈德还拥有四处大公园：密拉特公园、瓦基尔·奥包德公园、库赫·圣吉公园和米尔朝·库恰克·汗尼·江伽利公园。其中密拉特公园的面积达 72 万平方米，园内到处是鲜花盛开的花坛和各种树木，宽阔的草地，波光粼粼的湖泊，充满了美丽、宁静而富有生气的环境，是市民休闲的胜地。库赫·圣吉公园还可以喂养野生动物，这些都吸引了大量的游客前来马什哈德游玩。

马什哈德城市外围也有一些著名的旅游景点。沿着前往德黑兰的道路可以看到哈杰·莫拉德的陵墓，而哈杰·拉比的陵墓则位于城市以北 6 千米处，这里有萨法维帝国时代著名的书法家里扎·阿巴希的书法遗迹。从马什哈德沿着通往尼沙普尔的公路前行 20 千米可以看到哈杰·阿巴萨尔特的陵墓。

马什哈德的巴扎也小有名气，其中三家颇具规模。最大的巴扎是巴列维·礼萨市内市场，一共两层，长 800 米，宽 30 米。这里能买到名贵的珠宝和做工精细的金银首饰、精致的地毯等艺术品，以及各种贵重的皮货。

马什哈德国际机场承担着城市的空运任务，从这里有飞往伊朗各大城市的航班和飞往国外的国际航班，其中国际航班的目的地绝大多数是邻近的阿拉伯国家。

马什哈德交通便利，它与三条铁路干线相连：德黑兰至马什哈德铁路、马什哈德至巴夫克铁路和马什哈德至土库曼斯坦边境的萨拉赫斯铁路。马什哈德有四条地铁线路，总长度达到 77 千米。

设拉子

地名由来

设拉子意为"有柏树的城市"。设拉子是伊朗最古老的城市，是古代波斯帝国的国都所在。2500 年前，居鲁士定都设拉子，并以此为中心创建了波斯帝国。设拉子也许在名声上不如伊斯法罕，但却是波斯文化的核心与延续，从这里走出了许许多多的文学家，无愧伊朗文化之都的称号。《一千零一夜》的传奇故事，就诞生在这座城市的大街小巷里。

区位

设拉子北靠扎格罗斯山脉，东临马哈尔鲁河，面积 220 平方千米，距首都德黑兰 900 千米，是伊朗南部最大的城市，全国第六大城市，也是法尔斯省省会。

历史

设拉子是一个具有 2500 多年悠久历史的古城，波斯帝国的发源地，后又数度成为几个王朝的都城。据传说，设拉子是由远古时代比什达德第二代国王塔赫姆雷斯的儿子所建。在设拉子东北 56 千米处的库赫·拉赫玛特山脚下，是波斯部落崛起之处，后在居鲁士二世领导下推翻了米地亚王朝，公元前 550 年建立了阿契美尼德王朝。在设拉子极盛时期，它不但是波斯帝国的军事和政治中心，经济十分繁荣，文化也高度发达。

设拉子几度盛衰，饱经历史沧桑。在 13 世纪莫扎法尔王朝时期，设拉子曾得到蓬勃发展，成为当时伊朗科学和文化发展的中心。1342年蒙古贵族帖木儿率领军队攻占了设拉子，该城遭到严重破坏。在萨法维王朝（1502—1736年），设拉子一度呈现繁荣。后来阿富汗人入侵，设拉子又遭到破坏。1768年，卡里姆汗·赞德建都于设拉子，他修大道，开办大型巴扎，兴建清真寺、城堡及其他建筑，设拉子逐渐恢复了昔日的繁荣。

地理

设拉子位于扎格罗斯山脉南部，海拔1490米的盆地农业区，地形多以山地为主。这里河光山色，风光旖旎。设拉子地表水和地下水充足，大部分地区气候四季宜人，雨量充沛。

经济

如今的设拉子已不再是农业和手工业的城市，已建立起电器、化工、纺织、水泥、制糖、轻型机械和汽车装配等现代化企业，银器制造、地毯、锦缎亦很有名。并且设拉子的旅游业也得到了很大发展，每年有大批游客前来观光旅游。设拉子巴扎同样闻名遐迩，位于市中心的"摄政者"巴扎已经成为设拉子的商业中心，保存了浓郁的东方情调，在弯弯曲曲的小巷中有几千个大大小小的店铺和摊点。

设拉子还是一个比较大的农产品集散地，有蔷薇、葡萄等物产。

良好的自然环境使得该地区的农业较为发达，盛产小麦、大麦、粟、大米、棉花、芝麻等。城市周边的诸多坡地为农民提供了放养牲畜的天然牧场，也带动了该地区肉类加工、黄油和奶制品行业的发展。

文化

设拉子的宗教气氛比较浓厚，市区内大大小小的清真寺数以百计，每逢星期五伊斯兰教的大礼拜日，各清真寺都挤满了前来礼拜的信徒。设拉子历史悠久、最著名的清真寺是建于公元894年阿蒂克礼拜五清真寺。设拉子另一座规模巨大的清真寺——新清真寺，建于1235年，它的多边形庭院的面积就达2万平方米。

旅游

设拉子，地处波斯腹地，是《一千零一夜》里描绘的历史名城，因为盛产玫瑰花，又出了萨迪和哈菲兹两位世界闻名的诗人，所以又被称为"夜莺与玫瑰之城"和"诗人的故乡"。

行走在设拉子满眼都是大大小小的清真寺。这里有一座特殊的"粉红清真寺"——莫克清真寺。该清真寺建于 1876 年，因为其外墙彩釉色彩中以粉红色最为出挑，所以也被人叫作"粉红清真寺"。据说这座清真寺经历 100 多年依旧矗立，原来在当初建造时，砖块层里夹了一些木块，以起到避震作用。清真寺躲在一条小巷子里，它的奇妙之处在于，每当上午的阳光穿过彩色玻璃窗时，光线就变成彩色，而彩色的光带投射到彩色的地毯上，把室内映照得神秘而五彩缤纷、如梦如幻。参观粉红清真寺的最佳时间是上午 8—10 点，而夏季由于日照角度的问题，往往不会出现这么漂亮的景色，它的最佳参观季节是北半球的冬季。

设拉子有一处美丽的花园——艾拉姆花园，又名天堂园，是一座极具波斯风格的美丽大庭园。设拉子因为靠近波斯湾，气候温暖湿润，所以鲜花遍地，鸟语花香。一方水土养一方人，在伊朗有这样的怡人环境，自然就有许多王公贵族在来此居住。艾拉姆花园是一座环绕着大花园的两层楼的宅子，阳台、拱廊、水池把它装点得轻盈而秀丽，与伊朗那些土黄色的建筑反差很大。

哈菲兹墓是伊朗著名诗人哈菲兹的陵墓。设拉子被称为"诗人的故乡"，因为有两个闻名于世的诗人出生在此：萨迪和哈菲兹。萨迪出生于 12 世纪，是著名的《蔷薇园》一书的作者，这本书至今仍然在伊朗享有极大声誉，被誉为波斯文学语言的典范。哈菲兹生于 14 世纪，是伊朗最伟大的抒情诗人。当地人往往用他名字的前半部称"哈菲耶"。"哈菲兹"在波斯文里意为"熟背《古兰经》者"，由于他能背诵《古兰经》全文和 14 个传说故事而得名。他的神秘主义抒情诗富于很强的哲理性，每当人们在生活上遇到重大事情，常常用哈菲兹的诗文占卦。他的诗歌影响仅次于《古兰经》，已经成为伊朗人民生活中不可缺少的一部分。伊朗人爱诗到了无以复加的地步，为几乎所有已故的伟大诗人建造了陵园和雕像。陵园一般都是波斯花园风格，几何形的花圃、盈盈的水池、轻巧的凉亭，不仅是纪念场所，也是人们休闲去处。

波斯帝国的灵魂——波斯波利斯在设拉子附近，是波斯帝国大流士一世在位以后下令建造的都城。都城建在高台上，因为具有重要的考古价值，同时又拥有大量关于古代波斯的历史文献，因而在1979年就被列入了世界文化遗产名录。

在设拉子住宿比较方便，设拉子旧城中心位置有一家Niayesh Boutique Hotel，该酒店是用古老波斯庭院改建的酒店。

大不里士

地名由来

大不里士是古丝绸之路上的历史文化名城，中国古称桃里寺，古代为伊尔汗国的首都。

区位

大不里士，位于伊朗西北部，距离德黑兰619千米，是东阿塞拜疆省的省会，伊朗西北部第一大城市，也是伊朗第四大城市。

历史

大不里士是伊朗西北边陲古城，东阿塞拜疆省首府，旧译"帖必力思""低廉"。始建于公元前3世纪，历史上多次成为王朝都城。古代为四方往来通衢，在军事及交通上居重要地位。8世纪初，阿拉伯军队征服波斯和中亚后，大不里士被占领，成为军事要地。后被波斯和中亚一带割据的伊斯兰诸王朝先后分属管辖。据说，公元791年大不里士曾是阿拔斯王朝的哈里发哈伦·拉希德的妻子住地。1258年，成吉思汗之孙旭烈兀攻克巴格达灭阿拔斯王朝后，建立蒙古人统治的伊儿汗国，大不里士被定为国都，成为伊儿汗国政治、经济和文化中心。在该城附近建有马拉格天文台，编制了《伊儿汗历》，附设有规模较大的图书馆。在合赞汗统治时，该城学者众多，使伊斯兰学术文化得到发展，建有多所清真寺和宗教学校，为什叶派和苏菲派的学术中心之一。

并在沟通欧洲和中亚两地区经济文化上起到桥梁作用。14—18世纪，中亚土库曼部落建立的黑羊王朝、白羊王朝和波斯人建立的萨法维王朝均先后建都于大不里士。伊斯兰古迹有城内著名的蓝色加米清真寺，为白羊王朝贾汗王于1465—1466年建成，后多次修葺，外观宏伟，且嵌饰以蓝色瓷瓦，光彩瑰丽。

大不里士具有革命斗争的光荣传统，在19世纪曾多次爆发反对沙俄军队占领的武装斗争。1905—1911年，大不里士是反对伊朗封建王朝专制统治的伊朗立宪革命的发源地。在第二次世界大战期间，大不里士是苏联实际控制阿塞拜疆独立共和国的首府。1978年大不里士是反对巴列维国王运动的主要城市之一。

地理

大不里士坐落在伊朗西北部的萨汗德山北坡的美丹柴河谷平原上，平均海拔约1362米，被分为10个市辖区，每个市辖区保留了一些旧居民区，富有深厚的历史文化。

大不里士是半干旱性气候，年均降水量约280毫米。该市春天潮湿、气候宜人，夏季干燥炎热，秋季多雨，冬季较为寒冷，年平均气温约为12.6℃。大不里士自然条件最严酷之处乃是它位于地震多发地带，公元858年的一次地震使整座城市遭到严重破坏，1041年发生的地震约有4万人丧生。

大不里士主体居民是阿塞拜疆人，阿塞拜疆人是仅次于波斯人的伊朗第二大民族，主要居住在东西阿塞拜疆和阿尔达比尔三省，约占伊朗总人口的四分之一。阿塞拜疆人人才辈出，伊朗最高领袖哈梅内伊、改革派领导人穆萨维、大阿亚图拉阿尔达比里等都是阿塞拜疆人。哈梅内伊曾说，阿塞拜疆人居伊朗之首。

经济

大不里士是伊朗重要的经济中心之一，物产丰富，农牧业比较发达，里海白鱼和鱼子酱是它的特产。近几十年，工业也有了一定的发展。主要是农产品加工业、纺织业、制革业和食品工业。大不里士是伊朗最著名的地毯产地之一，大不里士地毯驰名国内外，具有种类多、色彩鲜艳稳定、做工精细等特点。大不里士还拥有石油工业，这里有输油管通往德黑兰。

大不里士是伊朗通向土耳其和中亚地区的门户之一，因此，也是伊朗进出口贸易的基地之一。

文化

大不里士是一座文化名城，历史上出了不少诗人、文学家、天文学家、哲学家和神学家。游人凭吊的诗人陵园就安葬了 50 多位名人。大不里士还保存着众多的文化遗迹，如 1260 年蒙古大汗旭烈兀统治时期兴建的马拉盖观象台，曾名噪一时。

大不里士城东的萨瓦兰山是伊朗最古老的宗教——琐罗亚斯德教的圣地。大不里士有两座古老的清真寺，一座是中世纪修建的阿尔各清真寺，一座是 1450 年修建的拜占庭式的蓝色清真寺。

旅游

大不里士是伊朗的古城之一，历史上多次成为王朝首都，留下了丰富的人文旅游资源。

巴扎建筑群是世界上最美，历史最悠久的巴扎之一，经营历史已经超过 600 年，也是世界上最大的巴扎，2010 年被列入世界文化遗产。之所以能够入选世界遗产，主要是因为这座巴扎是古丝绸之路上能保存至今为数不多的珍贵遗产之一，糅合了多种社会文化和经济模式，在建筑风格上也有其独到之处。巴扎由一系列相互连接、顶部覆盖砖石结构的建筑组成，是中东地区最大的室内巴扎。里面主要出售地毯、香料、大不里士特色的羊毛织成的帽子、袜子和各种小包、蜂蜜、蜂巢、奶酪，此外还有一些普通的日用品、衣服鞋帽等。

大不里士的蓝色清真寺始建于 15 世纪，据说用了 25 年的时间用蓝色的彩绘瓷砖把整个清真寺打造为一个蓝色的殿堂，于 18 世纪遭到两次大地震的毁坏。

在大不里士还有一个好去处，那就是 Laleh Kandovan 岩石旅馆。这座旅馆位于大不里士 48 千米外的 kandovan 岩石村。那里的人们居住在圆锥形的洞穴中，这些洞穴是由休眠火山萨汉德山山脚的火山岩石雕砌而成。坐落在有 800 年历史的村落里，Laleh Kandovan 岩石旅馆的岩石景观是纯手工雕刻而成，每一个洞穴都有 16 个现代化豪华酒店房间。另据当地传说，萨汉德山的矿泉水有很高的药用价值，它源于《圣经》中的伊甸园。酒店客人可以用这珍贵的泉水沐浴，还可直接抽取矿泉水使用。

哈马丹

地名由来

哈马丹，中亚古城，古称哈格玛塔那，在伊朗语中，有"聚汇之地"之意。哈马丹是丝绸之路上的一个重要站点，也是伊朗历史上最古老的人口稠密的城镇之一，曾是多个朝代的首都。

区位

哈马丹位于德黑兰以西，两城相距约 336 千米，是伊朗哈马丹省省会，也是伊朗西部的贸易中心。

历史

根据亚述的历史记载，哈马丹建成于约公元前 1100 年，从现今哈马丹遗留下来的古代哈格玛塔那的废墟来看，其历史可追溯到米地亚王国的君主统治时代 (公元前 7 世纪至前 6 世纪)，他们曾定都于该城。哈格玛塔那在阿赫美尼德王朝和帕提亚王朝统治者时代得到了进一步发展，并成为古波斯帝国的第一个首都。考古学家们已在该地区发现了许多器物，其中包括金银书板，这些都表明阿契美尼德君主们的财库曾设在哈格玛塔那，而今日的哈马丹便是建在这座古城的一部分地区上。在古老的哈格玛塔那城堡，发现了哈夫特·黑萨勒宫以及历史上古老壁垒的一些零星遗迹，显示了米地亚王国和阿赫美尼德王朝时期首都的壮丽景象。至今，在莫萨拉小丘上发现的一些雕像头部已经证明在这座小山上曾出现过安息王朝时期的早期堡垒。无论如何，哈格玛塔纳曾是萨珊王朝时代的一个重要军事中心，到了伊斯兰时代仍旧保持了相同地位。在帕提亚王朝和萨珊王朝，哈马丹还是两朝的避暑胜地。

地理

哈马丹位于阿尔温德山峰下，海拔 1829 米。有多条河流流经该市，它们灌溉哈马丹市及周边的土地，使这里成为伊朗著名的农业区。

哈马丹夏季温和宜人，冬季寒冷，初春和冬末是雨季。在每年温暖的月份里成为受人喜爱的静谧休息处，特别是秋季和春季是伊朗国内最舒服的地方之一。

现在的哈马丹城是由德国建筑师——卡尔·弗列茨设计的，有 6 条大道，从中央广场（现称伊玛目霍梅尼广场）向外辐射，构成了新市区。

经济

哈马丹以盛产粮食和水果闻名，是伊朗著名的农业区。近年，随着哈马丹经济的发展，其逐渐发展成为一个新的工业区，主要是轻纺工业，但手工作坊仍大量存在。

文化

哈马丹是伟人辈出之地。重建波斯帝国的大流士一世成长于此。举世闻名的中世纪波斯科学家、数学家、医学家和哲学家阿维森纳居住于此。哈马丹的伊斯蒂和马尔杜蔡陵园还曾是犹太人朝觐的圣地，因为传说该墓冢埋葬的波斯帝国国王阿塔·薛西斯一世之妻伊斯蒂王后是犹太人。也有传说埋葬于此的是萨珊王朝国君伊嗣侯一世之妻苏珊·杜赫特，她也是犹太人。

旅游

哈马丹是著名的历史文化名城，是伊朗主要的旅游区之一。

哈马丹古城的标志物是城市东南面一座广场上的巨大石狮，由亚历山大的工匠所创，1949 年安置在此，为纪念马其顿的阵亡将领赫费斯提翁而建的。波斯语称"散格·希勒"，它是一座巨大狮形石像。长 2.5 米，宽 1.5 米，高 1.2 米。相传这座石像是阿契美尼德王朝或帕提亚王朝时代的遗物，过去石狮是被放在该城的一个城门入口处，现在被放置在一座石座上。石像东北面是莫萨拉山，在那里曾发现了属帕提亚王朝时代的古堡遗迹。石狮广场周围地区现已辟为市级公园。

哈马丹市区有很多历史名人的陵园，是旅游者经常参观和凭吊的著名景点。

阿维森纳陵墓和博物馆是为纪念阿维森纳而建。阿维森纳是举世闻名的科学家、哲学家和医师，曾在此居住多年。他是一位天才，能背诵全部《古兰经》，被称为"精通多学科"的科学家。他死于 1307 年。1952 年，在他的墓地建造了一个巨大的陵园，同时还建造了一个图书馆，藏书将近 8000 册，还有一个小博物馆展出他的著作。

保保·塔黑尔陵墓位于哈马丹市北部的保保·塔黑尔广场，建于 20 世纪。陵墓是一座呈火箭形的纪念碑。他是一位神秘主义派诗人，生活在 11 世纪上半叶，于 1019 年去世。保保·塔黑尔的诗歌被译成各国文字而广为传诵。

拱巴迪·阿劳维扬位于艾因努·古扎特广场附近，又名"马斯杰迪·阿劳维扬"，是一座 12 世纪塞尔柱王朝的陵园。后由可拉维家族接管，该家族曾统治哈马丹长达 200 多年。阿拉维家族共有两个位于塔地下室里的墓葬，可通过塔内的盘旋阶梯走下去。其米哈拉布上有灰泥装饰，外墙上面饰有复杂的几何图案和变形的花卉花纹以及一些库菲书法体和索尔斯书法体的铭文。它是哈马丹最富价值的历史遗迹。

伊斯蒂和马尔杜蔡圣殿位于夏里阿特大街，相传，伊斯蒂和马尔杜蔡被安葬在此。伊斯蒂是犹太人，她是古波斯帝国国王薛西斯一世之妻，马尔杜蔡则是以伊斯蒂的叔父。此处被认为是犹太人在伊朗最重要的朝觐圣地，而且以前也是全世界犹太裔朝觐者常来的朝拜处。在圆顶的内侧以及墙上的灰泥工程有一些希伯来文的铭文。现在专家们认为伊斯蒂葬在苏萨，而此墓可能是另一位犹太裔皇后，即萨珊王朝国王伊嗣侯一世之妻苏珊·杜赫特的墓地。据专家见解，这儿曾是犹太人在哈马丹的聚居区。其建筑外貌类似伊斯兰式建筑，以砖和石块建成，正对着这两座墓有一间小室，供祈祷者使用，内贴有皮纸，上面写有经文，还有两座紫檀木墓体被披盖物覆盖着。

勃尔杰·古尔邦位于哈马丹城的东部，建于 12 世纪的一所朝觐圣地，为 12 面体的砖塔，据传是哈马丹的哈菲兹·阿布尔·阿劳的墓地。穹顶建筑内发现有墓石，墓石是萨法维王朝时代所制，是一座金字塔形的穹顶建筑物，无任何铭文、灰泥和其他装饰。

此外，在哈马丹西北部还有一处著名的阿里·萨德尔岩洞。该岩洞发现于 20 世纪 70 年代，由哈马丹登山队发现。洞穴的宽度在 1.5—60 米。洞穴顶部的有些部位距离水面可达 15 米，上面有许多白菜状的钟乳石倒挂下来。相反方向，伸向洞顶的石笋可在洞穴的部分地方见到。水网岩洞中也有一些干燥地区，被称为"岛屿"。岩洞是哈马丹最奇特的自然景观之一，景色优美宜人，也可能是伊朗唯一的一座拥有水源的岩洞。

阿拉伯联合酋长国

阿拉伯联合酋长国，简称阿联酋。该国位于阿拉伯半岛东部，北面濒临波斯湾，西北与卡塔尔为邻，西和南与沙特阿拉伯交界，东和东北与阿曼毗连。该国国土面积为 8.36 万平方千米（包括沿海岛屿在内）。该国是由阿布扎比、迪拜、沙迦、哈伊马角、富查伊拉、乌姆盖万和阿治曼等 7 个酋长国组成的联邦国家，主要城市有阿布扎比、迪拜、沙迦、艾因等。

阿布扎比

地名由来

阿布扎比在阿拉伯语中是"有羚羊的地方"的意思。据说，从前经常有阿拉伯羚羊在这一带出没。20 世纪 70 年代之前，阿布扎比还是一片荒漠，除了几棵枣椰树和遍地的骆驼刺外，只有为数不多的土块砌成的房屋。在阿布扎比居住的绝大多数居民是阿拉伯人的亚西部落人（现任阿联酋总统扎耶德是该部落的首领）。他们靠下海捕鱼、捞珍珠和饲养牛羊、骆驼为生。骆驼是他们的传统交通工具，所以他们称自己是骑在骆驼背上的民族。

区位

阿布扎比位于阿拉伯半岛的东北部，阿拉伯联合酋长国的中西部海岸，地处波斯湾的一个"T"字形岛屿上，是阿拉伯联合酋长国的首都，也是阿拉伯联合酋长国面积最大的成员国阿布扎比国的首府，阿联酋第一大城市。

历史

城市始建于 1761 年，最初的居民主要以采集珍珠为生。20 世纪 60 年代后，特别是在 1971 年成立阿拉伯联合酋长国以后，随着石油的大量发现和开采，阿布扎比发生了翻天覆地的变化，昔日荒凉、落后的景象已经一去不复返。到 80 年代末，阿布扎比已建设为一座现代化的都市。20 世纪 90 年代以来，阿布扎比和迪拜一样大力发展房地产市场，投资兴建摩天大楼，如今，阿布扎比市内高楼林立，其高度和造型都让令人叹为观止。90 年代初，阿布扎比被定为阿联酋的永久首都。

地理

半岛之滨的阿布扎比，一半属于海水，一半属于沙漠。阿布扎比北临波斯湾，海岸线长约 450 千米，沿岸荒无人烟，多盐沼地和沿海岛屿。它的陆地和波斯湾海底有藏量丰富的油田。

尽管阿布扎比位于海湾南岸，但气候却是典型的沙漠气候，年降雨量极少，平均气温在 25℃ 以上，夏季的气温可高达 50℃。10 月份平均气温在 37℃ 左右，每年 12 月到次年 3 月的冬季是旅行的最佳季节，平均气温在 20℃ 左右。阿布扎比绝大部分地区寸草不长，淡水奇缺。2006 年大约有 180 万人住在阿布扎比，有 80% 人口是移民自其他国家。

随着城市现代化建设的发展，阿布扎比的绿化植林取得了令人瞩目的成就。道路两旁，房前宅后，海边滩涂，青草茵茵，绿树成行。在市郊，花园式的别墅和住宅鳞次栉比，掩映在绿树、鲜花丛中；高速公路穿过郁郁葱葱的树林，草坪向沙漠深处延伸。当人们来到阿布扎比时，仿佛来到的不是一个沙漠国度，而是置身于一个环境优美、风景如画和交通发达的大都市。凡是到过阿布扎比的人都异口同声地称赞说："阿布扎比是沙漠中的一片新绿洲，海湾南岸的一颗灿烂明珠。"

经济

阿布扎比国发现石油后，成为阿联酋最大产油国，经济迅速发展。商业、工业、旅游业和服务业兴旺。工业主要有建材、面粉、家具、印刷、化学等部门。城东乌姆纳尔岛，建有炼油厂、海水淡化厂。城东北萨迪亚特岛有温室农场，以淡化海水灌溉为主，大量生产蔬菜。轻工业集中在附近的穆萨法。阿布扎比是全国公路和空运中心，有扎伊德深水港，出口以石油为主，进口以食品、纺织品和各种日用消费品为主。

为进一步推动阿布扎比经济的发展，阿联酋总统谢赫·哈利法·本·扎耶德·阿勒纳哈扬于 2013 年 5 月 1 日以阿布扎比酋长的名义，颁布一项关于在首都阿布扎比玛丽亚岛创建金融自由贸易区的法令。在这个名为"阿布扎比世界市场"的金融自由贸易区内，可以从事的经营活动包括银行和金融服务、商业投资和商业投资银行业务、证券交易及买卖、保险、银行咨询服务等。

文化

阿布扎比的文化根植于阿拉伯的伊斯兰传统。伊斯兰不仅仅是一种宗教，更是指导衣食住行等生活各个方面的一种生活方式。阿联酋的文化与历史遗产是与宗教紧密相连的，也是伊斯兰教义致力于容忍与热情的真实佐证。

在阿布扎比，外籍人士可以自由追随他们的宗教，衣着要求开放，女士可以在无人陪伴的情况下自行开车或行走。在所有的美德中，他们最大的美德是谦虚有礼，热情好客。尽管在过去的 30 年内经济飞速发展，阿布扎比仍继续发扬传统文化及体育活动，如驯鹰表演、骆驼赛及传统帆船赛。

阿布扎比有很多富有特色的文化节，比如胡森宫文化遗产节、阿布扎比艺术节、阿联酋国际椰枣和椰枣树文化节等。

胡森宫是阿布扎比市中心一处重要的历史性建筑，建于 18 世纪，是阿布扎比历史发展的见证和缩影。它起初是一个为保护水源不被外族侵占而搭建的瞭望塔，后来成为贝尼亚斯部落的统治中心。阿布扎比也由一个从事珍珠贸易的小渔村发展为海湾地区最现代的城市之一。为纪念阿布扎比建城 250

周年，2013年2月，阿联酋举办首届胡森宫艺术节。如今这一节庆已成为一年一度的法定纪念活动。在2016年2月举办的文化遗产节期间，人们在市中心不仅可以看到沙漠、大海、绿洲，还能通过研讨会、传统手工艺坊、教育和文化互动活动等形式，充分领略阿布扎比的今昔魅力。主办方在胡森宫遗址上搭建了民俗文化一条街，人们可以在这里骑马、骑骆驼，在"人造海"上乘船，体验渔民打鱼、织网、采珍珠的生活，还可品尝民间风味小吃，观摩阿联酋猎鹰和传统手工编织技艺"萨杜"，还有传统椰枣叶手工编织。

椰枣又名波斯枣、伊拉克枣，是西亚和北非沙漠绿洲常见绿色乔木枣椰树的果实，果实产量高，是阿联酋等中东国家重要的出口农作物。椰枣是阿拉伯民族早期赖以生存的最原始食品。椰枣亦被称为"沙漠面包"，一个人每天吃6个椰枣就能生存。在阿联酋国际椰枣文化节期间组委会会举办一系列活动，如椰枣博物馆，向参观者介绍椰枣树从种植、生长、开花、结果至成熟后采摘、加工的全过程，使人们全面了解椰枣及椰枣树。同时还向参观者展示椰枣木加工工艺、椰枣叶编织工艺等已被列入阿联酋文化遗产的手工技艺。

"阿布扎比艺术节"始创于2009年，艺术节汇集大批知名艺术家和新生代艺术家的作品，被认为是现当代艺术领域的大展览。阿布扎比政府积极举办"阿布扎比艺术节"的目的是把阿布扎比打造成一个现当代艺术的世界级窗口，打造成全球文化创意活动的中心，大力发展萨迪亚特岛新兴文化产业区。

旅游

在阿布扎比，我们不仅可以领略绿色海洋和沙漠绿洲杂糅的、令人惊艳的美丽风光，而且还可以欣赏富有传统色彩的阿拉伯风情和具有异域色彩的都市风光。

阿布扎比市区和郊区的绿化地已连成一片，有12座公园，其中最为著名的有哈利迪亚公园、穆希里富妇幼公园、首都公园、阿勒·纳哈扬公园和新机场公园。这些公园的建成不仅扩大了绿化面积，美化了城市，还给人们提供了休息游乐的场所。

阿布扎比有一条10多千米长的海滨大道，大道两旁不仅有高大的桉树、椰枣树和灌木树丛，还建有各具风格的小花园、绿草地和喷水池，与路旁的湛蓝大海融成一片。每天早晨和傍晚，都有人在这里跑步锻炼和散步聊天。

在节假日里，海滨大道、各个公园和市郊的绿草地，成为人们的好去处。一家人或至朋亲友围坐在草地上，或唱歌跳舞，玩闹戏耍，或掏出带来的食品美餐一顿，各有一番情趣。

在阿布扎比市区的东北部有一座 Nurai 水上别墅，总面积约 30 万平方米，离市中心只有十几分钟的船程，极为方便。整个规划案包括 31 栋滨海别墅和 50 栋水上别墅，一个拥有 60 间套房的顶级 Boutique（酒店），三间高级餐厅，多家 lounge 酒吧，还有私人直升机停机坪、游艇接送服务等设施，以及水疗和健身中心等配套。其中所有滨海别墅都拥有私人海滩、花园、附设 SPA 的屋顶花园、大泳池、室内池、户外用餐区、开放式厨房等豪华设备，而且还有室外淋浴，水上别墅除了没有私人海滩与花园，其他条件和滨海别墅一个样。

另外 Corniche 海滩是阿布扎比最美的海滩之一，有 2 千米的海域可以游泳，也可以搭船巡游小岛。阿布扎比最迷人的气质来自于它得天独厚的地理资源——沙漠。阿布扎比往西一个很大的沙漠城——Empty Quarter，距离市区 100 多千米，旁边有一个新建的度假村叫 Qasr Al Sarab。那里的建筑保留着沙漠城市古老的风格，仿佛公元前几世纪时的样子。

阿布扎比是《速度与激情 7》的重要拍摄地，其极尽奢华的印象深入人心。它拥有世界唯一的一座 8 星级酒店——阿布扎比皇宫酒店。该酒店位于阿布扎比的海滩，北面和西面临海，拥有 1300 多米长的黄金海岸线，是一座古典式的阿拉伯皇宫式建筑。远远看去，既像清真寺，也像传说中的辛巴达或阿里巴巴时代的皇宫。每座宫殿都有一个传说，具有浓郁的民族色彩。这座与阿联酋总统府仅一街之隔的宫殿式饭店，目前由凯宾斯基饭店集团管理经营，由著名的英国设计师约翰—艾利奥特设计。

阿布扎比还拥有全球首座法拉利主题公园，整个建筑项目占地 20 万平方米，从空中俯瞰，如同外星飞碟，其红色的顶棚上面印有硕大的法拉利 LOGO。这里几乎是整个法拉利总部——马拉内罗的再现。在场馆内，可以看到法拉利各个时期的跑车、赛车，甚至还有 F1 车房、风洞试验室、驾驶模拟器、赛车组装车间都有完全"复制品"。娱乐设施应有尽有，其中最震撼的当属世界上最快的云霄飞车，最高时速可达 240 千米 / 小时。

除此之外，阿布扎比大清真寺也是非常好的旅游去处，是为阿联酋第一任总统 Sheikh Zayed 而兴建的，被誉为世界第三大规模的清真寺，可同时容纳 9000 人朝拜，无论外观和内部都极为豪华，富丽堂皇，游客和当地人一般简称其为 Grand Mosque。

阿布扎比酒店很多，在新区有一座豪华五星级酒店 Fairmont Bab Al Bahr，位于通往阿布扎比市中心、机场和展览中心的大陆门户。酒店拥有私家海滩，以及市内最好的意大利餐厅，能看到大清真寺美丽日落景观。酒店提供前往 Corniche 和市内景点的免费班车服务，附近也有一个购物集市。阿联酋是免税国家，当地的椰枣、地毯和海鲜都很出名，知名的滨海大道附近就有当地居民喜爱的三大批发市场。

迪 拜

地名由来

迪拜是由英文 Dubai 音译过来的，也有译作杜拜的。迪拜是现代化的国际大都市，阿联酋人口最多的城市，也是中东地区的经济和金融中心，最富裕的城市，被称为阿联酋的"贸易之都"。

区位

迪拜位于阿拉伯半岛中部、阿拉伯湾南岸，海湾地区中心，与南亚次大陆隔海相望，与卡塔尔为邻，与沙特阿拉伯交界，与阿曼毗连。

历史

公元前 3 世纪，迪拜就有人类活动。考古学家在迪拜朱美拉地区发现公元 5 世纪人类住区遗址及文物。迪拜自 1799 年开始有村庄出现的记录。在 18 世纪早期，巴尼亚斯部落的 Al Abu Falasa 后裔开始迁徙至迪拜。1833 年，当时由马克图姆（Maktoum）家族所领导的共 800 人的巴尼亚斯部落（Bani Yas tribe）在"没有抵抗"的情形下离开了阿布扎比并迁移至迪拜，成立了新的王朝。Qawasim 族企图掠夺迪拜，但遭阻碍。1835 年，迪拜与特鲁西尔酋长国的其余部分与英国签订海上停战协定，并在 20 年后签订"永久停战协议"。

1852 年，马克图姆成为酋长，开创了该家族在迪拜的统治。从此，迪拜这个新的独立酋长国，与阿布扎比酋长国正式分离。自从 1960 年在这一地区发现石油以后，迪拜的远期发展更被看好，随着 1969 年第一桶原油的出口，推动了迪拜的经济和城市基础建设的更快发展。1971 年随着前英国保护人撤离波斯湾，迪拜地域边界被重新划分。迪拜联合阿布扎比和其他五个酋长国于1971 年 12 月 2 日成立了阿拉伯联合酋长国。1973 年迪拜与其他酋长国一起采用了单一货币：迪拉姆。在 20 世纪 70 年代后，迪拜得到快速的发展。此后迪拜利用它的国际性贸易市场在发展经济的同时大力发展旅游业，每年都有很多国际游客来这里观光和度假，游客数量随年增长。

地理

迪拜海岸线长 734 千米，沿海岸线呈西南到东北的走向，长 30 千米，最宽处 10 余千米。一条长约 14 千米的海汊将它分为两部分，东南部分称为迪拉，西北部叫巴尔杜拜。靠海汊的迪拉地段最为繁华。海汊从南到北，建有戈尔胡德桥、马克西姆桥和山代盎隧道，将西部连在一起。

迪拜属亚热带气候，迪拜的夏季 5—10 月酷热，气温有时高达 40℃以上。11 月至次年 4 月为冬季，气温一般在 20℃—26℃，最低气温一般在 11℃—13℃左右，历史最低气温为 7℃。迪拜被称为"沙漠中的绿洲"。

迪拜常住人口约 262 万人，本地人口占 20% 左右，外籍人士来自全球200 多个国家和地区。中国人常住迪拜的有约 20 万人，其他外籍人士来自诸如埃及、黎巴嫩、约旦、伊朗、印度、巴基斯坦、菲律宾等，官方语言为阿拉伯语和英语，英语是最主要的商业语。迪拜本地人信仰伊斯兰教。

经济

迪拜的石油蕴藏量比阿布扎比少百分之十几至二十几，迪拜政府不想倚重不多的石油存量，所以致力使经济多元化，大力发展商业及刺激公司活动，以增加财政收入来源。迪拜经济从依赖石油向服务、观光业、对外贸易等转变，使得迪拜不动产升值，建筑业快速增长，让城市建设经历了前所未有的发展。随着迪拜乐园及其他主题公园、度假胜地、体育场地等旅游基础设施的建造，旅游业也得到了快速发展。如今的迪拜，已经发展为全球性国际金融中心之一，成为了东、西方各资本市场之间的桥梁，同时也成为重要的物流、贸易、交通运输、旅游和购物中心。迪拜的经济实力在阿联酋排第一，阿联酋 70% 左右的非石油贸易集中在迪拜，所以迪拜被称为阿联酋的"贸易之都"，是中东地区的经济和金融中心。

迪拜除了大力发展贸易业、旅游业以外，也非常重视现代化的高科技产业。现在，迪拜的免税区越来越多，涵盖从媒体到体育、金融和生物科技的所有领域，拥有迪拜网络城、迪拜学术城等很多新兴产业基地。

文化

迪拜作为一个国际化大都会，文化具有极大的多元性和兼容性特点。由于迪拜曾经是英殖民地，所以，这里的文化特征明显得兼容了西方文化的元素，又因为这里在作为英殖民地期间，一直由印度人代管，所以这里的印度文化也有明显的烙印。在这里，无论是餐饮、建筑、文化、体育、着装还是休闲娱乐，处处都反映出迪拜的国际性。

在迪拜，可以找到世界上任何地区的饮食，从典型的阿拉伯餐，到高档的西餐、西方的快餐，再到南亚印度的饮食，还有中餐、泰餐、日本餐、韩国餐，等等。无论是街旁巷里，还是酒店购物中心内，都有品种繁多的各国餐饮。

迪拜的服装非常富有特色，在迪拜，你可以看到几种迥然不同的服装风格。穿清一色大褂的本地人从头遮到脚把自己蒙得只剩下一双眼睛露在外面，身着民族特色服装的印度人和巴基斯坦人，穿着旗袍走在迪拜的大街上的中国女人，还有即使是寒冷的冬天也仍然穿着吊带衫、热裤走在大街上欧美国家的女人，坐在迪拜街边的露天咖啡座。

此外，迪拜每年举办的年度迪拜国际电影节，也吸引了全世界大量名人来到这个沙漠之国，为迪拜的文化增光添彩。另外，迪拜还有许多活跃的音乐厅，很多著名的音乐家都常在迪拜做现场表演，如歌手席琳·迪翁、麦当娜等。好莱坞影星布拉德·皮特夫妇以及菲尔·柯林斯等也是这个国家的常客。迪拜沙漠摇滚音乐节亦是重金属和摇滚艺术家的另一项重大节日。来自世界顶尖级别的剧团和歌舞团等，也常来迪拜做巡回演出。

当然作为一个阿拉伯国家的大都市，这里的传统文化却没有被国际化的风尚所冲散。在迪拜，依旧可以深刻地感受到最传统的阿拉伯文化，穿长袍的阿拉伯人、清真寺的祷告声、醇香的阿拉伯水烟等等，而且迪拜每年都会举行隆重的斋月活动。在伊斯兰历法中有一个重要的月份即斋月（Ramadan）。斋月是伊斯兰历第九个月，在这一月中，穆斯林改变以往的饮食习惯，日出之前进餐，日落之后进餐，而中间的时间则不再进食、喝水，但日落后开斋则一切又恢复正常，如此坚持一个月。在斋月的最后一天寻看新月（月牙），见月的次日即行开斋即为开斋节，并举行会礼和庆祝活动。如未见月，则继续斋戒一天，第二天开斋。

旅游

迪拜有"海湾威尼斯"之称，风光旖旎，景色宜人。迪拜最美丽、最富有诗情画意的地方，是一条宽阔的港湾向内地延伸约 10 千米，像一条水面宽阔的大河把城市分为两半，北岸的迪拉（Deira）和南岸的巴尔杜拜（Bur Dubai）。迪拉是旧城区，沉淀着古老的文明；巴尔杜拜是新城区，矗立着超现代的神话。河两岸，年数已久的购物街、黄金市场、密集如林的清真寺以及清真寺中的高声唱经声朝朝暮暮不绝于耳。白天，沿着迪拜的海岸前行，仰望着高耸入云的哈利法塔，穿梭在世界最大的市内滑雪场，徜徉在世界上最大的人工奇迹棕榈岛上，体会着亚特兰蒂斯酒店的恢宏，近距离接触雍容华贵的朱美拉古城，恍若置身于《一千零一夜》的世界，实地体验一掷千金的帆船酒店，步入世界最大的商场——迪拜购物中心。夜晚，华灯初上，随着迪拜河特有的木桅船缓缓前行，水面上倒映着两岸流光溢彩的灯火。有时间还可以静坐下来欣赏世界上最壮观的音乐喷泉，音乐喷泉表演，既有音乐，又有舞蹈，还有烟火，非常美丽。

离开碧海蓝天的美景以及摩登现代的繁华，乘着越野车紧贴大漠的脊背驰骋又是一种难得的体验。冲沙是到迪拜旅游的推荐项目，车子驰骋在雄伟空旷的茫茫沙海中，放眼望去都是沙山。训练有素的司机快速地在沙丘之间穿行，用最现代的手段，在原始空间里带给人们前所未有的挑战。

在迪拜博物馆、巴斯塔基亚民俗村、朱美拉清真寺，不仅可以追溯迪拜的历史和文化渊源，还可以感受迪拜居民的真诚和热情。

在迪拜不仅可以欣赏美丽的风光，而且还可以品尝众多特色美食。迪拜当地的特色美食主要有阿拉伯烤鸡、阿拉伯甜品、阿拉伯烤羊、阿拉伯烤牛、阿拉伯大饼、沙瓦尔玛（Shawarma）、阿拉伯沙律等。迪拜的餐饮主要为阿拉伯风味，阿拉伯餐与西餐相似，包括开胃菜、汤、沙拉、烧烤、甜点。阿拉伯甜品由肉、水果、蔬菜制成，配上阿拉伯风味的酱汁，香甜可口，阿拉伯沙律则是以水果、蔬菜配上酸奶、橄榄油、盐等，既可口又开胃。香酥的阿拉伯大饼，面饼上面撒上芝麻，然后烤熟。沙瓦尔玛（Shawarma）在阿拉伯国家深受人们的喜爱，里面有鲜嫩的羊肉和香鸡肉馅料，再加上酱汁的调味更加美味。由于迪拜是一个移民城市，因此除了能品尝当地富有特色的美食外，还可以品尝伊朗、黎巴嫩、叙利亚、埃及、摩洛哥、印度、韩国、日本、中国以及法国、英国、意大利等国家的美食。

迪拜还是一个购物天堂，不仅是免税区，还拥有很多大型的购物中心，世界奢侈品牌应有尽有。每年，迪拜在不同时段会举行一些降价活动（6—7月，12月到次年2月），1月24日—2月24日期间将举行全世界规模最大的购物盛会——迪拜购物节。

迪拜的交通设施可与世界上任何发达的地区相媲美。作为海空转换的枢纽，迪拜机场每日起降将近300个航班，飞抵约130个目的地。1985年，迪拜成立了自己的国际航空公司——阿联酋航空。迪拜的市政交通也非常发达，其市内公交车多数为梅赛德斯—奔驰，有51个座位和10个站位，均有空调。迪拜的出租车公司大多24小时运营。迪拜也开通了轻轨，还有穿梭于迪拜湾的水上巴士，极大地方便了市民和游客。另外，迪拜还开通了到阿布扎比、沙迦、哈塔等地的长途公交。

沙　迦

地名由来

沙迦寓意"升起的太阳"。其名字最早出现在公元2世纪古希腊地理学家托勒密绘制的一幅地图上，该图所示的Sarcoa定居点即是沙迦现在的所在地。

区位

沙迦位于波斯湾南岸，距迪拜 9 千米，是沙迦酋长国的首府，也是沙迦酋长国的政治、经济和文化中心，同时也是酋长国王室及主要政府部门的所在地。沙迦所在的沙迦酋长国横跨阿联酋东西两岸，西临阿拉伯湾，东靠阿曼湾，左邻波斯湾，右望印度洋，与阿联酋其他 6 个酋长国都有领土交界。独特的地理位置使其一度成为享有盛誉的贸易中心和世界最富有的酋长国家之一。

历史

沙迦的历史可以追溯到 5000 多年以前。在历史上，为了控制沙迦这一最重要的贸易之路，世界几大强国均试图占领这一地区。17—18 世纪，葡萄牙人和英国人先后成功地控制了这里的部分地区。1727 年，阿勒卡西米（Al Qasimi）部族建立了沙迦王国，沙迦成为一个独立的酋长国。1903 年，建立阿联酋第一所学校，1927 年，出版了阿联酋第一份刊物，1932 年，建设了阿联酋第一个机场。1971 年 12 月 2 日，阿联酋联邦成立后，沙迦是第三个加入联邦的国家。1972 年石油的发现为沙迦带来了巨额财富，并成为这个酋长国的支柱产业。1998 年，联合国教科文组织特授予沙迦"阿拉伯世界文化之都"的称号，以表彰其在文教领域的突出成就。

地理

沙迦属亚热带气候，温暖而降雨稀少，全年平均降雨量约 100 毫米，全年大部分时间晴空万里。11 月到次年 3 月，天气晴好而温暖，夜间凉爽，湿度较低。白天气温在 18℃—30℃，夜间降到 12℃左右。1—3 月，会有一些降水和热带风暴。5—9 月气候炎热，7—9 月正午温度可超过 45℃，湿度水平也很高，连夜间也很温暖，平均气温为 25℃左右。

沙迦拥有重要的沙漠绿洲区，这里土地肥沃，种植着品种丰富的蔬菜和各类果树。此外，沙迦还有若干独特的岛屿，富饶的海滨为各种鱼类和海洋动物提供了适宜的生活环境。

经济

石油收入是沙迦经济来源之一。沙迦石油开采比迪拜晚，1974 年才首次开采出石油，近年来日产量保持在 6 万桶，另外每天还开采 9 亿立方米天然气。沙迦的工业主要是食品加工、纺织、塑料、玻璃及石化工业等，其工厂总量和工业产值都占沙迦酋长国总量的 30% 以上。农业部门是沙迦经济的重要部门，这里土地肥沃，农作物种植面积达 7700 多公顷。牛、禽、蛋是沙迦主要的牧业产品，而阿曼湾则为沙迦提供了丰富的渔业资源。

对外贸易方面，沙迦与各大洲均有贸易联系，全球的贸易伙伴达 125 个国家和地区。

文化

沙迦被认为是阿联酋及海湾地区的文化首府。从沙迦的城市建设来看，就可感觉到沙迦浓厚的文化氛围。沙迦拥有最新技术的博物馆和修复完好的遗址区，这些地方呈现出比其他任何酋长国更多的文化和历史遗迹，它们详细地展示了这片土地的发展历史，绚丽的阿拉伯艺术、高超的手工艺、久远的传统以及当地贝都因人的日常生活。

沙迦艺术博物馆是海湾地区规模最大的艺术博物馆，馆内珍藏了许多艺术名家的作品。从 18 世纪和 19 世纪的东方主义画家杰作，到令人目不暇接的出自当地和国际艺术家之手的油画、水彩画和丙烯画。作品表现出秀丽宜人的湖光山色、城市风景和人物肖像，使人在感受艺术魅力的同时了解本地区的历史。

沙迦当代阿拉伯艺术博物馆展示了来自阿拉伯世界艺术家的 300 多幅艺术作品。在博物馆的美术图书馆共有 4000 多种阿拉伯语、英语和其他语言的书刊及视听材料，另外还收集了每日的报纸和美术相关出版物。

沙迦传统民俗博物馆集中展示了石油发现之前当地部落居民的捕鱼和采珠生活以及当时的一些民俗活动。

沙迦城堡博物馆展示了沙迦王室家族百年前的真实面貌，让人从另一个侧面了解沙迦社会治理的相关历史。

沙迦考古博物馆是沙迦酋长国内发现的所有考古资料的永久档案馆。通过手工制品、钱币、珠宝、陶器和古代兵器等展品，了解博物馆再现的沙迦早期历史故事，探索本地区居民从石器时代到现今所经历过的环境变迁。研究正在进行中的考古发掘，看看葬礼、房屋和坟墓模型，欣赏本地区最早的书写形式。

沙迦伊斯兰文明博物馆是阿联酋首家伊斯兰文化博物馆，坐落在沙迦历史中心地带，馆内收藏了来自伊斯兰世界各地的 5000 多件精美艺术品。

沙迦自然历史与植物博物馆是一家互动的高科技博物馆，可让人体验穿越时空的奇妙旅程。各种的大厅展示着沙漠和海洋截然不同的生态系统，恐龙模型、喷发中的火山、史前化石及来自外太空的陨石，真实呈现了本地区的自然历史。

沙迦海洋博物馆内可以看到用于捕鱼、贸易和采珠的传统航海三角木帆船，不同用途的帆船形色各异。还能欣赏真正的阿拉伯珍珠，了解珍珠的采集、测量和称重的过程。更能见识用于升降帆的有力的木制滑车及了解当地捕鱼的传统技法。

沙迦还有许多学校和培训中心，如沙迦美国大学、沙迦高等技术学院等。

相对迪拜来说，沙迦的宗教气氛非常浓。在这里，是绝对禁止饮酒的，就连酒店里也不允许设酒吧。

旅游

沙迦是中东地区的文化名城，拥有丰富的历史文化和自然旅游资源。

古兰经纪念碑广场是沙迦的文化中心。在广场的街心花园中，耸立着巨大的翻开着的《古兰经》的雕塑，据悉，这是为了纪念阿联酋 7 个酋长国当年建国时签署联合协议而建造的纪念建筑物。它后方的白色建筑，是酋长办公室，左边是皇家礼拜清真寺，右边是文化宫，另一边是大会堂。

沙迦的东海岸是阿联酋风景最为美丽的地区之一：如绿松石般的绿洲、岩石林立的海湾、金色的沙滩、宁静的红树林，还有令人印象深刻的巍峨群山。东海岸以水上运动、浮潜、水肺潜水、休闲与探险胜地而闻名。东海岸包括三个小镇：Khor Fakkan 小镇位于两个海岬环抱的美丽海湾处，是沙迦东海岸最大的城镇，细长的沙滩远远延伸，旁边的栈道沿着海湾蜿蜒而成，堪称一处令人愉悦的漫步场所；Kalba 小镇正南面的潮溪是阿联酋阿曼海湾海岸线的最南端，这里是阿拉伯半岛最古老的红树林景区，也是濒危灭绝物种的重要保护区；Dibba 由三个宁静的海边村落组成，绿色的棕榈，古老的堡垒，明亮漆画装饰的金属门廊，这些都成了当地特色。三个小镇不大，甚至没有多少名气，但这里独具魅力的风景却是阿联酋风景最美丽的地区之一。

在沙迦也可以体验驾车穿越沙漠的乐趣。变幻莫测的飞沙是所有沙漠城市的一大特色，飞沙营造出变化无穷的景致、颜色和植被，令人耳目一新。美丽的沙迦沙漠吸引了无数游客，给人留下浩瀚壮阔的迷人印象，沙漠夕阳更是无与伦比的壮观美景。沙迦不仅仅有沙漠，在沙漠深处也有崇山峻岭、峡谷奔流、溪水潺潺。

沙迦的交通非常便捷。由于得天独厚的地理位置，在迪拜迅速发展之前，沙迦从 1965 年起就开始成为重要的国际交通枢纽。沙迦国际机场建于 1932 年，是阿联酋第一个机场，是通往欧洲、亚洲、远东的中转站，30 多家航空公司与沙迦民航有业务往来。

艾　因

地名由来

艾因，原意为"泉水"，拥有花园城市的美称。

区位

艾因位于阿拉伯联合酋长国阿布扎比酋长国，它距离首都阿布扎比约 160 千米，距离迪拜约 120 千米。艾因是一个绿洲城市，是阿布扎比酋长国第二大绿洲、第二大城市、东部省的省府，也是阿拉伯联合酋长国的第四大城市。

历史

艾因的历史可以追溯到公元前 4000 年，但关于该地区的具体历史现在还是扑朔迷离、无人知晓。1964 年以前，这个地区被称为"布赖米绿洲"，包括 9 个村庄，布赖米是其中最大的一个村庄。这些村庄聚成一个三角形，长达 9

千米，底宽 6 千米。其中 3 个村庄属于阿曼苏丹国，6 个村庄属于阿布扎比。阿布扎比政府于 20 世纪 60 年代末期开发艾因地区，把 6 个分散的农庄合并为一座统一的城市，以艾因之词命名。艾因的不断发展和扩建，取代了"布赖米"的地位，从此人们忘记了历史上的"布赖米"。

地理

艾因东临阿布扎比，南邻迪拜，海拔 292 米。艾因年平均降水量为 96 毫米，平均相对湿度为 60%。艾因湿度比较低，尤其是在夏季，因此也使得它在这一时期一度成为热门旅游目的地。

经济

艾因背靠哈菲特山，热空气被山阻挡，在此地形成了一片沙漠中难得的天然绿洲，有源源不断的地下水，因此适宜居住，有利于发展农业。

文化

艾因是贝都因人文化的摇篮，2011 年被收入世界遗产名录，也是阿联酋第一个被列入世界遗产名录的城市。

艾因的教育事业发展非常迅速，教育水平也非常高。政府每年都投入大量的教育资金，每个艾因孩子都享受免费教育，从幼儿园一直到大学，甚至出国留学都是如此。学生除享受免费教育以外，每月还可领到助学金。

阿联酋国家最大的博物馆就位于艾因市，博物馆分成民族史和考古史两大部分。其中考古史部分展示了阿联酋的发展历程，包括了从石器时代到伊斯兰时期的文物，距今 7500 年前的器具，包括点火器具、石器刮片和完好的箭头等，可让游客沿着 7500 年前阿联酋先辈们居住在这片土地上的遗迹，对阿联酋的传统和文化形成整体的认识。民族史部分包括模型展示、图片、服饰、古代器具、乐器等，集中展示了发现石油之前的国家风貌。最受瞩目的是两部 17 世纪流传下来的经书和 6 本《古兰经》，全部都配有精巧的装饰。

旅游

艾因是阿联酋第二大沙漠绿洲，是阿联酋阿拉伯文化重要的发源地，拥有丰富的自然和人文旅游资源。

艾因城市是按照花园城市的思路设计的，每一条街道都有水，有林荫，有风景，有雕塑，街道环绕交叉，公园和花园点缀其中。如今的艾因，郁郁葱葱的枣椰林里凉风习习，丝毫没有沙漠地区的燥热之感。热情的当地人将枣椰制成各种美味，供来客品尝。这里还有大量天然温泉，而且是完全免费的，在这个水贵如油的沙漠国家，无疑是真正的奢侈享受。除此之外，艾因吸引人的景点还有艾因野生动物园。艾因野生动物园位于哈菲特山脚下，占地400公顷的大型动物园还包括水族馆和爬虫馆。在这里可以看到几乎所有的本土珍稀动物以及珍贵的外来物种，包括著名的阿拉伯大羚羊和巨型陆龟等。

此外，艾因还有一处宏伟的清真寺。洁白、纯净、奢华的谢赫·扎耶德清真寺又称阿布扎比大清真寺，也有很多人叫它白色清真寺，它是世界上继麦加和麦地那之后的第三大清真寺。施华洛世奇的吊灯，通体白玉大理石，来自伊朗和新西兰顶级羊绒手工编织成的巨大地毯，46吨黄金的装饰，历时12年建造完成，处处美轮美奂。随着艾因被列入世界遗产名录，将吸引越来越多的外国游客来访，它将成为阿布扎比乃至整个中东地区最重要的文化旅游景点之一。

卡塔尔

卡塔尔是亚洲西部的一个阿拉伯国家，位于波斯湾西南岸的卡塔尔半岛上，与阿拉伯联合酋长国和沙特阿拉伯接壤。国土面积虽然仅有 11521 平方千米，却有约 550 千米的海岸线，战略位置相当重要。截至 2016 年，人口总数量为 226 万[①]。全国共划分为 10 个区，主要城市有多哈等。

多　哈

地名由来

多哈，又称贝达，因其东部环抱的月牙形小海湾而得名。

区位

多哈位于阿拉伯半岛东北部卡塔尔半岛的东部沿海，面积 132 平方千米，是卡塔尔的首都，全国第一大城市和政治、经济、文化、交通中心，全国人口最集中的地区，也是波斯湾著名的海港之一。

---

① http://worldpopulationreview.com/countries，查阅日期：2016年5月9日。

历史

历史上的多哈是一个以打捞鱼虾为主的贫穷落后的小城镇，房屋都是用土坯、珊瑚石建造的，也有用枣椰树叶覆盖的茅屋。1882 年，英国殖民者入侵卡塔尔，1916 年，强迫卡塔尔酋长接受奴役性条约，使卡塔尔成为英国的"保护国"。卡塔尔经过长期斗争，1971 年 9 月 1 日宣告独立，多哈从此获得新生。由于石油的开采，国内经济发生了翻天覆地的变化，首都多哈发展迅速，现在的多哈已经成为一座新兴的现代化城市，而且成为令人向往的旅游胜地。

地理

多哈靠近波斯湾，平均海拔 10 米左右，是一座海滨城市。多哈属于典型的热带气候，夏季炎热干燥，平均温度在 38℃以上，基本无雨，特别是 6—9 月，气温可达 48℃；冬季多风，较为凉爽舒适，时而下雨，湿度较高，夜间气温一般在 20℃以下，最低可达 7℃。年平均降水量仅 75.2 毫米左右。

截至 2016 年 1 月，多哈人口 154 万人，其中大部分为阿拉伯人，信奉伊斯兰教，讲阿拉伯语。

经济

多哈以盛产石油和天然气闻名，为卡塔尔的经济中心。多哈也是卡塔尔的重要海港，建有深水码头，可以同时停泊多艘大型轮船。多哈还是渔港与采集珍珠的集中港，每到采珠季节，很多采珠能手云集在各港各口，头顶烈日，项挂篮筐，腰系保险绳，采集珍珠蚌。

文化

多哈是卡塔尔的文化中心，有众多文化设施，包括最先进的教育城和国家博物馆。

多哈教育城位于首都多哈西部近郊，占地 14 平方千米，它是由卡塔尔国王亲自发起并由王妃担任主席的卡塔尔基金会创办，内有完整的从幼儿园到大学的教育系统，其中最为核心的是包括多所高校的大学城。大学城除了卡塔尔伊斯兰研究学院这所本地学校外，还有六所美国大学、一所英国大学和一所法国大学在教育城设有分校，美国的弗吉尼亚州立联邦大学、康奈尔大学威尔医学院、得克萨斯州农工大学工程学院、卡内基梅隆大学商业管理与信息科学学院、乔治敦大学和美国西北大学等大学都在这里设立了分支机构和分校区。

卡塔尔国家博物馆于 1975 年 6 月正式开放，由四个部分组成：一、旧宫，建于 1901 年，是首任埃米尔阿卜杜拉·本·贾西姆·阿勒萨尼的住处和办公地。1972 年埃米尔下令对该宫进行翻修和加固，并改建成博物馆。二、新楼，在对旧宫进行翻修加固的同时，在旧宫北侧盖了一座新楼，共三层。顶层是图书馆和办公室；中层为科教电影放映厅，介绍阿拉伯半岛和卡塔尔的地质形成史；底层为地下展厅，陈列着与中世纪的伊斯兰文化艺术、科学、近代游牧生活以及现代史、地质学与石油等有关的图片和文物。三、海洋博物馆，1977 年 10 月建成，陈列着海湾地区的多种海洋鱼类、生物以及贝壳、珍珠等实物。四、海水湖，在旧宫的东侧有一小湖，湖底有管道与海洋相通，水深 1.5—2.5 米，湖中有一些旧时的帆船模型。

多哈还被誉为海湾地区的"体育之城"，在郊区建有 7 座大型体育场，样式各异，向人们展示着现代建筑之精美。多哈于 2006 年 12 月 1 日举办了第 15 届亚运会，2011 年卡塔尔被 FIFA 定为 2022 年世界杯举办地，多哈预计将成为主要比赛城市。

旅游

多哈是卡塔尔的一颗闪耀明珠，一座美丽而神秘的城市，一座多元文化的城市。市内街道宽阔，有许多阿拉伯民族特征的高大建筑，包括埃米尔王宫、首都大清真寺、国家博物馆、水族馆等。

全长 8 千米的多哈海滨大道是全国乃至中东最漂亮的大道，也是多哈市民主要休闲、健身的地方。大道中间有宽阔的绿地，种植着绿茵茵的草坪、常年盛开的鲜花和高大的枣椰树。大道中部有一座较大的街心公园——贝达公园，里面有多处反映海湾阿拉伯国家传统习惯的艺术雕塑，在这里常举行大型的露天庆典活动。大道上有一座海蚌雕塑，象征着卡塔尔过去辉煌的捕鱼业。

位于城市对面、多哈海湾中央的棕榈树小岛，仅 25000 平方米。小岛由卡塔尔国家酒店管理，游客们可以乘坐一个酷似三角帆船似的小船到达小岛。

这个人工小岛从远处看，像大海里的绿洲，整个岛到处都种植着棕榈树，岛上有儿童乐园、野餐地、散步地以及品尝美味的风景地，更有美丽的沙滩、水上运动器材以及一流的餐厅。在这里，可以让游客远离城市喧嚣。

由世界著名建筑设计师贝聿铭设计的多哈伊斯兰艺术博物馆位于多哈海岸线之外的人工岛上，占地4.5万平方米，是迄今为止最全面的以伊斯兰艺术为主题的博物馆。博物馆外墙用白色石灰石堆叠而成，折射在蔚蓝的海面上，形成慑人的力量。典型的伊斯兰风格几何图案和阿拉伯传统拱形窗，又为这座庞然大物增添几分柔和。博物馆中庭偌大的银色穹顶之下，约46米高的玻璃幕墙装饰四壁，人们可以透过它望见碧海金沙。未来几年，这个新的博物馆将发展成为学习艺术与对话交流的平台。它将把居住在世界各地、不同年龄层的人们聚集一起，更好地了解伊斯兰文化，促进伊斯兰艺术的发展。

多哈不容错过的著名旅游景点还有卡塔尔国家博物馆、民俗博物馆、邮票博物馆、武器博物馆和库特古城堡以及多哈动物园等。

卡塔尔人对餐饮非常讲究，尤其是早餐讲究色味结合。他们在吃早餐时，干酪或酸奶酪上一般都要滴上些金黄透绿的橄榄油，还要配上绿色或黑色的小橄榄作点缀。当地人还喜欢吃"焖蚕豆"，就是用蚕豆、大蒜和橄榄油等煮熟食用。卡塔尔人中、晚餐一般都是以蔬菜、水果为主。制作菜肴喜用大量香味调料。

卡塔尔人以米饭、牛羊肉为主，喜欢吃海味。招待贵宾多用烤全羊，在羊肚里填上米饭再烘烤，别有风味。有时也请客人吃椰枣饭，用椰枣、松子和葡萄干炒米饭，香甜可口。招待客人吃的海味是烤鱼和蘸汤大虾。一种叫"哈穆拉"的鱼，颜色发红，肉质鲜嫩，一般重10多斤，用松枝烤熟，具有一种特殊的香味；蘸汤大虾是将大虾油煎或水煮后蘸上用羊肉末制的佐料汤，鲜美爽口。同其他伊斯兰国家一样，卡塔尔禁食猪肉、禁饮烈性酒、禁烟，而且禁赌，如有违犯严加惩处，对外国人也不例外。

多哈有很多阿拉伯特产，比如中东的香料、香水、用从海底开采出来的石灰石制成的香炉、阿拉伯地毯、金线刺绣等。

多哈是卡塔尔的交通中心。多哈国际机场机场距离市中心5千米，拥有超过20个国际航班，拥有世界上最好的航空公司之一——卡塔尔航空。

巴　林

　　巴林，其全称为巴林王国。该国位于波斯湾中部的岛国，界于卡塔尔和沙特阿拉伯之间，距沙特阿拉伯东海岸 24 千米，距卡塔尔西海岸 28 千米。国土面积为 706.5 平方千米，由巴林岛等 36 个大小不等的岛屿组成，最大的是巴林岛，总人口数量为 138.1 万（2016 年）[1]。全国共分为 5 个省，分别是首都省、穆哈拉克省、北方省、中部省和南方省。主要城市有麦纳麦等。

麦纳麦

地名由来

　　麦纳麦，在阿拉伯语中意为"住宿之地"，是巴林最大的城市。

区位

　　麦纳麦位于波斯湾中段，巴林岛的东北角，面积 30 平方千米，是巴林的首都，全国第一大城市，全国政治、经济、交通、贸易和文化中心。同时也是海湾地区重要的金融中心、重要港口及贸易中转站，享有"波斯湾明珠"

---

① http://worldpopulationreview.com/countries，查阅日期：2016年5月9日。

的美誉。

历史

麦纳麦城早在 2500 年以前就已经是巴林群岛最大的商业城市。伊斯兰编年史上提到麦纳麦至少可追溯至 1345 年，生活在 600 多年前的阿拉伯旅游家伊本·白图塔对麦纳麦城描写道："该市整洁宽敞，到处是繁花似锦的园林，绿树成荫，河曲纵横，地下水位很高，用手便可以在地下挖出水来。城内有许多椰枣园、石榴园、佛手柑园和柠檬园……"从这些描述中可以想象到历史上的麦纳麦城。麦纳麦从 1521 年开始由葡萄牙人统治，从 1602 年起由波斯人统治。麦纳麦自 1783 年起一直由阿拉伯埃米尔家族所统治，虽然其间曾有数度中断。1958 年麦纳麦被宣布为自由港，1971 年成为独立的巴林首都。

地理

麦纳麦位于该国最大的岛巴林岛上，南北长度不到 50 千米。环绕郊区建有 6—8 车道的高速公路，分别被命名为法蒂赫大道、费萨尔大道、伊萨大道和哈利法大道。麦纳麦城属热带沙漠气候，气候温和，风光绮丽，每年 11 月至次年 3 月温和宜人，6—9 月雨水较少，是炎热的夏季。

经济

1958 年麦纳麦被宣布为自由港，1962 年在市东南的米勒塞勒曼建成深水港，能同时接纳多艘远洋轮船，是连接上下海湾和东西大陆的物资交易中心，并有长 2.5 千米的堤道与穆哈拉格岛的穆哈拉格相连。麦纳麦的经济基础与巴林整体的经济基础一致——石油、汽油提炼、独桅帆船建造、捕鱼以及采珍珠。麦纳麦南部集中了全国大多数的工业，市郊的阿瓦里是巴林的石油工业中心，也是中东最大的炼油厂之一。

麦纳麦还一直是世界天然珍珠贸易中心。同时还是波斯湾北部的商业与金融中心，也是世界重要金融中心之一，有阿拉伯世界的"苏黎世"之称，被誉为"中东的香港"。

文化

麦纳麦是巴林的文化中心，文化设施众多，包括国家大剧院和国家博物馆等。

巴林位于两片海洋之间，拥有一望无际的岛屿风光，国家大剧院就置于连接天空和大海的美丽风景中。剧院设有1001个座位的大礼堂、150个座位的小礼堂和展厅。大礼堂坐落在中心，建筑围绕中央广场而建，有阿拉伯宫殿式的布局，表达了属于阿拉伯世界的文化。剧院是麦纳麦地标式建筑，经常举行国内外大型演出，同时也是城市的文化中心，是艺术家进行创作和排练的场所。

巴林国家博物馆是巴林国最大的博物馆，位于巴林首都麦纳麦阿尔法塔赫国王大道右侧，1988年12月建成对外开放，占地面积约27800平方米。馆内陈列了从石器时代到石油贸易前的历史文物藏品，以绘画、摄影、雕塑、金饰、手工编制、考古实物等方式，呈现了巴林从石器时代直到近现代6000年古老而辉煌的历史。

巴林实行免费教育和普及9年一贯制的中等教育制度。宗旨是普及和完善教育种类，提高教学水平。巴林大学和阿拉伯海湾大学分别于1978年和1987年建成开学。此外还有一所成人教育中心。在麦纳麦15—25岁青年受教育率达99%，为中东海湾地区受教育程度最高的城市。

旅游

麦纳麦城是阿拉伯地区著名的绿色城市，环境静谧。在城市宽敞整洁的马路两旁和空地上，都是成排成片的树木，高大的枣椰树和棕榈树遮空蔽日，一片葱郁，还有许多枣椰园、石榴园、佛手柑园和柠檬园，充满了热带风情。市内高楼大厦鳞次栉比，形状各异的街心公园到处可见，各种热带植物有的翠绿欲滴，有的芬芳吐艳，呈现一派热带风光。在郊区，喷涌而出的泉水形成片片湖泊和条条小溪，恰似浮出水面的绿色珍珠，使岛国之都的景色显得格外柔美。麦纳麦集海岛美妙风光于一身，又加以巧夺天工的珍珠塔和"航海"纪念碑，是由两边各一块巨大的风帆，中间夹着一颗大珠组成，象征勤劳的巴林人过去采珠业的发达。

这里，古老的风物和现代化的设施形成鲜明对比，一边是豪华的旅馆，高矗的银行，幽雅的宅邸，一边是成簇的阿拉伯老式民房，迷宫似的曲径小巷。骆驼可以悠闲地躺在拥有亿万资金的银行大门前打盹；古老的在沙漠中行驶的两轮无顶马车和新型奔驰轿车并驶在马路上；人们从大屏彩色平板电视机里学《古兰经》；妇女们有的穿从头盖到脚的传统黑色长袍，有的穿剪裁新颖的巴黎时装。

麦纳麦城古迹众多。在麦纳麦存在着世界上最大的史前时期的冢林，被称为"万冢之岛""死岛"。这里坟林墓海，盘踞在巴林岛北部，位于首都麦纳麦以西，绵延数十里，占地30多平方千米。一个个人工土丘，横排竖列，蔚为奇观。从飞机上俯瞰，若万千起伏的浪头，似十万大军集结的帐篷。1879年，英国人初次进行发掘，才知道这些土丘是坟墓。由于年代久远，前人之墓被泥沙埋没，后人复葬其上，一层叠一层，终成山丘，最高达10米，比三层楼还高！据不完全统计，全部坟茔当在17万座以上。对已掘的70多座坟进行考证，古墓的历史上限在公元前3000年的青铜器时代。在坟层之下和坟林附近，发现古人的聚落和城镇的遗址。由此可见，巴林古代出现过灿烂的文明，有过人口众多的城市。

在麦纳麦市郊耸立着一座哈里发奥马尔·本·阿卜杜勒·阿齐兹时代的哈米斯市场清真寺，这座公元692年建造的清真寺至今还保持完整。考古学家最近在这座清真寺下，发现伊斯兰教传播前的古建筑的残垣断壁及古墓。16世纪初，葡萄牙占领巴林时期，在麦纳麦附近卡拉特海滨修筑了一批碉堡，其中有两座依然完好无损。考古学家在发掘这些碉堡下的废墟时，发现在最古的断层中，有两个约公元前3000年的古城遗址。

另外，民间市场也是麦纳麦市重要的旅游景点，其中最为著名的当属艾尔比阿市场，在那里可以购买到各种地方特产与民间工艺品。另外还有哈达丁市场、烟草市场，以及出售各种银铜器皿的萨法菲尔市场。

在麦纳麦可以品尝到很多富有巴林特色的美食，在这里人们日常惯吃发酵的薄面饼、烤羊肉串、烤羊腿和各种汤类。他们喜食中餐，用餐惯于以手抓饭。

机场在麦纳麦城北，巴林国际赛车场则在城市的南面，沿路的路牌上都用阿拉伯文和英文标明地点和方向，交通非常便捷。

科威特

　　科威特，位于亚洲西部波斯湾西北岸，与沙特、伊拉克相邻，东濒波斯湾，同伊朗隔海相望，海岸线长145千米。国土面积为17818平方千米，有布比延、法拉卡等9个岛屿，水域面积5625平方千米，绝大部分土地为沙漠，地势较平坦，境内无山川、河流和湖泊，地下淡水贫乏。该国总人口数量约为400万（2016年）[①]，伊斯兰教为国教。全国共划分为6个行政省：首都省、哈瓦里省、艾哈迈迪省、贾哈拉省、法尔瓦尼亚省和大穆巴拉克省。主要城市有科威特城等。

科威特城

地名由来

　　12世纪，科威特这块地方被人们称作"古赖因"，意为"小犄角"。这是因为科威特湾好似月牙中的一汪碧水，月牙两端犹如一对牛角的缘故。1614年，当地哈立·德家族的埃米尔穆罕默德·本·欧赖仪尔在现在科威特市区近海处，修建了一座城堡，并命名为欧赖仪尔"库特"。"库特"这个词在科

---

① http://worldpopulationreview.com/countries，查阅日期：2016年5月31日。

威特和伊拉克南部地区的方言意为"城堡"。至18世纪后半叶，当地人民又修建了一堵城墙，并在墙外挖了一道护城壕沟。于是科威特成为一座三面围墙，一面濒海的城池。科威特人凭借这座城池成功抵御了来自邻近部落的袭扰，保护了自己。因此，科威特人特别珍爱自己的城堡，将它叫作"小城堡"。在阿拉伯语中，城堡"库特"的缩写名词就是"科威特"。据科威特建筑学家解释说，凡是被称作"库特"的建筑必须傍水，科威特城正好位于海滨，符合这一条件。

区位

科威特城位于波斯湾西岸，面积80平方千米，是科威特首都，科威特政治、经济、文化中心和重要港口，也是波斯湾海上贸易的国际通道。

历史

公元前4世纪，马其顿亚历山大大帝的舰队东征后由印度洋经波斯湾回国，在现在科威特城的西岸建筑了一些小城堡，这就是最初的科威特。18世纪中叶，科威特城从一个荒凉的村庄发展成有各种船只往来的海港。1938年科威特发现石油，1946年开始开采。日益繁荣的石油经济使国家面貌焕然一新，科威特城也得以迅速发展，20世纪50年代，科威特城已初步成为现代化城市。1961年6月19日，科威特宣布独立，并正式将科威特城定为首都。但伊拉克的萨达姆政府对科威特独立不予承认，坚持认为科威特是伊拉克领土的一部分，为此1991年爆发了海湾战争。

地理

科威特城风光明媚、绚丽多姿，是阿拉伯半岛的一颗明珠。夏季漫长，常刮西风，干燥，气温达45℃，最高可达55℃。冬季短暂，最低气温可低至8℃，常刮南风，年均降雨量约108毫米。春夏季多见沙尘暴。

科威特城居民中科威特人占39%，其他阿拉伯人占39%，南亚人占9%，伊朗人占4%，其他民族占9%。主要信奉伊斯兰教，其中70%以上属逊尼派。官方语言为阿拉伯语，通用英语。

经济

科威特城工业有石油化工、化肥、建筑材料、肥皂、海水淡化、电力、食品加工和饮料等。20 世纪 60 年代开始兴建现代化港口，建造深水码头和船坞，成为阿拉伯半岛东岸最主要的深水港。输出石油、皮革、羊毛、珍珠等，输入水泥、纺织品、汽车、大米等。

文化

科威特 95% 的人都信仰伊斯兰教，因此科威特城有浓郁的伊斯兰教文化氛围。由一个渔民镇发展为一座现代化石油城之后，清真寺也随着摩天大楼如雨后春笋般兴建起来。最大一座寺是科威特城大寺，位于市中心，建于 1994 年，装饰精致豪华，可容纳万人礼拜，附属的女子礼拜殿可容纳千人。

科威特城每年在 3 月 5 日（伊斯兰教历 12 月 10 日）都会举行伊斯兰世界传统的盛大节日——宰牲节（亦称"库尔邦节"）。宰牲节是穆斯林心中最神圣的节日，节日期间，一般要放四五天长假。3 月 5 日清晨 5 时左右，当科威特大清真寺传出第一声召唤信徒入寺祈祷的庄严肃穆的音乐后，全国大小清真寺的扩音器先后响起音乐声。阿訇吟诵的《古兰经》章节通过高音喇叭传向四面八方。此时在全国 600 多所清真寺里分别聚集着几百万男女穆斯林，即使是在大街上，虔诚跪拜的穆斯林也随处可见。晨祷结束后，科威特城里开始响起鞭炮声和鼓乐声。人们带着对真主由衷的敬畏和谢意开始宰牲。据说，穆斯林一般将宰杀的牲畜肉分为三份，一份送亲友，一份施舍，一份自家食用。

由于宗教的影响，青年男女的婚事亦多具宗教色彩。按照传统的教俗，婚事必须由男女双方的父辈包办，由媒人说合而成。婚礼通常要举行 10 天，前 7 天在女家，后 3 天在男家，故有人称之为"马拉松式"的婚典。

科威特城实行免费教育，全国小学、初中、高中均为四年制，小学和初中实行义务教育。

旅游

科威特城是阿拉伯地区著名的旅游城市。市内到处都是具有伊斯兰风格的高楼大厦，以国家元首办公的剑宫、法蒂玛清真寺、议会大厦、新闻大楼、电报大楼最为著名。造型美观奇特的贮水箱和贮水塔是这里最引人注目的建筑设施，也是其他城市难以见到的景观，几乎每家屋顶上都有或方或圆的贮水箱。全市有几十座贮水塔，其中在市东郊的科威特大塔最为有名。

科威特大塔矗立在科威特城区东端海滨，背依大海，面向科威特王宫。宫塔毗邻，相映生辉。大塔于1973年动工，1977年2月落成，1979年3月1日正式对游客开放。建造此塔原本为满足向市内高层建筑供水的需要，但是别具匠心的设计者把它设计成既可贮水又可供游览的高空大塔。大塔由3个大小不等的尖塔组成，高耸在市区东部岬角顶端的海滩上。右边的主塔高187米，直径32米，由上下相距40米的两座球形建筑串成，分别象征地球和月球。下方的大球除容纳100万加仑水外，还有一个可容纳500人的餐厅和一个花园。花园内一年四季鲜花盛开，世界各地的名花在这里争奇斗艳。左边的水塔可蓄水200万加仑，高113米，装有96盏聚光灯，外形仿佛伊斯兰教的宣礼塔，中间的尖塔高140米，直径26米，外形如一枚即将发射的宇宙火箭。塔上设有72盏聚光灯，为过往船只照明航向。科威特大塔由于塔体巍峨硕大，造型奇特美丽，已成为科威特一大景观。科威特政府也很重视大塔，每年的2月25日，即科威特的国庆之夜，科威特政府规定，均要在大塔前的广场上燃放礼花庆祝。

海湾地区最大的一座现代化综合游乐中心位于科威特城西北端20千米的海滨，占地100万平方米。游乐城分为"阿拉伯世界""国际世界"和"未来世界"。在"阿拉伯世界"，可以见到阿拉伯古代的建筑；在"国际世界"，可以游览非洲公园，观看澳大利亚木舟击水游戏；在"未来世界"，建有一座110米高的旋转瞭望塔，人们可以坐模型火箭去宇宙旅行。游乐城设有剧院、电影院、餐厅和商场，每当夜幕降临，灯火辉煌，游客如云。

另外，科威特市还有5座古城门遗迹：扎热门、沙米亚门、布列希门、布奈得埃加门和麦格萨布门。1706年建城时同时建的城门，现在城墙全被拆除，城门保留下来，成为科威特一大景观。

伊拉克

伊拉克，其全称为伊拉克共和国。该国位于亚洲西南部，阿拉伯半岛东北部。北接土耳其，东邻伊朗，西毗叙利亚、约旦，南连沙特阿拉伯、科威特，东南濒波斯湾。海岸线长 60 千米。国土面积为 44.1839 万平方千米，包括 924 平方千米水域和伊拉克、沙特中立区伊拉克部分 3522 平方千米，总人口数量为 3675.7 万（2016 年）[①]。全国共分为 18 个省，主要城市有巴格达、巴士拉、纳杰夫、摩苏尔、埃尔比勒等。

巴格达

地名由来

巴格达这个名称来自于波斯语，含义为"神（bagh）的赠赐（dād）"。旧译"报达""八哈塔"。

区位

巴格达跨底格里斯河两岸，距幼发拉底河仅 30 多千米，处于东西方的交

---

① http：//worldpopulationreview.com/countries，查阅日期：2016年5月9日。

通要道，面积 860 平方千米，是伊拉克首都，同时也是巴格达省省会，伊斯兰世界历史文化名城。

历史

早在 4000 多年前，巴格达便建立了苏美人的城邦。在公元前 18 世纪古巴比伦《汉谟拉比法典》就提到了巴格达（意为"天赐"）为一重镇。公元762 年，巴格达被阿拔斯王朝（在中国史籍中被称为"黑衣大食"）第二代哈里发曼苏尔选定为首都，并命名为"和平之城"。该城的中央是曼苏尔的"金宫"，"金宫"四周是皇家及显赫人物的亭台楼阁。因城市建在圆形城墙内，故又称为"团城"。

公元 773 年，曼苏尔又在城郊另建一座宫殿"永恒宫"（Qasr Khuld），并在河东岸为皇太子建营垒、府邸和清真寺，河东西两岸用浮桥连接，呈掎角之势。公元 8 世纪中期至 9 世纪，在哈里发哈伦·拉希德和马蒙执政时，扩建巴格达城，广建清真寺、宗教学校、图书馆、天文台、客栈、驿馆、市场、浴室及市政交通设施，使该城进入全盛时期，成为阿拉伯帝国的政治、经济、贸易、文化和宗教中心。

公元 830 年，哈里发马蒙在巴格达创建国家学术研究机构"智慧馆"，聚集不同民族及宗教信仰的著名学者，将古希腊、波斯、印度等国的古典著作加以收藏、整理并翻译成阿拉伯文，促进了阿拉伯科学文化的发展。公元 9—11 世纪，巴格达伊斯兰学术方兴未艾，苏菲派、穆尔太齐赖派、艾什尔里派及阿拉伯语言学派的学术活动十分活跃，各派别的学者在宫廷的赞助和庇护下，著书立说，在古兰经学、圣训学、教法学、凯拉姆学及文学艺术方面均作出重大成就。

1258 年和 1401 年，巴格达曾遭蒙古旭烈兀和帖木儿军的两次洗劫，大量建筑、古迹、文物遭到摧毁，巴格达收藏的经典全部被投入河中，据说墨水将河水染黑。后来巴格达置于伊儿汗国和帖木儿帝国统治下。1534 年和 1558 年分别被土耳其人和波斯人占领，并在 1638 年后长期受奥斯曼帝国的统治。1917 年，被英国殖民军占领。

1921 年，伊拉克宣布独立，定都巴格达，到 20 世纪末，已发展为现代化的城市，是全国政治、经济、商业、交通和文化的中心。

地理

巴格达位于伊拉克国土中部，跨底格里斯河两岸，市区主要部分在河东，称为"鲁萨法"，河西部分称为"卡尔赫"，东西两岸之间有5座大桥相连。

巴格达属亚热带干旱与半干旱气候区。5—10月是夏季，夏季炎热，7、8月份平均白天气温在41℃—43℃，中午可达50℃；冬季平均气温13℃，最低气温可达0℃，年平均降水量130毫米。

经济

巴格达经济发达，工业产值占全国的40%。工业以炼油、纺织、制革、造纸和食品为主。巴格达交通便利，拥有铁路、公路和航空构成巴格达陆地和空中的立体运输。这里商业繁荣，不仅有现代化的大商场，也有阿拉伯式的古老商店。

文化

巴格达文化底蕴深厚，是一座名副其实的文化古都。这里有公元9世纪兴建的天文台和图书馆以及著名的"智慧宫"；还有1227年建成、世界最古老大学之一的穆斯坦西利亚大学；又有规模仅次于开罗大学、拥有15个学院的巴格达大学。

伊拉克是一个伊斯兰国家，全国95%的人信奉伊斯兰教。在巴格达曾建有560多座清真寺，到2006年，共有清真寺100多座，著名的有卡兹米耶清真大寺、伊玛目阿德哈姆清真寺、阿卜杜勒·卡迪尔·吉拉尼清真寺等。城内有阿拔斯宫、伊拉克博物馆、伊斯兰博物馆、国家图书馆等几十个博物馆。在统一公园屹立着阿拉伯历史名人大型石像，在萨阿敦大街和艾布·努瓦斯大街各矗立着取材于《一千零一夜》故事人物的大型铜塑像。市区有一座构思奇巧的无名英雄纪念碑。巴格达新添了许多现代化建筑，著名的有国王费萨尔一世陵墓、白宫（政府宾馆）、共和宫、国际会议中心大厦、巴比伦饭店等。

旅游

巴格达历史悠久，旅游资源非常丰富。在伊拉克首都巴格达市中心有座六层高的"信徒宫"，这是当年萨达姆在担任总统期间的办公与生活地点之一。2003年，美军对巴格达内萨达姆可能藏身的地点进行了猛烈轰炸，很多建筑被炸成废墟。根据美军方记录，战争爆发当晚，美空军就向这个"信徒宫"主体建筑投放了两枚绰号"地堡终结者"的900公斤重大炸弹。在随后四天中，至少还有另外六枚类似的炸弹落在"信徒宫"上面。给钢筋混凝土结构的"信徒宫"造成了严重伤害，炸弹留下的痕迹清晰可见。不过，"信徒宫"下面专门为萨达姆建造的掩体却完整保存下来，并逐渐成为巴格达市中心"绿色区域"内居民的一个"非正式旅游景点"。

巴格达亭建在Topkapi宫的花园中，位置最适宜眺望城市和海峡景观。建筑基本上成平面对称形，中央穹顶的直径9米，三面有门，四面布置有四个突出的空间。除中央的穹顶外，建筑的屋顶相当平缓，形成很深的挑檐，由围廊的22根圆柱支撑。伸出屋顶的尖塔实际上是暖炉的烟筒。建筑的内部用彩釉面砖、贝壳和象牙等材料装修，品质尊贵，是同类建筑中的精品。

伊拉克国家博物馆始建于20世纪20年代，是伊拉克最早建立、藏品最丰富的博物馆，被联合国教科文组织列为世界第十一大博物馆。博物馆内的图书馆有近6000种手稿和约7万册各种文字的书籍，是研究两河流域文明不可缺少的文化宝藏。不过在2003年的伊拉克战争之后，许多藏品下落不明。

在巴格达南90千米处的巴比伦古城遗址，可以领略公元前3000多年强大的巴比伦帝国的风采。

巴格达是伊拉克的交通中心。铁路、公路和航空构成陆地和空中的立体运输，十分便捷。铁路向北通往叙利亚和土耳其，向南延伸至波斯湾，也是国际东方快车的必经之地。

巴士拉

地名由来

巴士拉，中国旧译"勃萨罗""弼斯罗"。巴士拉城内有许多坚硬的黑石，因而得名巴士拉，意思是"石城"。巴士拉是悠久的历史名城，历史上曾经是重要的军事要塞，建立于伊斯兰教对外征服时期，是伊斯兰文明与波斯文明交融及融汇的重要纽带，也是阿拉伯民族与其他民族交流的纽带。《一千零一夜》中记载的航海家辛巴达周游世界就是从巴士拉出发的。

区位

巴士拉位于底格里斯河和幼发拉底河交汇处，处于阿拉伯河西岸，南距波斯湾 120 千米，面积 181 平方千米，是伊拉克巴士拉省省会、伊拉克第一大港及第二大城市，也是连接波斯湾和内河水系的唯一枢纽。巴士拉所在的巴士拉省是伊拉克十八省之一，东邻伊朗，南邻科威特。

历史

巴士拉始建于公元前 636 年，之后逐渐成为文化和贸易中心。公元 635 年阿拉伯军队征服伊拉克，公元 636 年第二任哈里发欧麦尔（公元 634—644 年在位）建为军营，后遂发展为城镇。

公元 8—9 世纪时，成为阿拔斯王朝的贸易和宗教学术文化中心。公元 10 世纪宗教哲学团体"精诚兄弟社"也创建于该城。巴士拉曾是伊斯兰教各教派和学派学术文化汇集、交流的中心之一，在伊斯兰文化史上占有重要地位。市内清真寺林立，著名的有巴士拉清真大寺等。中国古籍《太平寰宇记》《四夷路程》等对巴士拉均有记载。

第二次世界大战后，随着伊拉克石油工业的迅速发展，以及巴士拉附近地区石油的开采，巴士拉成为伊拉克新兴的石油化学工业基地和石油出口中心。巴士拉港也逐步建设成为波斯湾沿岸首屈一指的现代化港口。在两伊战争期间，巴士拉受到极为严重的破坏，港口设施被关闭，炼油厂及市内的许多建筑均遭毁坏。特别是在 1990 年的海湾战争中，巴士拉城再次遭受严重摧残。2003 年由美国发动的伊拉克战争爆发后，巴士拉一直处于战争的最前沿，损失惨重。

地理

巴士拉属于亚热带沙漠气候，受北信风带和副热带高气压交替影响，常年干旱，但相比热带沙漠气候而言，一月气候更凉爽，约 4℃—16℃，7 月极其炎热，平均高温均在 40℃以上。年平均气温为 23℃左右，极端高温出现在 1921 年 7 月 8 日，为 58.8℃。

巴士拉新城由巴士拉、阿沙尔和马吉勒组成。阿沙尔区是当地政府和各国领事馆所在地，也是全市金融、商业中心；巴士拉区集中了学校、医院和住宅；迈阿吉勒区为交通运输中心和对外窗口，设有现代化的飞机场、海港和火车站。

经济

巴士拉是伊拉克的石油化工中心，有聚乙烯厂、炼油厂、天然气液化厂、化肥厂、苛性钠厂，还有钢铁、纺织、造纸、船舶和机车修理等工业。巴士拉的钢铁产量可提供全国所需钢铁的一半。新建的造纸厂，利用底格里斯河和幼发拉底河下游沼泽地带的芦苇和丰富的椰枣树叶作原料，生产各种纸张。郊区是伊拉克椰枣的重要产区，素有"椰枣城"的称号。

旅游

巴士拉市风景如画，市内水道和运河纵横交错，曾被称为"东方的威尼斯"，是伊拉克著名的旅游胜地。

作为交通枢纽城市，这里有全国最大的港口巴士拉港，有人工航道直通波斯湾；有纵横交错的铁路通往巴格达等城市，有公路和民航通往阿拉伯世界各国，是重要的国际航空站，是通往科威特的陆上交通中心。是巴格达铁路的终点站和重要的国际航空站。

摩苏尔

地名由来

摩苏尔又名"哈德巴"。阿拉伯语"摩苏尔",意为"连接点",是丝绸之路上的一个中间站,也是连接小亚细亚和波斯湾的要地。它是两河流域古文明之———亚述文明的重要发祥地。

区位

摩苏尔位于首都巴格达以北 500 千米的底格里斯河上游西岸,北部和东南部与库尔德控制的两个自治省相毗邻,是尼尼微省首府和伊拉克的第三大城市,有"北方门户"之称。

历史

据记载,早在公元前 2500 年左右,尼尼微就发展成为一座真正的城市。大约在公元前 850 年,亚述王那西尔帕二世将距离摩苏尔 30 千米的尼姆鲁德作为首都。大约在公元前 700 年,亚述王辛赫那里布将尼尼微定为亚述首都。但在公元前 612 年,新巴比伦的迦勒底人联合东边的米底人征服了日渐衰落的亚述帝国,手执长矛和盾牌冲进尼尼微,将其洗劫一空后付之一炬。公元 2 世纪,基督教开始在摩苏尔的亚述人中间传播。公元 6 世纪,尼尼微成为基督教聂斯脱利派的一个主教区。公元 637 年,摩苏尔被阿拉伯哈里发欧麦尔征服,自此成为伊斯兰世界的重要城市,但仍保留着规模较大的亚述人基督教社区。公元 8 世纪,摩苏尔成为阿拉伯帝国倭马亚王朝美索不达米亚行省的首府。13 世纪,摩苏尔被旭烈兀领导的蒙古军队征服,一度遭到摧毁。1508 年摩苏尔被波斯萨法维王朝征服。1534—1918 年被土耳其奥斯曼帝国占领,成为帝国贸易中心,并把它作为防御伊拉克和叙利亚的战略屏障。1916 年,英法政府秘密签署《赛克斯—皮科协定》,肢解了日薄西山的奥斯曼帝国,摩苏尔被纳入英国的势力范围。1918 年 10 月,战败的奥斯曼帝国签署停战协定,摩苏尔正式被纳入英国委任统治之下。1923 年，脱胎于奥斯曼帝国的土耳其与英、法等国签订《洛桑条约》时，虽然宣称拥有摩苏尔地区的主权，但基于当时的国际、国内环境，只好搁置了摩苏尔的归属问题。1926 年 6 月，奉行"国内和平、国际和平"原则的土耳其领导人凯末尔与英国签署《英土协定》，宣布放弃对摩苏尔的主权要求。摩苏尔据此成为英国委任统治下的伊拉克尼尼微省首府。1927 年，伊拉克第一口油井在基尔库克投产，近邻的摩苏尔借助石油经济日趋繁荣。

自 1927 年第一口油井在基尔库克投产以来，与其近邻的摩苏尔城日趋繁荣。1991 年海湾战争结束以后，美、英、法三国在伊拉克北部北纬 36° 线以北上空设立了"安全区"，摩苏尔就位于"安全区"内。由于特殊的地理位置，摩苏尔成为美、英轰炸伊拉克的重要目标之一。2003 年，小布什政府发动伊拉克战争，美国特种兵与库尔德武装旋即控制了摩苏尔。2014 年 6 月摩苏尔被极端组织"伊斯兰国"攻占，城市损毁惨重。

地理

摩苏尔位于伊拉克北部，平均海拔 223 米。摩苏尔属半干旱气候，夏季特别炎热且基本无雨，冬季则凉爽多雨。摩苏尔的年降雨量是巴格达的 3 倍、巴士拉的 2 倍。摩苏尔的居民主要是阿拉伯人、库尔德人和土库曼人。

经济

摩苏尔曾是伊拉克最大的炼油基地，但 2014 年摩苏尔被"伊斯兰国"占领后，整个城市经济一片凋敝，通胀和失业率非常严重。

文化

摩苏尔最为外界所称道的是其不同种族、宗教并立依存、相互融合的多元文化。几十个世纪以来，亚述人、迦勒底人、波斯人、希腊人、罗马人、阿拉伯人、土库曼人、库尔德人依次在摩苏尔粉墨登场，犹太教、基督教、伊斯兰教和叶齐德派（崇拜魔鬼及美索不达米亚原始宗教的宗教派别，吸收了基督教、犹太教、伊斯兰教以及摩尼教的一些思想和仪式）在这里相遇、共处和成长，并创造了丰富灿烂的文化，留下了众多的历史遗迹。但"伊斯兰国"占领该地后，对摩苏尔当地的文化进行了极大的破坏。他们强行拆除基督教堂的十字架、圣徒陵墓、圣母玛利亚的雕像和烧毁《圣经》，烧毁多间什叶派清真寺。同时，"伊斯兰国"也在试图抹杀摩苏尔的历史和人类的共同记忆。2015年1月，"伊斯兰国"武装分子闯入摩苏尔中央图书馆，带走并烧毁了约2000册馆藏图书，主要是哲学、法律、科学、教育、诗歌、教育、文化等书籍。在摩苏尔大学图书馆，"伊斯兰国"武装分子在学生面前点燃数以百计的科学和文化类书籍。同时遭受洗劫的还有拥有265年历史的罗马天主教图书馆、多米尼加教父修道院图书馆等公共图书馆。此外，"伊斯兰国"武装人员使用大锤和电钻甚至是重型军用卡车毁坏了摩苏尔的众多文物和数十处古城遗址等。

旅游

曾经的摩苏尔风景秀丽，春秋两季温度相近，故又被称为"双春城"。市中屹立的巨大雕塑《春天的母亲》是城市的象征。省府大厦和国家拉斐登银行矗立在闹市区。共和国医院坐落在底格里斯河右岸，摩苏尔大学的建筑群分布在河的左岸，连同森林公园和河滨俱乐部，形成新的文化休憩区。摩苏尔市内古迹众多，有古城堡、清真寺、宗教学校、修道院、宫殿等。建于1172年的凯比尔清真大寺，以寺内奇特的"斜塔"而闻名，塔高52米，建在花岗岩正方平台上，塔身用青砖砌成圆柱形，雕有各种花纹，从中部到塔顶呈倾斜状态，美丽壮观。艾玛韦德清真寺是该城最早的清真寺，由阿拉伯将领欧格白所建，现只余1座尖塔。建于12世纪的穆贾希迪清真寺，以其优雅的拱顶而著名。古先知优努斯清真寺，建于俯瞰尼尼微的小丘上，相传为古先知优努斯的葬地。卡拉·塞拉尔（意为"黑宫"）为13世纪素丹巴德鲁丁·卢努所建的宫殿，今仅余残迹。摩苏尔大学建筑群分布在河的左岸。另外在摩苏尔博物馆里，还可以看到许多反映亚述时期的生活和风土人情的文物。

摩苏尔还有很多富有当地特色的美食，比如多尔麦、库巴。多尔麦：把新鲜的葡萄叶放进开水里面稍微一烫，裹上熟的米饭和肉馅，做成长方的形状，加上柠檬汁、香料，放进烤箱焖。库巴：把大米蒸熟后捣烂，在里面裹进肉馅，然后放进油里面炸成金黄色，形状或圆形或椭圆形。这是一种非常常见的伊拉克家庭食物。据说库巴是从叙利亚流传过来的。

摩苏尔的交通也比较便利，这里有高速公路同叙利亚、土耳其和伊朗相通，也有铁路与周边国家相连。

埃尔比勒

地名由来
埃尔比勒来自阿拉姆语，意思是"四个神"，是亚述时期女神伊斯达的圣地。

区位
埃尔比勒位于摩苏尔以东约 80 千米，是伊拉克北部城市、埃尔比勒省省会，也是伊拉克第四大城市。

历史
埃尔比勒是一座非常古老的城市，公元前 24 世纪这里就有人类生活。多个世纪中埃尔比勒属波斯帝国，传说公元前 331 年 10 月 1 日，亚历山大大帝在此战胜大流士三世而使波斯帝国灭亡。实际上这场战役在离埃尔比勒 100 多千米的高嘎美拉爆发。帕提亚王国和萨珊王朝建立后，埃尔比勒在此后数世纪中又成为波斯的领地。中世纪时埃尔比勒是巴格达和摩苏尔间的一个重要贸易中心。直到今天它依然是一个交通要道，重要的公路和铁路在此相交。

到 1991 年海湾战争的库尔德族人起义为止，由萨达姆·侯赛因控制的库尔德族自治区议会在此举行。20 世纪 90 年代，库尔德民主党与库尔德斯坦爱国联盟之间爆发武装冲突后这个议会相当于失效。1996 年库尔德民主党在萨达姆帮助下占领了埃尔比勒。

2003 年的美伊战争中埃尔比勒相当安静。一开始美国打算利用库尔德族地区和土耳其的疆土从北部发动陆上进攻，但因为土耳其议会禁止美国使用其疆土，因此这个计划未能实现。2003 年 4 月 10 日，巴格达被占领后在埃尔比勒爆发了盛大庆祝。战后市内经常发生针对盟军和库尔德人的炸弹袭击。最严重的一次炸弹袭击是 2004 年 2 月 4 日在库尔德民主党和库尔德斯坦爱国联盟共同进行的一次会议上发生的，袭击导致 109 人死亡。

旅游

埃尔比勒是一座美丽的城市，当地最为著名的景点要数埃尔比勒古城堡，古堡是世界上最古老的定居点之一。夜晚，埃尔比勒市中心的灯火映照着这处悠久的城堡，附近高大的清真寺、古朴的建筑和充满活力的弗朗索哈拉里体育场都将这座城市装扮得十分迷人。纺织博物馆建于 2004 年，收藏有伊拉克北部库尔德斯坦地区生产的精美纺织品、昔日纺织工人工作的车间、织机和刺绣，在此还能见证部族老织工向年青一代悉心传授古老的技艺。

约　旦

　　约旦，其全称为约旦哈希姆王国。该国位于亚洲西部，属阿拉伯高原的一部分，南濒红海，北边与叙利亚接壤，东北与伊拉克交界，东南和南部邻沙特阿拉伯，西同巴勒斯坦和以色列毗连。国土面积为8.934万平方千米，总人口数量为766.6万（2016年）[1]。全国共分12个省：安曼省、伊尔比德省、马安省、扎尔卡省、拜勒加省、马夫拉克省、卡拉克省、塔菲拉省、马德巴省、杰拉什省、亚喀巴省、阿吉隆省，主要城市有安曼、亚喀巴、伊尔比德、佩特拉等。

安　曼

地名由来

　　公元前13世纪，现在的安曼周围出现信奉太阳神的阿蒙人部落。公元前11世纪，阿蒙人建立了阿巴斯·阿蒙王国，在城堡山上建立了首都，并称其为"阿蒙"。由于安曼地处欧亚非三大洲的路口，是各大帝国必争之地，因此，历史上曾经多次遭到侵略，先后为亚述、迦勒底、波斯、希腊、马其顿、阿

---

[1]　http://worldpopulationreview.com/countries，查阅日期：2016年5月9日。

拉伯和奥斯曼土耳其侵占，后来又成了罗马帝国的行省。公元前4世纪，马其顿国王亚历山大征服了这个地方，他属下的将军费拉德尔修斯指挥扩建了安曼城，并把它命名为"费拉德尔菲亚"。公元635年，阿拉伯人征服此地，始称"安曼"。又因安曼坐落在7个山头之上，故有"七山之城"之称。

区位

安曼位于阿杰隆山脉东部的丘陵地带，临安曼河及其支流，面积1680平方千米，是约旦的首都，全国政治、文化、商业及国际交往的中心和全国最大的城市，也是安曼省省会。

历史

安曼是一座著名的西亚古城，历史悠久，已发现公元前三四千年的遗迹。3000多年前，安曼被称作拉巴斯·安曼，是一个小王国的首都。信奉古埃及太阳女神（即阿蒙女神）的阿蒙人曾在这里建都，称之为"阿蒙"，意为"受到了阿蒙女神的保佑"。历史上该城先后为亚述、迦勒底、波斯、希腊、马其顿、阿拉伯和奥斯曼土耳其侵占。马其顿时代，称费拉德尔菲亚，公元635年阿拉伯人征服此地，始称安曼。中古时代早期一直是西亚、北非贸易中心和交通要道之一。公元7世纪后趋于衰落。1921年为外约旦酋长国都城。1946年成为约旦哈希姆王国首都。

地理

安曼位于约旦的北部、世界最低的湖泊死海的东北部、阿吉伦山地东侧。安曼地形独特，其城区分布在大大小小的7座山头上，因而有"七山之城"之称。安曼发展成大都市之前，只是游牧民族帐篷点缀其间的山间小村落，随着城市的发展，原来位于市区东南部的旧城区逐步向西北方向扩展，现在整个城区覆盖了七座小山丘和山丘间的谷地，旧城市中心仍坐落于谷底，而新城区就是旧城往西和往北的延伸部分。

安曼属亚热带地中海型气候，气候宜人，1月平均气温约8.1℃，8月平均气温约25.6℃。一年之间，以10月到次年5月是雨量较多的季节，也是旅游旺季，6—9月比较干燥。

经济

安曼是约旦的商业与金融中心，许多西方公司在中东的总部设此。安曼还集中了全国大部分工业，有食品、纺织、纸制品、塑料制品、铝制器皿、水泥、制瓦等工厂。

文化

历史上安曼曾经由许多不同民族统治，然而今日却是中东地区少有的伊斯兰教、基督宗教及其他少数信仰无明显冲突而得以共处之地。

居住在城镇中的老年人仍保持着传统的服饰习俗，他们爱穿阿拉伯长袍。按当地的习俗，对女性穿着有较严格的要求，妇女一般不穿袒胸露背和紧身的服装。另外，不论男女都不佩戴有宗教意义的珠宝首饰。

安曼人在谈话时喜欢注视对方，双方距离很近，约旦人认为，目光旁视或东张西望都是轻视人的行为。他们还讨厌别人把脚掌朝向自己，禁止用左手递送东西。安曼人男方到女方家求婚时，先对女方父亲说"我们要喝咖啡"，如对方回答"我们喝吧"就表示同意。有的地区结婚后妻子不能和丈夫说话，直到她生下第一个孩子为止，在这期间她只能用点头或摇头来回答丈夫的问题。

安曼是约旦的文化和教育中心，这里有众多的文化和教育机构，比如约旦考古博物馆、约旦民俗博物馆、约旦民间传统博物馆、约旦大学等。约旦大学是位于约旦安曼的一所公立大学，是约旦历史最悠久的大学，建立于1962年，有18个学院，提供3500种课程，有63个大学部课程，还建立了"具特殊需求学生之援助办公室"，确认各个学生特别需求，努力实现相同教育机会与所有学生平等的原则。

旅游

安曼依山而筑，是一座历史悠久的山城，坐落在七个山头之上。安曼气候宜人，景色秀丽，是一座融传统与现代为一体的美丽城市。近年来城市建设发展较快，扩展到14个山头，著名的有安曼山、侯赛因山和勒维伯得山等。安曼城中有城，分为旧城和新城两部分。旧城充满浓郁的阿拉伯文化气息,这里拥有许多古老的建筑和名胜古迹,如斗兽场、露天剧场以及宫殿等。新城多为别墅式建筑,有宾馆、体育馆、文化宫、剧场、纪念馆等,这些设计新颖的现代化建筑使这座古老的城市显得年轻而生机勃勃。在安曼大街上,常常出现骆驼与汽车并行的情景,街上行人的服饰五光十色。最引人注目的是当地贝都因族人的装束,他们头裹红方格布头巾,身穿黑色袍子。由于安曼既保持着浓厚质朴的阿拉伯乡土气息,又有现代化的异国情调,被世人称为"中东小巴黎"。

安曼著名旅游景点众多,比如安曼斗兽场、古罗马剧场、安曼城堡山、阿姆拉城堡等。

安曼斗兽物呈圆形,整个地面用石头铺成,平坦而坚实。斗兽场附近是露天剧场即古罗马剧场。剧场坐落于安曼城堡山脚下的老城区,建于公元2世纪,整个建筑依山而卧,用巨石砌成,设计风格与约旦杰拉什的古罗马剧场极其相似,看台为阶梯式,可容纳五六千名观众。站在剧场的顶端可以观赏附近的许多名胜古迹。剧场呈圆形,设有3层看台,剧场每个座位都能清楚地看到舞台上的表演,同时建造者在修建过程中充分利用了声学原理,不论坐在剧场何处,舞台上歌唱、朗诵、讲演的声音均可清楚地听到。剧场旁还有"民间文物馆"和"民间传统博物馆"。该剧场既是安曼的主要旅游景点,也是举办文化、艺术等活动的重要场所。

安曼城堡山是阿巴斯·阿蒙王国历史遗址。城堡山自阿蒙人后的历代均为城市的中心,其残存的文物古迹反映了各个历史年代的面貌。城堡山的古遗迹主要有希拉克略神庙和石柱。希拉克略神庙建于公元166年,是马库斯·奥里利乌斯大帝在位时修建的。虽残缺不全,但依稀可见它昔日的壮观。遗址之上,几根科林斯巨石圆柱,擎天而立,直入云霄,两圆柱间高高架着希拉克略神庙的巨形横梁,托举在安曼的最高点上近2000年,无论狂风暴雨,电闪雷鸣,它都岿然不动。城堡山还有历史博物馆,建于1951年,馆中陈列着在约旦全国各地发掘的历史文物,如在约旦河谷挖掘出的旧石器时代的石刀、石斧,距今已有10万年以上历史,是约旦现存最早的文物。在城堡山顶,可360°俯瞰安曼。整个安曼市区的街道随着山势蜿蜒起伏,街道两边式样各异的楼房从山下到山上高低错落、鳞次栉比,大多数房屋的墙壁用当地特产的白石垒成或装饰,显得分外洁净,由此也印证了安曼——"白色之都"称谓的名副其实。

古塞尔阿姆拉城堡，位于约旦中部阿兹拉克地区，距离首都安曼以东约85千米。这是约旦东部沙漠城堡群中最富丽堂皇的一座，建于公元8世纪初，是阿拉伯哈里发王朝的行宫。目前阿姆拉城堡内部还完好地保存着大量精美细腻的壁画，其中有战士凯旋、恋人拥抱、狮子追击白马等人物和动物的形象，这在阿拉伯绘画中是非常少见的。1985年联合国教科文组织将古塞尔·阿姆拉城堡作为文化遗产，列入世界遗产名录。

安曼附近还有一座名叫"碣拉施"的古代希腊统治时期的建筑遗址，坐落在一片山坡上，它创建于公元前300年亚历山大时代，前后历经近100年时间才建成，那些石柱雄伟高大，林立成行，每根石柱上雕刻着各种花纹，工艺异常精湛，充分体现了古代约旦人民的高超建筑艺术。

此外，安曼附近还有很多美丽的自然风光，如约旦峡谷、穆吉布自然保护区等。约旦峡谷在东非大裂谷的北端，有着中东最肥沃的土地之一的约旦峡谷，由于谷底水资源丰富，各种花卉和农作物如地毯般覆盖着大地，令人难以想象这是在极端干旱的阿拉伯沙漠之中。约旦峡谷也是基督教旅行者的圣地，1996年的考古发现证实，这里就是《圣经》中提到的"约旦外的伯大尼"，施洗者约翰为耶稣施洗礼的地方，根据朝圣者的记录，施洗者约翰曾在圣伊利亚山的一个山洞中居住并为人施洗礼。这个山洞旁边依然可以看到拜占庭风格的教堂、修道院以及洗礼池的踪迹。大峡谷中最深之处就是死海。水中30%是盐，是海洋中含盐量的九倍之多。水中毫无任何鱼类可生长，沿岸也无任何植物。

穆吉布自然保护区坐落在壮观的瓦迪穆吉峡谷中，一直延伸到卡拉克和马达巴，海拔高度从 -410 米提升到 900 米。据统计，保护区中已发现 420 种植物、10 种肉食动物和 102 种鸟类，狞獛是其中的代表，这种中等猫科动物，可以通过跳跃捕捉到低空飞行的猎物。也可以观察野生长角山羊的活动，由于约旦皇家自然保护学会的保护计划，长角山羊的数量正逐年增加。游客还可在狭窄的峡谷中穿行，在适合的地点涉水过河甚至在河中游泳。

安曼不仅风光优美，而且还有很多富有地方特色的美食。安曼市区街道上饭店、小吃店比比皆是。有一种烤羊羔肉最受人们欢迎，它是阿拉伯食谱上的名菜，如同北京的烤鸭一样。制作这道菜时，将鲜嫩的羊羔肉用铁条串起，垂直地放在炭火上烤，待羊肉被烤得外焦里熟时，即可食用。食用时用锋利的长把刀切成薄片，拌上大葱、细盐、辣椒面等，香脆可口。

安曼是约旦重要的交通中心，纵贯全国南北的铁路经过，有公路通耶路撒冷、亚喀巴和沙特阿拉伯。城南的阿利亚机场为国际航空站和约旦空军基地。

亚喀巴

地名由来

亚喀巴城历史悠久，其两面环山，地势险峻，形成天然屏障。"亚喀巴"在阿拉伯语中为"障碍"之意，该城因此得名。

区位

亚喀巴地处约旦最南部、红海最北端，亚非欧三洲交界处，毗邻沙特、以色列和埃及三国，占地面积375平方千米，海岸线全长27千米，离首都安曼340千米，埃及塔巴、以色列伊拉特、约旦亚喀巴城和沙特泰布克市环亚喀巴湾顺时针成马蹄形。亚喀巴也是约旦唯一的海港，同时也是约旦南部重要的工业中心和红海著名的旅游胜地。

历史

亚喀巴得益于地处亚非欧三洲贸易线路的交点的战略位置，自公元前4000年起就成为居民点。据推测，早期的居民是古代的以东人，这里曾是以东王国的一个中心。后来在公元前1世纪时成为阿拉伯纳巴泰部落的中心，当时纳巴泰人广泛居住在这一地区。

古希腊的托勒密称这里为贝雷尼斯，而古罗马人则称这里为艾拉和爱拉纳。在古罗马时代，新图拉真大道从大马士革以南经安曼抵达终点亚喀巴，这条大道与一条向西的通往腓力士人地区和埃及的道路相连。公元106年左右，亚喀巴成为罗马帝国的重要港口之一。

随后伊斯兰教众征服了这里，亚喀巴处于阿拉伯的哈里发统治下，此后城市的统治权经过倭马亚王朝、阿拔斯王朝、法蒂玛王朝和埃及马穆鲁克王朝等王朝。

12世纪，耶路撒冷王国控制了这一地区，他们在这里建造了海利姆要塞，这座要塞直到今天仍相对完好地保存下来。除了建造要塞，十字军还加强了今天的法老岛（当时叫 Ile de Graye）的防御。法老岛现在位于亚喀巴以西约7千米的地方，靠近西奈海岸。

1187年，亚喀巴和法老岛都被萨拉丁重新夺回，为穆斯林所统治。1250年，埃及马穆鲁克王朝接管了这一地区并在14世纪由最后一位马穆鲁克苏丹坎萨古里下令重建要塞。

16世纪初，马穆鲁克王朝走向衰败，这一地区处于奥斯曼土耳其帝国的控制之下。随后，城市的地位走向衰退，在随后近400年的时间里成为一个无足轻重的小渔村。

1917年，阿拉伯的劳伦斯和麦加埃米尔谢里夫赛义德·侯赛因·本·阿里的阿拉伯军队联合，使得亚喀巴成为费萨尔王子所统治的汉志王国领土的一部分。在第一次世界大战期间，占据这里的奥斯曼土耳其帝国军队在亚喀巴战役后被迫撤出这座城市。

1925年，亚喀巴被割让给当时还是英国保护国的外约旦。

1965年，约旦国王侯赛因批准亚喀巴成为可以同沙特阿拉伯进行贸易的专属地区，他以约旦内陆6000平方千米的沙漠地带从沙特阿拉伯交换获得了亚喀巴以南长达12千米的主要海岸线。从20世纪80年代直到海湾战争时期，亚喀巴都是伊拉克进口货物的主要通道。

2000年8月，亚喀巴专属经济区权力法被约旦议会通过，法律规定亚喀巴专属经济区管理委员会是经过授权的这一经济区的法定机构。这一机构对亚喀巴专属经济区拥有调整、行政管理、财政税收和经济责任。

地理

亚喀巴是约旦最南端的一个海滨城市，位于亚喀巴湾的顶端。亚喀巴两面环山，地势险峻，形成天然屏障。

亚喀巴属热带沙漠气候，盛行北—东北风。夏季最高气温达40℃，冬季气候宜人，平均气温约15℃，最低10℃。全年平均降雨量约30毫米。亚喀巴港平均潮高最高为 0.8 米，低潮为 0.2 米，最大潮差达 1.2 米。

海港内风平浪静，适于游泳、划船、钓鱼等体育活动。海边的珊瑚和各种鱼类也吸引了不少游客。此外，亚喀巴湾著名的珊瑚礁与坐落其南部的佩特拉古迹、东部的月亮谷大沙漠共同构成"约旦旅游金三角"。

经济

自 2001 年专属经济区建立以来，亚喀巴吸纳了数百亿美元的投资，房地产和旅游业的快速发展极大地刺激了亚喀巴经济的增长。同时，亚喀巴也吸引了全球的物流公司如马士基集团和亚致力物流公司前来投资，这些都大大提升了亚喀巴作为一个交通和后勤中心的地位。另外，全国的出口商品都从亚喀巴输出，是约旦唯一的海港。

为更好地刺激和推动亚喀巴经济的发展，当地政府出台很多优惠政策努力吸引来自世界各地的投资，大量投资由此也开始落户亚喀巴。比如萨拉亚·亚喀巴度假村项目，该项目共获投资 7 亿美元，由一个拥有人工淡水湖、豪华饭店、别墅和居民区组成；艾拉绿洲度假村项目共获投资 10 亿美元，由人工淡水湖、豪华饭店、别墅和一个 18 洞高尔夫球场组成；马萨·扎耶德项目共获投资 100 亿美元，它是约旦历史上最大的房地产项目，它最大限度地利用了亚喀巴湾的宽度，创造了一个充满活力的多用途的游艇社区。

文化

亚喀巴每年都会举行很多丰富的文化活动。比如每年 7 月的最后一个星期四，举办的远方节以及在亚喀巴和月亮山谷所举办的世界上最著名的狂欢和电子舞庆祝活动等。

旅游

作为一个海滨城市，亚喀巴以其度假地和奢华的酒店而闻名于世。海滨度假地主要位于亚喀巴湾，亚喀巴湾也称埃拉特湾，是红海的一个海湾，位于西奈半岛以东，阿拉伯大陆以西。亚喀巴湾水深浪平，海水如蓝宝石般晶莹而深邃，由于赤道暖流和海风的影响，即使在冬季平均水温也在 15℃以上，适宜开展各种水上运动。湾内健康而璀璨的珊瑚礁呈现出瑰丽的色彩，五色斑斓的游鱼点缀其间，乘坐玻璃底小船观赏海底世界，或在珊瑚间与鱼共舞，是约旦之行中意想不到的惊喜。亚喀巴有一流的潜水场地和俱乐部，海边的旅馆也会组织水上娱乐活动。

海湾附近的奢华酒店也为游客们提供潜水、海滩娱乐和诸如风帆冲浪和戴水肺潜水这样的水上运动，而通过利用城市处于沙漠地带的地理特点提供的活动也很多。另一个广受欢迎的地点是建于公元306年的土耳其蒸汽浴场，在一个炎热的夏日过后，当地居民和游客们都喜欢来这里放松自己。

在亚喀巴可以品尝美味的海鲜，也可以在沙漠宿营中品味美味的贝都因晚餐。因为游牧的生活方式和沙漠里恶劣的生存环境，贝都因人形成了独特的饮食习惯。贝都因人做饭很少用香料，却要加很多盐，一方面是防止肉变质，另一方面在沙漠中吃盐能留住身体水分，防止脱水。亚喀巴的传统食物"曼萨夫"，这种食物是一种以羔羊肉为主，加上一种干的酸乳酪和大米或者小麦混合成的食物。还有"卡纳菲"（一种阿拉伯甜点）以及"巴克拉瓦"（一种用面粉制成的里面加有坚果的餐后甜点）也深受游客喜爱。

亚喀巴是约旦人气最旺的旅游胜地，住宿也比较方便。如果喜欢水上活动，可以在海边选择一家组织水上活动的旅馆。也可以选择在政府许可的场地露营，主要包括亚喀巴北边的海滩、迪宾国家公园、达纳自然保护区露营地以及政府举办的"中途之家"。旅客也可以选择在城外近郊的贝都因宿营地过夜，在此可以享受茶、阿拉伯咖啡和贝都因食品。

亚喀巴港现已被辟为特区，商品免税，因此在这里购买纪念品是约旦最便宜的。

亚喀巴的交通比较便利。陆地上，城市与约旦其他地区通过沙漠高速公路和死海高速公路相连。亚喀巴与以色列的埃拉特也通过瓦迪阿拉巴边境检查站相连，与沙特阿拉伯的哈格勒通过杜拉边境检查站相连。在亚喀巴和安曼以及约旦其他主要城市之间有许多条客车线路。亚喀巴铁路系统仅仅用来进行货运，除了去往月亮山谷的线路外其余线路不再进行载客。亚喀巴的海上交通比较发达，阿拉伯桥梁航海公司的船只经营亚喀巴与埃及港口塔巴和努韦巴之间的红海航线，每年超过100万的旅客通过轮渡往返于亚喀巴和努韦巴港及沙姆沙伊赫之间。侯赛因国王国际机场有连接到安曼、沙姆沙伊赫、迪拜和亚历山大港以及几条欧洲航线的航班。

佩特拉

地名由来

佩特拉一词源于希腊文"岩石"。很可能《旧约全书》中称为"塞拉"，意义也是岩石，即摩西出埃及后"点石出水"的地方。但也有学者认为《旧约全书》中的塞拉只是指石头，而不是一个城市的名字。

佩特拉以岩石的色彩而闻名于世，常常被称为"玫瑰红城市"。这是源于19世纪的英国诗人 J.W. 柏根的一首诗："一座玫瑰红的城市，其历史有人类历史的一半"。实际上，这里的岩石不只呈红色，还有淡蓝、橘红、黄色、紫色和绿色。

区位

佩特拉是约旦历史古城，北通大马士革，南经亚喀巴湾可到印度洋和红海，西面是加沙，东面的沙漠背后是波斯湾。佩特拉位于约旦首都安曼南250千米处，隐藏在一条连接死海和阿卡巴海峡的狭窄的峡谷内。古代曾为重要的商路中心，厄多姆国的都城。1812年以来陆续发现许多古迹，大都雕刻在一条深谷的岩壁上。为约旦旅游业的重点城市之一。

历史

佩特拉的历史可以追溯到史前时代，这里曾是古代纳巴泰（也有译为"纳巴泰"）人建立的厄多姆王国都城。公元前6世纪，阿拉伯游牧民族纳巴泰人的部落控制了约旦阿拉伯干河（意为一年中某段时间内河水泛滥的沟壑）的东部，纳巴泰人从阿拉伯半岛北移进入该地区（今天约旦和南叙利亚境内）。大约公元前312年，纳巴泰人（古代阿拉伯部落）在此定居。在他们建造的众多安居地中，尤以首都佩特拉最为突出，这是亚喀巴与死海间的一片长峡谷区域。由于控制了重要的贸易通道，纳巴泰人变得强大而富有。公元前80年至前65年，国王阿尔塔斯二世统治时期，纳巴泰人铸造了自己的钱币，建造了希腊式的圆形剧场，佩特拉城蜚声于古代世界。无论何地，甚至远至中国，只要有骆驼商队，只要有贸易团体，人们都听说过神话般的石头之城。公元 106 年，古罗马人接管佩特拉以后，佩特拉成为罗马帝国的一部分。由于海上运输的发展以及贸易线路的改变，到了公元 3 世纪，佩特拉的经济实力和财富大大减弱，其重要性大为削弱。公元 4 世纪佩特拉沦为拜占庭（或称东罗马帝国）的一部分。在这期间，它成为一座基督教城市，是拜占庭（或称东正教）大主教的居住地。公元 7 世纪，伊斯兰教在阿拉伯地区东山再起，迅速波及西亚和北非地带。伊斯兰帝国日趋强大，最终控制了从西班牙到阿富汗的广大地区，阿拉伯人佩特拉区又成为伊斯兰帝国的一个小省。11 世纪时，十字军东征建立的耶路撒冷王国统治该地一个多世纪。13 世纪末，埃及苏丹拜巴尔一世到过此地。1812 年，佩特拉被一个名叫约翰·伯克哈特的瑞士探险者重新发现。到了 20 世纪，佩特拉成为旅游胜地，同时也成为考古学家研究的重要课题之一。1985 年佩特拉入选世界遗产名录。

地理

佩特拉的地理位置极其神秘并很特殊，它隐没于死海和阿克巴湾（今天的约旦国境内）之间的山峡中，唯一的入口是狭窄的山峡。此峡谷最宽处约 7 米，最窄处仅能让一辆马车通过，全长 1.5 千米左右。进入峡谷，甬道回环曲折，险峻幽深，道路覆盖着卵石。峭壁上的岩石，在风雨长期作用下变得平整光滑，似刀削斧砍。顺峭壁仰望苍穹，蓝天一线，壮观而又美丽，"一线天"的名称由此而来。

文化

佩特拉古城反映了纳巴泰王国 500 年繁荣时期的历史，古城多数建筑保留了古罗马宫殿式的风格，表明古纳巴泰人曾受到古罗马文化的影响。因此，从古城的遗迹，我们可以了解古纳巴泰文明，还可以从中了解到许多古罗马文化，是古罗马文明研究的重要参考。公元 3 世纪以后，佩特拉城逐渐趋向衰落，之后古城湮没了 1000 多年。

佩城现有 100 多名居民，一部分仍然住在洞窟里，他们就是纳巴泰人的后裔，保持着祖先的习俗，身穿阿拉伯长袍，头缠红色带条纹头巾，妇女蒙着面纱。

旅游

佩特拉被世人称为古文明世界的第八大奇迹，无疑是约旦境内最有价值的瑰宝，也是最热门的观光景点。为了保护现为世界遗产的佩特拉，所有旅游设施都集中在佩特拉入口处附近的小镇威地穆萨。

佩特拉古城被誉为在"岩石中建造的城市"，几乎整座城市都靠人工在悬崖峭壁上一斧一凿建造而成。由于这里的山体岩石主要是赤褐色砂岩，每当旭日东升或夕阳西斜，光线交织渲染，整座古城仿佛披上一件玫瑰色的纱衣，美轮美奂，"玫瑰之城"由此而来。

早晨与傍晚，是观赏佩特拉风景的最佳时候。当阳光在多彩的岩石上洒下一层暖色调时，人们仿佛回到1812年瑞士探险家伯克哈特发现它的时候，一切都是那么古老久远。夜间参观时，古城的蛇道至卡兹尼，点起近万支蜡烛，四周是贝都因传统音乐，你仿佛触摸到了佩特拉古时的生活，让人难以忘怀。

佩特拉的遗迹有纳巴泰墓冢群、神庙、祭坛、城市，以及罗马驿道、剧场、教堂、军营等，最引人遐想的还是名为"法老王宝藏"的一座罗马科林斯式神殿。

佩特拉遗迹有一条长约1.5千米的狭窄峡谷通道。峡谷最宽处约7米，最窄处仅2米左右，两侧雕琢有洞窟、岩墓等。在峡谷中不仅有古罗马人修建的驿道，也有佩特拉原住民纳巴泰人的神龛朵夏拉之石。靠近甬道末端，就是佩特拉最壮观的遗迹艾尔卡兹尼宝库，这座宝库是古代最宏伟的遗迹之一，完全由山壁实心的岩块雕刻而成。

卡兹尼神殿是《最后的十字军战士》里秘藏耶稣圣杯的地方，雕刻精美的廊柱和拱顶让人惊叹古人的奢华。据说这里是当时国王停放棺木的地方，曾收藏过很多金银珠宝。

从卡兹尼神庙往里走，可以看到打扮得花花绿绿的骆驼、白色的阿拉伯马和身穿传统服装的阿拉伯小贩。那些墓冢群、神庙、祭坛、罗马驿道、剧场、教堂、军营等，因着2000年的风霜而神秘莫测。

从卡兹尼神庙向右，峡谷变得开阔，两边的岩壁上开凿了许多墓室，雕塑十分精致。再向前，是依山而建的古罗马露天剧场，阶梯就有三四十层。整个剧场依山凿成，共 34 排，拥有可容纳 6000 名观众的阶梯形座位，舞台用巨石铺砌，声音可以清楚传到最后一排席位，周围则有四根粗大的石头圆柱。现今许多支撑了雄伟华厦的石柱早已倒塌，但柱上的雕刻依然美轮美奂。

剧场后面有一片开阔地，城市依四周山坡建筑而成，有寺院、宫殿、浴室和住宅等。还有从岩石中开凿出来的水渠。在东北部的山岩上开凿有石窟，其中有一座气势雄伟的三层巨窟，正面为罗马宫殿建筑风格，是历代国王的陵墓。现设有佩特拉石窟博物馆。联合国教科文组织已将该处列为世界文化遗产。

沿着剧场往西北，是曾经无比辉煌的古罗马大道。罗马人占领这里后，在石板路两边立起了两排石柱，还建造了石头的拱门。从拱门前行不远，是一座巨大的石窟宫殿遗址——"女儿宫"。据说是奈巴特国王为埃及法老的一位爱哭的公主所建。"女儿宫"的残墙至今依然耸立在这遭遇过多次地震的土地上。垒墙的石砖被大小交错地堆砌。中间放了些木头作夹层，以此减轻了石头间的摩擦碰撞，增加了弹性，所以才能历千年而不倒。

修道院是佩特拉规模仅次于卡兹尼神庙的建筑，是那霸田人沿山劈凿而成的一座神殿或皇家墓室，在罗马和拜占庭时期被作为修道院，正面宽 50 米，高 45 米，前面有 8 根巨大石柱，是佩特拉最大的石凿建筑。

为方便游客住宿，佩特拉古城外的威地穆萨城镇及邻近地区，专门为预算不同的游客提供各种住宿选择，其中包括高级的四星和五星级酒店。

当地旅馆中有各国风味的餐厅，城镇内有数家供应传统菜肴的餐厅，也有几家快餐店。佩特拉古城中有各种各样的酒吧，很多就开在古老岩洞里。

在佩特拉购物也比较方便，巴特风格的陶器、银制品及串珠饰品，这些商品大都是出自当地贝都因人之手。

叙利亚

叙利亚，其全称为阿拉伯叙利亚共和国。该国位于亚洲大陆西部，地中海东岸。北靠土耳其，东南邻伊拉克，南连约旦，西南与黎巴嫩、巴勒斯坦地区接壤，西与塞浦路斯隔海相望，海岸线长 183 千米。国土面积约 18.5 万平方千米（包括仍被以色列占领的戈兰高地约 1200 平方千米），领土大部分是西北向东南倾斜的高原。全国划分为 13 个省市和一个直辖市：大马士革农村省、霍姆斯省、哈马省、拉塔基亚省、伊德利布省、塔尔图斯省、腊卡省、德尔祖尔省、哈塞克省、德拉省、苏韦达省、库奈特拉省、阿勒颇省和大马士革市。主要城市有首都大马士革、阿勒颇、霍姆斯等。

大马士革

地名由来

大马士革，古代有"天国里的城市"的称誉。阿拉伯古书曾经写道："人间若有天堂，大马士革必在其中，天堂若在空中，大马士革与之齐名"。

区位

大马士革位于安提黎巴山山麓，巴拉达河和阿瓦什河的汇合处，面积

71000 平方米，是叙利亚的首都，也是叙利亚第二大城市。

大马士革西边是黎巴嫩，南边地势渐渐升高，最高延伸到戈兰高地；东边是一片沼泽地；北边和东边是大马士革平原。全城依山傍水，并且和平原相接。

历史

大马士革是一座历史文化名城，从古老的罗马帝国、拜占庭帝国、阿拉伯帝国、塞尔柱帝国、花剌子模国、伊儿汗国，到帖木儿帝国和奥斯曼帝国时代，大马士革一直被誉为"天国里的城市"。据考证，早在公元前 10000 年到公元前 8000 年的时代，大马士革已经有人居住。历史上第一个提到这个城市的是埃及特勒·埃尔·阿尔马纳的楔形文字碑，碑文中大马士革被列入公元前 15 世纪被征服的领土，因此大马士革被称为世界上最古老的持续有人居住的城市。然而大马士革并不是一个重要的城市，直到阿拉米人的到来。阿拉米人来自阿拉伯半岛的阿拉伯人游牧部落，属于闪米特人。

众所周知是阿拉米人建立了大马士革的供水系统，方法是开凿运河地下水道以最大限度地利用巴拉达河的水资源。这套供水网络系统后来被古罗马人和阿拉伯倭马亚王朝改造，至今仍然是大马士革老城区的基本供水系统。公元前 12 世纪，大马士革成为阿拉米人国家"阿拉米大马士革"的首都。

公元前 732 年，亚述王提格拉特帕拉沙尔三世攻克并摧毁了这座城市，之后的几百年大马士革丧失了独立地位。公元前 572 年，归新巴比伦王国的尼布甲尼撒二世统治。公元前 538 年，居鲁士大帝的波斯军队攻占大马士革，将它作为波斯帝国叙利亚行省的首府。

亚历山大大帝横扫亚洲的远征使大马士革首次接受西方人的统治。从此大马士革经历了长达 1000 年的希腊化时期，公元前 323 年亚历山大去世后，大马士革沦为塞琉西王朝和托勒密王朝的战场。此城的控制权频繁地在两大帝国间转移。

公元前 64 年，罗马统帅庞培将叙利亚西部设为罗马的行省。安条克成为叙利亚行省的首都，大马士革则被忽视。

公元 2 世纪初，大马士革成为罗马帝国最重要的城市之一，公元 222 年，皇帝塞普提米乌斯·塞维鲁斯将它升格为"罗马殖民地"。随着罗马和平时代的到来，大马士革以及叙利亚行省大体上走向繁荣。

公元 4 世纪，罗马帝国分裂后，大马士革成为拜占庭人的军事前哨，但宗教和政治的分歧使得大马士革脱离了君士坦丁堡，加之公元 6 世纪时的波斯战争主要在叙利亚土地上进行，破坏了叙利亚的经济生活，使大马士革在公元 635 年主动向穆斯林军队打开了大门。

公元 636 年，伊斯兰教的第二任哈里发欧麦尔·伊本·哈塔卜征服大马士革。这座城市是阿拉伯穆斯林在古代世界遇到的第一个大城市。公元 661 年，穆阿维叶·伊本·艾比·苏富扬使大马士革成为从西班牙延伸至印度边境的阿拉伯帝国倭马亚王朝（公元 661—750 年）的首都，城市的权力与名望均到达顶峰。

阿拔斯王朝在公元 750 年掌权后把阿拉伯帝国的首都迁到东面的巴格达。此后，大马士革不断衰落。后来，大马士革接受在开罗的法蒂玛王朝（公元 909—1171 年）哈里发的统治。1096—1144 年间，巴勒斯坦和叙利亚大部分属地先后曾被塞尔柱王朝和十字军占领。在 1148 年大马士革经历了第二次十字军东征时期的一次围攻。

1171 年，阿勒颇的努尔丁·马哈茂德推翻法蒂玛王朝哈里发阿迪德的统治，建立了阿尤布王朝，大马士革再次成为一个大帝国的首都。1250 年起，特别是蒙古人于 1260 年控制阿尤布王朝之后，王朝愈加衰微。蒙古人于 1260 年对叙利亚的入侵终结了阿尤布王朝的统治。蒙古人撤军后，大马士革成了马穆鲁克（1250—1517 年）的一个行省的首府。在 1400 年，来自中亚的帖木儿破坏了大马士革，其将城市中的大量手工艺人迁移到其首都撒马尔罕。重建之后的大马士革在 1516 年前仍然只是一个行省的首府。1517 年，奥斯曼土耳其帝国长达 400 年的统治开始。17 世纪末，奥斯曼帝国的力量呈下降趋势，帝国开始衰落。

在第一次世界大战接近尾声的 1918 年，奥斯曼帝国在亚洲的防线全面崩溃，大马士革也被协约国军队（英军及其阿拉伯盟友）攻占。提出过一个在叙利亚建立由埃米尔费萨尔（后来的伊拉克国王费萨尔一世）领导的阿拉伯国家的计划，但是这个计划被法国破坏。法国人在 1920 年 4 月入侵叙利亚，赶走了刚刚当了 1 个月国王的费萨尔。叙利亚成了法国统治的国际联盟委任的统治地区。法国人将大马士革作为委任统治地区的首都。但大马士革人抗拒法国的接管。1925 年的一次起义在法国炮击城市后被镇压，随后，以建立单一的阿拉伯国家为目标的复兴党成立于二战期间，在叙利亚最终于1946年宣布独立时，大马士革被正式定为这个新生国家的首都。

地理

大马士革被称为"人间的花园，地上的天堂"。整个城市内外水道纵横，使大马士革周围草绿花香，万木争荣，优越的自然条件使大马士革自给自足。地处沙漠边缘，又在通往前黎巴嫩山脉的唯一捷径东端，使大马士革成为商队启程和终止的贸易中心。伊斯兰教兴起以后，大马士革又是通往阿拉伯半岛各穆斯林圣地的朝觐之路的起点。

大马士革属于典型的亚热带地中海气候，冬季湿润，夏季少雨，春秋两季时间较短。年平均气温约17℃，全年最低气温0℃，最高温度达40℃。

经济

大马士革是叙利亚的经济中心，农产品和工业品的集散地，也是中东重要的商业中心之一。大马士革工业以轻工业为主，还出产珠宝、丝绣、银嵌、铜器等精美的手工艺品。

文化

大马士革是一个宗教名城，在基督教和伊斯兰教这世界两大宗教发展历史上，都占有重要的历史地位。到2004年，近400座伊斯兰清真寺和70多座基督教教堂，遍布古城内外。登上大马士革后面的卡辛山顶，向下放眼四望，可以看到数不胜数的清真寺的绿色圆顶和金黄色的尖塔，高耸入云。至今犹存的主要宏伟建筑有大马士革清真寺，为哈里发瓦利德一世在公元705年所建，虽曾几度破坏，烧毁和重建，仍是伊斯兰建筑的荣耀。大马士革城内所存在的另一座最为悠久、建筑规模最大、最富丽堂皇的宗教建筑，就是闻名遐迩的倭马亚清真寺，该寺被认为是伊斯兰教的第四大圣寺。

旅游

大马士革坐落在卡辛山旁，巴格达河畔。据当地居民传：有一天，伊斯兰教创始人穆罕默德来到大马士革郊外，从山上眺望全城，顿时被城市绚丽多彩的景色所感动，但观赏一会儿后没有进城，而是转身往回走。随从者惊讶不已，忙问其缘由。穆罕默德解释道："人生只能进天堂一次，大马士革是人间天堂，如果我现在进了这个天堂，以后怎能再进天上的天堂呢？"这虽然只是个传说，但现实中的大马士革的确是一座宛如仙境的城市。站在城郊萨利希亚小山上俯瞰，美丽景色一览无余。平坦的原野上葱绿一片，玉带般的巴格达河波光闪烁，蜿蜒其间。岸边一排排白杨树挺拔秀丽，周围散布着一座座花园和果园。草木葱茏，鸟语花香的绿洲景色，与远处茫茫无际的沙漠形成了强烈的对比。绿荫丛中，掩映着一幢幢别致典雅的白色房屋和清真寺的尖塔。古代阿拉伯的那些文武大臣、王公贵族、富商巨贾都希望活着的时候能居住在大马士革，死后能安葬在这块土地上，这是因为一部古书中曾这样写道："真主宠爱谁，就把谁安顿在大马士革。"

大马士革分新城和旧城两部分。新、旧城之间以拜拉达河为界，旧城区在河的东岸，新城区在河的西岸。旧城区至今还保存着古罗马和阿拉伯帝国时期许多名胜古迹，堪称"古迹之城"。纵贯古城东西的直街，现存的主要古迹在这条大街上及其附近。其中有始建于公元705年著名的倭马亚大清真寺；中世纪时代的凯桑门；公元11世纪建成的古城堡，是这座历史名城的骄傲；古城的阿兹姆宫，是18世纪初阿拔斯王朝建筑的华丽宫殿；古城的哈马迪市场旁边，有一座四合院式木石结构的房屋，是古代"丝绸驿站"的遗迹。在大马士革城还有历史上各个时期建成的清真寺，这些清真寺都体现了伊斯兰的传统，代表了伊斯兰各个时期的艺术风貌。

新城区是委托时期法国人所规划的，20世纪60年代经过大规模修改，中心在卡辛山的斜坡上，街道宽阔，建筑新颖，有现代化的政府大厦、超级市场、银行、医院、影剧院、大学城、体育城、大旅馆等等。大马士革博物馆坐落在巴拉达河畔，气势宏伟。高大挺拔的建筑，宽阔整齐的街道，展示了大马士革现代化的景象。随着人口的增长，越来越多的花园和农田改为居住区，附近的农村在行政上和实际上并入城市。政府设法保有绿地和划定工业区，减缓了花园和果园的丧失。

大马士革城中的古代伊斯兰建筑、现代化的高楼大厦以及秀丽的公园互相映衬，使这座历史悠久的古城更加绚丽。大马士革人人喜欢玫瑰，几乎家家户户都培育玫瑰。因此大马士革不但以其美丽的风光和丰富多彩的古建筑吸引人，而且还以其芬芳鲜艳的玫瑰闻名于世。到了大马士革一定要品尝下当地美食——"沙瓦勒马烤羊肉"。在大马士革街头，到处都有"沙瓦勒马"小铺，门前摆着烤炉，炉上设一个备有铁扦的铁制托盘，羊肉插在扦子上，随托盘在火面上转动，这样烤出的羊肉深受阿拉伯人的喜爱。

阿勒颇

地名由来

阿勒颇占据了幼发拉底河和地中海之间的关键位置，是古代商路上的一个重要地点。开始时它只是建在一些小山丘上的小城，后来发展成大型城市。古希腊人称这座城市为"贝罗埃亚"。奥斯曼帝国统治时期，这里称为哈勒普。阿勒颇的名字在法国托管时期才开始使用。

据说亚伯拉罕就曾经在这里居住，早在他居住之前，这里有一座城堡，就是现在阿勒颇所在地，亚伯拉罕就是在这座城堡里为他的灰奶牛挤奶、因而阿勒颇的另一个名字也叫"Halabal-Shahba"。

区位

阿勒颇位于叙利亚西部地中海岸以西 120 千米，距离叙土边境 45 千米，总面积 190 平方千米，是叙利亚北部城市、阿勒颇省的省会、全国第二大城市，也是中东最大的商业中心之一。

历史

因公元前 2000 年即有人定居在此，因此阿勒颇旧城和大马士革一样是世界上建城历史最长的城市之一，也是一座防御城市。公元前 18 世纪，亚摩利人更是把阿勒颇作为帝国的首府城市。到了公元前 16 世纪，赫梯人在大约公元前 1595 年入侵巴比伦王国时从安纳托利亚手中夺取了阿勒颇。公元前 738 年，阿勒颇被亚述吞并。亚历山大大帝死后被并入塞琉西王朝，公元前 65 年，归入古罗马统治。被阿拉伯人征服后，阿勒颇在倭马亚王朝（公元 650—750

年）的统治下进入了一段繁荣期。之后，阿勒颇像大马士革一样落入东方人之手。在公元 10 世纪时，阿勒颇作为独立的汉达尼德公国的首府进入了发展的黄金时代，在东征时发挥了重要作用。在历经不同王朝的统治后，1260 年，阿勒颇落入蒙古人之手。在马穆鲁克的统治下，阿勒颇贸易不断发展。公元 1516 年，阿勒颇被奥斯曼王朝征服。在此时期，阿勒颇一直是土耳其、法国、英国和荷兰的重要贸易中心，因而这里建造了各种各样的欧式建筑，至今仍能在很多建筑中看到痕迹。19 世纪中叶，苏伊士运河开凿后阿勒颇渐渐衰落。

地理

阿勒颇位于接近土耳其国境的西北高地的绿洲上，距地中海和幼发拉底河均 90 多千米。阿勒颇气候干燥，年平均降水量不足 450 毫米。

经济

阿勒颇是一个工业城市，主要有丝织、棉纺织、地毯、植物油、肥皂、制糖、管道等工业。棉花、羊毛、烟草等农牧产品的贸易颇盛。

此外，该城还盛产闻名世界的特产"橄榄皂"，也称"阿勒颇橄榄皂""阿勒颇月桂皂""叙利亚月桂"。叙利亚是世界上最重要的橄榄油生产国之一，作为叙利亚的第二大城市，阿勒颇遍地都是橄榄皂手工作坊，因此被誉为"橄榄油手工皂的故乡"。

文化

阿勒颇是约旦重要的文化中心。市内有许多名胜古迹和清真寺，这些名胜古迹和清真寺多为石灰岩建筑，因此有"白色阿勒颇"之称。另外，市内还建有阿勒颇大学、阿勒颇博物馆等文化机构。阿勒颇大学是一座新兴的综合性大学，其前身是建于 1946 年的阿勒颇市政工程学院。经过数十年的发展，目前已经是一所规模宏大、设施齐全、师资雄厚、科研先进的现代化综合大学，也是阿拉伯国家较有名气的重点大学之一，为叙利亚输送了大量的高素质人才。阿勒颇博物馆藏品涉及的历史时期更多，能够让我们了解到更多历史时期的叙利亚文明。

旅游

阿勒颇是一座历史文化名城，拥有众多名胜古迹。最著名的伊斯兰文化古迹是坐落在古城东边一座走势平缓的小山坡上的阿勒颇卫城。1988年该遗址被联合国教科文组织列入世界遗产名录。

阿勒颇卫城是赫提人历史文化的见证。始建于公元前2000年，原先是亚述帝国的神庙。11—13世纪几经重建和扩建，占地15公顷。现在人们看到的是12世纪末由努拉尔·丁·赞古主持重建和修复后的面貌，这次整修保存下来了古城堡经过古代战乱和地震破坏留下的痕迹。卫城的城墙用巨石砌成，四周围绕着深22米、宽30米的壕沟，从沟底到城墙顶端共65米高。从城墙底部至壕沟不仅坡度很陡，而且上面铺着光滑的石板，看起来似乎没有人可以越过壕沟爬上城墙。入口处和哨楼之间相距10多米，这里曾经有16世纪初修建的大吊桥相连，一旦有敌人，收起吊桥，卫城便固若金汤。城堡有3道大铁门，第一道门上雕有两条互相盘旋的巨蛇，因此称为蛇门；第二道门雕有一对盘坐着的狮子；第三道门上也有一对狮子，其中一只是笑狮，另一只是哭狮，这些精美绝伦的雕刻品在向上天呼唤，呼唤真主安拉的无限力量和包容一切的仁慈。连接大门之间的通道设有翻板和各种机关，通道顶端布满堞眼和监视孔，可以将贸然入内的敌人置于死地。同时，城堡内部还有不为人知的秘密通道。这个卫城防御严密，构思巧妙，易守难攻。据说只在1401年被蒙古人帖木儿攻下，以后再没被攻下过。卫城内部保存了几个不同朝代的宫殿遗址，其中令人赞叹的是13世纪的皇宫，大厅内镶嵌着白色的大理石，屋顶上悬挂着各式钟乳石状的装饰物，可谓是阿拉伯艺术的杰作。皇宫内15—16世纪所建的金銮殿则以其非凡的华美细节著称，殿内结构繁复装饰优美的顶梁，绘有彩画的玻璃窗，奢侈的宫廷灯架和水晶灯，等等，不一而足，无一不体现了那个时代叙利亚手工艺的发展水平以及手工艺者的杰出智慧。此外，卫城内还有东罗马帝国时代带有地牢的监狱，土耳其人统治时期的兵营，1000多年前的大蓄水库、火药库、粮仓，以及12世纪的大清真寺遗址和一些深60米的水井，据说这些水井连接着秘密通道。

除著名的阿勒颇卫城以外，古城内还保留有众多颇具文化价值的景点，车辆难以通行的古老街巷。纵览全城，街道和小巷按照公共和私有领地的等级制度分布，在两者之间新修筑了道路，其中的一些道路与原有街巷完美地结合成为一个整体。古城中心的乌马亚德大清真寺初建于公元 7 世纪，被彻底破坏以后于 12 世纪重建整修，现在展现给世人的已不是当初的伊斯兰早期建筑特征，而是古埃及鲁克骑兵时代的风格。在大清真寺附近还有一批伊斯兰建筑，所有的这些一起构成了阿勒颇独特的气质，受到来自世界各地穆斯林的顶礼膜拜。

以色列

以色列，位于亚洲西部，北与黎巴嫩交界，东北部与叙利亚接壤，东面是约旦，西濒地中海，南连亚喀巴湾，是亚、非、欧三大洲结合处，沿海为狭长平原，东部有山地和高原，属地中海型气候，海岸线长度 198 千米。根据 1947 年联合国关于巴勒斯坦分治决议的规定，以色列国的面积为 1.52 万平方千米。1948—1973 年间，以色列在 4 次阿以战争中占领了大片阿拉伯国家领土，20 世纪 80 年代以后陆续撤出，目前以色列实际控制面积约 2.5 万平方千米。全国总人口为 813.4 万人（2014 年 12 月），主要为犹太人，其余为阿拉伯人、德鲁兹人等。全国共有 75 个市，265 个地方委员会，53 个地区委员会。国内主要城市有耶路撒冷、特拉维夫、海法等。

耶路撒冷

耶路撒冷，以色列和巴勒斯坦共有的首都（双方都有争议），现为以色列实际占有，为行文方便，笔者暂将其归入以色列。

地名由来
耶路撒冷所在地最早叫"耶布斯"，因为很早以前阿拉伯迦南人的一个名叫"耶布斯"的部落从阿拉伯半岛迁徙到这里定居下来，修建村庄，构筑城堡，并以部落的名字命名此地。后来，迦南人又在这里修建城市，并定名为"尤罗萨利姆"。大约在公元前 1000 年左右，犹太王国创始人大卫征服了这个地方，将它作为犹太王国的都城，继续沿用"尤罗萨利姆"的名称，为使它希伯来化，称为"尤罗萨拉姆"。中文以此译为"耶路撒冷"，意为"和平之城"。阿拉伯人称该城为"古德斯"，即"圣城"。

耶路撒冷名称的准确来源尚无法确定。在希伯来语中，Yelushalaim 这个名字可以理解为 yelusha（遗产）和 shalom（和平）的合成词。另一个比较普遍的解释是它将《圣经》里两个城市的名字结合在一起：撒冷（Salem，意"和平"）和耶布斯（Jebus）。撒冷这个地名出现在《创世记》十四章，是大祭司麦基洗德的住处，他为来到这里的亚伯拉罕祝福。耶路的意思是"基石"或者"城市"，因而耶路撒冷有"和平之城"之称。耶路撒冷在阿拉伯语叫"古茨"意为"圣城"。

区位

耶路撒冷位于近东黎凡特地区，是一座历史悠久的城市，面积 126 平方千米，在地理上位于犹地亚山的四座山丘上，介于地中海与死海之间，被誉为三大宗教的圣城（犹太教、基督教和伊斯兰教）。

历史

据考证，耶路撒冷的开发可以追溯到公元前 4000 年。根据《圣经》记载，在以色列人入住耶路撒冷之前，曾有许多民族包括亚摩利人和赫人在这里混居。当以色列人进入迦南的时候，一支迦南部落——耶布斯人住在今天耶路撒冷附近（称为耶布斯）。以色列人的犹大支派征服了耶路撒冷城，而由便雅悯支派占领该城，与住在城内的耶布斯人和平共存。

公元前 1028 年，扫罗王及其继承人大卫王将各部族联合成一个民族。公元前 1004 年，大卫王率领以色列人征服了该城，向南扩建了城市，将首都建在这里，并把约柜移置至此，从此确立了耶路撒冷在历史上的特殊地位。大卫王的统治结束于公元前 970 年，他的儿子所罗门继承了王位，所罗门王在这里建造了犹太人的第一圣殿。

此后的 400 年（直到公元前 586 年所罗门圣殿被毁），称为第一圣殿时期。这一时期开始于所罗门去世（公元前 930 年），北方 10 个支派分裂出去，成立了以色列王国（首都位于撒马利亚）。在大卫和所罗门后裔的统治下，耶路撒冷仍然是南方犹大王国的都城，长达 300 多年。公元前 722 年，亚述征服了北方的以色列王国。公元前 597 年，巴比伦国王尼布甲尼撒二世攻破耶路撒冷，年轻的国王约雅斤和大多数贵族均被掳到巴比伦囚禁（史称"巴比伦之囚"）。在西底家的领导下，耶路撒冷反抗巴比伦的占领，公元前 586 年，尼布甲尼撒二世占领并摧毁这座城市，城墙被毁，圣殿被焚，圣殿中大批的金银器皿则被带到巴比伦。

公元前 538 年，"巴比伦之囚" 50 年后，波斯帝国居鲁士大帝灭亡巴比伦，允许犹太人回到犹太地重建耶路撒冷圣殿，圣殿重建工程在公元前 516 年（大流士一世在位第六年），也就是第一圣殿被毁 70 年后完成。接着，尼希米又重新修建耶路撒冷城墙，使城市重新恢复了繁荣。此后 600 年间，犹太地先后是波斯、希腊和罗马的一个省份，耶路撒冷则是犹太省的首府。在罗马统治的前期，曾委任代理王大希律王进行统治。大希律王在位时扩建了圣殿。公元 6 年，犹太地直接归属罗马统治。公元 70 年，一次反抗罗马的起义失败后，罗马军队拆毁了圣殿（只剩下部分墙基，即西墙）。犹太人再次起义，最后在公元 135 年，罗马皇帝哈德良派兵包围并夺取了该市。作为惩罚措施，下令在希伯来历埃波月九日，即耶路撒冷遭巴比伦和罗马军兵两次攻陷的周年纪念日（恰巧是同一日），将耶路撒冷彻底铲平，在原址新建罗马城市爱利亚加比多连，圣殿山上另建罗马神庙，同时将所有犹太人赶出耶路撒冷，禁止犹太人在耶路撒冷居住。

公元 4 世纪，罗马帝国皇帝君士坦丁一世控制该市期间，耶路撒冷变成了一个基督教中心，建造了圣墓教堂。

公元 638 年，阿拉伯帝国的第一个征服目标就是耶路撒冷。虽然《古兰经》中从未提到过耶路撒冷，但伊斯兰传统认为，先知穆罕默德是在耶路撒冷升天接受《古兰经》的。

1099 年，第一次十字军东征包围了耶路撒冷，一个多月后的 7 月 15 日，耶路撒冷被十字军攻占。十字军进城后，屠杀了城内大多数穆斯林和犹太人。

此后到 1291 年，十字军建立了耶路撒冷王国，穆斯林不准入城。1187 年，埃及穆斯林君主萨拉丁又重新占领了耶路撒冷。

1219年，大马士革的苏丹下令将城墙拆毁，1228—1229年，神圣罗马帝国皇帝腓特烈二世组织了第六次十字军东征，通过与埃及签订条约，得到耶路撒冷。

1243年，基督徒再次占领耶路撒冷，又重建城墙。1244年，被蒙古亡国的花剌子模在逃亡途中占领耶路撒冷，教皇英诺森四世发动第七次十字军，但无法夺回耶路撒冷。1247年，花剌子模被埃及人驱逐，1265年，埃及奴隶骑兵马穆鲁克夺取该城，耶路撒冷的犹太人不得不逃到周围的村庄避难。

1517年，奥斯曼帝国占领耶路撒冷，直到20世纪。这时，耶路撒冷重新开始繁荣；城墙和老城也被重建，城内任何宗教都可以存在，但奥斯曼帝国后来的无能统治机构使耶路撒冷的经济陷入了缓慢的衰退。

1917年12月11日，英军占领耶路撒冷。国际联盟在1922年批准贝尔福宣言，委托英国托管巴勒斯坦，并帮助在该地区建立一个犹太国家。

1939年二战前夕，英国公布《巴勒斯坦白皮书》，停止犹太人的移民，限制犹太人购买阿拉伯人土地。二战结束后，德国集中营解放的几十万犹太囚徒偷渡到巴勒斯坦，压力增加，英国未妥善处理阿以矛盾，且拒绝接受犹太人大屠杀幸存者。该举动遭到国际舆论的一致谴责，并促使犹太人针对英国暴力活动迅速升级。

1947年2月15日，英国宣布巴勒斯坦问题交联合国处理。11月29日，联合国大会辩论巴勒斯坦问题，以33票对13票通过分立建国方案，对于耶路撒冷，则计划成立一个联合国管理下的特别国际政权，不属于犹太人国家也不属于阿拉伯人国家。不过，这个计划未实现。

1947年11月29日，第二届联大通过巴勒斯坦分治第181号决议，规定耶路撒冷市为国际城市，联合国管辖，归属待定。1948年5月14日，以色列宣布建国，第一次中东战争爆发。战争结束，耶路撒冷西部被新成立以色列国占领，耶路撒冷东部（包括老城和西岸）被外约旦（今约旦）占领。除英国、巴勒斯坦，其他国家都没有承认约旦对耶路撒冷东部的占领。

1949年，以色列和约旦签订停战协定，划定的停火线穿过耶路撒冷的市中心。此后直到1967年，东西耶路撒冷分别属于约旦和以色列。1950年，以色列定都西耶路撒冷。

1967 年六日战争，以色列吞并耶路撒冷东部，立刻开始将整个城市归入以色列的控制。占领 6.4 平方千米的原约旦耶路撒冷和 64 平方千米的西岸并将这块地方改名为"东耶路撒冷"。

1967 年和 1973 年联合国安理会分别通过的 242 号和 338 号决议，要求以色列撤出包括耶路撒冷在内的所占领土，但以色列置若罔闻。

1980 年以色列国会制定《基本法：耶路撒冷——以色列的首都》，确定耶路撒冷是以色列"永远的和不可分割的首都"，未得到国际承认。巴勒斯坦自治政府也宣布耶路撒冷将成为未来巴勒斯坦国不可分割的首都，遭到阿拉伯国家的谴责。

1984 年，伊斯兰会议耶路撒冷委员会特别会议决定 5 月 18 日为耶路撒冷日，以抗议以色列的占领。1988 年 11 月，在阿尔及尔举行的巴勒斯坦全国委员会第十九次特别会议宣布成立巴勒斯坦国，定都耶路撒冷，并得到世界上多数国家的承认。

1988 年，巴勒斯坦国宣告成立，包括中国近 100 个国家承认。在耶路撒冷的一幅阿拉法特画像前用阿拉伯语和希伯来语写道："耶路撒冷，不得到你，我的梦想将不会完整！"

20 世纪 90 年代初，巴勒斯坦人在国际社会各方力量的斡旋下，开始了与以色列和谈的历程。1993 年，巴以双方在华盛顿签署的第一个和平协议规定，耶路撒冷问题将在巴以最后阶段谈判中解决，此前任何一方均不得采取单方面的行动改变现状。1999 年 9 月，巴以双方在埃及签署的《沙姆沙伊赫备忘录》也规定，双方将在 2002 年 2 月就耶路撒冷地位等棘手问题达成框架协议，9 月达成永久性和平协议。

地理

耶路撒冷城东近死海，西临地中海沿岸平原，四周群山环抱，海拔 720—790 米，由东部旧城和西部新城组成。耶路撒冷旧城的海拔高度约为 760 米。整个耶路撒冷周围被山谷与干涸的河床所包围，只有北面不是十分明显。

在耶路撒冷有三道明显的山谷：汲沦谷、欣嫩子谷和泰罗普河谷，在耶路撒冷城南交叉。汲沦谷经过旧城以东，将橄榄山与城市隔开。欣嫩子谷在耶路撒冷的西面，在《圣经》末世论中是地狱的象征。泰罗普河谷位于西北方，靠近今天大马士革门的位置，向南—东南注入西罗亚池。今天，泰罗普河谷大部分已被过去数千年来山谷内堆积起来的碎片所掩藏。

耶路撒冷以西 60 千米就是特拉维夫和地中海，东面 35 千米是地球表面的最低点死海。耶路撒冷邻近的城市有南面的伯利恒和拜特贾拉，东面的阿布迪斯和马阿尔阿杜米姆，西面的梅瓦塞莱特锡安，北面的吉瓦特扎伊夫。

耶路撒冷属于地中海气候。该市地处亚热带，在冬季也很温暖，但降雪不算罕见，通常每年至少会降雪一次。1 月是一年中最冷的月份，平均气温为 12℃，而一年中最热的月份是 7 月和 8 月，平均气温为 29℃。年平均降水量接近 590 毫米，5—9 月的夏季很少降水。

耶路撒冷老城于 1981 被联合国教科文组织评为世界文化遗产。老城分为 4 个区：东部为穆斯林区，包括著名的神庙区，神庙区的圣地有摩哩山的岩顶（伊斯兰教）及岩顶上的圣殿（伊斯兰教）、阿克萨清真寺、哭墙（犹太教）。西北部为基督教区，有基督教的圣墓教堂。西南部为亚美尼亚区。南部为犹太教区。城西南面的锡安山为犹太教又一重要圣地。城东的橄榄山有基督教与犹太教圣地。

经济

历史上，耶路撒冷由于是远离雅法和加沙的主要港口，经济几乎完全依靠宗教朝圣。耶路撒冷的宗教圣地今天仍然是吸引外国游客的主要目的地，大多数游客都会参观西墙和耶路撒冷老城，不过自 1967 年以来，耶路撒冷在经济方面取得了长足进步，已远远不仅仅是一个宗教圣地。

为了保护该市独特的宗教圣地，耶路撒冷不准许发展重工业，目前该市的主要工业有金刚石、家具、制药、化学药剂、制鞋、铅笔、纺织与服装（斗篷）等，而且耶路撒冷只有大约 2.2% 的土地用于工业和基础设施。

由于以色列中央政府大多集中在耶路撒冷，不仅为该地区提供大量工作职位，而且对有潜力的公司提供津贴和奖励。在政府政策的引导下，设在耶路撒冷的全球高技术企业数量正在增加。各种类型的大公司进驻北耶路撒冷的哈·获兹威姆地区，包括英特尔、梯瓦制药和 ECI 电信等。

文化

虽然耶路撒冷主要是以宗教圣地而闻名世界，不过该市同样也拥有许多文化艺术场所。以色列博物馆是耶路撒冷最重要的艺术博物馆，每年吸引将近100万游客，其中三分之一来自国外。80000平方米博物馆包括几个艺术展区，主要收藏来自于世界考古学，包括雕塑和传统艺术品。以色列博物馆最著名的人文类收藏品是死海古卷，20世纪中叶在距离耶路撒冷不远处发现，收藏在博物馆的"圣书之龛"中。这座博物馆在本地区儿童教育中也扮演重要角色，每年有10万名儿童参观博物馆的青少年部。以色列博物馆在耶路撒冷市内拥有3个附属的艺术博物馆——洛克菲勒考古学博物馆（前巴勒斯坦考古学博物馆）、蒂肖博物馆和佩里艺术中心。洛克菲勒博物馆开放于1938年，位于东耶路撒冷，收藏有20世纪上半叶发现的史前器物。蒂肖博物馆位于耶路撒冷市中心，主要收藏以色列艺术家安娜·蒂肖的作品。

该市另一个突出的文化机构是犹太殉难博物馆，面积4200平方米，馆内有世界最大的有关大屠杀信息的图书馆，估计超过10万本书籍或论文。博物馆从犹太观点叙述大屠杀。其他博物馆收藏幸存者的艺术品。除此以外还有大屠杀遇难者的纪念地，每年大屠杀纪念日，这些地方都举行纪念活动。犹太殉难博物馆是研究与教育机构，游客在此可以对犹太大屠杀事件进行反思。

耶路撒冷交响乐团是该市著名的管弦乐队，创立于1940年。该乐队不仅在耶路撒冷表演，也在包括维也纳、法兰克福和纽约的世界各地进行表演。耶路撒冷老城有一个文化区，包括可汗剧院，是该市唯一的保留剧目剧院，以及耶路撒冷表演艺术中心，每年举办150多场音乐会。巴勒斯坦民族剧院创建于1984年，是东耶路撒冷唯一的艺术文化机构。自从1961年起，每年夏天都举办全国性的"以色列节"，会出现许多国际艺术家和街头表演者进行表演活动。

耶路撒冷拥有几所声望很高的大学，它们都使用以色列最常用的三种语言：希伯来语、阿拉伯语和英语进行教学。耶路撒冷希伯来大学成立于1925年，是耶路撒冷和以色列学科最全的大学。这所大学最大的资产之一是犹太国家及大学图书馆，拥有超过500万册藏书，是世界最大的犹太文献资源之一。

耶路撒冷大学是耶路撒冷附近另一个重要的高等教育机构,它成立于1984年,是该地区阿拉伯和巴勒斯坦人的最高学府,自称是耶路撒冷唯一的阿拉伯大学。耶路撒冷的其他大学还有耶路撒冷音乐与舞蹈学院、比撒列艺术设计学院、耶路撒冷理工学院。

其中,耶路撒冷理工学院成立于1969年,开设工程与其他高科技产业,也进行犹太教育。耶路撒冷的许多学校从大学到小学都进行宗教教育。

旅游

作为古代宗教活动中心之一,耶路撒冷的魅力在于它的神秘和神圣的宗教色彩。耶路撒冷是世界上唯一被三大宗教——犹太教、伊斯兰教、基督教(天主教)认定为信仰源流和精神指针的圣地城市。对于基督教(天主教)来说,这里是耶稣传福音、背十字架受钉以及复活的圣地。这里保存着完善的历史古迹,吸引着世界各国千万信徒来此朝拜敬仰。对于非教徒而言,耶路撒冷吸引人的便是其城市建筑中特有的石材特质,每当黄昏,整个城市中弥漫着黄金般的光泽,明亮而美丽,"圣城之圣"不言而喻。

作为一个有着悠久历史的古城,耶路撒冷保留了大量历史遗迹,较为著名的有哭墙、圣岩清真寺和艾格萨清真寺、圣墓大教堂、受难之路、大卫城塔等。

哭墙,又称"西墙"。犹太教把耶路撒冷作为圣地源于公元前10世纪,当时所罗门在位,他在都城耶路撒冷建造了希伯来人的神庙——所罗门圣殿。公元前586年,新巴比伦王国攻占耶路撒冷时,圣殿毁于战火。以后虽然几经重修,但在公元1世纪时又毁于古罗马人手中。此后,由于绝大部分犹太人被迫移居他乡,圣殿始终未能恢复。出于怀旧、崇古的心理,犹太人在第二圣殿废墟上,用大石头垒起一道长481米,高18.3米的石墙。犹太人认为砌墙的石头取自所罗门圣殿,因而石墙就是犹太王国的遗址。这就是犹太人敬仰和团结的象征——"哭墙"。每逢星期五都有犹太教徒来此哀悼和祷告。这处寄托着犹太人2000年大流散哀思的"哭墙",在穆斯林的传说中,又是先知穆罕默德夜行登天前拴马的地方,穆斯林因而称它为"飞马墙"。

圣岩清真寺和艾格萨清真寺相隔很近,都位于神庙山(即圣殿山)上,旧城的东南部。一个银灰色,一个金黄色,在太阳底下熠熠生辉,气象非凡。

圣岩清真寺又称为萨赫莱清真寺。公元636年，信奉伊斯兰教的阿拉伯人征服了耶路撒冷。691年，阿拉伯倭马亚王朝的一位哈里发主持建造这座可以充分展示阿拉伯建筑艺术的优美杰作。其最外是一层八角形墙体，全用石块砌成，外墙用花瓷砖贴面，镶嵌有穆罕默德神奇夜行时留下的那篇未完成的《古兰经》文。顶部是半球形，外包金箔，显得灿烂辉煌。因为这块巨石的神奇传说，使它和穆斯林、犹太人的宗教信仰都有紧密联系。相传，穆罕默德由天使陪同乘天马从麦加到耶路撒冷，后来就是踩着这块巨石升天、去聆听安拉的启示的。据说这块石头至今还有穆罕默德升天时留下的脚印。围绕着这块巨石还有另一种传说。犹太人说他们的始祖亚伯拉罕捆绑自己的儿子以撒，放在这块石头上，准备做燔祭，献给耶和华。因此犹太人也把这块大石头看作圣石。阿克萨清真寺是耶路撒冷最大的清真寺，朝向穆斯林的第一圣地麦加。它的长条银色顶高20米，与圣岩清真寺的金色圆顶交相辉映，形成了圣殿山的独特情调和景观。阿克萨清真寺的内部，中央通道高19米，左右各连着3个通道，每个高12米。在中央通道的柱子上，是一个3层的连拱廊。在该寺的圆拱前，是11世纪的凯旋门建筑，用多色瓷片镶嵌，圆顶内是12世纪晚期的彩色瓷片镶嵌。

耶路撒冷圣墓教堂又称复活教堂，是耶稣被钉在十字架上遇害并复活的地方建起的教堂，因此也是世界基督教徒心目中最神圣的参拜地之一。公元326年，东罗马帝国皇帝君士坦丁一世的母亲希伦娜巡游圣地耶路撒冷时，维纳斯神庙的主教告诉她，耶稣殉难和复活的地方即在这一处所下面。希伦娜回去后将这一发现告知君士坦丁一世，君士坦丁一世遂下令将维纳斯神庙拆除，在此地修建了一长方形教堂，即圣墓大教堂。圣墓大教堂呈罗马长方形会堂格局，殿内庄严凝重、幽邃深沉。殿中石柱纵横，圣龛处处满壁，存放着大量传说的圣迹和圣物。教堂有两扇大门，门两旁各树立着三根大理石柱。前廊建在一个古蓄水池的顶棚上，两侧鳞次栉比排列着多座教堂。

受难之路又称多洛罗萨路，据说耶稣当年就是沿着这条路走向刑场的。据《新约》记载，耶稣30岁时开始在巴勒斯坦一带广收门徒，传播新教义，这一活动受到罗马帝国统治者和犹太教上层的反对和打击。经过巧妙的周旋，耶稣终于在公元30年带领门徒弟子沿着橄榄山进入耶路撒冷。不久，由于门徒犹大的出卖，耶稣在耶路撒冷郊外的客西马尼园被捕。受难之路共有14站，每站都有标记，或建有教堂，其中最后 5 站集中在圣墓大教堂。

大卫城塔是耶路撒冷旧城的最高处，位于约帕门附近的犹太区内。这座约于 2000 多年前建造的城塔是大希律王的行宫，是耶路撒冷西面的防御工事。堡上有三个巨塔，分别为法赛尔塔、希皮库斯塔和米里亚尼塔，城塔中还设有耶路撒冷历史博物馆，里面陈列着迦南人、希伯来人、希腊人、十字军、土耳其人、阿拉伯人和以色列人丰富的历史文物。此外，为吸引各方观光客，夜晚的大卫城塔还会举办声光表演。

此外，耶路撒冷还有鸡鸣堂、大卫墓、圣殿山、圣母安眠堂、橄榄山、锡安门、汲沦谷、耶路撒冷金门、雅法门、最后晚餐厅、耶路撒冷圆顶清真寺、阿喀萨清真寺、以色列博物馆、以色列犹太大屠杀纪念馆、国会大厦前金烛台等众多历史遗迹。

耶路撒冷交通比较便捷。国内城市之间的交通主要依靠铁路，耶路撒冷火车总站发送大部分城际列车，是铁路终点站。耶路撒冷中央巴士总站是主要的汽车始发站，开通了多条到周围城市的线路。贝京高速公路是耶路撒冷主要的南北方向干道之一，穿过城市西部，并入通往特拉维夫的以色列 443 号公路。以色列 60 号公路穿过市中心的绿线附近，将东耶路撒冷与西耶路撒冷分开。

特拉维夫

地名由来

特拉维夫的全称其实是特拉维夫—雅法，它是由两个相邻的城市合并而成，是具有 4000 多年历史的港口城市，世界上最古老的城市之一。特拉维夫在希伯来文中是"山丘上的春天"的意思，而雅法名称的来源有多种解释。犹太教传统认为，在毁灭万物的大洪水消退后，幸免于难的挪亚的儿子雅弗建立了这一城市，人们因故以他的名字将该城命名为"雅弗"，后来读音慢慢演变成雅法。还有人认为，"雅法"是希伯来语"美丽"一词的谐音，因为这里风景绝佳，秀丽如画。也有人认为，"雅法"的意思是"闪着白色光辉之地"，系指它近处白垩纪的断崖上闪耀的光辉。

区位

特拉维夫位于以色列地中海沿岸平原，市区面积 51.76 平方千米，历史上就是联系欧洲、亚洲和非洲三大洲的陆桥。从特拉维夫向东南方 60 千米是耶路撒冷，向北 90 千米就是以色列北部港口城市海法。以特拉维夫为中心的城市群有巴特亚姆、霍隆、拉马特甘、佩塔提克瓦、里雄莱锡安、拉马特沙龙、赫兹利亚等城市。

历史

雅法是世界上最古老的港口之一，距今已经有至少 4000 年的历史。在 19 世纪，雅法人口暴增，城内已经无法容纳新增加的人口，于是在 19 世纪 70 年代拆除了城墙，在城外兴建规模更大的新市区。

特拉维夫的发展始于 19 世纪 80 年代，最初仅仅是雅法城外的一个犹太居民区。当时，一批犹太裔人士不愿居住雅法市内昂贵的阿拉伯社区，而在雅法的北郊兴建住宅，随着时间的推移，特拉维夫的发展逐渐超过了雅法。

1914 年，由于奥斯曼帝国政府驱逐特拉维夫的人口，该市的发展被中断。不过，在 1917 年英国人占领巴勒斯坦以后，犹太人又回到特拉维夫，重新发展。

此后，由于特拉维夫毗邻雅法港，并且作为第一座犹太人城市，陆续来到以色列的大量新移民源源不断地涌入，促进了特拉维夫的迅速发展，使之逐渐成为以色列的经济与文化的中心，此地位一直保持至今。由于 1936—1939 年的阿拉伯裔暴动，1938 年在特拉维夫兴建了港口。这时，特拉维夫的规模已经超过了雅法。

1948 年 5 月 14 日，以色列国家在特拉维夫宣布独立。在第一次中东战争期间，阿拉伯人封锁耶路撒冷长达 8 个月之久（1948 年 5—12 月），因此特拉维夫充当了以色列的临时首都。当 1949 年 12 月宣布耶路撒冷为首都时，由于国际上对于耶路撒冷的地位有所争议，大部分大使馆尚留在特拉维夫。

1949 年 4 月，特拉维夫和雅法合并，成立特拉维夫—雅法市，周边一些在战争中人口减少的村庄也被并入该市。这时，特拉维夫的面积扩展到 42 平方千米。

特拉维夫被认为是以色列最为国际化的中心以及所谓"硅溪"地区的心脏。该市具有活跃、摩登、世界主义的特征，被公认是以色列的文化之都。

地理

特拉维夫地处平原，地势总体平坦，没有明显的地形起伏。特拉维夫的气候是典型的地中海气候类型。特拉维夫是以色列湿度较高的城市，在每年10月到次年4月降雨较多，而夏季降雨很少。冬季气温很少降到5℃以下，通常介于10℃—15℃，而夏季平均气温约为26℃，不过在酷暑期白天气温可能达到35℃。年平均降雨量约为530毫米。特拉维夫平均每年有超过300个晴天。春秋两季为时短暂，气候的变化相当迅速。许多人认为特拉维夫最好的时期是在4月，那时阳光明媚，温度适宜，湿度较低，百花开放。

经济

在过去数十年中，特拉维夫的迅速发展。作为以色列的经济首都，被描绘成繁荣的高科技城市和"小型洛杉矶"，并被新闻周刊称作世界十大最具影响力的高科技城市之一。事实上，特拉维夫都市区高度集中了以色列大部分的高科技产业，又被称为"硅溪"。

特拉维夫拥有以色列唯一的一个证券交易所——特拉维夫证券交易所，以及许多风险资本公司的国际总部、科学研究机构，以及高技术公司。特拉维夫地区还有一些工厂，生产的货物如药品、纺织品和食品都大量出口。旅游业对于特拉维夫的经济也很重要，人们从世界各地来到特拉维夫，不仅是由于以色列拥有多如繁星的文化遗迹，也是由于这座城市传说中的夜生活、气氛与建筑。

文化

耶路撒冷是以色列的宗教中心，而特拉维夫则是一个民风开放的沿海城市（所谓"祈祷在耶路撒冷，游乐在特拉维夫"）。不过，在特拉维夫仍然有大约500座犹太会堂，其中大约350座正在使用。而在雅法，则拥有相当多的穆斯林人口和许多清真寺。其中，雅法老城于2003年7月3日与中国的三江并流等全球24处名胜古迹一起被联合国教科文组织列入世界遗产名录。此外，由于在特拉维夫及附近地区有许多大使馆和外交人员，以及雅法有阿拉伯裔基督徒，市内和周围也有许多基督教堂。

特拉维夫是以色列的文化之都，拥有许多文化中心。特拉维夫歌剧院，普拉西多·多明戈自 1962—1965 年曾在此担任男高音。特拉维夫弗来德里克·曼恩礼堂是一个拥有 3000 座位的现代化音乐厅，也是以色列爱乐乐团所在地。以色列的国家剧院哈比玛剧院（希伯来文意为"舞台"）代表着以色列戏剧的最高水平，此外，特拉维夫市立的卡美尔剧院、雅法的 Gesher 剧院和 Beit Lessin 剧院也很受欢迎。Tzavta、Tmuna 等小剧院主要上演音乐剧和边缘作品。在雅法，小径剧院和创造剧院也专门上演边缘作品。

以色列人均拥有的博物馆数量超过世界上任何国家，其中许多位于特拉维夫。其中最著名的是以色列故土博物馆，以其关于迦南美地丰富的考古学和历史陈列品著称；特拉维夫艺术博物馆是以色列主要的艺术博物馆之一；犹太人大流散博物馆位于特拉维夫大学校园的一角，是一所关于犹太人国际大流散的博物馆，收藏关于犹太人繁荣的历史以及犹太人大流散时期所受迫害的历史文献与艺术品。Batey Haosef 博物馆是展出以色列国防军历史的军事博物馆，展出以色列历史中一些罕见的展品以及品种繁多的武器与图片。特拉维夫大学附近的 Palmach 博物馆用多媒体向观众展示以色列第一批国防军的各种历史档案。特拉维夫展览中心位于该市北部，每年举办超过 60 次重大活动。许多博物馆和美术馆散布在该市艺术气氛浓郁的南区，包括特拉维夫原始艺术与当代艺术馆。

特拉维夫还是以色列教育的中心，拥有许多学校。它的两所大学：特拉维夫大学和巴伊兰大学，合计学生总数超过 50000，其中有相当大的比例来自国外。特拉维夫大学成立于 1953 年，位于拉马塔维夫，现在是以色列规模最大的大学，在国际上享有盛誉，特别以物理学、计算机科学、化学和语言学系著称。巴伊兰大学成立于 1955 年，位于拉马特甘郊区，是以色列最大的学术机构。

旅游

特拉维夫是一个重要的旅游城市，集地中海风情与文化多元性于一身。特拉维夫有几座公园，其中最大的是位于国王乔治街的亚尔孔公园。这里也有许多购物中心，诸如迪森高夫中心（以色列第一个购物中心）和阿兹里利中心。特拉维夫还举行以色列规模最大的骄傲游行（以色列是中东唯一举行骄傲游行的国家），吸引数千人参加。

特拉维夫还以拥有在中东地区异常开放和丰富的夜生活而著称，海滨的步行道有无数夜总会和酒吧，故以"不眠之城"著称。

现代的特拉维夫以两种建筑风格闻名于世。其中最具国际知名度的特拉维夫白城，拥有大约 2500 座包豪斯学派或国际风格建筑，形成大片白色外墙的景观，已经在 2003 年被联合国教科文组织列为世界遗产。这些建筑主要建于 20 世纪 30—50 年代，是欧洲现代主义艺术运动到达的最远地点，由许多在前纳粹时期的德国德绍包豪斯学校接受教育的犹太建筑师所设计。特拉维夫是世界上这类建筑最集中的城市，同时，该市采用了花园城市的城市规划，设计了许多宽阔的林荫大道，与这种建筑风格相当和谐。

此外，特拉维夫还有众多著名的旅游景点，比如拉宾广场、那塔尼亚、雅法古城、罗斯柴尔德大街、迪森高夫街等。

特拉维夫的交通比较发达。进出的主要公路是亚雅伦公路（又名以色列 20 号公路），从北向南沿着亚雅伦河穿越城市东部，将拉马特甘与特拉维夫大部分城区分隔开来。从亚雅伦公路向南可以接入 1 号公路，通往本·古里安国际机场和耶路撒冷。特拉维夫市内的主要干道有国王乔治街、艾伦比街、罗斯柴尔德大街、迪森高夫街和雅法的耶路撒冷大道。特拉维夫北部主要的进出道路为纳米尔路，通往 2 号公路；东部主要的进出道路为贝京路、亚博廷斯基路，直通拉马特甘、贝尼巴科和佩塔提克瓦。特拉维夫拥有 4 个火车站，全部在亚雅伦公路沿线。火车站从北向南依次是：特拉维夫大学，特拉维夫中央火车站，特拉维夫哈沙龙（靠近大卫·阿兹里利购物中心）和特拉维夫 Hahaganah（靠近特拉维夫中央巴士总站）。估计每个月有超过 100 万人乘坐火车往返于特拉维夫与里雄莱锡安、雷霍沃特和佩塔提克瓦之间。

海　法

地名由来

海法的名字，出现于公元 3 世纪，据说此名与希伯来文的 "hof yafe" 有关，意思是 "美丽的海岸"。

区位

海法西濒地中海，背倚迦密山，面积 60 平方千米，是以色列北部港口城市，加利里省的首府，也是以色列第三大城市，仅次于耶路撒冷和特拉维夫。

历史

海法首现于公元 3 世纪的塔木德文献，是当时罗马帝国管辖下的一个犹太人小镇 Shikmona。Shikmona 的考古遗址位于今天 Bat Galim 社区的西南。拜占庭帝国对该市的统治一直持续到公元 7 世纪。公元 7 世纪，该城为波斯萨珊王朝攻破，其后又为阿拉伯人所管治。1100 年，第一次十字军东征，与当时的犹太人和穆斯林激战后，十字军占领海法，迫使其成为加利利公国的一部分。但在 1265 年，穆斯林马穆鲁克再一次攻占海法。此时，海法已变成颓门败瓦，寥无人烟。

1761 年，当时统治阿克和加利利的阿拉伯贝都因统治者 Daher El-Omar 摧毁该城，并在新址重建，环以薄薄的城墙，这就是今日海法的前身。自从 1775 年 El-Omar 死后，海法一直在奥斯曼帝国的管治之下，其间有两个短暂的例外：1799 年，拿破仑攻占海法，但未能进一步攻占巴勒斯坦和叙利亚，于同年撤离；1831—1840 年，埃及总督穆罕默德·阿里从奥斯曼帝国手中夺得海法，但在 1840 年撤离。

20 世纪初，由于建立了汉志铁路等设施，海法形成工业港口城市。随着市政的完善，人口亦不断增长。1918 年，英国从奥斯曼帝国手中夺得海法。1920—1948 年之间，海法成为当时英属巴勒斯坦的一部分。1948 年，以色列成立，根据联合国分治决议案，海法归属以色列管辖。第一次中东战争中，5000 余名以色列士兵在卡梅里旅的带领下，于 1948 年 4 月 23 日攻占海法。大约 8 万名巴勒斯坦阿拉伯人在此前后逃离了海法地区。

地理

从地理形势来看，海法是延伸自卡梅尔山的山麓，突伸于海中的城镇，而城镇的市中心是从港湾的商业区开始，到卡梅尔山麓为止。

海法属于地中海气候。夏天炎热潮湿，平均气温约为 26℃；冬天寒冷多雨，平均气温约为 12℃，冰雪罕见，但是有时清晨气温会下降至 6℃左右。雨季为每年 10 月至次年 4 月共半年时间。

经济

海法是以色列重要的工业城市，主要工业有石油炼制、制药、化肥、塑料、橡胶制品、军火、造船、汽车装配、电器制造、无线电、电缆、建筑材料、纺织、食品等部门。该市北部拥有大型炼油厂，每年能够加工 900 万吨原油（6600 万桶）。此外，位于海法南部的 Matam 科技工业中心，是以色列最大、最早的工业园区，很多本国及国际的高技术公司如英特尔、微软、谷歌、飞利浦及 IBM 等均在此设有分公司，进行生产与研发。

文化

海法是以色列科技研究和高等教育中心，有以色列工业技术研究学院，这是以色列历史最悠久的高等教育研究机构，以及海法大学。海法的电影艺术闻名于世界，每年秋季举办海法国际电影节。

旅游

海法最负盛名的旅游胜地是巴哈伊花园，位于以色列海法市的卡梅尔山上。这里是巴哈伊教先知巴孛的安息之地，巴哈伊教的至圣之所是巴哈欧拉的陵寝，第二圣地则是巴哈伊花园。巴哈伊花园的建造颇为曲折，自巴哈欧拉于 1891 年亲选此处作为先知巴孛的长眠之地以后，工程断断续续达百余年。巴哈伊花园最终在 2001 年亮相，如今已成为以色列的旅游胜地。巴哈伊花园建造成本为 2.5 亿美元，每年维护费用也高达 400 万美元。巴哈伊花园面向波光粼粼的地中海，背靠群岭逶迤的卡梅尔山，整座花园依山而建，自山脚至山顶绵延千米，垂直高度约 225 米，最大坡度约 63°。花园中心是巴孛陵寝，金色半球形穹顶位于 40 米高的乳白色圣殿之上，在阳光下熠熠生辉，宛如一颗璀璨的明珠。对称齐整的巴哈伊花园洋溢着浓郁的波斯风情。一条由白色大理石砌成的阶梯位于花园的中轴线上，宛如一条玉带穿梭在花园层层叠叠的绿毯之中，而沿线树木、水池、花盆、雕塑等景观则对称地分布在两侧。

距中轴线稍远处，各种景观便不再严格对称，而是融合多种园林风格，从铁门雕花的图案，到花坛形状的设计，可谓博采众长，相映成趣。园中甚至可以找到中国文化的痕迹，例如在陵寝花园中就有两尊上书"大清乾隆年造"的铜鼎。各种花草或姹紫嫣红，或苍翠欲滴；各种造型的鹰雕或遥望碧海，或展翅欲飞。联合国教科文组织世界遗产委员会于 2008 年将巴哈伊花园列入世界遗产名录，使得这一处归属于巴哈伊教派的精神圣地成为新的世界遗产地，并评价其不仅具有普世的精神价值，在建筑风格和设计上也具备独特的文化价值。这是世界上第一个与近代宗教有关的建筑群被列为世界文化遗产。

巴勒斯坦

巴勒斯坦，位于亚洲西北部，北接黎巴嫩，东邻叙利亚、约旦，西南与埃及的西奈半岛接界，南端的一角临亚喀巴湾，西濒地中海，扼欧、亚、非三大洲交通要道，战略地位重要。该国约旦河西岸东邻约旦，面积 5884 平方千米，加沙地带西濒地中海，面积 365 平方千米。国内总人口数量为 470.2 万（2016 年）[①]，通用阿拉伯语，主要信仰伊斯兰教。巴勒斯坦分为约旦河西岸和加沙地带两部分。根据巴勒斯坦与国际合作部 1997 年 10 月绘制的地图。约旦河西岸分为 8 个省：杰宁、图勒凯尔姆、纳布卢斯、杰里科、拉马腊、耶路撒冷、伯利恒、希伯伦。加沙地带分为 5 个省：北方省、加沙、代尔拜莱赫、汉尤尼斯、拉法省。全国的主要城市有伯利恒、杰宁、拉马拉、加沙、希伯伦等。

伯利恒

地名由来

该地最初取名贝特拉马，公元前 1350 年改用现名。伯利恒是一个人口不

---

① http://worldpopulationreview.com/countries，查阅日期：2016年5月9日。

多、面积不大，但却闻名世界的城市。根据《圣经》记载，伯利恒是耶稣的出生地，素有"圣城中的圣城"之称。

该城位于多山的犹大王国，伯利恒最初叫"以法他"，意为"富饶"；又名"伯利恒以法他""犹大伯利恒"、和"大卫之城"。《圣经》里第一次提到该城，是说到雅各最钟爱的妻子拉结在生便雅悯时，难产死在这里，埋葬在通往以法他的路边，就在城市的北面。而根据《路得记》的记载，山谷向东就是摩押人女子路得故事的发生地点，那里就是她来到财主波阿斯的田地拾取麦穗的地方，也有她和婆婆拿俄米回到这座城市的小路。

伯利恒也是以色列第二位国王大卫的出生地，他受先知撒母耳用圣膏油涂抹，成为以色列国王的地方。当大卫在亚杜兰洞时，三个勇士冒着生命危险闯过非利士人的营地，到伯利恒城门旁的井里打水献给大卫。

区位

伯利恒位于犹太山地顶部，距耶路撒冷市中心约 8 千米，位于加沙和地中海东南方 73 千米，约旦安曼以西 75 千米，位于以色列特拉维夫东南方 59 千米。

历史

伯利恒因其悠久的历史而声名远扬。据史料记载，公元前 3000 年吉卜赛人、赫提人就在此定居。历史上往返古叙利亚和埃及的商旅多在此中转休憩。1967 年第三次中东战争前，伯利恒处于约旦的管辖之下，战争后被以色列占领。根据《奥斯陆协议》，以色列于 1995 年将伯利恒移交给巴勒斯坦当局管理，2000 年，伯利恒成为世界千禧年庆祝活动的一个中心。自 1999 年年底开始，罗马天主教、希腊东正教等基督教主要流派先后按照各自的传统在伯利恒举行了隆重和盛大的圣诞庆祝活动。许多基督教东方教派的国家领导人也云集这里，使伯利恒出现了前所未有的喜庆与祥和气氛。

地理

伯利恒的海拔高度大约为 775 米，比邻近的耶路撒冷高 30 米。伯利恒的冬季，从 12 月中旬到次年 3 月中旬，气候寒冷多雨。1 月是最冷的月份，气

温介于 1℃—13℃。5—9 月气候温暖晴朗。8 月是最热的月份，平均气温高达
27℃左右。伯利恒的年平均降水量为 700 毫米左右，其中 70% 的降水集中于
11 月到次年 1 月。

经济

伯利恒因其独特的宗教地位带动了当地经济发展，尤其加速了它从宗教
圣地向旅游胜地的演进。据悉，每年到伯利恒朝圣和旅游的人数达 200 多万，
旅游及相关行业已上升为当地经济的支柱产业，从业人员约占就业人口的
20%。

商业也是伯利恒的主要产业，特别是在圣诞节期间。该市的主要街道和
市场布满了出售用当地橄榄树雕刻成的手工艺品、香料、珠宝和果仁蜜饼等
食品的店铺。宗教用品是伯利恒的重要产业，包括用橄榄树和珍珠母制作的
装饰品、盒子和十字架。

文化

作为耶稣的诞生地，伯利恒有着浓郁的圣诞文化。在伯利恒，圣诞节仪
式在 3 个不同的日期举行：罗马天主教和新教各教派在 12 月 24 日庆祝；希腊
东正教会、科普特正教会、叙利亚正教会的基督徒在 1 月 6 日庆祝圣诞节；而
亚美尼亚正教会则在 1 月 19 日庆祝圣诞节。大部分圣诞游行通过圣诞教堂外
面的马槽广场。天主教仪式在圣凯瑟琳教堂举行，而新教仪式在 Shepherds'
Fields 举行。伯利恒的圣诞剧院和博物馆也都以宣传基督教文化为主题，向游
客提供 31 个 3D 模型，描绘耶稣一生的各个重要阶段。

为保护和促进巴勒斯坦服饰、艺术和民间传说传播，1991 年成立了伯利
恒的巴勒斯坦遗产中心。另一个文化中心——伯利恒国际中心则集中展示伯
利恒当地文化。

伯利恒是巴勒斯坦重要的教育中心，拥有各类学校 100 多所，学生入学
率较高。伯利恒大学由罗马天主教会以喇沙会的传统创办于 1973 年，招收
各种宗教信仰的学生。伯利恒大学是西岸地区最早建立的大学，并可追溯到
1893 年当喇沙会在巴勒斯坦和埃及各地开办学校的时候。

旅游

伯利恒拥有众多基督教古迹。该城最著名的基督教古迹是坐落于市中心马槽广场的圣诞教堂和伯利恒之星洞。

圣诞教堂位于耶稣出生的马槽所在地伯利恒之星洞遗址之上，其使用权主要归属罗马天主教、希腊东正教和亚美尼亚东正教等基督教派。圣诞教堂始建于公元4世纪，公元529年毁于撒马利亚人起义。在过去的1000多年间，重建后的圣诞教堂屡遭战火洗劫，创痕累累。但是，随着时间的推移，教堂周围又增添了几个小教堂和修道院，建筑规模逐步扩大。2012年，圣诞教堂被列入世界文化遗产名录，这是联合国教科文组织新成员巴勒斯坦首次成功"申遗"。

伯利恒之星洞是圣诞教堂中最具宗教和历史意义的部分。相传耶稣当年就出生在这个长13米、宽3米的地下岩洞中的一个泥马槽里。后来，泥马槽被人用银马槽所替代，再往后，银马槽又被换成了一个大理石圣坛，上面镶嵌着一枚空心的14角伯利恒银星以表示耶稣出生的具体位置，并镌刻着拉丁文铭文：圣母玛利亚在此生下基督耶稣。圣坛上空悬挂着15盏属于基督教各派并在不同时间点燃的银制油灯，昼夜不灭地映照着这块狭小却牵动10多亿基督徒的神圣角落。

此外，伯利恒还有其他一些基督教圣地，如耶稣到埃及避难前住过的乳洞、圣凯瑟琳教堂、无辜婴儿墓穴和首先拥抱耶稣的牧羊人的田野等。

黎巴嫩

黎巴嫩，其全称为黎巴嫩共和国。该国位于西亚南部地中海东岸，东部和北部与叙利亚交界，南部与巴勒斯坦为邻，西濒地中海，海岸线长 220 千米。国土面积 10452 平方千米，国内总人口数量为 598.2 万（2016 年）[①]。全国分 8 个省：贝鲁特省、山区省、北方省、南方省、贝卡省、纳巴蒂亚省、阿卡省、巴尔贝克—赫尔梅勒省。国内主要城市有贝鲁特、的黎波里、苏尔、扎赫勒等。

贝鲁特

地名由来

贝鲁特最初的名称叫阿什特里特，其意为"爱和美的女神"，后来改称为贝鲁特。贝鲁特在古叙利亚语、腓尼基语和希伯来语中，是"多井之城"的意思，这是因为该城是古代居民在一片不毛之地、水源缺乏的地方建成的。当时为了解决饮用和灌溉农田问题，人们在沿城墙边缘地带挖掘了许多水井，久而久之，人们便习惯称这个地方为"贝鲁特"，最后终于取代了"阿什特里

---

① http://worldpopulationreview.com/countries，查阅日期：2016年5月9日。

特"这个名字。在贝鲁特市内仍可以看见一些古井的遗迹。

区位

贝鲁特是黎巴嫩首都,位于黎巴嫩海岸线中部突出的海岬上,面向地中海,背靠黎巴嫩山脉,城市面积 67 平方千米,是地中海东岸最大港口城市,也是以其独特建筑风格与气候环境并美而闻名的海滨城市。

历史

早在新石器时代,就有人类在贝鲁特海岸和峭壁穴居。在腓尼基时代贝鲁特已具城市雏形,是当时重要的商业港口,并以织造业、印染业、铸铁业闻名。在希腊时代,亚历山大大帝的军队曾于公元前 333 年进驻贝鲁特,使这座城市具有古希腊文明的特点。贝鲁特的繁荣在罗马帝国统治时期达到顶点,罗马式的广场、剧院、运动场、澡堂鳞次栉比。公元 349 年和公元 551 年由于强烈地震和海啸,贝鲁特被毁。公元 635 年,阿拉伯人占领贝鲁特地区。1110 年,十字军攻占贝鲁特,1187 年,阿拉伯著名将领萨拉丁将其收复。直至第一次世界大战末期,贝鲁特一直是奥斯曼帝国的一部分,特别是奥斯曼帝国将省政府迁至贝鲁特后,城市面积不断扩大。第二次世界大战特别是黎巴嫩独立后,贝鲁特城市建设突飞猛进地发展,成为中东的金融、旅游和新闻中心,并以转口贸易驰名于世,有"东方巴黎"的美誉。

1975 年黎巴嫩内战爆发后,贝鲁特被一分为二,从北部的贝鲁特港经中心商业区沿大马士革路到东南郊,形成一条长约 6 千米、宽约 200 米的无人区(人称"绿线")。"绿线"以西市区和南部郊区居民大部分为伊斯兰教逊尼派、什叶派和德鲁兹派居民聚居区。"绿线"以东为基督教区。"绿线"既是东西区隔离带,也是两大教派民兵频繁交战的地带,两区居民不敢轻易往来。1989 年《塔伊夫协议》签署后,新政府成立,贝鲁特东、西区相互开放,首都治安逐步好转。1992 年起政府制订了大规模重建计划,城市面貌逐渐恢复。但由于多年内战,城市遭到严重破坏,重建工作因资金短缺而进展缓慢。

地理

贝鲁特位于地中海边狭长的平原上,背依连绵起伏的黎巴嫩山,既是地中海东岸最大的优良海港城市，又是黎巴嫩共和国的重要门户和货物集散地；既是中东商业、交通、金融和文化中心，又是东西方的连接点和出入中东的大门。

贝鲁特属亚热带地中海气候，气候温暖，湿润凉爽；年平均气温约21℃，年温差小，冬季多雨。7月平均最高气温约32℃，1月平均最低气温约11℃。

贝鲁特的民族成分以当地阿拉伯人为主，少数民族有亚美尼亚人、巴勒斯坦和叙利亚的阿拉伯人。居民1/3为逊尼派穆斯林，其他还有亚美尼亚正教、东正教、天主教、什叶派穆斯林等。

经济

贝鲁特不仅是黎巴嫩政府所在地，同时对黎巴嫩经济也有着不可忽视的影响。贝鲁特中央区、哈姆拉街、阿什拉菲赫等地有众多公司与银行。

文化

贝鲁特是黎巴嫩的文化和教育中心。该市歌舞表演、影视制作等娱乐行业非常发达。拥有庞大的教育机构，有黎巴嫩大学、贝鲁特美国大学、圣约瑟夫大学、贝鲁特阿拉伯大学等综合性大学。其中，贝鲁特美国大学不仅是黎巴嫩最好的大学，而且也是中东地区最负盛名的大学，号称"中东的哈佛"。此外，在黎巴嫩还有国立音乐学校、美术学校及其他专业性学校。很多国际性、地区性会议也经常在该市举行。

贝鲁特政府每年都会举行的一年一度的游园会，市民们打扮漂亮，全家来参加。贝鲁特市场中经营园艺、家具、食品和美容产品的企业占了很多摊位。入夜，时尚的年轻人会去市中心酒吧云集的莫诺街喝上一杯，在音乐声中消磨时光。

旅游

贝鲁特是一座文化古城，不但有秀丽的景色、温和的气候与别致的建筑，而且许多著名的历史古迹吸引着各国游客。

在贝鲁特国家博物馆内，保存着各个历史时期的文物，有世界上最先发明字母文字的腓尼基人的象形文字，还有很多雕像、宝玉等。在市内，有罗马时代的城墙、庙宇、澡堂的残迹和奥斯曼帝国时期修建的清真寺。贝鲁特东80多千米的巴勒贝克，是腓尼基时代建立的古城，有著名的古希腊和古罗马时代的遗迹，其中最引人注目的是巴勒贝克神庙，这是世界上著名的名胜古迹之一。神庙建于公元前2000年，是腓尼基人为祭祀太阳神巴勒而修建的。城北30多千米处的比布鲁，现名朱拜勒，有古腓尼基人的城堡遗迹。城南40多千米的赛达港有十字军修筑的坚固城堡。在贝鲁特以北山区离卡勒卜河不远的山崖上，刻满了楔形文字、象形文字、拉丁字和阿拉伯字等近20种文字，是闻名于世的"留言崖"，为古时胜利的军事统帅在这里记下的光辉战绩。最早留下记载的是公元前13世纪埃及法老拉姆仁斯二世战胜赫梯人的一段碑文。石崖上留下最后记载的是阿拉伯人自己刻下的，上面写着"1946年12月31日，最后一个法国士兵离开了黎巴嫩领土"。

此外，还有贝鲁特杰达溶洞、贝鲁特黎巴嫩山等美丽的自然风光。贝鲁特杰达溶洞位于贝鲁特以北20千米的黎巴嫩山脉底部，属喀斯特地貌，经数千万年形成，造型呈罗马教堂穹隆状，最顶部净高80多米，洞内有地下河，洞体构造为天然导流通道，是黎凯勒卜河（又名狗河）的主要水源。洞内先进的灯光设备，将洞顶瑰丽景象呈现得一览无余。洞体分上、下两洞。上可步行观赏，地质年代较下层早几百万年，在长650米的廊道上呈现不同地质分层，洞石造型千姿百态，峡石与断裂地形尤为壮观。下洞观光包括地下河泛舟游览，既有瀑布激水的清越，又有曲径通幽的妙趣。夏季，洞内凉爽怡人，冬季，河水水位上升，下洞关闭。

贝鲁特黎巴嫩山高达3000多米，山顶上白雪皑皑，而山脚下却是果树成林，一片翠绿，与地中海交相辉映。汽车可以沿着宽阔的盘山公路，从山脚一直开到山顶，山坡间建有许多式样新颖的别墅、旅馆和饭店，掩映在苍郁的林木丛中。从山脚到山顶，沿途可以观赏到一种十分有趣的现象：山上人们在开心地滑雪，山下海滨浴场上彩伞簇立，人头攒动，游客或是在海面上嬉戏追逐，或是裸露着身子躺在沙滩上进行日光浴。黎巴嫩出版的一本旅游册上曾这样风趣地写道："到贝鲁特来吧！一天之内您既可以上山滑雪，又可下海游泳。"

贝鲁特现仍是中东地区重要的交通枢纽。贝鲁特港口是地中海东岸最大的港口，港区面积66公顷，港深15—18米，10万吨级货轮可直接靠岸装卸货物。贝鲁特国际机场是国际上著名航空港，每天有 20 多家航空公司的飞机在这里起降。贝鲁特公路贯穿全境，公路在内战期间破坏严重，政府制订了修复计划，但因资金无法到位，修复工作进展缓慢。

的黎波里

地名由来

的黎波里曾是古代一个公国，存在于 1109—1289 年，现位于黎巴嫩北部，是黎巴嫩的一个重要城市。

区位

的黎波里位于贝鲁特以北 85 千米的海滨，北距叙利亚边境 40 千米，是黎巴嫩第二大城市、第一大港，也是北方省省会。

历史

的黎波里具有 3500 年的历史，始建于公元前 700 年，曾受外族长期统治直至黎巴嫩独立。的黎波里城堡，位于市内的一座小山上，是黎巴嫩最古老的一座城堡。其雏形是阿拉伯帝国第二任哈里发欧麦尔率部于公元 636 年击溃拜占庭军队，占领叙利亚、黎巴嫩后，由其手下的指挥官苏福扬·本·穆吉布·艾兹迪于同年所建。11 世纪初叶和 12 世纪初叶，法蒂玛王朝和十字军先后两次对其进行扩建和加固。1307 年，马穆鲁克王朝的艾沙德木尔·库尔基将其扩建成有多个瞭望塔的城堡。1521 年，苏莱曼·本·赛利姆一世苏丹又扩建了北瞭望塔。1909 年通往叙利亚霍姆斯的铁路筑成后发展迅速。1099—1109 年被十字军围困，1517 年受奥斯曼帝国统治。1918 年被法国占领，1943 年国家独立后收回。现除作为叙利亚的出海口之一外，也是来自伊拉克基尔库克油田的输油管的终点站之一，为商业、工业与旅游业中心。

地理

的黎波里位于黎巴嫩西北部地中海东岸阿里河口的两个山坡坡地上，分为城区和港区两部分。港区离城中心 3 千米，原是一个岛屿，由于陆上河流的冲积，向外延伸而成为陆连岛。的黎波里气候温暖，1 月最低气温 10℃。

经济

的黎波里的工业有炼油、肥皂、制革、轧棉、针织、烟草与水果加工，并成海绵采集业中心。城市腹地出产柠檬、橘子、石榴、香蕉、橄榄。的黎波里也是地中海东岸重要外贸港口，有铁路通贝鲁特和叙利亚，有输油管通联伊拉克油田。

文化

的黎波里是地中海东岸拥有历史文物首屈一指的城市，拥有的马穆鲁克王朝时期的文物，仅次于开罗，居第二位。的黎波里可称是罗马王朝、拜占庭王朝、法蒂玛王朝、十字军东征时期、马穆鲁克王朝和奥斯曼时期活的博物馆。市内有 45 栋建筑物的寿命可追溯到 14 世纪，有 12 所马穆鲁克时期和奥斯曼时期建造的清真寺和相同数量的宗教学校。其中，盖拉温苏丹于 1294 年建造的曼苏里大清真寺可称是黎巴嫩现存的最大、最古老的马穆鲁克时期的清真寺，1310 年建成的"布尔塔西"则是马穆鲁克时期建造的吸取了拜占庭王朝、法蒂玛王朝和马格里布建筑风格的最漂亮的一座清真寺。1336 年建造的"提纳勒"清真寺堪称艺术瑰宝，它的工程结构、装饰、书法和色彩均可与开罗和大马士革最别致的清真寺媲美。在市区的基督教区，有多所 19 世纪建成的教堂，其中有 1809 年建成的希腊东正教派的尼古拉教堂和 1889 年建成的马龙派米哈伊尔大教堂。奥斯曼统治时期建造的客栈和市场已经经历了 500 年风霜，裁缝、珠宝匠、香料商、铜匠和制造匠等各行各业的工匠们，仍在市场内自己开设的小店中辛勤劳作，边做边卖。市内还有一些罗马—拜占庭式的传统浴室。十字军时期修建、马穆鲁克王朝时期扩建的"伊兹丁"浴室，可称是黎巴嫩留存的最大的拜占庭式浴室，其外门和内门均有拉丁文字和浮雕。而由奥斯曼帝国派驻的黎波里总督易卜拉欣·帕夏于 1730

年建成的"杰迪德"浴室，则是一座豪华、典雅的浴室。

旅游

的黎波里在历史上一直是繁荣的商贸中心，其古老的手工艺品集市散发着浓郁的东方风情。信步集市，耳畔是橄榄皂和纺织品商贩的叫卖声，空气中弥漫着咖啡和香料的气味。

的黎波里最吸引人之处莫过于其东方风情。城中遍布清真寺，伊斯兰教礼拜时分，悠扬的宣礼声使整个城市沉浸在神圣肃穆的气氛之中。大部分清真寺建于马穆鲁克王朝时期，该王朝在13世纪统治黎巴嫩，并在这里留下了构造精美的清真寺，尤其是有着美丽拱门的清真大寺和有着雪花石大门的推纳尔清真寺，以及雕刻精美的宣礼塔而著称的布尔陶希清真寺。的黎波里还有不少附属于清真寺的古兰经学校，其中最著名的要数高陶威叶学校，其入口处立有漂亮的雪花石柱。

雷蒙·德·圣智城堡俯瞰着整个的黎波里，该城堡以的黎波里伯国创始人的名字命名，长140米，宽70米，气势恢宏，是世界上为数不多的保存完好的东方城堡。城堡进行过多次修葺，尤其是在奥斯曼帝国统治时期。

在黎波里绝不应错过浴场，但现今只有阿布德浴场仍旧营业。

赛　达

地名由来

赛达，古腓尼基语称"西顿"，曾以所产紫色染料与玻璃器皿著称。

区位

赛达位于贝鲁特以南40多千米的地中海海岸岬角上，是黎巴嫩南方省省会，为黎巴嫩第三大城市，也是黎巴嫩南方的经济中心。

历史

赛达是一座具有 5000 多年历史的古城。在腓尼基时代,因地位重要而繁荣,公元前 12 世纪曾为地中海的霸主。公元前 675 年,赛达曾因反抗亚述人的统治而被整个摧毁。在波斯帝国的统治下,黎巴嫩、叙利亚、巴勒斯坦、塞浦路斯合并为一个行省,赛达为首府。公元前 350 年,赛达由于反抗波斯帝国的统治而被波斯皇帝屠城,赛达国王腾尼斯连同 500 名社会名流被波斯皇帝射死,4 万多人自焚。

在托勒密王朝统治下,赛达重又复兴。在古罗马时代,赛达是工业、商业中心,以制作精美的玻璃器皿出名。1110 年落入十字军手中,1260 年遭到土耳其人的摧残。直到 1291 年,终于回到伊斯兰教徒的手里。17 世纪后,这里成为绢的贸易中心。至黎巴嫩独立时,赛达成为黎巴嫩第三大城市。

经济

目前赛达是黎巴嫩南方的经济中心,这里有食品、纺织、机械、石油精炼等工业。赛达港是黎巴嫩农产品交易中心。赛达东南郊有巴勒斯坦"米耶米耶"和"艾因赫勒维"难民营,是巴勒斯坦在黎巴嫩的两个最大的难民营,巴勒斯坦解放组织各派均设有办事处。

旅游

赛达古堡是该市最具历史性的古建筑物之一。它位于离海岸 80 米的岛屿上,当时修建的目的是为了防范来自海上的敌人。该古堡于 1228 年在十字军第六次东征时修建,建筑材料为经过加工后的平面石板及横向固定在砖墙内的罗马石柱。连接古堡和陆地的桥梁曾多次被战火毁坏,最初在该桥西端原来有通往城门的木制活动斜道,该通道为了防止敌人攻占古堡可被挪开或毁掉。

古堡的两座警戒塔由一堵结实的砖墙连接,现今被部分毁掉。第一座塔位于古堡东北部面向正门。这座矩形的塔是用再生石建造,罗马时代的花岗岩石柱横向加固在其中从而使该塔更为坚实。在该塔顶端还有一座奥斯曼帝国时期的小清真寺,它由内有壁龛的长方形圆顶房间组成。第二座塔位于古堡西南部。它的底层修建于十字军时期，顶层重新修建于马穆鲁克时期。该塔连接东城墙部分呈半圆形，塔内星罗密布的小窗户及窥视孔极为引人注目。这座古堡见证了中世纪发生在该市的数次毁灭性战争，它已成为英勇反抗外来侵略的象征。

佛朗杰客栈，是17世纪艾米尔法赫尔丁二世为往来客商所建造的众多客栈之一，口字型建筑，上下两层，中间有一个带喷水池的庭院，建筑物靠庭院一侧为一圈带顶的柱廊。该建筑物现已成为赛达文化中心。从市场往南是大清真寺，前身是圣约翰教堂，这座矩形建筑物的四周墙壁历史可追溯到13世纪。从海面远眺这座清真寺，完美的结构给人留下难以忘怀的印象。

扎赫勒

地名由来

扎赫勒，这个名字来自叙利亚语言"Zahle"，其意思是指"移动的地方"。可能是过去这个地方偶尔会发生一些山体滑坡，当地居民灾后在周围建立了一些城镇，可能是这个名字的由来。

区位

扎赫勒位于贝卡谷地西侧，东距贝鲁特54千米，坐落在黎巴嫩山脉的萨宁山东麓。是贝卡省省会，也是黎巴嫩第四大城市，又是贝卡谷地的行政和商业中心。巴尔杜尼河由北向南将扎赫勒一分为二，河西是老城区，河东则是商业区。

历史

扎赫勒市至今已有300多年历史，曾三次毁于火灾。1885年贝鲁特—大马士革铁路通车后，该市的经济开始活跃，逐渐发展成黎巴嫩同叙利亚乃至伊拉克开展贸易的中心。

地理

扎赫勒是黎巴嫩中部城市，海拔 945 米。夏季，空气清新、干燥；冬季，背后的萨宁山覆盖着皑皑白雪，将城内建筑物的红色屋顶衬托得分外妖娆。

经济

该市的酿酒业已有悠久的历史，黎巴嫩许多可与欧洲品牌媲美名扬海外的名牌葡萄酒和优质的"阿拉克"酒均产自该市。扎赫勒最著名的酿酒厂莫过于卡萨拉酿酒厂，该厂在山体内挖掘了不少山洞，用作酒窖。

扎赫勒还盛产蔬菜、水果，特别是葡萄。放眼眺望，城北的许多丘陵地，一排排整齐的葡萄藤架跃入眼帘。

文化

扎赫勒的居民多数是基督教徒，宗教特色随处可见。市中心的赛伊代特·扎勒扎利教堂建于 1700 年，是扎赫勒最古老的教堂。奈贾特修道院建于 1720 年，是普鲁士国王的赠礼。该院有一座黎巴嫩最大的钟塔，还有一座漂亮的圣母玛利亚雕像。圣伊莱亚斯·图瓦克修道院建于 1755 年，经历一次火灾后于 1880 年修复，如今已是扎赫勒古老的纪念性建筑物之一。更为壮观的景物是屹立于山丘顶端的 54 米高的扎赫勒和贝卡的圣母玛利亚雕像塔，游人乘电梯登上塔顶的观景平台，扎赫勒和附近平原的风光尽收眼底。平台之上竖有一座高达 10 米的圣母玛利亚铜像，出自意大利艺术家皮埃罗蒂之手。

扎赫勒是一个人才辈出的地方。该市自诩为"葡萄酒和诗的城市"，城南入口处竖有一座诗酒女神雕像作为该市的标志。在黎巴嫩政治、文化舞台上作出过巨大贡献的思想家、作家和诗人中，就不乏该市的知识分子精英，近百年来约有 50 名诗人和作家出生于该市。

旅游

扎赫勒是一个美丽的旅游城市。除了众多历史悠久的教堂和修道院，该城还有着一些独具当地特色的风景和风情。该城北端的巴尔杜尼河谷，又称阿雷什河谷，阿文原意是"葡萄藤河谷"。两岸树荫下和葡萄架下露天餐厅鳞次栉比。头戴土耳其式红毡帽，身着长裆扎腿裤的侍者，用一把细长嘴的大铜壶向顾客面前的小杯中——注入黎巴嫩咖啡，有的顾客抽着侍者提供的有着巨大坐地盛水罐的长杆水烟，香气诱人的阿拉伯大饼在你眼前烤制着，这真是扎赫勒的一道亮丽的风景线。

柏拉特市场是扎赫勒最古老的一条商业街，历史上曾是来往叙利亚、伊拉克和巴勒斯坦的客商买卖货物的场所。胡什·扎赫拉尼市场坐落在河东的邮政局附近，历史上曾是过往客商的客栈和手工艺品中心，鞋匠、木匠、铜匠、织工和马鞍制作者均云集于此。此处也是一个重要的商业中心，小贩们在此销售农产品和工业制品。置身于此，仍能感受到老扎赫勒以往的风情。

另外，扎赫勒市内有众多的精品商店，12 家在业的酒店，无数餐厅、咖啡馆、娱乐中心、夜总会和和电影院，16 家银行和无数外币兑换所。

格鲁吉亚

格鲁吉亚，其全称为格鲁吉亚共和国。该国位于连接欧亚大陆的外高加索中西部，包括外高加索整个黑海沿岸、库拉河中游和库拉河支流阿拉扎尼河谷地。西临黑海，西南与土耳其接壤，北与俄罗斯接壤，东南和阿塞拜疆及亚美尼亚共和国毗邻。国土面积为 6.97 万平千米，人口数量为 398.3 万（2016 年）[①]。全国由首都第比利斯、9 个大区、1 个自治州（南奥塞梯）、2 个自治共和国（阿布哈兹、阿扎尔）组成。主要城市有第比利斯、巴统、库塔伊西等。

第比利斯

地名由来

第比利斯以热矿泉而驰名，"第比利斯"在格鲁吉亚语里就是"温暖"的意思，来源于这里的温泉。

---

① http：//worldpopulationreview.com/countries，查阅日期：2016年5月9日。

区位

第比利斯位于大高加索与小高加索之间，濒临格鲁吉亚中东部库拉河畔，地处外高加索的战略要冲，面积 726 平方千米，是格鲁吉亚首都，政治、经济、文化及教育中心，格鲁吉亚最大城市，也是高加索地区重要交通枢纽和著名古都。

历史

第比利斯建都于公元前 4 世纪，是格鲁吉亚多个朝代的首都。据史料记载，公元前 4 世纪，位于库拉河沿岸的一个名叫第比利斯的聚居点成了格鲁吉亚的首都。而文献中关于第比利斯的最早记录，是公元 4 世纪 60 年代发生的一次外族入侵的攻城战斗。从那时起，第比利斯的历史就与旷日持久的战争、短暂的和平、战火的无情破坏与战后大规模的建设、繁荣和衰退永远地连在了一起。公元 6 世纪，第比利斯被波斯人占据；公元 7 世纪又被拜占庭和阿拉伯人占领。1122 年，第比利斯被大卫二世收复，定为格鲁吉亚国都。1234 年被蒙古人攻陷，1386 年遭帖木儿洗劫，之后数次被土耳其人攻占。1795 年波斯人纵火焚城，把第比利斯变成一片焦土。1801—1864 年，格鲁吉亚各公国先后并入俄罗斯帝国，第比利斯也随之被俄国兼并。十月革命以后，格鲁吉亚曾经短暂独立，第比利斯再次成为国家的首都。1921 年苏联把它定为格鲁吉亚加盟共和国首都，从此开始了前所未有的大规模城市建设活动。经过几十年的不断建设，第比利斯已经成为苏联最优美、最舒适的城市之一。到后来外高加索社会主义联邦共和国成立，和后来的格鲁吉亚社会主义加盟共和国，第比利斯也获选成为首府。直到 1991 年格鲁吉亚从苏联独立，第比利斯再次成为国都。

地理

第比利斯濒临库拉河，海拔 500—650 米。库拉河在第比利斯穿过陡峭的峡谷，呈弓形由西北向东南流去，整座城市沿库拉河两岸以阶梯式向山麓展开。第比利斯属温带大陆性气候，年平均气温约 12.8℃。第比利斯呈长条形，共分为 8 个区。

经济

第比利斯是格鲁吉亚工业中心，格鲁吉亚的机械制造业多集中于此，以机械制造和金属加工工业为主；是电力机车的主要产地，还生产飞机、金属切削机床、农机、电机、精密仪器等设备。轻工业方面，食品加工（葡萄酒、油脂、乳品、卷烟等）比较发达，丝纺织和制鞋业亦盛。

文化

第比利斯是格鲁吉亚的科学文化中心。有格鲁吉亚科学院、第比利斯植物园、农业机械化与电气化研究所、葡萄酒酿造研究所、食品工业研究所等数十个研究单位和 12 所高等院校，200 多所普通教育、职业技术教育和中等专业教育学校，100 多个图书馆。作为全国的艺术中心，第比利斯还拥有格鲁吉亚艺术博物馆和扎拿夏国立博物馆等 16 座博物馆，还有格鲁吉亚绘画陈列馆、鲁斯塔维利剧院等众多艺术场所。

第比利斯每年 10 月份的最后一个周末还会举行"第比利斯索巴"节。最初，格鲁吉亚各地在该节日向第比利斯提供自己收获的农产品，该节日逐渐发展成各地农产品展销会和民俗文化展示会，同时也是庆祝葡萄及其他农作物丰收的节日，是格鲁吉亚一年中最热闹的非宗教性节日之一。第比利斯索巴节是儿童的节日，期间市内很多广场上都有儿童表演各种歌舞节目。孩子们可以在很多地方免费领到彩色气球和格鲁吉亚国旗，还有很多画师在孩子的脸上或胳膊上画上花鸟鱼虫等彩绘图案。

旅游

第比利斯是一座古老而富有诱惑力的美丽城市，这座外高加索的著名古都，以优美风景和众多古迹吸引着来自世界各地的旅游者。

第比利斯老城是旅游的精华所在。老城始建于公元 4 世纪 Vakhtang Gurgasali 国王时代，奉了他的迁都令兴建的格鲁吉亚新都城，位于高加索交通枢纽点，历史上一直是格鲁吉亚最重要的城市。但也正因此，只要格鲁吉亚遭受外敌入侵，这里必首当其冲，所以屡毁屡建。现存老城城内建筑多数是 1795 年波斯 Agha Mohammad Shah 入侵焚城后修建的。城内有大量重要历史、宗教建筑，东西方交汇地的风貌保持完好。交通、餐饮、住宿均很便利。

第比利斯的硫黄热泉久负盛名，据说就是这里吸引了国王 Vakhtang Gorgasali 的注意力，让他决定从姆茨赫塔迁都于此。现在主要浴池分成两片，最著名的是位于低处半地下的 Abanotubani 浴池和略高处的 Orbeliani 浴池。后者大门用蓝色釉砖装饰，远望犹如清真寺。

圣三一大教堂位于第比利斯市 Mtkvari 河左岸伊利亚山上，建于 1995—2004 年间，是格鲁吉亚自苏联解体以后，也是有史以来修建的最大教堂，现在是格鲁吉亚东正教母堂。大教堂建筑群包括院墙，钟楼，若干小礼拜堂等。主建筑高近 100 米，是格鲁吉亚最高的教堂，从第比利斯各个角度几乎都能看到。

第比利斯自由广场位于市中心。始建于 19 世纪沙俄统治时期，原名埃里温广场，苏联时代改名列宁广场，1991 年格鲁吉亚宣布独立，改今名。广场上的列宁像早已换成圣乔治屠龙圆柱。广场以东为 19 世纪以前存在的第比利斯老城，周围建筑多数建于沙俄和苏联时期，包括第比利斯市政厅、格鲁吉亚国家美术馆、万豪酒店等重要单位，建筑风格协调。广场一带交通便利，景点集中。

第比利斯也是高加索地区重要交通枢纽，其铁路干线通巴统、巴库、埃里温等地，并有许多条公路交会于此，将外、北高加索连接在一起，与俄罗斯及周边、欧洲国家的一些大城市有航空航线。

阿塞拜疆

阿塞拜疆，其全称为阿塞拜疆共和国。该国位于亚洲与欧洲交界处的外高加索东部，东濒里海，南接伊朗和土耳其，北与俄罗斯相邻，西傍格鲁吉亚和亚美尼亚。位于中阿拉斯盆地、处于亚美尼亚和伊朗之间的纳希切万自治共和国和纳戈尔诺·卡拉巴赫自治州均为处于亚美尼亚境内的飞地。国土面积为 8.66 万平方千米，总人口数量为 979.9 万（2016 年）[1]。全国划分为 1 个自治共和国、66 个区、70 个城市、13 个市级区。国内主要城市有巴库等。

巴 库

地名由来

关于巴库这一名字的来源众说纷纭。较多人认为来源于波斯语 Bād-kube，意为风袭击的城市。bād 意为风，kube 意为猛击。事实上，巴库在冬季的确受到暴雪和强风的袭击。另外，还有人认为巴库在古波斯语中的意思是"上帝之山"。

---

[1] http://worldpopulationreview.com/countries，查阅日期：2016年5月9日。

区位

巴库位于阿普歇伦半岛南侧的海湾内，面积 2192 平方千米，是阿塞拜疆共和国首都，全国政治、经济和文化中心，里海沿岸最大的港口，也是外高加索地区最大的城市和航运、航空和铁路枢纽。

历史

根据巴库市政府资料，巴库的历史最远可以追溯至公元前 3 世纪，埃及人 Pharaoh Menesa 在《死亡之书》中曾提到过巴库的信息。屋大维在公元前 1 世纪曾在巴库建立军营征服高加索。而世界上其他国家则普遍认为在公元 6 世纪，巴库第一次出现在书面记载中。从那时起的很长一段时间里，巴库都与波斯诸帝国联系在一起。

中世纪早期的巴库同现在一样，经济依赖于石油与盐业，为阿布歇隆半岛地区的经济中心。

在 18 世纪，巴库为巴库汗国都城。之后与沙俄一直有着战火的联系。在 1803 年，Tsitsianov 曾与作出妥协的巴库可汗签订了协议，但很快被废止了。1806 年 2 月 8 日，巴库汗 Huseyngulu 被俄国人 Tsitsianov 在城门前刺死，其后巴库投降，并入俄国。1813 年俄国与波斯签署了古利斯坦条约，将包括巴库在内的高加索地区正式并入。

19 世纪 70 年代，巴库开始工业性采油，19 世纪末成为外高加索工业中心和举世闻名的石油基地，拥有 22 个炼油基地，石油工业发达。1917 年，曾成立社会主义性质的巴库公社。1920 年，成为阿塞拜疆苏维埃社会主义共和国首府，1922 年由于阿塞拜疆加入外高加索联邦，而联邦加入苏联导致阿塞拜疆首府在此期间变为第比利斯。1936 年后重新成为阿塞拜疆首都。现代的巴库建在环绕海湾的山坳上，街道整齐而建筑巍峨。

地理

巴库由于坐落于巴库油田又被称为"石油城"，巴库划分为 11 个区，分别是阿吉兹别科、比纳卡金、卡拉达克、纳里马诺夫、纳西明、尼兹明、萨巴伊尔、萨布钦、哈塔因、雅萨马尔等。此外，还包含 46 个卫星城和居民点，人称大巴库。巴库 1 月平均气温约为 4℃，7 月平均气温约为 27.3℃。

经济

直到 20 世纪初，巴库还是一座落后的城市，城里没有树木，满街烟尘滚滚。俄国十月革命以后，随着里海石油的大规模勘探开发，巴库的城市面貌焕然一新，逐渐建设成为一座高楼林立、绿树成荫的现代化城市。1940 年，巴库的石油生产达到高峰，其产量占当时苏联总产量的 71.5%。此后，巴库原油产量开始下滑，但到 1950 年仍然是苏联的第一大油田，石油产量占苏联总产量的 39.2%。20 世纪 50 年代后，由于储量日益衰减，原油产量在累计开采 12 亿吨之后走向衰退，生产形势急转直下。1955 年，原油产量占全苏联的比重降为 15%。1970 年，跌至 5% 左右，到 80 年代，其所占比重不到 2%，随之而来的是城市的发展速度大为减慢，地位不断下降。

巴库很多工业门类与石油密切相关，比如石油化工、石油机械等工业就相当发达。但巴库经济转型比较早，是苏联计划经济体制下石油城市成功发展的一个案例。

在苏联时期，巴库除了油气开采之外，其他行业如机械制造、冶金、采矿、机床、电机、造船、汽车修理、水泥及建筑材料、消防器材等也逐步发展壮大；轻工业也从无到有，成为外高加索地区重要的轻工业基地，地毯、食品工业相当发达，所产粒状黑鱼子和鱼子酱闻名于世界。石油开发也推动了军工企业、交通运输业、城市交通、住宅建设、商业、服务业等各项事业的发展。巴库还是外高加索重要的铁路枢纽和航运中心，高加索多条铁路干线汇集于此。作为港口，巴库可停泊中等吨位船舶，年吞吐量达 1800 万吨。

文化

巴库在产业结构调整过程中十分重视文教科技事业的发展。阿塞拜疆教育体制分为学前教育、中小学普通教育、职业技术教育、中等专业教育和高等教育。居民中识字人数已达居民的 99.9%。巴库市内有阿塞拜疆科学院等 100 多所科研机构，10 多所高等学校，最著名的高等学府是巴库国立大学，还有阿塞拜疆石油学院、阿塞拜疆医学院和高等音乐学院。巴库阿洪多夫国立图书馆，建于 1923 年，馆藏图书 300 多万册，是阿塞拜疆最大图书馆。

阿塞拜疆宪法保障宗教自由，并且声称没有国教。94% 以上的巴库市民信仰伊斯兰教，另有约 4% 人口是基督徒（多属俄罗斯正教会、格鲁吉亚正教会和 Molokans）。巴库市拥有三个犹太人社区，分别是格鲁吉亚犹太人、山地犹太人（Mountain Jews）和阿什肯纳兹犹太人的地域。

巴库还是一座音乐之都。Filharmonia 在设计华美的国际木卡姆中心(International Mugham Centre) 举行令人惊叹的古典音乐演奏会，共享这场令人沉醉的阿塞拜疆民乐盛宴。

旅游

巴库是一座有着悠久历史的古城，城内有众多名胜古迹，如 11 世纪建造的瑟纳克—卡尔清真寺塔，12 世纪的克孜—卡拉瑟塔楼，13 世纪的巴伊洛夫石堡，15 世纪的希尔凡王宫及 17 世纪的汗王宫殿至今保存完好。2000 年，联合国教科文组织将巴库城及城内的希尔梵国王宫殿和少女塔作为文化遗产，列入世界遗产名录。

巴库城高高耸立于港湾之上城市的最高部分，以其被称作王（沙赫）宫的漂亮宫殿而著称。它真正建在突出的悬崖上，具有皇家的豪华和不同寻常的富丽堂皇。所有的一切都用闪光、削平的石头做成，彼此连接精巧之极，无论从哪个地方都辨别不出接缝。

少女塔坐落在巴库老城中心，比邻里海海滨，是 12 世纪所建的汗王宫殿建筑群的一部分。全塔高 27 米，为 8 层圆柱状，每层可容纳 50 余人，内有一口水井，井水四季清凉甘美。每层窗都有防御设施，可倾泻滚烫的熔铅，或投下燃烧的石油火把，抵抗外敌的进攻。1304 年，少女塔经受了大地震，当时许多居民住宅都被夷为平地，它却安然无恙。

巴库还有一处著名的景点是烈士山（Martyr Hill）。这座纪念碑是为纪念 1990 年因俄罗斯入侵而死去的人们，大理石板和一团永不熄灭的火焰象征着他们的不朽生命。Bibi Heybat 清真寺也是巴库一处宏伟的地标名胜；法国前总统夏尔·戴高乐曾居住过的 Hajinski Mansion 也是值得游览的地方。当然，乘船游览探索巴库壮美的里海海岸，也是一个非常美好的体验。

亚美尼亚

亚美尼亚，其全称为亚美尼亚共和国。该国位于亚洲与欧洲交界处的外高加索南部的内陆国，东邻阿塞拜疆，西部和东南部与土耳其、伊朗及阿塞拜疆的纳希切万自治共和国接壤，北界格鲁吉亚。地处亚美尼亚高原东北部，境内多山，全境90％的领土在海拔1000米以上。国土面积为2.98万平方千米，人口数量为302.3万（2016年）[1]。全国划分为10个州和1个州级市：希拉克州、洛里州、塔武什州、阿拉加措特恩州、科泰克州、格加尔库尼克州、阿尔马维尔州、阿拉拉特州、瓦约茨·佐尔州、休尼克州和埃里温市。国内主要城市有埃里温等。

埃里温

地名由来

"埃里温"意即"埃里部落之国"，旧译"耶烈万"。

---

[1] http://worldpopulationreview.com/countries，查阅日期：2016年5月9日。

区位

埃里温，位于拉兹丹河畔，面积约 90 平方千米，是亚美尼亚共和国的首都和经济、文化中心，外高加索古城之一，也是外高加索的机械工业中心，是一座历史悠久的文化古都。

历史

考古学的证据显示，埃里温的存在最早可以追溯到公元前 782 年，乌拉尔图人的领袖阿尔吉什提一世下令在此地设置了一座军事要塞，名为埃勒布尼。由于来自欧洲与印度的商旅路线都需在此路过交会，因此要塞自从建成之后，就一直是非常重要的战略要冲。至于埃里温的现名启用，最早出现的记录是在公元 7 世纪时，是当时波斯帝国统治下的亚美尼亚首都。

正由于其战略上的重要性，数百年以来埃里温的拥有权一直在波斯人与奥图曼人之间辗转，1827 年埃里温落入俄罗斯帝国手中，并且在 1828 年时正式由波斯割让给俄国。直到 1917 年时俄罗斯帝国发生了革命，埃里温短暂地脱离了帝俄的控制成为独立的亚美尼亚之首都。但这种独立状态没维持多久，1920 年时重回俄国人的控制下，成为亚美尼亚苏维埃社会主义共和国的首都，苏联的加盟共和国之一。苏联瓦解之后，亚美尼亚在 1991 年时独立成为亚美尼亚共和国，埃里温为首都。

地理

埃里温坐落在山坡上，四周景色优美，海拔 950—1300 米，南距土耳其边界仅 20 多千米。全市共分 7 个区。大部分坐落在拉兹丹河左岸。市中心为亚美尼亚共和国行政机关所在地。市区周围为肥沃的农业地带，是水果、蔬菜的集散地。

埃里温城市南北有阿拉拉特山和阿拉加兹山对峙，山上盛产彩色花岗石、大理石。埃里温市内房屋大多用山上的石头建造，因此埃里温市的房屋绚丽多彩。

埃里温 1 月平均气温约为 –5℃，7 月平均气温约为 25℃。

经济

埃里温是外高加索的机械工业中心，生产移动式电站、汽车、变压器、电机、机床、仪表等；合成橡胶、化肥、炼铝、建材、纺织、制鞋、酿酒、罐头等工业亦较重要。市内建有热电厂、水电站，邻近还有数座水电站和一座核电站，为大型动力枢纽。

文化

比希腊年轻，比罗马年长，这是对于埃里温的准确描述。埃里温是亚美尼亚重要的文化中心，设有亚美尼亚科学院及其所属的80多所科研机构和埃里温大学等高等院校，以及历史博物馆、文学和艺术博物馆、植物园。有档案馆、剧院和历史博物馆民间艺术博物馆，以及藏有万幅油画的国家画廊。马坦纳达兰文献手稿陈列馆闻名遐迩，里面藏有1万多本亚美尼亚古代文献和近2000份用阿拉伯文、波斯文、希腊文、拉丁文和其他文字书写的珍贵资料，不少手稿是直接写在加工后的羊皮上的，已获评为2012年世界图书之都。其石雕建筑艺术也很有名。

旅游

埃里温是一座历史悠久的文化古都。市内有两座分别建于13世纪和17—18世纪的大教堂。市郊有一处著名旅游胜地，亚美尼亚古都——艾奇米亚金，据传它建于公元4世纪，是亚美尼亚大主教驻节地，有建于公元303年，亚美尼亚首任大主教恩利格坦纳的艾奇米亚大教堂，还有建于公元618年的里普西梅教堂。离艾奇米亚金不远是建于公元641—661年的兹瓦尔特大教堂遗迹，这座外呈穹顶、内为十字形的3层大教堂，装饰富丽，对整个中世纪的亚美尼亚建筑艺术起了重要影响。离埃里温市27千米处有公元前5—前2世纪的加尔尼古堡遗迹，它原是亚美尼亚国王夏宫，堡内的列柱教堂是古希腊文化末期（公元1世纪）亚美尼亚文化的唯一遗迹。

在距离埃里温东南40千米的峡谷中，还有一座始建于公元4世纪的宏伟的格加尔德修道院，它倚山临河，气势宏伟。如今遗存的建筑物是13世纪所建，也叫艾里凡克，在亚美尼亚语中意为"岩洞教堂"，因其大部分建筑物在岩石中凿成而得名。修道院包括一座中心教堂，两座岩洞教堂和一座王公寝陵。中心教堂建于 1215 年，迄今保存完整。一座岩洞教堂建于 13 世纪 40—50 年代，位于中心教堂门廊西北；另一座岩洞教堂建于 1283 年。寝陵位于第一座岩洞教堂斜上方，有外廊，12 平方米，4 排列拱作"井"字形交叉，4 个交叉点为 4 根粗壮的石柱，中间棉花顶上是天窗，极为壮丽。寝陵及其外廊均建于 1288 年。

在离埃里温 60 千米处，还有一座高加索最大的高山湖泊——塞凡湖，它是著名的游览胜地。湖名系由亚美尼亚语"黑色寺院"转化而来，因湖西北角小岛上有座公元 4 世纪用黑色材料修建的古寺院，又称戈克恰伊湖，系突厥语名称，意为"蓝水"。

在埃里温还能品尝到富有地方特色的美食。由于高山和草原特有的地理环境，养羊条件良好，故其居民对羊肉极为偏爱，并善于用羊肉烹制各式各样的菜肴，其中烤羊肉串是他们最擅长的，是迎宾宴客的美味佳肴。他们宴请客人时，喝酒一般不用杯子，按他们当地的传统习惯，以牛角装酒，互相传递着喝酒来表示对客人的亲近和友好。

土耳其

　　土耳其，其全称为土耳其共和国。该国地跨亚、欧两洲，位于地中海和黑海之间。全国总面积78.36万平方千米，其中97%位于亚洲的小亚细亚半岛，3%位于欧洲的巴尔干半岛。东邻伊朗，东北邻格鲁吉亚、亚美尼亚和阿塞拜疆，东南与叙利亚、伊拉克接壤，西北和保加利亚、希腊毗邻，北滨黑海，西与西南隔地中海与塞浦路斯相望。博斯普鲁斯海峡和达达尼尔海峡以及两海峡间的马尔马拉海，是沟通黑海和地中海的唯一水道，战略位置十分重要。海岸线长7200千米，陆地边境线长2648千米。该国人口数量为7908.11万（2016年）[①]，主要为土耳其族和库尔德族。全国共分为81个省，国内主要城市有安卡拉、伊斯坦布尔、伊兹密尔、布尔萨等。

安卡拉

地名由来

　　安卡拉历史悠久，可以追溯到上古世纪。有些历史学家认为，早在公元前13世纪以前，一个称为"赫梯"的强大而好战的印欧人部落来到这里定居，

---

① http://worldpopulationreview.com/countries，查阅日期：2016年5月6日。

筑起一些城堡，建立赫梯帝国，当时称之为"安库瓦"，后变音为"安基拉"。另一种传说则认为，这座城市是在公元前 700 年左右为弗里吉亚国王米达斯所建，由于他在那里发现了一个铁锚，这便成了这座城市的名字。之后，几经变化就成了"安卡拉"。

区位

安卡拉位于小亚细亚半岛上安纳托利亚高原的西北部，临萨卡里亚河支流安卡拉河，是土耳其的首都和第二大城市，土耳其政治、经济、文化、交通和贸易的中心，也是安卡拉省省会。

历史

安卡拉地区的历史是从青铜器时代的赫梯文明开始，又继承了公元前2000 年的西泰特人、公元前 10 世纪的菲尔吉斯人、利迪亚人、波斯人的文明。其后，继葛拉特亚人之后，公元前 3 世纪盖鲁特人在安卡拉建立了最初的首都。

在弗里吉亚王朝之后，一个叫加拉特的部落来到小亚细亚，也在安卡拉建都，当时这个地方被称为"安科尔"。

公元前 3 世纪，罗马人占领了安卡拉，当时，罗马帝国皇帝艾罗给安卡拉定名为"麦特罗波尔"，其意为"大都会"或"首府"。罗马帝国时期，在安卡拉修建了数量众多的教堂、赛马场、公共浴池和圆石柱等建筑物，在这一时期，市区不断扩大，人口迅速增加，成为一座文明而美丽的城市。从罗马帝国、拜占庭帝国到奥斯曼帝国统治时期，这里一直都是重要的政治、军事和商业中心。

阿尔斯兰于 1073 年，伊勒迪里姆 (Yildirim)、拜亚兹特 (Beyazit) 于 1402年统治过安卡拉。之后奥斯曼土耳其统治了安卡拉。在古罗马时代，这里是文化、商业贸易和艺术的中心。奥斯曼时代这里是与东方进行贸易的重要的中继城市。但是到了 19 世纪，逐渐失去了其重要性。

安卡拉正式定为首都之前，城市规模并不大，居民也仅有数万人。在显赫一时的奥斯曼帝国时期，土耳其的首都是博斯普鲁斯海峡边上的伊斯坦布尔。随着奥斯曼帝国的日益衰落和俄、英、法等帝国主义势力的侵入，到了

19 世纪末和 20 世纪初，土耳其面临被瓜分的危险。首都伊斯坦布尔也经常处于欧洲帝国主义列强的炮舰威胁之下，1920 年还被英军占领。被尊为"上耳其之父"的穆斯塔法·凯末尔便到小亚细亚半岛组织对外反抗外国侵略、对内推翻苏丹封建帝制的资产阶级革命。由于地理位置适中，交通方便，安卡拉逐渐成为斗争中心。同时也出于安全方面的考虑，革命胜利以后，安卡拉便被定为共和国首都。

1923 年土耳其宣布成立共和国，1923 年 10 月 3 日，开国元勋穆斯塔法·凯末尔放弃三朝古都的伊斯坦布尔，把国都定在安卡拉。16 天后，他在安卡拉宣布土耳其共和国成立。

地理

安卡拉地势起伏不平，平均海拔约 900 米，气候属半大陆性气候，年最高气温 31℃，最低气温 –4℃。主要农产品有小麦、大麦、豆类、水果、蔬菜、葡萄等。牲畜主要有绵羊、安哥拉山羊、黄牛。

安卡拉市区分新旧两部分，老城以修建在一座小山丘上的古城堡为中心；新城环绕在老城东、西、南三面，尤以南面的城区最为整齐，这里均是欧式建筑，大国民议会和政府主要部门都集中在该区，再往南是使馆区和总统府所在地——羌卡亚。贯穿南北的主要街道是以共和国奠基人凯末尔的尊称命名的，叫阿塔图尔克大道。

经济

安卡拉为仅次于伊斯坦布尔的全国第二大工业中心，有东西行的铁路干线通全国主要城市和港口，另有公路多条通向各方。航空港保持国内外的航空联系。安卡拉是贸易的重要十字路口，位于土耳其公路和铁路网络的中心。

文化

安卡拉是土耳其的文化中心，这里拥有众多的博物馆和美术馆。较有代表性的有安纳托利亚考古学博物馆、民俗学博物馆、绘画雕刻美术馆、独立纪念美术馆、共和国美术馆、阿塔图尔克美术馆等。融奥斯曼建筑风格和古典建筑艺术为一体的考贾泰佩清真寺，是建筑艺术上辉煌的作品。著名纪念馆当属国父纪念馆。

安卡拉的夜生活很丰富，除了常见的都市娱乐项目之外，旅游者可欣赏到土耳其国家交响乐团，以及歌剧、芭蕾舞剧等演出。这里演出的题材不仅包括取材于土耳其国内名著的作品，还包括国外的经典之作。

旅游

安卡拉是一座历史悠久的古城，文明而美丽，名胜古迹很多，如罗马时期的尤利阿奴斯之柱、奥古斯都神殿、罗马浴场、安卡拉城堡；拜占庭时期的城堡和墓地；塞尔柱时期的阿拉丁清真寺等。除了古迹外，安卡拉还有现代化的建筑，最具代表性的就是安塔库勒塔和安卡拉国家歌剧，其中安塔库勒塔为安卡拉最知名的观景塔，此外，还有一系列的公园、动物园和博物馆。

尤利阿奴斯之柱位于乌鲁斯地区，这根柱子建于公元 362 年。一般被认为是为了纪念罗马皇帝尤利阿奴斯的来访而修建的。高 15 米，在柱子的顶端还装饰了树叶形的装饰品。

奥古斯托斯神殿位于乌卢斯地区。公元 10 年葛拉特亚人的国王比拉梅内斯为了祭祀奥古斯托斯而建筑的，公元 2 世纪时由罗马人在安卡拉的阿库罗波利斯重建。作为"安基拉时代的纪念建筑"，在现代具有非常重要的意义。在其下部刻有奥古斯托斯的政治信条，在其墙壁上用拉丁语和希腊语记载着他的伟业。到公元 5 世纪拜占庭将其改造为教会。

科贾泰佩清真寺为中东地区最大的清真寺之一。坐落在首都安卡拉市中心——科贾泰佩区。1988 年正式揭幕对外开放。该寺由主建筑与附属设施两部分组成，占地面积为 3 万平方米。清真寺主建筑从地面到穹顶的高度为 47.7 米，有 4 座宣礼塔，各高 88 米，祈祷大厅专供女穆斯林做祈祷用。整个清真寺，包括大厅外的庭院在内，总共可供 2.4 万人同时做祈祷。附属设施部分有一个容纳 600 人座位的会议大厅。厅内装有现代化音响设备；一座总面积为 1.5 万平方米的三层楼室内大商场，一个图书馆和一个能停放 1200 辆小汽车的三层地下大停车场。该寺由于是重要的旅游景点，设备齐全，交通方便，每年吸引大量游客前往。

土耳其国父纪念馆是为纪念土耳其共和国的创始人凯末尔所兴建的纪念馆。这是一座茶色的巨大石造建筑物，墙上刻有凯末尔劝勉民众的嘉言，在以列柱围的内殿之中，有一个黑色大理石制的墓碑。1953 年纪念馆完成，凯末尔的遗体也迁移至此，自此之后一直由卫兵守卫。

土耳其首都安卡拉有很多高级餐厅，能品尝到全世界的菜肴。而且，也有许多提供既好吃又便宜美食的小餐厅。

安卡拉的交通非常便利。土耳其每一个城市或市镇，均有长途巴士直接通往安卡拉，以伊斯坦布尔为例，从清晨至深夜，每隔 15 分钟，便有一班长途巴士开往安卡拉，车程约 7—8 小时，费用为 6—8 美元。到安卡拉后，乘客可随即在车站选择适当的巴士，前往其他城市，安卡拉的巴士总站位于火车站西北面一个街区。

此外，火车 24 小时来往于伊斯坦布尔及安卡拉，"Yolcu" 及 "Posta" 名称的火车，速度慢得惊人，应选择著有 "ekspres" 及 "mototren" 的火车搭乘，它们的速度较快，但价钱亦较昂贵。安卡拉与土耳其各大城市，均有空运连接，从伊斯坦布尔往安卡拉，飞行时间为 1 小时，每小时开出一班。

伊斯坦布尔

地名由来

伊斯坦布尔在其存在的历史之中曾拥有过很多个不同的名字，这些名字都是受该市统治者的文化、语言和宗教所影响。而拜占庭、君士坦丁堡和士坦堡这些旧名现在仍然是某些国家活跃使用的名称。除这些名字之外，伊斯坦布尔亦曾被称为"新罗马"或"第二罗马"，因为罗马帝国君主君士坦丁大帝在古代希腊殖民地拜占庭城即如今的伊斯坦布尔建立了罗马帝国的纯正基督教首都，以抗衡仍有大量异教徒充斥的罗马城。伊斯坦布尔亦别名"七座山丘的城市"，因为该市的老城是由君士坦丁建于七座山丘上，以与罗马的七座山丘相映衬。这七座山丘在市徽内以七座清真寺代表，每座山上一座。由于伊斯坦布尔在整个中世纪有着极高的重要性和丰厚的财富，所以伊斯坦布尔的另一个别名是 Vasileousa Polis（"众城市的女王"）。中文译名方面，大陆官方以音译为"伊斯坦布尔"，港台则采半音半意，译为"伊斯坦堡"。

区位

伊斯坦布尔位于土耳其西北部，地跨博斯普鲁斯海峡的两岸，分别为欧洲部分（色雷斯）和亚洲部分（安纳托利亚），而欧洲部分又由天然港口金角湾分为南部的旧城和北部的新城，是世界上唯一地跨两个大洲的大都市。扼黑海出入门户，为欧亚交通要冲，战略地位十分重要。

伊斯坦布尔全市面积 5220 平方千米，是土耳其最大城市和港口，也是土耳其的经济、贸易、金融、新闻、文化、交通中心。世界著名的旅游胜地，繁华的国际大都市之一。

历史

公元前 5500 年至前 3500 年，这里便有人居住，考古中发现过腓尼基人的遗址。公元前 658 年始建于巴尔干半岛东端、博斯普鲁斯海峡南口西岸，位于金角湾与马尔马拉海之间地岬上，称拜占庭。公元 324 年，罗马帝国的君士坦丁大帝从罗马迁都于此，改名君士坦丁堡。1453 年，土耳其人作为奥斯曼帝国首都后，始称伊斯坦布尔，但西方国家仍习称君士坦丁堡。1923 年，土耳其迁都安卡拉，伊斯坦布尔成为正式名称。现市区已包括海峡中、南段两岸以及与之相连的马尔马拉海北岸地段，包括海峡东岸的于斯屈达尔，成为地跨欧、亚两洲的大城市。1973 年筑成跨越海峡的博斯普鲁斯公路桥。

地理

伊斯坦布尔是世界上唯一一个地跨欧、亚两大洲的城市，博斯普鲁斯海峡横贯其中。

伊斯坦布尔市分成三个区：位于欧洲的旧城区和贝伊奥卢商业区，以及位于亚洲的于斯屈达尔区。风光秀丽、古迹繁多、交通便利、商业发达，使伊斯坦布尔成为一座世界著名的旅游城市，也是欧亚两大洲共有的一颗明珠。

伊斯坦布尔是土耳其人口最密集的城市，也是世界人口最多的城市之一。人口增长速度快。2014 年 1 月份人口达到 1416 万人。2015 年 1 月人口达到 1437 万人，人口占土耳其总人口（7769 万人）的 18.5%。

经济

伊斯坦布尔除了是土耳其最大城市和前首都之外，还一直是土耳其经济生活的中心，因为它地处国际陆上和海上贸易路线的交界位置。伊斯坦布尔也是土耳其最大的工业中心。它雇用土耳其大约 20% 的工业劳动者，有土耳其 38% 的工业区。伊斯坦布尔和周边省份生产棉花、水果、橄榄油、丝绸、和烟草。食品加工、纺织品生产、石油产品、橡胶、金属制品、皮革、化工、医药、电子、玻璃、机械、汽车、纸及纸制品，以及酒类饮品是伊斯坦布尔的主要工业产品。根据《福布斯》杂志公布，2008 年 3 月，伊斯坦布尔共有 35 名亿万富翁，居世界第四位。

伊斯坦布尔证券交易所是土耳其唯一的证券交易所，1866 年，成立时名为奥斯曼证券交易所，1986 年年初改组为如今的结构。19 世纪和 20 世纪初，加拉塔的银行街曾是奥斯曼帝国的金融中心，奥斯曼中央银行（1856 年成立）奥斯曼证券交易所（1866 年成立）的总部位于这里。银行街仍然是伊斯坦布尔的主要金融区，直到 20 世纪 90 年代，大多数土耳其银行开始将他们的总部迁往现代中央商务区 Levent 和 Maslak。1995 年，伊斯坦布尔证券交易所迁往位于伊斯蒂尼耶区的大厦内。

伊斯坦布尔是土耳其最重要的旅游景点之一。该市有成千上万的酒店和其他旅游导向的产业，服务于度假者和来访的专业人士。伊斯坦布尔也是世界上主要的会议目的地之一，成为重要国际组织越来越受欢迎的选择。伊斯坦布还尔是土耳其最大的海港和工业中心。该市主要制造品为编织物、面粉、纸烟、水泥和玻璃。

文 化

伊斯坦布尔文化宫是最重要的艺术中心，内有一个音乐厅、一个画廊和两座剧院。市交响乐团和市歌剧团在此演出。数量众多的学会和研究机构总部都设在市内。其中有地理学会、德国和法国考古研究所和土耳其民俗学会。在小切克梅杰有一个核研究中心。

有许多公立和私立图书馆，建于 1677 年的规模小但专业性强的克普吕律图书馆，收藏有奥斯曼帝国初期出版物以及 1000 多年前的手写艺术作品。其他有名的博物馆有伊斯坦布尔考古博物馆、土耳其和伊斯兰艺术博物馆以及土耳其近卫军博物馆。

伊斯坦布尔是国际艺术、文化的中心。每年的6—7月在这里举行"国际艺术文化节",来自世界各地的艺术家齐聚一堂,此类活动一般都在阿塔图尔克文化中心进行。喜欢古典音乐者可以去杰玛尔·莱什特·雷大厅欣赏演奏会。此外,歌剧、轻歌剧、芭蕾、电影、音乐会、展览、会议等各种活动也丰富多彩。伊斯坦布尔还有其他很多轻松娱乐。比如,夜总会里从土耳其歌曲到肚皮舞,人们边吃边看,别有情趣。另外,在塔克西姆—哈比耶地区还有现代迪斯科舞厅、卡巴莱餐馆(即有歌舞表演的餐馆),以及爵士俱乐部,等等。

旅游

近1700年的都城历史,给伊斯坦布尔留下了丰富多彩的文物古迹,吸引着世界各国的旅游者。市内3000余座大小清真寺,可供全市1000万穆斯林做礼拜之用。此外,城市内高耸的宣礼塔多达1000余座,在伊斯坦布尔,只要举目四望,总会有造型各异的宣礼塔映入眼帘,故城市也有"宣礼塔城"之称。

在旧城区,有一处1453年奥斯曼帝国穆罕默德二世进攻时曾以大炮破城之地,人称为"大炮门"。旧区城墙长7.2千米,有两重,内墙筑于公元413年,外墙筑于公元447年,外有城壕围护,内墙较高,约9米,厚4.8米,城墙上布有瞭望塔,高18米,间距54米。外城墙设有92座炮塔,今犹存56座。海边的城墙筑于439年。沿黄金角的城墙高9米,为石料构筑,原有110座瞭望塔和14座城门,今仅存小部分。沿马尔马拉海岸的城墙延伸8千米,今大部犹存。

旧城区的托普卡珀博物馆原是土耳其苏丹的宫殿,建于1478年,土耳其共和国成立后改为博物馆,博物馆占地70万平方米,馆内收藏了土耳其历史上许多珍贵文物,其中珍藏中国古瓷约1万件,已成为中土两国人民友好往来的见证。

伊斯坦布尔最著名的清真寺是建于1616年的苏丹艾哈迈德清真寺,它有六个塔,是世界上现存的唯一六塔清真寺。因造型别致,又以"蓝色清真寺"闻名于世。

博斯普鲁斯海峡的岸边上矗立着著名的多尔玛巴赫切宫。多尔玛巴赫切宫建于 19 世纪中叶，建筑精美，以精湛的雕刻和华丽的壁画、吊灯和装饰品著称。因其与建于 15 世纪的托普卡珀宫类似，所以被称为新宫，而后者被称为旧宫。

新宫坐落在海峡的欧洲沿岸上，宫殿建筑顺着博斯普鲁斯海峡绵延 600 米，高大宽广，气势恢宏，隐约透露着曾经盛极一时的奥斯曼帝国的辉煌与富庶。新宫拥有许多大大小小的会客厅，犹如迷宫。所有门、窗和天花板都经过精心装饰，有些地方还用黄金点缀。其中最大的厅堂由 56 根圆柱支撑，吊着一个重达 4.5 吨、由 750 颗灯珠晶体构成的巨大枝形水晶吊灯。宫内还收藏有不少名家名画，分布于大厅及客房。新宫的后宫建筑更加气派，尽显豪华，让人叹为观止。浴室和卫生间全用白色大理石镶嵌，所有的门窗都是优质木材精雕细刻。卧室宽敞明亮，摆满豪华家具，一张巨大的铁床摆在房间的显要位置。门口台子上摆放的两个来自中国的精制大花瓶格外显眼。新宫的另一个独特之处在于它的鸟类大帐。过去，为取悦于住在皇宫中的帝王贵人，这里曾饲养过来自世界各地的鸟类。土耳其共和国的奠基人凯末尔于 1938 年 11 月 10 日在新宫去世。2004 年 7 月，当雅典奥运会的圣火在伊斯坦布尔传递时，新宫是当时的终点站，人们在这里举行了庆祝活动。

伊斯坦布尔旧城区内有七座小山，因当时罗马帝国皇帝曾把这里看成是新罗马，罗马有七山，此亦相仿。其中，六山沿黄金角，一山孤峙西南，这些山顶大多平坦，但坡道颇峻，七山分布的名胜古迹达 40 处左右，第一山有圣索菲亚教堂、圣艾琳教堂、苏丹艾哈迈德清真寺、艾哈迈德三世喷泉、彩砖阁、托普卡珀博物馆、马尔马拉海滨城墙。第二山有努鲁奥斯曼尼耶清真寺、火焚柱、室内大市场。第三山有拉莱利清真寺、瓦仑斯引水槽。第四山有法蒂赫清真寺、埃斯基·伊玛莱特清真寺。第五山有居尔清真寺、蒙古圣玛丽教堂。第六山有卡里耶清真寺、阿德里安诺普尔门、君士坦西宫。第七山有七塔堡、伊姆拉霍尔清真寺（即斯陶迪翁的圣约翰教堂）。市中心的商业区十分繁华。黄金角南岸古老的室内市场，为世界上少有的巨型室内市场。创建于 1461 年，后又几经扩建，占地达 3 万平方米。8 面开门，内有 4000 家店铺、20 家客栈和 65 条街巷，每天车水马龙，人如潮涌。

提起伊斯坦布尔，人们自然联想起世界上唯一飞跨欧亚两洲的博斯普鲁斯海峡大桥。它的雄姿以及秀丽的海峡风光和久负盛名的千年古迹，使伊斯坦布尔成为世界著名旅游胜地。博斯普鲁斯海峡大桥建于1973年，它将被海峡分割的城市连在了一起，也把欧亚两大洲联结在一起。这是一座造型独特的吊桥，全长1560米，除两头的钢架外，中间没有桥墩，各种类型的船只都可通过，是欧洲第一大吊桥，世界第四大吊桥。入夜，桥上华灯齐明，远远望去，宛如巨龙凌空。此外，城市还建有加拉塔桥和阿塔图尔克桥连接新、旧城区。

伊兹密尔

地名由来

伊兹密尔古称士麦那，为爱琴海地区最古老的城市之一，距今已有5000年历史。

区位

伊兹密尔位于安纳托利亚高原西端的爱琴海边，是土耳其第三大城市，是重要的工业、商业、外贸、海运中心之一，同时也是历史文化名城、旅游胜地和军事要塞。

历史

伊兹密尔城始建于公元前3世纪。从公元前1世纪开始的罗马帝国是伊兹密尔的鼎盛时期。据说荷马就是在这段时期生活在这里。伊兹密尔后来又经历了拜占庭帝国、塞尔柱帝国和奥斯曼帝国的统治。曾为罗马帝国亚洲各行省的主教区中心。公元4世纪，拜占庭帝国统治伊兹密尔，城区继续扩大。11世纪，在塞尔柱人的强大攻势面前，拜占庭帝国放弃伊兹密尔。塞尔柱帝国亲王查卡贝伊受封镇守伊兹密尔。从11—15世纪初，伊兹密尔饱经战争蹂躏，包括拜占庭帝国的反扑，十字军劫掠，威尼斯军队入侵，帖木儿骑兵进攻等。1415年，奥斯曼帝国苏丹穆罕默德·切莱比率军夺取伊兹密尔，该城被置于奥斯曼帝国统治之下。被奥斯曼帝国并吞后，土耳其人大量迁入后，伊斯兰教得到传播。第一次世界大战后，被希腊占领。1923 年，凯末尔击败希腊占领军，收复伊兹密尔，使其复归土耳其版图。

地理

市区主要部分沿伊兹密尔湾向克孜勒古卢河三角洲平原和东南两端的山脉、丘陵地带伸展。市区面积约 280 平方千米（不含周边卫星城）。气候类型属地中海型气候，夏季受副热带高压控制，气流下沉，炎热少雨。冬季因副热带高压南移而被西风带扫过，热带海洋气团频繁渗入，与温带冷气团交汇，构成多锋面气旋雨季节，故冬季气温宜人，约在 10℃—15℃。城市平均海拔高度约 25 米，平均湿度 65%，年均降水量约 700 毫米。

经济

伊兹密尔是土耳其重要的经济中心，工、农业较发达，产值仅次于第一大城市伊斯坦布尔，居全国第二，人均产值为土耳其第三。主要产业有纺织、食品、建材、造船、造纸、洗涤剂、服装、电子、冶金、化工、通讯设备、石油加工、建筑等。其中纺织、食品加工、钢铁、炼油四个行业在土耳其名列前茅。该市为土耳其最富庶的农业区之一。市北郊正在建立经济自由区。伊兹密尔博览会为土耳其最大的国际博览会，每年 8 月底至 9 月初举办，有三四十个国家参加。

伊兹密尔港位于土耳其西部沿海伊兹密尔湾东南岸，濒临爱琴海东侧，是土耳其西部的最大海口。该港口为出口港，出口额占全国的 40% 左右。主要出口货物为棉花、烟草、无花果、谷物、蔬菜、地毯及纺织品等，进口货物主要有木材、废钢及工业品等。

旅游

伊兹密尔是土耳其重要的旅游城市，市区和郊外古迹众多，举世闻名的有埃菲斯希腊古城遗址、圣母玛利亚最后的隐居地等。

艾菲斯是土耳其最有观光价值的古城，也是目前世上保存得最好、最大的希腊罗马古迹城。阿尔特米斯神庙名列"世界古七大奇景"，是埃及艳后拜访安东尼让古罗马人惊艳的地方，曾富裕到在公元前 400 年就有街灯。艾菲斯希腊古城遗址位于伊兹米尔市东南 40 千米处，大约在公元前 1000 年由居住在安纳托利亚高原西端，爱琴海沿岸的爱奥尼亚人兴建。爱奥尼亚人对希腊文化有极大贡献，其中《荷马史诗》被视为千古名著。此外，爱奥尼亚人在哲学、地理、史学、建筑、雕塑等方面也很杰出，艾菲索斯古城的建设集上述成就之大成。通过奥地利考古学家的努力，观光客在艾菲索斯可以看到大理石街道、商店、市集、图书馆、柱廊大街、哈德良神殿、剧场、浴场、妓院等古迹，从而亲历古罗马人的生活场所。尤其是建于公元 1—6 世纪时的别墅，地上与墙上精致的马赛克瓷砖，能体会到当时富裕人家的生活形态。艾菲索斯就像是时光隧道，是今人可以直接走入的古罗马城市，而且是最美丽的一座。世界知名的塞尔瑟斯图书馆更是不能错过，是艾菲索斯最著名的古迹，建于公元 135 年，是一位总督纪念其父而建。正面是两层，内部是三层走廊环绕，在罗马时期曾拥有 12 万卷藏书，是目前世上保存的最好的古罗马图书馆建筑之一。正门口高处有 4 座女雕像，分别代表智慧、勇气、知识、美德。

在土耳其这个伊斯兰教国家，藏有基督教圣地——玛利亚最后的隐居地。它建在伊兹密尔南部的夜莺山上，是一座由灰白色石头砌成的方形小屋，现在是一座小教堂。据称圣母玛利亚在耶稣死后的第四年，在圣约翰的陪同下来到在这座房屋度过了生命的最后几天。走进小教堂，映入眼帘的是供奉在神龛里的圣母玛利亚铜像，铜像前燃着蜡烛，摆有鲜花。沿着石子路走到尽头，就能看见 19 世纪考古发掘出的一尊圣母玛利亚青铜像，圣母双臂张开，仿佛是在向苦难的众生敞开怀抱。小屋外有许愿墙，游客们纷纷在墙上写下自己的心愿，祈福幸福安康。

此外，塞尔柱古城遗址已引起突厥史专家们的关注。伊兹密尔的绮丽风光每年吸引数百万外国游客到此观光度假。伊兹密尔半岛西端的切什麦海滨和市区以南 60 千米处的鸟岛，均系地中海"蓝色之旅"的著名景点。依托独特旅游资源，市政府每年都举办大型国际艺术节和国际商贸博览会，使这两项活动的国际知名度越来越大。

伊兹密尔是一座美丽的海滨城市。青山碧水映衬着棕榈树下宽阔的海滨大道，爱琴海泛起微澜，拍打着长长的海堤，凤尾、银箭等鱼类频频跃出水面，一群群海鸥飞掠于浪花之间，水天相接，景色美不胜收。

布尔萨

地名由来

布尔萨旧称"布鲁萨"，其名字来源于它的建设者卑斯尼亚国王普尔希亚斯。布尔萨位于丝绸之路上，自中国传入蚕桑技术，誉称"丝绸之城"。

区位

布尔萨位于土耳其西北部，马尔马拉海以南的乌卢达山北麓，距离伊斯坦布尔 264 千米，是布尔萨省省会。

历史

据传于公元前 3 世纪就已建城，当时名布鲁萨。在拜占庭帝国统治时，为一军事要地。后来，罗马、拜占庭相继统治，1326 年成为奥斯曼帝国初期的首都。奥斯曼帝国苏丹奥尔汗在此修建了奥斯曼帝国第一座清真寺和伊斯兰教经学院，为当时宗教和文化中心。

历史上，布尔萨曾是丝绸之路临近西方终点的主要城市。17 世纪，是奥斯曼帝国的三京之一，也是仅次于伊斯坦布尔的第二大城市。1855 年大地震时受到严重破坏。

地理

布尔萨因拥有众多的公园和果园，满目皆是绿色，因而被称为"绿色的布尔萨"。布尔萨平均海拔 100 米左右，面积约 1036 平方千米。布尔萨 6—9 月是炎热、潮湿的夏季；冬季较为寒冷且经常下雨，偶尔会有雪。

经济

布尔萨是土耳其的汽车工业中心，菲亚特和雷诺均在此设有工厂，在工业区内也有纺织品与食品工业工厂，包括可口可乐、百事可乐和许多罐装食品公司的工厂。

夏季雪融，为城市提供充足用水，农业发达，种植蔬菜、水果、玉米和向日葵，桑树遍植。为全国纺织工业中心，有棉、毛纺织和丝织业、地毯业。近年合成纤维生产发展迅速。还有食品和机械等工业。

文化

布尔萨是土耳其重要的文教中心。乌鲁大学校园位于布尔萨，该校为土耳其有名的大学之一。布尔萨阿塔图尔克体育场是一个多种用途的运动场地，可容纳1.97万名观众，建于1979年，一直作为布尔萨足球队的主场。布尔萨足球队又称"绿鳄队"，参与土耳其足球超级联赛，于1986年夺得土耳其杯。

旅游

布尔萨是一个旅游业发达的城市，坐落在松柏遍布的滨海平原之上，是一个非常美丽的城市，除了满眼的绿色，还有很多古老的陵墓和清真寺。如耶希尔陵墓、绿色清真寺、艾米尔苏丹清真寺、尤尔德姆·巴亚泽特清真寺、奥尔汗加齐清真寺、乌鲁清真寺、苏丹穆拉特二世清真寺等。每一座清真寺的宣礼塔都仿佛从葡萄藤、无花果树和黑桑葚树等多种树木的树影之中直上云霄。奥斯曼博物馆重现了17世纪的建筑，从那里可以追忆起当时的土耳其人富裕的生活场景。

切其尔盖西部的尽头，从古罗马时代起就以含各种矿物质成分的温泉而著称。这里几乎所有的酒店都有温泉，也有传统的哈马姆。新温泉于1552年为苏莱曼大帝的宰相鲁斯塔姆帕夏所建；旧温泉是拜占庭时代的浴场遗址上建起的最老的浴池。卡拉穆斯塔法帕夏浴池在布尔萨以最好的质量受到好评。

该市多伊斯兰教古迹。城东有著名的清真寺和古墓，其中建于1421年的清真大寺，规模宏大，是一座有20个圆顶的建筑，以多种花纹装饰的墙壁闻名。在寺的附近，有土耳其苏丹穆罕默德一世的陵墓。城西有建于15世纪的穆拉迪耶清真大寺，寺旁是苏丹及其眷属的陵墓。市郊台地上有奥斯曼帝国的创立者奥斯曼一世及其子奥尔汗的陵墓。

在布尔萨附近，海拔2453米的乌卢达山巍峨耸立，据传它是希腊神话中的众神之山——奥林匹斯山。这里夏天绿树成荫，是游人行山、露营的胜地，冬天则是林海雪原，附近的乌鲁山有土耳其最大的滑雪场之一，成为滑雪运动者的天堂。每年的 12 月到次年 5 月是滑雪的最好季节。作为国家公园，乌卢达山风光明媚，空气新鲜，一年的任何时间都可以旅游观光。

布尔萨除了松雪交映的四季美景，而且还有众多美食。比如名满土耳其、味道醇厚的伊斯坎德尔烤肉及类似中国北方糖炒栗子的甜品"糖栗子"。

参考文献

刘庚岑、徐小云：《吉尔吉斯斯坦》，社会科学文献出版社 2005 年版。

杨峰：《比什凯克抒怀》，《丝绸之路》2014 年第 11 期。

刘启荟：《塔吉克斯坦》，社会科学文献出版社 2006 年版。

文丰、耶斯尔：《魅力杜尚别》，《大陆桥视野》2007 年第 10 期。

邓新：《塔吉克斯坦行纪》，《西部（新文学）》2013 年第 11 期。

孙壮志、苏畅、吴宏伟：《乌兹别克斯坦》，社会科学文献出版社 2004 年版。

毛民：《撒马尔罕古城：世界文明的纽带》，《内蒙古大学艺术学院学报》2006 年第 2 期。

钱云、张敏：《撒马尔罕城市历史与古城保护》，《中国名城》2013 年第 10 期。

高梦瑶：《撒马尔罕：中亚的雅典》，《中国经济周刊》2013 年第 33 期。

杨纪、小满：《布哈拉：丝路上的天方夜谭之城》，《科学之友》2012 年第 25 期。

徐鹤鸣：《中亚明珠——布哈拉》，《俄罗斯中亚东欧市场》2005 年第 6 期。

李凯、许玲琴：《美丽的乌兹别克斯坦首都——塔什干》，《石油知识》2014 年第 4 期。

施玉宇：《土库曼斯坦》，社会科学文献出版社 2004 年版。

马芸：《爱之都 阿什哈巴德》，《中亚信息》2012 年第 Z1 期。

王嘎：《领袖之城：阿什哈巴德》，《科学大观园》2008 年第 16 期。

王四海、徐文世：《阿什哈巴德"金色世纪"东方市场和灵感林荫路》，《中亚信息》2012 年第 Z3 期。

王凤：《阿富汗》，社会科学文献出版社 2007 年版。

陈与：《喀布尔：玫瑰花心的一滴露珠》，《重庆与世界》2012 年第 8 期。

张骥文：《走进喀布尔》，《回族文学》2012 年第 1 期。

张铁伟：《伊朗》，社会科学文献出版社 2005 年版。

号华子：《游走在神秘的德黑兰》，《党政论坛（干部文摘）》2012 年第 2 期。

牛华勇：《暮光之城德黑兰》，《中国经济周刊》2012 年第 36 期。

寒露：《坐拥半个天下的伊斯法罕》，《世界博览》2014 年第 20 期。

蔡天新：《伊斯法罕，世界的一半》，《地图》2011 年第 5 期。

杨德生、岳家明：《伊朗圣城——库姆》，《西亚非洲》1984 年第 4 期。

师光：《设拉子：夜莺与玫瑰之城》，《世界博览》2014 年第 20 期。

蔡春丽：《设拉子：在玫瑰丛中写诗》，《今日重庆》2006 年第 11 期。

黄振：《阿拉伯联合酋长国》，社会科学文献出版社 2010 年版。

孙品青：《阿布扎比的艺术梦想》，《世界博览》2010 年第 3 期。

董成家：《奢华迪拜》，《上海企业》2014 年第 11 期。

苏长德：《沙迦采风》，《当代旅游》2003 年第 3 期。

刘欢：《艾因市》，《阿拉伯世界》1980 年第 1 期。

孙培德、史菊琴：《卡塔尔》，社会科学文献出版社 2009 年版。

徐艳文：《沙漠中的滨海城市：多哈》，《资源与人居环境》2012 年第 10 期。

周童：《行走多哈》，《世界文化》2012 年第 4 期。

韩志斌：《巴林》，社会科学文献出版社 2009 年版。

王景祺：《科威特》，社会科学文献出版社 2004 年版。

司长河：《科威特——沙漠中的明珠》，《科学之友》2010 年第 22 期。

刘月琴：《伊拉克》，社会科学文献出版社 2007 年版。

唐志超：《约旦》，社会科学文献出版社 2006 年版。

刘宝莱：《故地重游——再回安曼》，《阿拉伯世界》2005 年第 5 期。

刘宝莱：《三进安曼》，《世界知识》2011 年第 5 期。

黄健：《七山之城——安曼》，《广西城镇建设》2013 年第 6 期。

田恬：《佩特拉风沙中的玫瑰古城》，《世界遗产》2014 年第 11 期。

史飚：《玫瑰之城——佩特拉》，《照相机》2011 年第 10 期。

展辰：《红玫古城佩特拉》，《旅游纵览》2013 年第 9 期。

张雨：《约旦古城佩特拉"芝麻开门"的地方》，《环球人文地理》2015 年第 12 期。

高光福：《叙利亚》，社会科学文献出版社 2008 年版。

杨俊文：《活着的大马士革》，《科学大观园》2014 年第 20 期。

沈铁：《美丽的大马士革》，《科学之友》2012 年第 7 期。

陈与：《叙利亚大马士革〈一千零一夜〉故事里的天国圣地》，《重庆与世界》2012 年第 3 期。

石海：《古城阿勒颇》，《科学大观园》2012 年第 2 期。

雷钰：《以色列》，社会科学文献出版社 2011 年版。

兰溪：《金色的耶路撒冷》，《当代小说》2012 年第 10 期。

沈坤：《信仰之城耶路撒冷》，《西南航空》2013 年第 12 期。

石甫郫：《耶路撒冷老城多元文化的见证》，《世界遗产》2014 年第 4 期。

田端华：《以色列海法市美丽的巴哈伊花园 》，《南方农业（园林花卉版）》2009 年第 4 期。

姚惠娜：《巴勒斯坦》，社会科学文献出版社 2010 年版。

黄健：《耶稣诞生之城——伯利恒》，《广西城镇建设》2014 年第 6 期。

徐心辉：《黎巴嫩》，社会科学文献出版社 2007 年版。

陈与：《黎巴嫩贝鲁特中东巴黎，地中海明珠》，《重庆与世界》2013 年第 2 期。

彭龄：《初识的黎波里》，《阿拉伯世界》2002 年第 4 期。

苏畅：《格鲁吉亚》，社会科学文献出版社 2005 年版。

黄凌：《第比利斯：呼吸暖春之旅》，《四川统一战线》2014 年第 7 期。

孙壮志：《阿塞拜疆》，社会科学文献出版社 2005 年版。

孙国宏：《印象巴库》，《石油知识》2016 年第 1 期。

施玉宇、高歌、王鸣野：《亚美尼亚》，社会科学文献出版社 2005 年版。

原老末：《埃里温，外高加索的过去》，《地图》2013 年第 6 期。

郭长刚：《土耳其》，社会科学文献出版社 2015 年版。

黄健：《文明之都——安卡拉》，《广西城镇建设》2015 年第 6 期。

刘少才：《伊斯坦布尔：历史与今天的对接》，《西亚非洲》2009 年第 3 期。

喜琳:《伊斯坦布尔:千面古都》,《中国三峡》2015 年第 11 期。

维基百科，https://en.wikipedia.org.

维基旅行，http://wikitravel.org.

百度百科，http://baike.baidu.com.

百度旅游，https://lvyou.baidu.com.

世界人口查阅，http://worldpopulationreview.com.

读秀，http://www.duxiu.com.

马蜂窝，http://www.mafengwo.cn.

■ 主 编 王胜三 陈德正

一带一路名城志

丝绸之路经济带北线国家卷

人民出版社

加强地名文化建设　服务国家重大战略

（丛书序言）

民政部副部长　宫蒲光

　　文化是一种精神、一种信念，是民族的血脉，是人民的精神家园。当今世界，文化在综合国力竞争中的地位和作用日趋凸显，增强中华文化国际影响力的要求更加紧迫。党的十八大提出了建设社会主义文化强国的战略目标，强调要推动社会主义文化大发展、大繁荣。党的十八届三中全会强调，要坚持中国特色社会主义文化发展道路，培育和践行社会主义核心价值观。习近平总书记高度重视中华传统文化，在中央城镇化工作会议、中央政治局集体学习以及在调研时多次强调，要保护好历史文化遗产，传承历史文脉。李克强总理在 2015 年的政府工作报告中专门强调要"保护和传承历史、地域文化"，这些充分体现了文化在国家"五位一体"总体布局中的重要位置。

　　地名是传统文化的见证和载体。地名记录着人类的历史、民族的融合、环境的变化、社会的发展。地名文化内涵丰富，源远流长，既是国家的重要历史遗产，也是五千年中华文脉不可或缺的组成部分，在社会主义文化建设中具有重要地位和作用。在新形势下，加强地名文化建设，既是促进社会主义文化大繁荣、发展社会主义先进文化的重要举措，也是传承和弘扬中华文化、增强国家文化软实力、提高国民对中华文化认同感和自豪感的重要途径。

　　当前，在党中央、国务院的高度重视下，地名文化工作迎来了繁荣

发展的美好春天。地名文化建设是一项基础性、长远性的文化工作，要始终坚持"三项原则"：一要坚持保护传承与创新发展并重。保护传承与创新发展相辅相成，不可偏废，要坚持继承传统与创新发展的有机统一，在继承中创新，在创新中发展。既要在推进地名标准化的过程中做好地名文化遗产保护工作，坚持"地名要保持相对稳定"的原则，慎重更名；又要通过有效措施，深入挖掘符合时代发展要求的文化内容，提高新生地名的文化含量和文化品位，保证中国特色地名文化健康发展。二要坚持社会效益与经济效益双赢。地名文化事业具有很强的公益性，发展地名文化要把社会效益放在首位，特别是对有偿命名问题，要慎重对待，坚守健康文化和社会效益底线，确保地名文化的传承和发展。同时又要适应社会主义市场经济要求，大力发展地名文化产业，努力做到社会效益和经济效益双丰收。三要坚持理论研究与工作实践兼顾。当前，我们正在按照国务院要求开展第二次全国地名普查。各地要抓住普查之机，认真开展地名文化资源调查、挖掘、整理和研究工作，运用多种方式，宣传弘扬好地名文化，真正使地名文化建设接地气、聚人气、见实效；要及时总结地名文化建设实践经验，深入探索地名文化建设规律，充分发挥专家、学者的作用，专题研究地名文化出现的新情况、新问题，为地名文化发展提供理论支撑。

地名文化建设是地名工作的重要组成部分，要紧紧围绕中心、服务大局，重点抓好"三个关键"：一要抓好地名文化服务工作。文化是地名工作的灵魂，服务是地名工作的目的。地名文化建设要紧密围绕国家中心工作和重点任务，积极开展工作，主动作为。要积极研究丝绸之路沿途地名文化，强化丝绸之路地名考证、认定和发布工作；要围绕抗日战争胜利纪念日开展红色地名研究、认定等工作。逐步形成百花齐放的良好局面，共同挖掘、传承地名文化，为国家重大战略实施和经济社会发展服好务。二要抓好地名文化遗产保护工作。历史地名往往有着非常厚重的文化积淀，承载着优秀的文化基因。要按照中央提出的"望得见山、看得见水、记得住乡愁"的要求，按照习近平总书

记关于解决"热衷于起洋地名、乱改历史地名"问题的重要指示，进一步做好"乡愁"这篇地名文化建设文章，深入开展"大洋古怪重"等地名乱象整治，构筑《地名文化遗产重点保护名录》制度，建立地名文化遗产数据库，健全地名文化评价标准体系，深入推进"千年古县"等地名文化遗产认定工作，使地名文化遗产得到分类、分级和分层保护。三要抓好地名文化发展平台建设。要进一步密切与中央主流媒体合作，着力搭建地名文化发展平台。要积极发挥高等院校、科研机构、社会组织等在推动地名文化建设方面的作用，形成社会各界关心、支持地名文化建设的良好氛围。

近年来，民政部将地名文化放在重要位置，开展了"千年古县"等地名文化遗产认定工作，在编撰图录典志、出版影视媒介等方面积极实践，深入探索，取得了可喜成绩。最近，为进一步推进"一带一路"地名文化建设，隆重纪念中国人民抗日战争胜利暨世界反法西斯战争胜利70周年，地名研究所精心编辑了"一带一路"地名文化系列丛书和红色地名文化系列丛书，这批书籍的出版既是近年来地名研究所科研成果的展示，也是普及地名文化知识、了解地名文化历史和"一带一路"战略的一个窗口。我相信，这批书籍的出版对于弘扬地名文化，加强对党和国家重要战略决策的理解将起到见微知著的促进作用。

出版说明

　　2013年9月和10月，习近平总书记在访问中亚和东南亚国家期间，先后提出建设"丝绸之路经济带"和"21世纪海上丝绸之路"（简称"一带一路"）的战略构想。2015年3月，经国家授权，国家发展和改革委员会、外交部和商务部联合发布《推动共建丝绸之路经济带和21世纪海上丝绸之路的愿景与行动》，提出"一带一路"建设是一项系统工程，要坚持共商、共建、共享原则，积极推进沿线国家发展战略的相互对接。"一带一路"战略致力于加强亚欧非大陆与相关海域的互联互通，建立和加强沿线各国的互联互通伙伴关系，构建全方位、多层次、复合型的互联互通网络，实现沿线各国多元、自主、平衡、可持续的发展。共建"一带一路"符合当今世界经济全球化、政治多极化和文化多样化的趋势，是当代中国提升国际影响力、提升人民福祉的重大战略举措。

　　民政部、文化部、住房和城乡建设部、工业和信息化部等多个部门提出《"一带一路"文化遗产保护与传承重点专项动议》。为响应贯彻国家"一带一路"战略，做好"一带一路"沿线文化遗产保护工作，促进文化交流，民政部组织力量编撰"一带一路"地名文化系列丛书，旨在服务于国家的"一带一路"战略，普及"一带一路"沿线著名国家和城市的相关知识，以促进社会对"一带一路"战略的认知和"一

带一路"沿线著名城市的了解。《一带一路名城志》是本丛书继《一带一路列国志》之后的又一成果，全书共分为5册，所涉城市分别属于丝绸之路经济带北线国家、丝绸之路经济带中线国家、丝绸之路经济带南线国家、21世纪海上丝绸之路西线国家和21世纪海上丝绸之路南线国家。在具体介绍每一个城市时，首先以地名学研究为切入点，说明该城市的地名由来及其演变过程；然后从区位、历史、地理、经济、文化和旅游等6个方面进行全方位的展现。

王胜三、陈德正、宋久成、张清华设计制作本套丛书的整体架构和每一个城市条目的内容格式，陈德正组织协调编撰人员及进度。本书所涉著名城市共有54个，属于陆丝北线的15个国家，分别为蒙古、哈萨克斯坦、俄罗斯、乌克兰、摩尔多瓦、罗马尼亚、保加利亚、塞尔维亚、匈牙利、捷克、斯洛伐克、波兰、立陶宛、拉脱维亚和爱沙尼亚。具体编撰分工如下（按作者姓氏拼音排序）：丛振负责蒙古、哈萨克斯坦、俄罗斯、乌克兰、摩尔多瓦、罗马尼亚、保加利亚、塞尔维亚、匈牙利、捷克和斯洛伐克国家的所有城市；付超负责波兰、立陶宛、拉脱维亚、爱沙尼亚国家的所有城市。牛秀普参与了文字整理工作。由张清华对本书所有条目进行逐一修改、整理，并与丛振共同完成统稿工作。

在本书编著过程中，我们参考了相关的政策文件、地图资料以及文字资料，力求内容准确和数据严谨。同时，"一带一路"战略在不断发展，沿线所涉及国家及相关数据也处在变动中，我们将根据情况适时调整修订。虽然我们已尽全力，但是书中难免出现错误和疏漏，还请广大读者不吝指正。希望本书的出版，能够为"一带一路"战略的宣传和实施，尽一份绵薄之力。

目 录

蒙古国

蒙古国，全称蒙古人民共和国，英文名称为 Mongolia，位于中华人民共和国以北、俄罗斯联邦以南，是一个地处亚洲的内陆国家。蒙古国国土面积为 156.65 万平方千米，沙漠戈壁广布，自然环境恶劣。蒙古国是世界上国土面积排行第 17 位的国家，但是人口非常少，约 302.5 万（2015 年），主要城市有乌兰巴托、乔巴山、科布多城、额尔登特等。

乌兰巴托

地名由来

乌兰巴托作为蒙古草原上的一座古老城市，距今已有 300 多年的历史，最初是以活佛哲布尊丹巴呼图克图建立的喇嘛庙为中心发展起来的。从前乌兰巴托只是一座荒凉的小镇，街上除少数几间用木头搭成的活佛寺院、僧坊、封建宫屋外，其余全是贫苦牧民居住的低矮破旧的蒙古包和小土屋。蒙古王爷在肯特山脉南麓的图勒河畔架起一顶大蒙古包，作为活佛的宫殿，宫殿随牧民游移了百余年，直到 1778 年，牧民建造土木屋定居下来，取名"库伦"。

1924 年更名为"乌兰巴托"，后定为蒙古人民共和国首都。[①]

区位

乌兰巴托是蒙古国首都，位于蒙古国中北部，靠近鄂尔浑河支流——图拉河。乌兰巴托是蒙古国的交通运输中心，有着四通八达的交通网，纵贯南北的铁路干线是连接中、蒙、俄三国"亚欧大陆桥"的重要组成部分。

历史

乌兰巴托始建于 1639 年，原为活佛哲布尊丹巴呼图克图的驻锡地。1778年，哲布尊丹巴在其驻地设立城防，取名库伦，意为"栅栏围起来的草场"。清朝时期，库伦属于乌里雅苏台将军辖区，为土谢图汗部中旗驻地。1921 年，蒙古革命成功，建立君主立宪制政府，库伦为首都。1924 年，封建统治势力被推翻，蒙古人民共和国成立，库伦由此改名为乌兰巴托（蒙古语意为"红色英雄城"），并被确定为首都。1992 年蒙古国宪法规定乌兰巴托为蒙古国首都，并正式命名为"乌兰巴托"，至此乌兰巴托的城市地位从法律上正式得以体现。

今天的乌兰巴托，已成为蒙古草原上一座美丽的现代化城市。整洁的街道两旁，耸立着一幢幢漂亮的高楼大厦，政府大楼、国立大学、国立图书馆、歌剧舞剧院、中央电影院等，这些建筑物装饰着各式各样的花纹图案，配有枣红色或碧绿色的屋顶。乌兰巴托市内有不少街心公园和苗圃，在金色的阳光里，在蔚蓝天空的辉映下，整个城市显得美丽动人。

地理

乌兰巴托位于蒙古高原中部，肯特山南端，东西两侧有广袤的草原。城市靠近鄂尔浑河支流——图拉河，清澈的图拉河水从城南的博格多山脚下自东向西缓缓流过，这也决定了城市发展的走向。乌兰巴托深处内陆，属于典型的温带大陆性气候，全年雨雪稀少，属于半干旱气候，大部分地区海拔超过 1300 米，海拔高，昼夜温差大。

乌兰巴托是蒙古国最大的城市和政治、经济、交通、文化中心，城市面

① 李原：《世界名城掠影丛书亚洲》，中华地图学社 2006 年版，第 14 页。

积为 4704 平方千米，划分为 9 个行政区域，其中超过 70% 的人口是年轻人，因此这个城市也被誉为是世界上人口最年轻的城市之一。乌兰巴托作为蒙古人民共和国的首都，划分为巴彦祖尔赫区、巴彦格勒区、宋给纳海尔汗区、青格尔泰区、苏赫巴托尔区、汗乌拉区、纳来哈、巴嘎诺尔区和巴彦杭盖区等 9 个区，市区下还设置了 152 个小区。另外，蒙古国政府已将郊区规划为乌兰巴托卫星城，其中巴嘎杭盖和纳来哈市郊区是蒙古国政府重点开发的城区。

经济

随着蒙古国的经济逐步复苏，乌兰巴托的经济总量也在逐年递增，工业产值占全国的一半以上，主要工业部门包括皮革厂、毛纺厂、乳品厂等与畜牧业有关的产业。城市附近的矿产资源主要是煤。全国大部分工厂企业设在这里，以轻工业、建筑材料、金属材料和食品工业为主，纯羊毛地毯多次获得国际性奖牌，裘皮服装、山羊绒和驼绒制品成为该市主要的出口创汇产品。在乌兰巴托的外资企业中，投资较多的国家主要有中国、韩国、俄罗斯、美国、英国和日本等。首都乌兰巴托范围内的牲畜 70% 为私人牲畜，大多放牧在离市区较远的草原上。

乌兰巴托是全国的交通运输中心，以铁路、公路为主，空运为辅，构成了四通八达的交通网，小型民航机与各省会和许多县中心相连。位于乌兰巴托的国际航空港，有定期通往北京、莫斯科、伊尔库茨克、首尔、大阪、法兰克福、伊斯坦布尔等地的航班。蒙古国政府交通部在乌兰巴托以南新建了飞机场，2016 年已正式投入使用。乌兰巴托铁路局同中国呼和浩特和天津市铁路局在国际联运方面有着密切的合作，北京到莫斯科的国际列车经过乌兰巴托。此外，乌兰巴托还有直接开往北京的国际列车。乌兰巴托市区内的主要交通工具是公共汽车，并且有公路通往国内各省区。

文化

乌兰巴托人信奉的主要宗教是喇嘛教，还有少数人信奉东正教、天主教和伊斯兰教。蒙古国人民九成以上都信奉喇嘛教，单是乌兰巴托就建了不少喇嘛寺，在过去的几十年里，很多寺庙都遭到大肆破坏。目前整个乌兰巴托使用新蒙古文，并且蒙古国政府 2015 年通过法律规定加强推广使用新蒙古文。

马头琴、呼麦是乌兰巴托非物质文化遗产的结晶，已被列入世界非物质文化遗产名单。2009 年，蒙古国总统额勒贝格道尔吉宣布要大力发扬传统文化，随后政府支持乌兰巴托各学校开设了学习马头琴和呼麦的课程。在乌兰巴托，最隆重的节日是一年一度的那达慕大会。这是在蒙古国民间举行的一种群众性游艺集会，始源于 17 世纪，不过在那时候，那达慕大会常常是为了庆贺封建领主活佛的生辰而举行的。牧民们在会上表演摔跤、赛马、射箭，封建王公、贵族们就以此为娱乐。今天的那达慕大会，除保存了广泛的群众性和能充分体现蒙古民族优秀传统外，还注重利用这种人民群众所喜闻乐见的形式，大力发展国民体育，增强人民体质。现在每年举行的那达慕大会的内容，除了有传统的摔跤、赛马、射箭等比赛项目外，还有各种团体体操表演、马术表演和摩托车比赛等内容。通常在每年农历六月初四开始为期 5 天的那达慕大会，从每天早晨六点到傍晚七点钟，宽阔的草原上人欢马叫，彩旗漫卷。观看大会各种表演的人中，除乌兰巴托市民外，相当一部分是从全国各地赶来的牧民，他们有的全家老小骑着马匹，有的乘着自己的三轮摩托车远途跋涉而来。为了住宿方便，有的人家还带来了帐篷，就地在图拉河畔和博格多山麓开始临时的家庭生活。为了观赏各种具有浓厚草原风格的精彩表演，常常有很多外国游客慕名远道而来。

乌兰巴托号称是全球最严寒的首都，作为亚洲冬季冷空气的大本营之一，半年以上都被蒙古冷高压所控制，冬季严寒漫长。为了抵御严寒，蒙古国人酷爱吃肉和奶类食品，尤以羊肉最为普遍，"手扒肉""烤全羊""石烤肉"等都是他们日常的民族传统佳肴。他们用餐习惯以手抓饭，偶尔也用刀叉。他们吃肉乐于把整块肉下锅煮，待到成熟之后用手撕或以小刀切着吃。涮羊肉，即在煮得翻滚的热汤里，把切得很薄的羊肉片放进去，涮几次就拿出来蘸着佐料食用。这种料理的重点在于羊肉片很薄，只有切成很薄的羊肉片，才适合在滚热的汤里涮几次就可以食用，所以将肉切成薄片是这种料理的最重要的基本条件。其实，蒙古国牧人的饮食特点，应该是大块地吃肉，很久以来他们养成了习惯于吃形状为块状的肉，而不是这种切成很薄的肉片，所以他们会说"像纸一样"，并由此敬而远之。这也正是涮羊肉直到今天还没有渗透到乌兰巴托的原因。

在乌兰巴托，与客人见面时还有个特别的待客习惯，他们喜欢拿出自己珍爱的鼻烟壶让客人嗅闻。客人若遇到这种情况，应该诚心实意地嗅闻，然后把壶盖盖好还给主人。当地人相互见面，一般不习惯先问对方身体如何，而是习惯先问对方的牲畜是否平安，这是蒙古国人的一种传统习礼。其原因主要是他们游牧民族整日以牲畜为伴，牲畜在他们的日常生活中占有极其重要的地位。当然还有一些风俗禁忌：包括客人应在包房后下马，不要手持马鞭进入包房；不要踢打牲畜，不得骑马闯入羊群；在包房内不要随便就座，不能蹲，不能将腿伸向西北方或炉灶，不要吐痰；不要用烟竿、筷子、剪刀指别人的头部；离开包房出门后，不应立刻上马或上车等。

旅游

乌兰巴托旅游名胜众多且具有鲜明的异域风情，这里的建筑风格可以说是苏联风格和游牧民族风格的奇怪混合。乌兰巴托城市里面有很多蒙古包和小木屋，有一部分供游客使用。苏赫巴特广场被称为乌兰巴托的"天安门"，是当年为了纪念领导蒙古民主革命的苏赫巴特将军而命名的。广场中心有一座苏赫巴特骑马的雕像，向南远望可以看到城外的成吉思汗山，山上有巨幅的成吉思汗画像，占据整座山的一侧。

甘丹寺在蒙语中意为"极乐之地"，甘丹寺坐北朝南，站在寺前的广场向西南方向眺望，基本可以俯瞰乌兰巴托市中心的各式建筑，它实际上由五座寺庙组成，是一个庞大的古建筑群。寺内最引人注目的是章冉泽大佛塑像，该塑像高 28 米，全身镀金，镶嵌大量宝石，气势雄伟、富丽堂皇，是蒙古国的国宝。甘丹寺主要的建筑有独具中国特色的飞檐翘角、红砖绿瓦，彰显着汉族特有的风度韵味，这在乌兰巴托这座日益俄罗斯化的城市里显得尤为珍贵。甘丹寺也是蒙古国最大的喇嘛聚集场所，鼎盛时期曾经有 1 万多名喇嘛在这里生活。

乌兰巴托还有众多享誉国内外的博物馆，如博格多汗博物馆、乔金扎玛博物馆等 12 家博物馆。蒙古国家历史博物馆位于苏赫巴托广场的西北角，博物馆里不仅有石器时代的原始人生活遗迹、匈奴和回鹘汗国的一些墓葬，还有很多民族服饰、家具器具、马鞍和乐器等。自然历史博物馆位于苏赫巴托广场西侧道路往北的一个街区，那里有很多植物和动物标本，其中还有一块陨石，它能在广袤荒凉的蒙古国被发现可以说是一个奇迹。

乔巴山

地名由来

乔巴山是蒙古国东部古城,蒙古国东方省首府,也是其经济、文化和交通中心,其城市名是为了纪念蒙古人民共和国建国元勋霍尔洛·乔巴山。乔巴山是蒙古人民革命党、蒙古人民军和蒙古人民政权创始人和领导人之一,曾任蒙古人民共和国部长会议主席,蒙古人民共和国元帅。他在创建蒙古人民革命党和人民军,在蒙古国实行的一切重要的民主改革和社会主义基础建设中,都起到了历史性的决定作用,曾两次被授予英雄称号,苏联曾授予他列宁勋章两枚,红旗勋章两枚。

区位

乔巴山位于蒙古国东部,东方省中部,克鲁伦河下游谷地。乔巴山战略地位十分重要,曾是蒙古国喇嘛教兴盛之地,也是蒙古国的宗教文化中心。

历史

乔巴山是蒙古人民共和国东部的古老城市。这座城市几百年前就是贸易中心,是穿越中亚商队的必经之地,19世纪时它发展成为一座名叫巴彦图门的城市。乔巴山在早期是喇嘛教的中心,还曾名"克鲁伦""桑贝子",1941年改现名。[①]

地理

乔巴山横跨克鲁伦河,位于温都尔汗下游324千米处,地势平坦,面积50平方千米,海拔约752米。气候寒冷干燥,年温差较大。年平均气温约0.8℃,1月平均气温约–16.8℃,最低温度可达–34.8℃,7月平均气温约

---

① 《世界城市百科辞典》,中国大百科全书出版社1992年版,第312页。

21.4℃。年降水量 200 毫米左右，主要集中于 6—8 月。[①]

经济

第二次世界大战后，乔巴山兴建起以畜产品加工为主的现代化工业。乔巴山现在不仅是东方省省会，而且是重要的贸易中心，有较大的畜产品加工厂。市内有洗毛厂、面粉厂、肉制品联合厂，以及发电厂、热电站和汽车修配厂等。南部有产量达 15 万吨的阿敦楚伦露天煤矿，资源丰富，有利于电力、机械等重工业的发展。郊区农牧业发达，形成了一系列畜牧产业，以动物毛制品、肉类加工等为代表。东部地区是交通枢纽和贸易中心，有铁路通塔木察格布拉克、扎尔格朗图和俄罗斯索洛维耶夫斯克，有公路自东向西通乌兰巴托和科布多，北通俄罗斯赤塔。羊毛、萤石和其他矿石通过铁路运往俄罗斯。蒙古国东部输入物资的 80% 通过乔巴山。乔巴山内有建筑和农牧业中等专业学校。

航蒙航空公司每周都有从乌兰巴托飞往乔巴山的航班，小型面包车和吉普车取道路况良好的公路，每天往返乌兰巴托和乔巴山，在乌兰巴托的发车地点是纳兰图勒吉普车站，小型面包车于上午从乔巴山东端发车出城。盛夏时节，东方省北部的公路经常泥泞不堪，但是通往其他东部地区省会城市的公路畅通无阻。从楚伦浩饶特去俄罗斯的边境口岸早在 2004 年就向外国人开放，但是车辆稀少。从乔巴山直达俄罗斯的铁路于 1939 年建成，当初修筑这条铁路是为了联合苏联、蒙古国的军事力量抵御日本入侵。[②]这条铁路至今仍发挥着重要作用，但每周只发两趟火车，行驶速度非常慢，火车站位于乔巴山中心东北方向大约 7 千米处，可以搭乘公共汽车前往。

文化

乔巴山与中国接近，意味着它的市场比其他省会的货物更加充裕，品种更加齐全。乔巴山的市场供应各种各样的新鲜水果和蔬菜，还有一些店铺出售蒙古包家具、马鞍、蒙古帽和蒙古靴。市场后半部全是赌博摊，当地人在

---

① 《世界城市百科辞典》，中国大百科全书出版社 1992 年版，第 312 页。
② Lonely Planet 公司编：《蒙古》，生活·读书·新知三联书店 2009 年版，第 164 页。

那里玩纸牌、多米诺以及沙盖（用羊踝骨做骰子的游戏）。

乔巴山有许多美食小吃，当地人最喜爱吃的是肉类和奶类的食品，以羊肉最为普遍。马奶子酒也是当地的特色饮品，这种酒的酒精度数并不是很高，可能只有两度左右，也是蒙古人非常喜爱的酒精饮料，喝起来有酸酸的奶香味。蒙古奶茶是一种老少皆宜的饮料，它的特别之处就在于是加入盐的一种奶茶，是酥油茶的简化版。这种奶茶非常香醇，在吃完油腻的烤肉后喝上一杯，既可以冲淡油腻感，也可以使嘴里留有余香。在这里，当地人每天都必喝奶茶，熬奶茶当然也是一种技术，最主要的一点就是要掌握好火候。如果掌握不好的话，就会失去奶茶原有的味道。还有一种传统的肉食，做法是把大块的羊肉或者牛肉和鹅卵石混在木桶里，然后用火烧。等到吃的时候，先把滚热的鹅卵石拿在手上掂几下再传给别人，据说这样可以活血，然后就可以用随身携带的小刀割着吃牛羊肉了。

旅游

省博物展览馆设在老城区的前政府大楼中，是除乌兰巴托之外最精美的一座博物馆。馆内藏有一些趣味盎然的画作、许多令人着迷的老照片、乔巴山大事记和一口1861年铸成的巨大的锅，这口锅足以容下500人吃的羊肉。自然历史博物馆坐落在广场西侧，藏有一批从东方省各地收集而来的野生动物标本，以及各种有关地质和植物的展品。乔巴山的蒙古英雄纪念碑，位于城市广场西部，是蒙古国非常壮观的斯大林时期风格建筑之一。纪念碑是一个大拱门，下面有一座骑在马背上冲向敌人的士兵雕像，这座纪念碑最独特的标志就是在它旁边有一辆苏联坦克。丹利格丹扎林寺始建于1840年前后，香火一度相当旺盛。寺中原有三座北殿和四座南殿，但是全寺僧人众多，连一半都住不下，因此大多数僧人只好外出化缘。1937年丹利格丹扎林寺被迫关闭，1990年，重新开放。

科布多城

地名由来

科布多城，又名"吉尔格朗图"，简称科城，是蒙古国西部城市，科布多省的省会和经济、文化中心。1730年在科布多河畔建镇，1763年因水灾迁到布扬图河下游大湖盆地中心，1961年6月列为地方城市。科布多城绿树成荫，美丽宜人，在清朝统治外蒙古的200多年里已经开始发展。

区位

科布多城位于阿尔泰山北麓中高海拔地区，属于温带大陆性气候。城东有哈尔乌苏湖并设有国家级的马罕自然保护区，是自然科学考察的重要基地之一。科布多城面积不大，仅20多平方千米，是蒙古国西部重要的交通枢纽。

历史

明清时期，科布多城一带属蒙古杜尔伯特部。科布多城始建于雍正八年（1730年），因其毗邻科布多河而得名。乾隆年间因洪水而废。乾隆三十二年（1767年）于布彦图河（今译布彦特河）沿岸修筑新城①，为科布多参赞大臣驻地。宣统三年（1911年），库伦的哲布尊丹巴呼图克图在俄国支持下宣布独立。丹毕坚赞，又称丹毕加参、丹宾坚赞、丹毕诺颜、黑喇嘛、大头喇嘛、假喇嘛等，是乾隆年间土尔扈特部东归后留在俄国的卫拉特蒙古人。清帝退位后，外蒙古政权在沙俄的支持下加快了脱离中国的步伐，此时丹毕坚赞成了外蒙古独立的急先锋。1912年，他作为西蒙古军队的最高统帅带兵攻打与新疆毗邻的科布多城，攻克了这个原属于清朝的西部重镇。丹毕坚赞在库伦（今蒙古国首都乌兰巴托）受到了英雄般的礼遇，被库伦当局授予"公"的

---

① 科布多旧城有东、西、南三个城门。东门曰"迎祥门"，西门曰"延庆门"，南门曰"福汇门"，其名皆为乾隆四十一年丙申（1776年）御赐。科布多参赞大臣衙署在城中西南隅。

头衔。

地理

科布多城又称"札尔格朗图",是科布多省的省会,也是蒙古西部的重要城市,地处阿尔泰山北部的丘陵地带,东北距乌兰巴托 1742 千米,城东 25 千米处有哈尔乌苏湖(意为黑水湖),并设有国家级的马罕自然保护区,南连海拔 3750 米的布格德泰海尔汗山,西与呼赫色尔赫特别保护区接壤。科布多城四面环山,巨峰连绵,布彦特河流经城西,依山临水,是标准的沙漠绿洲型城市。这座海拔 1390 米的城市,气候寒冷干燥,温差大,年平均气温 0℃左右,1 月平均气温为 –23.4℃左右,最低达 –44.1℃,7 月平均气温 19.8℃左右,年均降水量 90 毫米左右。

科布多城原属布彦特苏木。自 1992 年起,科布多城及郊区被单独划为扎噶兰特苏木。布彦特苏木以西另有一科布多苏木,其行政中心也叫作"科布多"。

经济

科布多城略比蒙古西部地区的其他城市发达,拥有一所农业大学以及几家食品加工企业和纺织品制造企业。科布多经济以农牧业为主,在当地以盛产西瓜和西红柿而著名。科布多气候较温暖,水草丰美,瓜园和果园久负盛名,国营农场出产谷物、羊毛、牛乳和马铃薯等,近年建有服装、食品、洗毛、木材加工、发电和汽车修配厂等产业。市内除建有游艺场、图书馆、医院等文化设施外,还有农牧业中等专科学校和师范学院。

文化

科布多城不仅因为经济持续发展而备受瞩目,还因为它是蒙古国聚居民族最多的省份之一而闻名。除主要民族喀尔喀蒙古族外,还有霍屯族、哈萨克族、乌梁海族、扎哈沁族、缅嘎德族、厄鲁特族和土尔扈特族[1]。

科布多城富有特色,游客可以花上一天时间在科布多城参观哈萨克地毯编织工的娴熟技艺,或者在钱德曼向年长的大师学唱呼麦,或者在德尔根随

---

① Lonely Planet 公司编:《蒙古》,生活·读书·新知三联书店 2009 年版,第 216 页。

便逛逛，顺便沾点绿度母的灵气。在距离科布多城 2 小时车程的德尔根县，70 多岁的梅格金花了几年的时间彻底改变了哈尔乌苏湖畔附近一片荒凉贫瘠的土地。这片曾经的不毛之地现已种上了成千上万棵树和灌木，几座佛教寺庙也在这里拔地而起。梅格金从外表上看与普通老太太没什么两样，她从 7 岁开始便被人们认为是一位法力无边的绿度母（观世音菩萨的化身）。2006 年，梅格金被蒙古国政府正式授予"度母"的称号，并在乌兰巴托举行了任命仪式。梅格金的佛教公园居高临下俯瞰哈尔乌苏湖，周围是一片由绿色、红色、黑色和白色岩石组成的美丽风景。

科布多城人口也以哈萨克族为主——几名当地哈萨克妇女建立的一家制毡手工艺合作社值得参观。科布多手工艺合作社由 12 名当地妇女组成，她们自产自销手工制作的毡毯和壁毯，游客可以上门拜访直接购买她们的手工作品，或者去 Buyant 旅店隔壁的店铺购买待售的手工艺品。

科布多城受俄罗斯的影响，进餐厅前需在门前脱去外套以示礼貌，吃饭中不得大声喧哗，男士需为女士拉椅子，女士先行入席。小饭馆虽然有奶茶，做的是蒙餐，但是蒙餐的结构、模式和餐具与西餐没什么两样。普通百姓家也是一样，饭桌上除了常出现色拉、汤、套餐外，还有面包、奶油、黄油、果酱等。

旅游

由于城市历史较为悠久，科布多城亦是旅游名胜的集聚地。博物馆展品中的蒙古国境内少数民族的服饰、手编羊毛毡毯、镶银器皿、金属手工艺品、喇嘛教法器和现代绘画等，都值得一看。

黑水湖又称慈母湖，位于市区东方 20 多千米处，呈东西长、南北宽、北部小、南部大的葫芦状，镶嵌在三面环山的盆地上，像一面镜子，也像一幅水墨国画，如梦似幻。曾赫尔岩洞又名"三蓝洞"，是个极具艺术价值的岩洞，位于市区东南方 90 千米处的曼汗县境内。岩洞内曲径幽深，钟乳石、石笋处处可见，宛若天然的艺术宫殿。岩洞又分 2 个岔洞，大洞高 15 米，宽 12 米，长 130 米；小洞高 4 米，宽 10 米，长 40 米。洞内金黄色的石壁上，有许多用棕色颜料画的人和动物岩画，距今约有 4000 年历史。

科布多城北端的桑金石墙（又名清朝遗迹）是 1762 年清军修建的，目前已是摇摇欲坠，残损不堪。石墙内遗址占地面积 4 万平方米，曾经有七座寺庙、一片华人墓地和当时清朝官员的宅院，但几乎全都没保存下来，因而观赏价值不是很高。其中三扇大门是出入通道。4 米高的城墙外原先有一条护城河（深 2 米、宽 3 米），但早已被填平。1912 年这座可容纳 1500 人的清朝堡垒被摧毁。清朝统治时期唯一留下来的就是排列在科布多城街道两旁有着二百余年树龄的古树。

建在科布多城外的原寺沙尔庙（意为"黄庙"）始建于 18 世纪 70 年代，但在 1937 年斯大林"大清洗"运动中彻底被毁。城市广场上有两座纪念当地英雄的雕像。

额尔登特

地名由来

额尔登特是蒙古国"最年轻"的城市，其名称蒙古语意为"宝贝"，因地下存在丰富的铜、钼等矿产资源而得名。额尔登特相对蒙古其他城市来讲现代化程度较高，比较富裕，因此基础设施也是除乌兰巴托之外最好的。

区位

额尔登特是鄂尔浑省的首会，是蒙古国北部城市，位于杭爱山北麓，为蒙古国第二大城市。额尔登特属于温带大陆性气候，总体来说热量不足，发展农业有较大的局限性。

历史

20 世纪 50 年代，地质专家在额尔登特区域发现其存在大量的铜、钼矿等矿产资源，1965 年开始在此地兴建城市。1974 年额尔登特城市建设基本完毕，1976 年 1 月定为直辖市，是蒙古国 3 个直辖市之一。1977 年，连接额尔登特的蒙古纵贯铁路建成，其长度约 121 千米，是一条单轨铁路。在 20 世纪 80 年代中期，在这里担任工程师和矿工的有超过 50% 的俄罗斯人。但在苏联解体后，大多数俄罗斯人离开了额尔登特。1994 年 6 月 2 日改制为鄂尔浑省。

地理

额尔登特市位于色楞格河畔，海拔约有 1600 米，距首都乌兰巴托西北有 240 千米，区域面积为 208 平方千米。境内有巴彦温都尔、额尔登特敖包、查干楚鲁特、杭嘎勒、庆格勒等群山和一些泉水。这里属于典型的温带大陆性气候，最冷月 1 月份的平均气温约为 –17℃，最热月 7 月份平均气温约为 15.5℃。[1]

经济

额尔登特的铜、钼等矿藏资源丰富，因而形成了规模较大的矿产资源产业集聚，为完善配套设施，政府特地架设了高压输电线，并修建专用铁路、公路线以完成资源出口，该市的公路连接乌兰巴托市。

额尔登特铜钼矿已列入世界十大铜钼矿之一，位居亚洲之首。这里蕴藏着储量约为 10 亿吨的铜、钼矿。1965 年，蒙古国、捷克斯洛伐克专家在额尔登特敖包发现了铜钼矿。1971—1972 年，苏联派地质专家对这个地区再次勘探，探明铜钼矿的蕴藏量为 10 亿吨，约可开采 80—100 年，后签订关于建立联合经营"额尔登特选矿企业"的协定。该矿为蒙俄合资企业，蒙方占股 51%、俄方占股 49%，由苏联援助建成，1978 年 10 月 1 日正式投入使用，进入世界十大铜钼矿联合企业之列。2013 年在奥尤陶勒盖铜矿（OT 矿）正式投产前，额尔登特铜钼矿一直是蒙古国国内最大的企业，也是蒙古国国民经济的支柱企业之一。[2]如今，额尔登特市与奥地利、日本、朝鲜、俄罗斯联邦、中国的很多城市建立了合作关系。目前，额尔登特铜钼矿的年矿石加工能力为 2600 万吨，年产铜精矿 53 万吨和钼精矿 4500 吨，铜向俄、中、日、朝、德、英等国出口[3]，95% 的产品出口中国，全部出口的收入约占蒙古国财政收入的 40%。该市还建有伐木厂、地毯厂和现代化工企业、食品联合厂等。

---

[1] 敦道格（蒙古国）、阿岩（中国）、勒哈格瓦（蒙古国）、唐雨良（中国）:《蒙古国投资、贸易、旅游指南》，内蒙古人民出版社 1994 年版，第 69 页。
[2] 《额尔登特铜钼矿扩建工程完工》，《不锈（市场与信息）》2015 年第 16 期。
[3] 刘长英:《客源国概况》，中国财富出版社 2013 年版，第 64 页。

此外，"额尔登特地毯"是蒙古国地毯制造业的领航者，该地毯厂也是蒙古国十大企业之一，它有超大吨位能力的洗毛车间和纺纱车间。额尔登特地毯厂有完整的生产线，无论是块毯还是满铺地毯，都具备羊毛到地毯的所有生产流程，提供多种不同密度、羊毛含量在90%—95%的数百余种图案的地毯。蒙古额尔登特地毯的优势在于蒙古羊毛的抗倒伏性更适合地毯这种地面铺装材料。手工剪花的运用更是因其非凡的表现力来延续其非同寻常的可观赏性，使得它能够满足一些重要房间的特殊需求。

文化

生活在额尔登特市的民族包括喀尔喀蒙古族、布利亚特族和蒙古国境内的俄罗斯人。[①]宗教在额尔登特人民心目中占有重要地位，喇嘛教为最主要的宗教，居民多信奉喇嘛教，此外有信仰基督教与伊斯兰教的，还有一些居民信奉土著黄教。

额尔登特饮食习惯特点为口味浓郁，他们用餐习惯以手抓饭，时而也用刀叉。额尔登特市经常食用的蔬菜品种包括马铃薯、白菜、洋葱、萝卜等，喜饮酒；乳制品、砖茶和羊肉是蒙古国人最爱吃的食品。当游客们来到额尔登特人家中，女主人会把传统的奶茶和其他乳制品，特别是酸马奶端到客人面前，热情款待客人。蒙古国人的传统服装是蒙古袍，有的讲究些，袍外面还披着一层袍罩。由于额尔登特属于典型的温带大陆性气候，严寒时候穿用毛皮制作的袍子；当天气热时，穿单袍，颜色浅淡，更觉凉爽。节日里，有钱人家穿鲜艳的纺织袍子，由红、蓝、绿、白各颜色搭配制作而成，非常阔气好看。妇女穿的袍子在衣边上和袖口、领口处多有绸缎的绣花或图纹，看上去很精美。在过去，传统额尔登特人常在腰间挂蒙古刀和烟袋，妇女们则要佩挂银袋和针线包。现在，城市里的年轻人，一般都喜欢身穿西装，头戴礼帽（特别喜爱用呢子制作的礼帽）。在乡下，无论是牧区还是农业区，人们仍然穿着蒙古袍。

---

① Lonely Planet 公司编:《蒙古》，生活·读书·新知三联书店 2009 年版，第 132 页。

旅游

额尔登特的风景名胜也是很有特色的，首先是以出产矿产闻名于世的露天铜矿。从额尔登特市内北望即可看到露天铜矿，这是全世界最大的 10 座铜矿之一，铜矿同样是国家基础设施的沉重负担，几乎消耗蒙古国发电量的 50%。共产党执政时期修建的友谊纪念碑位于 Selenge 宾馆东北部 200 米处，从市中心前往纪念碑的途中会路过一幅马克思壁画和一面挂有列宁画像的墙。纪念碑北部的小山和南部的体育场很适合徒步旅行。Anak Ranch 牧场是一处运营中的牧场，客人可以亲自动手体验劳作，可以挤牛奶放羊做奶酪或用套索套一两匹半驯化的马，还有很多时间休闲、吃烧烤、徒步旅行和钓鱼。矿业博物馆建于苏联时期，归属于铜矿公司 Erdenet Concern。博物馆位于市镇广场文化宫二楼，非常值得一看。鄂尔浑省博物馆始建于 1983 年，隐藏于马克思壁画左边的混凝土建筑群内。这家小型的博物馆收藏有一些奇特的物品，包括铜矿的模型（可以看到铜矿"白天"和"夜间"的情景）和一个带电视的蒙古包模型。

哈萨克斯坦

哈萨克斯坦共和国，英文名称为 The Republic of Kazakhstan，位于中亚。哈萨克斯坦与俄罗斯、中国、吉尔吉斯斯坦、乌兹别克斯坦、土库曼斯坦等国接壤，并与伊朗、阿塞拜疆隔里海相望。国土面积272.49万平方千米，是世界上国土面积第9大的国家，也是面积最大的内陆国。该国地形复杂，境内多为平原和低地，东南高、西北低。西部和西南部地势最低。主要城市包括阿斯塔纳、阿拉木图、阔克什塔乌、塔尔迪库尔甘、阿克托别、阿德劳等。

阿斯塔纳

地名由来

阿斯塔纳原名阿克莫拉，历史上的阿克莫拉曾是一座军事要塞，其名字也多次变更。18世纪，从亚洲国家去往欧洲的商贾们都把阿克莫拉作为中途休息的地方，因此阿克莫拉曾是欧亚大陆上的一个重要商业中心。1832年，阿克莫拉开始建市，1832—1961年，改称阿克莫林斯克。20世纪50年代，苏联很多热血青年响应国家号召来到这里开垦荒地，使这里成为重要的粮食产地，于是从1961年起阿克莫拉又被称为切利诺格勒，俄文意思为"垦荒城"。

1991 年 12 月苏联解体，同年 12 月 16 日哈萨克斯坦宣布独立。独立后的哈萨克斯坦又把切利诺格勒恢复了原名"阿克莫拉"。该城市从 20 世纪 50 年代起逐渐发展起来，成为哈萨克斯坦北部重要公路和铁路枢纽。1997 年，纳扎尔巴耶夫总统签署命令，宣布首都由阿拉木图迁至阿克莫拉。作出这项历史决定，取决于新首都所处的有利地理位置——恰处于全国中心和主要交通要道的交汇处。1998 年，阿克莫拉改名为阿斯塔纳，阿斯塔纳在哈萨克语中的意思就是"首都"。而"阿克莫拉"在哈萨克语中意为"白色坟墓"，这不利于首都的形象。但阿克莫拉州的名字没有改变。[①]现在，阿斯塔纳已发展得焕然一新，并且在国际上逐渐树立起威信，开始成为哈萨克斯坦渴望革新的象征。

区位

阿斯塔纳是哈萨克斯坦首都，也是哈萨克斯坦第二大金融中心，位于哈萨克斯坦中部偏北的平原丘陵地带，距离原首都阿拉木图 1300 余千米，基本上处于哈萨克斯坦的地理中心。

历史

1824 年，一队由俄罗斯鄂木斯克出发的西伯利亚哥萨克军队在伊希姆河河岸建立了一个城堡，以后变成了阿克莫林斯克。在 20 世纪初，阿斯塔纳成为哈萨克斯坦的铁路枢纽，也为阿斯塔纳带来经济的发展与提升。在斯大林时期，哈萨克斯坦有 11 个劳动营，其中最恶名昭彰的劳动营坐落于阿斯塔纳附近。

1961 年，这城市的名称改为切利诺格勒，成为垦荒运动的中心。1994 年 7 月 6 日，哈萨克斯坦议会根据总统提议，通过迁都决议，在此后的几年里，阿克莫拉进行了大规模的城市改建和扩建工程，为迁都做了大量的准备。一大批新建筑在市内拔地而起，交通、通信、能源等配套设施不断完善。1996 年，一位日本建筑师的设计方案在阿克莫拉城市设计国际招标中被选中。根据他的设计，伊希姆河两岸是宽阔的大理石街道，中央广场是新都市中心，

---

① 孛儿只斤·苏和、孛儿只斤·苏晶娜:《成吉思汗蒙古帝国的后人》，内蒙古人民出版社 2009 年版，第 125—129 页。

总统府、政府和议会大厦及国家其他主要职能部门相邻而立。

1997 年 12 月 10 日，哈萨克斯坦总统纳扎尔巴耶夫在阿克莫拉郑重宣布，阿克莫拉市正式成为哈萨克斯坦"永久性首都"，这主要是因为哈萨克斯坦政府在阿拉木图还是首都时遇到了许多麻烦，例如阿拉木图在地震时遇到的风险，扩充土地时的不方便，再加上阿拉木图也离吉尔吉斯斯坦的边界太近了，哈萨克斯坦政府认为迁都似乎是个更好的决策。从此，阿克莫拉取代阿拉木图成为哈萨克斯坦新的政治中心。阿克莫拉后改名为阿斯塔纳，发展中的阿斯塔纳市中心将逐步扩展到伊什姆河左岸。现在河左岸建设中的经济开发区已基本形成，交通部大楼和石油公司总部大厦等具有代表性的高层建筑已矗立于左岸，并且为外交使团建造的 50 座"外交村"建筑已逐步交付使用。不久的将来，阿斯塔纳将成为一个拥有近百万人口的现代化大城市。

地理

阿斯塔纳位于哈萨克斯坦中北部半沙漠草原，美丽的耶希耳河（又翻译为伊希姆河）绕城而过，四季气候宜人，其平均海拔较低，有十几个淡水湖和咸水湖，水资源相对丰富，是哈萨克斯坦工农业的主要生产基地。

由于深处亚欧大陆腹地，阿斯塔纳属于典型的温带大陆性气候，年均降水量约 317.4 毫米，介于湿润和半干旱气候带之间。冬季寒冷多雪，夏季凉爽少雨。虽然 7 月是一年当中最热的月份，有时会有一周左右时间最高气温超过 30℃，平均最低气温也是最高的，但相比其他最低气温大多在 10℃以下的月份还是比较舒适的。全年降水量分布均匀，没有明显的干湿季节之分，月平均降雨量最多和最少的月份也相差不足 36 毫米。

阿斯塔纳市下辖 6 个区，截至 2014 年年底全市人口达 80 万人，哈萨克族占全市人口的 70%，其他少数民族还有俄罗斯族、乌孜别克族、维吾尔族、乌克兰族、卡拉卡尔帕克族、阿塞拜疆族、土库曼族、吉尔吉斯族等。

经济

阿斯塔纳主要经济产业为畜牧业和机械加工制造业，由于其为本国铁路交通枢纽，与各省经济往来贸易频繁。因为区域内河流径流量较大，阿斯塔纳开发水电资源较多，为工业提供了充足的电力。城市附近的湖泊里栖息有各种鸟类和鱼类，是丰富的自然科学考察和旅游资源。

阿斯塔纳是 2017 年世博会的主办城市，也是东欧和独联体国家中唯一举办世博会的城市。依照 2005 年城市社会经济发展观念，阿斯塔纳作为国家行政和事务中心正飞速地发展着。阿斯塔纳系独联体国家首都和文化城市国际联合会的成员，这个联合会联合了独联体和波罗的海地区的 40 多个城市。同时，阿斯塔纳还拥有同 13 个独联体和其他国家城市和地区的双边兄弟关系。

阿斯塔纳是哈萨克斯坦北方的重要公路、铁路枢纽，并建有大型国际机场，通过航空走廊同世界各大城市建立联系，使阿斯塔纳逐渐成为国际型城市。伊希姆河两岸是宽阔的大理石街道，其风格很像俄罗斯第二大城市圣彼得堡的涅瓦大街，市内遍布着花坛、草坪、微型公园和城市广场。

文化

由于特定的自然条件和社会环境，哈萨克族在生产和生活中形成了自己独特的风俗民情。哈萨克族传统居所是圆顶毡房，传统服饰以毛皮为主，极有特色。阿斯塔纳的居民信奉伊斯兰教（逊尼派），语言相通，风俗习惯相同。哈萨克族是个能歌善舞的民族，每逢节假日都开展各种文体活动，如弹唱、对唱、跳舞、猜谜、踢毽、放风筝，还举行赛马、摔跤、马上角力、射箭等各种比赛。哈萨克族婚姻是一夫一妻制，同一部落不能通婚。此外，哈萨克姑娘和少妇一般穿袖子带乡花、下摆多皱的连衣裙。未出嫁的姑娘戴水獭皮圆顶帽子，帽顶绣花并有漂亮的鸟羽毛。姑娘出嫁时，戴一种尖顶的沙吾克烈帽，一年之后换戴花头巾，生了第一个孩子后，换戴一种叫克木谢克的头饰。哈萨克族和其他穆斯林民族一样，使用伊斯兰年历。每年 3 月 20 日左右过"纳吾鲁孜"节，即哈萨克族的春节。节日期间，每家都做"纳吾鲁孜"饭，唱"纳吾鲁孜"歌。每年伊斯兰教历 9 月是斋月，在斋月里人们白天都不进食。斋月过后开始过"肉孜节"，即开斋节。"肉孜节"之后 70 天过"古尔邦节"，即伊斯兰里的新年。

旅游

阿斯塔纳是哈萨克斯坦很大的文化和艺术中心之一。在新城市的市中心建立了总统国家文化中心。市中心的博物馆有很多大厅，其中陈列收藏了许多古代和当代珍贵的历史文物。市中心还建设了一座有百万册藏书的图书馆，在阿斯塔纳创办了哈萨克斯坦民族音乐研究院。新首都的剧院非常多，观众喜欢的首都剧院有哈萨克音乐剧院、俄罗斯国家剧院等。2000年，在阿斯塔纳还建立了国家歌剧和芭蕾舞剧院、"希涅玛—西吉"高级电影院，这些文化设施成为市民和来访者所喜欢的休闲场所。

在阿斯塔纳一路上可以看到很多独特的现代建筑，不论从造型还是艺术美感上都很摩登，让人印象深刻。市中心的市政广场上有一个标志性的建筑，据说这是哈萨克斯坦总统最为骄傲的地方。中心广场上有座巴伊杰列克观景塔（哈萨克斯坦人称它为"棒棒糖"）。这个建筑在哈萨克斯坦的地位就相当于东方明珠塔在上海的地位。

如果想体验千里冰封万里雪飘的北国风光，11、12月是最佳时节，此时已进入积雪期，而温度并不像1、2月那般严寒，不仅能体验到哈萨克牧民为过冬宰牛、宰马、宰羊，储备食物的独特风俗，还能品尝到马肠、香肠、馕、包尔沙克（油炸面疙瘩）、别斯巴尔马克、抓饭等特色美食。在哈萨克族人家做客应注意，在毡房内席地盘腿而坐，不脱鞋，不得把两腿伸直。不能跨过拴牲畜的绳子，不能跨过吃饭用的餐布。

阿拉木图

地名由来

阿拉木图所处的地区以盛产苹果著称，而阿拉木图（Alma-Ata）在哈萨克语中的意思就是"盛产苹果的地方、苹果城"，由此得名阿拉木图。

区位

阿拉木图市位于哈萨克斯坦共和国热特索地区，伊犁阿拉套山脉北麓，是阿拉木图州的首府。阿拉木图交通便利，作为中亚的金融中心，大部分的金融机构和媒体企业集聚在此，形成了产业规模化效应，更带动了当地高校的发展。

历史

据记载，阿拉木图历史悠久，古代中国通往中亚的丝绸之路就经过这里。城市始建于 1854 年。该城在清朝时原属中国，1854 年被沙俄侵占，一队由俄罗斯鄂木斯克出发的西伯利亚哥萨克军队在天山山脚地区建立了一个城堡，取名 Zailiysky，一年后更名为 Verny。1867 年成为沙俄土耳其斯坦总督行政中心，1918 年建立苏维埃政权。当土耳其斯坦—西伯利亚铁路建成后，阿拉木图成为了一个主要的中途站。1921 年，阿拉木图的名称被改为 Alma-Ata，因其城郊盛产苹果而得名。1929 年成为哈萨克苏维埃社会主义共和国首都。1932 年建州。1991 年 12 月苏联解体后，它成为独立的哈萨克斯坦共和国首都。由于阿拉木图地处边疆地区，城市扩展余地有限，1994 年哈萨克斯坦决定在 2000 年之前把首都迁往中北部的阿斯塔纳。

从 1997 年 12 月 10 日起，阿斯塔纳取代阿拉木图成为哈萨克斯坦首都。但是哈萨克民族文化中心、外国大使馆代表处、大多数的政党和社会团体等仍继续在此活动，因此哈萨克斯坦政府在 1998 年 7 月 1 日制定了《阿拉木图特殊地位法》，授予阿拉木图市共和国国家级城市地位，所以阿拉木图仍然是哈萨克斯坦的经济、文化、交通和国际商务中心。

地理

阿拉木图位于外伊犁阿拉套山脉北麓的伊犁河支流，即大、小阿尔马廷卡河畔的人工灌溉绿洲中，东距中国伊犁边境 300 千米，西距比什凯克 220 千米。阿拉木图是一座风光独特的旅游城市，它位于哈萨克斯坦东南部、天山北麓外阿赖山（中国称外伊犁山）脚下的丘陵地带，三面环山，海拔 700—900 米。[①]其海拔较高，自然气候复杂多样，寒冷北方与炎热南方的自然景色并存，与西伯利亚白桦、天山方松与葡萄、苹果树并存。

阿拉木图夏天长且干燥，冬天短而温暖，但城市以北 50 千米外便是茫茫沙漠，那里夏季酷热难耐，冬季寒风怒吼，气温常降至 –30℃ 以下。造成这种气候的原因是由于阿拉木图南面有海拔 5017 米的雪山，雪山融水形成了数

① 李原：《亚洲》，中华地图学社 2006 年版，第 85 页。

条河流滋润着美丽的阿拉木图，使它绿树成荫气候温和，并成为世界上绿化最好的城市之一。

阿拉木图区域面积为1127平方千米，下辖地区有8个区，截至2014年年底人口为170万人，居民中以哈萨克族居多，其次是俄罗斯族、乌克兰族、鞑靼族、维吾尔族等。

经济

阿拉木图在哈萨克斯坦经济领域中占据着重要地位，经济以食品加工和棉纺织业为主，还有重型机械制造企业及火电厂等。伊犁河上建有卡普恰克水电站，两岸主要种植麦类、黍、玉米、水稻、甜菜和烟草，果园业发达，畜牧业以养羊为主。巴尔喀什湖和伊犁河有航运和养鱼业。在外伊犁山脉中部辟有阿拉木图自然保护区。

阿拉木图虽然不再是哈萨克斯坦的首都，在国家中地位稍差于阿斯塔纳，但它仍然是哈萨克的经济、工业中心，也是整个中亚的金融中心。阿拉木图市在哈萨克斯坦金融服务领域占据绝对主导地位，几乎全国所有商业银行的总部、大部分保险公司和养老基金公司、中央银行、证券交易所都设在该市。按照市政当局的发展规划，阿拉木图要按国际标准建成区域性金融中心和商务中心，建成最具便利条件的商业城市。该市交通十分便利，铁路通西伯利亚、乌拉尔、中亚和中国新疆，为重要公路运输中心和国内国际航空港。有铁路支线与土西铁路相连，输气管道从布哈拉通此。阿斯塔纳航空公司总部设在阿斯塔纳，枢纽机场为阿拉木图国际机场。此外，阿拉木图市与中国关系密切，距离中哈边界直线距离仅170千米，有很多中国商人在此经商，开展边界贸易。

文化

伊斯兰教是阿拉木图居民信仰的主要宗教，但总的来说，在中亚各国中，哈萨克斯坦受伊斯兰教影响较小。独立后，哈萨克的民族意识迅速发展，而在这种意识中，仍以宗教意识所占比重为大。哈萨克人的传统食物是肉和奶，现在也吃面食、蔬菜和水果。其中最有代表性的佳肴是手抓羊肉。当地哈萨克人一年四季爱喝浓茶，茶中掺有牛奶和奶油，也爱喝马奶。夏季多穿宽边的白衬衫、宽裆裤，外罩齐膝的无袖长衣，戴狐皮帽，穿高筒马靴，外罩皮靴筒。妇女多爱戴项链、耳环和手镯等饰物。在哈萨克斯坦的日常生活中，许多习俗和民间庆典都与骑马有密切关系，如民间牧羊人节、开春节等，哈萨克人无论男女老少，皆擅长骑术，每逢节日都要举行骑术比赛和骑马叼羊比赛。在人际关系中，马鞭成为相互赠送并表达特殊意义的礼物。

阿拉木图市是国家最大的体育中心，有5座体育场。市内设有15所高等院校，还有科学院、博物馆、歌剧院、文化馆、图书馆、植物园、体育场、展览馆以及现代化的旅游宾馆等，这些建筑物把哈萨克斯坦的民族风格与现代化美学融为一体。郁金香是阿拉木图市花，哈萨克斯坦自认是郁金香的原产地。每年5月，全城公园、广场、街道两侧及房前屋后把阿拉木图装扮成郁金香的海洋。建于1907年的东正教大教堂，是世界现存第二高的木结构教堂。郊外20千米的梅迪奥高山人造冰场，是中亚冬季体育中心、全国第一名胜，南郊的"苹果园"是全国的疗养中心。

旅游

阿拉木图是一个著名的旅游胜地，市郊有许多优美的风景区，南面是半弧形包围着的山区，城市气候怡人。在距市区东面16千米外海拔1700米的麦杰沃风景区里，有世界闻名的麦杰沃高山滑冰场，每年开放9个月，即使在酷热的夏季人们仍然可以尽情地滑冰，这是由于冰场地面下铺有强劲的制冷系统。从滑冰场往上约海拔2230米处便是钦布拉克高滑雪场，那里有3000米的长年不化的快速滑雪道，更是吸引着世界一流的滑雪健儿，有许多运动员和奥运会获奖者在这里训练和工作，这里的滑冰滑雪场因举办过多次国际比赛而闻名遐迩。另外，海拔2500米高处的大阿拉木图高山湖，风光绮丽，也是人们野外休闲的好去处。城郊是一派宁静的北国风光，这里的群山峰峦起伏，气势磅礴，山峰上的白雪终年不化，最高的共青团峰在蓝天白云的衬托下，银光灿灿，蔚为壮观。

中国著名作曲家冼星海于1943年从莫斯科辗转到达阿拉木图，在这里度过了他40年生命历程中的最后两年半时间，受到当地人民无微不至的关爱和照料，并从中获取了巨大的勇气和信心，创作了一批激情涌荡的传世佳作。这一时期，他创作了第一交响曲《民族解放》、第二交响曲《神圣之战》及《中国狂想曲》《阿曼盖尔德》《满江红》等音乐作品，收集和改编了大量哈萨克民歌，成为用音乐传递中哈友谊的使者。为纪念这位伟大的音乐家，哈萨克斯坦在阿拉木图不仅命名了冼星海大街，还修建了冼星海纪念碑和冼星海故居，它们成为中哈两国人民友好的象征。冼星海纪念碑竖立在冼星海大街和加加林大街交会处。纪念碑以花岗岩石料制成，由三片巨大的半圆形巨石组成，上面刻有冼星海的浮雕头像，用中、哈、俄三种文字铭刻的碑文写道："谨以中国杰出的作曲家，中哈友谊和文化交流的使者冼星海的名字命名此街为冼星海大街。"①纪念碑上还铭刻着冼星海的简历以及他创作的歌颂哈民族英雄的交响诗。

另外，阿拉木图是一座崇敬历史名人的城市，市内有众多以名人作街名的街道。十月革命前的阿拉木图全是土路木屋，不见楼房。1921年后按规划重建，街道呈方格子状交织，南北干道阿布赉汗大街和东西干道阿拜大街都长达 20 余千米。街名多以本国历史名人命名，如阿布赉汗是哈萨克的著名国王，阿拜是哈萨克伟大诗人，是联合国认定的世界文化名人。马山奇路则是为了纪念苏联红军中的中国回族骑兵团团长马山奇而命名。

阿克托别

地名由来

阿克托别，俄语名原为阿克纠宾斯克，是哈萨克斯坦共和国西部的一个州。阿克托别的名字来自哈萨克斯坦语"白色"和"山"之意，该名称是 19 世纪人们以该区域所处的自然地理环境为参考确定的。

区位

阿克托别地理位置优越，地处哈萨克斯坦西部，位于伊列克河与卡尔加

---

① 孛儿只斤·苏和、孛儿只斤·苏晶娜：《成吉思汗蒙古帝国的后人》，内蒙古人民出版社 2009 年版，第 134—135 页。

拉河的交汇处，北临俄罗斯。其城区总面积为 400 平方千米，是阿克托别州的首府，也是哈萨克斯坦西部的经济、文化中心。其所在的阿克托别州是哈萨克斯坦面积第二大州，仅次于卡拉干达州。该州位于哈萨克斯坦的西北部，咸海的正北方，北与俄罗斯的奥伦堡州接壤，西与西哈萨克斯坦州、阿特劳州和曼吉斯套州相邻，南与卡拉卡尔帕克自治共和国和克孜勒奥尔达州相邻，东与卡拉干达州及科斯塔奈州相连。

历史

阿克托别见证了许多中亚帝国和文化的兴盛与衰落。1869 年 3 月，俄国军队在伊列克河与卡尔加拉的交汇处驻扎并修建防御工事。在此期间，斯拉夫的居民为了种植农田开始向此地迁移，不久便在此地形成了部落。1874 年，它的面积不断向周围扩展，于 1891 年升格为县治，并且官方命名为阿克纠宾斯克。

19 世纪末 20 世纪初，该地区的面积得到快速的扩张。1889 年，城市人口仅为 2600 人，1909 年，随着大批俄罗斯移民的到来，城市人口迅速增长为 10716 人，同时也带动了城市的发展。第一次世界大战前夕，工业经济开始萌芽。

由于 1905 年俄国革命的影响，阿克托别在 1905—1907 年期间爆发多起动乱。布尔什维克党活跃在城市的每个角落，于 1918 年 2 月 8 日控制了当地的斯拉夫人，并在当月的 21 日获得该地的统治权。

由于阿克托别坐落在横跨咸海的铁路干线上，拥有十分重要的战略地位，于是便在苏俄内战时期成为红军和外国侵略者的共同目标。1919 年 4 月 18 日，阿克托别战败，与中亚相连的铁路被切断。同年 10 月，阿克托别在第五军队的帮助下取得胜利，并且重新获得对塔什干铁路的控制权。1920 年年底，在布尔什维克党的领导下，最终取得了战争的胜利。

1932 年，阿克托别成为阿克托别州的首府。二战期间，由于来自乌克兰和莫斯科的工厂的重建，使其进入快速发展阶段。直到 20 世纪 60 年代，城市的建筑基本完善。1991 年，哈萨克斯坦民族独立，阿克托别的社会和经济发生了戏剧性的变化，重工业开始下降并逐渐被能源部门代替，城市继续扩张，新建筑拔地而起，更多的哈萨克斯坦移民迁移至此。

1999 年 3 月 11 日，阿克纠宾斯克市正式更名为阿克托别市。2001 年，在阿克托别市成立西哈萨克斯坦军区。

地理

阿克托别位于哈萨克斯坦西部的平原地带，地势较为平缓，平均海拔高度为 219 米左右。阿克托别的大部分地区是平坦草原，其东北方向地势相对较高，为低山地带，南部地区为半沙漠地带。市内多河流，伊列克河、卡尔加拉河、乌拉尔河等大小河流蜿蜒分布。

阿克托别属温带大陆性湿润气候，气温变化较大，夏季炎热、冬季寒冷，年平均气温为 5.5℃左右。每年的 6—8 月气温较高，平均气温为 27.1℃左右，8 月气温最高，最高气温为 42.9℃；每年 11 月到次年 3 月气温较低，平均低温为 –12.5℃左右，1 月气温最低，最低气温为 –48.5℃。降水相对较少，年降水量为 333 毫米左右，降水量在各月的分布较为平均。其中每年 4—6 月降水相对较多，降水总量达到 100 毫米，占全年总降水量的 30％左右，9 月为降水最少的月份，平均降水量都在 19 毫米左右。

经济

哈萨克斯坦阿克托别资源丰富，人才荟萃，是哈萨克斯坦经济发达地区之一。阿克托别除了是闻名遐迩的石油产区以外，还有储量位于世界前列的铬矿，以及丰富的镍、钛、磷和铜矿等矿藏。用阿克纠宾斯克州州长叶列乌西·萨吉季科夫的话说，这里资源丰富，人才荟萃。"黑金子"（石油）和有色金属矿藏使这里的经济发展有了可靠的基础，加上天时地利人和，使该州成为哈萨克斯坦经济发达的地区之一。

哈萨克斯坦国家铁路股份公司总裁马明称，阿克托别要建设成为哈地区物流中心，主要负责把中国和中亚地区的货物运送到其他关税同盟国家并进一步运往欧洲国家。为此，已划拨相应地块进行基础设施建设。此外，还拟开通从中国边境到阿克托别的集装箱货运列车，每周一次。此方案 2014 年正式实施。

文化

阿克托别是一个只有 100 多年历史的年轻城市，这里不像我们国内的城市那么繁华，也没有现代化的快节奏生活气氛，给人的感觉是宁静而安适。阿克托别市分为老城区和新城区，其中新城区是近几年才开发的，一些新的建筑、学校、商店都集中在这里，道路也较宽敞，位于新城区的阿丽亚商店是该市最大的商品市场。这里商品相对比较丰富，甚至还能买到中国产的酱油、味精、粉条、榨菜等副食品。

哈萨克语为国语，俄语与哈萨克语同为官方语言。哈萨克语属阿尔泰语系中的突厥语系，是哈萨克斯坦的官方语言和全球哈萨克族所使用的语言，与其他属突厥语族的民族语言相当接近。哈萨克语在突厥语系中影响力和使用量仅次于土耳其语。哈萨克国徽上写的就是哈萨克文，在哈萨克南部和比较偏远的地方，没有受过教育的人不会讲俄语。

旅游

阿克托别市旅游资源丰富，四季皆宜旅游。哈萨克族和其他穆斯林民族一样，使用伊斯兰年历。于每年 3 月 20 日左右过"纳吾鲁孜"节，即哈萨克族的春节。节日期间，每家都做"纳吾鲁孜"饭，唱"纳吾鲁孜"歌，互相拥抱，祝贺新春；哈萨克族是个能歌善舞的民族，每逢节假日都搞各种文体活动，如弹唱、对唱、跳舞、猜谜、踢毽、放风筝，还举行赛马、摔跤、姑娘追、叼羊、马上角力、射箭等各种比赛，哈萨克斯坦的哈萨克族人和我国境内的哈萨克族属同宗同源，语言相通，风俗习惯极为接近，哈萨克人热情好客，招待来客总是拿出最好的食物，并宰羊杀畜。

俄罗斯

俄罗斯联邦，英文名称为 The Russian Federation。俄罗斯位于欧亚大陆北部，北邻北冰洋，东濒太平洋，西接大西洋，西北临波罗的海、芬兰湾。陆地邻国包括挪威、芬兰、爱沙尼亚、拉脱维亚、立陶宛、波兰、白俄罗斯、乌克兰、格鲁吉亚、阿塞拜疆、哈萨克斯坦、中国、蒙古国和朝鲜。俄罗斯地跨欧亚两大洲，国土面积为 1707.54 万平方千米，是世界上面积最大的国家。该国由 22 个自治共和国、46 个州、9 个边疆区、4 个自治区、1 个自治州、3 个联邦直辖市组成，主要城市包括莫斯科、圣彼得堡、叶卡捷琳堡、符拉迪沃斯托克、索契、喀山等。

莫斯科

地名由来

莫斯科的名字，有人认为起源于斯拉夫语，是"石匠的城寨"的意思。这个名字，反映了当地最早的居民可能是石匠之类的手工业者。但是，也有人认为，莫斯科是由于莫斯科河而得名的，莫斯科河流经瓦茨人居住的地区，在瓦茨人的语言里，"莫斯科"是水的意思。莫斯科从它首次见诸公元 1147 年的编年史以来，就在俄国历史上占有极其重要的地位。

区位

莫斯科作为俄罗斯联邦首都，是俄罗斯政治、经济、文化和交通中心，是向世界展示俄罗斯的深邃和奥秘的最佳地点。莫斯科地处东欧平原中部，跨莫斯科河及支流亚乌扎河两岸，水上交通便利，与伏尔加河相连通，是俄罗斯乃至欧亚大陆上极其重要的交通枢纽。

历史

早在公元 9 世纪至 10 世纪，莫斯科这个地方已有人居住。莫斯科作为居民点最早见诸史册是在 1147 年。1156 年，莫斯科奠基者尤里·多尔哥鲁基大公在莫斯科修筑起泥木结构的克里姆林城堡。后来在克里姆林城堡及其周围逐渐形成若干商业、手工业和农业村落。由于其位于俄罗斯各公国的中央，地理位置优越，且交通方便，来往客商不绝，渐渐地繁荣昌盛起来，13 世纪初便成为莫斯科小公国的首府，1328 年成为莫斯科大公国的都城。14、15 世纪，俄罗斯人以莫斯科为中心，集合周围力量进行反对蒙古贵族统治的斗争，从而统一了俄罗斯，建立了一个中央集权的封建国家。1589 年，莫斯科成为统一的俄罗斯国家的都城。

1713 年，彼得一世迁都圣彼得堡，莫斯科成为"陪都"，但莫斯科仍旧是俄国最大的经济、文化中心，仍发挥着俄国第二都城的作用。早在 1702 年，莫斯科就禁止在克里姆林宫修建木制建筑，随着大量外国人的迁入，这里成为各国学者会聚的地方，最著名的有"德国村"。在彼得大帝时代，莫斯科变得更像一个欧洲城市。1812 年拿破仑发动侵俄战争，法军攻入莫斯科，大火烧毁了全城三分之二以上的建筑物。1813 年成立莫斯科城市建设委员会，开始大规模城市改建。

18—19 世纪中叶，莫斯科得以复兴，由于城市规模逐渐扩大，莫斯科被分成 20 个城区 88 个街区，城内有无数的街道、店铺、教堂、修道院和工厂，以纺织、炼铁及金属加工为主的工业迅速发展，成为沙俄的大工业中心。

1917 年十月社会主义革命期间，莫斯科紧随彼得格勒（后改名圣彼得堡）举行了武装起义，建立了苏维埃政权。苏维埃政府和共产党中央委员会于 1918 年 3 月从彼得格勒迁到莫斯科，1922 年 12 月莫斯科正式成为苏联首都，

开始了莫斯科崭新的发展阶段。在伟大的卫国战争期间，莫斯科起到了巨大
的作用。1965 年莫斯科荣获英雄城的称号。第二次世界大战后莫斯科加快了
城市改造和建设的速度。1960 年，政府将附近一些城镇纳入城市范围，组成
大莫斯科州。1987 年，莫斯科市政当局将每年 9 月的第一个双休日定为城庆
日，举行各类城庆活动。1991 年苏联解体、俄罗斯独立后，新宪法确定莫斯
科为俄罗斯联邦首都。

地理

莫斯科位于东欧平原中部的莫斯科河畔，跨莫斯科河及其支流亚乌扎河
两岸。莫斯科及其周边地区处在俄罗斯最发达和人口最稠密地区的东北角。
莫斯科地势平坦，只是在中央及其周围有几座小山丘，仅西南部白垩纪岩石
上有一块高地区域，这就是捷普洛斯坦斯卡亚高地（最高点海拔 253 米）。莫
斯科属典型的大陆性气候，受来自大西洋的暖流和西风影响。1 月平均气温约
为 –10.2℃（最低 –42℃），7 月平均气温约为 18.1℃（最高 37℃），年降水量
近 600 毫米。因地处高纬度内陆，冬季长而寒冷，天气阴暗，降雪量大，平
均年积雪期达 146 天（11 月初至次年 4 月中旬）。[①]

根据《俄罗斯报》2014 年刊登的俄国家统计局公布的全俄人口普查结果，
莫斯科人口总数为 1151.4 万。莫斯科城市面积 994 平方千米，包括外围绿化
带共为 1725 平方千米。随着 1960 年市区范围的扩大，行政单位的数目增加
到 17 个区；1968 年和 1976 年又建立一些新区，行政区数目达到 30 个；到 20
世纪 80 年代中期增加到 32 个区；到卢日科夫就任市长时，莫斯科已有 33 个区。
1991 年以后，莫斯科市被划分为 10 个行政区域，每个行政区划再细分地区。
目前，全市分为 30 个区，其中 13 个内城区的人口、面积均少于 17 个外城区。

经济

俄罗斯农业发展落后，首都莫斯科经济产值中农业比重很小，主要农作
物有小麦、大麦、燕麦、玉米、水稻和豆类。十月革命前，莫斯科以纺织工
业而著名。之后，莫斯科先后成为苏联、俄罗斯最大的工业中心，工业总产

---

① 郭文、刘国华：《莫斯科》，三秦出版社 2006 年版，第 3 页。

值居全国首位，工业门类齐全。其中重工业与化学工业很发达，机械制造业占全市工业总产值及工业就业人数的一半以上，轻工、纺织、化工、食品加工和印刷业也很发达。莫斯科还发展各种有色金属的冶炼工业，其中铝业特别发达，造纸业也是莫斯科工业中重要的一部分。莫斯科是俄罗斯最大的军事工业中心，航空、航天、电子等工业均集中在这里。莫斯科是独联体最大的商业中心，俄罗斯最大的商业和金融业办事机构也设在这里。莫斯科交通发达，是俄罗斯全国铁路、公路、河运和航空的枢纽，电气化铁路和公路通向四面八方。作为俄罗斯铁路系统的中心，莫斯科营运货物量约占全国总量的十分之一。

文化

莫斯科的居民绝大多数属于俄罗斯族，约占总人口的 90%，较大的少数民族是犹太族、乌克兰族、白俄罗斯族和鞑靼族。[①]莫斯科人性格热情奔放，谈吐幽默诙谐，具有独特的民俗风情。他们喜欢初春时在室内插一枝嫩柳；将面包和盐献给贵宾，表示崇高的敬意，临行上路之前，全家人必须静坐片刻，这些有趣的习俗一直沿袭至今。

莫斯科人每年的节假日加起来在 120 天到 130 天之间，其中国家规定的节日有元旦、国际妇女节、国际劳动节、胜利日、国庆日、宪法日等，还有各种各样的文化艺术节。除了法定的节日外，他们还保留了婚礼、婴儿命名、送冬节和桦树节等古老的民族习俗和传统喜庆日，许多俄罗斯文学名著中常有这方面情节的描写。一些民间谚语也与传统习俗有关，例如，"第一张薄饼不好煎（万事开头难）""吃了面包和盐（不要隐讳真言）"等。由此可见，这些风俗对莫斯科人的日常生活和思想观念已产生了广泛深刻的影响。莫斯科人似乎特别喜欢过节，他们的节假日之多令人瞠目结舌。

俄罗斯的鲁巴哈和萨拉范两款女装深受妇女们的喜爱。俄罗斯人在冬季御寒主要以皮装为主，喜欢穿皮大衣。

莫斯科人喜好甜食和鱼肉馅的面点，他们讲究烹调，菜肴丰富多彩，俄式大餐闻名于世。面包是莫斯科人的第一食品，人们从早到晚一日三餐都以

① 郭文、刘国华：《莫斯科》，三秦出版社，2006 年版，第 7 页。

面包为主食。莫斯科人也喝粥，并且把粥视为面包的"始祖"。另外，土豆在莫斯科人的饮食中占重要一席，据统计，莫斯科人每年人均土豆消费量为125公斤，号称"第二面包"。鱼子酱不但是闻名天下的美味佳肴，而且是极具俄罗斯特色的旅游商品。伏特加在俄罗斯已有500多年的漫长历史，依靠它俄罗斯人才得以度过漫长寒冷的冬季和战争时期的艰难岁月。由此可见，伏特加与俄罗斯人有着不解的缘分。

旅游

莫斯科是一座历史名城，是古代俄国数百年的帝都，以克里姆林宫和红场为中心，向四周辐射伸展，呈环形和放射状，酷似一个蜘蛛网把莫斯科市层层围住，众多的古代建筑群和现代高层建筑群高耸于莫斯科河畔，钟楼矗立，宫墙环绕。莫斯科约有4000条街道，四面八方都可以通向市区中央的克里姆林宫和红场，显示了城市风格独特之美。莫斯科的市区规划十分出色，由市中心向外有好几个环圈，它们分别是街道圈、花园圈、莫斯科沿城铁路圈和莫斯科环城公路圈。每个环区的作用与建筑风格各不相同，反映了莫斯科的不同发展阶段。街道圈内的中央区是莫斯科的心脏，克里姆林宫、红场、国家领导机构、大剧院、博物馆、高等院校等多集中于此。

克里姆林宫是俄国历代沙皇的宫殿，内有精美的教堂、宫殿、钟塔、塔楼，建筑气势雄伟，举世闻名。在克里姆林宫的中心教堂广场，有巍峨壮观的圣母升天大教堂，有凝重端庄的报喜教堂，有容纳彼得大帝以前莫斯科历代帝王墓地的天使大教堂。

克里姆林宫东侧是国家仪典中心红场，红场内有列宁墓，南端有波克罗夫斯基教堂。莫斯科有1000多座古建筑、教堂、纪念馆、博物馆等著名建筑，还有不少有名的广场和街道以及近郊的庄园，随处都可以让游客大饱眼福，尽情领略秀美景色和宏伟的人文景观。若乘船巡游莫斯科河，那更是别有风情，莫斯科河流经市区80千米，在通航季节里乘船游莫斯科河是必不可少的游览项目，沿河有克里姆林宫、莫斯科大学、文化公园、联邦政府大楼和麻雀山等。

圣彼得堡

地名由来

圣彼得堡的城名是根据彼得大帝所崇拜的德国圣人彼得的名字翻译过来的。1914年第一次世界大战爆发后，圣彼得堡改名为彼得格勒，以该城纪念彼得大帝。自1713年至1918年3月，它一直是俄国的首都。1924年列宁逝世后，彼得格勒易名为列宁格勒，1992年恢复圣彼得堡的旧称。

区位

圣彼得堡位于涅瓦河口三角洲，地势平坦但地形破碎，市内有42个小岛，通过桥梁连接。圣彼得堡河流湖泊星罗棋布，航运和水电发达，是俄罗斯重要的交通枢纽。

历史

圣彼得堡始建于1703年，至今已有300多年的历史。1703年，彼得一世打败瑞典军队后，为了巩固俄国在波罗的海的地位，始建圣彼得堡。他在涅瓦河三角洲的兔子岛上建造了彼得保罗要塞，并在此基础上扩建为城。

1825年，十二月党人在此举行起义，反对专制政权，要求取消农奴制。1905年第一次俄国革命在此爆发。[1]1917年10月，涅瓦河上的"阿芙乐尔"号巡洋舰炮轰冬宫，开始了武装总起义，十月社会主义革命的胜利开创了人类的新纪元。1918年3月，苏俄首都从这里又迁回莫斯科。1924年列宁逝世后，为了纪念列宁，城市改名为列宁格勒，"格勒"在俄语中为城市的意思。

在第二次世界大战期间，圣彼得堡叫作列宁格勒，这里曾上演列宁格勒保卫战。1991年9月6日，俄罗斯联邦最高苏维埃颁布法令，宣布列宁格勒恢复圣彼得堡旧名。1992年1月，为了给城市重新命名，圣彼得堡市又举行

---

① 干红撰，吴迎春摄影：《莫斯科与圣彼得堡》，广东省地图出版社2002年版，第76页。

了一次全民投票，大多数人赞同改回圣彼得堡旧名。现在的圣彼得堡市在俄罗斯经济中占有重要地位，是一座大型综合性工业城市，也是一座科学技术和工业高度发达的国际化城市。

地理

圣彼得堡地处波罗的海芬兰湾东端的涅瓦河三角洲，是俄罗斯第二大城市，面积1439平方千米，截至2015年年底，该市人口达到约514万人。圣彼得堡也是一座水城，它与水城威尼斯齐名，有"北方威尼斯"的美称。这座城市有40多个岛屿，还有70多条天然河流和运河流经。这里遍布桥梁，40多个岛屿被几百座桥梁连接起来，形成旖旎的风光。每天凌晨2点至5点之间，21座桥梁同时打开，让轮船得以通过。每年夏季的夜晚，河边总有许多前来观看吊桥开启的游客。

圣彼得堡的地势比较低，海拔只有1.2—2米，这里的气候是温和的大陆性气候，受海洋性气候的控制和影响。这里冬季气候寒冷，1月的平均气温只有-8℃左右，积雪期能持续132天，结冰期从头一年的11月中旬延续至第二年的4月中下旬；但是夏季气候温和，7月的平均气温为17.7℃左右，年均降水量为585毫米左右。圣彼得堡夏季的日照有将近20个小时，落日的余晖能久久地映照在天际，这里的黄昏很短暂，黄昏刚过，红日又再次冉冉升起。这就是圣彼得堡每年初夏六七月间的"白夜"奇观。

圣彼得堡为直辖市，是俄西北联邦区行政中心。该市共分为20个行政区。其中市中心区12个，分别是：海军部区、瓦西里岛区、维堡区、加里宁区、基洛夫区、科尔宾区、红色近卫军、莫斯科区、涅瓦区、彼得格勒区、伏龙芝区和中央区。郊区8个，分别是红村区、克朗什塔得区、库罗尔特区、罗蒙诺索夫区、彼得宫区、滨海区、普希金区和帕甫洛夫斯克区。

经济

近年来，圣彼得堡地区的人均GDP和生产总值均呈递增趋势。圣彼得堡拥有5000多个工业企业，其产值在俄罗斯工业总产值中占相当高的比重，工业品畅销全国。工业以舰船、动力机械等制造业为主，不仅能生产大型原子能破冰船，还能生产各种车辆、电机和兵器。其次为化学工业，生产过磷酸钙、合成橡胶产品、塑料及其制品以及合成纤维等。纺织、食品和日用消费品工业也很发达。工业所需电力来自附近的泥炭发电站以及沃尔霍夫河、斯维尔河、武奥克萨河上的水电站。同时圣彼得堡是俄西北联邦区的金融中心，信贷机构数量仅次于莫斯科，排在全俄第二位。圣彼得堡外汇交易所是俄罗斯五大外汇交易所之一。圣彼得堡是俄罗斯第二大交通枢纽，拥有俄罗斯最大的海港，经水路可通往国内外广大地区。由北欧或东欧进入圣彼得堡都十分方便，北欧还可以选择乘坐邮轮。此外，圣彼得堡拥有四通八达的航空、铁路、公路、地铁等交通工具。

文化

圣彼得堡居民主要为俄罗斯人，其他居民有乌克兰人、犹太人、白俄罗斯人、鞑靼人、芬兰人、爱沙尼亚人、日耳曼人、波兰人、越南人、华人等。由于地域、宗教、政体等种种原因，俄国直到彼得大帝改革时期才进入整个欧洲文化生活。彼得大帝大刀阔斧的改革措施，为俄国打开了通向欧洲的门户，以强迫手段将落后的宗法制俄国赶进了欧洲文化生活，形成了俄罗斯历史上的彼得堡时期。新首都彼得堡作为彼得一世瞭望欧洲的窗口，在俄罗斯历史发展中具有无比重要的位置，它是俄罗斯走向世界的见证人，是俄罗斯文化、科技和精神生活腾飞的象征。

作为俄罗斯文学繁荣的中心，圣彼得堡经历了俄罗斯文化史上最辉煌的"黄金时代"和"白银时代"，它成为许多俄罗斯作家、诗人心目中的文化圣城和精神家园。伟大的诗人、俄罗斯文学之父普希金，一生与圣彼得堡紧密相连。此外，音乐、戏剧、绘画、雕塑等领域也涌现出大批世界级的艺术大师。各种艺术形式的空前繁荣形成了背景雄厚、博大精深的俄罗斯文化。圣彼得堡至今还保留着一些俄罗斯文化史上著名的集会场所，例如拉瓦尔文学音乐沙龙、卡拉姆津娜的文艺沙龙、"野狗"文艺咖啡屋、充满文化气息的"走廊商场"、文学咖啡屋、培养文化名人的军事学校、玛丽娅剧院等。圣彼得堡还是俄罗斯芭蕾艺术的故乡，芭蕾表演首次出现在俄罗斯是17世纪70年代，而从18世纪30年代起，俄罗斯和外国演员就频繁出演芭蕾舞剧。1738年，在圣彼得堡成立了戏剧学校，后来改组为舞蹈学院。

旅游

圣彼得堡旅游资源丰富，与莫斯科相比，圣彼得堡更具皇家风范。它有与城市历史一样长久的涅瓦大街，位于十二月党人广场上的青铜骑士是圣彼得堡市标志性雕塑，还有冬宫、夏宫等优秀历史建筑。因为建在波罗的海东岸的涅瓦河口，整个城区分布在涅瓦河三角洲的岛屿上，许多河流穿越而过，别具水城风情，有"北方威尼斯"之称。由于圣彼得堡纬度很高，夏季特有的"白夜"景色令人流连。

在伊萨基辅大教堂与涅瓦河之间，有十二月党人广场。广场中央矗立着彼得大帝的纪念碑，这就是著名的"青铜骑士"雕像。它高5米，重20吨。彼得大帝骑在腾跃的骏马上，神情坚定。马的后蹄踩着一条毒蛇，象征打败了敌人。这座纪念碑于1782年8月7日彼得大帝登基100周年的时候揭幕。纪念碑的基石上刻着："献给彼得大帝，叶卡捷琳娜二世于1782年夏。"普希金在自己的一篇叙事诗中将这座纪念碑称为"青铜骑士"，从此以后，"青铜骑士"就成了彼得大帝纪念碑的代名词。

冬宫现在一般被叫作"艾尔米塔什博物馆"，是18世纪中叶俄国巴洛克式建筑的杰出典范。这座曾为叶卡捷琳娜二世私人博物馆的豪华之地，是世界四大博物馆之一。整体建筑包括冬宫、小艾尔米塔什、旧艾尔米塔什、新艾尔米塔什以及国立艾尔米塔什剧院，气势雄伟，是圣彼得堡明信片上的建筑。置身冬宫中，数量庞大的收藏品令人应接不暇，专门腾出一天的时间游览冬宫，是一件很重要的事。

夏花园原为彼得大帝亲自规划的一座法式庭院，是圣彼得堡最璀璨的明珠。在彼得大帝时期，这里是沙俄上层社会的社交场所，现在已经是市民和观光者的休憩场所。夏花园中最具特色的当数意大利大师创作的大理石雕像，几十座具有很高艺术价值的大理石雕像堪称人类艺术的瑰宝。

普希金城又名"皇村"，在过去的200多年里，这里一直是历代贵族们夏天的居所。来到皇村，首先要到的自然是叶卡捷琳娜宫了，其中的"琥珀屋"以独特的魅力而引人入胜。这座偏远的巴洛克式雄伟庄园，曾被彼得一世赠送给夫人叶卡捷琳娜，后来又顺理成章地成为了下一代女皇伊丽莎白·彼得罗芙娜的财产，并在之后的叶卡捷琳娜二世的点缀下变得更加富丽堂皇。

喀山大教堂，位于涅瓦大街，建于 1801—1811 年。这个建筑的平面图呈十字形，中间上方是一个圆筒形的顶楼，顶楼上是一个端正的圆顶。半圆形的柱廊由 94 根圆柱组成，面朝大街，环抱广场。柱廊前面矗立着俄军统帅库图佐夫纪念碑和俄国陆军元帅巴克雷·德·托利纪念碑，教堂里有库图佐夫墓和 1812 年打败拿破仑的战利品。

叶卡捷琳堡

地名由来

众所周知，俄罗斯联邦国徽上的金色双头鹰，一个头朝西方，另一个向东方。按图索骥，鹰身所指向的位置，则是位于乌拉尔山脉中段东麓伊谢季河畔的叶卡捷琳堡。

叶卡捷琳堡的名字有两层含义：一来是出自彼得大帝的德国皇后之名；二来取自炼铁业守护女神圣叶卡捷琳娜。然而我们总是要将它与俄国历史上的女沙皇叶卡捷琳娜二世相联系。叶卡捷琳娜二世，原名索菲亚，德国公主，1745 年嫁给未来的俄皇彼得三世。1762 年叶卡捷琳娜二世借情人奥尔洛夫为首的一批近卫军青年军官发动宫廷政变，推翻了昏庸无能的彼得三世，她踏过丈夫的尸体登上宝座，开创了一个"光荣"的朝代。

区位

叶卡捷琳堡坐落于乌拉尔山脉东麓，伊赛特河畔，处于欧洲与亚洲的分界线上，地理位置纬度较高，年均气温较低，热量不足，农业发展条件差。作为俄罗斯中央军区司令部所在地，其政治地位也较高。完善的城市建设和独特的自然景观使得叶卡捷琳堡成为著名的旅游城市。

历史

叶卡捷琳堡是彼得大帝当年所期望的"开向亚洲的窗户"，建于 1723 年。事实上，早在 11 世纪诺夫哥罗德人就开始开发叶卡捷琳堡所在的乌拉尔地区。14 世纪，该地的管理和控制权归属莫斯科。17 世纪，大批俄罗斯人开始迁移到该地居住。1723 年，彼得大帝在该地兴建了俄罗斯第一家冶炼厂，并在此基础上建起了以叶卡捷琳娜一世的名字命名的工业城市——叶卡捷琳堡。19 世纪上半叶，冶金业带动了叶卡捷琳堡的迅速发展。19 世纪的最后 25 年，叶卡捷琳堡成为乌拉尔地区经济、财政、文化中心，也是通向彼尔姆、图们、车里雅宾斯克铁路的重要枢纽。20 世纪初，叶卡捷琳堡被卷入了影响整个俄国的社会动荡之中。在 1918 年 7 月 16 日至 17 日苏俄国内战争期间，红色的布尔什维克共产主义者在伊巴特叶夫宫枪决了沙皇尼古拉二世及其家人。1923 年，叶卡捷琳堡成为大乌拉尔地区的中心。1924 年，为了纪念著名的布尔什维克党领袖之一的斯维尔德洛夫，叶卡捷琳堡改称斯维尔德洛夫斯克。苏联解体后，城市又被许多人叫回原名叶卡捷琳堡。

20 世纪 20—30 年代，该市兴建和重建了大量大型工厂，同时创建了一些工业分支的研究所和高等院校。城市工业潜力的加强使人口比战前前所未有地增加了三倍。在苏联卫国战争期间，叶卡捷琳堡成为一个大的军工产业中心，列宁格勒修道院博物馆的丰富藏品、苏军中央歌剧院、莫斯科艺术学院歌剧院都转至叶卡捷琳堡。

地理

叶卡捷琳堡位于俄罗斯首都莫斯科以东 1667 千米，与莫斯科时差 2 个小时，距符拉迪沃斯托克（海参崴）7635 千米。叶卡捷琳堡亦是俄罗斯在亚洲部分的第一大城市，面积 491 平方千米。沿西伯利亚大铁路向西 40 千米处矗立着 4 米高的亚欧两洲分界纪念碑，整座城市沿着乌拉尔山脉东侧一字排开。叶卡捷琳堡围绕伊谢季河布局，城市周围环绕着茂密的森林。

叶卡捷琳堡为温带大陆性气候，温度低，昼夜温差大。这里的冬天持续长达 5 个月，从 11 月到次年的 4 月，最低气温可达 -40℃，夏季一般不超过两个月，气温平均在 20℃左右。乌拉尔山虽不很高，但其阻碍了来自俄罗斯西部的空气流动，使乌拉尔中部面对来自北极地带的冷空气入侵时完全敞开无阻，而来自南部和中亚沙漠的热气团也可畅通无阻地涌入。受此影响，叶卡捷琳堡气候变化十分剧烈。

叶卡捷琳堡是俄罗斯乌拉尔联邦区中心城市、斯维尔德洛夫斯克州首府，下设 7 个区，分别是上伊谢季区、铁路区、基洛夫区、列宁区、十月区、奥尔忠尼启泽区、奇卡洛夫区。

经济

按国民经济综合指标及商贸流通数量，叶卡捷琳堡为俄罗斯第三大城市，仅次于莫斯科和圣彼得堡。叶卡捷琳堡处于俄罗斯矿产资源最丰富的地区。矿产品包括石油、天然气、煤、铀、黑色金属和有色金属（铁、铬铁矿、锰、铜、锌、铝土矿、镍）、贵重金属（黄金、白金）以及非金属矿物原材料（石棉、滑石粉、石墨、菱镁矿、高岭土等），因此叶卡捷琳堡的主要产业为机械、金属加工、化学、食品、建材等。它也因此成为重要的军工业生产基地。

叶卡捷琳堡是俄罗斯全国重型机械制造中心之一，乌拉尔机械制造厂、乌拉尔化学机械制造厂、乌拉尔重型电力机械制造厂和涡轮发动机厂等大型企业全部集中在这里。近年来，军工综合体的企业已转产民用高技术产品，转产企业生产的民用产品种类不断增加。这里的宝石加工业十分发达，机器制造业、黑色冶金工业、化学工业、建材业也较为发达。

叶卡捷琳堡与 100 多个国家有外贸交往，主要投资国为美国、英国、德国及塞浦路斯。该市为乌拉尔及全俄重大商贸辐射中心和信息中心，乌拉尔地区最大的金融信贷服务中心，也是俄联邦重要的金融中心之一。

文化

叶卡捷琳堡信教者当中有过半数的人信奉东正教，此外还有伊斯兰教、天主教、犹太教、新教的信奉者。俄罗斯人见面时，习惯于接吻和拥抱。特别是亲人或好友相逢，要吻腮三下，长辈吻晚辈额头，这一习俗被称为俄罗斯"三记吻"。和许多欧洲城市一样，叶卡捷琳堡也有用面包和盐迎接贵客的习惯。叶卡捷琳堡人酷爱鲜花，无论生日、节日，还是平时做客，都离不开鲜花。赠送鲜花，少则一枝，多则几枝，但必须是单数，因为俄罗斯人认为，单数吉祥，偶数不吉利。

旅游

在叶卡捷琳堡，值得参观的旅游景点有很多。欧亚分界线碑闻名于世。

人们通常参观两个欧亚分界线碑，老的界碑位于叶卡捷琳堡市西郊新莫斯科大道 17 千米处，该界碑底座由暗红色大理石建造，中间是灰白色大理石作为分界线，两侧分别标明欧洲和亚洲，界碑为尖形金属塔。新的界碑位于叶卡捷琳堡市西北郊 42 千米处，界碑底座由灰白大理石制成，分为 5 个阶梯，每个阶梯有 6 个台阶，亚洲和欧洲俄文字体分布在底座两边，界碑柱由深红色大理石制成，高 25 米，重 500 吨，顶端安置双头鹰标志，现已成为游客必去之地。

在历史博物馆，可以看到许多从沙皇专制主义统治晚期到现在都很有趣的历史文物，最重要的部分有十月革命前的叶卡捷琳堡的照片和实物，杀害沙皇尼古拉二世及其全家人的照片，以及乌拉尔地区当地土著居民的器物如帐篷、狩猎工具和皮毛衣服等。沿列宁大街上向东步行走过一个街区，就到了叶卡捷琳堡的主要广场 1905 年广场及位于列宁大街 24 号的市政厅大厦，这幢大厦是在 1947 年到 1954 年间由第二次世界大战中德国俘虏建造的，在这里，可以看到 1957 年竖立的巨大的列宁雕像。拉斯托尔古叶夫 - 哈利托诺夫庄园的宫中花园建筑群是叶卡捷琳堡的建筑瑰宝，该庄园始建于 1794 年，一直对外开放，有地下通道。

俄罗斯联邦原总统叶利钦和戈尔巴乔夫总统任期内担任苏联总理的尼古拉·雷日科夫均来自叶卡捷琳堡。叶利钦纪念碑位于叶卡捷琳堡市以叶利钦名字命名的大街上，紧邻建设中的叶利钦总统中心。纪念碑高约 10 米，由半透明的白色大理石制成。这与俄罗斯常见的青铜或者花岗岩纪念碑不同，它象征着叶利钦的乐观天性。叶卡捷琳堡最古老的街道——瓦伊涅拉街，是市民最喜爱的步行街。2006 年，市政府用"货郎""骑车人""银行家"等铜雕来装饰这条街，此后又增加了"恋人"雕塑、乌拉尔四轮车和"时光飞逝"喷泉。在这条街上，19 世纪风格的商家店铺、表现旧时生活的铜雕，与现代购物中心融为一体，成为市民和游客休闲购物的重要地段。

符拉迪沃斯托克

地名由来

符拉迪沃斯托克位于亚欧大陆东面，阿穆尔半岛最南端。符拉迪沃斯托克原名海参崴，原属于中国，根据 1858 年和 1860 年的《中俄瑷珲条约》及《中俄北京条约》，沙俄政府硬是从软弱的清政府手中抢走了这块宝地，沙皇政府将其更名为"符拉迪沃斯托克"，俄语为"统治东方"的意思。

区位

符拉迪沃斯托克是太平洋沿岸最大的港口之一，也是俄罗斯海军五大舰队之一的太平洋舰队司令部的驻地，被誉为俄罗斯东方的海上大门，战略地位重要。该城市地形起伏较大，农业条件相对较差，该城市临海并拥有诸多港湾，是远东地区最大的港口城市。

历史

17 世纪中期，沙俄皇朝伺机东侵，寻求在远东地区开拓港口。清康熙年间清政府和沙俄签订的《尼布楚条约》中明确说明海参崴所在地区属清朝，清朝中后期国势日衰，第二次鸦片战争中，1858 年清政府和沙俄签订不平等的《中俄瑷珲条约》，规定包括海参崴的乌苏里江以东地区为中俄共管。1860 年，《中俄北京条约》签订，清政府割让了乌苏里江以东大片领土给沙俄，其中就包括海参崴。在水深风微的金角湾岸边，俄罗斯帆船"满洲里"号上的指挥官在此建立了军事哨所，并取名为"符拉迪沃斯托克"。1871 年，西伯利亚军舰基地迁到符拉迪沃斯托克，随着造船业和其他工业的发展，逐渐巩固了这里作为行政中心的地位。1879 年，固定的轮船航线把符拉迪沃斯托克与圣彼得堡及奥德萨联系起来。1880 年，符拉迪沃斯托克被划为特别"军事州"并确立为市，从 1888 年开始成为滨海州州府。1897 年，修建哈巴罗夫斯克—符拉迪沃斯托铁路，1903 年沿西伯利亚大铁路与莫斯科的直达铁路开通。

19 世纪 90 年代,符拉迪沃斯托克逐渐成为远东俄罗斯文化集中的地方,是俄国旅行家和科学家探险、考察的组织中心。1898 年,这里创办了东方学院。1920—1922 年,符拉迪沃斯托克是远东共和国首府,1922 年归入俄罗斯联邦,1938 年,成为滨海边疆区首府。1954 年,苏共第一书记赫鲁晓夫到临此城,并表示其可以跟美国的旧金山相比,亦奠定了其作为苏联远东地区最重点的发展城市之地位。

地理

符拉迪沃斯托克西面和西南靠近中国、朝鲜,东面与日本隔海相望,是俄罗斯远东地区的前哨和出海口,战略地位十分重要。它背靠我国黑龙江省的东北部,面对太平洋,距离朝鲜仅 160 千米,距日本北海道也只有 640 千米,面积为 600 平方千米。城市及港区位于阿穆尔半岛顶端的金角湾沿岸。金角湾南侧隔东博斯普鲁斯海峡,有俄罗斯岛作天然屏障。海湾四周为低山、丘陵环抱,形势险要。符拉迪沃斯托克属于典型寒温带大陆性季风气候:春季到来较早;夏季受极地海洋气团或变性热带海洋气团影响,盛行东风和东南风,凉爽舒适,雨量适中,有时有雾;秋季是符拉迪沃斯托克最好的季节,天气晴朗,阳光充足,持续时间较长,时有台风;冬季这里受来自高纬极地偏北风和海洋东南风的共同影响,寒冷湿润,降雪较多。全年四季分明,天气变化较慢。

符拉迪沃斯托克现为俄罗斯远东最重要的城市,主要居民是俄罗斯人和中国俄罗斯族人,下辖 5 个区,分别是列宁区、五一区、别尔沃列琴斯基区、苏维埃区和费伦多斯基区。2015 年,符拉迪沃斯托克自由港增至 15 个行政区,其中包括阿尔乔姆、符拉迪沃斯托克、大石头城、纳霍德卡、游击队城、乌苏里斯克和斯帕斯 - 达利尼等 7 个市的全部中心城区。另外还包括纳捷日金区、什科托沃区、十月区、奥莉加区、波格拉尼奇内区、哈桑区、兴凯区和游击队区等 8 个市辖城区。

经济

符拉迪沃斯托克是俄罗斯远东和滨海边区最大的城市,该地区是工业、交通、科学和文化中心,是俄罗斯太平洋沿岸最大的港口。工业、交通和通信部门中的人数几乎占城市总人口数的一半。符拉迪沃斯托克渔业联合企业从事鱼类的岸上加工,其罐头食品、熟食品和半成品等赢得了市民的青睐。符拉迪沃斯托克的机器制造部门以船舶制造、船舶修理和仪器制造最为著名。最古老的船舶修造企业是"远东工厂"。符拉迪沃斯托克仪器厂、"五金工人"工厂、"无线电仪器厂""绿宝石"和"瓦良格"工厂的产品享有盛名。

海港堪称城市的"心脏",设有客船停泊区、专业化集装箱加工地并提供驶往萨哈林、堪察加、马加丹州及萨哈共和国北部诸区的货物装载运输。远东海洋轮船公司提供海外远洋运输。港口配有龙门式吊车和浮吊,设有装卸机、船队、铁路专用网,不断增长的货流及其变化多样的特点促使符拉迪沃斯托克港口建立了专业化的数据计算中心。

文化

符拉迪沃斯托克有着巨大的科学、文化潜力,这里是远东区主要文教科研中心之一,有符拉迪沃斯托克国立经济与服务大学、远东联邦大学、俄罗斯科学院西伯利亚分院远东分部、太平洋渔业与海洋学研究所及多所高等学校。市内还有许多其他的科研所和规划设计机构。符拉迪沃斯托克在远东的大城市中有着特殊地位,它是俄罗斯东部边缘最大的海港,这决定了它在文化阵地的领先地位,西伯利亚大铁路的建成,切实影响着城市和地区文化发展的速度。一些剧院在城市文化生活中起着巨大作用,其中有小剧院、高尔基剧院等,滨海乐团、马戏团、美术馆等也发挥着积极的作用。符拉迪沃斯托克有最古老的地方志机关——俄罗斯地理协会滨海边区分会。众多博物馆多年来精心积累了数千种展品,以供人们研究该地区的自然和历史。其中馆藏资源最丰富的要数滨海边区地方志博物馆、太平洋舰队历史博物馆、海洋志和渔业博物馆、水族馆,另外,市区附近还有海洋自然保护区。

旅游

符拉迪沃斯托克是滨海边区最大的历史研究中心,市内有200多座古迹。城市古典风格建筑和现代式样交相辉映,19世纪末到20世纪初的楼阁与20世纪末的大厦相依相伴。19世纪末俄罗斯木结构民宅建筑文物完好地保存了下来。尽管近几十年城市建筑越来越密集,但那些古典建筑和古老的街道都完好无损。

符拉迪沃斯托克历史博物馆具有较高的参观价值，是独一无二的、最全面反映滨海边区历史和考古的历史博物馆，馆中展出考古发掘出的滨海边区古代城市文物，历史与考古学院的科学工作者和许多考古勘察人员在参观中能给游客提供专业的讲解。

符拉迪沃斯托克有很多古建筑，哥特与古典式、后古典主义与巴洛克式、俄罗斯及东方式建筑，浑然构成了古老街道结构严整的建筑群。犹太教堂（科马罗夫大街），日本佛教寺庙，斯维特兰娜大街旁的路德教教堂（星期日可以做礼拜），沃洛达尔斯基大街上的圣母基督教教堂，尼科利斯基东正教大教堂等各种宗教建筑也很有名。

符拉迪沃斯托克要塞遗址也是著名的旅游景点，1899 年，符拉迪沃斯托克被正式宣布为要塞，第一道永久性防御工程是由俄罗斯著名的工程专家 K.I. 维利奇科上校设计的。这条防线的总体方案由作战部长 A.N. 库罗巴特金步兵上将制定，它起始于阿穆尔斯基湾，经过穆拉维约夫 - 阿穆尔斯基半岛，最终到达乌苏里斯克（双城子）。在第一次世界大战期间，要塞成功地抵御了来自海上和陆上的攻击，坚不可摧，要塞上遗留下大批在当时威力强大的武器，是有名的游览胜地。

符拉迪沃斯托克市区还留有契诃夫的足迹。契诃夫在去往萨哈林的途中，于伊尔库斯克写给亲人的信中提到改变行程，先去符拉迪沃斯托克的想法。游人可以借当年契诃夫的眼睛参观城市，游览 1890 年他经海路到过的地方，行驶在思维特兰娜大街、沿岸大街，漫步于普希金大街（那时是戈斯皮塔利大街），游人将看到契诃夫当年办理边防护照、观赏鲸鱼、品尝牡蛎的地方，参观他工作过的图书馆、人们为契诃夫去欧洲送行的海军上将码头。

符拉迪沃斯托克火车站也是城市的著名地标之一。这座火车站按照俄罗斯 17 世纪的建筑风格，于 1912 年建成。车站附近有一个蒸汽机车头，这是在二战期间，由苏联工程师设计，在美国制造的蒸汽机车，从海上运到苏联。为纪念战争年代的铁路工人，值 1995 年二战争胜利 50 周年之际，设立了这座实物纪念碑，在这座纪念碑旁有一个刻有 9288 的标志物，这是贯穿俄罗斯的西伯利亚大铁路东端终点的标志。

乌克兰

乌克兰，英文名称为 Ukraine，位于欧洲东部。乌克兰邻国有俄罗斯、白俄罗斯、波兰、斯洛伐克、匈牙利、罗马尼亚和摩尔多瓦诸国。地理位置尤其重要，是欧洲联盟与独联体特别是与俄罗斯地缘政治的交叉点。国土面积60.37 万平方千米，是欧洲除俄罗斯外领土面积最大的国家。乌克兰实行三权分立的政治原则，实行共和制，主要城市有基辅、利沃夫、敖德萨、顿涅茨克州、哈尔克夫、雅尔塔等。

基　辅

地名由来

基辅是拥有 1500 余年历史的东斯拉夫首屈一指的古都，素有"俄罗斯诸城之母"的美称，现为乌克兰首都。据说，其城是由波利安人部落的基伊、谢克、霍里夫三兄弟于 5 世纪后半期在利比季原址上兴建的。为了纪念兄长基伊，他们把此城命名为基辅。

区位

基辅位于乌克兰中北部，为乌克兰的首都和经济、文化中心，面积为 782

平方千米。基辅北邻白俄罗斯，位于第聂伯河中游两岸，该河往南流入黑海。基辅优美的环境、温和的气候、丰富的旅游资源，使其成为世界著名旅游度假胜地之一。

历史

基辅始建于公元 5 世纪下半叶，9—13 世纪成为第一个俄罗斯国家基辅罗斯的都城和中心。公元 882 年，奥列格大公占领基辅，控制了连接斯堪的纳维亚与拜占庭的水路通道支配权。他以基辅为中心，建立了基辅罗斯，并将势力扩展到现在俄罗斯、乌克兰和白俄罗斯的辽阔土地上，使其成为东斯拉夫最早统一的国家。公元 988 年，弗拉基米尔大公将东正教奉为国教，基辅发展成为一个东正教文化中心。之后两个世纪，基辅通过欧亚贸易逐渐繁荣起来，被称为第聂伯河上的"帝王之城"。

此后，基辅罗斯于 11 世纪的雅罗斯拉夫大公时代达到繁盛时期。之后基辅公国由于王位争夺而纷争不断，并未经历太长的繁荣时期。13 世纪前半叶，蒙古军入侵，经过近两个半世纪的战斗，最终被其征服。在此期间，基辅中断了与拜占庭帝国的关系，俄国的政治和宗教中心也逐步转移到了莫斯科。在摆脱了蒙古军的控制之后，基辅又先后陷入了金帐汗国、立陶宛和波兰等国的统治。

19 世纪末，基辅因俄罗斯帝国的工业革命而再度兴起，并于 1921 年起成为乌克兰苏维埃社会主义共和国的重要城市，1934 年后成为首都。第二次世界大战期间，基辅遭受严重破坏，但战后再度复苏，并成为苏联的第三大城市。1991 年苏联解体，乌克兰独立，基辅成为乌克兰首都。

地理

基辅位于乌克兰中北部，第聂伯河中游两岸及其最大支流普里皮亚季河与杰斯纳河汇合处附近，属温带大陆性湿润气候。基辅的旧右岸（西侧）以林丘、沟壑和小河为主，属于第聂伯河中游西侧的第聂伯高地一部分。基辅从 20 世纪开始扩展到第聂伯河左岸低地（东侧）。第聂伯河在市区内形成由支流、岛屿和港口所组成的分支系统。基辅北方与杰斯纳河、基辅水库毗邻，南接卡尼夫水库。第聂伯河与杰斯纳河在基辅皆可航行，但受到冬季结冻与水库区禁止航运的限制。基辅地区有数百处开放水域，包括第聂伯河、水库、数条小河、数十座湖泊及人工池。

基辅城市西部地势高亢，东部低平、宽阔，大部是平原，西南为第聂伯河沿岸丘陵。属于温和的大陆性气候，最暖月为 6—8 月，最冷月为 12 月至次年 2 月。1 月份平均气温 -5.8℃左右，7 月份平均气温 19.5℃左右。

苏联时期，市区不断扩张，各区名称通常以苏联共党领袖命名，随着政治情势变化，苏联解体，区名也随之更改。2001 年，政府将 14 区缩减为 10 区。目前全市下辖 10 个行政区，分别为：达涅斯基区、德森延斯基区、第聂伯沃斯基区、霍罗斯伊夫斯基区、奥伯龙斯基区、佩彻斯基区、波蒂斯基区、舍沃彻季斯基区、索罗米延斯基区、斯维亚脱辛斯基区。这些区设有民选地方政府并拥有部分事务的管辖权，市中心处于高岸上的旧城区，第聂伯河蜿蜒而过。

经济

基辅是工农业较为发达的城市。重工业在工业中占据主要地位，工厂遍布全市，以市中心区以西和第聂伯河左岸最为集中，其煤炭、冶金、机械制造和化学工业构成了现代化经济的骨架。具体来说，重工业以生产成套机械装备、精密机床和仪器、金属切削机床、飞机、化工设备、液压起重机、电子仪器、电枢、船舶、摩托车、电影设备为主，轻工业有化工产品、照相机、电子计算机、手表、编织品、食品等。化工产品有树脂、化肥、塑料和化纤等。乌克兰土壤肥沃，农产品以粮食、甜菜、向日葵、葡萄、长纤维亚麻为主。

基辅自然资源丰富。它不仅拥有大片肥沃的金属"黑土带"，而且还蕴藏着沥青、无烟煤、铁、锰、铬、钛、铅、锌、铝、汞、镍和一定量的天然气、石油等 70 余种矿藏资源，其中沥青和无烟煤均曾占苏联总储藏量的 60%。顿巴斯曾是苏联最大的煤田之一。已探明储量为 420 亿吨。克里沃罗格的铁矿储量为 260 亿吨，曾位居苏联的第 2 位。

文化

在基辅，乌克兰人占十分之九以上，其余为俄罗斯人、白俄罗斯人、犹太人。普查资料显示，基辅市内有超过 130 个种族或民族定居。乌克兰语为官方语言，俄语在乌克兰也有广大的人群使用。

除在正式场合着西装或质料考究的大衣外，基辅男子在一般场合都喜欢穿夹克衫或衬衫、长裤，外罩坎肩。女子喜欢扎花头巾，小姑娘爱扎漂亮的小辫，节日戴用鲜花和树枝编成的花冠。握手和拥抱是当地居民相见时最普遍的见面礼。基辅人的饮食习俗与东欧国家大致相同，以面食、稻米为主食，喜欢吃面包、薄饼、猪肉、咸鱼，烤、煎、炸以及腌制的食品，口味偏重甜、酸，常饮格瓦斯饮料、茶和咖啡。当地居民还特别喜欢吃一种将奶渣或樱桃包在饺皮中的甜馅饺子。

基辅是东斯拉夫民族的历史文化中心、俄罗斯基督教化的摇篮，几世纪以来基辅一直维持它在文化上的重要性，并且是东正教的重心。基辅洞穴修道院以及圣索菲亚大教堂等圣地在过去几百年以来吸引了众多朝圣者，并被联合国教科文组织列为世界遗产，直到今日仍是重要的宗教场所及著名景点。基辅市内拥有众多剧院，包括基辅歌剧院、伊凡·法兰科国家学术戏剧剧院、莱斯雅·乌克兰英卡国家学术俄罗斯戏剧剧院、基辅木偶剧院等。

旅游

基辅有 1500 余年的发展历程，历史底蕴深厚，旅游名胜众多。主要观光景点如下：

金门是 11 世纪前半叶，按照雅罗斯拉夫大公的指令建筑周围的城墙，并模仿君士坦丁堡的模式，建成了这座金门并装饰有镀金的圆形屋顶。从远方望来金光闪耀，无比辉煌，1240 年蒙古军入侵时，金门遭到毁坏。据说，拔都汗当年就是从此门进城的。如今，经过修复已成为博物馆，其中收藏着城墙的再现图和发掘出来的文物。从楼顶瞭望台观看，风景最佳。

索菲亚大教堂是 1037 年为了纪念雅罗斯拉夫大公战胜佩彻涅格游牧民族而建造的，它是基辅现存最古老的教堂。大教堂曾是基辅大公的墓穴，陈列着雅罗斯拉夫大公的石棺，中央部位的壁画中有描绘大公家族的壁画原作。另外，大教堂里还有雅罗斯拉夫大公像、11 世纪最初的大教堂模型以及大理石床等。教堂二层另设有不同的壁画和马赛克的展厅。

安德烈教堂是为纪念俄国女皇叶卡捷琳娜访问基辅于 1749 年开始兴建

的。教堂前的安德烈街，可以说是基辅最漂亮的街道，在这条街上还有两座同样华丽、优雅的博物馆。街道两边有石阶，可以观赏到商业区和第聂伯河的美景。

基辅洞窟大修道院位于第聂伯河旁边的树林之中，是东斯拉夫历史最悠久的修道院，这里作为俄国东正教的发源地，每年都有很多观光客和不计其数的巡礼者前来礼拜、参观，这里充满了圣俗两界并存、不可思议的神秘气氛。

弗拉基米尔大公纪念碑也历史底蕴丰厚。为了战胜游牧民族的入侵和加强对基辅罗斯的统治，988 年，弗拉基米尔大公决定皈依东正教。这一决定曾将其与当时强大的拜占庭帝国间的关系考虑在内，然而出乎意料的是，这竟给那以后的东斯拉夫世界带来了巨大的变化。当时居住在基辅的人们被强制改变自己的宗教信仰，在他的铜像前，用第聂伯河的河水进行洗礼。据说现在意为"洗礼"的赫雷夏蒂克大道就是当时信徒们排着队走向河岸的那条道路。

历史文化遗产博物馆汇集了在乌克兰用金、银、宝石制作的装饰品。一层展示着中世纪教会的圣器，二层是从斯基泰人和萨尔马特陵墓中挖掘出土的文物。

利沃夫

地名由来

13 世纪时利沃夫曾是基辅罗斯的一个公国。不过，利沃夫的城市本身建立于 1256 年，创建者是鲁塞尼亚的哈雷斯基公爵，他以他的儿子利沃的名字命名了这座城镇。利沃夫由于位置适中，发展迅速，在 1272 年成为公国的首都。后来陷入波兰、巴奔堡帝国的统治，成为西乌克兰地区的中心城市。第一次世界大战时再次被波兰占领，第二次世界大战后作为苏联的一个部分，深受俄罗斯文化的影响。

区位

利沃夫是乌克兰西部的政治、经济、文化、教育中心，同时也是利沃夫州的州府，位于乌克兰西南部，西邻波兰，交通便利。利沃夫市内有许多珍贵的古老建筑，比如教堂歌剧院等，是著名的旅游和历史文化游览胜地。

历史

利沃夫地区在公元 5 世纪时已有人居住。大约在公元 8 世纪，一个西斯拉夫人部落定居于此，公元 9 世纪臣服于大摩拉维亚。此后这里成为波兰和基辅罗斯争夺的地盘。960—980 年，波兰国王梅什科一世控制这一地区。利沃夫有文字记载的历史可以追溯到 13 世纪，当时它是基辅罗斯的一个公国，创建者是鲁塞尼亚的哈雷斯基公爵。利沃夫由于位置适中，发展迅速，在 1272 年成为公国的首都。1349 年，波兰国王卡西米尔三世夺取了该市。随着城市的繁荣，利沃夫发展成为一个多民族、多宗教混居的城市，吸引了德意志、亚美尼亚的商人。各个教派的教堂陆续建造起来。1772 年，第一次瓜分波兰后，利沃夫改名伦伯格，成为奥地利的加利西亚及洛多梅里亚王国首府，官方语言改为德语，市政机构大部分职位被德意志人和捷克人获得，不过此地仍然是波兰文化和乌克兰文化的主要中心。

第一次世界大战期间，俄国人夺取了利沃夫，但在 1915 年 6 月奥匈帝国又将它收复。第一次世界大战结束后，当地乌克兰人宣布成立西乌克兰人民共和国，首都就设在利沃夫。当地波兰居民不满乌克兰人的统治，奋起反抗，并获得波兰的支持。1920 年 4 月，波、乌两国签署协议，乌克兰承认波兰对利沃夫地区的统治。在波兰第二共和国期间，利沃夫是波兰第二大城市，这一时期，该市经历了波苏战争、世界大战、大屠杀和侵略。二战后，利沃夫又成为乌克兰苏维埃社会主义共和国的一部分。

地理

利沃夫在德涅斯特河上游及布格河上游之间的丘陵地上，多丘陵地貌，面积 2.18 万平方千米，海拔在 250 米以下。利沃夫是温带大陆性气候，1 月平均气温 –6℃—4℃，7 月平均气温为 13℃—18℃。年降水量为 660 毫米左右，夏季水量明显不足，每年平均阴天 66 天，光照不充分，农业条件较差。

利沃夫森林资源较为丰富，森林面积占全境 28%，跨越森林沼泽带、森林草原带和草原带。利沃夫有自然保护区和天然国家公园，在克里米亚半岛南部黑海沿岸约 10 千米的狭长地带，具有独特的自然景观，落叶林与常绿的草地灌木丛并存。由于它优美的环境、温和的气候，使其成为世界著名旅游度假胜地之一。主要树种有松树、柞树、云杉、冷杉、椴树、槭树、白桦树等。

经济

利沃夫的市场经济在乌克兰发展较快，这与它是乌克兰最大的城市之一有关，根据世界银行分类标准，利沃夫属于中下等收入城市。银行业与金融业规模较大，银行和交易机构遍布全城，这足以证明利沃夫人已经克服困难，成功地从苏联时期的计划经济转变为市场经济。

尽管这座城市面临许多挑战，市内还是较为繁荣的，旧市区从广场北侧的闹市开始，那里还有很多的咖啡馆，每日举办民间工艺品市场。旧市区西端的自由大街是利沃夫的主要街道。街道中央种植着茂盛的树木，直压向两旁的步行道，此外还有主要的饭店、商店、博物馆等。在被称为"普朗塔"的步行道上，遍布着杂货摊和卖纪念品的店铺，胜利码头大街的西区是新建的，在林立的商店之中还有利沃夫大学和充满绿色的伊万·弗兰科公园。

利沃夫州自然资源丰富，不仅拥有大片肥沃的"黑土带"，而且还蕴藏着石油、天然气、煤、泥炭、钾盐和硫黄等几十余种矿藏资源，其中沥青和无烟煤均占全国总储藏量的半数以上。利沃夫工农业均较发达，工业以机械制造和金属加工为主，另外森林资源丰富、畜牧业发达，形成了以肉制品加工为代表的一系列产业链。

文化

利沃夫以乌克兰人为主，其余为俄罗斯人、波兰人和犹太人。利沃夫人只讲乌克兰语，不说俄语。因此，语言问题折射出乌克兰东西部地区的主要差异。1991 年独立后，乌克兰政府将乌克兰语定为官方语言，俄语则相应地失去了官方语言的地位。但在宪法中是否确立俄语为第二官方语言，一直是乌克兰各界争论的一个议题。在正式场合，乌克兰官员也大都只讲乌克兰语。在利沃夫人看来，乌克兰人有自己本民族的语言，就应该只说乌克兰语。利沃夫是乌克兰重要的宗教中心，之前也是乌克兰东仪天主教会的中心。在所有宗教建筑中，相当一部分属于乌克兰东仪天主教，一部分属于乌克兰自治东正教会，一部分属于乌克兰东正教会——基辅宗主教区，还有一小部分属于拉丁礼仪的罗马天主教。

旅游

利沃夫是个古老的城市，然而，利沃夫的城市很少会有苏联的特征。若是走在排列着巴洛克式教堂的旧街市上，一定会产生一种错觉，仿佛来到了哪座中欧的古都。

中世纪的市场广场是利沃夫上流阶层世代居住的地方。四周环绕着16世纪以来的历史建筑，其中大都装饰着圣人和奇怪脸谱的雕塑。广场上的建筑物，从东侧的大钟开始依次排有号码，游客可以按照这个顺序参观。

药店博物馆建于1735年，是利沃夫最古老的博物馆，而且内部的药店至今仍在经营。聚集很多古董制药机和器具以及各种草药等。更有趣的是自创业开始就在这里出售的包治百病的"铁酒"，不管它是否有效，游客们纷纷购买，当作纪念品。

天主教大教堂是一座建于14—15世纪波兰时代的罗马天主教的教堂。内部装饰着五光十色的大理石，十分华丽，同时这里仍举行着庄严的礼拜。另外，教堂内还有奥地利商人博伊姆的小教堂，这里原先是一块墓地，小教堂的外壁上装饰着《圣经》故事的浮雕，内部也同样密布着精美的雕刻。

歌剧和芭蕾舞剧院是19世纪末利沃夫用一大半市民的捐款兴建的。剧院外观华丽，装饰着许多雕像，内部则更为壮观。金色的带子围绕着一整面墙的壁画和优美的雕刻，散发着耀眼的光彩。特别是被称为"镜屋"的休息室，更加优雅别致，整个剧院的美丽是敖德萨和莫斯科剧院所遥不可及的。

利沃夫城堡的历史始于13世纪，当时哈里奇波里尼大公达尼罗在这片山丘兴建了城镇。这座城堡是根据他儿子利沃的名字命名的，叫"利沃夫"。山丘位于旧市区东北500米处，现仍残存着一部分14世纪时的古城墙。在海拔413米的山丘顶部，设有瞭望台，可以看到旧市区的全景。

敖德萨

地名由来

敖德萨和克里米亚原本不是基辅罗斯公国的疆土，只是在 18 世纪末，叶卡捷琳娜二世的大军南进黑海地区时，才将这片土地并入俄罗斯帝国的版图。1794 年 5 月，叶卡捷琳娜二世为巩固她的胜利果实，下令在一个叫哈吉贝的小村子修建港口。人们错误地认为，新建的城镇就在古希腊人的定居点奥德索斯附近，因此为其取名为敖德萨。很快，这里发展成为一个繁荣的商业中心，即使是在苏联时期，敖德萨也是一个开放的港口城市。

区位

敖德萨是乌克兰南部城市，乌克兰共和国第二大城市，敖德萨州首府，全市分为 6 个区，城市面积 160 平方千米，是黑海沿岸最大的港口城市和重要工业、科学、交通、文化教育及旅游中心。敖德萨位于德涅斯特河流入黑海的海口东北 30 千米处，由于天然海港常年不冻，在水路运输占有重要地位，被誉为"黑海明珠"。

历史

敖德萨始建于古希腊时代，在今天的敖德萨土地上曾经有一个古老的希腊殖民地，当时克里米亚的鞑靼人就居住在这里，后来被土耳其人代替并在这里建立了要塞，后来又在 1789 年被俄国人占领。现在的城市设计形成于叶卡捷琳娜二世时代，她效仿彼得大帝兴建圣彼得堡，修建了这座"通向黑海的窗口"城市。当时的俄国女皇认为她的国家需要在黑海边建一个港口，以此来扩展和欧洲之间的贸易往来。1819—1859 年这里建成商港。因为得天独厚的地理位置，敖德萨成为一个集贸易、工业和科技于一体的中心，在欧洲具有重要的意义。在成立一百年之际，敖德萨在人口和经济实力方面成为俄罗斯帝国当中第四位的城市，仅次于圣彼得堡、莫斯科和华沙。19 世纪末，通向基辅和利沃夫铁路的建成，港口吞吐量扩大，敖德萨成为仅次于圣彼得堡的全俄第二大港。十月革命后，敖德萨新建和改建了30多个工厂企业。1941年10月至1944年4月期间，城市被德军占领，遭到严重破坏，至1948年已完全恢复。

地理

敖德萨处于梯形山丘之上，俯瞰着小港湾。敖德萨为温带大陆性气候，气候温暖而干燥，四季比较鲜明，气温年较差小，冬季温和，夏季较为炎热。每年降雨量只有350毫米左右，一年中约有290天的光照时间。夏季最高温度曾达到过37℃，但不是很闷热，所以很舒适，5月中旬至9月末可以在海滨游泳，[①]冬季平均温度也不过 -3.5℃左右。这里许多疗养院，可供人们泡温泉，进行泥疗。由于日照充足，利于有机质和糖分的积累，这里的瓜果等作物质量较高。

经济

敖德萨曾是苏联的制造业中心之一。市内有机械制造、石油加工、木材加工、建材工业、化学工业、食品工业和轻工业。以机械制造、化学及食品工业为主要部门，生产机床、农机、船舶、起重机、电影放映机、化肥、染料、石油产品和罐头食品等。敖德萨同时是重要的国内及国际港口，航海运输业发达，可停泊大型油轮和装运集装箱货物，与世界百余国家600余港口（含天津、青岛等）通航，有两条主要铁路干线及多条公路汇集于此。

文化

敖德萨内包含了不同国籍和族群人士，包括乌克兰人、俄罗斯人、希腊人、犹太人、保加利亚人、亚美尼亚人、德国人、韩国人等等。主要语言为俄语及乌克兰语。

敖德萨是座大学城，是乌克兰重要的文化中心，乌克兰重要的著名高等

---

① 日本大宝石出版社编，韩惠等译:《俄罗斯·乌克兰·白俄罗斯·高加索诸国》，第320页。

学府均集中于此，该城市散发着欧洲文化浓郁的芳香，是乌克兰人的文化圣地。

在乌克兰，腌制肥猪肉非常有名，乌克兰人给它起了个好听的名字，叫"萨洛"，人们甚至将其称为国粹。早期的乌克兰家猪毛长体瘦，外形如狗，善于奔跑。经过长时间的演化，如今的乌克兰大白猪则身躯肥硕，肉质香味独特，口感肥而不腻、瘦而不柴。乌克兰人把用这样的肉腌制而成的肥猪肉称为萨洛，它被认为是猪肉制品中的精品。萨洛热量高，内含多种维生素，据说还能预防和治疗多种疾病。早在公元 9 世纪，萨洛就是乌克兰人餐桌上必备的开胃菜。

旅游

自古以来，敖德萨就作为国际贸易城市，呈现出一派繁荣景象，漫步在城市中，游客将全然忘却自己是个外国公民，因为城市里充满一片自由、惬意的氛围。敖德萨的主要景点如下：

波将金石阶。建于 1837—1841 年，有趣的是从上往下只能看到楼梯平台，从下往上只能看到阶梯。如果在阶梯上行走，最上面的阶梯宽度为 12.5 米，最下面的阶梯宽度为 21.6 米，从上往下走会感觉逐渐变得宽阔。因此，由下往上看时会感到非常稳定。由爱森斯坦导演的《战舰波将金号》（1925 年）被称为苏联电影史上的最佳作品之一。这是一部反映 1905 年俄国革命时发生的"波将金"号水兵起义事件的作品，其中在敖德萨阶梯上的一幕震撼人心。

歌剧·芭蕾剧场系由维也纳建筑家设计，于 1884—1887 年修建的豪华剧场。正面建有代表音乐、舞蹈、喜剧、悲剧的神的雕像，并放置有普希金等作家的胸像，邀请游客进入舞台的世界。外观气派，内部庄严。柴可夫斯基、格拉祖诺夫、里姆斯基·科萨科夫等巨匠曾在这里进行过指挥，夏里亚宾曾在这里表演，帕乌洛娃曾在这里表演华丽的芭蕾舞。

普希金文学纪念馆是 1823 年普希金曾数度居住的原旅馆的一部分，收藏了他的手写原稿和他与妻子的用品等。在约 1 年的短暂居住时间里，他写出了《叶甫盖尼·奥涅金》第二章及一些诗歌。

敖德萨考古学博物馆创立于 1875 年，收藏有从史前时代开始的出土文物。展品也十分丰富，古希腊的玻璃器皿和陶器等古物品种较多。由此可知，这里曾经处于希腊文化圈之内。地下放置有埃及的木乃伊等，给人考古学博物馆一般的感觉。黄金、银制品也收藏在一间房内，但并不对外开放。

国立敖德萨文学博物馆位于考古学博物馆的背面，展示有普希金和果戈理等与敖德萨有关的作家的资料。展示的书籍数量庞大，其中甚至有希伯来语书籍。这座建筑本身就是一座非常壮观的宫殿，特别是"黄金厅"很值得一看。

国立敖德萨美术馆是一座红色的古典主义样式的宫殿，其中展示有 15—18 世纪的圣像画和列宾等名家的俄罗斯绘画、乌克兰绘画、现代美术作品等。经过向滨海林荫道以东延伸的天桥，直走约 10 分钟即到，入口面对南侧的索菲埃夫斯卡路。

游击队员的光荣博物馆也值得一看。建设敖德萨城时，石料基本上全部从当地采购，结果在城市正下方留下了长达 1000 千米的地下迷宫。第二次世界大战时，这座迷宫被用于抵抗纳粹德国，现在部分作为纪念牺牲的游击队员的博物馆而对外开放。馆内有游击队员使用过的井和厨房、司令部等。地面是资料馆，展示有游击队员的照片等物品。

顿涅茨克

地名由来

1779 年，顿涅茨克还是被称为 Aleksandrovka 的欧洲南部俄罗斯帝国原著居民，当时的俄罗斯帝国处于女皇叶卡捷琳娜二世的统治之下。1869 年，威尔士商人约翰·休斯建立了一个钢铁厂，并在该地区开辟了几个煤矿，该镇为了表彰他便以 Yuzovka 命名，也就是"尤佐夫卡"。1924 年，该地更名为"斯大林诺"，并在 1932 年成为顿涅茨克地区的中心。1961 年改名为顿涅茨克。

区位

顿涅茨克西南与第聂伯罗彼得罗夫斯克州、札波罗结州相邻，东北与卢甘斯克州接邻，东为俄罗斯罗斯托夫州，南临亚速海，而顿涅茨克市位于卡利米乌斯河上游，有运河与北顿涅茨河相连，水运发达，交通战略地位重要。其城市面积约 2.65 万平方千米，仅次于首都基辅，继哈尔科夫、第聂伯彼得罗夫斯克之后排名第四。

历史

1917 年，顿涅茨克建市。1924 年前称"尤佐夫卡"。1932 年设州，首府在顿涅茨克。1942 年年末到 1943 年年初，斯大林格勒战役和"冬季风暴"解围失败后，纳粹德国的曼施坦因曾在此面对绝对优势的苏军进行殊死抵抗，并连战连捷，大量杀伤苏军，为德军暂时稳定东线南部。1961 年之前，顿涅茨克称"斯大林诺"。顿涅茨克 1990 年之前绿化水平在欧洲城市中排名第二。1998 年顿涅茨克已经成为乌克兰的一个重要的工业和经济中心。2014 年 5 月，当地反政府武装组织所谓的"全民公投"，宣布成立"顿涅茨克人民共和国"。这一"公投"结果未得到中国政府的承认，国际社会也普遍未予承认。[1]

地理

顿涅茨克位于卡利米乌斯河上游两岸的顿涅茨盆地中央，南北横跨 270 千米，东西 190 千米。顿涅茨克周围分布零散的林地、丘陵、河流和湖泊，大部分为波状起伏的平原，东北部为顿涅茨山地（最高点海拔 350 米），主要河流有北顿涅茨河、卡利米乌斯河。土壤为黑土，城市的北部郊区主要用于农业生产。顿涅茨克为温带大陆性气候，1 月平均气温 -8℃—5℃，7 月平均气温为 21℃—23℃。

经济

顿涅茨克—第聂伯河沿岸经济区、西南经济区和南方经济区等三个经济区的工农业、运输业和旅游业都比较发达。煤炭、冶金、机械、化学工业是其经济的四大支柱。顿涅茨克州以重工业为主，煤炭、钢铁产量居乌克兰首位，曾是苏联最著名的煤城。另外，机械制造、化工发达。顿涅茨克也叫顿巴斯，是乌克兰各州中人口最密集、工业化程度最高的地区。据调查，顿涅

---

[1] 中华人民共和国外交部官网，访问时间：2016 年 5 月 12 日。

茨克已经成功成为继基辅之后对乌克兰国内和国外投资拥有最有利条件的第二大地区。顿涅茨克地区如此迅速发展的最好动力是因为接近它的邻居，也就是最大竞争对手——第聂伯罗彼得罗夫斯克州。这些地区拥有相似的经济潜力，总是在为投资吸引力排名上追求更好的位置而相互竞争。顿涅茨克不仅在市场和金融基础设施，而且在人力资本的发展方面都显示出巨大的进步。此外，顿涅茨克在近几年间一直比第聂伯罗彼得罗夫斯克吸引了更多的外国直接投资。

该地区拥有独特的自然资源、强劲的工业潜力和技艺精湛的工程人员。乌克兰超过半数的煤炭、轧制金属、焦炭、铸铁和钢材，特别是所有轧制机械设备，都由顿涅茨克生产。铁金属和非铁金属冶金业产量占全国总产量的50%以上，出口额占20%（29亿美元）。绝大部分的外国直接投资来自弗吉尼亚群岛、美国和英国。该州在国内投资者中也颇受欢迎，是继基辅之后乌克兰第二大固定资产投资地。

文化

顿涅茨克是乌克兰人口最密集地区，境内的民族有乌克兰族、俄罗斯族、希腊族、白俄罗斯族、克里米亚鞑靼族、亚美尼亚族、犹太族。顿涅茨克州居民使用的语言包括俄语、乌克兰语和亚美尼亚语，常用语言为俄语。

旅游

顿巴斯竞技场是顿涅茨克矿工足球队的主场，座位约50100个。夜幕降临时，球场观众席向外的玻璃幕墙会点亮蓝色灯光，远看就像个蓝光碗。球场南门外有个水池，建有不断滚动的大理石足球雕像。南正门入口附近有球会精品店和球队博物馆入口。

铁艺公园位于顿涅茨克市政厅的后面。顿涅茨克以钢铁业闻名，有一个铁艺公园不令人意外，叫人惊喜的是铁匠锻造各式奇特铁像的预备队，他们造的铁花铁树和铁像，跟真花草树木在园内并存。

列宁广场位处顿涅茨克市的中心位置。此列宁像头戴便帽，眼望前方，如准备向矿工同志们演说。城内的大型庆祝活动和顿涅茨克矿工足球队离城参赛的大电视转播，都在这里举行。

耶稣显圣大教堂位于顿涅茨克市中心，是东正教在顿涅茨克地区的主教堂。原来的教堂于1933年被炸毁，现在的教堂重修于20世纪末期。

舍巴沃克夫公园为官方球迷专区。地处城市西南，已有八十多年的历史。公园东部建有人工湖，西面是顿涅茨克矿工足球预备队作战的萨克达球场。公园还建有海豚馆。

顿涅茨克植物园位于城市东郊，拥有种类繁多的植物，在不同的季节呈现出迥异的景观。顿涅茨克地区艺术馆位于顿涅茨克市中心，是乌克兰最大的博物馆之一和顿涅茨克地区重要的文化中心，里面收藏了很多精美的东欧艺术品。

顿涅茨克州州徽有棵棕榈，那是梅扎沙洛夫铁棕榈。20世纪初，在顿涅茨克工厂打工的铁工梅扎沙洛夫，为证明该处生产的铁轨质素高，只用锤凿，打成第一棵铁棕榈。目前第一棵铁棕榈留在俄罗斯的圣彼得堡，在原产地展出的是复制品。

顿涅茨克南面约100千米处是亚速海海滨，此处是苏联时代的度假胜地。

摩尔多瓦

　　摩尔多瓦共和国，英文名为 The Republic of Moldova。摩尔多瓦位于欧洲巴尔干半岛东北部，东欧平原南部边缘地区。全国面积为 33800 平方千米，南北长 350 千米，东西宽 150 千米，形如倒挂的葡萄串，是欧洲小国。主要城市有基希讷乌、蒂拉斯波尔等。

基希讷乌

地名由来

　　基希讷乌地名来源于古罗马尼亚语，其包含有"水源"和"新的"两层含义。在摩尔多瓦独立前译为"基什尼奥夫"。摩尔多瓦与罗马尼亚同族同文，是夹在乌克兰和罗马尼亚之间的内陆国。基希讷乌居全国的中点，在德涅斯特河西岸支流贝克河畔。1466 年首次见于史书，称比萨拉比亚修道院镇。15 世纪奥斯曼统治时期才叫基希讷乌。1812 年以基希讷乌为其行政中心。1918 年 1 月宣布独立，3 月与罗马尼亚合并；1940 年被苏联攻占，组成摩尔达维亚苏维埃社会主义共和国，基希讷乌改称基什尼奥夫。[1] 1991 年 8 月 27 日，摩

---

① 李原:《欧洲》，中华地图学社 2008 年版，第 46 页。

尔多瓦独立，将首都恢复其原名基希讷乌。

区位

基希讷乌是摩尔多瓦首都，是摩尔多瓦最大的城市，也是主要工业和商业中心。基希讷乌位于摩尔多瓦中部，坐落在德涅斯特河支流贝克河畔，是摩尔多瓦最大的交通枢纽，经济最繁荣的地区。

历史

基希讷乌已有500多年的历史，其地名缘起中带有"水源"的含义，在某种程度上可以被理解成这里是摩尔多瓦民族的发源地。早在1466年，摩尔多瓦斯特凡大公三世在对大贵族的封赏令中就曾提到基希讷乌，那时基希讷乌还只是一个村落。在封赏令中，大公确认了大贵族弗拉依库尔对基希讷乌的所有权。在很长一段时间里，基希讷乌是大贵族的世袭领地，它远离贸易通道，城市发展缓慢。从1641年开始，基希讷乌由修道院管辖。17世纪下半叶，基希讷乌初具城市规模。1757年，宗教界在离贝克河不远的山坡上建起玛扎尔基辅修道院，形成基希讷乌的政治中心。在19世纪初，基希讷乌曾有一个由40个泉眼组成的喷泉，清凉甘甜的泉水孕育这座城市发展壮大。1812年，比萨拉比亚被并入俄罗斯以后，基希讷乌成为摩尔多瓦的经济中心。历史上，基希讷乌曾三次（1690年、1773年、1788年）被鞑靼人和土耳其人烧毁，第二次世界大战期间又遭到法西斯的破坏。但是基希讷乌始终没有灭亡，它像凤凰涅槃一样再次被重建。

基希讷乌曾在1903年和1905年发生两场大型的集体迫害事件，史称"基希讷乌集体迫害"。这两场反犹太暴动导致隔年大批居住在东欧地区的犹太人移民至西欧或美国。

1917年俄国十月革命后，摩尔多瓦地区趁机脱离俄国人的掌控，宣布独立，但却在数天后遭罗马尼亚军队侵袭，并在1918年3月27日被罗马尼亚兼并。第二次世界大战期间，夹在诸多大国之间的摩尔多瓦沦为战场。1944年8月24日，摩尔多瓦遭到由东边进攻的苏联占领。基希讷乌在战后成为新成立的摩尔达维亚苏维埃社会主义共和国的首都。

1991年苏联解体，摩尔多瓦独立成为摩尔多瓦共和国，基希讷乌也成为新国家的首都。

地理

基希讷乌建在贝克河滨 7 个小山丘上，有 500 多年的历史，面积 565 平方千米，被一片非常肥沃的土地包围。

基希讷乌为温带大陆性气候，其特点是夏季炎热干燥，冬季寒冷多风。夏季平均气温约为 25℃，有时能达到 35℃—40℃，冬季气温经常低于 0℃，春季和秋季的温度在 16℃—24℃。夏季平均降水量和湿度较低，但有时会有暴雨天气出现。

经济

基希讷乌可能是全欧洲最贫穷的首都之一，[①]但其却是摩尔多瓦的金融和商业资本中心，所有国内和国际银行的总部都设立于此地。基希讷乌地区生产总值占到摩尔多瓦全国总量的 60% 左右，因此，基希讷乌的人均地区生产总值是摩尔多瓦全国人均水平的 227%。

基希讷乌资源以第一产业资源为主，第二产业主要集中于轻工业。基希讷乌是摩尔多瓦的主要工业与服务业中心：工业方面，主要的项目包括消费产品与电子产品制造，建筑材料、机械、塑胶、橡胶、纺织；而服务业则主要包括银行业与一般零售交易。基希讷乌阳光充足，农业发展条件良好。葡萄种植颇有名气，葡萄酒酿造和水果罐头产业发达。

基希讷乌市区内有 3 个主要巴士终点站、一个国际铁路终点站与基希讷乌国际机场。除此之外，也有私人经营的计程车与迷你巴士系统服务市区内的交通需求。

文化

基希讷乌是一个民族多元、文化多元的城市，当地居民主要为摩尔多瓦人，占总人口的 75.8% 左右，俄罗斯人和乌克兰人所占比重也相对较多，分别为 5.9% 和 8.4%，还有少数罗马尼亚人、保加利亚人、加告兹人、犹太人

---

① **LONELY PLANET** 公司:《欧洲》，生活·读书·新知三联书店 2006 年版，第 721 页。

等。其官方语言为摩尔多瓦语，也有一部分人使用俄语、乌克兰语和英语。大多数居民信奉东正教，其教徒占到总信教人数的80％左右，也有部分居民信仰新教、天主教等其他宗教。

基希讷乌是一座白色的城市，其建筑风格丰富多彩。在城市的大街小巷里，到处可以看见掩映在绿荫丛中的白色建筑。这些白色的建筑都是用摩尔多瓦境内盛产的石灰石为材料建成的，洁白的建筑与翠绿的树木交相辉映，使基希讷乌显示出一派生机与活力。

基希讷乌的节庆活动大多是摩尔多瓦全国性的节日，如复活节、狂欢节、三一节、洗礼节和新年等。

基希讷乌拥有众多大学，包括12所公立大学和11所私立大学。其中基希讷乌大学是一所综合性大学，也是摩尔多瓦的第一所大学，校园内学习氛围浓郁，设置20个学科。

基希讷乌注重与国外主要城市进行合作与交流，已与全球多个城市建立了友好城市关系，其中包括法国的格勒诺布尔（1977年）、德国的曼海姆（1989年）、乌克兰的敖德萨（1994年）和基辅（1999）、罗马尼亚的布加勒斯特（1999年）、白俄罗斯的明斯克（2000年）、以色列的特拉维夫（2000）和土耳其的安卡拉（2004）等。

旅游

基希讷乌的景点集中在经市中心由东南向西北延伸的斯特凡大公大街沿途。但是要从位于大街东南方向的解放广场开始游览。在这个广场的中心建有方尖塔形的纪念碑，国家饭店和基希讷乌宾馆像把广场包围一样，隔着大街，国家饭店对面是有着漂亮蓝色圆屋顶的圣蒂龙大教堂。

踏上大街，从广场向西北方向前进，左侧是电话局的大楼，在下一个街区向右转会看到一个很大的露天市场，这里出售当天的蔬菜、水果、面包以及肉、火腿等。汽车总站位于市场里面。沿大街向前走，左边是市政府，继续走到与普希金路交叉之处，在右侧可以看到大大的凯旋门。凯旋门的背后是一个很大的公园，公园中建有基希讷乌大教堂。

隔着大街，在凯旋门的正对面是国会，国会旁边的街区则是斯特凡大公公园，公园入口处建有被称为摩尔多瓦公国建国之父的斯特凡的纪念碑。沿普希金大街向左转，在第一个街区可看到国立美术馆，向右转可看到国立历史博物馆。国立民族历史博物馆位于离市立博物馆很近的科格尔尼恰如路上。这座建筑第一眼看上去很有阿拉伯的王宫风格，内部展出的多为讲述这个被外国占领、被历史捉弄的国家真正意义上的历史资料。如果沿普希金大街一直走，在尽头处向右转，可以看到以前的水塔即现在的市立博物馆的高塔。

沿普希金大街向右转，走一段距离后，在道路尽头处的小区中有马扎拉凯教堂，这座教堂建于 1752 年。返回大道上，通过公园后，右侧是歌剧院。沿歌剧院和总统府之间的马路向右转，直走可到安东潘路，这条路上保留着普希金创作《叶甫盖尼·奥涅金》时的家，现在被作为普希金故居博物馆。

蒂拉斯波尔

地名由来

蒂拉斯波尔是摩尔多瓦的一个城市，位于德涅斯特河左岸，建于 1793 年。其名称是由古希腊人对德涅斯特河的称呼和"城市"组成，蒂拉斯是德涅斯特河的古代名称，"波尔"是城市之意，意为蒂拉斯河上的城市即德涅斯特河上的城市。公元前 5 世纪，古希腊学者希罗多德在其著作中便称德涅斯特河为蒂拉斯河。

区位

蒂拉斯波尔是摩尔多瓦的第二大城市，也是德涅斯特河沿岸的重要城市和摩尔多瓦东南地区的工业中心。它位于德涅斯特河左岸，是摩尔多瓦重要的河港、铁路枢纽。

历史

蒂拉斯波尔的奠基人是阿·苏沃洛夫，18 世纪末，沙皇政府决定在德涅斯特河岸建立要塞，1795 年，该要塞成为周边地区的中心，定名为蒂拉斯波尔。19 世纪，蒂拉斯波尔发展成为工业中心，城市经济伴随着拉兹杰利纳亚——

基希讷乌铁路干线的开通而迅速发展。

蒂拉斯波尔是一座具有革命传统的城市。格·卡托夫斯基曾居住在这里，他在 1920 年曾领导城市解放斗争。1929—1940 年，蒂拉斯波尔为摩尔达维亚社会主义自治共和国的首府[1]，也是当时知名的经济、文化中心，各类企业先后在这里建成投产。1930 年创办的师范、农业院校为该市的经济发展输送了大批人才。第二次世界大战以后，蒂拉斯波尔的经济迅速发展。在苏联解体前 20 年内，蒂拉斯波尔的工业产值迅速增长。

1941 年 8 月 7 日，在轴心国入侵苏联之后，该城市被罗马尼亚军队接管。在占领期间，几乎所有的犹太人都消失了，他们被驱逐到德国纳粹集中营，在那里被杀。1944 年 4 月 12 日，红军夺回了这个城市的政权，蒂拉斯波尔成为摩尔达维亚苏维埃社会主义共和国的一部分。1990 年 1 月 27 日，蒂拉斯波尔成为一个独立的领土。附近的城市也从摩尔多瓦宣布独立。一些地方政府联合起来抵制来自摩尔多瓦政府国有化的压力。苏联解体后，摩尔多瓦共和国德涅斯特河以东领土宣布独立，并成立"德涅斯特河沿岸共和国"，蒂拉斯波尔为首都。但国际社会普遍不承认其作为独立政治实体。

地理

蒂拉斯波尔是国际公认的摩尔多瓦第二大城市，位于基希讷乌东面 70 千米处，这座城市就坐落在东部的德涅斯特河左岸。

蒂拉斯波尔的气候条件非常独特，既具有温带大陆性气候的特征，又受到海洋性气候的影响。其夏季温和，月平均气温在 21℃左右，冬季寒冷，最冷的 1 月平均气温在 -2.7℃左右。蒂拉斯波尔每年平均降水量近 500 毫米，降水相对均匀，虽然 6 月和 7 月月降雨量显著增加，但整体降水时间较为均匀地在分布全年其他月份。

经济

蒂拉斯波尔的工业以罐头食品加工为主，葡萄酒和白兰地酒以优质著称。蒂拉斯波尔的葡萄酒酿造业历史悠久，生产的葡萄酒品牌多，葡萄酒口感醇

[1] 孙文范主编：《世界历史地名辞典》，吉林文史出版社 1990 年版，第 455 页。

正、质量上乘、价格低廉，在国际市场上极具竞争力，可与法国生产的葡萄酒媲美，此外还生产电气设备、铸造机械、玻璃器皿和棉纺织品。

文化

在蒂拉斯波尔的实际生活中，俄语仍然是社会基层中广泛使用的语言。整个城市几乎没有人不会俄语。日常生活中，许多人习惯说俄语，知识分子讲起专业来，也只会用俄语表达。全国有超过三成的人认为俄语是母语。蒂拉斯波尔的人口中，32%为乌克兰人（包括东斯拉夫），18%的是摩尔多瓦人（种族类似于罗马尼亚人）。

拉丁天主教有一小部分在蒂拉斯波尔自己的天主教教区内，直到2002年遭到禁止，并与萨拉托夫的教区合并。这有时也包括邻近的罗马尼亚和俄罗斯的一部分。蒂拉斯波尔警长俱乐部是近代历史上最成功的摩尔多瓦的足球俱乐部，多次获得摩尔多瓦足球联赛冠军和摩尔多瓦杯。蒂拉斯波尔警长队的主场可以容纳1.5万人，是该地区容量最大的体育场。

在蒂拉斯波尔，成年男子穿白长衫和白裤子，外套呢制的西装背心；妇女头扎大方巾，上身穿白底彩绣衫衣，外套过膝宽下摆裙，裙外扎毛料或亚麻布的围裙。在当地，妇女的裙子一般用深色的纯毛面料制成。裙子上面绣有五彩几何图案，裙腰部配有窄腰带。冬季，男女均穿上自制的皮毛外套。

蒂拉斯波尔的主食以面包为主，喜食蔬菜、炸肉、羊肉和奶制品。传统民族食品是热玉米面粥，佐以羊奶干酪、油炸洋葱、黄油、西红柿等。典型的食品是菜汤、熏鱼、腌肉、奶酪夹心青椒、用葡萄叶卷肉做成的菜卷等。

旅游

蒂拉斯波尔旅游资源较为丰富，景点众多，是受苏联影响很大的城市，拥有世界上最大的苏联式露天博物馆，因此游客可以去蒂拉斯波尔体验"苏联"。人们普遍的看法是，蒂拉斯波尔是一个安静祥和的城市，这座城市没有任何军事活动。自1992年以来，在这里看到过唯一的穿制服的人就是军官和警察。在独立日（9月2日）和胜利纪念日（5月9日）会举行阅兵，每年举行一次。

蒂拉斯波尔市区有几个美丽的公园，包括文化公园，它们位于大学附近。

大多数大型纪念碑在城市的南端，距离苏维埃宫约 2 千米的位置。蒂拉斯波尔国家联合博物馆是当地最受推崇的历史博物馆，里面有关于创办了第一所苏联化学校的诗人的展览，博物馆的对面是"总统府"。

蒂拉斯波尔当地的戏剧院靠近大学和当地的博物馆，位于城市的中央部分。还有一个战争博物馆位于德涅斯特河沿岸的国防部大楼，但也仅仅允许当地居民进行参观。

罗马尼亚

罗马尼亚，英文名为 Romania（在拉丁语里，罗马尼亚是 "罗马人的国家" 的意思）。该国北邻乌克兰，东北为摩尔多瓦，南接保加利亚，西邻塞尔维亚和匈牙利，黑海在其东南面。国土面积 238391 平方千米，首都布加勒斯特。罗马尼亚分为 41 个县（相当于省）和 1 个直辖市（首都布加勒斯特），县（相当于省）下设市、镇、乡。主要城市有布加勒斯特、雅西、康斯坦察、克拉约瓦等。

布加勒斯特

地名由来

"布加勒斯特" 这个名称是从英语转译过来的，在罗马尼亚语里的发音是 "布库雷什蒂"。关于布加勒斯特这个名称的来历，还有一段传说：在 700 多年前，一位名叫布库尔的牧羊人从远方赶着牛群来到登博维察河边，发现这里水草肥美，气候温和，便搭起帐篷定居下来。后来，来到这里的人不断增加，逐渐形成了一座城镇。由于牧羊人布库尔是这座城市的开拓者，为了纪念他，人们便修建了一座布库尔教堂，这个地方被称为 "布库雷什蒂"，英语翻译为"布加勒斯特"。①直到今天，在登博维察河畔还耸立着一座以牧羊人名字命名的蘑菇形塔顶的小教堂。根据正史记载，"布加勒斯特"最早是由乌拉德贝什大公在1459年9月20日第一次正式命名的，意为"欢乐之城"。今天，在市中最具神秘浪漫色彩的地方，依然还是这位大公的宫殿，这也是历史上城市的中心。

区位

布加勒斯特是罗马尼亚首都，位于国境东南部瓦拉几亚平原中央地带，坐落在多瑙河支流登博维察河畔。登博维察河穿越市区，向多瑙河流去，把布加勒斯特分为两部分。布加勒斯特面积约228平方千米，是罗马尼亚最大的城市，也是其政治、经济、文化中心，单以人口计算的话，布加勒斯特是欧盟第六大都市。

历史

布加勒斯特是一座历史悠久的古城，500多年前的历史文献中便有记载。早在1459年罗马尼亚大公国时期，布加勒斯特就是一座要塞。罗马尼亚民族于1477年战胜了土耳其人的侵略，便将登博维察河畔的这个城堡命名为布加勒斯特。到了1574年这里已发展成为拥有40座教堂、修道院和大批楼房的城市。1659年，布加勒斯特成为瓦拉几亚公国的首府。1859年，瓦拉几亚和摩尔多瓦两公国合并建立国家——罗马尼亚，布加勒斯特于1862年起成为罗马尼亚首都。1877年罗马尼亚独立后，首都的经济得到迅速发展。第一次世界大战后，布加勒斯特已成为一个重要的经济、政治和文化中心。1921年，罗马尼亚共产党在首都正式成立。1944年8月23日，在罗共领导下，罗马尼亚人民在布加勒斯特打响了反抗德国法西斯武装斗争的第一枪。此后，这一天成为罗马尼亚的解放日。第二次世界大战期间，布加勒斯特遭到严重破坏，战后城市进行了重建。几个世纪以来，布加勒斯特经历了一次又一次来自奥地利、土耳其、俄国的外侵乃至地震灾害，两次世界大战的炮火以及40年革命风暴的洗礼，如今仍然焕发着不同凡响的美丽。

① 东田:《东欧旅游，给你一本最好看的》，广东旅游出版社2014年版，第291页。

地理

布加勒斯特位于瓦拉几亚平原中部,多瑙河支流登博维察河畔,市区内有十多个湖泊同登博维察河相平行,城市北郊有著名的伯尼亚萨森林。

布加勒斯特属温带大陆性气候,冬季寒冷,夏季暖热,四季分明。夏季平均温度为 23℃左右,在盛夏时甚至达到 35℃—40℃。冬天风很大,气温经常跌破 0℃,有时甚至到 -20℃,而在春季和秋季,气温变化相对稳定,集中在 17℃—22℃。夏季降水量平均,湿度低,偶尔有暴雨,春季降水量往往高于夏季,降雨较为频繁但较少有暴雨天气出现。

经济

布加勒斯特是全国重要的工业基地,拥有 200 多家现代化工厂。主要工业部门有机器制造、化工、冶金、建材、木材加工、纺织、服装等。布加勒斯特继续成为拉动罗马尼亚经济增长的最主要地区。根据罗地区发展部国土发展战略,未来 20 年内,首都布加勒斯特将有环城高速、环形铁路、地下停车场、城区高速路、城市绿带,并在城南新建一个机场,该战略目标是把布加勒斯特建成东南欧最重要的城市,上述工程需要约 200 亿欧元的投资。另外一项重要工程是完成布加勒斯特到普洛耶什蒂的高速公路,原定规划 62 千米,目前已完成了 55 千米,还没有与布加勒斯特的市内道路完全贯通,只是连接到北绕城路。①

文化

布加勒斯特是一个民族多元、文化多元的城市,其主要民族有罗马尼亚族、匈牙利族、罗姆族(即吉卜赛人)、德意志族和乌克兰族,还有少数俄罗斯、塞尔维亚、斯洛伐克、土耳其、鞑靼等民族。居民的语言和信仰也较为复杂,大多数信奉东正教、罗马天主教,也有部分居民信仰新教、希腊天主教等。其官方语言为罗马尼亚语,主要少数民族语言为匈牙利语,英语也是

---

① 中华人民共和国商务部,http://ro.mofcom.gov.cn/article/jmxw/201512/20151201212532.shtml,访问时间:2015 年 12 月 17 日。

当地的通用语言。

布加勒斯特的饮食习惯跟大多数的东欧国家类似，法国风味更为浓厚。其较重视午餐，早、晚餐比较简单，以面食为主食，兼吃米饭，午餐通常是以汤开始，然后是主菜（通常是烤猪肉、牛肉或鸡肉）与点心。马铃薯也是他们的主食之一，土豆烧牛肉是他们餐桌上的主角。他们的口味比较重，喜欢吃用奶油做的菜，所以熏制的蔬菜常用奶油烧成，他们很少吃鱼、虾等海味。走在布加勒斯特的街头，到处可以看到便宜的烤肉与土耳其式烘饼夹肉。

布加勒斯特的服装款式多样，色彩鲜艳镶有刺绣花边，多数地区的男士喜欢穿白色裤子，裤长至小腿，裤脚塞进黑色长筒靴里。布加勒斯特的居民能歌善舞，朋友间聚会、晚餐、出席婚礼时经常翩翩起舞，一些饭店在客人就餐时安排民间歌舞表演。他们坐车和室内忌讳穿堂风，从不打开两边的窗子让空气对流，认为这样会使人生病。①

布加勒斯特有众多节庆活动，除了罗马尼亚全国性的节日（如国庆日、建军节等）之外，每月都有不同的节庆，但大多数集中在6、7、8月份。其中最有名气的节庆活动包括国际歌剧节、中国春节、布加勒斯特国际电影节、乔治·埃内斯库节等。国际歌剧节，由国家歌剧院在每年的5月和6月举行，届时会有来自世界各地的合唱团和管弦乐队在此表演。第一次官方组织中国春节是在2005年2月份，从此之后每年都会根据中国农历举办中国春节，而且习俗也与中国传统相同。从2014年开始举办的布加勒斯特国际电影节是东欧最重要的电影节，是世界各大电影的聚集地。

布加勒斯特拥有众多大学，包括布加勒斯特大学、布加勒斯特经济研究学院、卡罗尔·戴维拉医科大学、国立政治研究和公共管理大学等公立大学和 Spiru Haret University、Romanian-American University 等私立大学。其中布加勒斯特大学是布加勒斯特最大的大学，也是在欧洲享有盛名的综合大学，罗马尼亚近代历史上和现代的许多著名的学者、专家以及政治家都毕业于该所大学。

布加勒斯特注重与国外主要城市进行合作与交流，与全球的多个城市建

---

① 中华人民共和国驻罗马尼亚大使馆：《走进罗马尼亚》，http://www.chinaembassy.org.ro/chn/zjlmny/，访问时间：2016年6月30日。

立了友好城市关系，其中包括美国的亚特兰大（1994年）、约旦的安曼（1999年）、巴西的圣保罗（2000年）、中国的北京（2005年）、阿尔巴尼亚的地拉那（2007年）等。

旅游

布加勒斯特的景点都分布在各个广场周围，包括南部的统一广场、中部的大学广场、革命广场及北部的罗马纳广场和胜利广场。维多利亚大街上坐落着许多划时代的华丽建筑：建于1888年的罗马尼亚雅典戏院、信贷银行之宫，创建于1864年的布加勒斯特大学，建于1895年的司法院以及1910年的市政府，还有1907年建立的原议会大厦，建于17、18世纪的两座大教堂。

罗马尼亚国家艺术博物馆建于1930—1937年，最初是王宫。而对罗马尼亚怀着经典回忆的朋友，还可在市中心找到始建于17世纪的"勇敢的米啥伊"大公的王宫遗址。在布加勒斯特众多引人入胜的景点中，有两处特别值得一提，一个是乡村博物馆，这里陈列着全国各地农民的居所，每年都会举行现场手工艺制作、乡村舞蹈展示等活动；另一个是罗马尼亚农民博物馆，在1994年被评为欧洲最佳独创风格的博物馆。虽然名为"农民博物馆"，却处处体现出后现代主义的设计理念。此外，值得旅客一看的还有罗马尼亚大国民议会宫，19世纪这里曾是"公众议会"会址。它是继美国五角大楼之后世界第二大建筑，人们常常会为它庞然高耸的身躯和不同凡响的设备惊叹不已。此外还有由19世纪的宫殿改装的布加勒斯特历史博物馆，以及由往日王宫改装的艺术馆都值得去探访。

同时布加勒斯特也是欧洲绿化较好的市之一，整座城市掩映在白杨、垂柳、菩提树之中，到处绿草如茵，色彩鲜艳的花朵更是比比皆是。市中心总统府旁的植物园始建于19世纪中期，在这里还可以观赏到世界各地的奇花异草。住宅楼群之间的李子树、樱桃树果实累累，庭院内外的草坪葱葱郁郁。每逢丁香树开花的季节，坐在行驶中的汽车里也能闻到阵阵芳香。全市有大小公园50多个，仅市区就有10多个大型公园，另外还有许多喷水池、纪念碑和雕塑像。登博维察河宛若青翠的玉带从西北穿过市区，把市区分为几乎相等的两半，城内河段长24千米。它与流经城区的河流相平行的12个湖泊——一相连，宛如一串珍珠点缀其间，也给这座城市带来了一份灵动之气。这是一座处处见得到树的城市，树木广泛和密集的程度，让人感觉好像这不是一座城池，而是一个建在山坡树林中的繁华大乡村。

雅 西

地名由来

在漫长的封建社会中，罗马尼亚人民分属于摩尔多瓦、蒙特尼亚、特兰西瓦尼亚 3 个公国，它们成鼎足之势，屹立在多瑙河北岸的喀尔巴阡山脉两侧。雅西位于摩尔多瓦公国，1565—1862 年，它一直是该公国的都城。据史料记载，公元前 2 世纪那里已有村落。后来，由于它地处欧洲东西方交通要冲，所以逐渐发展为市镇，在战略和国际商路上占有重要地位。古希腊著名地理学家托勒密在公元 2 世纪绘制的地图上，把该地称作佩特罗达瓦，这一名称一直沿用到 12 世纪。就文字记载来讲，现行名称雅西首次见于亚历山大大公于 1408 年为波兰利沃夫商人签发的贸易特许证上。关于这一名称的由来，众说不一。最可靠的一种说法，是雅西这个称呼与 12 世纪移居摩尔多瓦公国境内的阿兰部族的雅西分支有直接关系。

区位

雅西是罗马尼亚东北部城市，面积 5469 平方千米。北部为摩尔多瓦丘陵，南部属伯尔拉德高原，东距摩尔多瓦边界 13 千米。

历史

据史料记载，公元前 2 世纪这里已有村落。后来，由于它地处欧洲东西方交通要冲，所以逐渐发展为市镇，在战略和国际商路上占有重要地位。作为摩尔多瓦公国的都城，历史上的雅西屡遭战乱兵祸之苦。土耳其人、鞑靼人、波兰人和哥萨克人多次侵扰该地，最严重的几次发生在 1538 年、1577 年、1616 年、1650 年和 1686 年。许多建筑物被夷为平地，人口锐减，但是均在短时期内得到了恢复。随着历史的发展，16 世纪的雅西已经拥有相当发达的手工业和商业。根据外国旅行者的记述，当时的雅西城内大商号比比皆是，货物琳琅满目，应有尽有。许多商人经常往返于雅西与利沃夫、君士坦丁堡及欧洲其他大城市之间，对促进东西方贸易起了积极作用。当时的街市多以手工行业命名，诸如鞋匠街、米酒胡同、鞋底坊等。每一行业的聚居区都设立自己的教堂。进入 17 世纪中叶，雅西已经成为重要的文化中心，成立了第一所高等书院，建立了第一个印刷所。

旅居雅西的基督教传教士班迪尼记述自己的观感时指出，他曾接触过高等书院的学生，大多学业优良。此外，该城还有其他 20 所各级学校，供罗马尼亚人、乌克兰人、希腊人和亚美尼亚人的子弟就读。至于宗教场所那就更多了，散布在市区和郊外的山冈上。18 世纪至 19 世纪初期，摩尔多瓦公国仍然受到奥斯曼帝国的无情掠夺，加之国内法纳利奥特王朝的压榨，经济发展受到严重阻碍，但是文化教育事业却仍能在极其严酷的条件下继续发展。教会和国家机构逐步用民族语取代了在上层社会沿用了数百年的斯拉冯语，史学界深入探讨了民族起源和三公国人民的民族统一性，民族意识从而显著加深。由于启蒙主义的影响，人们的眼界开阔了，要求吸收西方的先进思想和科学，各种文化机构取得长足进步，尤其是学校、图书馆和印刷所。在此期间，雅西的皇家书院几经改革，为后来雅西库扎大学的建立摸索了途径，准备了必要的条件。雅西印刷所出版的书籍不再局限于经书，大量出版的还有哲学、历史、文学、教育等方面的书籍。

19 世纪前期和中叶，雅西的大批文化人和学者对罗马尼亚 1848 年的革命和 1859 年的民族统一作出了突出的贡献。不言而喻，雅西曾是罗马尼亚人民争取社会、民族解放和争取民族独立与统一的主战场。为了纪念 1859 年摩尔多瓦公国和蒙特尼亚公国的统一，雅西批准在市中心的勒普什尼亚努大街 14 号建立了统一博物馆。

地理

雅西地势较高，北部为摩尔多瓦丘陵，南部为伯尔拉德高原。由于海拔高，热量不足，因此农业并不发达，植被以草原、森林为主。普鲁特河流经东部，为农牧业提供用水。河谷和坡地为农牧业区，面积较小。

雅西属于温带大陆型气候，四季分明，气温变化剧烈。夏季温暖，气温有时甚至会超过35℃，而冬季寒冷，多风并有中度降雪，气温在夜里有时会降至于-15℃。月平均降水量从25毫米左右到100毫米左右不等。

经济

地理位置、丰富廉价的自然资源和原料以及便利的公用设施等优势使雅西成为罗马尼亚的商业、贸易和工业基地。雅西的主要工业部门有食品、饮料、电力、纺织、冶金、林业、家具、建筑、电子和机器制造业。工业是当地的第一大经济支柱。农业是雅西县第二大经济支柱，雅西的葡萄园和葡萄制品享誉全球，当地产的很多种葡萄在国际竞赛上获得过金奖，并以具有竞争力的价格运往世界各地。雅西交通便利，有电气化铁路、高速公路、国道构成的交通网络。雅西国际机场直通布加勒斯特、康斯坦察和阿拉德。除此之外，雅西还有同中国发展友好合作关系的强烈愿望。雅西市已经同西安市结成了兄弟友好城市，随着友好关系的发展，经济合作的步子也在加快。

文化

当地居民主要为罗马尼亚人，罗马尼亚人为罗马人和达契亚人的后代，热情、豪爽、待人随和，喜欢交朋友。他们尊重女士，男士进门、上车要让女士先行。亲友间见面拥抱、贴面很普遍。应邀做客时需向女士送鲜花，赠花总数应为单数。罗马尼亚人视盐和面包为生活中必不可少的食物。客人到来，最隆重的礼节是由主人家的姑娘托着盘子向客人送上面包和盐，客人需拿一块面包蘸盐尝一下。早餐较简单，晚餐很丰盛，讲究质好量多，请客吃饭时间较长，宴会通常约持续2—3小时。出席正式晚宴时，男士一般着深色西服，女士着裙装。

古城雅西不仅经历了罗马尼亚历史上许多重大的事件和变革，而且近代也用它深刻的革命精神和丰富的文化传统哺育出一代代的文化名人和学者。如埃米内斯库（1850—1889年）是罗马尼亚19世纪最伟大的诗人，一直被尊为诗坛上的一颗金星，他的文学创作活动主要是在雅西进行的。作为文化古城，罗马尼亚第一本期刊《蜜蜂》（1829年）、第一次戏剧演出（1816年）、第一座民族剧院（1840年）、第一个医学与自然科学工作者协会（1833年）都是在雅西问世的。此外，作为罗马尼亚精神和文化的中心，雅西遗留了大量的科学院、教堂、修道院和文学院遗址。其中著名的有文化宫、三等级修道院、歌利亚修道院、大都会大教堂等。

雅西还是罗马尼亚最重要的科学中心之一。雅西市的几个科研技术开发中心是由 30 多所院校、实验室和罗马尼亚科学院等科研机构的分院构成的。雅西库扎大学始建于 1860 年，1944 年 8 月 23 日罗马尼亚从法西斯奴役下获得解放后，雅西库扎大学为适应革命和国家建设的需要，在专业设置、教学、科研和师生人数等方面均取得了重大发展，多年来为国内外培养了大批优秀人才，对教育事业作出了贡献，逐步跨入世界知名高等学府之列。

旅游

享有"罗马尼亚民族纪念碑"之称的雅西城不负盛名，各种珍贵的历史文物、遗迹、纪念馆、博物馆比比皆是。雅西曾以它绚丽的岗峦风光和众多的历史遗迹吸引了外国旅行者，他们把雅西比作欧洲东方的罗马。当时的许多古建筑作为历史和文化的见证，一直保存至今。其中值得提及的有三圣教堂、城堡修道院、巴尔诺夫斯基修道院、圣萨瓦教堂等。这些古建筑不仅以其独特的艺术风格著称于世，而且它们在罗马尼亚历史上也曾是传播文化、倡导教育的重要媒介。例如，三圣教堂就附设过瓦西列高等书院和一间印刷所，城堡修道院也为罗马尼亚诸公国印刷过图书。巴尔诺夫斯基修道院曾经有过珍贵的藏书楼，从保存下来的图书目录中可以得知那时已有一些普通书刊流行于世。

要想了解雅西的历史和文化底蕴，市内的一些博物馆和纪念馆是应该光顾的。如果从位于市中心的统一广场出发，沿着斯特凡大公大街向东北方向漫步，行约两千米即可抵达巴赫露伊河西岸的文化宫。这里从 1408 年开始就是摩尔多瓦公国历代君主的行辕或宫廷，但是此后的 400 余年里却屡遭火焚。原来的建筑已荡然无存，1890 年开始重新修复。现在，这座新哥特式宫殿内辟有人类学博物馆、艺术博物馆、科技博物馆和摩尔多瓦历史博物馆。旧王宫的遗址现已发掘，并向参观者开放。

踏进弗利姆大街 4 号的摩尔多瓦文学博物馆。这座博物馆系统介绍了该地区的优秀作家，引人注目的有 1848 年革命作家群，以蒂图·马约雷斯库为首的青年社作家群，以及其他一些与雅西库扎大学关系密切的现代文化名人，如大作家米哈伊尔·萨多维亚努、著名文学史家乔治·克林内斯库等。

文化宫独特的音乐博物馆是罗马尼亚唯一的此类博物馆。整个博物馆展示了音乐录音的发展史，从最原始的布满复杂花纹小钉的滚筒记录乐曲，到打孔纸带，然后到打孔金属圆盘交响乐放音机，从机械动力发展到电动的多组小提琴或钢琴合奏，最后发展到光电磁录音。尤其使人惊异的是这些约有百年历史的古老音乐器械，至今保存得完好如初，还能当场演奏各种复杂的乐曲。

康斯坦察

地名由来

康斯坦察具有悠久的历史，由古希腊人创建于公元前 6 世纪，辟为商铺，时称托米斯，是罗马尼亚最古老的地区之一，公元 4 世纪改用今名。据说"康斯坦察"这个地名就是因"康斯坦丁大帝"而得名的。

区位

康斯坦察位于罗马尼亚东南部，东临黑海，西濒多瑙河，南与保加利亚接壤，面积 7071.3 平方千米。康斯坦察建港历史悠久，优越的水运条件和铁路航空运输使其形成了较为发达的交通网络。

历史

作为整个罗马尼亚历史的缩影，康斯坦察的历史，也充满着屈辱和忧伤。早在公元前 6 世纪，这里就被古希腊殖民化，从而建立了"托米斯城"，即康斯坦察的前身（所以，今天康斯坦察最主要街道仍叫"托米斯大街"）。公元 4 世纪，这里又被罗马帝国征服。而拜占庭时期，则是这里的全盛期。后来，随着多瑙河大桥的修建、铁路的通车，这里逐步发展为重要的商埠和海港。再后来，这里又陷入奥斯曼帝国的统治，直到 1877 年的罗马尼亚独立战争，这里才最终回归罗马尼亚。

地理

康斯坦察位于黑海西岸，有 13 千米海滩长滩。康斯坦察属于温带气候，是罗马尼亚最温暖的城市之一，1 月平均气温约 −0.4℃，7 月平均气温约 22℃，年均降水量约 408 毫米。

康斯坦察港是罗马尼亚的主要港口，黑海最大港，港湾开阔，冬季不冻，不仅连接东西欧洲，而且还连接北非、中东和亚洲，可与远东、西欧、非洲、地中海和波斯湾等许多港口通航。康斯坦察交通便利，海滨地区铁路线长 406 千米，有两条欧洲公路和两个航空港。

经济

康斯坦察是罗马尼亚经济发达的地区之一，由于地处多瑙河—黑海交通道口的战略要地，使其兼得亚洲和东欧市场，故而成为罗马尼亚的重要口岸，并且商业贸易发展状况良好，全国外贸货物的一半经此出入，输出石油产品、粮食、木材和机械产品等，输入铁矿砂、焦煤等。

康斯坦察有多元化的经济，包括农业、旅游、港口与海上运输、机械制造、化学、石油化学、电力、木材加工、造纸等，还有石油加工、纺织、食品等工业。同时，康斯坦察也是全国重要的造船工业中心，黑海沿岸的渔业基地。康斯坦察耗巨资兴建了一系列规模宏大的工程：罗马尼亚第一座核电站、多瑙河—黑海运河以及康斯坦察南港扩建工程。这些工程的建成，为康斯坦察的经济发展奠定了坚实基础，显示了康斯坦察的经济实力，并使它在全国占据了重要的社会和经济地位。康斯坦察这个欣欣向荣的黑海最大港口，还在不断地走向新的辉煌。

穆尔法特拉尔是罗马尼亚著名的葡萄种植地区，葡萄园占地 2600 公顷，据说酿酒已有 2500 多年的悠久历史，并在国内外比赛中获得 190 多个奖项。穆尔法特拉尔葡萄酒以自己的品质赢得了众多的消费者，其产品出口到了 15 个国家以上，主要有美国、英国、德国、芬兰、瑞典、丹麦、以色列、日本等，近年来开始进入中国市场。[①]

---

① 中华人民共和国外交部，http://constanta.china-consulate.org/chn/lqgl/t960245.htm，访问时间：2016 年 5 月 27 日。

文化

在康斯坦察，主要民族有罗马尼亚族、土耳其族和鞑靼族、俄罗斯族及其他民族。

西服现在已成了绝大多数康斯坦察人的选择，特别是城里人日常穿着的服装。然而在罗马尼亚的乡村及一些偏僻的山区，人们还是喜欢穿着传统的民族服装。康斯坦察的民族服装色彩丰富，比例匀称，雅致大方，而且随着人们的性别、年龄、职业、居住地区和所处季节的不同而呈现出各种各样的变化。

在这里，男女上衣和男裤、女裙多使用亚麻、羊毛或生丝的白色面料制成。男女衬衣的袖子都比较宽大，而且还用丝线绣上花纹，所不同的是，在男子衣袖上绣花用的是黑色丝线，而在女子衣袖上绣花用的则是红色、蓝色或黄色丝线。

除了上述种种风俗习惯以外，在康斯坦察还有许多的传统礼节。比如，男女见面时总是先由男方向女方打招呼，然后才由女方向男方打招呼，一群男女出门时，总是男子礼让妇女先行。男的照顾女的已经成了一种社会风尚。在农村迎接贵宾时，人们总是先送上整块新鲜的大面包，端上放盐的盘子，请客人掰下面包蘸盐吃（据说面包和盐是人生最需要的东西），接着还要请客人饮木桶酒，这些都是当地人民招待贵宾的传统礼仪。

旅游

穆尔法特拉尔葡萄酒庄园距离康斯坦察市 18 千米，建在一片阳光充足的山坡上，站在酒庄的露台上，一行行的大片绿色葡萄园尽收眼底。游客在这里欣赏乡村乐队演奏动听的民乐"云雀"和观赏身着传统民族服装的姑娘们优美欢快的舞蹈的同时，也能品尝到 5—8 种优质窖藏葡萄酒和罗马尼亚传统下酒小吃，如果客人有更大的雅趣，还可以享受丰盛的传统午餐并接受主人赠送的一瓶葡萄酒。[1]

---

[1] 中华人民共和国外交部，http://constanta.china-consulate.org/chn/lqgl/t960245.htm，访问时间：2016 年 5 月 27 日。

　　罗马尼亚的"泰基尔格奥尔"湖很有名气，因为那个湖底的黑泥涂抹在身上可以治病。这个神奇的湖泊就在黑海之滨，与康斯坦察境内的小城埃弗利亚仅一路之隔。每年夏天，罗马尼亚人从全国各地纷至沓来，尽情涂抹黑泥，祛病健身。传说，很久以前，一个名字叫"泰基尔"的土耳其人赶着驴车来到湖边，停下车后，赶车人走进路旁的酒馆休息。不知过了多久，当酒足饭饱的赶车人从酒馆出来后，却发现瘸腿毛驴把车拽到湖里去了。他用九牛二虎之力将驴车拉上岸来之后，惊奇地发现瘸腿毛驴不再瘸了，湖底淤泥竟然神奇地治好了毛驴的瘸腿。黑泥疗效的这一神奇发现，一传十、十传百，后来人们就不断慕名前来做泥疗了。"泰基尔"是最早发现黑泥疗效的土耳其赶车人的名字。环绕"泰基尔格奥尔"湖，远远可以见到几处建造的水泥围墙，里面就是人们做泥疗的地方。男女老少全身均匀涂抹黑泥，尚未干燥前亮如新刷的黑油漆。在太阳底下暴晒后，皮肤会逐渐感到被黑泥紧绷起来。随后走进荡漾的湖水中，浸泡清洗。为了冬季也能做泥疗，罗马尼亚人在很久以前还在湖边建起了一座拥有近千张床位的黑泥疗养院大楼。

　　康斯坦察还是一个闻名遐迩的著名海滨旅游胜地。天然的造化，使这里的海滨具有许多独特的优点：它的自然位置使它全天的日照时间长达10个小时。这在欧洲是少有的，它的浅水区特别宽，达200—500米。而且坡度徐缓，它那石英质或石灰质的沙子，既纯又细，且能始终保持干燥，这些都可使游客尽情享受海滨沙滩给人带来的乐趣。

　　康斯坦察这座历史悠久的古城已被建成一座美丽的城市。市内建筑布局协调，样式新颖，色调美观。这里优美的自然风光名扬四海，是罗马尼亚最大的海滨休养地和夏季旅游中心。附近75千米长的海岸线已建成旅游区，有数百座旅游宾馆和饭店。这些高层建筑有方形、梯形、菱形、扇形等，风格各异，色彩斑斓。海滨浴场沙滩平阔，海浪温柔，每到夏季人山人海，五颜六色的遮阳伞宛如竞相开放的花朵。在黑海海滨的海洋馆里，还可以观赏海豚的精彩表演。

克拉约瓦

地名由来

克拉约瓦，罗马尼亚西南部城市，是多尔日县（相当于中国的省）首府，也是罗马尼亚最大和最重要的城市之一。克拉约瓦始建于古罗马帝国时代，原为古罗马居民点，公元15世纪始用今名，源于斯拉夫语，意为国王的采邑。它是罗马尼亚历史上著名的民族英雄图多尔·伏拉迪米雷斯库领导的1821年起义的中心所在地，也是1848年资产阶级民主革命的第一支武装——国民自卫队的诞生地。

区位

克拉约瓦作为布加勒斯特的主要商业城市和奥尔特尼亚最重要的城市，其距首都布加勒斯特227千米，离欧洲多瑙河港75千米，到南部的喀尔巴阡山脉和多瑙河有大致相等的距离。同时，克拉约瓦是重要的区域贸易中心之一，旧城区面积81.41平方千米，新城区面积1498.6平方千米，城区内有欧洲快车道穿过。

历史

据记载，克拉约瓦建于1475年6月1日，建筑物呈法式风格。克拉约瓦是在古代达基亚人城市的废墟上所建立，长久以来，它都受到当地总督的统治。在1395年，克拉约瓦就是欧洲国家第一次击退奥斯曼帝国苏丹巴耶塞特一世进攻的地方。而克拉约瓦最早在16世纪被称作城市，并开始发展经济。1718—1737年，奥地利哈布斯堡王室统治此地时，经济开始出现滑坡。

在1877—1878年的俄土战争期间，克拉约瓦因为两大国的战争而从中获利，经济及文化急速发展，为今天的发展打下基础。后来在罗马尼亚加入轴心国以前，克拉约瓦开始工业化的发展。

1960年以后，随着东欧共产党政权开始兴盛，罗马尼亚也成为社会主义社会。在共产党政权领导下，克拉约瓦开始转向发展汽车、引擎工业以及航天工业、化学工业、食品工业、工程、电机工程、采矿业及电力工业等。自1989年东欧剧变以来，克拉约瓦开始走向产业私有化的道路。直至今天，克拉约瓦成为了布加勒斯特附近一个最重要的商业城市。

地理

克拉约瓦位于罗马尼亚大平原，多瑙河支流日乌河中游左侧，原为古罗马居民点。克拉约瓦属于大陆性气候，但受到地中海的影响。1月份气温处于-3℃—4℃，而7月份气温则在18℃—30℃变化。

经济

解放前克拉约瓦几乎没有什么像样的工业，是一座落后的消费城市。但是自解放以来，随着该市经济的迅速发展，这里已成为全国电器工业的心脏。市内专门生产电力机车、内燃机车和大功率变压器的"电力"工厂，在全国家喻户晓。

克拉约瓦是罗马尼亚最重要的工业中心之一，生产性实体企业众多，主要工业企业为重型机械生产厂家，还有化学、农机、食品等多种工业。此外，该地也是国家重要的农业区之一，农业用地面积982公顷，可耕地930公顷。自1989年东欧革命以来，克拉约瓦主要发展了电讯服务、银行业、保险业及管理咨询服务等。克拉约瓦亦与其他国家如意大利、比利时、奥地利、德国、瑞士、希腊、以色列等有贸易往来。

文化

克拉约瓦主要有罗马尼亚人、罗姆人、匈牙利人、希腊人、意大利人、德国人、塞尔维亚人、乌克兰人。罗马尼亚人一般以面食为主食，有时土豆也作为主食，而土豆烧牛肉是他们的家常菜肴，各种香肠是他们的特产。罗马尼亚人对盐有特别的好感和嗜好。他们不论吃什么东西，常蘸些盐和胡椒，因此，在接待罗马尼亚客人时，如果在餐桌上提供盐、胡椒、大蒜，他们会特别高兴，认为这是对他们的理解和尊重。

克拉约瓦这个城市有许许多多的传统礼节。农村妇女的头饰，不仅美观实用，而且也是婚否的标志。

旅游

克拉约瓦地处欧洲平原，旅游资源丰富，拥有许多反映其历史和文化以及独特建筑风格的著名建筑物，并和多个城市有友好的旅游合作关系。

圣德米特里教堂是一座罗马尼亚正教会教堂，目前的建筑建造于1889年，为拜占庭复兴风格，虽然不是很壮观，但却充满了神圣之感。克拉约瓦艺术博物馆侧重于收藏罗马尼亚、法国雕塑家和现代摄影家康斯坦丁·布朗库西的雕塑作品。此外，也收藏有罗马尼亚知名画家的油画。克拉约瓦植物园建立于1952年，这里既是一座植物园，也是一个研究机构，培植了罗马尼亚各个地区的花草植物，为克拉约瓦大学的学生提供了研究素材。

克卢日—纳波卡

地名由来

克卢日—纳波卡又称克卢日，在今罗马尼亚西北部，索梅什河上游。克卢日—纳波卡城市的名字由两部分组成，纳波卡是古代达契亚的要塞名，克卢日则源自拉丁语意为"夹在山丘之间的城市"。公元2世纪为罗马帝国自治市，公元9世纪时属匈牙利王国，12世纪成为日耳曼人移民地。16世纪后，该城长期是特兰西瓦尼亚首府和该地区最大的经济文化城市。在17—18世纪，该城是特兰西瓦尼亚地区民族文化和罗马尼亚人民争取自由与国家统一斗争的发祥地，当时这里曾汇集了许多杰出的学者，如塞缪尔·米库、乔治·辛凯，以及1848年革命的领导人乔治·巴里特、亚历山德鲁·帕皮乌等。

区位

克卢日—纳波卡是克卢日首府，位于罗马尼亚西北部，特兰西瓦尼亚地区中部，为特兰西瓦尼亚地区重要的工业和文化中心，面积为1795平方千米。

历史

克卢日—纳波卡经历了人类从史前开始的各种发展变革。一个显著的进步发生在新石器时代，考古发现证明了当时这片土地就有人类居住。罗马帝国征服了达契亚后，这个城市的历史进入了新的阶段。公元 4 世纪，大量外来的民族在这里定居。到了特兰西瓦尼亚公国时期，克卢日县就建立了，首次在文献中提到克卢日县是在 1177 年。12 世纪，罗马人建立了古城纳波卡，16 世纪改称克卢日城，并繁荣一时，成为了克卢日的首府。17 世纪，奥地利哈布斯堡王朝占领并开始统治整个特兰西瓦尼亚地区。1848 年欧洲革命后，克卢日再次进入了飞速发展阶段。1918 年一战结束，奥匈帝国正式瓦解，原属奥匈帝国管辖的特兰西瓦尼亚地区重新回归罗马尼亚。不过第二次世界大战爆发后，这里又遭到了纳粹德国的占领。1944 年 10 月 11 日，在苏联红军和罗马尼亚军民的共同努力下，克卢日解放。

地理

克卢日—纳波卡位于蒂萨河支流索梅什河上游索梅什 - 米克河谷盆地，海拔 315—390 米。冬冷夏暖，1 月平均气温约为 -4.8℃，7 月平均气温约为 19.3℃，年均降水量约 634 毫米。

经济

第二次世界大战后克卢日—纳波卡工业迅速发展，有机械制造、化学、制鞋、陶瓷、纺织和印刷等部门，冷藏设备厂、纺织机械厂和皮鞋厂等都是全国著名的大企业。罗马尼亚西北部的陆空交通枢纽，国际铁路、现代化公路干线和航空线经过这里。

克卢日—纳波卡是罗马尼亚经济很具活力的地区之一，加工工业是其支柱产业。金融服务业和 IT 业为当地代表性行业，另外还有食品、机械制造、化学、木材加工、玻璃制品、纺织、建筑业等等。根据《资本》杂志所做的排名，克卢日—纳波卡是罗马尼亚消费最贵的城市。得益于区域中心地位，近年来该市吸引了一大批国际企业巨头入驻，包括诺基亚、博世、艾默生、迪朗奇、欧迪办公等，近年来亦吸引了多家国际零售巨头入驻。该市为罗马尼亚重要商业及金融中心，特兰西瓦尼亚银行为罗马尼亚第三大银行。

文化

圣诞节和新年的元旦是深受罗马尼亚人民喜爱的传统节日，唱圣诞颂歌和拜年是世世代代的习惯，各地都有盛大的庆祝活动，特别是在乡下，其热闹景象很像我国的春节，那种合家团圆的喜庆劲头没有什么两样。罗马尼亚语中称这种庆祝活动为"科林德"。因两节日相距很近，通常是连在一起过。

罗马尼亚人能歌善舞，民间舞蹈绚丽多姿，而集体舞最为流行。遇有高兴事，或空闲聚在一起，就以舞为乐。其中"贝利尼察舞"颇有风味，它同"霍拉舞"一样，是这个国家典型的民间舞蹈。在克卢日—纳波卡民间歌舞演唱会上，不时可以看到一些演员在翩翩起舞的同时还用一根 2 米长的圆笛吹出一种圆润而洪亮的声音。这种像号角一样的乐器叫"布丘姆"。它的管身很长，吹嘴又大又圆，只有身强力壮的小伙子和大姑娘憋足了劲儿，才能吹响它，"布丘姆"又长又重，吹时只好把它放在地上或支撑在石头上，其声音能在山谷里引起长长的回响，余音绕梁，经久不绝。

在克卢日—纳波卡，男子服装是长裤和上装，因为罗马尼亚女子一直没有穿裤子的习惯，女子服装一般由上衣和裙子组成，一般多采用亚麻、羊毛或生丝的白色面料制成。男女衬衫的袖子用彩丝线绣上花纹，都比较宽大。女子的套裙式样很多，什么样的颜色和花纹都有，套裙的花纹和颜色也因地域不同而有所差距。

旅游

克卢日—纳波卡拥有 2000 多年的历史，为罗马尼亚文明的摇篮，拥有多处历史遗留建筑，旅游资源丰富。

克卢日—纳波卡以联盟广场为中心，向四方延伸，联盟广场是克卢日—纳波卡最大、最重要的一个广场，规模达 220 米 ×160 米。广场上有旧市政厅和不同时期的宫殿，除了中世纪建筑以外，在广场下面还有古罗马和达基亚废墟。

克卢日—纳波卡中心老城区仍然保持着原来古城的风貌，最引人注意的是位于市区高处有 800 多年历史的古城堡，索梅斯河环绕而过，成了天然护城河，易守难攻。过河进入市区就是解放广场，有 14—15 世纪时建的罗马天主教圣·米歇尔教堂，19 世纪时，又在这座哥特式建筑旁建了一座高塔，两座古建筑混为一体，十分壮观。还有 1902 年塑造的马特伊·科尔文（匈牙利的罗裔国王）骑马雕像。附近有一个反映 18 世纪当地居民生活方式和传统手工艺技术的博物馆。在自由广场北部建有一个"民族博物馆"，该博物馆露天部分，复制了许多特兰西瓦尼亚地区的木结构教堂，其造型、结构都非常精美。另外，主要街道上的古老雕塑也是值得一看的。

克卢日—纳波卡市区有一座占地 11 公顷、在东南欧属最大的植物园，种植全球各地带的植物，园内溪流淙淙，别有一番风情。在亚洲花草栽种区，还建有小巧玲珑、造型别致的东方小凉亭，游人来此小憩，可观赏多姿的花卉，领略沁人心脾的芳香。这里培植有 300 多个品种的玫瑰，还有世界上著名的白玫瑰等，因而被称为"玫瑰花王国"。该植物园与世界上 84 个国家的 500 多个城市的植物园交换资料和种子。在国际比赛中，此园培植的珍贵品种屡次获奖而誉满全球。

距克鲁日市东南 30 千米处的图尔达镇，有一处著名游览胜地——图尔达峡谷。该峡谷长 3 千米，最深达 300 米，两壁几乎垂直，谷底壁上的洞穴，史前时期就有人居住。峡谷内景色极美，到处是蝴蝶。在欧洲，这种现象只有在乌拉尔山和南斯拉夫的里耶卡才有。每年从早春到晚秋，峡谷外边都是一片翠绿，可能只有英格兰南部才能与此地相媲美。在冬季，这里的森林和田野，有时呈火一样红，有时五彩缤纷，有各种昆虫，特别是蝴蝶，让人百看不厌。

保加利亚

保加利亚共和国，英文名为 The Republic of Bulgaria，位于欧洲巴尔干半岛东南部。北面与罗马尼亚接壤，东邻土耳其和希腊，西北面邻接塞尔维亚，西南面毗邻马其顿，东濒黑海。国土面积 111002 平方千米，海岸线长 378 千米。保加利亚共有 28 个大区和 254 个市，主要城市包括索非亚、瓦尔纳、大特尔诺沃、布尔加斯等。

索非亚

地名由来

索非亚是欧洲的一座历史悠久的古城，古称"塞尔迪卡"，公元前 8 世纪至公元前 7 世纪由色雷斯人塞尔迪部落建造并定居于此，迄今已有 2800 多年的历史。14 世纪，因圣索非亚教堂而最后将城市名称定为"索非亚"。在希腊语里，"索非亚"意为"智慧"。1878 年保加利亚宣布独立，索非亚正式成为保加利亚的首都。

区位

索非亚是保加利亚首都，位于保加利亚中西部，与外界交通方便，沟通亚得里亚海、中欧和多瑙河、黑海、爱琴海的重要交通线穿过山口或峡谷经过这里，是欧洲交通中心之一。

历史

索非亚历史悠久，在罗马帝国时期，曾拥有极为重要的地位，罗马皇帝图拉真曾下令在这座城市制造罗马帝国使用的货币。这里曾是罗马帝国的要塞城市，并以温泉享有盛名，全城有多处水温在40℃左右的泉水涌出，迄今在市中心的巴尔干旅馆仍保存着建于公元5世纪的罗马浴室遗址。在查士丁尼大帝时代，索非亚是拜占庭帝国的政治中心之一。公元809年，索非亚成为斯拉夫保加利亚国家的一部分，是巴尔干半岛斯拉夫人的聚集区。1382年，奥斯曼人占领索非亚，随后奥斯曼帝国统治这里逾500年之久。

历史上，索非亚曾经多次遭到毁坏。在奥斯曼人占领时期，索非亚受到严重摧残，全城众多的古建筑仅有两座基督教早期建筑幸存下来，一座是建于公元2世纪的圣乔治教堂，另一座是建于公元4世纪初的圣索非亚教堂。第二次世界大战期间，索非亚遭到空前的严重破坏，1.25万个家庭的住宅被炸毁，机关企业停工停产，全市几乎每一个角落、每一座建筑物都带有战争斑痕。战争结束后，勤劳智慧的保加利亚人民在短时间内便医治好了战争创伤，开始了大规模的城市建设。

地理

索非亚地处四面环山的索非亚盆地内，维托沙山、留林山和洛赞山环绕周围，气候温和，绿树成荫。平均海拔约470米，地跨伊斯克尔河及其支流，属温带大陆性气候，1月平均气温约为–1℃，7月约为24℃，四季气温相差不大，年均降水量约600毫米。

经济

索非亚自然资源贫乏，主要矿藏有煤、铅、锌、铜、铁、铀、锰、铬、矿盐和少量石油。

索非亚主要工业有冶金、机电、电子、化工、纺织、印刷、皮革、玻璃和食品加工等，产值约占全国工业产值的16%。由于索非亚城市的特点，工业部门集中了约22%的就业人口，约67%的就业人口在服务部门。有800个主要的公司，其中250个是工业企业。在索非亚市，有全国75%的黑色金属冶金，50%的印刷出版部门，15%的电器及电子工业，14%的毛皮及制鞋工业集中在这里。化工、纺织及食品加工工业也很发达，还有建筑和贸易。

主要手工业有陶器、木雕、纺织品、编织品、刺绣品、服饰、铜器、熟铁制品、洋娃娃、乐器及皮鞋制品等各种类型的工艺品。所有大师的产品都有艺术价值，并被视为全世界独特艺术品的一部分，并且所有的产品都是用传统的工艺手工制作。

文化

索非亚是保加利亚政治、经济、文化中心，还是全国第一大城市，市区面积492平方千米，人口近120万人。其中保加利亚族占85%、土耳其族占10%，其余为吉卜赛人等。保加利亚语（属斯拉夫语系）为官方语言和通用语言，土耳其语为主要少数民族语言。居民大多信奉东正教，少数人信奉伊斯兰教。

作为首都，索非亚通信发达，是保加利亚最大的交通枢纽，是连接西欧与中东等地的国际公路交汇地，与世界各大城市均有航班来往。同时，保加利亚最重要的几家文教和科学机构均集中在这里，如保加利亚科学院、索非亚大学、国立图书馆、历史博物馆、文化宫、美术学院、音乐学院等。

新颖的现代化建筑群比比皆是，笔直宽广的马路纵横交错，新老辉映的住宅区毗连成片。索非亚城市布局的一个突出特点是，每一个住宅区自成体系，犹如一座独立的小城镇，有学校、幼儿园，医疗站、商店、图书馆、饭店、娱乐场等设施。市区所有街巷、广场、公园、机关、学校、厂矿、企业等，都掩映在一片葱绿丛中，一排排菩提树、阿拉伯橡胶树、法国梧桐树、加拿大白杨树等，整齐地排列在条条马路两旁。市区最大的公园——自由公园，是一座半人工半自然状态的公园，秀丽迷人。鲜艳的花圃，齐整的草坪，更是遍及城区每个角落，家家户户门前窗下，旁前屋后，都栽种着生机盎然的花草。全市许多条街道上都设有出售各种鲜花的商店、花摊，居民们普遍喜欢种花、买花和互赠鲜花。漫步市区，几乎处处都能闻到扑鼻的花香，整个城市犹如一朵盛开的鲜花，加上那一幢幢白色或淡黄色的房舍，索非亚显得格外美观幽雅。

旅游

索非亚的城市名片是"成长，但不老"，因其美丽迷人的自然景色，不仅在保加利亚，就是在全欧洲也享有"花园城市"的美誉。现在，这个城市一直在变化，但是保持了使她成为欧洲城市的文化和建筑特点。索非亚市区著名建筑很多，有圣乔治教堂、圣索非亚教堂、波亚那教堂、德拉格勒夫茨修道院、议会大厦、国家歌剧院、索非亚大学、考古博物馆、人种学博物馆等。索非亚正是以它宜人的气候、多彩的风光和著名的古迹吸引着大量游客，使它成为欧洲著名的游览胜地。

作为索非亚的象征，市中心是圣索非亚教堂。其他建筑和地方也是城市的象征。最有名的纪念碑式教堂是"圣涅夫斯基"教堂，这是一座中央族长式独立的保加利亚东正教教堂。钟楼高 50.52 米，中央部分以镀金装饰，顶部有一个纯金十字架。保加利亚和俄国的巧匠们制作了木雕、石制浅浮雕、教堂用品和圣像画。"伊万·瓦左夫"国家剧院在某种程度上讲像是索非亚的第二个象征。它按照 20 世纪初著名的直线式风格建成。"国家议会大厦""国家美术馆""国家民俗博物馆"表现了保加利亚人的审美观。"国家美术馆"收藏有 12000 件艺术品。从远处可看见的是由俄国移民于 1912—1914 年建立的"俄罗斯教堂"。在城市的正中心是完整的罗马文化遗留下来的建筑群。"鲍里索瓦花园"是索非亚市民喜爱的娱乐休闲好去处。还有城市花园、国家剧院前面的花园、原"王宫"后面的小花园。

在南面，索非亚的上方是这个城市的真正象征——维多萨山脉（Vitosha Mountain）。这条山脉主要由花岗岩形成，独特的自然风光被称为"石河"，特别是在"金桥"地区，在这座山上还有极好的滑雪条件。

索非亚的旅游项目主要有：生态旅游的"潘恰列沃"湖、"伊斯卡尔"人工湖；浴疗旅游的"高尔那 - 巴尼亚""斑克亚"；乡村旅游的"德拉加列夫茨""西美奥诺沃""博亚那"；徒步登山的"维托沙"。

瓦尔纳

地名由来

瓦尔纳是保加利亚海滨城市和全国最大海港，人口约 46 万人。早在公元前 6 世纪，古希腊人就在此定居，起名为"奥德索斯"。公元 6 世纪后半叶，斯拉夫人从北部大批涌入，改名为"瓦尔纳"。这两个名字的词根都同水有关，有"水边村镇"之意，它长期为商业重镇和海军基地。

区位

瓦尔纳位于保加利亚东北部海滨，是保加利亚第三大城市，东北地区最大城市，是著名的旅游疗养胜地，有"黑海明珠"之誉。

历史

1444 年 11 月 10 日爆发的瓦尔纳之战无疑具有深远的历史影响，时至今日，巴尔干半岛及东南欧地区仍然流传着古老的传说，它们的主角就是那位年轻的殉道者波兰兼匈牙利国王瓦迪斯瓦夫三世。作为中世纪欧洲的最后一次十字军运动，同时在奥斯曼军队肆虐欧洲大陆之始，瓦尔纳之战成为捍卫自由和主权的基督教国家浴血战斗的缩影。

1444 年 11 月 10 日，由苏丹穆拉德二世率领的土耳其军队（约 4 万—6 万人）和由波兰国王兼匈牙利国王瓦迪斯瓦夫三世及匈牙利将领亚诺什·匈雅提率领的匈牙利和瓦拉几亚联军（约 2 万—3 万人）在黑海沿岸发生会战。结果联军几乎全军覆灭，瓦迪斯瓦夫三世阵亡，匈雅提逃生。此战役后，土耳其人在巴尔干半岛的黑海沿岸控制了瓦尔纳这一重要的海港。

地理

瓦尔纳位于黑海之滨，延伸至瓦尔纳湾，气候温和，四季分明，日照时间长，夏天平均温度在 26℃左右，海面风平浪静，海滩浅平辽阔，长达 10 多千米。

瓦尔纳面积 154.2 平方千米，下辖普罗瓦迪亚、巴尔奇克、卡瓦尔纳三区。市区由南向北伸展，呈"S"形。"S"形的底部是老城部分。建筑风格严谨整齐，街道宽阔，经纬分明。坐落城边的是狭长的海滨公园，长满各种热带和亚热带植物。"S"形上半部，依山滨海之处，多为旅馆。

经济

瓦尔纳及普罗瓦迪亚工业区由 100 多家企业组成，这个区的工业经济部门包括机械制造、造船、化工、海洋及航空运输、旅游、食品加工及葡萄酒业。食品和葡萄酒业年产量超过 50000 吨，还包括水果和蔬菜保存，加工糖、盐、啤酒、软饮料、新鲜及加工肉品、奶制品。大型化工企业集中在"德夫努阿"和"别洛斯拉夫"。这些工厂生产苏达灰、水泥、聚氯乙烯、化肥、清洁剂、洗涤及清洁产品、玻璃及卫生玻璃、家用化工产品。瓦尔纳港和布尔加斯港是保加利亚两大海港，"瓦尔纳 - 里乔夫斯克"渡轮可直达乌克兰。

在这个区，农业占优势的是谷物和饲料作物、葡萄园和果园，目前正致力于重建葡萄园、新建果园、复原灌溉系统、新建小型谷仓、修复畜牧农场、设立股票交易所及农业综合企业中心。

保加利亚国家银行瓦尔纳分行是央行在索非亚之外唯一的分行。所有主要的保加利亚银行和国际金融机构均在该市设有分行提供服务。诸多国际金融投资机构，其中有莱弗森银行、QBE、法国巴黎银行、ING。一些外国小银行专门为新企业提供"启动"资金和为中小企业融资。

全国主要的互联网服务商在瓦尔纳市都有办事处。IT 行业的竞争结构归因于大量软件和硬件公司的存在，软件公司主要业务是在当地法律框架下发展网站、ERP（企业软件设计）、金融软件等。由于瓦尔纳市有大量 IT 学生，发展成为"软件发展中心"潜力很大，然而目前外国投资者还未能利用这一优势。

文化

瓦尔纳是一座历史底蕴深厚的城市，这里有许多古老的博物馆，包括民族复兴博物馆、瓦尔纳考古博物馆（1888 年创办）、瓦尔纳历史博物馆等，这些博物馆记录了整个城市、国家的发展历程,承载了丰富的历史文化,前来观赏的游人络绎不绝。瓦尔纳还有许多专业的艺术公司和各种各样的艺术节,包括国际艺术节、1964年创立的瓦尔纳国际芭蕾舞比赛、1926年创立的瓦尔纳夏季国际音乐节等。

瓦尔纳以百年历史传统的视觉艺术,音乐、图书出版、流行文化而享誉中外。在过去的几十年里,它发展成为享誉国际的艺术节中心。作为欧洲文化的领跑者,瓦尔纳计划在今后开放几个新的高知名度设施,如新歌剧院和音乐厅、新展览中心、夏季剧院的重建地、国际芭蕾舞比赛原址等等。各种各样的活动更是为瓦尔纳增添了不少活力,复活音乐节、古典吉他艺术节、圣尼古拉斯节世界动画节、国际版画双年展(1981年创办)等丰富了人们的文化生活。

旅游

瓦尔纳沙滩长达10多千米。依山滨海之处,多为大型旅馆,300张床位以上的大旅馆就有100多家。从南至北,依次是"康斯坦丁与埃伦娜""金沙滩""阿尔伯纳"等几个特色不同、美丽别致的避暑、疗养地。"金沙滩"是保加利亚黑海沿岸著名的海滨浴场,全长4千米,距离瓦尔纳市区17千米。这里沙粒细腻松软,浅海区域宽阔,海底平坦,众多不同档次、建筑风格各异的旅店依山傍海,在茂密的森林中错落有致。浴场附近设有按摩、水疗、泥疗服务、日光浴等医疗设施,还有供游人乘坐观赏海景的海滨慢速游览车及供参观和休憩的绿荫、花园、回廊,是比较受保加利亚国内外旅游度假者欢迎的休闲度假地之一。

瓦尔纳附近有一个引人入胜的石窟修道院,名"阿拉贾修道院",因各个石窟壁上都覆盖着许多图画而得名。考古学家还在瓦尔纳发掘出一系列于公元前4000年铜器时代的墓地,其中有数以百计的金器,包括金手镯和君主的金手杖。

大特尔诺沃

地名由来

大特尔诺沃是保加利亚中北部大特尔诺沃州行政中心，通常被称为"沙皇的城市"。关于该名称的起源，最普遍的理论认为，原来的 Tarnovgrad 和特尔诺沃的名字来自于古老的保加利亚语，意思是"棘手"。后缀"毕业生"在保加利亚和许多斯拉夫语的意思是指"城市"。Veliko 的意思为"伟大"，1965 年作为保加利亚旧都的地位荣誉，被添加到原来的名称中。这个名称也有助于区分小特尔诺沃镇。

区位

大特尔诺沃是保加利亚中北部的一座城市，大特尔诺沃州首府，分为旧城区和新城区两部分，旧城区已辟为重点保护区，着重发展旅游业，而工农业则位于新城区。

历史

大特尔诺沃是保加利亚最早的人类聚居地之一，公元前 3000 年左右就有人类足迹。公元 12—14 世纪，大特尔诺沃迅速发展成保加利亚最坚强的要塞，是帝国最重要的政治、经济、文化和宗教中心。14 世纪当拜占庭帝国开始衰落，大特尔诺沃以其在巴尔干半岛和斯拉夫世界显著的文化影响自居为"第三罗马"。在此后的 200 多年，该城得到继续发展。1393 年，大特尔诺沃经过 3 个月的围攻后被奥斯曼土耳其帝国占领，城镇、乡村、修道院和教堂很多都被付之一炬。1598 年和 1686 年在大特尔诺沃曾两度爆发反对奥斯曼土耳其帝国的起义，但都以失败告终。此后，大特尔诺沃一直受奥斯曼土耳其帝国统治至 19 世纪。

1875 年和 1876 年该城两度发生起义，要求建立独立的保加利亚教会，1876 年 4 月 23 日发生的四月起义标志着奥斯曼土耳其统治的结束。1877 年至 1878 年的俄土战争在不久后爆发，俄国取得胜利，保加利亚和大特尔诺沃正式结束奥斯曼土耳其帝国长达 480 多年的统治。1878 年《柏林条约》签订，保加利亚大公国在多瑙河和老山山脉之间建立，其首都为大特尔诺沃；1879 年 4 月 17 日，在大特尔诺沃召开的第一届国民议会通过了该国首部宪法，决定把国会迁到索非亚，索非亚至今仍是保加利亚的首都，1908 年 10 月 5 日，斐迪南一世在大特尔诺沃宣布保加利亚完全独立。

地理

大特尔诺沃位于扬特拉河畔，面积 30.38 平方千米，平均海拔约 220 米。大特尔诺沃地区属于温带大陆性气候，1 月气温 -2℃—2℃，7 月气温 23℃—25℃，年平均降水量达 1300 毫米。古城位于查雷维茨山和特拉佩济察山两座山上，又有扬特拉河蜿蜒其间，水量充足。

经济

大特尔诺沃主要分为四个工业区：西部工业区、南部工业区、北部工业区、中央工业区。1966 年 Bitova Elektronika AD 工厂始建于南工业区，建立初期主要生产收音机，推出了一系列品牌收音机。20 世纪 70 年代中期工厂开始生产新产品——电视机，第一台电视被命名为 Resprom，80 年代工厂开始生产彩电。2002 年 Tremol OOD 成立，是保加利亚发展速度最快的电子公司。目前，该公司生产非财政打印机、POS 打印机、秤和收银机。2007 年，该公司配备了新的生产机器和设备。Tremol OOD 产品出口到巴尔干半岛和欧盟，并正在寻找新的合作关系。

大特尔诺沃是保加利亚最大的塑料袋生产商。1992 年 Megaport OOD 始建于镇西部工业区，该公司主要生产包装袋等塑料，目前在保加利亚拥有约 400 名员工。今天被称为 Bolyarka AD 的酿酒厂成立于 1987 年，这是一个领先世界的民族品牌，位于中央工业区。2012 年，布里托斯啤酒厂始建于西部工业区。中央工业区的百事饮料厂生产的饮料主要运往保加利亚和巴尔干半岛。

文化

大特尔诺沃是一个民族多元、文化多元的城市，其居民的语言和信仰较为复杂。当地的居民主要为保加利亚人，占到总人口的95%左右，还有少数的土耳其人、罗马人、罗马尼亚人、罗姆族（吉卜赛人）和其他民族的居民。其官方语言为保加利亚语，主要的少数民族语言为土耳其语和罗马尼亚语，英语在当地也较为流行。在宗教信仰方面，居民主要信奉东正教，也有少数居民信仰伊斯兰教、天主教等。

大特尔诺沃的建筑风格多姿多彩，既有保加利亚的民间传统建筑，又有各种各样的教堂建筑，在绿树鲜花的掩映之下，灿若星斗，交相辉映。而其中最能体现大特尔诺沃建筑风格的，则是查雷维茨山上的皇宫，其建筑宏伟，有厚墙和塔楼防守，宫室鳞次栉比，有一间供正式觐见和召集御前会议的宽阔宝殿，四壁皆以彩釉镶嵌和壁画装饰。

大特尔诺沃的节庆活动众多，每月都有不同的节庆，除保加利亚全国性的节日（如保加利亚解放日、反希特勒法西斯胜利日、独立日、国际劳动节等）之外，最有名气的节庆活动包括保加利亚建军节、民族启蒙者日、统一日、保加利亚玫瑰节等。民族启蒙者日，于每年的11月1日举行，是为纪念从文艺复兴时期至今的保加利亚文化名人、教育家以及民族英雄而设立，并于1923年11月1日定为全国性节日。统一日，于每年的9月6日举行，是为纪念历史上保加利亚人民开展恢复国家统一的斗争而设立。

大特尔诺沃的大学较少，仅拥有两所大学，分别是大特尔诺沃大学和Vasil Levski国家军事大学。其中大特尔诺沃大学是全国除第二大的大学，现在不断与其他国家的院校和机构进行交流合作，教学水平得到不断提高，成为享有国际声望的科研机构。2012年10月，大特尔诺沃大学孔子学院正式成立。Vasil Levski国家军事大学是保加利亚最古老的军事大学。

大特尔诺沃注重与国外主要城市进行合作与交流，已与全球多个城市建立了友好城市关系，其中包括西班牙的托莱多、意大利的阿斯蒂、俄罗斯的特维尔、委内瑞拉的科洛尼亚、乌克兰的波尔塔瓦和法国的巴约讷等。

旅游

大特尔诺沃的人文旅游景点较为丰富，以教堂和宫殿为主要特色。查雷维茨城堡，距离市中心约1千米，千百年来由色雷斯人、罗马人和拜占庭人轮番占据。现在我们所能看到的是一座高墙环绕的三角形城堡，内有400座以上的房屋和 18 座教堂。查雷维茨山上的皇宫，以圆柱分成三部分，地面按几何图形铺砌，四壁以彩釉镶嵌和壁画装饰。皇宫内部的御教堂和宝殿紧邻，墙上壁画华丽，是历代帝王陵墓的所在地。宫中还附设食品库、面包房、酒窖等建筑物。此外，查雷维茨山顶上的耶稣圣体升天大教堂和总主教府、阿森发动反对拜占庭统治的圣迪米特尔教堂、40 殉教者教堂、圣彼得、圣保罗教堂、圣乔治教堂等都是旅游者驻足的地方。

大特尔诺沃考古博物馆，收藏了一些古罗马时代的大理石墙壁残存物，2003 年后，展品中添加了国王卡洛洋（Kaloyan）的坟墓。Sarafkina Kastha 楼市，建于 1861 年，是一所银行家的住宅，楼上有一间设施完备的起居室和主人辉煌时期的照片。大特尔诺沃工匠街是旅游客必经之地，它是大特尔诺沃繁华的商业区之一。

大特尔诺沃的饮食特色主要为偏咸、油腻、菜量较大，保加利亚人的主食以面包为主，重视晚餐，往往餐后都有甜食，包括蛋糕、水果、烤南瓜等，早餐一般为奶酪三明治、巴尼察饼（里边裹有白奶酪烤制的多层饼）、咖啡等，中午是一碗牛肚肠、一盘沙拉、两片面包。除了可以品尝到当地特色的美食之外，大特尔诺沃也有不少的中餐馆，品尝中餐也成为部分大特尔诺沃人的时尚。

大特尔诺沃的住宿设施虽然较为齐全，但没有奢华的五星级饭店，更无世界知名品牌的连锁酒店，星级最高的仅为三星级酒店，其中环境理想的银星家庭酒店是多数游客的选择。青年旅店和经济型饭店相对较多，可满足各层次游客的住宿需求。大特尔诺沃的交通不如其他城市发达，市区内有大特尔诺沃火车站、大大小小的汽车站等，市内交通工具主要有轻轨、地铁、出租车、公交车等。

布尔加斯

地名由来

在西班牙和含有日耳曼文字组成的城市中，许多城市都有"汉堡"之意。

许多人包括城市的官方网站普遍认为，该城市的名称从拉丁词"布尔戈斯"衍生出来，意思是"塔"。15 世纪以后，这个区域是由拜占庭诗人曼努埃尔·菲尔作为"皮尔戈斯"提到过。这个城市的名字来自哥特名"baurgs"，意思是"标志着统一的围村"。

区位

布尔加斯位于保加利亚东南部，是布尔加斯州的首府和保加利亚黑海南岸的中心都市，距离索非亚 389 千米，距离伊斯坦布尔 335 千米。布尔加斯是保加利亚第四大城市和重要的交通中转枢纽，在工业和交通上都有重要的地位。

历史

布尔加斯的历史可追溯至古希腊时期，中世纪时期城市开始发展，19 世纪末随西通索非亚的瓦尔纳 - 普列文 - 索非亚铁路修建而兴起。在古罗马的统治下，布尔加斯附近的科洛尼亚弗拉维亚 Deultemsium（或 Dibaltum，或 Develtum）被确立为维斯帕先老兵军事殖民地。在中世纪，该地区有许多重要的定居点：Skafida 堡垒、波罗斯、Rusokastron、1206 年法兰德斯拉丁皇帝亨利毁坏了著名的 Aquae Calidae，在那个时候被称为瑟莫普利斯，浴场被拜占庭和保加利亚重新修建。

17 世纪时被更名为 AHELO-Pirgas，后来又重新命名为布尔加斯。19 世纪初布尔加斯被 kurzdhali 土匪袭击后人口锐减，经济发展遭到严重破坏。一直到 19 世纪中期，布尔加斯的经济才通过工业发展和粮食出口得到恢复发展。19 世纪后期，布尔加斯成为一个重要的经济和工业中心。1891 年通过了该市的第一个发展计划，通过修建一些公共建筑物来改变城市布局和外观。1888 年市图书馆成立，1891 年创建海上公园，1897 年圣兄弟西里尔和迪乌斯大教堂建成。

第二次世界大战期间，苏联红军攻占了布尔加斯，并很快占领整个国家。1945 年共产党执政后，德国、意大利的学校被迫关闭，超过 160 个工厂、企业以及商店、浴池和其他私有财产被国有化。统治者的管理能力上的欠缺以及国有化导致了粮食供应崩溃和城市日常生活用品的短缺，并且继续对布尔加斯人实施政治镇压。在随后的几年发展中，布尔加斯与保加利亚的其他许多城市一样，其城市规划并没有受到共产主义太多影响，保留了许多 19、20世纪早期的建筑。

地理

布尔加斯坐落于黑海西岸，布尔加斯平原的东部，城市中有阿纳斯塔西亚岛和布尔加斯湖。布尔加斯湖是保加利亚最大的湖泊，它是候鸟重要的栖息地，超过 250 种鸟类在此生活，其中 61 种是濒危鸟类。此外，该地区还有 Atanasovo 湖，此湖是黑海地区的两个咸水湖泊之一，很多稀有动物在此栖息，如白鹈鹕、卷羽鹈鹕、沼泽鹞和红脚隼等。

布尔加斯属于副热带湿润气候，同时受海洋性气候及温带大陆性湿润气候影响，全年平均气温约 12.43℃，极端高温高达 42.8℃，极端低温低至 −16℃，年均降水量 580 多毫米。

经济

布尔加斯经济潜力巨大，经济综合实力在保加利亚城市中列第二位。布尔加斯市石油化学工业、机械制造、食品工业、近海及远洋渔业、水产品加工、木器加工及纺织业发达。这一地区集中了全国大部分的石化、铸造、散热器、海盐、捕鱼和水产品生产。这里还生产电力通信器材、空气调节与净化设备、船舶、木板、集装箱、服装、棉布等许多与国计民生休戚相关的工业品。近几年，布尔加斯新建了渔业中心和石油化学工业城，加工进口原油，生产液体燃料和许多重要化工产品。其中，Lukoil Neftochim 是巴尔干半岛地区最大的炼油厂。

在 1994 年，俄罗斯和希腊双方有意合建布尔加斯—亚历山德鲁波利斯石油管道工程，以将俄罗斯及独联体国家的原油绕过博斯普鲁斯海峡，经保加利亚输往希腊。2005 年 4 月，俄罗斯、希腊、保加利亚签署了关于铺设该石油管道的备忘录。2007 年 3 月，三国政府正式签署了项目实施协议。该项目将把新罗西斯克的原油通过油轮运往保加利亚的黑海港口布尔加斯，再通过管道从布尔加斯输至希腊爱琴海东北部的亚历山德鲁波利斯。该管道全长为 285 千米，于 2008 年 10 月开工建设，已于 2011 年完成。管道的建成，意味着能更快、更便宜地从俄罗斯向地中海输送石油。这条跨越俄罗斯、希腊、保加利亚三国的石油管道，将开辟俄罗斯黑海石油出口的新通道，使能源运输能够满足世界经济发展的需要，成为三国之间扩大贸易往来的起点。

布尔加斯是保加利亚和巴尔干地区连接欧洲和世界的交通枢纽，布尔加斯港承担着全国 60% 的海上物流任务。港区主要码头泊位有 14 个，最大水深达 12 米，其中油码头在布尔加斯湾的西南角，有 2 个"T"形靠墩泊位，可供 8 万载重吨的油船靠泊。装卸设备有各种岸吊、可移式吊、浮吊及卷扬机等，其中浮吊最大起重能力达 100 吨，还有直径为 203.2 毫米输油管供装卸原油使用。仓库面积有 3.5 万平方米，石油卸速每小时为 1800 吨，货场 5 万平方米，它与铁路和公路相连。布尔加斯港还包括：西港、石油港、波佐沃港、海岸港、内塞波尔港、索佐波尔港和察列沃港。[①]

铁路和便利的高速公路网将该市与全国各地紧密相连。现代化的机场与欧洲、亚洲、北美洲 60 余座机场有日常航班和包机业务往来，适合各种类型客运和货运飞机的起降。

农业在地区经济中也占有重要地位。除传统的小麦、玉米、大麦等粮食作物的生产，本地区还种植葡萄、苹果、巴旦杏、樱桃等经济作物。

文化

布尔加斯是一座文化积淀深厚的城市，其历史博物馆、民族博物馆、考古博物馆值得大家前去观赏，进一步感受布尔加斯的历史底蕴和文化风采。布尔加斯已经建立了相对完善的艺术机构体系，包括 7 个国家级艺术团体、11 个市级艺术机构。同时，布尔加斯非常注重对传统文化的深度挖掘和保护，国家民俗节、"小百灵"儿童歌咏大赛等在国际上颇具影响力。"埃米尔·查科洛夫"音乐节、"布尔加斯与海"国际流行音乐比赛深受人们喜爱，更是进一步提高了布尔加斯的知名度。

对于布尔加斯的习俗，值得一提的是在这里点头表示"不"，摇头表示同意，恰恰与中国相反。2004 年 7 月布尔加斯政府代表团访问烟台，深入了解考察了烟台市历史文化、文化特色、城市建设等方面的发展概况，于 10 月签

---

① 张颖编著：《列国志·保加利亚》，社会科学文献出版社 2010 年版，第 183 页。

订了结为友好城市的协议，双方将在文化领域开展多种形式的交流与和合作。这为两座城市文化交流提供了更多的发展契机，进一步推动了城市繁荣，促进文化共享，有利于中保两国建立友好文化关系，深入文化交流。

旅游

第亚戈·西埃洛是 15—16 世纪之交西班牙著名的雕塑家，布尔加斯的米拉封劳列斯教堂中留存着他最为著名的祭坛木雕——《切下洗礼约翰的头》。这件木雕雕刻的是基督受难的情景，四周为众多的圣者，下面两边是国王和王后跪下礼拜的情景，整件作品华丽庄重，显示出新的雕刻艺术的萌芽。

布尔加斯市是保加利亚南部沿海著名的旅游中心，这里的城市景观并未受到现代化的影响，很多 19 世纪和 20 世纪初期的建筑物仍然被保存着。除了代表保加利亚文化的教堂、修道院建筑景观之外，布尔加斯作为海港城市，也有着与保加利亚古都不同的海滨旅游的独特优势。

塞尔维亚

塞尔维亚共和国，英文名称为 The Republic of Serbia，位于欧洲东南部。北面为匈牙利，东北为罗马尼亚，东面是保加利亚，南面分别是阿尔巴尼亚和马其顿，西北与克罗地亚相接，西面与波斯尼亚和黑塞哥维纳、黑山接壤，国土面积 88300 平方千米。塞尔维亚优越的地理位置形成了西欧、中欧、东欧，以及近东和中东之间的天然桥梁和交叉路口。塞尔维亚设有 2 个自治省、29 个大行政区、首都贝尔格莱德直辖区。其中辖有 23 个市、178 个县（区），主要城市包括贝尔格莱德、克拉古耶瓦茨、尼什等。

贝尔格莱德

地名由来

贝尔格莱德建城于公元前 2 世纪，最初称为辛吉度妈姆，被罗马人占据，公元 6 世纪南部斯拉夫人迁徙至巴尔干，才将此城命名为贝尔格莱德，意为"白色之城"。关于"贝尔格莱德"这个名称的来历，当地有一个传说：很久很久以前，一群商人和游客乘船游玩，来到萨瓦河与多瑙河汇合的地方，眼前突然出现了一大片白色的房屋。于是，大家纷纷喊叫起来："贝尔格莱德！""贝尔格莱德！""贝尔"意为"白色"，"格莱德"意为"城堡"，"贝尔格莱德"意为"白色的城堡"或"白色之城"。

区位

贝尔格莱德是塞尔维亚共和国的首都，是欧洲古老的城市之一，其核心地区位于萨瓦河和多瑙河的右岸，然而随着发展，城市市域已跨越萨瓦河，新贝尔格莱德和泽蒙都位于河的左岸。贝尔格莱德地处巴尔干半岛核心位置，是欧洲和近东的重要联络点，处于东西方文化的十字路口，战略意义非凡，被称为"巴尔干之钥"。

历史

约在公元前5500—前4500年，贝尔格莱德地区出现温查文明，是欧洲的早期文明之一，因最早在塞尔维亚城市贝尔格莱德以东10千米处的温查村发现而得名。雷姆王国国王斯特凡·德拉古廷是统治该市的第一位塞尔维亚君主。经历了马里查战役（1371年）和科索沃战役（1389年）的失败后，塞尔维亚帝国逐渐瓦解，其北部地区没有太大改变，首都贝尔格莱德。在斯特凡·拉扎列维奇统治期间，贝尔格莱德的城堡、城墙、街道都得到了修整与巩固，城市繁荣发展，一定程度上抵御了其他国家的进攻。

奥地利人曾三次占领贝尔格莱德，时间分别是1688—1690年、1717—1739年、1789—1791年。但贝尔格莱德很快由奥斯曼帝国夺回并每次基本上都被夷为平地。在此期间，城市经历了两次大规模的塞尔维亚人迁移活动，成千上万的塞尔维亚人在他们族长的带领下，连同奥地利人一块撤退到哈布斯堡帝国。随着塞尔维亚在1878年完全独立，贝尔格莱德再次成为巴尔干地区的重要城市，并迅速发展起来。

一战期间，奥匈帝国对塞尔维亚宣战，大部分的后续巴尔干攻势发生在贝尔格莱德附近。战后，贝尔格莱德成为塞尔维亚一部分。二战后，贝尔格莱德成为南斯拉夫的首都，并作为一个主要的工业中心迅速发展。1948年，新贝尔格莱德开工建设。1991年3月9日，由武克·德拉什科维奇领导的反对斯洛博丹·米洛舍维奇大规模示威活动在贝尔格莱德举行。在1999年科索沃战争期间，北约轰炸对城市造成重大的破坏。2000年的总统大选结束后，贝尔格莱德成为公众抗议最激烈的地区，示威活动直接导致总统米洛舍维奇下台。2015 年，一项与飞鹰山庄（阿联酋公司）的交易协议在贝尔格莱德海滨达成，该项目于 2015 年 9 月正式启动，是欧洲最大的建设项目，耗资至少 35 亿欧元。

地理

贝尔格莱德地处巴尔干半岛核心位置，坐落在多瑙河与萨瓦河的交汇处，北接多瑙河中游平原即伏伊伏丁那平原，南接老山山脉的延伸舒马迪亚丘陵，居多瑙河和巴尔干半岛的水陆交通要道，整个贝尔格莱德面积则有 3222.68 平方千米，其中市区面积为 359.96 平方千米。

贝尔格莱德属于大陆性气候，平均海拔约 116.75 米，全年平均气温为 11.7℃，最热的月份在 7 月，平均温度约 22.1℃。全年气温 30℃ 以上有 31 天，25℃ 以上有 95 天。贝尔格莱德年均降雨量约为 700 毫米，全年日照时间达 2096 小时，其中 7 月和 8 月每天平均日照 10 小时，而 12 月和 1 月则仅有 2—2.3 小时。

经济

贝尔格莱德既是塞尔维亚和东南欧的金融中心，也是塞尔维亚中央银行、国家银行的驻地。从 2013 年 IT 行业数据来看，贝尔格莱德有着强劲的发展，是欧洲地区信息技术中心之一。许多世界 IT 企业都选择贝尔格莱德，如华硕、英特尔、戴尔、华为、NCR 等。新贝尔格莱德是该国的主要商业区，它提供了一系列的设施，如酒店、会议厅（萨瓦辛塔尔）、A 类和 B 类写字楼、体育设施（贝尔格莱德竞技场）、商场（USCE 和三角洲城市）和商业园区。

贝尔格莱德证券交易所也设在新贝尔格莱德。目前，贝尔格莱德证券交易所是欧亚证券交易所联盟（FEAS）的正式成员和欧洲证券交易所联合会（FESE）的准会员。受塞尔维亚国际经济制裁和南斯拉夫第纳尔急剧贬值的影响，贝尔格莱德的经济受到严重的破坏，但 2000 年以来，贝尔格莱德经济逐渐恢复并迅速发展。

文化

贝尔格莱德每年举办许多国际文化活动，包括电影节、戏剧节、音乐节、书展、啤酒节等等。诺贝尔文学奖获奖作家伊沃·安德里奇在这里写下了他最著名的作品——《德里纳河上的桥》。大多数塞尔维亚的电影公司总部设在贝尔格莱德，FEST 是一年一度的电影节，自 1971 年召开以来，到 2013 年，已经有 4 万人参加，并提交了近 4000 片。贝尔格莱德的两大歌剧院：国家剧院和 Madlenianum 歌剧院。贝尔格莱德还是 20 世纪 80 年代南斯拉夫新浪潮运动和 90 年代音乐流派 Turbofolk 的中心之一。此外，贝尔格莱德国家大剧院、南斯拉夫戏剧院、塞尔维亚理科与文科学院和塞尔维亚国家图书馆等大量文化设施都设在贝尔格莱德。

贝尔格莱德还有很多国外文化机构，包括西班牙塞万提斯学院、德国歌德学院、法国法语研究所等，它们都位于米哈伊洛大公街的中央步行区。贝尔格莱德其他文化中心有美国角、奥地利文化论坛、英国文化协会、中国的孔子学院、加拿大文化中心、希腊文化基金会、伊朗文化中心等等。

旅游

贝尔格莱德有很多景点，包括塞尔维亚国家博物馆、贝尔格莱德国家大剧院、泽蒙、尼古拉·帕希奇广场、卡莱梅格丹堡垒、塞尔维亚国会大厦、米哈伊洛大公街、议会、约瑟普·布罗兹·铁托墓、圣萨瓦教堂和古老的宫殿，其中一些古老的街区和建筑物颇具吸引力和影响力。贝利德沃尔（白宫），王室的房子都是向游客开放的，宫内有许多珍贵的艺术品值得游客前去欣赏。铁托墓又被称为"花房"，是前南斯拉夫著名领导人铁托的墓地，之所以称为"花房"，是因为陵墓旁边被花卉环绕着。从 1991 年开始，"花房"不再设置礼仪兵进行守卫，民众可免费参观铁托纪念中心，它成为了一个既普通但又充满一定政治色彩的"景点"，前来瞻仰的人络绎不绝。

阿达齐甘利亚岛屿位于萨瓦河前，是贝尔格莱德最大的体育和娱乐中心。现在，它通过两堤与萨瓦河右岸连接，并创造了一个人工湖。在夏季，这里是贝尔格莱德最受欢迎的度假地方，有 7 千米长的海滩以及各种运动，包括高尔夫、足球、篮球、排球、橄榄球、棒球和网球运动设施。在这里还可以挑战许多极限运动，如蹦极、滑水和彩弹射击。在岛上，也有人选择骑自行车、散步或慢跑等。除了阿达齐甘利亚岛屿，贝尔格莱德还有 16 个岛屿。其中，伟大的战争岛在萨瓦河的汇合处脱颖而出，成为许多野生动物生活（特别是鸟类）的绿洲，这些地区与附近的小战争岛连在一起，成为一个自然保护区由政府进行保护。

2012 年贝尔格莱德旅游收入近 500 亿欧元，据统计 2013 年贝尔格莱德的游客达到 66 万人次，其中有 52 万人次是外国游客，外国游客增长率达 24%。

诺维萨德

地名由来

诺维萨德（Novi-Sad）是萨尔维亚北部号称"欧洲粮仓"的伏伊伏丁那自治省首府。靠近匈牙利，匈牙利语之意为新城镇。塞尔维亚语的解释也可能是这个意思。塞尔维亚、匈牙利、斯洛伐克和卢森尼亚皆使用诺维萨德的这个官方名称。

区位

诺维萨德位于贝尔格莱德西北约 50 千米，是塞尔维亚第二大城市，也是伏伊伏丁那自治省的首府，整个城市被巴奇卡和斯雷卡两个地区分开，多瑙河是这两个地区的自然边界。

历史

诺维萨德境内人类活动足迹可一直追溯到石器时代（约公元前 4500 年）。在古代，该地区居住着伊利里亚、色雷斯和凯尔特部落。自公元前 4 世纪，是凯尔特人存在的时期，并在多瑙河右岸建立了第一个堡垒。在公元前 1 世纪，该地区被古罗马人征服。在古罗马人的统治下，于公元 1 世纪建立了一座更大的堡垒，被列入潘诺尼亚罗马省。公元 5 世纪，被匈奴入侵摧毁。到了 5 世纪末，拜占庭由彼得里科夫掌握政权并重建城镇，把它称为斯拉夫部落。在中世纪，该地区先后被东哥德、格皮德人、阿瓦尔人、法兰克人、大摩拉维亚、保加利亚、拜占庭控制，最后由匈牙利统治。它在 11、12 世纪被列入匈牙利的中世纪王国。在匈牙利人统治该地区之前的时间，斯拉夫人为主要定居人口。

1522 年的纳税记录显示，这些村庄居民的名字是匈牙利和斯拉夫名字的组合，其中包括斯拉夫的名字，如拉多万、伊沃等，在 16—17 世纪奥斯曼帝国入侵后，这些定居点被摧毁。大多数幸存的匈牙利居民从该区域回迁，一些塞族人进行了填充。1526—1687 年间，该地区是在奥斯曼帝国统治时期。在 1590 年，在现今的诺维萨德境内存在的所有村庄的人口为 105 户居民，全部是塞族人。奥斯曼帝国历史记录只提到那些纳税居民，因此居住在该地区的塞族人数要远超过所记录的人数。

在 17 世纪末，哈布斯堡王朝接管了附近的这个领域，政府禁止的东正教信仰民众居住在彼德罗瓦拉丁。那里无法建造房屋，塞尔维亚人于 1694 年在多瑙河左岸成立一个新的定居点。他们最初把这里称为塞尔维亚市。1718 年，阿尔马斯村的居民被安置到彼德罗瓦拉丁，在那里建立边疆区。在 18 世纪，哈布斯堡王朝还雇佣德国人从南部迁到多瑙河流域。

在 18 世纪和 19 世纪，诺维萨德是世界上由塞族人居住的最大城市，诺维萨德是"世界上最大的塞尔维亚自治区"。由于它的文化和政治影响力，诺维萨德被称为"塞尔维亚雅典"（塞族阿蒂娜在塞尔维业）。根据 1843 年的数据，诺维萨德有 17332 居民，其中 9675 人是东正教徒，天主教徒有 5724 人，新教徒 1032 人，727 名犹太人，亚美尼亚教会的信徒有 30 人。全市最大的族群是塞尔维亚人，第二大族群是德国人。1848—1849 的革命时期，诺维萨德是塞尔维亚伏伊伏丁自治区的一部分。1849 年，位于彼德罗瓦拉丁要塞的匈牙利驻军轰炸摧毁城市，从而使它失去了众多人口。据 1850 年的人口普查，当时只有 7182 个居民。

1867 年被匈牙利控制，在此期间，匈牙利政府的政策大大改变了城市的结构，即人口结构从主要由塞尔维亚人构成变为城市的民族混居状态。根据 1910 年人口普查，全市有 33590 个居民，其中 39.72％居民讲匈牙利语，34.52％讲塞尔维亚语，17.62％讲德语，4.33％讲斯洛伐克语。

1918 年 11 月 25 日，塞尔维亚人宣告与塞尔维亚王国的伏伊伏丁地区联合。自 1918 年 12 月 1 日以来，诺维萨德成为塞尔维亚、克罗地亚和斯洛文尼亚王国的一部分。1929 年，它成为多瑙河省南斯拉夫一个省的首府。1941 年，南斯拉夫被轴心国侵略和分割，其北部地区，其中包括诺维萨德，被匈牙利吞并。在第二次世界大战期间，大约5000个居民被杀害，许多人被重新安置。

自1945年以来，诺维萨德成为社会主义新南斯拉夫的一部分。诺维萨德成为南斯拉夫和塞尔维亚社会主义联邦共和国的一个省的首府。苏联解体后，其人口翻了一倍多。1992年以后，诺维萨德是南斯拉夫联邦共和国的一部分。1999年的科索沃战争期间，北约轰炸诺维萨德，三座多瑙河桥梁、通信、水、电等设施被摧毁。其炼油厂每日遭到轰炸，造成严重的环境污染和广泛的生态破坏。2003年，该地区成为塞尔维亚和黑山国家联盟的一部分。自2006年以来，诺维萨德是塞尔维亚独立的一部分。

地理

诺维萨德位于多瑙河与巴奇卡运河交汇处，城市的主要部分位于多瑙河左岸地区，而较小的部分彼德罗瓦拉丁和斯雷姆斯卡卡梅尼察则在右岸。斯雷姆是一垒山，它北部是大规模的泥石流区域，但它们并不活跃，除了在斯雷姆斯卡卡梅尼察和彼德罗瓦拉丁要塞之间。城市的土地总面积为699平方千米，而城市面积129.7平方千米。诺维萨德地处有名的黑土平原，是欧洲非常肥沃的地区之一，水利丰富，农业发达。

诺维萨德属于温和的大陆性气候，四季分明，秋季要长于春季，一年的时间中有很多温暖晴朗的日子，冬季并不寒冷，平均只有22天的气温在零度以下。1月是诺维萨德最冷的月份，平均气温约为1.9℃。从喀尔巴阡山吹来的东南风带来晴朗干燥的天气，这是当地最显著的气候特点，这种天气通常出现在秋冬两季。

经济

诺维萨德过去原是一个渔村，在诺维萨德政府和人民的建设下，现在已成为一个现代化的工农业城市。它的交通发达，有公路、铁路和多瑙河航运系统，同全国以至中欧都有密切联系。

前南斯拉夫人民在伏伊伏丁那境内自己设计、自己施工的巨大的多瑙蒂萨—多瑙河水利系统主要工程建成后，使这一带的农业生产更加兴旺发展。这里现在是诺维萨德的主要农业基地，农业机械化的程度很高。在诺维萨德，设有著名的农业研究所，它所培育的小麦优良品种，如"萨瓦""珍珠""女游击队员"等，已经闻名世界。著名的一年一度的诺维萨德国际农业博览会在这里举行，它吸引了国内外大量的参观者。诺维萨德不仅农业发达，工业也很发达，拥有冶金、化学、瓷器、纺织、食品等工业。

文化

在这座被塞尔维亚、克罗地亚、匈牙利、罗马尼亚包围着的自治省内，塞尔维亚人占整体的 40%，另外还有超过 20 个民族居住，是一个多民族的地区。所以首府诺维萨德的电视台和广播电台每天用五种语言广播各种节目。

在 19 世纪，城市本身就是塞尔维亚的文化资本，获得绰号"塞尔维亚雅典"。在这段时间里，几乎每一个塞尔维亚小说家、诗人、法学家，在 19 世纪末和 20 世纪初都曾经在诺维萨德工作或居住过。1864 年，塞尔维亚最古老的文化科研机构，从布达佩斯被转移到诺维萨德，它有一个超过 80 万书籍的书库（MATICA 塞族图书馆）。塞尔维亚国家大剧院，南部斯拉夫民族之间的历史最悠久的专业剧团，于 1861 年成立于诺维萨德。今天的诺维萨德是仅次于贝尔格莱德的文化中心，城市也在努力创造条件来通过举办更多的文化活动和音乐会来吸引世界的注意力。从 2000 年开始，每年夏季塞尔维亚和伏伊伏丁那最大的"国家窗口"音乐节在诺维萨德举办，这个音乐节也是塞尔维亚在新剧院举办的唯一一场非传统的节日盛会。兹马伊儿童节、诺维萨德国际文学作品节、Sterijino pozorje 表演艺术节、诺维萨德爵士乐节和诺维萨德戏剧节也固定在这里举办。

这个城市有几个博物馆和画廊，有公共的也有私人的，最知名的博物馆是于 1847 年由塞族 MATICA 创办的伏伊伏丁博物馆，这家博物馆是塞尔维亚文化的永久收藏之地，并通过它延长伏伊伏丁的历史生命。MATICA 塞族画廊是在城市中心两个画廊中最大的一个，还有美术画廊的专柜，是从 1900年到 1970 年塞尔维亚屈指可数的艺术收藏地之一。

诺维萨德是塞尔维亚重要的高等教育和研究中心之一，拥有四所大学和众多的专业性、技术性的民办高校和科研院所。诺维萨德有两所大学和七个私人学院。最大的教育机构是诺维萨德大学，它成立于 1960 年，到 2012 年为止，诺维萨德大学拥有 14 个院系，其中 9 个位于现代大学校园内。中学系统由 11 个职业学校和 4 个文法学校组成。其他教育机构包括诺维萨德开放大学（它提供成人教育的专业课程）和基督教神学院。

诺维萨德是塞尔维亚贝尔格莱德之后第二个发达的体育城市。这个城市最流行的运动，除了篮球、手球和排球外，绝对是足球。诺维萨德的街区以及郊区每个城镇和乡村有很多足球场。除了伏伊伏丁，塞尔维亚足球超级联赛俱乐部是前南斯拉夫顶级的俱乐部之一，也是当今其国内顶级的俱乐部之一。除了参加体育赛事，诺维萨德人还广泛参与娱乐和休闲活动。由于诺维萨德的平坦地形，骑自行车在诺维萨德也很受欢迎。

旅游

在自治省的首府诺维萨德市中心的狭窄地带内，分布着以塞尔维亚东正教教堂为代表的天主教大教堂、犹太教教堂、斯洛伐克人的路德宗等各种宗教的设施。由此可见其民族性的色彩纷呈。另外，在城市的东侧还有一座佩特罗瓦拉丁要塞，它位于诺维萨德城市边上，多瑙河的另一岸，视野开阔，尤其是可以看到山下多瑙河上的断桥，这些断桥是 1999 年美国对南斯拉夫（含今塞尔维亚）轰炸的结果。它是一座被称赞为"多瑙河的直布罗陀"的坚固要塞。曾坚不可摧的要塞，如今到处设置着画廊，成为众多艺术家的聚集之所。

城市中心的商业地带，风光不错，旁边有许多家餐馆，都有英文菜单，是一个休息的好去处。旁边就有一个哥特式风格的天主教堂。从这里步行去 Petroradjin 要塞也不远。

火车站位于城市西北约 1 千米处，前往市中心可以步行，也可以乘坐 4 路市内巴士，前往要塞时可以乘坐 7 路市内巴士。本市共有两个巴士总站，一个位于火车站隔壁，另一个位于城市北部，有 1 路市内巴士连接。城市的中心是斯洛沃达广场的周边地带，在广场上建造有市政厅和天主教大教堂二观光咨询中心位于广场东南的米哈伊尔 - 普宾路。观光咨询中心北侧是一座公园，在公园北面有一座伏伊伏丁那博物馆，用于展示该地区与考古、历史、民俗学有关的杰作。渡过多瑙河来到东岸，有一座佩特罗瓦拉丁要塞。在要塞内部有一座诺维萨德博物馆，用于展示石器时代的出土物、中世纪和近代的武器、18—19 世纪的装饰品等。在这里还可以参观要塞的地道。另外，在多瑙河沿岸还建造有一座时钟塔，为了让航行在多瑙河上的船只也能够看清时刻，用长针表示时针、用短针表示分针，非常有个性。

克拉古耶瓦茨

地名由来

克拉古耶瓦茨的名字早在 1476 年便出现在史书里，当时是一个只有 32 户人家的村落。克拉古耶瓦茨建城于莱布尼查河岸、鲁德尼克山、黑峰和格莱迪奇卡山的山腹。克拉古耶瓦茨的先人们选在这里定居的一个重要原因就是因为它有丰富的水源，莱布尼查河就在市中心流淌，它的许多支流也纷纷在这里汇聚。

区位

克拉古耶瓦茨是苏玛迪亚 - 波莫拉瓦地区及周边地区的经济、文化、教育、卫生和政治中心，面积约 15 万平方千米，是苏玛迪亚州的首府，塞尔维亚第四大城市，位于苏玛迪亚和塞尔维亚的心脏部位。

历史

1818 年，米洛什·奥布兰诺维奇公爵把塞尔维亚从土耳其人手里解放出来，宣布克拉古耶瓦茨为新独立国家的首都。1822 年，克拉古耶瓦茨已发展到 283 户人家，有 2000 多人。

关于克拉古耶瓦茨的历史，最令人伤怀的莫过于第二次世界大战期间欧洲战场上一次臭名昭著的屠杀事件——1941 年 10 月 21 日的克拉古耶瓦茨惨案。1941 年 7 月开始，南斯拉夫爆发武装起义，到处袭击德军，其中在克拉古耶瓦茨击毙 70 名占领军。1941 年 10 月 16 日，纳粹德国陆军 749 团第 3 营在克拉古耶瓦茨市郊区中了人民游击队的伏击，10 个德国兵被打死，26 人负伤。恼羞成怒的德国驻南斯拉夫最高军政长官下令进行加倍报复。根据德国陆军元帅"每杀死一名德国人要由 100 人偿命，每杀伤一名德国人要由 50 人抵偿"的命令，10 月 20 日夜，德军搜捕了城内所有 12—70 岁的男子，赶到大街，胁迫人们指认共产党员和游击队员，然而德军面对的只有愤怒的目光。

10 月 21 日，德军把被捕者驱赶到郊外，枪杀了 7000 人，其中包括一所小学五年级一个班的全体学生。德军对这个班的教师说："如果你愿意，现在可以离开。"教师坚定地与学生站在一起就义。

地理

克拉古耶瓦茨位于克拉古耶瓦山谷的莱布尼查河的两岸，苏玛迪亚山脉、鲁德尼克山、黑峰、格莱迪奇卡山脉等交汇于此。

克拉古耶瓦茨地形以丘陵为主，海拔较低，平均海拔高度约为 180 米，地势呈波浪起伏，较平缓，属温带大陆性气候，但植被覆盖率很高，森林覆盖面积占总面积的四分之一。

经济

克拉古耶瓦茨是塞尔维亚的一个重要工业中心和贸易中心，这个城市以汽车和枪支制造而闻名中外。之前的 Zastava Automobiles 公司在 2008 年出售给菲亚特，菲亚特为公司发展投入了近 7 亿欧元，该公司现已更名为塞尔维亚菲亚特汽车。

克拉古耶瓦茨于 1853 年开始进行武器制造，至今已发展成为塞尔维亚 Zastava Arms 公司的主要枪支供应商。今天，Zastava Arms 公司超过 95％的产品出口 40 多个国家。从塞尔维亚政府国防部的决定来看，Zastava Arms 公司已成为塞尔维亚的国防科技工业的一部分。除此之外，克拉古耶瓦茨还有很多有名气的公司支撑着当地经济的发展：Blažeks（家具生产）、KUC 公司（奶制品生产商）、华伦天奴（时尚产品）、弗洛雷斯（白兰地）、Prizma（医疗器械生产和销售）、Agromarket 和 Agrojevtic。

文化

克拉古耶瓦茨文化氛围浓厚，许多文化机构在国际文化艺术领域占有重要的地位。国家博物馆有各种各样的展览，主要包括考古、绘画、民族多样性以及克拉古耶瓦茨和舒马迪亚的历史记录。考古馆中有着丰富的馆藏，拥有 10000 多个显示项目，其研究项目数量超过 10 万，绘画馆有 1000 多件具有非凡价值塞尔维亚艺术品。"老铸造厂"博物馆，展现了一个半世纪以来塞尔维亚和克拉古耶瓦茨的工业发展史。在克拉古耶瓦茨众多的文化历史古迹中，最具有代表性的有"老教堂"（1818年），米洛什·奥布兰诺维奇公爵府、塞尔维亚公国议会大楼、米洛什大公的宫殿、市法院所在地、阿米金行宫、第一中学所在地、"克拉古耶瓦茨十月"纪念广场等。

The Art KG、塞尔维亚 ULUS 画家协会分会和克拉古耶瓦茨画家协会这三个艺术协会在克拉古耶瓦茨具有重要的影响力，颇负盛名，推动了当地文化艺术的发展。克拉古耶瓦茨还有一些比较重要的年度文化活动：反战卡通的国际沙龙、国际艺术工作室"巴尔干桥"、国际爵士音乐节、国际木偶戏剧节、塞尔维亚文艺演出节等，各种各样的文化活动丰富了人们的业余生活，陶冶了情操，给这座城市增添了不少魅力。

旅游

克拉古耶瓦茨在许多方面都有"塞尔维亚第一"之称：第一个国都（1818年）、第一个法庭——"塞尔维亚办公室"（1820年）、第一所中学（1833年）、第一座剧院——"公爵塞尔维亚剧院"（1835年）、第一所大学——"利塞"（1838年）、第一座铸造大炮（1853年）、第一座电站（1884年）。克拉古耶瓦茨是许多国家和地方一级重要单位和团体的所在地，它们当中，很多都是塞尔维亚同行业中的第一个，如"约阿金-乌伊奇"剧院（1835年）、"乌克—卡拉季奇"人民图书馆（1866年）、"阿布拉舍维奇"文化艺术团（1904年）。

作为对克拉古耶瓦茨惨案的纪念和对历史的见证，克拉古耶瓦茨在1953年修建了占地350公顷的纪念公园。33座坟茔在绿野间高低起伏，掩埋着遇难者的遗体，揭露了纳粹分子的罪行。10座形状各异的纪念碑散落其间，其中以纪念第一中学遇难学生的那座"折断之翼"最为著名。石碑呈V字形，仿佛断翅的幼鸟，象征着被扼杀在青春时的希望。纪念公园最主要的建筑是"10月21日纪念馆"，它由33座耸立的、高矮不一的立方形红砖巨柱组成，与33座坟茔远近呼应。立方体砖墙上没有一扇窗户，顶端的扁金字塔形玻璃天花板是唯一能够透进阳光的地方。谈到这种设计的用意，纪念馆管理员达维多维奇解释说："外观上一座座高耸的塔柱，从内部看就像一个个深井。没有窗户的纪念馆四壁，带给人一种被困井底无处逃生的绝望，而从仅有的透明穹顶看到的光芒，象征着遇难者最后一束望向遥不可及的天空的目光。"

记载着那段令人窒息的城市历史的图片和文字布满了纪念馆的内墙，屈指可数的几个展柜里，陈列着遇难者仅有的遗物：身份证、学籍卡、教科书、就业资格证、破了洞的鸭舌帽和笔触稚嫩的蜡笔画……

纪念馆正中央，伴着从两只喇叭中传出的用低沉声音念过的一个个名字，玻璃屏上投影出属于那个名字的残存信息：职业、不同的出生年，但生命最终都被永远定格在腥风血雨的1941年。而最令人震撼的莫过于馆藏的遇难者们的42条临终遗言，在死神降临前的一刻，他们留下了牵肠挂肚的叮嘱和依依不舍的诀别，带着遗憾含恨而终。2008年12月15日，来自德国、意大利、克罗地亚和波斯尼亚 - 黑塞哥维亚的艺术家聚集在塞尔维亚中部城市克拉古耶瓦茨，在克拉古耶瓦茨一家公园的墙上创作出了世界上最长的墙上涂鸦。一个国际涂鸦艺术交流组织连续花了23个小时创作了一幅长605米、高2米的涂鸦。这幅涂鸦用了700瓶不同色彩的喷漆，这些喷漆都是用可回收材料制成的，如果需要可以擦掉。画家们在画旁写下了反法西斯的标语，同时创作了呼吁和平的标志和口号。当然，画家们也不忘发挥自己的讽刺特长，改写了一句名言："全欧洲的涂鸦画家们，团结起来吧！"①

尼 什

地名由来

公元前3世纪，该区域因流经该城市的尼沙瓦河而命名，然后又因Naissus而著名，斯拉夫语的意思是"尼什"，相传尼什是由王子尼沙用附近的石头建造而成。在历史上，它曾一度归属于不同国家。在历史上曾被称作纳伊斯，罗马皇帝君士坦丁大帝和康斯坦提乌斯三世出生在这里。

区位

尼什位于塞尔维亚南部，是尼沙瓦州的行政中心都市，是塞尔维亚第二

---

① 马瑞那·托斯卡尼著，吴静等译：《101个世界最高纪录》，青岛出版社2013年版，第68页。

大城市和东南部的最大城市。尼什地理位置十分重要，交通便捷且战略意义重大，被称作"东西方的门户"，对于塞尔维亚政治、军事和国防安全都具有重要的意义。

历史

尼什是巴尔干地区和欧洲古老的城市之一，被称为是远古时代东方和西方之间的关卡。在其漫长的历史发展过程中曾被特洛伊人、色雷斯人、伊利里亚人、凯尔特人、罗马人、匈奴人、阿瓦尔人、拜占庭人、塞尔维亚人、保加利亚人、土耳其人、匈牙利人和奥地利人征服过。它是由斯科迪斯克人在公元前279年创立的，曾在公元前75年被古罗马人征用。6世纪起，斯拉夫人在该地区活动频繁，到9世纪，该地区成为保加利亚人管辖的区域。15世纪，尼什被奥斯曼帝国征服，成为其最初的侯国。1878年，塞尔维亚军队在塞尔维亚和土耳其之间的战争中将其解放出来。从1929年到1941年，尼什成为南斯拉夫王国摩拉瓦河省的首府。不同民族对尼什文化遗产的影响，体现在当地人民的建筑多样性、饮食、艺术、音乐和生活方式当中。

地理

尼什位于摩拉瓦河流域北部和瓦尔达尔河流域南部，地理位置非常重要，是连接希腊和中欧的主要交通走廊，连接索非亚和伊斯坦布尔的走廊也通过这里。尼什属于温带大陆性气候，冬季寒冷，夏季炎热，年降水量550—750毫米。

尼什市人口约63万人，面积597平方千米，市区部分分为4个区，加上郊外的尼什卡巴尼亚，共分为5个区，郊外又分为68个地区，是南部塞尔维亚的文化与经济中心，也是一座新型的工业城市，以电子工业为支柱产业。

经济

尼什市是塞尔维亚重要的工业中心之一，其烟草、电子、建筑、机械工程、纺织、有色金属、食品加工和橡胶品制造等行业历史悠久、基础雄厚，部分企业在塞尔维亚工业中具有非常高的知名度。

机械制造一直是尼什的支柱性产业，这其中最为有名的当属尼什控股股份公司。该公司成立于 1884 年，主要生产石油化工、矿山、冶金、铁路运输、柴油机车、水泵、水文和热核、水气处理等行业所需要的各种机械设备。1993 年改制成 37 个股份制单位，分别为 24 个涉及基本设备生产的公司、6 个服务行业和 7 个专门业务的控股公司。烟草生产在尼什经济中占有重要地位，尼什卷烟厂始建于 1930 年，其基本业务涵盖烟草生产、过滤器制造、烟草机械设备销售以及胶粘剂制造等。在此基础上，1995 年成立尼什烟草科学研究院，该研究院以生产和保护烟草为宗旨，并创建和设计烟草生产设备的新产品。2003 年 8 月，菲莫公司通过私有化进程并购了尼什烟厂。橡胶制品产业也是尼什的重要支柱产业，比较有代表性的如福尔康股份公司，该公司建成于 1937 年，其经营范围广泛，生产销售包括与采矿和众多应用建筑行业（运输和起重机）相关的各种橡胶工业制品。尼什的电子行业起步也较早，尼什控股公司在 1948 年就生产包括音响设备、电子管、印刷板、电子机械元件、液压、气动、电器、空调、医疗设备、X 光机等系列电子产品。另外，尼什还有建立于 1884 年的啤酒厂，主要生产啤酒和非酒精饮料，能够很好地满足当地人的酒水需要。

文化

尼什是塞尔维亚南部的最大城市和塞尔维亚的第二大城市。尼什是国家剧院的所在城市，国家剧院在 1889 年成立。

从 1981 年开始，尼什成为承接 Nisville 国际爵士音乐节的城市，每年音乐节开始于 8 月中旬，持续 4 天的时间。其中，Galija 和克贝尔被誉为是最出色的摇滚乐队，该乐队起源于尼什和欧洲最流行的青年爵士乐队。其他的摇滚表演还包括 Daltoni、Dobri、妈妈摇滚、Hazari、Novembar、Trivalia 等。

尼什拥有众多的体育俱乐部，包括尼什 OFK、Jastrebac Proleter、Palilulac 等。尼什最大的体育场是 CAIR 体育场，目前，该体育场正在进行装修，装修完成时，将有 18151 个座位容量。CAIR 体育中心还包括一个室内游泳池和部分室内舞台。同时，尼什还是主办 2012 年欧洲男子手球锦标赛的城市之一。

旅游

"骷髅塔"又名"人头塔"，乍一听会让人起一身的鸡皮疙瘩，然而真正地走进它，会发现，这里凝结着塞尔维亚人不屈的灵魂。这是世界上唯一一座用真人头做成的塔，位于尼什市通往伊斯坦布尔的大道上，原塔4米见方，用900多颗人头砌成，故此得名。①走进骷髅塔，四面墙上布满了一个个小坑，土坑里镶嵌着人的头骨。尽管经过岁月的剥蚀，有的头骨已经缺损，可通过这些骷髅，依然可见清晰的刀砍印记，有的牙齿破碎不堪，死者生前所遭受的痛苦可见一斑。

那么，这座诡异的骷髅塔是怎么来的呢？18世纪末19世纪初，塞尔维亚地区还处在土耳其的统治之下，统治者惨无人道，倒行逆施，塞尔维亚人民举行了多次大规模的武装起义。1809年，辛杰利奇领导的一支起义军在尼什市郊与土耳其军队遭遇，对方有4万人，而起义军只有1.6万人。尽管实力悬殊，但一场昏天黑地的厮杀还是展开了。起义军最终以牺牲4000人的代价惨烈败北，首领辛杰利奇重伤而亡。但是土耳其军队也损失惨重，死亡1万多人。土耳其将领恼羞成怒，下令将起义军阵亡将士的人头砍下，头皮被塞进棉花拿回去邀功，而剩下的头骨则一部分被销毁，一部分用泥沙砌成了一座小塔，辛杰利奇的头骨被放在了最高处，这便是今天的"骷髅塔"。

土耳其人的本意是想用这种方法恐吓起义军，可没想到的是，血淋淋的骷髅塔非但没有吓倒这些"不听话的异族"，反而激起了空前的愤怒和决心。塞尔维亚的反抗运动迅速席卷全国，最终以排山倒海之势推翻了土耳其的统治。

如今，骷髅塔不仅是塞尔维亚的旅游胜地，更是该国人民的一个精神慰藉。骷髅塔前，经常有人吊唁祭扫。这里的头骨主人是塞尔维亚人民心中的民族英雄。塞尔维亚有着不堪回首的悲惨历史，但她也有足以使全国人民骄傲的民族英雄。塞尔维亚需要面对的，大多是像骷髅塔那样凄惨的记忆。①

---

① 现在的骷髅塔已不是原来的4米高了。由于原来骷髅塔是露天的，刚砌成不久，一些阵亡将士的家属就偷偷把亲人的头骨从塔上偷走，加之以后几十年的风吹雨淋，塔上的骷髅已少了很多。原来每面墙上有14行小土坑，每行可放17个骷髅，总共加起来有900多个，而1878年塞尔维亚解放的时候，墙上的骷髅只剩下58个。

① 传奇翰墨编委会编著：《约会欧洲》，江苏科学技术出版社2013年版，第50—51页。

匈牙利

匈牙利，英文名称为 Hungary，位于欧洲中部。西部是阿尔卑斯山脉，东北部是喀尔巴阡山，与奥地利、斯洛伐克、乌克兰、罗马尼亚、塞尔维亚、克罗地亚和斯洛文尼亚接壤。国土面积为 93030 平方千米。匈牙利全国分为首都和 19 个州，有 24 个州级市，州以下设 304 个市和 2826 个乡。主要城市包括布达佩斯、德布勒森、佩奇、塞格德等。

布达佩斯

地名由来

布达佩斯横跨宽阔的多瑙河，河西岸称为布达（BUDA），东岸称为佩斯（PEST），由老布达、布达和佩斯组成，原来这是三个行政上相互独立的城市。1873 年，这三个城市合并成"布达佩斯"，成为全国政治、经济、文化中心。全市设 22 个行政区，其中 15 个设在佩斯，6 个在布达，还有 1 个区在切佩尔岛上。[①]

---

① ［美］保罗·J.克里斯托弗著，方华文、陆小明译：《50+1 个最该游览的伟大城市》，安徽科学技术出版社 2009 年版，第 73 页。

区位

布达佩斯地处匈牙利北部多瑙河沿岸，八座横跨多瑙河的大桥将城市的东西两岸连接起来。清澈的多瑙河贯穿全市，把首都分成对等的布达和佩斯两个部分。

历史

公元 1 世纪时，罗马人在今天布达佩斯市所在地区修建了阿奎肯镇。公元 5 世纪时，匈奴人赶走了罗马人。在之后的四个世纪里，这一地区始终处于匈奴人和其他一些区域部落的掌控之中。11 世纪早期，马札尔人，即当今匈牙利人的祖先，建立了匈牙利王国，王国的疆土最终扩大到包括布达、佩斯和老布达的地方。布达是皇家法庭所在地，也是意大利文艺复兴时期的一个重要城市。16 世纪时，土耳其人入侵匈牙利，并控制了这一地区。直到他们后来被强大的奥地利哈布斯堡王朝驱逐出去。到了 19 世纪，佩斯成为匈牙利民族主义和文化的中心。1873 年由原来王国的三个城市合并而成布达佩斯。第二次世界大战对于布达佩斯来说是一段特别黑暗的日子，大部分生活在布达佩斯的犹太人惨遭屠杀。被称为"布达城堡"的地区在第二次世界大战期间几乎全部毁于炮火，在经历了一个长期的重建过程后，这一地区得以缓慢地再现昔日的辉煌。

地理

布达佩斯位于多瑙河畔，西岸的布达靠山依水，处于河岸石灰岩丘陵的高地势平台，四周是城堡山、格列特山以及玫瑰山。布达佩斯海拔不高，从地质上来看正好位于一个断层上，因此地热资源丰富，温泉众多。

布达佩斯的气候受到西面阿尔卑斯山以及东部大平原的共同影响，夏季潮湿温暖，冬季短暂寒冷，属于温带大陆性湿润气候。[1]平均气温冬季在 1.7℃左右，夏季在 28℃左右，全年均有降水。初夏是降水量最高的时候，平均年降水量约 600 毫米。

---

[1] 宋小威、贾娟:《世界名胜速查手册》，中国书店出版社 2007 年版，第 154 页。

经济

布达佩斯过去曾经是一个工匠云集的城市，这些工匠从事着各类小型的工业。然而，第二次世界大战使得城市的经济结构发生了明显变化，如今，布达佩斯是全国工业、商业和金融中心，拥有生产诸如化学制品、纺织、交通设备、建筑材料、电动工具和加工食品等大型工业企业。匈牙利的银行及金融行业都集中在布达佩斯，全国性商业银行的总部大都设在这里。此外，布达佩斯还是全国空中航线、公路及铁路的第一枢纽，是铁路和公路干线的起点，航空以这里为中心通往世界各地，拥有优良的河港和国际机场，多瑙河沿线的几个港口也使得布达佩斯成为重要的贸易中心。

文化

布达佩斯是全国文化中心，该市有 80 多个博物馆、29 所高等院校，这里有著名的匈牙利科学院，还有很多科研机构。多数人口是地道的匈牙利人，大部分信仰天主教，也有相当数量的加尔文信徒及路德信徒。官方语言为匈牙利语，城市人口大约有 170 万人。

布达佩斯被蓝色多瑙河分隔为两半。城市与水相依，与水融为一体。直到 1873 年，第一座跨多瑙河大桥链桥的建立，才把布达和佩斯连接成一座城市。布达佩斯人称自己的城市为"东欧的巴黎"和"多瑙河上的明珠"。称为明珠，自然有些俗气，但是被列为世界文化遗产之后的布达佩斯，历史文化的意义更被世人所关注。这里保留有诸如阿昆库姆罗马城和哥特式布达城堡等遗迹，是世界上城市景观中的杰出典范之一，显示了匈牙利都城在历史上各伟大时期的风貌。

布达佩斯的文化庆典有着错综复杂的历史，每个季节都有自己的节日。6 月的布达佩斯节是火热的摇滚乐和流行音乐节，9 月是国际葡萄酒与香槟节，在城堡地区举行。布达佩斯春季艺术节，是一年一度匈牙利最有名和规模最大的艺术节庆，显现出匈牙利文化的多样和丰富性，有音乐、歌剧、舞蹈、古典与现代音乐、电影欣赏等多种的表演艺术，不仅呈现出匈牙利艺术家的才华，同时也邀请国外各样表演艺术的艺术家共享艺术盛宴。

旅游

布达佩斯是全国的旅游中心之一,大酒店、饭店和家庭旅馆一应俱全。同时,布达佩斯是一座十分有名的温泉城。在匈牙利已开发的约 1300 处温泉中,布达佩斯的温泉占了十分之一。最著名且最具疗效的温泉有盖雷特温泉、赛切尼温泉、帝王温泉、卢卡奇温泉和鲁道什温泉。布达佩斯最大的浴场是佩斯城市公园里的赛切尼温泉,天然的地热为游客提供了良好的露天洗浴场所,一年四季从不间断,是游客洗去一天旅行劳碌的理想选择,最有特点的是可以在这个露场里和很多人在水上一起下国际象棋。

马提亚斯教堂是布达佩斯多变的命运和宗教的反映,这座教堂最早是 13 世纪时作为清真寺而修建的,后来由于建筑被毁坏,于 19 世纪时重建。第二次世界大战期间,教堂再遭劫难。于是又经历了二次重建。在奥匈帝国统治时期,这座教堂曾是哈布斯堡王朝举行加冕典礼的地方。

布达佩斯大多数有纪念意义的教堂和较为古老的住宅都位于布达。皇宫(包括一处古代城堡的遗址)就位于布达佩斯这一区域,这已不是最初的皇宫。不过,在这一旧址上建起了几个博物馆,占据着城市中心城堡山的显著位置。路德维格博物馆是这座城市的国际当代艺术博物馆,匈牙利国家博物馆专门收藏本国艺术家的作品,布达佩斯历史博物馆为展示这座城市的历史提供信息。佩斯是城市的心脏,是布达佩斯市人口较多的地区,它建在连绵的高原之上,是该市政府办公及议会大厦的所在地。在那里游客可以看到反映布达佩斯历史及建筑的辉煌代表,匈牙利国家歌剧院大楼已然再现了其 19 世纪时期的宏伟壮观,两座大理石的斯芬克斯像守护在大门两旁。匈牙利国家博物馆,1847 年开馆,收藏有匈牙利国王的王冠及加冕仪式上的珠宝,馆内两处永久性的展区跨越了整个匈牙利的历史。此外,匈牙利国家博物馆还有一处当代展区,用来纪念匈牙利共产党的结束,以及俄国军队撤离布达佩斯。大犹太教堂,作为欧洲最大的犹太教堂之一,建成于 1859 年。教堂里的大风琴是此类风琴中的极品之一,吸引着来自世界各地的古典音乐家们。虽然原有的犹太教堂早已被纳粹分子所毁坏,但是现在教堂的重建工作已经全部竣工。

议会大厦矗立于多瑙河畔,是布达佩斯极为醒目的地标之一,在大厦里有匈牙利首位国王圣·史蒂芬的神圣王冠供人观赏。如果想要体验布达佩斯全城的美景，不妨登上圣·史蒂芬大教堂的圆顶，这是一座 19 世纪时修建的新古典风格的宏伟建筑。英雄广场和城市公园为游客提供了丰富的娱乐项目，其中包括动物园、马戏表演、游乐园及矿物浴疗等。布达佩斯的美食和夜生活为它赢得了广泛赞誉。近些年来，众多的酒吧、咖啡屋和餐馆相继开张营业。

尽管历经了数个世纪的战乱纷争、宗教迫害和政治斗争，今天的布达佩斯依然是一座繁荣的城市，是东欧工业及文化的中心。每年，有众多的游客涌入布达佩斯，体验那些历史宝藏带给他们的乐趣。

佩 奇

地名由来

佩奇境内最早的名字是古罗马的 Sopianæ，这个名字可能来自凯尔特，意为"沼泽"的复数。相反，在民间信仰中，这个名字并不表示一个城市。早期的古罗马时代没有一个环绕壁的痕迹，从公元 4 世纪开始才出现。在中世纪的 871 年，这个城市首先作为"西洋参"之意被提到。在以后的拉丁文记载中，提到"西洋参"与这座城市的意义是相同的。在土耳其语中的意思是"百世"。在拉美，亦为"西洋参"之意。

区位

佩奇位于匈牙利西南部，靠近克罗地亚边界，是巴兰尼亚州州府，人口约 15.8 万人，为匈牙利第五大城市。

历史

2000 年前，古罗马人在潘诺尼亚省兴建了一座重要城市，取名绍比纳，这就是今天的佩奇。佩奇是古老的贸易和手工业城市，在罗马时期被称为"索皮阿瑙埃"。公元 9 世纪时属于摩拉维亚公国，因当时城市中建有五座教堂，故又有"五教堂"的别称。1009 年，圣伊斯特万国王在这里设立了教会。

1367 年，安茹王朝的拉约什一世国王在这里创建了全国第一所大学。这里是当年文艺复兴运动最重要的中心。从 16 世纪上半叶起到之后 150 年里，土耳其的统治又给佩奇烙下了神秘的东方色彩。1543 年，土耳其人迅速占领了这座城市和主教城堡。直到 1686 年土耳其人撤出后，1780 年前佩奇一直归主教管辖。在这段和平的几十年间，教会的中心得到恢复，市政得以重建，市中心就是现在的塞切尼广场。

地理

佩奇地处中欧，位于喀尔巴阡盆地中，临近迈切克山南麓。佩奇南部地区地势平坦，而北部则呈现明显的斜坡。受此影响，佩奇夏季白天气温炎热，但夜晚气温有所降低。

经济

该市以若尔娜依瓷器闻名。若尔娜依瓷器是匈牙利第二大著名瓷器品牌。该瓷器公司始建于 1852 年，前身为硬陶烧制作坊，生产陶罐。1866 年发展成为全国首个制作陶瓷艺术的生产厂，在 1873 年维亚纳世博会上获得业内认可，1878 年获巴黎世博会金奖。工厂先后经历 1948 年国有化，1991 年私有化。1999 年分成三个子公司：瓷器厂股份公司、瓷器生产公司、瓷器遗产管理公司。

文化

佩奇长期是一个多民族聚居地，各民族传统、风俗、价值观在两千多年的历史中不断推动当地文化多元化发展。1998 年，佩奇市因在少数民族文化保护事业及收容巴尔干战争难民中所作的贡献，荣获联合国教科文组织的"和平奖"，2007 年、2008 年分别获得世界宜居城市（7 万—20 万人口级）第三和第二名。2010 年佩奇与德国埃森、土耳其伊斯坦布尔一同当选"欧洲文化之都"，在得到这些荣誉后，佩奇获得欧盟资金支持，先后完成会议和音乐中心、南部多瑙河地区图书馆和文化中心、博物馆街、若尔娜依文化区等 4 大文化项目建设，并实施多个市政工程，极大推动了城市发展。

佩奇的节日丰富多彩，其中最盛大的是春季艺术节，有音乐会、文学之夜、传统舞蹈演出、艺术展和电影展。佩奇大学节、佩奇国际戏剧节、夏季音乐会等等也吸引了大量旅游者，充分展示出佩奇的古老艺术和文化。辞旧迎新狂欢节当天，人们成群结队拥上街头和市中心广场狂欢，整个城市热闹非凡，到处挤满了喜庆的人群。很多人吹着喇叭，戴着面具，用纸筒敲打身边过往的陌生人。

佩奇是一座浪漫的城市，被称为欧洲的"情人锁之都"。市内的雕塑、街道、大门上随处可见各种各样的"情人锁"，成为佩奇的一大景观。20世纪80年代初，一对恋人在市中心教堂的栏杆上挂起了第一把"情人锁"，于是年轻情侣们纷纷效仿，后来世界各地的游客也用这种特殊的方式表达自己对爱情的忠贞不渝。慢慢地，教堂的栏杆上布满了"情人锁"。后来，有情人们开辟了新的"阵地"，雕塑、街灯甚至住房大门上，只要是可以挂锁的地方，都能看到"情人锁"。

佩奇又有"大学城"之称，是全国大学数量最多的城市，在校大学生数量超过3.5万。1367年路易一世在此创办了匈牙利第一所大学，这也是欧洲的第一所大学。2010年当选为"欧洲文化之都"，方圆5平方千米的老城，写着两千多年的历史。佩奇拥有历史悠久的文化遗产。2000年，佩奇市古基督教墓地建筑群于被列入世界文化遗产。佩奇城中多博物馆，故又有"博物馆之都"的美誉。城中的亚努什·帕诺尼乌什博物馆，藏品极其丰富，里面有从公元前3000年起，历经石器时代、铜器时代的各类文物，包括武器、工具、护符、葬具、陶瓷器以及民俗用品、民间服装等。

佩奇也是匈牙利的艺术名城，不少的佩奇艺术家为匈牙利艺术留下了不朽的杰作，其中包括最著名的匈牙利画家琼特瓦利，他被称为"匈牙利的凡·高"。在万莱梅尔镇离边境不远的村边，有一幢外表看起来非常普通的早期哥特式的教堂，但内部的壁画很有特色，由奥库洛·亚诺什于1378年在这里创作。在教堂的墙壁上共有两排画，在北墙上画有三位国王从日出的东方去拜访孩提时的耶稣，后面跟着的是骑士拉斯洛和圣米克洛什主教。在凯旋门的左侧画的是钉在十字架上的耶稣，右侧则是圣安娜。在拱圆形的圣坛上有福音派的象征和天使，奥库洛的画风深受意大利15世纪艺术风格的影响。

旅游

佩奇市郊拥有美丽的田园风光，佩奇以西33千米处的郊外，有锡格特瓦尔古堡,坐落在河中央的小岛上。在佩奇城东南的锡克罗斯镇,一座建于 15 世纪初的古堡,是为数不多的保持原状的中世纪古堡之一,巨大的棱堡、塔楼、炮台,造型雄伟。堡中的小教堂,壁画精美,石雕生动,尤为珍贵。

现代匈牙利美术馆是观赏匈牙利自 1850 年以来的艺术精品的最好地方。虽然自从进入现代,匈牙利美术家没有能在国际上占有一席之地,但还是培育出了不少优秀画家。他们的作品大多都陈列在这座美术馆中。

位于圣伊斯特广场上的罗马帝国时代的基督教墓地古基督教墓园遗迹是公元 4 世纪中期的产物,是少见的罗马帝国时代的基督教墓地区。这里的地面景观除了一座简陋的礼拜堂外还有众多地下墓园,坟墓里都有精美的壁画,它们都是取材自基督教的神话故事。古基督教墓园的核心景点是彼得和保罗墓穴。虽然早在 1782 年就被发掘出来,但真正走入世人眼中的还是最近几十年。彼得和保罗墓穴共有两层,里面的墙壁上雕刻着精美的壁画,既有亚当和夏娃、彼得和保罗的人物像,也有挪亚方舟、圣母升天的故事场景,其中一幅描绘亚当和夏娃的壁画被联合国教科文组织列为世界文化遗产。

佩奇圣彼得大教堂是古城佩奇建造时间最长的教堂。它自 11 世纪开始动工修建以来,曾多次改造修建,直到 1881 年才彻底竣工。这座教堂是新罗马式的建筑,外形典雅大方,内部装饰金碧辉煌,四角处各有一座高达 60 米的哥特式尖塔。漫步在教堂里可以看到精美的中世纪石刻和匈牙利知名画家的作品。

卡西姆帕夏清真寺是佩奇市地标建筑之一,位于市中心的塞切尼广场。如今是一座天主教堂,为匈牙利现存最大的土耳其建筑,教堂长和宽相等,由卡西姆帕夏于 1543—1546 年修建。1766 年,耶稣会拆除了清真寺的叫拜楼,主体部分仍然是原来的结构:圆顶,东南、西南和东北三个立面弧形的窗户,在教堂内部有两个土耳其浴池,石膏装饰、《古兰经》铭文清晰可见。

塞切尼广场坐落在市中心。广场中央是卡西姆帕夏在 1550 年以前建的清真寺,也就是现在教区教堂的核心。它不仅在总体上,而且在许多细节上也保留了土耳其年代的原貌。

德布勒森

地名由来

在匈牙利人占领现今的匈牙利前，一些不同部族曾在该区聚居。德布勒森当初是由小村落结合而成，在 1235 年首先被称为 "Debrezun"，这个名字可能源于斯拉夫语或土耳其语（意为"良好土壤"）。

区位

德布勒森地处匈牙利的东部城市，坐落在布达佩斯以东约 220 千米的匈牙利大平原上。城区总面积为 461.25 平方千米，是豪伊杜—比豪尔州首府、匈牙利蒂萨河以东的最大城市，也是重要经济和文化中心。其所在的州北连索博尔奇—索特马尔—贝拉格州，西北与包尔绍德—奥包乌伊—曾普伦州相连，西靠加兹—纳杰孔—索尔诺克州，南接贝凯什州，东部与罗马尼亚接壤。

历史

德布勒森在公元 10 世纪前已形成居民点，19 世纪末开始发展工业。最初在匈牙利人占领该地以前，几个部族曾在此聚居，组成细小村落，1235 年首先被称为"德布勒森"。1360 年正式建城。1361 年，国王拉约什一世给予德布勒森人民选举法官和市议会的权力，这给该城的发展带来契机。1450—1507 年，德布勒森是匈雅提家族的领地。在奥斯曼帝国时期，德布勒森所在地虽然接近边境，但并未建有堡垒和城墙，所以经常被侵占，统治者多次使用外交手段，该城才能力保不失。德布勒森在较早期推行宗教改革，因而又被称为"加尔文派的罗马"[1]。这时期，当地的居民多为加尔文主义者。1541—1693 年间，德布勒森是奥斯曼帝国的一部分。1693 年，神圣罗马帝国皇帝利奥波德一世把德布勒森列为帝国自由城市。1715 年，罗马天主教会重

---

[1] 孙文范编：《世界历史地名辞典》，吉林文史出版社 1990 年版，第 508 页。

返当地，这时德布勒森已是重要的文化、商业和农业中心，很多学者和诗人都曾在那里的新教学院（德布勒森大学的前身）就读。

1848 年独立战争中，曾是科苏特总指挥部所在地。1849 年，匈牙利革命政府流亡德布勒森，该城曾短暂地成为匈牙利的首都。1849 年 4 月，拉约什·科苏特在德布勒森召开国会，通过独立宣言，废黜哈布斯堡王朝的统治，宣布匈牙利为独立自由的国家，匈牙利正式独立。战争后，德布勒森重新开始发展。1857 年，一条连接该城和布达佩斯的铁路竣工，德布勒森成为铁路枢纽。第一次世界大战后，罗马尼亚夺去了匈牙利东部的一些领土，德布勒森再次位处边境。1919 年曾短暂地被罗马尼亚军队占领，后来该市凭借旅游业再度繁荣起来。第二次世界大战期间曾经是匈牙利临时政府所在地，并且几乎被摧毁：70% 的建筑物受损、50% 完全倒塌。1944 年 10 月，德布勒森战役在该地周围发生，德布勒森获解放。同年，该城的重建工作展开，12 月 21 日在该地成立匈牙利人民民主共和国，德布勒森并再度短暂地成为匈牙利的首都。

地理

德布勒森位于匈牙利东部平原地带，地势较为平缓，平均海拔高度为 121 米左右。德布勒森属于内陆城市，坐落在霍尔多巴吉国家公园附近。市内多平原、湖泊，其中 Halapiviztarolo、Fancsika Iviztarolo 两湖的面积较大、环境优美。

德布勒森属温带海洋性气候，但由于德布勒森是内陆地区，所以年温差相对较大，四季较为分明，降水平均，年平均气温为 10℃左右。每年的 6—8 月份温度最高，为夏季，平均最高温为 38.9℃左右。每年的 12 月至次年的 2 月温度最低，为冬季，平均最低温为 –28.1℃左右。每月的降水较为平均，年降水量可达 568.5 毫米左右，其中，6 月份降水最多，最高可达 72.9 毫米，约占全年降水的 13%，2 月份降水最少，平均降水量为 31.6 毫米左右。

德布勒森是匈牙利是人口稠密的居民区之一，2016 年的人口数量达到 20.4 万。[1]其中，匈牙利族是德布勒森人口最多的民族，其他民族也有分布。

---

[1] http://worldpopulationreview.com/countries/hungary-population/major-cities-in-hungary/，查阅日期：2016 年 5 月 29 日。

经济

德布勒森曾被称为农业城市，因为当时的市民们大多从事农业生产。直至 16 世纪初期，那里已经是一个重要的商业城镇。19 世纪末该城市开始发展工业，以机械制造、制药、食品加工为主，还包括家具、陶器、制鞋等工业。医科也比较发达，分别有医科和农业大学。为了发展工业，这里修建了铁路等交通运输设施，铁路可到达首都布达佩斯甚至乌克兰、罗马尼亚等国家。如今依靠旅游业发展成为全国第三大城市，成为国际贸易中心。

文化

该城市被称为"加尔文派的罗马"，在 16 世纪上半叶市民们对新教十分感兴趣。加尔文的学说被普遍接受，在 1567 年的宗教会议上匈牙利新教教会就在这里成立。城市的历史可以追溯到公元 10 世纪，但构成今天市容的则主要是 19 世纪和 20 世纪的建筑。

德布勒森人性格开朗爽快，言谈举止文明，十分好客，待人热情友好。在社交场合与客人相见时，一般行握手礼。与其打交道首先要弄清他们的姓名，他们的姓名排列和中国人名相似，也是姓在前名在后。如应邀到德布勒森人家中做客时，可带上一瓶酒或经过包装的花作为礼物。德布勒森人饮食习惯上以西餐为主，也喜欢吃中餐。

匈牙利德布勒森大学位于德布勒森，于 2000 年 1 月 1 日由原有的几个独立学院重组而成，该校拥有 13 个系和 2 个独立学院，学科覆盖文、理、农、医、管理等多个领域。该校是匈牙利久负盛名的国立大学，其历史可以追溯到 1538 年建立的德布勒森学院，并于 1912 年被确立为匈牙利最高的综合性学府，也是匈牙利规模最大的公立大学，是匈牙利国内为数不多的接受政府奖学金资助的学府之一。该校拥有数十个博士研究点，在校生 3 万余人，被誉为"世界卫生组织研究中心""欧洲杰出学术贡献研究中心""中欧最精致大学校园"等。作为中欧顶尖学府，德布勒森大学在欧洲各国、美国以及韩国均有自己的教学院校和实习企业，并与世界知名大学、学院有着广泛的联盟合作与交流。匈牙利德布勒森大学，完美地将欧洲传统文化与世界多元文化进行了融合，吸引了来自世界各地 50 多个国家的数千名学子，在这充满活力与智慧的教育大家庭中学习和生活。

旅游

市区有多处罗马式、巴洛克式以及新古典建筑。新教大教堂建于 19 世纪前期，宏伟壮观，拥有 5000 个座位，是匈牙利最大的加尔文教堂。其正面是新古典式的三角门顶，由爱奥尼亚式的圆柱支撑，还有两个镀金的圆顶钟塔。左塔上悬挂着匈牙利最大的"拉科奇钟"，重达 5600 公斤。大教堂后面的加尔文专科学校，是一座新古典式建筑，学校拥有藏书 50 万卷的图书馆，其中有 100 余册古版书。大教堂西有 1928 年建成的德里博物馆，以收藏丰富的东亚文物而著称。博物馆有 4 尊塑像，分别代表科学、艺术、考古学和人种学。在科苏特大街街口有新古典式建筑市议会厅，街上的兹科尼剧院，曾是浪漫主义诗人乔科奈伊维特斯·米哈伊的故居。市郊有占地 2300 公顷，名为"大森林"的公园，内有游泳池、温泉浴池、60 米长的小湖和动物园等，每年 8 月举行德布勒森花会。比克温泉浴场是匈牙利著名的温泉浴场之一。这里的温泉富含碱性碳酸盐、钙离子、镁离子和氟离子，这个彻底翻新过的温泉浴场常年为宾客提供疗养休闲的服务。室内的水上娱乐场可供各个年龄层娱乐。高档全新整修的德布勒森温泉浴场拥有各种温度的温泉泳池，德布勒森温泉水含有碘、溴和碳氢离子，为浴场中心的医疗提供了良好条件。这里以温泉水为基础的各类治疗，在专业医师的监护下，可以更好地促进患者的康复。

德布勒森有许多供游客游览的小巧精致的礼品店或大型的购物中心，商品的种类也丰富多样。尤其是在市中心地带，购物中心非常集中，各种类型的服饰和商品都能够买得到。作为匈牙利的第三大城市，德布勒森的夜晚也是五光十色、充满诱惑力的，观看一场精彩的演出，或者前往酒吧和朋友小酌都是不错的选择。

塞格德

地名由来

塞格德可能来自对角（szeg）一词的匈牙利语，指的是流经城市郊区的蒂萨河。有一种说法认为，它是从匈牙利词 sziget "孤岛" 派生的。一些人主张塞格德的意思是 "暗金色"。

区位

塞格德位于匈牙利东南部，琼格拉德州首府，在穆列什河和蒂萨河汇流处附近，南部地势平坦，平原广阔，农业条件良好。

历史

早在新石器时代该地区就有人类居住。1246 年贝拉四世国王建立城市，1498 年获得 "国王城市" 头衔。在抗击土耳其战争时期是匈牙利南部最重要的战略要塞。但是，在土耳其占领时期及之后的解放战争中，建筑损毁严重，人口骤减。土耳其人被驱逐后，塞格德人从 18 世纪开始建造巴洛克式的城市，1879 年蒂萨河泛滥，百年罕见的特大洪水几乎把所有的建筑物都扫荡一空，中世纪时的建筑物只留下了圣芳济会的一个修道院和 13 世纪教堂的一个尖塔，因此城市当前建筑风格形成于 19 世纪末 20 世纪初。幸运的是塞格德城市的重建得到了全欧洲的援助。至今河边树立的巨大不锈钢雕塑就是纪念塞格德人在欧洲各国的援助下抗洪救灾、重建家园的。

地理

塞格德是匈牙利南部最重要的城市，是南部大平原最大的城市，全国第三大城市，位于蒂萨河和毛洛什河的交汇处。由于两条河长期泛滥，塞格德在历史上连年遭受水灾的危害。塞格德毗邻罗、塞边境，面积 281 平方千米，人口 17 万人。距布达佩斯 169 千米。属于温带大陆性气候，终年受大陆气团控制，干旱少雨。冬季严寒，夏季炎热，气温年变化很大。冬季在大陆性气候控制下，最冷月的平均气温，南部为 0℃以下，北部接近 -40℃，最热月的平均气温，南部 26℃—27℃，北部接近 20℃。生长季南部约 200 天，北部仅 50—70 天。

经济

塞格德是全国的铁路枢纽，河港城市，交通便利，四通八达。同时也是南部地区的经济中心。该城市轻工业发达，以棉纺织、食品（罐头腊肠）为主，有玻璃、橡胶、服装、家具、金属加工、造船等工业。近郊有石油、天然气，并发展了相应的加工工业。是匈牙利食品工业中心之一。大量出产并加工辣椒和大蒜。国际知名企业有 Pick 萨拉米腊肠厂、Sole-Mizo 牛奶和奶制品生产厂等。

文化

塞格德是匈牙利南部地区的文化中心。科研实力突出，有近 300 个研发单位、3000 名研究人员和 50000 名学生。以生物技术和生物信息研究为主，为南部大平原农业生产和食品加工提供技术支持，并且同陕西省渭南市为友好城市。现市区保留着 15—18 世纪的建筑古迹。现代的塞格德又被称作"大学城"，匈牙利著名的综合大学尤若夫·阿提拉大学和著名的医学学府圣·乔治·阿尔伯特医科大学就设在城中，此外还有生物学研究所、农学院、音乐学校和营养学院、艺术中学等。其中，塞格德市大学是一所规模巨大（30000人以上）的公立研究型综合国立大学，其前身森久尔季医学药剂学中心建于1775 年，以诺贝尔奖获得者、该院教授、校长森久尔季博士的名字命名，开设医学院及药剂学院。两院国际学生有 400 多名。医学院为 6 年制，授予医学博士学位。药剂学院为 5 年制，授予药剂学硕士学位，有 17 个临床部门，17 个自然科学系所，14 个临床及实验室。音乐学院建校于 1880 年，为国际学生提供歌唱、长笛、钢琴、吉他、小提琴五种专修科。课程时间为 4 加 1年，4 年后授予室内歌唱家、演奏家和教员称号，再读 1 年，可授予独唱家、独奏家称号。学院拥有 1 个交响乐团、3 个室内乐队及 1 个合唱团。

旅游

塞格德古色古香十分美丽，有"阳光城市"之称。著名景点匈牙利塞格德广场，包括四个不同的功能区，其中三个与科学研究有关，分别是计算机科学历史展览区、信息馆（采用最新的信息技术的示范区）以及生物物理示范实验室。建筑设计遵循着环保意识，同时可作为学习和研究的平台，采用最新的建设技术和节约能源设计，建筑紧凑布局，可减少冷却表面积，南立面采用了太阳能加热玻璃幕墙。室内通道和走廊布局紧凑，节约空间，有助于减少耗能。

　　塞格德在复兴的几十年中，建筑以古代式、文艺复兴式和巴洛克式的风格为主，1896 年兴建的塞格德文化宫是最典型的一幢，现为尤若夫·阿提拉大学总部。1880 年秋，塞格德的天主教信徒们许愿，要在已破裂的大教堂原址上重建一个教堂，即"多姆还愿大教堂"。在伊丽莎白王后监护下进行的募捐一直进行到 1913 年，才捐到能动工的数额。由于第一次世界大战和后来爆发的经济危机，新罗马式的还愿教堂在许愿后的 50 周年之际才落成，并以此纪念殉难者盖莱特。多姆教堂正面的多姆广场受中世纪英国砖结构建筑的影响。在连环拱廊中排列着匈牙利历代艺术家、文学家、哲学家、科学家和民族英雄的塑像，如匈牙利的著名诗人裴多菲、奥朗尼和尤若夫·阿提拉，著名画家琼特瓦利，伟大的音乐家李斯特、巴尔托等均在其中，为后人景仰。距塞格德 30 千米处，有一个"匈牙利民族历史纪念公园"，不但是匈牙利年轻人了解民族历史的地方，还是一个著名的旅游地。公园内陈列着一幅气势磅礴、反映阿尔巴特大公率领匈牙利先民到此定居历史的场景画，从而吸引着来自世界各地的游客。

捷 克

捷克共和国，英文名称为 The Czech Republic。捷克东邻斯洛伐克，南面与奥地利接壤，北面邻接波兰，西面与德国相邻，国土面积 78866 平方千米。捷克全国共分为 14 个州级行政区，其中包括首都布拉格市与 13 个州。主要城市包括布拉格、布尔诺、皮尔森、利托米什尔等。

布拉格

地名由来

据考证，布拉格这个名字来自于德语，意思为"门槛"，原因是伏尔塔瓦河在这里流经一个暗礁，好像越过一个门槛。还有一种传说认为，当初建城时，建筑师曾在勘察过程中遇到一位做门槛的老人，建筑师被老者的那种异常认真、仔细的态度所感动，所以便在此城建成后将其命名为"布拉格"。

区位

布拉格处于欧亚大陆中心，与周边国家的联系密切，距离柏林、维也纳等其他国家的主要城市较近，与大部分周边国家边境的距离一般为 100—200 千米。

历史

布拉格是一座历史悠久的城市,早在新石器时代,布拉格即有人类居住。数千年来,布拉格所在伏尔塔瓦河段为南北欧之间商路上的要津。最古老的居民点始于公元 9 世纪下半叶。神圣罗马帝国皇帝查理四世在布拉格建都,把历代国王建造的城堡和宫殿连在一起,被称为布拉格堡,并在老城区以南兴建新城区,一度成为欧洲的政治、经济和文化中心之一。17 世纪中叶,布拉格被外族占领,经济衰退。18 世纪,中欧局势稳定,经济又获发展。1845 年通铁路,19 世纪 90 年代出现电车。1918 年成为捷克斯洛伐克共和国首都。城市职能扩展,工业发展迅速。1920 年将周围郊区合并,形成大布拉格。第二次世界大战期间,被德国占领。1945 年 5 月 5 日获得解放,进行重建,同时为保护和恢复历史名胜进行了规划。全市分为 10 个行政区。1993 年 1 月 1 日,捷克和斯洛伐克各自独立。

地理

布拉格的面积为 496 平方千米,位于捷克的中波希米亚州、伏尔塔瓦河流域。布拉格地形波状起伏,最低点海拔 190 米,最高点海拔 380 米。

布拉格属于典型的温带大陆性气候,7 月平均气温约为 19.5℃,1 月平均气温约为 –0.5℃,全年平均气温约为 7.9℃,年均降水量约 500 毫米。与大多数东欧的气候没有区别,冬季寒冷干燥,夏季温暖潮湿,并时有疾风暴雨。

经济

布拉格为全国最大的经济中心。工业以机械制造为主,产品有运输机械(汽车、机车和车辆)、机床、电机、矿山机械、建筑机械、农机等,还有化工、纺织、皮革、印刷、食品加工等,工业主要分布于城市的西南郊和东南郊。公共交通以汽车、电车为主,并建有地铁,伏尔塔瓦河上有客运航船,附近有国际机场。特色美食主要有捷克苹果派、嫩小牛里脊、鸡蛋薄饼、捷克炸排骨、烤猪肉、烤鲜鱼等。布拉格城堡、旧市区广场、瓦茨拉夫广场等景点附近集中了很多餐厅,在酒馆中,可以品尝当地人自酿的生啤酒。捷克有许多购物场所,最值得购买的纪念品是水晶、布拉格木偶和蓓荷萝芙卡酒。

捷克的水晶制品物美价廉,在布拉格主要商业区和旅游区都有水晶店。布拉格的购物区主要集中在瓦茨拉夫广场、采雷特纳街、帕希裘斯卡街等地,选购波西米亚水晶可以到旧市区,选购木偶、挂饰等物品,可以前往新市区或旧城广场桥塔附近。位于旧市区的 Moser、Crystalex 等店是出售波西米亚水晶玻璃的名店。新市区的 Inter-Décor、契里特纳街 34 号的 Pohadka 等店有各式各样的木偶、挂饰出售。布拉格常年拥挤,夏天旅游旺季和 5 月中旬开始的音乐节期间,情况尤为严重。瓦茨拉夫广场是布拉格旅馆最密集的区域。住宿并不便宜,普通的旅馆人均在 600 克朗(约合人民币 485 元)每天左右,一个房间一般在 1500—2000 克朗每天。

文化

在欧洲,捷克只是一个 7 万多平方千米的中小国家,首都布拉格则几乎代表了它的全部,有人说布拉格浓缩着捷克民族曾经的历史悲欢和创造的生命精华。尽管身为欧洲十字路口的捷克曾在历史上多次经受变乱,但首都布拉格却始终得到呵护。因此在这座城市中,自中世纪以来各个时期和类型的建筑都得以保全,被人们誉为"欧洲建筑艺术博物馆"。市区那些带有尖塔或圆顶的塔式古老建筑物,无论是罗马式、哥特式、巴洛克式,还是文艺复兴式,都完好地保存着,其中以哥特式或巴洛克式数量最多、最为著名,它们大多是教堂。高高低低的塔尖,毗连成一片塔林,因而布拉格有"百塔之城"之称。在阳光照耀下,百塔显得金碧辉煌,因而又被称为"金色的布拉格"。作为全世界第一个整体被认定为世界遗产的城市,布拉格拥有无数历史珍宝。[1] 现代艺术馆藏有众多 20 世纪欧洲旧艺术品。国家重点保护的历史文物达 2000 多处。在老城区每一条大街小巷,几乎都可以找到 13 世纪以来的各种形式的建筑物,如始建于 1344 年的圣维特教堂,建于 1357 年的伏尔塔瓦河上的圣像林立、艺术价值无比的查理大石桥,建于 1348 年的中欧最古老的高等学府查理大学、金碧辉煌的布拉格宫和历史悠久的民族剧院等。老城区的一些偏僻宁静的街巷迄今依然保持着中世纪的模样,街道用石块铺成,街灯是古老的煤气式灯,许多房屋带有宗教色彩的壁画。随着城市交通的发展,老城区

---

[1] 特雷莎·威廉姆斯,张宏浩译:《单飞天下》,上海人民出版社 2009 年版,第 71 页。

的许多街道已经显得过于狭窄，只准许汽车和电车单行通过。

历史上该城市曾出现过音乐、文学等诸多领域杰出人物，如作曲家莫扎特、斯美塔那、德沃夏克，作家莱纳·玛利亚·里尔克、弗兰茨·卡夫卡、米兰·昆德拉、瓦茨拉夫·哈维尔等。今天该市仍保持了浓郁的文化气氛，拥有众多的歌剧院、音乐厅、博物馆、美术馆、图书馆、电影院等文化机构，以及层出不穷的年度文化活动。市内有查理大学（又称布拉格大学）、工学院、音乐学院等高等院校和国家科学院、农业科学院等科研机构。剧院、博物馆和美术馆众多。音乐久负盛名，每年一度的"布拉格之春"音乐会，为世界上重要的音乐盛会。布拉格人把自己的城市打造成国际音乐中心，爵士、蓝调和歌剧是街头艺人们和乐手们最常表演的种类，入夜之后，这座城市便是夜总会的舞台。

旅游

布拉格是一座著名的旅游城市，市内拥有为数众多的各个历史时期、各种风格的建筑，布拉格是多桥之城，伏尔塔瓦河穿城而过，共有18座大桥横架在河水之上，将两岸的哥特式、巴洛克式和文艺复兴式的建筑连成一体。其中，查理大桥被称为"布拉格心脏"，是布拉格人在伏尔塔瓦河上修建的第一座桥梁，距今已有650年历史，以其悠久的历史和建筑艺术成为布拉格有名的古迹之一。

布拉格最热闹繁华的广场——布拉格旧城广场位于布拉格的中心地带，四周景点众多，各种风格的建筑物应有尽有，既有气势宏伟的哥特式教堂，也有华丽的巴洛克式房屋，更不乏文艺复兴式和洛可可式的楼宇，可以算得上是天然的建筑博物馆。广场上还有很多摆摊的小贩出售当地的各种手工艺品和旅游纪念品。

天文钟是一座有名的中世纪时钟，被称为是捷克哥特式科学及技术的登峰造极作品。时钟根据太阳、月亮和黄道十二宫星座设计运转，钟的两边有很多活动的小人物，随着时间的变化，耶稣十二门徒会逐渐出现，当十二门徒都出现时，大钟便开始报时。

国家博物馆在瓦茨拉夫广场一端，是一座新文艺复兴式建筑，也是这个地区的地标建筑之一。入口门旁有一座历史和博物学之种的雕像，馆内主要收藏捷克古代历史文物。此外，馆内还有考古学、人类学、博物学等收藏。

布拉格城堡是捷克的皇家宫殿，不同年代、风格的建筑在城堡中保留下来，其中以罗马式、哥特式、巴洛克式、文艺复兴式建筑居多，以文艺复兴时期修建的晚期哥特式加冕大厅、安娜女皇娱乐厅、西班牙大厅最有名。布拉格城堡画廊，收藏了许多古典绘画，有意大利、德国、荷兰等国艺术家的作品，以16—18世纪的绘画作品为主。

布拉格市政厅建于1338年，曾是皇家宫廷，15世纪末，皇室成员搬入布拉格城堡居住，这里便荒废了几百年，直到1911年才重新启用。在旧市政厅大门正上方是史毕勒的名为《向布拉格致敬》的马赛克壁画，描绘着布拉格的历史，一些布拉格的音乐演奏和宴会在布拉格市政厅内的麦塔纳厅举办。

布尔诺

地名由来

布尔诺的名字来源是有争议的。一种说法是源于古老的捷克语，意为"泥泞、沼泽"。另一种说法是从斯拉夫动词brniti（装甲或强化）推导出来的，此外还有一种说法是它是在日耳曼民族和斯拉夫民族之前的凯尔特语演变而来。纵观其历史，布尔诺的当地人在其他语言中也涉及这个名字，这座城市也被称为布鲁恩。小行星2889就是以布尔诺的名字命名，还有布伦轻机枪——第二次世界大战最著名的武器之一，也是以"布尔诺"命名。

区位

布尔诺位于捷克中部，是南摩拉维亚的首府，西南距维也纳113千米左右。布尔诺是捷克的第二大都市，军工企业发达，也是捷克重要的工业城市和铁路交通枢纽。

历史

公元5—6世纪，克尔特人定居于此。克尔特语"布尔诺"意即小丘之城。

公元 9—10 世纪，布尔诺逐渐发展起来，13 世纪初曾是日耳曼的殖民地，14 世纪轮流与奥洛穆克（原来的首府）召开地区议会。胡斯战争时的亲胡斯军队、三十年战争的瑞典，以至普鲁士在1742年的攻势，都未能让这座城陷落。1243 年建城，自 1641 年起成为摩拉维亚的中心城市。建于 1277 年的坐落在高岗上的什波尔别尔克城堡，以前曾为摩拉维亚侯爵的宅邸，以后历代领主不断对它进行加固、扩建。1777 年升为教区。18 世纪开始工业化，被誉为"摩拉维亚的曼彻斯特"。1847 年安装煤气街灯，1867 年开始电车服务。从 18 世纪末开始，哈布斯堡王朝利用城堡来监禁犯人，不少奥地利革命志士、意大利烧炭党人、波兰革命者都被囚在此处。第二次世界大战期间，纳粹分子在城堡的地下牢房里囚禁过 8 万名政治犯。1961 年，城堡被辟为市博物馆。市中心大教堂的钟楼，每天上午 11 时要敲午时钟，以钟声纪念三十年战争。在1618—1648 年的三十年战争中，瑞典军队两次围攻布尔诺，久攻不下，于是决定在围攻到最后一天中午 12 点，11 点时已经兵临城下，眼见就要沦陷，此时守着大教堂钟塔的老人竟然将 11 时谎报成 12 时，而瑞典将军不察，遵守信诺就退兵了。从那一天起，圣彼得和保罗大教堂每天上午 11 时都报时为正午。1805 年拿破仑曾在此指挥过有名的奥斯特利茨战役。奥斯特利茨今称斯拉夫科夫，位于布尔诺东南 10 余千米处，当年法、奥、俄三皇在此指挥作战，史称"三皇会战"，结果是奥俄联军被拿破仑击败，如今在战场遗址上尚建有小教堂和衣冠墓。

地理

布尔诺位于捷克 - 摩拉维亚高地东麓，斯夫拉特卡河和斯维塔瓦河汇合处，人口约 38.57 万人，第二次世界大战前布尔诺的居民以日耳曼人为主，战后则以捷克人为主。

布尔诺北部、南部以平原为主，西部、东部是丘陵，间有低山。岩溶地形发育。布尔诺属海洋性向大陆性气候过渡的温带气候。夏季炎热，冬季寒冷多雪。其中 7 月最热，1 月最冷。时区属于东一区，比格林尼治时间早 1 小时，比北京时间晚 7 小时。

经济

布尔诺是捷克仅次于布拉格的工业中心。机械工业发达，工农业相当发达。生产天然气、石油、硬煤和褐煤，有发达的机械制造（重型和精密等）和金属加工业，定期举行布尔诺国际机械工业博览会，机械制造工业在全国仅次于布拉格，以生产电机、化工设备、机床、滚珠轴承、拖拉机著称，还有计算机、精密仪器制造厂。纺织、制鞋、缝纫业著名，还有木材加工、化工、食品等部门。农作物有小麦、大麦、甜菜等，葡萄、水果、蔬菜种植业普遍，也是全国梅、杏最大产区。山区主要种植牧草，乳肉畜牧业广为发展。有工业化养禽业。在斯夫拉特卡河、伊赫拉瓦河和曲耶河建有4座水电站。布尔诺也是重要的交通枢纽。数条铁路和公路干线在此交会。

文化

布尔诺是现代主义文化的中心之一。由密斯·凡·德罗设计的图根达别墅在2002年被列入世界文化遗产。市内建有马萨里克大学、石油工业学院、科学研究机构和博物馆等。作为摩拉维亚省首府，布尔诺拥有许多珍贵文化遗迹，遗传学的奠基人格雷戈尔·孟德尔名留青史的豌豆遗传实验就是在布尔诺进行的，他自1854年在这里工作，并在这里去世。著名作家米兰·昆德拉、数学家哥德尔、建筑师阿多夫·洛斯也是在这里出生。

布尔诺人嗜食肉类，水果蔬菜很少。布尔诺的国菜，可以说就是烤猪肉，肉馅面包配酸白菜。这里的速食店很方便，要是不想花太多时间在餐厅里，可以带份德国香肠堡或起司，坐在路边吃。甜甜圈、苹果派和包水果的布尔诺饺子，都是不错的甜点。布尔诺人嗜酒，布尔诺各地的酒馆提供各式酒类，除了啤酒，还有梅子白兰地、草药苦酒等。布尔诺人习惯吃西餐，也爱吃中国菜，尤其喜爱广东菜肴。在家里宴请客人时，往往在请柬上注明请自带餐具，因此，客人须自带餐具赴宴。

旅游

布尔诺虽然屡遭战火，但许多宏伟的建筑物至今犹存，城内保存有很多中世纪的古迹和古代建筑。其中最著名的是建于14世纪的圣杰克教堂、建于

15 世纪的圣彼得和圣保罗教堂、建于 17 世纪的圣托马斯教堂。在靠近什波尔别尔克城堡的德尼索维·萨迪公园内,竖有拿破仑战争结束纪念碑。

比如,圣托马斯教堂始建于 1350 年,原本是一座修道院,后在三十年战争时被战火毁坏,现在只有 1385 年所建的圣母哀子雕像残存了下来。在 1665 年重建该修道院的时候,采用了当时流行的哥特式建筑风格,并用了整整 10 年的时间才全部完工。这座教堂的造型华美,外墙的色彩鲜明,给人以强烈的视觉冲击。圣雅各布教堂始建于 13 世纪的教区教堂,14 世纪后半期至 16 世纪后半期重新改建。从自由广场出发,进入向北延伸的拉欣街,教堂在街右侧,内部有 19 世纪新文艺复兴式的祭坛和圣器室,十分美丽。还有建于 1525 年的石造布道坛,其周围有浮雕。此外,这个教堂的十字架圣像绚丽多彩。

布尔诺的标志性建筑——圣彼得和圣保罗大教堂又称华盛顿大教堂,巴洛克建筑的杰作。它建于 1408 年,是唯一的长方形的哥特式大教堂。立陶宛著名的主教、诗人瓦兰裘斯葬于教堂内。后来不断改建,直到 1655 年俄瑞战争开始才告结束,200 多年间,教堂的外型和构造逐渐吸收了文艺复兴时期及巴洛克建筑特色。教堂塔楼高 41.9 米,内设有 9 个祭坛。1895 年升格成为主教堂。圣保罗教堂每到上午 11 点就会敲响 12 下,爬 124 个阶梯登上教堂塔顶可居高临下欣赏布尔诺市景。进入教堂的欣赏重点是教堂正面的彩色玻璃以及另一面的壮观管风琴。

摩拉维亚博物馆是捷克最大、最古老,也是整个捷克第二大博物馆,完整而有系统地展现了所有摩拉维亚地区的发展历史和发展过程,虽然都以捷克文呈现,参观者仍可在标本模型的辅助下有概括的认识和了解。

绿色广场在车站和自由广场之间,与马萨里克大街位置平行。这个广场上每天开设早市,有新鲜的蔬菜和水果在这里出售。早市散了之后,又立刻安静下来。广场中央有建于 17 世纪的帕尔纳斯喷泉。布尔诺自由广场周围是古建筑荟萃之地,这里的杰特里赫斯特尼宫(现为摩拉维亚博物馆)和建于 1600 年的布尔诺剧院均为典型的古代建筑。

老市政厅建于 1240 年,现已改建为布尔诺市历史博物馆,大厅的拱门上方有 5 条精雕木柱,木柱上的神像精巧别致,走廊上悬挂的鳄鱼模型则是布尔诺市的象征。新市政厅建于 16 世纪,曾为摩拉维亚议会和省法院所在地,里面建有哥特式客厅、走廊和巴洛克式议会厅，厅内的古代壁画具有很高的艺术价值。沙俄名将库图佐夫也曾在此居住。

市西南郊有一座展览会公园，每年在此举行布尔诺国际贸易博览会。18世纪所建的鼠疫纪念柱也为这里的古迹之一。附近还发现有史前人类的遗迹。布尔诺自由广场是布尔诺的主要繁华区，周围有许多商店、咖啡店和餐厅，也是观光客三三两两聚集谈天的地点，展现出无限活力。从 Masarykova 街到自由广场之间，有许多贩售纪念品和服饰的商店，著名的波西米亚水晶在此也能找到踪迹，主要的服饰品牌也都设有分店，其他如刺绣、陶瓷、绘画，或是银行、咖啡店、餐厅都比肩相邻，观光客很容易在此满足所有旅途中的需求。

皮尔森

地名由来

在英语和德语中也称为比尔森，是捷克共和国的波希米亚西部城市，也是人口数量第四的城市，位于布拉格以西。这个城市以比尔森啤酒闻名世界，由巴伐利亚的约瑟夫·格罗尔在 1842 年创建的啤酒品牌。

区位

皮尔森位于捷克西部，是西捷克州首府，处于肥沃的皮尔森盆地中心，是捷克西部地区的经济、文化和交通中心。皮尔森处在首都布拉格和德国巴伐利亚之间的公路线上，东北距布拉格 100 千米。

历史

皮尔森始建于公元 10 世纪，1292 年设市。14—15 世纪发展成为手工业和商业重镇，17 世纪末成为捷克民族文化中心之一，19 世纪开始发展机械工业。这里有 1859 年建立的闻名世界的斯柯达工厂，从 1876 年开始制造蒸汽机。在两次世界大战期间，斯柯达工厂是欧洲著名的军事工业中心，生产军火、重型机械、战斗机、机车和车辆。皮尔森还制造啤酒、化学制品、陶器、铁器和纸张等。皮尔森有"啤酒之乡"的美称。相传在13世纪时，捷克国王瓦茨拉夫决定在此建立自由王城，并给自由王城垄断啤酒生产的特权。从此，皮尔森市把酿造啤酒作为祖传技术代代相传。

地理

皮尔森位于皮尔森盆地中心，西面为山脉，中间为山脉、丘陵和盆地相间，西南部有舒马瓦山和捷克林山，西北部为克鲁什内山。皮尔森有索科洛夫大煤田，还有铜、铀矿等。畜牧业以肉、乳用为主。农作物主要有麦类、马铃薯、亚麻、甜菜等。山地有木材采伐，富热矿泉，其中亚希莫夫矿泉含放射性物质，居里夫妇在此发现镭和钋。皮尔森属海洋性向大陆性气候过渡的温带气候。夏季炎热，冬季寒冷多雪。其中7月最热，1月最冷。

经济

皮尔森以汽车工业及啤酒制造业闻名。世界最高级的蛇麻草（酿啤酒的香草）原产于捷克，而捷克人民的啤酒消耗量更胜德国，为全世界第一。捷克最畅销的啤酒，是皮尔森啤酒。皮尔森啤酒有捷克三大名酒之称。皮尔森的啤酒、卡罗维利的贝赫罗夫卡、摩拉维亚区的白酒，并称捷克的三大名酒。皮尔森地区酿造啤酒的历史相当悠久，远从中世纪时期就已开始。起初皮尔森地区并没有特别研发改进酿造的技术及设备，因此所生产的啤酒口味，就像一般啤酒一样普通。1839年是皮尔森啤酒转型的一年，酒商们集资并指定当时著名的建筑师 Martin Stelzer 建造新的酿酒厂，Martin Stelzer 到欧洲其他国家观摩考察最新的设备，同时引进巴伐利亚地区一流的酿酒技师与酿酒技术。有了全新的设备及专业人才，再加上捷克当地种植的麦芽、风味独特的啤酒花，与皮尔森地区优良的水质和多种不为人知的"独家秘方"，于1842年重新命名推出，100多年来获得无数啤酒大展的金牌奖章，从此皮尔森啤酒便如浴火重生，奠定国际知名的地位。据说当地医生还曾将皮尔森啤酒当处方开给病人当药服用。

提到皮尔森的汽车工业，就不得不说到"斯柯达"了，因为世界知名汽车品牌"斯柯达"制造厂便设在此地。尽管在1991年的时候斯柯达被大众集团收购，但也不妨碍斯柯达是当今世界上仅存的四个百年车企之一。在两次世界大战期间，斯柯达工厂是欧洲著名的军事工业中心，生产军火、重型机械、战斗机、机车和车辆。目前，皮尔森的斯柯达公司主要由斯柯达交通和斯柯达电力构成，其中斯柯达交通生产的有轨电车、无轨电车及电气化火车行销欧洲，成为该领域处于国际领先水平的企业。

文化

皮尔森人在穿着上比较讲究，正式场合都是西装或长大衣，天气寒冷时还戴帽，围较长较宽的漂亮围巾，妇女爱穿具有传统风格的黑色或深红色裙，一旦结婚，男子就把羽毛从帽子上摘下来。皮尔森人认为可以没有好衣服，不可没有好风度。他们不但在与别人打交道时谈吐文雅、彬彬有礼，而且独处时也不随便，对举止轻浮的人非常讨厌，对公众场合搂肩搭背的现象也没有好感。在家里，对长辈恭敬，在室外，扶老携幼者随处可见。现代皮尔森人绝大多数只有一个姓和一个名，即姓、名各一词或一节。为了与自己同名同姓而且身份又相近者相区别，有人还要加一个中间名。称呼时，一般称呼先生小姐，见面行握手礼。

每年新年开始，皮尔森都要举行迎接新生儿的传统仪式。元月 3 日选出新年里的第一批婴儿公民，选中的将得到衣服和摇篮车等奖品。皮尔森的婚礼大多在教堂举行，这一天，新娘家门紧闭，等待由新郎及媒人所率领的迎亲队伍前来迎娶。

皮尔森对外贸易发展很快，它同世界上 100 多个国家和地区有经济贸易联系，其具体外贸进出口业务由外贸企业负责。在当地进行商业会晤时，一般要提前多日约定。谈判前应有足够准备，谈判过程中应有耐心。普遍忌讳红三角图案，受欢迎的谈话内容是体育运动等，不受欢迎的话题是政治问题和家庭琐事等。

旅游

皮尔森千方百计发展旅游业，几乎所有历史文物、名胜古迹都对旅游者开放，而且特别重视提高服务人员的素质和水平。啤酒博物馆坐落于 Velveslavinovaulica 路的 6 号，这栋建筑原是中世纪的谷仓，1959 年开放供游客参观。不论喜不喜欢喝啤酒，参观这个另类的博物馆都会觉得挺有趣的。馆内展示缩小后的啤酒蒸酿模型，以及重现 19 世纪古意盎然的老酒馆摆设，还可看到各式各样酿造啤酒的用具、酒瓶、酒杯和啤酒迷的收藏品。身旁古老的收款机及点唱机及优美的音乐，让人仿佛置身于中世纪的小酒馆里，那种情调使人不饮酒也自醉了。

市区古迹景点不多，文艺复兴式的古老建筑大多集中在共和广场附近，很适合漫步其间。从皮尔森火车站出发，西向过河到达市中心旧城区，景点古迹多集中于此。

圣巴特罗明教堂建于 1320 — 1470 年间，耸立的哥德式尖塔高 103 米，是全捷克最高的一座，也是皮尔森最著名的地标。教堂内的祭坛圣像雕刻及彩绘玻璃，都是不能错过的宗教艺术精品。游客可以登上侧面钟楼的瞭望台，鸟瞰市区全景及近郊风光。Mze 和 Radbuza 两条河流经皮尔森的外围，放眼望去尽是平缓的丘陵及优美恬静的风景。

旧城区以长方形的共和国广场为中心，四周电车穿梭交通繁忙。广场周围的建筑十分协调，正中央矗立着圣巴特罗明教堂，北面隔街是建于 1558 年的旧市政厅，原本意大利文艺复兴式建筑顶层，有后来加建装饰华丽的屋顶，市政厅前有 1681 年所建的黑死病纪念柱、东北侧两条路口外是啤酒博物馆。西侧除了民族博物馆，还有旅客服务中心，广场南边则在每周五举行露天市集。

皮尔森啤酒工厂位于市郊，啤酒厂的入口是装饰宏伟的双拱门，牌楼上刻的是皮尔森啤酒重新研发推出的历史性日期"公元 1842 年 10 月 6 日"。这家工厂除了生产啤酒外，也可安排参观行程，因此常见大批观光客和游览车出入其间。啤酒厂的参观行程有很多种，从 20 分钟到 2 个小时不等，内容包括观赏皮尔森啤酒历史的影片、介绍传统酒窖、现代酿酒系统及啤酒试饮等，费用则自 20 克朗至 100 克朗不等，但假日参观则比平日贵 30 克朗左右，参观行程不论时间长短都需事先预约。啤酒厂内的餐厅可容纳 500 多人，号称是捷克最大的酒馆，供应最新鲜的皮尔森啤酒和捷克传统餐点。

皮尔森的犹太教会堂在欧洲独具特色，外观特别庄严宏伟，是欧洲较大的犹太教堂之一，1892 年时由一群住在皮尔森的犹太人所建。教堂属于新文艺复兴式的建筑风格，砖红色与白色相间的外观看起来明亮轻快，和一般犹太教堂不同，只可惜没有妥善维护，现在看来有些陈旧破败，教堂内部不对一般观光客开放，不过光是外观就颇具欣赏价值了。

利托米什尔

地名由来

在 13 世纪，利托米什尔东部的波希米亚镇出现了连接波希米亚和摩拉维亚一条重要的贸易路线。直到 1918 年，LEITOMISCHL——利托米什尔（较老的德国名字）成为奥地利君主国的一部分，这个区域的负责人具有相同的名称。

区位

利托米什尔位于捷克中部的帕尔杜比采州，境内拥有一座宏伟古朴的城堡，历史上用来保护波西米亚和摩拉维亚之间的贸易安全。利托米什尔的主要特征是修建于文艺复兴时期的巨大城堡，其长方形广场是捷克共和国境内的大广场之一。

历史

利托米什尔城堡始建于公元 10 世纪末，完成于 1582 年，被称作"建筑学上的一颗珍珠"。自从 1259 年，利托米什尔就具有了城镇特权。1568—1581 年，贵族家族将这座原有的中世纪城堡改建成了意大利文艺复兴时期建筑风格的城堡。历史上利托米什尔非常富裕，但是经常受到大火的袭击，尤其是 1775 年和 1814 年的大火，对它造成了很大破坏。1781 年一场灾难性的洪水也对它造成了很大破坏。自然灾害毁掉的这些房屋，在晚期被重建为巴洛克风格。19 世纪初以后，这些房屋进一步被重建为帝式风格。

地理

利托米什尔属温带大陆性气候。夏季炎热，冬季寒冷多雪。其中 7 月最热，1 月最冷，年平均气温约 8.3℃，夏季平均气温约 16.7℃，冬季平均气温 -1℃。时区属于东一区，比格林尼治时间早 1 小时，比北京时间晚 7 小时。

经济

当地的特产是水晶制品，以玻璃工艺品最为著名，有国际性的一线品牌，但价格比较便宜。主要商业区和旅游区都有水晶商店，另外其他的特色商品还包括木偶和蓓荷萝芙卡酒。

文化

在过去，利托米什尔是一个著名的宗教中心。这个地方的文化传统，远远超越了区域和国家边界。城堡，特别是巴洛克式的城堡剧院、城堡公园，在内部设计精妙的剧场里上演多元化的音乐会和戏剧表演，丰富城镇居民的生活。当地人的饮食以猪肉为主，日常民族饭菜是猪肉排、甜酸菜和馒头片。

1824 年，捷克著名的音乐家贝德里赫·斯美塔那，出生于利托米什尔。这正是继"布拉格的春天"这个最为古老的音乐节之后，在利托米什尔召开"斯美塔那之利托米什"国际歌剧节的原因。该音乐节的传统始于 1949 年，如今在节日中，可以公开演奏各种各样的美妙音乐，这种音乐在形式上接近于歌剧，是戏剧理论的支柱，包括歌唱、乐器演奏、交响乐和民歌，甚至还包括卧室中唱的歌。参加节日的顾客一般包括高层家庭整体、欧洲和国际音乐界的团体和个人。这里还是作曲家斯美塔那的故乡。

1999 年，利托米什尔城堡被列入世界遗产名录，利托米什尔城堡承袭了文艺复兴时期拱廊式城堡的建筑风格，这种建筑风格最早成型于意大利，16 世纪的欧洲中部被广泛采纳并得以迅速发展。它的图案和装潢，包括在 18 世纪又加上去的晚期巴洛克式样的装饰物，都堪称极品，这座拱廊风貌的贵族宅邸及其附属建筑被原封不动地保留了下来。该城堡属于文艺复兴时期城堡中的"摩拉维亚"类型。刻画是由 20 世纪 70 年代捷克共和国一流的油画家瓦茨拉夫·博斯蒂克和雕刻家奥布拉姆·朱贝克完成的。在城堡里，有一个异常别致的能够容纳 150 个观众的小剧院。在 80 年代，该城堡是拍摄米洛什·福曼的影片《阿马德乌斯》的一个拍摄点。1994 年，中欧七国首脑的谈判就发生在这儿。1995 年，西班牙国王夫妇还参观了该城堡。

旅游

最佳旅游时间是 5—9 月，这段时间气候温和，雨量不多，也是泡温泉的最佳时间。利托米什尔主广场被誉为捷克很漂亮的广场之一，狭长的广场被具有典型的文艺复兴时期中欧建筑的拱廊门庭房屋包围。广场沿着城堡山下河流的古贸易之路而建，几乎大到半千米的长度，在某些方面与著名的位于南部摩拉维亚地区泰尔奇的大广场有很多类似的地方。接近广场尽头的开阔地屹立着捷克作曲家斯美塔那的雕像。斯美塔那故居位于城堡酿酒厂一层，是利托米什尔地区博物馆的一个分馆，1824 年这里迎来了捷克著名作曲家斯美塔那的降生。故居内展示了这位音乐家的童年、家庭生活以及音乐作品。利托米什尔地区博物馆建于 1891 年，侧重于利托米什尔及其周边地区的历史。1926 年，博物馆搬移到一个更大的建成于 18 世纪初的巴洛克式建筑风格的语法学校。

骑士之家是 16 世纪中叶具有文艺复兴时期风格的建筑，是波希米亚地区非常漂亮的建筑之一。石头房子的正面是周期的图形元素，将这里命名为骑士之家与“一名骑士”的故事有关，可以看到两名士兵被刻画在窗口两旁。此外，还有更多的人物，如学生、商人，甚至美人鱼、狮子和独角兽也被用于装饰绘画。整个装修工程于 1977 年完工，最初是作为骑士展厅并展示 20 世纪初伟大的艺术家 Maxvabinského 的作品，现在这里收藏了大量艺术品，并举行短期展览。

木偶与玩具博物馆收集了从 1850 年至今的展品，在将近 250 平方米的 6 间房屋内，“妈妈娃娃”在不同时期所需要的游戏。参观者可以看到历史房屋、公主与农夫、商铺或是美国农场、铁路模型、碰碰车、马戏团、刀、各种游戏和其他老玩具，每个人在这里都可以找到自己的兴趣点。除此之外，博物馆还开辟了一处儿童角。

修道院花园原本是中世纪的教堂墓地，重建于 2000 年的装饰性公园现在被简称为修道院花园。修道院花园拥有户外咖啡店、音乐喷泉以及欣赏历史中心红色屋顶的超级视角。

　　约瑟夫·瓦查尔（Josefa Váchala）是一名当地的版画家、画家以及作家。20世纪初，瓦查尔将他的朋友同时也是收藏家 Portman 的住所内部涂鸦一新，便成为现在的约瑟夫·瓦查尔博物馆。穿梭于房间会发现，屋内每一平方米均覆盖着强烈的色彩及噩梦般场景的表现主义壁画，就连很多家具也有瓦查尔绘画以及雕刻的手迹。

斯洛伐克

斯洛伐克共和国，英文名称为 The Slovak Republic。其西北临捷克，北临波兰，东临乌克兰，南临匈牙利，西南临奥地利，1993 年 1 月 1 日成为独立主权国家。斯洛伐克国土面积 49035 平方千米，分 8 个州和 1 个直辖市，每个州以其首府的名字命名，其下分区，一共有 79 个县，下设 2883 个市镇。主要城市包括布拉迪斯拉发、科希策、特伦钦、日利纳等。

布拉迪斯拉发

地名由来

布拉迪斯拉发这个有些拗口的名字，在当地人的口中却充满轻快的韵律。这个名字由两个单词组成，分别是"兄弟"和"斯拉夫人"的意思。现代斯洛伐克人的祖先斯拉夫人在公元 5—6 世纪的民族大迁徙时期抵达这一地区。布拉迪斯拉发这个地名是在 1919 年确定下来的，而这座城市有着太多历史和不同文化停留的痕迹。它的历史曾经受到日耳曼、捷克、匈牙利、犹太和斯洛伐克等各种民族的强烈影响，因此拥有许多来自不同语言的不同名称。

区位

布拉迪斯拉发位于斯洛伐克的西南边陲，靠近斯洛伐克与奥地利、匈牙利的交会处，距离维也纳也只有 1 小时左右的车程，距离匈牙利边界也仅仅 16 千米。

历史

布拉迪斯拉发的历史可追溯至公元前 5000 年，公元前 100 年布拉迪斯拉发曾为凯尔特人的行政中心。公元 1 世纪被罗马帝国管辖，接下来萨莫帝国、大摩拉维亚帝国、奥匈帝国等，都曾经将此地作为政治、经济中心。1536 年，布拉迪斯拉发成为匈牙利王国的首都，城内的圣马丁大教堂就是国王加冕的地方。现在旧城区有"国王之路"标识。曾有 11 位国王、8 位王后在加冕后沿标识踏上君王宝座。1919 年，这座城市被正式命名为布拉迪斯拉发。1939 年 3 月 14 日，在纳粹德国的指使下，斯洛伐克宣告独立，布拉迪斯拉发成为首都。第二次世界大战后，以捷克人和斯洛伐克人两个平等民族组成的捷克斯洛伐克共和国宣告成立，布拉迪斯拉发作为捷克斯洛伐克共和国（后改称为捷克和斯洛伐克联邦共和国）的一个城市走上工业化和住宅区建设集中化的道路。40 年间，布拉迪斯拉发人口增至原来的 4 倍。1993 年 1 月 1 日，斯洛伐克共和国在捷克和斯洛伐克联邦共和国解体后成为独立的主权国家，布拉迪斯拉发再次成为斯洛伐克的首都。

地理

布拉迪斯拉发位于多瑙河河畔小喀尔巴阡山麓，美丽的多瑙河纵穿全境，把布拉迪斯拉发一分为二，但城区也容易遭到多瑙河和摩拉瓦河洪水的影响。

布拉迪斯拉发属海洋性向大陆性气候过渡的温带气候，是斯洛伐克非常温暖、干燥的地区之一，年平均气温约 10.5℃，最温暖的月份平均气温约为 21℃，最冷月平均气温约为 –1℃。夏天炎热、冬季寒冷，春季和秋季时间短暂。

经济

布拉迪斯拉发是斯洛伐克共和国政治、经济、文化中心和国际交通枢纽，不仅设有政府、议会和各国外交机构，还设有国家银行、国家剧院、高等院校、科学院、保险机构、证券交易所和大型贸易公司等。

对于大多数斯洛伐克人来说，布拉迪斯拉发的地理位置明显偏远，但如此的地理位置却使布拉迪斯拉发居民获益匪浅。布拉迪斯拉发距离欧洲发达地区较近，它与奥地利的维也纳以及匈牙利的杰尔构成一个繁荣的经济圈，并被认为是欧洲最具发展前景的地区。布拉迪斯拉发工业发达，化学工业在全国处于主导地位，食品工业是传统工业，汽车制造业则是极具发展前景的行业。布拉迪斯拉发的就业率和职工月均工资全国最高，还被评为全国经营环境最好的城市。城市的边缘地带以葡萄和蔬菜种植为主。布拉迪斯拉发交通发达，与国际和国内公路、铁路相连，什特凡尼克机场保障了国际国内航空运输，多瑙河水路运输也享有特殊地位。

文化

早在 1465 年，布拉迪斯拉发就开始创建斯洛伐克境内第一所大学——伊斯特洛波利塔纳学院，它也是当时匈牙利王国境内唯一一所大学，主要传播人文主义、文艺复兴思想和从事高等教育。如今，布拉迪斯拉发又有 5 所高等院校，它们是考门斯基大学、斯洛伐克技术大学、经济大学、音乐艺术大学和造型艺术大学。2002 年，在上述大学就读的学生人数占全国大学生总数的三分之一左右。

布拉迪斯拉发还是一座文化气息浓厚的国际都市，世界上一些著名的展会和艺术节在此定期举办，如布拉迪斯拉发音乐节、布拉迪斯拉发爵士乐节、布拉迪斯拉发七弦琴节、化学博览会和国际建筑博览会等。布拉迪斯拉发戏剧演出有 200 多年历史，斯洛伐克国家剧院享有世界声誉，它由歌剧团、话剧团和芭蕾舞团组成。市内博物馆和画廊众多，展品极其丰富。

旅游

斯洛伐克首都布拉迪斯拉发，也是在第二次世界大战中受损严重的城市。在战后重建中，市政当局保护旧城，另建新城。建于 13 世纪的哥特式圣马丁教堂，建于 14 世纪以高耸尖塔闻名遐迩的圣约翰教堂，建于 16 世纪的罗兰喷泉，以及建于 18 世纪，拿破仑与奥皇弗朗西斯二世签订和约的巴洛克建筑，都受到了保护。

布拉迪斯拉发城堡作为防御工程建于8、9世纪。10—11世纪的时候，多民族的匈牙利国家开始有了雏形，匈牙利第一任国王什特凡一世在这里设立行政公署，与此同时也管理宗教事务。11世纪下半叶时，还曾经一度做过匈牙利国王沙拉姆的王宫。15世纪，卢森堡国王将它改建成了晚期的哥特风格。虽然从15世纪以来，各个朝代都对城堡进行了不同程度的改造，但形状一直保持着四边形。18世纪。布拉迪斯拉发城堡改建为皇家城堡。1811年，城堡不幸被烧毁。1953年，城堡又得到了全面的修复。

大主教宫是斯洛伐克甚至是欧洲古典主义建筑物中的巅峰代表作，它号称是布拉迪斯拉发最美的宫殿。圣马丁教堂位于布拉迪斯拉发旧城区，教堂为14世纪的哥特式建筑，祭坛后的彩绘玻璃上绘有奥匈帝国的皇冠图样。奥匈帝国时期，曾有11位国王、8位王后在此加冕，所以过去也被称为"国王教堂"。通常国王值加冕之前，会从教堂的右侧门进入，那时，教堂会清场，只留下国王与王后在圣殿中祈祷，在那静默的两个小时里，国王可以反悔并思考是否要接下王位。当然，从来没有一位国王说不。在祈祷结束后，国王要踏上三级阶梯靠近主教，主教会将王冠、权杖、剑交给国王，拿到象征权力的佩戴品后，国王必须游行城中心。一出教堂右侧门，就可见石砖地上镶着以国王王冠为标志的路线标识，这就是"国王之路"，国王将循着标识游行，宣布自己已是一国之君。1830年，圣马丁教堂举行了最后一次加冕仪式，之后奥匈帝国的国王加冕仪式便搬回布达佩斯举行。在祭坛的圣诗班坐位后方墙上，就绘有历代接受加冕的国王的名单。教堂里有圣马丁在座骑上将大衣送给乞丐的巴洛克式雕像，传说圣马丁在送衣给乞丐后，竟在梦中得到上帝相同的赏赐，因此在梦境发生后，圣马丁便将战利品通通捐给穷人。据传他晚年迁居法国，成为教主，这座教堂便以他的名字命名。

坐落在首都边境的达文城堡，位于多瑙河和摩拉维亚河的交界处，距首都约13千米，矗立在山崖峭壁上，担负着保卫地方的防御大任。达文城堡初建于公元3—4世纪间，公元7—9世纪间改建，16世纪再度修建。曾有罗马军队攻至现在斯洛伐克边陲，拿破仑的军队也曾经进驻这座城堡，架上加农炮防御敌军。

科希策

地名由来

科希策又可以译为"科息斯",科希策最早出现在文献上是 1248 年。1290 年由匈牙利统治的这一地区,被提升为皇家所属城市。此后的数百年间,这里作为匈牙利北部重要的商业城市而逐渐繁荣发展起来。

区位

科希策是斯洛伐克东部的重要城市,也是斯洛伐克的第二大城市,距匈牙利约 20 千米,距离乌克兰约 80 千米,距离斯洛伐克首都布拉迪斯拉发约 400 千米。

历史

科希策是历史名城,根据考古发现,斯科特人、凯尔特人、达克人、完达尔人和匈奴人都在此居住过。1290 年,科希策得到城市特权,1342 年被列入匈牙利王国重要中心的行列,1347 年成为匈牙利王国第二大自由君主城,1369 年成为欧洲最早拥有城徽的城市。直至 15 世纪初,科希策的发展很顺利,成为重要的手工业和商业中心。16 世纪中叶,一场大火烧毁了科希策的许多房屋和主要教堂。修复后的城市风格是文艺复兴式,还建造了异常坚固的堡垒。18—19 世纪,逐渐拆除了城墙,城市不断扩大。19 世纪初,科希策开始掀起工业革命的浪潮。1860 年开通了至布达佩斯的铁路。1870 年又连通了到西里西亚的铁路。随后又在位于老城区东部边缘的火车站与市中心之间建起了面积很大的公园。即使在两次世界大战期间,科希策的建设也没有停止下来。

地理

科希策位于斯洛伐克东部地区,坐落于赫尔纳德河左岸的科希策盆地,在斯洛伐克矿山的东端,南部是喀斯特地貌,西部有一些山脉,境内河网密集,靠近匈牙利边境。科希策海拔约为 201.6 米,面积 242.77 平方千米。地形以盆地为主,地处北温带,夏季炎热、冬季寒冷,全年降水较少,降水月度分布较为均匀。

经济

科希策可以说是斯洛伐克东部经济中心,其经济总量约占斯洛伐克国内生产总值的 9% 左右。钢铁行业较为发达,除此之外科斯策还有较为发达的机械工程、食品工业、服务业等。失业率为 11.4%,低于当时全国平均水平 15.6%。工业远比农业发达,冶金业和机械制造业有悠久的历史传统。菱镁矿、盐矿、石灰岩、瓷土和铁矿的开采由来已久,东斯洛伐克钢铁厂对斯洛伐克经济具有战略意义。化学工业、建筑材料的生产、木材加工也具有一定的水平。食品加工业集中地区以生产罐头、糖果、巧克力、啤酒和葡萄酒而著称。农作物主要有谷物、甜菜、油料作物、蔬菜、水果,是世界闻名的葡萄种植区。畜产品生产多种多样,养殖牛、羊、猪和家禽等。

文化

为了更具体地体现欧盟文化“多样性的一致”,希腊、法国文化部长在 1985 年倡议评选“欧洲文化之都”,当年 6 月 13 日,欧共体部长理事会根据希腊文化部长的提议而作出了决定。该项目举办初期名为“欧洲文化之城”。1999 年,欧盟对选拔程序进行了修改,由欧盟委员会推荐举办国,举办国将选拔市上报欧盟委员会,欧盟委员会推荐给欧盟理事会,决定每年举行“欧洲文化之都”活动的城市,由此活动也更名为“欧洲文化之都”。到 2010 年,共有包括雅典、佛罗伦萨、巴黎、柏林、马德里、里斯本、赫尔辛基、热那亚、科希策和伊斯坦布尔等在内的 42 个城市享有此项殊荣。

有“欧洲文化之都”之称的科希策提出了创意经济的概念,亦即经济和与艺术的融合,有转化的城市空间创意产业的某些领域的发展。在科希策及其周边地区持续的维护文化生活。创意经济项目的主要场馆主要有:军旅文化公园,即 19 世纪军营变成了新的城市空间与当代艺术的完美有机结合;艺术馆即 20 世纪 60 年代废弃的游泳池改变成了在斯洛伐克的第一个艺术馆,反映了社会主义时期的斯洛伐克风貌。

科希策是著名的文化中心，它拥有戏剧和音乐舞台以及博物馆和美术馆，老城区是古迹保护区。科希策建有多个艺术剧院，科希策州剧院始建于 1945 年，其他剧院包括木偶剧院和老城区剧院。科希策的博物馆也数不胜数，主要有成立于 1872 年的东斯洛伐克博物馆，成立于 1947 年专门从事历史和科技的传统继承的斯洛伐克技术博物馆与天文馆。成立于 1951 年的第一个地区性的画廊——东斯洛伐克画廊，其目的是记录今天的斯洛伐克东部人民的生活、艺术。

科希策是斯洛伐克第二大高等教育中心，规模最大的大学为科希策技术大学，拥有在校生近 20000 人。第二大的大学是帕沃尔约瑟夫沙发利克大学，拥有在校生近 10000 人。

旅游

科希策最珍贵的古迹是哥特式风格的圣伊丽莎白教堂。该教堂修建于 14 世纪，外表暗淡沉静。它是科希策最著名的旅游景点，同时也是欧洲最东边的哥特式大教堂。教堂下面有拉科奇公爵墓，他在 18 世纪反抗奥地利 - 匈牙利起义失败后被流放到了土耳其。该教堂最具艺术价值的作品是北门的浮雕——《最后的审判》，最富丽堂皇的作品是圣伊丽莎白主神坛，创作于 15 世纪，是欧洲的大神坛之一。除了圣伊丽莎白大教堂，还有 14 世纪的圣迈克尔教堂，圣市塔和新巴洛克风格的国家剧院在城市中心。

科希策州剧院位于科希策中心广场的音乐喷泉对面，建成于 1899 年，附近由绿化花圃环绕着。从火车站步行 5 分钟可以到达纪念柱，纪念柱位于国家剧院北侧，它是一座 1723 年建的大型巴洛克式雕塑。

科希策城市塔—蜡像馆始建于 14 世纪，在 20 世纪 70 年代经过了重建。现在塔中设立了一个蜡像馆，很多人物穿着的服饰很有东欧特色。科希策市政厅位于科希策中心主干道的东侧，修建于 1779 年。1945 年的《科希策政府纲要》在这里颁布。如今，这里有一座小型画廊。东斯洛伐克博物馆展示了整个地区的文化、历史和考古学研究成果。地下室的科希策黄金珍藏馆不容错过，这里藏有 2920 枚从 15—18 世纪流传下来的金币，是在 1935 年被偶然发现的。除上述景点外，科希策还拥有许多不同时期不同风格的宫殿和市民住宅，有哥特式、巴洛克式、直线式、文艺复兴式和古典主义等风格。

特伦钦

地名由来

特伦钦这个名字最初是作为古希腊名字 Leukaristos 所提到的，描绘的是大约公元 150 年的托勒密世界地图。公元 179 年，在罗马帝国和日耳曼夸迪人间战争的过程中，罗马人当时刻在岩石上的铭文出现在现今城堡之下，这个地方被称作"Laugaricio"。这是罗马人在中欧最北端活动的最明显展现。自 1111 年至 1113 年，这个名字第一次在书面记载中提到。这个名字也分别被德国、匈牙利和波兰等国家的文字记载。

区位

特伦钦位于斯洛伐克西部，西北部与捷克接壤，是一个典型的中世纪城堡。该州面积占全国总面积的 9.2%，人口约占全国总人口的 11.2%。该州下辖 9 个县，276 个城镇（其中 18 个城市）。

历史

公元 179 年起，特伦钦便因巨大的岩石而被称为特伦钦城堡。公元 613 年，特伦钦成为斯拉夫和法兰克军队之间的决战现场。在 11 世纪初，该区域被国王博莱斯瓦夫控制。在 1302—1321 年间，特伦钦被强大的巨头马修控制。特伦钦在中世纪期间获得了许多特权，如在 1324 年，当地居民从支付通行费中解放出来，1412 年，从国王齐格蒙特处得到免税皇家城镇特权。然而，在随后的几百年中特伦钦一直有灾难和战争，1708 年特伦钦遭遇了反哈布斯堡王朝的起义，1790 年，特伦钦被烧毁，从此成废墟。

19 世纪特伦钦蓬勃发展，通往日利纳和布拉迪斯拉发的铁路修建，并建立了许多新的企业。1867 年，特伦钦的政区地位有所下降。特伦钦在捷克斯洛伐克共和国的时期再次蓬勃发展，1940—1945 年之间再次成为县的首府。斯洛伐克民族起义开始后不久，特伦钦被纳粹德国占领，并成为党卫队保安处所在地。1990 年以来，特伦钦的城市基础设施已基本恢复，并且从 1996 年开始一直是特伦钦州和特伦钦区的所在地。

地理

特伦钦州地形明显高低起伏，山脉众多，气温随海拔高度的变化而不同。特伦钦 - 杰普利策、波伊尼策和诺斯策的温泉水丰富，温泉疗养业发达。州内有 5 个自然保护区，面积最大的是白喀尔巴阡山和斯特拉若夫山。最丰富的矿物原料是褐煤，还有一定数量的白云石、石灰岩和砖土。

特伦钦地处欧洲温带气候最优越的气候区，属海洋性气候向大陆性气候过渡的温带阔叶林气候，温度适中，四季中没有很大起落，雨量相当充沛。

经济

在经济上，特伦钦可分为两大明显不同的地区，尼特拉河上游地区是全国最著名的矿业区，而瓦赫河流域则以机械制造业和纺织工业为主。该州其他有代表性的工业部门有化学、橡胶、建筑材料、皮革、制鞋、玻璃制造和食品工业。丰富的褐煤保障了热电厂和化工厂（在诺瓦奇）所需的燃料。特伦钦地区服装制作工业较为发达，它是斯洛伐克传统的服装生产基地，被誉为"时装之都"。

特伦钦是重要的农业地区，主要农作物包括谷物、豆类作物、油料作物、玉米、甜菜和啤酒花，水果栽培以苹果、李子、葡萄、樱桃和杏为主。

特伦钦交通便利，通往奥地利、波兰的铁路和公路线经过该州，最大的交通枢纽是特伦钦、普里埃维扎和瓦赫河畔新城，特伦钦的军用机场有时也用作民用交通。

文化

特伦钦人民爱狼成癖，不论红白喜事，狼是当然的"主角"。男女订婚的礼品上贴有或印有狼图，婚礼时陪伴新人的男女宾客要假扮成狼，洞房门口挂着一只纸扎的狼，守丧的亲戚朋友要化装成狼，尸身上要覆盖印有大狼的布。

在州府特伦钦有特伦钦大学和斯洛伐克第一所非国立大学——经济管理

大学，特伦钦还是文化中心，经常举办大型展览和博览会。

旅游

特伦钦以气势宏伟的特伦钦古堡而闻名。古堡建在市中心的一座石山上，由高墙和城楼相围。它建于 1761 年，但是 1790 年被火焚毁。目前只保存有重建的城堡中央的高层方形碉堡，其余部分为断垣残壁，但仍能显示出这座建筑物的磅礴气势和宏伟规模，为全国一级文物保护单位。古堡石山上有一块颂扬公元 1 世纪罗马帝国军队在此取得军事胜利的石碑，铭文用拉丁文书写，这是斯洛伐克境内最老的古碑，古堡山脚下的卵形广场以及周围建筑是老城部分，主要名胜有：建于 14 世纪的教堂和堡垒、建于 15 世纪的哥特式骨灰堂和市政钟楼、建于 1712 年的霍乱纪念柱、皮亚利斯特教堂、巴黎教堂、"在岩石上"教堂和建于 1912 年的犹太教堂。

特伦钦老城区的中心是米艾罗维广场，虽然老城区面积不大。但是这里很好地保存了当年的文艺复兴式样建筑和巴洛克式样建筑。从耸立在山丘上的特伦钦城堡可以一览城市街景。

特伦钦古城堡是斯洛伐克较大的城堡群之一，是特伦钦和整个瓦赫河流域地区的制高点，于公元 11 世纪在大摩拉维亚公国原始城堡的基础上兴建。城堡的建筑外形源于 13 世纪，13 世纪末至 14 世纪初是城堡的全盛时期，统治了斯洛伐克大部分地区的王朝所在地正位于这里。城堡曾在 1790 年的特伦钦大火中被烧毁，大火过后，城堡底层被翻修过，全范围的重建直到 20 世纪 50 年代才得以实现。

整座特伦钦古城堡气势非常雄伟，四周有高墙和城楼围绕，由查伯勒斯基宫、巴尔博拉宫和路德维特宫以及高耸的马杜氏塔楼组成，塔楼高达 39 米，占地面积 12 平方米，塔楼墙体厚达 4 米。城堡里一口被人们称作"爱之井"的古井对游客很有吸引力，因为这里有着一段浪漫的爱情故事，据说，过去有一个名叫特克·奥马尔的土耳其青年和当地的一位姑娘法蒂玛真心相爱。可是有一天，法蒂玛却被当地庄园主抓进城堡，囚禁起来不让他们相见。特克·奥马尔得知要想救回自己的心上人必须要在城堡中挖出一口水井，否则，二人永远不能再见面。无奈之下，特克·奥马尔接受了这个苛刻的条件，连续 3 年，他独自一人在城堡中挖井，终于大功告成，甘甜的井水汩汩而出，庄园主十分满意，释放了法蒂玛，从此二人便幸福地生活在了一起。且不说这个故事的真实性有多少，特伦钦城堡却因为这份坚贞和执着为人所知，"爱之井"每年都吸引来无数的情侣投下硬币，以见证这段永恒的爱情。

日利纳

地名由来

日利纳（Žilina），匈牙利语作 Zsolaa，德语作 Sillein。捷克斯洛伐克中部城市，建于 1312 年。初称 Zselinyán，是由古斯拉夫语地名之 Želiňany 演变而来（来源于地名 Želin，最早可追溯到人名 Žela）。在奥匈帝国时期，词尾 -ny 易与匈牙利语地点状语的词尾 -n 相混，故脱落。

区位

日利纳是斯洛伐克西北部城市，交通要地。它位于西喀尔巴阡山的中段、瓦赫河河畔。北部与波兰交界，西北部与捷克接壤，占全国总面积的 13.8% 和全国人口的 12.8%，下设 11 个县，315 个城镇（其中 18 个城市）。

历史

大约在公元前 200 年前，就有人在日利纳地区定居。在铜器时代和古罗马统治时期都相继有人定居在日利纳。有关日利纳的最早文字记载可以追溯到 1208 年，那时该地区名为特拉德塞利那。"日利纳"这个名字于 1297 年首次出现在文件中。1321 年 7 月 12 日的史料记载表明，日利纳在当时已经发展为一个城镇。1321 年国王查理斯一世在访问这个城镇的时候，赋予了日利纳自由的特权。"日利纳"在欧洲历史上具有重大意义的法律语言文件，可追溯到 1378 年。1381 年 5 月 7 日，匈牙利及波兰国王罗德维奇大帝在访问日利纳时颁布了《日利纳斯洛伐克人基本公民权利法案》，市政厅墙的纪念牌就是为纪念这一事件而设的。在接下来的几个世纪，日利纳成为手工制作、贸易及教育中心。17 世纪末，在日利纳有 16 个行会，200 个手工制作作坊，其中有

150 个布料商铺。1918 年 12 月 12 日到 1919 年 3 月 3 日，日利纳成为斯洛伐克政府管理部门所在地，也是斯洛伐克政府的首府。

1949—1960 年，日利纳地区由斯洛伐克新政府管理，但之后的日利纳发展滞后，当时的政府故意忽略日利纳的重要性。1960 年，日利纳大学被移至日利纳，它在日利纳的发展进程中发挥了重要作用。1968 年后，日利纳经历了一次复苏——工业、住宅、电信、学校及文化设施都得以建设和发展。1990 年城市取得了前所未有的进步：该城市的街道、广场、历史遗址等全面重建工作稳步进行，凭借自己的资源建立了生态电车交通系统；日利纳大坝建于 1994 年，1997 年第一辆汽轮机开始运行。1993 年，随着斯洛伐克共和国的独立，日利纳市的影响日益提高，从 1996 年开始，日利纳的重建工作成为繁荣该市的机遇与挑战。

地理

日利纳市坐落在日利纳盆地的瓦赫河谷之中，瓦赫河、基苏卡河、拉坎卡河在这里汇合。日利纳自然环境多样化，地形以高山为主，其中，亚沃尔尼克山、西贝斯基迪山、中贝斯基迪山、大发特拉山、小发特拉山、低塔特拉山和西塔特拉山等最为著名。大部分地区气候较为寒冷。斯洛伐克最长的河流瓦赫河及其他的一些支流构成该州的地理轴心，矿泉水和温泉水丰富，有多个疗养中心。自然资源主要有石灰岩、木材和泥煤等。7 月份平均气温约为 18℃，1 月份平均气温约为 -4℃，年均降雨量为 650—700 毫米，6—7 月前半个月降雨最多，每年降雪期为 60—80 天左右。

日利纳境内山地居多，农业用地仅占 36.8%，而牧场和草地占据了大部分农业用地，畜产品的生产超过农作物的栽培，土豆和黑麦是主要的农作物。

经济

日利纳属于斯洛伐克重要的经济地区，工业发达，机械工业在全国处于领先地位，大型的机械工厂已从军工转变为生产民用拖拉机、摩托车、建筑和林业机械、测量仪器和机床。能源、电机和造纸工业也很重要，化学和印刷工业集中在日利纳，木材加工业遍布全州，纺织和服装工业有悠久的传统，食品工业中以啤酒生产和烈性酒最为有名。

文化

日利纳是斯洛伐克著名的文化地区，州府日利纳（有木偶剧院、博物馆和美术馆）、马丁（有著名的"斯洛伐克协会"和斯洛伐克民族起义剧院）、鲁若姆贝洛克和利普托夫斯基·米古拉什是主要的文化中心。在日利纳有日利纳大学、在利普托夫斯基·米古拉什有军事学院、在马丁有考门斯基大学的耶森尼亚医学院。在日利纳市立剧院，活跃着马雅科合唱团以及法特兰卡乐团和罗兹苏太奇民歌合唱团，其合唱水平代表着斯洛伐克的最高水准。该团经常代表日利纳参加国内外的重要艺术节。

坐落于日利纳的波瓦兹斯卡美术馆主要展览 20 世纪下半叶的绘画及艺术品，珍藏了 3000 余件艺术品。该馆主要面向日利纳本地及来自日利纳周边地区的艺术家，已为来自日利纳周边的 40 多位艺术家进行了展览。

旅游

日利纳州旅游业发达，闻名全国乃至世界的旅游胜地是低塔特拉山（以亚斯尼谷地和德马诺夫谷地为中心）、小法特拉山（以夫拉特谷地为中心）和塔特拉山（斯科鲁新山地和洛哈切）。文化历史古迹有斯特雷奇涅城堡、奥拉瓦城堡、斯克拉宾城堡和布拉特尼城堡。境内许多地方保存古老的民间建筑，弗尔科利涅茨作为民间建筑的文物保护区已被载入联合国教科文组织世界文化遗产名录。

日利纳地区北与波兰边境交界，西与捷克边境交界，境内 60% 都是茂密的森林，而整体地形都是围绕于山边的山谷。因为其境内丰富的地形变化，而形成丰富的大自然资源，再加上它丰富的历史文化背景，使其成为一个最佳的旅游景点。

在斯洛伐克西北部，有一条从东北向西南走向的山脉绵亘在发格河两岸，这就是捷克斯洛伐克的旅游胜地——小法特拉山。此山属喀尔巴阡山，其北部规划为小法特拉山风景保护区，面积 197.9 平方千米。这里有纷繁复杂的花岗岩、石灰岩和白云岩地形，既有嵯峨嶙峋的悬崖，又有险峻的隘口、峡谷，还有小型侵蚀盆地、冰川遗迹。山上云杉密布，瀑流争涌；有些地方山毛榉成片，有些地方山毛榉和冷杉林交错生长。南部还有栎林和高山草甸、高山植物。山中还有许多熊、山猫、绢蝶等稀有动物。山上建有滑雪吊索、空中吊椅以及旅馆等旅游设施，和美丽的大自然融为一体，和谐成趣。

塔特拉山又译"塔特里山"，是喀尔巴阡山脉最高的部分。山脉主要由花岗岩和石灰岩等组成。已测出高度并定名的山峰超过300座。高塔特拉山，在波兰、斯洛伐克边境，东西长约94千米，宽24千米；最高点格尔拉赫峰（在斯境内），海拔2655米；低塔特拉山，全在斯洛伐克境内，东西长约104千米，宽30千米；最高峰琼别尔山，海拔2043米。山地具有阿尔卑斯式地形，多冰斗、溶洞、山岳湖泊和悬谷等。在海拔1500米处覆盖有云杉林，间长山榉、冷杉、落叶松林等，在海拔1900米处为高山矩曲林，再往上为山地草甸雨灌丛。山地有矿泉，有山地索道穿越，辟有国家公园（分别在波、斯境内），同时它也是登山运动和冬季体育运动中心、山地气候疗养地和旅游胜地。

波 兰

波兰共和国，英文名称为 The Republic of Poland。波兰位于中欧，东与乌克兰及白俄罗斯相连，东北与立陶宛及俄罗斯接壤，西与德国接壤，南邻捷克和斯洛伐克，北濒波罗的海。国土面积 312685 平方千米，全国分 16 个省，308 个县，2489 个乡。主要城市包括华沙、罗兹、克拉科夫、格但斯克等。

华 沙

地名由来

维斯杜拉河的西岸耸立着一尊高 2.5 米的铜铸美人鱼雕像。她的上身是窈窕少女优美的身姿和那羞花闭月的面庞。她右手高举利剑，左手执盾，做抵御敌人之状。她的下身是一条遒劲、翘起的鱼尾。这座美人鱼雕塑，就是华沙城的标志。同时，她也与华沙地名的由来有着密切的关系。在波兰语中，"华沙"一词由华沙城的奠基人华尔和她的妹妹沙娃二人的名字连缀缩写而成。美人鱼则是对兄妹俩鼎力相助，剪除水怪，保卫人民安居乐业并给城市命名的庇护者和保护神。相传，古时候在维斯杜拉河边的原始森林旁的渔村里，居住着华尔和沙娃兄妹二人。他们经常坐在河边聊天，过着幸福快乐的日子。后来，维斯杜拉河出现了一只水怪，搅得河水经常泛滥，弄得民不聊生，村民不堪苦难，纷纷外逃。为了让村民过上平安、幸福的日子，华尔和沙娃决定除掉水怪。在维斯杜拉河里华尔和沙娃与水怪鏖兵奋战几百个回合，仍不见胜负。就在他们力不能支的时候，美人鱼一跃而起，左手握剑，右手持盾，前来助阵。只见美人鱼手起刀落，水怪身首异处，自此这一地区的人们过上了祥和的生活，后人为永远纪念勤劳勇敢的祖先，便把华尔和沙娃的名字合成"华沙"（War-Sawa），人们还把女神妸莲娜的形象（人身鱼尾）作为华沙的市徽。

区位

华沙是波兰首都和经济、科学、文化与交通中心，位于马佐夫舍平原的中心地带，距离波罗的海约 260 千米，距离德国柏林 523 千米。华沙面积 512 平方千米，被誉为"绿色首都"，是世界上绿化最好的城市之一，条条大街绿意盎然，草坪小花星罗棋布。

历史

远在 13 世纪末华沙即开始建城。16 世纪它成为波兰首都，在这里建立起了王室贵族的宫殿和豪富的庄园。1655—1657 年，瑞典战争时期，华沙遭到了严重破坏。18 世纪时，华沙的建筑艺术曾有且大的发展，人们称之为"华沙古典主义"，同时进步的政治思想、文化艺术活动也非常活跃。19 世纪波兰国家衰落，华沙成为爱国志士活动的中心。第一次世界大战后，波兰恢复独立，华沙又有了进一步的发展。到第二次世界大战前，这个都市的人口已达 120 多万人。1944 年，华沙古城被德军付之一炬。第二次世界大战之后，华沙人民用长达 5 年的时间凭借记忆和保存的资料记载重建家园，按照 14—18 世纪建筑的原样再现历史老城区的市容街貌。市内有 900 多座具有历史意义的古代艺术建筑物，迄今为止已修复和整饰了 700 多座。

地理

华沙位于维斯杜拉河中游西岸，华沙平原中部，地势南高北低，大部分为低地和平原，其平均海拔 100 米左右。华沙属于温带大陆性气候，冬冷夏热，年温差大，降水集中，四季分明，年雨量较少。其年平均气温为 17℃左

右，1月平均气温为 –5℃左右，7月平均气温为 30℃左右。平均雨量每年约
680 毫米，降水主要集中在 7 月份。

经济

华沙是波兰首都和经济、科学、文化与交通中心。它的工业部门主要有
钢铁、机械制造、汽车、制药和化学等。其中尤以电子和食品为主，是波兰
最大的印刷工业中心。

华沙日益增长的商业机会已经引起了许多国家和地区投资者的注意。华
沙曾被评为最大的新兴市场，华沙所创造的收入占到波兰国家收入的 12% 左
右。2008 年华沙的人均国内生产总值高达 94 兹罗提（约合 33000 美元）。华
沙 2010 年的名义 GDP 约为 1917.66 亿兹罗提。华沙吸引了大量的中东欧地区
的外商投资。它是波兰国民生产总值增长较快的经济体之一，同时，失业率
在波兰最低。

文化

华沙一直坚持着老城和新城的规划，各种历史留念物、名胜古迹大都集
中在老城区，特别是雄伟的宫殿、宏大的教堂，各式各样的箭楼、城堡等，
每年吸引着大批来自境外的游客。在新城区，现代化的高楼大厦，一幢连着
一幢，各种商店、饭馆、旅店、宾馆屈指可数。登上 230 米高的文明科学宫
顶端，瞭望周围，华沙美景一览无余。华沙郊区内还有波兰科学院、歌剧院、
音乐厅和可包容近 10 万观众的"十周年体育场"。

华沙坎坷的历史，加上僧侣、商人等的特殊饮食习惯，丰富了当地的饮
食料理，使得华沙饮食同时具有法国、意大利和犹太特色。华沙人以肉类、
马铃薯和奶油为主食，淀粉类食物吃得不像捷克人那么多，料理也不像匈牙
利或比利时食物那么辣。华沙人吃饭时先喝汤，汤的种类有甜菜汤、蛋花冷
汤、高丽菜汤、大麦汤。主餐的种类有不少，常见的有：高丽菜卷、内包米和
肉、炸猪排、薄饼和软起司，以及各式的洋水饺。华沙人很爱喝酒，特别是
啤酒、伏特加及特别的烈酒。

华沙人十分重视婚礼。男女双方先要到结婚登记处登记，并邀请亲朋好
友参加登记仪式。新郎和新娘要从自己的亲属或最亲密的朋友中选定一男一

女作为自己的证婚人。参加结婚登记仪式的人要穿礼服。华沙人的婚礼以奏《婚礼进行曲》开始。《婚礼进行曲》一响，新郎新娘在身穿黑色长袍的主婚人带领下，步入大厅。新娘新郎站立在主婚人对面，证婚人及双方父母坐在大厅前排椅子上，其余的人跟随就座。主婚人按规程询问并听取新娘新郎的，然后新娘新郎随着《婚礼进行曲》徐徐走出大厅，整个仪式持续时间不长，一般仅十几分钟，但很庄严、肃穆。待新娘新郎走出大厅后，参加仪式的其他人依次排成一行，将鲜花送给新娘，并向他们祝贺。信教的人，结婚登记后要到教堂举行宗教婚礼。新娘穿白纱裙，新郎穿黑色西服。宗教婚礼仪式完毕后新娘夫妇走出教堂时，人们将事先准备好的硬币抛撒在地上，由新郎新娘一个一个地去捡起来，谁捡到的多，就预示着谁将会最富有。选择婚礼的日期一般要避开雨天。民间传说，如果婚礼当天下雨，将预示着"婚姻不美满"，婚后生活将"布满乌云"，连天公也会难过流泪。

旅游

华沙是著名的历史名城，华沙老城中心作为特例于 1980 年被联合国教科文组织列入世界遗产名录。世界遗产一般拒绝接受重建的东西，但华沙人民自发起来保护自己的民族文化和历史传统，为世界所有的古城做出了榜样，也对欧洲的古城保护产生了重要影响。

华沙的各种历史纪念物、名胜古迹大都集中在老城区，特别是宏伟的宫殿、巨大的教堂、各式各样的箭楼、城堡等，每年吸引着大批来自境外的游客。老城区位于维斯杜拉河西岸，中世纪巍峨壮观的红色尖顶建筑群集中在这里，四周环绕着采用红砖砌成的 13 世纪的内墙和 14 世纪的外墙，四角有高耸的古式城堡。著名的古老建筑有被誉为"波兰民族文化纪念碑"的昔日皇宫、华沙最美丽壮观的巴洛克式建筑克拉辛斯基宫、波兰古典主义建筑杰出代表瓦津基宫以及圣十字教堂、圣约翰教堂、罗马教堂、俄罗斯教堂等。城区到处耸立着纪念碑、雕像或铸像，维斯杜拉河畔的美人鱼青铜像为华沙的城徽图案。国际著名物理学家居里夫人出生的寓所已建为博物馆，坐落在佛里塔大街上。

与老城区相对的新城区，各种现代化建筑鳞次栉比，全市拥有 13 所大学、170 座公共图书馆、26 座博物馆、19 座剧场、3 个歌剧院、2 个音乐厅、

68 所影院，再加上肖邦故乡和其伟大的音乐作品，使这座城市成为东欧极其吸引人的旅游中心之一。

耸立在市区内的华尔扎那电视塔高达 645.33 米，是目前世界上极高的建筑物之一。这是一座用 15 根巨大钢缆紧固的钢塔，距地面 347.5 米的高度，设有一间有 400 座位的旋转餐厅，登塔眺望，华沙全市的景色一览无余：波光粼粼的维斯杜拉河如一条锦带，静静地从市中心穿过，沿河两岸树木葱郁，碧草如茵，各建筑都掩映在万绿丛中，整个城市仿佛是由绿色海洋上的许多小岛组成，在绿浪丛中若隐若现，把人带入神话般的境界。

罗 兹

地名由来

罗兹市界公路旁竖立着一块巨大的界碑，界碑上画着罗兹市徽——红色盾牌上一艘带一把木桨的小木船。原来"罗兹"一词，在波兰语中就是"小木船"。维斯瓦河中游支流勃祖拉河发源于它的北郊，奥得河中游支流奈尔河发源于它的东南郊并流经南端，现在在航运上都已无意义。罗兹得名，也许因为曾有古代小木船在这些河流上往来通航。

区位

罗兹是罗兹省的省会，东距首都华沙约 250 千米，面积 214.3 平方千米，单从人口上说是波兰第二大城市。

历史

"罗兹"在波兰语中是"小木船"的意思。城市最早的源地是在一条名为罗特卡的小河旁的一个村落。14 世纪始见于史籍，但一直到 18 世纪末期以前，罗兹作为一个居民点，其城市几乎没有任何经济地位，而今天罗兹周围的一些卫星城镇，如茨格尔日、帕边尼策等，在当时都较罗兹重要得多。1798 年建市，至 1815 年，罗兹仅有居民 300 人。由于优越的地理位置和地方市场的发展，吸引了附近廉价劳动力。19 世纪 20 年代起，罗兹开始了其"暴发"过程，纺织工业迅速发展，成为全国纺织工业中心。

欧洲大陆上的资本主义工业革命使这个无名小城在百余年里一举成为波兰的第二大城市。18 世纪末 19 世纪初，法国的资产阶级革命和后来席卷欧洲的拿破仑战争，极大地震撼了欧洲农业中的农奴制和工场手工业中的行会制度。以纺织业为主导的现代工厂制在欧洲中部（普鲁士、捷克一带）广为发展。罗兹地处沙皇俄国统治下的波兰王国西部，农奴制的势力较为薄弱，而普鲁士的资本主义生产关系已较为强盛。1820 年在沙皇和波兰国王的特许下，罗兹地区被指定为发展纺织工业的地区，大批织布工人自西里西亚、大波兰一带（现波兹南地区）、捷克和萨克森地区（今德国东南部）迁来，波兰和普鲁士的资本大量投入。又由于有俄国作为纺织品的广大市场，因而纺织工业迅速发展起来，罗兹很快就成为波兰最大、在欧洲也很有地位的纺织工业城，有人称之为"曼彻斯特第二"。

随着工业的发展，工人队伍日益壮大，成为波兰政治舞台上一支重要力量。1892 年从纪念"五一"节活动开始的总罢工，有市内和市郊约 6 万工人参加，沙皇政权称之为"罗兹暴乱"，对其进行了残酷镇压。在 1905—1907 年席卷沙俄的革命运动中，这里是运动中心之一。1905 年 7 月这里爆发了反对沙俄帝国的第一次工人武装起义。第一次世界大战结束，罗兹工人曾在 1918—1919 年建立了工人代表苏维埃。波兰复国后，罗兹市于 1919 年成为省会。这时罗兹的工业主要掌握在德国人和犹太人手中。1928—1933 年，波兰发生严重经济危机，罗兹工人运动进一步发展，在 1928 年、1933 年、1936 年，罗兹纺织工人举行了三次总罢工，震撼了波兰全国。1939 年 9 月 1 日，纳粹德国入侵波兰。9 月 9 日罗兹沦陷，6 年多的纳粹铁蹄践踏的悲惨岁月开始了。

地理

罗兹位于波兰中部低地，海拔仅 187 米左右，在两大河流维斯瓦河和奥得河水系的分界处，年平均气温约 18.3℃，1 月平均气温约 –3.5℃，7 月平均气温约 18.3℃，年均降水量约 590 毫米。

经济

罗兹是波兰第二大城市和最大的纺织工业中心。罗兹的工业是波兰罗兹工业区的核心部分。这个工业区由波兰中部的十几个工业城镇组成,主导部门是纺织工业,但机械、电子、化工、食品等也较发达。主要工业城镇有罗兹附近的茨格尔日、帕边尼策、斯科尔涅维策、罗兹-康斯坦丁诺夫、罗兹-亚历山德罗夫、奥泽尔古夫,以及远郊的兹敦斯卡-沃拉、谢特拉兹和托马舒夫等。战后,罗兹的工业改造也颇有成效,新工业部门的发展显著,如机械、化工等。生产的产品包括变压器、电动牵引设备、纺织机械、电影机械、合成橡胶制品、皮鞋等。

罗兹的交通运输地位在波兰并不突出,但由于它地处欧洲 E12、E16 号公路的要冲和柏林-莫斯科铁路的必经之地,所以也有不可忽视的意义。罗兹的铁路在城市外围已明显成网,向东、北和东南分别与波兰铁路网的枢纽站相通。

文化

波兰第二大城市罗兹,是波兰电影的摇篮,市内的国立电影学院孕育了许多电影史上的大师级人物。同时,它也是一座充满了创意和活力的文化名城,无数杰出的艺术家、科学家、实业家聚居在此,造就了现代而独特的城市文化。

最初,很多来自萨克森等南德意志地区和波希米亚,亦有些是来自葡萄牙、英格兰、法国及爱尔兰等较远国家的人不断迁入罗兹。波兰人、德国人和犹太人对这个城市的发展作出了很多贡献。第一次世界大战时期的罗兹仍然是一个多民族城市,数据显示,当时罗兹人口中,波兰人占 52.21%,犹太人占 33.49%,而德国人占 14.28%。

第二次世界大战后,罗兹在文化、科学等方面发展很快,这里有综合性大学、工业学院、医学院等高等院校以及歌剧院、图书馆、综合体育馆等文体设施。小学教育,该城市有 21 所小学;中等教育,有 7 所高中和 7 公立中学;高等教育,有爱琴海大学以及档次不一的旅游学校和一些私人机构。在过去两年,建立了很多私立学校,并提供从初级到学园教育课程。罗德的音乐学校（希腊）位于阿凡投罗得岛附近。在罗兹大多数主要的全国性电视台节目都能播出。还有 5 家当地电视台以及一些国家级广播电台。

罗兹有许多团队运动，足球和篮球曾经非常流行，但在过去发展几年里，橄榄球却是各种运动中最引人注目的。全市有三个主要的体育场馆：罗兹市体育场和国家 Kallipateira 体育中心提供所有户外活动，而"Venetokleio"的室内馆则提供室内运动。

旅游

罗兹的建城区有着明显的中轴结构。彼得科夫卡大街是主导南北的轴线。自北而南，沿轴线分别有：罗兹最早形成的居民区拉多哥煦，罗兹历史上最大的工人居住区巴夫特，1820 年以前的老城，1823 年始建的新城，霍依内工业区和帕边尼策工业区。整个城区呈现的棋盘式构造相当典型，这在欧洲城市中是不多见的。市中心商业区作为南、北工业区的中间地带职能非常突出，新建筑很少，但商店繁多，餐饮业、文化事业地位突出。

彼得科夫大街在市中心以北部的自由广场为起点，向南有百多年历史的建筑鳞次栉比，其风格依建成年代而有显著不同。其中建于 19 世纪前半叶的多为传统欧洲风格，以浮雕等表面装饰为特色，后半叶的建筑则趋向线条明快。尽管宗教建筑不多，但罗兹人民仍非常钟爱这里的文化积淀，总要向外来游人介绍其详。行政职能区在商业区南部，多为第二次世界大战后 20 世纪 50 年代的建筑，气势更显得宏伟。副商中心不明显，可能是由于中心商业区地位突出、位置适中的缘故。

作为一个迅速崛起的工业城市，罗兹的城市建设仍留存着旧时的痕迹。城区南、北两部分为早期的工业区和工人居住区。那里街道狭窄，建筑矮小且相当陈旧。与波兰其他城市不同，罗兹在第二次世界大战期间基本没有遭受战火的摧残，大批旧建筑保留了下来，但也保留了昔日的破败。与工业区内矮小、密集的居民建筑相对照，市中心区一座座当年德籍工厂主的豪华宅邸给人一种不平衡感，它们既反映了过去阶级的矛盾，又表现着历史上波兰劳动人民与德国统治者之间的隔阂。

罗兹城区的发展主要是向东、西方向。西部有洛基切新区、库腊克、卡罗列夫、科基内、茹巴尔茨、大波兰和台奥菲卢夫等小区。其中台奥菲卢夫小区是罗兹新建的最大居民小区，人口多达 10 万人。城市东部有多雷、维泽夫西区、扎热夫和东布罗瓦区。新区的建筑高度一般为 5—7 层，小区功能完善，绿地、教堂、影院等一应俱全。

20 世纪 70 年代，罗兹同波兰其他城市一样进入了大规模发展时期。旧有的工人居住区经过了比较彻底的改造，消灭了棚户区。市中心的广场、中央干线道路网、市内交通枢纽处的道路立交、内外环导线，以及大批饭店、办公楼等公共设施都是在这个年代里兴建起来的。

市内著名建筑不多，一些宗教建筑也没有悠久的历史，但城市北郊的瓦基耶夫尼森林却是这个大工业城市的骄傲。林区面积 1000 多公顷，主要是人工林，林木相当茂密。林内小径通幽，人工的小河、小湖是夏日里酷爱日光浴的城市居民野游、休闲的好去处。

克拉科夫

地名由来

克拉科夫是在公元 700 年由克拉科斯建立的，城市的名字也是以其建立者克拉科斯的名字命名的，即克拉科夫城。

区位

克拉科夫是波兰第三大城市，是克拉科夫省首府，位于波兰南部维斯瓦河上游右岸，面积 327 平方千米，距离波兰首都华沙约 300 千米。

历史

公元 700 年，克拉科斯建立克拉科夫城。公元 10 世纪在克拉科夫并入波兰版图之前，维斯瓦公爵已经在此建立都城。从"复兴者"卡齐米什王国（1034—1058 年）起克拉科夫成为波兰首都。从 1320 年起克拉科夫成为国王的加冕地。1794 年科希秋什科起义以克拉科夫为中心。波兰被完全瓜分后，克拉科夫隶属于奥地利。第二次世界大战期间，克拉科夫被并入德国版图的

"总督辖区"。1948年在克拉科夫兴建了大型的钢铁联合企业，从而带动了整个城市经济的迅速发展。

地理

克拉科夫是欧洲最东端的地区，属于大陆性海洋性气候，1月份平均气温骤降低于 −3℃，年平均气温为 8.7℃左右，夏季 18℃—19.6℃，冬季从 −2℃ 至 −0.6℃。由于位于克拉科夫附近的塔特拉山，经常有暖流出现，使得该地区温度时常急剧上升，即使在冬天也能高达 20℃。

经济

第二次世界大战以后，克拉科夫发展成为波兰最重要的工业中心和交通枢纽。重要工业部门有冶金、机器和仪器、铸造设备、采矿机械、建筑机械、筑路机械、电缆、化学和出版印刷。

克拉科夫是波兰最重要的经济中心，近年来私营部门一直逐步增长，有 50 多家大型跨国公司在此设立分公司，基于大量的本地和外国高科技公司，克拉科夫一直试图将自己定位为"欧洲的硅谷"。

文化

克拉科夫市是除华沙以外波兰最大的科学文化中心。这里的雅盖隆大学建立于 1363 年，是波兰最古老的大学，也是欧洲最古老的大学，伟大的天文学家哥白尼就是由这所大学培养出来的，位于市区的雅盖隆图书馆是欧洲古老的图书馆之一。除了雅盖隆大学之外这里还有 11 座大学。

克拉科夫市主要有以下习俗和节日：

正午号声。克拉科夫市中心的圣玛亚教堂，每天中午都从塔上放出几声号角。据说，13 世纪鞑靼人入侵时，钟楼的守卫者吹起警号报警，被敌人射中喉咙，号声终止。从此，克拉科夫人便每天中午在圣玛亚教堂吹响几次号角，表示完成壮烈牺牲的号手未完的声音。

克拉科夫日。克拉科夫日是克拉科夫市一年一度的狂欢节日。节日连续举行一周。在庆祝节日中，有一个装扮名为叫"拉伊科尼克"的鞑靼人。这个人戴着高帽子，黑面孔，大胡子，被包围在人群中，一纵一跳地在大街上走过。并依照习俗，和市议员在广场一同喝酒，受人们传统的致敬。据说，鞑靼人入侵时，一位名叫拉伊科尼克的渔夫，打死了鞑靼人，穿了死者的衣服，混过了军营，向人民报警。因此，他便成了人们永远纪念的英雄。

斯布特卡节。每年的6月23日晚，是克拉科夫人民的斯布特卡节。据说，古时有一名名叫娃尼坦的公主，长得十分漂亮，被普鲁士王子看中。公主知道不嫁给普鲁士王子是不行的，但要嫁给他，克拉科夫就要变成普鲁士人的城市。娃尼姐热爱自己的祖国，坚贞不屈，不愿侵略者占领克拉科夫，便于6月23日那天毅然登上瓦维尔宫墙，仰望长空，环视田野，克拉科夫在她眼前屹立。她大义凛然，跳进了维斯杜拉河，牺牲了自己年轻的生命，保存了克拉科夫。此后每年在公主跳河的那天晚上，全市人民都向河里丢下许多鲜艳的花圈，花圈上点燃许多小蜡烛，随波漂流，宛若繁星点点。这时，河边草地上，燃起熊熊篝火，奏起古老的波兰舞曲。男女青少年围着篝火载歌载舞，纪念坚贞不屈的娃尼坦。

旅游

克拉科夫也是波兰最大的旅游中心。克拉科夫是中世纪欧洲首都的一个范例，从单一城堡发展为充满活力的两个新兴城市，这是克拉科夫独具一格的城市发展特色。市内古典的建筑物，弥漫着中世纪的风情，被誉为波兰最美丽的城市。

老城风景多姿多彩。包括著名服装大厅在内的大市场，四周环绕着教堂、修道院、钟楼和方塔，城市周围是17—18世纪建造的一系列富户宅院，城市的其他地段，教堂尖塔掩映下的是中产阶级建造的哥特式、文艺复兴式和巴洛克式住宅。

克拉科夫老城区。古时曾是克拉科夫的市中心，称作"主市场"。14世纪时商人们在这里经营各种呢绒制品，并在这宽敞美丽的广场上建起了专门的工艺品交易厅。文艺复兴时期又进行重建。目前该大厅一层是纪念品商店，二层是国家博物馆画廊，收藏着18—19世纪画家的作品。在其旁边耸立着一座哥特式塔楼，原是市政厅，目前是历史博物馆。古城还有一座著名的圣玛利亚教堂，这是波兰极漂亮的哥特式古建筑之一，高81米。里面陈列着许多珍贵的艺术品，如著名的总祭坛（1477—1489年建成）、著名铜版艺术家斯托什雕刻的带有耶稣受难画面的十字和五彩缤纷的玻璃绘画等。此外，每隔一小时，教堂钟楼上的号手吹响一次长号。据记载，这是为纪念中世纪抵抗异族入侵的一位忠于职责、坚守岗位的号手而流传下来的传统。

维耶利奇卡盐矿位于克拉科夫郊区。自公元13世纪开始开采，至今仍在不断地挖掘中，是欧洲很古老且目前仍在开采的盐矿之一，里面有着许多艺术品、祭坛还有用盐雕刻的塑像。维耶利奇卡盐矿是中世纪劳动艺术的结晶。从14世纪起维利奇卡盐矿成为采矿业城市之一，15—16世纪是鼎盛时期。18—19世纪盐矿开始扩建，成为波兰著名的盐都。

克拉科夫的市集广场号称是全欧洲最大的中世纪广场。也是克拉科夫最让人心动的地方，温馨又充满活力、精致且不失纯朴。许多人到克拉科夫就是特地为了来感受波兰地道的地方风情。广场中央的纺织会馆，现在已改为商场和博物馆，里头的摊位售卖琥珀、木盘餐具、波兰娃娃等各种波兰民俗手工艺品。

圣玛利亚教堂是克拉科夫广场上最瞩目的建筑。它建于13世纪末到15世纪初，为纪念圣母玛利亚升天，几个世纪以来一直作为城市中最主要的大教堂。它是典型的哥特式建筑，堪称波兰哥特式的典范。圣玛利亚教堂是由手工制作的红砖修建而成，内部装饰、塔楼以及教堂顶部的修建花费了整整一个世纪。大教堂由两座尖塔组成，塔尖不对称，分别为81米和69米。塔尖上的金冠是1666年加上去的，它代表当时波兰女王玛丽亚的王权。从14世纪开始。每隔一小时就有一名号手在高塔上吹响号角，甚至在很远的郊外都能听到那悦耳的号声。

格但斯克

地名由来

格但斯克，中国清朝史籍译称丹接。其名源自斯拉夫语，意为"哥特人的城市"。

区位

格但斯克位于波兰北部，波罗的海沿岸，维斯瓦河的入海口，地势平坦，面积 262 平方千米。格但斯克是波美拉尼亚省的省会，波莫瑞省的首府，是波兰北部最大的城市，也是该国北部沿海地区的最大城市和最重要的海港，与索波特、格丁尼亚两市形成庞大的港口城市联合体——三联城。

历史

公元 997 年，布拉格的霍耶华大主教到濒临波罗的海的格但斯克传播基督教，标志着格但斯克城市历史的开始。格但斯克在 10—11 世纪是独立的格但斯克国的中心。12 世纪和 13 世纪末，格但斯克属于波兰。1308 年，曾被条顿骑士团占领。1454 年，仍隶属于波兰。14 世纪后长期被普鲁士人占领，称其为但泽市。1807 年到 1814 年，成为附属华沙公国的"自由市"。1814 年再一次被普鲁士夺去。1919 年，第一次世界大战德国战败后，凡尔赛和约确定格但斯克为自由城市。第二次世界大战后，重归波兰。

地理

格但斯克地形以平原为主，由于地处河口三角洲地带，这里的平均海拔也只有 7—13 米。格但斯克常年受到大西洋湿润气流的影响，为温带海洋性气候，年均温为 12.8℃，1 月平均气温约为 -2.4℃，1 月平均日最低气温为 -3.4℃；而 7 月平均气温约为 17.3℃，平均日最高气温为 21.0℃。格但斯克年均降水量不多，只有 590 毫米左右，但常常是阴雨绵绵，降水主要集中在 5—10 月。

经济

格但斯克造船业极为发达，并且拥有机电、五金、机械、化学、纺织、木材和食品等工业，是波兰工业和对外贸易中心之一。这里拥有两个港口：格但斯克港区，占地近 1000 公顷；1974 年又建了"北方港"，专运煤炭、石油、铁矿石。整个工业生产同海洋经济和烧结矿需求密切相关。

谈及格但斯克的经济，不得不说一下格但斯克这座城市赖以生存和发展的经济根基——航运与贸易。正如前文所述,格但斯克位于维斯杜拉河入海口的三角洲地带,通过维斯杜拉河便捷的内河航运可以较为方便地到达波兰的绝大部分地区,这样有利的区位和便利的水运条件使得格但斯克在很早的时候就已经发展成为欧洲极为繁荣的航运中心和国际贸易中心之一。同时,作为前汉萨同盟①的重要成员,格但斯克与其他前汉萨同盟城市,也保持着密切的经济联系。格但斯克正在利用与上述地区的传统联系,试图重新成为中欧、东欧与北欧、西欧之间进行贸易的一个主要基地。

波兰盛产波罗的海琥珀,为世界琥珀储量极为丰富的国家之一。琥珀被称为波兰的国石,格但斯克一带是波兰最大的琥珀产地和制作中心。从古代开始,格但斯克就集中了众多的琥珀加工作坊,其设计精美,制作考究,每年都吸引了大量来自德国、日本、韩国和中国香港等地的珠宝商洽谈业务。琥珀交易获得的收入是格但斯克市经济收入中较为重要的一部分。

文化

格但斯克是波兰重要的科学、文化、艺术、高等教育和博物馆学中心。拥有数家剧院、7 座电影院、波罗的海爱乐音乐厅、波罗的海歌剧院。在 16 世纪,该市就主办了莎士比亚戏剧的巡回演出。1743 年成立了但泽研究学会,是世界上很早的同类组织之一。莎士比亚剧院已经计划在其历史遗址重建。格但斯克有数家剧院,一个音乐厅、一个歌剧院,以及众多的博物馆,夏季在长广场还有露天音乐会演出。

旅游

格但斯克海洋旅游和娱乐业发达。位于该市的"维斯泰尔普拉泰"英雄半岛,是第二次世界大战时德国法西斯入侵波兰打响第一枪的地方,现在岛上仍保留着当年激战的遗迹。格但斯克市古建筑在第二次世界大战期间遭到

---

① 汉萨同盟是德意志北部城市之间形成的商业、政治联盟。汉萨一词,德文意为"公所"或者"会馆"。13 世纪逐渐形成,14 世纪达到兴盛,加盟城市最多达到 160 个。1367 年成立以吕贝克城为首的领导机构,拥有武装和金库。同盟垄断波罗的海地区贸易,并在西起伦敦,东至诺夫哥罗德的沿海地区建立商站,实力雄厚。15 世纪转衰,1669 年解体。

破坏，后来全部重建，构成港口早期中心区、古城区、古城近郊区、低洼城镇区、斯皮赫茹夫山前地带5个单独建筑群。这里有1574年建造的维任纳城门，门内有集中了文艺复兴时期古色古香优美建筑的长街和市场。市内还有1343年建造的哥特式圣玛利亚教堂，这是世界著名的基督教教堂之一。另外还有一座古老的帝王行宫——"绿门"。

维斯特布拉德半岛位于波兰最大河流维斯瓦河支流入海口，源于荷兰语，意为"西边的沙洲"。1924年，根据国际联盟决议，波兰在半岛上建立了一个军事转运仓库。1939年9月1日，德国军舰向驻守在半岛的波军发起进攻，打响了第二次世界大战的第一枪。当时驻守在半岛上的波军将士只有210人，而进攻的德国士兵达3000人。波军将士顽强抵抗了7天，终因弹尽粮绝而投降。9月21日，希特勒特意登上半岛，查看这个曾被德国报界称为"波兰小凡尔登"的地方。现在半岛上残存着5座士兵营房的废墟，建有曾指挥抵抗德军的苏哈斯基少校及士兵的墓碑。在人工土丘上耸立着高70米的"海岸卫士纪念碑"，上面镌刻着第二次世界大战期间欧洲战场上历次著名战役的名称。

马尔堡的条顿骑士团城堡位于格但斯克的南部，是中世纪砖制城堡的杰出代表。这个城堡属于当时的条顿骑士团，当国王的居所于1309年从威尼斯移到这里后，这个城堡也得以扩建和重修。在以后的数百年里，城堡日渐衰败，到19世纪和20世纪初期，早期的文物保护者运用了相当精湛的技艺和文物修复技巧，恢复了城堡的原貌。该城堡在第二次世界大战时期被严重毁坏，后人根据第一次修复时留下来的详细资料再次修复了这个文化遗产。1997年，马尔堡的条顿骑士团城堡被联合国教科文组织世界遗产委员会列入世界遗产名录。

格但斯克金门，长街上最主要的标志性建筑，兴建于1612—1614年，在原址的哥特式城门之上改建，为荷兰风格主义建筑。门边的矮墙上有象征着城市精神的铭文，西侧为和平、自由、财富和名誉，东侧为协商、争议、虔诚和慎重。

有着绝妙尖塔的旧市政厅，1379年动工，1561年完成了这个高达82米的尖塔，尖塔上矗立着齐格蒙特·奥古斯特国王的黄金雕像。这里曾因火灾和战争而三度遭受巨大灾难，但威风凛凛的哥特式高塔，却始终为城市增添着几分亮点。现在，旧市政厅内部已作为格但斯克历史博物馆而向公众开放，在这里可以见识到艺术装饰。其中尤以"红色客厅"评议会室最为著名,墙上挂有佛兰德画家 Jan Vredman deVan den Block 的画作,画中描绘了当时波兰、普鲁士、格但斯克、立陶宛四国军队的原貌。墙上的暖炉、宝箱等装饰品均是 16 世纪的。

　　格但斯克圣玛利亚教堂是世界最大的砖砌教堂,也是欧洲较大的砖砌哥特式建筑之一。它全长 105.5 米,宽 66 米,能容纳 25000 人。它是天主教格但斯克总教区的主教座堂。

立陶宛

立陶宛，全称立陶宛共和国，英文名称为 The Republic of Lithuania。立陶宛国土面积为 65300 平方千米，位于欧洲中东部，北与拉脱维亚接壤，东、南与白俄罗斯毗邻，西南与俄罗斯加里宁格勒州和波兰相邻，西濒波罗的海。拥有总长为 1644 千米的国境线和 90 千米的海岸线。立陶宛全国划分为 10 个县，即维尔纽斯县、考纳斯县、克莱佩达县、首莱县、潘涅维日县、马里亚姆波列县、陶拉格县、泰尔夏伊县、乌捷纳县、阿利图斯县。共 44 个区，92 个市，22 个镇。主要城市有维尔纽斯、克莱佩达等。

维尔纽斯

地名由来

"维尔纽斯"从立陶宛语"维尔卡斯"（狼）一词演变而来。相传 12 世纪时，立陶宛大公来此打猎，夜间梦见很多狼在相斗，其中最强壮的一只狼斗败其他的狼，大声嗥叫，声动四方。圆梦人说这是吉兆，在此筑城，将名扬四方，于是大公就在此修建城堡。事实上，公元前这里就已经有人定居。历史上立陶宛数次遭到邻国兼并，维尔纽斯多灾多难，几度易手。1323 年，立陶宛大公国格基明大公定都于此。

区位

维尔纽斯是立陶宛的首都和最大城市，位于内里河和维尔纳河的交汇点，城市占据着两条河流交汇产生的盆地。维尔纽斯城区由老城和新城两部分构成。旧城的规模较大，面积达到 3.6 平方千米，是欧洲非常大的旧城之一。

历史

维尔纽斯历史悠久，公元前这里就有人定居。1323 年，立陶宛大公国格基明大公定都于此。当时的城市由高低错落的城堡组成的大公府邸和手工业者与商人集居的附城构成。16 世纪它被波兰人征服，18 世纪被并入沙俄版图，19 世纪初城市遭到拿破仑军队的严重破坏。19 世纪下半叶，俄国废除农奴制并大兴铁路建设，维尔纽斯才得到迅速发展，成为沙俄帝国的边陲重镇。第一次世界大战期间，维尔纽斯市被德国军队占领。1920 年它再度被波兰军队占领。1939 年苏联军队进驻立陶宛，从波兰人手中夺过维尔纽斯，并把它归还立陶宛。1940 年立陶宛并入苏联，维尔纽斯为立陶宛加盟共和国首都。1941—1944 年德国法西斯军队占领了维尔纽斯，城市受到严重破坏，大量工厂企业和近一半住房被毁，一半以上的居民惨遭杀害。1944 年苏军赶走了德军，维尔纽斯人在战争废墟上重建家园，经过 40 多年努力，维尔纽斯已成为一座现代化的城市。立陶宛宣布独立后，它成为立陶宛共和国首都。

地理

维尔纽斯的面积为 402 平方千米。其中 20.2% 的地区被建筑物所覆盖，绿地占总面积的 43.9%，水面占 2.1%。维尔纽斯的气候类型介于大陆性气候与海洋性气候之间，年平均气温为 6.1℃，1 月平均气温为 -4.9℃，7 月平均气温为 17℃。年平均降水量月为 661 毫米。

维尔纽斯的夏季炎热，整天的气温都超过 30℃。夏季该市的夜生活相当活跃，户外酒吧和咖啡馆非常普遍。维尔纽斯的夏日很是短暂，阳光对于他们来说是一件奢侈品，色彩冲撞的无与伦比的景致也只可在短短两个月的盛夏欣赏，过了夏季，这里又将沉没在冗长的冬日之中。

经济

维尔纽斯是立陶宛的主要经济中心，也是波罗的海国家的金融中心之一。虽然该市人口仅拥有立陶宛的 15% 的人口，该市的 GDP 却占立陶宛的 35%。曾因为其经济与国家间巨大的落差导致了市政当局与中央政府的冲突。

维尔纽斯拥有完善的交通系统，是维尔纽斯 - 考纳斯 - 克莱佩达高速公路的起点，这条公路贯穿立陶宛全境，将该国的三个主要城市连接起来。内里斯河虽然可以通行船舶，但并没有开辟定期航线。维尔纽斯国际机场是立陶宛主要的国际机场，开通前往许多主要的欧洲大城市的国际航线。维尔纽斯火车站也是一个重要的枢纽。它拥有完善的公共交通系统，其中包括欧洲巨大的无轨电车网络之一。

文化

由于维尔纽斯是一个多元文化的城市，该市也是一个多种宗教并存的城市，维尔纽斯曾经有一个广为人知的绰号——"立陶宛的耶路撒冷"。它是立陶宛的天主教中心，总主教座堂和主要的教会机构都设在该市。这里有一大批活跃的开放教堂，还有附属的修道院和教会学校。自从 13 世纪开始，维尔纽斯也拥有一个东正教团体。维尔纽斯拥有数目庞大的犹太人口，而且是全世界学习摩西五经的中心。在维尔纽斯还有许多新教和其他基督徒团体，主要是路德会和浸信会。

卡那维拉撒仲夏夜异教徒庆典是该市的一个重要节日。宗教在欧洲国家占有着重要地位，特别是中世纪时，宗教几乎浸入到人民生活的方方面面，但是这并不意味着一个城市中每个人都会信仰同一种宗教。与主流的宗教相比，一些信仰其他宗教的人就会被视为异教徒。古代异教徒会受到种种的折磨，所以每到仲夏夜之时，他们便会聚集在一起共同讨论自己的宗教信仰，久而久之，仲夏夜这天便成为了异教徒狂欢的庆典，主流宗教也会对这一天的异教徒活动持放任态度。

旅游

今天的维尔纽斯有着"欧洲最大的巴洛克风格古城"的美誉，城里的古堡和教堂鳞次栉比，教堂、店铺、手工作坊、贵族的府第和隐蔽的庭院古朴典雅、造型优美。城市东北郊有优良的浴场，西郊有特拉凯湖泊群，瓦拉库姆皮亚是别墅集中地，整个城市湖水清澈，林木茂盛，景色宜人。维尔纽斯人在老城区以外建设新城区，而且全部由白砖修葺，建成后的新城区拱卫着老城区，远远望去使得老城区就像在大海中的一颗明珠。

维尔纽斯的几大名胜有维尔纽斯老城、格·季明纳斯城堡、圣安娜教堂、维尔纽斯大教堂、维尔纽斯大学、维尔尼亚河大铁桥、维尔纽斯电视塔、拿破仑登过的近郊小丘和总统府、雕像墓地等。

维尔纽斯最著名的去处就是老城，像欧洲所有的老城一样，街道狭窄，但建筑古朴，色彩鲜艳，颇有情趣。

维尔尼亚河铁桥是连接俄罗斯本土与夹在波兰和立陶宛之间的飞地，加里宁格勒州的唯一陆上通道。加里宁格勒原名哥尼斯堡，历史上属于普鲁士，后来成为德国的一部分，被称为东普鲁士。第二次世界大战以后这片土地属于了苏联，但那时立陶宛也是加盟共和国，与加里宁格勒连成一片。1990年立陶宛独立，加里宁格勒成了"飞地"，成了今天世界各国中少有的飞地之一。目前所有陆上运输都靠这座桥，因此这座桥的地位对俄罗斯、对立陶宛甚至对东欧就格外重要。由于立陶宛加入了欧盟，这座桥与欧盟也有了关系，因此就更显得特殊了。

东欧早期的大学之一——维尔纽斯大学，建于1573年。大学的建筑富丽堂皇，是集哥特、巴洛克、文艺复兴和古典风格于一体的独特景观。幽深狭窄的古老庭院、蜿蜒的走廊和拱门、精美的浮雕艺术、参天的古树、绿色的草坪……所有这一切无不营造出一种十分温馨和浪漫的情调，把人们带到那古老的年代。走进维尔纽斯大学，仿佛踏入了一个钟灵毓秀的学术园。学府春色，玉垒浮云。无论是在花团锦簇的春天，浓荫蔽日的夏季，金风送爽的秋天，还是冰雪覆盖的隆冬，这里总是书声琅琅。雕像墓地是维尔纽斯重大历史事件的见证之地，也是我们了解维尔纽斯的历史和文化的重要途径。那静默的雕像、沉寂的坟墓似乎在向我们述说着过去的辉煌与无奈，也许人生就如同这座城市一样，起起落落不断向前。

一般游客住宿的酒店都会提供有早餐，主要为西式的面包、冻肉、蛋类、鱼类、沙乐美肠、沙律、水果等，不同等级的酒店可能在品质和式样上有所差别。午、晚餐可在城区的餐厅里解决，这里主要以西餐为主，中餐很少。不过，维尔纽斯城有 30 家中国餐馆，但多数并不是中国人所开，而是俄罗斯人开的——俄罗斯人做中餐，这也是东欧的一个奇景。本地的传统餐馆主要聚集在旧城区中，它们有的已经有上百年的历史。

维尔纽斯主要提供有星级酒店、经济型酒店、家庭旅馆等住宿形式，服务水平和设施依住宿价格的不同而有所区别，游客可根据自己的需要从中选择。

克莱佩达

地名由来

克莱佩达的名称起源有很多说法，一说认为 Klaipeda 是库洛年语中"均匀"的意思，klais/klait 代表平坦、开放、自由，ped 则是按摩脚底、地面；另一说是来源于 Samogitian 的民间词汇，指的是镇里的沼泽地形。

区位

克莱佩达位于立陶宛的西部，西临波罗的海，是立陶宛在波罗的海唯一的海港，交通位置重要且富有重大的战略意义。克莱佩达为立陶宛第三大城市，全县近一半的人口居住在该市。

历史

波罗的海海港是 1252 年由条顿骑士团所建立，1254 年时克莱佩达被授予鲁贝克城市权，条顿骑士团使这个地区皈依了基督教。1422 年的《梅尔诺海和约》确立了普鲁士省与立陶宛之间的边界。克莱佩达被包含在普鲁士的范围里面，一直到 1919 年这条边界都未曾变动过。这是欧洲未变动时间很久的边界之一。1525 年克莱佩达在普鲁士公爵的统治下，改信路德教派。这开启了该城市港口相当长时间的繁荣兴盛，因为普鲁士领地是波兰采邑，在之后便成为波兰立陶宛邦联的一部分。得益于近尼曼河河口的地理位置，这个边界城市成为了与隔邻立陶宛联络的港口。它经历过多次的重建，并且在 75 年之后有大批的克莱佩达居民死于瘟疫。1871年统一的德国创立之后，克莱佩达成为了德国最东北边的城市。

1919年克莱佩达被列为协约国的保护地。在凡尔赛和约签订之后，克莱佩达这一块地区与德国分离，并且成为法国占领之下的一块自治区。不过，1923年在布德瑞斯上校指挥的立陶宛部队攻击下，法国部队离开了这块地区。1923年国际联盟决定它归属立陶宛。克莱佩达于1939年3月22日在德意志第三帝国合并奥地利、苏台德地区与捷克斯洛伐克之后，也遭到合并。在第二次世界大战期间，从1944年年末开始一直到1945年，克莱佩达居民在激烈的战火下逃离此地。这个城市在1945年1月被苏联红军占领，并归还给立陶宛苏维埃共和国。

地理

克莱佩达地理位置优越，是波罗的海东岸最北的不冻港，是俄罗斯、白俄罗斯、哈萨克斯坦等独联体国家的主要出海口之一，也是东西方海运、公路、铁路运输的主要枢纽之一。克莱佩达港是一个多用途深水港，该港已被欧盟确定为地区优先发展的港口，也是该地区唯一获欧洲投资银行拨款扩建的港口。

经济

克莱佩达是立陶宛人均国民产值超过全国平均水平的两个县之一，该县主要的工业行业有：船舶制造和修理、交通运输、木材加工、食品、轻工业、建材、家具和纸板、石油开采、捕鱼、旅游等。克莱佩达县发展经济的主要优势是：海陆空交通便利，连接欧洲东西、南北过境运输走廊；拥有大量受过高等教育的高素质人才；投资环境优越，外国投资集中。

克莱佩达自由经济区就在该市，离市中心和港口不远，占地205公顷。它是立陶宛第一个自由经济区，也是目前立境内唯一已运营的自由经济区。该区主要吸引以下行业企业入区：轻工、电子、金属加工、汽车、仓储和转运、服务业。克莱佩达自由经济区的优势是：靠近港口、高速公路、铁路，交通便利；水、电、天然气、通信条件齐备；服务完善，手续简便。

文化

宗教文化，在每一个国家信仰往往是必不可缺的，通过信仰人们的不管是物质生活还是精神生活才会达到满足，而克莱佩达人是信仰天主教的，他们不喜欢在别人面前窃窃私语，不愿意在吃饭时发出咀嚼的声音，而且不喜欢别人问他们的工资、年龄等。他们在公共场合和客人见面时一般是握手礼，在好朋友见面时是拥抱礼，在亲戚朋友见面时还可以用吻礼，吻额头、吻面颊、吻手背都是比较常见的。

在饮食方面，他们喜欢吃烤的食品，也喜欢吃土豆，他们尤其喜欢吃由土豆泥、奶渣和肉末做成的甜饺子。除此之外，立陶宛人还有一些饮食嗜好：他们喜欢吃熟透了的食物，不喜欢吃咸的，喜欢吃微辣的。口味也非常特别。在社会习俗方面，他们特别重视礼节，在和别人交谈时，总是温文儒雅，说话声音也只限于对方听到就行，而且他们特别注重女士优先，不管是行走、乘车，他们总是遵循女士优先。

旅游

克莱佩达有着如画般美丽的建筑景观，建于13世纪至18世纪的建筑与德国、英国和丹麦的建筑景观类似。此外，克莱佩达附近的尼林加与帕兰加还是立陶宛非常受欢迎的海边休闲胜地。2007年建立的34层的大楼是当地最著名的景点，游客们远远便能望见其雄伟壮观的身姿。13世纪条顿骑士团设立的克莱佩达城堡是不容错过的景点之一。由波罗的海的海浪不断涌上海岸，另一侧则被库洛尼亚礁湖所包围，经过强风和过度的伐木使沙丘变成极不稳定的库洛尼亚沙嘴也是一片美丽的自然风光，于2000年被联合国教科文组织列为世界遗产景观之一，北半部属于立陶宛，南部属于俄罗斯。

克莱佩达还有如古老的城堡博物馆、著名的立陶宛海洋和海豚博物馆、奇异的钟表博物馆等景点。

拉脱维亚

拉脱维亚共和国，英文名称 Republic of Latvia，国名源自民族语，意为"铠甲""金属制的服装"。拉脱维亚位于东欧平原西部，临波罗的海东岸，里加湾深入内陆；同爱沙尼亚、俄罗斯、白俄罗斯和立陶宛接壤。国土面积为64589平方千米，行政区划分为109个区(自治市)和9个国家级市(直辖市)，均为一级行政区。主要城市包括里加、利耶帕亚、道加瓦皮尔斯等。

里　加

地名由来

里加的名字来源于古时流经于此的里加河，如今里加河已消失，但里加却濒临着道加瓦河、列鲁巴河、城市运河和吉士湖。里加1282年参加汉萨同盟，是汉萨同盟的一个主要中心，它同中欧和东欧的贸易在13世纪至15世纪一度非常繁荣。尽管大部分的早期建筑受到火灾和战争的破坏，但是中世纪中期的城市建筑仍然反映了这种繁荣。19世纪里加成为了重要的经济中心，城市风格从开始的古典木制建筑转入"新艺术"风格。这里被看作是欧洲最精美的"新艺术"建筑风格的中心。与塔林和维尔纽斯相比，里加最有大城市的气派，在苏联时代更是工业重镇。里加城的规划类似巴黎，故英国作家格雷厄姆·格林曾在 19 世纪 30 年代游览时将其比作是"北方的巴黎"。

区位

里加濒临里加湾，市区跨道加瓦河两岸，北距波罗的海仅 15 千米，地理位置十分重要，它处于欧洲西部和东部、俄罗斯和斯堪的纳维亚半岛的交叉点上，其港口具有重要的战略意义，被称为"波罗的海跳动的心脏"。

历史

里加城市的崛起，得益于其地理位置的优势。里加濒临里加湾，是波罗的海各国的中心，同时也是天然的优良港口。最初里加是利弗人的聚集地。由于里加的地理位置在战略、贸易上的重要意义，里加先后归属于波兰、瑞典、德国，在拉脱维亚独立之后里加成为了拉脱维亚的首都。里加在古时是利弗人的居民点，1201 年建为要塞城市。1709—1710 年被俄国人占领。此后成为俄国西北部重要港口和贸易中心之一，18 世纪发展为海港。1918 年拉脱维亚独立，里加成为首都。1940 年并入苏联，1991 年拉脱维亚独立后，里加又成为首都。

地理

里加濒河临湖，有"三河一湖"之称，三河指道加瓦河、列鲁巴河、城市运河，一湖指吉士湖。道加瓦河是拉脱维亚最长的河流，总长度达 500 千米，流域面积 87.9 平方千米，它也是里拉重要的河流之一，是拉脱维亚民族的发祥地。流经首都里加，注入里加湾，在运输、渔业和电力等方面都起到了重要作用。

里加属北温带大陆性气候，年平均气温最高约 30℃，最低约 –26℃，1 月平均气温约 –4.9℃，7 月平均气温约 16.9℃。沿海冰冻期为每年 12 月至次年 4 月，需破冰船协助开航。全年平均降雨量约 700 毫米。河口水位平均高 0.9—1.8 米。

经济

里加是全国政治、经济及文化中心，也是大型渔业中心。位于拉脱维亚中部沿海道加瓦河口北岸，在里加湾的顶端，濒临波罗的海的东侧，是拉脱维亚的最大港口。它的工业有造船、电器、机械、车辆、玻璃、纺织、消费品和食品加工业等。1997年9月22日，里加和苏州成为友好城市。里加是拉脱维亚最重要工业城市，主要工业部门为机械制造业，生产电气化铁路车辆、电车、内燃机车、船舶和摩托车等，电器、仪表、化工、纺织和食品工业亦较发达。东北部为重要工业区，有火电站和许多机器制造厂。东郊有化工、轻工业企业。主要进口货物为机器、食品、纺织品、糖、金属制品、鱼及化工产品等，出口货物主要有煤、焦炭、机械设备、铁矿、水泥、生铁、木材、棉花、羊毛、粮谷及亚麻等。同时，里加也是重要商港和西部海洋渔船队的基地，苏联时期，里加作为重要港口，吞吐量曾达800多万吨。城市交通便利，拥有一个国际机场，航空线与全国各地相连；一个货物港和乘客港，还有四通八达的通信设施。铁路通莫斯科、圣彼得堡、塔林等地。

文化

在里加，有拉脱维亚人、俄罗斯人、白俄罗斯人、乌克兰人。大部分是东正教路德会信徒，而大部分俄罗斯人属于东正教。里加人热情友善、热爱生活、喜欢歌唱，在这片自然与人和谐共处的土地上，有许多欢乐的节日。每三年举行一次的波罗的海国际民间艺术节和每五年举行一次的全拉脱维亚人歌舞节是其中两个最重大的节日，那时整个城市都成为了音乐、歌舞、鲜花的海洋。此外，里加有一年一度的波罗的海芭蕾舞节；6月的第一个周末，在里加民族史露天博物馆有 Gadatrigus 民间传说节；7月25日，里加在各个广场和市场有夏季歌会；而 ArsEnals 电影论坛则是一个国际电影节，每年9月17—19日举行。

从7月9—19日，两年一度的世界合唱比赛在里加举办，这座城市被称为"欧洲文化之都"。2014年，世界合唱比赛由里加合唱组织，国际文化交流基金会共同举办，因而又被称为"合唱奥林匹克"。在这期间经常看到300多个合唱团，超过15000团员来自60个国家争夺20多个类别的金、银、铜牌。比赛被进一步划分为冠军竞争和公开竞争，让来自不同背景的合唱团进入。合唱研讨会和节庆活动也见证了主办城市的发展，并且这次活动通常向公众开放。

旅游

在里加，喜欢享受自然的游客可直奔里加海湾，这里是波罗的海地区最大的避暑疗养胜地。没有大群游客的嘈杂，也没有商业性的喧嚣，这便是波罗的海的妙处。可以尽情享受在绵延32千米细沙的波罗的海海滨，海岸平静的森林和湖水更是让人心旷神怡。比起塔林的精致，这里更加华丽雄伟。另外，这里不仅有古香古色的碧树红瓦，还有庞大的管风琴和优美的歌剧，是波罗的海上一个必游的音乐胜地。

古城里加分老城和新城。自由纪念碑将老城区和新城区分开。老城在道加瓦河右岸，面积不大，有运河环绕。老城具有中古时代城市的特征，房屋低矮，街道狭窄，屋顶多用红瓦，每座屋顶上有一只闪光的金属制的公鸡——风信鸡。相传13世纪末起风信鸡就被当地居民认为是辟邪之物，所以公鸡是当地的吉祥标志。后来人们把鸡身两侧分别涂上金色和黑色以辨别风向。现在风信鸡作为城市的特有标志，矗立在几座13世纪大教堂的尖顶上。始建于1211年的圆顶教堂是波罗的海地区最大的教堂，世界第四大教堂。它位于城市的中心地带，是古老的里加城的象征。在过去的几个世纪中它几次被重建，因此现在的建筑包含了许多不同风格的建筑元素。圆顶教堂著名的管风琴制于1884年，在当时是世界上最大的管风琴，有6718根管子。目前这个巨大的管风琴还在发挥功用，在圆顶教堂气势宏伟的大殿里还经常举行音乐会。圣彼得大教堂是里加最高的教堂，建于1209年，曾经是欧洲最大的木质结构教堂，也是一座多灾多难的教堂，在几经火灾之后，目前的教堂已改为金属结构，乘坐电梯可以到达72米高的塔顶，观赏绝妙的风光。其他有名的建筑还包括骑士团城堡、瑞典门等。市内还保留着中世纪的商人住宅和仓库。此外，拉脱维亚民族史露天博物馆是另外一个不能错过的景点。它展示了90多座拉脱维亚乡村建筑，还可欣赏传统的手工艺品和音乐。

里加城因水而生，水也因城而活，被誉为"母亲河"的道加瓦河将老城环绕，河的对岸就是新区，在河对岸眺望老城，红砖绿瓦，古朴而又典雅；与旧城相对应的是坐落在城市运河河湾处的里加新城，新城绿荫覆盖、花丛处处，壮观的现代风格建筑。因拉脱维亚与德国、芬兰等欧洲国家为邻，又曾被日耳曼十字军侵占，被瑞典、波兰、立陶宛公国瓜分，因此各国文化在此碰撞、交流、融合，形成一个浓缩的欧洲，因而里加具有了"欧洲美人"的赞誉。新城文化气息浓郁，吉士湖畔有著名的梅沙公园。其中的歌咏场可容纳 3 万名观众，并可供 1 万人演唱。尤格湖畔的露天民俗博物馆是拉脱维亚民族的缩影，这里有葱郁的树木、柔软的草坪、矮小的农舍、古老的风力磨坊。里加的公园多而美，面积最大的是文化休息公园，米耶斯都拉公园以历史悠久著称。离里加市区 25 千米是滨海疗养区，那里遍布着各式各样的大小别墅，也有豪华宾馆。

利耶帕亚

地名由来

利耶帕亚在整个拉脱维亚因为不断的海风，而被誉为"在风里诞生的城市"。利耶帕亚名称的来源主要有两种说法，一说是这个词是来自于立沃尼亚语的 Liiv，意义为"沙子"；另一说为由于其坐落在 Liva 河流域，故被称之为 Liepoja。

区位

利耶帕亚位于拉脱维亚西部波罗的海沿岸，是拉脱维亚的直辖市之一，也是该国第三大城市和重要的不冻港，也是历史悠久并沿用至今的军港，战略位置非常重要。

历史

最古老的书面文本提及利耶帕亚这个名字是在 1253 年。在条顿骑士团的庇护下，建立了定居点的村庄。利耶帕亚的名称于 1649 年首次被利耶帕亚史学家保罗·艾因霍恩在他的工作中提到。直到 1681 年，由于利耶帕亚达到了它的高度繁荣，因此它成为库尔兰的主要港口之一。北方战争期间，利耶帕亚被瑞典国王查理十二世统治，战争结束后，这个城市又重新被波兰统治。在俄国殖民统治时期，特别是 1871 年开放了 Libava-Kaunas 和 1876 年开放了

Liepāja-Romny 铁路，确保了俄国中部的大部分贸易通过利耶帕亚。到 1900年，7% 的俄国出口贸易通过利耶帕亚。俄国统治下的城市成为了在波罗的海一个主要港口，以及一个受欢迎的度假胜地。第一次世界大战期间，德国轰炸了利耶帕亚，1915 年 5 月 7 日，利耶帕亚被德国军队占领。战后，拉脱维亚的独立国家成立时，利耶帕亚成为拉脱维亚为时 6 个月的临时政府的首都。1918 年 Libava 改名为利耶帕亚。1941 年利耶帕亚是最早被纳粹德国用来对抗苏联战争的城市，德国纳粹和拉脱维亚的反动派合作，疯狂残害当地的犹太人，战争结束后，只有不到 30 名犹太人幸存下来。在苏联政府时期，利耶帕亚是一个封闭的城市，当地的农民和村民需要特别许可证进入。1977 年，由于利耶帕亚在第二次世界大战期间作出的贡献，它被授予"十月革命英雄"，5 名革命功臣被授予"社会主义劳动英雄"的荣誉。

在苏联解体、拉脱维亚恢复独立后，利耶帕亚已经努力从一个军事的城市变成一个现代港口城市。1991 年港口重新对外开放，1994 年最后一支俄罗斯军队离开利耶帕亚。此后，利耶帕亚积极从事国际合作，并积极建立伙伴网络。这个城市拥有拉脱维亚地区最大的海军舰队、波罗的海国家最大的弹药和武器仓库，同时也是拉脱维亚军队的主要供应中心。

进入 21 世纪，利耶帕亚计划并开展了许多城市建设项目，包括北约军事基地和波罗的海公园建设，计划建设在波罗的海国家最大的游乐园。[①]

地理

利耶帕亚属海洋性气候向大陆性气候过渡的中间类型。夏季凉爽，白天平均气温约 23℃，夜间平均气温约 11℃。冬季较长，沿海地区平均气温 –2℃—–3℃，非沿海地区 –6℃—–7℃。年均降水量 500—600 毫米，湿度大，全年约有一半时间为雨雪天气。

经济

利耶帕亚是铁路枢纽和波罗的海南岸重要港口，海洋渔业中心。有炼钢、冶金设备、农业机械制造、鱼类加工、建材、制糖及纺织厂等。利耶帕亚经

---

① 维基百科，https：//en.wikipedia.org/wiki/Liep % C4 % 81ja，访问时间：2016 年 5 月 24 日。

济特区建于 1997 年，占地 30 平方千米，占据了利耶帕亚市近 65% 的土地。特区内包括有港口、工业园区、机场和前海军基地。从国家的角度出发，建立该经济特区的目的，主要是为了促进商业、制造业、船运业、空运业和转口贸易的发展；而利耶帕亚市政府的目标，则是更多地吸引外来投资，以利于该地区制造业和基础设施建设的发展，创造新的就业机会。在特区内经营的公司可以享受某些优惠政策。如公司所得税减免 80%，房地产税减免 80%—100%，对施工工程、公共设施、天然气和能源的供给免征增值税，以及不征收石油产品的关税和消费税等。

文化

利耶帕亚许多人喜欢参加业余文艺活动，他们主要选择合唱艺术和民间舞蹈。共和国优秀的合唱、舞蹈、音乐团体参加已有 100 多年历史的歌咏节，大型歌咏节每 5 年举办一次，间隔期间有大中学生歌舞节。2015 年 11 月 7 日，利耶帕亚琥珀音乐厅正式向公众开放。建筑位于风景如画的波罗的海海岸。光在这座建筑中扮演了非常重要的角色。不论是建筑表现还是功能设置，"琥珀"音乐厅都与城市建立了密切的关系，成为利耶帕亚的一座地标。琥珀音乐厅是一座独栋的、微微扭转的锥形建筑，透明的琥珀色的立面包裹着不规则形态的混凝土结构，其中心是建筑最重要的部分——能容纳 1000 人的中央音乐厅。音乐厅四周围绕着利耶帕亚交响乐团和音乐学院的教室和排练室，如此一来，在艺术家、教师、学生中间营造了很好的交流场所和氛围，有利于利耶帕亚人业余文艺活动的开展，形成浓厚的民间文化气息。

利耶帕亚人珍视自己的文化遗产。尽管已经很少有人再住在传统的用圆木造的房屋里，但许多独特的装潢形式仍保存至今。人们在装饰中采用纺织品、木雕、各类编织、陶器等。利耶帕亚妇女的民族服装尤其好看。主要有长裙（地区不同，其颜色、图案也各异）、绣花衬衫和漂亮的披肩。此外，还有各种各样的金属或琥珀饰物。根据利耶帕亚妇女的头饰，还可判断出其婚姻状况。男子穿亚麻衬衫、亚麻或毛织的长裤、胸部绣花的长衫，戴宽檐帽。现在，利耶帕亚人参加文艺晚会或歌咏时都穿民族服装。利耶帕亚人酷爱鲜花。在里加一年四季，甚至一天 24 小时都可买到鲜花。妇女每周的第一天一定要去花市上买上一束鲜花，美化自己的生活环境。

旅游

利耶帕亚有建于 18 世纪的教堂等古迹、海滨疗养地。每年 8 月份，这个城市都会举行一年一度的石头节——利耶帕亚琥珀节，是各行各业的人们的欢乐集会。此外，利耶帕亚的 Karostas 监狱是个有点诡异的地方：走道里会没来由地传来脚步声、关着的狱门会自动打开、电灯泡会自动脱落。这个建于沙皇亚历山大三世时的监狱，直至 1997 年才停止使用。

拉脱维亚的食品与北欧其他国家类似，油腻而且丰盛。但它也有自己的特色菜，例如奶油大麦汤和牛奶鱼汤、夹着腊肉和洋葱的馅饼以及黑面包布丁。当地人很喜欢喝啤酒。

道加瓦皮尔斯

地名由来

道加瓦皮尔斯是拉脱维亚东南部的一个城市，该市因位于道加瓦河河畔而得名。道加瓦皮尔斯的字面意思是 "道加瓦河城堡"。道加瓦皮尔斯的名字经历了以下几个阶段的变化：1275—1656 年称 Dünaburg；1656—1667 年称 Borisoglebsk；1667—1893 年称 Dünaburg；1893—1920 年称 Dvinsk；从 1920 至今称 Daugavpils。

区位

道加瓦皮尔斯位于首都里加之东南方约 230 千米，作为该国边境城市，与白俄罗斯和立陶宛接壤，边界分别长 33 千米和 25 千米。

历史

道加瓦皮尔斯的历史始于 1275 年，当时立沃尼亚人在距离道加瓦河 20 千米处建立了 Dunaburg 城堡，也就是陶格夫匹尔斯现在坐落的地方。1561 年，它成为立陶宛大公国的一部分，1569 年成为波兰 - 立陶宛联邦中的一员。

1621年道加瓦皮尔斯成为新成立的因弗兰提省首府。1577年，俄国沙皇伊万占领摧毁了Dünaburg城堡。同年，一个新的城堡建于下游20千米处。1582年，道加瓦皮尔斯被授予马格德堡的权利。在17世纪，俄瑞战争期间（俄国沙皇亚历克西斯执政时期），俄国人占领了陶格夫匹尔斯，从1656年至1667年，俄国控制该地区时期，道加瓦皮尔斯改名为Borisoglebsk。

1667年，随着条约的签订，俄国将道加瓦皮尔斯归还给波兰 - 立陶宛联邦。1772年波兰分区后，它成为俄罗斯帝国的一部分。从1784年起，这座城市生活着一大批活跃的犹太人，其中不乏一些知名人物，根据1897年俄国的人口普查，当时道加瓦皮尔斯总人口69700人，犹太人约占44%。

1893—1920年，作为俄罗斯帝国的一部分，这个城市被称为Dvinsk。1920年拉脱维亚独立后重新命名为道加瓦皮尔斯。1919—1920年，拉脱维亚、波兰和苏联军队展开战斗，目的是争夺道加瓦皮尔斯。1940—1991年，包括道加瓦皮尔斯在内的整个拉脱维亚都处于在苏联统治下，而德国在1941年和1944年期间曾占领该地区。纳粹集团对犹太人进行疯狂迫害，犹太人被迫住在了陶格夫匹尔斯贫民窟镇上，但大多数被谋杀。冷战期间，在道加瓦皮尔斯东北12千米处建立了空军基地。①

地理

道加瓦皮尔斯位于道加瓦河两岸，被多个湖泊包围，面积72.48平方千米，是拉脱维亚的第二大城市，也是拉脱维亚东北部最大的中心城市，是拉脱维亚东部的工业中心和交通枢纽，铁路、公路交通都很发达，并且空中运输也十分便捷。

经济

道加瓦皮尔斯是介于里加和明斯克的一个重要铁路枢纽和工业中心。道加瓦皮尔斯国际机场位于道加瓦皮尔斯东北Lociki村12千米处附近。机场在1993年实现了非国有化，自2005年以来，有一个正在进行的项目允许国际和

---

① 维基百科，https://en.wikipedia.org/wiki/Daugavpils，访问时间：2016年5月26日。

国内客运交通重新发展军事设施，以及国际、国内货物运输和包机业务。[①]

文化

道加瓦皮尔斯是拉脱维亚一个重要的文化中心，这里有 22 所小学和中学，4 个职业学校和艺术学院。1000 多名教师和工程师是从陶格夫匹尔斯师范大学（现在陶格夫匹尔斯大学）毕业的。在道加瓦皮尔斯还有一些城市剧院和娱乐中心，城市剧院是近几年刚刚恢复的。城区内还有一个电影院及其他文化机构，在城市会展中心提供了许多文化活动。道加瓦皮尔斯还存在着丰富的红砖建筑，这种建筑风格是由杰出的建筑师威廉·纽曼设计的，这些建筑的构造细节在其建成几十年之后都让人欣赏和钦佩。

道加瓦皮尔斯人结婚时有很多有趣的习俗。结婚时，有些新郎新娘要越过涅里斯河上的 7 座桥梁。桥梁能征服河水，而他们又能共同跨越桥梁，这就意味着，在以后的共同生活中，他们也一定能共同克服一切艰难困苦，越过一切障碍。有些新婚夫妇乘小汽车到乡间的亲戚朋友家去，在途中也会碰到人们故意设置的"路障"，此时新郎新娘需在路障边留下巧克力、香槟酒等"买路钱"，彩车才能得以通过。这预示着生活道路是坎坷的，为了追求幸福，就得克服种种障碍。另外，有的道加瓦皮尔斯人在结婚时也喜欢往波罗的海扔一个空酒瓶。瓶里有写着新婚夫妇的姓名、住址以及结婚日期的条子。如谁捡到酒瓶，在新婚夫妇结婚 10 周年时，会被当作上宾邀请到家里做客，这样的婚姻就意味着是大海做证的。

道加瓦皮尔斯民族传统食物为面粉、谷物制品、豌豆、大豆。主要是酸味黑面包，米粒和蔬菜做的汤，豌豆或大豆做的面疙瘩汤。节日吃肉馅饼、饼干、肉菜，如圣诞节和新年吃猪头、炖酸白菜，复活节吃鸡蛋和肉冻，夏至吃奶酪等。传统饮料为黑麦面做的蜜水、桦树汁和槭树汁。现代道加瓦皮尔斯饮食中仍有某些民族特点。传统菜——豌豆煮肥肉仍受欢迎。道加瓦皮尔斯人民还常烤制肉饼和麦面甜馅饼。

[①] 维基百科，https://en.wikipedia.org/wiki/Daugavpils，访问时间：2016 年 5 月 26 日。

旅游

在道加瓦皮尔斯有一些建筑、历史和文化古迹。最突出的是道加瓦皮尔斯要塞，这个要塞建于 18—19 世纪。

道加瓦皮尔斯的历史中心是一个国家重要的建筑遗产。这座城市的历史中心，在古代和现代的平衡方面，成为有极大的吸引力和成功的范例之一。道加瓦皮尔斯具有经典和折中风格，拉脱维亚为数不多的城市才具备这种风格。建筑、艺术、工业和历史古迹等文化遗产，再结合风景如画的环境，赋予道加瓦皮尔斯一种特殊的魅力。

道加瓦皮尔斯的红砖建筑是异常丰富多彩的。这种风格是由许多杰出的建筑风格发展形成的。代表性的例子是 Muzeja 街具有明亮砖结构的建筑。

爱沙尼亚

爱沙尼亚共和国，英文名称 Republic of Estonia，位于波罗的海东岸，芬兰湾南岸，西南濒临里加湾，南面和东面分别同拉脱维亚和俄罗斯接壤。爱沙尼亚国土面积为 45200 平方千米，森林覆盖率达 47%，环境优美，经济发达。全国共分 15 个省，大小城镇共 254 个，主要城市包括塔林、塔尔图、派尔努等。

塔　林

地名由来

1154 年塔林首见记载。1219 年丹麦人在此地建立城堡，并于 1227—1346 年占领塔林。塔林古称"科累万"，塔林一词系由"丹麦的"和"地堡"组成，意为"丹麦地堡"。中世纪时塔林是汉萨同盟一个重要商埠，旧城区内，鹅卵石铺成的街道纵横交错，建于 14、15 世纪的多角楼、教堂林立，尖塔高耸入云，"塔林"这个名称是名实相副。

区位

塔林为爱沙尼亚共和国的首都，是爱沙尼亚最大的城市和经济、文化中心，总面积为 158.3 平方千米。塔林位于爱沙尼亚西北部，波罗的海东海岸，东与俄罗斯接壤，南与拉脱维亚相邻，北邻芬兰湾，与芬兰隔海相望，西南濒临里加湾，边界线长 1445 千米，海岸线长 3794 千米。

历史

塔林建于 1219 年，由丹麦国王瓦尔德玛二世下令建造，这也解释了为什么在它的盾徽上仍有瓦尔德玛家庭的三头狮纹章。1227 年，僧侣驱逐了丹麦人，并在教堂山上建造了一座城堡。18 世纪初并入俄国，1918 年爱沙尼亚独立，塔林成为首都。1940 年并入苏联。1991 年随着苏联解体，爱沙尼亚独立，首都仍为塔林。

地理

塔林位于爱西北部波罗的海芬兰湾南岸的里加湾和科普利湾之间，海岸线绵延45 千米，历史上曾一度是连接中东欧和南北欧的交通要冲，被誉为"欧洲的十字路口"。塔林三面环水，风景秀丽古朴，是北欧唯一保持着中世纪风格的城市。

塔林气候属于温带海洋性向大陆性过渡气候，春季凉爽少雨，夏秋季凉爽湿润，冬季寒冷多雪。夏季的塔林凉爽湿润，最温暖的 7 月平均最高气温也只有 20℃左右。塔林地处高纬地带，但冬季气温比相同纬度的区域高出 3℃—6℃，这完全靠波罗的海的海洋调节。

经济

塔林工业以机械制造（电动机、挖土机、工业设备、无线电测定仪表等）、化肥、纺织为主，还有造纸、建材以及鱼类加工等食品工业。塔林是爱沙尼亚的重要商港、渔港和工业中心，港口吞吐量在波罗的海各港口中名列第二，仅次于拉脱维亚的文茨皮尔斯（波罗的海沿岸最大的不冻港）。有铁路通莫斯科、圣彼得堡和里加等地。为了争取俄罗斯石油从塔林转口，爱沙尼亚政府制订了 2005 年战略计划，以巩固塔林作为俄罗斯过境走廊的地位。官方数据显示，全国 49% 的 GDP 产自塔林，五分之四的外资投放于塔林及周边地区。塔林税前人均月工资高于其他地区。塔林注重居民健康和环境保护，建有长达 45.5 千米的"森林步行走廊"和 218 千米的步行专用道及自行车专用道。

文化

塔林是爱沙尼亚的科技文化中心，市内设有爱沙尼亚科学院、工业学院、美术学院、师范学院和音乐学院，还有许多博物馆和剧院。这些文化中心的设立不仅有利于提高城市人民的教育水平，推动塔林教育事业的发展，还使得塔林成为一个融合教育文化的论坛空间，为后世创造出有意义的财富。

塔林早在 2011 年就被誉为"欧洲文化的首都"，并且是波罗的海沿岸保存最完好的中世纪贸易中心。作为汉萨同盟的一部分，塔林在 13—16 世纪期间是一座繁忙的商业中心。漫步在老城区中，您可以在曾经的仓库里看见用于运送盐、茶、面粉的古老挂钩和滑轮；可以在市政厅广场上有许多多彩商业房包围的咖啡馆；可以在圣凯林长廊上有许多用传统技艺制作吹玻璃制品和陶器的户外手工艺作坊。塔林老城是这座城市当之无愧的骄傲，这座被联合国教科文组织列入世界文化遗产的老城，富有建筑的美，叫人一见倾心。对许多人而言，塔林感觉相对陌生，它在历史上是汉萨联盟的一个重要贸易据点，扼守着"欧洲十字路口"的绝佳地理位置。古朴典雅，意蕴十足的塔林，无不向世人呈现着塔林悠久的文化历史和特有的文化特征，是欧洲文明的窗口，向世界人民展示着欧洲文化的起源和发展。

在塔林还有一项非常著名的文化活动，那就是每 5 年举行一次的歌唱节，塔林歌唱节最高潮时会有 30000 人组成的传统大合唱。其舞台设在卡德里奥尔格公园（又叫叶卡捷琳堡公园）的附近，舞台造型别具一格，呈抛物线形，背对大海，可容纳 3 万人同台演唱。听众席设在临海的天然半圆形台坛上，能容纳 15 万名听众。

旅游

塔林三面环水、景色秀丽、街道古朴，是北欧唯一保留着中世纪风格的城市。它小巧而精致，如童话故事中的欧洲小镇，处处呈现着明信片般的童话风景。塔林的中世纪旧城区分为上城区和下城区。上城区大部分依然处于 2.5 米高的城墙包围下。下城区从其东部向外延伸。19 世纪依旧活跃的俄罗斯东正教会亚历山大·涅夫斯基教堂、爱沙尼亚的政权所在地具有战略意义的

Toompea 城堡、建于 1219 年爱沙尼亚最古老的教堂 Toomki Rik 穹顶教堂等都位于上城区。下城区有不少古老的街区，沿途有许多 15 世纪的房屋，是中世纪时期的商人和贵族的宅第，塔林一些古老的商会会馆和博物馆也在这一带。

塔林的地标式建筑——圣奥利维特教堂，沿着教堂内十分狭长的阶梯攀爬，登上塔楼，这里是全城最好的观景台，可俯瞰旧城区的全貌。风格简洁的市政厅广场自 11 世纪起就是塔林的生活中心，它的主要建筑是 1371—1404 年建成的哥特式市政厅，老托马斯是塔林的象征和守护神，其雕像自 1530 年就一直立于市政厅顶部。塔林的横街窄巷，名字不容易记，不过翻译过来都和行业有关。像鞋街、货币街、金饰街、药材街等等，其中一家叫 Raeapteek 的老字号药材店，据说从 1422 年便一直经营到今天。还有一条叫商会街，原来好几百年前这里一整排都是行会、商会。这里的古董店也特别多，几乎每一条巷子都有一两家。市政厅广场一带是人流的汇聚点，几百年来，塔林人一有事，就一定涌到广场，比如看行刑、举办庆典、唱歌跳舞等等，据说，15 世纪，欧洲第一棵公共圣诞树，就是在广场上竖立的。

塔林旧城其实是座被城墙给团团包围起来的城市，古城四周大致围着一条 2.4 千米长，平均高 16 米、厚 25 米的椭圆形城墙。历经几百年战火，目前城墙约四分之三的部分还保存下来，原有的 27 个圆碉堡，则仍有 18 个屹立着。其中的一个碉堡，人称"胖大妈玛格烈"，建于 16 世纪，目前是海事博物馆的古迹。

塔林市内公园繁多，在海滨林荫路的汇合处，有叶卡捷琳娜堡公园，为彼得大帝所建，公园里有彼得大帝的小宫和卡德里奥尔格宫，还有一尊有双翅、手擎十字架、高达 16 米的青铜天使像，相传为悼念 1893 年触礁沉没的俄国战舰"美人鱼"号所建。这位天使面向大海，眺望远方，犹如在召唤亲人，是 1902 年爱沙尼亚雕刻家阿达姆的作品。公园附近有 1960 年新建的露天歌咏场，舞台为抛物线形，背对大海，可容 3 万人同台演唱。听众席设在临海的天然半圆形台坛上，可容纳 15 万听众。整个建筑结构新颖、音响效果良好，是欧洲出色的音乐场地之一，市内著名的古建筑有多姆教堂、马戏场、圣奥利维特大教堂、三姐妹住宅大厦、黑头兄弟情谊大厦、圣米歇尔女修道院、尼古拉大教堂等。

塔尔图

地名由来

塔尔图曾称"尤里耶夫"。临埃迈厄吉河，为 5 世纪建立的要塞。13—16 世纪曾加入汉萨同盟。自 1918 年以来，爱沙尼亚开始使用塔尔图这个名称，但随着塔尔图在其整个历史发展过程中被很多国家统治过，所以对这个城市的名称也有不同的语言。在德国、瑞典和波兰小镇被称为 Tarbatu；在俄罗斯，这个城市被称为 Юрьев（Yuryev）；在拉脱维亚，这个城市被称为 Tērbata；在芬兰，它又被称为 Tartto。[①]

区位

塔尔图是爱沙尼亚的第二大城市，位于迈厄吉河河谷，距离塔林东南 186 千米，东隔楚德湖与俄罗斯相望。

历史

塔尔图常被认为是爱沙尼亚的精神之都。塔尔图是爱沙尼亚第二大城市，位于国土的东南部，地处埃马约吉河畔，是一座依水而建的城市。市内交通便利，铁路四通八达。塔尔图是一座古老的城市，考古证据显示，早在公元 5 世纪，在现在塔尔图的位置，就出现了第一个永久定居村落。1030 年史书中开始有记载，中世纪时一度很兴旺。后来被波兰人和瑞典人统治，1712 年归属俄国，从 19 世纪末起叫尤里耶夫，1919 年改名为塔尔图，直到现在。塔尔图是爱沙尼亚的历史文化古城，市内至今保留有著名的什哥罗德大教堂。国立塔尔图大学是欧洲一座非常古老的学府，创建于 1802 年，而它的前身古斯塔维安学院则建立于 1632 年，至今已有 370 多年的历史。[②]

---

① 维基百科，https：//en.wikipedia.org/wiki/Tartu，访问时间：2016 年 5 月 28 日。
② 陆大道：《环球国家地理 欧洲》，大象出版社 2007 年版，第 39 页。

第一次世界大战之后，爱沙尼亚独立战争期间，1920 年 2 月 2 日，布尔什维克和塔尔图签署了和平条约，条约的签订意味着布尔什维克的苏联放弃爱沙尼亚的领土。然而。1940 年苏联占领了塔尔图。

在第二次世界大战期间，城市的大部分区域被德国军队占领，历史古迹在 1941 年期间几乎完全被破坏。战争结束后，许多历史城区变成废墟，塔尔图宣布成为"封闭的小镇"，拒绝外国人进入，东北城市的郊区作为轰炸机的空军基地。在苏联时期，塔尔图的人口从 57000 人增长到 100000 人，几乎翻了一番，一定程度上是由于来自苏联其他地区的大规模移民。[①]

地理

塔尔图连接爱沙尼亚两个最大的湖泊，临埃迈厄吉河。塔尔图位于温带大陆性气候区范围内，受波罗的暖湿气流的影响，气候温和，夏季凉爽，冬季较为寒冷。

经济

塔尔图重工业比较发达，食品工业历来是重要的城镇经济支柱。塔尔图主要有仪器制造和农业机器制造、钢筋混凝土构件、食品加工、皮革、纺织和印刷等产业。进入 21 世纪，许多信息、通信和技术企业和其他高科技公司已经在塔尔图落户立足。

文化

塔尔图是爱沙尼亚古老的文化城，设有塔尔图大学、爱沙尼亚农业科学院以及艺术、动物、地质博物馆等。塔尔图大学建于 1632 年，当时的瑞典国王古斯塔夫二世建造了塔尔图大学，现在已有将近 400 年的历史，19 世纪复苏的爱沙尼亚民族主义思想就起源于此。塔尔图大学是爱沙尼亚著名研究型综合大学、诺贝尔奖得主的母校，是北欧乃至全欧洲古老的大学之一，在整个欧洲也享有盛誉。大学的临床医学在全欧排名前五，符号学全球排名第一，学校综合排名欧洲前 100。目前爱沙尼亚的国家部长及其他国家领导和商界领

---

① 维基百科，https://en.wikipedia.org/wiki/Tartu，访问时间：2016 年 5 月 28 日。

袖中有80%毕业于该校。学校的传统从大学里带到这座城市的街道上，在城市的每个角落呈现。当学生们用香波清洗 Toomemäe 公园里那些塔尔图文化和学术领袖的青铜塑像时，塔尔图的居民并不会因此而感到恼火。现在，这所大学仍然是塔尔图的一张名片，保留着完备的功能，人们亲切地将塔尔图成称爱沙尼亚的"启蒙圣母"。

1869年，第一届爱沙尼亚歌唱节也是在塔尔图举行。这里总是活跃着青春的身影，各种各样的艺术思潮在此发芽生长，众多一流的博物馆更增添了这座城市的文化气息。这个古老的大学城，学生占了该城总人口的近五分之一，每年4月底的学生节期间，这里就如同狂欢节般热闹。

在市政厅广场的两侧，是特色的餐厅、小商店和咖啡馆。慵懒午后的咖啡，成为了每个人生活不可或缺的一部分。随着塔尔图平和的节奏，人的睿智哲思油然而生，也可以更好理解这座城市将自己称为"哲思之城"的原因。平和、安详和深厚的底蕴，是塔尔图留给每一个到访者的印象。

旅游

壮丽的座堂山位于市政广场以西，景色如同19世纪的英国公园。在山顶，游客会看到13世纪哥特式大教堂的遗址，现在为塔尔图大学历史博物馆。山顶还有建于1838年可俯瞰全城的天使桥，以及建于1913年的魔鬼桥和天文台。

建于1782--1789年的市政厅矗立在广场中心，尖塔、风向标和伞下亲吻的情侣雕像构成了市政厅的屋顶，附近是外形奇特的塔尔图艺术博物馆。塔尔图大学如今也成了一个景区。学校建于1632年瑞典国王阿道夫·古斯塔夫二世统治时期，1919年由古斯塔夫学院改称塔尔图大学，被尊为爱沙尼亚的"启蒙圣母"，许多政要和知名人士均毕业或曾任教于该校。可参观景点有大学主楼、塔尔图大学艺术博物馆、塔尔图大学植物园、学生禁闭室等。

塔尔图市内和周边地区都非常适合开展登山和划船活动。距离塔尔图以南44千米的美丽山城奥泰佩，更是当地人爬山亲水、进行各种体育健身运动的好场所。奥泰佩漂亮的小教堂在汽车站东北方向100米的山顶上。1884年就是在这里，爱沙尼亚学生联合会挂起了他们的蓝黑白三色旗，后来成了爱沙尼亚的国旗。最美的风景是沿城市东南方35千米长的圣湖湖岸。

派尔努

区位

派尔努是爱沙尼亚西南部城市，在里加湾东北部，派尔努河口附近。

历史

派尔努（德语：Alt-Pernau，爱沙尼亚：Vana-Parnu）是由主教 Osel-Wiekca 建立的。1265 年，立沃尼亚人建立了另一个城镇 Embeke，并在附近开始建立 Ordensburg。后来，派尔努成为德国汉萨同盟中的一员和利沃尼亚一个非常重要的不冻港。1560—1617 年，波兰 - 立陶宛联邦控制了这里。1609 年波兰和立陶宛人与瑞典人在派尔努地区附近进行战斗。16 世纪，瑞典发起战争，控制了立沃尼亚，但在 1710 年派尔努被已经控制了爱沙尼亚和利沃尼亚的俄罗斯帝国占领，它属于俄罗斯帝国的利沃尼亚省，这个城市有时被称为 Pyarnu。

1918 年随着第一次世界大战的爆发，这个城市成为独立的爱沙尼亚中的一部分。1699—1710 年，大北方战争期间，塔尔图大学迁至派尔努。今天的大学校园在派尔努仍然有其分支。

地理

帕尔努位于派尔努湾海岸，派尔努河流经该城市和里加，流入里加湾，为亚寒带海洋性气候。

经济

帕尔努有鱼类加工、亚麻纺织、机械制造和食品加工厂等，是爱沙尼亚重要的交通和文化中心、滨海疗养胜地。

文化

派尔努的文化集会场所是现代艺术博物馆，每年都会在此举行帕尔努国际纪录片和人类学电影节，节日盛会和帕尔努就是一对天然的组合。音乐和艺术是这里最吸引游客的地方，古老的市政厅见证了这座城市的发展与变迁，是这座古老城市的文化标签。为纪念受人推崇的爱沙尼亚作曲家 Raimond Valgre 而举行的音乐节也是如此。Valgre 的忧郁歌曲带来的旋律能勾起你的回忆，渐渐变得熟悉，慢慢展现出一幅浪漫的、洒满温暖阳光的爱沙尼亚避暑之都——帕尔努的画面。在派尔努举办的珠戏音乐节是世界上知名的音乐节之一，它吸引了无数音乐爱好者来此旅游观光。这里的劳动农场也是最为有名的，它是派尔努古老历史和文化的见证者，它反映了当地人的生活情趣和精神宗旨。在农场里，我们可以看到能够体现当地劳动生产方式的工具、图片等，这些都能够帮助我们更进一步地体验当地的文化和生活。

旅游

派尔努河流经本市，是一个夏日度假胜地，有一座派尔努飞机场。派尔努是爱沙尼亚的夏都，迷人的派尔努海湾尽收眼底，那里有温润的海水和柔软的沙滩，堪称度假胜地。爱沙尼亚的西部群岛和国家公园拥有欧洲最完好的景象，这一带甚至连城区的空气污染指数都远低于欧洲标准，很难相信这个寒冷的国家也会有消夏的海滩。派尔努是其中首屈一指的海滨疗养胜地，这里的海水泥浴具有神奇的治疗效果，深深吸引了爱沙尼亚人和芬兰人；而海滨城市干净的林荫路和洁白的沙滩又是向往休闲的人士的最爱。

作为爱沙尼亚的第四大城市，派尔努有着美丽的公园，宁静的林荫道，温暖惬意的海滩和各种休闲娱乐场所。派尔努的温泉酒店为客人提供完善的保健服务，如泥疗、各式按摩和温泉洗浴、激光热疗和蜡疗等。在派尔努，游客可以前往 SPA 休养身心，也可以来到 Ammende 山庄，在时髦的新艺术氛围中聆听爵士乐。

派尔努的市区有很多有特色的餐馆和小店，在那里我们可以享受到地道的爱沙尼亚美食和饮料。星级酒店、青年旅舍和家庭宾馆，构成了这里旅游旺季住宿的主体，尤其是家庭宾馆在为我们提供住宿的同时，还可以与主人一起享受一次美丽的晚餐。

参考文献

徐绍史：《一带一路国外投资指南》，机械工业出版社 2016 年版。

王胜三、陈德正主编：《一带一路列国志》，人民出版社 2015 年版。

中国人民大学重阳金融研究院：《"一带一路"国际贸易支点城市研究》，中信出版社 2015 年版。

孙久文、高志刚：《国家一带一路战略研究丛书》，经济管理出版社 2015 年版。

中华人民共和国国家旅游局编：《一带一路旅游概览》，中国旅游出版社 2015 年版。

何芳川主编：《一带一路中外文化交流史》，国际文化出版公司 2015 年版。

杨建峰：《全球最美的度假胜地》，汕头大学出版社 2014 年版。

杨鹏飞、李家莉：《欧亚文明研究：历史与交流》，甘肃文化出版社 2014 年版。

黄蔚薇：《国外旅游名城气候纵览》，气象出版社 2013 年版。

尹立军主编：《中国旅游客源国／地区概况》，旅游教育出版社 2013 年版。

中国地名委员会编：《外国地名译名手册》，商务印书馆 2009 年版。

刘伉：《外国地名探源》，星球地图出版社 1998 年版。

郑平：《世界地理博览》，上海科学技术文献出版社 2009 年版。

傅庆云：《各国能源概览》，中国大地出版社 2004 年版。

孙宝玉、雷景魁：《世界旅游名胜词典》，中国旅游出版社 1999 年版。

赵建峡:《中外民俗》,郑州大学出版社 2006 年版。

丹青:《"一带一路"国家旅游中不能错过的特色商品》,《上海质量》2015 年第 8 期。

殷杰、郑向敏、董斌彬:《21 世纪海上丝绸之路沿线国家旅游贸易:潜力、效及其影响因素》,《东南亚纵横》2015 年第 11 期。

冯敏、宋彩萍:《运用"一带一路"发展中国与中东欧关系对策》,《经济问题》2016 年第 1 期。

任明朝、焦旭:《走向欧洲,拓展新市场》,《建筑》2015 年第 13 期。

王楠:《东欧五国铁道游》,《风景名胜》2015 年第 5 期。

高歌:《2015:"欧洲化"视角下的中东欧》,《世界知识》2016 年第 1 期。

谭功荣:《东欧五国考察随笔》,《神州学人》2004 年第 7 期。

黄健英:《"一带一路"沿线国家经济丛书·蒙古国经济》,中国经济出版社 2016 年版。

[澳]Lonely Planet 公司:《蒙古》,生活·读书·新知三联书店 2009 年版。

郝时远、杜世伟:《蒙古》,社会科学文献出版社 2007 年版。

孟松林:《走进蒙古国》,内蒙古大学出版社 2007 年版。

苏勒坦·陶凯:《蒙古国哈萨克族民俗志》,民族出版社 2014 年版。

肖文辉、赵明:《中蒙经济"走廊"开启丝路新思路》,《当代金融家》2015 年第 6 期。

中国银行股份有限公司、社会科学文献出版社编:《文化中行"一带一路"国别文化手册·哈萨克斯坦》,社会科学文献出版社 2016 年版。

杨思远主编:《"一带一路"沿线国家经济丛书·哈萨克斯坦经济》,中国经济出版社 2016 年版。

王功恪:《哈萨克斯坦》,新疆人民出版社 2007 年版。

赵常庆:《哈萨克斯坦》,社会科学文献出版社 2004 年版。

粟周熊:《心锁丝路:我的哈萨克斯坦情结》,民族出版社 2003 年版。

中国银行股份有限公司、社会科学文献出版社编:《文化中行"一带一路"国别文化手册·俄罗斯》,社会科学文献出版社 2016 年版。

《亲历者》编辑部编著:《畅游俄罗斯》,中国铁道出版社 2015 年版。

王丽华:《俄罗斯历史与文化研究》,中国文联出版社 2015 年版。

潘德礼:《列国志·俄罗斯》,社会科学文献出版社 2010 年版。

日本大宝石出版社编:《俄罗斯、乌克兰、白俄罗斯、高加索诸国》,中国旅游出版社 2008 年版。

王英佳:《俄罗斯社会与文化》,武汉大学出版社 2002 年版。

白丹:《中、蒙、俄旅游服务贸易的国际竞争力比较》,《俄罗斯中亚东欧市场》2013 年第 3 期。

孟淑贤:《各国概况·东欧》,世界知识出版社 1997 年版。

杨振武:《各国概况·欧洲部分》,世界知识出版社 1994 年版。

周敏主编:《乌克兰》,中国地图出版社 2014 年版。

马贵友:《列国志·乌克兰》,社会科学文献出版社 2010 年版。

刘钊:《游阅乌克兰》,时代教育出版社 2010 年版。

赵云中:《乌克兰:沉重的历史脚步》,华东师范大学出版社 2003 年版。

顾志红:《列国志·摩尔多瓦》,社会科学文献出版社 2015 年版。

李安强:《罗马尼亚、摩尔多瓦》,中国地图出版社 2013 年版。

刘涟:《罗马尼亚、摩尔多瓦》,中国地图出版社 2002 年版。

李秀环:《列国志·罗马尼亚》,社会科学文献出版社 2010 年版。

赵绍棣:《罗马尼亚》,辽宁教育出版社 1999 年版。

华罗友:《罗马尼亚》,商务印书馆 1975 年版。

纸上魔方编绘:《保加利亚之旅》,贵州人民出版社 2014 年版。

张颖:《列国志·保加利亚》,社会科学文献出版社 2006 年版。

余志和、马细谱编著:《保加利亚概览》,世界知识出版社 2004 年版。

潘志强、周健、周桃平编著:《保加利亚:玫瑰之邦、山鹰之国》,军事谊文出版社 1994 年版。

徐君远编撰:《保加利亚人民共和国》,地图出版社 1954 年版。

李自然、马葵编著:《塞尔维亚人》,中国民族摄影艺术出版社 1996 年版。

阎京生:《塞尔维亚的轮回:近世的南斯拉夫与战争》,中国华侨出版社 2011 年版。

章永勇:《列国志·塞尔维亚和黑山》,社会科学文献出版社 2005 年版。

李丹琳:《列国志·匈牙利》,社会科学文献出版社 2006 年版。

张建惠:《匈牙利》,新疆人民出版社 2006 年版。

梁才德:《魅力匈牙利》,南京师范大学出版社 2006 年版。

王俊:《匈牙利》,东北师范大学出版社 2012 年版。

徐刚:《东欧国家跨界民族问题探析:以匈牙利族人为例》,《俄罗斯中亚东欧研究》2013 年第 3 期。

中国银行股份有限公司、社会科学文献出版社编:《文化中行"一带一路"国别文化手册·捷克》,社会科学文献出版社 2016 年版。

陈广嗣、姜琍:《列国志·捷克》,社会科学文献出版社 2005 年版。

谢明蓉:《开始在捷克自助旅行》,旅游教育出版社 2008 年版。

墨刻编辑部编著:《捷克经典之旅》,人民邮电出版社 2010 年版。

《亲历者》编辑部编著:《波兰、捷克、斯洛伐克旅行 Let's Go》,中国铁道出版社 2015 年版。

姜琍:《列国志·斯洛伐克》,社会科学文献出版社 2006 年版。

于海波:《捷克、斯洛伐克 中欧花园》,军事谊文出版社 1994 年版。

王俊:《波兰》,东北师范大学出版社 2012 年版。

刘祖熙:《波兰通史》,商务印书馆 2006 年版。

高德平:《列国志·波兰》,社会科学文献出版社 2005 年版。

李兴汉:《波罗的海三国:爱沙尼亚、拉脱维亚、立陶宛》,社会科学文献出版社 2003 年版。

段铁军:《立陶宛风情》,天津人民出版社 2013 年版。

中国地图出版社编:《立陶宛》,中国地图出版社 2002 年版。

周从保编著:《爱沙尼亚:"临水而居"的国家》,军事谊文出版社 1994 年版。

主 编 王胜三 陈德正

一带一路名城志

21世纪海上丝绸之路西线国家卷

人民出版社

加强地名文化建设　服务国家重大战略

（丛书序言）

民政部副部长　宫蒲光

　　文化是一种精神、一种信念，是民族的血脉，是人民的精神家园。当今世界，文化在综合国力竞争中的地位和作用日趋凸显，增强中华文化国际影响力的要求更加紧迫。党的十八大提出了建设社会主义文化强国的战略目标，强调要推动社会主义文化大发展、大繁荣。党的十八届三中全会强调，要坚持中国特色社会主义文化发展道路，培育和践行社会主义核心价值观。习近平总书记高度重视中华传统文化，在中央城镇化工作会议、中央政治局集体学习以及在调研时多次强调，要保护好历史文化遗产，传承历史文脉。李克强总理在2015年的政府工作报告中专门强调要"保护和传承历史、地域文化"，这些充分体现了文化在国家"五位一体"总体布局中的重要位置。

　　地名是传统文化的见证和载体。地名记录着人类的历史、民族的融合、环境的变化、社会的发展。地名文化内涵丰富，源远流长，既是国家的重要历史遗产，也是五千年中华文脉不可或缺的组成部分，在社会主义文化建设中具有重要地位和作用。在新形势下，加强地名文化建设，既是促进社会主义文化大繁荣、发展社会主义先进文化的重要举措，也是传承和弘扬中华文化、增强国家文化软实力、提高国民对中华文化认同感和自豪感的重要途径。

　　当前，在党中央、国务院的高度重视下，地名文化工作迎来了繁荣

发展的美好春天。地名文化建设是一项基础性、长远性的文化工作，要始终坚持"三项原则"：一要坚持保护传承与创新发展并重。保护传承与创新发展相辅相成，不可偏废，要坚持继承传统与创新发展的有机统一，在继承中创新，在创新中发展。既要在推进地名标准化的过程中做好地名文化遗产保护工作，坚持"地名要保持相对稳定"的原则，慎重更名；又要通过有效措施，深入挖掘符合时代发展要求的文化内容，提高新生地名的文化含量和文化品位，保证中国特色地名文化健康发展。二要坚持社会效益与经济效益双赢。地名文化事业具有很强的公益性，发展地名文化要把社会效益放在首位，特别是对有偿命名问题，要慎重对待，坚守健康文化和社会效益底线，确保地名文化的传承和发展。同时又要适应社会主义市场经济要求，大力发展地名文化产业，努力做到社会效益和经济效益双丰收。三要坚持理论研究与工作实践兼顾。当前，我们正在按照国务院要求开展第二次全国地名普查。各地要抓住普查之机，认真开展地名文化资源调查、挖掘、整理和研究工作，运用多种方式，宣传弘扬好地名文化，真正使地名文化建设接地气、聚人气、见实效；要及时总结地名文化建设实践经验，深入探索地名文化建设规律，充分发挥专家、学者的作用，专题研究地名文化出现的新情况、新问题，为地名文化发展提供理论支撑。

地名文化建设是地名工作的重要组成部分，要紧紧围绕中心、服务大局，重点抓好"三个关键"：一要抓好地名文化服务工作。文化是地名工作的灵魂，服务是地名工作的目的。地名文化建设要紧密围绕国家中心工作和重点任务，积极开展工作，主动作为。要积极研究丝绸之路沿途地名文化，强化丝绸之路地名考证、认定和发布工作；要围绕抗日战争胜利纪念日开展红色地名研究、认定等工作。逐步形成百花齐放的良好局面，共同挖掘、传承地名文化，为国家重大战略实施和经济社会发展服好务。二要抓好地名文化遗产保护工作。历史地名往往有着非常厚重的文化积淀，承载着优秀的文化基因。要按照中央提出的"望得见山、看得见水、记得住乡愁"的要求，按照习近平总书

记关于解决"热衷于起洋地名、乱改历史地名"问题的重要指示，进一步做好"乡愁"这篇地名文化建设文章，深入开展"大洋古怪重"等地名乱象整治，构筑《地名文化遗产重点保护名录》制度，建立地名文化遗产数据库，健全地名文化评价标准体系，深入推进"千年古县"等地名文化遗产认定工作，使地名文化遗产得到分类、分级和分层保护。三要抓好地名文化发展平台建设。要进一步密切与中央主流媒体合作，着力搭建地名文化发展平台。要积极发挥高等院校、科研机构、社会组织等在推动地名文化建设方面的作用，形成社会各界关心、支持地名文化建设的良好氛围。

近年来，民政部将地名文化放在重要位置，开展了"千年古县"等地名文化遗产认定工作，在编撰图录典志、出版影视媒介等方面积极实践，深入探索，取得了可喜成绩。最近，为进一步推进"一带一路"地名文化建设，隆重纪念中国人民抗日战争胜利暨世界反法西斯战争胜利70周年，地名研究所精心编辑了"一带一路"地名文化系列丛书和红色地名文化系列丛书，这批书籍的出版既是近年来地名研究所科研成果的展示，也是普及地名文化知识、了解地名文化历史和"一带一路"战略的一个窗口。我相信，这批书籍的出版对于弘扬地名文化，加强对党和国家重要战略决策的理解将起到见微知著的促进作用。

出版说明

2013年9月和10月，习近平总书记在访问中亚和东南亚国家期间，先后提出建设"丝绸之路经济带"和"21世纪海上丝绸之路"（简称"一带一路"）的战略构想。2015年3月，经国家授权，国家发展和改革委员会、外交部和商务部联合发布《推动共建丝绸之路经济带和21世纪海上丝绸之路的愿景与行动》，提出"一带一路"建设是一项系统工程，要坚持共商、共建、共享原则，积极推进沿线国家发展战略的相互对接。"一带一路"战略致力于加强亚欧非大陆与相关海域的互联互通，建立和加强沿线各国的互联互通伙伴关系，构建全方位、多层次、复合型的互联互通网络，实现沿线各国多元、自主、平衡、可持续的发展。共建"一带一路"符合当今世界经济全球化、政治多极化和文化多样化的趋势，是当代中国提升国际影响力、提升人民福祉的重大战略举措。

民政部、文化部、住房和城乡建设部、工业和信息化部等多个部门提出《"一带一路"文化遗产保护与传承重点专项动议》。为响应贯彻国家"一带一路"战略，做好"一带一路"沿线文化遗产保护工作，促进文化交流，民政部组织力量编撰"一带一路"地名文化系列丛书，旨在服务于国家的"一带一路"战略，普及"一带一路"沿线著名国家和城市的相关知识，以促进社会对"一带一路"战略的认知和"一

带一路"沿线著名国家和城市的了解。《一带一路名城志》是本丛书继《一带一路列国志》之后的又一成果，全书共分为5册，所涉城市分别属于丝绸之路经济带北线国家、丝绸之路经济带中线国家、丝绸之路经济带南线国家、21世纪海上丝绸之路西线国家和21世纪海上丝绸之路南线国家。在具体介绍每一个城市时，首先以地名学研究为切入点，说明该城市的地名由来及其演变过程；然后从区位、历史、地理、经济、文化和旅游等6个方面进行全方位的展现。

王胜三、陈德正、宋久成、张清华设计制作本套丛书的整体架构和每一个城市条目的内容格式，陈德正组织协调编撰人员及进度。本书所涉著名城市共有62个，属于21世纪海上丝绸之路西线的18个国家，分别为韩国、日本、印度尼西亚、马来西亚、新加坡、文莱、东帝汶、马尔代夫、也门、厄立特里亚、沙特阿拉伯、埃及、阿尔巴尼亚、马其顿、黑山、波斯尼亚和黑塞哥维那、克罗地亚、斯洛文尼亚。具体编撰分工如下（按作者姓氏拼音排序）：孙雪岩负责韩国、日本等本书目录中前10个国家及其城市；徐美莉负责斯沙特阿拉伯、埃及等本书目录中后8个国家及其城市。高宁参与了文字整理工作。由闫雪怡对本书所有条目进行逐一修改、整理，并与孙雪岩、徐美莉共同完成统稿工作。

在本书编著过程中，我们参考了相关的政策文件、地图资料以及文字资料，力求内容准确和数据严谨。同时，"一带一路"战略在不断发展，沿线所涉及国家及相关数据也处在变动中，我们将根据情况适时调整修订。虽然我们已尽全力，但是书中难免出现错误和疏漏，还请广大读者不吝指正。希望本书的出版，能够为"一带一路"战略的宣传和实施，尽一份绵薄之力。

目 录

韩 国

　　韩国（Korea），全称大韩民国。韩国的名称来源于公元前 2 世纪前后出现于朝鲜半岛南半部的史称"三韩"的马韩、弁韩、辰韩三个部落名。近代，由于最早踏上朝鲜半岛的欧洲殖民者葡萄牙人，率先使用韩国历史上延续五个世纪之久的高丽王朝之"高丽"这一名称，并将其介绍到西方，于是由"高丽"转音而来的"Korea"便成为韩国的英文名称。韩国位于亚洲东北部的朝鲜半岛南段，是与大陆连接的由北向南伸展的半岛国家，东、南、西三面环海。西面与中国的胶东半岛隔海相望，东南面濒临朝鲜海峡，东边紧靠日本海（韩国称其为东海），北面隔着三八线非军事区与朝鲜接壤。韩国国土总面积为 99720 平方千米，人口为 51529338 人（2015 年）[1]。全国共分为 1 个特别市：首尔特别市；1 个特别自治市：世宗市；9 个道：京畿道、江原道、忠清南道、忠清北道、全罗北道、全罗南道、庆尚南道、庆尚北道、济州特别自治道；6 个广域市：釜山、大邱、光州、大田、仁川、蔚山。首都是首尔。主要城市包括首尔、釜山、大邱、庆州等。

---

[1]　http：//kosis.kr/statHtml/statHtml.do?orgId=101&tblId=DT_1YL4301&vw_cd=&list_id=&scrId=&seqNo=&lang_mode=ko&obj_var_id=&itm_id=&conn_path=E1，查阅日期：2016年3月2日。

首　尔

地名由来

首尔，全称首尔特别市，旧译"汉城"。古时因其位于汉山之南、汉江之北，故得名"汉阳"。1394年，朝鲜王朝定都汉阳后将之改名为"汉城"。

近代日本殖民统治时期，汉城改称"京城"。二战后朝鲜半岛光复后，1948年，独立政府将其改名为韩语固有词"서울"（意思为"首都"，英译Seoul），成为朝鲜半岛唯一没有汉字名的城市，书面汉字仍写作汉城。2005年1月19日，时任首尔市长的李明博宣布将其中文译名正式改为"首尔"，"汉城"一词不再使用。

区位

首尔是韩国首都，是朝鲜半岛最大的城市，亚洲主要金融城市之一，也是全韩的政治、经济、科技、文化与教育中心以及海、陆、空交通枢纽。首尔位于韩国西北部的汉江流域，朝鲜半岛的中部，距离半岛西海岸约30千米，距离东海岸约1.85千米，北面距离平壤约260千米。

历史

首尔是一座有着2000多年历史的文化名城。公元前18年，百济的始祖温祚王在这一地区修筑慰礼城，并定都于此。后在百济的沸流王时代改名称为汉城。公元392—475年，高句丽攻占此地，将汉江南北地区称作北汉山州，将现在首尔附近地区称为南平壤。公元7世纪中叶，新罗统一朝鲜半岛，将都城移至庆州，把这一地区并入汉山州，并将现在首尔一带改称汉阳。1392年，李成桂创建朝鲜王朝，1394年迁都汉阳，再次将名称改为汉城。汉城自16世纪末起多次遭受战争洗礼。

1910年，汉城府被日本侵略者改名为京城府，并被降低为与郡相同的级别，隶属于京畿道。1943年6月10日起首尔使用区制，共设置了七个区。与此同时，首尔的规模不断扩大，到 1941 年其人口已近百万。

首尔于 1945 年 8 月 15 日获得解放，1946 年升级为地方自治，1948 年被确定为首都，1949 年升级为特别市。在朝鲜战争时期，1950 年市政迁移至釜山，直到 1953 年战争结束后才得以恢复。1963 年 1 月 1 日起，首尔行政区域面积进一步扩大，汉江以南的一些地区被划进其行政区域。20 世纪 70 年代，汉江南部地区发展迅速。到 1997 年，首尔已成为 25 个行政区、人口超过千万的大型都市。

地理

首尔位于朝鲜半岛中部的盆地之中，居于汉江下游，汉江自东向西缓缓穿城而过，水面宽 400—1000 米左右。城市沿着平缓的河谷延伸开来，分为南北两个区域。市区周围环绕着海拔 500 米左右的丘陵与低山。市中心的南山，高度约为 270 米。

首尔属温带季风气候，四季分明，冬季寒冷而漫长，夏季炎热且多雨。由于受西伯利亚冷空气的影响，首尔冬天比较长，从每年 10 月底开始至次年 3 月底，长达 5 个月。在 12 月份至次年 2 月这段时期，月平均气温均低于 0℃。4—5 月为春季，初春时节有"三寒四温"之说，即因冷暖空气交替影响，气温波动很大。夏季气温较高，最高气温可达到 37℃左右。夏季多雨，其中 6—8 月降雨总量占到全年降雨的二分之一以上。

首尔自然资源较为匮乏，矿产资源很少，且储藏量不大。

首尔面积约 605 平方千米。下设 25 个区，分别是江南区、江东区、江北区、江西区、冠岳区、广津区、九老区、衿川区、芦原区、道峰区、东大门区、铜雀区、麻浦区、西大门区、瑞草区、城东区、城北区、松坡区、阳川区、永登浦区、龙山区、恩平区、钟路区、中区、中浪区。2015 年，首尔人口数量为 1034.9 万[①]。

---

① http：//worldpopulationreview.com/countries/south-korea-population/major-cities-in-south-korea/，查阅日期：2016 年 3 月 25 日。

经济

首尔是韩国的经济中心。目前金融、房地产、电信、批发和零售行业相对比重明显高于韩国其他地区的平均水平。

自20世纪60年代初以来，韩国实施外向型经济发展战略，扶植大型企业，推动出口加工工业，实现了经济起飞。韩国比较著名的跨国公司总部一般都设在首尔，如三星、乐金、现代、起亚和SK集团等，其GDP占韩国总数的21%。服务行业在经济中占很大比重，已成为韩国服务业的中心。此外，首尔还大力发展旅游业，与日本、东南亚及欧美各国有航线相连，游客可方便地来往于首尔与各国之间。近年来，首尔注重打造创新经济产业基地，推进创新式产业发展。

文化

首尔居民信仰多元化，主要信奉基督教新教、天主教与佛教等，儒家伦理道德思想与生活哲学也影响深远。使用的语言为韩语。由于旅游业的发展，英语、汉语、日语在酒店等旅游相关行业中的使用比较普遍。

首尔的节日及其他盛事活动比较多。除了被称为"四大名节"的春节、清明、端午、秋夕等传统岁时节日外，其他比较隆重的节日还有燃灯节、镇海军港樱花节、仁寺洞传统文化节、鼓乐节等。燃灯节即佛诞节，每年5月6日，在首尔市中心钟路一带的曹溪寺、仁寺洞等地举行多种多样的佛教文化活动。庆典最后一天傍晚是大规模的"提灯游行"。镇海军港樱花节是纪念海军名将李舜臣的节日，开始于1963年。仁寺洞传统文化节在每年的4月底或者5月初开始举办，文化节期间，首尔钟路区仁寺洞举行，农乐表演、太平舞、教坊舞、民谣演唱、捕盗大将巡游、婚礼仪式表演、伽倻琴弹唱等大量传统民俗表演。鼓乐节则主要是进行鼓乐演奏、乐器体验活动，每年10月初，在世宗文化会馆和庆熙宫等地举行。

此外，每年5月的第一个星期天，位于首尔钟路区勋井洞的宗庙进行宗庙祭礼。宗庙是韩国供奉朝鲜王朝君主和王妃灵位的儒教祠庙，1394年由朝鲜太祖李成桂下令修建。宗庙祭礼是朝鲜半岛礼仪最高的祭祀仪式，所用音乐是朝鲜宫廷音乐的一种，被称为宗庙祭礼乐，1964年12月7日，成为第一个被列入韩国重要无形文化遗产名单的文化形式。宗庙在 1995 年被联合国教科文组织指定为世界文化遗产。2001 年，宗庙祭礼和宗庙祭礼乐被联合国教科文组织列入人类非物质文化遗产代表作名录。

首尔高校云集，如首尔国立大学、弘益大学、东国大学、檀国大学、延世大学、高丽大学、梨花女子大学、成均馆大学、中央大学、庆熙大学、建国大学、西江大学、世宗大学、京畿大学、汉阳大学等。其中韩国人公认的三所最好的大学被合称为 SKY 大学，分别是首尔国立大学（Seoul National University）、高丽大学（Korea University）、延世大学（Yonsei University）。首尔大学创建于 1946 年，是韩国第一所国立综合性大学，也是韩国的最高学府，在亚洲乃至世界上享有较高的声誉。目前，首尔大学共设 16 个学院与研究生院、3 个专科研究所以及 93 个研究中心，在校学生达 3 万余人。

首尔文化生活丰富，文化设施众多。仅博物馆机构就有韩国国立中央博物馆、世宗大王纪念馆、战争纪念馆、国乐博物馆、国立民俗博物馆、乐天世界民俗博物馆、韩国刺绣博物馆、韩国泡菜博物馆、三星出版博物馆等 100 多家。另外，首尔还有世宗文化会馆、贞洞剧场、LG 艺术中心、KBS 厅、艺术殿堂、国立中央剧场、国立国乐院、首尔市立美术馆、综合美术馆、朝鲜日报美术馆、德寿宫美术馆、首尔画廊、乐天画廊等上千余家剧场和美术馆。著名的电影院有 CGV 和 Megabox。

首尔非常重视与国外城市的合作与交流，与众多国外城市结成友好城市。如中国的台北市（1968 年）和北京市（1992 年），土耳其的安卡拉（1971 年），关岛（1973 年），美国的檀香山（1973 年）、旧金山（1976 年）和华盛顿（2006 年），巴西的圣保罗（1977 年），哥伦比亚的波哥大（1982 年），印尼的雅加达（1984 年），日本的东京（1988 年），俄罗斯的莫斯科（1991 年），澳大利亚的新南威尔士州（1991 年），法国的巴黎（1991 年），墨西哥的墨西哥城（1992 年），蒙古国的乌兰巴托（1992 年），越南的河内（1996 年），波兰的华沙（1996 年），埃及的开罗（1997 年），意大利的罗马（2000 年），哈萨克斯坦的阿斯塔纳（2004 年），希腊的雅典（2006 年），泰国的曼谷（2006 年），加拿大的温哥华（2007 年）。

旅游

首尔一直大力推进旅游业发展。市内古老的宫殿建筑与现代化的高层建筑交相辉映。自然旅游景点有北汉山国立公园、南山公园、冠岳山、国立森林园、洪陵树木园等。历史古迹类景点有景福宫、昌德宫、昌庆宫、德寿宫、庆熙宫等五大宫殿，以及宗庙、南汉山城、北汉山城、成均馆、南大门、东大门等。此外还有宗教类景点如奉恩寺、曹溪寺、明洞天主教堂等。

在首尔可以品尝到韩国各地的特色美食，如泡菜、石锅拌饭、紫菜包饭、韩定食、烤肉、参鸡汤、冷面等。拌饭和泡菜同为韩国代表料理，是韩国最高级别的传统饮食。韩定食原为古朝鲜的宫中饮食，也被称为宫廷料理。韩定食不加辣椒粉，有蒸、烤、汤、拌等诸多烹饪方法，兼顾形状、健康和美味，代表着韩国料理文化的最高境界。

首尔的化妆品、成衣、高丽参及一些手工艺品均颇具特色。总体而言，明洞、梨泰院、狎鸥亭为时尚购物中心；仁寺洞、黄鹤洞和长汉坪是古董和特色商品集中地；南大门市场和东大门市场是著名的综合贸易市场。明洞是韩国最繁华的地段和著名的购物街，各种时尚品牌的商品琳琅满目。在东大门市场可以购买到价格低且时尚的新潮服装，狎鸥亭则是首尔著名的豪华购物区。

韩国星级酒店以韩国的国花无穷花表示级别，星级酒店共分为5种：超豪华（5花）、豪华（5花）、一级（4花）、二级（3花）和三级（2花）。豪华级以上的酒店设施先进，一般都有健身房、桑拿浴、西式餐厅、商务中心、咖啡厅等。价格较低的有韩国旅游发展局运营的连锁观光酒店Benikea、青年旅舍、民宿等。

首尔交通系统极其发达。地铁载客量排名世界前五位，其辐射圈包括首尔及其周边的仁川等京畿道首都圈地区，日均载客量超800万人次，年运送旅客达22亿人次。与釜山、仁川等主要城市之间也有高速公路相通。航空方面，有仁川国际机场和金浦机场。首尔市内交通除了地铁、公交车和出租车以外，汉江上还有水上出租车可供选择。

釜　山

地名由来

釜山，英文名称为 Busan。在韩国语中，Busan 意为"釜状的山"。在高丽王朝时期，釜山被称为 Busanpo，主要因为釜山当地有山，其形酷似铁锅，而 po，则是"海湾"或"海港"之意。

区位

釜山位于朝鲜半岛的东南端洛东江口，扼朝鲜海峡要冲，西北距首尔 430 千米，隔朝鲜海峡与日本的对马岛遥相对峙。西部和庆尚南道全海郡相邻，北部与梁山郡相接，釜山是著名的天然良港，目前是韩国的第二大城市和最大的港口。

历史

釜山原为渔村，历史悠久，早在 3000 多年前，就有人类居住。朝鲜三国时代，这一地区归属于伽倻国、居漆山国等诸侯国的领地。新罗统一之后，在公元 757 年设东莱郡，釜山行政上归东莱府使统辖。因釜山形似大锅，1368 年开始被称为釜山。高丽末期，因倭寇猖獗，釜山逐步成为军事要塞。1592 年丰臣秀吉下令进犯朝鲜，一度占领釜山，釜山港成为日本侵略朝鲜的桥头堡。明朝将领邓子龙与朝鲜的李舜臣曾率领水军与日军在此地鏖战。1876 年《江华条约》签订后，釜山开港。1914 年釜山升格为釜山府。1925 年庆尚南道所在地从晋州迁至釜山，釜山遂成为庆尚南道的行政、经济与文化中心。在日本统治时期（1910—1945 年），釜山逐步发展成为现代化的港口城市，轮船可从釜山码头直抵日本的下关。

1950 年朝鲜战争爆发后，釜山成为韩国的临时首都，也是美国运送装备以及供给到朝鲜的唯一港口。战争期间，大量难民涌入釜山，1955 年釜山人口突破 100 万人。1963 年升为直辖市。在 20 世纪六七十年代，人口急剧增长，

1972年，突破200万人。1995年釜山设广域市。1997年釜山举办东亚运动会。2002年釜山成功举办亚洲运动会。

地理

釜山市区背山面水，处于太白山脉向南延伸的末端，西北方有耸立的群山，西部则为洛东江，东南面是水营湾和釜山湾，众多的山峰与岛屿形成了天然的屏障。釜山市区基本被这些山包围，从外部看，四周高、中间低，呈锅状。

釜山的气候属于暖温带海洋性气候。受海洋的影响，气候比较温和。年平均气温夏季是29℃—31℃，冬季约是7℃—9℃，年均气温约为13.6℃。全年平均降雨量约1500毫米，属暖温带海洋性气候。年降水量的50%集中在6—9月份，冬天基本不降雪。

釜山市区总面积767.4平方千米。下设东区、南区、西区、北区、中区、影岛区、釜山镇区、东莱区、海云台区和沙下区等15个行政区。2015年，釜山总人口为367.9万人。[①]都市的中心地带为釜山镇区、东区、西区、中区以及中央洞、光复洞一带，其中釜山镇区是城市的最核心位置。市区北境是金井山，西边则隔着洛东江和金海相接，东南面濒临日本海，市区西北与天马山相连接，东部是九德岭与龟峰山，继续向东则是水营湾和釜山湾。釜山港是太平洋沿岸少见的天然良港。釜山港口由东、西两部分组成，东港面积较大，为贸易港，西港面积较小，为渔港。

经济

釜山是韩国仅次于首尔的第二大经济中心。釜山的工业非常发达，主要有纺织、汽车轮胎、石油加工、电子、机械、化工、食品、木材加工、水产品加工、五金、造船和汽车等，其中机械工业特别发达，造船、轮胎生产在韩国位居首位。釜山同时也是韩国沿海与远洋渔业基地，韩国几乎所有的远洋捕捞企业都集中在釜山，与远洋捕捞相关的水产品冷冻和加工业也非常发达。

---

① http://worldpopulationreview.com/countries/south-korea-population/major-cities-in-south-korea/，查阅日期：2016年3月25日。

　　釜山是韩国第一大贸易港和最大的集装箱码头，其贸易额已占韩国全国的 70% 以上。输出货物为工业机械、纺织品、水产品、石化产品、电子产品等，进口货物主要有原油、原棉、原糖、铝、原木、粮食、煤、焦炭、化学原浆等。

文化

　　韩国是单一民族国家，釜山人皆为韩民族，韩语是其通用语言。

　　除了全国性节日外，釜山的地方节庆活动特别多，如釜山烟花节、釜山国际摇滚节、釜山海洋节、釜山国际表演艺术节、釜山国际电影节、釜山札嘎其节等。釜山国际电影节创办于 1996 年，目前已成为亚洲最具影响力的国际电影节之一，也吸引着全球电影人和艺术家的眼光。电影节每年 9 月到 10 月间在釜山市南浦洞或海云台举办。釜山海洋节于每年 8 月举办，活动内容主要有海滨音乐会、艺术公演、舞会等，节目丰富精彩。每年 10 月的"釜山札嘎其节"是声势浩大的美食节，在札嘎其市场一带地区举办。札嘎其市场位于南浦洞与札嘎其地铁站之间的海边，是釜山最著名的水产品市场，形成于 19 世纪末期，目前韩国 50% 的水产品都是由该市场供应。此市场集海鲜批发、海鲜食店与零售于一身。节日期间的活动内容包括称生鱼片比赛、鳗鱼接力赛跑、手提活鱼比赛、海产品拍卖、外国人烹饪赛等。游客可以花较低价钱品尝刚上市的海鲜佳肴。

　　教育方面，釜山拥有釜山大学、东亚综合大学、国立海洋大学、国立水产大学、釜山女子大学等高等院校数 10 所。其中釜山大学创办于 1946 年，是韩国 10 所国立旗帜大学之一，由 15 个学院、1 个分校区、1 个综合研究生院、4 个专业研究生院和 5 个特殊研究生院组成。釜山大学极其重视开展国际交流，已经与美国、中国、英国、加拿大、日本等 20 余个国家的 100 多所大学及研究机构建立了合作关系。

　　釜山拥有公共图书馆、博物馆、市民会馆、体育场等各种各样的文化设施。釜山博物馆建成于 1978 年，是展示釜山文化与地域特征的最佳平台之一。博物馆共分三层，由常设馆、窑展示馆、户外展示场等展览区组成。其中，第一展示馆有史前展厅、统一新罗展厅、高丽展厅、朝鲜展厅等；第二展示馆主要包括韩日关系展厅、釜山民俗展厅、现代展厅、生活文化展厅等；窑展示馆主要介绍朝鲜古时候制作土窑和瓦窑的过程；户外展示馆陈列有东来南门碑、斥和碑等石雕。通度寺附近的圣宝博物馆 1999 年开馆，是韩国唯一的佛画专门博物馆，收藏有世界上最为丰富的佛画资料，馆内藏有 600 多件佛画，还有 5 万多件与佛教相关的文物。另外还有釜山海关博物馆、韩国国立海洋博物馆等。此外，由于釜山承办过 1997 年东亚运动会、2002 年亚洲运动会，市内体育场馆很多，经常举办文艺活动。

釜山非常重视与国外城市的合作与交流，先后与中国的高雄（1966 年）和上海（1993 年）美国的洛杉矶（1967 年）、日本的下关（1976 年）、西班牙的巴塞罗那（1983 年）、巴西的里约热内卢（1985 年）、俄罗斯的符拉迪沃斯托克（1992 年）、印尼的泗水（1994 年）、澳大利亚的维多利亚（1994 年）、越南的胡志明市（1995 年）等结成友好城市。

旅游

釜山不仅拥有魅力无穷的天然景观，还保存有大量丰富的历史文物，再加上盛产海鲜等美味，因而成为一个游人如织的著名观光城市。在釜山观光可分为海岸观光、内陆观光两部分。海岸观光主要在海云台海水浴场、松亭海水浴场、广安里海水浴场岛屿、海岸公园等，内陆观光场所有釜山市内、金井山城、梵鱼寺、东三洞贝冢、东莱乡校、釜山世界杯体育场等。

釜山是大都会城市，也是购物天堂，可以任意选购韩国的特产。著名的购物场所有光复洞、南浦洞等。光复洞是釜山最大的购物中心，仅光复洞时装街就汇聚了 100 多家时装店，经营各种服装，还售卖化妆品、装饰品、金银首饰等。相对而言，到南浦洞购物的年轻人更多一些。乐天釜山免税店则经营了百余个世界名牌商品，包括香奈儿、爱马仕和路易威登、卡乐迪等，同时兼售各色韩国旅游纪念品。国际市场是釜山规模最大的传统市场，商品价格相对低廉，这一市场出现于 20 世纪 50 年代，目前主要是批发与零售各种二手货、新旧产品等。

釜山的特色美食主要是海鲜。以鲍鱼、鲷鱼、海鳗作为原料的生鱼片味道独特，是釜山海鲜菜的代表。忠武生鱼片店位于南浦洞札嘎尔其市场之中，以生鱼片、烧烤、海鲜汤最为出名。另外，葱饼、釜山式烤肉也颇具特色。东莱葱饼用精美的汤汁、糯米粉、粳米粉、海鲜、牛肉以及清香的大葱制成，配料丰富。东莱区明伦路上的东莱奶奶葱饼店所做葱饼备受推崇。

　　釜山的住宿点主要分为观光酒店、公寓式客房、汽车旅馆三大类。一流的观光酒店多集中于釜山市中心及海云台附近。著名的酒店有资深船长大酒店、釜山大酒店、凤凰大酒店、半岛大酒店等。

　　釜山交通发达，来往便利。金海国际机场虽然规模不大，班次也不多，但辟有开往东京、福冈和洛杉矶等地的国际航线。从釜山出发的轮船可到达世界各大港口，隔一天就有一班渡船往返济州岛，也有水翼船和木浦通航。每天都有天使航运公司的轮船来往于丽水和釜山。

庆　州

地名由来

　　庆州，英文名称为 Gyeongju。庆州原名为金城、徐罗伐，自公元前 57 年就是新罗的都城。公元 935 年，新罗末代国王敬顺王金傅向高丽太祖土建臣服，让国于高丽，新罗灭亡。王建改"金城"为"庆州"，沿用至今。

区位

　　庆州位于韩国庆尚北道东南，距离首都首尔约 370 千米。东靠韩国东海，西邻昌岛郡，南接蔚山广域市，北邻浦项市、永川市。庆州是韩国历史文化最为悠久和丰富的城市，被视为韩国古代文明的摇篮。

历史

　　庆州原来是辰韩 12 国中的斯卢国。从公元前 57 年到公元 935 年，庆州一直作为新罗的都城，见证了新罗文明的发祥、成长、兴盛与衰落。新罗崇奉佛教风气盛行。公元 535 年，法兴王于吐含山山麓始建佛国寺，历经数十次改建与扩建，公元 751 年景德王时期基本完工，成为朝鲜半岛最大的寺院。公元 7 世纪末期，新罗联合唐朝消灭百济与高句丽，建立了统一的王朝。新罗慕唐风，仿造当时唐朝都城建造首都庆州，鼎盛时期人口曾达百万。公元

935年，新罗灭亡。高丽太祖王建将新罗都城改称为庆州、东京。

1931年庆州面升级为庆州郡。1955年庆州邑又升级为庆州市。1968年，政府把庆州古城辟为国立公园，遍植花草树木，维修保护，使其重现古新罗的璀璨文明。1983年庆州市与庆州郡合并。同年，石窟庵和佛国寺被列入世界遗产名录。庆州历史区作为另一项文化遗产在1995年也被列入世界遗产名录。

地理

庆州位于庆州盆地的中部，四面环山，东面为明治山，西面是玉女峰、仙缘峰，南有南山，北面则有金刚山。兄山江及其支流北川、南川从西、北、南三面穿过庆州，汇流而出。整个城区地势平坦。

庆州冬季受大陆性气候的影响，夏季受到海洋性气候的影响，春、夏、秋、冬四季差异明显。年平均气温约为12.2℃，最低气温为－11.9℃，最高气温38.6℃，年平均降水量约为1091毫米。但其气候随地域的差异略有不同，相对而言，西部地区寒暑差异更大，东部地区由于受山和大海的影响要温暖一些。

庆州面积为1324.39平方千米。下设11个洞、4个邑、8个面。11个洞分别为仙桃洞、城干洞、普德洞、佛国洞、黄南洞、中部洞、隍城洞、龙江洞、黄吾涧、东川洞以及月城洞；4个邑是干川邑、甘浦邑、安康邑与外东邑；8个面则由山内面、西面、见谷面、江东面、川北面、阳北面、阳南面以及内南面组成。街道大致呈棋盘式排列，纵横交错而井然有序。2015年，庆州人口为277185人。[①]

经济

庆州旅游业发达，是世界驰名的文化观光城市，与首尔、济州岛并称韩国三个最为流行的旅游胜地。年旅游人数已超过600万，其中国际游客数量逐年提高。庆州重视第一产业的发展，农业、畜牧业和渔业占GDP比重较高，生产的水稻、大麦、大豆和玉米、萝卜、卷心菜供应全国。庆州也是苹果的主要生产地区，其他如香瓜、柿子等产量也较高。畜牧业方面，庆州韩

[①] http://baike.so.com/doc/3820854-4012425.html，查阅日期：2016年5月28日。

牛的数量为韩国第一，庆州的烤肉在韩国知名度很高。渔业方面，在无污染的东海生产的各种绿色渔产品颇受韩国民众欢迎，主要水产品是小鱼、黄貂鱼、鱿鱼、鲍鱼，鱿鱼渔场发展势头尤其良好。除了传统的农业、畜牧业和渔业外，庆州的工业发展也很快，与大邱、蔚山等城市展开经济合作，主要生产汽车零部件、纤维等产品。

文化

曾作为新罗都城的庆州，深受佛教文化影响，一直是韩国佛教重镇之一。庆州居民一般说东南方言，也被称为庆尚道方言，是韩国语方言中唯一仍存留有声调的方言。

由于历史悠久，文化积淀深厚，庆州的节日也层出不穷，如新罗文化节、韩国传统酒和糕文化节、庆州世界文化博览会、马拉松比赛等，一年到头热闹非凡。每年 12 月 31 日到 1 月 1 日庆州居民到海边隆重举行"庆州文武大王日出时刻之大型祭祀典礼"活动，当地还会燃放烟花以示庆祝。另外，"庆州韩国酒和年糕"的纪念活动在每年 3 月末到 4 月初举行，游客将可以亲自体验年糕制作和古代民俗活动。每年 10 月，庆州古城都要举小新罗文化节以纪念新罗时代的文化，吸引大批游客前去参观。

庆州共有 3 所大学，即庆州大学、东国大学以及威德大学。1981 年建校的庆州大学当年名为"韩国观光大学"，校训为"真、义、信、奉"，1993 年改校名为"庆州大学"，是一所以观光旅游和尖端 IT 为特色专业的私立大学。东国大学则带有浓郁的佛教色彩，始创于 1906 年，由韩国佛教禅宗的一支曹溪宗创办，其前身为以教育救国为目的开办的明进学校，至今已是百年名校。该校排名已经跻身韩国私立大学前 10 位。该校现设有 11 个学院和 11 个研究生院，其人文类和艺术类专业一直稳居韩国各高校相关专业前茅。威德大学创办于 1996 年，是由韩国密教宗团——真觉宗创办，该校办学宗旨为"世界化、乡土化、信息化"，目前设 8 个学院、22 个系。

国立庆州博物馆是世界著名博物馆之一。在韩国，与首尔的国立中央博物馆齐名。其创建于 1945 年，最初是韩国国立中央博物馆庆州分部，历经多次扩建在 1975 年升格为国立庆州博物馆。博物馆两层高，是仿新罗石塔建成的，展馆共分本部、第一别馆、第二别馆、室外展示场四个部分。共收藏文物 10 万余件，展品涉及史前时代、古新罗、伽倻文化与统一新罗时代诸种文物。户外展示馆则是以东亚最大铜铸的圣德大王神钟为首。钟建于新罗时代，高 4.2 米，环围约 7 米，重 7.2 万千克。据传在铸造这座铜钟时，曾经将一个年仅 9 岁的女童做祭品，铸造成功之后，每次敲响，其钟声听起来好像发出"耶米列"（"妈妈"的意思）的响声，因此该钟又被称为耶米列钟。

庆州比较重视与国外城市的合作与交流，先后与日本的奈良（1970 年）和小滨（1977 年）、意大利的庞培（1985 年）、法国的凡尔赛（1987 年）、中国的西安（1994 年）、越南的顺化（2007 年）建立了友好城市关系。

旅游

庆州是世界十大古都之一，有"韩国文化发源地"的美称。不管是大街小巷，还是山地、溪谷，均可见到王陵、佛像、石塔、寺庙遗迹，徜徉于庆州古都街道，游客们就能够感受到浓郁、厚重的历史人文气息，再加上山水之间颇具韩国特色的自然风光，庆州的魅力让人神往。庆州的景点区可分为四块。一是庆州市中心及周边的古坟与历史遗迹区；二是位于庆州市南部南山山腰的南山古迹区；三是位于庆州市东南部吐含山山腰的"佛国寺和石窟庵"区；四是庆州市东部，即普门湖大型度假休闲区。庆州古城是韩国佛教艺术最丰富、最典型与最集中的地区。庆州已拥有 3 处世界文化遗产，即佛国寺和石窟庵、庆州历史遗址区与韩国历史村落"良洞村"。其中，佛国寺和石窟庵以佛像和建筑物享有盛名，庆州历史遗址区则以大片新罗时代的古遗迹让人称奇。值得一提的是于公元 7 世纪初善德女王时代修建的瞻星台，高 9.4 米，直径 5.17 米，呈圆筒状，由代表一年的 365 块花岗岩堆砌而成，用来观测日食及星辰移动等天象，以占卜吉凶，决定国事与稼穑，它是庆州古老文化的象征，也已成为世界级的珍贵文物。

在庆州可以见到韩国传统的漆器、土器、金属工艺、佛画、刺绣和竹编等，游客们还可以亲自参与制作。庆州特产工艺品有陶俑、木雕、木偶、石敢当和韩国传统服饰，以及当地出产的紫水晶、古时祈求丰收的"鬼面具"。另外，校洞法酒也是庆州特产之一，是当地重要的非物质文化遗产，由居住在庆州市校洞的崔氏家族所传承，用糯米、大麦酒曲和泉水酿制而成。

庆州的购物场所多在市中心和佛国寺附近，普门湖畔则有大量的免税商店。庆州民俗工艺村也售卖各种工艺品。

庆州是韩国最大的韩牛生产地，用优质的饲料和在良好的环境下养育的庆州韩牛，以名为"千年韩牛"的高级牛肉品牌被销售。庆州韩牛以优良的肉质为傲，咀嚼时口感筋道。庆州的韩牛烤肉极负盛名，可以品尝到庆州韩牛烤肉的饭店聚集在山内面、川北面和外东邑。庆州还有著名的美食菜包饭，主要用生菜或白菜的叶子为原料制成，很受欢迎。皇南饼是当地最有名的土特产，因出产于庆州市皇南洞而得名。庆州的餐厅大多位于市中心和普门湖畔附近，普门湖畔的湖畔庄餐厅以及价廉物美的老字号巨龟庄餐厅大为著名，其招牌菜烤牛肉和海鲜极负盛名。

庆州的住宿比较方便。高级大饭店基本集中于普门湖休闲地，另外，佛国寺附近的佛国寺大饭店采用韩国独特的建筑风格，别具特色。普通的饭店与韩式旅馆基本集中于庆州市中心。此外还有民宿，住在民家可体验当地的传统生活方式。

庆州的交通相对便利。为不打破古都特有的古雅幽静，庆州没有机场。乘坐飞机的旅游者只能先乘飞机到浦项，然后从浦项坐2小时左右汽车到庆州。不过，浦项机场与国内各大城市往来的航班比较多。庆州有火车站，经过庆州的火车线路仅有两条，一条是大邱线，另一条是东海南线。庆州有高速汽车站和长途汽车站两个车站。从高速汽车站发出的主要有抵达首尔、大田、釜山、大邱以及光州方向的高速公共汽车和周边机场方向的班车。由长途汽车站发出的主要有抵达江陵、密阳以及海云台等方向的汽车。市内公共交通工具以公共汽车和出租车为主，另有观光公共汽车绕行各主要景点。租自行车骑行庆州也是游客们喜爱的一种旅游方式。

光 州

地名由来

光州，英文名称为Gwangju。光州的地名蕴含"光之故乡"之意。古称武珍州、武州。"光州"名称首次使用是在高丽太祖二十三年（公元940年）。

区位

光州位于韩国西南山区边缘，东北距离首都首尔 270 千米。市区面积为
501.34 平方千米。光州是韩国全罗南道首府所在地，是韩国湖南地区政治、
经济、文化、教育的中心，也是韩国第五大城市。

历史

光州在朝鲜古代三韩时期属于马韩。三国时代，光州属于百济，被称为
武珍州。统一新罗时期，光州被称为武州。高丽时期，公元 960 年太祖在位
时，改称光州；1373 年恭愍王在位时，光州改称光州牧；1430 年，光州牧又
改为光州郡。

自 1893 年起，光州被确立为全罗南道的首府，称光州邑或光州府等。
1914 年第一条由光州通向汉城的铁路修筑成功，促进了光州现代工业的萌芽。
1929 年 11 月初，因日籍学生侮辱朝鲜女生，光州学生举行反日游行，反对日
本殖民统治和奴化教育。1949 年，改为光州市。1967 年至 1969 年，光州建
成第一个以生产汽车为主的重工业区。1980 年 5 月 18 日，光州学生掀起反对
全斗焕独裁的运动，敲响了军人独裁统治的丧钟。1986 年 11 月 1 日，光州被
升格为直辖市。1995 年 1 月 1 日，改为光州广域市。

地理

光州地处韩国全南平原与南岭山的交界处，位于荣山江上游。其东边都
是山地，为无等山脉与丘陵所环绕，西北部为较开阔的全南平原。光州恰好
处于由山地到平原的过渡地带。在光州川冲积之下，这一地区土壤肥沃，自
从有历史记载起就是韩国重要的农耕地区。光州境内最高的山峰为海拔 1915
米的天王峰。

光州的气候介于西海岸型和内陆型之间。以无等山为界，东南部属于内
陆性气候，西部则为海洋性气候，四季分明。冬季容易受到蒙古国附近向韩
国扩张的寒冷大陆性高气压的影响，会出现三寒四温的天气状况。夏季由于
受北太平洋高气压影响，气候炎热，并且在初夏和晚夏有汛期，每年均会受
到一两次台风影响。春秋两季受到中国移动性高压影响，气候干燥少雨。年

均气温约为 14.2℃，1 月份平均气温约为 0℃，8 月份平均气温约为 28.4℃，全年降水总量约为 1246.5 毫米。

光州广域市下辖 5 个自治区，分别是东区、南区、西区、北区、光山区。2015 年，光州总人口为 141.7 万人。[①]

经济

传统上，作为内陆城市的光州是以行政、金融和商业等服务为主的产业结构，不过并未放弃第一、第二产业的发展。

工业方面，光州辖区内已经建有 5 个开发园区，建成光电产业集群，重点发展光通信零部件、光源、光电精密仪器、光电材料、光电半导体等产业。出口产品主要是轮胎、汽车、电子零件、机床、空调机、电冰箱、纺织品、微波炉、干电池。

农业产值在光州 GDP 中占一定的比重。光州土地肥沃，自古就是韩国粮仓，盛产稻米以及蔬菜、棉花、蚕丝、鲜花等农产品。光州也是驰名世界的泡菜之乡。

服务业方面，光州有丰富的旅游资源，而且文化产业与商业均很发达，服务业在光州 GDP 中所占比重最高。

文化

光州居民使用的语言主要为韩国的全罗道方言，但旅游业的发展使英语在酒店等旅游相关行业中的应用非常普遍。

光州是韩国的文化和艺术之都，自古以来这里就走出了许多硕学鸿儒、文人墨客。今天的光州继承了优良传统，云集了很多优秀的产业人力资源。

光州的节日活动相当多。光州泡菜节在每年 10 月中旬举行，已经成为一个国际性庆典，吸引不少国外游客的参与。节日活动内容丰富多彩，包括现场展示泡菜鱿鱼、泡菜水果盅、泡菜南瓜盅等各种泡菜制作的方法和过程。还可以展示韩国其他地区的泡菜产品。展示过程中，游客可以亲自参与其中，

---

① http://worldpopulationreview.com/countries/south-korea-population/major-cities-in-south-korea/，查阅日期：2016年3月25日。

如手把手教授制作泡菜，以及让游客品尝不同样式的泡菜食品。光州美术双年节自 1995 年起举办，既总结韩国美术文化发展历程，也与世界其他国家艺术家进行交流，成为光州的一个特色文化，每次持续 71 天。节日期间还安排有多种形式的文艺活动，让人赏心悦目。

光州教育之风浓厚，目前有各级各类学校 500 多所。高校有全南大学、光州大学、光州女子大学、光州科学技术、光神大学、南部大学、光州教育大学、朝鲜大学、湖南大学、湖南神学大学等。其中，光州大学是由金仁坤博士于 1980 年创办的一所私立大学，最初名为光州经商专科大学。光州大学是韩国大学中第一所实行"企业实习就业支援项目"与"创业支援项目"的 4 年制综合性大学，在韩国湖南地区的大学就业率排名中位居第一，是韩国国内最优秀的就业创业中心大学。

光州的文化娱乐设施较多。国立光州博物馆位于光州市的北部，建筑为地上 2 层、地下 4 层，馆内依照时代与种类共设了 7 个展厅，有史前展览厅、三国展厅、佛教美术厅等，陈列着许多 1976 年从新安海域的中国沉船上打捞的文物，还有光州地区史前时代的文物，以及朝鲜王朝时期独立发展的湖南地方绘画的展品。光州市立民俗博物馆以各种展示物与模型，尤其是光州所在的全罗南道在日常生活、工作、祭祀等活动中所用的工具和工艺品，来展现正在逐渐消失的传统百姓生活。光州艺术街从光州东部警察署前一直到中央小学后方的十字路口、长约 300 米。艺术街一方面继承发展艺术之乡光州的传统，也展览、销售作品，这里可以找到书画、韩国画、陶瓷、工艺品等各种韩国传统物品。

在与国外城市的合作与交流方面，光州先后与美国的圣安东尼奥（1982年）、中国的广州（1996 年）、印尼的棉兰（1997 年）、日本的仙台（2002 年）建立了友好城市关系。

旅游

光州历史悠久，具有丰富的历史文化遗产，同时也拥有很多自然景观，得天独厚的条件让光州在很短时间内发展成为韩国的著名旅游城市之一。光州的历史古迹主要以百济文化为中心，著名景点有无等山、松广寺、今勿梯池、光州城、喜庆楼、无量寺、开龙寺、证心寺等。坐落于光州广域市东端和潭阳之间的无等山，海拔1187米，一直被光州人视为"光州的守护神"，因其3座岩峰海拔几乎相同，而且肩并肩立在一起，因而有"无等级之分的山"之称。松广寺处于密林之中，在韩国三大寺庙中环境最为幽静。三国时代，松广寺共培育出16位国师。寺内还收藏有大量文物及重要的资料。建于公元544年的华严寺，是新罗振兴王在位时创建的，是韩国典型的木造建筑，雄伟的大雄殿风格华丽，让人称奇的是建筑未用一个钉子。"5·18"国立墓地与望月洞的旧"5·18"墓地是纪念光州事件的景点。

光州是韩国西南部最大的消费城市，购物中心和娱乐场所比比皆是。最大的繁华购物区位于锦南四街站至文化殿堂站之间的忠壮洞周边。每周六、日开张的蚂蚁市场则是韩国著名的古董市场。新文物街集中了销售古美术品的古董店、本地艺术家常来访的画店以及书法院、韩国国乐院、中坚画家的画室，是为了继承文化艺术传统、方便市民的爱好而设立的。

光州的饮食文化非常发达，享有"泡菜之城"的美誉。最经典的特色菜品是"光州五味"，即韩食套餐、光州泡菜、无等山大麦拌饭、松汀肉饼和鸭子汤。光州韩食套餐，一般是将三四十余种包括野菜等特色食物摆满一桌，然后提供各式各样不同风味的海鲜酱。光州泡菜在韩国诸种泡菜中名气最大，一般用盐将咸淡调到适度，之后再加入海鲜与辣椒面等诸多调料精心调制。鸭子汤则加入新鲜的芹菜、栗子、苏子末、大枣、人参、鹿角和糯米等熬制而成，不油不腻，味道鲜美，营养十足。光州松汀肉饼是先挑选好排骨肉，然后将其捣碎后抹上调料，做成方形的料理，风味独特。无等山大麦拌饭是把新鲜的时令蔬菜与野菜用香油和辣椒酱调制好，放入光州本土产的大麦饭拌着吃。松汀里肉饼街、芝山游园地传统饮食街、光州鸭子汤美食街、大仁市场生鱼片街都是美食街，游客们在这里可以品尝到光州各种美食。

光州市内及市郊有许多等级不同的饭店。有些大饭店还设有韩式火炕的客房，这种具有民族情调的宾馆吸引很多观光客入住。比较豪华的饭店有光州饭店、希丁克观光饭店、无等公园饭店等。此外，还有许多民宿可供游客择居。

光州是韩国南部的重要交通枢纽，航空、铁路、公路都很便利，一天内可以往返于韩国各地。光州国际机场是光州市内唯一的机场，每天有密集的班机往来于光州与首尔之间，还有直达日本的国际航班。奥林匹克高速公路横贯朝鲜半岛的南部，连接大邱市与光州市。当地长途公共汽车营运路线延伸至各地，速度快，服务好。市内交通主要有出租车、地铁以及公交车。

济 州

地名由来

济州，英文名称为 Jeju City 或 Jeju—si。济州的古名有岛夷、东瀛州、涉罗、耽罗、托罗等，均为"岛国"之意。根据济州岛长期流传的神话，在太古时期，有高乙那、良乙那、夫乙那三位神仙在济州岛生活，狩猎为生。后碧浪国三位公主，携带五谷种子和牛马前来与三位神仙结为夫妻。后来高乙那的后代向新罗朝贡，获赐国号耽罗。1295 年起，改称济州。

区位

济州位于韩国济州道北部，汉拿山北坡的中部。东面与北济州郡朝天邑相接，西面临靠涯月邑，南面与西归浦市相邻，北面濒临济州海峡。济州是济州道的首府，总面积为面积 977.8 平方千米。

历史

济州历史悠久，早在朝鲜半岛三国时期就是耽罗国的中心。公元 498 年臣服于百济。百济灭亡之后，归属于统一新罗。高丽时期，耽罗成为高丽的朝贡国。1105 年，被改为耽罗郡，受高丽直接管辖。1295 年，毅宗时期，耽罗改为济州。1276 年，济州由中国元朝进行管理。1294 年，元朝将济州归还高丽。1894 年，成为独立的行政区域——济州府。1896 年，济州府改为济州牧。1908 年，设置济州郡。1909 年，设置济州郡中面。1913 年，中面改称济州面。1931 年济州面升格为邑。1955 年，济州邑升为济州市。2006 年 7 月，整合北济州郡，组成新济州市。

地理

济州岛是由大陆架火山运动形成的火山岛，其地表大部均覆盖着玄武岩。在济州市，汉拿山北坡的地势呈阶梯状逐渐降低。土赤岳、水长兀、御乘生岳等汉拿山的子火山分布于济州南部。汉川、山地川、禾北川等 11 条河流穿城而过，向北流去。但所有的河流都仅 10 千米左右长。市区主要集中于北部海岸中部，市内其他部分多为辽阔的草原。

济州地处北纬 33°线附近，受流经近海的暖流影响较大，兼有亚热带海洋性气候与温带大陆性气候的特征。冬季温差较大，气候干燥；夏季湿度很大，雨水较多。年平均气温约为 15.8℃，是韩国平均气温最高、降水最多的地方之一，气候非常宜人。

济州耕地面积比较多，生物资源丰富，亚热带、温带、寒带三种植物并存。

济州共由 4 邑、3 面、19 洞组成。4 邑分别为翰林邑、涯月邑、旧左邑、朝天邑；3 面分别为翰京面、楸子面、牛岛面；19 洞分别为一徒 1 洞、一徒 2 洞、二徒 1 洞、二徒 2 洞、三徒 1 洞、三徒 2 洞、健入洞、老衡洞、道头洞、奉盖洞、三阳洞、我罗洞、莲洞、吾罗洞、外都洞、龙潭 1 洞、龙潭 2 洞、梨湖洞、禾北洞。2015 年，济州人口数量为 40.8 万。①

经济

济州是世界著名观光和休养胜地，也是韩国的旅游中心之一，旅游业是济州的支柱型产业。济州主要发展围绕旅游的服务业以及农业、渔业、畜牧业。济州土地肥沃，盛产柑橘、粟、大麦、荞麦、大豆、红薯、油菜和芝麻。济州的水产品也很丰富，如刀鱼、鲷鱼、墨斗鱼、鲂鱼等。济州市工业主要以食品加工等轻工业为主，如罐头、海产加工，啤酒、酒精及甘薯淀粉制造业。

---

① http://worldpopulationreview.com/countries/south-korea-population/major-cities-in-south-korea/，查阅日期：2016 年 3 月 25 日。

文化

与韩国其他地区相比,济州保留着独具特色的风俗习惯、方言和文化等。济州最大的特征就是"三多""三无":"三多"指的是风多、石头多、女人多;"三无"即无乞丐、无小偷、无门。

济州的节日庆典众多,一年四季各种活动络绎不绝。春季有济州大樱花节、城山日出节、油菜花节、七仙女节、国际市民马拉松大赛,夏季有海滨节,秋天则有国际管乐节、汉拿山文化节、芒花节、柑橘节,冬天有汉拿山雪花节以及正月十五野火节。此外还有三姓祠祭、国际气球大赛及芦荻草庆典等。每年4月份,济州岛樱花开放之时,会举办济州大樱花节。节日期间,在竞技场的露天舞台上举办各种活动,如济州民俗表演、折纸展览、利用废旧物品制作模型、"春之花"特别展览等。而路两旁布满各种美食小吃。最后一天还会在樱花大道上举行"樱花大道竞走"比赛。

济州有一所国立大学,即创建于1952年的济州国立大学。截至2014年年底,济州国立大学共设12个学院以及9个大学院(研究生部),有本科生10000余人和博、硕士研究生1800余人。济州大学有雄厚的教学设备和师资力量,IT、BT等尖端学科,观光、海洋以及和文化领域相关的学科是其重点发展学科。另外,济州还有济州教育大学、济州师范大学等文化教育机构。

济州拥有较多的博物馆、美术馆、剧场等文化设施,如国立济州博物馆、济州民俗自然史博物馆、济州现代美术馆、济州乱打剧场、汉拿山自然展示馆、冰雕体验馆等。济州民俗自然史博物馆以火山岩建成,风格别致。馆内大致分为世界自然遗产展览馆、自然史展室、第一和第二民俗展室、海洋综合展览馆及室外展示场。主要展示原本散落在济州道内的传统民俗遗物、自然史迹等珍贵物品和资料,是了解济州文化的最佳场所。

济州较为重视与国外城市的合作与交流,已经与法国的鲁昂,美国的圣罗萨,日本的荒川、别府、和歌山市和三田市,中国的桂林、扬州、昆山、珲春和莱州建立了友好城市关系。

旅游

作为韩国第一大岛,济州岛旅游资源丰富,享有"蜜月之岛""浪漫之岛"等美称,是游客眼中的旅游胜地之一。主要的旅游景点有五贤坛、奇幻山坡、三姓穴、三射石、耽罗木石苑、龙头岩、纱罗峰、梨湖海水浴场、三阳海水浴场等。三姓穴就是济州传说中三个不同姓氏的祖先"高乙那""良乙那""夫乙那"出现之处。每年春秋两季之时，济州人都要在此处举行大规模的祖先祭祀活动。

济州的特产与工艺品非常丰富，如土布衣、多尔哈鲁邦仿制石像、靖洞帽子、五味子茶、汉拿山酒、象征吉祥和长寿的雕制乌龟、贝壳制品、熔岩雕刻、各类珍珠制品，用白珊瑚或黑珊瑚制成的袖扣、簪、烟斗、项链、胸针、黑色火山石雕刻的工艺品等。购物场所集中于市中心商业区、传统集市（如每隔五日开市的"五日集"）以及超市大卖场等。比较大的商店有韩国航空饭店的纪念品店、韩国土特产商店和济州国际机场特产店、韩国免税商店等。

济州美食以海产为主，如生鱼片、烤玉鲷、鲍鱼粥、海产火锅、烤鳝鱼、螃蟹汤、烤方头鱼、九孔螺砂锅饭等。济州岛的自然环境使这里的饮食别具特色。济州烹制菜肴时，喜欢采用最传统的制作方式，保留食物最自然、最原始的鲜美之味。烤黑猪肉是济州岛特有的乡土菜之一。从前济州户户养猪，遇到喜事就以猪肉待客。济州的黑猪都是在草地上自然放养长大，济州人使用烟熏的方法杀猪，当地人叫作"烟熏猪"。用全草褪去猪毛，其香味沁入猪肉，猪肉的味道与众不同。

济州住宿方便，济州岛上的豪华酒店大多集中于济州市。位于一徒1洞的韩航大饭店是济州最大的饭店，共18层，500多间高级客房。济州岛华美达酒店（Ramada Plaza Jeju）既是韩国最早的海上饭店，也是济洲岛上最受游客喜欢的海滨酒店之一。比较豪华的大酒店还有济州豪华大饭店、济州华盛顿饭店、济州皇家宾馆、济州王子饭店等。

济州交通便利。从首尔及釜山飞往济州机场的班次相当多，大韩航空与韩亚航空等韩国主要航空公司都有班机，有出租车和巴士直通国际机场。虽然济州岛是韩国唯一没通铁路的地方，但济州的公路系统很发达。济州市内交通工具包括长途、市区、环行等巴士及出租车。巴士是环岛旅行时最为方便的交通工具。出租车分为一般与中型两种。另外还可租用车辆，自己驾车环游济州。

日 本

日本（Japan），意为"日出之国"，全称日本国。日本位于亚洲东部、太平洋西岸、朝鲜半岛东侧，四面环海，是一个由东北向西南延伸的弧形岛国。日本东部和南部为一望无际的太平洋，西临日本海、东海，北接鄂霍次克海，隔海分别和朝鲜、韩国、中国、俄罗斯、菲律宾等国相望。日本国土总面积约 37.8 万平方千米，包括北海道、本州、四国、九州四大岛屿及其他 6800 多个小岛屿。人口数量为 127046000（2014 年）[1]。日本的都、道、府、县是平行的一级行政区，直属中央政府。全国分为 1 都（东京都）、1 道（北海道）、2 府（大阪府、京都府）和 43 个县（省）。首都东京。主要城市包括东京、京都、横滨、大阪、名古屋、北海道等。

东 京

地名由来

东京，英文名称为 Tokyo。东京古称江户，1457 年，太田道灌修建江户城。1603 年，德川家康受封征夷大将军，在江户建立幕府政权。1868 年，明

---

[1] 中华人民共和国外交部网站，http://www.fmprc.gov.cn/web/gjhdq_676201/gj_676203/yz_676205/1206_676836/1206x0_676838/，查阅日期：2016年4月10日。

治天皇由京都迁居至江户，定都于此，并改名为东京，意为"东方的京城"，该名是相对于日本西部的古都——京都而言的。此后，东京成为日本国首都。

区位

东京位于关东地区南端，大致在日本本州岛中心，城区总面积为 2187.7 平方千米，是全球最大的经济中心之一。东京东部以江户川为界和千叶县连接，西部以山地为界与山梨县连接，南部以多摩川为界与神奈川县连接，北部则与埼玉县连接。

历史

东京最初是日本武藏国国丰岛郡江户乡的一个小村"江户村"。1457 年，一位名叫太田道灌的乡绅修筑了江户城。1603 年，德川家康在江户建立德川幕府，江户城得以迅速发展，成为全国的政治中心。19 世纪初，江户的人口已超百万。1868 年 9 月 13 日，明治维新后，日本天皇迁都至此，东京成为日本的首都。由于废藩置县，1872 年成为新的东京府，1878 年将东京范围确定为十五区六郡，到 1893 年又合并了三多摩地区。1927 年日本的第一条地铁在浅草和上野之间开通。1931 年羽田东京机场竣工。到了 20 世纪 30 年代中期，在城市人口方面，东京已经可与纽约和伦敦相抗衡。太平洋战争爆发后，为适应战争需要，东京府和东京市合并形成东京都。二战末期，盟军连续的轰炸使东京受损严重。1947 年 8 月东京开始 23 区制。

随着日本在 20 世纪 60 年代进入经济高速增长期，东京也迎来了快速发展时期，成为带动二战后日本经济繁荣的重点建设城市。1962 年，东京人口突破 1000 万大关。1964 年，东京奥运会期间，新干线开始运行，高速公路也开通了。到了 20 世纪 80 年代，由于国际经济空间的拓展以及信息社会的出现，东京的经济发展上升到一个新阶段，已经成为世界上著名的大都市之一。

地理

东京 23 个特别区与多摩地域共同形成了一个东西宽 90 千米、南北长 25 千米的狭长形地带。东京西部是关东山地，也被称为奥多摩山区，中部是武藏野高原，西北部则有多摩、狭山两个人造湖的狭山丘陵，南面是多摩丘陵。

延伸开来的武藏野高原末端是被称为高岗区的高原，表土为红土，是关东肥泥层，其下面的砂石层成为带水层。东京湾一带是隅田川、中川、江户川以及多摩川等的三角洲，被称为低温地。伊豆诸岛则处于富士火山带上，因而火山甚多。

东京属于亚热带季风气候，四季分明。夏季受东南季风影响，湿润炎热，7—8月天气最热，平均最高气温能达30℃左右。冬季干燥温和，最冷的1月平均最低气温都在0℃以上。到了冬末春初，寒流过后，气温回升较快。春季天气多变，起伏较大，3月下旬到4月上旬，阴雨天气较多，下雨时天气比较湿冷。秋季一般天气晴朗，气候宜人。受周边广大海洋的调节，平均年降水量在1400毫米左右。降水集中于两个时间段，分别是6月份梅雨季节与9—10月的"秋霖"天气。

东京都是由23个特别行政区与26个市、5个町、8个村组成的自治体，包括23个特别行政区与多摩地区（26个市、3个町、1个村）的狭长陆地部分，以及分布在东京湾南部海域的伊豆群岛和小笠原群岛（2个町、7个村）。狭义上广泛使用的"东京"通常是东京23区（东京特别行政区）。这23个区分别是：新宿区、港区、品川区、丰岛区、葛饰区、江东区、墨田区、涩谷区、杉并区、中野区、世田谷区、目黑区、荒川区、文京区、中央区、台东区、千代田区、板桥区、江户川区、北区、练马区、足立区、大田区。2016年，东京人口数量约833.6万。[1]

经济

东京是日本最大的工业城市以及商业与金融中心。全国主要公司多集中于东京，其工业产值长期以来高居日本第一位。东京的工业极其发达，与其南面的横滨和东面的千叶地区共同构成了闻名全国的京滨叶工业区。主要工业有钢铁、电子、皮革、电机、纤维、石油、造船、机器制造、化工、出版印刷和精密仪器等。东京金融业和商业发达，对内对外商务活动频繁。素有"东京心脏"之称的银座，是最繁华的商业区。日本银行、劝业银行、兴业

---

[1] http://worldpopulationreview.com/countries/japan-population/major-cities-in-japan/，查阅日期：2016年3月1日。

银行等各大金融机构也集中于东京。

文化

东京居民宗教信仰多元化，主要信仰神道教、大乘佛教、基督教等，不少人信仰两种以上的宗教。主要语言为日语。

东京节庆活动较多。每年 7、8 月份的盂兰盆节是日本民间最大的传统节日，又被称为"魂祭""灯笼节""佛教万灵会"。传说在盂兰盆节时，祖宗的灵魂要回家，因此要在祖宗牌位前准备供品。节日第一天欢迎祖先灵魂回家，节日最后一天恭送祖先灵魂回去。节日期间举行盛大的盂兰盆舞活动。这一节日已渐成为日本人合家团圆的节日。另一个比较隆重的节日是赏樱盛会。日本的樱花节从 3 月 15 日持续至 4 月 15 日。全国上下呼朋引伴、携亲带友，聚在盛开的樱树下聊天、饮酒、跳舞、唱歌，热闹非凡。其他还有诸如元旦、桃花节等。此外，作为一个国际化的大都市，东京还经常举办各种文化娱乐盛事，如东京音乐节、东京国际汽车展、东京国际电影节和东京国际动漫节等。

东京的大学占整个日本大学总数的三分之一，在校大学生总数占到日本全国大学生总数的二分之一以上。高校有东京大学、早稻田大学、东京农工大学、东京农业大学、东京艺术大学、东京工业大学、庆应义塾大学、东京理科大学、东京医科大学、东京女子大学等。东京大学建立于 1877 年，是日本第一所国立大学，也是亚洲最早的西制大学之一，已经培养出 8 位诺贝尔奖得主和 16 位日本首相，是日本最高学术殿堂，居日本大学之首，在全球也享有很高的声誉。

东京各种文化机构密集，其中有全国 80% 的出版社和规模大、设备先进的国立博物馆、西洋美术馆、国立图书馆等。东京的博物馆达 100 多个，其中最大也是最古老的是东京国立博物馆，创建于 1871 年，共有 43 个展厅。馆内收藏日本历史文物及艺术珍品十几万件，分为雕刻、染织、金工、武具、绘画、漆工、刀剑、陶瓷、建筑、书道等类别，展现了日本社会各个时期的文化艺术和社会生活概貌。另外还有交通博物馆、船舶博物馆、香烟博物馆等。

东京重视与国外城市的合作与交流，与众多国外城市结成友好城市，如美国的纽约（1960 年）、中国的北京（1979 年）、法国的巴黎（1982 年）、澳大利亚的新南威尔士州（1984 年）、韩国的首尔（1988 年）、印尼的雅加达（1989

年）、巴西的圣保罗（1990 年）、埃及的开罗（1990 年）、德国的柏林（1994 年）、俄罗斯的莫斯科（1991 年）、意大利的罗马（1996 年）。

旅游

东京的著名景点有东京塔、皇居、东京国会议事堂、浅草寺、浜离宫、上野公园与动物园、彩虹大桥、东京迪士尼乐园等。东京塔以巴黎埃菲尔铁塔为范本建造而成，红白两色，塔身照明根据季节不同变换不同的颜色。高333 米，比埃菲尔铁塔高出 13 米，是全世界最高的自立式铁塔，是东京的标志之一，在塔上可以瞭望整个东京，远眺富士山。被誉为"世界第一高塔"的东京天空树，高 634 米，是游客们不可或缺的参观项目，被称为建筑史上的奇迹。依照美国迪斯尼乐园修建但比美国本土迪斯尼乐园还要大的东京迪斯尼乐园，被誉为亚洲第一游乐园，是目前世界上最大的迪斯尼乐园。除此之外，在东京观看相扑、歌舞伎、能剧等具有传统特色的技艺表演也是必不可少的观光项目。

东京是购物天堂。银座位于东京中央区，与巴黎的香榭丽舍大道和纽约的第五大道并称为世界三大繁华中心，众多高级购物商店聚集于此，商品种类众多。涩谷是东京著名的繁华商业区，是东京各种各样流行文化的起源地，在这里有大量百货商场、时装店以及特色商品专卖店。仲见世商业街也是东京最热闹的购物街之一，是江户式街道，古色古香，各个店铺均按照江户时代的样子布置，有扇子店、和服店、纪念品店、玩具店、吉祥物店等。

东京是美食之城，具有日本特色的小吃有寿司、拉面、盖浇米饭、天妇罗等。筑地市场是东京大型的鱼类产品市场，大大小小的寿司店随处可见。台东区浅草也是品尝小吃的好去处，游客在此可以品尝米果、炸馒头、团子、人形烧、煎饼、豆沙包等。

东京的住宿设施齐全，可选余地较大。最具日本特色的是东京的经济型住宿设施，如日式旅馆、情侣旅馆、胶囊旅馆，以及多位于市郊观光地的民宿，其榻榻米房间非常有日本特色。

东京交通四通八达，不管是航空还是铁路、地铁，都十分方便。铁路方面，作为世界上交通最为繁忙的城市之一，东京拥有全球最复杂、最密集并且运输流量最高的铁道运输系统以及通勤车站群，新干线从东京延伸到九州并向东北方向延伸。航空方面，东京有两个机场，一个是位于南边东京湾岸的东京国际机场（羽田机场），以日本国内航班起降为主，另一个是位于东京都以东的千叶县境内的成田国际机场，主要供国际航班起降。

京 都

地名由来

京都，英文名称为 Kyoto。在日文中，"京"与"都"两字的意思相似，一般是指皇宫所在地，泛指首都。公元 794 年，桓武天皇将首都迁到此地，最初起名"平安京"。从公元 794 年一直到 1869 年明治天皇迁都至东京，京都作为首都的时间有 1000 余年。迁都东京后，平安京改称西京，之后又称为京都，并分别设立京都府和京都市。至今，西京仍是京都的别称。

区位

京都位于日本中部，临近大阪、奈良与神户。京都的市区大部处于京都盆地之内，南面环水，东、西、北三面被山环抱，总面积 827.90 平方千米。

历史

京都历史久远，自旧石器时代起就已有人类在此活动。公元 5 世纪后，渡来人贵族秦氏在京都盆地兴修水利，开始进行大规模开发。公元 794 年，桓武天皇迁都到此，日本平安时代开始，京都开始了其作为日本首都的历史。在平安时代，日本仿照唐朝首都长安的构造对京都进行了改造。1338 年，日本进入室町时代，京都的都市空间发生巨变，市区按南北分为上京与下京两个部分，东西方向的两条大路取代朱雀大路成为京都最重要的街道。在应仁之乱中，京都成为主战场，市区几乎尽数被毁。1864 年的禁门之变中，京都市区大片街区被焚。明治时期迁都东京后，京都有所衰落。

1921 年，京都实施了第一个都市计划事业，开始进入现代城市规划时代。在二战时期，京都由于很少遭到美军空袭而保存了大量的战前建筑。1950 年，日本制定《京都国际文化观光都市建设法》，京都的开发均依照此法进行，即在京都郊外地区建设新市镇以解决住宅问题，而且将京都车站以北规划为保存地区，以南的区域则规划为开发地区。1956 年 9 月 1 日，京都成为了政令指定都市。1964 年 10 月，日本东海道新干线开始通车，极大刺激了京都旅游产业的发展。1978 年，京都宣告废止公交电车，地铁取而代之，成为市内重要的交通方式。1994 年，多处京都的古迹被列进世界文化遗产名录。京都目前已成为日本具代表性的观光都市与文化都市。

地理

京都位于京都盆地。整个盆地东北高，西南低。京都市内的最高点为爱宕山，海拔为 924 米。京都市内主要的河流主要有桂川及鸭川等。鸭川位于东部，而桂川则流经岚山在南区和伏见区交界处与鸭川合流，流入淀川水系。京都市内的河流湍急，易发洪灾，尤其逢台风过境之时。

京都属于副热带季风性湿润气候，四季分明，地处盆地更加重了这一特征。夏天炎热而潮湿，冬天则寒冷且干燥，偶尔会下雪。春秋两季较短，是旅游旺季。从 6 月中旬左右至 7 月底是梅雨季节。9、10 月台风容易侵袭京都。

京都绿色资源丰富，森林覆盖率近 75%，是日本乃至世界森林覆盖率最高的城市之一。京都耕地 78% 为水田，盛产水稻、小麦、马铃薯、大豆，木材产量居日本首位，南部丘陵则产茶叶。

京都市辖有 11 个区，即右京区、左京区、北区、上京区、中京区、下京区、东山区、山科区、伏见区、南区、西京区。其中，中京区是主要商业区；市东、西两侧近郊是主要旅游观光区；市南是工业区，建有"洛南工业地带"和大阪、神户工业区连为一体，成为"京阪神工业地带"的组成部分。2016 年，京都人口数量为 146 万。[①]绝大多数人口是大和民族，其他也有极少量的阿依努人、琉球人和定居的外国人。

---

① http://worldpopulationreview.com/countries/japan-population/major-cities-in-japan/，查阅日期：2016年2月25日。

经济

京都服务业、工业、农业都很发达。其中，服务业占比重最大，主要是旅游业。作为千年古都，京都观光资源丰富，吸引了众多世界各地的游客，也为京都带来巨大的经济利益，旅游业成为京都的经济支柱之一。京都是日本重要的工业城市，其中，传统产业、机械仪器、出版印刷、食品饮料、电子产业是其主要产业。染色、陶瓷、漆器、扇子、酿酒等传统工业一直是京都工业的强项。京都的现代知名企业有岛津制作所、京瓷、村田制作所、罗姆电子、欧姆龙、日本电产、任天堂等。京都的农业是典型的都市近郊型农业，主要生产蔬菜、水稻和鲜花。其中蔬菜被称为京野菜，以其为原料制作的日式腌菜是京都的重要特产。

文化

京都人所说的日语是关西方言的一支，即京言叶，在历史上曾长期作为日语的标准语使用。在漫长的历史中，京都形成了诸多具有鲜明本土特征的节日文化。葵节、祇园节、时代节三节并称为京都的三大祭礼。葵节在每年的 5 月 15 日，王朝风俗游行列队全长达 700 米，从京都御所出发浩浩荡荡地经过下鸭神社，直奔上贺茂神社，整个游行列队全部以葵叶装饰。每年 7 月 1 日至 29 日是祇园节，持续整整 1 个月。初始于公元 9 世纪末，目的是祈求驱逐瘟疫，消除病灾。在 7 月 16 日夜晚，城镇的老式家庭在屋檐下挂上青帘、神灯，然后铺上席子，装饰好鲜花，竖立起屏风。17 日，举行大巡行，人们手推着用木头做成并用传统织物所覆盖的巨塔进行巡行，当日矛彩车的巡回游街把节日气氛推向高潮，花伞巡行以花伞为中心，祇园鼓、孩子武士、鹭鸶、车篷、武士、酱烤串豆腐、万盏跳等队列从八坂神社出发，然后在寺通，四条御旅所一带巡行。时代节在每年的 10 月 22 日，这是平安神宫的重要活动，参与者 1700 多人，人人身穿京都 1100 年变迁中各个不同时代的服装，尽展京都的千年风情。同一天，岐神社也举行鞍马火节，预告冬天的来临。另外，还有京都最为隆重的仪式五山送火节，以及梅花节、春舞等多个节日。

京都重教尚学，文化之风极盛，有西日本的"学都"之称。京都的高校密集，名气最大的当属京都大学，此外还有同志社大学、立命馆大学、京都产业大学、龙谷大学、大谷大学、花园大学、佛教大学、京都女子大学、京都造型艺术大学、京都精华大学、京都教育大学、京都府立大学、京都外国语大学、京都府立医科大学等。创建于 1897 年的京都大学是日本设立的第二所旧制帝国大学，与东京大学东西并立，一直以来皆是日本国内高校之翘楚。目前，京都大学已经培育出 9 位诺贝尔奖得主、2 名菲尔兹奖得主以及 1 名沃尔夫奖得主，其培育出的人才和成果享誉世界，被誉为"科学家的摇篮"。

　　京都的文化设施主要有京都国立博物馆、茶道资料馆、京都大学综合博物馆、京都铁道博物馆等。京都国立博物馆 1897 年开馆，1952 年改名京都国立博物馆，占地达 50377 平方米，分为旧馆和新馆。新馆陈列日本、中国以及朝鲜的考古、绘画、书法、染织、漆器、陶瓷、雕塑、金器等珍贵物品，旧馆则常举办国际展览和特别展览。

　　京都较为重视与国外城市的合作与交流，先后与中国的西安和青岛、越南的顺化、法国的巴黎、土耳其的伊斯坦布尔与科尼亚、美国的波士顿、德国的科隆、意大利的佛罗伦萨、墨西哥的瓜达哈拉、克罗地亚的萨格勒布、乌克兰的基辅、捷克的布拉格、韩国的晋州建立了友好城市关系。

旅游

　　京都的旅游资源极其丰富。上千年的古都留下了三座雄伟的皇城、数十座花园、上千座寺庙以及众多的古迹，加上遍布京都全城的樱花树，都赋予了京都无穷的魅力。著名景点有清水寺、二条城、天龙寺、龙安寺、延历寺、金阁寺、银阁寺、高山寺、仁和寺、醍醐寺、西本愿寺、西芳寺、东寺、上贺茂神社、下宇治上神社、鸭神社、平等院凤凰堂等，还有京都的樱花以及冬日的雪国风光。

　　京都传统工业发达，其工艺品非常考究，如京都油纸伞、西阵织、传统糖果等。京都的油纸伞是纯手工制作的，色彩、图案都透出传统日本文化韵味。西阵织是京都西阵地区生产的高级纺织品，是馈赠亲友的佳品。京都糖果讲究色、形、味的搭配，做工精致。京都制造的陶瓷器又被称为清水烧，做工细腻，是值得留念的纪念品。

　　京都的百货商店大多集中于京都站地区与四条河原町地区，大型超市一般在近郊的铁路沿线地区。

京都的特色美食有怀石料理、豆腐料理、关西风寿司、和果子、抹茶等。就菊乃井本是怀石料理名店，早在 1912 年就已开业。南禅寺的汤豆腐和汤叶料理在京都远近闻名，豆腐特别嫩滑，口感极佳。"虎屋"是和果子名店，从室町时代就专供朝廷。

京都的住宿非常便利，大致可分为旅馆、酒店、民宿和青年旅馆四种，有的寺庙也可以住宿。

京都的交通主要是靠新干线和公路。东海道新干线所有列车都在京都站停靠。途经京都的主要公路也很密集，四通八达，如名神高速道路、阪神高速 8 号京都线、国道 8 号线、国道 9 号线、京阪道路（国道 1 号线的一部分）、第二京阪道路、京都纵贯自动车道等。要乘坐飞机需赶到距京都最近的大阪国际机场与关西国际机场。京都的出租车数量很多，有时会出现交通拥挤的状况。

大 阪

地名由来

大阪，英文名称为 Osaka。古名"浪速"。根据记载，日本神武天皇从九州航行到此地，见水流湍急，遂起名浪速，又称"难波"。大阪一名最初出现于 1498 年的御文之中，当时叫"大坂"。在日语中，"坂"（saka）意思是坡道。大坂意指上町台地一带的坡地，因其附近多山，这一平缓坡地显得很大，故称大坂。后来"坂"字转化为"阪"。

区位

大阪位于大阪府中部的大阪湾沿岸地区，西邻大阪湾，西北和兵库县接壤，面积 223 平方千米，是大阪府的府厅所在地，日本的政令指定都市之一，同时是日本仅次于东京的第二大城市。

历史

大阪历史悠久。古时作为京都和奈良的门户，与中国和朝鲜的贸易频繁，是日本商业与贸易发展最早的地区。在绳文时代中期，大阪一带就开始有人居住。古坟时代，大阪成为贸易港口。公元 5 世纪时，仁德天皇于大阪修建难波高津宫。公元 593 年，圣德太子在大阪修建四天王寺。公元 7 世纪中期，在大化改新之后，政府修建难波宫，将大阪定为难波京。1496 年，本愿寺莲如于大阪修建石山本愿寺并拓展寺内町，奠定了今天大阪的基盘。1583 年，丰臣秀吉在旧石山本愿寺的土地上修建大阪城，大阪崛起并成为全国的物流中心。水运的兴盛使大阪获得"水都""桥都"的美誉。江户时期，大阪凭其商业据点以及河海联运的功能一跃成为日本的经济中心，也成为驰名日本的"天下厨房"。

1868 年，大阪正式开港，外国人入住川口地区，大阪开始步入近代时期。1899 年，大阪正式设市。大阪市在 1907 年、1925 年、1955 年先后三次扩大城区规模。1956 年，大阪成为政令指定都市。1970 年大阪世博会召开，这是亚洲首次举办的世博会，向世界宣告日本已完成现代工业化，大阪也崛起成为一座世所瞩目的国际大都市。

地理

大阪市区大部分位于平坦的大阪平原上，是一座冲积平原，地势低洼。在约 7000 年前为河内湾。后逐渐演变为潟湖。到古坟时代后，由于河流冲积来的土砂及人工填湖为地，遂变为大阪平原。

大阪属于亚热带海洋性季风气候，夏季炎热少雨，冬季温暖干燥。夏天气温常达到 35℃以上，是日本有名的"火炉"之一。全年平均降水量约为 1300 毫米，降雨集中在春夏之交和夏秋之交。与本土同纬度其他地区相比，冬季大阪为降雪最少的地区。

大阪共分为 24 个区，即都岛区、福岛区、此花区、大正区、天王寺区、浪速区、西淀川区、西区、港区、东淀川区、旭区、城东区、阿倍野区、住吉区、东成区、生野区、东住吉区、西成区、鹤见区、住之江区、平野区、淀川区、北区、中央区。2015 年，大阪人口数量为 259.2 万。[①]

经济

大阪的经济非常发达，其 GDP 无论总量还是人均在日本仅次于东京，是日本三大都市圈之一"京阪神城市带"的核心，也是"阪神工业带"的核心。

大阪的农业规模很小，主要生产蔬菜及鲜花。制造业发达，主要集中于钢铁、造船、家用电器、化学、机械、出版、印刷、电机。日本三大家电制造商松下、三洋与夏普的总部全部设在大阪。此外，服务业在大阪经济中所占比重最大，其中又以商业、信息产业、金融业、旅游业等为主。在日本五大综合商社中，三菱、伊藤忠、丸红和住友的总部设在大阪。旅游业的上升势头也十分迅速。

文化

大阪地区居民所说的日语方言是日本使用最多的方言之一，被称为大阪弁。居民的宗教信仰有神道教、佛教和基督教。

大阪的节日活动较多。比较典型的如"十日戎"，即日本的财神节。在日本的七福神中，惠比寿是财神，是商业和渔业之神。大阪崇奉经商，对财神节尤为关注。每年的 1 月 9—11 日，大阪各地都有祭典，祈求生意兴隆。最著名的是今宫戎神社举办的"十日戎"，每年有超过 100 万的香客前去祈求发财和幸福。天神祭是日本三大祭之一，每年 7 月 24—25 日举行，具有 1000 多年历史，主要祭奉学问和艺术之神菅原道真，祭祀地点为天满宫，是世界上最大规模的水上庆典。住吉节是纪念圣德太子的节日，每年 7 月 30 日至 8 月 1 日在四天王寺举办各种纪念活动。

大阪共有 11 所大学，其中大阪大学名气最大。大阪大学是日本本土的 7 所旧帝国大学之一，目前拥有 11 个学院、包含 15 个研究科的研究生院以及 5 个研究所。其他还有大阪教育大学、大阪市立大学、大阪工业大学、大阪经济大学、大阪府立大学、关西大学等。

---

① http://worldpopulationreview.com/countries/japan-population/major-cities-in-japan/，查阅日期：2016年2月25日。

大阪的文化设施较多，是了解大阪历史文化的理想场所。建在1300年前难波文化遗址所在地的大阪历史博物馆，通过文物陈列、实物模型以及多媒体展示，向参观者再现大阪1400年的风雨路程。另外还有造币博物馆、松下幸之助纪念馆、大阪府公文书馆等。

与国外城市的合作与交流方面，大阪目前已与巴西的圣保罗、美国的旧金山和芝加哥、俄罗斯的圣彼得堡、澳大利亚的墨尔本、意大利的米兰、德国的汉堡、印度的坎普尔等城市建立了友好城市关系。

旅游

大阪的名胜古迹较多，主要有奈良时代的古皇宫难波宫遗址、江户时代的丹珠庵、平安时代的大会佛寺、明治时代造币局的泉布观以及丰臣秀吉修建的大阪城。其中，大阪城被视为大阪的象征。大阪城建有气势恢宏的城门以及塔楼，天守阁外五层内八层，屋顶上的8只鲵、装饰用鬼瓦、虎状浮雕等均为镀金制作而成，周围环绕坚固的城墙和护城河，十分壮观。城中有13处建筑被日本政府认定为重要文化遗产。

大阪的电器产品、锡器、透笼板雕刻、古代僧房酒等特色产品均很受游客欢迎。其中僧房酒出现于室町时代末期，由各地寺院酿造，是一种深受幕府将军青睐的好酒。

作为日本关西地区流行中心的大阪购物设施齐全，流通极其发达。大阪北城的主要商业区有大阪车站、梅田、樱宫、北新地、京桥等地，其中高档百货店多集中在大阪车站、梅田车站周围，其附近的地下街与街巷里可以购买到较为便宜的商品，梅田购物区是新潮流行前线，年轻购买者较多。南城的主要商业区有心斋桥、黑门市场、天王寺、日本桥、难波、千日前、南港天保山地区等繁华购物区，其中日本桥地区是购买电器的最佳场所。

大阪是日本有名的美食之城。特色食品有章鱼丸子烧、箱寿司、红叶天妇罗、乌冬面、大阪烧等。章鱼丸子烧是大阪最具代表性的小吃，主要食材是面糊与章鱼爪。章鱼丸子烧是"五津屋"老板远藤留吉1933年创制的，最初以兵库县爷明石烧为基础，把牛肉等一系列材料加进小麦粉浆里，然后煎成丸状，后改为加章鱼肉粒。

大阪的住宿设施主要分布在北区、西区、中央区，大致可分为酒店、民宿、青年旅馆等。市中心最著名的购物娱乐区一般也是大阪住宿最为集中的地方。

大阪的海陆空交通均非常便利。机场有两个，即大阪国际机场和关西国际机场。地铁系统发达，共有 8 条线路，覆盖面已到达奈良县，逼近京都府。大阪港口被指定为日本的超级中枢港湾，是日本主要的国际贸易港之一，同时还拥有日本最大的客运码头。

奈 良

地名由来

奈良，英文名称为 Nara。对于奈良地名由来，有几种说法。一说是，古代称奈良为那罗或宁乐，发音均为 nara，在日语中作平等（nara su）、平安（nairanisttru）解，日本元明天皇在此建都，取其为世上最平安之京城之意，故名平城京，后简称 nara，汉字写作奈良。另一说为，在崇武天皇时代，武植安彦发动叛乱，大彦率领官兵前去围剿，叛军逃至奈良的那罗山被消灭，《日本书记》用"踏平草木……"等句子记载此次战斗。而日语中"踏平草木"读作 fuminarasu，后来从中取 nara 命名这一地方。还有一种说法，认为它来源于朝鲜语，在朝鲜语中，nara 就是"国家"的意思。因为当时从朝鲜半岛来此地的人很多，他们称自己所居住之地区为 nara，奈良是其替代汉字。

区位

奈良市是奈良县首府，是奈良县经济、政治和文化中心。奈良地处本州纪伊半岛的中央，位于近畿地区的中南部，东面与三重县相邻，西面与大阪府相接，南靠和歌山县，北连京都府，城区总面积为 276.84 平方千米。

历史

奈良是日本古都。公元 710 年，回到日本的遣唐史仿照中国唐都长安，按 1∶4 的比例在奈良修建平城京，元明天皇遂从藤原京迁都于此，日本历史上的奈良时代宣告开始。从公元 710 年到公元 784 年，奈良一直是日本的都城，历经七代天皇。此后都城曾经在公元 784 年到公元 794 年间短暂迁徙到长冈京。公元 794 年，桓武天皇迁都平安京，平城京奈良街市大部分逐渐变成田园，但寺院神社等却被原样保存下来，并以此作为中心，重新组织街市，构成今日奈良市旧街的基础。15 世纪奈良成为日本第二大城市。江户时代，奈良直接受幕府管辖。1871 年，废藩置县，成立奈良县。后几经反复，1887 年重置。1891 年奈良市成立，为奈良县县厅所在地。1895 年，帝国奈良博物馆开馆。1988 年，在奈良公园举办了丝绸之路博览会。1993 年，奈良法隆寺被认定为世界遗产。1998 年，"古都奈良的文物"被认定为世界遗产。2004 年，"纪伊山地的灵地和参拜道"被认定为世界遗产。目前奈良已成为闻名于世的旅游文化名城。

地理

奈良东、北、西三面被山脉与丘陵环抱，山清水秀，土地肥沃，大和川、佐保川流经奈良市区，自然环境优美。奈良最高的山为八剑山，海拔 1915 米。

由于处于奈良盆地之中，奈良气候与京都相似，四季比较分明。春季平均气温约为 5.2℃；夏季炎热，平均气温约为 27.5℃；秋季凉爽，平均气温约为 17℃；冬季平均气温约为 4.7℃，降雪很少。降水主要集中于春秋两季，全年平均降水量约 1300 毫米。

2015 年，奈良的人口总数为 36.7 万。[①]

经济

奈良拥有众多世界遗产级的著名古迹，古寺、神社遍布各地。由于发展旅游业的条件得天独厚，奈良经济中，以旅游业为主的服务业占了相当大比重。

奈良的森林覆盖率极高，是日本人工高产林区。依靠丰富的林业资源，奈良的纤维产品制造业、木材加工业以及木制品制造业发展较快。其他如茶叶以及花木种植、畜产业、食品工业也较发达。

---

① http://worldpopulationreview.com/countries/japan-population/major-cities-in-japan/，查阅日期：2016年2月25日。

作为古都，奈良的传统产业一直长盛不衰，毛笔、制墨、漆器等制作也远近闻名。

文化

历史上，奈良居民笃信佛教，使用的日语方言主要为关西腔。由于旅游业的发展，英语在酒店和旅游相关行业中的应用也较为普遍。

奈良是日本古代文化发祥地之一，历史上形成的纷繁而独特的传统节日及古老习俗，举不胜举。

若草山烧山是每年 1 月 15 日晚上举行的烧山仪式，仪式上人们将奈良公园东边若草山的枯草点燃，据说此仪式源于古代为防止害虫而烧野草。

春日大社的万灯笼是在每年的 2 月 4 日立春的晚上与 8 月 15 日的盂兰盆节，一齐点亮 3000 多盏石灯笼的仪式，场面宏大。

东大寺二月堂的取水仪式是早春时节向二月堂主佛十一面观音忏悔罪过的活动。

法华寺的雏会式是一种尼寺特有的仪式，即将历代的尼僧所喜爱的木偶人置于主佛十一面观音面前以安慰木偶之灵。

东大寺的圣武祭礼也很有名。据说，发起建造东大寺的是圣武天皇，日本国都迁到京都以后，以东大寺为中心的平城京的东边一带，后来就发展成为奈良市旧街市。因此，居民视圣武天皇为奈良之父，为了感谢他，在 5 月 5 日其忌辰，以大佛殿为中心举行慰灵祭礼。除了做佛事以外，还举行众僧游行与表演活动，这一天奈良市内热闹非凡。

大安寺的光仁忌也备受瞩目。从元明天皇将国都迁到奈良直至圣武天皇的皇女称德天皇，六代天皇均为天武天皇系的天皇。激烈的天皇继承斗争逼迫光仁天皇每日喝酒装痴，以避免被暗杀，至其晚年终于继承了皇位，成为奈良时代末代天皇。后人为追荐光仁天皇、颂扬其酒德而举行法事。法事活动中专门用竹筒烫酒，以竹筒做酒杯，据传可以防癌。

西大寺的大茶碗很受欢迎。镰仓时代，兴正菩萨负责重建西大寺，当时正值茶叶从中国传入日本，日本人将茶作为珍贵的药品。西大寺把供在佛前的茶让居民们喝，为让更多的人受惠而使用巨型茶碗。西大寺的大茶碗很有名，其碗直径达半米，重达 4 公斤，目前已演变为一种表演性极强的奇特茶道。

唐招提寺的撒团扇在当地也很有名。从唐招提寺院内的鼓楼上撒下长柄心脏形的小团扇，成群的善男信女在下边争着接。这个佛事仪式是在新禄时开始举行的，传说是为了追念镰仓时代复兴此寺的高僧大悲菩萨的盛德。大悲菩萨对成群来叮他的蚊子也不肯打死。后来弟子就供团扇来怀念他的高德，这就是撒团扇的起源。

率川神社的百合花祭礼系在初夏将飘散清香的百合花献于神前的祭礼，目的是祭祀神话中初代天皇神武天皇的皇后五十铃媛。据传五十铃媛就是到田野去采百合花时，遇到天皇并结成良缘。这个神话据传发生于三轮山麓，因此后人特意去那里采百合花举行祭礼。

元兴寺的极乐坊地藏盆祭礼深受当地人喜爱。据说地藏是护守儿童的菩萨。奈良街巷或农村的道路旁边都放置有许多地藏像。市民们在夏天晚上去元兴寺的极乐坊供奉地藏，顺便逛庙取乐。极乐坊院内挂着一堆画着各种画的灯笼，很是好看。

高圆山的火焰大文字也是一项重要风俗。佛教徒在农历 7 月 15 日（关西在 8 月 15 日）把祖先的灵魂招到家来供奉，此习俗即"盂兰盆"。供奉之后，点火再将灵魂送回冥土去，这叫"送火"。仪式当天，在山腰上辟成的一个一笔长达几十米的"大"字上堆好柴木，到了傍晚点上火，奈良市内任何地方都可以看到这个浮在夜空的火红的"大"字。

春日若宫神社的祭礼是奈良一年最后一次的大祭礼，起源于平安时代藤原氏为了祈祷丰收而举行的祭礼。现在农民们对这个以祈丰为目的的祭礼怀有虔诚的信仰，虽是寒风刺骨，也毫不介意，成千上万的参拜者纷纷赶来。数百人按照各个时代的风俗，穿上古装结成队伍在奈良大街上游行。晚上，在神社面前表演神乐以及古代技艺。

此外，奈良还有药师寺的花会式、兴福寺的薪能、采女神社的花扇神事等节日风俗活动，不胜枚举。

奈良有两所国立大学。一所是奈良女子大学，其前身为奈良女子高等师范学校，建于 1908 年，与日本关东的御茶水女子大学并称"日本女子大学双璧"，在日本国内有着绝佳的口碑与知名度。奈良另一所国立大学是奈良教育大学。公立大学有奈良县立大学。私立大学有奈良大学、奈良天理大学、帝冢山大学、奈良产业大学等。

奈良国立博物馆是日本三大国立博物馆之一，主题是"佛教美术"，以收集、展示以及研究佛教艺术品为主。博物馆共包括本馆、东新馆与西新馆三大展览馆，本馆主要展示从飞鸟时代直至奈良时代的佛教雕刻，东新馆主要用来作春季特别展与秋季正仓院宝物展，西新馆主要将考古、绘画、书法、工艺等领域的作品公开展示。

奈良较为重视与国外城市的合作与交流，先后与西班牙的托莱多、法国的凡尔赛、澳大利亚的堪培拉、中国的西安与扬州建立了友好城市关系。

旅游

奈良名胜古迹、历史文物众多。著名的"南都七大寺"包括药师寺、大安寺、元兴寺、西大寺、法隆寺、兴福寺和东大寺。城东还有春日神社、手向山人幡神宫等景点。

奈良的传统特产比较多。漂白布享有盛名，源于江户时代以奈良为中心织成的麻布，主要用来做武士的礼服以及做幕帐材料。奈良的毛笔和墨一般被认为是最具传统性、品质最优良的。另外还有拔镂工艺、赤肤陶器、古乐用的假面、刀雕、奈良漆器、奈良团扇和折扇。奈良土特产店主要分布在奈良町，其中不乏百年老店。

奈良餐饮店多为日式料理，最具特色的当属包裹在柿子叶里的寿司——柿叶寿司，这是游客到奈良必尝的食品之一。

奈良的住宿设施主要有日式旅馆、混合式酒店、酒店、商务酒店。其中以日式旅馆居多，大多分布在奈良町与奈良公园。酒店一般分布在JR奈良站周围。混合式酒店设有日式与西式两种客房。商务酒店价格低廉，主要分布在车站附近。此外还有一些住宿设施为修学旅游生提供服务，基本上以日式和混合式为主。

奈良的空中交通主要依靠大阪机场和关西国际机场，地面交通主要是JR奈良线、近铁京都线、JR大和线和近铁奈良线。市内交通则主要为公交车，大部分公交车在JR站与近铁站停靠。在位于近铁奈良站的自助服务点还可以租借自行车，非常便利。

名古屋

地名由来

名古屋，英文名称为 Nagoya。古名那古野，因介于东京与京都之间，因此也被称为"中京"。后来被称为"名护屋"，意思为坡度很小的谷地，日语书写为"和谷"，读音即 nagoya。因为与名古屋发音相同，讹传为名古屋。

区位

名古屋处于本州岛中南部的浓尾平原上，南临伊势湾，位于东京与京都之间，总面积 326.35 平方千米。名古屋是日本爱知县的首府，是仅次于东京、大阪、横滨的日本第四大城市。

历史

12 世纪初，名古屋曾经筑城，后被废置。其后，幕府将军德川家康下令兴建名古屋城堡，于 1612 年完工，由尾张藩藩主据守城池。1871 年，设立名古屋县。1872 年，名古屋县改称爱知县。1907 年名古屋被定为通商口岸，开港通商，现代工业开始兴起。第一次世界大战后，名古屋开始建起重工业。第二次世界大战期间，成为日本飞机建造中心。二战时，名古屋遭受盟军猛烈空袭，城堡被毁，仅剩下东南、西北、西南 3 座角楼与前二门。二战后，名古屋得以重建，重新修了正门、大天守阁、小天守阁和桥台等，沿海地区则建起许多大工厂，工业化、城市化进程加快。1956 年 9 月 1 日，名古屋被指定为政令指定都市。2005 年，名古屋举行爱知世界博览会。

地理

名古屋主要分布于热田台地，地势东高西低，西部与西南部为冲积低地，海拔仅为 10—15 米，东部为东山丘陵，高 60—80 米。

名古屋气候温暖，雨量较多。年平均气温约为 16.8℃，1—4 月的平均气温为 4℃左右，5—9 月平均气温是 20℃左右，9 月至次年 2 月平均气温为 10℃左右。年均降水量为 1575 毫米左右，平均湿度约 72%。全年有 130 多天下雨，100 多天多云天气，日照时间约占 43%，夏秋之交会有台风等灾害性天气。

名古屋下设热田区、千种区、天白区、中川区、中区、中村区、西区、东区、北区、昭和区、瑞穗区、绿区、港区、南区、名东区、守山区等 16 个区。整个城区根据功能大致分为四个部分：市中心是主要商业区；西南部与北部是名古屋的工业区，其中西南部是重工业区，北部是轻工业区，西南部与北部的中间地区为轻重工业的混合区；地势较高的东山丘陵及周边台地、西部的庄内川东岸和城区东北部守山区为住宅区；旧城区内为主要行政机关所在地和名胜古迹的集中地。据统计，2015 年名古屋人口数量为 219.1 万。①

经济

名古屋是日本中部经济带的中心，制造业、外贸、商业均很发达。制造业在名古屋经济中占重要地位，诸如兄弟工业、NGK、日本车辆株式会社、企鹅制冰电力等制造业的总部均设在名古屋。名古屋的工业结构虽然以汽车、钢铁、纺织机械、电机等为主，但传统的纺织、陶瓷制造等轻工业在国内仍基础雄厚，久负盛名。近年来，名古屋发展最快的领域是机器人制造与航空。很多与航空业相关的公司如波音、普惠发动机公司、三菱重工等都在名古屋有运营机构。名古屋是日本第三大贸易港，对外贸易也是重要产业，主要出口产品是整车、钢铁、汽车零部件、工业机床以及橡胶产品，主要进口产品为一些原料，如原油、液化天然气、铁矿石、煤和其他纺织品。另外，名古屋商业发达，是日本三大批发中心之一。

文化

名古屋是日本中部的文化中心，地方节庆活动较多，有热田祭、国府宫裸体祭、名古屋港祭典、名古屋城夏日祭、乡土英豪游行等。最为正统的节

---

① http://worldpopulationreview.com/countries/japan-population/major-cities-in-japan/，查阅日期：2016年2月25日。

日即热田祭，每年 6 月 5 日在热田神宫隆重举行，当日白天，天皇派遣使者来贡献祭品，晚上展出传统的彩灯，进行射箭、剑道、花道等表演，名古屋市民们身穿传统和服前去观览，并参与各种传统游戏，观看烟花表演。名古屋人最重视的盛典是"乡土英豪游行"。由于"战国三杰"织田信长、德川家康、丰臣秀吉均出自以名古屋为中心的爱知县，每到 10 月，名古屋人都会自动组织起来举行"战国三杰"的盛大祭典，妇女穿上和服，跳起日本古典舞，不少居民装扮成德川家康、丰臣秀吉、织田信长以及他们的嫔妃们游行，同时还有盛大的花车游行，气势宏大。

名古屋高校较多。国立大学有名古屋大学、名古屋工业大学、丰田科技大学；公立大学有名古屋市立大学；私立大学有爱知大学、名城大学、中京大学、南山大学等。其中名古屋大学初创于 1871 年，是二战结束前日本国内七所帝国大学之一，从建立起至今，一直稳居日本中部地区高校领头羊的地位，尤以理工学研究而闻名于世。目前拥有 9 个学部、15 个研究科、3 个研究所、2 所全国共同利用共同研究基地、29 处校内共同教育研究设施。到 2014 年为止，名古屋大学已经出现了 6 位诺贝尔奖得主与 1 位沃尔夫奖得主。

名古屋博物馆很多。名古屋市博物馆收集并研究以名古屋城市为主的相关历史和民俗资料。名古屋丰田博物馆是一座综合性的汽车展馆，于 1989 年开馆，共分日本展厅、欧美展厅以及于 1999 年开放的新馆三个部分，展示从明治末期至昭和初期汽车的历史变迁，考察汽车发展变化与人们日常生活之间的关系。名古屋机器人博物馆则是日本第一家以机器人作为主题的复合商业设施。此外还有名古屋科学博物馆、名古屋城市艺术博物馆、电力博物馆、货币博物馆等。

名古屋较为重视与国外城市的合作与交流，先后与美国的洛杉矶、墨西哥的墨西哥城、澳大利亚的悉尼、意大利的都灵建立了友好城市关系。

旅游

名古屋被认为是日本规划最好的城市，市内绿树如荫，鲜花吐芳。主要观光名胜有名古屋城堡、热田神宫、名古屋电视塔、东山公园、跨海大桥、明治村等。名古屋城堡是名古屋的象征，位于市中区，与大阪城、熊本城并称为日本三大名城。城堡内的主要建筑为大天守阁，位于内城的西北角，外观为5层，内部为7层，高36米，一只镀金的海豚居于其顶，是城市最高据点。热田神宫位于市中心，是日本三大神社之一，自古以来备受日本皇族崇敬，收藏有国宝及各种文物约4000件，被称为日本三大神器之一的"草薙剑"即被供奉于此处。

濑户陶器、有松绞染和服、岐阜和纸伞是名古屋特产。另外，时装、电器、工艺品等也比较有名。

名古屋购物中心主要分布于大须观音寺、名古屋车站、荣町地区。大须观音寺地区是小商店的集中地，年轻人喜爱到这些价格平实的潮流小店淘货，这里还有旧货店、电器店、瓷器店和茶叶店等。名古屋车站及荣町地区的地下城更是购物及饮食的必去之地。

名古屋的特色美食除了日本传统的生鱼片、寿司外，还有酱煮乌冬面、天妇罗饭团、鸡肉刺身、炸鸡翅、油炸面拖虾、名古屋烤鸡翅、天结、平面等。菜中最具代表性的作料为"红色豆面酱"，制作工艺复杂，耗时很长，约3年时间才能做好，可与乌冬面、猪肉片等各色菜品调和。名古屋酱煮乌冬面的肉汤底料就是红色豆面酱，酱肉汤里含有鸡蛋、香菇、鸡肉、洋葱等。酱烧猪排也是用红色豆面酱进行熏制的，风味独特，深受当地人和游客喜爱。

名古屋的住宿设施主要集中在车站和荣町地区附近。住宿的类型主要有星级酒店、青年旅馆与日式旅馆等。其中，四星级与五星级酒店主要分布于市中心荣町一带。车站大多数都是二星和三星的酒店。名古屋的青年旅馆和日式旅馆较少。

名古屋处于东京与大阪东西两大城市之间，是日本中部地区最大的交通枢纽。名古屋中部国际机场是日本第五大国际航空港。东名高速公路与名神高速公路在名古屋地区相连接。名古屋火车站是中京地区的铁路枢纽，三条主线（东海道、中央区和关西）、两条重要的私有铁路线（名古屋铁道和近畿日本铁道）、两条城市地铁在此地交会。

印度尼西亚

印度尼西亚（Indonesia），全称为印度尼西亚共和国，别称"千岛之国"。其国名源于拉丁语单词"Indos"（印度）和希腊语单词"nísos"（岛屿），意为"印度各岛"。该国位于亚洲东南部，地处印度洋和太平洋之间，西北隔马六甲海峡与马来西亚西部和新加坡相邻，北与马来西亚东部相连，隔苏拉威西海与菲律宾相望，东与巴布亚新几内亚接壤，东南隔帝汶海与澳大利亚相对，西与西南濒临印度洋。印尼国土面积为190.46万平方千米。人口数量约为2.61亿（2016年）[①]，是世界第四人口大国。全国共分为34个一级行政区（省级），包括31个省和雅加达、日惹和亚齐3个地方特区。首都为雅加达。主要城市包括雅加达、泗水、万隆、棉兰、日惹等。

雅加达

地名由来

雅加达，英文名称为Jakarta。在14世纪被称为"巽他加拉巴"，源于马来语，意为"椰树茂密之地"，因为当时此处椰林茂密参天。华人自古称此地

---

① http://worldpopulationreview.com/countries/，查阅日期：2016年5月3日。

为"椰城"或"椰加达"。1527 年，穆斯林领袖法勒特汉率领印尼人民在巽他加拉巴将入侵的葡萄牙殖民者击败，为纪念胜利，法勒特汉将巽他加拉巴改名为"查雅加尔达"，意即"光荣的堡垒""胜利的城市"，简称"雅加达"。

区位

雅加达地处芝里翁河口，位于印尼爪哇岛西北沿海，雅加达湾的南岸，濒临爪哇海西南侧，东面距离外港丹戎不碌 10 千米。雅加达是印度尼西亚的首都，是印尼的政治、文化、宗教、教育、交通、金融和工商业中心，既是印尼最大的城市，也是东南亚地区最大的城市，还是沟通太平洋与印度洋交通的咽喉要地，更是亚洲通往大洋洲的交通要道。

历史

早在 14 世纪，雅加达就通过出口胡椒、香料吸引了众多中国与阿拉伯商人，成为初具规模的贸易港口城市。1522 年，万丹王国占领该地并建城。1527 年 6 月 22 日，城市被改名为查雅加尔达，简称为雅加达。1592 年后，荷兰殖民者入侵印度尼西亚，建立荷兰东印度公司对雅加达等地进行统治。1621 年荷兰殖民者将雅加达改为荷兰名字"巴达维亚"。1942 年 8 月 8 日，日军占领印尼，重新恢复了雅加达的名称。第二次世界大战结束后，印度尼西亚获得独立，在 1945 年 8 月 17 日建立了共和国，雅加达成为共和国的首都。1950 年 1 月 20 日，印尼成立联邦政府，将雅加达改为巴达维亚，1950 年 3 月 31 日改名为大雅加达市，1961 年改为大雅加达特区，沿用至今。

地理

雅加达位于赤道以南的爪哇岛北岸，地势南高北低，共有大小 10 条河从雅加达市区流过，最为著名的是芝里翁河。该地区由沉积层构成，南部地区为茂物冲积层的一部分。平均海拔为 8 米。

雅加达属于热带雨林气候，整年气温都比较高，而且气温年较差小。年平均气温约为 26.6℃，9 月是最热的月份，1 月份相对凉爽，实际上气温差异很小，仅有 1.1℃左右。由于海风的吹拂与调节，雅加达最热月份的平均最高气温也只有 33℃，极端高温也从未超过 37℃。每年的 1—5 月与 11 月，雨量比较集中，空气湿度高，感觉闷热无比。6—10月降雨量较少，仅占全年雨量的13%左右。

得天独厚的自然条件使岛上热带植物丛生密布，草木终年常青，咖啡、茶叶、烟叶、橡胶、甘蔗、椰子等物产丰富。

雅加达城区总面积为661.5平方千米。大雅加达特区共分为五个市，即东、南、西、北、中雅加达市，其中东雅加达市面积最大。雅加达市区传统上可分为老城区与新城区两部分。北部的老区靠近海湾，大多数建筑物保持着典型的欧洲古典风格。南部的新区则现代感十足，是雅加达的政治金融中心。2016年，雅加达人口为8540121人[1]，爪哇人占多数，另外还有华人、荷兰人等。

经济

雅加达长期以来是印尼的经济中心，全国最大的银行和全国性商业、工业的管理机构都设在雅加达。

就业人口中以从事商业、贸易与金融业者居多，其次为服务业、工业及交通业。商品销售业极为发达，整个城市有100多座大小市场，每年都举办"雅加达交易会"。工业多集中于市郊，主要工业部门有造船、纺织、化工和食品加工、汽车装配、建筑材料等。印度尼西亚是东南亚最大的石油生产国，雅加达的炼油厂规模日益扩大，大部分产品均通过外港出口。

文化

雅加达官方语言为印度尼西亚语。爪哇人多信仰伊斯兰教，另外还有佛教、基督教等。

雅加达的节日活动较多。比较重要的有每年6月22日雅加达建城纪念日。雅加达居民在这一天举行隆重的庆祝活动，游行、燃放烟火，并举办雅加达博览会。博览会从6月底持续到7月中旬，在雅加达露天会展中心举办。印度尼西亚独立日是8月17日，独立日当天雅加达居民举行全国规模的盛大游行活动。爪哇爵士乐节在每年3月举办，有许多国际知名艺术家出席，一般

---

[1]　http://worldpopulationreview.com/world-cities/，查阅日期：2016年2月6日。

也在雅加达会展中心举行。

作为印度尼西亚文化中心的雅加达，拥有众多高校与科研机构。最著名的高校是国立印度尼西亚大学，另外还有其他国立和私立高等学校。国立印度尼西亚大学是印尼历史最悠久的高等学府，成立于1950年，设有12个学院和1个研究所，在校生约3万人。科研机构有印度尼西亚科学院、工业调查研究所、中央统计局、水文地理和考古研究所、气象学和地球物理研究所、语言和民族文化研究所、经济和社会研究所、国家档案馆、摄影测量研究所等。

雅加达市内建有许多博物馆，其中印度尼西亚国家博物馆是整个东南亚地区最大的博物馆，博物馆设有金银饰物室、史前展览室、木器展览室、青铜器室、货币室、古物展览室、民俗展览室、东印度公司陈列室等。馆内藏有爪哇猿人的头骨化石，中国青铜时代的鼎、鬲和历代文物，以及印尼各地民族服装与民俗生活的样本。另外还有木偶博物馆、雅加达历史博物馆等。

雅加达重视与国外城市的合作与交流，先后与日本的东京、中国的上海和北京、巴基斯坦的伊斯兰堡、韩国的首尔、朝鲜的平壤、泰国的曼谷、越南的河内、荷兰的鹿特丹、法国的巴黎、俄罗斯的莫斯科、希腊的雅典、匈牙利的布达佩斯、土耳其的伊斯坦布尔、美国的洛杉矶、澳大利亚的悉尼、摩洛哥的卡萨布兰卡、埃及的开罗建立了友好城市关系。

旅游

众多的历史遗迹加上旖旎的自然风光使雅加达成为印度尼西亚最著名的旅游城市之一。著名的景点有波格尔植物园、安佐尔梦幻公园、千岛群岛、独立广场公园、印度尼西亚缩影公园、中央博物馆、伊斯蒂赫拉尔清真寺等。

独立广场又称莫迪卡广场，位于雅加达中区。广场中央竖立着一座民族纪念碑，是雅加达的象征。纪念碑是在苏加诺总统时期建造的，高达137米，是市内的最高建筑。顶端有一个火炬雕塑，用35千克黄金打造而成，象征着印尼的独立精神。碑身上的浮雕，展现了印尼人民反抗荷兰殖民统治的英雄事迹。纪念碑旁还有水池、喷泉以及民族女英雄的雕像。

位于雅加达独立广场东北部的伊斯蒂赫拉尔清真寺是全印尼最大的清真

寺，于1979年建成，占地面积为93.5万平方米，建筑面积9.34万平方米。这里经常举行重大的伊斯兰教活动和仪式。

安佐尔梦幻公园位于雅加达市区北端，是印尼最大的游乐场所。园中建有设计新颖的大旅馆、海豚表演池、海边垂钓台、露天电影院、水族馆、网球场、海滨茅舍、人造波浪大型游泳池、儿童娱乐场等场所。

位于雅加达市区东南10千米处的印度尼西亚缩影公园占地900多亩，建成于1975年，在1984年正式开放。缩影公园把印尼全国山川名胜均按照其在印尼的地理位置进行了缩微，在这儿可以看到印尼各地的民房、湖泊、露天剧场、缆车、火车、公园、纪念塔、购物中心、水上脚踏车等各种实物的缩微模型。

拉古南动物园内有许多濒临灭绝的珍稀动物，也吸引着世界各地游客前来参观。

印尼的土特产和工艺品也比较多，最有特色的是巴迪布。传统巴迪布几乎完全用手工制作，手工刺绣的图案非常精美，制作程序极其烦琐复杂。但目前市面上的巴迪布有的是用花纹铜制模型机制作而成，质量远不如用手工制作的巴迪布。还有其他工艺品，如格里斯短剑、木偶戏傀儡、榕木手杖、木雕、皮影戏傀儡、银制品等。

帕萨街、唐人街、塔姆伦街、巴沙鲁斯宁街、格罗多克街等是市内的主要购物街，其中最著名的是帕萨街，全长仅有300米，街道两旁小商店和地摊林立，出售各类百货。萨拉布延街则以专卖旧货闻名。

诸如中国菜、日本菜、朝鲜菜、印度菜、欧式菜、泰国菜、越南菜等世界各国的菜肴在雅加达几乎都可以见到，中国菜涵盖粤菜、川菜、鲁菜、湘菜、上海菜等，以粤菜餐馆为最多。印尼菜口味较重，作料较多，作料有椰浆、胡椒、丁香、咖喱、豆蔻、辣椒等。最典型的印尼菜是油炸的巴东菜，辣味非常重。其他印尼家常菜有杂拌什锦菜、烤羊肉串、烤鱼、烤羊肉、牛肉汤、烤牛肉、羊肉汤、鸡肉汤等。

住宿方面，雅加达高档酒店大多集中在谭林大道（Thamrin）附近，雅卡沙路附近旅馆较多。还有一种称为地平线酒店（Horison）的休闲型饭店，离市区稍远，但住宿环境比较好。此外，雅加达的市区和近郊，有4座18洞的高尔夫球场，游客客可以在所住饭店柜台登记去打高尔夫球。

雅加达是印度尼西亚的交通枢纽，交通十分便利。玛腰兰航空站被誉为世界上最大的航空站之一，印尼航空网以雅加达为中心，与国内外主要城市交织连接。地面交通方面，数条公路与铁路汇合到雅加达，火车以雅加达为始发站，在爪哇岛和苏门答腊岛之间穿梭。雅加达高速公路状况良好，旅游车、专线车在环岛间行驶。市内交通工具主要为出租汽车、三轮车。

棉 兰

地名由来

棉兰，英文名称为 Medan。其名称来源，一说 Medan 意为"战场"，因古代日里和亚齐两国为争夺对苏门答腊的领导权曾在此大战，最后亚齐国获胜。一说来源于印地语 maiden，后演变为 medan，意为"平原"，因其地势平坦得名。还有种说法认为城名原意是"荒凉可怕之地"，根据是亚齐王国占领此地后，并未迁都前来，所以此地逐渐变得荒凉。

区位

棉兰是苏门答腊岛第一大城市，北苏门答腊省首府。位于苏门答腊岛东北部日里河畔，濒临德利河，距离北部的马六甲海峡约 19 千米。棉兰是印尼国内海港重镇，还是印尼传入伊斯兰教最早的地区之一。

历史

新石器时代，这一区域就有人群活动。公元 2 世纪，来自印度、阿拉伯、中国的商人来此寻求苏门答腊岛上的珍贵树脂和樟脑并进行贸易。到 14 世纪，马来人逐渐皈依伊斯兰教并建立规模较小的苏丹王国。16 世纪时，德里苏丹王国曾把棉兰作为临时首都。

19 世纪中叶后，荷兰殖民者在此开拓橡胶、椰子和茶叶等种植园，棉兰经济得以迅速发展。1862 年，荷兰人雅格·尼安惠斯在此地种植烟草，德里卷纸雪茄由此闻名于世，烟草种植大规模推广。1883 年石油的发现为德里王国带来巨额财富。19 世纪末，美、英、比、德、荷、日和北欧加大投资，棉兰的油棕、橡胶、烟草、西沙尔麻和柚木等种植业愈加兴盛。大批来自于中国、印度、爪哇的劳工参与了开发，促进了现代棉兰多元文化的形成。1935年，棉兰已成为印尼大种植园公司的大本营。第二次世界大战结束后，棉兰经济一度萧条，欧洲人与巴塔克人离开此地，华人经济实力开始增强。目前棉兰已经成为苏门答腊岛北部最重要的政治、经济、交通和文化中心。

地理

棉兰位于海拔 25 米的低地，北靠马六甲海峡，西南与印度洋相邻。棉兰属于热带雨林气候，常年高温潮湿，分为干湿两季，其中每年 5—10 月为降水较少的旱季。

棉兰分为新、旧两个市区。旧市区位于德利河畔，旧市区保留有荷兰殖民统治时代建筑。新市区的建筑整齐，洋溢着现代化的气息。棉兰下辖 21 个区，城区总面积为 167.67 平方千米。2015 年，棉兰人口数量为 175.1 万。[①]

经济

棉兰是苏门答腊北部地区的经济中心，同时也是苏门答腊油田的供应基地。工业有椰油、肥皂、卷烟、食品加工、橡胶制品、饮料、砖瓦、木材加工、电池、人造冰、清凉饮料、汽车维修、纺织、机器制造等，以及为数众多的位于郊区的农产品加工企业。印尼各大种植园、货栈、油田和铁路管理局以及与之紧密联系的国内外银行分支机构都驻扎此地，使得棉兰成为仅次于雅加达的印尼第二大金融和商业中心。棉兰附近有大片肥沃火山土，是印尼最大的种植园区，种植的作物主要有烟草、橡胶、咖啡、茶树和油棕，棉兰还担负向北苏门答腊油田和天然气田提供农产品的任务。市北的勿老湾岛建有现代化深水港，作为棉兰的外港，是印尼橡胶、烟草、剑麻与棕油的最大出口港，已成为印尼仅次于雅加达、巨港和泗水的第四大港。

---

① http：//worldpopulationreview.com/countries/indonesia-population/major-cities-in-indonesia/，查阅时间：2016年5月22日。

文化

棉兰是印尼人种最复杂的城市之一，有马来族、华人、马达族、米南加保族、亚齐族以及一些印度人、阿拉伯人和欧美人士。其文化也呈现多样化色彩，语言、宗教信仰也丰富多样。

棉兰是苏门答腊北部地区主要的文化中心，比较著名的一所大学是北苏门答腊大学，另一所是北苏门答腊伊斯兰大学，这两所大学培养出很多英才。此外棉兰还设有一个设施完善的高水平烟草研究所，专门从事烟草新品种开发的相关研究工作。

棉兰的北苏门答腊博物馆，展现了苏门答腊丰富的物产及各族风俗。距棉兰约59千米的东周村有一座动物博物馆，有一座卡罗式造型的凉亭。

棉兰较为重视与国外城市的合作与交流，目前已与中国的成都、美国的密尔沃基、日本的市川、马来西亚的槟城、英国的利物浦、韩国的光州建立了友好城市关系。

旅游

棉兰的旅游资源较为丰富。名胜古迹主要有德里王国时期的德里苏丹王宫，是1888年马穆阿尔拉斯德王在位时兴建的，后来曾作为印尼政府行政机关的办事处。德里苏丹王宫附近还有一座棉兰最宏伟的清真寺加格班格柯克寺，是当地最有名的清真寺，建于1906年，有4个巨大的圆形屋顶，整座建筑物完全以花岗岩建造而成，巧夺天工。辉煌的王宫和雄伟的清真寺展现了昔日德里王国的富庶。贝拉斯塔基以盛产鲜花与香甜美味的水果而闻名，是卡罗巴塔克族的家乡，四周被席巴亚克火山和席纳彭火山所包围。陵卡是独具特色的卡罗巴塔克族部落的一座村庄，距贝拉斯塔基15千米，这座村庄仍保留着许多古老的建筑物和原始纯朴的传统文化。距市中心5千米处的阿杉琨邦还拥有印尼最大的鳄鱼养殖场，游客可以亲眼观察鳄鱼蛋的孵化过程与鳄鱼的生长过程。另外还有旧市政厅、中央邮局、水塔和铁路桥等景观。棉兰娱乐场所较多，如夜总会、舞厅、电影院、游乐场等。

棉兰的木质雕刻品、竹制日历表、华美的拐杖、动物雕刻、附神秘碑文的家庭用品和雕刻竹制容器、古老的铜制珠宝饰物、靛蓝色的手织沙笼，以及别具特色的巴塔克围巾"乌若斯"等，都很有特色。此外棉兰的花生糖和咖啡糖及鱼翅和燕窝、苏门答腊咖啡也很有名。

中央市场是棉兰最主要的购物区，有"棉兰的厨房"之称，集中了苏门答腊岛上诸多农产品。街道两旁出售古董、纪念品及珠宝金饰的商店随处可见。

棉兰餐厅提供印尼菜、中国菜、西餐等不同口味的菜肴，其多样化族群与文化相适应。在棉兰能品尝到的苏门答腊式的印尼菜，味道重。贝尔莉伦餐厅是棉兰最有名的苏门答腊式菜馆。敏子日本料理店的日本料理很有名，同时也提供印尼菜和西餐。巴厘广场餐厅主要供应西餐和印尼菜。

棉兰住宿比较方便。如四星级的达娜乌多巴国际大酒店，有近300间客房，还有会议厅、健身中心、餐厅以及酒吧。帕尔德国际酒店是另一规模较大的酒店，共有100余间客房。此外，那特达摩德里酒店等规模也较大，设施比较齐全。另外还有维斯玛德里酒店、蒂尔加萨亚酒店等中低档的酒店。

棉兰交通便利。瓜拉纳穆国际机场建成于2009年，这座新建成的大型机场已经逐步取代原来的波罗尼亚国际机场。国内航线遍及苏门答腊各大城镇，国际航班也比较繁忙。棉兰通过自己的外港与苏门答腊东部与西部沿岸各港口，以及爪哇、加里曼丹还有国内主要岛屿的所有大港建立起联系，也与马六甲海峡对岸的新加坡以及马来西亚各港口互有往来。铁路往东南经过直名丁宜和丹戎巴直抵终点站兰都；西北方向则经水火山、兰沙、朱卢腊约、洛克肖马韦与史格里等城市可到达班达亚齐市。公路运输直通往苏门答腊岛各主要城镇。市内交通工具有计程车和迷你巴士，还有电动黄包车。电动黄包车是棉兰街头一道颇具特色的风景线，这种随处可见的交通工具可以让游客游览到城市的任何一个角落。

日　惹

地名由来

日惹，英文名称为Yogyakarta。这一名称的来源有多种说法。一说由梵文Ayudakerta转讹而来，意为"要繁荣昌盛，不要战争"。另一说，1780年，马打蓝国分裂为梭罗、日惹两公国，梭罗公国较大，把一部分土地赠予日惹王，成为今日的日惹城，该城因此得名，意为"赠送的城"。

区位

日惹是印度尼西亚著名古城，位于爪哇岛中南部，南距爪哇南海岸约 29 千米，邻近海拔高达 2891 米的默拉皮火山，是著名的印尼历史名城之一。

历史

日惹地区在古代是马打蓝王国的都城。从公元 8 世纪至 10 世纪被一系列印度教王国控制。公元 8 世纪中期，夏连特拉帝国在此地建立都城，举世闻名的婆罗浮屠佛塔据说就是信仰佛教的夏连特拉帝国建造的；公元 9 世纪后期，桑纳哈王国占据这一地区；其后强大的室利佛逝帝国统辖这座城市。公元 10 世纪起，印度教王国纷纷东迁，日惹陷入沉寂。

16 世纪，帕南巴罕·色纳巴蒂在此地建立起伊斯兰教帝国。1755 年，日惹苏丹王国在此建都，日惹重新崛起。18—19 世纪，这一地区一直为日惹王国所在地。1945 年，日惹成为印尼独立战争的根据地，1946 年至 1950 年，印尼共和国的临时首都定在日惹，苏加诺在日惹宣誓就任印尼第一任总统，第一面印尼共和国国旗也在日惹升起，因此日惹又有"革命城"之称。自 1948 年 12 月到 1949 年 7 月，日惹被荷兰军队占领。1951 年后，鉴于日惹苏丹在反荷战争中的积极表现，印尼政府决定不废除日惹王国，而是把日惹改为日惹特别行政区，首府就设在日惹，日惹苏丹是日惹特别行政区的最高行政长官，仍保留相当的特权，而且采用王位世袭制。

地理

日惹西半部为沿海平原，最宽处 24 千米，土壤由熔岩与火山灰形成。东部则是肯当高原的自然延伸部分，走势呈东西走向，直达海岸附近。日惹的主要河流有奥佐河、普罗戈河，两条河流均向南流入印度洋。

日惹属于热带雨林气候，整年气温都比较高，而且气温年较差小。年平均气温约为 25℃，每月的气温差异很小。由于海风的吹拂与调节，日惹气候舒适宜人。

日惹城区面积是 32.5 平方千米。日惹行政特区共划分为 14 个区。2015 年，

日惹人口数量为 63.7 万。^①

经济

日惹的农业、旅游、工业和教育业发达。在经济结构中，第三产业占有重要的位置，占日惹 GDP 的比重超过二分之一，其中包括贸易业、酒店业、普通服务业、交通通信等等。日惹是印度尼西亚工业较发达的地区，工业主要包括铁路工场、印刷、加工食品、运输设备、造纸、化工、纺织、鞣革和电动机械。沿海低地的居民多从事农业和渔业，出产水稻、橡胶、椰仁干与食糖。

文化

日惹是现在印尼唯一仍然由苏丹统治的省份。日惹居民有爪哇人、华人、印度人、巽他人、穆斯林巴厘人、欧洲人等。悠久的历史孕育了日惹辉煌的文化，日惹被称为是爪哇文化的发源地。

日惹的节日及相关活动丰富多样。最为隆重的是伊斯兰教新年。日惹人将伊斯兰教回历一月称为"苏罗"月，称之为"圣月"，日惹王宫在"苏罗"月要举行盛大的洗金辇仪式。时间是当月第一个星期二或星期五，王宫内外一团喜气，宫廷人员身着宫廷盛装，将宫内的圣物如金辇、佳美兰乐器、皮影戏傀儡、克里斯短剑等搬至庭院内用水清洗。仪式由宫中德高望重者主持，普通老百姓也获准进宫参加，一般进宫时都带着盆、罐等器皿。据说，清洗圣物的水吸附着圣物的灵气，接受洗礼，人会身体健康，全家人远避灾难，带回去洒在田地则会获得丰收。此外，还有其他一些政治性节日、宗教节日和地方民间传统节日。每当有庆典活动时，日惹人一般会用传统的歌舞音乐助兴。印尼传统艺术在日惹保存得最为完整，皮影、拉玛耶那芭蕾舞、乡土音乐等艺术形式，在这里得到保存与流传。

日惹以文化教育事业发达而著称，学校数量高居印度尼西亚全国之首，成为印尼重要的文化教育中心。日惹有小学 2000 余所、中学 1000 多所、专

---

① http://worldpopulationreview.com/countries/indonesia-population/major-cities-in-indonesia/，查阅日期：2016年2月25日。

科学院及大学 100 多所，因学生数量多，遂有"学生城"的称号。创办于 1949 年的加查玛达大学是全国规模最大的综合性高等学府，也是印度尼西亚独立后第一所大学，设有 18 个学院，73 个本科学习计划，28 个文凭学习计划，62 个研究生课程等，在校生约有 55000 名。此外，日惹还有著名的哈达基金会图书馆。另外还有几家颇有特色的科研机构，如花裙艺术研究中心、皮革工业研究所和社会问题研究委员会等。

日惹的博物馆较多。位于王宫北侧的索诺布多约博物馆，收藏海量的人类学和考古学的资料，以及青铜器时代的珍稀物品、巴迪布、舞蹈面具、皇室所用的武器、传统手工艺品等。在阿巴纳克莫宫饭店对面的日惹工艺品中心，专门展示各种银加工品、爪哇手工艺品、木偶等，每星期还举办两次爪哇的民间艺术表演。收复日惹博物馆位于离市中心 10 千米外的郊区，主要展示印尼独立时期人民反抗日本侵略者和荷兰殖民主义者的英勇斗争历程。

日惹较为重视与国外城市的合作与交流，已与韩国首尔江北区、越南的顺化、中国的合肥、日本的京都、马来西亚的怡保等建立友好城市关系。

旅游

日惹有山有水，地理环境优越，古迹众多，发展旅游业具有得天独厚的条件。日惹最著名的景点是婆罗浮屠佛塔，是世界上面积最大的佛教建筑遗迹，与中国的长城、印度的泰姬陵、柬埔寨的吴哥窟并称为古代东方四大奇迹，大约建于公元 8 世纪至 9 世纪初，据说是印尼夏连特拉国王为了收藏佛祖释迦牟尼的舍利而建，动用了几十万劳力，耗费十余年的时间方完工。此外，著名景点还有布兰班南印度神庙与日惹王宫等。

日惹以蜡染印花的巴迪布、木雕艺术品、银器以及各种皮革制品等工艺品而著称，是印尼重要手工业中心。日惹是印尼巴迪布的发祥地之一，巴迪布传统颜色大多是褐色和蓝色，图案大多以动物、植物为主，花样繁多。银制品主要有杯子、碟子、耳饰、胸饰、首饰、银壶和碗等。皮革制品以皮制影偶最为出名，影偶的花样细致，有的影偶还缀有金箔。

日惹最主要的购物街是玛丽欧波罗大街，长约 4 千米，街道两边有许多百货公司、商店以及购物中心。有名的土特产商店是萨尔延坎卡纳巴迪布专卖店，其所售商品皆是高级品，店内装修气派，顾客们还可以考察巴迪布的印染制作过程。斯瓦斯特希基塔商店专营皮影偶，而且他们均自己制作并销售，还安排室内皮影戏演出。

日惹是以地方文化色彩而著称的城市，与首都雅加达的喧嚣形成鲜明对比，市内运动设施不太多，仅有一座高尔夫球场。不过广场上经常有皮影戏等演出。

日惹餐厅以西餐为主，也供应印尼菜、炒饭、沙嗲、沙拉等。当地最出名的日惹本土菜是日惹烧鸡，味香肉脆。另一道名菜名为加德格，是一种爪哇式的咖喱饭，即用一种名叫"南卡"的水果与特制的香辣调味料调制，以拌饭食用，是当地人早餐的主食。街上也有印尼餐厅、中国餐厅和海鲜馆等。位于玛格伦街的桑塔万格餐厅以虾、蟹、贝类和鱼类等海产品为主。

日惹旅游业发达，住宿方便。既有殖民统治时代遗留下来的荷兰旧式旅馆和巴厘式小旅馆，也有不少现代化的观光酒店。比较著名的有阿巴纳克莫宫大饭店、帕里阿特哈饭店、缪提尔拉饭店、王宫花园等。

日惹交通方便，机场位于郊外10千米处的一片椰林中，有班机往返印尼境内各大城市，雅加达每天都有数班客机抵达此地。从机场搭车到市区不到半小时。日惹陆上交通方面，铁路西接雅加达、东连泗水。爪哇南海岸铁路主干线途经日惹，并有支线直达三宝垄，将南北两大铁路主干线相连接。公路交通便利，可以通往爪哇岛上各主要城市，但有的路况不理想。市区交通拥挤，汽车、摩托车、三轮车和自行车等拥塞，即便搭乘出租车，也无法享受到舒适快捷的行程。

万　隆

地名由来

万隆，英文名称为Bandung。古时当地人称之为勃良安，意为"仙之国"。17世纪，荷兰人占领这一区域，并改为现名万隆。在印尼语中，Bandung的意思为"山连山"。

区位

万隆位于西爪哇省东部的中心，地处高原盆地之中，西北距离雅加达直线距离约 180 千米，是印尼西爪哇省的省会，仅次于雅加达、泗水而位列印度尼西亚第三大城市。

历史

万隆的历史悠久。公元 9 世纪时，万隆就已成为比较兴盛的城市。西爪哇的巴巽丹王国把首都定在万隆。中爪哇的马伽巴叶王国后来占领万隆。17世纪时，荷兰人侵入，万隆沦为殖民地，名称由"勃良安"改为"万隆"。1810 年后，殖民官员和荷兰商人逐渐来此兴建避暑别墅。1880 年巴达维亚与万隆之间的铁路修通，加快了万隆的经济发展。移居万隆的华人也日渐增多。

1942 年 1 月 3 日，美国、英国、荷兰、澳大利亚四国决定成立西南太平洋盟军司令部，指挥部设在万隆。1942 年至 1945 年万隆一度被日军占领。1945 年印尼独立后，万隆被确立为西爪哇的首府。1955 年 4 月 18 日至 24 日，第一次亚非会议在这里举行，万隆闻名世界。1987 年，为推进"大万隆"计划，万隆的市区外扩，城内的一些旧建筑拆除，城区面积扩大。

地理

万隆处于爪哇岛腹地的高原盆地中，海拔 735 米。整座城市被青山所环抱，群山海拔均超过了 1640 米。最高的山峰为勃良安火山，海拔 2600 米。

万隆的气候属于热带季风气候。年降水量为 2150 多毫米，全年有 140 多天下雨，加之海拔较高，所以气候温和宜人，四季如春，平均气温为 25℃—28℃，是东南亚避暑胜地之一。

万隆资源丰富，主要资源有石油、天然气、木材、锰、铜、镍、金、锡、煤炭、铁矾土、银与橡胶。

万隆城市大致分南北两部分，南城为商业区，北城是住宅区。万隆城区总面积为 167.67 平方千米，下设 30 个区。2015 年，万隆人口数量约 170 万。

经济

万隆是印尼重要工业城市之一。目前万隆已发展成为全国的纺织工业基地，东南郊的工业区分布着大大小小数百家纺织企业。除纺织外，主要工业还有橡胶制品制造、机械制造、罐头、汽车装配、冶金、铁路车厢和飞机装配等。比较重要的工厂有亚科罐头厂、爪哇橡胶公司、飞利浦公司所属的电视机分厂、马尔瓦汽车装配厂等。万隆还是印尼重要的农产品集散地之一，以金鸡纳树皮为主要原料制造的奎宁药品世界驰名。

文化

万隆绝大部分居民是巽他族，是巽他人的文化中心。西爪哇巽他族的文学、舞蹈、音乐与戏剧在这里得以传承。

万隆的节日较多。5月20日是民族节，纪念1908年印尼第一个民族组织"崇知社"成立，这一事件被视为印尼民族觉醒的标志。印尼政府在独立后把"崇知社"成立的日期定为民族节。6月1日是建国五基诞生日，纪念印尼前总统苏加诺提出"潘查希拉"五基原则，其被视为印尼建国的指导思想。卫赛节在每年5月的第一个月圆之日（望日），是全世界佛教徒最神圣的节日，是印尼佛教徒纪念佛陀悟道的节日。是日，来自全国各地的佛教徒云集中爪哇的婆罗浮屠、门都特等寺院举行盛大的庆祝活动。此外，在万隆，最受欢迎的一项娱乐活动是传统的斗公羊比赛。

万隆教育比较发达，不少国内著名的高校和科研机构设在万隆。声名最盛的当属创建于1920年的万隆理工学院。它隶属于印度尼西亚大学，主要专业是数学、自然科学和应用科学，是印度尼西亚理工科的最高学府。另外还有印尼最著名的医学院——巴斯毒学院，为印尼培养了大量医学精英。其他还有巴查查兰大学、造型艺术学院、体育学院、公教大学和军事学院等。在万隆的科研机构有印尼国家地质总局、大地测量研究所、水力实验室、水文测量学研究所、公路建设研究所以及陶器研究所和制革工业研究所等。

万隆的亚非会议博物馆别具特色。1955年29个亚非国家和地区的政府代表团在万隆召开亚非会议，这是亚非国家第一次在没有西方殖民国家参加的情况下讨论亚非切身利益的大型国际会议，亚非会议博物馆即展现了当年苏加诺、周恩来、胡志明、纳赛尔等伟人的风采。万隆还有火山博物馆、军事博物馆等博物馆等。

旅游

万隆的旅游资源非常丰富，早在 17 世纪，万隆就已成为著名的旅游和避暑胜地，被誉为"爪哇的巴黎"。市内处处繁花似锦，街道清洁整齐，宛如一个大公园。这里的皇家玫瑰公园，种有世界各地不同品种的玫瑰花。著名的马里巴雅温泉距万隆市区24公里，可容二三百人游泳洗浴。此外还有节庆园、独立宫、覆舟火山等景点。节庆园是万隆市内最美丽的一座公园，环境幽静。园内树木苍翠，草坪整齐，环境宁静，是市民休闲场所之一。覆舟火山位于覆舟山上，是著名的活火山，扁圆形的火山锥与倾覆的小船酷似。传说有两神打赌，要一夜之间造出大船。其中一方使诈使其对手在即将完成之时功亏一篑。造船之神盛怒之下把船掀翻了。

万隆的服装与一些工艺品性质的小纪念品比较有名。位于万隆北部的 JlCihampelas 大街，是牛仔服装的生产集中地，街上随处可见牛仔服装店。另外，在一些旅游点也有摊贩售卖纪念品，如在覆舟火山口不少商家出售各种用火山石制作而成的烟灰缸、壁挂、花瓶等纪念品。

饮食方面，万隆以特产"贝蓉"最为出名。贝蓉其实是一种酒酿甜饼，把经过发酵的米粉配上各种佐料，拌上薯粉，然后烘烤，等到半熟且呈现出金黄色时，再涂上奶油继续烘烤，别有一番风味。

万隆的住宿也较为便利。不过中低档的旅馆比较陈旧。最便宜的旅馆一般集中在 JlCihampelas 大街。

万隆交通发达，飞机场位于市中心西南 4 千米处，有航班往返于印尼各主要城市。火车经芝马墟往北到达普哇加达和芝坎佩，可以与北海岸铁路主干线相连；往东可通往南海岸铁路主干线上的各主要城市。每小时就有一班火车从万隆开向雅加达。公路四通八达。市内主要交通工具有公共汽车、出租车和三轮车。

马来西亚

　　马来西亚（Malaysia），全称马来西亚联邦，是东南亚国家联盟重要成员国。民间将马来西亚简称为"大马"，主要是区别于其前身"马来亚联合邦"。马来西亚处在亚洲与大洋洲、印度洋与太平洋相交的十字中心，位于亚洲大陆和东南亚群岛的连接部分，南北连接亚洲和大洋洲，东西沟通太平洋和印度洋。以南海为隔，马来西亚分为西马来西亚和东马来西亚两部分。西马来西亚位于马来半岛南部，北接泰国，南邻新加坡，西濒马六甲海峡；东马来西亚位于加里曼丹岛北部的砂拉越地区和沙巴地区，与印尼、文莱、菲律宾毗邻。马来西亚总面积329847平方千米，人口为30751602人（2016年）[①]。全国由西马的柔佛、吉打、吉兰丹、森美兰、马六甲、彭亨、槟城、霹雳、雪兰莪、玻璃市、登嘉楼和东马的砂拉越、沙巴13个州和首都吉隆坡、东马的纳闽与联邦政府行政中心所在地布城等3个联邦直辖区组成。主要城市包括吉隆坡、马六甲、槟城等。

[①]　http：//worldpopulationreview.com/countries/，查阅日期：2016年3月9日。

吉隆坡

地名由来

吉隆坡，英文名称为 Kuala Lumpur。在马来语中，"Kuala"即"河口"之意，"Lumpur"即"烂泥"之意，合起来意指"泥泞的河口"。18 世纪中期，马来西亚巴生河与鹅麦河的交汇点发现锡矿。1857 年，87 名华人矿工率先来此开采锡矿，并在此定居。最早的街区建在两河交汇处。每逢雨季，水中挟带的大量泥沙常淤塞河床，导致河水四溢，一片泥泞。吉隆坡因而得名。

区位

吉隆坡位于马来西亚中西部，巴生河与鹅麦河交汇处。北距槟城 408 千米，南端距离新加坡 395 千米，西距马六甲海峡与巴生港 43 千米。吉隆坡总面积 243.65 平方千米，是马来西亚的首都，以及马来西亚的经济、金融、贸易、文化、交通中心，同时也是马来西亚最繁华的现代化大都市。

历史

吉隆坡是东南亚各国首都中是最年轻而且发展最快的城市，自 1857 年开埠算起，至今尚不足 160 年的历史。

19 世纪中期锡矿的发现与开采使吉隆坡逐渐成为一个以锡矿开采和贸易为主要经济产业的村镇。1880 年，英国殖民当局将吉隆坡指定为雪兰莪州首府，自此，吉隆坡开始并一直成为英国在马来半岛进行殖民统治的行政中心。1896 年，马来联邦成立后，吉隆坡被选为联邦首府。

1957 年，马来亚联合邦宣布摆脱英国殖民统治，获得独立，首都定为吉隆坡。1963 年，马来西亚成立，仍然定都吉隆坡。吉隆坡同时也一直是雪兰莪州首府。1974 年 2 月 1 日，吉隆坡被划为联邦直辖市，由马来西亚总理署直接领导，才改将沙阿南确定为雪兰莪州首府。自 1995 年起，马来西亚政府启动迁都计划，在 1999 年把吉隆坡以南 60 千米的布城划为新的联邦直辖区。

2001 年 2 月 1 日，马来西亚把联邦政府的行政中心迁到布城，但吉隆坡仍然作为联邦立法中心及国家皇宫所在地。

地理

吉隆坡位于马来半岛中部偏西海岸的位置，东、西、北部均为丘陵和山脉，巴生河及其支流鹅麦河穿城而过，将城市分为东、西两部分，最后流入马六甲海峡。东部为商业和住宅区，西部为政府机构集中地。

吉隆坡属于热带雨林气候，常年炎热多雨，一年无四季之分，全年均为夏天，且气候受海洋影响较大。年平均气温约 26.6℃，每月平均气温也在 26.0℃ 以上。受海洋的调节，各月气温差异较小。5 月气温最高，平均温度约 27.2℃；12 月气温最低，平均温度约 26.0℃。吉隆坡降雨量充沛，年均降雨量约为 2366.2 毫米，月降雨量均在 100 毫米以上。全年有两个降雨高峰期，一个是 3—4 月，另一个是 10—12 月，高峰期内，月降雨量均超过 200 毫米。

吉隆坡共分为 9 个行政区和 11 个国会选区。9 个行政区分别为：吉隆坡市中心、敦拉萨镇、甲洞、白沙罗、泗岩沫、士布爹、新街场、斯迪亚旺沙、旺沙玛珠，11 个国会选区分别为：武吉免登、蒂蒂旺沙、旺沙玛珠、斯迪亚旺沙、奋都、甲洞、班台谷、士布爹、泗岩沫、敦拉萨镇、蕉赖。截至 2015 年 9 月，吉隆坡人口约 145.4 万人。根据 2010 年人口普查结果，马来人约占吉隆坡总人口的 44.2%，华人约占 43.2%，印度裔约占 10.3%。[①]

经济

吉隆坡是马来西亚全国的经济中心及最大的新兴工业城市。其经济呈现多方面发展态势，农业、矿业、制造业、服务业均发展较快。

吉隆坡拥有全国规模最大的锡矿产业，郊外分布着许多锡矿场，享有"锡都"的美誉。但因过度开采，产量逐年减少。

吉隆坡农业发达，盛产各种热带的经济作物，如天然橡胶、油棕、椰子等。吉隆坡还被称为"橡胶之都"，附近遍布大片橡胶园，一度成为世界最

① http://worldpopulationreview.com/world-cities/kuala-lumpur-population/，查阅日期：2016年3月25日。

大的橡胶加工和交易中心。此外，吉隆坡的油棕园也不少，油棕加工业比较发达。

吉隆坡的制造业门类齐全，其产值与就业人数在马来西亚全国均居第一位。原有的工厂大多在近郊的洗都、安邦等地。距离吉隆坡市中心仅8千米的八打灵是马来西亚设立的第一个新兴工业区，现有工厂4000多家，多为出口加工型企业，主要有汽车装配、塑料、电子、电器、纺织、化工、制药、食品、建材、五金、烟草等工业。

吉隆坡服务业发达，占全市国内生产总值的80%以上，主要有金融、房地产、保险、商业服务、饮食及酒店业、运输、批发和零售贸易、仓库及通信业、公用事业、政府服务、个人服务、信息通信技术产业等。目前吉隆坡已经成为马来西亚的金融保险中心、地产中心、媒体以及艺术中心。自1996年起马来西亚倾力打造的多媒体超级走廊就坐落于吉隆坡，该工程的实施加快了马来西亚发展成为全球优秀的信息和通信技术研发及外包中心的步伐。

文化

吉隆坡是马来西亚多族群国家的缩影，马来人、华人、印度人以及其他族群聚居于此，既有华人的唐人街，也有印度人的小印度和马来人的新村，文化呈现多元化色彩。各个族群均保持有不同的语言、宗教信仰与习俗。华人讲汉语，多信仰佛教、道教；马来人说马来语，主要信奉伊斯兰教；印度人则信奉印度教或伊斯兰教，讲泰米尔语。数据显示，吉隆坡46%的人口信仰伊斯兰教，36%的人口信仰佛教，8.5%的人口信仰印度教，6%的人口信仰基督教，1%的人口信仰道教，2%的人信仰其他宗教。[①]不同族群皆有各自最隆重的节日，因而吉隆坡每年均要过三个新年：马来族的新年（开斋节）、印度族的新年（屠妖节）与华人的新年（春节）。

作为马来西亚的文化中心，吉隆坡拥有多所大学，比较著名的有马来西亚大学、国立大学、联邦工学院和语言学院等。其中马来西亚大学是马来西亚历史最悠久的学府，也是规模最大、最著名的大学之一。其前身为成立于

---

① http://worldpopulationreview.com/world-cities/kuala-lumpur-population/，查阅日期：2016年3月25日。

1905 年的爱德华七世王学院与 1929 年建立的莱佛士学院。新、马两国分离后，1962 年 1 月 1 日马来亚大学正式成立。

吉隆坡文化设施较多。马来西亚国家博物馆藏有众多精制的工艺品、出土文物、用来展示历代服饰和民俗的蜡像作品、动物标本以及与马来西亚自然、艺术、历史、民俗有关的物品。伊斯兰艺术博物馆收藏着诸多伊斯兰世界的顶级展品，在东南亚地区同类博物馆中，其藏品总量首屈一指。

吉隆坡比较重视城市的国际交流，已经与阿富汗的伊斯法罕、伊朗的马什哈德和设拉子、印度的金奈以及日本的大阪建立了友好城市关系。

旅游

吉隆坡是著名的旅游观光城市，自然旅游资源与人文旅游资源都非常丰富。市区街道整齐，高大的热带树木和盛开的鲜花随处可见。多种风格的古老建筑与现代化建筑交相辉映。伊斯兰教的清真寺，佛教、印度教的寺庙遍布全城。1965 年竣工的国家清真寺占地 5.5 公顷，可容纳 8000 人做祈祷，是东南亚地区最大的清真寺。建于 1873 年的印度庙是马来西亚境内最大、最华丽的印度寺庙。天后宫供奉着妈祖，是马来西亚最大的中式庙宇之一。吉隆坡石油双塔共 88 层，高达 452 米，是吉隆坡的第一地标，也是世界上最高的建筑之一。其他著名的建筑及旅游景点有国会大厦、独立广场、皇宫、默迪卡体育馆、湖滨公园、黑风洞、热水洞、云顶等。

吉隆坡的特色工艺品有印花布、贝壳手工艺品、珠宝以及古董、锡制品等。最著名的购物场所是中央市场，其他还有假日市场、亚洲古董店等。

吉隆坡的饮食品种多样，涵盖了中国菜、印度菜、东南亚菜以及西式菜系。最具特色的美食有椰浆饭、沙爹、海南鸡饭、肉骨茶、啰喏、酿豆腐和酱蒸魔鬼鱼等。吉隆坡的餐馆主要集中在茨厂街、孟沙和星光大道等地。著名的特色餐馆主要有阿峇娘惹餐厅、胜记瓦煲老鼠粉、安卡沙旋转餐厅、老中国咖啡馆、王金莲记、海外天大饭店和樱花餐厅等。

吉隆坡住宿便利，有高中低档的宾馆可供选择。高档宾馆多集中于机场附近的高尔夫休假区、普特拉世贸中心周围以及金三角，主要有吉隆坡希尔顿饭店、斯坦福饭店、香格里拉饭店、王朝饭店、尼科饭店、中央饭店。

吉隆坡交通发达，空中、海上、陆地交通皆便利。现代化的大型国际机场设施先进，航线可通向世界各地。目前有 3 个机场：吉隆坡国际机场、吉隆坡第二国际机场与梳邦机场。铁路干线北达泰国，南至新加坡。吉隆坡是马来西亚公路交通网的中心，市内有多条高速公路，且长途汽车车次多。主要汽车站有 4 个：普渡拉亚汽车站、可兰汽车站、普特拉汽车站、彭亨汽车站。

马六甲

地名由来

马六甲，英文名称为 Malacca，马来文为 Melaka。中国古籍中称此地为满剌加、麻六甲、麻喇加、麻六呷、马拉加、哥罗富沙等。16 世纪，葡萄牙占领马六甲后，中国史家依照葡语发音将对其的称呼由"满剌加"等改为"马六甲"。关于马六甲名称的由来，有多种说法。最主要的一说为源自马六甲树。1377 年，爪哇的马加帕王国军队和移民逃亡至此，看见到处长满一种大戟科的树，问询当地人树为何名，当地人回答说是马六甲树，遂将此地称为马六甲。另外一说为源自梵文，maha 是大的意思，lanka 意思为岛，合起来即"大岛"之意。

区位

马六甲位于马来半岛西海岸的南部，与苏门答腊遥望相对，马六甲河穿城而过，南面濒临马六甲海峡，北距吉隆坡 148 千米，南距新加坡 245 千米。城区总面积约 307.86 平方千米。马六甲市是马六甲州的首府，其所在的马六甲州，北部与马来西亚的森美兰州交接，东部与柔佛州相连。

历史

马六甲最初是一个小渔村，1403 年，出生于苏门答腊的拜里迷苏拉在此地建城，将其作为他所创建的满剌加王国的都城。满剌加王国与中国明朝政府一直保持密切关系。1405 年，明成祖册封拜里迷苏拉为满剌加王国国王。1411 年至 1433 年，拜里米苏拉及其子孙曾经多次赴中国访问。郑和七下西洋，曾五次在满剌加停靠。1459 年，以满剌加城为中心的满剌加王国统一了马来半岛，满剌加城也得以迅速发展，成为东西方贸易集散地之一。

1511 年至 1957 年，马六甲遭受了 446 年的殖民统治。1511 年，葡萄牙殖民者攻占马六甲，满剌加王国灭亡。葡萄牙遂将此地作为其在东印度群岛扩张的战略基地。1641 年荷兰殖民者击败葡萄牙，接管统治马六甲。1824 年依照《英荷条约》，荷兰把马六甲割让给英国，换取了苏门答腊岛上的明古连地区。二战期间，日本进攻东南亚，在 1942 年攻占马六甲。战后英国继续统治马六甲直至 1957 年马来西亚获得独立。1957 年，马来西亚政府设立马六甲州，将马六甲城定为马六甲州首府。

地理

马六甲处于武弄山脉的末端，其西部沿海为狭长的平原地带，大大小小的渔村在漫长的海岸线上绵延不绝。

马六甲属于热带雨林气候，全年炎热而湿润。与马来西亚其他地区相比，马六甲的年降雨量较小，将近 2000 毫米，而马来西亚全国年均降雨量则为 2500 毫米。白天气温大致在 30℃—35℃，晚上气温则在 27℃—29℃。大雨之后一般比较凉爽。

马六甲市区分为新城区与旧城区两区，旧区的古董街多为两层楼的白灰墙、青瓦房，建筑拥挤，历史古迹众多。新区则摩天大楼林立，显示出浓烈的现代化的气息。据统计，2016 年马六甲人口数量约为 18 万。[1]

经济

旅游业是马六甲的经济支柱。马六甲历史悠久，古迹众多，拥有丰富的旅游文化资源。2008 年 7 月 7 日，联合国教科文组织将马六甲市列为世界文化遗产。目前在建的大型填海综合发展项目——马六甲皇京港项目，被列为马来西亚国家级二号工程。该项目总投入约 400 亿马币（约 800 亿元人民币），占地总面积 609 英亩，由三个填海岛屿构成，共分为住宅、商务、文化、娱

---

[1] http://worldpopulationreview.com/countries/malaysia-population/major-cities-in-malaysia/，查阅日期：2016年4月20日。

乐和时尚生活等 12 个区域，具体项目有 288 米高的地标灯塔、大马眼（摩天轮）、数座酒店和度假村、遗产走廊、时尚购物区和东南亚最大的游艇码头等，计划在 2025 年全部竣工。[①]该项目将使马六甲实现由单一的旅游景点向综合性旅游城市的转变。

马六甲有热电厂、锯木、食品等工业。马六甲还是东南亚最早进行橡胶种植之地，咖啡、棕油、胡椒、甘蔗及各种热带水果产量很大。马六甲也是农产品与林产品的集散中心，输出产品有橡胶、椰干等。此外，马六甲渔业产品在马来西亚享有盛名。锡矿、铝土与金矿储量也很丰富。

文化

马六甲居民汇集了马来西亚的主要族群，有马来人、华人、印度人、葡萄牙人后裔及欧亚混血儿等，使用多种语言。历史上，中国、阿拉伯、印度、波斯、缅甸、高棉等地的商人纷至沓来，自 16 世纪起，葡萄牙、荷兰、法国、英国等西方殖民者在此统治，使得马六甲既具有浓郁的东方气息，又带有鲜明的西方气息。四五百年的长期交流使马六甲在语言、宗教、习俗、文化等方面呈现出独特的多族群文化景观。

马六甲的节日除了马来西亚全国性的主要节日如春节、大宝森节与国庆节外，还有复活节、海神节、圣胡安节等。其中海神节在每年 6 月末举行，主要是纪念葡萄牙渔业的保护神，节日期间，马六甲圣彼得教堂举行大规模的自由游行活动，以及钓鱼、手工艺、烹饪和狂欢等活动。

教育方面，马来西亚技术大学位于马六甲市，建于 2000 年，是马来西亚第 14 所公立高校，以"实践及应用为中心"教学法而闻名于马来西亚。目前该校有三个校区，主校区在榴连洞葛，另外两个校区分别位于马六甲市中心汉都亚街和爱极乐的马六甲国际贸易中心。共包括 7 个学院，设置工程类、管理学科和信息通信技术等专业。马来西亚多媒体大学在马六甲也设有校区，其前身是马来西亚电讯大学，成立于 1997 年，是马来西亚比较著名的私立大学，学生来自世界各地 60 多个国家，是马来西亚国际化程度最高的大学。

---

① http://cnta.gov.cn/xxfb/jdxwnew2/201603/t20160330_765270.shtml，查阅日期：2016年4月20日。

文化设施方面，马六甲拥有多个博物馆。位于马六甲市区东部、马六甲河畔的马六甲博物馆曾是荷兰总督的官邸，1650 年竣工，是东南亚最古老的荷兰式建筑物之一，因其墙与木门均为红色，因而又被称为"红屋"。博物馆收藏了葡萄牙人和荷兰人及马来西亚人的历史文物，并展出马来人和华人的传统结婚礼服等。此外还有马来西亚建筑博物馆、郑和纪念馆、巴巴娘惹遗产博物馆等。

马六甲重视城市之间的国际交流，先后与葡萄牙的里斯本、智利的瓦尔帕莱索，日本的雾岛市，中国的海口、南京和长沙建立了友好城市关系。

旅游

马六甲是马来西亚重要海港之一，美丽迷人的海滨风光和丰厚的人文旅游资源交相辉映。马六甲城内保有丰富的文化遗产和许多历史古迹，其中以传统建筑最具特色，古代修建的街道，至今依然保存完好。街道曲折狭窄，屋宇参差多样，既有传统中国式的住宅，也有荷兰式的红墙房屋以及葡萄牙式的民居。很多住房的墙上镶着精美的瓷砖，门上装有瑞狮门扣，处处显示出这个历史古都的独特风貌。

马六甲主要旅游景观有青云亭、中国山、三保庙与三保井，还有圣地亚哥城门、圣保罗教堂等。青云亭原名观音亭，始建于 1645 年，位于马六甲西南，是全马来西亚最古老的华人寺庙，为典型的中国传统式建筑。该寺庙主要用马来西亚楠木建造而成。寺内藏有一块石碑，上面记载着郑和于 1406 年曾访问马六甲。中国山又名三保山，明朝公主汉丽宝于 1459 年嫁给马六甲苏丹满苏沙，苏丹由此命令在山上修建宫殿并将山命名为中国山，又因三保太监郑和下西洋期间曾驻足此山，所以又称"三保山"。由葡萄牙殖民者于 1521 年建成的圣保罗教堂是欧洲人在东南亚地区修建的最古老的教堂，该教堂 1670 年被荷兰人占领，在 1753 年被改成荷兰贵族的墓地。著名传教士方济各被埋葬在这里，教堂前面立有方济各的全身塑像。在市中心的城市广场有一座建成于 1753 年的基督教堂，这是荷兰殖民者为取代圣保罗教堂专门建立的祈祷圣地。1511 年由葡萄牙人建成的圣地亚哥城堡曾被誉为东南亚最大、最坚固的城堡，后来毁于荷兰人的炮火，仅古城门保存了下来。

马六甲以出产工艺品著称，手杖和藤器是马来西亚著名特产。其他如煮熟晒干的虾干、咸鱼、虾酱、虾仁等则为风味特产远近闻名。马六甲最繁华的街道是古董街，原名为"琼克街"，是购买诸如明代瓷器、印度铜器、英国挂钟等古物的必去之处。此外，马六甲海边有许多出售马来西亚各种特产的摊位。

马六甲以美食闻名。最有名的菜肴是带辣味的海鲜，味道鲜美，深受游客喜爱，海边的丹峦默迪加路集中了大量熟食摊档。马六甲市区内中式餐厅很多。

马六甲住宿方便，从国际水平的高档型酒店直至中型及比较经济的饭店和旅馆，可以有多种选择。经济旅馆大多位于马六甲巴士总站以南约3千米的丹峦马六甲拉惹区。华人开设的旅馆一般集中于巴士总站以东不远的拉耶花路，价位适中，此处还集中着一些高档酒店。马六甲交通比较便利。距马六甲市区9千米处的白林丹镇有一个小型机场，可飞往新加坡以及首都吉隆坡、怡保等马来西亚国内城市。马六甲虽不通铁路，但可到距其最近的30千米外的汤平镇火车站乘坐火车。该站在吉隆坡-柔佛这条火车主干线上，因此可以搭乘到所有火车。巴士车站位于基兰路，有定时班车开到吉隆坡、新山及马来半岛其他城市。马六甲市区较小，游览市区可乘坐三轮车或步行。

槟　城

地名由来

槟城，英文名称为Penang。据说，受东印度公司派遣，英国的法兰西斯·莱特上校在1786年来到槟城，发现岛上有很多像椰子又似棕榈的槟榔树，便向当地人询问是何树，当地人以"pinang"（马来语的"槟榔"）回答。后来拼写成Penang。槟城华人早期将这一名称翻译为"庇能"。广义的槟城指的是马来西亚十三个联邦州之一的槟州，狭义上的槟城指的是槟州的首府，也被称为乔治城，因为英国法兰西斯·莱特上校在1786年初到槟城岛时将进驻开发的东北角用英王乔治三世的名字命名。

区位

槟城位于槟榔屿岛的东北端，马六甲海峡北口东侧，槟榔屿海峡西岸，四面环海。槟城是马来西亚的主要港口之一，是排在吉隆坡和新山市之后的马来西亚第三大城市。槟城城区总面积为305.77平方千米。

历史

在中国，"槟榔屿"这一名词最早出现在永乐年间成书的《郑和航海图》中，明朝时期，槟榔屿只是一个海盗藏身的荒岛。1786年，英属东印度公司在槟榔屿建立英国殖民地，法兰西斯·莱特上校将该岛重新命名为"威尔斯王子岛"，因为征得这座岛屿时，适逢威尔斯王子生日；把登陆地槟城用英王乔治三世的名字命名，称为乔治市。莱特鼓励移居本地的住民开垦土地，使这座原本荒无人烟的岛屿，人口达到一万人，并发展成为英国最早在远东殖民的贸易自由港。1805年，槟城成为孟卡的臣属地，后来被升级为第四印度殖民政府，拥有和马德拉斯及孟买相同的行政架构。1826年，马六甲及新加坡的管辖权转移到槟城，槟榔屿与马六甲、新加坡一起组成英国的海峡殖民地。19世纪中期，槟榔屿成为锡和橡胶的市场和转运站。1957年，马来西亚宣布独立后，槟城市成为槟州首府。

地理

槟城沿海为狭长的平原，内陆多山地。槟城所在的槟榔屿是花岗岩山体，岛中央高山耸立，岛上的河流因岛中央隆起，因此都向四面流淌，其中比较大的一条河流是亚依淡河。

槟城属于热带雨林海洋性气候，具有四季无明显差异、全年温差小的气候特征。年平均气温约26.9℃，最高气温为32℃，最低在21℃左右。降雨期集中在10—12月，年均降水量约2434毫米，雨量非常充沛。

槟城共分成5个街区。第一街区即市中心的中国城，此处历史悠久的观光景点非常集中；第二街区是原殖民地区；第三街区为普劳—蒂居斯；第四街区叫"北公馆路"；第五街区是一个商业区，街区中心是孔塔尔塔附近地区。

2015 年，槟城市人口数量为 30 万。[①]

经济

槟城的经济是以贸易、工业、旅游业、农业相混合的经济体。槟城是马来西亚的重要港口，港面广阔，设有 7 个泊位，港口能同时容纳 15 艘 15 万吨的轮船。港口吞吐量占马来西亚总吞吐量的 25%。港口贸易长期以来就是槟城的主要产业之一，其海运和贸易有上百年的历史。

农业方面，由于气候适宜，槟城物产丰富，出产稻米、橡胶、油棕、椰子、槟榔、豆蔻、丁香等。槟城即以槟榔树而得名。

槟城曾是马来西亚最早对外开放的自由港与工业特区，工业基础很好，其工业一直位居西马北部地区的第一位。这里设有全马来西亚最大的电子工业基地，有东南亚地区最大的纺织工业系统，还有以木材、橡胶为基础的加工制造业，以及大型炼锡厂、造船、机械、建材、印刷、罐头、玻璃等工业。同时槟城是马来西亚农产品与橡胶的贸易中心。

槟城有"印度洋绿宝石"之美誉，四处青山绿水，丛林密布，具有美丽的海滨与原野风光，又洋溢热带风情，是亚洲最美的城市之一。槟城还是亚洲最主要的会议及展览中心。因此，槟城旅游业发展迅速，近年来尤其注重吸引中国游客。

文化

槟城是一个多元文化、多元宗教、多元种族的城市，华人、马来人、印度人的宗教与文化交流碰撞，和睦共处。

槟城的节日庆典与盛事活动较多。每年农历正月十五的元宵节期间，举行抛橙活动，未婚女子把橙子抛入海中，让未来丈夫抓着它。每年 5 月举行槟城国际三式马拉松赛，包括游泳、骑单车、长跑三项。每年 6 月举行槟城国际龙舟赛。每年 7 月举行的活动最多，一是槟城花节；二是为期一周的槟城巡礼活动，包括食品展销会、街头音乐会、手工艺品展览会、文艺表演和大

---

① http://worldpopulationreview.com/countries/malaysia-population/major-cities-in-malaysia/，查阅日期：2016年4月20日。

巡街；三是槟城海滩嘉年华，包括酒店比赛、文化表演、海边庆祝活动、时装巡礼、电话比赛以及庆祝舞会等。每年8月举行槟城食品节，主要观赏烹饪艺术与品尝佳肴。

槟城高等教育发达，大学较多。马来西亚理科大学，最初名字为槟榔屿大学，成立于1969年6月9日，是槟城的第一所大学，也是马来西亚的第二所公立大学，同时还是马来西亚学生在籍人数最多的大学。此外还有端姑百能师训学院、槟城拉曼学院、英迪国际学院、韩江学院、百乐学院、迪斯史坦福学院、槟城医药学院等高校。

槟城的文化设施较多，博物馆、艺术馆遍布全市。槟城博物馆与艺术中心位于法夸尔街，收藏品从手枪、刀剑、大炮等武器以及陶瓷器、装饰品、农机具、木船、生活用品等，全面展示了槟城的历史、文化与自然。较为著名的还有被称为"蓝屋"的张弼士故居博物馆。

槟城重视与国外城市的合作与交流，先后与澳大利亚的阿德莱德、中国的厦门和台北、印尼的棉兰、泰国的曼谷和普吉岛建立了友好城市关系。

旅游

作为历史名城的槟城，具有独特的文物、建筑和文化，古老的城市景观与自然景观交相辉映。著名的景点有槟榔山、极乐寺、蛇庙等。槟榔山又叫升旗山，是槟城的制高点，主峰高830米，从山顶可俯瞰槟城全景，也可远眺马来半岛。占地12公顷的极乐寺是马来西亚最大的华人庙宇，被誉为东南亚地区最雄伟的佛寺之一，融中国、泰国及缅甸的建筑风格于一体。位于槟城以南14千米处的蛇庙，又名清水庙，是一座道教宫观，也是马来西亚十大名胜之一。

槟城最有特色的工艺品为金制品、巴迪布、宝石、锡制品和木雕艺术品，另外，用翡翠雕刻的佛像、木刻品、鸵鸟及鳄皮制品也颇受欢迎。工艺品价格较马来西亚其他城市要便宜。

槟城路是槟城最著名的购物地点，街上遍布摊位，出售食品、锡器、银器、服装、家庭用品、宝石、木雕及各种纪念品；梅因斯多利路的商店也比较多；甘保街的商店多以金制工艺品店、中药店和香水店为主；加拿文街的转角处直至鱼市场附近则是珠宝店集中地；高达65层的光大中心是槟城著名的大型购物商场。

在马来西亚境内，槟城就是美食之城的代名词。中国菜、印度菜、马来菜、娘惹菜，乃至于西餐、日本菜等均各具特色。比较有名的地方小吃有叻沙福建面、沙爹牛肉、咖喱面、椰浆饭、麻芝炒粿条云吞面、卤面四果汤；海鲜类风味菜肴则有金香蟹、鱿鱼翁菜、亚依淡巴刹的亚三叻沙、棺材街炒蚵煎、怪味蟹、烧鱼、生蚝煎蛋等，以日本厨艺烹调的大虾、螃蟹、龙虾、乌贼等也比较受欢迎。葛尼道与海滨广场是槟城著名的小吃集中地。每当夜幕降临，各种小吃摊云集于此，形成了一个热闹的小吃城，游客可以随便就座，并到摊档挑选自己喜爱的食物。槟城还是出了名的"平民美食城"，这里的虾、螃蟹、带子、墨鱼、蚝等都很廉价。

槟城的住宿设施多集中于市中心与北部海岸边。高级宾馆一般内设舞厅、酒吧、餐厅、购物街等设施。而海滨度假宾馆则有各项水上体育活动以及陆上体育活动，娱乐设施较为完备。价位较低的旅舍、旅馆多位于珠烈街、莱特街与爱情巷，多是中国人开设的。槟城较为有名的高档酒店有槟城 G 酒店、坎贝尔之家酒店、槟城帝豪酒店、乔治市湾景酒店和太阳路酒店等。

槟城的交通极其便利。空运方面，在城市东南方 16 千米的槟城峇六拜国际机场，是西马来半岛北部的主要机场，不仅有定期航班飞往马来西亚各大城市，还有直飞至新加坡、澳大利亚悉尼、印度孟买、美国洛杉矶、泰国曼谷、中国香港及厦门的国际航班。陆路交通方面，槟榔屿上有环岛公路，与全岛各地相通。槟榔屿与海峡对岸威斯利区的交通联系，在 20 世纪 80 年代连接海峡两岸的槟威大桥开通之前，只能依靠轮渡，大桥开通后两岸交通非常便捷。市内交通可以乘坐公共汽车、出租车、三轮车等交通工具，但大部分的市区景点，步行或者乘坐三轮车就可以到达。

新加坡

  新加坡（Singapore），意为"狮城"，全称为新加坡共和国，旧称新嘉坡、星洲或星岛。中国华侨也称其为"息辣"，在马来语中是"海峡"的意思。新加坡位于马来半岛南端，一面临海、三面海峡环抱，毗邻马六甲海峡南口，北隔柔佛海峡与马来西亚为邻，南隔新加坡海峡与印度尼西亚相望。新加坡是印度洋和太平洋之间的交通要道和东西国际航线的枢纽，被称为"世界的十字路口"之一。新加坡总面积714.3平方千米，人口数量为5696505（2016年）[1]。新加坡是一个城邦国家，全国划分为五个社区（行政区）：中区社区、东北社区、西北社区、东南社区、西南社区。首都是新加坡市。

新加坡

地名由来

  新加坡，英文名称为Singapore。在马来语中，意为"狮子之城"。传说在古代，亚历山大大帝的后裔乌塔王子在海上乘船航行时遭遇暴风雨，船被刮到现在的新加坡岛上。王子在岛上看见一头怪兽，通体赤红色，头部的毛

---

① http://worldpopulationreview.com/countries/，查阅日期：2016年4月19日。

黑亮，仅胸前有一撮白毛。随从禀告王子这是狮子，王子便把这一无名小岛称为"新加坡普拉"，意思为狮子城，此名称一直沿用至今。

区位

新加坡是新加坡共和国的首都，位于太平洋与印度洋航运要道马六甲海峡的入口处，在马来半岛的南部，北隔柔佛海峡与马来西亚为邻，南隔新加坡海峡与印度尼西亚相望。

历史

被称为海人的马来人的后裔是最早定居新加坡的人种，最初主要从事捕鱼及种植。公元7—8世纪，海人建立一个含新加坡在内的"罗越国"，向印尼佛利王朝称臣。12世纪，"单马锡"古国在新加坡建立，后改名称为"新加坡拉"，意为"狮国"。15世纪，新加坡是马六甲帝国的一个组成部分。1824年，新加坡沦为英国殖民地，逐渐发展成为英国在亚洲的重要贸易港口及军事要塞。1942年，日本占领新加坡。1945年，日本投降后，英国重新恢复了对新加坡的统治。1959年，新加坡成立自治邦，实行内部自治。1963年，新加坡联合马来西亚、沙捞越与沙巴共同组成马来西亚联邦。1965年，新加坡退出马来西亚联邦，加入英联邦，现为英联邦成员国。

地理

新加坡地形平坦，海拔低，地表只有少量不高于166米的低矮小山丘，河流纵横，有克兰芝河和实里达河以及从城区中心流过的新加坡河。

新加坡被海洋环绕，属于热带雨林气候，无四季之分，年均气温约26.7℃，各月的平均气温均在25℃以上。各月之间温差小，最热与最冷月之间的平均气温相差不到2℃，新加坡气候受海洋影响极为明显，由于海洋的调节，新加坡极端最高气温很少能够超过35℃。新加坡无干季和雨季之分，不过不同月份的降水仍有区别。每年4—10月，多刮西南风，降雨多为阵雨、雷阵雨，持续时间短，强度也不是很大。而每年11月至次年3月，多刮东北风，此时降雨强度较大，雨量多于4—10月，有时也会出现瓢泼大雨，单日降雨量可达到大暴雨甚至特大暴雨的级别。

新加坡共划分为三个区，即中央区、内市区和外市区。

经济

新加坡属于经济发达国家，工业、服务业、外贸都展现出强劲的发展势头。工业方面，新加坡打造了裕廊工业园区，园区形成以石化、修造船、工程机械、一般制造业、物流等为主导产业的完整产业链。迄今新加坡已经成为世界第三大炼油中心，以及东南亚最大的修造船基地。另外，新加坡重点发展电子、电器及技术密集型产业。

服务业在新加坡经济中占比重很高。主要产业包括批发零售业（含贸易服务业）、交通与通信业、金融服务业、商务服务业、膳宿业及其他共六大门类。商务服务业、批发与零售业、交通与通信业、金融服务业是新加坡服务业的四大重点行业。

新加坡属外贸驱动型经济，外贸是新加坡经济的重要支柱之一。新加坡在对外贸易中除了加工出口外，还承担东盟国家的转口贸易。进出口的商品有加工石油产品、消费品、机器之零件及附件、数据处理机及零件、电信设备和药品等。主要贸易伙伴有马来西亚、泰国、中国（包含香港和台湾）、日本、韩同、美国、印尼等。

文化

新加坡文化呈现多元化色彩，无论族群、宗教还是语言。马来语、汉语、淡米尔语和英语都被列为新加坡的官方语言。

新加坡的节日文化也呈现多元化色彩。每个族群各自过着本族群的节日，如华人的春节、端午节，马来人的开斋节、宰牲节，印度人的屠妖节与踏火节等。同时还有一些全国共同的节日如国庆节、食品节、百鸟争鸣节。国庆节是每年的8月9日，要举行盛大的庆祝仪式，包括政府领导人致辞、阅兵式，还有文艺节目及焰火晚会。食品节是每年的4月14日，当天全新加坡的食品店都要推陈出新制作食品，并通过各种方式吸引顾客，新加坡人也纷纷上街购买心仪的食品。百鸟争鸣节在每年的7月，节日里，各种飞鸟转动歌喉，争奇斗艳，最后还要评出各种奖项。

新加坡高等教育比较发达，著名高校有新加坡国立大学、南洋理工大学和新加坡管理大学等。新加坡国立大学是首屈一指的世界级顶尖大学，其前身是 1905 年成立的海峡殖民地与马来亚联邦政府医学院。1980 年，新加坡大学与南洋大学合并，名称定为新加坡国立大学。

新加坡有 4 座国立博物馆：新加坡国家博物馆、亚洲文明博物馆、在皇后坊和旧道南学校的两个展馆、新加坡美术馆。国家博物馆是新加坡面积最大的博物馆，也是历史最悠久的博物馆，它建成于 1887 年，距今已有上百年的历史。国家博物馆采用大量先进而又丰富多彩的展览元素，如触摸显示屏、口述历史以及老电影展播等，全方位介绍新加坡的历史。此外，还有樟宜监狱博物馆，主要展示新加坡在二战中的历史。新加坡科技馆受新加坡教育部统辖，1977 年开始对外开放，是亚洲十大科技馆之一。

旅游

新加坡是世界十大旅游中心之一，旅游业成绩斐然。有名的景点为裕华园、鱼尾狮塑像、裕廊飞禽公园。裕华园位于裕廊河心，占地 13 公顷，糅合中国宋朝盛行的庭院与北京颐和园的特色，是典型的中国传统园林建筑风格。园中叠山傍水，百折千回，长廊、云塔、门楼、牌楼、拱桥、白舫等楼阁亭台布局匠心别具。鱼尾狮塑像一开始建在海滨公园桥边的鱼尾狮公园里，2002 年 9 月迁至福尔顿一号斜对面填海地的新居。狮头代表神话传说中的狮城新加坡，鱼尾巴象征古城单马锡，并示意新加坡最初是由一个小渔村发展而来的。鱼尾狮塑像是新加坡的标志和象征，占地 2500 平方米，是新加坡旅游的热点之一，每年有超过 100 万来自世界各地的游客专程来新加坡与鱼尾狮拍照留念。建于 1971 年的裕廊飞禽公园被赞为是东南亚地区最壮观的"鸟类天堂"，也是世界上为数不多的规模庞大的禽鸟公园之一。公园饲养着来自世界各地的 600 多种、8500 多只鸟，游客既可以近距离观察鸟类的生活，还能观赏到精彩的鸟类表演。

新加坡的皮革制品、丝绸、中药、蜡染等特色产品深受游客喜爱。主要购物点集中在新加坡河北岸的乌节路、政府大厦与滨海广场周围以及史各士街一带。其中，乌节路是新加坡的高档购物区，史各士街则价位较低。在牛车水、小印度、亚拉街、荷兰村、武吉士一带则可以买到各种价格低廉、具有民族特色的衣饰。新达城购物中心是新加坡最大的购物中心，分为购物廊、热带、娱乐中心和户外喷泉4个主题区，建筑面积达83850平方米，在购物廊里可以看见许多著名服饰品牌和纪念品专卖店。

新加坡的美食颇具特色。因新加坡华人多来自福建和广东省，所以新加坡的中国菜以南方菜系为主，粤菜、福建面食、海南鸡饭等均为代表性饮食。比较知名的中国菜馆如香殿、咖川菜馆、长江上海饭店、松园等。马来菜主要集中在牛车水美食街、芽笼、纽顿小贩中心、老巴刹、加东，以及东海岸一带的海堡。马来食物里常加上椰汁、香料等，比较典型的如马来面食、沙嗲、罗杂等。另外还有融中国菜与马来菜于一体的娘惹菜。

新加坡的酒店业非常发达，类型多样，既有豪华的高档宾馆和度假村，又有条件舒适的家庭旅馆和青年旅店，可满足不同层次游客的住宿需求。其中，著名的莱佛士大酒店和良木园大酒店均建于19世纪末到20世纪初，其殖民地式的西洋式外观已使它们成为新加坡的观光名胜。在新加坡还有许多经济型旅馆，包括旅舍、基督教青年会旅馆、高级公寓等，多集中于明古连街、牛车水、小印度周围，也有数量很少的中国式旅馆。

新加坡的航空事业高度发达，国际航空客运周转量为世界第五位，仅次于美、英、法、日。新加坡本岛公路设施完善，10多条高速公路贯穿全岛。市内交通方面，新加坡公共交通也非常发达，有多条地铁线路，公共汽车路线多达上百条。

文　莱

　　文莱（Brunei），全称文莱达鲁萨兰国，又名文莱伊斯兰教君主国。国名是由民族名称和伊斯兰宗教语词合并而成。中国古籍中称文莱为"婆利""渤泥国""婆罗乃""文莱国"等。文莱地处亚洲东南部、世界第三大岛加里曼丹岛西北部，位于赤道以北约443千米。国境北面濒临南中国海，与南沙群岛邻近，东、南、西三面与马来西亚的沙捞越州交界，并被沙捞越州的林梦分隔为不相连的东西两部分。文莱国土总面积约5765平方千米。人口数量428874（2016年）[①]，是东南亚人口最少的国家。文莱的行政区划只设区、乡和村三级。全国划分为4个区：文莱—穆阿拉、马来奕、都东、淡布隆。首都是斯里巴加湾。主要城市有斯里巴加湾、马来奕、文莱摩拉等。

斯里巴加湾

地名由来

　　斯里巴加湾，英文全称为Bandar Seri Begawan，原名为文莱，中国古代称其为万年港，1970年10月4日改为现名。现名是词组型地名，Bandar是"港

---

① http://worldpopulationreview.com/countries/，查阅日期：2016年3月10日。

口""城市"之意，Seri 是"陛下"之意，Bagawan 是"尊贵""尊崇"之意，地名的完整意思是"尊贵的陛下之港"。主要是为了纪念前任苏丹奥玛尔·阿里·赛福鼎。

区位

斯里巴加湾是文莱首都，位于婆罗洲北部，文莱湾西南岸，距文莱河入海口 14.48 千米，是文莱的政治、经济和文化中心。

历史

斯里巴加湾的历史可以追溯至公元 7 世纪。最初这一区域只是沼泽地，马来人率先赴此地定居，通过文莱河进行贸易以及从事捕鱼和其他海洋活动，逐渐形成了数十个水上村庄。最早水村的房屋建筑在漂浮于水面的木筏上，许多房子排列在一起便形成了村落。到 16 世纪，这里形成一个固定的聚居区，并以手工业著称。1888 年，这里沦为英国殖民地。1906 年起，英国殖民当局鼓励居民迁移至文莱河左岸开垦的陆地之上定居，斯里巴加湾开启了以陆地为基础的城市中心的发展步伐。1920 年，斯里巴加湾正式宣告成为文莱的首都并开始确定城市的边界，同时在陆地上兴建新的清真寺和王宫。到 20 世纪 20 年代末期，随着此区域石油的发现，斯里巴加湾开始加快城市化步伐，所有的政府机构、大量的商店以及许多私人住宅开始在新城区兴建。二战时期，斯里巴加湾受日军破坏严重。1984 年，文莱独立。随着文莱经济的发展，斯里巴加湾发展日新月异，其区域越扩越大，其边界也变动过多次。

地理

斯里巴加湾靠近赤道，位于文莱湾西南角的滨海平原，背山面海。面积 15.8 平方千米，人口数量为 6.4 万（2015 年）。[①]

斯里巴加湾的气候属典型的热带雨林气候，白天光照充足，非常炎热，晚上有海风的吹拂，则比较凉爽。一年到头都是炎热的夏天，月平均最高气

---

① http://worldpopulationreview.com/countries/brunei-population/major-cities-in-brunei/，查阅日期：2016年2月25日。

温都在 30℃以上，各月平均气温也都在 26℃以上。1 月平均气温最低，也达到约 26.3℃。终年多雨，年均降水量约 2900 毫米，无明显的旱季。每年 10 月至次年 1 月降雨最多，每月降雨量均超过 300 毫米。传统上斯里巴加湾分为旧城区和新城区两部分。旧城区即"水上乡村"，依文莱河两岸而建。新城区即在陆地兴建的现代化城区。目前，市区被文莱河和开达洋河分为 4 个部分：市中心、水上村庄、商城区和家东区。市中心是斯里巴加湾最繁华的地带。范围大致是文莱河岸上东西向的白满茶路与麦克阿瑟路之间的区域。商城区在市中心西面，开达洋河对面的区域，商店林立，还有保龄球场和肯德基炸鸡店。家东区是在斯里巴加湾市中心与机场之间新开发的商业区，目前已经后来居上，成为商业、购物的龙头区域。

经济

斯里巴加湾的地下蕴藏丰富的石油与天然气，工业主要是石油、天然气、橡胶和木材加工等，另外还有一些造船，铜，银制品加工，服装等小型工业。但居民生活所需的食品、衣物等日常消费品依赖进口。

旅游业是文莱近年来除油气业外大力发展的又一产业。政府采取多项鼓励措施吸引海外游客赴文莱旅游。2013 年，入境文莱的旅客约 26.8 万人次。作为文莱首都，斯里巴加湾的旅游经济自然也深受其益。

文化

斯里巴加湾居民主要是马来人和华人，宗教信仰主要是伊斯兰教。所用语言主要是马来语、英语以及华语。

斯里巴加湾节日活动较多，根据日期固定与否，可分为两类。日期固定的节假日包括元旦（1 月 1 日）、国庆（2 月 23 日）、建军节（5 月 31 日）、苏丹生日（7 月 15 日）、圣诞节（12 月 25 日）。日期不固定的节假日有中国春节、先知穆罕默德诞辰日、穆斯林新年等。

斯里巴加湾是文莱的教育中心。市内著名的学校有创建于 1922 年的最大的华语学校——中华中学、建于 1956 年的文莱师范学校、1956 年成立的安德烈英文中学，以及文莱达鲁萨兰综合大学和文莱工艺学校等高等院校。

斯里巴加湾建有一些博物馆、纪念馆等文化设施。文莱国家博物馆，修建于 1963 年，反映文莱民族历史和文化的各种展品都陈列其中。英国前首相丘吉尔纪念馆，馆前塑有其塑像，馆内有专门介绍他生平的图书馆。位于斯里巴加湾市中心的苏丹纪念馆建成于 1992 年，纪念馆内有 2200 个房间，还有清真寺、直升机停机坪、3 千米的地下道以及有冷气的马房等。馆内所收集的无价皇家纪念品包括镶以宝石的王冠、华丽的传统御用战车、复制的登基大殿，二楼还展示着各国送给现任苏丹王的纪念品。

斯里巴加湾较为重视与国外城市的合作与交流，与中国的南京、朝鲜的平壤、古巴的哈瓦那建立了友好城市关系。

旅游

斯里巴加湾是一个历史悠久的海岛城市，丰富的历史遗产和文化信仰、独特的自然风景、富裕发达的居民生活构成了极富当地特色的旅游资源。斯里巴加湾有众多的旅游景点，如苏丹皇宫、水村、王室陈列馆、赛福鼎清真寺、苏丹陵墓、杰鲁东公园等。

文莱苏丹皇宫又叫努洛伊曼皇宫，是迄今为止全世界最大最豪华的皇宫。位于首都东路，1983 年兴建，建筑面积为 6 万平方米。皇宫内设有游泳池、网球场、马球场、直升机停机坪和占地 300 英亩的御花园。皇宫由 4 幢内部相通的建筑物组成，有两个外表镀有 22K 黄金的巨大圆拱形屋顶，其他建筑围绕中心宫殿向四面辐射，宫殿内有 1700 多个装饰得金碧辉煌的厅室。

在斯里巴加湾的文莱河上，伫立着一排排人字形屋顶的高脚屋，这片面积达 2.6 平方千米的"平民水上屋"是世界上最古老的水上村落，有 500 年历史，水村是文莱传统居住文化的缩影，具有浓郁的伊斯兰风情，有"东方威尼斯"之称。当年，斯里巴加湾所在的冲积平原被原始森林包围，常有野兽虫蛇出没，为了生存，文莱人决定将房屋建在水上，水村由此诞生。如今水村依然留存着昔日的风貌，拥有居民约 3 万人。除了住家，还有学校、诊所、邮局、消防队、警察局及伊斯兰教堂。游人可进入水村居民家中感受他们的日常生活。水村外观简单，里面的各类设施却相当齐全，木屋内的家电也都十分现代，俨然就是一个有着传统外表和摩登内在的神奇村落。尽管这里已成为著名景点，但水村的居民依旧保持着自己的步调。

赛福鼎大清真寺位于 Yayasan 购物中心附近，是东南亚规模最大的伊斯兰寺院之一，伊斯兰风格与意大利风格融合，以纯白主体配搭炫目金顶，在阳光下熠熠生辉。它是斯里巴加湾的象征，是文莱的地标建筑。

斯里巴加湾的文币 YAYASAN 百货是全东南亚最大最豪华的购物中心之一。此外，还有苏丹哈志哈山纳柏嘉基金商业大厦、文莱河文莱艺术与手工训练中心等购物场所。文莱政府对街边商贩不收税，因而夜市是斯里巴加湾最热闹、最便宜和最有趣的逛街地方。

斯里巴加湾的饮食口味与马来西亚相似，但比马来西亚的马来菜口味偏重。主食是米饭和面食，特色小吃有沙爹、整只的烤鸡、烤鱼，热带水果有芒果和榴莲。

斯里巴加湾比较有名的酒店有中心点大酒店，皇冠公主大酒店、首都酒店等，设施先进，住宿费用也比较高。若想体验传说中的极奢文莱，六星级帝国酒店便是最好的去处。帝国酒店是世界上规模最大的度假村之一，位于斯里巴加湾的海岸线上，从机场驱车 40 分钟即可到达。华丽的套房、奢华的 21K 金装饰以及诸多价值连城的收藏品令酒店成为传奇。

斯里巴加湾交通便利。从斯里巴加湾到穆阿拉港的公路是全国的主干线，连接着都东、诗里亚、白拉奕等 5 个市镇，全长 135 千米。斯里巴加湾市郊的现代化国际机场落成于 1973 年，机场跑道长约 4000 米，是亚洲最长的商用机场跑道，可起降各种型号飞机。文莱皇家航空公司有 10 架客机，开辟了 18 条国际航线，2013 年客运量达 171 万人次。

东帝汶

东帝汶，意指"最东边的国家""日出的国度"，其全称为东帝汶民主共和国（Democratic Republic of Timor-Leste）。东帝汶是世界上最年轻的国家之一，它原是葡萄牙殖民地，后被印度尼亚西所占领，最终在国际社会的帮助下，于2002年5月20日正式宣布独立。该国位于东南亚的小巽他群岛（又名努沙登加拉群岛）的最东端，包括帝汶岛东部和西部北海岸的欧库西地区以及附近的阿陶罗岛和东端的雅库岛。西与印尼西帝汶相接，北部濒临翁拜海峡、威塔海峡和班达海，南隔帝汶海与澳大利亚相望。东帝汶国土面积1.49万平方千米，人口1211245人[1]。全国共设13个省：阿伊纳罗省、包考省、博博纳罗省、Cova-Lima、帝利省、埃尔梅拉省、劳滕省、利基卡省、马纳图托省、马努法伊省、欧库西省、维克克省。重要城市包括首都帝力和第二大城市包考。

---

[1] http：//worldpopulationreview.com/countries/，查阅日期：2016年4月10日。

帝 力

地名由来

帝力，英文名称为 Dili。地名由来不详。

区位

帝力位于东帝汶的北海岸，濒临班达海的翁拜海峡，三面临山，北濒海洋。北面隔海遥望阿陶罗岛，东和马纳图托为邻，西与李奎卡接壤，在其南方是雄伟的法荷山。

历史

1520 年，葡萄牙在帝力设立营地，进行殖民开拓。1596 年，帝力成为葡属帝汶首府。18 世纪后期，葡萄牙殖民者开始将统治中心从欧库西迁移至帝力。1864 年 1 月，葡萄牙殖民者正式宣布建市之后帝力就一直是东帝汶首府。第二次世界大战期间帝力被日本占领。日本战败投降后帝力重归葡萄牙管治。1975 年，东帝汶从葡萄牙独立出去，帝力升格成为首都。1976 年 7 月，印度尼西亚吞并东帝汶，东帝汶降为省级，帝力也相应降格成为东帝汶省的首府。在东帝汶寻求独立期间，独立武装组织与印尼军队不断爆发游击战，有数千市民被杀。直到 1999 年，东帝汶成功取得自治，受到联合国监管。2002 年 5 月 20 日，东帝汶重新独立，帝力再次恢复首都的地位。

地理

帝力海拔 12 米，所在的帝汶岛曾为澳大利亚大陆架的一部分，直到 400 万年前帝汶岛才浮出海面，主要由海底沉积物组成，其成分主要是石灰岩。贯通全岛的崎岖山峦是岛屿与北部的班达海沟冲撞的结果。沿海的平原地区非常狭长，没有高原与山谷，也没有大的河流。这种坚硬的石灰质土壤导致农业开发困难。

帝力地处热带，每月气温变化很小，不存在四季的变化。不同月份的降雨量差别比较大，可分为湿季和干季。每年 5—10 月，从澳大利亚吹来干冷的东南信风，东南信风在到达帝汶岛之前虽然经过帝汶海，不过由于海面较窄，所带水汽并不多，于是形成干季。每年 12 月到次年 3 月，则持续吹西北风，受西风影响，雨水较多，形成了湿季。

帝力地区所辖范围包括帝力市区、阿陶罗岛和市郊一些村庄。市区分为纳音费多、维拉克鲁兹、多姆阿勒克索、克里斯多勒依 4 个区，每个区又下设了 18 个社区，市郊分为 8 个乡。市区面积为 48.3 平方千米。人口为 252884 人。[①]

经济

帝力是全国的经济中心，全国 80% 以上的经济活动在此进行。经济以农牧业为主，主要农产品包括玉米、稻谷、薯类等，但生产出来的粮食无法自给。帝汶海有储量丰富的石油和天然气资源，附近有金、锰、铬、锡、铜等矿藏，矿业以油田和金矿为主。工业有印刷、肥皂制造、纺织业、咖啡加工业，手工艺有牙雕、木雕与草编。出口棉花、咖啡、大米、小麦、檀香木、羊毛、椰干与皮革等物品。

文化

帝力居民大部分为帝汶人和阿通人，也有少数葡萄牙人、欧亚混血人和阿拉伯人。通用语言为德顿语。居民多信奉拜物教、基督教，少数居民崇信伊斯兰教。

帝力比较重要的节庆活动带有较浓的政治色彩。独立日（11 月 28 日）纪念 1975 年 11 月 28 日东帝汶宣布独立；恢复独立日（5 月 20 日）纪念 2002 年联合国向东帝汶移交政权；独立公投日（8 月 30 日）纪念 1999 年在联合国的主持下就东帝汶独立问题举行全民公投。

东帝汶的中等和高等教育大都集中于首都帝力。帝力有圣约瑟夫高级中

---

① *Population and Housing Census 2015*：*Preliminary Results*，Government of Timor-Leste，2015.

学、帝力国际学校、帝力品质学校、马哈利卡国际学校，还有东帝汶最重要的高等学府——东帝汶国立大学等。

国际交流方面，帝力目前已与葡萄牙的科英布拉、菲律宾的马尼拉、中国的澳门、日本的冲绳、西班牙的巴塞罗那、巴西的圣保罗以及澳大利亚的悉尼、达尔文和堪培拉建立了友好城市关系。

旅游

帝力具有浓郁的热带风光，山、湖、泉、海滩较多，具有发展旅游业的潜力，但由于多年战乱及经济困境，帝力旅游业尚待开发。帝力海边风景区非常美丽。海边山头上的耶稣基督立像，是巴西里约热内卢海边可鲁克巴特山耶稣石像的再版。附近的海口，有东南亚最特别的海上奇观：清晨时，海面澄清如镜，人们可以在螃蟹船上透视水面下的鱼虾、海蜇、珊瑚和各种颜色的海藻，海水能见度可达 80 米深，海底的岩洞和小丘，都清晰可见，人们称其为"海中花园"。白色三层楼的天主教堂也是当地的重要景点。另外，帝力近郊有圣塔克鲁兹墓园，埋葬着被印尼军队残杀的东帝汶人遗骸，每当有重大庆典，许多民众会成群结队前来凭吊。

帝力无大型商业设施，仅有小型超市，能买到基本生活用品和食品，但物价昂贵。当地无屠宰场，亦无卫生检疫，因此无新鲜肉类食品出售，只有从澳大利亚和印尼等地运来的冷冻肉类。东帝汶的饮食与印尼、马来西亚等周边地区相似，主要食用鸡肉、鱼肉、羊肉，当然也少不了辣椒和咖喱。当地的水需要烧开才可以饮用。东帝汶最有名的是有机咖啡，几乎不喷农药而且全采用天然有机肥种植。帝力市内基础设施比较差，交通不太便利。很多道路仅能在旱季通车。但对外交通还比较方便，帝力国际机场有航线能够通往澳大利亚、印尼，东帝汶国内各主要城市间也有航班服务。帝力作为一座深水良港，海运比较发达，海轮出入便利。在陆路交通方面，帝力有公路向东可达东部的图图阿拉市，向西可通向西帝汶的古邦。

潘特·马加萨

地名由来

潘特·马加萨，也叫欧库西镇（市）。英文名称为 Pante Macassar。Pante Macassar 源于印尼语，Pante 意指"海滨"，Macassar 是对苏拉威岛西岛上居民的称呼，指的是印尼苏拉威西省的首府乌戎潘当，其旧称为马甲撒或望加锡，暗示此地与苏拉威西岛很早就有海上贸易往来。

区位

潘特·马加萨位于东帝汶首都帝力西南 152 千米，濒临翁贝海峡，是欧库西省的首府，也是欧库西省的政治、经济和文化中心。

历史

历史上，潘特·马加萨的居民从事农耕，这里曾是檀香木最大产地。1556 年，葡萄牙殖民者占领这一地区，在潘特·马加萨的郊区利弗设立殖民管理机构，这里成为葡萄牙在帝汶的首个殖民地。1942 年日本占领了整个东帝汶。二战后澳大利亚曾一度负责管理东帝汶，但葡萄牙旋即恢复对东帝汶的殖民统治，1951 年，葡萄牙将东帝汶改为葡海外省。1960 年，第 15 届联合国大会通过了第 1542 号决议，宣布东帝汶岛与附属地是非自治领土，由葡萄牙管理。1975 年葡萄牙政府答应东帝汶举行公民投票，实行民族自决。1975 年 11 月 29 日，印尼攻占潘特·马加萨所在的欧库西省，这里也是东帝汶最先被印尼占领的地区。1976 年印尼宣布东帝汶成为印尼第 27 个省。1999 年，受印尼支持的东帝汶民兵在欧库西制造骚乱，65 名支持独立者被杀害，超过 90% 的房子被焚毁。1999 年，东帝汶举行独立公投，欧库西地区重新回归东帝汶。

地理

潘特·马加萨地处印度尼西亚西帝汶境内，实际上是东帝汶的一块境外飞地，除了北部朝向萨武海的海岸线，其余地区均被印度尼西亚领土包围。潘特·马加萨多为山地，海岸线平直，长约30海里。平均海拔189米。属于热带雨林气候，高温多雨。2015年人口调查显示，欧库西总人口为12352人，[1]当地最大的族群为阿托尼人。

经济

连年战火对潘特·马加萨的经济造成极大伤害。目前经济主要是靠农业与林业。主要出口椰干、檀香木、蜂蜜和蜂蜡。

文化

潘特·马加萨族群较多，使用的语言种类也多。东帝汶的官方语言是葡萄牙语、德顿语，阿托尼人则讲一种叫白克诺的土语，而混杂了当地语言的印尼语应用最为广泛。居民主要信仰天主教。

旅游

潘特·马加萨有着优越的自然条件，三面环山，一面靠海，椰树成林，参天入云。人文景观方面，葡萄牙、印尼以及当地的文化相互交错，使其具备了开发旅游业的较好条件。

潘特·马加萨城区西边竖立着一座象征印度尼西亚各民族平等的人物塑像，东边则树立着代表葡萄牙文化的圣母玛利亚雕像，城区以南1.5千米左右的山顶上有一座法特伯堡垒，以西5千米处的利弗则是葡萄牙人在帝汶最早的定居之处，竖立着一块葡萄牙首次登陆纪念碑。海岸附近的珊瑚悬崖处是浮潜的极佳场所。此外，有着锡制屋顶的房子是潘特·马加萨民居独具的特色。

购物场所位于潘特·马加萨城区以南12千米左右的帕斯卡托诺集市，这

---

① *Population and Housing Census 2015*：*Preliminary Results*，Government of Timor-Leste，2015.

是一个露天集市，是当地最主要的农产品市场，欧库西省的居民在此进行农产品交易。另外，还有一家杂货店。城区有一家名称为莉莉的饭店，也是旅馆，整洁朴素。

欧库西交通不便，与外界交流主要靠水路，每周有两班从首都帝力开来的轮渡，第二天返回帝力，单程约十二三个小时。陆路交通则是转道印尼的西帝汶，必须要办理签证。

马尔代夫

马尔代夫（Maldives），全称马尔代夫共和国，被誉为"上帝抛撒到人间的项链""印度洋上人间最后的乐园"。关于国名，一说来自古印度梵文"malodheep"，意为"花环岛屿"。另一说意为"宫殿之国"。中国明朝时，称这里为"伏在水下的山脉"，意为流沙。马尔代夫是亚洲印度洋上的一个群岛国家，赤道通过南部环礁，南距英属查戈斯群岛 550 千米，北与印度的拉克代夫、米尼科伊和阿明迪维等岛屿相距 600 千米，东北与斯里兰卡相距 675 千米，北部与印度的米尼科伊岛相距约 113 千米。其南部的赤道海峡和一度半海峡为海上交通要道。国土总面积 9 万平方千米（含领海面积），陆地面积 298 平方千米，是亚洲最小的国家。人口数量 369811（2015 年）[1]，均为马尔代夫族。马尔代夫总共由 26 组天然礁石群组成，这些礁石群被分成 21 个行政区，包括 19 个行政环礁及马累和阿杜两个市。首都马累。

---

[1] http：//worldpopulationreview.com/countries/，查阅日期：2016年3月8日。

马 累

地名由来

马累，英文名称为 Male。据考证马尔代夫由来自于印度、锡兰（今斯里兰卡）、阿拉伯及东南亚的移民混合组成。在阿拉伯语中，"马累"是"宫殿"的意思。

区位

马累是马尔代夫的首都，是世界上最小的首都之一，总面积为 5.8 平方千米。马累位于马累岛东北部，东北隔海距离斯里兰卡约 670 千米。

历史

公元前 5 世纪，信仰佛教的南亚次大陆的雅利安人来到马累等地定居。公元 7 世纪以后，阿拉伯商人到马尔代夫群岛经商，该地逐渐成为印度洋商业活动的要塞。12 世纪伊斯兰教取代佛教成为国教。

1558 年，葡萄牙占领马累城，马尔代夫沦为葡萄牙的殖民地，由葡萄牙驻印度果阿的总督对马尔代夫进行兼管。1573 年，穆罕默德·博杜·塔库鲁法努率领人民摆脱葡萄牙殖民势力，成立马尔代夫苏丹国。1753 年，法国试图在马尔代夫驻军，被马累岛居民赶走。19 世纪 30 年代，英国控制了马尔代夫。1965 年 7 月 26 日，英国与马尔代夫签订协议，承认马尔代夫完全独立。

历史上从古代到中世纪，马累一直是马尔代夫统治王朝的所在地，是政治中心和国防要塞。独立后马累也是马尔代夫的首都。在 20 世纪 30 年代之前，马累城市化进程缓慢。20 世纪 30 年代以后，情况有所改观，出现了第一批银行、医院、学校。直到 20 世纪 70 年代起，随着马累旅游业的兴起，这座城市的发展才进入快车道。

地理

马累平均海拔 2.4 米,地形呈长方形,其中心沿岛屿的北部边缘向外延伸。离马累海滨大道 50 米远的海上,有珊瑚礁石砌成的防洪堤。

马累属于热带季风气候。全年大致可以分为干季和湿季,干季为 1—4 月,湿季为 5—12 月。马累气温全年一致,平均气温约为 30℃,年均降雨量是 1600 毫米左右。

马累下设亨维鲁、马法努、加罗鲁、马昌果里、维林吉里五个区。前四个区在马累本岛,第五区在与马累隔海相望的维林吉里岛屿。根据 2014 年统计,马累人口数量为 15.3 万。[①]

经济

马累经济主要以渔业、对外贸易、旅游业为主,城市的北部为港口和码头。马尔代夫在 1969 年宣布马累为开放港口,对外免征关税。码头区也是全市商业中心,马累则是马尔代夫群岛上的总商业区。另外,还有农业与手工业,如种植椰子、面包果与编织棕榈纤维席。

文化

马累全民笃信伊斯兰教,使用的语言主要为迪维希语。由于旅游业的发展,英语使用也较为广泛。

马累最大的节庆活动是每年 7 月 26 日的马尔代夫国庆日。每到国庆日,全城居民载歌载舞。另外,马累不少节日与伊斯兰教有关,如纪念穆罕默德诞辰的圣纪日(伊斯兰教历的第 3 个月的第 12 天),纪念穆罕默德从麦加旅行到耶路撒冷并在那里升天的升天节(伊斯兰教历的第 7 个月的第 27 天),向安拉献祭、赞美安拉的崇高与伟大的祭礼节(伊斯兰教历的第 12 个月的第 10 天到第 12 天)等。

位于马累的马尔代夫高等教育学院是马尔代夫国内唯一高等学校。该学

[①] http://www.fmprc.gov.cn/web/gjhdq_676201/gj_676203/yz_676205/1206_676692/1206x0_676694/,查阅日期:2016年5月11日。

校规模较小，招收学生数量有限，目前大部分学生高中毕业后仍须出国到斯里兰卡、印度、澳大利亚等国外高校接受高等教育。

马累比较重要的文化设施是国家博物馆和国家美术馆。国家博物馆设在市中心的苏丹公园内，是一座三层楼房，在改造之前曾是苏丹王的府邸。这里陈列着许多苏丹王朝时期的物品，如宝座、皇冠、古炮、刀枪武器等，还有一些诸如石刻、漆雕、木雕等之类的古老手工艺品，反映了马尔代夫悠久的文明。国家美术馆是马尔代夫唯一的美术展览馆，里面收集了大量马尔代夫过去和现在的艺术品，每两年举办一次马尔代夫当代艺术展。

旅游

马累绿树成荫，奇花异草随处可见；建埠日久，历史文化遗迹很多。旅游业十分发达。知名景点有 1656 年落成的古清真寺、1675 年修建的伊斯兰尖塔、可供凭吊古苏丹王朝的苏丹公园、伊斯兰教中心等。古清真寺庙的建筑材料取自于大海中的珊瑚，墙面装饰独特。圣殿内悬挂有各种木制灯笼，横梁上阿拉伯书法雕刻依稀可见。内壁和外墙都刻满了阿拉伯的装饰图案。清真寺周围还有一块墓地，埋葬着很多马尔代夫历史上的重要人物。伊斯兰教中心开放于1984年，是马累的地标性建筑。独立广场是首都马累的政治集会中心，位于马累北部海岸，里面悬挂着马尔代夫的旧旗。

马累有着各式各样的工艺品，木雕的鱼、椰壳做的船、艳丽的手绘画以及各式贝壳、漂亮的邮票是游客喜欢的纪念品。但马尔代夫规定珊瑚严禁出口，购买贝壳必须要去政府认可的商店购买，一般不讨价还价。马累是马尔代夫的购物中心，马尔代夫的商店基本上集中在马累，商店往往在早上 9 点或者 10 点开门，晚上 11 点关门。马吉迪大街是马累全市最长的街道，也是主要的购物街。昌达乃大街是购买当地手工制品、冲浪设备和轻便潜水设备以及旅游手册的地方。鱼市场则是全国各岛屿捕获渔产的拍卖集散地，每天近黄昏时叫卖吆喝声此起彼落。

马累盛产鱼、虾、蟹等海鲜，因而主要的食物是海产品。又因马尔代夫人均为穆斯林，他们吃的肉类是家禽与羊肉。正宗的马尔代夫菜肴是用刺激性芳香调味品调制的鱼、肉、蔬菜、米饭、红薯、芋头等食物，面包果、椰子、菠萝等热带水果则常年有供应。

　　马累的高档酒店不多，一般是以平房形式沿海而建，离开房间两三步便是洁白的沙滩和清澈见底的海，常有沙滩舞会、烧烤会等沙滩活动以及快艇、滑水和潜水等水上活动。另外，由于宗教的原因，在马累，不论是商店还是餐厅都看不到酒精类饮品。但是，位于马累国际机场所在地胡卢莱岛的胡卢莱岛酒店却能为给外国的旅客提供酒精类饮品。该酒店还设有游泳池、潜水服务处等，可以进行浮潜、跳伞、划独木舟等活动。故而其在马累是一家知名酒店。

　　由于马累岛小、区域狭窄，城市交通主要靠骑车与步行，汽车也很少。与国内其他地区联系的主要交通工具是船、快艇和水上飞机。马累有马尔代夫唯一的国际机场马累国际机场与外界沟通。

也　门

　　也门（Yemen），全称也门共和国。国名源自阿拉伯语，其意一说为"幸福"，一说为"右边"。也门位于亚洲西南部，阿拉伯半岛西南角，北与沙特阿拉伯接壤，东与阿曼为邻，西南隔亚丁湾与吉布提、索马里相望，西渡红海可达厄立特里亚，东南濒阿拉伯海，处于地中海与印度洋间的交通要冲，是连接欧、亚、非三大洲的枢纽地带。也门国土总面积为52.8万平方千米，人口数量27477600（2016年）[①]。也门共有21个省和1个直辖市。首都为萨那。主要城市包括萨那、亚丁、塔伊兹等。

萨　那

地名由来

　　萨那，英文名称为Sana'a，城市名称来历有多种说法。一说为埃塞俄比亚语，意思为"要塞"，因为萨那地理位置非常重要；另一说为阿拉伯语，在阿拉伯语中，"萨那"一词与"工艺"一词是同一个词根，有"工艺品"之意，因其为古代文化中心，手工业发达，居民擅长制作精美的手工艺品，故名。

---

① http：//worldpopulationreview.com/countries/，查阅日期：2016年4月20日。

区位

萨那是也门首都，位于阿拉伯半岛的西南端，处于穿越也门山脉的主要交通线上，为自印度洋经苏伊士运河抵达地中海的必经要道，隔红海及曼德海峡与非洲之角遥相呼应。

历史

萨那历史悠久，是阿拉伯半岛上最古老的城市之一。公元前10世纪，萨巴王朝建立，建都马里卜，萨那为行宫。之后萨那逐渐成为一个交通要塞以及重要贸易站。公元前6世纪，一度成为赫米叶尔王朝的首府。公元前1世纪在此地曾建造了著名的霍姆丹宫，高达100米。公元3世纪，城堡外的西南面又修建了古丹宫。萨那城逐步向东、西两个方向扩展。公元525—527年，埃塞俄比亚人占领萨那和也门高地，以防范基督徒的入侵。不久波斯人又赶走了埃塞俄比亚人并占领了这一区域。公元628年之后，伊斯兰势力逐渐控制阿拉伯半岛南部，萨那成为自利比亚至伊拉克之间的广大区域的伊斯兰教传播中心。公元630年，萨那城古丹宫的西侧建成三大清真寺。公元8—9世纪，巴格达的阿巴斯德在萨那北部又新建一座王宫。到16世纪奥斯曼帝国统治初期，在城北建起住宅区，城西建起清真寺，萨那城的规模日益扩大。

1918年，也门推翻土耳其人的统治获得独立，萨那成为首都。1948年，首都一度迁往塔伊兹。1962年，阿拉伯也门共和国成立，又重新将萨那定为首都。1990年5月22日，阿拉伯也门共和国与也门民主人民共和国合并，统一的也门共和国成立。萨那成为统一后的也门共和国首都。2014年9月17日，也门政府军与什叶派胡塞武装人员在首都萨那爆发激烈的武装冲突。2015年3月，萨那被胡塞武装人员占领，也门总统哈迪宣布将亚丁作为也门的临时首都。

地理

萨那是一座高原城市，平均海拔2200米。四周为连绵起伏的山脉，萨那就位于阿邦山和纳卡穆山之间的萨那盆地。东倚努古姆山，西靠厄巴尔山，群山环抱，土地肥沃。

　　萨那气候温和，光照充足，四季分明。夏天气温一般不超过30℃，冬季最低气温则可降至0℃左右，年均降雨量仅为250毫米左右。萨那一年有两个雨季，每年的3—4月是小雨季，7—8月为大雨季。由于萨那城内排水设施比较落后，雨季期常发生水灾。雨季过后则会长时间干旱无雨。

　　萨那市区分为新、老城区两部分。两城区之间由一个瓶颈状地带连接，形状如同葫芦。老城区面积很小，大约100公顷，多是历史遗留下来的古老建筑物，周围原来筑有5米高的厚城墙，坚固异常，目前仅剩余一小部分。新城区是自1962年也门革命后逐步兴建起来的。新城区由行政区与商业区两部分组成，到处可见宽阔平坦的柏油路和高耸入云的现代化大楼。据2016年统计，萨那人口数量为193.7万。[1]

经济

　　地处高山平原地区的萨那是也门土壤最肥沃、农牧业最发达地区，适合种植粮食、果树和经济作物。主要粮食作物是谷子、高粱、小麦、大麦、豆类、玉米等，主要经济作物是苜蓿、咖啡等，主要水果是葡萄、香蕉、落霜红，以及椰枣、桃、安石榴、杏等。

　　萨那是全国最大的工业城市。在也门独立之前，这里只有一些简陋的手工作坊。目前，这里拥有全国最大的纺织印染厂，另外还有发电厂、卷烟厂、塑料制品厂、印刷厂、兵工厂、食品加工厂和宝石加工厂等。

　　旅游业也是萨那的支柱性产业之一。萨那气候宜人，风景优美，素有"阿拉伯明珠""春城"之称，是一个闻名于世的旅游胜地。"途程虽远，必到萨那"这一说法在阿拉伯民族中广为流传。

文化

　　也门是阿拉伯语言和文化的发源地，萨那又被称为"也门之门"，是全国的文化中心。萨那居民大都信仰伊斯兰教，使用的语言主要为阿拉伯语。

　　萨那的节日活动较多，大致可分为公共节日与宗教民俗节日两大类。公

---

[1] http://worldpopulationreview.com/countries/yemen-population/major-cities-in-yemen/，查阅日期：2016年4月20日。

共节日包括公历新年（1 月 1 日）、国际妇女节（3 月 8 日）、国际劳动节（5 月 1 日）、统一日（5 月 22 日，南北也门在 1990 年 5 月 22 日宣布统一）、革新运动纪念日（6 月 13 日）、革命日（9 月 26 日，北也门在 1962 年 9 月 26 日推翻了王室，建立阿拉伯也门共和国）、国庆节（10 月 14 日，也门于 1918 年 10 月 14 日获得独立并建立王国）、革命日（11 月 30 日，南也门共和国于 1967 年 11 月 30 日成立，后于 1970 年 11 月 30 日改国名为也门民主人民共和国）；宗教民俗节日包括伊斯兰新年（伊斯兰教历 1 月 1 日）、阿舒拉日（忏悔日）、穆罕默德诞辰日（伊斯兰教历 3 月 12 日）、穆罕默德登霄日（伊斯兰教历 7 月 27 日）、开斋节（伊斯兰教历 10 月 1 日或者 2 日）、宰牲节（古尔邦节，伊斯兰教历 12 月 10 日）。

萨那歌曲是诗歌与也门传统音乐的完美结合，迄今已有 600 多年的历史。以往在典礼和一些仪式上经常演奏，表演者一般在乌德琴伴奏下进行独唱。但如今因听众渐趋减少而面临失传的危险。联合国教科文组织为保护这一独特的传统文化，与也门音乐遗产中心进行合作，开展了收录萨那歌曲的行动，目前已经收录歌曲近 300 首。

萨那的教育可分为宗教教育与普通教育两种。宗教教育的历史源远流长，学校往往设在清真寺里，讲学者一般为伊斯兰教学者，除了培养宗教人才，还培养行政官员与法官。普通教育中，萨那大学是也门的最高学府，建于 1970 年，是一所综合性大学，下设教育、法律、文学、经济、工程、科学、工商贸易、农业、医学等 9 个学院，1 个语言中心，在塔兹、哈贾、荷台达、依卜、扎马尔等地设立了 6 个分院。另外，萨那还有 30 多个中学和中等专业学校。

萨那国家博物馆建成于 1970 年，是也门最大的博物馆，于 1971 年 10 月 4 日对外正式开放。馆内收藏丰富的也门古王国文物、伊玛目时代文物、马里卜文物以及民间艺术展品。其他比较著名的博物馆还有军事博物馆、古迹博物馆、民间收藏博物馆（萨那阿莱菲厅）。

萨那重视与国外城市展开合作与交流，先后与法国的巴黎、塔吉克斯坦的杜尚别市等城市结为友好城市。

旅游

萨那的旅游资源丰富，有文化底蕴深厚的人文景观。萨那老城被誉为"天地交融地方的人类瑰宝""也门古典艺术的活标本"和"西亚的紫禁城"，现有100余座清真寺、12间公共浴室与十几处传统的广场、市场和花园，以及6000多座传统的土砖民用建筑，现存最早的土砖楼建造于11世纪。老城正南方有一座保存较好的古城门被命名为"也门之门"，既是萨那古城的正式城门，同时也是萨那保存得最完整的古迹之一。萨那古城还有建于2000多年前、被称为世界第一座摩天大楼的加姆达尼宫。呈正方形的宫殿共20层，高约100米，墙体分别用白、黑、黄、红四种颜色的大理石建造而成，宫殿顶部则用一块完整的透明白云母片构成。透过宫顶，可以看到天空中的星星、月亮、飞禽，宫殿的四角各雕有一只空腹狮子，口中含铃，风掠过时，狮子会发出吼声。大清真寺也被称作阿里·杰米·阿里·卡皮尔清真寺，坐落于老城市场内，是萨那的标志性建筑。整座老城，赏心悦目的褐色墙面及粉刷其上的白色、紧凑的塔楼式住宅，与威严的清真寺的尖塔及圆形穹顶相映生辉。

萨那是阿拉伯半岛南方北上朝圣的必经之地，在萨那的自由市场上，朝拜者络绎不绝，摊贩接踵摩肩，商品琳琅满目，诸如阿拉伯披风、金银饰品、珍珠宝石、腰刀及手工艺品让人目不暇接，具有典型的阿拉伯贸易风格。从老城南边的祖贝里大街进入也门之门，就进入集市。集市分为40余个不同的行会，各个行会会长监督本会各店铺与摊位的经营，集市设有若干市场，主要有金银首饰市场，谷物市场，香料市场，水管市场，银、铜器皿市场，锡、铁、木工市场，弯刀市场，织物市场，手工针织品市场，地毯市场，卡特市场，宗教书籍市场，以及现代家用电器市场等。各种编织秀美的腰带、手工绣花头巾、制作精美的手杖和也门特产的弯刀，琳琅满目。

萨那主食以面食为主，有"英吉拉"发面大饼、玉米饼与面包，也有米饭。副食为羊肉、鸭肉、牛肉、鸡肉等肉类，各种鱼、鱿鱼、虾等海鲜类以及蔬菜等。特色美味食品为烤全羊。

萨那的旅游酒店分为现代化酒店、传统饭店、一般旅店三种。现代化酒店由外资和合资建立，设施先进，服务标准，但价格昂贵。传统饭店的建筑具有本土风格，但基础设施比较有限。一般旅店规模较小，主要接待阿拉伯与当地游客。萨那五星级饭店有莫文皮克酒店、塔吉·沙巴酒店、喜来登饭店，四星级饭店有也门喜来登饭店、美居赛义德饭店、山姆城饭店、英格尔旅游饭店、哈达酒店、西部哈达饭店、撒哈拉饭店等。

也门的交通工具过去主要靠毛驴和骆驼，现在构建了以萨那为中心的公路交通网和萨那国际机场。公路和航班不仅通往全国的主要城市，与世界其他地区和国家的沟通往来也越来越便利，萨那国际机场与 20 个国家和地区通航，公路则北通沙特，南达阿曼。

亚 丁

地名由来

亚丁，英文名称为 Aden。关于亚丁地名由来，有多种说法。一说为"亚丁"一词是由苏美尔语"亚底诺"一词演变而来的，意为"广阔的草原"。一说是源于阿拉伯语词根"马鞍"，由于亚丁由两个火山构成的半岛组成，状似马鞍形。一说是在阿拉伯语中，亚丁的意思是"伊甸园"或"天国乐园"，是神话传说中亚当与夏娃居住的地方，也是挪亚制造方舟的地方，据说亚当的两个儿子该隐和亚伯死后也葬在此地。亚丁在中国古籍中被称为"阿丹"。

区位

亚丁位于阿拉伯半岛南端，亚丁湾北岸，西距曼德海峡约 160 千米，居亚、非、欧三大洲的海上交通要道，扼守红海与印度洋西部交通要冲，自海上丝绸之路时代开始就是东西贸易的中转点，战略地位极其重要。

历史

亚丁是也门的历史名城，已有 2000 多年的历史。历史上的亚丁城修建在沙姆桑山死火山口附近的克雷特区。最初，亚丁只是一个荒凉的渔村，公元前 24 年罗马帝国把亚丁据为要塞，之后逐渐发展成为一个重要的贸易中转站。15 世纪初期，中国航海家郑和率领船队曾先后三次抵达亚丁。16 世纪初期，葡萄牙殖民者曾两次围攻亚丁。1538 年，奥斯曼帝国吞并亚丁。1799 年，英国殖民者出兵攻占亚丁附近的曼德海峡与丕林岛。1802 年，英国在亚丁设立海船加煤站，1869 年，苏伊士运河通航后，凡是进出红海的船只均至此加煤加水、维修。1839 年，英国派遣远征军直接占领了亚丁，并将之作为扩张据点。1843 年，拉赫杰苏丹与英国签订"友好条约"，被迫承认英国对亚丁的控制，自此亚丁彻底沦为英国的殖民地。近代的亚丁港始建于 1888 年，1901 年，在亚丁和小亚丁两半岛所环抱的海湾内新亚丁港建成。1967 年 11 月 30 日，南也门宣布独立后，以亚丁为首都，并于 1970 年 11 月全面接管亚丁港。1990 年，南、北也门实现统一，萨那成为首都，但亚丁仍然是全国的经济重镇。2015 年 3 月，亚丁成为也门的临时首都。

地理

亚丁的土地由古代火山活动而形成，大量的熔岩流入海中形成天然良港。最早的亚丁位于现在亚丁半岛东部的克雷特区，"克雷特"原意为"火山口"。约在第三纪末期，因地壳运动形成了红海大断裂与亚丁湾大断裂，阿拉伯半岛便与非洲大陆分开，自此亚丁的地貌变化巨大，多山无林，沿海一些地区的山岩宛如为烈火所焚烧，光秃秃一片。亚丁湾湾口宽 6 千米，湾内展宽至 23 千米。北部海域 187 平方千米，深 9—12 米。

亚丁属热带沙漠气候，终年干热。每年 1 月最低气温为 16℃，7 月最高气温为 43.5℃。年均降水量仅为 25.4 毫米左右，有的年份滴雨不下，但相对湿度却高达 60%—80%。因雨水稀少，市民的饮用水与过往船舶的加水都来自于图班河谷拉赫季附近洪积扇地区的地下水。

亚丁地区红海中海洋生物丰富，其中数量最多、产量最高的当属绿毛龟。

亚丁目前主要由克雷特（老亚丁）、霍尔穆克萨尔、小亚丁和人民城等 7 个区组成。市区沿泰瓦希湾分布，海岸沙细滩浅，地处花岗石台地。港口三面环陆，东、西两侧被亚丁半岛与小亚丁半岛环抱，分内、外港。据 2016 年统计，亚丁人口数量为 55 万。①

---

① 　http：//worldpopulationreview.com/countries/aden-population/major-cities-in-yemen/，查阅日期：2016年4月20日。

经济

亚丁经济以港口贸易为主。亚丁港形似椭圆，港阔水深，可停泊远洋巨轮。因其距离中东产油区波斯湾很近，加之亚丁附近又有丰富的地下水，因而为船舶供油及供水提供了非常有利的条件，成为了世界著名港口之一。现在的亚丁成为印度洋和红海、地中海之间的主要转运港，是邻近的阿拉伯国家与东非国家之间最大的商品集散地之一。

亚丁是也门著名旅游城市。旅游业较为发达。

工业方面，殖民统治时期，亚丁工业基础极为薄弱，仅有为数不多的制造肥皂、皮革和工艺品的个体手工业作坊，所需工业品严重依赖进口。独立后，亚丁建起大型纺织印染厂、制造各种农牧业工具的农具五金厂、可供亚丁及其周围地区用电的曼苏拉发电厂，以及卷烟、木器、皮鞋、火柴、泊漆、服装、塑料制品、食品、牛奶等数十座工厂。小亚丁地区利用从波斯湾进口的原油，建立大型炼油厂，该炼油厂有两条输油管通向亚丁港的 16 个深水泊位，可直接向轮船输油。亚丁港已经成为世界最大加油港之一。近年来亚丁大力发展捕鱼业及其他日用消费品工业。

文化

亚丁居民多信奉伊斯兰教，官方语言为阿拉伯语，通用语言为英语。

在亚丁，国庆节（5 月 22 日）为国家法定的休假日。比较隆重的宗教节日如开斋节和古尔邦节，放假 4—5 天。每年伊斯兰教历法 7 月的第一个星期五是也门接受伊斯兰教纪念日，要举行隆重的纪念活动。

亚丁大学成立于 1975 年，由分别建于 1970 年的教育学院和 1972 年的纳赛尔农业学院合并扩建而成，教学用语为阿拉伯语和英语，目前设有教育、经济与管理、法律、医学、农业、工程等学院。

亚丁最著名的博物馆是亚丁国家博物馆，成立于 1967 年，原址在亚丁塔瓦赫区，1982 年该馆迁入克里特区十月宫，1987 年合并了亚丁习俗博物馆。博物馆藏有也门史前文物与伊斯兰文物。另外还有战争博物馆、民间收藏博物馆等。亚丁比较知名的图书馆是亚丁国家图书馆，1980 年建成开放。该图书馆原隶属于文化研究中心，后并入文化部。另外还有 1975 年成立的亚丁大学图书馆。

亚丁目前与中国的上海与非洲的吉布提结为友好城市。

旅游

亚丁的旅游资源丰富。克雷特区的沙姆桑山与小亚丁区的白立恪山两山对峙，海面过往的帆船与碧水蓝天交织在一起，景色如画，美不胜收。亚丁湾岸边的珊瑚是亚丁一景。海水退潮时有些地方有大片珊瑚露出水面，很是壮观。霍尔穆克萨尔区附近建有人工岛休养地，且新建不少别墅式的花园房舍。克雷特区的山上至今还保存着一座 11—13 世纪十字军东征时代的古代城堡。亚丁城内建有为数不少造型优美的清真寺和宣礼塔，最著名的是十大塔寺，即：先知清真寺、赛莫阿清真寺、津吉比里清真寺、吐贝清真寺、贝尔格尼清真寺、扎耶迪清真寺、杜里清真寺、苏格清真寺、伊本·巴苏里清真寺和亚丁清真寺大尖塔。其中亚丁清真寺大尖塔高约 52 米，建于公元 8 世纪，上端有金色圆顶，底部以大理石砌成，蔚为壮观。此外，还有亚丁大水坝，位于亚丁城南沙姆散山谷之间，由 50 个大小不等的水库组成，水坝均建于坚硬的岩石之上，建筑工艺高超，距今已有 2000 多年历史。

亚丁是海滨城市，比较有特色的工艺品是用贝壳、海龟制成的装饰品。饮食方面，亚丁人喜欢吃烤全羊和手抓饭。此外，海鲜很普遍，有代表性的菜肴为烤大龙虾，亚丁人请客吃饭经常点这一道菜。尽管亚丁湾盛产大海蟹，不过亚丁人一般不吃螃蟹和蛤蜊。亚丁的住宿较为方便。比较高档的酒店有五星级的金色郁金香饭店、喜来登饭店等以及四星级的美居饭店、"9·26"饭店等。

亚丁是也门的交通中心。有公路向北经拉赫季通往也门塔伊兹，东北经拜汉通往哈德拉毛西北部，沿海岸向东经阿赫瓦尔至穆卡拉后转向北伸入哈德拉毛谷地的泰里姆和胡德，向西通往曼德海峡附近。航空业非常便利，城北胡尔马克萨尔有大机场。

塔伊兹

地名由来

塔伊兹，英文名称为 Taiz。在阿拉伯语中"塔伊兹"为一命令式动词，意为"赞美吧"。据说在3000年前有一势力强大的部落首领击败周围诸多部落，在此地建立了王国，并且向被其征服的部落下命令，只要进城，必须赞美他的功德，该城由此而得名。另有一说，认为塔伊兹来源于一个比较有名的大城堡的名字。塔伊兹原名欧岱依奈，阿拉伯语的意思为"小小伊甸园"或者"小天堂"。

区位

塔伊兹地处也门共和国南部，向北距离首都萨那210千米，西南距离红海岸港口穆哈约80千米，东南距离亚丁151千米，是也门第三大城市。

历史

塔伊兹原为古城堡，建有高大坚固的城墙。拉苏里王朝的国王在1255年将塔伊兹定为该王朝的都城，并大兴土木，建造了胜利清真寺等。因为扼守通向穆哈的商业要道，塔伊兹长期以来都是商业贸易的中心。亚丁崛起后，塔伊兹的商业地位有所衰落。1948年，伊玛目艾哈迈德将塔伊兹定为陪都，即第二首都，为国王驻地，所有外国驻也门的使馆也都设于塔伊兹。1962年"9·26"革命后，也门共和国政权定首都于萨那，所有外国驻也门使馆才都迁往萨那。

20世纪70年代后，塔伊兹发展加快，现代化企业成长迅速，塔伊兹成为也门一座重要的工商业城市。2011年也门内乱以来，塔伊兹成为受战火袭扰最厉害的城市之一。

地理

塔伊兹位于苏卜尔山的山谷中间，海拔 1372 米，背靠大山，远离沙漠，隔山与红海相望，空气清新，在历史上素有"绿洲之城"的美誉。

塔伊兹为亚热带气候，雨量充沛，年平均气温约在 21℃—24℃。塔伊兹一般每年 3 月下旬开始降雨，到 4 月份进入雨季，全年降雨量约为 600 毫米。

塔伊兹城市分为旧城、新城两部分。旧城依山而立，城区范围非常狭窄，街道仅能通行一辆小汽车。新城区多为现代化高层建筑，而且建有环城盘山公路。据 2016 年统计，塔伊兹人口数量为 61.5 万。[①]

经济

塔伊兹地区土壤肥沃，雨水充分，同时又可以从萨比尔山引水灌溉，利于植物生长，因此农业发达。主要种植玉米、甘薯、高粱、小麦、大麦等粮食作物，以及咖啡、棉花、卡特等经济作物，并盛产鲜花以及多种亚热带水果。另外，园艺业也非常发达。

塔伊兹是也门重要的工业城市，建有现代化的糖果厂、铝制品厂。手工业有制革、棉织与珠宝等行业。全国最大的民族资本赛义德公司总部也设在塔伊兹。20 世纪 60 年代，在美国援助下该市建立了自来水系统，成为也门第一个饮用净化水的城市。

文化

塔伊兹居民多笃信伊斯兰教，使用的语言主要为阿拉伯语。

塔伊兹的节日活动多，其中 9 月 26 日的革命日尤为隆重，因为 9 月 26 日既是也门共和革命胜利的日子，也是也门的国庆日。每逢这一天，塔伊兹全城披上节日的盛装，沉浸在节日的氛围之中，带星的红、白、黑三色国旗四处飘扬。夜里，五颜六色的彩灯挂满各条街道。

塔伊兹城居民对妇女穿着打扮要求十分严格，成年女性外出时需戴面纱、

---

① http://worldpopulationreview.com/countries/yemen-population/major-cities-in-yemen/，查阅日期：2016年4月20日。

穿黑袍，否则被视为有违伊斯兰教教规。

长期以来，塔伊兹都是伊斯兰学术中心，也是也门伊斯兰教教学中心之一。城内设有伊斯兰教大学，另外设有塔伊兹大学以及一些农业学校。

塔伊兹有较多文化机构和文化中心、博物馆等，为整座城市增添了不少文化底蕴。如也门人权信息和培训中心、也门民族文化中心、也门文化和文艺阵线、民族博物馆等机构。

旅游

塔伊兹海拔不高，冬无严寒，夏无酷暑，是理想的疗养、休憩之地，也是也门较为著名的旅游城市。旅游业亦较为发达。

塔伊兹历史悠久，旅游资源以宗教旅游资源为主，清真寺与宣礼塔到处可见。清真寺的颜色通常是洁白的，城中的房子多是由褐色砖建造而成，两种颜色相间，典雅美丽。最著名的清真寺有三个，即阿沙菲耶清真寺、穆克塔比耶清真寺与穆德哈发清真寺。目前的阿沙菲耶清真寺是1376年重建的，由一个长方形的庭院与一个祈祷大厅组成。从外部看，在一个大中央穹丘的房顶旁边，环绕着8个小穹丘。清真寺内放置着两具也门旧王朝时的棺椁。另外，城市的东部还有一座建筑精美的萨拉赫宫殿。

塔伊兹的露天市场是购物的最佳场所，在这里可以选购塔伊兹生产的珠宝饰物、也门腰刀及带有也门特色风味的各种小吃。

塔伊兹的住宿较为便利，但目前没有五星级宾馆，最高档的是四星级的索非亚·赛义德饭店和索芙特饭店。

塔伊兹为也门南部交通枢纽，有公路向北通往萨那，向西通往木哈港，向南通往南也门的亚丁港，与也门全国各大省城都有公路相通。塔伊兹修建有国际机场，与海外的联系不断加强。

厄立特里亚

厄立特里亚（The State of Eritrea），位于东非及非洲之角最北部，西与苏丹接壤，南邻埃塞俄比亚，东南与吉布提相连，东北濒临红海，隔红海与沙特阿拉伯和也门相望，扼红海进出印度洋的门户，地理位置十分重要。国土面积12.4万平方千米，人口5351680人[1]。全国共有6个省，分别为南红海省、北红海省、安塞巴省、加什—巴尔卡省、南方省和中央省。首都为阿斯马拉。主要城市有阿斯马拉、门德费拉、巴伦图、克伦市、马萨瓦市等。

阿斯马拉

地名由来

阿斯马拉，英文名称为 Asmara。对于这一名称的由来，有两种说法。一是当地的提格里尼亚语，意思是"四个女人让他们团结起来"。据说，在公元前800年至公元前400年之间，有提格里尼亚、蒂格雷等4个部族在阿斯马拉地区活动，这些部族之间冲突不断。后来4个部族中的4位女人一起劝说4个部族放弃战争，联合起来，故名。一种说法是提格林雅语，是"丰收"的意思。

---

[1]　http://worldpopulationreview.com/countries/，查阅日期：2016年3月8日。

区位

阿斯马拉位于国境中部厄立特里亚高原，距埃塞俄比亚首都亚的斯亚贝巴 1070 千米。有公路和窄轨铁路与北部红海港口马萨瓦港相连。

历史

早在公元前 800 年至公元前 400 年，提格里尼亚族与蒂格雷族等 4 个部族就在这块区域活动。1889 年，意大利殖民者占领了阿斯马拉。1897 年后逐渐建成一座新兴城市。20 世纪初期，铁路修到阿斯马拉。1913—1915 年的地震使阿斯马拉城受到重创，修复过程中，意大利殖民者对阿斯马拉的建筑风格和结构进行了一些新的尝试，故其建筑带有浓郁的意大利色彩，被称为"小罗马"。二战以前，在阿斯马拉生活的意大利人一度超过了本地人。1941 年，意大利在北非战场失败，英国占领这一地区。1941—1952 年厄立特里亚由英国管辖。1952 年，英国退出这一地区。厄立特里亚成为埃塞俄比亚的一个省，阿斯马拉不再是首都，而成为厄立特里亚省首府。自 1961 年起，厄立特里亚开始了独立战争，1991 年最终脱离埃塞俄比亚独立建国，阿斯马拉被定为首都。

地理

阿斯马拉位于东非高原最北端，海拔达 2352 米。其东北角即是壁立千仞的断崖，阿斯马拉因而又有"云中之城"之称。

阿斯马拉属于非典型的热带草原气候。由于海拔高，阿斯马拉不像同纬度其他地区那么炎热，而是四季凉爽。每年降雨量约为 500 毫米。7 月和 8 月是阿斯马拉地区短暂的雨季，全年约 60% 的降水集中在这两个月。而 12 月至次年 2 月通常是阿斯马拉地区最干燥的时期，这三个月的降雨量总和仅有 8 毫米左右。

阿斯马拉市下设 13 个区，即阿克利亚、阿布沙尔、厄达加哈穆斯、阿贝特阿斯马拉、麦特莫奈、帕拉迪索、塞姆贝尔、戈代夫、迈克尔凯特马、盖泽班达、泰拉瓦罗、盖泽瑞特、塞特塞罗特。

2015 年，阿斯马拉人口数量为 20.1 万。[①]居民中，提格里尼亚族最多，

---

① http://worldpopulationreview.com/countries/eritrea-population/major-cities-in-eritrea/，查阅日期：2016年2月25日。

其次是蒂格雷族。

经济

虽然阿斯马拉是厄立特里亚的工商业中心，但基础比较薄弱。工业有纺织、食品、钢铁、机器制造、化工日用品、皮革、水泥、卷烟等。附近有铜矿开采。阿斯马拉农牧产品贸易比较兴盛。因经济落后，阿斯马拉物资比较紧缺，市场上商品品种和数量极其有限，包括柴油、煤气、灯管这些日用品也经常断货。

文化

阿斯马拉集中了厄立特里亚全国多个民族，居民信仰的宗教主要是基督教、伊斯兰教、厄立特里亚传统宗教。居民主要讲提格雷尼亚语，另外还有阿拉伯语、英语等。

阿斯马拉的节日主要有厄立特里亚圣诞节（1月7日）、厄立特里亚显圣节、伊斯兰开斋节、国际妇女节（3月8日）、耶稣受难日、复活节、宰牲节、独立日（也叫解放日，5月24日）、烈士纪念日（6月20日）、先知穆罕默德诞辰日、厄立特里亚节（每年8月初，持续一周）、厄立特里亚独立斗争开战纪念日（9月1日）、厄立特里亚新年（9月11日）、钉死耶稣的十字架发现日（9月27日）等。

阿斯马拉是全国的教育中心。比较知名的高校有阿斯马拉大学、厄立特里亚技术学院、阿斯马拉宗教研究院。其中阿斯马拉大学是全国第一高校，创建于1958年。

文化设施方面，厄立特里亚国家博物馆位于阿斯马拉。国家博物馆免费对外开放，藏品展现了厄立特里亚人传统乡村生活面貌以及全国各个族群的文化。

旅游

"云中之城"阿斯马拉气候宜人，建筑精美，被誉为非洲最令人神往的城市之一。主要的旅游景点是殖民统治时期尤其是意大利统治时期留下的各式建筑。

　　格阿斯瓦拉大教堂建于 1922 年，其最为醒目的是哥特式钟塔，高达 52 米，是阿斯马拉最高的建筑，在塔楼上可以俯瞰整个阿斯马拉的风貌，从城市的任一地方都可以看到塔楼，被公认为阿斯马拉的地标，也被视为意大利本土以外最优秀的仑巴第—罗马—尼可风格的教堂建筑。另外，这座大教堂还兼做小学、修道院与女修道院。阿斯马拉皇宫为一金黄间以白色的传统建筑，金碧辉煌，原为意大利总督建造。其入口处上方是厄立特里亚的盾形纹章，宫门前至今还摆着两尊古老的意大利火炮及一些其他武器，作为侵略者的历史罪证。右边是一个有着小八角铃小城楼的小教堂，与呈八边形状的厄立特里亚教堂很相似。皇宫附近有过去皇帝对外接见和举行宴会的建筑。市内有以抵抗意大利侵略战争中著名英雄拉斯·戴维塔·达姆图的名字命名的大街，以及相隔甚近的建于 1922 年的罗马天主教教堂、建于 1937 年的大清真寺和属于科普特教派的圣玛丽教堂。

　　阿斯马拉的传统乐器别具特色，有"克拉尔"（一种五弦乐器）、"瓦塔"（一种独弦琴）、"因比尔塔"（一种乐笛）、"阿班加拉"（类似班卓琴的乐器）。特色产品还有当地生产的咖啡。购物的去处有厄立特里亚中心市场、梅德巴市场。

　　阿斯马拉饮食主要属于意大利菜系与基督教菜系。有代表性的特色菜为"英吉拉"，做法是用苔芙面发酵后进行煎制，然后加上肉类和蔬菜熬制而成。阿斯马拉的餐馆一般都供应意大利面、比萨饼和馅饼。阿斯马拉人喜欢喝咖啡与各种饮料，街头随处可见各种各样的酒吧与咖啡馆，尤其是市中心。酒吧和咖啡馆多数早上 7 点开始营业，晚上 9 点关门。

　　阿斯马拉的宾馆不太多，多集中于市中心。高档的有喀土穆中心酒店、阿斯马拉中心酒店，中档的有非洲公寓等。

　　阿斯马拉交通较为便利。阿斯马拉国际机场有航班可通往也门、埃塞俄比亚等国家的主要城市。铁路向东出米齐瓦港，向西连通阿科达特。从阿斯马拉往返其他城镇也有长途公交车，干线公路通埃塞俄比亚的首都亚的斯亚贝巴。市内公交系统比较发达，约有 20 路公共汽车且有固定车站，若非公交线路则需要和司机商价。出租司机一般早上 7 点上班，晚上 9 点下班。

斯洛文尼亚

斯洛文尼亚（Slovenia），国名源自其国内主要民族斯洛文尼亚族的名称，全称斯洛文尼亚共和国。位于阿尔卑斯山南麓，西邻意大利，西南临亚得里亚海，东部、南部邻克罗地亚，东北邻匈牙利，北邻奥地利。斯洛文尼亚国土面积为 20273 平方千米，人口为 2069362 人（2016 年）[①]。全国划分为 12 个一级行政区。首都为卢布尔雅那。有卢布尔雅那、马里博尔、采列、克拉尼、科佩尔等重要城市。

卢布尔雅那

地名由来

卢布尔雅那，英文名称为 Ljubijana，是斯洛文尼亚共和国的首都和最大城市，是斯洛文尼亚的文化、教育、经济、政治和行政中心。位于斯洛文尼亚中央的地理位置，为交通枢纽，工业集中，科研机构和文化传统等因素使之拥有主导性地位。卢布尔雅那在历史上有德语名字、意大利语名字和拉丁语名字，有学者认为卢布尔雅那这一名字源自从它旁边流过的河流卢布尔雅

---

① http：//worldpopulationreview.com/countries/，查阅日期：2016年6月6日。

尼察河，此河的名字源自一位面容俊美的斯洛文尼亚男子的名字，是德语与斯洛文尼亚语的混合。

区位

卢布尔雅那位于斯洛文尼亚的中央，卢布尔雅尼察河畔，在北亚得里亚海和多瑙河地区的中点上。

历史

公元前 2000 年，卢布尔雅那附近的卢布尔雅那沼泽地已有居民，在这里发现了史前居住地和世界上最古老的木轮。已知卢布尔雅那地区早期居民为伊利里亚人。公元前 4 世纪到公元前 3 世纪，凯尔特人来到这里，建立了诺里克公国，卢布尔雅那为公国的一部分。

公元前 50 年前后，卢布尔雅那被罗马军团占领，成为罗马的新拓居民区，罗马帝国在此建立艾摩那殖民地。公元 452 年，阿提拉率领匈奴人洗劫并摧毁艾摩那，后来又遭到东哥特人和伦巴第人的破坏。

到公元 6 世纪，斯拉夫民族的一支斯洛文尼亚人抵达此地，斯拉夫人开始占据主导地位。卢布尔雅那地区开始城市化进程，出现了集市、教堂等，修建了通往意大利的古罗马车道，这里成为进军多瑙河以南地区的要塞，以及中欧通往亚得里亚海和意大利的重要贸易通道。公元 9 世纪，斯洛文尼亚人沦为法兰克人统治下，同时受到匈牙利人的袭击。

12 世纪初期，卢布尔雅那这一名字出现在文献中。作为交通运输枢纽和战略要地，卢布尔雅那获得"卢布尔雅那门户"的称谓。这一时期城市修建了古城堡、修道院等建筑，古城堡成为当时政治中心。13 世纪前半叶，卢布尔雅那获得城市权利。1270 年年末，卢布尔雅那被波西米亚国王奥托卡二世占领，1278 年奥托卡战败后，卢布尔雅那成为哈布斯堡王朝的鲁道夫的财产。1335 年，卢布尔雅那成为克拉尼斯卡的首府。15 世纪，卢布尔雅那开始以艺术尤其是绘画和雕塑著称。16 世纪，卢布尔雅那第一所基础学校、公共图书馆、印刷厂开办，卢布尔雅那成为重要的教育中心。

1461 年，卢布尔雅那成为教区中心，16 世纪成为新教改革运动的中心。16 世纪末，耶稣会士到达，1606 年天主教传教士到达。耶稣会士促进了巴洛克音乐的发展，建立天主教学校。17世纪中期和下半叶，外国建筑师建筑、修复了众多修道院、教堂，引入了巴洛克风格。1702年，天主教乌尔苏拉会到达卢布尔雅那，第二年开办了斯洛文尼亚第一所女童学校。

1809—1813年，法国拿破仑军队占领卢布尔雅那，成立伊利里亚行省，卢布尔雅那为其首府。法国军队退出后，卢布尔雅那重属奥地利，1815年到1849年，卢布尔雅那为伊利里亚王国的行政中心。1849年，卢布尔雅那开通到维也纳的第一条铁路，1857年，铁路通往的里雅斯特。19世纪下半叶，经过与克拉根福的竞争，卢布尔雅那成为无可争议的斯洛文尼亚的文化中心。

1895年，一场大地震毁掉卢布尔雅那10%的建筑。1896年到1910年的重建称为"卢布尔雅那复兴"，建筑变化，市政改革，健康、教育和旅游业随之发展。

第一次世界大战后，1918年，奥匈帝国崩溃，卢布尔雅那成为塞尔维亚—克罗地亚—斯洛文尼亚王国内斯洛文尼亚的非正式首都，1929年，成为南斯拉夫王国德拉瓦河省的省会。

第二次世界大战期间，1941年4月，卢布尔雅那被意大利占领，成为地下反法西斯抵抗运动的主要中心之一，1942年2月23日，意大利占领军用30千米长的铁丝网将城市完全包围。1943年9月意大利投降，卢布尔雅那被纳粹德国占领，由德国人及其斯洛文尼亚合作者统治。1945年5月，斯洛文尼亚游击队解放卢布尔雅那。

二战结束后，卢布尔雅那成为南斯拉夫联邦斯洛文尼亚社会主义共和国的首府。1955年，南斯拉夫总统约瑟普·布罗兹·铁托授予卢布尔雅那市"英雄城市"的称号。1991年斯洛文尼亚独立，卢布尔雅那仍为首都。

地理

卢布尔雅那位于阿尔卑斯山脉和迪那拉山脉交汇处的卢布尔雅那盆地，卢布尔雅尼察河畔，群山环抱，城市平均海拔295米。市中心在卢布尔雅那河沿岸，海拔298米。城市最高点海拔676米。在城市东边附近，卢布尔雅尼察河、萨瓦河、卡姆尼克比斯特里察河共流，在卢布尔雅那最低的地方汇合。在卢布尔雅那之南，有斯洛文尼亚最大的沼泽卢布尔雅那沼泽地。

在历史上，卢布尔雅那经常受洪水破坏，南部、西部尤甚，最近一次洪水发生于 2010 年，卢布尔雅那沼泽的格鲁伯尔运河有效地减少了水灾。卢布尔雅那市内有两片主要水域，有珍稀植物和动物。

根据柯本气候分类，卢布尔雅那属于海洋性气候，临近湿润的亚热带气候带边缘，具有大陆性气候特征。夏季受到地中海气流影响，阳光充足，冬季不甚寒冷，可谓气候宜人。7—8 月最热，平均最高气温在 25℃—30℃，1 月最冷，大多时候气温在 0℃上下。全年降雨较均匀，年均降雨量约 1400 毫米，这使得卢布尔雅那成为欧洲最湿润的都城之一。5—9 月常有雷暴雨，每年 12 月到次年 2 月常有降雪。卢布尔雅那以多雾著称，主要在秋季和冬季。

卢布尔雅那城市面积约 164 平方千米。卢布尔雅那是世界上最早在市区街道上安装供暖设备的城市，冬天的街道上看不到冰雪痕迹。

经济

卢布尔雅那是斯洛文尼亚的经济中心，是斯洛文尼亚最大的工业城市，传统工业部门有金属、纺织、食品等。20 世纪，卢布尔雅那经济获得进一步发展，1900 年，第一个斯洛文尼亚银行卢布尔雅那信贷银行成立。第二次世界大战后，电子、化工、旅游等新兴产业迅速发展。近年来，电子、制药、旅游、金融、电信等占据主导地位，水轮发电机、纺织品、氧化铝、纸张、新闻纸、皮革制品、家用电器、化工品、药品等为主要工业品。卢布尔雅那是斯洛文尼亚商会、卢布尔雅那世界贸易中心、卢布尔雅那证券交易所的所在地。

文化

卢布尔雅那是斯洛文尼亚的文化中心，有最高学府卢布尔雅那大学和一系列高等学校，有斯洛文尼亚科学艺术院以及许多研究机构。这里有斯洛文尼亚国家和大学图书馆，到 2011 年，有 130 多万册藏书，8700 部手稿，大量的视频等多媒体资料。还有斯洛文尼亚第二大图书馆中央科技图书馆、城市图书馆等众多藏书和阅览机构。

卢布尔雅那有许多的美术馆和博物馆，许多全国性的音乐、绘画、戏剧、电影等团体，也是新闻出版、电台电视台等媒体的中心。每年卢布尔雅那有超过 1 万次文化活动，包括国际戏剧、音乐和艺术节。

卢布尔雅那的城市标志是卢布尔雅那龙，在卢布尔雅那城堡的塔顶、卢布尔雅那龙桥，象征力量、勇气和伟大。

旅游

卢布尔雅那拥有丰富的历史遗迹，2011 年卢布尔雅那成为联合国教科文组织指定的世界遗产。有许多文艺复兴式、巴洛克式、奥地利直线派风格的建筑。

卢布尔雅那建于 12 世纪，被美丽的森林环绕，高居市中心的小山丘之上，可俯瞰全城。城堡内有自流井、中世纪监狱、伊拉兹马斯塔楼、炮楼、大厅、宫殿、蓄水池、圣乔治教堂、博物馆、观光塔楼和五角塔楼等景观。在城堡的观光塔楼上可以俯瞰卢布尔雅那全景，夜景尤其美丽。每年在城堡内举办多种展览、音乐会、夏日狂欢节、圣诞新年焰火等。

卢布尔雅那有 1704 年建造的圣尼古拉教堂、1714 年建造的主教研习班教堂等著名宗教建筑。城市中心广场旁的市政厅建成于 1718 年，为文艺复兴式建筑。广场中间的巴洛克式的卡尼鄂拉喷泉建于 1751 年，该喷泉仿效罗马那瓦纳广场的四河喷泉，底座的三组雕像分别代表斯洛文尼亚的三条河流。斯洛文尼亚建筑师马克斯·法比亚尼设计的连接老城商业区和新城的飞龙桥建于 1901 年，与桥头的 4 尊铜铸飞龙都成为城市的标志。另一位著名建筑师约热·布莱契尼克的设计赋予这个城市以现代主义、新古典主义、直线派风格的新形象。新城内有国家博物馆、交响乐大楼、国家剧院等著名建筑物。

迷人的餐馆、咖啡馆、酒馆遍布卢布尔雅那，在这里可体验惬意的休闲时光。圣玛丽公园是徒步旅行区。

城市交通方便。公共汽车大多数线路每十到二十分钟发车一次，火车站、一些饭店和咖啡馆附近的小亭里提供自行车出租，信息咨询中心在一些时段里免费出借自行车。

卢布尔雅那自古为交通要道。有公共汽车途经布莱德开往波希涅河谷、皮兰、科佩尔、波斯托伊纳、马里博尔等地。卢布尔雅那火车站有火车有开往科佩尔、托拉尔、马里博尔、布莱德、新戈里察，也是斯洛文尼亚通往意大利、奥地利、巴尔干诸国的国际铁路枢纽。卢布尔雅那机场在城市西北 26

千米处，可飞往欧洲许多地方。

马里博尔

地名由来

马里博尔，英文名称为 Maribor，是斯洛文尼亚第二大城市，传统区域下施蒂里尔的最大城市，是斯洛文尼亚东北部经济、交通、文化教育和科学研究中心。Maribor 是斯洛文尼亚语名字，1836 年由一位斯洛文尼亚诗人创造。

区位

马里博尔位于斯洛文尼亚东北部，德拉瓦河与波霍列山的相交处，跨德拉瓦河南北，与奥地利相邻。

历史

石器时代马里博尔已有居民，罗马时代有罗马人的居民点。1164 年，一个德拉瓦河畔的古罗马兵营的城堡出现在文献中，城堡最初建在皮洛米得山上，就在城市的上面。1204 年，马里博尔第一次出现在文献中，是城堡附近的一个市场，在 1254 年，马里博尔获得城市权利。1278 年，哈布斯堡王朝的鲁道夫一世击败波希米亚的奥塔卡尔二世拥有马里博尔，马里博尔开始快速发展。在 15 世纪到 17 世纪，马里博尔曾遭遇过匈牙利、克罗地亚、奥斯曼土耳其的围攻。哈布斯堡王朝统治马里博尔直到 1918 年。

犹太人曾是马里博尔的重要居民，占据马里博尔市中心部分，到 15 世纪前半叶，犹太社区在马里博尔达到相当重要的地位，之后，犹太人受到抑制。

1900 年，马里博尔居民中多于 80% 属于奥地利日耳曼族，不到 20% 属于斯洛文尼亚族，日耳曼人控制绝大多数的城市资本和公共设施，但是城市周围地区的居民几乎全部是斯洛文尼亚人。

1918 年奥匈帝国崩溃后，马里博尔归属斯洛文尼亚，1919 年 9 月战胜国与奥地利缔结《圣日耳曼条约》，据此，马里博尔正式成为南斯拉夫王国的一部分。1918 年后，大多数日耳曼族居民离开马里博尔。

二战中，1941 年 4 月 6 日晚上 9 点，德军进驻马里博尔，4 月 26 日，希特勒访问了这里。在占领马里博尔后，德军将大批斯洛文尼亚人驱逐到克罗地亚独立国和塞尔维亚，又将他们迁往德国的集中营和劳改营。德军在马里博尔建有大量兵工厂，因此马里博尔遭到了盟军的轰炸。

1945 年马里博尔解放。二战后，马里博尔不设"铁幕"，向奥地利、意大利开放边界，马里博尔有效利用临近奥地利的优势和自己的劳动力资源，发展成为斯洛文尼亚北部的交通运输和文化教育中心。

1991 年斯洛文尼亚脱离南斯拉夫，失去南斯拉夫市场严重制约了城市经济。2004 年斯洛文尼亚加入欧盟，2007 年加入欧元区，并成为《申根协定》成员国。根据《申根协定》，在 2007 年圣诞节，斯洛文尼亚与奥地利边境的哨卡全部取消，边境完全开放。

在历史上，马里博尔在 1859 年以前属于格拉茨—塞考教区，1859 年 6 月 1 日开始成为拉万特教区的一部分，为拉万特大主教驻地。1962 年 3 月 5 日拉万特教区更名为马里博尔教区。2006 年 4 月 7 日，马里博尔教区被罗马教皇本笃十六世提升为大主教管区。

地理

德拉瓦河谷、德拉瓦平原、科济亚克和斯洛文尼亚山脉构成了马里博尔多样化的地形地貌。

按照柯本气候分类，马里博尔是湿润的大陆性气候，在海洋气候的边缘。冬季平均温度在 0℃上下。7 月最热，平均气温超过 20℃，这是形成马里博尔葡萄种植传统的一个重要原因，6 月份降雨最多，1 月份降雨量最少，年均降雨约 900 毫米，是斯洛文尼亚阳光最为充足的城市之一，全年平均约有 266 个阳光灿烂的日子。

马里博尔面积 147.5 平方千米，分 11 个区，德拉瓦河南北的区由四条公路桥、一条铁路桥、一座徒步桥相连。

经济

马里博尔是斯洛文尼亚的重要工业中心，汽车、农机、电机、化学、铝材、纺织、木材加工、制革、玻璃等，纺织、化学、食品加工业为主要工业部门。城市附近的德拉瓦河瀑布建有水电站。旅游也是马里博尔的重要产业。

文化

1975 年建成自己的马里博尔大学和大学图书馆，还有其他各种高等学院、研究所、剧院、档案馆等。

每年 6 月，举办持续两周的大斋节，有数百场的音乐、戏剧等活动，吸引了全世界的音乐家、舞蹈家以及大量游客，还有滑稽剧、魔术、杂技表演。

2000 年，马里博尔被命名为阿尔卑斯城市，2012 年马里博尔同葡萄牙的吉马良斯一起被选为欧洲文化之都，是 2013 年的欧洲青年之都，也是 2013 年世界大学生冬季运动会的主办城市。

旅游

马里博尔有许多历史建筑，在城墙包围的旧城内，著名的有法庭塔、水塔和犹太塔，13 世纪的哥特风格的马里博尔大教堂，14 世纪的马里博尔犹太教堂，这是欧洲第二古老的犹太教堂，现在做文化活动中心。其他著名中世纪建筑还有马里博尔城堡、皮罗米得山上的城堡等，还有文艺复兴风格的市政厅，巴洛克风格的瘟疫纪念柱。城市主要广场有 1743 年的巴洛克风格的雕塑，中间有高耸的白色石柱，石柱顶端是金黄色玛利亚雕像，后面有 6 尊塑像陪衬。

市中心有一直延伸到德拉瓦河畔的水上码头，被称为德拉瓦河上的威尼斯。保留着中世纪自由民的住宅，狭窄的街道以及各种文化娱乐活动，每年吸引大批游客。

马里博尔以葡萄酒著称。在位于沃亚什尼契卡街 8 号的小酒店前，生长着欧洲最古老的葡萄藤，现在每年还能制出 60 公升葡萄酒。

在德拉瓦河上的马里博尔岛上，有古老的公共浴室，是马里博尔重要的游客到访地之一。

马里博尔有两座山被葡萄园包围。皮罗米得山为城市的北部边境。11 世纪的马里博尔第一座城堡遗址和 19 世纪的小教堂在这里。皮罗米得山是马里博尔的观景地，可俯瞰马里博尔，眺望德瓦河以南的乡间。

马里博尔是一种名为葡萄树的舞蹈的发源地，有超过 400 年的历史。

马里博尔有许多文体活动。每年 1 月，位于城市郊外波霍列山脉山坡上的马里博尔波霍列滑雪中心举办阿尔卑斯滑雪世界杯、障碍赛和高山滑雪大回转的比赛。每年 6 月，持续两个星期的音乐艺术节，上百名音乐家、戏剧家和艺术家在这里登台表演。

马里博尔有火车站。马里博尔的爱德华·鲁斯耶国际机场是斯洛文尼亚第二大城和第二重要机场。

采 列

地名由来

采列，英文名称为 Celje，是斯洛文尼亚第三大城市，是传统上斯蒂利亚区的中心，今采列区政府所在地。罗马时代已有 Celeia 这个名字，最初的斯拉夫语名字是借用了通俗拉丁语的名字 Celeae，演变为今天的斯洛文尼亚语名字 Celje。

区位

采列位于斯洛文尼亚东部，在萨维尼亚河谷地，萨维尼亚河畔，西南距卢布尔雅那约 6 千米。

历史

早在新石器时代和青铜器时代已有居民在采列生活居住，主要是诺里克人。公元前 1 世纪末，采列并入罗马帝国。公元 45 年，在罗马皇帝克劳迪亚斯时期，采列获得市政权，城市富庶，人口稠密，有围墙和高塔，多层的大理石宫殿，宽阔的广场和街道，有通往阿奎莱亚的道路。采列很快变为繁荣的罗马殖民地。公元 320 年，在罗马皇帝君士坦丁时期，采列被并入阿奎利亚。

在公元 4 世纪到 8 世纪的移民时代，采列城于公元 5 世纪、6 世纪被斯拉夫部落破坏，但中世纪早期重建。1341 年到 1456 年，采列是采列伯爵居住地。14 世纪前半叶，采列获得市镇地位，1451 年获得自治权。

1456 年采列伯爵去世后，采列区域由奥地利哈布斯堡家族继承，由施蒂里尔公爵统治。1473 年，建起城墙和护城河，采列抵挡住了奥斯曼土耳其的进攻，以及 1515 年斯拉夫农民暴动。在拿破仑发动战争期间，采列成为哈布斯堡王朝的奥地利帝国的一部分。1867 年，奥地利在奥普战争中失败后，采列成为奥匈帝国的一部分。

1846 年，威尼斯到的里亚斯特的铁路经过采列，1895 年，建于 1808 年的采列中学开始用斯拉夫语授课。

19 世纪末 20 世纪初，采列是德国民族主义的中心，这影响到斯洛文尼亚。1910 年统计显示 66.8% 的人口是德国人，德国标志之一是德国文化中心于 1907 年建成就开放，现在为采列市政厅。随着城市人口的稳定增长，1896 年建成民族馆，现在是采列市长和城市委员会的办公地点。1902 年采列安装了第一条电话线，1913 年有了电力。

1918 年第一次世界大战结束，奥匈帝国瓦解，采列成为塞尔维亚—克罗地亚—斯洛文尼亚王国的一部分。采列开始快速工业化，人口也急速增长。

第二次世界大战期间，1941 年 4 月采列被纳粹德国占领，4 月 16 日盖世太保到达采列，3 天后希特勒到来。战争期间，为摧毁重要通信线和军事设施，采列遭到盟国轰炸。战争伤亡严重，战前采列人口 2 万，战争中失去了 500 多名 20 岁到 30 岁的年轻人，超过 1500 人被驱逐到塞尔维亚或进入德国，差不多 300 人被拘禁，1000 人被关进采列的监狱，许多市民被强制征兵，约 600 名儿童被带入纳粹德国，被德国化。

1991 年，采列成为独立的斯洛文尼亚的一部分。2006 年 4 月 7 日，采列成为新采列主教区的教廷所在地。

地理

采列位于萨尔维尼亚河由东向西、然后急转南流向萨瓦河的转折处，也是萨维尼亚河等数条河流的交汇处，是连接卢布尔雅那、马里博尔、韦莱涅、中部萨瓦河谷的道路交汇点。海拔 238 米，经常有小地震。

采列居民大多数属于斯洛文尼亚人，其次为塞尔维亚人、克罗地亚人、阿拉伯人，另外，还有少量的南斯拉夫人、阿尔巴尼亚人、马其顿人、黑山人、匈牙利人等。

经济

采列工业包括钢铁、锌冶炼、化学、冷藏设备制造、木材加工、纺织等，市郊有水电站，有褐煤矿开采。

文化

采列没有自己的大学，有高等教育单位，如马里博尔大学的后勤学院等。

旅游

采列有著名的玛尔斯寺院、古城墙和要塞等历史遗迹。13世纪，建在山坡上的古城堡大部分已毁，保留了2.5米宽的城墙，从这里可看到采列的美丽风景。还有建于13世纪的修道院。16世纪文艺复兴时期的公国会议厅紧靠着城墙，大厅的天花板上有文艺复兴风格的绘画。阿贝伊教堂是罗马式建筑，钟楼耸立在古老的市中心，许多房屋经过修缮保持着原有的风貌。萨尔维尼亚河堤是散步的理想场所。采列是铁路交会点。

克拉尼

地名由来

克拉尼，英文名称为 Kranj，是斯洛文尼亚的第四大城市，是戈雷尼斯卡地区的经济、贸易、文化和教育中心。克拉尼的斯洛文尼亚语、塞尔维亚—克罗地亚语名字为 Kranjska，在历史上又有德语、意大利语、匈牙利语名字，斯洛文尼亚语名字来源于斯拉夫语名字。

区位

克拉尼位于斯洛文尼亚西北部，首都卢布尔雅那西北 20 千米处，在萨瓦河上游的左岸。

历史

克拉尼在史前时期已有居民生存繁衍。公元 1 世纪时由古罗马人统治，古罗马人在萨瓦河和可卡拉河交汇处建立城镇。公元 6 世纪，在克拉尼这个位置有一个重要的日耳曼定居点。在哥特人之后，伦巴第人居住在这里，直到公元 580 年被入侵的斯拉夫人摧毁。

公元 6—7 世纪，斯洛文尼亚人的祖先斯拉夫人迁移至此，曾建立卡尔尼奥拉公国。公元 9 世纪成为法兰克帝国的边区省。公元 9—10 世纪的斯拉夫人的定居遗迹尚可追溯。11 世纪，作为克拉尼斯卡侯爵的居地，这里是领地内最重要的地方。12 世纪，克拉尼成为斯洛文尼亚的重要城市。13 世纪早期城市获得发展，一个法院的司法权扩大到拉多夫利察、卡姆尼克之间。1335 年，克拉尼由奥地利哈布斯堡王朝直接统治，国王将土地赐封给贵族，这一地区的土地为采列公爵所有，斯洛文尼亚整个西北部地区称为戈雷尼斯卡。1414 年，免除城市公民的通行费，1422 年，一条法律规定房子以石头建筑以防火灾。1423 年，建起一个教区学校，同年，克拉尼获得权力选出自己的法官。1471 年，在奥斯曼土耳其帝国攻击下变得荒芜。皇帝弗雷德里克三世允许克拉尼收取通行费，1493 年城市获准每年举办两次集市。至晚 15 世纪，城市设立了收容所。

16 世纪的农民暴动影响到克拉尼，占领克拉尼的轻骑兵对城市造成更大破坏，超过了半个世纪前奥斯曼土耳其入侵时所造成的破坏。1668 年，克拉尼的一半房屋毁于一场大火，1749 年，整个城市被焚毁。16 世纪中期，大多数市民转变为新教教徒。克拉尼的商人开办新教学校，斯拉夫语书籍从德国引入。

1863 年，斯洛文尼亚人阅读室建起，在 17 世纪、18 世纪画家的影响下，19 世纪艺术家工坊确立。1901 年，供水系统建成，1930 年为纺织工人开设的纺织学校诞生。

二战期间，克拉尼与北部斯洛维尼亚被纳粹德国占领。德国当局拆毁纺织厂，代之以飞机生产装备厂。

地理

克拉尼位于萨瓦河与科卡拉河交汇处，城市依山傍水，城市中心是保存完好的中世纪古城。克拉尼火车站连接从卢布尔雅那到慕尼黑、德国、奥地利的铁路。斯洛文尼亚国家机场卢布尔雅那机场临近克拉尼。

经济

在经济上，克拉尼的工艺在中世纪发展起来。沿萨瓦河和可卡拉河建起了磨坊，屠夫、皮革商、木材加工商和纺织工匠也纷纷来此经商置业。哈布斯堡王朝致力于垄断威尼斯与意大利的贸易，促成了经过克拉尼的贸易路线。

16世纪，克拉尼发展起驾驶服务，还出现了一些铁匠铺和两个沿萨瓦河的铸造厂。筛子输出到法国、比利时、德国和希腊。啤酒厂和皮革工厂发展。17世纪，克拉尼经济衰退，居民迁出，留下许多空房子，直到18世纪后半叶才再次复兴。

现在，克拉尼是一个重要的工业城市。中世纪的里纳铁厂推动了城市经济和贸易的发展。有电器和电子、汽车轮胎、纺织、制革、橡胶等工业，电器、橡胶加工业和商业贸易是主要的经济基础部门。

文化

1894年，克拉尼创建了第一所中学，现在有多所高等学院和中学以及地方博物馆、话剧院和其他文化机构。克拉尼以体育设施著名，包括足球场、篮球场，还有斯洛文尼亚的水上运动中心。每年的青年周节和克拉尼斯卡节非常受欢迎。

旅游

克拉尼市中心有保存完好的中世纪建筑。15世纪建造的圣堪茨扬教区教堂是戈雷尼斯卡地区最重要的哥特式建筑，内有珍贵的壁画。位于古老的集市广场的市政厅突出了多样性风格，有后哥特式的带有圆柱的门廊和门厅。

戈雷尼斯卡博物馆收藏了斯洛文尼亚雕塑家洛伊兹·多利那尔的作品。还有戈雷尼斯卡民俗展览馆。斯洛文尼亚伟大的民族诗人弗朗兹·布雷舍伦曾在克拉尼居住，后长眠于此，教区教堂广场上竖立着他的雕像，附近是他的故居，还有林木茂密的布雷舍伦公园。

科佩尔

地名由来

科佩尔，英文名称为 Koper，系斯洛文尼亚的港口城市。在漫长扰乱的历史上有许多名字。因为以运河与大陆分开，古希腊水手称之为"卡波迪斯特里亚"。这个城市的现代名字包括克罗地亚名字 Kopar，塞尔维亚语名字 Konap，德语名字 Gafers。

区位

位于斯洛文尼亚西南部，亚得里亚海岸，在的里雅斯特半岛西北的小岛上，以海堤与大陆相接。

历史

科佩尔的历史可追溯到古希腊和古罗马时代，曾先后是古希腊和古罗马的输出港，公元 6 世纪修建了防护城堡，形成了城市。居民以意大利人为主，公元 9 世纪斯拉夫人来此定居，但直到 20 世纪上半期，市中心的居民仍多为意大利人。

11 世纪受罗马帝国统治。13 世纪到 18 世纪属于威尼斯共和国，城市经济文化获得很大发展。13 世纪，阿奎莱亚家族占据城市，使之成为他们在伊斯特拉半岛的基地，重新命名为伊斯特里亚之都，它的意大利名字即来源于此。他们建起防御工事，建造了漂亮的房屋，包括天主教大教堂和宫殿。15、16 世纪是威尼斯共和国统治下的科佩尔的黄金时期，贸易增长，科佩尔成为伊斯特里亚的一个行政和司法中心。科佩尔垄断了奥地利甚为依赖的盐。18世纪初，西北20千米的的里雅思特成为自由港，科佩尔失去重要地位。

19世纪，科佩尔成为奥匈帝国主要港口的里雅斯特的一部分。两次世界大战期间，科佩尔被意大利控制，在科佩尔发动"意大利化运动"。第二次世界大战中意大利、德国失败后，有争议的亚得里亚海岸区域被分为两个区域。根据1954年《伦敦协定》，科佩尔属于南斯拉夫。

地理

科佩尔最初建在离海岸不远的小岛上，小岛与大陆之间的海峡窄浅，经过长期泥沙淤积，到19世纪，小岛与大陆连接起来，城市开始向大陆发展，新城部分建起了现代化的高楼群，与保持原有意大利建筑风格的老城形成明显对比。

经济

科佩尔为斯洛文尼亚的重要海港，是进出欧洲各类货物的核心集散地。除了为斯洛文尼亚提供港口服务外，奥地利、匈牙利的绝大部分海运货物都通过科佩尔港口登陆。科佩尔海港由11个高度专业化和高效率的装卸码头组成，包括装运和仓储，具备用于各种不同货物的装卸配套设备，主要装运货物极为广泛。科佩尔还有金属加工、汽车制造、化学工业、无线电、塑料、制盐等工业。

文化

称佩尔受典型欧洲罗马风格文化、艺术影响较深。普里莫尔斯卡大学坐落于科佩尔市，是斯洛文尼亚三所公立大学之一，下设教育、人文、管理、自然科学与信息技术、旅游、医学和设计等9个院所，可培养学士、硕士和博士等各层次专业人才。

旅游

科佩尔地处欧洲腹地，具有理想的地理位置，是从远东经苏伊士运河到中欧和东欧的最短的海上通道。

科佩尔有建于中世纪的教堂、钟楼和哥特式走廊。在老城，主要建筑物围绕在古城广场周围，有罗马时期的罗通达圆形建筑，古罗马执政官官邸布拉埃托里扬宫，城市的军港，阿尔梅里戈格那宫是科佩尔最宏伟的威尼斯哥特式建筑，保持了 15 世纪原有美丽的洛吉亚宫，停放圣纳扎鲁斯主教石棺的主教邸宅，贝尔格拉莫尼·塔茨科宫如今是地区博物馆。还有 1666 年完成的达崩特本泉。古城民居大部分是哥特式建筑。

克罗地亚

克罗地亚（Croatia），全称克罗地亚共和国，国名源于民族名。位于欧洲中南部，巴尔干半岛的西北部。北面与匈牙利接壤，东面与塞尔维亚相接，东南毗邻波黑及黑山，西北面临斯洛文尼亚，西南濒亚得里亚海，隔海与意大利相望。克罗地亚国土面积为 56594 平方千米，人口为 4225001 人[①]。全国由 20 个县、1 个直辖市（首都萨格勒布）组成。有萨格勒布、斯普利特、里耶卡、奥西耶克、扎达尔等重要城市。

萨格勒布

地名由来

萨格勒布，英文名称为 Zagreb，是克罗地亚的首都和最大城市，克罗地亚的政治、经济、文化中心。萨格勒布这个名字第一次出现于 1134 年的一份文件里，这份文件记录了大约在 1094 年萨格勒布教区建立，而名字的来源并不清晰，有多种起源说。克罗地亚语单词"zagrabit"的意思接近"去抓取"，这构成了一些传说的基础。其中一个克罗地亚传说讲述道：一个克罗地

---

① http://worldpopulationreview.com/countries/，查阅日期：2016年6月6日。

亚总督率领口渴的士兵穿越一片荒原，他挥剑前冲，而水流涌出，于是他命令士兵挖渠引流。一些学者认为萨格勒布居住地由此建立，其名字源于这一事件。另一个古老传说讲道：城市的统治者感到口渴，于是命令一个名叫曼达（Manda）的姑娘去从一个泉眼取水，他说的话就是"去取水，曼达"。另一个起源说认为，这个名字源于"在小山的远处"，这座小山可能就在苏瓦河边。

区位
萨格勒布位于克罗地亚的西北部，萨瓦河西岸，梅德韦德尼察山的南坡。

历史
公元 1—5 世纪，罗马人在萨格勒布附近建立定居点。公元 600 年斯拉夫民族在此定居。1094 年，匈牙利国王拉迪斯劳斯在征伐克罗地亚返回后，建立了一个主教教区。在主教的宗法裁决权之下，牧师的居住地——卡普陀在萨格勒布大教堂以北发展起来，同时有防御设施的居民点格里德卡在临近的山上建起来，后者就是今天的上萨格勒布，是克罗地亚保存最好的城市中心之一。

1242 年，两个居民点都遭到鞑靼人攻击，克罗地亚和匈牙利国王贝拉四世为感谢萨格勒布给予的庇护，授予萨格勒布"自由的皇家城市"，享有自治权。

因为经济、政治的原因，主教区与萨格勒布有密切联系，但并非一体，萨格勒布为政治中心，代表克罗地亚、斯洛文尼亚、达尔马提亚，1621 年，萨格勒布被选为克罗地亚王廷所在地。

在克罗地亚议会邀请下，耶稣会士在萨格勒布建起第一所语法学校、圣凯瑟琳教堂和修道院。1669 年，他们建起一所学院，教授哲学、神学和法律，是今天的萨格勒布大学的前身。17—18 世纪，萨格勒布遭受火灾和瘟疫破坏，1776 年，皇家政府迁到萨格勒布。

19 世纪，随着欧洲工业革命的发展，萨格勒布市逐渐从老城扩展出新城。作为奥匈帝国统治下的克罗地亚的首都，萨格勒布是南斯拉夫民族主义运动中心，许多重要的文化和历史机构在此成立。1850 年，萨格勒布的第一位市长上任，克罗地亚的民族英雄约瑟普·耶拉希奇将卡普陀和格里德卡两个城区连为一体，为纪念他，萨格勒布城市广场便以他的名字命名。1862年，第一条连接萨格里布的铁路开放，1863年，萨格里布建成煤气厂，1878年，萨格勒布自来水厂开始供水。

在1880年地震之后到第一次世界大战爆发前，萨格勒布发展兴旺，城市得到富有特征的规划，形成现在的布局。1891年，第一条马拉车轨建成使用。铁路建设将郊区融入城市，典型、规则的块状布局，胜过了中欧的城市。熙熙攘攘的市中心容纳了许多壮观的建筑、博物馆、公园、剧院和电影院。1907年，发电厂建成。

1918年，第一次世界大战结束，克罗地亚宣布与奥匈帝国断绝关系，建立塞尔维亚—克罗地亚—斯洛文尼亚王国。第二次世界大战期间，萨格勒布是轴心国统治下的克罗地亚首都。1945年，南斯拉夫游击队解放萨格勒布，萨格勒布为南斯拉夫加盟共和国克罗地亚的首府，是南斯拉夫第二大城市，最大的工业中心和文化中心。1991年，克罗地亚独立，萨格勒布为首都。

地理

萨格勒布位于梅德韦德尼察山南坡，境内有萨瓦河流过。萨格勒布分为17个区域，大多位于低于海平面的萨瓦河山谷，北部、西北部城区位于山脚下，城市地势多样化。

按照柯本气候分类，萨格勒布属于海洋气候，近于湿润的大陆性气候，夏季热，平均气温约30℃，冬季冷，平均气温约1℃，一年当中有十多天气温超过30℃。没有明显的干季，年均降水量约871毫米。

萨格勒布面积1291平方千米，由三部分组成：（1）由教堂、市政厅等古建筑组成的老城，也称上城区；（2）由广场、商业区、歌剧院组成的新区，又称下城区；（3）战后发展起来的现代化市区。市中心为耶拉希奇广场，在这里有许多政府机构、银行及商业办公中心。著名的伊利卡大街横穿耶拉希奇广场，是萨格勒布主要的商业街。

据2011年人口普查，萨格勒布人口近80万人，连同萨格勒布县总人口超过120万人，大部分属于克罗地亚人，其次是塞尔维亚人、波斯尼亚人、阿尔巴尼亚人、罗姆人、斯拉夫人，马其顿人、黑山人等。

经济

萨格勒布是中央政府和几乎所有政府部门的所在地，几乎所有最大公司、媒体和科学机构总部都设在这里。主要经济成分是高科技工业和服务部门，主要工业有石化、电力、医药、机械、电器和食品加工等。著名的大企业有伊纳石油公司、克电力公司、普利瓦制药公司和康查尔机电公司等。

文化

萨格勒布是博物馆之都，市内有各种各样的博物馆，其中历史最短的是失恋博物馆，该馆 2011 年赢得"欧洲最有创意博物馆奖"。

萨格勒布是克罗地亚最重要的文体、教育和科研中心之一。成立于 1669 年的萨格勒布大学是欧洲最古老的高等学府之一。克罗地亚教育发达，在历史上曾出现过三位诺贝尔奖获得者，著名的特斯拉线圈是由克罗地亚物理学家尼古拉·特斯拉发明的。钢笔和自动铅笔是由克罗地亚人爱德华·番卡拉发明的，英语中的"Pen"就是由他的名字而来，他一生中共申请 80 多项专利，涉及化学、机械、工程和航空各个领域。

萨格勒布有多种文化活动，在每个偶数年举办国际动画电影节，每个奇数年举办国际前卫音乐节。每年主办纪录影片电影节。每年 5 月底至 6 月初有萨格勒布交响乐和鲜花展。夏季在上城区有市内和室外戏剧表演和音乐会，等等。

旅游

萨格勒布是克罗地亚、西欧、地中海和东南部欧洲的重要交通枢纽，也可通往匈牙利、斯洛文尼亚等欧洲其他地方。早年发展起来的老式有轨电车是萨格勒布的主要交通工具。在伊利卡大街的中部，有一座老式铁缆车，将山上的老城与山下的新城连接在一起，乘坐缆车不到 1 分钟就可以抵达上城区。

萨格勒布是历史文化名城，是重要的旅游中心，每年将近有 100 万游客，主要来自奥地利、德国和意大利等国。

萨格勒布拥有丰富的旅游景观。建于公元 4 世纪的戴克里先宫的列柱廊、戴克里先陵墓、朱庇特庙、街道上的柱廊、克罗地亚早期的教堂、罗马式的房屋、安的里亚·不温纳的大门、尤拉·达马提亚的建筑作品全都保存完好。

　　萨格勒布古城门是老城仅存的一座城门，著名的洛特尔萨克塔与石门相对而望，上面放有一尊大炮，每到中午12点整，服务人员会鸣响大炮，这已成为萨勒格布的一个传统。

　　建于11世纪的萨格勒布大教堂、建于17世纪的耶拉契奇总督广场都是萨格勒布的象征。广场中央矗立着克罗地亚民族英雄约瑟夫·耶拉西奇的巨型雕塑，周围集中了许多18、19世纪的巴洛克建筑。萨格勒布还有马可·波罗故居等众多古迹。

　　萨格里布还有布里俄尼群岛国家公园、科纳提国家公园、麦得温尼采等名胜。布里俄尼群岛国家公园位于伊斯特拉半岛西岸，由两个大岛和12个小岛组成，有茂密的森林、古老的橡树、松柏大道和一棵1600年的橄榄树。布里俄尼群岛以繁茂的地中海植物和海洋植物、游猎公园、古罗马宫殿遗址和拜占庭时期军营遗址而闻名。还有罗马时代的罗斯卡别墅和鱼塘，罗马兵营，威尼斯时代的遗迹，奥匈时期的大碉堡等众多历史遗迹。

　　科纳提国家公园是地中海地区锯齿状最明显的群岛，有140个无人岛，岛上和海中有相当多的植物和动物。

　　麦得温尼采是萨格勒布附近的一座山，尽管接近市中心，仍保存了榉树林、杉树林、岩洞、瀑布和峡谷等名胜，麦得温尼采岛是萨格勒布居民度假最向往的去处。

　　萨格勒布有许多运动和娱乐中心。城市西南湖上的娱乐运动中心，有优良的砾石沙滩，世界一流的赛舟道，绕湖的慢跑小路，有饭馆、夜晚俱乐部和舞厅，可以进行游泳、日光浴、滑水、钓鱼和其他水上活动，以及沙滩排球、足球、篮球、手球、乒乓球和迷你高尔夫等运动。

斯普利特

地名由来

　　斯普利特，英文名称为Split，是克罗地亚的历史名城和第二大城市，斯普利特—达尔马提亚县的首府，达尔马提亚地区的第一大海港。斯普利特是以一种当地最常见的灌木名称命名的，在历史上有过希腊语、拉丁语、达尔马提亚语、南部斯拉夫语、威尼斯语名字，斯普利特现名来自南部斯拉夫语名字。

区位

斯普利特坐落在亚得里亚海东岸，位于达尔马提亚海岸的中心。斯普利特以戴克里先宫为中心，延伸到中央半岛及周围地区，城市区域还包括海岸边的许多小城镇。

历史

公元前 6 世纪，古希腊人在这里建立殖民地。公元前 3 世纪初期，罗马帝国征服这一地区，设立达尔马提亚省，萨洛纳为首府，斯普利特在萨洛纳附近。

公元 3 世纪，罗马皇帝戴克里先改革政体，建立四帝共治制，以便退休。公元 293 年，他开始在家乡萨洛纳附近建造防御性的宫殿，地点选择在萨洛纳城附近的港口，到公元 305 年宫殿建成。宫殿面向大海，以便居住者在必要时逃离。公元 476 年西罗马帝国灭亡，斯普利特成为东罗马帝国的一部分，为邻近的大城萨洛纳的卫星城。公元 493 年，萨洛纳与达尔马提亚大多数地方一起，被东哥特王国占领，直到公元 536 年，达尔马提亚重回东罗马帝国手中。

斯普利特作为一个重要城市的历史开始于公元 639 年，这一年，阿瓦尔人攻占并摧毁萨洛纳。当时达尔马提亚地区以及海岸居住着克罗地亚人，他们屈从于阿尔瓦可汗。在接下来的 10 年里，萨洛纳人只能居住在岛屿上临时房屋里，承受着缺少饮用水的痛苦。一位萨洛纳领袖劝说萨洛纳人返回陆地，他们没有选择回到已无法生存且距离斯拉夫人太近的萨洛纳，而是选择了戴克里先宫，戴克里先宫的防御设施和面向大海的地理位置阻挡了斯拉夫人的进攻。大约在公元 650 年，萨洛纳人占领戴克里先宫。克罗地亚人得知萨洛纳人占领了戴克里先宫，就毁掉他们自己的庄稼，将萨洛纳人围困在大门之内。这时拜占庭皇帝君士坦斯二世出面干预，同意萨洛纳人将戴克里先宫建为城市，即斯普利特。斯普利特代替萨洛纳城成为达尔马提亚公国的首府，由拉文那总督施行行政管理。公元 751 年，伦巴第人占领拉文那，拉文那长官逃到扎达尔港，达尔马提亚公国开始行使行政权，而沿海的市民享有特权，开始独立处理自己的事务。

在整个公元 9—10 世纪，亚得里亚海是克罗地亚与威尼斯共和国海上争夺战的场地，斯普利特不断地受到侵袭，因而斯普利特与威尼斯结盟以交换威尼斯和热那亚总督的保护。

1014 年，拜占庭皇帝巴西尔二世消灭第一保加利亚帝国，1019 年，拜占庭恢复对达尔马提亚的直接控制。1069 年，克罗地亚国王克雷希米尔四世占领包括斯普利特在内的达尔马提亚的岛屿和城市，1075 年，他的继任者兹沃尼米尔宣布斯普利特成为克罗地亚王国的一部分。1091 年，克罗地亚国王斯蒂芬二世去世，由于匈牙利的干扰，克罗地亚陷于一系列的危机，拜占庭皇帝阿历克斯趁机重新控制达尔马提亚。1096 年，当时正从事第一次十字军东征的阿历克斯将达尔马提亚的行政权授予威尼斯总督，斯普利特与特洛吉尔、扎达尔由威尼斯总督管辖。

1097 年，匈牙利王国征服达尔马提亚内地的克罗地亚王国，1102 年，在克罗地亚王廷所在地比奥格勒，匈牙利国王宣布自己为克罗地亚和达尔马提亚之王。在匈牙利尊重威尼斯对斯普利特和其他海滨城市统治权的前提下，威尼斯对匈牙利的行动保持中立态度。1105 年，匈牙利打破与威尼斯的默契，占领扎达尔，进军斯普利特。在匈牙利的承诺下，斯普利特获得自治权。1116 年，匈牙利国王去世，威尼斯总督重新统治达尔马提亚城市，1117 年，他败于匈牙利国王斯蒂芬二世，斯普利特再次属于匈牙利。1118 年，新总督击败匈牙利恢复威尼斯的统治。1124 年，威尼斯总督对抗拜占庭，斯蒂芬二世趁机恢复斯普利特统治权。1127 年，威尼斯总督再次驱逐匈牙利。1141 年，匈牙利国王出征波斯尼亚，途经斯普利特与特洛吉尔，两城自动归顺。1151 年，拜占庭皇帝开始反击匈牙利，斯普利特短暂回归拜占庭。到 1180 年，拜占庭皇帝曼纽尔一世去世，斯普利特重新归属匈牙利。

在这几个世纪里，虽然归属几经变化，但斯普利特处于实际的自治地位，1312 年发行自己的货币，建立自己的雕塑。

1420 年，由于西格斯蒙德国王与那不勒斯王国的安茹家族发生长达 20 年的匈牙利内战，那不勒斯战败，拉迪斯劳斯将自己在达尔马提亚的权力出售给威尼斯共和国，这使得斯普利特再次被威尼斯占领，自此威尼斯统治斯普利特直到 1797 年。在这 377 年里，城市人口以克罗地亚人为主，其次是意大利人。城市自治权减少，最高当权者为威尼斯出生的亲王。在这一时期，斯普利特发展为亚得里亚海边重要的港口，文化也繁荣起来。

1797 年，斯普利特被划分到拿破仑控制下的伊利里亚省，斯普利特建起新的街道，部分古老防御工事被拆掉。1813 年，奥地利占领斯普利特，斯普利特属于达尔马提亚王国管辖。

一战后奥匈帝国解体，达尔马提亚省与斯普利特一起成为南斯拉夫王国的一部分，斯普利特成为南斯拉夫最重要的港口以及巴诺维纳滨海省的首府。连接斯普利特与南斯拉夫王国其他地区的利卡铁路于 1925 年建成通车。

第二次世界大战期间，1941 年 4 月，纳粹德国入侵南斯拉夫，斯普利特被意大利军队占领，成为南斯拉夫反法西斯运动的一个中心。1944 年 10 月 26 日，斯普利特解放并成为克罗地亚的临时首都。二战结束后，斯普利特成为南斯拉夫的加盟共和国克罗地亚的一部分。1991 年克罗地亚独立，斯普利特属于克罗地亚。

地理

斯普利特位于东部卡什泰拉湾和斯普利特海峡之间的半岛上。在半岛西部有马里扬山，在北面和东北面有科济亚克山、莫索尔山将斯普利特与内陆分隔开来。

斯普利特属于不甚明显的湿润的亚热带气候和地中海气候。只有 1 月降雨不足 40 毫米，夏季炎热，干湿适度，冬季温和、多雨。年均降雨量超过 820 毫米。7 月最热，平均气温在 30℃左右，1 月最冷，平均气温 10℃左右，11 月最湿润，平均有近 12 天都在下雨，降水量接近 113 毫米，8 月最干燥，平均只有 5 天左右有降雨，平均降水量只有 43 毫米左右。雪在斯普利特也非常罕见，每年 12 月至次年 2 月一般只有一场雪。斯普利特年均阳光照射超过 2600 小时。

斯普利特是克罗地亚人口增长最快的城市。据 2011 年人口普查，斯普利特城市人口主要是克罗地亚人，主要信仰是罗马天主教。

经济

在南斯拉夫时期，斯普利特一度是南斯拉夫重要的经济中心，拥有现代化、多种类的工业产业和经济基础，包括造船、食品、化工、塑料、纺织、造纸等工业部门。布罗多斯普利特船厂是克罗地亚最大的造船厂，生产许多巴拿马型和非巴拿马型的油轮、集装箱船、运输船、挖泥船、离岸平台、客轮、潜艇、巡逻艇和游轮，其中80%是由国外客户预订。A1高速公路促进了斯普利特经济增长与投资增加，新的商业企业在市中心和郊区不断建立起来。

现在，斯普利特主要依赖于国际贸易和旅游业，食品、造纸、混凝土和化学等一些老企业复兴。从1998年起，一年一度的克罗地亚船舶展览会都在斯普利特举办，推动了造船业的复苏。

文化

斯普利特是克罗地亚的一个文化中心。威尼斯控制时期，斯普利特城市文化繁荣，诞生了大作家马尔科·马鲁利奇，他的著名史诗《朱迪塔》被认为是现代克罗地亚文学的基石。现代作家中，米连科·斯莫耶有著名的电视剧作品。斯普利特培养了几位著名电影演员，如鲍里斯·德沃尼克。

斯普利特拥有高水平的流行音乐，有著名的流行乐作曲家，如约西普·哈策、伊沃·蒂亚尔多维奇和兹登科·伦季奇，著名的朋克乐队即来自斯普利特。

斯普利特有夏季戏剧节，之后是在欧洲颇有影响的音乐节。

斯普利特人热爱体育，足球、篮球、网球、游泳、划船、帆船、水球、手球和田径都是流行的运动，有克罗地亚最著名的足球俱乐部海杜克。因为高度关注运动，斯普利特诞生了许多著名运动员和体育组织。如网球明星戈兰·伊万尼塞维奇、马里奥·安契奇，游泳运动员久尔吉察·别多夫、杜耶·德拉加尼亚、瓦尼亚·罗古利，著名女子跳高世界冠军布兰卡·弗拉希奇。RK纳达是巴尔干地区最成功的橄榄球俱乐部，曾11次夺得南斯拉夫全国冠军，克罗地亚独立后，14次夺得克罗地亚全国冠军。

斯普利特有1974年建立的斯普利特大学，有海洋生物研究所等。

斯普利特有多所博物馆和美术馆。斯普利特考古博物馆是克罗地亚最古老的博物馆，建于1820年，收藏极为丰富。还有克罗地亚考古与纪念碑研究博物馆、斯普利特城市博物馆、斯普利特民族博物馆、斯普利特航海博物馆、斯普利特自然博物馆和动物园、斯普利特美术馆、伊万·梅什特罗维奇美术馆，还有建于1893年的克罗地亚最古老的剧院之一的斯普利特国家大剧院。

1979年，斯普利特老城中心被联合国教科文组织列入世界遗产名录。

旅游

斯普利特是东南欧最著名的旅游目的地之一，是疗养和游览胜地。有萨洛纳古都、戴克里先宫、教堂等众多古迹，有众多的博物馆、美术馆等，有优美的海滩、山地等休闲胜地。

斯普利特是亚得里亚海东岸的交通枢纽。萨格勒布 - 斯普利特高速公路、A1 高速公路将斯普利特与克罗地亚其他高速公路网连接在一起，沿亚得里亚海岸线行进的公路经过斯普利特，城市内有高速公路和大道连接市区与周边地区。

斯普利特是克罗地亚铁路网的最南端，在斯普利特市中心，铁路通过两条隧道进入中央火车站，

位于卡什泰拉的斯普利特国际机场是克罗地亚第二大机场。斯普利特海港是地中海第三繁忙的港口，有通往里耶卡、杜布罗夫尼克和意大利的安科纳的渡轮，在夏季，还有通往其他意大利港口的渡轮。绝大多数中央达尔马提亚岛屿只能通过斯普利特港坐船到达。斯普利特也是乘船游览的目的地。

斯普利特有高速公路和人道连接市区与周边地区，公共汽车是市内最重要交通工具。自 2006 年 12 月初开始建设环城铁路网。

里耶卡

地名由来

里耶卡，英文名称为 Rijeka，是克罗地亚第三大城市和最大海港，是海山省的省会，戈尔斯基科塔尔地区的重要城市。Rijeka 是克罗地亚语名字，无论在克罗地亚语还是在斯洛文尼亚语、意大利语等语言中，城市的名字都是"河流"的意思。

区位

里耶卡位于克罗地亚西北部，在里耶卡湾的北岸，位于首都萨格勒布西

南 131 千米处。

历史

新石器时代里耶卡已有定居者。已知最早的居民是定居在丘陵间的塔尔萨提卡一带的凯尔特人，以及海滨部落利布尔尼人。在罗马皇帝奥古斯都时代，古罗马人重建塔尔萨提卡，使其变成罗马帝国达尔马提亚省的一个城市。从公元 5 世纪起，城市相继被东哥特人、拜占庭帝国、伦巴第人、阿瓦尔人统治。

自公元 7 世纪开始，克罗地亚人在这里定居，给予这个城市克罗地亚名字。当时，里耶卡是一个封建领主的要塞，有围墙防御。在城市中心有一个堡垒为制高点。公元 799 年，里耶卡遭到查理曼大帝法兰克军队的攻击，堡垒被摧毁，克罗地亚公国也附属于法国卡洛琳王朝。自大约公元 925 年开始，里耶卡为克罗地亚王国的一部分，从 1102 年起与匈牙利结盟，城堡和城市得到重建。1288 年，里耶卡市民立下了欧洲第一部法典。

1466 年，里耶卡被哈布斯堡皇帝弗雷德里奇三世购买，自此在哈布斯堡王朝霸权下度过 450 年之久，1805—1813 年间由法国短暂统治。1509 年，里耶卡遭到威尼斯攻击和洗劫，以及奥斯曼土耳其帝国的数次进攻。从 16 世纪起，里耶卡大部分重建，成为现在的文艺复兴风格和巴洛克风格。1719 年，哈布斯堡皇帝查尔斯六世同意里耶卡港为自由港，1725 年，贸易路线扩大到威尼斯。1779 年，在玛丽亚·特里莎皇帝的命令下，里耶卡附属于匈牙利王国，并指派当地的克罗地亚人为总督进行管理，成为匈牙利唯一的出海口。

从 1804 年起，里耶卡成为奥地利帝国的一部分，属于克罗地亚斯拉夫省。19 世纪早期，里耶卡是一个重要的海军基地，19 世纪中叶，成为奥匈帝国海军学院所在地。自 1870 年起里耶卡城市不断扩大，逐渐发展成为奥匈帝国最主要的港口，是奥匈帝国铁路网与国际贸易的重要连接点，现代化工商企业公司也在此纷纷成立。里耶卡生产的卷烟纸驰名远近，成为里耶卡的商标。

19 世纪后半叶和 20 世纪初期，里耶卡经济迅速发展，科技活跃。1882 年建成欧洲的第一个炼油厂，1866 年建成第一家鱼类加工厂。里耶卡也是高速摄影术的开拓中心，1886 年，在里耶卡海军学院工作的奥地利物理学家皮特·麦克斯拍下第一张子弹超音速飞行的照片。在匈牙利大量投资刺激下，里耶卡港获得惊人的发展，成为匈牙利和奥匈帝国东方的主要出海口，地中海的第五大港。在经济发展的同时，里耶卡居民成分也发生着变化，奥匈帝国各地的人们纷纷移居里耶卡，说意大利语的人远远超过说克罗地亚语的人，还有斯洛文尼亚人、德国人、捷克人、斯拉夫人、希腊人。

1918 年第一次世界大战结束后的几周里，奥匈帝国瓦解，导致克罗地亚—塞尔维亚人与意大利人的行政权之争。1920 年 11 月 12 日，意大利人与新建的塞尔维亚—克罗地亚—斯络文尼亚王国缔结条约，里耶卡成为自由港，双方共同管理。1921 年 1 月，意大利军队彻底占领里耶卡。1922 年 3 月，墨索里尼宣布里耶卡归属意大利。

第二次世界大战期间，1943 年意大利投降后，纳粹德军占领里耶卡达及周围地区，里耶卡遭到盟军猛烈轰炸。1945 年 5 月 3 日，南斯拉夫游击队解放里耶卡。1947 年 2 月 10 日，意大利与盟国的《巴黎和平条约》规定里耶卡归属南斯拉夫。

1991 年南斯拉夫分裂，里耶卡属于独立的克罗地亚。

地理

里耶卡湾属于亚得里亚海的较大海湾克瓦内尔湾的一部分，是亚得里亚海的出口，海岸犬牙交错，朝向欧洲大陆。里耶卡港是克罗地亚最大的海港，为深水良港，能容纳最大的航海船只。

距里耶卡海岸几千米的地方山地陡然升起，影响到里耶卡的气候和景观。里耶卡属于湿润的亚热带气候，夏季温暖，冬季相对温和多雨，降雪稀少，一般每年有 3 个降雪日。一年里平均有 22 天气温达 30℃ 或更高，很少有气温降到 0℃ 以下的天气。一年中平均有 4 天是大雾天气，主要出现在冬季。冬季盛行冷风。

里耶卡城市面积 44 平方千米，城市居民主要是克罗地亚人，其次是塞尔维亚人、意大利人等。

经济

里耶卡是造船和航运中心，经济主要依靠造船业和海运。除了造船，还有石油加工、造纸、汽车、柴油机制造等工业。有输油管通匈牙利、捷克等国。克罗地亚的一些著名大企业如五三船厂、维克托·莱纳茨船厂、伊纳炼油厂、里耶卡港等，都建在里耶卡。

文化

里耶卡拥有克罗地亚著名的建于 1675 年的"伊万·扎伊茨"国家大剧院。1632 年创建的里耶卡大学是克罗地亚最著名的大学之一，此外还有海洋航运等高等学校。

2016 年 3 月，里耶卡当选为 2020 年的欧洲文化之都。里耶卡有著名的国际文化活动。开始于 1982 年的里耶卡狂欢节在每年大斋节之前举行，是克罗地亚最大的狂欢节。狂欢节期间的慈善舞会在里耶卡宫殿举行。里耶卡还有儿童狂欢节，与里耶卡狂欢节一样在主大街举行，参加者是来自克罗地亚各地与其他国家的幼儿园和基础学校的孩子。

足球、水球、手球、篮球、女子排球等体育项目在里耶卡很盛行。

旅游

里耶卡有丰富的自然和人文景观。在南部的茨雷斯和克尔克岛可一览克瓦内尔湾的风景，西部的乌奇卡山与北部的科塔尔山脉以及向东的韦莱比特山使得整个城市拥有独特的风光。

在里耶卡典型的地中海环境中，整个夏天都可以享受城市的海滩。从冬季直到 5 月初，可享受阿尔卑斯山滑雪，滑雪胜地就在城外 10 千米左右的地方，从滑雪坡能看到克瓦内尔湾和它的岛屿。

里耶卡的整体景色像是美妙抽象的图画，一座座村镇依山傍水，红瓦房顶连成一片，教堂的塔尖矗立。高山雄伟，海水秀丽，众多的海岛阻挡住海浪的冲击，沿岸水面平静温和，显现出神奇的画面。

里耶卡有罗马时代和中世纪古迹，有鱼雷厂遗址，1866 年世界上第一枚鱼雷的测试道保存完好，还有特尔萨特的圣母圣地、里耶卡大教堂等。

里耶卡有高度发达的交通网通往克罗地亚各主要城市及邻近国家。A6 高速公路连接里耶卡与萨格勒布，A7 高速公路的一段连接斯洛文尼亚边境通往里耶卡的道路，里耶卡通过伊斯特拉 B8 和 B9 公路可以到达欧洲各大城市。里耶卡的铁路网与克罗地亚全国相连，是欧洲国际铁路网的重要组成部分，里耶卡与萨格勒布间的电气化铁路已全线开通，并延伸到科普里夫尼察和匈牙利边境，成为泛欧洲铁路网的重要组成部分。里耶卡与卢布尔雅那、的里雅斯特也有电气化铁路相连。里耶卡有火车直达维也纳、萨尔茨堡和慕尼黑。里耶卡机场在南部的克尔克岛上，从里耶卡去机场要通过跨海大桥。

奥西耶克

地名由来

奥西耶克，英文名称为 Osijek，是克罗地亚第四大城市，也是斯洛尼亚东部克罗地亚人区域的最大城市和经济、文化中心。城市因位于台地之上而得名。奥西耶克是克罗地亚语名字，在历史上还有匈牙利语、德语、拉丁语名字等。

区位

奥西耶克位于克罗地亚东部，德拉瓦河右畔，在德拉瓦河与多瑙河交汇处的上游 25 千米处，海拔 94 米。

历史

新石器时代奥西耶克已有居民。已知最早的居民是伊利里亚人，之后是入侵的凯尔特人。在潘诺尼亚占领之后，奥西耶克处于罗马第七军团的管辖和保护下。公元 131 年，罗马皇帝哈德良将奥西耶克升为殖民地，并给予特权。

文献最早提到奥西耶克是在 1196 年。在 1353 年到 1472 年之间，奥西耶克是封建家族的领地，后来转给另一个封建领主。

1526 年 8 月 8 日，奥斯曼土耳其帝国几乎彻底摧毁奥西耶克，后以东方风格重建。

1687 年 9 月 29 日，哈布斯堡王朝占领奥西耶克，土耳其人被驱逐，奥西耶克回归西方统治。1712 年、1715 年，奥地利当局在市中心建造了新的堡垒、外围的城墙等。1809 年，奥西耶克获得"自由皇家城市"的封号，在 19 世纪早期是克罗地亚最大的城市。19 世纪晚期到 20 世纪早期，奥西耶克是克罗地亚—斯洛沃尼亚王国的维罗维蒂察县的所在地。

二战后，克罗地亚日报《斯拉沃尼亚之声》搬到奥西耶克印刷，奥西耶克于 1947 年建起历史档案馆，1949 年建起图书馆，1950 年儿童剧院和美术馆开放。1958 年，一条现代铺设的道路将奥西耶克与克罗地亚首都萨格勒布以及前封建首都贝尔格莱德连接起来。

1959 年，奥西耶克开设第一个学院——经济学院，是萨格勒布经济学院的中心。随后相继开设起来一个农学院和一所哲学学院。1975 年建起法律学院，之后成为新建的奥西耶克大学的第一个系。

地理

据 2011 年人口普查，奥西耶克人口近 11 万人，主要为克罗地亚人，其次是塞尔维亚人、匈牙利人、阿尔巴尼亚人、波斯尼亚人和少量犹太人等。居民信仰罗马天主教、东仪天主教、东正教、伊斯兰教等宗教。

经济

奥西耶克有纺织、制革、农业机械和纺织机械制造、石油加工、木材加工等工业。有奥西耶克地区最大的化工厂，主要生产洗涤剂、肥皂、化妆品，是奥西耶克区域最大的出口厂家。奥西耶克附近的博罗沃有全国最大的制鞋厂。奥西耶克也是农、畜产品集散地，

奥西耶克优越的地理位置、著名的文化和历史遗产，尤其是巴洛克式的建筑，促进了当地旅游业的兴起。

文化

奥西耶克的文化机构有建于 1975 年的奥西耶克大学、克罗地亚国家剧院、建于 1877 年的斯洛沃尼亚博物馆、可追溯到 1735 年的印刷厂等。有几个体育馆，最古老的建于 1729 年。还有一所创办于 19 世纪的制图学校。

奥西耶克全年都有许多文化活动，最重要的是 5 月克罗地亚坦布拉琴音乐节。持续整个夏季的奥西耶克夏季之夜，有一系列的文化和娱乐项目向大众开放，更有美食和集市相伴。还有以文化和艺术展来庆祝的奥西耶克城市日。

丰富的娱乐活动和农艺使奥西耶克成为克罗地亚的美食之都。当地菜肴

包括传统的斯洛文尼亚风格的特殊品种，如香肠、火腿、咸肉、奶制品、鹿肉等。

德拉瓦河畔的娱乐和体育中心有泳池、沙滩等，在夏季可以开展各种水上运动。城市有足球场、手球场、篮球场、网球场等各种运动场。奥西耶克主办极限运动竞赛，包括滑板、滑轮、自行车越野赛等。

旅游

奥西耶克是河港、铁路、公路枢纽和航空站，可通往克罗地亚各地和世界其他地方。奥西耶克市内的有轨电车开始于 1884 年，一直服务到现在，除了萨格勒布，克罗地亚只有奥西耶克还拥有有轨电车交通。

因拥有巴洛克风格建筑、开放的空间和充足的娱乐条件，奥西耶克是热门的旅游目的地。城市的最重要景观包括主广场、18 世纪的巴洛克城堡、德拉瓦河畔的散步长廊等。圣彼得和保罗大教堂是哥特式建筑，有萨格勒布大教堂之外的克罗尼亚第二高塔，高 90 米。

奥西耶克的市政公园和托咪斯拉夫公园可追溯到 20 世纪初，是克罗地亚国家保护的地标。德拉瓦河沿岸有动物公园。在奥西耶克周围可以狩猎，有驰名克罗地业的狩猎区，德拉瓦河可供垂钓。

扎达尔

地名由来

扎达尔，英文名称为 Zadar，是克罗地亚的第五大城市，达尔马提亚地区的第二大城市，是扎达尔县和北达尔马提亚地区的行政中心，是东南欧的旅游胜地之一。在威尼斯共和国统治城市时期，城名从亚德拉（Jadera）变为扎拉。1920 年到 1947 年意大利统治时期，最终被命名为扎达尔。

区位

扎达尔是克罗地亚西部的港口城市，西临亚得里亚海。达尔城面对着乌格连岛和帕什曼岛，中间隔着狭窄的扎达尔海峡。

历史

在新石器时代，扎达尔地区已有大量定居者。在伊利里亚人之前，前印欧文化的地中海人在此居住，他们被公元前4000年到公元前2000年移民到这里的印欧人同化，形成了新的种族——利布尔尼亚人。

利布尔尼亚人是伟大航海家和商人，后来也以海盗著称。公元前7世纪，扎达尔成为他们与腓尼基人、伊楚利亚人、古希腊人和其他地中海人民进行贸易的中心。由于地理位置优越，扎达尔发展为利布尔尼亚人制海权的重地。

公元前2世纪中期，罗马人开始入侵扎达尔地区，利布尔尼亚人与伊利里亚人一起与罗马人进行了长达200多年的战争，以保卫他们的海上贸易路线。公元前59年，儒略·恺撒使伊利里亚成为罗马帝国的一个行省，利布尔尼亚人的亚德拉则成为行省下属的一个城市。公元前49年，儒略·恺撒与庞培之间发生战争，恺撒得到利布尔尼亚海军的支持，因此扎达尔获得罗马城市的地位，发展成为亚得里亚海东岸最繁荣的港口之一。公元3世纪末，扎达尔有了自己的基督教主教。

在公元441年和447年，扎达尔地区遭到阿提拉的匈奴骑兵的蹂躏。西罗马帝国灭亡后，扎达尔成为东哥特王国的一部分。

在东罗马帝国皇帝查士丁尼一世时期，公元553年，扎达尔再次被东罗马帝国占领。公元7世纪40年代，由于达尔马提亚的首府萨洛纳遭到阿尔瓦人入侵破坏，扎达尔代之成为东罗马帝国达尔马提亚行省的新首府，扎达尔优先享有司法裁判权，在东亚得里亚海岸享有中心城市的地位。

扎达尔居民的语言为达尔马提亚语，自公元7世纪开始，克罗地亚语在这一地区传播，到公元9世纪末，克罗地亚语在内陆和岛屿上占据主导地位，克罗地亚移民也涌向扎达尔。公元925年，克罗地亚达尔马提亚的托米斯拉夫公爵联合克罗地亚达尔马提亚和潘诺尼亚建立克罗地亚王国，扎达尔向克罗地亚王国进贡。

公元998年，扎达尔向威尼斯共和国寻求保护以对抗奈雷特瓦海盗，威尼斯舰队在击败海盗之后，占领达尔马提亚各城市，扎达尔转而向威尼斯进贡。

从11世纪30年代起，城市正式成为东罗马帝国的附属。扎达尔人寻求完全的独立，独立运动的领导人是有实力的扎达尔贵族马迪家族。在与东罗马帝国谈判之后，1069 年，克罗地亚国王佩塔尔·克雷希米尔四世正式将扎达尔纳入克罗地亚版图。由于王朝更替，1105 年扎达尔接受克罗地亚—匈牙利王国的统治。

此时，威尼斯共和国发展成为亚得里亚海的贸易强国，最终征服扎达尔。到 1358 年，扎达尔凭借《扎达尔条约》，回归克罗地亚—匈牙利王国。但是，在拉迪斯劳斯·安茹时期，克罗地亚—匈牙利王国发生血腥内战，1409 年，面临战败的拉迪斯劳斯将他对达尔马提亚的权力以区区 10 万达克特的低价卖给了威尼斯人。

中世纪的扎达尔人口以克罗地亚人为主。从 11 世纪到 14 世纪是扎达尔的黄金时代，扎达尔在东亚得里亚海岸的城市中拥有重要地位，经济、文化繁荣，1396 年建立的扎达尔大学是今天克罗地亚最古老的大学。扎达尔孕育了著名的文艺复兴艺术大师乔尔吉奥·达·塞贝尼科，以及著名艺术家卢西扬和弗拉尼奥·弗拉尼亚宁。

16 世纪到 17 世纪，扎达尔遭到奥斯曼土耳其帝国的攻击，在 16 世纪初，扎达尔的大陆被占领，而城市在坚守，并开始修建城堡、城墙、护城河等防御体系。在长达 40 年的建设之后，扎达尔成为达尔马提亚最大的防御城市。同时修建了许多新建筑，如城市蓄水池，位于广场的城市旅馆、警察局、兵营和大型的宫殿。

1797 年威尼斯共和国灭亡，扎达尔归属奥地利帝国统治，再次与克罗地亚其他地方联合起来。自 1806 年起，城市短暂归属法兰西第一帝国的傀儡意大利王国，直到 1809 年并入法兰西第一帝国的伊利里亚省。1813 年，所有达尔马提亚的土地重新进入奥地利帝国版图。扎达尔保持了作为达尔马提亚首府的地位。

1848 年后，意大利和斯拉夫民族主义出现，城市分为克罗地亚人和意大利人两部分，双方各自建立政党，都声称自己是城市的主体。随着奥匈帝国崩溃，1918 年 11 月 4 日，一支意大利军队占领城市，意大利派掌控了城市。1920 年 11 月 12 日的《拉帕洛条约》将扎达尔与其他当地的土地划给意大利，成为意大利的一个省。

1941 年 4 月，纳粹德国入侵南斯拉夫王国，南斯拉夫王国宣布投降，几乎所有的达尔马提亚地区由意大利统治。1944 年 10 月 31 日，南斯拉夫游击队占领扎达尔。根据《巴黎和平条约》，扎达尔成为南斯拉夫社会主义联邦共和国的一部分，城市顺利复苏并再度成为重要的地区性中心城市。1991 年，扎达尔成为克罗地亚的一部分。

地理

扎达尔旧城坐落在海角上，原来被一条深深的护城河与大陆分开，后来护城河被填塞，旧城与大陆得以相接。港口在城市东北部，是安全、宽阔的良港。

扎达尔属于地中海气候和不甚明显的湿润亚热带气候，冬季温和多雨，夏季非常潮热，年均降雨超过 917 毫米。7—8 月最热，平均最高气温 29℃—30℃。在春季和秋季，几乎每年都有几天气温高达 30℃。1 月最冷，平均气温约 7.7℃。10—11 月最潮湿，每月都有 100 多毫米的降水。7 月最干燥，平均降水约 35 毫米，一般说来冬季是最潮湿的季节。但是，扎达尔一年的每个时间都可能降雨。降雪极其罕见，12 月、1 月、2 月会有降雪，平均一年有 1.4 个降雪日。海水温度在 1 月是 10℃左右，7、8 月是 25℃左右，从 5 月到 10 月，都可游泳，有时 11 月也可以。

扎达尔城市总面积 194 平方千米，市政区域包括附近的 4 个村子和 7 个小岛，分为 21 个区。93% 的居民是克罗地亚族。扎达尔的行政管理区域包括附近的巴宾杜布、茨尔诺、科日诺和佩特尔查奈 4 个村庄以及伊斯特、伊日、莫拉特、奥利布、普雷穆达、拉瓦和锡尔巴 7 个岛屿，

经济

扎达尔主要产业包括旅游业、交通运输业、海上运输贸易业、农业、渔业加工和水产品养殖业、金属制造业和机械工程工业、化学和非金属工业以及银行业。扎达尔东北部有一处名为 Ravni Kotari 的农田，以欧洲酸樱桃的发源地闻名于世，扎达尔的蒸馏酒厂从 16 世纪就开始生产纯正的黑樱桃酒。

文化

在历史上，扎达尔与斯普利特、杜布罗夫尼克旧城一起，是克罗地亚文

化的一个中心。从 15 世纪到 16 世纪，扎达尔出现了以克罗地亚民族语言记录和创作的著名作家。19 世纪初法国统治时期，第一份达尔马提亚人的报纸在扎达尔出版，以意大利语和克罗地亚语两种语言印刷出版，是世界上第一份同时使用两种语言印刷的报纸。在 19 世纪下半叶，扎达尔成为达尔马提亚民族文化复兴运动的中心。

今天扎达尔文化机构包括克罗地亚大剧院、国家博物馆、考古博物馆、古代玻璃博物馆、航海博物馆等。有克罗地亚佐拉尼奇歌唱音乐团和扎达尔兵工厂乐队。扎达尔的文化活动有固定的宗教美术展览、圣多纳图斯的音乐、国际唱诗班比赛等。

扎达尔大学是克罗地亚第一所大学，始建于 1396 年，1807 年关闭，2002 年重新开办。克罗地亚第二所古老大学萨格勒布大学于 2003 年成为完全独立的综合大学，有 6000 多名学生。

扎达尔有 KK 扎达尔篮球俱乐部、NK 扎达尔足球俱乐部、扎达尔库格拉奇基保龄球俱乐部，都非常成功。扎达尔也是克罗地亚足坛巨星卢卡·莫德里奇的家乡。

旅游

扎达尔是一个重要的海运枢纽，有一条到达意大利安科纳的国际航路。沿亚得里亚海的主道经过扎达尔。城市附近有萨格勒布—杜布罗夫尼克高速公路经过。有铁路连接扎达尔与克宁，从克宁可前往萨格勒布、斯普利特。扎达尔国际机场位于扎达尔以东 14 千米的泽穆尼克，并有通向周边的高速公路。

扎达尔是东南欧著名的疗养和旅游胜地之一。有众多的名胜古迹，罗马广场由罗马帝国第一任皇帝奥古斯都建于公元 4 世纪，是亚得里亚海东岸最大的城市广场。圣多纳图斯教堂建于公元 9 世纪，它的金库收藏了最好的达尔马提亚金属制品，最著名的是圣西蒙的银制圣物箱。圣阿纳斯塔西亚大教堂是一座罗马风格的教堂，还有圣克里索戈诺和圣西蒙教堂、圣克尔舍万教堂、圣伊利亚教堂等，哥特风格的圣弗朗西斯教堂，是 1358 年《扎达尔和平条约》的签署地。还有五泉广场、城堡、陆地城门、大兵工厂、总督府等古老建筑。

波斯尼亚和黑塞哥维亚

波斯尼亚和黑赛哥维纳（Bosnia and Herzgovina），简称波黑。"波斯尼亚"可能得名于波斯尼亚河，"黑塞哥维那"在德语中意为"公爵领地"。1992 年，波斯尼亚和黑塞哥维那脱离南斯拉夫，宣布独立，定国名为波斯尼亚和黑塞哥维那共和国。波斯民亚和黑塞哥维那位于东南欧的巴尔干半岛西部。北部和西部与克罗地亚接壤，东与塞尔维亚为邻，南与黑山相连，西濒亚得里亚海。国土面积为 51197 平方千米，人口为 3802134 人（2016 年）[①]。波黑由波黑联邦和塞族共和国两个实体组成，波黑联邦被划分为 10 个州；塞族共和国被划分为 7 个区。首都为萨拉热窝。有萨拉热窝、巴尼亚卢卡等重要城市。

萨拉热窝

地名由来

萨拉热窝，英文名称为 Savajevo，是波黑的首都和最大城市，也是波黑联邦的首都，萨拉热窝州的中心。萨拉热窝是波黑主要的政治、社会和文化中心，巴尔干著名的文化中心，在娱乐、媒体、时尚和艺术领域具有广泛的

---

① http://worldpopulationreview.com/countries/，查阅日期：2016年6月6日。

影响。萨拉热窝是一个斯拉夫化的名字，来自奥斯曼土耳其语的"萨拉伊"一词，意思是"宫殿"。

区位
萨拉热窝位于波黑三角形国土的几何中心附近，东南欧和巴尔干半岛的中心，米里雅亚茨河畔，阿尔卑斯山脉围绕。

历史
新石器时代，萨拉热窝河谷已有居民。已知早期居民是伊利里亚人，在萨拉热窝地区有多个伊利里亚人的居住点。公元9年，罗马帝国击败伊利里亚人统治这一地区。在古罗马人之后，哥特人占据此地，到公元7世纪，斯拉夫人来到这里。

在中世纪，萨拉热窝是波斯尼亚省的一部分。1429年，萨拉热窝被奥斯曼土耳其帝国征服。1450年代，奥斯曼土耳其帝国建设萨拉热窝，将乡村并入城市，建起许多重要设施，包括供水系统、清真寺、封闭的市场、公众浴场、州长官邸、图书馆、伊斯兰学校、苏菲主义的学校、萨哈特库拉钟楼等。在帝国鼎盛时期，萨拉热窝是奥斯曼帝国在巴尔干半岛仅次于伊斯坦布尔的第二大都市，是一个重要的行政中心。

1850年，波黑被奥匈帝国征服。作为《柏林条约》的一部分，1876年，奥匈帝国占领波黑。1908年，波黑正式并入奥匈帝国。萨拉热窝开始工业化，奥匈帝国将萨拉热窝作为新发明的试验点，1855年，萨拉热窝成为欧洲第一个拥有全日有轨电车网的城市，在世界上是继圣弗朗西斯科之后的第二个。建筑师和工程师蜂拥而来，萨拉热窝迅速成为现代化的欧洲首都。奥斯曼建筑与现代建筑并存，形成了萨拉热窝的奇特景观。奥匈帝国时代萨拉热窝的居民开始使用拉丁字母。

1914年6月28日，塞尔维亚民族主义者加夫里洛·普林西普在萨拉热窝暗杀弗朗茨·斐迪南大公和他的妻子，引发了第一次世界大战。第一次世界大战结束后，巴尔干半岛西部合并入南斯拉夫王国，萨拉热窝成为德里纳河省的首府。

1941年4月，纳粹德国入侵南斯拉夫，包括萨拉热窝在内的波黑领土被划入乌斯塔沙的克罗地亚独立国。许多塞尔维亚人和犹太人被杀。1945年4月6日，约瑟普·布罗兹·铁托率领的游击队解放萨拉热窝。

解放后，萨拉热窝是南斯拉夫联邦共和国的波斯尼亚与黑塞哥维纳社会主义共和国的首都。萨拉热窝市区面积扩大，再次成为巴尔干地区的主要城市之一。50年后，萨拉热窝举办了1984年冬季奥运会。

1991年6月起，南斯拉夫开始解体。波黑的穆斯林、塞尔维亚和克罗地亚三个主要民族就波黑前途发生严重分歧，穆斯林与克罗地亚人主张独立，但穆斯林主张建立统一的中央集权国家，克罗地亚人希望建立松散的邦联制国家，塞尔维亚人则坚决反对独立。1992年3月3日，波黑议会在塞尔维亚议员缺席抵制的情况下宣布独立，致使民族矛盾激化，波黑战争爆发。塞族共和国军队和南斯拉夫人民军于1992年4月5日到1996年2月29日包围萨拉热窝，这就是现代战争史上围城时间最长的萨拉热窝围城战。

地理

萨拉热窝城区面积约142平方千米，有4个市政中心，各有自己的政府，共同组成萨拉热窝市政府。萨拉热窝位于萨拉热窝河谷中，狄那里克阿尔卑斯山脉中间，周围环绕着森林覆盖的丘陵和5座重要山脉。萨拉热窝海拔518米，是典型的丘陵山地地势，有许多陡峭倾斜的街道，住宅像是悬在山坡上。

米里雅茨河是萨拉热窝的主要地理特征之一，称为"萨拉热窝之河"，源头在萨拉热窝以东数千米的帕莱，自城市东侧流经市中心，向西汇入波斯尼亚河。波斯尼亚河的源头靠近萨拉热窝西部的伊利扎，被称为"波斯尼亚之泉"，也是萨拉热窝重要的自然地标。还有数条小河流经市区和郊外。

萨拉热窝属于温暖的大陆性气候，其北侧是中欧气候区，南侧是地中海气候区，处于亚寒带湿润气候和西岸海洋性气候的交界处。1月最冷，平均气温约0.9℃，7月最热，平均气温约18.9℃。城市典型的天气是多云天气，全年降水分布较为均匀，全年平均约有116天降水。

经济

波黑战争后，萨拉热窝经济复兴。1997年，波黑中央银行在萨拉热窝开始运作，2002年，萨拉热窝证券交易所开始交易。萨拉热窝的产业包括香烟、家具、服装、汽车、通信器材等。总部设在萨拉热窝的企业有 B&H 航空、BH 电信、波斯马尔、萨拉热窝卷烟厂、萨拉热窝啤酒厂，都是波黑最大规模的企业。基于历史、宗教和文化因素，萨拉热窝旅游产业发达，是萨拉热窝的重要经济部门。

文化

萨拉热窝拥有丰富的宗教文化，拥有清真寺、天主教教堂、东正教教堂、犹太教会堂。萨拉热窝是区域教育中心，是巴尔干第一个第三级教士教育机构，采取伊斯兰工艺学校的形式，称为塞拉耶佛伊斯兰学校，是今天萨拉热窝大学的一部分。萨拉热窝为多文化都市，有"欧洲的耶路撒冷"之称，波斯尼亚人信奉伊斯兰教，塞尔维亚人信奉东正教，克罗地亚人则主要信奉天主教。

萨拉热窝是波黑众多新闻媒体的基地。有《解放》《声》《早晨新闻》《开始》《波斯尼亚解放》《BH 的每天》等报刊。萨拉热窝公共广播电视台是波黑的 3 家公共广播之一，还有哈亚特电视台、开放广播网、坎托纳萨拉热窝电视台、阿尔法电视台等总部也设在萨拉热窝。萨拉热窝能收听、收看自由欧洲电台和其他欧美各国的广播电视节目。

萨拉热窝有 30 多所高等学校和多所国际学校。萨拉热窝是多位诗人和思想家的故乡。诺贝尔奖获得者弗拉迪米尔·普雷洛格，奥斯卡奖得主达尼斯·塔诺维奇都出生于萨拉热窝，诺贝尔文学奖获得者伊沃·安德里奇人生大部分时间是在萨拉热窝度过的。

萨拉热窝有众多博物馆和文化设施。博物馆有萨拉热窝博物馆、现代美术馆、波黑历史博物馆、波黑文学和戏剧艺术博物馆、波黑国家博物馆等，其他文化设施有萨拉热窝国立剧场、萨拉热窝青年剧场、波黑艺术画廊等。波斯尼亚协会是以波斯尼亚人的历史为焦点的私有图书馆和美术馆。

萨拉热窝有众多文化活动。萨拉热窝电影节是巴尔干顶级的电影节，在市中心的国立剧场举行，由世界著名的演员、电影导演、音乐家参加。萨拉热窝爵士音乐节在波黑文化中心、萨拉热窝青年舞台剧场、沃伊斯卡·费德拉齐会馆等场所举行，吸引了波黑国内外的爵士乐迷。还有持续数周的"巴什察尔希亚之夜"，展示当代文化、音乐和舞蹈。

萨拉热窝的气候适合冬季体育活动。足球和篮球在萨拉热窝相当盛行，攀岩也很盛行，距离市中心不远处就有可供攀岩的岩壁。

旅游

萨拉热窝是著名旅游城市，《孤独的星球》评价萨拉热窝为世界上第43个最佳城市，在2009年12月的排名中，萨拉热窝是世界十个最好的旅游城市之一。2011年萨拉热窝被提名为"2014年欧洲文化之都"，2019年将举办欧洲青年奥林匹克节。

萨拉热窝在历史上受到了来自东西各帝国的强烈影响，赋予萨拉热窝迷人的魅力，数世纪以来，世界各地的人们来到萨拉热窝观光。著名景点有波斯尼亚河源头的波斯尼亚之泉公园、天主教会的耶稣圣心大圣堂、格兹·胡色雷·贝格清真寺、阿里帕夏清真寺、萨拉热窝拉丁桥、塞尔维亚正教会的大教堂等。

萨拉热窝城市规模较小，城市布局较为集中，由于道路狭窄，停车场不足，萨拉热窝限制汽车进入，鼓励步行和自行车。城市的两条主要街道是铁托大街和连接东西的波斯尼亚之龙高速公路。开始运行于1885年的有轨电车是萨拉热窝最古老的公共交通，还有众多公共汽车路线。21世纪，有轨电车现代化，新的桥梁和道路建设取得进展。

萨拉热窝是波黑的交通枢纽，有通往泽尼察、巴尼亚卢卡、图兹拉、戈拉日代、福察等主要城市的公路。欧洲高速公路途经萨拉热窝，向北连接布达佩斯、向南连接普洛切。萨拉热窝有列车开往波黑主要城市，有连接萨格勒布、贝尔格莱德、布达佩斯和普洛切的国际列车，每日开行。萨拉热窝国际机场位于市区西南数千米处，在第十五届欧洲国际机场年会上，被评为100万人以下机场中的最佳机场。

巴尼亚卢卡

地名由来

巴尼亚卢卡，英文名称为Banja Luka，是波黑第二大城市，是塞族共和国政府所在地和最大城市，是波斯尼亚克拉伊纳地区的中心。巴尼亚卢卡这个名字首见于 1494 年 2 月 6 日的一份文件，匈牙利皇帝弗拉第斯拉夫二世宣布此城更名为巴尼亚卢卡。一种说法认为这一名称源自单词 "ban" 和 "luka"，前者意为 "权贵"，后者意为 "河谷" 或 "草地"。另一种影响较大的词源学解释认为，这一名称是现代词 "banja"（意为 "沐浴" 或 "矿泉"）或 "bajna"（意为 "非凡的"）与 "luka"（意为 "港口"）的合并。

区位

巴尼亚卢卡位于波黑西北部，萨瓦河支流弗尔巴斯河左岸，在阿尔卑斯山中。

历史

巴尼亚卢卡地区有居民生存的历史可追溯到远古时代，当时伊利里亚人在这里有定居点，之后是罗马伊莉雅库姆省的一部分。公元 6 世纪，斯拉夫人定居巴尔干。13—15 世纪。巴尼亚卢卡临近地区留下了数处中世纪堡垒，1494 年，巴尼亚卢卡这个名字出现，匈牙利皇帝弗拉第斯拉夫二世宣布此城更名为巴尼亚卢卡。

1527 年，奥斯曼土耳其占领巴尼亚卢卡，大约 1553 年，波斯尼亚州的首府从萨拉热窝迁到这里。1580 年波斯尼亚国建立，自此到 1639 年，这里是波斯尼亚高级官员驻地。在 1574 年，巴尼亚卢卡建起了 200 多座建筑物，包括工匠铺、商店、小麦仓库、浴室、清真寺，这一切刺激了巴尼亚卢卡的经济和城市发展，巴尼亚卢卡很快变成波斯尼亚重要的商业和政治中心之一。1688 年，巴尼亚卢卡被匈牙利军队焚毁，但是很快恢复。之后的时期里，奥地利军队的不断袭击刺激了巴尼亚卢卡军事实力的发展，使之成为战略军事中心。

19 世纪，东正教教堂和修道院在巴尼亚卢卡附近建起来。西班牙犹太人、天主教特拉普派修道士移民来到巴尼亚卢卡，通过建立磨坊、啤酒厂、造砖厂、纺织厂和其他重要建筑推动了城市的早期工业化。

1878 年，巴尼亚卢卡被奥匈帝国占领，使巴尼亚卢卡西方化，铁路、学校、工厂和基础设施普遍建设，引导了巴尼亚卢卡的现代化。

第一次世界大战后，巴尼亚卢卡成为南斯拉夫王国弗尔巴斯省的首府，城市迅速发展，行政建筑、塞尔维亚东正教教堂、剧院、博物馆建设起来，语法学校恢复，师范学院扩大，城市大桥建成，公园也相继恢复。1930年，巴尼亚卢卡有125所基础学校。

第二次世界大战期间，巴尼亚卢卡是克罗地亚独立国的一部分。大多数巴尼亚卢卡的塞尔维亚人和犹太人被迫迁往亚塞诺瓦茨等集中营，城市遭到破坏。1945年4月22日，巴尼亚卢卡被南斯拉夫游击队解放。

根据1995年11月21日波黑各方签署的《代顿和平协定》，波斯尼亚和黑塞哥维那分为波黑联邦、塞族共和国两个政治实体。在不同水平的波黑政府组织中，巴尼亚卢卡具有重要地位。巴尼亚卢卡是巴尼亚卢卡区的首府，塞族共和国政府和议会设在这里，间接税管理局、存款保险机构、波黑中央银行分行等一些波黑国家机构设在这里。许多政治实体和国家机构也设在这里。奥地利、克罗地亚、法国、德国、塞尔维亚、英国、美国在巴尼亚卢卡设有外交代表。

地理

巴尼亚卢卡位于巴尼亚卢卡谷地，是属于阿尔卑斯山脉的群山间的过渡带。几条支流在巴尼亚卢卡流入弗尔巴斯河，城市附近有数处泉源。巴尼亚卢卡城区大部分为林地，四周群山环绕，平均海拔163米。

巴尼亚卢卡属于湿润的大陆性气候，冬季冷夏季温暖。6月最热，平均气温约21.3℃，1月最冷，平均气温约0.8℃。巴尼亚卢卡年均降雨约988毫米，每年平均约有143个雨日，几乎每年都有降雪，有来自北方和东北方的强风，有时带来热天气的南风也流行。

巴尼亚卢卡城市面积96.2平方千米。根据2013年人口统计，巴尼亚卢卡人口近20万人，主要是塞尔维亚人，其次为克罗地亚人、波斯尼亚人、南斯拉夫人等。

经济

巴尼亚卢卡为陆运交通枢纽，为畜产品集散中心。工业有炼钢、机床制造、电气设备、木材、合成纤维和食品加工等。

金融服务部门发展为重要的经济部门，2002年，巴尼亚卢卡证券交易所建立，证券交易开始；许多公司登记，交易量和投资者显著增加。投资者除了斯洛文尼亚、克罗地亚、塞尔维亚，还有来自欧盟、挪威、美国、日本和中国的投资基金。许多金融监管部门，如塞族共和国证券委员会的总部设在巴尼亚卢卡，因为一些主要银行设在波斯尼亚，存款保险机构、增值税机构都设在巴尼亚卢卡，使巴尼亚卢卡成为波黑主要的金融中心。

巴尼亚卢卡是著名的旅游城市，旅游业及相关产业发达，有许多饭店、旅馆为游客提供充足的服务。

文化

悠久的历史赋予巴尼亚卢卡丰富的文化。这里有波黑共和国著名的学府巴尼亚卢卡大学。这里还有多所博物馆，如建于 1930 年的民族博物馆、塞族共和国现代艺术博物馆等。国家剧院、国家图书馆坐落在这里，它们都建于 20 世纪前半叶，塞族共和国档案馆的总部设在这里，它坐落在一座建于 1880 年左右的建筑物里。

巴尼亚卢卡最著名的文化场所之一是建于 1930 年的班斯基·多弗尔文化中心，是市中心的诸多建筑——国家议会、音乐厅、画廊、国家电视台、饭店之中的代表性建筑，大多数重要的文化、政治活动都在这座建筑物里举办。在市中心还有保存不佳的喀斯特尔堡垒，这座中世纪古堡是巴尼亚卢卡的重要名胜之一，坐落在弗尔巴斯河左岸，富于城市特殊魅力，夏季，在古堡里经常举办音乐会。

巴尼亚卢卡有许多文化艺术组织，最古老的是佩拉吉，建于 1927 年，是波黑最古老的文化艺术协会之一。

巴尼亚卢卡有一个主要足球场和一些市内运动场。当地的足球队拥有"战斗者"的传统荣誉。这里有塞族共和国最受追捧的足球俱乐部"战斗者巴尼亚卢卡"，巴尼亚卢卡的手球也有悠久传统，近年，网球在巴尼亚卢卡成为重要运动项目。

2005 年，在弗尔巴斯河举行了欧洲漂流锦标赛，巴尼亚卢卡作为东道主受到高度褒扬。2009 年 5 月，世界漂流锦标赛在弗尔巴斯河和塔拉河举行。

旅游

北往克罗地亚的 E661 高速公路从巴尼亚卢卡可到达波斯尼亚、克罗地亚边界的城市。凭借服务范围广泛的巴士可到达大多数波黑国内较大的临近城镇，以及欧洲其他地方，如奥地利、比利时、克罗地亚、德国、法国、意大利、黑山、荷兰、塞尔维亚、瑞典、瑞士、斯伐洛克。

巴尼亚卢卡是波黑铁路枢纽，通过铁路可到达大多数北方波斯尼亚城镇、萨格勒布、萨拉热窝。巴尼亚卢卡国际机场在城市以北 23 千米处，可到达贝尔格莱德、苏黎世等地。巴尼亚卢卡市内公共交通服务由巴士提供，超过 30 条公交线连接市中心与城市其他地方和郊区。1 号线是一条古老的公交线。此外出租车也方便快捷。

巴尼亚卢卡市政重视城市美化和公共服务。整个城市满是林荫大道、花园和公园，是波黑最美丽的城市之一，有"绿色城市"的美称。城市有中世纪清真寺、奥斯曼土耳其要塞、罗马浴室等古迹，吸引了大批游客。

巴尼亚卢卡是大自然爱好者喜欢的旅游地。著名景观有水池、温泉、矿泉、巴尼亚山、弗尔巴斯河瀑布等。可以开展钓鱼、攀岩、弗尔巴斯峡谷徒步等旅游活动。近些年，弗尔巴斯河漂流颇为流行。

黑　山

　　黑山（Montenegro），全称黑山共和国，还译为蒙特内格罗。国名意为"黑色的山"，源于当地居民对颜色深黑的洛夫琴山的称呼。黑山位于巴尔干半岛中部，东北为塞尔维亚共和国，东为科索沃，东南为阿尔巴尼亚，西北为波黑和克罗地亚，西南为亚得里亚海。国土面积 13800 平方千米。人口数量为 626101（2016 年）[1]。全国划分为 21 个行政区。首都为波德戈里察。有波德戈里察、尼克希奇、采蒂涅、科托尔、布德瓦等重要城市。

波德戈里察

地名由来

　　波德戈里察，英文名称为 Podgrica，是黑山的首都，第一大城市。波德戈里察这一名字的含义是"在小山之下"，这座小山就是柏树覆盖的戈里察（黑山）。

---

① http://worldpopulationreview.com/countries/，查阅日期：2016年5月30日。

区位

波德戈里察位于黑山东南部斯库台盆地，莫拉查河畔，靠近斯库台湖。

历史

在史前时期波德戈里察已有居民，留有石器时代晚期的历史遗迹。在铁器时代，波德戈里察已有伊利里亚人居住。罗马帝国统治时期，这里有古罗马人的客栈。

公元5世纪，罗马帝国分裂，斯拉夫部落和阿尔瓦部落来到这里，新城镇建立起来。在塞尔维亚尼曼雅王朝统治时期，这个城镇的名字是里布尼察，里布尼察因处于对西方交流的交叉路口而显得重要。到1326年，城市名字变为波德戈里察，科托尔档案馆的法院文件中首次提到这个名字。波德戈里察位于繁忙的十字路口上，是一个贸易和交通中心，这刺激了波德戈里察经济发展。

1474年，奥斯曼土耳其帝国占领波德戈里察，迁入5000个穆斯林家庭，重建堡垒以阻止泽塔与阿尔巴尼亚威乃达公国之间的合作，凭着塔、城门、防御城墙，奥斯曼土耳其挡住了所有进攻。奥斯曼土耳其在这里建设大型堡垒式商业点，使之成为重要的防御攻击阵地。1864年，波德戈里察变成斯库台省的卡扎。

1878年，黑山独立，波德戈里察加入黑山省，城市迅速发展，成为强盛的市场中心。1902年，一家烟草种植园成为波德戈里察第一个重要的商业公司，1904年，泽塔河省储蓄银行建成，后来发展为波德戈里察银行。

第一次世界大战期间，波德戈里察被同盟国占领，从1916年到1918年属于奥匈帝国。1918年解放后属于塞尔维亚王国，后属于南斯拉夫。

第二次世界大战期间，波德戈里察被意大利、德国先后占领，被轰炸过70次。1944年年底，铁托领导的游击队控制了黑山大部分地区，波德戈里察解放，改名铁托格勒。1945年，南斯拉夫联邦人民共和国建立，黑山成为6个联邦主体之一，1946年7月13日，铁托格勒成为南斯拉夫王国的黑山社会主义共和国的首都。

铁托格勒迅速发展为经济、文化中心。1992年4月2日，铁托格勒恢复为波德戈里察。2006年黑山独立，波德戈里察为首都，是国家议会、政府的所在地，总统官邸依然在原来的首都采蒂涅。

地理

波德戈里察靠近斯库台湖，河汊密布，里布尼察和莫拉察河流经城市，并在此汇合，还有泽塔河、茨尔耶夫那河、锡特尼察河等河流从附近流过，莫拉察河是最大河流。丰富的水体是波德戈里察的主要特征。

与黑山大多数地方相反，波德戈里察大部分位于泽塔平原的北端，海拔40米，城市中心有130米高的戈里察山以及其他一些小山。从20世纪90年代起，城市化渐渐发展到小山的较低坡。

虽然波德戈里察距离北部亚得里亚海只有35千米，但卢米加山像一个自然的屏障，将斯库台湖盆地和波德戈里察区域与海洋隔开，因而温带海洋气候影响有限。波德戈里察平均年降雨1600毫米，每年大约有120个降雨日，60天有强风，大约有135天气温超过25℃。波德戈里察以炎夏闻名，在7—8月，气温常超过40℃。一般说来降雪稀少，每年只有几天。

波德戈里察面积1399平方千米，据2011年人口普查，城市人口有204877人，几乎1/3黑山城市居民生活在这里。黑山语是最重要的口头用语，其次是塞尔维亚语，还有阿尔巴尼亚语和罗马语。绝大多数市民是东正教徒，其次是穆斯林和天主教徒。

经济

波德戈里察是黑山的经济动力所在，是黑山的工业、金融和商业基地。有炼铝、金属加工、发动机、车辆、纺织、烟草加工、食品加工等工业。附近有丰富的铝土矿，1972年开始设厂开采，铝业联合企业是黑山的命脉企业。有黑山证券交易所和其他重要金融机构，有电信机构、媒体、航空公司和其他重要机构和公司。波德戈里察是黑山的交通枢纽和航空港。作为首都，大量的政府和服务部门使波德戈里察幸免于21世纪初黑山的经济衰退。

文化

波德戈里察有黑山国家剧院、儿童剧院、木偶剧院等，有波德戈里察市博物馆、考古研究中心、自然历史博物馆。波德戈里察最大的公园有著名的画廊，是现代艺术中心的一部分，有将近 1500 件艺术品。一个拥有 55 年历史的著名文化机构是文化信息中心，是组织多种艺术活动的公共机构，包括波德戈里察之夏、国际剧院节、十二月艺术节等。

波德戈里察重要体育场是城市体育场，能容纳 24000 人，是黑山国家足球队和足球俱乐部大本营，是黑山唯一达到国际足球比赛 FIFA 标准的体育场。莫拉查运动中心是多功能室内体育馆。波德戈里察几乎每个足球俱乐部都有自己的运动场。城市周围还有其他运动设施，大多数是室内足球场。

旅游

历史上的波德戈里察城曾毁于第二次世界大战的战火，仅存一处奥斯曼土耳其钟楼、清真寺和几处房屋。重建的波德戈里察可称为一座游乐城，全城 1/7 面积被辟为公园和游乐设施。城市附近有古代居民点杜克里亚遗址和中世纪教堂，北部有冬季滑雪中心和亚得里亚海的海边度假胜地。

波德戈里察位于黑山中心的位置使之成为黑山的公路和铁路枢纽。波德戈里察现有的主要国际交通线路为，向北有 E65、E80 通往贝尔格莱德和中欧，向西有 E762 通往黑山西部城市尼克希奇、波斯尼亚和西欧，向南有 E65、E80 通往亚得里亚海岸，向东有 E762 通往阿尔巴尼亚。从波德戈里察火车站可前往尼克希奇等国内城市，以及贝尔格莱德、斯库台等国外城市。波德戈里察机场位于泽塔平原，在市中心以南 11 千米处，也是黑山的主要国际机场，全年有航班飞往欧洲主要城市。波德戈里察市内公共交通包括 11 条城市公交车线路和 16 条郊区公交车线路，此外还有良好的出租车服务。波德戈里察市内有发达的多车道林荫大道网络，使市内交通快捷高效。

尼克希奇

地名由来

尼可希奇是黑山的第二大城市，尼克希奇区的首府，重要的工业、文化和教育中心。尼克希奇为黑山语名字 Niksic 的汉译。

区位

尼克希奇位于黑山西部，位于尼克希奇平原的中心，特雷别萨山脚下。

历史

尼克希奇早期居民为伊利里亚人。在公元 4 世纪，罗马帝国在这里建起军营。公元 5 世纪中期后以"东哥特王国要塞阿纳加斯托"闻名。

公元 6 世纪和 7 世纪，斯拉夫人迁入定居，城市名字换成斯拉夫语，位于斯拉夫的杜克利亚公国的南部省内，杜克利亚为塞尔维亚公国的附庸。随着塞尔维亚帝国衰落，1373 年，尼克希奇开始隶属于波斯尼亚王国。

1455 年，尼克希奇被奥斯曼土耳其帝国占领，被统治达 400 年，属于黑塞哥维那省。在奥斯曼土耳其帝国统治的后期，尼克希奇是一个军事要塞，是奥斯曼土耳其帝国在东南欧的大本营。

1877 年，黑山军队在马绍·弗尔比察公爵率领下解放尼克希奇，尼克希奇发展为一座现代城市。1883 年，城市管理者采纳第一份城市建设计划，由黑山国王尼古拉斯一世负责组织，由克罗地亚建筑师约西普·斯拉德负责设计，尼克希奇后来的发展都是基于这份城市发展纲要。城市发展的同时，文化和教育事业也迅速发展。

第二次世界大战发生后，尼克希奇被德国占领。1944 年被南斯拉夫游击队解放。二战后，尼克希奇迅速发展，依靠繁荣的钢铁、电力、铝土矿开采和加工、啤酒酿造、木材加工等成为黑山复杂工业系统的中心，城市和周围地区遍布工厂。21 世纪以来，尼克希奇工业得到恢复。

地理

尼克希奇位于辽阔的尼克希奇平原中部，城市面积约 48 平方千米，平均海拔约 640 米。尼克希奇平原四周是荒凉的岩石山地，这是黑山西部最典型的风景。发源于尼克希奇平原的泽塔河在尼克希奇附近流过，在城市的南部，河流变为地下河。泽塔河经常引起尼克希奇平原洪水泛滥。1960 年，佩鲁奇察水力发电站建成，杜绝了河水泛滥，造成了城市附近 3 个大型人工湖。

按照柯本气候分类法，尼克希奇属于湿润的亚热带气候，受到地中海气候影响，夏季干燥。1月平均气温约1.3℃，7月平均气温约21.1℃，平均湿度达68.57%，平均每年日照2245小时。夏季温暖潮湿，冬季凉而多雨。每年平均约有19个降雪日。

尼克希奇区是黑山面积最大的区，人口仅次于波德戈里察区。城市街道从中心广场（今天为转盘）向北部、东部放射状延伸，与城市的圆周大道和林荫道相交，形成半蜘蛛网式的街道布局。沿着放射状的街道网有许多不同建筑风格的建筑。中心广场及周围地区是城市活动的中心地带，汽车总站、火车站以及城市的商业和服务业中心都位于这个区域。修建于南斯拉夫时期的居民区环绕着中心广场。在居民区之外，城市向郊外扩展，散落的低楼层民宅同样经过了良好规划，南部乡村已并入市区。

经济

尼克希奇是黑山最大的工业中心之一，拥有钢铁厂、铝土矿开采加工厂、特雷别萨啤酒厂等企业，其中许多都集中在城市。

文化

尼克希奇有着丰富的文化传统，以与众不同的文化氛围和波希米亚艺术背景而闻名于世。诗人维托米尔·尼科利奇，歌手、词作家米拉丁·绍比奇是尼克希奇波希米亚精神的著名代表。城市最重要的文化机构"文化中心"由公共文化机构组成，包括地区博物馆、尼克希奇美术馆、公共图书馆和档案馆、尼克希奇剧院、扎胡姆列民间音乐协会、斯塔里格勒·安德瓦美术协会。著名的文化活动是"九月文化日"，它是黑山的重要文化活动，其他每年一度的艺术活动包括"人行道上的诗人"、国际演员节、国际室内音乐节、国际吉他节。

尼克希奇电视公司、尼克希奇广播公司两家公共媒体覆盖尼克希奇，此外还有一些活跃的商业广播站。还有《里耶奇》《卢恰》《波兹南斯特瓦》等杂志。

尼克希奇有40家教育机构，有著名的斯托扬·采罗维奇体育学校，黑山大学的哲学院、运动与体育学院也建在这里。

尼克希奇是黑山的体育中心之一。格斗体育非常流行，柔道、空手道、拳击也有优良传统。苏捷斯卡足球俱乐部是城市足球的支柱，是黑山顶级足球联赛的创始球队之一。还有一个切利克足球俱乐部。手球和排球在尼克希奇很受欢迎。重要体育场馆有克拉伊·比斯特里采体育场、尼克希奇体育中心。

旅游

尼克希奇是波黑的交通枢纽。重要通道有 E762 高速公路，与波德戈里察相连通往东南地区，与普卢日内相连经萨拉热窝通往西北地区。另一条南北向的新建黑山走廊经过尼克希奇，向北通往扎布利亚克，向南通往科托尔的里桑镇到波黑最南面的城镇特雷比涅，是尼克希奇通往科托尔湾以及黑山海岸的最短道路。尼克希奇是城际公交公司的中心，大公交公司的目的地远达萨拉热窝和贝尔格莱德。

尼克希奇有铁路连接波德戈里察，主要用于从尼克希奇铝土矿向波德戈里察铝厂运送铝矾土，同时具备旅客服务功能。

尼克希奇机场在城市西郊，2010 年这里承办过国际航空协会的世界跳伞锦标赛。尼克希奇距离波德戈里察机场约 70 千米，可飞往贝尔格莱德、萨拉热窝、布达佩斯、苏黎世、法兰克福、卢布尔雅那、巴黎、罗马和维也纳等地。距离蒂瓦特机场、杜布罗夫尼克机场约 100 千米，可飞往主要欧洲城市。

特雷别萨山脚下一带有黑山国王尼古拉斯一世的行宫、城市公园和尼古拉斯国王广场，是典型的 19 世纪末 20 世纪初黑山的建筑风格。距离尼克希奇市中心 18 千米处有武奇耶滑雪度假胜地。

采蒂涅

地名由来

采蒂涅，英文名称为 Cetinjc，是黑山共和国的第二首都，黑山总统的官邸建在这里。采蒂涅是采蒂涅区的行政中心。采蒂涅在历史上有黑山语、塞尔维亚语、意大利语、希腊语、土耳其语和阿拉伯语名字，现名是塞尔维亚语名字。

区位

采蒂涅地处洛夫琴山东麓采蒂涅高原之上，平均海拔约 670 米，新都波德戈里察西约 29 千米处。以"石头城"著称。

历史

采蒂涅城建于 1482 年。泽塔领主伊凡为了防御的需要将都城迁往山区，在洛夫琴山脚下建城，即采蒂涅，城市名称取自采蒂涅河。1499 年，奥斯曼土耳其占领泽塔，1514 年占领采蒂涅，采蒂涅被编入黑山区。1516 年，黑山成为政教合一国家，以采蒂涅为中心。在巴尔干国家中，黑山是唯一没有被土耳其征服的地区。在随后的 16、17 世纪，因为经常是威尼斯和奥斯曼攻击的对象，采蒂涅发展停滞，到 17 世纪末，在彼得洛维奇王朝统治下，采蒂涅开始再度繁荣。

1711 年以后，黑山与俄罗斯帝国结盟。在皮特二世统治时期，采蒂涅获得巨大发展。1838 年，他建造了新的皇宫，采蒂涅因此扩大，渐渐开始真正的城市化。许多设计现代的外国领事馆建立起来，法国、俄国、英国、意大利和奥匈帝国的领事馆最为漂亮。在尼古拉一世彼得洛维奇统治时期，采蒂涅取得巨大发展，许多公共建筑物建造起来，包括第一家旅馆、新皇宫、女子学院、医院。

在 1861—1862 年黑山与奥斯曼土耳其的战争中，采蒂涅被奥斯曼奥马尔帕夏的军队占领，但奥斯曼的统治没有坚持多久。1876 年，乘俄国、奥斯曼战争之机，黑山向奥斯曼帝国宣战。1878 年柏林大会承认黑山独立，采蒂涅成为欧洲国家的首都。在 1878 年到 1914 年之间，采蒂涅在各个领域走向繁荣。许多著名知识分子从南斯拉夫的其他地方来到采蒂涅居住，对当地文化、教育等领域作出了贡献。1910 年，黑山宣告为王国，促进了采蒂涅发展，政府公署作为国家的象征建立起来。

地理

采蒂涅位于一个喀斯特地貌的平原上，周围有石灰岩山峦环绕，其中包括黑山，黑山共和国的名称即来源于此。采蒂涅平均海拔约 670 米，距离亚得里亚海 12 千米，距离斯库台湖 15 千米。

采蒂涅属于中等大陆性气候，夏季干燥温暖，平均气温约 20℃，冬季温和潮湿，平均气温约 2.1℃。采蒂涅颇为著名的气候特点是，春季、秋季降雨丰富。尽管如此，由于喀斯特地貌，采蒂涅及周围地区很少有地上水流，并且水源稀少。

经济

采蒂涅工业有日用电器制造、皮革加工、印刷等。近年，在市政府鼓励下，有数百家工商金融企业在采蒂涅安家。为刺激商业，市政府鼓励企业家投资采蒂涅。

文化

在过去的 500 年里，采蒂涅是黑山的文化、教育中心。采蒂涅有 5 个公共文化机构，即中央国家图书馆、黑山国家博物馆、黑山档案馆、文化遗产保护的公共机构、黑山皇家剧院。这些机构负责黑山全国庞大文学财富的推广以及保护物质和非物质文化遗产。在采蒂涅，最古老、在历史上长时期拥有最重要地位的文化机构是采蒂涅修道院。

采蒂涅有丰富的出版和印刷传统。15 世纪末开始创办的印刷厂和出版的书籍，对于黑山文化和历史以及其他巴尔干东正教地区发挥了巨大作用，最大的贡献是传播了斯拉夫字母。

采蒂涅有黑山最古老的图书馆，里面藏有巨大价值的最古老的图书和文件，这也使采蒂涅具有国际声誉。在这些图书馆中，最古老的是采蒂涅修道院图书馆，建于 15 世纪末，现存有 75 本斯拉夫语手稿以及许多礼拜仪式古本。

建于 1898 年的采蒂涅阅览室是黑山第一家阅览室，自建立起就是黑山的文化中心。现在，采蒂涅图书馆等机构继续发挥公共阅览室的作用，提供大量图书和期刊。采蒂涅的学校图书馆也有悠久历史。建于 19 世纪的采蒂涅基础学校、书记员学院、玛利亚女子学院等都有提供社会服务的图书馆。

采蒂涅有采蒂涅修道院博物馆、国家博物馆、彼得洛维奇博物馆、民族博物馆、电子工业博物馆、历史博物馆、艺术博物馆等，除了修道院博物馆和电子工业博物馆，其他的整合成为黑山国家博物馆。众多的博物馆与巨大的博物馆项目基金使采蒂涅赢得了"博物馆之城"的美誉。

采蒂涅是黑山与塞尔维亚东正教沿海区域大主教管区的教廷所在地。采蒂涅修道院设在格鲁达广场的小教堂内。

采蒂涅全年都有文化活动。黑山最受欢迎的文化活动之一——皇都之夏，每年都在这里举办一次。"皇都之夏"是艺术家的节日，从6月到9月，几乎要举办100场文艺演出活动，这一时期，游客可以在城市的艺术殿堂、也可以在乡村欣赏艺术明星的演奏会。在同一时期，有重摇滚音乐节、采蒂涅爵士音乐节、古典音乐节、民间音乐节等盛会。2013年皇都之夏期间，有大约5万游客来到采蒂涅。其他著名文化节和活动还有圣诞节音乐会、每两年举办一次的国际艺术展等。

采蒂涅流行的体育运动有足球、手球和篮球等。采蒂涅足球历史悠久，有黑山最古老的足球俱乐部。

旅游

采蒂涅整个城市就是一座博物馆和档案馆。修建于中世纪的采蒂涅修道院是1561—1851年统治该国的神权君主（大主教）的驻地，藏有古人的手稿、文物和南部斯拉夫人第一部印刷的书（1493年）。弗拉卡什教堂建于1450年，现有用缴获的奥斯曼土耳其枪支建造的栏杆。比利亚尔达城堡建于1838年，1950年重修，是伟大的诗人和该国统治者彼得二世·涅戈什的府邸，涅戈什博物馆有他的部分私人藏书和所收集的艺术品。国家博物馆是1867年的旧王宫建筑，此外，民族解放战争博物馆、尼古拉广场和蓝宫等都是该城的名胜。

洛夫琴山国家公园包括山的中部和最高部分。除了洛夫琴山的自然名胜，还有丰富的历史、文化和建筑遗产。

采蒂涅在波德戈里察到布德瓦的主公路线上，可通往黑山内陆和海岸各地。另一条沿斯库台湖岸的道路通往波德戈里察。从采蒂涅到科托尔有一条古道，沿途可欣赏迷人的科托尔海湾风光。50千米外有蒂瓦特机场，有定期飞往贝尔格莱德和苏黎世的航班。波德戈里察机场距离采蒂涅55千米，有定期飞往欧洲主要目的地的航班。

科托尔

地名由来

科托尔，英文名称为 Kotor，是黑山的港口城市，科托尔城市科托尔区的行政中心。科托尔在历史上黑山语、克罗地亚语、拉丁语、希腊语、意大利语名字，1918 年成为南斯拉夫王国的一部分，正式命名为科托尔。

区位

位于黑山南部，亚得里亚海科托尔海湾的南端。

历史

科托尔较早的居民是伊利里亚人。公元前 168 年，科托尔属于罗马的达尔马提亚行省。公元 535 年，东罗马皇帝查士丁尼一世驱逐哥特人后，在这里建立要塞。10 世纪，东罗马皇帝康斯坦丁七世在要塞附近建立第二个城市，即下科托尔。在整个中世纪，科托尔是具有较大影响的罗马化的伊利里亚人的城邦之一，直到 11 世纪，科托尔语都是达尔马提亚的通用语言。

1002 年，保加利亚第一帝国占领科托尔，城市遭到破坏。第二年，保加利亚皇帝塞缪尔将科托尔割让给塞尔维亚。当地居民拒绝接受这一协定，与邻近的拉古萨共和国结盟，保护共和国体系，到 1184 年才正式属于塞尔维亚。到 13 世纪，伯格米派在这里传播。在尼曼雅王朝时代，城市自治。14 世纪晚期塞尔维亚帝国衰落，科托尔从属于塞尔维亚的迪斯波塔特王国。在 14 世纪，科托尔因商业贸易成为拉古萨共和国和威尼斯共和国的竞争对手。

1420 年，科托尔承认威尼斯共和国的宗主权，此后一直到 1797 年，科托尔成为威尼斯共和国下属的威尼斯—阿尔巴尼亚省的一部分。在威尼斯统治的近 4 个世纪里，科托尔文学艺术获得巨大发展，出现了多个文化巨匠。在威尼斯统治时期，科托尔经历过奥斯曼帝国数次包围战和短暂统治，经历过瘟疫和破坏性的地震。

根据 1797 年《坎波·福尔米奥条约》,科托尔归属哈布斯堡王朝。1805
年,根据《普雷斯堡条约》,科托尔成为法兰西第一帝国的保护国——拿破仑
统治下的意大利王国的附属城市,实际控制权在俄国占领军手中。俄罗斯帝
国军队撤出后,1806 年,科托尔与意大利王国统一,在 1810 年,又成为法兰
西第一帝国的伊利里亚省的一部分。1814 年 1 月 5 日,英国海军准将约翰·哈
珀率领拥有 18 门大炮的三桅帆船"撒拉逊人"号进攻科托尔湾,夺取科托尔。
威尼斯国会将科托尔归还哈布斯堡王朝。

第一次世界大战期间,科托尔是奥匈帝国海军的三个主要基地之一,以
及奥地利第五舰队的母港。1918 年后,科托尔成为南斯拉夫的一部分,官方
名称为科托尔。

第二次世界大战期间,1941—1943 年间意大利占领科托尔地区,使之成
为意大利控制的达尔马提亚总督区的一部分。1945 年后,科托尔成为南斯拉
夫社会主义联邦共和国的黑山共和国的一部分。

地理

科托尔湾南部一个僻静的地方。科托尔湾是亚得里亚海海岸最为崎岖的
地方,被称为"欧洲最南端的峡湾",但是实际是一个溺湾,一个地下河峡谷。
附近奥尔延山、洛夫琴山悬伸的石灰岩峭壁,使科托尔和周围地区形成了动
人的图画般的地中海风景。

科托尔属于湿润的亚热带气候。居民包括黑山人、塞尔维亚人、克罗地
亚人等。科托尔的市镇格局具有典型的中世纪城镇特点,整座城市由若干广
场构成,广场四周环绕着建筑物,广场之间由街巷连接。

经济

科托尔的工业以食品加工为主,还有造船、机械等。科托尔为旅游城市,
近些年科托尔游客数量稳定增加。

文化

科托尔有海军学院、有海洋博物馆、历史档案馆等。科托尔举办过几届
夏季盛会,如夏季狂欢节。

旅游

科托尔是世界遗产地，称为科托尔自然和历史文化地区。科托尔完整保存了中世纪的古城格局，城市建筑具有典型的威尼斯风格。进入古城的城门建于 500 年前。军队广场的钟塔是城市的地标性建筑，始建于 1602 年，经过几度修建，钟塔包含了不同建筑风格，东面、北面是中世纪哥特式，西面、南面则渗透着巴洛克建筑元素。面粉广场上的 Beskuca 宫建于 18 世纪中叶。圣特里芬广场有建于 1166 年的圣特里芬大教堂，是为纪念殉道者特里芬而建。科托尔最古老的基督教堂是圣卢卡（St. Luka's）教堂，建于 1195 年，为罗马和拜占庭混合式结构，里面保存有 13 世纪的壁画。从海边到山顶的城墙和堡垒也完整保留下来。现代科托尔城色彩鲜艳，有蔚蓝的海湾和鳞次栉比的红屋顶。

科托尔湾有亚得里亚海最崎岖的海岸，附近高悬的奥尔延、洛夫琴山的石灰岩崖壁构成了壮美的地中海风景。在科托尔附近，位于佩拉斯特湾边的圣乔尔捷、戈斯帕和什克尔皮耶拉小岛也是著名的旅游目的地。

科托尔与亚得里亚海高速公路相连。通过弗尔马茨隧道可到达其余海岸城市和黑山内陆。在历史上科托尔与采蒂涅早已有公路相通，沿路可观赏壮美的科托尔湾景色。蒂瓦特机场距科托尔 5 千米，有固定航班飞往贝尔格莱德、莫斯科和巴黎。在夏季蒂瓦特机场还提供大量的包租飞机降落场。波德戈里察机场离科托尔 65 千米，全年有固定航班飞往欧洲各主要城市。

布德瓦

地名由来

布德瓦，英文名称为 Budva，是布德瓦区的行政中心，是黑山最有名的旅游胜地。布德瓦在历史上有塞尔维亚语、黑山语、意大利语、希腊语名字。

区位

布德瓦位于黑山西部，亚得里亚海岸，大致位于黑山海岸线的中部。

历史

布德瓦是亚得里亚海岸边最古老的定居点，可追溯到公元前 5 世纪，早期居民是伊利里亚人。传说腓尼基王子卡德摩斯从希腊的底比斯城邦逃亡，与妻子哈莫尼亚在布德瓦找到藏身之处，建立了这座城市。公元前 4 世纪，古希腊人开始在亚得里亚海殖民，商业中心就建在布德瓦。

公元前 2 世纪，布德瓦变成罗马帝国的一部分。罗马帝国分裂后，东、西罗马帝国的防御线穿过布德瓦地区，这一特殊的地理位置对布德瓦的历史和文化产生了深远影响。

公元 6 世纪，布德瓦属于拜占庭帝国，接下来的两个世纪里，斯拉夫人与阿尔瓦人开始到达这一区域，与当地罗马人混居。公元 841 年，布德瓦遭到撒拉逊人洗劫。

在中世纪早期，布德瓦先后受到杜克利亚国王、塞尔维亚和泽塔贵族的统治。1420 年开始受威尼斯共和国统治，一直到 1797 年。在这近四百年里，布德瓦称为布杜亚，属于威尼斯科托尔湾地区。为了抵御奥斯曼土耳其帝国的袭击，城市四周建起高大城墙。直至 19 世纪初，布德瓦的绝大多数居民讲威尼斯语言。

1797 年威尼斯共和国灭亡，布德瓦归属哈布斯堡王朝统治。在拿破仑战争时期，黑山势力与俄国结盟，于 1806 年控制布德瓦，但是第二年就放弃了，布德瓦接受法国统治，1813 年，法国将布德瓦转手给奥匈帝国，奥匈帝国统治布德瓦 100 余年，直到 1918 年。

第一次世界大战结束后，奥地利军队撤出后，塞尔维亚军队进入布德瓦，布德瓦成为南斯拉夫王国的一部分。第二次世界大战初的 1941 年，布德瓦被意大利占领。1944 年 11 月 22 日，南斯拉夫游击队解放布德瓦，布德瓦加入南斯拉夫社会主义联邦共和国的黑山共和国。2006 年黑山宣布独立，布德瓦属于黑山。

地理

布德瓦由 35 千米的亚得里亚海岸包围，有 12.5 平方千米的沙滩。

布德瓦属于典型的地中海气候，夏季炎热，冬季温暖，全年平均有约 230 个晴天。布德瓦具有典型的地中海降雨模式，冬季较为湿润，夏季比较干燥。夏季白天最高气温在 24℃—32℃，冬季白天最高气温在 8℃—14℃。夏季平均气温约 25℃，冬季平均气温约 9.3℃。在夏季，布德瓦的海水温度可以达到 24.7℃，在秋季海水温度可以保持在 17℃—20℃。

布德瓦居民主要是黑山族、塞尔维亚族，还有俄罗斯族、穆族、克罗地亚族等。

经济

布德瓦是东部亚得里亚海重要的旅游目的地，旅游业极发达，是黑山旅游业的支柱，是布德瓦经济的主驱动。2013 年，布德瓦游客数量近 67 万，近 47 万过夜游客。服务业发达，包括饭馆、咖啡馆、酒馆、商店、旅馆等。在布德瓦的附近有许多豪华兴旺的小镇旅馆。

布德瓦是亚得里亚海展览会的举办城市，是黑山唯一的专业展览地点。全年有许多交易会，包括黑山唯一的汽车展，每年秋天举办。

布德瓦在当地被称为"黑山的科威特"。许多布德瓦市民将自己的房产卖给了外国人，这些买家绝大多数来自俄罗斯、奥地利和意大利，陡峭的山坡旁贫瘠未开发的土地价格都达到了每平方米数百欧元。曾经贫穷的渔村成为欧洲百万富翁密度最高的城市。许多富裕起来的人将他们的钱重新投资到房地产，在波德戈里察和贝尔格莱德市中心购买土地进行房地产开发，这些投资也进一步提升了波德戈里察的生活成本。

文化

布德瓦在 2008 年 5 月举办过世界一级摩托艇大奖赛，此后的四年，这一赛事一直落户于此。

布德瓦全年有许多文化活动。每年举办的"剧院城市"具有特殊重要的意义。该活动开始于 1987 年，每年 7、8 月举行，这个节日将整个旧城变成露天戏剧、音乐会、文学和视觉艺术和表演的会场。2014 年，首次海洋舞蹈节在布德瓦的贾兹海滩举办，此后每年举办。布德瓦嘉年华持续 3 天，每年 4 月末或 5 月初举办。

布德瓦城市博物馆是一个主要的文化机构，常年提供考古和民族志展览。布德瓦在黑山电影院历史上具有重要地位，是黑山电影公司泽塔电影的故乡。

旅游

布德瓦是黑山境内最受欢迎的旅游目的地，以美丽的沙滩、巨大的文化遗产、独具特色的地中海式建筑、丰富的夜生活闻名于世。

布德瓦有 2500 年居住历史，留下了丰富的历史遗迹。布德瓦的旧城区坐落在岩石半岛上，在威尼斯统治时期，罗马时代的大多数城墙和建筑物都还矗立着。防御石墙围绕整个旧城，与塔、防御大门和城堡一起构建了典型的亚得里亚海中世纪围墙城市。绝大多数建筑是由威尼斯人设计的，门、铰链、窗户、阳台、小装饰等，都是威尼斯时期的罗马风格。旧城布局大致是四方的，有许多广场与狭窄的街道相连。现在，围墙内整个区域只能步行。每到夏季挤满游客，鹅卵石街道连接着饭馆、咖啡馆、酒馆和商店。

布德瓦海岸长达 11310 米，有多处引人入胜的沙滩。从老城延伸出的长达 500 米紧靠在几个大的悬崖峭壁之间的小路可以直达布德瓦最著名的莫格伦海滩。其他在城区的海滩包括"理查德的脑袋"、皮扎纳和斯拉夫海滩，很多其他的海滩位于贝奇奇、雅兹、米洛切尔和卡梅诺沃等布德瓦附近的城镇。

由于丰富的夜生活，布德瓦受到年轻人的喜爱，他们进入大街人行道上那一字排开的户外俱乐部，狂欢到凌晨一点，大量的年轻人甚至彻夜狂欢。布德瓦的酒吧的饮料和食品是这一地区最贵的。

布德瓦通过一条双向四车道的高速公路同黑山内陆相通，有两条道路从波德戈里察到布德瓦，或者通过采蒂涅，或者通过索齐纳隧道，不论哪条道路，从黑山首都、交通枢纽波德戈里察到布德瓦的距离都是 60 千米。通过亚得里亚海岸高速公路，布德瓦与其他的黑山海滨城市连接，这条高速公路从乌尔齐尼到新海尔采格，横贯黑山海岸线直达克罗地亚边境。蒂瓦特机场距离布德瓦 20 千米，有固定的航班飞往贝尔格莱德、苏黎世。波德戈里察机场距离布德瓦 65 千米，全年都有固定航班飞往贝尔格莱德和其他欧洲城市。

马其顿

马其顿（Macedonia），全称马其顿共和国，其国名可能是来源于古伊利里亚语，意为"牛群"。马其顿位于东南欧的巴尔干半岛南部的内陆国家，东临保加利亚，北临塞尔维亚，西临阿尔巴尼亚，南临希腊。马其顿为内陆国家，总面积25713平方千米，总人口2081012人（2016年）[①]。全国分为8个统计区，共84个市镇。首都为斯科普里。主要城市有斯科普里、比托拉、库马诺沃、普里莱普、泰托沃等。

斯科普里

地名由来

斯科普里，英文名称为Skopje，是马其顿共和国的首都，也是马其顿最大的都市和政治、文化、经济、学术中心。斯科普里名称来自古拉丁语的斯库皮（Scupi）一词，是古希腊和古罗马境内一个要塞城市的名称。

[①] http://worldpopulationreview.com/countries/，查阅日期：2016年6月6日。

区位

斯科普里位于马其顿北部，巴尔干半岛中部，瓦尔达尔河上游，大约在贝尔格莱德和雅典两城的中间。

历史

距今约 6000 年前，斯科普里地区已有居民，可能属于色雷斯人部族的特里巴利人，他们受斯基泰人、凯尔特人和伊利里亚人很大影响。之后，又有派奥尼亚人居住。

公元前 3 世纪，达达尼亚人入侵斯科普里，称之为斯库皮，是达达尼亚的首都。罗马帝国向东方扩张，控制斯科普里。在罗马皇帝奥古斯都统治时期，斯科普里是穆尔西亚行省的一部分。公元 86 年，罗马皇帝图密善拆分帝国行省，斯科普里地位提高，成为上穆尔西亚行省的首府，是上穆尔西亚行省内达尔达尼亚人的特别地区。

公元 395 年开始，斯科普里归属拜占庭帝国，为贸易中心和军队的驻扎地，具有重要地位。公元 527 年，拜占庭皇帝查士丁尼一世出生于斯科普里东南 20 千米处的陶雷修姆。

在中世纪初期，拜占庭与保加利亚第一帝国多次争夺斯科普里。公元 972 年至公元 992 年，斯科普里是保加利亚第一帝国的首都。之后，拜占庭、塞尔维亚曾短暂统治。13 世纪中期，斯科普里成为保加利亚封建领主、后来的保加利亚沙皇君士坦丁一世统治时期的首都。1282 年，斯蒂芬·米卢廷二世从拜占庭手中取得斯科普里。1346 年，米卢廷之孙乌罗斯四世成立塞尔维亚帝国，斯科普里为首都，大主教座升格为总主教座。1355 年，乌罗斯四世突然逝世，乌罗斯五世继位之后，塞尔维亚帝国难以维持，分裂为数个小公国。

1392 年，奥斯曼土耳其征服斯科普里，斯科普里成为中欧的战略要地，城市向瓦尔达尔河、赛尔博河的合流地扩张，穆斯林很快成为斯科普里城市居民的多数派，城市建筑样式也随之发生变化。

1893 年，马其顿革命组织在塞萨洛尼基建立，反对奥斯曼土耳其，宣称马其顿不可分裂，无论宗教和民族，居住在马其顿的居民都是马其顿人。

第一次巴尔干战争期间，1912 年，黑山、希腊、塞尔维亚、保加利亚联军一致敌对奥斯曼土耳其帝国，迫使其撤出马其顿。根据 1913 年《伦敦条约》，塞尔维亚政府开始统治马其顿。

第一次世界大战期间，1915 年，保加利亚占领斯科普里。1918 年至 1939 年间，斯科普里成为新成立的南斯拉夫王国的一部分。

第二次世纪大战期间，1941 年 4 月 7 日纳粹德国占领斯科普里，将之划给保加利亚。1943 年 3 月 11 日，居住在斯科普里的 3286 名犹太人被强制送往波兰的特雷布林卡集中营的毒气室。1944 年 9 月 13 日，南斯拉夫游击队的旗下军队"马其顿解放战线"及其同盟"保加利亚人民军"解放斯科普里。二战后，斯科普里成为南斯拉夫社会主义联邦共和国内马其顿人民共和国的首府。1991 年成为独立的马其顿共和国的首都。

1963 年一场大地震后，斯科普里重建，大部分城市规划由日本城市规划家丹下健三所设计。在重建规划中，最具代表性的建筑是斯科普里火车站，高架月台使得道路交通和步行者得以分离。由建筑家扬科·康士坦丁诺夫设计的中央邮政局也值得一提。瓦尔达尔河上有多座桥梁，其中 5 座位于斯科普里市中心。

2014 年，马其顿的执政党——马其顿内部革命组织民族统一民主党提出斯科普里 2014 建设计划，建设众多具有纪念碑意义的设施，包括数个雕塑和喷泉、桥梁以及博物馆。

地理

斯科普里坐落于斯库皮谷地，四周高山环绕，城市平均海拔约 225 米。瓦尔达尔河贯穿整个城市，托雷斯卡河、莱佩纳茨河、普钦尼亚河、卡第那河、马尔科瓦河、巴特舒卡河等支流在斯科普里注入瓦尔达尔河，在市区附近形成河谷。斯科普里市内有冰川湖雅库皮察。

按照柯本气候分类法，斯科普里属于副热带湿润气候。夏季潮湿炎热，经常超过 31℃，有时会超过 40℃。春季和秋季的气温介于 15℃ 到 24℃ 之间。冬季寒冷且潮湿，平均气温大约有 6℃，有时会低于 0℃，也有低于 -10℃ 的情况，常有降雪。全年均有降水，10—12 月和 4—6 月期间降水较多。由于位于斯科普里西北部普罗莱蒂耶山脉的影区，降水较少，降水量只有与其同纬度的亚得里亚海沿岸地区降水量的 1/4。

斯科普里市区面积 1854 平方千米。市中心以瓦尔达尔河为界，分为两个行政区。河北岸是赛尔地区，斯科普里的旧巴扎位于这里，是斯科普里的旧市区。南岸是辛塔尔，有众多的现代建筑，是斯科普里市区的中心。斯科普里集中了马其顿全国总人口的三分之一。据2006年的统计，斯科普里城市人口668518人，居民主要信仰东正教和伊斯兰教，少量信仰天主教、新教和犹太教。

经济

斯科普里主要工业有食品加工、纺织、印刷、金属加工。斯科普里有马其顿证券交易所，国家银行等银行以及保险公司和通信公司。除了许多传统小商店，斯科普里有两家大市场和众多的超市。

文化

斯科普里是马其顿共和国的文化中心，有许多文化场馆，如马其顿博物馆、自然历史博物馆、马其顿公文书馆、马其顿地震博物馆、现代美术馆等。

斯科普里有多种文化活动。自1981年开始，斯科普里每年举行斯科普里爵士音乐节。每年夏季举办布鲁斯及灵魂乐音乐节、夏季文化节，包括音乐会和歌剧、芭蕾、喜剧、艺术、摄影展、电影等。1972年以来每年5月举行歌剧节，自1976年开始每年举办青年歌剧节。

斯科普里是马其顿最大的媒体中心。据马其顿信息化部数据，2000年斯科普里有818种报纸发行，其中超过600家总部设在斯科普里。马其顿广播电视总部设在斯科普里，有3个频道在马其顿全国24小时播出。还有民营电视台。马其顿信息局和马其顿文传社等通讯社的总部设在斯科普里。

斯科普里有多所高等院校。最大最古老的是圣西里尔和圣多迪乌斯大学，建于1949年。1991年独立后，出现几所私立大学。

斯科普里有许多重要体育设施，有3个大游泳池，其中2个符合奥林匹克标准。有多个足球场和多功能体育中心。

旅游

斯科普里城市拥有许多历史遗迹。斯科普里保存了拜占庭时代和奥斯曼土耳其帝国时代的宗教建筑。位于斯科普里近郊的圣庞塔莱翁教堂完成于

1164 年，其中有科穆宁王朝时期的艺术遗迹，并以湿壁画闻名。还有马尔科修道院、圣尼基塔教堂、圣安东雷亚教堂等。奥斯曼土耳其帝国时代的教堂圣救济教堂位于斯科普里旧巴扎和斯科普里要塞之间，圣德米特里教堂位于一座 13 世纪的古老教堂之内。在旧巴扎地区清真寺最集中，多为典型的土耳其风格，最著名的清真寺是建于 1492 年的穆斯塔法·帕夏清真寺，其他还有建于 1439 年的伊萨·贝伊清真寺。为纪念 1963 年地震，由老火车站原址改建的马其顿地震博物馆，使地震中受损的斯科普里旧火车站得以保存至今。

20 世纪 60 年代，斯科普里诞生众多野兽派建筑，使之成为颇具现代感的都市，中央邮政局和国立银行是代表作。

斯科普里拥有多种自然环境，动物、植物群非常丰富，有保护区，是大众休闲目的地。城市有许多林荫大道，有两个环保公园，一个是沿河而依的城市中心公园，一个是临市而建的沃德诺山森林公园，从山上可俯瞰市区全景。

自 20 世纪 90 年代开始，斯科普里逐渐成为东南欧的交通枢纽。泛欧交通走廊 8 号线（东西方向）和泛欧交通走廊 10 号线（南北方向）在斯科普里交会。自挪威瓦尔德至希腊克里特岛的欧洲 E75 公路通过斯科普里东侧，连接斯科普里和马其顿的库马诺沃、韦莱斯、内戈蒂诺、格夫戈里亚等城市。欧洲 E65 公路通过斯科普里北侧和西侧，连接斯科普里和泰托沃、戈斯蒂瓦、基塞沃、奥赫里德、比托拉等马其顿城市。

斯科普里的新火车站——中央车站位于市中心以东 2 千米处，有自斯科普里开往塞尔维亚贝尔格莱德、科索沃普里什蒂纳的国际列车。

斯科普里中央巴士枢纽位于中央车站附近，有众多开往马其顿国内主要城市及塞尔维亚贝尔格莱德、科索沃普里什蒂纳、保加利亚索菲亚、土耳其伊斯坦布尔等巴尔干半岛各国主要都市的国际巴士。斯科普里国际机场位于距市中心约 22 千米的彼得罗维奇，有前往阿姆斯特丹、贝尔格莱德、贝尔萨、布鲁塞尔、汉堡、伦敦等欧洲主要城市的航班。

比托拉

地名由来

比托拉，英文名称为 Bitola，是马其顿共和国的第二大城市，比托拉区的市政府所在地，是马其顿西南部的行政、经济、教育和文化中心。

比拉托名字源自斯拉夫人的古老教堂，当时城市以修道院著称，意为"修道院"。在 11 世纪早期一座堡垒的铭文中，有"比托拉"这个名字

区位

比托拉位于马其顿西南部，距首都斯科普里 169 千米，邻近希腊边境。

历史

比托拉是马其顿最古老的城市之一，有丰富的史前遗迹。在公元前 4 世纪，马其顿国王菲利普二世开始建设比托拉城，以希腊英雄赫拉克勒斯的名字命名。因为具有战略地位而繁荣。

公元前 148 年，罗马征服马其顿，摧毁了比托拉的政治势力。但是，由于罗马通往伊拿迪亚的道路经过，城市保持了繁荣。在赫拉克勒斯有罗马时代的遗迹，如柱廊、浴室、竞技场等。

在拜占庭时代早期（公元 4—6 世纪），这里是重要的主教中心。公元 472 年，城市被东哥特王国军队洗劫，公元 479 年再次被洗劫，公元 5 世纪晚期、6 世纪初期城市恢复繁荣。在公元 6 世纪晚期城市经历了一连串的斯拉夫人攻击，渐渐被遗弃。

公元 7 世纪，斯拉夫人进入该地区，建立城市。公元 8 世纪晚期到 11 世纪早期，比托拉成为第一保加利亚王国的一部分。10 世纪，比托拉在保加利亚皇帝塞缪尔统治下，建造了城堡。在他统治期间，比托拉是保加利亚的一个重要中心，比托拉主教的驻地，因拥有数量众多的教堂及修道院而闻名。1015 年，拜占庭皇帝巴兹尔二世再次占领比托拉。12 世纪晚期，保加利亚国

收复比托拉。13世纪晚期，拜占庭又一次侵犯比托拉，14世纪前半叶，比托拉被塞尔维亚征服，成为塞尔维亚的一部分。作为一个军事、政治、文化中心，比托拉对这一区域的中世纪社会发挥了重要作用。在被奥斯曼土耳其帝国征服前夕，比托拉与整个巴尔干半岛建立了良好的贸易路线，尤其是与君士坦丁堡、塞萨洛尼卡、拉古萨等经济中心的良好联系，获得了巨大发展，满载各种各样商品的大篷车来来往往。

1382年，奥斯曼土耳其帝国的军队开始征服比托拉，双方发生了惨烈的战斗。1395年，塞尔维亚国王去世，奥斯曼土耳其完全占有比托拉，设立奥赫里德区作为鲁米利亚的一部分，这是奥斯曼土耳其在欧洲设立的第一个区。比托拉市成为地区的贸易中心，希腊、阿尔巴尼亚及其他周边地区的商品集散中心，以及伊斯兰宗教中心，17世纪末这里建立了伊斯兰学校。比托拉市有清真寺70座，数家咖啡厅、茶社，有约900家店铺组成的大市场。

欧洲各国反抗奥斯曼土耳其的战争使比托拉的发展一度受阻，但是到19世纪晚期，比托拉再次成为广大的南部巴尔干的第二大城市，仅次于萨洛尼卡。1874年，比托拉成为包括十数个区的比托拉省的中心。城市拥有多所著名学校，多个文化机构的总部设在这里。从1878年到1913年，有12个国家在比托拉设领事馆，比托拉以"领事之城"著称。到19世纪晚期，比托拉居民中有阿罗蒙人，包括土耳其人、罗马人、阿尔巴尼亚人在内的穆斯林以及犹太人。1894年，比托拉有火车通往萨罗尼加，1903年，马纳基兄弟制作了巴尔干的第一部电影，为了纪念他们，一年一度的马纳基兄弟国际电影节在比托拉举办。

1905年，阿尔巴尼亚解放秘密委员会建立。1909年，在比托拉召开的会议决定现代阿尔巴尼亚字母系统。

1912年，在第一次巴尔干战争中，黑山、塞尔维亚、保加利亚和希腊与奥斯曼土耳其作战。根据1913年的《布加勒斯特条约》，希腊、塞尔维亚、保加利亚三分马其顿，比托拉划归塞尔维亚。第一次世界大战中，比托拉是一个前沿城市，1915年11月25日，保加利亚占领比托拉，第二年被协约国军队夺回。比托拉分为法国、俄国、意大利和塞尔维亚拥有区。1918年晚秋，保加利亚投降，比托拉依然为前线，每天遭到飞机、大炮的轰炸，几乎全被摧毁。

第二次世界大战中，1941 年，德国、保加利亚先后占领比托拉。1944 年 9 月，保加利亚转换战争方向，撤出南斯拉夫，南斯拉夫游击队解放比托拉，11 月 4 日，马其顿解放部队胜利进入比托拉。二战结束后，马其顿国家建立，属于南斯拉夫，1945 年，第一家使用马其顿语言的学校在比托拉建立。

现在，比托拉有"领事之城"的美名，奥地利、斯洛文尼亚、法国、土耳其、意大利、英国、俄罗斯、罗马尼亚、希腊及其他一些国家在该市设有领事馆或名誉领事馆。

地理

比托拉位于培拉高尼亚河谷，在亚得里亚海区域南部与爱琴海、中欧的一个重要结合点上。群山环绕，平均海拔约 515 米，有德拉戈河流过。佩里斯特山是国家公园，拥有异常丰富的动植物群，其中有最珍贵的松树种马其顿松树，还有著名的滑雪度假胜地。

比托拉居民以马其顿族为主，还有罗马尼亚人、阿尔巴尼亚人、土耳其人、塞尔维亚人等，宗教信仰有东正教、伊斯兰教、天主教、新教等。

经济

比托拉的经济高于马其顿平均经济水平。工业部门主要包括纺织、食品加工、印刷、电器组装等。很多大中型企业的公司总部在这里，有马其顿最大的食品生产加工企业佩拉哥尼亚农业联合公司，有全国规模最大、技术设备最先进的水处理系统，有著名的电器和金属加工企业福林柯冰箱厂，热电站发电占全国近 80%。得益于区位优势，比托拉吸引了大量的外国投资者。2008 年、2011 年比托拉两次被世界银行评为最佳商业目的地。

2008 年 1 月，比托拉在距离市区南边 9 千米处设立扎贝尼工业园区，距希腊边境仅 5 千米，位于 M5 主要公路旁，有铁路可达希腊。已有来自德国、意大利、希腊、澳大利亚及荷兰的企业在此投资。

文化

比托拉的圣奥赫里德克利门特大学创立于 1979 年，为马其顿第二所大学，学院分设在比托拉、普里莱普和奥赫里德市，设科技学院、经济学院、旅游休闲学院、教育学院、生物工程学院、医学院、烟草研究所、水生物学研究所、斯拉夫文化研究中心等相关机构，有学生 5000 多名。

作为马其顿南部的文化中心，比托拉常年举办多项文化节活动。伊林顿纪念日为纪念伊林顿起义，每年举行，持续 4—5 天，展示音乐、歌曲、舞蹈，聚焦于马其顿的民间文化，有许多民间组织参加。比托拉小蒙马特尔节是儿童艺术节，每年，来自全世界的儿童来到这里，用艺术表现他们的想象。儿童戏剧节每年 8 月举办。国际儿童歌唱节每年 5 月举办，有来自欧洲多国的儿童参加。文化旅游节开始于 2007 年，每年 7 月中旬，在比托拉老城中心的土耳其市场举办，是比托拉文化之夏的一部分。此外还有马纳基兄弟国际电影节、赫拉克里国际音乐戏剧节、古典音乐诗歌节、单人戏剧节、小夜曲音乐节等。

比托拉最流行的运动是足球和手球。

旅游

比托拉市拥有许多景观。公元前 4 世纪中期马其顿国王菲利普二世所建赫拉克勒斯城遗址在比托拉城南，距离市中心约 2 千米。

从蒙哥诺利亚广场到城市公园的步行大街附近有奥斯曼土耳其帝国统治时期建造的钟楼。

1830 年建造的圣迪米特留斯教堂外表朴素，内部极尽华美。

建于 15 世纪的土耳其覆顶市场位于市中心附近，是比托拉最震撼最古老的建筑之一，众多的圆屋顶外似堡垒，内中有树枝型延伸的街道，四个大金属门，是当地最大的覆顶市场之一。

比托拉有多所著名清真寺，1560 年代建造的埃达卡迪清真寺是比托拉最有魅力的伊斯兰建筑之一，是奥斯曼土耳其著名的建筑师米马尔·希南的作品，叶尼清真寺位于市中心，还有伊萨克塞莱比清真寺、科扎卡迪清真寺，

德伯尔浴室是土耳其浴室，保留了原有的建筑风格。

马托拉临近有马其顿佩利斯特国家公园，66 千米外有马其顿的世界遗产奥赫里德湖。

比托拉交通方便，欧洲国际公路 E65 经过比托拉，还有 A3、R1311 等交通要道通往其他地方。

奥赫里德

地名由来

奥赫里德，英文名称为 Ohrid，是马其顿第七大城市，是奥赫里德区的行政中心。城市的建立与希腊神话中的腓尼基王子卡德摩斯有关，他从古希腊的底比斯被放逐，流亡到恩切莱人所在的地方，在奥赫里德湖畔建立了这座城市。在马其顿语和南部斯拉夫语言中，城市的名称是奥赫里德，这一名称最早出现在公元 879 年的文献里。

区位

奥赫里德位于马其顿西南部，在首都斯科普里西南，比托拉以西，靠近阿尔巴尼亚边境，在奥赫里德湖东北岸。

历史

已知奥赫里德湖地区最早的居民是恩切莱人，是伊利里亚人的一支。马其顿考古学家认为，在公元前 4 世纪马其顿国王菲利普二世时期这里已有城镇，奥赫里德早期的萨姆勒斯堡垒建于公元前 4 世纪。

公元前 3 世纪末到公元前 2 世纪初，罗马帝国入侵，修建了经过奥赫里德湖边的大道，这条大道成为东罗马帝国连接亚得里亚海港口都拉斯（属于阿尔巴尼亚）的通道。公元 5 世纪，这里已有基督教信仰。

公元 6 世纪，南部斯拉夫人开始来到这里，到公元 7 世纪早期，斯拉夫部落 Berziti 在此殖民。公元 867 年，保加尔人征服奥赫里德。公元 879 年，斯拉夫语名字 Ohrid 首次出现。公元 886 年，奥赫里德的斯拉夫圣者、学者和启蒙者克莱门特建立奥赫里德图书馆学校，奥赫里德成为保加利亚王国的第一文化中心。在公元 990 年到 1015 年之间，奥赫里德是保加利亚帝国的大本营和首都，在公元 990 年到 1018 年之间，这里也是东正教保加利亚教区牧首的所在地。1018 年，东罗马皇帝巴兹尔二世再次征服奥赫里德，保加利亚东正教教区被降级为奥赫里德教区，并置于君士坦丁堡牧首的统辖之下。作为主教的城市，奥赫里德是巴尔干重要的文化中心，几乎所有保留下来的教堂都是由保加利亚人和拜占庭帝国建造的，其余的一些可追溯到中世纪晚期塞尔维亚统治时期。

1083年，博希蒙德率领一支诺曼军队占领奥赫里德城。在13世纪和14世纪，奥赫里德城在伊庇鲁斯王国、保加利亚王国、拜占庭、塞尔维亚和阿尔巴尼亚统治者之间转手。

1395年，奥斯曼土耳其帝国征服普里莱普公国，占领奥赫里德，以奥赫里德为新建立的奥赫里德区的首府。1464年9月14—15日，阿尔巴尼亚封建领主的军队和威尼斯军队在奥赫里德附近击败奥斯曼土耳其军队。1466年，穆罕默德二世反击斯坎德培之后，自阿尔巴尼亚返回，废除了奥赫里德的大主教，因为大主教和奥赫里德市民支持斯坎德培。在奥斯曼土耳其统治的第一个世纪里，基督教衰退。18世纪，奥赫里德成为重要商道上的一个重要贸易中心。19世纪，奥赫里德地区成为斯库台帕夏领地的一部分，由阿尔巴尼亚的布沙蒂家族统治。在1912年之前，奥赫里德是位于莫纳斯提尔省（今马其顿比托拉地区）的莫纳斯提尔桑扎克的行政中心。

1912年，塞尔维亚军队攻克奥赫里德，1913年9月当地阿尔巴尼亚人和前保加利亚内的马其顿革命者组织领导人再次起义反对塞尔维亚。1929年到1941年，奥赫里德是南斯拉夫王国的一部分，奥赫里德也是马其顿首席部长的官邸所在地。

地理

奥赫里德位于奥赫里德湖东北岸，平均海拔约695米。奥赫里德属于海洋气候，接近湿润的亚热带气候。8月最热，平均气温低于22℃，在14.2℃到27.7℃之间。1月份最冷，平均气温约2.5℃，在-1.5℃到6.2℃之间。曾有过38.5℃的绝对最高气温和-17.8℃的绝对最低气温。11月降雨最多，平均约90.5毫米。夏季的6—8月降雨最少，平均约30毫米。奥赫里德一年之中约有230天阳光明媚。

奥赫里德居民大部分为马其顿人，还有阿尔巴尼亚人、土耳其人等，主要信仰东正教和伊斯兰教等。

经济

旅游业在奥赫里德城市产业中占主导地位。丰富的人文景观和自然景观吸引了大批游客前来观光，尤其是在每年 7 月和 8 月份的一系列文化节期间，奥赫里德宾客如云，为城市经济注入了巨大活力。

文化

奥赫里德设有艺术学校、历史博物馆和艺术陈列馆等。奥赫里德有众多的文化节。奥赫里德夏季音乐戏剧节，在 7 月到 8 月举办；奥赫里德国际合唱节，在 8 月末举办；巴尔干民间歌曲舞蹈节，在 7 月初举办，持续四天，分为新人音乐夜、民间音乐夜、流行音乐夜和国际音乐夜。

旅游

奥赫里德有铁路、公路、航空线。奥赫里德机场在城市的附近，全年开放，有固定航班前往斯科普里、贝尔格莱德、蒂瓦特、索菲亚、地拉那、都拉斯和斯库台。

奥赫里德景色秀丽、气候宜人，是国际疗养和游览胜地。1980 年，奥赫里德以其文化历史和自然景观被列入世界遗产名录。城市拥有众多教堂、修道院、壁画、城堡、塔等古迹。在索菲亚教堂内保存下来一个古罗马时代的浮雕。作为一个东正教中心城市，奥赫里德拥有大量教堂，曾一度拥有过 365 座教堂，被称为"巴尔干的耶路撒冷"，至今保存了 23 座。保存下来的教堂几乎都是由东罗马帝国和保加利亚人修建的，余下的也可以追溯到塞尔维亚人统治时期。奥赫里德是东罗马帝国的中心和拜占庭教堂的所在地，11—18世纪，圣索菲亚教堂是整个马其顿地区的教堂，教堂内的湿壁画已经有 800 多年的历史，

奥赫里德是泛斯拉夫文化知识的源头，在普劳什尼克的圣潘特莱蒙修道院是西方世界最古老的大学之一，历史可以追溯到公元 10 世纪之前。

奥赫里德拥有丰富的美丽水体。隐藏在巴尔干群书之中的奥赫里德湖是世界上最古老的湖泊之一，享有"世界上最美丽的湖泊"的美誉，长 35 千米，宽 15 千米，分属于马其顿和阿尔巴尼亚。湖岸边有档次不同的旅店和饭馆，

这片别墅建筑与岸上特异的岩石浑然一体。离奥赫里德 40 千米远的地方有一座公元 9 世纪建造的圣瑙姆修道院，正好在马其顿和阿尔巴尼亚交界处。在这座修道院后面有一片处于原始状态的自然风光，一个面积很大的湖泊泉水湖，与奥赫里德湖既相连又分离。湖水中含有丰富的矿物质，因而湖里没有鱼，只有一些水藻在紫青色的水里闪闪发光，岸边有 10 来个泉眼，汩汩地向外冒着晶莹的泉水。

沿着加利西卡山的道路盘旋而上可到达普雷斯帕湖，湖中央的一个无人岛戈莱姆岛上，马其顿、阿尔巴尼亚、希腊三个国家的边境在这里相接。戈莱姆岛是鸟类的天堂，普雷斯帕湖内有各种水鸟，鹈鹕、白鹭、鸬鹚等。普雷斯帕湖畔的村庄有浓厚的乡村气息，村里有清真寺尖塔和基督教堂塔。由于 7—8 月有众多的文化节，从 7 月起，整个城市沉浸在古典音乐、爵士乐、音乐剧和民歌中。

阿尔巴尼亚

　　阿尔巴尼亚（Albania），全称阿尔巴尼亚共和国。关于其国名，一说为部族名，一说为"村落"之意，一说为"山"。[1]阿尔巴尼亚位于巴尔干半岛西岸，北与塞尔维亚、黑山相接，东北与马其顿相连，东南邻希腊，西濒亚得里亚海和伊奥尼亚海，隔奥特朗托海峡与意大利相望。国土面积为 28748 平方千米。人口数量为 2903700（2016 年）[2]。阿尔巴尼亚行政区划设州、区、乡、村。全国共有 12 个州，36 个区。首都为地拉那。有地拉那、斯库台、都拉斯、爱尔巴桑等重要城市。

地拉那

地名由来

　　地拉那，英文名称为 Tirana，是阿尔巴尼亚的首都，第一大城市，也是阿尔巴尼亚的经济、文化、交通中心。早期居民伊利里亚人称他们的居地为地拉那。

---

①　详见王胜三、陈德正主编：《一带一路列国志》，人民出版社2015年版，第289页。

②　http://worldpopulationreview.com/countries/，查阅日期：2016年6月1日。

区位

地拉那位于阿尔巴尼亚的中西部，西距亚得里亚海岸 32 千米，地处中部克鲁亚山的西侧盆地，伊塞姆河畔。

历史

上溯到 1 万到 3 万年前的旧石器时代，地拉那已有居民，伊利里亚人是已知留下名字最早的地拉那居民，伊利里亚人称他们的居地为地拉那。

公元前 2 世纪，地拉那属于罗马帝国统治。地拉那发现的最古老的建筑是罗马房屋，后来变成了一座教堂，有马赛克的地板，这座建筑可追溯到公元 3 世纪。在东郊，一座中世纪庙宇附近还有其他遗迹。在穆拉特托普坦尼大街，有公元 520 年东罗马帝国皇帝查士丁尼所建的一座城堡遗迹（18 世纪被修复）。在伊利里亚时代和古典时代，地拉那还没有特别重要的地位。

1415 年，奥斯曼土耳其入侵阿尔巴尼亚地区。在 15 世纪 30 年代，地拉那有了 60 个居民区，近 2028 所房子，7300 个居民。在 15 世纪 40 年代到 80 年代，阿尔巴尼亚民族英雄斯坎德培以地拉那以北 20 千米的兑鲁亚城为根据地，率领阿尔巴尼亚人民反抗奥斯曼土耳其统治，至 1501 年，奥斯曼土耳其帝国重新占领阿尔巴尼亚。1614 年，一位奥斯曼土耳其帝国的将军在此建立城镇，他为了吸引移民，建立了清真寺、面包点心店、奥斯曼土耳其浴池，因为位于商队通道之上，地拉那的地位迅速上升。地拉那的工匠制造丝织品、棉织品、皮革制品、陶器、铁器、银器和金器。因为坐落于肥沃的平原，地拉那向威尼斯出口橄榄油和烟草。到 1901 年，地拉那有 14 万株橄榄树，400 个炼油厂，700 家商店。

1889 年，地拉那学校开始教阿尔巴尼亚语。1908 年，爱国者俱乐部建立。1912 年 11 月 28 日，阿尔巴尼亚宣布独立，地拉那升起国旗。在巴尔干战争中，地拉那被塞尔维亚等国占领。1920 年阿尔巴尼亚再次宣告独立，根据国民大会制定的临时宪法《卢什涅章程》，地拉那代替都拉斯成为阿尔巴尼亚的首都。

1923 年，奥地利建筑师设计出第一份地拉那城市规划，经阿尔巴尼亚、意大利和奥地利建筑师修订，成为地拉那城市建设的模板。20 世纪 30 年代到

40 年代，地拉那建设工程完成。

第二次世界大战中，1939 年法西斯军队占领地拉那，建立了一个傀儡政府。与此同时，意大利建筑师负责继续先前的城建工程。到 20 世纪 40 年代初，中心大道的南部和周围建筑完成。

阿尔巴尼亚共产党发动当地人民反对意大利、德国纳粹，地拉那是阿尔巴尼亚共产党活动的中心。经过猛烈的战斗，1944 年 11 月 17 日，纳粹军队撤出，地拉那解放。1949 年 1 月 11 日，阿尔巴尼亚人民共和国在地拉那宣告成立，地拉那为首都。

2015 年地方政府改革，前地拉那区与数个区合并，区政府仍设在地拉那市。

地理

地拉那位于肥沃的阿尔巴尼亚中部平原的末端，伊塞姆河畔，东、南、北三面被长满绿色地中海植物的山峦环抱，发源于达伊特山的拉纳河横穿城区。

根据柯本气候分类，地拉那属于湿润的亚热带气候，夏季降水丰富，每个夏季月份有超过 40 毫米的降雨，夏季较热，干湿适宜，冬季凉爽潮湿，每年冬季下雪，但很快融化。月平均气温最高约 23℃，最低约 6.8℃。

2015 年合并成直辖市后，总人口 80 万人，大半居民是穆斯林，其次是基督徒。

经济

地拉那是阿尔巴尼亚的经济心脏，是阿尔巴尼亚主要的工业和金融中心。第二次世界大战后，地拉那在苏联和中国的援助下进行了大规模扩建，成为全国最大的城市和主要工业中心，有水电、机械、纺织、化工、木材加工、冶金、食品加工、制药、化妆品、染料、玻璃、瓷器、印刷等工业。市区的西部为新建工业区，市郊有水电站和煤矿。近些年地拉那的建筑业欣欣向荣，带动了国家整体经济的发展。

文化

地拉那的主要文化机构有国家剧院、阿尔巴尼亚歌剧和芭蕾舞国家剧院、国家艺术馆等，有世界著名音乐家的定期演出。地拉那定期举办双年展、爵士乐节、地拉那时尚周等活动。

地拉那城内和周围地区有许多历史和自然名胜，穆拉特·托普塔尼（阿尔巴尼亚诗人和艺术家）大街附近的地拉那城堡是首都的历史核心，此外还有地拉那钟楼、民族志和钟楼博物馆、地拉那大桥、国家历史博物馆等。

地拉那有多所学术机构，地拉那大学是阿尔巴尼亚的最高学府，是全国唯一的综合性大学，有 1.5 万学生。地拉那理工大学学生人数超过 1 万，还有地拉那农业大学、阿尔巴尼亚科学院、斯坎德培军事大学等，另外还有多所私立大学。

地拉那是阿尔巴尼亚广播电视台等媒体的总部所在地，是阿尔巴尼亚的体育运动中心。

阿尔巴尼亚人以摇头表示赞同，点头表示不同意。熟人相见，相互一连串地问好，并普遍地行一种贴脸礼，其程度也有很大不同：一般的只做左右贴脸姿势；稍亲热一些的是相互贴一贴左右面颊；最亲热的则是相互拥抱起来，在左右贴脸的同时还要吻对方的面颊。

旅游

地拉那为全国的交通枢纽，有公路通往全国各主要城市，有铁路通往都拉斯和爱尔巴桑、费里、拉奇等城镇，市郊有国际航空站。

地拉那东部和北部的主要部分是旧城区，那里大多是具有传统特色的老式建筑。斯坎德培广场位于市中心，斯坎德培骑马雕像在广场南部。斯坎德培广场附近有建于 1819 年的 Et'hem Bey 清真寺，其后是一座高大的钟楼，在钟楼顶上可俯瞰整个广场和色彩艳丽的费里斯转轮，其发明者为 19 世纪的美国工程师乔治·费里斯。广场北面的国家历史博物馆是阿尔巴尼亚最大的博物馆，珍藏着这个国家大部分的古代文物。国立地拉那大学也在广场附近。地拉那还有索古王朝的王宫、民族解放战争博物馆、俄罗斯式建筑文化宫。

有几条林荫道从斯坎德培广场向四方辐射，全市林木扶疏，有公园和街心花园 200 多处，市内有剧院、博物馆和音乐厅。市东郊的达埃蒂山建有达埃地民族公园，周围有人工湖、露天剧场和休养所等。

春夏的傍晚，不少公园里有乐队演奏古今名曲，游人可以边喝啤酒、咖啡边欣赏音乐。东郊的达埃蒂山有占地 3500 公顷的民族公园，风景秀丽，园内有人工湖、露天剧场和休养所等，是著名的旅游点。

斯库台

地名由来

斯库台，阿尔巴尼亚语名称为 Shkodër，为阿尔巴尼亚第二大城，仅次于首都地拉那，为斯库台州和斯库台区的首府。斯库台是阿尔巴尼亚最古老、最具有历史意义的城市之一，是重要的经济、文化中心。斯库台这个名字的起源至今尚不清晰，在公元前 2 世纪，斯库台的名字已经出现在硬币上。

区位

斯库台位于阿尔巴尼亚的西北部，斯库台湖的南岸。

历史

公元前 4 世纪，古伊利里亚人在此建城。公元前 168 年，斯库台被古罗马攻占，成为重要的贸易和军事通道。公元 7 世纪前期，拜占庭皇帝赫拉克利乌斯将西部巴尔干让给塞尔维亚公国，斯库台区域包括在内。公元 996 年，塞尔维亚公国瓦解，除了杜克里亚（今黑山共和国境）仍属其所有，其他领土——塞萨利、伊庇鲁斯、马其顿的全部，以及现代阿尔巴尼亚的大部分，于公元 997 年被保加利亚第一帝国皇帝塞缪尔占领。

1042 年，塞尔维亚国君击败拜占庭，在斯库台建立自己的都城。到 1169 年，斯特凡·尼曼雅建立了统治塞尔维亚 200 多年的尼曼雅王朝，斯库台成为尼曼雅王朝泽塔省的一部分。1330 年，尼曼雅王朝国君任命儿子史蒂芬·杜尚为泽塔省统治者，首府在斯库台。次年杜尚战胜父亲即位。

1362 年，一个尼曼雅王朝的贵族获取斯库台，为了形成奥斯曼土耳其帝国的防御区，他将斯库台臣属威尼斯。在威尼斯人统治时期，斯库台采用了威尼斯语的公民法，其中也包含阿尔巴尼亚元素，如阿尔巴尼亚的信念和社会义务，按照此公民法，斯库台实行自治。

1479 年，奥斯曼土耳其帝国穆罕默德二世攻占斯库台，斯库台变成新建立的斯库台区的首府，穆斯林开始进入斯库台居住。斯库台靠近亚得里亚海和意大利港口，是通往奥斯曼土耳其帝国另一个中心区普里兹伦（今科索沃东南部城市）的陆上通道，这样的地理位置使之成为奥斯曼土耳其帝国统治下的东南欧洲的重要城市，这种地位一直保持到 20 世纪初奥斯曼土耳其帝国结束。在奥斯曼奥斯曼土耳其帝国统治时期，斯库台发展为整个巴尔干半岛的重要贸易中心。斯库台又是多种文化的重要交汇地，产生了许多神学家、诗人和政治家。

19 世纪，阿尔巴尼亚兴起解放运动，斯库台发挥了重要作用。斯库台人参加了保卫阿尔巴尼亚土地的战斗。20 世纪 40 年代，布沙蒂图书馆建成，服务于普里兹伦联盟的斯库台分支，文学、文化、体育协会建立起来，斯库台印刷了第一份阿尔巴尼亚报纸和出版物，一个摄影师家族开始工作，自阿尔巴尼亚解放运动起，他们留下了 15 万张底片。

1912—1913 年巴尔干战争中，黑山和塞尔维亚联军围攻斯库台，1913 年 4 月击败奥斯曼奥斯曼土耳其帝国守军，攻占斯库台。在战后的伦敦会议上，黑山被迫将斯库台转交给新成立的阿尔巴尼亚。

第一次世界大战中，1915 年 6 月 27 日，黑山再次占领斯库台。1916 年 1 月，斯库台转移到奥匈帝国属下，是其占领区的中心。1918 年 11 月 11 日一战结束时，法国军队占领了斯库台。一战结束后，阿尔巴尼亚国际军事行政机构临时设在斯库台。在 1920 年下半年，斯库台受到另一种威胁，即塞尔维亚—克罗地亚—斯洛文尼亚王国军队的武力干预。在各国协助下，1921 年斯库台归属阿尔巴尼亚。

在 1921—1924 年的阿尔巴尼亚民主运动期间，斯库台是一个中心。1924 年 5 月 31 日，民主势力占领斯库台，从斯库台出发进军地拉那。从 1924 年到 1939 年，斯库台开始缓慢的工业化进程，生产食品、纺织品、水泥的小工厂建立。

在 20 世纪末至 21 世纪初，斯库台经历了重生，主街道重新铺设，建筑物粉刷，街道重新命名。2015 年当地政府改革，前斯库台区吸收了数个区，首府在斯库台市。

地理

斯库台区从阿尔巴尼亚的阿尔卑斯山延伸到亚得里亚海。斯库台城因其以西的斯库台湖而倍显重要。斯库台濒临的斯库台湖黑山和阿尔巴尼亚的边境，离亚得里亚海12千米，湖水经布埃纳河注入亚得里亚海。斯库台湖原为海边潟湖，后因地壳轻微下沉而加深，盛产鱼类，可通航。斯库台湖的西面和西北面山岭陡峭，东面有平原和沼泽，有6条河流注入湖中，莫拉察河为最大河流。市区分为以罗查费堡为中心的旧市区和18世纪兴起的新市区，新市区分回教徒区和基督教徒区。

经济

斯库台是阿尔巴尼亚的重要工业中心，有多种机械、电子设备生产企业，还有棉织、丝织、食品、卷烟、酒类和柳条加工等企业，银丝镶嵌、木刻、刺绣等手工业负有盛名。城市东部的德林河上有大型水电站。

文化

斯库台是重要的教育中心。斯库台路易奇·古拉库奇大学是阿尔巴尼亚颇负盛名的学术中心。斯库台还设有教育学院、畜牧学院等高等教育机构。市图书馆藏书多达25万册。还有文化中心、马洛比摄影档案馆、艺术家作家协会、艺术画廊、历史博物馆、米格杰尼剧院等，米格杰尼剧院是以阿尔巴尼亚诗人和作家 Millosh Gjergj Nikolla 的名字命名的，是阿尔巴尼亚第二重要的剧院。斯库台的音乐负有盛名，培育了众多重要的音乐演奏家，城市音乐和乡村音乐在这里都很流行。

斯库台的历史文化建筑有斯库台城堡，奥斯曼土耳其浴池、铅清真寺等，铅清真寺因其所有穹隆覆盖铅而得名。

斯库台每年有许多节日庆典，如狂欢节、儿童节、斯库台爵士节等。

第二次世界大战前斯库台是阿尔巴尼亚天主教的主要活动中心，有大教堂、公教学院、方济各会、隐修院等。

斯库台体育场是阿尔巴尼亚第二大体育场。

旅游

斯库台有机场和海港,是阿尔巴尼亚西北部的公路枢纽。

斯库台是阿尔巴尼亚的灵魂。古老的房屋、狭窄的街道、石头围墙与现代建筑毗邻并列,营造了极富特色的城市形象。

斯库台城和周围区域拥有非常多样化的自然和文化元素。一般认为位于市中心的普亚卡区域最迷人,连接东边的大教堂和城市中部是一条风景优美的景观大道。

斯库台市郊山丘最高点上有传奇的中世纪城堡罗扎法。罗扎法城堡是数次著名的斯库台围城战的战场,现在,城堡及周围地区是阿尔巴尼亚的考古遗址公园。还有另一座中世纪城堡德瑞什特,现为废墟。另一处历史遗迹是一座中世纪小镇的废墟,在斯库台城外 15 千米,小镇建在岛屿小山顶上,阿尔巴尼亚最长的河——临德河环绕,是中世纪阿尔巴尼亚著名的达克格基尼家族的夏季避暑地。

斯库台湖是巴尔干半岛的最大湖泊,阿尔巴尼亚与黑山政府建立了斯库台湖保护区,是重要的夏季旅游胜地。

科尔察

地名由来

科尔察,阿尔巴尼亚语名称为 Korçë,是阿尔巴尼亚的第六大城市,是科尔察区自治区政府所在地。科尔察还有亚美尼亚语、保加利亚和马其顿语、希腊语、拉丁语和土耳其语名字。

区位

科尔察位于阿尔巴尼亚东南部的科尔察高原盆地,莫拉瓦山麓附近,邻近希腊边境。

历史

在古代，科尔察是伊利里亚人恩凯策伊部落居住的中心。1440 年，被奥斯曼土耳其帝国占领，这里成为马纳斯蒂尔行政区的一个县，称为"Görice"，由此发展为现在的科尔察。18 世纪 80 年代科尔察开始繁荣。19 世纪 80 年代晚期，阿尔巴尼亚的新教牧师开始在科尔察传播新教，并建立了阿尔巴尼亚语言学院以及第一所阿尔巴尼亚女子学校。

奥斯曼土耳其帝国对科尔察的统治持续到 1912 年。在巴尔干战争中，1912 年 12 月 6 日希腊军队占领科尔察，1923 年科尔察并入阿尔巴尼亚，这遭到希腊的反对，1914 年 7 月 10 日，希腊北部伊庇鲁特的军队接管科尔察，科尔察再一次归属希腊统治。

第一次世界大战期间，1916 年科尔察被法国控制，1920 年，根据国际边界委员会的决定，科尔察最终成为阿尔巴尼亚的一部分。第二次世界大战期间，1939 年意大利军队占领科尔察，在巴尔干战争中成为意大利空军的重要前沿基地。1940 年 11 月 22 日，希腊军队控制科尔察，直到 1941 年 4 月德国入侵希腊。1943 年意大利退出二战后，德军占领科尔察。1944 年 10 月德军撤出后，科尔察复归阿尔巴尼亚。

2015 年，数个区合并为科尔察自治体，市政府在科尔察城。

地理

科尔察属于过渡性地中海气候，最热的月份是 8 月，气温达 25℃，2 月最冷，平均气温约 2℃。由于为莫拉瓦山麓环绕，山峦的屏障作用使科尔察成为潮湿的阿尔巴尼亚最干燥的城市，年均降水量约 710 毫米，夏季少，冬季多。科尔察居民的主要信仰是东正教和伊斯兰教逊尼派。

经济

传统上科尔察是商业和农业中心，它所在的平原土质肥沃，是重要的小麦生产区域，20 世纪科尔察发展起雄厚的工业实力，当地工业为纺织、皮革、制糖、玻璃、精密仪器、铜冶炼、烟草等，是小麦、甜菜、玉米集散地。附近的姆博列—德雷诺瓦为采煤区。

科尔察是一个公路枢纽。科尔察是阿尔巴尼亚失业率最低的城市，外国投资主要来自希腊，以及阿尔巴尼亚—希腊联合企业。

文化

1971 年创建的 Fan Noli 大学设在科尔察，有农学、师范，商贸、护士和旅游学院。2005 年，在禁止希腊教育 60 年后，第一所希腊—阿尔巴尼亚双语学校在科尔察建立，另外，科尔察有 17 所希腊语教育机构。

科尔察有"博物馆之城"的美名。阿尔巴尼亚中世纪艺术国家博物馆珍藏着丰富档案资料，以及纺织、石制、金属制品。阿尔巴尼亚的国家考古博物馆、东方学博物馆也建在科尔察。阿尔巴尼亚第一所学校兼画廊现也具有博物馆的功能。

旅游

科尔察历史悠久，风景秀丽，莫拉瓦山麓附近的村庄安静祥和。科尔察有众多的教堂、清真寺和博物馆。春秋两季为科尔察的最佳旅游季节。

都拉斯

地名由来

都拉斯，阿尔巴尼亚语名称为 Durrës，是阿尔巴尼亚的最大海港，是杜拉斯州的首府、直辖市。古伊利里亚王朝在此建立古希腊城市，名为 Epidamnos。古罗马人重新命名为 Dyrrachium，因为古罗马人认为原来的名字与拉丁语单词"damnum"发音相似，这个单词意为"失去""伤害"。"Dyrrachium"这个名字可代表城市附近壮观的崖壁。现名都拉斯是阿尔巴尼亚语名字的汉译。

区位

都拉斯位于阿尔巴尼亚西部，亚得里亚海东南侧的都拉斯湾北岸，在阿尔巴尼亚海岸线的中心，距离地拉那 33 千米，与意大利的巴里隔海相对。

历史

都拉斯是阿尔巴尼亚最古老的城市之一。公元前7世纪，古伊利里亚王朝在此建立古希腊城市，名为 Epidamnos。公元前3世纪，都拉斯成为罗马共和国的统治区。在罗马统治下，都拉斯发展为重要的军事和海军基地。罗马人为之重新命名为 Dyrrachium。在罗马统治下城市繁荣，是罗马大道的西部终点。

公元前31年，阿克兴战役后，屋大维将这座城市作为罗马军团退伍军人的殖民地，宣布城市自治。公元4世纪，城市成为伊庇鲁斯诺瓦省的首府。公元430年，拜占庭皇帝阿纳斯塔修斯一世出生在这里，他在位时，一场强地震毁掉了城市的防御建筑，他重建城市，加固城墙，创造了西部巴尔干最坚固的堡垒。与许多巴尔干城市一样，都拉斯经历了野蛮人入侵，公元481年，被哥特人包围，随后数世纪里，不断抵御保加利亚人不断的袭击。

西罗马帝国灭亡后，在拜占庭帝国统治下，都拉斯成为连接帝国与西欧的重地。公元9世纪初的10年里，城市及周围海岸地区为拜占庭的一个省。公元10世纪晚期，保加利亚的塞缪尔获得城市控制权。大约在1005年，都拉斯重新隶属拜占庭。1205年，在第四次十字军东征后，城市转到威尼斯统治之下。1273年，都拉斯又被塞尔维亚占领。14世纪早期，城市被安茹、匈牙利和阿尔巴尼亚的 Thopia 家族联合统治，之后被塞尔维亚人占领，塞尔维亚统治到14世纪50年代。1392年，威尼斯再次得到都拉斯。1501年，都拉斯被奥斯曼土耳其帝国占领。都拉斯很早就成为基督教城市，奥斯曼土耳其占领后，许多人改信伊斯兰教，奥斯曼土耳其占领的几百年里城市日趋衰败。

在1878—1881年以及1910—1912年阿尔巴尼亚民族解放运动时期，都拉斯都城积极参与。1912年11月26日，阿尔巴尼亚民族解放运动领导人伊斯梅尔·捷马利举起阿尔巴尼亚独立的旗帜，但3天后被塞尔维亚王国占领。都拉斯变成塞尔维亚王国的都拉斯郡的治所。

第一次世界大战期间，都拉斯先后被意大利、奥匈帝国占领，1918年10月被协约国军队占领。1914年3月到1920年2月的6年间，都拉斯为阿尔巴尼亚的临时首都，之后地拉那成为阿尔巴尼亚的新首都。都拉斯在阿尔巴尼亚国王格一世时期发展为重要海港，1927年建成现代化港口。

第二次世界大战期间，都拉斯和阿尔巴尼亚的其他地方先后被意大利、纳粹德国占领，都拉斯具有重要的战略地位，成为战争双方高度重视的军事目标，盟军的轰炸给城市造成严重损坏，1944年德军撤出时炸掉了港口设施。

二战后，恩维尔·霍查领导的社会主义国家迅速重建都拉斯，建设了多种重工业，扩大了港口，是阿尔巴尼亚第一条铁路的终点。在20世纪80年代后期，城市重新命名为都拉斯—恩维尔·霍查。随着1990年社会主义政权解体，都拉斯成为大量阿尔巴尼亚人非法移民意大利的集中地。2015年，数个区组成都拉斯直辖市。

地理

都拉斯属于亚热带地中海式气候，冬季温和多雨，2月份平均气温最低，约-1℃，8月份平均温度最高，约25℃。每年11月至次年4月为雨季，年均降雨量约1300毫米。全年潮差较小，最大不超过0.3米。

都拉斯总面积338.30平方千米，根据2011年人口普查，都拉斯人口约175110人。

经济

都拉斯是阿尔巴尼亚的重要工业中心之一，工业有船舶修造、皮革、塑料、烟草、机车、橡胶、化学、食品加工等。港口海域渔产丰富，是全国最大的渔业中心。

都拉斯港主要出口货物为铬矿、铁砂、沥青、烟草、水果、烧碱及纺织品等，进口货物主要有钢材、粮谷、农业机械、运输工具及工业设备等。全国有五分之四的海运货物通过都拉斯港进出口。

文化

都拉斯设有海洋鱼类研究所。阿尔巴尼亚新建的Aleksandër Moisiu大学建在都拉斯。都拉斯图书馆、木偶剧院、埃斯特拉达剧院、管弦乐团久负盛名，博物馆有都拉斯考古博物馆、都拉斯皇家别墅、都拉斯历史博物馆等。

旅游

都拉斯是阿尔巴尼亚重要的疗养和旅游地，欧洲最古老城市之一。距离港口不到 300 米是古城遗址，有公元 1 世纪古罗马建造的古城堡和竞技场等古迹，竞技场在当时是巴尔干地区最大的。

都拉斯的海滩是许多外国和当地游客热爱的旅游目的地，在夏季，许多来自地拉那和其他地方的阿尔巴尼亚人在都拉斯海滩度假。近年都拉斯着力开发保持原生态的北部海滩，2009 年建设海滨胜地后成为优良的旅游地。附近区域以生产优质葡萄酒和多种食品著称。近年都拉斯声誉大幅度提高，2012 年《环球邮报》探访的 8 个新游轮港口中，都拉斯排名第一。

都拉斯是重要的交通枢纽。因为临近意大利诸港口，都拉斯成为阿尔巴尼亚连接西欧的重要城市，是地中海沿岸国家前往巴尔干旅游的中转站。都拉斯是泛欧洲走廊 VIII、两条阿尔巴尼亚国道起点，也是阿尔巴尼亚的铁路枢纽。

爱尔巴桑

地名由来

爱尔巴桑，英文名称为 Elbasan，是爱尔巴桑区的首府，是阿尔巴尼亚最大的城市之一。在希腊语中的名字是 Neokastron，意为"新城堡"，斯拉夫语称为 Novigrad，意为"新城"。现名可能与奥斯曼土耳其语的"城堡"有关。

区位

爱尔巴桑位于阿尔巴尼亚中部，什昆比尼河右岸，西北距地拉那 32 千米。

历史

伊利里亚人是爱尔巴桑较早的居民。公元前 2 世纪，在今天爱尔巴桑附近的一个商栈，因靠近一条重要的罗马道路的分叉处而发展起来，这条道路连接亚得里亚海岸与拜占庭。公元 3 世纪或公元 4 世纪时,这个地方发展为真正的城市,有一个坚固的罗马堡垒保卫。早在公元 5 世纪,这个城市参与了基督教传播。因为爱尔巴桑坐落于宽阔的河谷,一旦罗马军队撤走便无险可守,罗马皇帝查士丁尼为此建立了防御工事。

1466 年,在苏丹穆罕默德二世时期,奥斯曼土耳其帝国的军队在此建立军营,城市随之重建。为了抵御阿尔巴尼亚王公联盟最高领袖斯坎德培,穆罕默德建筑了一个庞大的四边形城堡,城堡有一条护城河和三个门,因而被命名为"爱尔巴桑",在奥斯曼土耳其语中意思是"征服之地"。在接下来的445 年中,爱尔巴桑是奥斯曼土耳其阿尔巴斯区的首府,奥斯曼土耳其城市文明的中心。1467 年,许多斯科普里、卡斯托里亚等地的基督徒被驱逐到爱尔巴桑。到 17 世纪末,居民有 2000 人。到 1832 年,城堡被拆。1864 年爱尔巴桑区变成莫纳斯提尔省的一部分。到 20 世纪初,大约有居民 15000 人。1909年,伊斯坦布尔革命之后,在爱尔巴桑举行了阿尔巴尼亚全国代表大会,研究教育、文化问题。来自阿尔巴尼亚中部、南部的代表同意使用拉丁字母代替阿拉伯语作为书写语言。在爱尔巴桑生活着阿尔巴尼亚人、奥斯曼土耳其人、西班牙犹太人等。

第一次世界大战前,爱尔巴桑城是东方建筑、中世纪建筑、窄鹅卵石街道和大集市的混合,人口约有 15000 人。第一次巴尔干战争时期,1912 年 11月 29 日,塞尔维亚人占领爱尔巴桑,由于大英帝国和奥匈帝国干预,次年 10月 25 日撤出。1914 年,爱尔巴桑的穆斯林多数反对 Wied 王子就职,1915 年到 1918 年间,塞尔维亚、保加利亚、奥地利和意大利人先后占领爱尔巴桑。

爱尔巴桑以优良的公共建筑著称,战争给城市造成许多损坏。在共产党执政时期,工业迅速发展,城市人口急剧增加。发展的顶峰在 20 世纪 70 年代,在中国援助下建造了巨大的钢铁花园,这是一个合金综合设施,位于城外,被霍查称为"第二次国家解放"。

2015 年当地政府改革,组成爱尔巴桑区,首府在爱尔巴桑。

经济

爱尔巴桑是阿尔巴尼亚中部的交通枢纽,农、林产品集散地,有全国最大的木材加工和冶金联合企业,还有机械制造、水泥、纺织、造纸、烟草、食品加工等工业。城郊有全国最大的策里克炼油厂。

文化

阿尔巴尼亚的第一所师范学院建于爱尔巴桑。

城市中部有建于 1830 年的圣玛丽东正教教堂，教堂保存了珍贵的绘画和壁画。这座教堂对于阿尔巴尼亚语言而言是一座重要的宗教和文化中心，有数位名人曾服务于这里，将大量《旧约》诗篇翻译为阿尔巴尼亚语。1908 年，教堂建筑用于学校，是爱尔巴桑第一所阿尔巴尼亚语学校。爱尔巴桑还有多座建于 16—18 世纪的古老教堂。

爱尔巴桑有民族学博物馆、战争博物馆等四座博物馆，民族学博物馆设在一座建于 18 世纪的建筑里。

爱尔巴桑是夏季节的故乡。夏季节是异教徒的宴会节日，庆祝冬季结束夏季到来。从 2004 年起，成为国家假日，每年 3 月中旬的星期一在地拉那举行夏季节庆典。

埃 及

埃及（Egypt），全称为阿拉伯埃及共和国，是世界四大文明古国之一。古埃及国名为凯姆·特（Kem-t），意为"黑色之国"，抑或巴格·特（Bag-t），意为"橄榄之国"。现名"埃及"是由外国人讹读而来的。埃及位于北非东部和西奈半岛，地跨亚非两洲，苏伊士运河将其国土分为东西两部分，西部国土位于非洲东北部，东部领土西奈半岛则位于亚洲。埃及北临地中海，与欧洲隔海相望，东濒红海，经阿里什直通巴勒斯坦，南连苏丹，西接利比亚。地理位置独特，位于欧、亚、非三大洲的交汇处，是国际交通要道。埃及国土面积为1001450万平方千米，人口93383574人[①]。首都为开罗。有开罗、亚历山大港、苏伊士、塞得港、吉萨、阿斯旺、卢克索、伊斯梅里亚、杜姆亚特等重要城市。

开 罗

地名由来

开罗，英文名称为Cairo，是埃及的首都和最大的城市，也是中东和阿拉伯世界最大的城市，是整个中东地区的政治、经济、文化和交通中心。公元

[①] http：//worldpopulationreview.com/countries/，查阅日期：2016年6月6日。

969 年，法蒂玛王朝开始统治埃及，建造曼苏里耶城。公元 973 年，哈里发法蒂米德哈罗来到曼苏里耶城，定都于此，更名开罗，阿拉伯语意为"胜利"。

区位

开罗位于埃及东北部，横跨尼罗河，在地中海以南 165 千米，苏伊士湾和苏伊士运河以西 120 千米处。

历史

开罗的形成可追溯到约公元前 3000 年的古王国时期，距离今开罗城 23 千米的孟菲斯古城是埃及最古老的首都。公元 4 世纪，因为孟菲斯城的重要地位持续下降，古罗马人沿尼罗河东岸建立了要塞城。这个要塞以"巴比伦"著称，留下了开罗最古老的建筑遗迹。公元 641 年，阿拉伯人创建福斯塔特城，这是埃及的前身。公元 969 年，法蒂玛王朝（中国所称的绿衣大食）哈里发穆伊兹派部将昭海尔·绥基利征服阿拉伯帝国统治的埃及，在福斯塔特城的东北建立了一个长方形新城——曼苏里耶城，公元 973 年，法蒂米德哈罗定都于曼苏里耶城，更名开罗。

开罗建立后近 200 年里，埃及的行政中心还留在福斯塔特城。到 1168 年，法蒂玛王朝为避免十字军占领开罗，将福斯塔特焚毁，于是埃及首都永久地转移到了开罗。开罗扩建到包括了福斯塔特城遗址，以及之前的都城遗址。1169 年，萨拉丁上任为埃及大臣，两年后，他推翻法蒂玛王朝建立阿尤布王朝，以开罗为基地，他建造了开罗城堡，并把这里作为埃及政府所在地，直到 19 世纪。1250 年，奴隶兵马穆鲁克夺取埃及控制权，仍以开罗为首都。开罗成为伊斯兰学术中心和亚欧非大陆文明区域间香料贸易之路的枢纽。到 14 世纪，开罗达到极盛时期，成为中国以西最大的城市。15 世纪末达·伽马发现好望角航线后，香料贸易路线避开开罗，开罗的地位降低。

1517 年，奥斯曼土耳其帝国占领埃及，开罗成为省会城市，政治影响显著下降。但是，在 16、17 世纪，开罗依然是经济和文化中心。虽然不再占据香料贸易路线，但是促成了也门咖啡、印度纺织品在小亚细亚、北非和巴尔干地区的贸易。也是在这一时期，艾资哈尔大学发展成为伊斯兰学校的主导，这种地位持续到今天。奥斯曼土耳其帝国统治时期开罗城从阿尤布王朝的城堡向西、南扩建，是奥斯曼土耳其帝国第二大城市。

1798 年，拿破仑率军入侵埃及，以穆罕默德·阿里为领导的埃及人民顽强抗战，1801 年将法国人赶出埃及。1805 年，穆罕默德·阿里王朝定都开罗。1867 年，英国以更为强大的军队攻入开罗，埃及沦为英国的殖民地，19 世纪 70 年代，伊斯梅尔帕夏下令在中世纪旧城以西兴建欧洲式样的新城，使开罗西方化，开启近代城市发展序幕。1953 年埃及独立，开罗为首都。

20 世纪以后，开罗人口激增，城区迅速扩展，工业、商业、金融、交通运输等也得到迅速发展。1956 年第二次中东战争中，以色列与英法武装侵略埃及，开罗受创严重。

地理

开罗位于尼罗河流入地中海所形成三角洲的南端。面积 453 平方千米，人口 800 万人。开罗居民大多数是逊尼派穆斯林。大多数基督教徒是科普特人，另有少量犹太教徒。

开罗大部分地区属于亚热带沙漠气候，夏天气温为 17℃—42℃，冬天为 -33℃—5℃，昼夜温差大。

经济

开罗是埃及最大的工商业城市，最大的经济中心和金融中心，开罗的经济在中东排名第一，工业高度集中，制造业产值占全国近半数，其中纺织工业尤其是棉纺业具有重要地位，传统工艺品颇具特色，石油化工业、机械制造业以及汽车工业发达。开罗城南的卫星城赫勒万为新兴重工业区，是埃及最大的钢铁工业中心。开罗是一座国际旅游城市，旅游业占有重要地位。

开罗有阿拉伯世界最古老最大的电影和音乐产业，有世界第二古老的学府——爱资哈尔大学。许多国际媒体、公司和组织在开罗设有地区总部。

文化

开罗是一座历史文化名城。1400 年来，开罗是伊斯兰世界的政治和文化中心，建于公元 970 年的艾资哈尔大清真寺是一处伊斯兰研究和教育的学术机构，发展为现代世界最大的伊斯兰高等学府，在校生有几十万，图书馆在一千多年来藏书不断增加，没有受到过严重损害和破坏，各类古籍珍藏保存完好，是世界最大的伊斯兰知识和文化宝库。

开罗有上千所各类普通学校和技术学校，有开罗大学、艾因沙姆斯大学、古老的艾资哈尔大学、美国大学、赫勒万大学等。

埃及民族文化中心在开罗，内有开罗歌剧院。解放广场附近有宏伟的埃及博物馆和现代艺术博物馆。建于 19 世纪的古城区和尼罗河岸之间的过渡区有国家图书馆、伊斯兰艺术博物馆与阿布丁宫博物馆等。

开罗国际电影节是非洲最大的电影节之一，由埃及电影作家和评论家协会主办，创建于 1976 年，每年一届。原为非竞赛电影节，是世界上三大非竞赛电影节之一，从 1991 年起增加了竞赛单元。

旅游

开罗是世界上最古老的城市之一，也是当今世界上少有的遭受战争破坏较少的古城，历史古迹和著名古建筑多达 622 处。市区西南是吉萨金字塔群和孟菲斯古城遗址，矗立着古代世界七大奇迹之一的金字塔和狮身人面像，东北部有作为赫利奥波利斯（柏拉图曾在此从事研究）标志的尖塔，由孟菲斯遗址西行约 20 千米，即是世界七大奇观之一的金字塔。

公元 4 世纪古罗马人建造的要塞以"巴比伦"著称，留下了开罗最古老的建筑遗迹。许多开罗最古老的科普特教堂，包括悬挂教堂，坐落在科普特区即开罗的老城区。

都市区的东边有大片陵墓区，因形成时期不同，建筑风格迥异，其中 19 世纪的建筑多为装饰华丽的欧洲式石建筑，尤以前萨卡基尼宫最为知名。

开罗有极为显著的伊斯兰文化，整个城市就像是一座伊斯兰博物院。清真寺和宣礼塔随处可见，阿慕尔清真寺、艾资哈尔清真寺、赛义德·宰纳卜清真寺、侯赛因清真寺、苏丹哈桑清真寺、穆罕默德·阿里清真寺等都属于世界珍奇文物建筑。汗·哈利利市场则保持了 500 年前的伊斯兰市场原貌。

在开罗，建于 19 世纪的古城区和尼罗河岸之间的过渡区有国家图书馆、伊斯兰艺术博物馆与阿布丁宫博物馆等，尼罗河西岸有引人瞩目的希尔顿酒店。

位于开罗市东北 25 千米处的开罗国际机场是埃及的国际航班进港口，有近百条国内外航线。开罗市内的 949 路与 27 路都可到达机场,机场大厅内提供喷气式公共汽车。

开罗是公路枢纽。由开罗至亚历山大,可在开罗机场、赫利奥波利斯的伊斯梅利亚广场、尼罗河希尔顿酒店附近的塔瑞尔广场和开罗谢拉顿酒店附近的吉萨广场、塔瑞尔广场搭乘客车。开罗的拉美西斯广场周围也有多个长途车站,库拉里车站有到三角洲、运河城、上埃及、法尤姆和红梅等地的客车,广场以东约 25 千米处有到达西奈的西奈车站。此外,在开罗的艾资哈尔车站可乘坐到达内部绿洲的客车,在塔瑞尔广场有开往马特鲁的客车。开罗市内交通以地铁、电车、汽车为主,最便利的是地铁,地铁站所售的车票为磁卡车票,内有若干节女性专用车厢。

亚历山大

地名由来

亚历山大,英文名称为 Alexender,是埃及最重要的海港,第二大城市,重要的经济中心,也是亚历山大省的省会。亚历山大港是地中海沿岸的最大城市,是用其奠基人亚历山大大帝的名字命名的。

区位

亚历山大城位于地中海南岸,埃及的北中部,在开罗西北 208 千米处。

历史

在古埃及时代,亚历山大城所在位置是一座叫"Rhacotis"的城市。公元前 331 年,亚历山大大帝围绕这个小镇建亚历山大城,作为一个希腊人的中心,以连接希腊与富饶的尼罗河谷。公元前 305 年,亚历山大的部下、埃及总督托勒密建立托勒密王朝,以亚历山大城为埃及王国的首都,亚历山大很快成为古希腊文化区域内最大的城市,也是当时世界上最大的犹太人城市。"几何之父"欧几里得是亚历山大城的早期居民。新约时代通行的旧约希腊文圣经译本《七十士译本》完成于亚历山大城的法老岛。亚历山大大学是古希腊最好的大学，亚历山大图书馆是世界上最古老的图书馆之一，藏书极为丰厚。

公元前80年，亚历山大港按托勒密十世的意愿正式受古罗马统治。公元前47年，恺撒与埃及艳后克利奥帕特拉七世在亚历山大港相会，马克·安东尼也在此与她相会，屋大维则在亚历山大设立了一个皇家总督。亚历山大港重新恢复了过去的繁荣，它控制着罗马帝国最重要的粮仓之一。古罗马时代亚历山大在名义上是一个自由的希腊城市，拥有自己的元老院。古罗马时代的亚历山大是新生的基督教的一个神学理论和管理中心。

公元616年，波斯国王科斯洛埃斯二世占领亚历山大，数年后拜占庭皇帝赫拉克留重新占领亚历山大。在近1000年的时期里，亚历山大作为希腊化时代、罗马时代、拜占庭时代埃及的首都，是希腊化文明的一个重要中心。亚历山大城以亚历山大灯塔、图书馆以及大墓地著称，亚历山大灯塔被称为古代世界七大奇观之一，亚历山大图书馆是古代世界最大的图书馆，大墓地是中世纪的七大奇观之一。

公元641年，在经过14个月的围困后，阿拉伯将军阿姆鲁·伊本·阿斯占领亚历山大港，当时的亚历山大城拥有4000座宫殿、4000个浴池、12000个油商、12000个花匠、40000个纳贡的犹太人和400个剧院或其他娱乐场所。阿拉伯统治时期亚历山大的地位下降，而1498年好望角航道的发现几乎完全打垮了它的经济，向它提供尼罗河水的运河被封。

1517年，奥斯曼土耳其帝国征服埃及，亚历山大归属奥斯曼土耳其帝国。拿破仑远征埃及，亚历山大成为战略要地。1798年7月2日法军攻占亚历山大，并开始统治亚历山大。1801年英国进军埃及，3月21日英法两军的亚历山大港战役发生在尼科堡的废墟附近，此后英国占有亚历山大港。英国统治时期亚历山大港迅速发展，英国在亚历山大港建立了一个重要的军港以控制苏伊士运河，第二次世界大战中决定性的阿拉曼战役就发生在亚历山大港以西。

地理

亚历山大城沿地中海岸而建，延伸约32千米。城市处于低海拔的尼罗河三角洲，极易受到海平面上升的影响。

按照柯本气候分类法，亚历山大属于热带沙漠气候（另一说法属于亚热带地中海式气候），近于半干旱气候，与其他埃及北部海岸城市一样，盛行来自地中海的北风，使得城市气候比沙漠腹地温和湿润一些，事实上，亚历山大是埃及最湿润的地方。地中海影响亚历山大的气候，调节气温，冬季多雨，夏季热的适度，有时还很是潮湿。1—2月最冷，最高气温在12℃—18℃，最低气温达5℃。亚历山大经历过强暴风雨，在较冷月份有雨，有时有雨夹雪和冰雹。7—8月最炎热干燥，平均气温达30℃。在埃及，亚历山大与塞得港、库赛尔、巴尔蒂姆、杜姆亚特是温差较小的地方。亚历山大年均降雨差不多200毫米，但有时能到达417毫米。秋季常有沙暴，可持续数小时至5天。冬季清晨常有雾。亚历山大城分为6个区，语言有阿拉伯语、希腊语、法语、英语和意大利语。

长形的穆罕默德·阿里广场是亚历山大城的中心广场，广场周围树木环绕，中心是19世纪奥斯曼土耳其帝国的埃及总督穆罕默德·阿里的塑像。广场周围的建筑多为意大利式，其中重要的有法庭、交易所、银行、教堂和剧院等。在联合国帮助下，亚历山大城新建了亚历山大图书馆和文化中心。

经济

从18世纪起，亚历山大城是国际船舶工业的主要中心，也是世界上最重要的贸易中心之一。亚历山大城为著名的棉花贸易市场，也是埃及重要的纺织工业基地，还有发达的造船、化肥、炼油工业等。港口布局分东港、西港，港外有两道防波堤以及狭长的法罗斯岛作为屏障。西港为深水良港，主要出口货物为棉花、矿石、水果、糖浆、盐、纺织品、粮谷、轮船、棉纱、黏土及农产品等，主要进口货物有钢铁、汽车、茶叶、咖啡、木材、轻重型机械、烟草及工业品等。埃及每年有80%—90%的外贸货物都经亚历山大港中转。亚历山大也是重要的旅游目的地。

文化

亚历山大大学是埃及历史悠久的非宗教大学之一，1938年始建于法鲁克王朝，当时称法鲁克大学。

旅游

亚历山大古城保留至今的遗迹很少。公元 293 年罗马帝国皇帝戴克里先树立的"庞贝柱"是最著名的古迹之一。庞贝柱本来立于亚历山大的祭祀庙中,有 30 米高,柱子由磨光的红花岗岩组成,基部直径约 3 米,顶部约 2.5 米。

兴建于公元 2 世纪的罗马剧场,有 14 排白色大理石的座位,能容纳约 800 名观众,表演场地前过道上的马赛克地板还依稀可见。这曾是一个室内剧场,有圆形的屋顶,现在只残存几根柱子。

盖贝依城堡位于距离海岸 1 千米的法罗斯岛东端,也叫"玛姆路克苏丹城堡",建在世界第七大奇迹亚历山大灯塔的原址上,城堡建造时还利用了灯塔废墟中的一些石块。它是 15 世纪埃及统治者马穆鲁克苏丹为了抵抗外来侵略,保卫埃及及其海岸线而下令修建的。城堡是一所典型的阿拉伯建筑,总体成四方形,每个角都有一个圆柱形的炮楼。城堡内展出航海器具和航海史资料。现在的法罗斯岛已通过拦海大坝与亚历山大城相连,世界各地的人们络绎不绝地前来凭吊。

在离亚历山大城 48 千米处的阿布—西拉,有一个缩小的灯塔复制品供人参观。

在滨海大道的东端,有蒙塔扎宫,是以前的国王及王室成员避暑的行宫,也称夏宫。宫殿俯瞰幽静的海滩,有枣椰树林和花园环绕,宫殿融合了佛罗伦萨和奥斯曼土耳其建筑风格。

始建于 1775 年的西·阿布·阿巴斯清真寺,是亚历山大最大、最美的清真寺,清真寺融入安达卢西亚伊斯兰建筑风格,加上了四个穹顶和一个高耸入云的尖塔。

皇家珍宝馆,原为法特玛公主私人住宅,收藏有许多穆罕默德·阿里时期价值连城的珠宝。建筑本身也堪称杰作,装饰着珍贵的壁画、油画和雕像。

亚历山大水陆空交通便利,是重要的交通枢纽。有公路、铁路通往开罗等地。主机场亚历山大机场位于城市东北部 8 公里处,有往返埃及国内和中东大部分地区的航班。亚历山大港的另一个机场阿尔阿比机场位于亚历山大港西北部 45 公里处,有往返迪拜、伊斯坦布尔的航班。亚历山大城内有与海岸线平行的有轨电车网路。

苏伊士

地名由来

苏伊士（Suez）为埃及港口城市，苏伊士省的首府。一种说法认为，苏伊士这一名字源于埃及第十二王朝法老辛努塞尔特三世的名字 Senusret；另一种说法认为，苏伊士一名的源头为科祖姆（Kolzum），原为现在苏伊士北的一个小镇的名字。

区位

苏伊士位于埃及的东北部，在红海分支苏伊士湾的北岸，苏伊士运河的南端。

历史

在公元 7 世纪，科祖姆小镇就在今苏伊士以北。阿拉伯将军阿姆鲁·伊本·阿斯在征服埃及后，开凿了连接尼罗河和红海的运河，科祖姆位于运河的东端。公元 770 年，阿拔斯王朝第二位哈里发曼苏尔为了阻止在阿拉伯的敌人从埃及及其以北地区获得物资供应而关闭了运河，科祖姆的贸易下滑。尽管如此，这个小镇还是可以从维持下来的埃及和阿拉伯的贸易中获取利益。到公元 780 年，曼苏尔的下一任麦海迪恢复了运河部分河段的航运。

公元 971 年，哈桑·伊本·艾哈默德领导的卡尔马特派在科祖姆击败一支法蒂玛王朝的军队，占领这个镇。同年年底败于开罗，哈桑和他的军队经过科祖姆退回阿拉伯。苏伊士位于附近，是科祖姆的水源地。

12 世纪，埃及阿尤布王朝苏丹萨拉丁在苏伊士和科祖姆都建立了防御工事。到 13 世纪，苏伊士代替科祖姆成为人口中心。

1507 年，为了阻止葡萄牙人攻击埃及海岸城镇与红海港口吉大，最后一位马穆鲁克王朝苏丹派遣一支 6000 人的军队戍守苏伊士，但是这也减弱了马穆鲁克对抗地中海的奥斯曼土耳其帝国的军事实力。

16世纪初，奥斯曼土耳其帝国占领埃及，苏伊士成为重要的海军兼贸易港。在奥斯曼土耳其与葡萄牙竞相控制印度洋贸易方面，苏伊士海军发挥了重要作用。18世纪，德国探险家注意到每年有一支20艘船的船队从苏伊士前往吉大，当时吉大是圣城麦加的港口，是埃及与印度贸易的通道。1789年，拿破仑入侵埃及，苏伊士变得不再重要。1800年，英法两国的交战使苏伊士大部分成为废墟。1869年苏伊士运河开通后，苏伊士发展为重要的港口城市。

20世纪60年代后期和70年代早期，埃及与占领西奈半岛的以色列军队之间的战争严重破坏了苏伊士。1967年的"六日战争"使苏伊士荒废。在与以色列的"十月战争"后，埃及重新开放苏伊士运河，苏伊士得以重建。

地理

苏伊士由新城、旧城易卜拉欣港、陶菲克港三部分组成。边界同于苏伊士省。苏伊士包括阿达比亚、艾因·苏赫纳、陶菲克三个港口以及大量港口设施，它们共同形成了苏伊士都市区。有铁路、高速公路连接开罗、塞得港、伊斯梅里亚。

经济

苏伊士港口转运业务繁忙。工业有石化、炼油、化肥、船舶、造纸等，石油精炼厂有输油管道将成品油输往开罗和亚历山大城。

塞得港

地名由来

塞得港，英文名称为Siad Part，是埃及第二大港口，塞得港省省会。根据2009年和2010年人类发展指数，塞得港是埃及第二大城市。城市随着苏伊士运河而兴建。塞得港的名字出现于1855年，是由英、法、俄、奥地利等国组成的国际委员会选出的名字，是由当时奥斯曼土耳其帝国的埃及总督塞得帕夏的名字和"港口"这个词合成的。

区位

塞得港位于埃及东北部，地处苏伊士运河与地中海的交汇点上，在苏伊士运河的北端，地中海北岸，城市沿地中海岸延伸近 30 千米。塞得港的姊妹城福阿德港位于苏伊士运河东岸，两座城由摆渡相连，共同组成大城区。

历史

塞得港原为一小村，随苏伊士运河而兴建，1859 年 4 月 25 日，法国驻埃及领事、苏伊士运河的缔造者费迪南·德·莱赛普刨下的第一锹标志着塞得港建设开始。当时为建抛锚地而发现的与海岸平行的岩层，成为城市的中心，50 年后，在那里竖起为费迪南所建的纪念碑。塞得港建设所需的建筑材料和生活材料全部来自外地。1859 年，第一批 150 个劳工来到这里，1 年后，有了 2000 名居民。到 1869 年，苏伊士运河通航，常住居民达到 1 万人。在 19 世纪末，塞得港是世界上最大的加煤站。

20 世纪初，发生了两件改变塞得港的事情：1902 年，埃及棉花开始通过塞得港出口；1904 年，一条标准铁路开通，通往开罗。结果塞得港吸引了大量商业社团，尤其显著的是大规模希腊人社团，奠定了塞得港的社会地位。随着第一次世界大战结束，苏伊士运河公司董事决定在亚洲一边建一座新城，1926 年新城建成，就是福阿德港。

塞得港集中了众多国籍和宗教的人民，带来不同的风俗、烹饪、宗教和建筑。到 20 世纪 20 年代晚期，人口数量超过 10 万。在 20 世纪 30 年代有意大利建筑师设计的优雅建筑。塞得港成为繁荣的国际港，犹太商人、埃及店主、希腊摄影师、意大利建筑师、瑞士旅馆老板、马耳他管理员、苏格兰工程师、法国银行家以及来自全世界的外交官，共同生活在当地埃及社区周围。还有来来往往的非洲、印度、远东的国际旅行者。国际通婚在法国、意大利、马耳他社区尤其普遍，产生了当地的拉丁和天主教社区，如开罗和亚历山大城一样。法语是欧洲人和非阿拉伯人的通用语言，经常是不同社区的父母所生孩子的第一语言。意大利语也广泛使用，是马耳他社区的母语。塞得港外国人社会的一个特征就是多语言。

自从建立起，塞得港在埃及历史上发挥了重要作用。1882 年，英国通过塞得港进入埃及，开始对埃及的占领。1936 年，埃及王国与英国签订条约，英国从埃及撤兵，除了保卫苏伊士及其周围的部队。第二次世界大战爆发后，埃及谴责英国驻军，导致 1951 年发生埃及与守卫苏伊士运河的英国部队的冲突。

1952 年埃及独立，塞得港回归埃及。1956 年埃及宣布苏伊士运河收归国有，英、法入侵塞得港，塞得港遭到严重破坏。在第三次、第四次中东战争中，塞得港遭到以色列攻击，再次遭到破坏。1975 年苏伊士运河重新开放后，塞得港得以重建，并成为自由贸易区。2002 年 1 月，埃及政府宣布在 5 年后取消塞得港的自由贸易区地位，将之发展为以生产成衣为主的工业区。

地理

塞得港省主要由苏伊士运河以西的塞得港和以东的福阿德港构成。亚洲大陆和非洲大陆以苏伊士运河为界，福阿德港位于亚洲大陆，因此，塞得港又称得上是一个地跨两大洲的港口城市。塞得港是通向阿拉伯东方和阿拉伯西方（马格里布）国际公路的经过点，地理位置十分重要。塞得港地跨亚洲、非洲，兼有城市、港口和运河三种特色，为世所罕见，世界上另一座跨两大洲的城市是伊斯坦布尔。

按照柯本气候分类，塞得港属于热带沙漠气候（一说亚热带地中海式气候），但是从地中海吹来的风极大调整了气温，使夏季热度、湿度较为适宜，冬季气温温和，湿度适宜，冬季常有雨夹雪、冰雹，清晨港口沿岸有持续数小时的晨雾。1—2 月最冷，7—8 月最热。全年平均降雨量约 150 毫米，平均潮差约 1.3 米。在埃及，塞得港与亚历山大等城市温差最小，另外，塞得港是埃及夏季最凉爽的城市和度假胜地之一。

塞得港包括外港在内有 375 平方千米。塞得港分 6 个城区、8 个城市广场和多个城市花园。城市布局合理，宽阔的现代化马路自市中心的烈士广场向四面八方伸展，四季常青的树木整齐地排列在街道两侧。据 2010 年人口普查，塞得港人口近 603787 人。

经济

城市的经济基础是渔业和工业，如造船、化工、食品加工，香烟等。塞得港扼守印度洋、大西洋、地中海和黑海沿岸各国航路的要冲，为重要的货物转口港，也是经过苏伊士运河的船舶的加油站。塞得港是世界煤炭和石油储存港之一，也是尼罗河三角洲东部棉花、稻米、毛皮等的出口港。塞得港也是旅游胜地，尤其是夏季游客集中。

塞得港的港口是集装箱运输的第 28 个最繁忙港，阿拉伯世界的第二繁忙港，仅次于阿曼的塞拉莱港，是埃及集装箱运输最繁忙的海港。

文化

塞得港有多所高等院校。塞得港大学是埃及公立大学，最著名的是工程系和科学系。阿拉伯科技与海洋运输学院是半私立的，是埃及声誉最好的高校之一，得到了世界范围的认可。萨达特管理科学学院是埃及公立学院。

2004 年开放的米瑟尔公共图书馆在海滨附近，周围是花园、咖啡馆。塞得港歌剧院里经常上演古典音乐、阿拉伯音乐、歌剧和芭蕾舞。另外，还有塞得港民族博物馆、塞得港军事博物馆、埃及现代艺术博物馆。

塞得港最流行的体育项目是足球，多功能的塞得港体育场主要用于足球赛，另一种流行运动是手球。

旅游

塞得港气候温和，植被茂盛，风景幽雅，空气清新，古迹众多，有大片的公共和私人海滩，是夏季旅游胜地。

市区旅游景点有烈士广场、纳赛尔（胜利）博物馆、贾瓦德·胡斯尼烈士博物馆、军事博物馆、烈士墓、蒙扎莱湖以及福阿德港等。城市里有众多老建筑，每一层都有着宏伟的阳台，赋予这座城市以独特景观。

福阿德港是塞得港的郊区，景色优美、布局得体的环境如花园般美丽。著名的塞得港灯塔是世界上第一座混凝土建筑。塞得港以西 7 千米有国家公园和自然保护区，保持了自然状态的蒙扎莱湖通过这里与地中海相连。湖嘴前的坦尼斯岛是非常重要的鸟类栖息地。

市区交通便利，有铁路通往国内主要城市。

阿斯旺

地名由来

阿斯旺，英文名称为 Aswan，是埃及文化名城，阿斯旺省首府，埃及南方重要城市，是繁忙的市场和旅游中心。阿斯旺古城"Swenett"是古埃及语"贸易"的对音。

区位

阿斯旺地处南回归线附近，位于埃及南部，距离开罗 900 千米，在上埃及尼罗河"第一急滩"之下的东岸，阿斯旺大坝之北。

历史

今天的阿斯旺是古埃及的城市 Swenett，在古埃及时期，阿斯旺被认为是埃及民族的发源地，是埃及的第一个城。它经历了古希腊人和古罗马人统治。Swenett 有古埃及采石场，供应整个埃及，包括金字塔用材。因为地处交通要道，Swenett 具有同样重要的军事地位。在每一个王朝都是一个军镇。

地理

阿斯旺是埃及的南大门，是撒哈拉以南非洲的门户，是唯一一条由海上进入非洲腹地的通道。阿斯旺地处沙漠绿洲，属热带沙漠气候。在埃及，阿斯旺是最热、日照最充分和最干燥的城市之一，夏季平均高温始终在 40℃以上，平均低温超过 25℃。在最冷的月份，平均高温在 23℃以上，平均低温超过 8℃。冬季短暂而温暖。阿斯旺气候一年到头都极度干燥，年均降水量少于 1 毫米。这个沙漠城市是世界上最干燥的城市之一，有时全年都没有降雨。在 2001 年年初之前，曾有 7 年没有降雨。阿斯旺是地球上湿度最低的城市之一，冬季最高平均湿度 42%，夏季最低平均湿度只有 16%。阿斯旺的天气非常晴朗、明亮，一年到头都阳光明媚，每年差不多 4000 个小时日照，是地球上光照最充分的城市之一。

阿斯旺城市附近尼罗河上的阿斯旺高坝为世界七大水坝之一。高坝控制了洪水，从根本上消除了泛滥和干旱，保证了尼罗河下游农田用水，使上埃及尼罗河谷地区农作物由一年一季改为一年两季或三季。高坝建成后，在南面形成一个群山环抱的人工湖，即阿斯旺水库，湖长 500 多千米，平均宽 12 千米，面积 6500 平方千米，深度 210 米，蓄水量 1820 亿立方米，面积为世界第二大，深度和蓄水量则居世界第一。

文化

阿斯旺有南河谷大学，建于 1999 年，现在为上埃及主要的高等院校。还有艾斯尤特大学阿斯旺分校。

旅游

阿斯旺是旅游城市，有博物馆、植物园、阿斯旺大坝、菲莱神庙、阿美西斯二世神庙、哈索尔神庙、古采石场和方尖碑、康翁波神庙等著名景点。

现在的菲莱神庙是原来神庙搬移后的还原。菲莱神庙里有目前发现最晚的象形文字碑文和形象生动的浮雕，神庙中有富庶之神哈索尔和生育之神艾西斯等。

拉美西斯二世神庙建于 3300 年前，面向尼罗河，是众多埃及神庙中最富想象力的一座，整座神庙是在山岩中雕琢而出的，是一座巨大而精美的雕刻作品。现在的神庙是经过切割、搬移、复原的。搬移前的拉美西斯神庙有一个近乎奇迹的著名现象，每年，在拉美西斯的登基日 2 月 21 日、出生日 10 月 21 日的日出时分，从大门射入神庙的阳光穿过 60 米长的大厅，直射圣坛上的神像，但永远不会照射到与之并排的最左侧的黑暗之神。

哈索尔神庙在拉美西斯二世神庙的左侧。神庙的正立面是六尊石像，其中四尊为拉美西斯二世本人，另两尊为他的王后纳菲尔塔莉，两者的尺寸完全一致，体现了法老对王后的挚爱，神殿入口处有"阳光为她而照耀"的铭文。

自阿斯旺可乘尼罗河游轮旅行，前往开罗、卢克索等城市，沿途可欣赏尼罗河风光。阿斯旺有火车通往开罗卢克索等地，与开罗之间的航班每天约有 4、5 班。

卢克索

地名由来

卢克索，英文名称为 Luxor，为卢克索省省会。名字来源于阿拉伯语，意为"宫殿"，是拉丁语"罗马兵营"的借用词。

区位

卢克索为埃及中南部城市，位于上埃及尼罗河畔，开罗以南 670 多千米、阿斯旺以北约 200 千米，在古埃及中王国和新王国的都城底比斯南半部的遗址上。

历史

距今 4000 年前，古埃及中王国第十一王朝在卢克索之处建立都城底比斯——太阳神阿蒙之城。到新王国十八王朝时期，底比斯达到鼎盛，城市跨尼罗河中游两岸，人烟稠密、广厦万千，城门就有一百座，《荷马史诗》将之称为"百门之都"，是当时世界上最大城市。在第十八王朝到第二十王朝时期，底比斯上升成为古埃及主要的政治、宗教和军事之都。后来它的地位被北部埃及的几个城市代替，如亚历山大城。但是，作为阿蒙之城，底比斯保留了埃及宗教之都的地位，直到希腊时代。随着底比斯地位提升，原本的地方神阿蒙地位越来越高，变成众神之王，成为阿蒙—拉。他的大神庙就在底比斯以北的卡尔纳克神庙，是埃及最重要的庙宇。

底比斯多次受到外来者的侵扰，公元前 663 年左右，入侵埃及的亚述军队再次火烧、洗劫了底比斯。底比斯成为废墟，地位下降。

公元前 4 世纪，马其顿国王亚历山大大帝统治埃及，他曾来到阿蒙神庙。每年举行奥佩特节庆典期间，阿蒙神像会从卡尔纳克神庙移出。底比斯作为精神圣地，吸引了无数罗马帝国的基督徒来此，他们在古遗迹之间建立了修道院。公元前 27 年，一场地震使底比斯城仅存的纪念性建筑物倾塌。

地理

卢克索区域面积近 416 平方千米，据 2010 年人口统计，城市人口为
487896 人。与埃及其他地方一样，卢克索属于沙漠气候。在埃及城市中，卢克
索与阿斯旺夏季最为炎热。卢克索是世界上最炎热、光照最强、最干燥的城市
之一。在夏季，从 7—9 月，平均高温超过 40℃，平均低温超过 22℃。在气温
最低的 1 月里，平均高温超过 22℃，平均低温在 5℃以上。其他月份温度适中。
卢克索降雨水平低于撒哈拉地区大多数地方，年均降水少于 1 毫米，是世界上
最干燥的沙漠城市之一，几乎整年不下雨。卢克索空气干燥，但是比阿斯旺还
稍微湿润。平均相对湿度 39.9%，冬季最大平均湿度 57%，夏季最小平均湿度
27%。卢克索的天气一年到头极其明亮、阳光灿烂，稍微有季节变化，一年有
4000 小时光照，接近理论日照时数。另外，卢克索昼夜温差大，大约有 16℃。

经济

卢克索是埃及的旅游胜地，已成为现代旅游城市。每年吸引来自世界各地
的几十万游客。卢克索也是埃及的冬季休养地，有通往开罗的铁路和飞机场。

与许多其他埃及城市一样，卢克索经济严重依赖旅游业。也有大量人口
从事农业，尤其是甘蔗生产。

为弥补收入不足，许多卢克索人自己生产食品。加工羊奶酪、养鸽子、
园艺番茄等在居民中很普遍。

旅游

在尼罗河东岸有卢克索国际机场。传统上渡河是靠摆渡。1998 年在卢克
索主城上游数千米的地方建成一座大桥，贯通两岸。在河东岸的卢克索城有
数条巴士路线，出租车数量充足，价格合理。沿着尼罗河的国内旅行。

卢克索有世界上最大的露天博物馆。古埃及帝国在 1500 多年里在底比斯
兴建了无数的神庙、宫殿和陵墓，使卢克索成为古埃及遗迹的宝库。

在河东岸有卢克索神庙、卡尔纳克神庙、卢克索博物馆、木乃伊博物馆、
东宫酒店。

卡尔纳克神庙保留最完整，规模最大，殿堂占地达 5000 平方米。卡尔纳
克神庙的主体是太阳神阿蒙神庙，阿蒙是底比斯的主神。阿蒙神庙的石柱大

厅最为著名，内有 134 根要 6 个人才能抱得拢的巨柱，每根高 21 米，顶上据说能站百来个人。这些石柱历经 3000 多年无一倾倒。庙内的柱壁和墙垣上都刻绘有精美的浮雕和鲜艳的彩绘，记载了古埃及的神话传说和当时人们的日常生活。阿蒙神庙内还有闻名遐迩的方尖碑和法老及后妃们的塑像。

卢克索神庙是阿蒙大神庙的附属神庙。过去与卡纳克神庙之间有斯芬克斯神道相连。整个建筑群包括大小神殿 20 余座，大柱厅宽 102 米，深 53 米，其中共有 134 根巨型石柱，其中最大的 12 根高 23 米，周长 15 米，其上足可容纳 50 个人站立。神庙的中央毁掉后建起阿布·哈格固清真寺。神庙内还有基督教堂的遗址。古埃及遗址、伊斯兰建筑、基督教教堂三者并存，可谓奇观。

在尼罗河的西岸有帝王谷、皇后谷、拉美西斯三世陵庙、拉美西斯二世陵庙、建造陵庙的劳工村、贵族墓地、安曼霍特普三世宫、安曼霍特普三世陵庙、哈特谢普苏特陵庙等。

帝王谷位于尼罗河西岸，距岸边 7 千米。这里有 60 座帝王陵墓，基本上属于第十八、十九和二十王朝的法老，主要陵墓有图坦卡蒙墓、拉美西斯四世及六世墓、塞提一世墓等。

哈特谢普苏特陵庙位于底比斯卫城的最北端，陵庙分为 3 层，刻有许多富含深意的浮雕。哈特谢普苏特是第十八王朝法老图特摩斯一世的女儿，除克利奥帕特拉外，她是另一位女性法老。

拉美西斯三世的陵庙又称"哈布之城"，拉美西斯三世陵庙保存得较为完好，面积仅次于阿蒙神庙，它是法老统治时期的最后一座大型建筑工程，也是埃及最后一段富饶时期的纪念物，神庙的外墙上刻有著名的全景浮雕。

卢克索有尼罗河游轮经过，有火车通往阿斯旺等地。卢克索国际机场是卢克索的主机场，距离市中心 6 千米。1998 年在卢克索主城上游数千米处建成一座大桥，贯通两岸。卢克索城有数条巴士路线，出租车数量充足，价格合理。

伊斯梅利亚

地名由来

伊斯梅利亚，英文名称为 Ismailia，是伊斯梅利亚省的省会和最大城市，在运河中心的提姆萨赫村建城，以当时埃及总督伊斯梅尔的名字命名。

区位

1863 年，英法两国为开通苏伊士运河，于埃及东北部，苏伊士运河西岸中部，大约在塞得港和苏伊士两座城市中间建立此城。

历史

晚中世纪以前伊斯梅利亚地区有居民，原称提姆萨赫村，意为"鳄鱼村"。相继被古埃及、亚述帝国、波斯帝国、亚历山大帝国、托勒密王国、罗马帝国、拜占庭帝国、阿拉伯、法国、英国统治。1863 年，英、法两国为开通苏伊士运河，命前法国驻埃及领事、工程师斐迪南·德·雷赛布子爵在未开通的运河附近建一城市作为宿营地，处于运河中心的提姆萨赫村被选中建城，该城以奥斯曼埃及行省总督伊斯梅尔帕夏的名字命名。为解决工程所需淡水，从开罗以北挖渠，将尼罗河水引至伊斯梅利亚，然后北上塞得港，南下苏伊士城，管理运河的国际苏伊士运河公司总部也设在这里。作为运河地区管理中心，伊斯梅利亚逐步发展繁荣。

1956 年 7 月 26 日，埃及总统纳赛尔宣布苏伊士运河国有化，派兵占领设在伊斯梅利亚的国际运河公司总部，自此伊斯梅利亚正式回归埃及。1960 年成立伊斯梅利亚省，伊斯梅利亚市为省会。

地理

在伊斯梅利亚境内，苏伊士运河加宽，与提姆萨赫湖相连，再往南与大苦湖相连。隔运河向东是埃及在亚洲部分的西奈半岛。伊斯梅里亚是苏伊士运河地区的中心城市，是苏伊士运河管理中心所在地，被称为"运河女皇"，有大量法国和英国殖民时期遗留下的住宅群。

全市总面积约 1442 平方千米，居民使用的语言是阿拉伯语和埃及方言。

伊斯梅利亚的气候属于地中海式气候，根据柯本气候分类法，伊斯梅利亚属热带沙漠气候，晴朗干热，夏季平均气温约 36.1℃，冬季平均气温约 11℃。

经济

耕作业和捕鱼业是伊斯梅利亚古老的经济活动。耕作业居主导地位，耕地总面积达 7 万公顷，畜牧业和渔业发展前景广阔。伊斯梅利亚的优质作物有芒果、草莓、西红柿、花生、芝麻、橄榄和无核葡萄。渔场分布在苦湖、鳄鱼湖和运河水道。水产品丰富，有鲻鱼、鲈鱼、鱿鱼、虾、蟹及一些软体动物等。

伊斯梅利亚有 4 个工业区，西部的第一工业区、轻工业区、工业免税区和东康塔拉免税区。工业主要门类有纺织、五金、食品、服装、制鞋、建材、电子和电气设备等。

文化

伊斯梅利亚是创建于 1976 年的苏伊士运河大学的总部所在地，是埃及发展最快的教育基地，有大量外国留学生。但是与埃及其他地方一样，本地人文盲率较高。

伊斯梅利亚的体育事业主要是足球，伊斯梅利亚体育俱乐部足球队是全埃及最著名的足球队之一。1986 年开放使用的伊斯梅利亚国际体育场是伊斯梅利亚地区的一座正规体育场，也是伊斯梅利足球队的主场，可容纳 40500 人。

出生于伊斯梅利亚的名人有：法国流行乐歌手克劳德·弗朗索瓦，埃及著名工程师、企业家和政治奥斯曼土耳其·艾哈迈德·奥斯曼土耳其，埃及著名肚皮舞女和电影演员塔希娅·卡里尤卡，法国著名歌手和作曲家路易·谢迪德。

旅游

伊斯梅利亚是埃及的旅游胜地，游客主要来自国内。虽然不是国际游客的主要目的地，但是国际游客重要的休息地和中转站。

主要景点有苏伊士运河、鳄鱼湖、坦克战役纪念馆、玛拉哈公园、伊斯梅利亚地区博物馆、天主教堂等。观光者还可以在伊斯梅利亚从事游泳、垂钓、赛船、溜冰、高尔夫、网球等娱乐活动。伊斯梅利亚每年举办国际民间艺术节、骑骆驼比赛、国际苏伊士运河游泳锦标赛等旅游活动。

通过公路自伊斯梅利亚可以到达首都开罗、亚历山大、塞得港和苏伊士港。伊斯梅利亚是苏伊士运河铁路的中枢，埃及全国铁路的汇集点，可通往开罗、塞得港和苏伊士。通过水路向北可到达塞得港，向南可到达苏伊士港。离伊斯梅利亚最近的民用机场是其以北的塞得港机场。

沙特阿拉伯

沙特阿拉伯（Saudi Arabia），全称沙特阿拉伯王国，意为"幸福的沙漠"，简称"沙特"。国名取自于创始人伊本·沙特（1880—1953年）之名。沙特位于亚洲西南部的阿拉伯半岛，东濒波斯湾，西临红海，同约旦、伊拉克、科威特、阿拉伯联合酋长国、阿曼、也门等国接壤。沙特阿拉伯国土面积为225万平方千米，人口32157974人（2016年）[①]。首都是利雅得。有利雅得、吉大、麦加、麦地那等重要城市。

利雅得

地名由来

利雅得，英文名称为Riyadh，是沙特阿拉伯的首都，利雅得省的省会，是沙特第一大城市，阿拉伯半岛第二大城市，也是一座国际大都市。18世纪中叶，利雅得四周修筑了城墙，开始使用利雅得这个名称，在阿拉伯语中，"利雅得"一词意为"花园"。

---

① http://worldpopulationreview.com/countries/，查阅日期：2016年6月5日。

区位

利雅得位于阿拉伯半岛中部的内志高原的中部，在哈尼法、艾桑、拜萨汗宰三条干涸河谷中，东距波斯湾约386千米，附近为一片绿洲。

历史

在前伊斯兰时代，利雅得所在地称为Hajr。17世纪，根据对1590年一个事件的记录，已有"利雅得"这个名字。1737年，一位来自临近村子的避难者控制利雅得，他将利雅得分成四部分，每一部分建有围墙，使它们各成独立的城镇。

1744年，穆罕默德·伊本·阿卜杜拉·瓦哈卜与临近镇迪里耶的统治者穆罕默德·伊本·沙特结盟。于是伊本·沙特开始征服周围区域，将它们置于单一的伊斯兰国之下。利雅得的伊本·达瓦斯与临近的城市结成联盟坚决抵抗，但是他最终逃走，1774年利雅得归属沙特，成为沙特第一王国的首都。

沙特第一王国被奥斯曼帝国的埃及总督穆罕默德·阿里摧毁，1818年奥斯曼土耳其军队占领利雅得，在内志设置一支卫戍部队。1823年，建立第二王国的奥斯曼土耳其的伊本·阿卜杜拉选择利雅得为新首都。1834年被暗杀，他的长子费萨尔杀死凶手，控制利雅得，拒绝接受埃及总督的控制。于是内志遭到入侵，费萨尔被俘到开罗。但是，当埃及脱离奥斯曼土耳其帝国独立，费萨尔在5年监禁后逃回内志，恢复统治，直到1865年，巩固了沙特家族的地位。1891年，利雅得归属拉西德部族。1902年，沙特阿拉伯王国的创始人阿卜杜勒·阿齐兹率部重新攻占利雅得，1932年沙特阿拉伯王国建立，利雅得正式成为首都。

20世纪30年代沙特发现石油后，到40年代利雅得从一座占地不足1平方千米的沙漠小城，迅速发展为大都市。沙特国王致力于利雅得现代化，并在50年代开始发展皇室区。学习美国城市模式，新居民区和全部邻域规划为棋格式，由高效的主大街与中心区相连。同时期人口迅速发展，利雅得也成为阿拉伯世界最著名的花园城市之一。

地理

利雅得是一座典型的绿洲城市,有广阔的枣椰林、棕榈树和清澈的泉水。为了调节炎热的气候,利雅得努力修建公园,扩大绿地面积,各式各样的喷水地处处可见。为了利用雨水,利雅得市政府投巨资修建一座长225米、高10米的水坝,蓄积了大量雨水,保证了城中植物四季常绿。

利雅得属于热带沙漠气候,酷热干燥,盛夏午后温度时常升至50℃以上,8月份平均高气温达43.6℃。冬季温暖,有凉风吹拂,1月份平均气温约为16℃。整体而言是干旱,尤其是夏季,3—4月雨量较大,年降水量99毫米。利雅得沙尘暴较为频繁,刮沙尘暴时能见度不足10米。2015年4月,严重沙尘暴袭击利雅得,引起学校停课,几百架国内外航班停飞。

利雅得市区面积1600平方千米,城市分为15个市区。居民区、工业、农业区和商业区布局井然有序。市区宁静,街道宽阔,交通通畅。根据近年人口普查,利雅得人口数量超过500万。

经济

利雅得有炼油、石油化工、水泥、纺织等工业,绿洲农业区出产椰枣、小麦和蔬菜。

利雅得哈立德国际机场在市中心以北35千米,是利雅得的主要机场,每年输送旅客1700万人次。利雅得有发达的现代高速公路系统。主要的是东环路连接城市南北,南环路连接城市东西。法赫德国王路通过市中心贯穿南北,与东环路平行。麦加路通过市中心贯穿东西,连接城市东部区域与城市主要商业区和外交区。利雅得有独立的旅客和货运铁路线经过胡富夫、哈拉德市。通往达曼,有两项铁路工程在建,西部地区连接利雅得、吉大和麦加,北部地区连接利雅得、布赖代、哈伊勒到约旦边界。沙特公共运输公司负责国内交通以及到达埃及和海湾国家等邻国的交通。

文化

利雅得绝大部分居民信奉伊斯兰教。星期五是全国休息日,中午人们集中在清真寺祈祷,商店要到下午4点后才开门营业。

著名的沙特国王大学是全国最高学府，该大学建筑豪华，一条长近千米、宽 20 米的走廊地面全用马赛克铺成，走廊两边是数万根高达 20 米的大理石石柱。城内还有法赫德体育场，体育场内专设有皇家包厢，装有巨型防弹玻璃，休息室的装潢也是金碧辉煌。诺拉·本特·阿卜杜拉曼公主大学是全球最大的全女子大学。

旅游

利雅得有现代化的铁路、公路和航空线联系国内外，是红海和波斯湾之间的中转点和农牧业产品集散中心，为伊朗、伊拉克等地穆斯林去麦加、麦地那朝觐的陆上交通站。利雅得的高速公路堪称世界一流，公路系统采用全封闭式，有电子监测系统，有的地段路墩和腹面全由花岗岩砌成，墩顶面装有日光灯。高速路口旁的土墩上栽种着绿草，为防止水土流失和尘土飞扬，绿草坡面上还覆盖着薄薄的尼龙网。

在利雅得西北 16 千米的哈尼法谷地，有故都德拉伊耶的废墟。德拉伊耶是沙特部族的发祥地，是前沙特国（1774—1818 年）首府。1818 年，德拉伊耶被奥斯曼土耳其帝国驻埃及总督穆罕默德·阿里率军摧毁。

利雅得著名建筑有美丽的王宫、壮丽的大清真寺、著名的沙特国王大学、沙特国王医院、利雅得奥林匹克综合运动场、王国中心大厦等。王国中心大厦由沙特王子（2005 年 8 月 1 日继承王位）出资建造，被美国旅游杂志《旅游者》列为"新世界七大奇观"之一。

吉 大

地名由来

吉大，英文名称为 Jidda，沙特西部的主要城市化中心，麦加省的最大城市，沙特阿拉伯第二大城市，红海最大港，沙特重要的经济、金融、贸易中心，政府外交部及各国使馆驻地。名字来自"Jaddah"，阿拉伯语意为"祖母"，根据东方民间信仰，人类的祖母——夏娃之墓就在吉大。在英语翻译中，有

Jedda、Jeddah 等名称，在沙特官方地图和文件中，城市名字为"Jeddah"，现在是最常用名字。

区位

吉大位于沙特阿拉伯西部，红海东海岸的中部，行政上隶属于麦加，在麦加以西约 70 千米。吉大是麦加、麦地那的门户。

历史

考古学显示石器时代吉大就有人居住。公元前 522 年，也门的希米亚里特部落在也门的马里卜水坝崩毁后，离开中部也门定居吉大，他们建立了吉大城。公元 647 年左右，吉大获得突飞发展，第三位穆斯林哈里发将吉大建成港口，使它代替麦加西南的 Al Shoaiba 港成为麦加的港口。公元 703 年，吉大被来自阿克苏姆王国的海盗占领，吉大建设成为历史上希贾兹省的主要城市，为贸易以及朝圣者的中转港。

公元 969 年，来自阿尔及利亚的法蒂玛王朝控制埃及，将帝国扩大到周围区域，包括希贾兹和吉大。法蒂玛通过红海在地中海和印度洋两边发展起发达的贸易网。他们的贸易和外交联系扩大到中国的宋王朝。

在萨拉丁征服耶路撒冷之后，1171 年他宣称自己为埃及苏丹，在结束法蒂玛王朝后，建立了阿尤布王朝。阿尤布王朝征服了包括吉大在内的希贾兹地区，1177 年，希贾兹地区加入阿尤布王国。阿尤布王朝迎来经济繁荣期，吉大城吸引了巴基斯坦信德省、东南亚、东非以及其他更远区域的穆斯林水手和商人。1254 年，阿尤布王朝解体，希贾兹成为马穆鲁克苏丹的一部分。

在 1497 年，葡萄牙探险家达伽马发现了绕过好望角的航路，在桑给巴尔岛海岸得到向导，穿过印度洋到达印度。1502 年，他袭击了从印度到红海的载有穆斯林朝圣者的阿拉伯船，将船上的几百人烧死。他的恐怖袭击惊动了周围的国君，吉拉特和也门的国君转向埃及求助，马穆鲁克苏丹于是装备了一个 50 艘船组成的船队，吉大迅速垒砌石头墙，增强了防御，吉大港成为保护阿拉伯和红海的庇护所。在老城区，部分石墙留存至今。

1517 年，奥斯曼土耳其帝国征服埃及马穆鲁克苏丹以及叙利亚，包括吉大港、圣城麦加在内的希贾兹成为奥斯曼土耳其帝国的疆域。1525 年，奥斯曼土耳其帝国重建吉大城墙以抵御葡萄牙人，新的奥斯曼土耳其城墙包括 6 个瞭望塔和 6 个城门。奥斯曼土耳其人还建设了一个城堡。

吉大 17 世纪起作为朝觐者的中转港而兴盛，每年有约数十万海外穆斯林在此登岸前往麦加朝觐。1869 年苏伊士运河开通后，吉大成为红海地区的贸易中心。

第一次世界大战期间，1916 年，沙里夫·侯赛因·本·阿里宣布脱离奥斯曼帝国独立，建立一个从叙利亚阿勒颇到也门亚丁的统一的阿拉伯国家，即汉志王国，吉大包括在内。不久，侯赛因与内志国苏丹伊本·沙特卷入战争，1924 年，在麦加沦陷后侯赛因退位，他的儿子继位。1925 年，内志苏丹国兼并汉志王国，1926 年 1 月 8 日，伊本·沙特兼任汉志王国国王，在麦加进行加冕，将内志原苏丹国升格为王国，内志与汉志王国建立。1927 年 5 月，英国承认内志与汉志王国的主权。1933 年 9 月，内志与汉志王国重组为沙特阿拉伯。

从 1928 年到 1932 年，吉大城是阿齐兹国王的驻地，那里建起了新王宫。1963 年后，这座王宫被用作皇家宾馆，1995 年后成为吉大考古与人种学区域博物馆。吉大是沙特阿拉伯外交部与外国使节驻地，设有 70 多个总领事馆，有"外交首都"之称。

地理

吉大坐落在沙特红海边的平原上，位于汉志山地中较低的区域，城市用水来自法蒂玛干涸河谷和索勒塔纳泉。吉大市区面积 1200 平方千米，人口 300 多万人。吉大地方语言属于希贾兹方言，是阿拉伯语中最正统的方言之一。吉大是汉志省唯一允许非穆斯林居住的城市。

按照柯本气候分类法，吉大属于典型的热带干旱气候，与其他沙特阿拉伯城市不同，吉大冬季温暖，能从清晨时分的 15℃ 升到下午的 28℃。夏季气温非常高，下午经常突破 43℃，晚上降到 30℃。2010 年 6 月 22 日，气温达到 52℃。吉大降雨稀少，降雨通常发生在 11—12 月。夏季和冬季会有来自阿拉伯半岛沙漠或北非的沙尘暴。

经济

历史上，吉大以其传奇式的货币兑换商而闻名，其中据说最有实力的最终建立了沙特的首家银行，即现在的国家商业银行。

吉大拥有石油化工、炼钢、化肥、制革、造船和印刷等工业，建有海水淡化厂。地毯和陶器交易兴盛，主要输出品有椰枣、石油及其制品，输入品有纺织品、粮食、食糖和茶叶等。

文化

大多数吉大居民为逊尼派穆斯林。政府、法院、民事与刑事法律实施的是伊斯兰教法规定的道德规范。有极少数居民是沙特阿拉伯什叶派穆斯林，还有大量外国工人。

吉大城有 1300 多座清真寺。法律不允许有其他宗教建筑、书籍、偶像和信仰传播。但是，与穆斯林无关也不妨碍公共秩序、良好道德的私人宗教仪式有时会被容忍。

多民族的城市居民影响了吉大的传统饮食。与其他沙特阿拉伯城市居民一样，吉大居民常吃鸡肉饭，用鸡肉代替羊羔肉。但与沙特其他地方不同的是，吉大饮食文化中有重要的海产品元素。

吉大有卓越的露天艺术。20 世纪 70 年代晚期到 80 年代，吉大人努力将艺术带到吉大城市公共区域。结果，吉大容纳了大量的现代露天的雕塑和艺术作品，有历史性的纪念碑雕塑，城市园林雕塑，建筑艺术装饰雕塑等，具有浓郁的阿拉伯风格和伊斯兰教精神生活，取材广泛，如传统的阿拉伯咖啡壶、枣椰树、《古兰经》字母书法等等。

吉大大约有 12 个博物馆或收藏馆。包括吉大考古和民族志区域博物馆、吉大市政博物馆、人类遗产博物馆和私人艺术博物馆等，各有不同的教育目标和功能。

吉大有 4 家主要的阿拉伯语报纸，还有 2 家主要的英语报纸以及沙特阿拉伯最大的广播电视市场。

吉大有大量学校。截至 2005 年，有 849 所公立和私立的男子学校，1179 所公立和私立的女子学校，这些学校以阿拉伯语教学为主，英语为第二语言，一些外国人办的私立学校为英语课堂。吉大有大量高等学府，如阿卜杜勒阿齐兹国王大学、阿卜杜拉国王科技大学、阿拉伯开放大学等。建于 1987 年的阿卜杜拉阿齐兹公共图书馆，重视伊斯兰和阿拉伯文化遗产以及王国历史。

旅游

吉大为海、陆、空交通枢纽，交通发达。有阿卜杜拉阿齐兹国际机场，吉大港是世界第 32 个最繁忙港口。沙特阿拉伯最重要的 40 号高速公路开始于吉大，连接麦加、利雅得和东海岸城市达曼。

吉大是沙特的夏都和外交之都，有"红海新娘"的美称，风景名胜众多。

历史悠久的吉大旧城区于 2006 年 11 月 28 日被联合国教科文组织列入世界文化遗产名录。苏伊士运河开通后吉大成为红海的贸易中心，林林总总的小商铺保留至今。楼房一般为三四层高，平顶，正门上部呈拱形或者尖拱形，门户用木材制成，上面雕有沙特传统图案，绝大部分建筑外墙涂成白色。所有的窗户和阳台都是用木条拼成的屏风遮挡，没有玻璃，木拼图形随主人的经济状况而定，或繁或简，既通风又遮光。这些传统的白石灰石墙壁、凸出的木结构窗棂建筑群是吉大城的独特景观。位于城中心的贝伊特·纳希夫博物馆是最典型的 19 世纪沙特民居，具有埃及建筑风格。

吉大城内 200 多座造型各异、寓意深奥的雕塑作品构成吉大另一道显著风景。在滨海大道上有法赫德国王喷泉城雕，是世界上最高的喷泉，喷射的水柱高达 312 米。

吉大城有多处度假胜地，更有许多地标景观，除了国王喷泉，还有吉大市政塔、吉大塔、国际银行塔、国王大道塔、吉大旗杆、麦加之门等，麦加之门在吉大到麦加的高速公路上，是进入麦加和穆罕默德出生地之门。

麦　加

地名由来

麦加，英文名称为 Mekkah，是沙特阿拉伯西部省省会，也是宗教之都，是伊斯兰教的第一圣地，全称是麦加·穆卡拉玛，意为"荣誉的麦加"。麦加的早期名字是阿拉伯名字 Bakkah。麦加为人熟知的英文名字是"Mecca",但沙特官方的英文翻译名字是"Makkah",这更接近阿拉伯语发音。

区位

麦加位于沙特阿拉伯西部,赛拉特山区的山谷中,距离红海东岸的吉大港 70 千米。

历史

麦加的历史可追溯到易卜拉欣(亚伯拉罕)的时代。大约公元前 18 世纪,易卜拉欣和儿子易斯马仪(以实玛利)一同建造了克尔白。"克尔白"在阿拉伯语中意为"方形房屋"。到公元 7 世纪,圣寺克尔白里陈列了众多的偶像。

公元 5 世纪时,古莱氏族控制了麦加,他们是杰出的商人,当时麦加具有显赫的商业地位。6 世纪中期,北阿拉伯有三个主要城邦,与濒临红海的西南海岸连成一气,是红海和东方大沙漠之间的可居地,即著名的希贾兹地区,三个城邦紧挨着绿洲,水源没有问题。这三个城邦中,位于希贾兹中部的是雅斯里布(后来易名为麦地那),在其以南 400 千米处是山城塔伊夫,在塔伊夫的西北就是麦加。当时麦加周边都是不毛之地,但是麦加是三个城邦之中最富有且最重要的。在麦加圣地克尔白有一眼清泉,即著名的渗渗泉,麦加因渗渗泉而拥有丰富的水源,是主要的骆驼商队的汇集路线。每年,阿拉伯人都会前往麦加朝觐,向克尔白致敬,饮用渗渗泉的泉水。这也是一年一度仲裁纷争的时刻,朝觐者同时会在麦加市集进行贸易。各部落因朝觐而产生共同的信念,使麦加具有极其重要的宗教和政治地位。

麦加同样具有重要的经济地位。因为大量驼队经过,为商队安装骆驼坐骑成为当地经济的一部分。当地的游牧部落将皮革、牲畜、当地山区开采的金属带到麦加,由骆驼商队运往叙利亚和伊拉克的城市进行贸易。来自各大洲的货物也流通到麦加。麦加人同拜占庭人、贝都因人签订合约,负责协调商队的安全路线,提供水源和牧草,这一切增强了麦加的政治经济实力,使麦加成为阿拉伯地区首要的政治经济枢纽。

公元 570 年,伊斯兰教的创始人穆罕默德在麦加诞生,他出生于统治阶层古来氏部落的一个小分支——哈希姆家族。据伊斯兰传统,公元 610 年穆罕默德接受天启，开始宣扬一神信仰，这和麦加的多神信仰格格不入。在忍受了 13 年的迫害之后，公元 622 年，穆罕默德率领追随者们迁移到麦地那。在麦地那，穆罕默德决定把礼拜的方向朝向麦加，从此，世界各地穆斯林都朝向麦加做礼拜。公元 630 年，穆罕默德率领万人返回麦加朝觐，光复麦加古圣地，清除了克尔白内外各种崇拜偶像，将克尔白改为伊斯兰教清真寺，宣布麦加是伊斯兰教最神圣的地方，确定了朝觐的礼仪，此后麦加成为穆斯林朝觐的中心。

1517 年，麦加谢里夫巴拉卡特·本·穆罕默德承认奥斯曼土耳其帝国的统治，但麦加拥有极大的自治权。1802 年，第一沙特王国（瓦哈比教派）占领麦加，1813 年，奥斯曼土耳其帝国的埃及总督穆罕默德·阿里奉命夺回麦加。

1916 年 6 月，阿拉伯起义反抗奥斯曼土耳其帝国。谢里夫·侯赛因·本·阿里率军队夺得麦加，麦加成为新建立的希贾兹王国的首都。1924 年，麦加并入沙特阿拉伯。1932 年沙特阿拉伯王国建国，麦加被称为"宗教之都"，旧城称为"易卜拉欣洼地"。

地理

麦加位于赛拉特山区一条狭窄的山谷中，在群山之间，平均海拔 277 米，麦加大清真寺所在的中心地比麦加大部分区域低。

麦加都会区的面积已超过 1200 平方千米（2008 年）。麦加市区的范围过去一直局限于大清真寺附近，近几十年来，麦加改造大清真寺周围环境，扩大清真寺规模，将周围数百间房屋拆迁，改建为宽阔的大道和广场。麦加城的主大街是禁寺北边的穆达阿、苏克·莱尔，南边的苏格·阿萨基尔。

2012 年麦加居民数量约 200 万。在穆斯林农历 12 月的朝觐时期，人口增加 2 倍以上。麦加的人口密度很高，大部分长住麦加的人住在大清真寺周围的旧城区。麦加特有的区域方言称为希贾兹方言或麦加方言，是阿拉伯语里最正统的方言之一。

麦加开发了几种主要水源。最先开采的是井水，如有咸味的渗渗泉。第二种水源是麦加东南约 20 千米处的阿因·祖拜达泉水，泉水来自萨德山与卡布卡布山，由地下管线流向麦加。第三种水源是雨水，利用小型蓄水池贮存。麦加有时会因暴雨暴发洪水，1942 年洪水之后，政府开始建造水坝，消除洪患。

与沙特阿拉伯的其他城市不同，麦加冬季较为温暖，温度可从半夜的17℃飙升至午后的25℃。夏季炎热，午后往往超过40℃，晚间会骤降至30℃。麦加的降雨主要集中在12月和1月，虽然总的说来麦加降雨不足，但时有滂沱大雨。在夏季，麦加有时遭受来自阿拉伯半岛或北非沙漠的沙尘暴。

经济

朝觐带动了麦加的经济，对希贾兹和内志地区的经济也产生了深远的影响。麦加的经济以朝觐服务为主，朝觐带动了交通、酒店、商场等服务行业。大量与朝觐有关的工作就业进而带动了对房屋和服务的需求，现在，麦加周围都是高速公路、大型购物中心和摩天大厦。麦加还有纺织、家具制造、波形铁皮制造、铜生产、植物油提炼厂、糖果制造、面粉加工、冰块加工、饮料罐制造（不含酒精）等工业。

文化

麦加有许多公立、私立学校，分男校和女校。学校语言是阿拉伯语，重视第二语言英语。一些外国人设立的私立学校使用英语教学，允许男女合校。高等院校有诸城之母大学。

麦加有自己的报纸，也提供沙特其他地方的报纸和国际报纸。麦加有许多家电视台。

麦加最普遍的体育运动是即兴摔跤和足球赛，足球是麦加最流行的运动，麦加拥有一些历史悠久的运动俱乐部。阿卜杜勒阿齐兹国王体育场是麦加最大的体育场，能容纳38000人。

由于历史悠久的一年一度的麦加朝觐，来自世界各地的穆斯林为麦加带来多元的文化，与沙特阿拉伯的其他地方尤其是内志地区不同，麦加被《纽约时报》称为"思想的绿洲"。在麦加居民中，不同种族和民族的混合极大影响了麦加的传统饮食，麦加被形容为最世界性的城市，拥有世界性的饮食。

根据沙特的风俗，女士不得驾车，不得与丈夫兄弟及家庭司机以外的男士同乘一车。女性外出时须披黑袍，否则宗教警察会前来干预。禁止在公众场合、景点或对某些建筑拍照。

1962年，伊斯兰世界联盟在麦加成立，它是世界上最有影响的伊斯兰教组织，简称伊盟，伊盟利用世界穆斯林朝觐的机会，召开各种会议，讨论共同关心的问题，使麦加成为当代世界伊斯兰教的中心。

旅游

麦加只有一个小机场，麦加的航空服务由吉大港的阿卜杜勒阿齐兹国王国际机场提供，该机场距离麦加市中心约100千米。为了运载大量的朝圣者，这个机场有一个特别的朝觐客运大楼，在朝圣季节，它能同时容纳47架飞机，每小时能迎接3800名朝圣者。

为缓解麦加朝觐期间的交通压力，沙特政府在麦加投资兴建了第一条轻轨铁路，坐落在麦加和阿拉法特山之间，途经米纳、穆茨达里法等地，全长18.25千米。铁路由中国承建，2010年9月23日全线铺通，2010年11月14日开通运营。麦加有高速公路通往各地。

麦加四周群山环抱，层峦起伏，景色壮丽。旧城区集聚了具有古代特征的宗教建筑和宫殿，狭窄的街道两旁是古色古香的店铺，居民的服装、语言和习俗仍有穆罕默德时代的风貌。从旧城西向吉大港方向延伸的新市区则是高楼大厦，有贯通市区的宽广马路，广场上有巨大喷泉，夜晚灯火通明，一派现代化城市景色。

作为一座历史名城，麦加拥有数百处历史地标，如大清真寺、克尔白、渗渗泉、麦加兵营等。麦加城中心的大清真寺环绕克尔白而建，包括内外礼拜场地在内，面积共有356800平方米，在朝觐季节期间可容纳400万人，是世界上最大的清真寺。

克尔白是大清真寺广场中央的立方形高大石殿，为世界穆斯林做礼拜时朝向的地方，又称"天房"。克尔白由麦加附近山区的花岗石为材料，建立在约25厘米高的大理石平台上。克尔白长12.62米，宽11.03米，高13.10米，四个角面对东、南、西、北四个方向，大致上和指南针显示的方向一样。东边的角称为"黑石角"，镶有一块黑色的陨石，是当年穆罕默德清除偶像后唯一保留的，被穆斯林视为圣物，朝觐者游转天房经过此石时，争先与之亲吻或举双手致意。其余三个角，北边的称为"伊拉克角"，西边的称为"累范特角"，南边的称为"也门角"。克尔白之外覆盖着黑色丝绸，上绣金质的《古兰经》经文，这种布阿拉伯语称为"基斯瓦"，每年都要换新。克尔白的正门在东北面，高 2 米，克尔白没有窗户，大门是唯一的通道。

渗渗泉在天房东南侧，穆斯林视之为圣水，他们游转天房后在此饮水，以沾吉祥。

麦加的其他圣地还有城东 20 千米的阿拉法特山、穆兹达利法和米纳等地，是朝觐者要站山诵经、"射石"（驱邪）活动之地。

麦加城的拱门形状像是一本打开的《古兰经》，标志着禁地的起点，只允许穆斯林进入。

麦地那

地名由来

麦地那，英文名称为 Madina，是伊斯兰国家的第一个首都，伊斯兰教第二大圣地，与麦加、耶路撒冷一起被称为伊斯兰教三大圣地。麦地那原称叶斯里卜，穆罕默德到来后改为"麦地那·纳比"，意思是"先知之城"，简称麦地那。

区位

麦地那是麦地那地区的首府，位于沙特的西北部，赛拉特山区的开阔平地上，在麦加以北 340 千米，距离红海岸 250 千米。

历史

公元 4 世纪，阿拉伯部落开始从也门进驻麦地那，当时三个强大的犹太部落居住在这座城市。

公元 4 世纪，阿拉伯部落开始从也门进驻麦地那，当时已有三个的犹太部落居住在这座城市。公元 622 年，先知穆罕默德率领大约 70 个穆斯林追随者来到麦地那，穆罕默德成功调节各部落关系使之和平相处，因而成为麦地那的领袖，麦地那地区各部落结成联盟，以麦地那为首都。他与犹太人签署了和平协议，即著名的《麦地那宪章》。

穆罕默德在麦地那建立了最早的伊斯兰教政权，麦地那成为伊斯兰国家的第一个首都，是穆罕默德传教活动的重要场所。麦加的贵族多次组织部落联盟武装攻击麦地那，经过白德尔之战、吾侯德之战、麦地那城边的战壕之役，穆斯林获得胜利，巩固了伊斯兰政权。在麦地那，穆罕默德将《古兰经》的精神转变为社会实践，创建了第一个穆斯林政权，制定了伊斯兰礼仪和社会管理法度。在先知穆罕默德和四大哈里发时代，麦地那为伊斯兰教的政治中心和文化中心，曾被穆斯林称为"被照亮之城""和平之城""胜利之城"。

在被奥斯曼帝国掌控几个世纪后，1924年，麦地那成为沙特的一部分。

地理

麦地那周围的土壤包含玄武岩，山峦尤其是城市南部的山峦为地质时代的火山灰堆积而成。麦地那是希贾区域最肥沃的地方，这里溪流汇集，广阔的平原向南延伸出去，水草丰盛，四面环山，平均海拔约620米。

城市面积约13平方千米。截至2006年，麦地那人口130万人。居民大多数为逊尼派穆斯林，同时有少数什叶派，市中心之外有非穆斯林的移民。

麦地那属于沙漠气候，夏季酷热，气温在8月份高达28.5℃—42.5℃，1月份气温11.6℃—22.9℃。麦地那周围有良田和果园，盛产优质椰枣。

经济

麦地那经济发达，尤其房地产业发达，商业活动季节性较强。城市周围有许多农场、园圃，出产椰枣、小麦、大麦、蔬菜和水果。麦地那有椰枣加工工业，还有砖厂和地毯厂。

文化

麦地那伊斯兰大学招收来自世界各地的穆斯林学生。2003年建立了Taibah大学。规模庞大的法赫德国王《古兰经》印制机构设在麦地那。

旅游

麦地那交通发达，城郊建有国际机场，距离市中心15千米，主要飞往国内各地，国际路线比较有限，主要飞往开罗、多哈巴林、迪拜、伊斯坦布尔和科威特。麦加—麦地那高速铁路连接麦加、麦地那、港口城市吉大、阿卜杜拉阿齐兹国王国际机场，从麦加到麦地那只需 2 个小时左右。

凡去麦加朝觐的人，在朝觐仪式开始之前和之后，绝大多数会访问麦地那，拜谒伊斯兰教先知和先贤的遗迹。麦地那城内古迹众多，有世界上第一座清真寺库巴清真寺、双朝向清真寺、主麻清真寺、先知清真寺、先知时期的烈士陵园等。先知清真寺和先知陵墓最为著名。

先知清真寺是穆罕默德亲自督建的，是伊斯兰教第二大圣寺，也称麦地那清真寺，地处麦地那市中心，与麦加城内的"禁寺"齐名。先知督造的清真寺是一个长 50 米、宽 45 米的土坯矮墙大院，礼拜殿是椰树干支撑的草棚，屋顶盖着树叶和草木。经 1000 多年来的扩建重建，面积达 16.5 万平方米，寺内可容纳 40 余万穆斯林礼拜，寺外广场达 45 万平方米，可容近百万人礼拜。建筑辉煌夺目，夜间灯火辉煌，光照数十里之外。但是古意仍存，在数以千计的立柱的前排，有一部绿色的廊柱，这标志着当年土坯矮墙的范围。先知的陵墓还是原来的样子，根据先知的遗嘱，他被埋葬在病床下的位置上，现在地面上覆盖着白色地毯，陵墓两边覆盖着红色地毯，其中有他的两位继承者哈里法阿布·伯克尔和欧麦尔的墓地。陵园的另一边有一处高台，是当年先知站在上面向弟子们宣讲真主启示的地方。在先知清真寺之南有两个陵园，有先知妻子们的墓地以及许多伍侯德战役烈士的墓地。穆罕默德的女儿法蒂玛与外孙哈桑的墓也在这里，法蒂玛被什叶派奉为"神圣伊玛目之母"。先知时代的历史遗迹大多数保存完好，供人凭吊、参观和研究。先知清真寺的后边有两个古籍图书馆和博物馆，珍藏着古代文献，其中有先知发给周围国王的书信，来自世界各地的学者可阅读、查询。

双向清真寺是另一座重要的清真寺，在这里穆罕默德接到命令，将朝向耶路撒冷的祈祷方向改为朝向麦加。麦地那郊外有穆罕默德与麦加势力战斗的白德尔战役、伍侯德战役遗址。

麦地那中心区禁止非穆斯林进入，外围区域允许非穆斯林进入。麦地那具有多元文化的特征，没有固定形式的服饰和礼仪。

参考文献

专著

《关西之旅》编写组:《关西之旅 (大阪 · 神户 · 京都 · 奈良)》,中国旅游出版社 2005 年版。

安朴:《檀香与鳄鱼:走进东帝汶》,四川大学出版社 2012 年版。

蔡锡梅:《新加坡》,重庆出版社 2007 年版。

陈池:《韩国》,重庆出版社 2004 年版。

陈桥驿主编:《当代世界名城》,浙江人民出版社 1987 年版。

丁俊主编:《阿拉伯人的历史与文化》,甘肃人民出版社 2009 年版。

董向荣编著:《韩国》,社会科学文献出版社 2005 年版。

范作申:《日本》,世界知识出版社 1998 年版。

郭宝华:《中东国家通史 也门卷》,商务印书馆 2004 年版。

寒江雪:《亚洲最美的 60 座名城》,北京工业大学出版社 2010 年版。

胡占凡出品:《魅力斯洛文尼亚》,中央电视台纪录频道摄制 2011 年。

黄蔚薇:《国外旅游名城气候纵览》,气象出版社 2013 年版。

江波、史晓婷:《日本城市与城市文化》,中国社会科学出版社 2011 年版。

李家禄、严琪玉:《马来西亚》,重庆出版社 2004 年版。

林庆春、杨鲁萍编著:《也门》,社会科学文献出版社 2009 年版。

刘伉:《环球地名初探》,百花文艺出版社 2009 年版。

刘文鹏:《古代埃及史》,商务印书馆 2004 年版。

刘新生、潘正秀编著:《文莱》,社会科学文献出版社 2005 年版。

马利章：《走进也门——阿拉伯文化研究》，民族出版社 2003 年版。

马燕冰、张学刚、骆永昆编：《马来西亚》，社会科学文献出版社 2011 年版。

潘丽萍编著：《世界名城》，长春出版社 2000 年版。

邵献图：《外国地名语源词典》，上海辞书出版社 1983 年版。

沈北海主编：《文莱·绿波上的金顶》，广西民族出版社 2006 年版。

舒醒、李红浪、李星主编：《亚洲世界遗产》，华南理工大学出版社 2009 年版。

孙叔林、韩铁英主编：《日本》，社会科学文献出版社 2005 年版。

唐慧、陈扬、张燕、王辉编：《印度尼西亚概论》，世界图书出版广东有限公司 2012 年版。

汪丽敏：《列国志：斯洛文尼亚》，社会科学出版社 2006 年版。

王际桐主编：《世界地名与民俗漫谈 亚洲卷》，辽宁人民出版社 1993 年版。

王胜三、陈德正主编：《一带一路列国志》，人民出版社 2015 年版。

王受业、梁敏和、刘新生编著：《印度尼西亚》，社会科学文献出版社 2006 年版。

王细谱：《南斯拉夫兴亡》，社会科学文献出版社 2010 年版。

阎京生、刘怡：《塞尔维亚的轮回》，中国华侨出版社 2011 年版。

杨灏城、江淳：《纳赛尔和萨达特时代的埃及》，商务印书馆 1997 年版。

约翰·兰普：《南斯拉夫史》，刘大平译，东方出版中心 2013 年版。

张殿英主编：《东方风俗文化辞典》，黄山书社 1991 年版。

郑怀义等主编：《世界各国首都大全》，北京出版社 1991 年版。

中科院地理研究所等编：《世界地名词典》，上海辞书出版社 1981 年版。

钟伟云编著：《列国志·埃塞俄比亚·厄立特里亚》，社会科学文献出版社 2010 年版。

周定国主编：《世界地名翻译大辞典》，中国对外翻译出版公司 2008 年版。

朱耀廷：《亚非文化旅游》，北京大学出版社 2006 年版。

朱在明主编：《马尔代夫》，社会科学文献出版社 2004 年版。

[阿尔巴尼亚] 克里斯托·弗拉舍里：《阿尔巴尼亚史纲》，樊集译，生活·读书·新知三联书店 1972 年版。

[阿尔巴尼亚] 伊斯梅尔·卡达莱：《耻辱龛》，吴天楚译，花城出版社

2015 年版。

[美]詹姆斯·温布兰:《沙特阿拉伯史》,韩志斌、尹斌译,东方出版社 2009 年版。

Adrian Vickers, A History of Modern Indonesia, Cambridge University Press,2013.

Gillian Gloyer, Albania, Bradt Travel Guides,2015.

Irena Cristalis, East Timor: A Nation's Bitter Dawn, Zed Books,2009.

John Dougill,Japan's World Heritage Sites: Unique Culture,Unique Nature,Tuttle Publishing,2014.

L.Benson, Yugoslavia: A Concise History, Palgrave Macmillan,2004.

Mark Baker, Lonely Planet Slovenia, Lonely Planet,2013.

Sarah Howard ,Ethiopia - Culture Smart!: The Essential Guide to Customs & Culture, Kuperard,2009.

Simon Richmond ,Lonely Planet Malaysia, Singapore & Brunei, Lonely Planet,2013.

Tom Masters,Lonely Planet Maldives, Lonely Planet,2012.

Wayne H. Bowen, The History of Saudi Arabia, Greenwood,2014.

期刊

Basauli Umar Lubis、姚长宏、胡丽萍:《印尼棉兰旅游城市目的地规划》,《国外城市规划》2003 年第 1 期。

迟毅:《曼德海峡和亚丁史话》,《阿拉伯世界》1983 年第 4 期。

戴维周、李茜:《日本旅游观光产业立国的现状与启示》,《现代日本经济》2006 年第 2 期。

范绍民:《伊斯兰教的圣地——麦加》,《阿拉伯世界》1981 年第 6 期。

贺泽劲:《日惹的爪哇诱惑》,《世界文化》2012 年第 4 期。

侯寄兴、任广宇:《建筑保护在阿斯马拉——一个非洲的例子》,《世界建筑》2004 年第 6 期。

胡伟国、陈曦:《沿河与山谷而生的城市——萨拉热窝》,《城市建筑》2008 年第 6 期。

建华:《新加坡:亚洲的"旅游王国"》,《中国老区建设》2001年第4期。

黎元念:《沙漠中的花园城市——利雅得》,《阿拉伯世界》1999年第2期。

李先逵:《斯科普里市规划,南斯拉夫》,《世界建筑》1987年第4期。

李燕、黄正多:《马尔代夫旅游业的发展及其原因》,《南亚研究季刊》2009年第4期。

秦浩安:《盛开仙人花的高原国家——厄立特里亚印象记》,《民族大家庭》1999年第6期。

王新中、乔胜:《也门萨那古城与中国平遥古城比较探究》,《中国名城》2013年第4期。

蔚然:《克罗地亚首都——萨格勒布》,《世界知识》1992年第19期。

欣然:《度假胜地——济州岛》,《中国花卉园艺》2002年第22期。

修余:《绿映历史名城——马六甲市》,《国土绿化》2003年第7期。

阎国来:《韩国的历史文化名城——庆州》,《东北亚论坛》1996年第3期。

叶春生:《中日建筑民俗比较研究》,《民俗研究》2006年第4期。

尹产良:《地拉那七十年今昔》,《国际论坛》1992年第1期。

与墨:《地中海的优雅新娘——亚历山大》,《海洋世界》2013年第8期。

张启新:《文史相贯,园艺相溶——千年古都京都巡礼》,《社会观察》2004年第2期。

张祖刚:《开罗城的历史与现代化建设》,《建筑学报》1985年第12期。

卓然:《斯洛文尼亚首都——卢布尔雅那》,《世界知识》1992年第18期。

子鸣:《槟城旅游吃住的最佳选择》,《东南亚纵横》2000年第1期。

网站

百度百科,http://baike.baidu.com

韩国国家统计网,http://kosis.kr/

世界人口网,http://worldpopulationreview.com/

维基百科,https://en.wikipedia.org

维基旅行,http://wikitravel.org

中华人民共和国外交部网站,http://www.fmprc.gov.cn/web/

一带一路地名文化系列丛书编委会

顾　问：李立国

主　任：宫蒲光

副主任：柳　拯　　王胜三　　陈德彧

编　委：陈高桐　　宋久成　　刘连安　　郑光辉

　　　　徐怀好　　张　伟　　庞森权　　范晨芳

　　　　张清华　　阮文斌　　钟　军　　高　钰

《一带一路名城志·21世纪海上丝绸之路南线国家卷》

主　编：王胜三　　陈德正

副主编：宋久成　　张清华　　刘建峰

编　委：（按姓氏拼音排序）

　　　　盖贝贝　　高　宁　　宦欣雨　　李巧巧

　　　　廉吉全　　刘　晶　　刘志聪　　吕匡迪

　　　　牛秀普　　王桂玉　　王在庆　　吴　坚

　　　　闫雪怡　　杨慧鑫　　杨荣康　　张　苗

■ 主 编　王胜三　陈德正

一带一路名城志

21世纪海上丝绸之路南线国家卷

人民出版社

加强地名文化建设　服务国家重大战略

（丛书序言）

民政部副部长　宫蒲光

文化是一种精神、一种信念，是民族的血脉，是人民的精神家园。当今世界，文化在综合国力竞争中的地位和作用日趋凸显，增强中华文化国际影响力的要求更加紧迫。党的十八大提出了建设社会主义文化强国的战略目标，强调要推动社会主义文化大发展、大繁荣。党的十八届三中全会强调，要坚持中国特色社会主义文化发展道路，培育和践行社会主义核心价值观。习近平总书记高度重视中华传统文化，在中央城镇化工作会议、中央政治局集体学习以及在调研时多次强调，要保护好历史文化遗产，传承历史文脉。李克强总理在 2015 年的政府工作报告中专门强调要"保护和传承历史、地域文化"，这些充分体现了文化在国家"五位一体"总体布局中的重要位置。

地名是传统文化的见证和载体。地名记录着人类的历史、民族的融合、环境的变化、社会的发展。地名文化内涵丰富，源远流长，既是国家的重要历史遗产，也是五千年中华文脉不可或缺的组成部分，在社会主义文化建设中具有重要地位和作用。在新形势下，加强地名文化建设，既是促进社会主义文化大繁荣、发展社会主义先进文化的重要举措，也是传承和弘扬中华文化、增强国家文化软实力、提高国民对中华文化认同感和自豪感的重要途径。

当前，在党中央、国务院的高度重视下，地名文化工作迎来了繁荣

发展的美好春天。地名文化建设是一项基础性、长远性的文化工作，要始终坚持"三项原则"：一要坚持保护传承与创新发展并重。保护传承与创新发展相辅相成，不可偏废，要坚持继承传统与创新发展的有机统一，在继承中创新，在创新中发展。既要在推进地名标准化的过程中做好地名文化遗产保护工作，坚持"地名要保持相对稳定"的原则，慎重更名；又要通过有效措施，深入挖掘符合时代发展要求的文化内容，提高新生地名的文化含量和文化品位，保证中国特色地名文化健康发展。二要坚持社会效益与经济效益双赢。地名文化事业具有很强的公益性，发展地名文化要把社会效益放在首位，特别是对有偿命名问题，要慎重对待，坚守健康文化和社会效益底线，确保地名文化的传承和发展。同时又要适应社会主义市场经济要求，大力发展地名文化产业，努力做到社会效益和经济效益双丰收。三要坚持理论研究与工作实践兼顾。当前，我们正在按照国务院要求开展第二次全国地名普查。各地要抓住普查之机，认真开展地名文化资源调查、挖掘、整理和研究工作，运用多种方式，宣传弘扬好地名文化，真正使地名文化建设接地气、聚人气、见实效；要及时总结地名文化建设实践经验，深入探索地名文化建设规律，充分发挥专家、学者的作用，专题研究地名文化出现的新情况、新问题，为地名文化发展提供理论支撑。

地名文化建设是地名工作的重要组成部分，要紧紧围绕中心、服务大局，重点抓好"三个关键"：一要抓好地名文化服务工作。文化是地名工作的灵魂，服务是地名工作的目的。地名文化建设要紧密围绕国家中心工作和重点任务，积极开展工作，主动作为。要积极研究丝绸之路沿途地名文化，强化丝绸之路地名考证、认定和发布工作；要围绕抗日战争胜利纪念日开展红色地名研究、认定等工作。逐步形成百花齐放的良好局面，共同挖掘、传承地名文化，为国家重大战略实施和经济社会发展服好务。二要抓好地名文化遗产保护工作。历史地名往往有着非常厚重的文化积淀，承载着优秀的文化基因。要按照中央提出的"望得见山、看得见水、记得住乡愁"的要求，按照习近平总书

记关于解决"热衷于起洋地名、乱改历史地名"问题的重要指示，进一步做好"乡愁"这篇地名文化建设文章，深入开展"大洋古怪重"等地名乱象整治，构筑《地名文化遗产重点保护名录》制度，建立地名文化遗产数据库，健全地名文化评价标准体系，深入推进"千年古县"等地名文化遗产认定工作，使地名文化遗产得到分类、分级和分层保护。三要抓好地名文化发展平台建设。要进一步密切与中央主流媒体合作，着力搭建地名文化发展平台。要积极发挥高等院校、科研机构、社会组织等在推动地名文化建设方面的作用，形成社会各界关心、支持地名文化建设的良好氛围。

　　近年来，民政部将地名文化放在重要位置，开展了"千年古县"等地名文化遗产认定工作，在编撰图录典志、出版影视媒介等方面积极实践，深入探索，取得了可喜成绩。最近，为进一步推进"一带一路"地名文化建设，隆重纪念中国人民抗日战争胜利暨世界反法西斯战争胜利70周年，地名研究所精心编辑了"一带一路"地名文化系列丛书和红色地名文化系列丛书，这批书籍的出版既是近年来地名研究所科研成果的展示，也是普及地名文化知识、了解地名文化历史和"一带一路"战略的一个窗口。我相信，这批书籍的出版对于弘扬地名文化，加强对党和国家重要战略决策的理解将起到见微知著的促进作用。

出版说明

2013年9月和10月，习近平总书记在访问中亚和东南亚国家期间，先后提出建设"丝绸之路经济带"和"21世纪海上丝绸之路"（简称"一带一路"）的战略构想。2015年3月，经国家授权，国家发展和改革委员会、外交部和商务部联合发布《推动共建丝绸之路经济带和21世纪海上丝绸之路的愿景与行动》，提出"一带一路"建设是一项系统工程，要坚持共商、共建、共享原则，积极推进沿线国家发展战略的相互对接。"一带一路"战略致力于加强亚欧非大陆与相关海域的互联互通，建立和加强沿线各国的互联互通伙伴关系，构建全方位、多层次、复合型的互联互通网络，实现沿线各国多元、自主、平衡、可持续的发展。共建"一带一路"符合当今世界经济全球化、政治多极化和文化多样化的趋势，是当代中国提升国际影响力、提升人民福祉的重大战略举措。

民政部、文化部、住房和城乡建设部、工业和信息化部等多个部门提出《"一带一路"文化遗产保护与传承重点专项动议》。为响应贯彻国家"一带一路"战略，做好"一带一路"沿线文化遗产保护工作，促进文化交流，民政部组织力量编撰"一带一路"地名文化系列丛书，旨在服务于国家的"一带一路"战略，普及"一带一路"沿线著名国家和城市的相关知识，以促进社会对"一带一路"战略的认知和"一

带一路"沿线著名城市的了解。《一带一路名城志》是本丛书继《一带一路列国志》之后的又一成果，全书共分为5册，所涉城市分别属于丝绸之路经济带北线国家、丝绸之路经济带中线国家、丝绸之路经济带南线国家、21世纪海上丝绸之路西线国家和21世纪海上丝绸之路南线国家。在具体介绍每一个城市时，首先以地名学研究为切入点，说明该城市的地名由来及其演变过程；然后从区位、历史、地理、经济、文化和旅游等6个方面进行全方位的展现。

王胜三、陈德正、宋久成、张清华设计制作本套丛书的整体架构和每一个城市条目的内容格式，陈德正组织协调编撰人员及进度。本书为《一带一路名城志》丛书的第5册，属于21世纪海上丝绸之路南线的17个国家，分别为菲律宾、斐济、新喀里多尼亚、巴布亚新几内亚、帕劳、法属波利尼西亚、库克群岛、汤加、所罗门群岛、瓦努阿图、萨摩亚、瑙鲁、基里巴斯、马绍尔群岛、图瓦卢、密克罗尼西亚联邦、纽埃。因部分岛国城市发展尚不成熟，行政区划和管理多以岛屿为主体，同时考虑部分岛屿的重要地位，本书将岛国的著名岛屿同时列入编撰范围，著名城市和岛屿共计56个词条。具体编撰分工如下：刘建峰、杨慧鑫、宦欣雨、刘晶、吕匡迪和盖贝贝负责菲律宾、斐济、马绍尔群岛、新喀里多尼亚、汤加、所罗门群岛等国家的城市和部分岛屿；王桂玉、杨荣康、王在庆、李巧巧、张苗和廉吉全负责巴布亚新几内亚、密克罗尼西亚联邦、帕劳、瑙鲁、纽埃、库克群岛、瓦努阿图、萨摩亚、法属波利尼西亚、图瓦卢和基里巴斯等国家的城市和部分岛屿。牛秀普参与了文字整理工作。由张清华对本书所有条目进行逐一修改、整理，并与刘建峰共同完成统稿工作。

在本书编著过程中，我们参考了相关的政策文件、地图资料以及文字资料，力求内容准确和数据严谨。同时，"一带一路"战略在不断发展，沿线所涉及国家及相关数据也处在变动中，我们将根据情况适时调整修订。虽然我们已尽全力，但是书中难免出现错误和疏漏，还请广大读者不吝指正。希望本书的出版，能够为"一带一路"战略的宣传和实施，尽一份绵薄之力。

目 录

菲律宾

菲律宾，全称菲律宾共和国，英文名称为 Republic of the Philippines，位于西太平洋，北隔巴士海峡与中国台湾省相对，南部和西南隔苏拉威西海、巴拉巴克海峡与印度尼西亚、马来西亚相望，西部濒南中国海。菲律宾总面积为 29.9 万平方千米，共有大小岛屿 7000 多个，海岸线长约 1.9 万千米，人口为 1.02 亿人。设有首都地区、科迪勒拉行政区和棉兰老岛穆斯林自治区，以及伊罗戈区等，主要城市包括马尼拉、宿务、达沃、奎松等。

马尼拉

地名由来

马尼拉，他加禄语为 Maynila，英语名称为 Manila，全称马尼拉大都会（Metro Manila），简称马尼拉。马尼拉是菲律宾的首都和最大的港口，同时也是菲律宾的政治、经济和文化中心。马尼拉是亚洲最大的城市之一，享有"亚洲的纽约"之美誉。关于马尼拉地名的由来有这样一种说法：16 世纪中叶，在现在古城遗址的附近有一个依河面海的栅堡。这座栅堡及附近居住着一个名叫德家乐的水上民族，是马来移民的后裔。当时，除了栅堡附近有稠密的居民区，其余地方均是荒凉的旷野，蔓生着一种藤本白花的植物，德家乐民族称其为美尼勒，他加禄语为 Maynilad。美尼勒城以此得名，意即"那里有花的地方"。西班牙殖民者侵占美尼勒城之后，把它定为殖民地首府，大兴土木，加以扩建。当时的总督黎牙实比稍变其音，将之改名为 Maynila，即马尼拉。

区位

马尼拉北接巴伦苏埃拉，南邻马卡蒂市和帕西市，西濒马尼拉湾，东靠圣胡安。马尼拉距离亚洲大陆约 1300 千米，西距黄岩岛约 339 千米，北至吕宋约 239 千米，西南至南沙群岛约 755 千米。

历史

马尼拉的历史最早可以追溯到公元前 3000 年前。据考证，澳大利亚的土著居民最早发现吕宋岛并迁移过来，成为马尼拉最原始的居民。随后，马来人和波利尼西亚人也在此定居。

因为与中国的直接贸易往来，汤都王国在明朝中后期迅速繁荣起来。1485—1521 年，文莱帝国的博尔基亚王室利用汤都王国与中国明朝的繁荣贸易，在其附近建立了马尼拉王国。之后，马尼拉王国成为文莱帝国的卫星国，每年向其进贡。随着阿拉伯、印度以及东南亚商人的涌入，伊斯兰教在马尼拉王国得到迅速传播。

1571 年 6 月 24 日，新西班牙（今墨西哥）征服者米格尔·洛佩兹·德·黎盖斯比（Miguel López de Legazpi）从马尼拉登陆，入侵并占领了菲律宾，然后在马尼拉市中心、巴士河南岸建立了城堡和炮台。自那时起，马尼拉便成了西班牙殖民统治当局的首府。1565—1851 年期间，马尼拉—阿卡普尔科大帆船贸易（Manila-Acapulco Galleon Trade）持续了三个世纪之久，促进了欧洲、非洲、拉丁美洲、太平洋岛屿以及东南亚地区的贸易往来。墨西哥和秘鲁的白银经由马尼拉被运到印度、中国及东南亚地区，中国的丝绸、印度的宝石、东南亚的香料也经此地被运到欧洲各地，欧洲和北非的红酒和橄榄则经由墨西哥被转运到马尼拉。

1754—1763 年间，欧洲爆发七年战争，马尼拉成为西班牙、法国和英国的争夺对象。1762—1764 年，马尼拉进入英国统治时期，在此期间，当地爆发了多起反抗英国统治的起义，最终，英国遵照《巴黎条约》（Treaty of Paris，1763）退出，马尼拉再次成为西班牙的殖民地。

1898年，美国人攻陷马尼拉，取代了西班牙对菲律宾的统治，随后又征服了附近的尼格罗族，把四周的乡镇和地区并入马尼拉，使马尼拉逐渐扩大。1901年7月31日，马尼拉被辟为菲律宾的特别城市，成为了美国统治菲律宾的基地。1941年，设立大马尼拉市。

1941年12月，美军撤出马尼拉，宣布马尼拉为不设防城市，随后日军兵不血刃地侵占了马尼拉。1945年1月，美军从莱特湾出航，在林加延登陆吕宋岛，同时，美军第11空降师登陆纳苏格布，直指马尼拉。攻入城内的美军和日军展开了激烈的巷战。日军撤退过程中，对马尼拉进行了疯狂的破坏和屠杀，大约有四分之三的建筑被毁，有12.5万多菲律宾人民遭到杀戮。1946年7月4日，菲律宾正式独立，将马尼拉定为首都。1975年，成立马尼拉大都会发展委员会，自此，马尼拉逐渐发展成为一座国际性的商埠。

地理

马尼拉总面积约638平方千米。2015年，总人口约1044.4万人[①]，占菲律宾总人口的10.5%。

马尼拉位于吕宋岛西部，马尼拉湾东岸、帕西河的入海口。帕西河横贯全城，全境几乎都是由帕西河冲积而成的平原，平均海拔16米。马尼拉地处太平洋台风带和纵横交错的断层之上，历史上曾遭遇过几次致命的地震，1645年和1677年的两次地震几乎摧毁了整座城市。为了抵御地震的频繁侵袭，在西班牙统治时期，殖民者建造了巴洛克风格的建筑。

马尼拉属于热带季风气候地区，由于地处赤道附近，终年气温变化不大，基本介于20℃—38℃之间。但是，其空气湿度相当高，每年的12月下旬至次年5月为旱季，其余时间则是气候比较温和的雨季，6—9月盛行台风。

马尼拉市分为16个区，帕西河南北两岸各划8个市辖区：帕西河以北的辖区包括岷伦洛区、奎阿坡区、三巴洛区、圣米格尔区、圣尼古拉斯区、圣

---

① World Population Review : Major Cities in Philippines Population 2015，http://worldpopulationreview.com/countries/philippines-population/major-cities-in-philippines/，查阅日期：2016年3月27日。

塔克鲁兹区、圣塔梅莎区和汤都区，帕西河以南的辖区包括王城区、艾米塔区、马拉提区、帕可区、潘达坎区、港区、圣安礼布基区和圣塔安娜区。

经济

马尼拉是菲律宾的经济中心，经济活力在菲律宾五大城市中排名第三。马尼拉集中了全国半数以上的工业企业，企业类型主要有纺织、榨油、碾米、制糖、烟草、麻绳、冶金等，产值占全国的60%。马尼拉是菲律宾的重要交通枢纽和贸易港口，全国出口货物的1/3和进口货物的4/5集中在这里。同时，马尼拉还是菲律宾金融、零售、交通运输、旅游、房地产的主要中心。

马尼拉港是菲律宾最大的港口，是菲律宾重要的国际航运港。马尼拉港有两家港口公司，即国际集装箱码头服务公司（ICTSI）和亚洲集装箱码头公司（ATI）。ICTSI码头公司侧重于国际集装箱运输，ATI码头公司主要从事菲律宾国内运输。

马尼拉还是菲律宾主要的出版中心，马尼拉公报（Manila Bulletin）总部设在王城区；马尼拉时报（The Manila Times）、菲律宾星报（The Philippine Star）等著名新闻出版中心总部设在港区。菲律宾最古老的中文报纸——中国商业新闻（The Chinese Commercial News）总部设在岷伦洛区，该区也是世界上最大的唐人街，是菲律宾商业和商务活动的中心。

文化

马尼拉是"亚洲最欧化的城市"。这座历史悠久的城市在印度文明、中国文明和中亚古文明的基础之上，融合西班牙和美国的西洋文明，形成了东西合璧的文化特色。马尼拉是菲律宾的文化中心，拥有大量的博物馆。华人博物馆是马尼拉最著名的博物馆之一，记录了华人在菲律宾奋斗的历史。

由于受西班牙文化的影响，马尼拉居民大都笃信基督教，罗马天主教徒占总人口的93.5%，另外还有菲律宾独立教会的信徒、倪克里斯托信徒、新教徒和佛教徒。马尼拉通用语言为他加禄语，官方用语是英语。

马尼拉拥有多元文化的民族风情。马尼拉人既传承了亚洲人的勤劳与朴实，又吸收了西班牙人和美国人的轻松与活泼，东西合璧，形成了独特气质。他们性格随和爽朗、能歌善舞、热情奔放。马尼拉民族服饰颇具特色。男子国服名为"巴龙装",是一种丝质衬衣,绣有抽丝镂空图案。女子国服叫"蝴蝶服"。饮食也反映出多元文化特色,常用的椰奶源自马来祖先,中国特色的烤乳猪很受欢迎,另外有不少西班牙风味美食。大街小巷随处可见装饰漂亮、富有特色的集尼车。这种车起源于美军二战吉普车,车身进行改装,加上富有个性的装饰。集尼车成为马尼拉街头的一大景色,为城市添了不少色彩,也为居民提供了便利经济的交通工具。

马尼拉还汇集了众多高等学府,菲律宾国立大学(创办于 1908 年)、德拉萨大学(创立于 1911 年)、圣托马斯大学(创办于 1611 年)和雅典耀大学(创立于 1859 年)号称"菲律宾四大名校",皆建在马尼拉,其中圣托马斯大学还是菲律宾最古老的天主教大学。

旅游

旅游业是马尼拉经济的重要支柱产业,马尼拉每年可以迎来大约 100 万名游客。

马尼拉是一座富有浓郁热带情调的城市,也是东南亚地区著名的旅游胜地,城内可供游览的名胜很多。位于马尼拉市中心的黎刹尔公园,占地 58 公顷,原名鲁纳达公园,后来为纪念菲律宾的民族英雄黎刹尔博士而改名为黎刹尔公园。马尼拉大教堂是马尼拉最古老的罗马天主教教区,王城区的圣奥古斯丁教堂被联合国教科文组织列为世界遗产。建于 1981 年的椰子宫是一座两层楼高、六角形屋顶的菲律宾式的典型建筑。褐色屋顶由椰木板构成,立柱用的是椰树干,砌墙壁用的砖由椰果毛壳的纤维混合高强度水泥制造而成。在马尼拉还有一条著名的罗哈斯海滨大道,它沿着海岸从南往北笔直延伸,长达 10 千米,是从机场进入市内的必经之路。罗哈斯大街是为纪念战后的第一位总统曼努埃尔·罗哈斯·阿库纳(Manuel Roxasy Acuna)而命名的。该街道道路宽阔、椰树夹道,两旁高楼林立,宾馆、夜总会等热闹异常。这里融合了东西方的许多特色,外来的旅游者都要到这里领略一番典型的马尼拉风光。

宿 务

地名由来

宿务，宿务语为Dakbayan sa Sugbo，英文名称Cebu，是维萨亚地区商业、贸易、教育和工业中心，也是仅次于马尼拉的菲律宾第二大城市。宿务是菲律宾最早开发的城市，被誉为"南方皇后市"。宿务这个名字来自于宿务语的"sibu"或者"sibo"（意为"交易"），是"Sinibuayung Hingpit"（意为"交易的场所"）的缩写形式，后来演变为"Sugbo"，这个词在宿务术语中意为"焦土"或"大火"。

区位

宿务位于宿务岛北岸，是菲律宾重要的交通枢纽和经济中心。宿务南邻塔利赛市和明格拉尼利亚镇，西濒托莱多市，东北部接曼达韦市。

历史

13—16世纪期间，宿务被称为Zubu或Sugbo，岛上居住着印度教徒、佛教徒和穆斯林信众，由印度王公和土著酋长所统治。1521年4月7日，费迪南·麦哲伦和船员们登上宿务。胡玛邦酋长（Rajah Humabon）与其妻子以及800个土著居民热情接待了他们。1521年4月14日，这一批土著居民获西班牙人施洗，成为首批菲律宾基督教徒。

1565年4月15日，西班牙殖民者到达宿务，他们试图与当地的统治者——图帕斯王公（Rajah Tupas）进行交涉，却发现他和当地居民早已放弃该城镇。1565年4月27日，米格·洛佩斯·雷加斯比（Miguel Lopez Legazpi）与奥古斯丁会传教士安德烈斯·德·乌达内塔（Andres de Urdaneta）登上宿务。1567年，2100名西班牙军人从新西班牙（今墨西哥）来到宿务，与原有的宿务驻军一起加强对宿务的殖民统治。1569年，宿务发展成为西班牙殖民者在亚洲地区重要的运输港口。

1571 年 1 月 1 日，雷加斯比将宿务改名，由"圣米格尔"改为"圣名耶稣市"，宿务正式建市。1595 年 8 月 14 日，教皇克莱门特八世（Pope Clement VIII）创建宿务教区。

1898 年 4 月 3 日，在莱昂·凯莱特（Leon Kilat）的带领下，宿务地区人民进行了反抗西班牙殖民者的斗争。但此次起义只控制了宿务市区三天，就被西班牙殖民者击败。

1899 年 2 月 21 日，美国海军陆战队在宿务海岸驻军，1899 年年底，美国驻军占领了宿务。

1942 年，日本占领宿务，在此后的两年内，日本经常遭受到菲律宾游击队的骚扰，最终，日本军队击败菲律宾的军队，完全占领了宿务。1946 年，在美国军队和菲律宾联邦军队的帮助下，宿务地区的军队打败日本军队，解放了宿务。

2000 年，宿务发展成为菲律宾第二大城市。2012 年 2 月和 2013 年 10 月，宿务分别发生了里氏 6.7 级和里氏 7.2 级的地震，这两次地震对宿务的发展造成了一定的影响。但在菲律宾政府和国际组织的帮助下，宿务很快完成了灾后重建工作。

地理

宿务的陆地面积为 315 平方千米。2015 年，宿务的人口为 79.9 万人[①]，主要是菲律宾人，华人大约有 10 万人。

宿务属典型的热带海洋性气候地区，全年分干湿两季。每年 3—6 月是干季，天气炎热少雨；7 月至次年 2 月是湿季，天气多雨潮湿。全年平均温度在 24℃—34℃，湿度在 70%—80%。宿务属地震、台风和暴雨等自然灾害频发地区。每年下半年，大小台风频繁过境，给宿务带来严重影响。

宿务市与曼达韦市、拉普拉普市构成了宿务大都会区，总人口 124 万人，是维萨亚（Visaya）地区的经济中心。

---

① World Population Review : Major Cities in Philippines Population 2015, http://worldpopulationreview.com/countries/philippines-population/major-cities-in-philippines/，查阅日期：2016 年 3 月 27 日。

经济

在殖民统治时期，宿务经济发展畸形，形成以农业为主的单一经济，工业基础薄弱，服务业发展缓慢。菲律宾独立后，宿务地处重要的战略位置，因此菲律宾政府出台许多经济政策，来推动宿务经济的发展。20世纪90年代，宿务的经济得到快速发展，逐渐发展为一个高度发达的商业和工业中心。

宿务土壤肥沃，气候适宜，农业较为发达，根据菲律宾农业统计署数据统计，宿务的前五大农作物分别为水稻、玉米、椰子、芒果和香蕉[①]。宿务以丰富的农产品为原料，使其农产品加工业在菲律宾也处于优势地位。宿务有东南亚最大的椰油厂（椰油产量占全菲总产量的三分之一）和菲律宾第二大椰壳活性炭厂。宿务是菲律宾芒果干的加工中心，芒果干闻名世界，远销海外。

宿务的制造业发展迅速，坐落在宿务的制造业工业区主要生产轻工业产品，包括电子产品、服装、家具以及海洋相关产品。电子产品生产企业多为全球性公司生产网络的一部分。家具制造在宿务制造业中也占有重要地位，产品多出口美国、欧洲、中东和亚洲其他国家，这也使宿务成为菲律宾家具出口的中心。

业务流程外包行业（Business Process Outsourcing，BPO）改变了宿务的产业布局。2012年，宿务的IT-BPO收入为4.84亿美元。2013年，在全球咨询公司的"百强外包目的地报告"中，宿务排名第八位。宿务的造船企业已经制造了7万吨船和双壳的散货船，宿务的造船业让菲律宾成为全球第四大造船国。宿务的房地产行业成为该地增长最快的产业，2014年房地产业的收入增长率为18.8%。凭借雄厚的经济实力和投资者的高度信心，更多的公寓项目和大卖场正在该地建设。

华侨与华人在宿务有几百年的侨居史，现大宿务地区的华人、华侨有近10万人，他们主要从事商业贸易、旅馆餐饮、金融与加工行业，其经济实力占当地经济总量的50%—60%，掌握着宿务市的经济命脉的华人与华侨不乏其人。

---

① 中华人民共和国驻宿务总领事馆经济商务室：《宿务省最新概况》，http://cebu.mofcom.gov.cn/article/ddgk/zwjingji/201407/20140700663017.shtml，查阅日期：2016年3月27日。

文化

宿务主要民族是马来族，其中包括他加禄人、伊洛克人、比科尔人、邦班牙人和比萨亚人等，其他还有华人、印度尼西亚人、阿拉伯人、印度人、西班牙人和美国人，还有为数不多的土著民族。居民约85%信奉天主教，5%信奉伊斯兰教，少数人信奉独立教和基督教新教，土著居民多信奉原始宗教，华人多信奉佛教。宿务的官方语言为菲律宾语。由于旅游业的发展，英语在酒店和旅游相关行业中的应用也较为普遍。

宿务市最著名的地标是麦哲伦十字架，十字架现存放在一所小礼拜堂，据称是费迪南·麦哲伦在1521年登上宾律宾群岛时设置的。第51届国际圣体大会于2016年1月24日至31日在菲律宾宿务举行。在此期间，有上万名来自71个国家的朝圣者和8500名代表参加活动。

宿务人的服装样式较多，西装在中上层人士中广泛流行，而老百姓的衣着则比较简单。男子上身穿衬衣，喜用白色，下身穿西装裤；女子喜欢穿无领连衣裙。大部分年轻人着西式皮鞋，老年人仍穿用木头、麻或草做成的拖鞋。男式国服为巴龙装，女式国服为蝴蝶装。正式场合和宴会一般都要求穿国服。宿务人的主食是大米、玉米，最喜欢吃的是椰子汁煮木薯、椰子汁煮饭、香蕉叶包饭。宿务人也喜爱吃烧烤，肉、蔬菜多以烧烤方式食用。在宴会上，烤猪是不可少的一道菜，有"无猪不成宴"的俗语。

宿务大学成立于1964年，是一所位于菲律宾宿务市的私立高等院校。宿务大学有四个校区，这四个校区都分布于宿务市。宿务大学提供本科、硕士及博士课程。本科专业主要有会计、土木工程、商业贸易等。硕士专业主要有社区医疗护理和母婴健康护理等。博士专业则有教育管理与领导、学校规划。宿务大学为该地区的发展培养了许多专业性人才。

旅游

宿务是个历史悠久、富有南国情调的海滨城市。美丽的自然风光，独特而丰富的旅游资源强烈地吸引着海内外游人。宿务如今已发展成为菲律宾著名的旅游目的地。这里有大片的森林，宿务国家公园面积153.9平方千米，又有无数白色沙滩和清澈海水，还有世界级的度假酒店——马克坦香格里拉饭店。人文旅游资源有菲律宾最古老的城堡圣彼得堡、宿务基督教传教的据点圣奥古斯丁教堂、宿务的地标麦哲伦十字架和圣卡洛斯大学博物馆等。圣彼罗堡是 1565 年 5 月 8 日由西班牙驻菲律宾首任总督米格·洛佩斯·雷加斯比亲自动土兴建的，城堡正门前的独立广场上建有雷加斯比的纪念碑。圣奥古斯丁教堂建于 1565 年，自建造以来即当作基督教传教的据点，它的正式名称为耶稣圣婴教堂。圣卡洛斯大学是菲律宾最古老的大学，校内的博物馆建于 1591 年，位于大学正门的右侧，这里陈列着宿务等地出土的历史遗迹，其中不乏超过 2000 年以上的文物。

宿务的文化娱乐设施丰富。既有受大众欢迎的拉特斯基酒吧，还有受到菲律宾学生欢迎的庭院酒吧。这里有许多安静的公园，可供游客们游玩。宿务的户外活动也十分丰富，游客们可以选择富有挑战性的山地自行车、峡谷漂流和沿河登山等活动。

奎 松

地名由来

奎松，他加禄语是 Lungsod Quezon，英文名称是 Quezon City。奎松是吕宋岛最大的城市，也是菲律宾信息技术和娱乐产业的中心。1939 年建市，其名源自前菲律宾总统曼努埃尔·奎松（Manuel Luis Quezón）。1948—1976 年，奎松市为菲律宾的首都。如今，奎松市单指马尼拉大都会的一部分。

区位

奎松坐落在马尼拉的东北部、瓜达卢佩高原北部，濒临马尼拉湾的东侧。奎松郊区有尼诺·阿基诺国际机场，服务于 30 多家航空公司，是菲律宾对外交流的主要航空门户。奎松位于马尼拉大都会的心脏，是城市道路网络的交通枢纽。奎松北临图拉罕河，南接马尼拉低地，西靠马里基纳河谷，西北距中国香港约 940 千米。

历史

1521 年，费迪南·麦哲伦率领西班牙远征队到达菲律宾群岛，此后，菲律宾逐步沦为西班牙的殖民地。1896 年，安达斯·波尼斯奥（Andrés Bonifacio）在该地率领军队对抗西班牙殖民政府，推动了整个菲律宾的独立运动。建市之前，这里有三座小城镇，分别是德尔蒙特（San Francisco del Monte）、诺瓦利切斯（Novaliches）和巴林塔瓦克（Balintawak）。1935 年 9 月，曼努埃尔·奎松当选为菲律宾联邦的第一任总统，他计划建造一座新城，取代马尼拉的首都地位。1938 年，曼努埃尔·奎松从托尔森家族手中购买了 1529 公顷的土地。1939 年，国民议会通过了 502 号联邦法案，宣布在马里基纳河畔开始建城，议员纳西索拉·莫斯（Narciso Ramos）和拉蒙·米特拉（Ramon Mitra）成功提议以时任总统的名字命名该城市。

第二次世界大战爆发后，日本占领奎松。1945 年，美国陆军、菲律宾联邦军队和警察对日军进行了围困，数月后成功夺回奎松。1948 年，菲律宾共和国的 333 号法案宣布奎松成为首都，城市面积为 156.6 平方千米。1950 年，菲律宾共和国 537 号法案修订，改变了奎松的边界区域。此后整整 6 年，菲律宾政府多次修改全市的土地面积。与此同时，奎松市逐渐成长为重要的政治、经济和教育中心。1975 年，总统费迪南·马科斯（Ferdinand Marcos）颁布法令改马尼拉为首都。1976 年，菲律宾政府决定把马尼拉、奎松、卡洛奥坎、帕萨伊 4 个市和玛卡蒂等 16 个区合并，组成马尼拉大都会。

地理

奎松总面积为 166.2 平方千米，约占马尼拉大都会的四分之一。据 2015 年人口统计，奎松的总人口数为 276.1 万[1]。

奎松的地势总体呈北高南低，市区内有连绵起伏的山地丘陵。

奎松属于热带草原气候和热带季风气候地区，年平均降雨量是 2100 多毫米，降水量最多的年份多达 4000 毫米，而最少的年份则不到 1000 毫米。常

---

[1] World Population Review : Major Cities in Philippines Population 2015, http://worldpopulationreview.com/countries/philippines-population/major-cities-in-philippines/，查阅日期：2016 年 3 月 27 日。

年温差很小，最热和最冷的月份温差不超过 30℃。每年 11 月至翌年 5 月为旱季，温和少雨，平均气温为 27℃左右。6—10 月为雨季，来自印度洋的水汽往往在群山西坡及西南坡凝聚成季风雨，月平均降水量可达 380 毫米。

奎松南半部包括迪里曼、联邦、卡堡、卡米亚斯、卡慕宁、新马尼拉和德尔蒙特等区。城市的北半部则通常称作诺瓦利切斯，内含费尔维尤和拉各柔等区。其中卡堡是奎松市的商业中心，政治与文化中心则相对集中在迪里曼。

经济

奎松是菲律宾商业发展的先驱，也是全国的休闲娱乐中心。对于该市来说，最大的商业优势是廉价而受过教育的英语劳动者。在奎松，各地区通用货币为比索。

奎松近郊地区有多个种植园，主要的粮食作物是水稻和玉米，也种植香蕉、椰子、芒果、咖啡以及多种蔬菜。

奎松被称为菲律宾最大的服务经济体之一，2010 年，奎松市有 5.8 万多个注册的企业，每个月都有 30—40 个新企业注册，其中有 30% 的企业为零售业，25% 为建筑业，11% 为批发业，6% 为餐饮业，2.7% 是制造业，近 2% 为金融机构[1]。

奎松被称为媒体中心，是菲律宾主要的娱乐中心，许多电视节目、音乐及电影在此制作，所以奎松市也被称为"菲律宾的好莱坞"。许多电视台的总部皆设于奎松市，主要电视台有：ABC、ABS-CBN、GMA Network、NBN、RPN 与 IBC。

奎松是信息技术公司青睐的城市，该市有 IT 巨头 IBM 和惠普的总部。大多数企业经营出口业务，提供适用于海外机构以及软件开发公司的问题解决方案。主要贸易伙伴有美国、日本和中国等国家。

文化

奎松是一个民族大熔炉，每年涌入数百上千的移居人口，其人口构成复

---

① 奎松市政府网：Philippines' largest service economy，http://quezoncity.gov.ph/index.php/business-in-qc/philippines-largest-service-economy，查阅日期：2016 年 3 月 7 日。

杂，种族众多，主要有他加禄人、华人、阿拉伯人、印度人、西班牙人和美国人。奎松的官方语言是英语，菲律宾语也应用较为广泛。

奎松约85%的居民信奉天主教，4.9%信奉伊斯兰教，少数人信奉独立教和基督教新教。尽管伊斯兰教信徒主要集中在菲律宾南部，但在奎松仍有着大量的教徒。在诺瓦利切斯教区，大约有90%的罗马天主教徒，而卡堡教区则有超过88%的人口信仰天主教。2002年，奎松市内新增两个主教辖区，分别是天主教卡堡教区和天主教诺瓦利切斯教区。许多宗教团体也在城市建立起修道院和神学院。

由于当地人主要信仰天主教，因此比较隆重的节日都与天主教有关。如在每年十月份，奎松市都会举办马尼拉海军节，这是为了纪念玫瑰圣母玛利亚以及天主教历史上传说的一些著名女性。这个庆典起源于1646年，相传因玫瑰圣母相助，西班牙人与菲律宾人的海军联盟打败了荷兰人的进攻，因此当地人会举行盛大的庆祝活动来纪念这一重大的历史事件。像普遍的菲律宾民众一样，多数男士平时喜欢穿T恤衫、衬衣或当地的巴龙衬衣。巴龙衬衣是菲律宾的国服，这种衬衣传统上用丝制成，需要在里层配穿一件短袖圆领紧身汗衫。

奎松有两所菲律宾知名高等学府，分别是菲律宾迪里曼大学和马尼拉雅典耀大学。职业学校包括菲律宾法律学院和法新纪元学院，均位于迪里曼。1970年，奎松市与美国夏威夷州的毛伊结为友好城市，1991年，奎松市又与加拿大的新威斯敏斯特结为友好城市。

旅游

奎松的旅游资源有典型的菲律宾特点，融合了许多东西方的文化特色。在奎松郊区，有一个面积大约5公顷的拉梅萨生态公园。在奎松纪念城，还有一个尼诺·阿基诺野生动物公园，这些公园展现了奎松原生态动植物之美。除自然景观外，奎松还有许多著名的人文景观，其中以菲律宾大学校园的圣祭堂为代表，该教堂被国家历史研究所评为国家历史的地标，是菲律宾的文化瑰宝。瓦尔加斯博物馆、马克·霍兰神父大厅和奎松纪念圆盘等也是该市的重要人文景观。

当地特色菜品包括脆皮烤猪肚皮肉、麻辣比科尔小炒、奶油番瓜汤、迷你蓝带、熏鱼片面食等。任何一家饭店的主餐厅中都会供应地道的菲律宾菜，其中以风味浓郁的海鲜最为出名。此外，奎松市的 SM 亚洲购物中心是亚洲最大的购物中心，那里风景优美，还配有奥林匹克运动会规格的溜冰场和一个 IMAX 影院，游客可以在此尽情地购物，享受他们的旅行时光。

奎松交通便利，目前有两个轻轨铁路系统，分别是 2 号捷运路线和 3 号捷运路线。奎松市区有尼诺·阿基诺国际机场、EDSA 地铁站等交通设施，市内则主要有公共汽车、吉普尼、出租车、三轮车、自行车等交通工具。

达　沃

地名由来

达沃，他加禄语为 Lungsod Ng Dabaw，英语为 Davao City。达沃是达沃省首府，是菲律宾第三大城市，同时也是菲律宾棉兰老岛的经济和行政中心。达沃境内有一条河流，是流入达沃湾的一条重要水道，原著居民对这条河流有不同的命名。其中，马诺沃人称此河为 Davah，柯莱特人称此河为 Dawaw，塔加巴瓦人称此河为 Dabo。三种不同的语音混合之后便产生"Davao"一词。外地人误把当地人对达沃河的称呼当作了这座城市的名字，达沃一名由此而来。

区位

达沃位于菲律宾的南部，棉兰老岛东南部，南临迪戈斯，西北接奎松市，东望萨马尔岛，西部靠基达帕万。

历史

大约 7000 年以前（旧石器时代），达沃地区就有了人类活动的足迹。达沃建城主要经过了四个时期。

第一个时期是西班牙统治时期。1528 年，西班牙人来到达沃，并于 1591 年在达沃建立殖民地，但此后西班牙人对该地并没有给予太多的关注。1844

年，西班牙将军奥古斯丁·博克兰（Agustin Bocallan）将达沃划入西班牙王室领地。1848 年，西班牙巴尔加拉人科鲁兹（José Cruz de Oyanguren）带领 70 人的探险队在博尔顿河畔的红树沼泽建立了基督教据点，此时的达沃由当地的酋长巴戈（Bago）所统治。之后，科鲁兹击败巴戈，并于 1848 年 6 月 29 日重新建立城镇，取名新贝尔加拉（Nueva Vergara）以纪念他在西班牙的故乡。科鲁兹成为这里的第一任长官，并于 1848 年年底和平征服了达沃湾区域。

第二个时期是美国统治时期。由于达沃拥有大片的原始森林，因此美国人认为达沃拥有发展农业的潜力。1898 年 12 月，部分美国人迁移到达沃地区发展农业，开发大型种植园，种植橡胶、蕉麻和椰子等农作物。大型种植园的发展面临严重的劳动力缺乏问题，种植园主开始从吕宋岛和米沙鄢群岛雇佣工人，其中还包括许多日本劳工。后来，许多日本人通过购买和租种美国人的种植园获取了大片土地，成为了当地的大地主。鉴于日本人在达沃经济的影响力逐渐增强，1936 年 3 月 16 日，达沃国会议员罗莫尔多·奎木珀（Romualdo Quimpo）起草了 609 号法案，提出创建城市达沃，呼吁地方官员由总统任命。1936 年 10 月 16 日，总统奎松（Manuel L.Quezon）宣布达沃成为一个宪章城市。

第三个时期是第二次世界大战时期。1941 年，日本轰炸达沃港后，占领了达沃。直到 1945 年，达沃一直被日军占领，并被强化为日本的防御堡垒。在第二次世界大战的菲律宾战场上，达沃地区的战役是持续时间最长和最血腥的，激烈的战争给城市带来了巨大的破坏，严重阻碍了经济和科技的进步。1945 年，在美国军队的协助下，菲律宾联邦军队进攻防守达沃的日本军队，最终菲律宾获得胜利，解放达沃。

第四个时期是达沃独立时期。1967 年，达沃省划分为三个部分：北达沃、东达沃和南达沃，达沃不再是省会，成为南达沃的一部分和棉兰老岛的商业中心。20 世纪 70 年代，伴随着区域重组，达沃成为南部棉兰老岛的首府，并成为一个高度现代化的城市。进入 20 世纪 80 年代，由于共产党游击队和左翼分子的相互攻击，达沃进入了一段混乱的时期。直到 1985 年，达沃成立了一个名为艾沙马莎的民团，才解决了共产党游击派和左翼分子之间的矛盾，在此之后，达沃进入稳定发展时期。

地理

达沃面积约为 2433.6 平方千米, 截至 2015 年年底, 达沃共有人口 121.3 万人[①]。

达沃西部为山地丘陵, 东南部为平原, 地势总体呈现为西北高, 东南低。达沃拥有菲律宾最高的山——阿波火山。阿波火山位于达沃西南部, 海拔 2954 米, 属于活火山, 是棉兰老岛唯一的地热能来源, 也是菲律宾著名的地热能来源。达沃河发源于达沃省, 最后汇入达沃湾, 流域面积约为 172 平方千米, 70% 的流域林业资源丰富。达沃河流量充沛, 河道内的平均流量约为 70—80m³/s, 是达沃农业的主要灌溉水源。

达沃属于热带雨林气候地区, 温度和降水量变化小, 月平均气温在 26℃ 左右, 月平均降雨量大约为 77 毫米。达沃市由于气候适宜, 土壤肥沃, 森林覆盖率高, 生物资源丰富。

达沃港位于达沃湾西北岸, 外部有萨马尔岛挡风, 水深港阔, 是天然形成的良港。从该港至三宝颜港约为 574 千米, 至宿务港约为 428 千米, 至黎牙实比港约为 1013 千米, 至马尼拉港约为 1393 千米。

达沃划分为三个选区, 11 个行政区, 共 182 个城镇。

经济

达沃经济以农业为主, 农业用地占据达沃土地面积的 67.19%。这些土地主要用于生产水稻、玉米、水果等作物。水果主要用于出口来增加经济效益, 主要的出口水果为芒果、柚子、香蕉、椰子、菠萝、木瓜和山竹果, 因此达沃也被称为"菲律宾的水果篮子"。在这些水果中, 香蕉的出口量最大, 远销美国、中国和日本等国家。由于达沃靠近达沃湾, 渔业资源十分丰富。出产的水产有黄鳍金枪鱼、咸水鱼、泥鳅、虾和蟹等。

达沃是棉兰老岛的贸易、商业和工业中心, 同时也是棉兰老岛的金融中心。菲林克斯石油集团、可口可乐、百事可乐、皇冠可乐均在该市设有工厂。

---

① World Population Review：Major Cities in Philippines Population 2015，http://worldpopulationreview.com/countries/philippines-population/major-cities-in-philippines/，查阅日期：2016 年 3 月 27 日。

达沃的矿产资源也十分丰富，包括铜、镍、铁、锰、铬等资源，当地的工业也十分发达，工业厂房数量众多，菲律宾最大的、最现代化的轧钢厂——亚洲钢铁就坐落在这座城市。此外，达沃是著名的马尼拉麻的加工中心，输出量居全国首位。巧克力制造业也已成为该市的新兴产业。

文化

达沃的人口主要为米沙鄢人和他加禄人，其他人种还有华人、日本人和西班牙人。达沃大部分人口信仰罗马天主教，有少部分人信仰伊斯兰教和佛教。达沃的天主教教区主要分布在棉兰老岛南部。达沃主要使用的方言是宿务语，其次是菲律宾语。

日本文化对该城市影响颇深，达沃有很多的日本历史遗迹，包括日本隧道、日本墓地和日本神社。达沃的土著文化也比较出名，该市拥有十个土著民族部落，分别为：马瑞瑙（Maranao）、萨玛（Sama）、阿塔（Ata）、塔加巴瓦（Tagabawa）、马啼胳洛（Matigsalug）、马诺沃（Ovu Manovo）、柯莱特（Clata）、咯甘（Kagan）、透叟咯（Tausog）和马吉达那额（Maguindanaon）。

达沃也是日本管理教育机构——金凯国际学校的诞生地，故当地教育力量在菲律宾也名列前茅，市政府可以免费提供小学教育和中学教育，当地还拥有 5 所高校。由于外来游客和外籍人士的大量涌入，马来西亚、印度尼西亚和美国均在达沃开设了领事机构，捷克在该地建立了领事馆。

旅游

达沃位于菲律宾的棉兰老岛上，拥有丰富的旅游资源。萨马尔岛拥有风景优美的海滩，阿波火山则拥有"火山王"的美誉。除了丰富的自然旅游资源，达沃还拥有着令人称道的人文旅游资源。达沃博物馆位于达沃因苏拉村，距市中心 12 千米。博物馆展览了多姿多彩的文化遗产以及达沃地区不同民族的不同文化。龙瓦寺用意大利式的大理石建成，是棉兰老岛上最大的寺庙，庙里有镀金木雕佛像。圣彼得大教堂坐落在市政厅对面，教堂的建筑呈先锋派风格，将罗马风格和伊斯兰风格融为一体。达沃市以西的马提那高地上有一所教堂，教堂里供奉着圣婴像，许多基督教徒都喜欢来这里祈祷。而在达沃市以南 12 千米处的卡罗兰，则拥有精致的木屋，可以让游客体验马来人的生活。

除了珍贵的旅游资源，达沃市还有许多的美食。比如维多利亚广场区的清蒸虾、香辣排骨、蟹肉芙蓉、熏鱼面、咖喱鸡饭；巴斯蒂咖啡馆的焦糖布丁、纽约芝士蛋糕、薄荷饼干；圣十字架大学附近的咸鱼炒饭。在所有美食中最有特点的美食是酸橘汁腌鱼，它是由金枪鱼、鲭鱼或旗鱼与黄瓜（或萝卜）和辣椒浸泡在醋里制成的，味道鲜美，深受游客欢迎。

碧瑶

地名由来

碧瑶，他加禄语为 Lungsod ng Baguio，英文名为 Baguio City，是一座群山之中的山城，也是吕宋岛中西部的商业和教育中心。这里原来是一个名叫"Kafagway"的小村庄，1901 年，因气候凉爽，风景秀丽，美国在此建立山间驻地，取当地土著语言"Bagiw"（青苔）的谐音，将之命名为"Baguio"。后来，有福建人移民至此，闽南语中"Baguio"的谐音为"碧瑶"，好听雅致，它的中文名字由此而来。

区位

碧瑶位于菲律宾首都马尼拉以北约 250 千米，是吕宋岛中西部本格特省的直辖市。该市东部临伊托冈，西部靠林加延湾，北部与本格特省会拉特立尼达为邻，南部与图巴市相接。

历史

19 世纪上半叶，西班牙殖民者开始探索吕宋岛北部的山区。1846 年，西班牙殖民者在拉特立尼达附近建立一个指挥中心，并将本格特地区划分为 31 个原始村落，其中一个名为"Kafagway"的村落后来发展成为现在的碧瑶市。

1899 年 7 月，菲律宾革命军在佩德罗·帕特诺（Pedro Paterno）的领导下击退西班牙殖民者，解放了拉特立尼达地区，同时宣布本格特成为菲律宾共和国的新省份，碧瑶成为其中的一个镇。1899 年 11 月，美国与西班牙爆发战争，美国军队进入拉特立尼达地区企图寻找佩德罗·帕特诺等革命军，但终无所获。之后，美军进入碧瑶地区，在这里建立了著名的海约翰兵营。1900 年 11 月 22 日，美国在本格特地区建立民事政府，将原来的原始村落改为小镇，同时将碧瑶设立为本格特省的省会。1901 年，美国政府雇佣菲律宾、日本和中国工人开始修建连接碧瑶与马尼拉的公路。1903 年，公路竣工并以"本格特路"命名。1903 年 7 月 1 日，美国殖民政府宣布碧瑶为"菲律宾的夏都"，之后每年的 3—6 月，美国殖民政府都要从炎热的马尼拉转移到碧瑶来办公。1909 年 9 月 1 日，美国宣布碧瑶成为继马尼拉之后的第二个特别市，由中央政府直接管辖。但此时，碧瑶仍然是本格特的省会，直到 1916 年 8 月 21 日，本格特将省会转移到拉特立尼达。

第二次世界大战早期，碧瑶遭受日本空军轰炸，变成了一片废墟。日军占领碧瑶后，将此地作为根据地，之后很长的一段时期内碧瑶都在日本军队的统治之下。1945 年，美国空军和菲律宾军队围攻驻扎在碧瑶的日军，日本撤军，碧瑶解放。1945 年 9 月 3 日，日本在碧瑶宣布无条件投降，菲律宾全面解放。二战后，碧瑶的经济逐渐恢复发展。

1990 年 7 月 16 日，碧瑶发生了大地震，许多建筑被夷为平地，主要公路被切断，食品和水紧缺。此时，各国援助重建，粤侨相继而来，华侨与当地人民通力合作，共同建设起这座山中乐园、旅游城市。

地理

碧瑶总面积为 57.5 平方千米。截至 2015 年年底，城市总人口为 27.2 万人[①]。碧瑶被本格特省所环抱，掩映在吕宋岛北部中央山脉中，四周山岭重叠，风景秀丽。因漫山遍布苍松翠柏，俗称松市；又因芳草如茵，繁花似锦，被赞为"花城"。城市大部分为丘陵地带，平均海拔大约为 1540 米。

碧瑶属于亚热带高原气候地区，平均温度在 15℃—26℃之间，全年分为旱季和雨季。旱季的时间为 11 月到次年的 4 月，雨季的时间为 5—10 月。像

---

① World Population Review：Major Cities in Philippines Population 2015，http://worldpopulationreview.com/countries/philippines-population/major-cities-in-philippines/，查阅日期：2016 年 3 月 27 日。

许多亚热带高原气候的地区一样，旱季时，碧瑶的降水量非常少，但是在雨季的 7 月和 8 月份，降水量则比较充足，平均降水量超过 700 毫米。碧瑶市的年平均降水量为 3100 毫米左右。

菲律宾是一个终年炎热，遍地火炉的国度，但由于海拔比较高，碧瑶的温度却较为温和，因而被誉为"夏都"，是菲律宾的避暑胜地。

经济

碧瑶的自然条件优越，气温、湿度适宜，盛产各种蔬菜，是菲律宾的蔬菜基地，主要的农作物有生菜、菜花、胡萝卜、土豆、白菜等。农作物除供应本地食用外，还大量远销马尼拉和其他城市。香甜可口、硕大无比的草莓甚至出口中国香港。

旅游和教育一直是碧瑶的支柱产业。碧瑶是菲律宾著名的教育中心，这里至少有 8 所高等院校和诸多的商业技术学校。据官方统计，碧瑶近一半的人口是学生，这些学生多数来自于周边省份，但也有众多的外国留学生，这极大地刺激了地方经济的发展。同时，碧瑶也是闻名于世的避暑胜地，每年假期，尤其是炎热的夏季来临时，大量游客进入这里度假。旅游旺季时，碧瑶的人口会翻番，这极大地带动了住宿业、餐饮业、零售业等相关产业的发展。2011 年，碧瑶被全球知名旅行社区"TripAdvisor"评为 20 个最受游客欢迎的亚洲旅游目的地之一。

碧瑶的商业文化氛围特别浓厚。既便宜又多样化的商品吸引了众多的购物者蜂拥而至，繁荣景象丝毫不亚于马尼拉。这里既有备受购物者青睐的可以讨价还价的零售市场，也有众多的大型购物中心，比如 SM 购物中心、碧瑶中央商场等。由当地人经营的食品等零售企业也是碧瑶市独特的文化景观，诸如百货商店、阳光超市、咖啡馆、明星乡村集市、玫瑰餐馆等多样化、特色鲜明的商家随处可见。

菲律宾经济特区当局已在碧瑶成立经济开发区、商业和工业园区。经济开发区的公司主要生产和出口针织服装、晶体管、小型汽车组件、电子和计算机零部件，菲律宾许多著名的公司已在此落户，如菲律宾德州电器等。

碧瑶的传统木雕工艺品有巨大的市场，除销往全国各地外，还远销欧美、东南亚一带。

文化

碧瑶人口组成并不复杂，主要由当地土著居民和移民组成。土著居民主要包括坎坎伊瓦斯、伊巴罗斯、卡兰戛瓦斯三个族群。移民主要来自于亚洲的印度和中国，主要语言是"Ilocano"，其他语言还有他加禄语、土著语、英语和汉语，英语主要应用于贸易和教育。

大多数碧瑶人信奉天主教，占总人口的 80.4%，信奉其他教派的约占10%。主要有圣公会、长老会、卫理公会、浸信会、耶和华见证会等。

碧瑶有许多留学生，其中韩国留学生就有近 4000 人。碧瑶人会给初到当地求学的学子戴上一长串长春花花环。这种欢迎仪式寓意深长，长春花不但鲜艳，而且经久不谢，它象征着学习的动力持久不懈、双方的友谊历久弥坚。碧瑶是菲律宾艺术家的天堂，一年一度的碧瑶艺术节会吸引大量的画家和雕塑艺术家来此交流。碧瑶的主要节日还有帕那格奔噶节，节日期间，当地人民都会穿上民族服饰，展示碧瑶独特的民族文化。

旅游

作为一个避暑旅游胜地，碧瑶不但闻名菲律宾和东南亚，在世界上也小有名气。有一位中国外交官如此赞美碧瑶：风光秀美的自然景观可媲美杭州；四季如春的气候宛如昆明；峰峦起伏、高低有致的地形不逊重庆。碧瑶有许多有名的公园，包括伯纳姆公园、曼尼斯公园、普洛格公园和福布斯公园。除了优美的自然景观，碧瑶还有许多文化遗产，如海约翰军营、菲律宾军事训练学校和班卡伯博物馆等。碧瑶的博物馆收藏着大量少数民族的日常用品和陶器工艺品，这些工艺品很多都保留着中国明代的艺术风格。

碧瑶位于 1500 米高的高原，交通不便，从低地通往碧瑶有三条主要道路，分别为本格特路、马科斯公路和基里诺公路。其中，本格特路是到达碧瑶市最快的道路。在碧瑶，居民出行主要靠出租车和吉普车。

普林塞萨港

地名由来

普林塞萨港的英文名称是 Puerto Princesa，西班牙文意思是"公主港"，它是菲律宾巴拉望省的首府。关于普林塞萨港的名称由来有几种说法。一种说法是：在很久之前，一位公主般的少女经常夜晚会在此地漫步。另一种说法是：1864 年，西班牙女王伊莎贝拉二世（Isabella II）曾以亚松森公主（Princess Asunción）的名字命名此地，后来这位公主不幸早逝，女王将此地更名为 Puerto de la Princesa，简称为普林塞萨港。

区位

普林塞萨港坐落在菲律宾巴拉望岛的中东部，地处宏大湾南岸，外围是苏禄海，濒临南中国海的东侧，是巴拉望省海陆交通的重要中转站。普林塞萨港距离菲律宾首都马尼拉约 550 千米，至班乃岛 369 千米，至三宝颜市 450 千米。

历史

约 7000 多年前，普林塞萨港上就有人类活动。1506 年，葡萄牙探险家费迪南·麦哲伦抵达该地区。1636 年，西班牙殖民者在此传播基督教。此后，西班牙逐步侵占该地区，开启了长达 300 多年殖民统治。在此期间，普林塞萨港成为了西班牙政府的罪犯流放地。1872 年 3 月，西班牙殖民者在巴拉望进行古迹勘探，寻找海岸线旁的都城遗址。他们在该地发现了一处辽阔的高地，并决定在此建立城镇、教堂。1872 年 5 月，普林塞萨港因地理环境优越，成为西班牙海军活动的中心。1883 年，普林塞萨港已发展成为一座基础设施良好的港口镇。

1894 年，普林塞萨港因街道、建筑物和房屋的有序分布，再加上清洁的卫生，被政府部门评为最美丽的城镇之一。1898 年，美国殖民者接管普林塞萨港。1911 年，美国政府提出由巴拉望省普林塞萨港政府的约翰·布朗（John Brown）接任副州长席位。二战后，美国同意菲律宾独立。1970 年，菲律宾政府修正法案，普林塞萨港正式建市。自建市以来，普林塞萨港便一直是巴拉望省经济发展网络的神经中枢，除了作为公共行政部门的所在地外，也是全省的商业、服务业、工业的核心区。2013 年后，在市长爱德华·哈格多恩（Edward Hagedorn）的领导下，该市成为清洁、环保和节约的典范城市，是菲律宾最好的旅游目的地之一。

地理

普林塞萨港总面积约为 2381 平方千米，海岸线绵延 416 千米，沿海水域占地面积约为 3275 平方千米。截至 2015 年年底，普林塞萨港总人口数为 22.3 万[①]。普林塞萨港人口大多分布在经济欠发达的农村居民点，只有三分之一的人口居住在城区。

普林塞萨港地形崎岖，山脉穿城而过，将城市划分为东西两个部分。这里有未受干扰的海滩、大面积的红树林及茂密的原始森林。普林塞萨港有良好的深水港，港池水深最少 10.98 米，西南面的锚地水深为 21.84—29.28 米，船舶可在港池中转向。"T"字形突堤码头伸向港湾，向海端的水深为 20.13—27.45 米，可供船只停靠。

普林塞萨港属于热带干湿季气候地区，常年温暖湿润，平均温度约为 27℃，年平均降雨量约为 1563 毫米。在普林塞萨港的西海岸，每年 10 月至次年 4 月为旱季，5—9 月则为雨季。东海岸旱季较短，从 1 月开始，4 月结束，强降雨的月份与西海岸有所不同。普林塞萨港盛行东北季风和西南季风。东北季风一般从 10 月持续到来年 4 月，主要集中在北部和东北部；西南季风盛行于 6 月到 10 月，常伴有强劲暴雨，但降水分布不均。

普林塞萨港由 28 个城镇及远郊大小 38 个乡村组成，主要的市区或村镇包括：圣米格尔、圣佩德罗、圣曼努埃尔、巴贡四郎、康塞普西翁、布埃纳维斯塔、圣卢西亚、马纳洛等。

---

① World Population Review : Major Cities in Philippines Population 2015，http:// worldpopulationreview.com/countries/philippines-population/major-cities-in-philippines/，查阅日期：2016 年 3 月 27 日。

经济

普林塞萨港拥有广袤的森林和丰富的海洋生物，吸引了大批来自菲律宾其他地区的移民。但不科学的农业种植和大规模的非法砍伐，严重破坏了该地区的生态系统，农业生产率急剧下降，森林覆盖率从 1976 年的 75% 下降到 1992 年的 50%。此外，非法捕鱼、未受监管的采沙和乱建住宅区等经济活动，导致了海洋生态环境受到污染。1992 年，普林塞萨港的市长爱德华·哈格多恩宣布实施环境改革方案，积极发展生态经济，以求经济的迅速发展。

普利塞萨港的经济以农业、渔业、旅游业为主。农业上实行轮作，主要农作物包括水稻、玉米、椰子、香蕉、木薯、芒果、蔬菜、咖啡、可可等。普利塞萨港的渔业资源丰富，盛产金枪鱼、鲭鱼、鲹、石斑鱼、鲈鱼、鲳鱼等品种。此外，普利塞萨港还是全省的锯木业中心，对外出口椰干、木材、藤条等原始材料。该市拥有全国最大的森林和珊瑚礁区域，被称为菲律宾的生态旅游中心，吸引了许多的国内外游客前来观光，旅游业发展较快。自 20 世纪 90 年代以来，为了迎合越来越多的外国或本地游客的需求，市区酒店纷纷扩大营业规模，建设与之相配套的基础设施，刺激旅游业的发展。

文化

普林塞萨港人口构成复杂，种族众多。该市每年都有来自菲律宾其他省份甚至是其他国家的移民在此定居，是各民族融合的大熔炉。在普林塞萨港的北部和东部，有米沙鄢人、塔加洛人、伊洛卡诺人和比科兰诺人等基督教徒移民；在城市南部有一些莫洛（穆斯林）村落。普林塞萨港居民主要信奉罗马天主教和伊斯兰教，少数居民信奉新教、佛教等其他宗教。普林塞萨港主要使用的语言是菲律宾语、米沙鄢语等，英语作为商务用语，也被广泛使用。

普林塞萨港有很多传统节日，如 2 月的文化节、4 月的海鲜美食节以及 12 月的城市嘉年华等。普林塞萨港已经与印度尼西亚的查亚普拉、美国的毛伊和菲律宾的圣地亚哥市结为友好城市。

旅游

普林塞萨港以鳄鱼养殖、地下河流以及潜水等特色闻名，被称为"自然的最后一道防线"。普林塞萨港有茂密的森林、白皙静谧的沙滩、深邃神秘的洞穴、优良的潜水点及野生动物保护区，是自然爱好者、潜水者以及探险者的天堂。普林塞萨港地下河国家公园于 1999 年被列入世界遗产目录，被誉为"新世界七大自然奇迹"之一。该公园有着显著的喀斯特岩溶地形和一条长约 8 千米的地下水道，游客可以乘独木舟蜿蜒于洞穴中观赏钟乳石、岩石。

普林塞萨港的人文旅游景观有巴拉望博物馆和圣母无原罪主教大教堂（Immaculate Conception Cathedral）等。巴拉望博物馆位于普林塞萨港市区，馆内展出瓷器、铜器、乐器和塔博洞出土的一些原始工具，展现了巴拉望省的历史足迹和传统文化。

普林塞萨港的住宿设施多样，有帝国套房酒店、香格里拉酒店、马图提纳酒店和玫瑰之花别墅酒店等，还有许多不同规模的旅馆。

普林塞萨港是巴拉望东海岸的主要交通枢纽。市区有普林塞萨港国际机场、圣荷西客运站和普林塞萨港口，交通便利。市区内的主要交通工具是三轮车、摩托车、巴士和吉普车。

斐　济

　　斐济，全称斐济共和国，英文名称为 The Republic of Fiji，位于西南太平洋的中心，西邻瓦努阿图、澳大利亚，南邻新西兰，北邻图瓦卢。斐济地跨东、西半球，180 度经线贯穿其中。斐济陆地总面积为 1.8 万平方千米，专属经济区面积为 129 万平方千米，人口为 89.4 万人。斐济分苏瓦市和劳托卡市 2 个直辖市，中央大区、西部大区、北部大区和东部大区 4 个行政大区，巴省等 14 个斐族省。主要城市包括苏瓦、劳托卡、楠迪、莱武卡、萨武萨武、兰巴萨等。

苏　瓦

地名由来

　　苏瓦，英文名称为 Suva，是斐济首都，也是斐济的政治、经济和文化中心。作为南太平洋岛国最大的城市，苏瓦有"南太平洋上的纽约"之称。它原本是一个名叫苏瓦的小村庄，1882 年，英国殖民当局将首都从莱武卡（Levuka）迁于此地。经过百余年的开发，苏瓦已经由一个小村庄发展为南太平洋岛国重要的区域中心。苏瓦，在当地语中意为"土堆、土墩"，据说是过去两个部落的土地分界地，故名为"苏瓦"。

区位

苏瓦位于斐济主岛维提岛的东南岸，苏瓦湾东岸入口，是南太平洋的交通中心。苏瓦东北接瑙索里，南邻奥诺岛，西靠苏瓦港，东濒劳卡拉湾。因靠近国际日期变更线，被称为"世界最东端的首府"。

历史

18世纪80年代，英国海军将领威廉姆·布莱（William Bligh）发现了苏瓦所在的维提岛等十多个斐济岛屿，回到伦敦后，出版了这些岛屿的地图，这为后来英国在斐济的殖民史开启了重要的篇章。

苏瓦当代历史起源于酋长塞鲁·萨空鲍（Seru Epenisa Cakobau，1815—1883年）执政时期，他在汤加王国乔治（King George of Tonga）的帮助下，于19世纪50年代自封为斐济国王。后来，萨空鲍慢慢地将斐济出卖给了外国殖民者，同时，还欠下美国移民一大笔钱。到了1862年，为了清偿债务，萨空鲍甚至企图将斐济割让给英国。到这时，还留在苏瓦的欧洲人仅剩下来自澳大利亚的墨尔本人。在淘金热退去，澳大利亚经济衰退之时，他们试图在斐济寻找新的财源。1868年，一群投机取巧的澳大利亚人成立了澳大利亚波利尼西亚公司，提出为萨空鲍偿还美国的债务，但他们也提出了两个条件：一是获准在斐济经商，二是占有苏瓦半岛上一块面积为90平方千米的土地。虽然这一片土地不受萨空鲍的支配，但是权力巨大的酋长萨空鲍将苏瓦村民赶到了别的地方，并于1870年迎来了新的澳大利亚居民。在如今苏瓦市的中心区域，当时的新居民铲除了芦苇，并试图种植棉花和甘蔗，但并没有取得成功。为了让土地增值，两位来自墨尔本的商人汤姆森（Thomson）和伦威克（Renwick）以政府赠地的形式鼓励当地政府将首都从莱武卡迁到苏瓦。由于莱武卡地理环境有一定的局限性，发展空间较小，英国殖民政府在1882年正式迁都苏瓦。19世纪80年代，苏瓦还只是一座拥有十几座建筑的小城，但是到20世纪20年代，苏瓦已经发展成为一个繁华的殖民地中心。[1]

---

[1] ［澳］迪安·斯塔恩斯（Dean Starnes）、塞莱斯特·布拉什（Celeste Brash）、弗吉尼娅·杰勒斯（Virginia Jealous）：《斐济》，邹云译，中国地图出版社2014年版，第96、97页。

苏瓦的近期历史不可避免的和军事政变联系在一起。1987 年 5—9 月苏瓦接连发生两次军事政变。2000 年 5 月，苏瓦国会大楼成了一场人质闹剧的发生地。当时，乔治·斯佩特（George Speight）和他的武装部队挟持了 36 名政府官员，将他们关押了近两个月。更近的一次政变发生在 2006 年，在弗兰克·姆拜尼马拉马（Frank Bainimarama）掌权的时候，所有苏瓦人，甚至整个国家又一次陷入了一场政治风波中。2009 年，斐济由于未能恢复民主，被暂时取消了太平洋岛国论坛的成员身份，并且被开除出英联邦。

地理

苏瓦面积约 20 平方千米（中心市区面积约为 8 平方千米）。截至 2015 年 12 月，苏瓦总人口为 7.7 万人[1]，占全国总人口的 8.7%，是斐济人口最密集的城市。苏瓦主要由土著斐济人和印度族人组成，还有欧裔白人、华人和其他岛国人。

苏瓦位于一座宽约 3 千米、长约 5 千米的半岛之上，东边是劳卡拉湾，西边是苏瓦港。除了城市西边的狭窄条状地带之外，半岛上的大部分地区都是山地。苏瓦港是斐济两大优良深水避风港之一，是南太平洋的航运中心以及南太平洋海空交通枢纽和中继站，有南太平洋的"十字路口"之称。

苏瓦靠近赤道，属热带雨林气候，年平均降水量 3000 毫米。每年 1—3 月是它最热的月份，平均气温为 23℃—30℃；最冷的月份是 7—8 月，平均气温为 20℃—26℃。7 月是苏瓦最干燥的月份，平均降雨量只有 124 毫米左右；而在最湿润的 3 月，平均降雨量则高达 368 毫米左右。

苏瓦市政府由市议会管理，市议会共有 20 名成员，其中 18 名由市民选举产生，欧裔人、土著斐济人和印度人各占 6 名，另外 2 名由总统任命。市长由市议会从其成员中选举产生，任期 1 年，可连选连任。日常事务由市政官主持，下设财政、行政、人事等部门主任分管有关事务[2]。

---

[1]　World Population Review：Major Cities in Fiji Population 2015，http://worldpopulationreview.com/countries/fiji-population/，查阅日期：2016 年 1 月 25 日。

[2]　吕桂霞编著：《列国志：斐济》，社会科学文献出版社 2015 年版，第 6 页。

经济

苏瓦是斐济的经济和商业中心，同时也是斐济发展最迅速的城市之一，主要产业为农业、工业和服务业。苏瓦的通用货币是斐济币。

苏瓦农业主要以种植甘蔗、椰子、香蕉和根茎植物为主。苏瓦的华人袁周灿先生曾组织菜农种植生姜，不仅解决了生姜需要进口的问题，还大量向北美地区出口。

除矿产业和造船业外，苏瓦的工业以轻工业为主，主要有木材、皮革、服装、建筑材料、食品、卷烟、水泥、肥皂、火柴等。苏瓦是斐济的服装业基地，在苏瓦随处可见印度人开设的纺织布匹批发商场和服装零售商店。

苏瓦的卡拉波为斐济两大自由贸易区之一，占地 12 公顷。为加快吸引外资，斐济政府规定，从 1988 年 1 月起一年内获准在自由贸易区投资建厂的，可以免税 13 年，进口设备和建筑材料免税，用电给予优惠。但要求工厂保证产品质量，95% 的产品必须出口。

苏瓦港是斐济唯一的渔获物转载港。在苏瓦港，小型渔船将金枪鱼运载给大型运输船，而后这些渔获物被运到日本、韩国、中国台湾和帕果帕果等港口。

苏瓦自然环境优越，旅游资源丰富，旅游业现已成为苏瓦市的支柱产业。

文化

由于英国的长期殖民统治和现代文化的输入，苏瓦有着殖民地风格与当代文化混合的多元文化。苏瓦是一个多种族混居的城市，主要有土著斐济人和印度族人，还有欧裔白人、华人和其他岛国人。居民中一半左右为印度血统，其祖先都是 1879—1916 年间作为英国的甘蔗种植合同工到苏瓦定居的。苏瓦是一座极富文化多样性的城市，不同民族的文化相互碰撞且落地生根，所以苏瓦拥有不同的宗教信仰、节日和饮食文化。居民大都信仰基督教、伊斯兰教和印度教。斐济语、印地语和英语为官方语言。斐济语在历史上原本没有文字，1835 年，一位名叫卡吉尔的欧洲人帮助斐济人创立了文字；印地语是居住在斐济的印度族裔的主要语言；英语则由英国殖民者引入。苏瓦的教育发展水平在斐济是最高的，斐济主要的高等学府集中在此。著名的南太平洋大学坐落在苏瓦市郊,成立于1968年,是南太平洋岛国中唯一的高等学府,校长由各岛国的首脑轮流担任。苏瓦因南太平洋大学的建立而成为南太平洋重要的文化中心。

斐济的国花是红花,红花即扶桑花,或称木槿花。红花节是斐济的三大传统节日之一,始于1956年,每年8月中旬举行,为期7天。苏瓦每年都会举办"红花皇后"竞选活动,节日当天竞选出"红花皇后",当选的前三名被戴上"皇冠"。评选活动售票所得连同其他收入的大部分都捐献给社会慈善机构,这是举办红花节的宗旨。

旅游

苏瓦自然条件优越,传统文化与习俗浓郁且独特,十分有利于旅游业的发展。20世纪20年代初,斐济为满足过境旅客的需要,开始在苏瓦建设旅馆,这是苏瓦旅游业的开端。从20世纪80年代起,斐济政府利用得天独厚的自然条件大力发展旅游业。但1987年、2000年和2006年发生的政变对旅游业的发展有不同程度的影响,随着政治局势的稳定,旅游人数呈快速上升趋势。游客主要来自澳大利亚、新西兰、美国、加拿大和英国等国家和地区。苏瓦作为首都,是全国最大的海港,也是南太平洋地区重要的经济、交通中心,拥有完善的交通服务网络和旅游服务体系,对游客颇具吸引力[1]。多年来,旅游业一直是苏瓦的重要经济支柱。

苏瓦旅游资源非常丰富。科洛苏瓦森林公园占地2.5平方千米,是一片茂密的热带雨林,拥有多种多样的野生动植物,其中包括多种珍贵的鸟类。斐济文化中心位于距苏瓦市40千米的太平洋港,1979年建成,着重表现19世纪以前古代斐济人的建筑和风情,是一处古朴典雅而又新颖别致的游览胜地,也是了解斐济文化的好地方。在文化中心里,游客们乘坐着由两位身着传统服饰的土著驾驶的平底战船,以游湖的方式一一拜访依河而建的传统部落,欣赏斐济土著的生活风貌。文化中心每晚都要举行具有土著遗风的舞会,在这里,可以欣赏到传统的米克歌舞表演等。文化中心的街道两旁是古代市场,游人在这里可以买到古式木器和工艺品。斐济博物馆坐落在瑟斯顿花园的中

---

[1] 吕桂霞编著:《列国志:斐济》,社会科学文献出版社2015年版,第142页。

心，建于 1955 年，是苏瓦引以为傲的建筑，被誉为南太平洋最重要的历史文化博物馆。游客在这里可以了解斐济在考古、政治、文化以及语言上的发展。这座博物馆也是世界上收集斐济传统工艺品最多的博物馆，记载了斐济历史上的一点一滴。此外，这里还陈列了大量的关于英国皇家海军的物品，每一样物品都非常珍贵，包括许多英国皇家海军的战利品。瑟斯顿花园建于 1820 年，是最初的苏瓦人生活的地方，1843 年，这里爆发了惨烈的部落冲突，许多土著居民被杀，村寨被毁。此后这里几经修葺，1879 年，当时的斐济总督瑟斯顿爵士建议，将花园改为苏瓦植物园。1976 年，苏瓦植物园更名为瑟斯顿花园。斐济国会 1992 年 6 月开始对外开放，这座建筑在装潢上都力求彰显斐济本土价值。

楠　迪

地名由来

楠迪，英语名称为 Nadi，是斐济的第三大城市，也是游客进入斐济的主要入境地点。1947 年，楠迪正式建市，逐渐成为南太平洋地区经济发展较快的城市之一。"楠迪"一词来源于当地土著语。

区位

楠迪坐落于斐济最大的岛屿维提岛的西海岸，西临玛玛努卡群岛，市区位于楠迪河和威西西村以西。楠迪北靠萨博特山脉，南接拿瓦卡，东近瑙苏里高地，西邻丹娜努港，皇后公路贯穿南北。

历史

1500 年前，美拉尼西亚人来到楠迪的威西西村并定居。根据当地传说，威西西村是斐济最早有人定居的地方。1835 年，第一批卫理公会传教士也选择在此登陆斐济，并开始逐渐向当地居民传教。

1939 年，楠迪国际机场由英国出资、新西兰建造而成。机场的兴建促进了斐济与世界的交流，也促进了城市现代化的发展。斐济把国际机场选址于此，是因为楠迪位于维提岛西岸，气候较干爽，适合飞机的起飞降落。1941年，太平洋战争爆发，机场交予美国陆军航空军使用；1946年，战争结束后，机场由新西兰接管；1947年，机场开始用于民航服务。同年，殖民当局决定在楠迪建城，并将城址设在楠迪地势较高的区域，城市周边配备一些企业组织，它们为政府的运行提供了重要的经济支持。不久后，许多商业组织纷纷从斐济其他城市涌入，楠迪经济逐渐发展起来。因为楠迪市中心面临水浸的威胁，一些市民建议殖民政府将市中心迁往地势更高的地方。但是由于城市体系已经在楠迪扎根、发展并壮大，所以这次城市迁移的行动未能成功。1967年，楠迪引进选举机制，由市长领导本地区的发展。1970年，斐济独立，斐济政府开始参与楠迪国际机场的管理，1979年，全面接管。自此，楠迪逐渐发展成为斐济重要的商业和旅游中心城市。

地理

楠迪面积约 20 平方千米。据 2015 年人口统计，楠迪人口为 4.7 万人[①]，约占全国总人口的 5.3%。

楠迪地势西低东高。西侧为楠迪湾和海滩，地势较为平坦，东侧有科罗亚尼图山和瑙索里高地，地势相对较高，最高点的海拔超过 1000 米。

楠迪属于热带雨林气候地区，一年分为干湿两季。干季是每年的 5—10月，受寒冷的东南季风的影响，温度较低，平均气温约为 22℃，是全年最干旱的时期，月平均降雨量 48 毫米；湿季为每年的 11 月至次年的 4 月，气温较高，平均气温约为 32℃，风向多变，且降雨较多，月平均降雨量达 300 毫米。

经济

楠迪以制糖业和旅游业为重要经济支柱。制糖业的发展不仅为多数楠迪居民提供了就业岗位，还带动了蔗糖出口业的发展。楠迪是斐济面向国际游客的主要门户，是斐济的重要旅游城市，旅游业在其经济发展中占据重要地

---

① World Population Review：Major Cities in Fiji Population 2015，http://worldpopulationreview.com/countries/fiji-population/，查阅日期：2016 年 1 月 25 日。

位。作为商业中心，楠迪的酒店业在全国居于第一位。楠迪是一个热闹的、由多种文化融合而成的城市，为游客提供了大量的有关美食、美酒、住宿和购物的选择。楠迪通用货币为斐济币。

楠迪的航空运输业发达。楠迪国际机场是斐济最大的国际机场，每年承载斐济 96% 的国际乘客流量。目前，机场可以提供太平洋航空（斐济的国际航空公司）、新西兰航空公司、太平洋蓝航空公司、大韩航空公司等国际航线以及太平洋太阳航空、斐济航空公司等国内航线服务。昔日，楠迪国际机场是供飞机补充燃料的中途站。现在，因这座机场的存在，斐济成为太平洋地区的交通中转站。

文化

楠迪当地居民主要是由印度人、斐济土著人以及一些大型的外国游客团组成。随着民族的融合，印度族人和土著斐济人多通婚，楠迪成为斐济最大的混血人口居住地。楠迪是印度教、伊斯兰教和基督教教徒聚集的地方，是斐济印度教和伊斯兰教的中心。

在一些政治斗争中，印度裔居民的部分权利被削弱甚至被剥夺，但在楠迪，印度裔和斐济人都和谐共处，布拉节就是最好的证明。布拉节是楠迪独有的节日。"Bula" 在斐济语中表示"你好"。见面互道"Bula"是斐济当地居民表达热情和欢迎的一种方式。按照伊斯兰年历，每年的三月斐济会在苏瓦以及楠迪举办大型的宗教活动，听阿訇念经，讲述穆罕默德的历史和创建伊斯兰教的功绩。

旅游

楠迪是斐济的重要旅游城市，其气候全年适宜旅游。最佳旅游时间为斐济的干季，即每年的 5—10 月，这段时间避开了湿季的热带风暴和高温，适合游客出行和游玩。

楠迪的自然旅游资源与人文旅游资源丰富且独特，吸引着来自世界各地的游客。沉睡巨人的花园位于瑙苏里高地山脚，是楠迪内有名的植物园，1977 年由已故好莱坞明星雷蒙巴尔·佩里梅森和艾恩赛德捐建，最初设计为雷蒙巴尔的私人兰花收藏园地，如今已成为全斐济兰花种类最多、产量最大的兰花种植园，并因此成为受欢迎的旅游景点。园内专门种植着斐济本地出产的热带植物和许多难得一见的兰花品种，其中包括 30—40 种珍贵的亚洲兰花。

印度湿婆斯瓦米寺坐落在楠迪城内主干道南端，是南半球最大的印度教寺庙，展示了渗透在斐济文化中印度宗教的一面。寺庙分三个部分，第一部分是印度教中的神像，第二部分是装饰复杂却精巧无比的加尼什寺，第三部分则是湿婆神庙，寺庙内的复杂工艺出自印度 8 位工匠的精雕细琢。此庙是南半球最大的印度教庙宇和朝圣地，展现了斐济闻名于世的独特岛国文化，是传统的太平洋岛国的历史缩影。从建筑学方面来说，这座神庙体现了斐济古代庙宇建筑的多样性、复杂性和独特性。参观者须着装整洁端庄，不可穿鞋入寺，非印度教教徒不可进入里面的圣殿。

1939 年，楠迪国际机场的修建引起了斐济旅游业戏剧性的发展。楠迪国际机场是本地区规模最大、最先进的国际空港，有"南太平洋十字路口"之称。1960 年，随着斐济被选择为檀香山—奥克兰／悉尼国际航线最佳的中途加油站，楠迪国际机场的地位凸显，其对斐济旅游业的发展起到关键性作用。同时，许多现代旅游业的配套设施也相继出现，例如免税购物商城、旅馆等。[①]

楠迪作为一个新兴城市，为游客提供了便利的和现代化的生活设施，数量众多的餐厅、酒吧、俱乐部、购物中心、电影院、商场等，可满足游客的需求。市场、车站、医院和邮局都位于楠迪市中心东大街。楠迪住宿设施多样，游客可选择低、中、高预算的住宿。楠迪风景壮丽的冲浪海滩、拥有 18 洞锦标赛球场的丹娜努高尔夫球俱乐部、楠迪机场高尔夫球场以及 10 个网球场、1 个网球俱乐部，都成为了楠迪旅游业发展的优势。

---

① 吕桂霞编著：《列国志：斐济》，社会科学文献出版社 2015 年版，第 141 页。

劳托卡

地名由来

劳托卡，英文名称为 Lautoka，是斐济西部大区的行政中心和主要港口，是斐济第二大城市。"劳托卡"这一名字来源于战斗口号，意为"直接以矛击中"。传说两个部落之间发生了冲突，其中一个部落的酋长大喊"Lautoka！"，并举起长矛将对方酋长刺死，而后宣布胜利，将这里命名为"劳托卡"。

区位

劳托卡坐落于斐济最大岛屿维提岛的西北海岸，南接楠迪，北邻巴城，东靠科罗亚尼图山，西濒比奇科默岛。劳托卡是到玛玛努卡群岛和亚萨瓦群岛的必经之地。太平洋运输及阳光巴士经营的巴士每日都可到达楠迪和苏瓦，也有出租车、小巴车可到达斐济其他城市，交通较为便利。

历史

18世纪80年代，英国海军将领、船长威廉姆·布莱（William Bligh）发现了维提岛，并大致绘制了劳托卡的海岸。布莱带领船员登上了海岸，他的航海发现为英国的殖民统治创造了条件，在英国政府的主导下，印度劳工不断输入维提岛，此后劳工分别流向了苏瓦、劳托卡等地区。1929年，劳托卡被设为镇。1977年2月25日，劳托卡被升格为市，由16位成员构成的市议会负责管理，市长从这16位成员中选举产生。2006年斐济政变以后，劳托卡一直没有市长，而是由政府委任的一名官员负责管理。目前，劳托卡为斐济西部大区唯一的市，斐济的第二大城市，也是南太平洋地区的重要城市。近年来，斐济土著居民开始向城市大规模迁移，他们的到来为劳托卡带来了大量的劳动力和经济发展的活力，不断促进城市的发展。21世纪以来，斐济政府非常重视劳托卡的发展，其发展速度较快。

地理

劳托卡面积约 16 平方千米。据 2015 年统计,劳托卡人口为 5.25 万人[①],约占全国总人口的 5.9%。城市西部靠海,地形主要为平原,地势总体呈南高北低。

劳托卡属于热带雨林气候地区,常受热带飓风的袭击。全年冷热适中,气温一般保持在 22℃—32℃ 之间。干季为每年的 5—10 月,盛行凉爽的东南信风,降雨较少;湿季则为 11 月至次年 4 月,其间风向多变,降雨较多。平均潮差大汛时为 1.67 米,小汛时为 0.91 米。劳托卡因位于维提岛西海岸,气候相对东部地区来说较为干燥,年降雨量只有 1800—2300 毫米。

经济

劳托卡的工业以制糖为主,有"糖城"之名。劳托卡糖厂是当地的经济支柱,于 1903 年开始营业,是南太平洋地区最大的制糖磨坊,每年的 6 月到 12 月是磨坊最忙碌的时候。斐济的糖厂只生产原糖,大部分出口至欧盟进行精炼,一小部分分装成每袋 50 公斤供应当地和南太平洋地区市场。近些年来,劳托卡本地的甘蔗产量减少,本土的蔗糖已不足以满足市场需求。因此,劳托卡每年从印度或泰国进口蔗糖,用于满足国内和南太平洋岛国地区的消费需求。劳托卡的商业不像首都苏瓦那样成熟,只有很少的礼品店、餐馆和旅馆,只能满足当地市场的需求。

劳托卡是斐济的深水港。港口主要码头泊位有 3 个,岸线长 395 米,最大水深 10.9 米。另有 4 个系船浮,可泊 1.8 万—2.4 万载重吨的油船,有直径为 203.2 毫米的水下油管供装卸原油使用。斐济进出口的货物大部分通过劳托卡港口,主要出口货物为散糖、糖浆、香蕉、菠萝及锰矿等,进口货物主要有粮食、燃料及工业品等。

---

① World Population Review : Major Cities in Fiji Population 2015, http://worldpopulationreview.com/countries/fiji-population/, 查阅日期: 2016 年 1 月 25 日。

文化

劳托卡主要有印度裔斐济人和土著居民。从修建在这里的神庙、清真寺和基督教教堂上可看出，两种族居民生活十分和谐，不同种族的文化相互渗透，多种宗教信仰也相互影响。斐济语、印地语和英语为官方语言，随着不同民族的相互融合，语言也存在相互交融现象。

印度裔斐济人将自己的宗教信仰带到了斐济，其中就包括锡克教。锡克教教徒蓄着胡须，排斥印度的种姓制度和偶像崇拜。劳托卡的锡克教神庙体现了斐济和谐的多种族文化和信仰。十位锡克教宗师的教诲被写在格兰特——锡克教的圣典内，这部圣典被放在神庙内显眼的地方。人们不可在神庙内吸烟、喝酒，必须洗净双手并以手掩面。除锡克教外，人们还主要信仰印度教、伊斯兰教和基督教。斐济皇后诞辰日为全国性纪念日，每年6月15日举行，在劳托卡等大城市有游行活动。迪瓦利节是印度教中最重要的节日，每年的10月或11月会举行灯会、舞会等活动，十分热闹。

劳托卡建有中华学校，学校长期坚持中文教育，在中斐双边关系日益密切的形势下，双语人才在中斐文化交流及经贸往来中发挥了很大的作用。2015年，国务院侨办主任裘援平一行在中国驻斐济大使张平的陪同下考察了中华学校。[1]

旅游

劳托卡的面积虽然不大，但自然景观独具特色，林木茂密，绿草如茵，鲜花似锦，令人赏心悦目。科罗亚尼图国家公园位于著名的巴提拉穆山附近，公园里分散着很多自给自足的小村庄。在这里游客可以亲身体验到原汁原味的斐济传统文化和生活。公园内原始的达库阿森林中流淌着的清澈河流、美丽的瀑布与藏匿在森林中的考古遗址一起构成了一道亮丽的风景线。干净宽敞的城市布局是劳托卡的一个特色，公路两旁种植着庄严的皇家棕榈，随处可见的遮荫大树也使这座城市非常适宜步行漫游。国王公路贯穿劳托卡，公

[1] 中华新闻网，http://www.chinanews.com/hr/2015/10-09/7561042.shtml，查阅日期：2016年2月2日。

路漫步是探索这座城市的不错选择。劳托卡西部靠海，位于城外 8 千米处的萨维尼海滩很受游客的欢迎，游客们可以在风景秀美的滨海地区野餐和开展沙滩运动。

劳托卡人文旅游资源丰富，有很多具有世界代表性的古迹。摩科迦罗颂神庙便是斐济的代表建筑之一，为劳托卡这一融合了不同民族的城市增添了更多魅力。自 1900 年以来，神庙每天都会对外开放，接受祭拜者的虔诚祭拜。克利须那加利纳神庙也是劳托卡文化的典型代表。它是国际克利须那意识协会（the International Society for Krishna Conscious-sness）在南太平洋地区的第一座寺庙，而且斐济有着全世界最高比例的印度教克利须那派信徒。市内还有著名的詹姆士清真寺，寺内每天都会进行五次穆斯林祷告。

劳托卡独特的人文和自然风光吸引着世界各地的旅游者，但其只有少数的城市住宿设施和一些廉价的餐馆，酒吧、电影院等娱乐场所也很少，而且比较破旧，不成熟的旅游设施建设成为阻碍旅游业发展的一大因素。近年来，当地政府认识到了发展旅游业的重要性，资金投入增多，旅游业有了很大的发展。因地缘优势，游客主要来自于澳大利亚、新西兰等国家和地区。

莱武卡

地名由来

莱武卡，英文名称为 Levuka，是斐济东部大区首府，原为斐济的首都。莱武卡源于当地一个名为"Levuka"的村落，初建于 1820 年左右，是斐济群岛中第一个欧洲人建立的定居点，是斐济历史最悠久的城市，也是斐济第一个现代化城市。

区位

莱武卡坐落在奥瓦劳岛的东岸，是岛上最大的城市。莱武卡距离首都苏瓦约 60 千米，从苏瓦到莱武卡航程约 15 分钟。

历史

19 世纪的莱武卡可谓一处避难所,满腹怨恨的水手在此跳船,逃跑的囚犯躲避于此,争端全靠武力解决。早在 1806 年就有欧洲檀木商人来此寻找货源,1820 年左右,欧洲人开始移民于此,使得这里成为斐济群岛中第一个欧洲人建立的定居点。1830 年,莱武卡成为热门的捕鲸之地,不断有移民来到此地,其中有商人、传教士、造船工人、投机者等。他们在此建造纵帆式帆船,买卖海参、海龟壳和椰子油。许多供应商逐渐在此聚集、中转货物,莱武卡慢慢得以壮大。洛沃尼的村民们是身居奥瓦劳中心火山口的勇士,他们把这些移民视为入侵者,不断烧毁他们的木制小船。欧洲移民受到了莱武卡酋长的保护,但该酋长在 1846 年入侵洛沃尼时被杀死。19 世纪中期,莱武卡的港口发展达到了顶峰,每日商船往来,热闹非凡。但这里也因酗酒、暴力和道德败坏而臭名昭著,流浪汉、海盗、骗子、中间商、空想家和小偷纷至沓来。19 世纪 60 年代,莱武卡的棉花种植吸引了更多的定居者。此后,棉花、椰子和茶叶交易的日益繁荣让整个莱武卡以及周边岛屿都活跃起来,莱武卡成为了南太平洋重要的枢纽城市。19 世纪 70 年代,居住在这个日益繁荣的小镇的欧洲人口高达 3000 人,镇上开了 52 家酒店供他们饮酒作乐。此时,莱武卡还创立了三 K 党(Ku Klux Klan),主要目的是组建白人至上的政府,但很快就走向了消亡。1871 年,塞鲁·萨空鲍在汤加国王图普一世的帮助下,统一了斐济,建立了斐济联合王国,定都莱武卡。1874 年,斐济沦为英国殖民地。因为莱武卡背山面海,腹地狭小,后续发展空间较小,1877 年,殖民政府将首都迁移到了维提岛的苏瓦,但并未做出正式声明。直到 1882 年,苏瓦被正式定为首都。到了 19 世纪末,商业贸易也转移到了苏瓦。随着干椰肉市场在 20 世纪 30 年代的萎缩,莱武卡进一步衰落。虽然 1888 年和 1905 年的飓风横扫小镇北端,但许多鼎盛时期的建筑仍然保存了下来。

地理

截至 2015 年年底,莱武卡有 8360 人[①],约占全国人口的 0.9%,约占奥瓦

---

① World Population Review:Major Cities in Fiji Population 2015,http://worldpopulationreview.com/countries/fiji-population/,查阅日期:2016 年 1 月 25 日。

劳岛人口的 50%。

莱武卡依海而建，西靠南德来瓦鲁峰，腹地狭小，海滩路贯穿南北。

莱武卡属于热带雨林气候地区，分为干季和湿季两季。每年 5—11 月受寒冷的东南季风影响，为干季，温度较低，平均气温为 22℃左右；12 月至次年 4 月为湿季，温度较高，平均气温为 32℃左右，风向多变，降雨较多。

经济

莱武卡是斐济的重要港口和贸易站点，是奥瓦劳岛的经济中心。

19 世纪早期，莱武卡作为斐济的贸易中心建立和发展起来，欧洲和美洲殖民者在此建立了仓库、商店、港湾设施、住宅和社会团体机构等。1927 年，莱武卡建立了公共电力系统，是斐济第一个拥有电力系统的城市。自 20 世纪50 年代开始，国际航线不再经过莱武卡，导致当地经济萎缩，现其经济主要以渔业为主。1964 年，太平洋渔业公司由日本人成立，是奥瓦劳岛上最大的企业。渔业公司的金枪鱼罐头厂专门冷冻和运输罐装金枪鱼，每年生产超过1.6 万吨的金枪鱼罐头，主要出口至加拿大和欧洲等国家和地区。渔业公司为奥瓦劳岛上的居民提供了较多的劳动机会，但也为城市带来了难闻的气味。

文化

莱武卡是一个由多种族居民组成的城市，土著斐济人、斐济华人、带有欧洲血统的斐济人均在此共同生活。

莱武卡因许多"斐济第一"而著名。斐济的第一家报纸、学校、银行、邮局、医院、市政厅和市委都在此建立。1869 年，《斐济时报》始建于莱武卡，是斐济的第一份报纸，至今仍在发行。1879 年，莱武卡公立学校建立，是斐济的第一所公立学校。

莱武卡是典型的后殖民地时期的港口城市。为了更好地保护城市的遗产，数十年来，莱武卡人一直在向联合国教科文组织申请成为世界遗产，2013 年6 月莱武卡终于被列入世界遗产名录。

旅游

莱武卡作为斐济昔日的首都，是南太平洋难得一见的保留有殖民地时期建筑的城市，一座座遗迹彰显出莱武卡光辉的历史。当地传统建筑深受欧洲和美洲文化的影响，形成了世界上独一无二的城市景观。莱武卡是一个友善的城市，几乎所有居民都热情待客，对外来游客包容度高。

莱武卡的自然环境十分优越。城市依海而建，坐落在葱郁苍翠的山峦之下，气候宜人。莱武卡的历史遗迹保存较完整，人文旅游资源丰富。莱武卡村位于莱武卡的北端，是斐济的传统村庄。村庄面积不大，却曾是酋长萨空鲍的家园。圣心教堂始建于 1858 年，哥特式风格的建筑与南太平洋景色融为一体。纳索瓦屋曾是总督府邸，现已辉煌不再。卫理公会教堂是斐济最古老的教堂之一，在教堂里有很多彩色玻璃窗，绘制的都是《圣经》中的故事。波利尼西亚集会所建于 1875 年，曾是莱武卡唯一的罗马式建筑，在 2000 年政变中，村民将其烧为灰烬，仅留下石头残骸。莱武卡有斐济博物馆的分馆，馆内的小型展览详细描述了莱武卡的历史，其中包括很多殖民地时期的珍贵照片。莱武卡的南端为纳索瓦，1874 年 10 月的《退位令》于此签订，此后斐济便成为英国的殖民地。一对锚和一些散落的带底座石头牌匾立于割让遗址，用以纪念这一事件。

莱武卡的住宿和酒店设施齐全，丰盛的美食足以满足游客的需求。皇家旅馆始建立于 19 世纪 60 年代初，后于 1903 年重建，是南太平洋区域历史最悠久的旅馆，至今仍在营业。建造旅馆的大卫·罗比船长在屋顶搭建了一个小小的瞭望台，像航行的船一样，让旅客享有远眺大海的乐趣。

莱武卡位于奥瓦劳岛的最东边，与苏瓦、劳托卡等主要城市距离较远，交通相对不便利，旅游业对城市的经济发展影响不大。

萨武萨武

地名由来

萨武萨武，英文名称为 Savusavu，是斐济卡考德罗韦省的一个城市，被称为斐济"隐藏的天堂"，是瓦努阿岛的重要旅游城市。"萨武萨武"之名来源于斐济语，一直沿用至今。

区位

萨武萨武坐落于斐济的第二大岛——瓦努阿岛的南部。乘飞机从楠迪到萨武萨武约 1 小时的航程，乘坐轮船从苏瓦或劳托卡到此大约需要 12 小时。

历史

1643 年，荷兰航海家阿贝尔·塔斯曼（Abel Tasman）困在了瓦努阿岛与塔韦乌尼岛西北部的珊瑚暗礁，他形容这里暗礁重重、风浪频生。英国航海家威廉姆·布莱在瓦图—伊腊海峡中行驶时，在右舷地平线上望到了瓦努阿岛。萨武萨武作为瓦努阿岛上的重要城市，是以商船港口为目的而建造的。1969 年，萨武萨武被设为斐济的一个镇，由 9 名成员组成的市议会进行管辖，每名议会成员任期三年。

地理

萨武萨武有 3372 人。随着城市的发展，土著斐济人和印度侨民人数不断增加。该城市北临广阔的海湾，南倚葱郁的山坡，西濒纳维岛，城市形状呈倒三角形。

萨武萨武属于热带雨林气候，全年冷热适中，气温一般保持在 20℃—32℃之间。每年 5 月至 10 月盛行凉爽的东南信风，气候较为干燥；11 月到次年 4 月风向多变，气温最高可达 35℃，湿度较大。

地热能是萨武萨武的重要资源。地质调查发现，该地区的地热能产生的电力足以满足瓦努阿岛的需求。

经济

萨武萨武最早是瓦努阿岛的贸易中心，主要经营檀香木、海参和椰干等，如今更侧重于开发旅游业来刺激其经济增长。海参不仅是可食用的美味，而且营养价值极高，可带来巨额利润。19 世纪早期，欧洲商人蜂拥至斐济，捕捞利润丰厚的海参，萨武萨武便是主要的贸易点。南太平洋的海参数量众多，当地居民为寻求利润大量捕捞，供应当地或出口。

萨武萨武是一个避风港湾，有两个码头。码头上的椰干工厂建于 1880

年，是这座城市重要的标志性建筑，现已成为游轮船主和游客的服务中心，可为游客提供热水淋浴和洗衣服务。

萨武萨武有澳新银行和西太平洋银行两家银行。

文化

萨武萨武除了有土著斐济人和印度裔斐济人外，外籍游客组成的群体也占有一定的比例。部分居民信仰天主教。萨武萨武有一座 Savarekareka 教堂，建于 1870 年，位于该市以北的 10 千米处，是瓦努阿岛上的第一个罗马天主教教堂。斐济语和印地语是瓦努阿图岛上的通用语言，因外籍人士的增多，英语也普遍使用。

斐济古村庄努库博鲁遗址位于城镇以北的深山里，古老的石基、梯田和温泉水都保存较好。历史记载努库博鲁村曾与卡考德鲁村进行过部落战争，但今天只有这个村落还存在。

旅游

萨武萨武是瓦努阿岛的主要旅游中心，有黑色火山岩、白色沙滩、高山雨林和丰富的海底景观。城市东部的木槿高速公路沿着海岸延伸 70 千米，两旁棕榈树林立，途经蔚蓝的海湾和古老的种植园。瓦依萨里雨林自然保护区植被丰富，有密集的热带雨林和美丽的瀑布。图努洛阿半岛有繁茂的椰林和许多珍稀濒危鸟类。

萨武萨武的娱乐活动较多，乡村旅游、徒步旅行、皮划艇游览、浮潜、钓鱼、游泳等活动非常普遍。萨武萨武因温泉而知名，还是一个良好的避风港湾，是游轮进入瓦努阿岛的唯一港口，也是斐济最受游轮船主欢迎的抛锚地点之一。[①] 海湾内停泊了许多欧美游人的豪华游艇。这里已经成为斐济的游艇和帆船的游弋中心，一年一度的总统杯游艇帆船赛于此举行。

萨武萨武的基础设施基本能满足游客需求。长途汽车站位于市中心，有车可直达兰巴萨，还可到达图努洛阿半岛。

---

① ［澳］迪安·斯塔恩斯（Dean Starnes）、塞莱斯特·布拉什（Celeste Brash）、弗吉尼娅·杰勒斯（Virginia Jealous）：《斐济》，邹云译，中国地图出版社 2014 年版，第 162、163 页。

兰巴萨

地名由来

兰巴萨，英文名称为 Labasa，又称拉巴萨，是瓦努阿岛上最大的城市，同时也是马库阿塔省的首府和北部大区的行政中心。兰巴萨河（Labasa River）流过城市的东部，因此该城市被命名为"兰巴萨"。

区位

兰巴萨坐落于瓦努阿岛的东北部，西南距瓦依莱武约 6 千米，北距马里岛 11 千米。兰巴萨交通十分便捷，城市的南部便是机场，且斐济航空、太阳航空、巨浪航海游船和帕特森兄弟轮船均在兰巴萨设有办事处①。

历史

兰巴萨在历史上便是瓦努阿岛上重要的贸易城市，是斐济的制糖业中心。在殖民地时期，为防止种植园主对土著人的剥削，政府禁止种植园雇佣斐济土著人。但兰巴萨种植园以种植棉花、甘蔗和椰子等作物为主，利润空间很大，又需要大量的廉价劳动力。于是在 1878 年，斐济殖民政府与印度殖民政府签订协议，将印度契约劳工输送至斐济，兰巴萨种植园迎来了第一批印度契约工。劳工须签订为期 5 年的合同，合同期满后，劳工们可获得自由，重返家园。兰巴萨与印度气候相差不大，劳工们能适应这里的生活，大多数劳工在合同结束后还是决定留在兰巴萨。这些契约劳工来自印度各地，背景各异，其中 80% 是印度教徒，14% 是穆斯林，其余大多是锡克教徒和基督徒。20 世纪初，印度殖民政府迫于反对奴隶制团体的压力，废止了契约制。1916 年，停止招募工人；1919 年 1 月，契约制正式结束。但是，很多契约劳工的后代在兰巴萨扎根并繁衍生息，成为兰巴萨

---

① 刘扬:《斐济全攻略》，人民交通出版社 2013 年版，第 206 页。

建设的主力军。

1894 年，该市第一家工厂正式建立，此后整个地区的经济一直保持平稳发展，为兰巴萨的建设打下了良好的经济基础。1939 年，兰巴萨正式建城，市政府由 12 名议员组成的市议会进行管辖，议员任期三年，市长在 12 名议员中竞选产生，可连选连任。2010 年 3 月 14 日，飓风"托马斯"开始袭击瓦努阿岛，随后逐渐向南移动。许多房屋、农田严重受损，居民被迫撤离家园，前往临时避难所栖身。同时兰巴萨河水面也不断上涨，消防人员紧急组织附近居民撤离，岛上大约 5000 人被迫远离家园。

地理

2015 年人口统计数据显示，兰巴萨共有 2.8 万名常住人口[①]，约占斐济总人口的 3.1%，占马库阿塔省人口的四分之一左右。

兰巴萨位于距内陆方向 5 千米左右的三角洲上，整个三角洲由三条河流冲击形成的，约 5 千米长的兰巴萨河贯穿整个城镇。该地区地势总体呈现为南高北低，地形以平原、丘陵为主。

该地区属热带雨林气候，分干湿两季，年平均气温在 24℃—30℃之间。每年的 5 月至 10 月为干季，受寒冷的东南季风的影响，温度较低且干旱。每年的 11 月至次年 4 月为湿季，温度较高且降雨较多。全年平均降雨量在 2500—3000 毫米之间，降水量十分丰富。兰巴萨常遭受热带飓风袭击。平均潮差可达 0.8 米。

经济

兰巴萨及周围地区以农业为主。甘蔗是重要的经济作物，粮食不能自给，需依靠进口。兰巴萨制糖业和木材加工业均发展良好。斐济糖业公司共有四个制糖厂，其中之一便设在兰巴萨，主要生产糖蜜。作为制糖业的主要副产品，糖蜜基本用于出口。大部分出口到加勒比国家和新西兰，小部分出口至亚洲国家，还有一小部分供应本地消费。本地消费中，大部分销往酿酒厂，

---

① World Population Review：Major Cities in Fiji Population 2015，http://worldpopulationreview.com/countries/fiji-population/，查阅日期：2016 年 1 月 25 日。

其余少部分用作动物饲料。兰巴萨还是重要的港口城市，同时建有港口和机场。兰巴萨港位于瓦努阿岛的兰巴萨河口，港区主要泊位线长150米，水深11米，码头最大可停靠2.7万载重吨的船舶。该港口是斐济重要的散糖出口港，有固定的装糖机，每天可装散糖400余吨，斐济的进出口货物经由此港，出口货物主要包括蔗糖及椰油等，进口货物主要有粮食、燃料及工业品等。作为北美到澳大利亚及新西兰的海空运输航线要冲，兰巴萨还有航班飞往苏瓦和劳托卡等地。兰巴萨的主要贸易对象包括澳大利亚、新西兰及英国等国家和地区。[①] 由于政变的影响和海外市场的减小，甘蔗种植量和产量持续下降。这使得兰巴萨居民不断向维提岛迁移，寻找新的就业机会。

文化

兰巴萨居民以印度裔斐济人为主，其中很多是来自印度的契约劳工。有华人百余人，大多是在当地出生的第二代或第三代华人，说英语或斐济语。移民的增加促进了兰巴萨民族的多样性、宗教信仰的多样性和语言的多样性。大部分居民信仰印度教，还有一部分信仰锡克教和基督教。

旅游

兰巴萨的旅游景观独具特色，城市里没有很高的建筑物，一切都显得古朴、宁静、自然。兰巴萨有许多原始部落景点，瓦萨武拉仪式点便是其中最具有代表性的一个，在瓦萨武拉仪式点遗址入口处有一块神圣的巨石，其后是举行食人仪式的场所，这里有一块扁平的断头石，还有一块放置人头的岩石以及一块为首领盛装人脑的碗状石头。在基督教传入之前，人们在此与祖先神祇进行沟通，与大地、庄稼之间建立精神纽带。首领和祭司的就职仪式、男人的成年仪式也可在此举行。[②] 距离兰巴萨10千米处，是神圣的曼迪尔寺，又称为蛇庙。城外几乎是完全未开发的原生态海滨区域，是很好的冲浪和潜水地。

---

① 吕桂霞编著:《列国志:斐济》，社会科学文献出版社2015年版，第147页。

② ［澳］迪安·斯塔恩斯（Dean Starnes）、塞莱斯特·布拉什（Celeste Brash）、弗吉尼娅·杰勒斯（Virginia Jealous）:《斐济》，邹云译，中国地图出版社2014年版，第172、173页。

在城市中心只有少数酒店和住宿地点，其中大部分住宿地点价格较低廉，大东方酒店较为高档，适合游客居住。在兰巴萨有不少餐厅，大部分是印度和中国料理。兰巴萨和萨武萨武之间有定期发车的长途汽车，沿着山路行驶，沿途景色优美。兰巴萨的大多数店铺、商家和酒店都位于市中心步行可及的范围之内。

新喀里多尼亚

新喀里多尼亚,英文名称为 New Caledonia,法文名称为 Nouvelle-Calédonie,位于南太平洋,属美拉尼西亚群岛,距澳大利亚昆士兰东岸约1500千米,总面积1.9万平方千米,人口约为31万人,由新喀里多尼亚岛、洛亚蒂群岛、无人居住的切斯特菲尔德群岛三部分组成。主要城市为努美阿。

努美阿

地名由来

努美阿,法语为 Nouméa,是新喀里多尼亚的首府、南太平洋地区的著名港口城市,同时也是南太平洋地区工业化程度最高、经济最发达的城市之一,有"太平洋上的巴黎"之美誉。1854年建市,名为"法兰西港",逐渐发展成为现代化的殖民地城市,1866年改称努美阿。

区位

努美阿位于新喀里多尼亚岛的东南端,三面环山,面朝大海,港外岛礁环绕,港内水深,风平浪静,是西南太平洋最好的港口之一。努美阿西北、西南距澳大利亚布里斯班港825海里,距悉尼港1067海里,西北距巴布亚新几内亚的莫尔兹比港约 400 海里，距斐济的苏瓦港 730 海里。努美阿建有水上飞机场，为美、澳两洲间海空交通的重要中继港站。

历史

努美阿的历史至少可以追溯到拉皮塔文化时期。英国商人詹姆斯·帕登（James Paddon）是最早到达努美阿的欧洲人，1851 年，他在此建立了自己的牛养殖场和贸易部门。为了尽快取得新喀里多尼亚的掌控权，1854 年，法国海军长官路易斯（Louis Tardy de Montravel）将殖民统治中心从巴雷德转移到努美阿，并与詹姆斯·帕登达成交易，将皮亚塔的土地与此地置换。此后，努美阿被命名为"法兰西港"，因为很容易与马提尼克岛首都法兰西堡的名字混淆，两年之后，又恢复了原名努美阿，法国在该地的殖民统治也由此开始。

19 世纪 50 年代末，法国完全占领新喀里多尼亚，巴黎当局开始鼓励国内居民移居新喀里多尼亚，并划定土地给新移民。但当时移居到该地的法国移民很少，到 1859 年为止，在努美阿仅有 43 名法国移民定居。鉴于移民进展不力，法国于 1864 年在努美阿建立了罪犯流放地。同年 5 月，248 名苦役犯抵达努美阿。从此，努美阿接收了法国历届政权下的许多政治犯和普通犯人，其中包括 1871 年巴黎公社失败后被捕的一批公社社员。在军队的监督和控制下，囚犯劳工们承担了努美阿大量的公共建设工作，他们填海造田、架设电线、修建道路，在林场伐木或在矿厂采矿。

1863 年开始，随着黄金和镍矿的发现和开采，努美阿的经济和生活方式发生了翻天覆地的改变。黄金和镍矿吸引了欧洲和亚洲劳动力的大量涌入，这些人的开矿活动对当地的经济发展起到了很大的促进作用。同时，更多外来移民和殖民者的到来进一步加剧了原著民生活的不稳定性，尤其是统治者开始限制他们的居住地和活动范围，将他们世代耕作的土地强制性分给新来的移民。

努美阿殖民者也希望通过巨资投入农业和畜牧业，发展养蚕、甘蔗种植等产业，来发展努美阿的经济，但这些尝试均以失败告终。1897 年，最后一批刑事罪犯到达努美阿之后，廉价劳动力的供应便停止了。部分囚犯一直被关押直至死亡，同时绝大多数的罪犯被释放并变成了小农场主，与当地的姑娘结婚并定居在此地。他们的后代也变得与努美阿其他白人几乎没有区别。

20世纪初期，努美阿高层管理者一直不稳定，在1902—1914年期间，努美阿更换了不下10位行政长官。当地政府在处理与土著居民卡纳克族人关系时，主要负责维持秩序、收取人头税以及征用劳力提供公共服务，始终没有对卡纳克人的生存状态和环境给予重视。

第一次世界大战期间，由于法国在太平洋的殖民地靠近交战双方的主要贸易区、军事航线，使其在战争中发挥了重要的作用。由于战争的需要，卡纳克人被动员参战。第一批700人的美拉尼西亚士兵于1915年4月23日离开努美阿，经过几周的训练成为新兵。

第二次世界大战期间，努美阿成为美国军方在南太平洋地区的总部。大量军队的到来引发了努美阿等地的经济腾飞，这里呈现出空前的繁荣。矿产品出口和进口迅猛增长，肉类和蔬菜价格飞涨。美国士兵在努美阿专门为迎合他们而开设的商店和酒吧里慷慨地消费。1946年驻军撤离之后，美元来源关闭，努美阿陷入困境，资金短缺，生活物资也受到限制，但美国工程师设计修建的公路、机场等被永久地保留下来，另外，价值300万美元的工程设备，也被美国政府捐赠给了新喀里多尼亚。美军总部大楼后来成为南太平洋委员会（也就是后来的太平洋共同体秘书处）的办公大楼。努美阿保留了大部分新喀里多尼亚独有的法国和美拉尼西亚的混合文化。直至今日，战时美国对努美阿的影响依旧，很多街道都是战时美国留下的印记。

地理

努美阿总面积1.9万平方千米。据2015年人口统计，努美阿总人口9.3万人[①]，占全岛总人口的65%，包括80%的欧洲移民、85%的亚洲移民和90%的波利尼西亚人。

努美阿地处不规则的丘陵半岛，被茂密的原始森林、无数优良的天然海湾和迷人的珊瑚礁所环绕。金色的沙滩、沉默的红树林湿地和波光粼粼的码头使这座城市极具魅力。

努美阿海港东南主码头北侧水深10—10.5米，长694米，共4个泊位。

---

① World Population Review：Major Cities in New Caledonia Population 2015，http://worldpopulationreview.com/countries/new-caledonia-population/major-cities-in-new-caledonia/，查阅日期：2016年1月22日。

西北码头是海湾，总长 379 米，水深 9—10 米，用于金属产品输出，后方设有镍冶炼厂。努美阿海岸线分布着广泛的珊瑚礁，犹如努美阿镶嵌上了漂亮的珠链。努美阿港湾内停泊着大小游艇、帆船，海风徐来，树影婆娑，洋溢着优雅迷人的情调。距努美阿约 16 千米处的海上有一高达 80 米的亚美德灯塔，矗立在珊瑚礁石上，被新喀里多尼亚人当作努美阿的象征。此塔建于 1865 年，由法国人设计，其目的是为提醒过往船只注意新喀里多尼亚附近海面众多的珊瑚礁石。

努美阿属于热带干湿气候地区，夏季炎热，冬季温暖。1—3 月属于夏季，气温徘徊在 30℃左右；7—8 月属于冬季，最高气温为 23℃左右。9—10 月相对干旱少雨，但每年的平均降雨量达到了 1100 毫米左右。

努美阿在"法兰西港"时期，就第一次产生了市议院（1859—1960 年），由总督任命；第一次由选举产生的市长欧仁·波尔舍龙（Eugène Porcheron）。2008 年以来，市议会由原来的 49 名成员增加到 53 名，市政府由 1 名市长和 15 名副市长组成。

经济

努美阿是太平洋地区经济增长最迅速的城市之一。它囊括了新喀里多尼亚除采矿业以外的几乎所有工业和 70% 的零售业、大部分的旅游业和政府服务。20 世纪 70 年代至 90 年代，努美阿经济以每年 4% 的速度持续增长了近 20 年。在紧接着的 20 年中平均增长速度也达到 2%。20 世纪 80 年代中期开始，逐渐形成了由服务业、镍工业和农业等组成的产业体系。

努美阿农产品产量远远不能满足当地人民生活需要，每年约 20% 的食品需要进口。主要农作物有玉米、山药、马铃薯、甘薯、椰子、南瓜等。畜牧业发达，每年都出口相当数量的牛、猪、羊肉和皮革等，农牧业目前仅占国民经济总产值的 1.4% 左右。

努美阿工业主要有采矿、制造、食品加工等，以采矿和林业为主，占国内经济生产总值的 1/3。采矿业包括镍矿、铬矿、铁矿等的开采，木材加工业以檀香木最为名贵。旅游业是努美阿经济的两大支柱之一。以旅游业为主的服务业从 20 世纪 60 年代起，就开始在国民经济中占据主导地位（约占 GDP 的 54%）。

文化

努美阿人口构成复杂，种族众多，但卡纳克人和欧洲人还是占据绝大多数。努美阿的当地居民属澳大利亚人种美拉尼西亚类型，混有一部分波利尼西亚血统。无统一语言，使用30多种方言，均属南岛语系美拉尼西亚语族。

努美阿90%以上的居民信奉基督教，少量居民信奉伊斯兰教等其他宗教。其中有60%的人口是罗马天主教教徒，30%的人口信奉新教，同时存在的还有许多其他的基督教团体和少数的穆斯林团体。伊斯兰教只有少数人信仰，大约占总人口的2.6%。印度教最初是由来到新喀里多尼亚的印度人带来的，他们作为契约仆人为定居此地的欧洲人服务。

法语虽是努美阿的官方语言，但英语使用也较为广泛。据2009年人口统计，努美阿15岁以上的居民中，98.7%会说法语，97.1%能自如地读写法语，只有1.3%的该年龄段居民没有法语知识。同样在该年龄段，有20.8%的居民至少能说一种卡纳克语言，另有4.3%的居民不会说卡纳克语言，但能理解卡纳克语言，高达74.9%的居民没有任何卡纳克语言知识。

旅游

旅游业是努美阿的支柱产业，游客主要来自日本、法国、澳大利亚、新西兰等国家和地区，日本游客已超过游客总数的1/4。努美阿旅游资源丰富，不仅拥有优良的自然旅游资源，人文旅游资源也极具魅力。这里集中了全世界结构最为多样的珊瑚礁，展示了珊瑚礁多样性及相关的生态系统。努美阿的新喀里多尼亚博物馆主要收藏了新喀里多尼亚、瓦努阿图、所罗门群岛、巴布亚新几内亚和西巴布亚等太平洋国家和地区的木雕、面具、祭祀舞蹈服装、珠宝、陶器、贝壳饰品、卡纳克硬币、矛、武器和独木舟等，收藏的物品超过4500件。这些收藏品可以让游客了解卡纳克族人的生活方式、风俗习惯、文化实践和宗教信仰。此外，游客还可以在努美阿的度假村里度过他们的旅行时光。

洛亚蒂群岛

地名由来

洛亚蒂群岛，英文名称为 Loyalty Islands，法语作 Iles Loyaute，是法属海外领地新喀里多尼亚的石灰岩珊瑚岛群。关于此岛群的名称来源有两种：一说1789—1790年间，伦敦贸易商杰斯鲁·达格特（Jethro Daggett）驾驶商船"洛亚蒂号"在南海从事贸易航行时发现该岛群，并以所驾驶的商船号命名了此岛群；一说1827年法国海军上将杜芒·杜尔维尔到达其中两个岛屿，并命名了此岛，意思是"忠诚岛"，以表示当地土著居民对其友好和信任。

区位

洛亚蒂群岛位于新喀里多尼亚岛东北部，距离东海岸100千米。

历史

美拉尼西亚移民到达洛亚蒂群岛的时间已超过千年，在11世纪到18世纪之间，波利尼西亚人也远渡重洋来到这里繁衍生息。1793年，法国海军上将布鲁尼·特尔卡斯托（Bruny d'Entrecasteaux）是第一个发现洛亚蒂群岛的欧洲人。同年晚些时候，英国"大不列颠"号途经马雷岛（Mare Island）。1827年，迪蒙·迪维尔（Dumont d'Urville）被官方委任到该群岛考察制图，1840年圆满完成任务。

19世纪初期，捕鲸者来到这里，他们的捕鲸活动一直持续到19世纪60年代鲸油被化石燃料所取代。19世纪40年代早期，紫檀商人来到这里，十年间，他们疯狂掠夺岛屿上的森林资源以换取铁器、布匹、珍珠和枪支。尽管欧洲人与当地居民时有冲突发生，但大多数时候他们相处还是非常融洽的。欧洲人也为美拉尼西亚人带来了麻疹和天花等疾病。19世纪中期，越来越多的新教和天主教传教士也以解救当地居民灵魂的名义到来。1840年，英国伦敦传教会会员到达洛亚蒂群岛，并带来了一些在萨摩亚和拉罗汤加岛上培训好的传教士来协助他们向当地人传播新教。在经历一些早期的失败后，他们最终设法在利富岛上站住了脚。1843年12月20日，法国传教团在国家和军队的支持下也到达了洛亚蒂群岛，开始向当地土著人传播天主教。从此，洛亚蒂群岛就成为了新教牧师和天主教教士之间发生宗教冲突的重要地区。起初，当地居民对传教士相当友好，把他们当客人看待。但时隔不久，传教士放肆起来，不仅以欺骗的手段索取财富，而且制造事端，挑起岛民的内乱。岛民们团结起来，赶走传教士，不再准许欧洲人登陆。以此为借口，自1847年起，法军开始对当地人进行屠杀。1850年11月，当地人杀死了12名法国船员。作为报复，拿破仑三世下令法军占领这片岛屿。1854年法国确立在该区域的殖民地位。尽管拿破仑三世许诺新教徒在新喀里多尼亚拥有和在法国一样的宗教自由，但殖民当局仍然通过各种手段成功地将伦敦传教会的传教活动限制在洛亚蒂群岛上。由于该岛的条件不适合大范围的殖民，1864年，殖民当局就把该岛作为了土著居民的保留地。

在殖民地早期，新喀里多尼亚的原住民对殖民政府和移民是怀有敌意的。1878年前后，多地爆发了起义事件，最严重的起义发生在新喀里多尼亚岛西海岸和洛亚蒂群岛的利富地区。为了镇压迅速蔓延的起义事件，同时为了保证移民者的安全，殖民政府在灌木丛外建立了军事警戒线。此起彼伏的反抗浪潮中，也有少部分原著居民对殖民者持友好态度，卡纳拉部落就是其中之一。他们不仅无条件地接受了军事隔离线，后来还成为了法国强有力的盟友。在反抗浪潮中，宗教界人士也未能避免被土著人攻击，因此大量基督教徒纷纷撤离了洛亚蒂群岛，集中到相对安全的努美阿地区。

起义事件平定之后，传教士们逐渐恢复了洛亚蒂群岛的宗教活动。他们依靠独木舟在岛屿间穿梭，不懈的传教给当地卡纳克人带来了很大的好处，例如传教士们教卡纳克人读书、写字、记账，帮助他们戒酒。传教士们阻止了卡纳克部族社会解体的趋势，并给这些沮丧、孤独无望的人们带去了希望。后来，殖民当局也意识到传教士的工作有利于部落的稳定，使卡纳克人更加健康，对西方意识的接受度也普遍提高，更加易于管理。最终，殖民当局允许传教士在新喀里多尼亚地区展开自由传教活动。

19世纪后半期，许多洛亚蒂群岛的居民被招募到澳大利亚甘蔗种植业工作，当时的工作条件和生活状况非常糟糕，经常被称为黑奴贸易时期。进入

20世纪以后，洛亚蒂群岛一直发展缓慢，主要以农业和渔业为主。1988年，在新喀里多尼亚独立运动高潮时期，乌韦阿岛发生了著名的乌韦阿劫持人质事件。现在，许多洛亚蒂群岛居民到新喀里多尼亚岛找工作或者接受再教育。

地理

洛亚蒂群岛面积1981平方千米，占新喀里多尼亚领土总面积的十分之一，但人口仅有1.7万人左右，不足全部人口的6.5%，其年均人口增长率则为-1.3%，属于地广人稀地区。洛亚蒂群岛由利福岛、马雷岛、蒂加岛、乌韦阿岛、牟利岛、法阿瓦岛等以及几个较小且无人居住的小岛组成，划分为利福市（包括利福岛、蒂加岛和几个小岛）、马雷市（包括马雷岛和杜珊岛）、乌韦阿市（包括乌韦阿岛、牟利岛、法阿瓦岛和附近几个岛屿）三个市镇。

洛亚蒂群岛气候温和、阳光充足，年均气温24℃左右，4—9月期间较为凉爽。洛亚蒂群岛是由珊瑚礁常年累积上升而形成，很多地方高度超过131米。珊瑚礁岛屿的性质使得钙质岩层具有多孔性，从而导致了地下水严重匮乏。

利富岛是洛亚蒂群岛中面积最大、人口最多的岛屿，面积1197平方千米。利富岛形状不规则，长81千米，宽16—24千米。岛上地势平坦，无山丘和河流，但拥有丰富的植被、茂密的森林、肥沃的土地、梯田、珊瑚以及珊瑚礁。像马雷岛、乌韦阿岛以及洛亚蒂群岛的其他岛屿一样，利福岛由珊瑚化石组成，是世界上最大的珊瑚环礁。它在两万年前抬升到目前的高度，全岛平均海拔为30米左右。全岛没有河流，也没有其他地表水的存在。每年大量的雨水经过石灰岩土壤的渗透，在地下形成了淡水池塘。岛上常住人口约8630人，并有逐年减少的趋势，96%是卡纳克人，欧洲人占比不到3%，岛上的卡纳克人主要讲德胡语，在洛亚蒂群岛上一共有19个土著人部落，其中有6个在利富岛。

乌韦阿岛外形如月牙，是一个大环礁，有50千米长，7千米宽，位于新喀里多尼亚岛的东北部。岛上有居民约3000人，主要是波利尼西亚、美拉尼西亚和瓦利斯族后裔，语言以牙埃语为主。乌韦阿岛拥有丰富的海洋生物资源，是许多海龟、各种鱼类、珊瑚和乌韦阿鹦鹉（一种岛上独有的原生类鹦鹉）的宜居地。

洛亚蒂群岛属于经常发生地震和火山爆发的地区。最近一次地震发生在新喀里多尼亚当地时间 2011 年 1 月 14 日凌晨 3 时 16 分（北京时间 14 日 0 时 16 分），震级达里氏 7 级。震中位于洛亚蒂群岛附近，震源深度为海底以下 4.6 千米，幸运的是地震未造成重大伤亡。

2014 年议会选举结果显示，洛亚蒂群岛省议会一共有 14 个议员席位，独立党派占据 12 个席位。其中喀里多尼亚联盟拥有 6 个席位，卡纳克解放党 2 个席位、卡纳克社会主义解放党 2 席和劳工党 2 席，而反对独立的忠诚党联盟仅获得 2 个席位。

经济

洛亚蒂群岛是新喀里多尼亚椰子和鱼类的主要产地，其主要出口商品是椰干。椰干一直是新喀里多尼亚出口中排名第二的产品，椰树总面积约有 7000 公顷，其中超过一半都分布在洛亚蒂群岛上。洛亚蒂群岛椰干的生产基本在居民家庭内就可完成，这导致椰干的质量无法保证，而且生产和出口的波动性也较大。每当椰干的价格跌得很低的时候，例如 20 世纪 30 年代早期，洛亚蒂群岛人就不再采摘椰子而是专注于粮食生产。每当椰干市场价格上升时，当地人就开始大量种植椰树，但并不设法提高质量。这种现象与法国在所有法属殖民地采取的帮扶政策有一定关系，例如 1933 年 8 月 6 日法令规定，新喀里多尼亚出口的椰干在宗主国市场上可以得到价格补贴和保护。二战前夕椰干的年生产量达到 2569 吨，1952 年下降至 1984 吨，两年后又重新上升，达到创纪录的 3348 吨。1957 年，新喀里多尼亚当局和总理事会设立专项基金对品质高的出口椰干给予奖励。由于洛亚蒂群岛椰干的生产总体呈下滑状态，1962 年政府派遣了一个官方代表团，帮助当地居民提高产量和质量。目前，洛亚蒂群岛居民采用更优质的树种更换老化的椰树或给椰树施肥以增加产量，农业服务部门也一直在为种植者提供技术方面的建议和现代化的烘干设备。

此外，洛亚蒂群岛的渔业资源非常丰富，蟹、龙虾、甲鱼十分充足，还有山羊、猪和鸡等牲畜。农作物主要包括椰子、香蕉、芋头、红薯、山药、香草；经济作物主要是咖啡。出口产品包括椰子、橡胶、香草和甘蔗。目前，旅游业是岛上的支柱产业。利富岛具有太平洋岛屿中最多样化的景观之一，迷人的沙滩，优美的风光，使之成为了旅游者的天堂。

文化

洛亚蒂群岛居民的祖先都是美拉尼西亚人和波利尼西亚人，欧洲人仅占小部分。语言主要有德胡语和瓦利斯语。德胡语属南岛语系美拉尼西亚语族，有 1.6 万人使用，其中有 2586 人是作为第二语言使用的，分布于洛亚蒂群岛，特别是利富岛和蒂加岛。瓦利斯语属南岛语系波利尼西亚语族，有 2.3 万人使用，主要居住在洛亚蒂群岛的乌韦阿岛。

洛亚蒂群岛的居民主要信奉基督教新教、罗马天主教，少量居民信奉伊斯兰等其他宗教。其中自由福音教派和福音派在洛亚蒂群岛拥有数量最多的教徒，几乎全部是美拉尼西亚人。

卡纳克人占洛亚蒂群岛居住人口的 94%。进入 20 世纪 20 年代，卡纳克人生存环境有所改善，其人数才得以增加。据统计，美拉尼西亚人大约有 9.8 万人，占总人口的 40.2%。其中有 8.2 万人住在新喀里多尼亚岛的北部和东部；有 1.6 万人住在洛亚蒂群岛。在洛亚蒂群岛可以分为 3 个部落：如能恩厄人（位于马雷岛）、利富人（位于利富岛）和雅伊人（位于乌韦阿岛）。这些部落都有自己的方言，但没有自己的文字，许多人通晓法语，4% 的人已取得法国国籍。

洛亚蒂群岛与新喀里多尼亚岛相比，两者部落酋长的地位形成了鲜明对比，新喀里多尼亚岛部落较大、人口较多、经济相对快速以及更具开放性，酋长的权威性有所减弱，而相对封闭的洛亚蒂群岛上，酋长们则拥有绝对的权威。在洛亚蒂群岛上，一些以大海为生的当地居民依然在使用长矛捕鱼，其精湛而独特的捕鱼技术令人惊叹。人们只需要在珊瑚礁 70 米的外围堤坝上留一个小口，当涨潮的时候，潮水会将鱼冲进堤坝。落潮的时候鱼找不到出去的小口只能在珊瑚礁搁浅，人们只要拿着渔叉就可以捕鱼了。

旅游

洛亚蒂群岛本身就是一个海滩度假天堂，它的大部分区域属于新喀里多尼亚雨林生态区，自然环境非常优越，而且这里还拥有原生态的卡纳克人文化遗产。

马雷市是一个被坚固的珊瑚礁海岸、半透明的潟湖和精致的沙滩所包围的岛屿。被低矮灌木丛覆盖的单调高原风景使地势陡然下降的海岸线显得更加壮美。海岸线上遍布着沿海步行道、卡纳克别墅或家庭寄宿，在这里游客可以品尝美味的海鲜。

利富市不仅拥有未被污染的海滩、壮观的崖顶和溶洞景观，还有让人着迷的融合现代与传统的文化。美丽的海滩非常宁静，游客在清晨或傍晚沿着东南沿海还可以观看海龟靠近岸边游泳。远离海岸，其内陆的道路不断地延伸穿过浓密的灌木丛。无论身处利富市何处，你都会被宁静的大自然所包围。

乌韦阿市拥有天堂般的热带海滩和波光粼粼的潟湖。它被犹如一串珍珠式的小岛所环绕，这些小岛分为北部列岛和南部列岛两部分。乌韦阿市 25 千米的海滩似乎一直沿西部蔚蓝色的潟湖延伸。壮丽的潟湖和细白沙滩旁边的小岛非常适合自行车旅行。

巴布亚新几内亚

　　巴布亚新几内亚，英文名称为 The Independent State of Papua New Guinea，位于太平洋西南部，西与印度尼西亚的伊里安查亚省接壤，南隔托雷斯海峡与澳大利亚相望。国土总面积为 46.3 万平方千米，人口为 765 万人。全境共有 600 个岛屿，主要岛屿包括新英格兰岛、新爱尔兰岛、曼纳斯岛、布干维尔岛、布卡岛等。全国划分成 19 个省和首都行政区（莫尔斯比港市），主要城市包括莫尔兹比港、莱城、拉包尔、马当、芒特哈根等。

莫尔兹比港

地名由来

　　莫尔兹比港，英语名称为 Port Moresby，在巴布亚皮钦语中称为 Pot Mosbi，是巴布亚新几内亚的首都，也是全国的政治、经济及文化中心。关于莫尔兹比港的由来有这样一种说法：1873 年，英国船长约翰·莫尔兹比（John Moresby）在沿巴布亚海岸探险航行时发现了这个良港，为了纪念他的父亲，便用他父亲费尔法克斯·莫尔兹比（Fairfax Moresby）海军上将的名字命名了此港。但约翰船长登陆后，欧洲人没有立刻在此定居。直到十年后，当新几内亚东南部被并入大英帝国后，英国传教士和商人才接踵而来，纷纷在费尔法克斯港湾附近的村庄建立落脚点，这一带遂逐渐形成了有规模的小城镇。

区位

莫尔兹比港位于新几内亚岛南部沿海的巴布亚湾东岸的入口处，背靠欧文斯坦利山脉，南接珊瑚海，西临巴布亚湾，西南距澳大利亚的东北部的约克角560千米，扼守印度洋东部经海峡通往太平洋的捷径航道，地理位置十分优越。

历史

大约在5.5万—3.5万年以前，在地球第四纪更新世之时，莫尔兹比港地区就已经有了人类活动的足迹。但是，莫尔兹比港被西方国家发现的历史并不久远，1873年被约翰船长发现之后才有了自己的近现代历程。1883年，欧洲人开始在此地定居。1906年，英国将莫尔兹比港交由澳大利亚管理。1909年，莫尔兹比港开设了第一家屠宰店与杂货店。1925年，莫尔兹比港通电。1941年，莫尔兹比港铺设了供水管道设施。

第二次世界大战期间，莫尔兹比港曾是澳大利亚北部抗击日本侵略的前沿战略基地，于此地区爆发的重大战役"巴布亚半岛战役"堪称二战时最重要的战役之一。1942年5月，日本军队发动了珊瑚海海战，进攻莫尔兹比港；同年7月，日军发动了科科达小径战役，企图攻占莫尔兹比港，这两次战役均以失败告终。1945年，澳大利亚正式将原英属和德属的新几内亚合并，成立"巴布亚及新几内亚领地"，莫尔兹比港成为该领地的首府。

1971年，巴新自治政府宣布莫尔兹比港为城市，并成立了第一届市政委员会。1974年，自治政府决定，巴布亚新几内亚独立后，将首都设在莫尔斯比港，并将该地区从原中央区划出。1975年9月，莫尔兹比港成为独立国家巴布亚新几内亚的首都。1980年人口普查时，莫尔兹比港已有人口12万人。1983年，莫尔兹比港首都地区临时委员会成立，此后，莫尔兹比港人口迅速增加，到1990年人口普查时已增至19.5万人。莫尔兹比港曾被《经济学人》杂志评为世界上生活环境最差的首都。

地理

莫尔兹比港陆地面积大约有240平方千米，截至2015年12月，城市总人口有 28.3 万人^①。

莫尔兹比港地势总体呈现为西南高东北低，由多岩石的沿海平原和被陡峭山脊划分的内陆平原组成。该地区平均海拔大约 200 米，虽地处沿海，但气候偏干燥，遇大旱年份，市区周围山峦便呈现出一片片棕黄色。

莫尔兹比港属于热带干湿气候地区，年平均气温在 28℃—32℃之间，季节性变化较小，年均降雨量在 1000 毫米左右。每年大体经历旱季和雨季两个季节，每年 5—12 月为干季，东南风持续不断，降雨量较少，气候凉爽；1—4 月为雨季，常刮西北风，闷热多雨，白天气温最高可至 39℃。受上述自然及地理等因素制约，该地区林木相对稀少，但连绵的丘陵草原茫茫，植物茂盛，常年花开不败。

在行政区划上，莫尔兹比港分为七个区及远郊大小数十个村镇。其中港湾区不仅是国家首都的中心，也是主要的商业区。毗邻港湾区的库基区拥有当地知名的新鲜农产品市场。布罗科区及霍霍拉区是城市的商业中心。政治与文化中心则相对集中在韦盖尼区，政府各主要部委办公大楼、国会大厦、最高法院、国家博物馆、档案馆、艺术展览馆、国家图书馆、邮政总部、巴新大学、行政学院、市政厅、总理府、国宾馆及各国驻巴新使团等均毗邻坐落于此。

经济

莫尔兹比港通用货币为基那。

莫尔兹比港的经济以农业为主，粮食作物以番薯、木薯、玉米、芋头、花生为主，主要的经济作物有椰干、香草、可可等。

莫尔兹比港主要工业有酿酒、烟草加工、伐木、水泥制造和手工艺品生产等。莫尔兹比港市的制造业和加工业刚刚起步，尚未形成规模。大中型企业均由外国人控制，外国商品充斥市场，物价昂贵，通货膨胀率居全国各大城市之首。莫尔兹比港失业率很高，由于巴布亚新几内亚目前尚未建立失业劳保制度，这些失业人员已对社会治安构成严重威胁。

① World Population Review：Major Cities in Papua New Guinea Population 2015，http://worldpopulationreview.com/countries/papua-new-guinea-population/major-cities-in-papua-new-guinea/，查阅日期：2016 年 2 月 2 日。

莫尔兹比港码头边可直接停靠万吨级以上的货轮，主要的出口货物有椰干、椰油、橡胶、棕榈油、可可豆和木材等，主要进口货物有机械、纺织品、食品、燃料油及化工产品等。莫尔兹比港的主要贸易伙伴有澳大利亚、新西兰、日本、欧洲等。

文化

莫尔兹比港大部分人口都是美拉尼西亚人，也有小部分的密克罗尼西亚人、波利尼西亚人和白人，华人在城市里也有一定分布。莫尔兹比港是个语言多样、文化多元的城市，无统一语言。虽然官方语言为英语，但人们日常多用莫图语交谈。人们信仰的主要宗教是基督教，其中新教占绝大部分，罗马天主教占有一定比例，其他教派在莫尔兹比港也有着一定的分布。主要的教派有罗马天主教会、福音派路德教会、联合教会、基督复临安息日教会、福音派联盟和圣公会等。传统拜物教在莫尔兹比港也有一定影响，信仰西方宗教的很多人同时也信当地的宗教或土著信仰。

在莫尔兹比港，每逢一些重要节日或有重要活动时人们都要举行古老的庆祝仪式。仪式通常由宗族的长者主持，勇士们身上饰以各种色彩明快的颜色、羽毛和贝壳并伴以歌舞活动。而且这里有很多传统节日，例如8月的哈根山文化节、9月的Hiri Moale文化节和戈罗卡文化节。[1]届时，来自各地区的歌舞队伍穿戴风格各异的传统服饰，载歌载舞，竞相展示本地区、本部落的文化精粹，吸引了许多来自世界各地的游客。巴布亚新几内亚部族众多，他们拥有艳丽斑斓的手工艺品制作技艺，取自海洋的贝雕、美丽的珍珠饰品、清新木材制成的雕刻和梳子、原始纯朴的陶器、用于祭祀的面具、优质的渔具等五花八门的工艺品，在莫尔兹比港市的市场就可买到。

旅游

莫尔兹比港的自然景观十分优越，有许多珍贵的动植物园。首都植物园就可以作为其典型代表，园内有着许多巴布亚新几内亚国内特有的珍贵品种

---

[1] 韩锋、赵江林主编：《列国志·巴布亚新几内亚》，社会科学文献出版社2012年版，第19页。

和濒危物种。自然景观之外，莫尔兹比港还有一些值得一观的人文景观，其中以巴布亚新几内亚议会大厦为代表。议会大厦饰满立体绘画，与雕刻的正面墙壁体现出了惊人的和谐，现代建筑和传统设计完美融为一体。莫尔兹比港的国家博物馆和美术馆也是该市的重要景点，它们蕴藏着丰富的自然和当代历史文化遗产，被誉为"精神上的家园"。该博物馆是由巴布亚新几内亚人创建，馆内迄今已有超过 3 万份的人类学收藏、2.5 万多份考古收藏、1.8 万多份自然科学收藏、超过 2 万份的抗战文物收藏和超过 7000 份的当代艺术收藏。土著文化是莫尔兹比港的另一特色，热烈的歌舞、原始的面具、古老的仪式，是莫尔兹比港最本质的表达。但其混乱的治安状况、严重的空气污染、与城市状况不相符的昂贵物价，都成为莫尔兹比港市旅游业发展的阻力。

莱　城

地名由来

莱城，英文名称为 Lae，是巴布亚新几内亚的第二大城市、最大的海港之一，也是对外贸易的主要口岸，一度为新几内亚的首府。莱城所处的莫罗贝省原名阿道夫港口，一战德军失败后，阿道夫改名为莫罗贝。莱城的名称则源自于土著语。

区位

莱城位于巴布亚新几内亚新几内亚岛东部休恩湾北岸，近马卡姆河河口处，地理位置十分优越。莱城濒临所罗门海的西北侧，东距基埃塔港 1137 千米，南距莫尔兹比港 1837 千米，东北距拉包尔港 830 千米，距澳大利亚的布里斯班港 3054 千米。

历史

莱城的历史大致可以分为四个时期：传教士时期（1886—1920 年），淘金热时期（1926年到第二次世界大战），木材加工和农业大发展时期（1945—1965年）和工业繁荣时期（1965年至今）。

1886年7月12日，德国传教士约翰·费列尔（Johann Flierl）航行到莱城东的芬什港，不久后抵达现在莱城，自此莱城才开始发展起来。第一次世界大战后，东部新几内亚被英国控制，在这段时期，莱城地区许多区域的日耳曼名字被英文或土著语所取代，阿道夫避风港也被改名为莫罗贝港。当时英国殖民当局派军队驻扎在该地区，实行的也是军事化管理。1921年，莱城才正式由军事管理过渡到了政府管理。

莱城步入政府管理之后，淘金人约翰·莱维恩（John Levien）被任命为该地的民政事务专员。1923年1月1日，莱维恩获得了莱城的采矿权，不久后形成了名为"几内亚黄金"的财团，又于1927年11月成立几内亚航空公司，修建了飞机跑道，协助各地的金矿生产，莱城的金矿开采业也越发繁荣。1931年3月31日，《新几内亚边界条例》将莱城的行政级别定为镇。1937年，拉包尔火山爆发，澳大利亚便将新几内亚的首都转移到了莱城。1937年7月，莱城发生了一件举世瞩目的新闻，美国著名女飞行员和女权运动者阿梅莉亚·埃尔哈特（Amelia Earhart）在尝试全球首次环球飞行时，途经莱城，从莱城起飞后，在太平洋上空神秘失踪。1942年3月8日，日军占领莱城，之后莱城便与拉包尔和萨拉毛亚一起成为日军在新几内亚重要的军事基地。二战期间，莱城全城被毁，战后在原址偏西地区重建。

二战后，莱城的发展直接影响到整个新几内亚高地的发展。在这一阶段，莱城的木材加工业发展迅速，咖啡、茶等农产品的生产也在发展壮大，政府为此开通了高速公路，这为今后莱城的发展打下了基础。

自从1965年高地公路修建以来，莱城的采矿业进入了发展的黄金时期。20世纪80年代到90年代，莱城爆发了一股采矿热潮，在此期间，莱城的采矿业快速发展。1971年，澳大利亚在莱城成立地方政府，并于次年宣布莱城为城市。

1991年，莱城和莫尔兹比港共同举办了南太平洋运动会。1997年，莱城市城市管理局改为莱城地方级政府委员会。

地理

据 2015 年统计，莱城市人口数为 7.6 万。[①]

莱城位于赤道以南，休恩湾岸边，被马克姆河和布素河夹在中间，本布河穿城而过。莱城平均海拔大约 16 米，四周被菲尼斯特雷山、萨拉瓦加山和罗林甘德山所环绕，港深水阔，风轻浪缓，地理条件十分优越。莱城位于环太平洋地震带，地壳活动频繁，极易引发地震和火山爆发。

莱城属热带雨林气候，气候炎热潮湿，年平均气温在 28℃—31℃之间，年平均降水量 4432 毫米左右。每年大体经历旱季和雨季两季，每年 12 月到次年 4 月为干季，月平均降水量为 240 毫米左右；5—11 月为雨季，月平均降水量 400 毫米左右，盛行东南风。

莱城基层政府也被称为莱城市议会。它是一个由城市市政管理局负责决策、管理并通过提供市政服务帮助城市居民的机构。莱城市议会是一个分三层管理的政府，分别是市长、副市长、议员。市长是通过人民选举产生的，而副市长和议员则分别是通过推举和提名产生的。

经济

莱城是巴布亚新几内亚的工业中心和最大的出口贸易港，主要经济活动有采矿业（金矿、铜矿）、捕鱼业（金枪鱼为主）和石油出口业。这里有巴布亚新几内亚许多大型企业，如 IPI 集团、SP 啤酒厂、南太平洋钢厂、天堂食品有限公司和莱城饼干工厂等。

莱城的经济增长速度十分快，且一直位于巴布亚新几内亚的前列，这不仅带动着莫罗贝省的经济每年以 2.7% 的速度持续增长，还推动着巴布亚新几内亚的经济发展。莱城的商业投资大多由商会成员和实业公司控制，他们所从事的业务活动主要包括机械制造、批发业、酒店业、房地产业和食品业等，还涉及医药、银行、法律、电力、建筑、航运和航空等生活中的各个方面。

莱城布洛洛区矿产资源丰富，两座大型金矿和铜矿将在未来刺激莱城经

[①] World Population Review : Major Cities in Papua New Guinea Population 2015，http://worldpopulationreview.com/countries/papua-new-guinea-population/major-cities-in-papua-new-guinea/，查阅日期：2016 年 2 月 2 日。

济的腾飞。

莱城港区在马卡姆湾西北岸有一西北东南向顺岸框架式码头，总长 430 米，前沿水深 11—13 米，码头有仓库 1485 平方米，堆场 3.9 万平方米，该码头常用于装卸杂货、集装箱矿石。码头东端水域还有一系缆泊柱，可系泊 4 万载重吨级的船只，配有卸油设备。码头西北港池东岸新辟有集装箱码头，长 180 米，港池水深已挖至 11 米，附近还有一些中小泊位。莱城港主要出口货物有木材、胶合板、咖啡、茶叶及黄金等，进口货物主要有食品、纺织品、燃料油、机械设备及化工产品等。莱城的主要贸易对象国为澳大利亚、日本、新西兰、中国、韩国、英国、新加坡、美国和德国等。

文化

莱城大部分人口属美拉尼西亚人。该地区有 171 种语言，英语和洋泾浜英语共同作为官方语言使用。

莱城的教育力量十分雄厚，巴布亚新几内亚理工大学是南太平洋地区著名的理工类大学。这所大学已经从 1967 年创立之初只有 37 个学生的窘况中摆脱出来，现在已经发展成每年有超过 2000 名学生毕业的优秀理工学校，这些学生主要来自巴布亚新几内亚和临近的太平洋岛国。

旅游

莱城地处生物多样性中心的热带雨林地区，有"花园之城"的美称。城市附近有丰富的水生和陆生生物群落。位于巴布亚新几内亚理工大学校内的雨林栖息地，占地 3000 余平方米，内有近 1.5 万种本地和外来物种，其中不乏珍稀动植物，是完美的动植物观赏园区。因莱城曾是二战时的主要战场，所以城内有许多二战遗址，其中最为出名的便是莱城战争公墓。该公墓建成于 1944 年，毗邻植物园矗立在莱城中心，陵园内有 2800 余名士兵的遗骸。

拉包尔

地名由来

拉包尔，英文名称为 Rabaul，又译作腊包尔，是巴布亚新几内亚的重要港口城市。1994 年以前，拉包尔一直都是东新不列颠省的省会。拉包尔这个名字来源很独特，它来自于当地库阿奴阿人对红树林的叫法。1910 年，德国人首先在红树林的沼泽上填土建镇，便将它命名为拉包尔。

区位

拉包尔位于新不列颠岛东北部加泽尔半岛顶端的布兰什湾，是西太平洋上俾斯麦群岛中的港口城市，属于太平洋航线。拉包尔濒临圣乔治海峡，西距莱城港 830 千米，西南距首都莫尔比兹港 1750 千米，东南距基埃塔港 590 千米，南距新西兰的悉尼港 3415 千米，在二战期间是美军和日军反复争夺的要地。

历史

拉包尔始建于 1883 年，因坐落在一座大型火山的火山环上，不时遭受火山爆发所带来的危害。1910 年，德国人首先在该市原有的红树林沼泽上填土建镇，将它命名为拉包尔镇。1910—1919 年间，拉包尔为德属新几内亚首府。1920—1941 年间，拉包尔成为澳大利亚委任统治地新几内亚的首府。1937 年，塔乌鲁火山和沃尔坎火山分别喷发，造成 507 人死亡，并带来极大的经济损失。此后，澳大利亚政府将新几内亚领地的首府移动到新几内亚岛上的莱城市。

二战期间，日本偷袭珍珠港引发太平洋战争后，拉包尔成为日军的攻击目标。1942 年 1 月，拉包尔受到了日军大规模的轰炸，1942 年 1 月 23 日，拉包尔战役爆发，数以万计的日本海军陆战队员登陆并占领拉包尔。在日本人占领期间，拉包尔成为日军南太平洋的主要军事基地，日本陆军第八方面军司令部和海军东南方面舰队司令部均驻扎于此。他们将拉包尔建设成了一座坚固的军事基地，挖掘了数千米的隧道作为防空洞，以躲避盟军的空中轰炸。在 1943 年前，有大约 11 万名日军驻扎在拉包尔，他们重建了城市和港口，还建设了许多工厂和隧道。1943 年 4 月 18 日，因为日本的通信密电被美军破译，日本袭击珍珠港的指挥官山本五十六自拉包尔起飞飞往布干维尔岛的专机被美国战斗机击落。1943 年 11 月，美军实施拉包尔袭击战。随后，盟军并未立即攻打拉包尔，而是在附近的海岛上另行建设了数座飞机场，包围拉包尔，阻断了日军的补给，再加以持久的空袭，使拉包尔的日军基地无用武之地。1945 年 8 月，日本第八方面军司令今村均和海军东南方面舰队司令草鹿任一签字投降后，日军才最终从这个岛撤走。这次战争对拉包尔的影响颇为深远，至今仍然可以在港口、土地和小山下找到军事设施的残迹。

1983 年和 1984 年当地的火山出现爆发征兆，政府发布了火山警报，协助市民撤离。1994 年 9 月 19 日，乌鲁火山和沃尔坎火山再度喷发，火山灰摧毁了机场和大半个城市，由于大量火山灰落在屋顶上，使得拉包尔东区的大多数建筑物坍塌。这次的火山爆发导致新不列颠省的省会由拉包尔迁移到 20 千米以外的科科波，新机场也建造在了图卡。

地理

拉包尔位于新不列颠岛东北部的一块沿海平原上，截至 2015 年年底，市区总人口为 8074 人[1]。

拉包尔三面环山，一面靠海，其地势总体呈四周高中间低，是一个很好的避风良港。同时，拉包尔也是全世界为数不多的位于活火山区域内的城区。

拉包尔属热带雨林气候地区，年平均气温在 25℃—30℃之间，冬夏温度变化不大，年平均降水量在 1800 毫米左右，雨水充足，植物生长期长，当地的椰子和可可产量高且品质优。

经济

拉包尔沿海低地盛产椰子和可可，市内有商业区、船坞、椰干厂和可可

---

[1] World Population Review : Major Cities in Papua New Guinea Population 2015，http://worldpopulationreview.com/countries/papua-new-guinea-population/major-cities-in-papua-new-guinea/，查阅日期 :2016 年 2 月 2 日。

加工厂等。

　　拉包尔是巴布亚新几内亚重要的海运和航空中心。拉包尔港区是巴布亚新几内亚的重要商港，进出口贸易总吨位占巴布亚新几内亚一半左右。出口货物以椰干、可可、铜矿砂和木材为主，进口货物以粮食、纺织品、金属制品、燃料油及机械为主。港区呈西南—东北向伸展，有数座框架式码头，但只有两个远洋船泊位。东部 1 号码头长 122 米，低潮水深 7.9 米，潮升达 2.8 米，用于油轮作业；西部 2 号码头长 152 米，前沿低潮水深 10.2 米，潮升 2.8 米，后方为宽阔的露天广场。

　　作为一个旅游目的地，拉包尔是潜水和浮潜热门地区，直到 1994 年这个城市被火山喷发毁灭之前，它一直是南太平洋重要的商业和旅游目的地。

文化

　　拉包尔当地语言种类繁杂，主要语言为英语、皮金语和库阿奴阿语。最传统的语言是库阿奴阿语。

　　拉包尔有许多独特的文化习俗。在烹饪方面，拉包尔有一种传统的烹饪方式——木木（Mumu），该烹饪方式是用炎热的石头烘烤蔬菜和肉，食物味道鲜美，备受当地人和游客的欢迎。拉包尔人还有到火山水域捕鱼的习俗。在舞蹈方面，该地区有着精彩独特的火焰舞蹈。

　　几个世纪以来，贝壳货币一直是该地区的货币，人们把贝壳切割开，串上竹藤，以人的鼻子到手掌的长度作为一个度量单位。直到今天，贝壳货币塔布仍然在流通。

旅游

　　拉包尔自然港湾景色秀丽，又历经德国、澳大利亚、日本三个国家的殖民和第二次世界大战，自然资源和人文资源都十分丰富。最有代表性的自然资源有火山温泉、野生冢雉和辛普森海港。拉包尔拉库奈的塔乌鲁火山附近就是温泉，这些硫黄温泉在日本占领时期被作为健康之水而使用，现在则成为重要的旅游资源。在火山的热沙之中，孵有一种拉包尔独特的鸟类——冢雉，这是一种几百万年前的物种，是和恐龙最接近的生物之一。同时冢雉的蛋只有蛋黄，在美食家眼中是不可多得的美食。拉包尔还有许多美丽的海港，美丽的白沙滩是其独特的风景，最具代表性的辛普森海港还拥有最为独特的蜂窝岩石。

除了自然景观之外，拉包尔的人文景观也十分值得一观，拉包尔历史博物馆、二战残骸博物馆、日本潜水艇基地、女皇艾玛遗址、日本和平纪念碑，都是非常有纪念意义的景点，正是它们记录了拉包尔成长的一点一滴。

马 当

地名由来

马当，英语为 Madang，德语为 Friedrich-Wilhelmshafen，是巴布亚新几内亚东北部的重要港口城市，同时也是马当省首府。在德国人统治时期被称为 Friedrich-Wilhelmshafen，在澳大利亚统治时期改名为马当。

区位

马当位于巴布亚新几内亚的新几内亚岛的东北海岸，濒临俾斯麦海的西北侧，是巴布亚新几内亚北部地区的主要港口城市。马当没有公路连接首都莫尔兹比港，只能依靠空运和水路运输，从马当机场飞往莫尔兹比港大约需要 1 小时的时间。

历史

马当有人类活动的历史可追溯到万年之前，但被西方国家发现的历史却并不久远。欧洲第一个访问该地区的人是俄国生物学家尼古拉·米克卢霍·迈克雷（Nicholai Miklukho Maklai）。1871 年，他在如今马当以南的星盘湾居住了 15 个月，并与当地居民建立了良好的关系，后来因身患疟疾离去。1884 年，德国新几内亚公司抵达巴布亚新几内亚地区，并在多处建立了基地，其中就包括马当。但因为当地盛行疟疾的原因，他们最后转移到了拉包尔。

第二次世界大战时期，日本军队在没有受到抵抗的情况下就占领了马当。1943 年 9 月，澳大利亚武装在菲尼斯特雷地区发动了持续的进攻，意在夺回菲尼斯特雷地区和马当。1944 年 4 月 24 日，马当得以解放，但是城市的大部分建筑物均已被战火摧毁，事后城市不得不重建。1956 年，为了纪念二战时期曾经在此地战斗并全部牺牲的盟军情报组织海岸警卫队的成员，澳洲人建立了卡里波波纪念灯塔。

马当被视为巴布亚新几内亚最安全舒适的地方，比莱城与莫尔兹比港这样的大城市更适合外籍人士居住。因此许多非政府组织选择马当作为在该国的主要办事处。加拿大非政府组织——加拿大大学海外服务机构与海外志愿服务机构都把他们的总部设在了马当。拯救儿童基金会、世界自然基金会和世界宣明会也都在马当设立了分支办事处。因此，马当有着相当一部分在此办公的外籍人士。

地理

截至2015年年底，马当的人口已达到2.7万人[①]。马当位于巴布亚新几内亚北部的沿海平原上，平均海拔 3 米左右，地势总体呈现为内陆高沿海低。马当的海岸线火山非常活跃，位于市区西北 200 千米处的马纳姆岛就曾于 2004 年有火山喷发。

马当属热带雨林气候地区，年平均气温在 20℃—30℃之间，全年平均降雨量约 3000 毫米，平均潮差为 1.2 米。沿海的温度一般可达到 35℃，但在山里会凉快得多。每年 5—9 月是旱季，10 月到次年 4 月是雨季，马当的雨季较巴布亚新几内亚其他地区会显得清凉许多。

经济

工业和农业在马当的经济结构中占的比重较大，附近地区有大型的咖啡种植园，沿海渔业较为发达。市内有木材加工以及碾米、屠宰等为农牧产品加工服务的工业。

马当港口优良，北部沿海地区是内陆物产的集散中心，港区有一个可泊远洋船的泊位，岸线长 137.1 米，水深 10.1 米。马当的大多数农产品都会出

---

① World Population Review : Major Cities in Papua New Guinea Population 2015，http://worldpopulationreview.com/countries/papua-new-guinea-population/major-cities-in-papua-new-guinea/，查阅日期 :2016 年 2 月 2 日。

口到国外，出口以椰干、咖啡、木材为主。

马当还有丰富的镍、钴资源。

文化

马当原有的土著居民，加之后来不断涌入的来自东南亚的小股族群，逐渐形成了马当的多民族社会，文化资源也因此变得丰富多彩。

马当是世界上语言最丰富的地区之一，不同部落的语言加起来大概有200多种。大多数人都会说两种或三种语言，大多数人在日常交谈中会用他们村子或部落的语言，而在与其他部落交谈时他们一般会使用皮金语，当地人都有不同程度的英语口语能力。

大多数学校都是在学生11岁之后才用英语教学，学生的出勤率和学校教育的一致性都是因人而异，因村而异。大多数成年人都能说并理解英语，即使在农村，也有人可以讲英语。马当还是巴布亚新几内亚圣言大学的所在地。圣言大学是一所基督教男女同校大学，是巴布亚新几内亚仅有的六所大学之一，也是马当市唯一的一所大学，同时接收本地和海外生源。圣言大学的前身是1958年由两位圣言传教士创办的圣言高中，1980年，在这一基础上建立了圣言学院，1996年升格为大学。目前该所大学拥有六所学院，分别是艺术学院、商业与信息学院、健康科学学院、教育学院、技师学院和继续教育学院。

旅游

马当拥有丰富的自然旅游资源。位于马当和钦布省边界的威廉山是巴布亚新几内亚最高的山峰，山脉贯穿马当，山上的瀑布高达数百米。尽管马当的伐木业和农业很发达，但威廉山上依旧保有许多原始雨林，山中最主要的一条河流是拉姆河，只能靠独木舟通过，游客可以在山中很好地感受到原始的苍茫气息。

马当拥有一种独特的巨大蝴蝶——奥羽蝶，政府为此专门建立了奥羽蝶保护区。保护区内建有观赏台，还有秀丽的瀑布景色，游客可以在保护区内自由漫游。另外，马当还建有一个野生动物保护区——巴莱克野生动物保护区，该保护区以温泉为中心，拥有大片的热带雨林区域，并栽种有当地的植物和花卉，是鸟类的天堂、鱼类的温床，是所有热带动植物的家园，因为作为电影《鲁滨孙漂流记》的外景拍摄场地而出名。该保护区交通也十分便利，沿着瑞木公路走 20 分钟便能到达。

马当拥有风景如画的港口和舒适优质的住所，同时马当还是潜水爱好者的天堂。这里有很好的潜水基地，还有很先进的轻便潜水器，可以给体验者带来极佳的视觉享受。

马当的雕刻品非常出名，游客在此可以购买到许多独具魅力的雕刻品。

阿拉瓦

地名由来

阿拉瓦，巴布亚皮金语为 Arawa，是巴布亚新几内亚布干维尔自治区最大的城镇，布干维尔内战前，是北所罗门省的省会城市，内战结束后，定为布干维尔自治区的首府。阿拉瓦的名字来自于当地语言皮金语，是当地居民对该地区的古老叫法。在毛利人的神话中，阿拉瓦是一次伟大的远航，当时的人们利用独木舟便完成了向奥特亚瓦罗的迁移。

区位

阿拉瓦位于布干维尔岛东部沿岸，博沃河入海口。阿拉瓦西南是潘古纳铜金矿，距离约 14.8 千米。北部通向布卡岛的布卡市，距离约 133 千米，东南面连接港口城市基埃塔，距离约 20.5 千米。离阿拉瓦最近的机场是基埃塔的阿罗帕机场，距阿拉瓦城区约 22 千米。

历史

阿拉瓦地区早先是 19 世纪西方殖民者所经营的大型种植园。19 世纪 60年代，阿拉瓦伴随着澳大利亚力拓集团旗下的布干维尔铜业公司的成立而兴起。城市附近的潘古纳铜金矿是世界上最大的露天矿之一，投产于 1972 年，繁荣时雇佣着超过 1 万名员工，曾经是巴布亚新几内亚最重要的矿山。当时，巴布亚新几内亚年均 GDP 的 40% 都是由潘古纳的矿业所贡献的。

20 世纪 70 年代至 80 年代，伴随着矿山的开发，阿拉瓦得到了快速发展，陆续兴建了多个居民区、教堂、商业公司、高标准的学校、图书馆、百货公司以及供矿工休闲的活动设施，还修建了南太平洋地区设施最好的医院。

1987 年，反政府的布干维尔革命军与巴布亚新几内亚国防军在布干维尔省爆发内战。潘古纳铜金矿则是这场冲突的导火索之一。许多布干维尔人不满开发矿产给当地带来的环境污染，以及所创造的财富并不惠及当地百姓的做法。由于战乱，该矿于 1989 年关闭。内战导致包括医院、银行、政府大楼、图书馆、百货大楼和民房等阿拉瓦大部分公共建筑被毁，有些建筑被荒废得已经杂草丛生。

经过数年战事，在澳大利亚、新西兰、联合国等国际力量的斡旋下，双方于 1994 年签订了停战协议。自双方停战后，来之不易的和平使得布干维尔人开始重建家园。人们在阿拉瓦以前老银行、旅行社和百货公司的基础上开设了小商铺，出售罐头食品、肥皂和二手服装；大型的露天市场也已开市，全天候地向人们出售鲜鱼、海产品和果蔬。城市还有一个建造图书馆的计划，而高中扩建新教室的工程也在建设中。

内战结束后，布干维尔岛自治区政府致力于恢复潘古纳铜金矿的采矿生产，给地区与城市的发展带来更多的收入。

地理

截至 2015 年年底，阿拉瓦市人口已达 4 万人。[①]

阿拉瓦位于巴布亚新几内亚布干维尔岛的东南部，三面环山，一面靠海，地形以山地为主，地势总体呈现西南高东北低。

阿拉瓦属赤道多雨气候，一年四季相对恒温多雨，最高温度保持在 30℃左右，最低温度约为 23℃，年降雨量可达 3000 毫米。虽然阿拉瓦季节变化不明显，但大致也可分为旱季和雨季两季，每年 6—10 月是旱季，气候较为凉爽；11 月到次年 5 月是雨季，此时西北风会带来更加频繁的降雨和偶尔的暴

---

① World Population Review：Major Cities in Papua New Guinea Population 2015，http://worldpopulationreview.com/countries/papua-new-guinea-population/major-cities-in-papua-new-guinea/，查阅日期：2016 年 2 月 2 日。

风或气旋。

经济

阿拉瓦矿产资源丰富，是世界上最大的金矿和铜矿产地之一，在铜矿开采为主导的鼎盛时期，阿拉瓦被认为是除首都之外最富有的城市，也是南太平洋最发达的城市之一。

独立后，阿拉瓦经济增长大致可划分为三个阶段。第一阶段是独立后到20世纪80年代末期。在这一阶段，阿拉瓦的经济一直保持中低速增长，主要产业还是采矿业，产品主要用于出口换汇。因为这类产品极易受国际市场价格波动的影响，加上政局变动和社会动荡，经济增长不可避免地会出现波动。第二阶段从20世纪80年代末期到90年代末期，这一阶段经济增长比前一阶段表现出更大的不稳定性，大起大落更加明显。这种不稳定主要是国际商品价格和国内政局不稳定冲击造成的，而经济的不稳定又加重了社会矛盾的激化。1990年布干维尔岛"革命军"宣布脱离巴布亚新几内亚，成立"布干维尔共和国"。这一事件直到2001年才得到有效解决。第三阶段就是步入21世纪至今，在这一时期，阿拉瓦经济进入快速发展期。

文化

阿拉瓦主要人种属美拉尼西亚人，有一小部分居民为白人。主要语言为巴布亚皮钦语、纳希奥伊语和英语，其中纳希奥伊语是阿拉瓦的传统语言，英语是官方的商业语言，皮金语是官方的政府语言。

阿拉瓦地区人们基本还是以农村和小部落形态生存，日常照顾孩子、耕种、饲养家畜等还是由女人承担。社会的基本单位是家庭、部落和部族。财富的所有权集中在家族男人手里。社会观念的基础是互惠和家庭责任。

该地区的贝雕和编织品非常精美，从这些工艺品上也能看出该地区的文化信仰和部族特点。

旅游

阿拉瓦建立在原来的老椰子种植园区上，沿着当地人称为Loloho海滩的美丽的沙滩舒展开来。该地区拥有丰富的自然资源，是很好的潜水场所和徒步旅游基地。该市还有许多湍急的河流和成片的洞穴，是非常完美的皮划艇运动开展场所。

除了自然旅游资源，阿拉瓦还有着一些特殊的人文旅游资源，该地区二战时期曾被日军占领，拥有许多战争遗迹，在市区以南 3 千米处就有一处美军战斗机的残骸。除了这一点，海中还有一些沉船，而这也吸引了许多潜水爱好者来此探索发现。

芒特哈根

地名由来

芒特哈根，英语名称为 Mount Hagen，巴布亚皮钦语名为 Maun Hagenis，是巴布亚新几内亚第三大城市，西高地省省会。芒特哈根这一名字取自位于城市西北角 24 千米处的死火山哈根山，而哈根山的名称则是源于德国殖民统治者库尔特·冯·哈根（Curt von Hagen，1859—1897 年）。

区位

芒特哈根位于新几内亚岛的东北部，地处莱城以西约 560 千米的高原之上。芒特哈根设有独立的机场，该机场海拔高度 1635 米，位于距离市中心驱车约 15 分钟的卫星城镇卡加姆加，隶属于巴布亚新几内亚航空公司。高地高速公路是芒特哈根的交通动脉，通向重要海滨城市莱城以及其他一些省会城市，如马当、门迪等。

历史

芒特哈根的近现代史并不久远，在被探险家发现之前，该地区还一直过着刀耕火种的原始部落生活。1933 年，澳大利亚冒险家米克·李希（Mick Leahy）、丹·李希（Dan Leahy）和政府官员吉米·泰勒（Jim Taylor）在对高地地区进行的一次空中勘察中发现瓦基山谷地区有着相当稠密的人群。不久后，他们携带了足够的补给前往巴布亚岛腹地，成为第一批接触芒特哈根附近部落的西方人。随后，西方人在距离芒特哈根不远处的科鲁阿修建了第一个简易机场。1934年，一座新的小型机场摩根·德罗姆在现在芒特哈根市区所在的地区建成，芒特哈根城镇也正式建立。1995年，芒特哈根与澳大利亚新南威尔士州的奥伦治建立姐妹城市关系。

地理

截至2015年年底，芒特哈根的人口已有3.4万人[①]。

芒特哈根位于巴布亚新几内亚的西部高原上，坐落于高原中部丰饶的瓦基山谷中。整个芒特哈根地区地形以高原和山地为主，地势较高，平均海拔为1677米。

因为该地区处于1600米的高原之上，所以芒特哈根的气候以山地气候为主，平均气温在16℃—27℃之间，年降水量可达3000毫米。每年的1—4月西北风盛行，为多雨季节；5—8月转为东南信风，雨水相对稀少，为干燥季节；9—12月，雨量适中。

经济

芒特哈根附近有许多大型的咖啡和茶叶种植园，并有农产品加工、木材加工以及化学化工、屠宰场等产业。城市有公路通达东部沿海港口莱城，并有定期航空班机通北岸马当市。

文化

芒特哈根主要语言为美尔帕语、巴布亚皮钦语和英语，其中美尔帕语是当地的土著语言。

每年芒特哈根都会举办芒特哈根文化节，这已成为巴布亚新几内亚最重要的文化事件之一，这个节日开始于1961年，当时巴布亚新几内亚尚处于澳大利亚殖民统治下。殖民统治者举办这个节庆的目的，是为了给西高地省的许多不同的部落一个交流的机会，让各部族相互分享各自的文化和经历，通

---

① World Population Review：Major Cities in Papua New Guinea Population 2015，http://worldpopulationreview.com/countries/papua-new-guinea-population/major-cities-in-papua-new-guinea/，查阅日期：2016年2月2日。

过部落的聚会交流，消除相互间的敌意和仇恨，增强团结，同时庆祝和展示高地省各部落文化的差异性。文化节期间，来自不同部落的人们欢聚一堂，各显神通，用不同的形式进行舞蹈和歌唱表演，场面盛大，当地传统舞Sing-sing和泥人秀非常有名。

传统舞Sing-sing是在特别日子或节庆时的表演，当地的土著人会在脸上画上油彩，胸前挂上独一无二的饰物，以鼓或任何能敲打出声音的物件，打出优美的拍子载歌载舞。源自西部高原的泥人秀，则是当地的一种信仰。关于这种民族表演，背后流传着多个故事，较为可信的一个是：部落开战后，战败的一方为了夺回失去的土地，全身涂满泥浆扮鬼吓人，因土著笃信灵魂巫术之说，故一见泥人便以为是祖先显灵，吓得落荒而逃。当地人在表演时会在身上涂满灰白色的泥浆，戴着用泥做成的面具，有些手拿长矛，有些手指套着尖长竹片，扮作要插人的模样，惊悚刺激。

旅游

芒特哈根空气清新怡人，气候温暖适宜，游人稀少清静，自然风光独特，再加上当地人热情好客，吸引了一批批游客前往。在芒特哈根，可以见识到许多西高地省特有的手工艺品，在市区还建有一个文物博物馆专门展示这些工艺品。该地区有很好的徒步行走基地，游客可以从市区徒步到达哈根山（海拔3791米）、昂戈山、库伯山和吉卢韦山（海拔4368米）等，期间山脉起伏跌宕，非常适合进行探险。在芒特哈根的北部还有一个野生动物保护区，在这里可以看到巴布亚新几内亚最丰富多彩的鸟类。

帕 劳

　　帕劳，全称帕劳共和国，英文名称为 Palau，位于西太平洋上，属加罗林群岛，是太平洋进入东南亚的门户之一。帕劳西与菲律宾隔海相望，南临印度尼西亚。国土总面积为 459 平方千米，人口为 1.8 万人，全境共有 200 多个岛屿，其中只有 8 个岛有常住居民。主要岛屿包括科罗尔岛、巴布尔道布岛、佩莱利乌岛、安格利奇比桑岛和昂奥尔岛。全国共划分成 16 个州，各州自行立宪。主要城市为科罗尔等。

科罗尔

地名由来

　　科罗尔，英文名称 Koror，是帕劳共和国的前首都，也是其最大的城市。根据帕劳古老的传说，古代的帕劳只有佩莱利乌岛一个岛屿。小男孩尤伯（Uab）出生后就会爬行，第二天就能行走了。尤伯每天都在快速成长，不仅食量惊人而且脾气暴躁，村民每天要供应他许多食物。后来，村民们必须使用梯子才能把食物放入这个男孩的口中，村里的食物被他吃完了，就连村里的小孩都被尤伯带走了。久而久之，村民越来越无法忍受，终于决定将他除掉。他们趁他熟睡时将他捆绑起来并在四周点火，睡梦中惊醒的尤伯用力挣扎，身体碎裂形成了今天的帕劳群岛，他的双腿变成了科罗尔岛。[1] 科罗尔是"Sureur"派生出来的一个词，帕劳语的意思是"人谁不想拿东西"，它来自于"Ureur"，意思是工作。

区位

科罗尔位于西太平洋加罗林群岛，帕劳的中部，处于西太平洋重要的地理位置上。科罗尔是帕劳经济最繁荣的地区，也是帕劳的交通枢纽，有桥梁连接巴伯尔道布岛、巴贝尔奥普、马拉卡尔岛和阿拉卡贝桑岛。

历史

根据史料记载，科罗尔约 4000 年前就有人居住。1710 年，西班牙航海家发现了加罗林群岛，这是首批到达科罗尔的欧洲人，此时的科罗尔经济发展并不景气。科罗尔的繁荣要追溯到帕劳岛开始步入近代史的 19 世纪末期。1873 年在帛琉岛失事的英国船员们最初接触到的是科罗尔的村民，并得到了他们的救护。在当时，帕劳几个岛屿由几位岛长分别管辖，最初的英国人和其后前来的外国人把科罗尔岛的一位称作伊贝杜尔（Ibedul）的酋长误认为是帕劳的国王。伊贝杜尔（Ibedul）酋长利用外国人及其带来的枪支，与其他岛长通过实力上的优势竞争而取得了胜利。之后，他基本上独自占有了科罗尔岛和欧洲诸国的贸易，在他的管理下，科罗尔在 19 世纪成为帕劳繁荣的贸易中心。[2]

1885 年，科罗尔被西班牙人占领成为其殖民地。1898 年，美西战争中西班牙战败，科罗尔被售给德国。

1914 年，第一次世界大战期间，科罗尔被日本占领，成为日本在西太平洋海域的军事要塞和殖民地。第二次世界大战时期，太平洋战争爆发期间，美、日曾在此地进行过激烈交战，大部分建筑物遭到严重破坏，此时，科罗尔的经济发展受到影响。

二战过后，帕劳被美国暂时托管，科罗尔则逐步发展为以旅游业为主要

---

① 王胜三、陈德正主编:《一带一路列国志》，人民出版社 2015 年版，第 322 页。

② 张咏志译:《帕劳岛》，中国旅游出版社 2014 年版，第 18 页。

产业的市镇。1994 年 10 月 1 日，帕劳独立，科罗尔被选定为首都和行政中心。2006 年 10 月 1 日，首都迁往梅莱凯奥克。

地理

科罗尔全境分为市区和村庄两大部分。科罗尔岛陆地面积狭小，长 3.6 千米，宽 1.9 千米，面积仅为 18 平方千米，不过却拥有面积广大的海域和较长的海岸边界线。科罗尔的人口大约为 1.4 万人，主要是帕劳人，约有 9000 人，外籍人口大多来自于菲律宾，另外还有部分居民来自日本、韩国和中国大陆及中国台湾等周边国家和地区。

科罗尔岛是一座火山岛，但地质较为稳定，不会轻易发生火山活动和地震等地质灾害。科罗尔的地形以平原为主，中间高四周低，地势较为平坦，最高点海拔 100 米。科罗尔的马拉卡尔港口是帕劳唯一的深水港口，科罗尔从外国进口的大宗物件由此港口运进来。

科罗尔属于热带雨林气候地区，每年 5—10 月为雨季，11 月到次年 4 月为旱季，全年平均气温 28℃左右，一年中气温变化较小。科罗尔平均年降水量达 3679 毫米，一年中各月份降水量变化不大。

科罗尔由行政部门和立法部门共同管理。科罗尔州立法机构里的议员从每个村庄中选举产生，科罗尔办公室的立法议员任期为 4 年。截至 2015 年，科罗尔已经进行了 10 届议会选举，第 10 届的议会共有议长和副议长等 9 位委员。

经济

科罗尔在殖民地时期的经济主要是渔业和种植业。在德国统治时期，科罗尔开辟了大面积的可可种植园；在日本占领科罗尔期间，大力发展甘蔗种植、渔业和热带农业。

二战后，在美国的托管下，科罗尔靠生产初级产品和出口废金属支撑着财政收入。此时科罗尔的农业处于较低的水平，主要农作物有椰子、块根作物和香蕉等。

1994 年，帕劳独立后，科罗尔开始调整产业结构，大力发展以旅游业为主的服务业。与此同时，科罗尔地区的基础设施建设也带动了其经济的发展，如修建科罗尔岛与巴伯尔道布岛之间的新大桥。因为科罗尔的农业和工业并不发达，所以科罗尔的粮食、燃料、生活用品和机械大多从外国进口而来。

由于科罗尔在历史上与美国和日本有着紧密联系，因此科罗尔的主要贸易伙伴是美国和日本。科罗尔发展主要依靠美国的援助，其面临的主要经济挑战是保证其经济长期发展的能力，减少其对外国经济援助的依赖。

历史上，帕劳的"女人钱"、德国的马克、日本的日元都曾作为通用货币在科罗尔流通，但目前科罗尔的通用货币是美元。

文化

科罗尔是一个多民族的城市，居民比较混杂，主要由帕劳人和菲律宾人组成，还有少量的日本人、华人和韩国人。科罗尔也是一个信仰多元的城市，其主要宗教是基督教，此外还有帕劳土著宗教——莫德肯基教。科罗尔的官方语言是帕劳语和英语。

帕劳独立后，科罗尔把每年的 10 月 1 日当作独立日来庆祝，其重要的节日还有青年节（3 月 15 日）、总统节（6 月 1 日）、感恩节（12 月 23 日）等。1999 年，南太平洋岛国论坛的第 30 届年会在科罗尔举行。帕劳高中是这个国家唯一的公立高中，科罗尔的小学入学率为 95%，成人识字率也在 92% 左右。

旅游

科罗尔自然环境优越、历史文化悠久，拥有独特的民族文化。科罗尔在被殖民统治的时期内旅游业几乎没有发展，直到 1994 年帕劳独立后，科罗尔开始调整产业结构，大力发展以旅游业为主的第三产业。

科罗尔的自然旅游资源有世界上独一无二的无毒水母湖，有天然美颜功效的牛奶湖，还有被公认为世界七大潜水点之首的大断层潜水点，以及让人赞不绝口的海湾岩山湾。科罗尔的人文旅游资源有展现帕劳独特历史和文化的帕劳国家博物馆，探索地球未来的帕劳国际珊瑚中心，展现帕劳名人和独特民族产品的爱普生博物馆，还有可以观看到大型鳄鱼的帕劳热带农场保护区以及可以享受到朴素海港景色的码头。在科罗尔的街头还散布着反映帕劳独特历史的遗迹，貌似地藏王菩萨的人面石和二战时遗留下的战车。科罗尔独特的旅游产品有帕劳木雕、玳瑁、贝壳和珊瑚工艺品。

巴伯尔道布岛

地名由来

巴伯尔道布岛，英文名称为 Babeldaob，也被称为 Babelthuap。帕劳的新首都梅莱凯奥克就位于此岛中东部。根据帕劳古老的传说，巴伯尔道布岛是尤伯[①] 死后身躯变成的。

区位

巴布尔道布岛位于帕劳的东部，是帕劳面积最大的岛屿，处于帕劳重要的交通位置上，有大桥与科罗尔岛相接，帕劳唯一的国际机场也在此岛上。

历史

据考古发现，大约 3400 年前，巴伯尔道布岛出现了人类文化活动的地点和具有一定规模的村落。1543 年，西班牙探险队发现了巴伯尔道布岛、科罗尔岛和贝里琉岛，这三个岛屿被探险家们称为珊瑚礁（西班牙语中意为"暗礁"）。1710 年，这三个岛屿受到西班牙远征指挥军军士长萨亨托（SaHeng Joe）的重视，他对西班牙远征军下达命令，要求占领这三个岛屿。1712 年，它们被西班牙远征军海军指挥官贝尔纳多划为"西班牙东印度"的属地。

1898 年，美西战争中，西班牙战败，巴伯尔道布岛被出售给德国。第一次世界大战前的几个月，日本占领了巴伯尔道布岛，一战结束后，国际联盟裁定巴伯尔道布岛归属日本所有。

第二次世界大战期间，巴伯尔道布岛上的日本驻军在日本中将井上萨德和海军上将伊藤县美的指挥下，成功避过了美军对帕劳的攻击，最终安全返回日本本土。二战过后，巴伯尔道布岛处在美国的托管下。1994 年，帕劳独立后，巴伯尔道布岛成为帕劳管辖面积最大的岛屿。

---

① 尤伯的传说参见科罗尔的地名由来。

地理

巴伯尔道布岛是南北长 43 千米，东西最大宽度为 16 千米的狭长岛屿，面积为 332 平方千米，是加罗林群岛的第二大岛屿，占帕劳总面积的 70%，拥有较长的陆地边界线和海岸边界线。该岛也是密克罗尼西亚群岛中，仅次于关岛的第二大岛。巴伯尔道布岛的海岸线分布着广泛的珊瑚礁，犹如巴伯尔道布岛上镶嵌上了漂亮的珠链。巴伯尔道布岛有 6000 人居住，其中帕劳人占多数，外籍人口主要是菲律宾人，还有少量的日本人。

巴伯尔道布岛是一座火山岛，土壤的酸性很强，其内部有热带雨林的丛林和草原，另外在西海岸生长有繁盛的红树林，海岛被绿色所覆盖。巴伯尔道布岛与帕劳其他岛屿所不同，其主要地形为山地，沿海地区为平原，最高点为东北部海拔 242 米的恩格彻奥处斯山。巴伯尔道布岛拥有众多的河流，大多由内陆流向海洋，共分为 5 个流域，分别为恩格米都、恩格多奇、恩格瑞恩尔、迪戈里地和恩格贝库。巴伯尔道布岛的梅莱凯奥克湖和恩格道克湖是帕劳仅有的两个淡水湖。

巴伯尔道布岛属于热带雨林气候地区，每年 5—9 月是雨季，11 月到次年 4 月是旱季，全年的平均降水量和平均气温变化较小。巴伯尔道布岛上有成片的热带雨林和红树林，森林覆盖率居世界前列。

巴伯尔道布岛全境共有 10 个州：艾拉伊州、恩切萨尔州、梅莱凯奥克州、埃雷姆伦维州、雅拉尔德州、雅切隆州、雅德马乌州、雅庞州、宜瓦尔州和艾梅利克州。

经济

巴伯尔道布岛在殖民统治时期，经济发展比较单一，以农业、种植业为主。在德国占领期间，殖民者在巴伯尔道布岛开辟了可可种植园。在日本统治时期，大力发展渔业、热带农业和采矿业。二战过后，在美国的托管下，巴伯尔道布岛只是发展了一些小型的工厂，并没有繁荣起来。1994 年，帕劳独立后，巴伯尔道布岛开始调整产业结构，大力发展以旅游业为主的服务业。

巴伯尔道布岛土壤肥沃，水分充足，适宜农作物生长，但由于岛民的种植技术落后，岛上的农业处于缓慢发展状态。直到近代后，欧洲人把先进的种植技术和工具带到岛上，岛上的农业才逐渐发展起来。现今，旅游业是巴伯尔道布岛经济的重要支柱产业。

由于历史上巴伯尔道布岛与日本和美国有较为紧密的联系，在帕劳独立后，日本和美国也曾给予巴伯尔道布岛经济援助，所以巴伯尔道布岛的主要贸易伙伴是日本和美国。

在历史上，帕劳的"女人钱"、德国的马克和日本的日元都曾作为通用货币在巴伯尔道布岛上使用，现在，岛上的通用货币是美元。

文化

由于巴伯尔道布岛地处东南亚与太平洋的交汇处，从该岛上土著居民各家族的起源来看，巴伯尔道布岛上的土著居民可能混杂了美拉尼西亚、密克罗尼西亚和波利尼西亚以及马来人和菲律宾人的血统。英语和帕劳语是岛上的官方语言，但有些处于偏远地区的村庄仍用他们自己的语言来交流。岛上的居民主要信仰基督教，还有一部分是无宗教人士，小部分的人信仰帕劳的本土宗教——莫德肯基教。

几千年来，巴伯尔道布岛上有着发达的母系社会，一般认为是从爪哇迁移来的族群所带来的制度。传统上，土地、货币和头衔都由母系传承。氏族所有地，由女性的族长掌管并传给第一个女儿。但当代也有实行父系传承制度的，这是在日本殖民巴伯尔道布岛时所传入岛上的，一直影响到今天。

艾梅利克州婆罗浮屠与印度尼西亚的形状和建造时间都很相近，所以有人认为帕劳在佛教的传播过程中起到了中转站的作用。

巴伯尔道布岛的梅莱凯奥克州在3月会举行国际摄影节，当地和国际知名的摄影师都会前来参加，期间会有文艺表演、作品展示和颁奖仪式。

旅游

由于巴伯尔道布岛在帕劳独立之前一直处于被殖民的状态，旅游业一直没有发展，直到1994年，帕劳独立后，政府开始重视旅游业的发展，岛上的旅游业才逐渐兴盛起来。

巴伯尔道布岛拥有复杂的地形和优越的自然条件，还有悠久的历史和独特的民族文化，有众多古代风格的遗址。比较著名的自然旅游资源有艾梅利克州的雅庞瀑布、梅莱凯奥克州的海岸沙滩、雅德马乌州如画一般的雅德马乌瀑布、拥有众多南国特产水果的帕劳小松农场。人文旅游资源有北部的雅切隆州的帛琉遗址、东部梅莱凯奥克州的人面石和国会大厦、艾拉伊州 100 多年的查莫洛民族古村落、艾梅利克州的男人会馆和谜一般的斯通独石遗迹、帕劳的神秘地带雅切隆州。

佩莱利乌岛

地名由来

佩莱利乌岛，英文名称是 Beliliou Island，又称贝里琉岛，由佩莱利乌岛和东北两个小岛屿组成。据当地传说，贪吃爱睡的尤伯被村民用火处决后，身体碎裂形成了今天的帕劳群岛，他的双脚变成了佩莱利乌岛和昂奥尔岛。

区位

佩莱利乌岛位于帕劳西南部，安加尔州东北面和科罗尔州西南，距离科罗尔 40 千米，距离昂奥尔岛 10 千米。

历史

据史料记述，大约于 3500 年前，佩莱利乌岛上就有人居住。1543 年，西班牙探险队发现了佩莱利乌岛。1710 年，西班牙远征军占领此岛。1712 年，佩莱利乌岛被西班牙远征军海军指挥官贝尔纳多划为"西班牙东印度"的属地。1898 年，由于美西战争中西班牙战败，佩莱利乌被售给德国。1914 年日本击败德国，占领该岛屿。

佩莱利乌战役是二战中的著名战役，无论战争规模还是惨烈程度，佩莱利乌战役与塔拉瓦战役、硫磺岛战役和冲绳岛战役都可相提并论。1944 年美军攻占马里亚纳群岛、突破日军"绝对防御圈"后，帕劳群岛成为日军阻止美军进攻菲律宾和日本本土的前哨基地。美军使用火箭筒、炸药包和喷火器清剿藏于洞中的日军，以伤亡 9800 人的代价占领全岛。此役，美军毙敌 1.1

万余人。但是，值得注意的是，当地的平民没有伤亡，因为他们在战斗前就撤离到帕劳的其他岛屿之上。1947年，佩莱利乌岛成为美国托管岛屿。1994年，帕劳独立后，该岛成为其管辖的岛屿之一。

地理

佩莱利乌岛长9.8千米，宽1.6千米，面积为13平方千米。岛上的人口约700人，大部分为帕劳的土著居民，还有小部分的菲律宾人。该岛位于帕劳的西南部，地势呈中间高，四周低，沿海是平原，最高点海拔为75米，是一个地势较为低平的岛屿。该岛大部分被亚热带树林所覆盖，有几处适用于浮潜和太阳浴的沙滩，是充满自然风情的海岛。佩莱利乌岛的海岸线分布着广泛的珊瑚礁，犹如在佩莱利乌岛上镶嵌上了漂亮的珠链。

佩莱利乌岛属热带雨林气候，每年5—10月为雨季，11月至次年4月为旱季，全年平均气温29℃左右，一年中气温变化较小，平均年降水量为4000毫米左右。佩莱利乌岛气候温暖湿润，拥有丰富的生物资源，代表性植物有诺丽果树和银叶树等。

目前，佩莱利乌岛共有四个村庄，分别为首府克罗克卢贝（西北）、Imelechol（东北）、Lademisang（南端）和Ongeuidel（北端）。

经济

佩莱利乌岛地势低平，气温、水分条件适宜，但土著居民并不习于农耕，传统农业发展较为缓慢。主要农作物有热带水果和块根作物。佩莱利乌岛气候宜人，环境优美，是帕劳的旅游胜地。旅游业是佩莱利乌岛的支柱产业，每年吸引的国外游客人数远大于本地土著居民的数量。

文化

佩莱利乌岛的居民大都信仰基督教，有一部分的居民为无宗教人士，还有一小部分的居民信仰帕劳的本土宗教莫德肯基教。佩莱利乌岛的官方语言为帕劳语和英语。佩莱利乌岛上的全部战争遗迹已被指定为美国国家历史地标。2014年8月，在佩莱利乌岛举办了第45届太平洋岛国论坛。

旅游

佩莱利乌岛旅游资源十分丰富，既有具有帕劳特色的自然景观，也有许多二战时期的战争遗迹，这些遗迹散布在美丽的沙滩上面，面对此景让人再次感受到和平的美好。橘色沙滩是佩莱利乌岛最长的白沙滩，这里环境清雅，适合日光浴。海岛东侧有适合海岸郊游的蜜月沙滩和广阔的海滩公园的原始森林，其中的洞穴，是适合儿童游泳的天然游泳洞。另外，这里还有较多潜水景点，如佩莱利乌的大断层、蓝角和黄墙，潜水者可以自带潜水设施，也可以在当地的潜水商店租借。人文景观有血鼻岭，这是由美军建造的佩莱利乌战争纪念碑，该碑并不是石碑，而是可以眺望到昂奥尔岛和蓝角等处的展望台。此外还有众多反映二战的战争遗迹，如美军第81步兵师陵墓、美军水陆两用战车等景点。

佩莱利乌岛的文化娱乐设施不多，但是也能满足游客的基本需求。旅客在佩莱利乌岛可以开展潜水活动、沙滩漫步和海上钓鱼等。

佩莱利乌岛的住宿设施较为齐全，虽没有豪华的大型酒店，但也有充满岛国风情的海豚湾度假村、地方经营的宾馆小岛露台、面对海港的便捷酒店、海景酒店等。

安格利奇比桑岛

地名由来

安格利奇比桑岛，英文名称为 Ngerekebesang Island，又称阿拉卡贝桑岛。

区位

安格利奇比桑岛地处帕劳的中西部，交通位置重要，有大桥与科罗尔岛相连。

历史

据史料记述，安格利奇比桑岛在 3500 年前就有人居住。1885 年，经罗马教皇的裁定，安格利奇比桑岛成为西班牙的殖民地。1898 年，由于在美西战争中西班牙战败，该岛被售给德国，成为德国的殖民地。1914 年，日本在一战中占领了安格利奇比桑岛。第二次世界大战中，美国击败日本，该岛成为美国的殖民地。1994 年，帕劳独立后，安格利奇比桑岛成为其管辖的岛屿之一。

地理

安格利奇比桑岛长 3 千米，宽 1.6 千米，面积为 2.28 平方千米。该岛地质稳定，多为平原地形，平均海拔 41 米，最高点海拔 110 米，是一个地势低平的小岛。安格利奇比桑岛大部分是帕劳人，有一小部分的外国人，主要来自菲律宾。安格利奇比桑岛的人口主要分布在道路两侧，尤其在岛的东北部集中。该岛的气候温暖湿润，生物资源丰富，拥有成片的热带雨林，还有生长果实的木瓜树。

安格利奇比桑岛属热带雨林气候，每年 5—10 月为雨季，11 月到次年 4 月为旱季，全年平均气温 28℃左右，且一年中气温变化较小；平均年降水量为 3600 毫米左右，一年中各月份降水量变化不大。

经济

安格利奇比桑岛在殖民统治时期，经济发展畸形，结构单一，以农业、渔业为主。1994 年帕劳独立后，安格利奇比桑岛开始调整产业结构，大力发展以旅游业为主的第三产业。

安格利奇比桑岛地势平坦，气温、水分条件适宜，但该岛的土著居民并不习于农耕，传统农业发展较慢。主要农作物有椰子、块根作物和香蕉等。安格利奇比桑岛气候温暖湿润，环境迷人，交通便利，是帕劳的旅游胜地。当前，旅游业是安格利奇比桑岛的支柱产业，每年到该岛上的国外游客远远大于本地居民的数量。历史上，帕劳的"女人钱"、德国马克、日元都曾作为通用货币在安格利奇比桑岛流通，目前该岛的通用货币是美元。

文化

安格利奇比桑岛的居民宗教信仰虔诚，大部分居民信仰基督教，有一部分的居民为无宗教人士，还有一小部分的居民信仰帕劳的本土宗教莫德肯基教。该岛上有一座宗教建筑，名为圣约瑟夫教堂。安格利奇比桑岛的官方语言为帕劳语和英语。但该岛上有一个名为 Echang 的小村落使用本地的乡土语言，被科罗尔人称为"地道的乡土口音"。1994 年 10 月 1 日帕劳独立后安格利奇比桑岛把每年的 10 月 1 日当作节日来庆祝，其重要的节日还有青年节（3月 15 日）、总统节（6 月 1 日）、感恩节（12 月 23 日）等。安格利奇比桑岛有小学和初中等较多的学校，基本可以满足本岛学生的上学需求。

旅游

安格利奇比桑岛旅游资源十分丰富，既有文化深厚的人文景观，也有风景秀丽的自热景观。其中人文景观有展现帕劳政治史的旧大总统府、可以享受太阳浴的国立室外游泳池、可以开展身体锻炼的体育馆和水上机场。自然景观有可以享受阳光沐浴的海岸沙滩、环绕在该岛四周的珊瑚礁和充满挑战的热带雨林。

安格利奇比桑岛文化娱乐设施丰富，游客们可以在帕劳太平洋度假酒店享受到各式各样的服务。在这里，不仅可以欣赏到让人沉醉的帕劳原住民的舞蹈，还可以品尝到有独特味道的椰子餐。另外，该岛的户外活动也十分丰富，在该岛上游客不仅可以体验潜水活动，也可以体验到双轨划船的快乐。

安格利奇比桑岛住宿设施比较齐全，既有帕劳太平洋度假酒店、玫瑰花园度假酒店和卡罗来内斯度假酒店这样的大型酒店，也有麦英斯公寓和悬崖宾馆这样的小型住宿宾馆。

昂奥尔岛

地名由来

昂奥尔岛，英文名称为 Angaur Island，又称安佳岛。据当地传说，尤伯被村民用火处决后，身体碎裂形成了今天的帕劳群岛，他的双脚变成了佩莱利乌岛和昂奥尔岛。

区位

昂奥尔岛地处帕劳的西南部，是帕劳最南部的有人居住的岛屿。该岛距离科罗尔岛 60 千米，距离佩莱利乌岛有 18 千米。

历史

据史料记述，昂奥尔岛大约于 3500 年前就有人居住。1885 年，经罗马教皇的裁定，昂奥尔岛成为西班牙的殖民地。1898 年，在美西战争中，西班牙战败，该岛被售给德国，成为德国的殖民地。1909 年，德国在昂奥尔岛开始开采磷矿。1914 年，日本在一战中打败德国，占领昂奥尔岛，并继续在该岛开采磷矿。第二次世界大战中，美国经过激烈的安佳战役，打败日本，占领了昂奥尔岛，继续在该岛上开采磷矿。直到 1954 年，昂奥尔岛上的磷矿资源被开采得所剩不多，美国才停止在该岛上的磷矿开采。1994 年，帕劳独立后，昂奥尔岛成为其管辖的岛屿之一。

地理

昂奥尔岛东西长约为 3 千米，南北长约为 4 千米，面积仅为 8 平方千米，但却拥有较长的海岸线。据统计，该岛的人口约为 130 人。昂奥尔岛海拔 62 米，是一个地势低平的岛屿，该岛的东面大多为岩石露出的沙地；西侧有一个小潟湖和运输港，港上停留的多为小渔船和政府的定期船；南侧为宁静的小河和沙滩，北侧为美丽的珊瑚礁。

昂奥尔岛属热带雨林气候,每年5—10月为雨季,11月至次年4月为旱季,全年平均气温29℃左右,一年中气温变化较小,该岛年平均降水量为3800毫米左右。昂奥尔岛气候温暖湿润,拥有丰富的生物资源,有成片的热带雨林,还是密克罗尼西亚唯一拥有野生猴的岛屿。因此,该岛也被称为猴岛。此外,该岛还有鳄鱼、食果蝙蝠、椰子蟹和蓝珊瑚等珍奇的动植物。昂奥尔岛的首府为 Ngeremasch,在首府的西侧,还有一个名叫罗伊斯的村镇。

经济

昂奥尔岛在帕劳独立前,经济结构单一,以农业、渔业和磷矿开采为生。1909年到1954年期间,德国、日本和美国分别在该岛开采磷矿,其中,在日本殖民时期,就在该岛挖掘出450万吨磷矿石。帕劳独立后,昂奥尔岛大力发展以旅游业为主的第三产业。现在,旅游业已经成为该岛的支柱产业,每年到该岛来旅游的游客络绎不绝。历史上,帕劳的"女人钱"、德国马克、日元都曾作为通用货币在昂奥尔岛流通,目前该岛的通用货币是美元。

文化

昂奥尔岛的居民宗教信仰虔诚,其中大部分居民信仰基督教,有一部分的居民为无宗教人士,还有一小部分的居民信仰帕劳的本土宗教莫德肯基教。昂奥尔岛的官方语言为帕劳语、英语和日语。该岛是除日本本土外,唯一以日语为官方语言的岛屿,但根据调查显示,在该岛居住的居民都不会用日语来进行日常的交流,学校也不把日语作为课程来教导学生。1994年10月1日帕劳独立,独立后昂奥尔岛把每年的10月1日当作节日来庆祝,其重要的节日还有青年节(3月15日)、总统节(6月1日)、感恩节(12月23日)等等。

旅游

昂奥尔岛旅游资源非常丰富,既有风景独特的自然景观,也有反映二战遗迹的人文景观。其中自然景观有橙色沙滩、红海滩、蓝海滩和青池。人文景观有日本灯塔、大神宫遗迹、圣马利亚像、墓碑、缩影木神社和昂奥尔港,还有反映该岛磷矿开采历史的磷矿石堆积场所遗迹和磷矿石传送带遗迹。

昂奥尔岛的住宿和娱乐设施不多,但该岛也有海岛别墅和 Oks Motel 等住宿设施。该岛上并没有著名的饭店，但住在岛上的居民都非常热情，并且愿意分享从海洋捕捞上来的美味食物。另外，该岛的户外活动也十分丰富，有圣马利亚和玫瑰珊瑚海中花园两处著名的潜水景点。

　　该岛的交通较为便利，有安佳机场，但只能允许一些小飞机和直升机起降。不过游客们可以坐昂奥尔州的定期船到此岛旅游。该岛被大自然怀抱，丰富的热带雨林覆盖着整个岛屿。这是个充满自然气息，平静安乐的岛屿，是一处适合放松的旅游胜地。

法属波利尼西亚

法属波利尼西亚，英文名称为 French Polynesia，是法国在南太平洋的境外领土，位于太平洋的东南部，西与库克群岛隔海相望，西北临莱恩群岛，东南距皮尔凯恩群岛约 2300 千米，东北距墨西哥约 6000 千米。法属波利尼西亚管辖面积为 4167 平方千米，人口为 28.3 万人，共分为 5 个行政区，行政区下又划分为 48 个市镇。主要城市或岛屿包括帕皮提、莫雷阿岛、波拉波拉岛、胡阿希内岛、土阿莫土群岛等。

帕皮提

地名由来

帕皮提，英文名称为 Papeete，是法属波利尼西亚的首府，位于塔希提岛（Tahiti，又译大溪地），1818 年建城，属法国海外领土。帕皮提的意思是溪流。当地有这样一个传说，在远古的时候，太平洋中一条硕大的五彩鱼畅游。当它游到社会群岛这一带时，不幸受伤，欲游无力。它不断地摆动身躯，仍然无法游动，最后变成了现在的塔希提岛。

区位

帕皮提处于塔希提岛西北角的沿海平原，临太平洋马塔维湾，西濒法阿，东靠阿鲁埃，朝向月亮海，西北与莫雷阿岛相距 19 千米。

历史

大约在 2500—3000 年前，波利尼西亚人的祖先由东南亚一带迁到当今的社会群岛上居住。1767 年，英国上尉萨莫尔·莸利斯（Samuel Wallis）发现塔希提。之后正进行环球航行的法国探险家路易斯·安托万·德·布干维尔（Louis Antoine de Bougainville），在 1768 年 4 月也踏上了塔希提，当他回到欧洲时，他把此岛描述为有着"高尚的野蛮人"和"维纳斯般女人"一起居住的人间天堂，塔希提开始为欧洲人所熟知。最早在此长久定居的欧洲人是伦敦新教会的成员。1788 年，他们协助塔希提岛酋长波马雷一世（Pōmare Ⅰ）在此建立了波马雷王朝，自此开启了波马雷家族长达 92 年的统治。1820 年，波马雷家族营造新都，帕皮提逐渐成长为一个主要城市和区域航运运输中心。1880 年，波马雷五世（Pōmare Ⅴ）退位，宣布塔希提岛为法国殖民地。

殖民后的帕皮提历史发展坎坷曲折。1918 年，从美国堪萨斯州军营爆发的流感在该地大范围传播，使本就不富裕的帕皮提在经济、资源等方面损失惨重。第一次世界大战爆发后，帕皮提也未能幸免，港口遭受了德军将领斯佩的袭击，港内的法国小炮舰"热忱"号被击沉。自然灾害和战争纷乱使帕皮提经济发展缓慢落后。

1957 年，塔希提岛与周边同被法国殖民的岛屿一起，被正式命名为法属波利尼西亚，由总督管理，领地大会和政府委员会协助其工作。1977 年法国同意波利尼西亚实行内部自治，但法国保留外交、防务、财政和司法权。政府委员会的权力得到加强。

地理

帕皮提陆地面积为 17.4 平方千米。截至 2015 年 12 月，帕皮提人口总数为 2.6 万[①]，约占法属波利尼西亚群岛人口的 9%。其中主要为波利尼西亚人，

---

① World Population Review：Major Cities in French Polynesia Population 2015，http://worldpopulationreview.com/countries/french-polynesia-population/major-cities-in-french-polynesia/，查阅日期：2016 年 1 月 27 日。

其次是欧波混血人，还有少数的欧裔、华裔。

帕皮提地势南高北低，呈倒三角形状，北部沿海为平原，地势平坦；南部多为山区、丘陵。市区南 10 千米处的奥罗黑纳山是最高峰，高达 2240 米。

帕皮提属于热带雨林气候地区，年平均气温约 27℃，年平均降水量约为 2000 毫米。每年 11 月到次年 4 月为湿季，湿度和降雨量较高；5—10 月为干季，温和宜人，湿度较小、降雨量较低。

帕皮提市区共分为 7 个公社：法阿、帕皮提、普纳奥亚、皮拉尔、马希纳、帕亚、阿鲁埃。实行中央集权型单一制制度。高级专员为行政首脑，具有中央官员和地方官员的双重身份。一方面代表中央，依照中央的命令行事，对国家内政部负责；另一方面，作为地方官员，管理一切地方行政事务。中央可撤换地方高级专员，高级专员由公众直接普选产生。

经济

帕皮提在长期殖民统治下，经济发展畸形，工业基础薄弱，形成典型的单一经济。20 世纪末，由于法国在此进行核试验，大量的外来人员涌入，自给自足的传统农业经济遭到破坏，农产品由出口变进口，经济形势严峻。1996 年年初，法国最终停止核试验，帕皮提政府不断调整经济发展方向，促进经济多元化发展。1997 年 10 月，政府宣布征收增值税，弥补政府收支平衡。一直以来，帕皮提政府努力与亚洲和太平洋国家发展紧密的经贸关系，以促进其出口能力的增强。官方货币是法属太平洋法郎，美元和欧元在当地也可使用。

帕皮提渔业资源丰富，盛产金枪鱼、珍珠贝和黑珍珠。主要农产品有诺丽果、椰子、菠萝、咖啡和香草等，大部分用于对外出口，椰子油、蔗糖和香料等尤为出名。

工业主要有采矿业、制造业和建筑业。火力发电为主要能源，帕皮提火力发电厂向波利尼西亚提供 75% 的用电量，另有水力发电站和太阳能发电站。

服务业以旅游业为主，从 20 世纪 90 年代才正式起步，1999 年整个法属波利尼西亚旅游收入高达 3.69 亿美元。2006 年，中国政府开放法属波利尼西亚为中国公民组团出境旅游目的地，帕皮提依靠独有的地理位置、自然环境推动了双方的经济文化交流和贸易发展。

文化

帕皮提地处南太平洋中心，复杂的地理环境造就了各种文化的碰撞交融。法国殖民的影响、来自世界各地的游客使帕皮提呈现出文化的多元性。经过历史的演变，纯种血统的土著居民毛利人已经很少了，大多是塔希提人，属于波利尼西亚人的一个支系，是蒙古人种和澳大利亚人种的混合类型。官方语言是法语和帕希提语，但许多人讲英语和波利尼西亚语。岛上的华人还有说广东话的。

受波马雷家族的影响，当地人多信奉基督教，并保留了很多宗教建筑。其中帕皮提塔希提寺是为基督教徒建立的第 27 座寺庙，拥有现代化的外观，高 20 米，是该市重要的宗教建筑。

在每年的 7 月，几乎所有的群岛都会举办为期一个月的民俗节日——音乐舞蹈艺术节，以此来庆祝法国大革命的胜利。① 住在帕皮提的塔希提人皮肤黑里透红，体态健美，性情豪放，能歌善舞。逢年过节或喜庆日子，妇女们头戴花冠，套上鲜花颈饰，穿上稻草编成的金黄色草裙，在皮鼓、吉他的节奏声中翩翩起舞。男人们也聚集在一起争相献技，表演各种节目。

帕皮提政府对 6—14 岁儿童实行八年义务教育，公立学校学生免费上学。小学六年学费由财政预算支出，初中和技术学校学费由政府基金资助。1999 年在帕皮提设立法国太平洋大学分校。

旅游

帕皮提的旅游业真正的发展是从 1996 年开始的，由于法国在南太平洋进行核试验，帕皮提传统经济结构遭到破坏，每年需依靠法国政府提供援助补贴财政亏空。但外来人口的大量融入却带动了旅游业及相关产业的迅速发展，促使旅游业逐步走上正轨。

帕皮提是法属波利尼西亚国际化水平较高的一座城市，也是一座著名的旅游城市。帕皮提的资本就在于它的自然景观——粗犷的黑沙海滩、静谧的环礁湖、蔚蓝清透的海水。这些浑然天成的风景吸引了来自世界各地的游客。

---

① Fodor's 编写组编：《大溪地》，孙伟译，电子工业出版社 2010 年版，第 57 页。

另外，帕皮提还具有独特的人文景观，火焰舞、快速变装秀、文身、雕刻、手工艺品和水疗等，让人赞不绝口。

帕皮提有很多著名的文化景观，如文化馆、圣母大教堂、威玛购物中心、维埃提广场、若波特万珍珠博物馆等。值得一提的是帕皮提市政厅，它保留了浓郁的殖民建筑风格，是波马雷女王官邸的复制品。[①] 这座锌黄色的建筑物被两层楼高的宽敞的露台包围，露台装饰有乳白色的栏杆和柱子，让严肃的政府机关变得温馨不已。帕皮提公共集市历史悠久，已有150多年的历史，占地7000平方米，有着鲜明的南太平洋色彩和风情，是城市中最有活力和最有生活气息的地方。这里有各种各样的商品，上百家商铺出售的各种特产，展现了帕皮提最真实的风土民情。

帕皮提盛产由一种珍贵的黑碟蚌（一种只生长于天然、无污染的波利尼西亚水域的稀有蚌类）养殖出来的黑珍珠。黑碟蚌的养殖过程长且易死亡，易受天气和水质等因素的影响，黑珍珠成品十分罕见，因而异常珍贵，享有"皇后之珠"和"珠中皇后"的美誉，是游客购买纪念品的首选。

风味特色的流动食品车，两层楼高的中心市场，朝向游艇港的黑珍珠店、咖啡馆，专营热带花卉图案印花布的织物店，收藏有法属波利尼西亚特色雕刻的艺术馆等，形成了独具特色的帕皮提城市格调。

帕皮提市区交通便利，其北部的帕皮提港可以停泊3.5万吨级船只，是法属波利尼西亚的最大港口和南太平洋上的重要航站。市区西5千米是法阿国际机场。

---

① Fodor's编写组编:《大溪地》,孙伟译,电子工业出版社2010年版,第27页。

莫雷阿岛

地名由来

莫雷阿岛，英文名称为 Moorea，又名茉莉雅岛，被誉为"魔幻之岛"，是法属波利尼西亚社会群岛的第三大岛屿，塔希提的"姐妹岛"。莫雷阿的意思是黄色的蜥蜴，传说源于岛上的一个统治家族的名字。

区位

莫雷阿岛坐落在法属波利尼西亚的中西部，塔希提岛的西北方。莫雷阿岛东南距首府帕皮提约 19 千米，西南距迈奥岛约 76 千米，西北距法雷约 149 千米。

历史

约在 1520 年，太平洋群岛成为欧洲人的冒险目标，葡萄牙人、西班牙人陆续在皇室的赞助之下，进行海外殖民地探索的工作。1767 年，英国探险家萨莫尔·苏利斯发现了莫雷阿岛，他是第一个到达这里的欧洲人。在 1768 年和 1769 年，路易斯·安托万·德·布干维尔和詹姆斯·库克相继来到这里。19 世纪初，欧洲传教士来莫阿雷岛上传教，并很快地在岛上建立自己的据点。1803 年，伦敦布道会的代表们为躲过塔希提岛部落之战的战火，同国王波马雷二世（Pōmare Ⅱ）一起来到莫雷阿岛，并在此繁衍生息。1880 年，塔希提岛沦为法国殖民地，统治者不断扩张殖民地。至 19 世纪末，莫阿雷岛及其他岛屿亦被法国占领。在殖民统治期间，法国把这里看作是原料及初级产品生产地，椰肉和香草是当时的主要产物。1946 年，莫雷阿岛与其他被法国殖民的岛屿一起，被宣布为法国海外领地。1984 年，法国允许其实施内部自治，但外交、国防、财政和司法权仍需由法国掌控。

地理

莫雷阿岛面积为132.4平方千米，海岸线长约60千米。莫雷阿岛的人口总数约为1.7万，其中主要为波利尼西亚人，少数为欧裔和华侨。

莫雷阿岛被一个水浅、狭窄的环礁湖包围起来，环礁湖的外围则是一片珊瑚礁屏障，岛上分散着黑白沙滩。莫雷阿岛呈倒三角形，北部有奥普诺胡海湾和库克海湾切入内部。莫雷阿岛是一座火山岛，地势崎岖且多山。山地主要分布在东部、南部和中部。最高峰是托希尤山，高达1207米，形如拇指，耸立在贝尔维德观景台正后面。茂阿普塔山高830米，顶峰有一个山洞横切山顶，传说勇士派在和神希托的战争中把枪掷向了希托，但是没有射中希托，而是射向了后面岛上的一座山并穿透了这座大山，从此这座山被称作"茂阿普塔"，意为"刺穿的山"。若图依山高899米，在两海湾之间拔地而起，陡峭的山脊横跨整座岛。茂阿若山高880米，形如鲨鱼牙齿，面向库克海湾。

莫雷阿岛属于热带雨林气候地区，年平均降水量约1625毫米，年平均气温约26℃。每年的3月份为气温最高月，达28℃，8月为气温最低月，达20℃。每年11月至次年4月为湿季，温和多雨，5—10月为干季，清凉少雨。

莫阿雷岛拥有若干个村庄，包括阿法雷艾土（主要居民点）、特玛尔、玛哈瑞帕、提哈瑞、哈皮提等。

经济

莫雷阿岛形成于300万年前的火山喷发，土壤肥沃，适宜农耕。在殖民统治期间，莫雷阿岛经济结构简单，以农业和种植业为主，主要生产椰肉和香草并销往法国。当时，在法国的殖民统治压榨下，莫阿雷岛经济发展非常缓慢。

20世纪50年代，莫阿雷岛被列为法国的海外领地，经济发展逐渐多元化，出现了一些独具特色的水上度假屋及其他旅游基础设施，但尚未形成规模。农业种植作物也趋向多样化，菠萝和咖啡种植规模开始扩大。

20世纪80年代，莫阿雷岛获得地方自治权，政府积极调整经济结构，以促进经济发展。农业上盛产菠萝、椰子、咖啡、甘蔗。现如今，莫雷阿岛已成为法属波利尼西亚的菠萝种植中心。

莫阿雷岛工业基础薄弱，仅有建筑业、采矿业和简单的制造业，以满足岛上的基本需求。旅游业相对发达，有 7 个度假村和大约 24 家小旅馆、大片的菠萝园和一个高尔夫球场。官方货币是法属太平洋法郎，美元和欧元也被广泛接受。

文化

莫雷阿岛民族结构单一，多为波利尼西亚人，包括随波马雷二世迁徙过来的一部分塔希提人（波利尼西亚人的一个支系）。莫雷阿岛居民多信仰新教，19 世纪，第一部塔希提语版的《圣经》在此印刷。莫雷阿岛官方语言是法语，当地人也讲波利尼西亚语。莫雷阿岛的节日有：6 月份举行的塔希提莫雷阿岛帆船盛会、7 月份举办的为期一个月的民俗节日海瓦节。

莫雷阿岛是法属波利尼西亚群岛中最出艺术家的地方，这里有画家、木刻家、雕刻家和用珍珠、贝壳做珠宝的宝石匠。此外，这里还保留了很多的传统艺术文化，如充满活力的摆臀舞、嗖嗖作响的草裙舞、提克村光芒四射的火焰舞和富有感召力的锣鼓。

旅游

莫雷阿岛是由一个死火山形成的，海湾是古代火山的底层，奥普诺胡山谷之上的半圆形山脊是火山口碗状凹陷的边缘。复杂的地形地貌使得莫雷阿岛上拥有丰富的自然旅游资源。被原始热带森林覆盖的山脊，高耸入云的山峰，清透翠绿的环礁湖，狭长优美的海滩，让人流连忘返。岛上有一座贝尔维德观景台，位于距库克海湾几千米远的内陆，从观景台顶峰（219 米）可以鸟瞰奥普诺胡海湾、库克海湾、Rotui 山和周围山峰，以及下面山谷的景色。[①]

除此之外，莫雷阿岛的人文旅游资源也十分丰富，有各式各样的民族舞蹈、精湛美观的雕刻品、古老传统的文身艺术和传统建筑风格的村庄等。在莫雷阿岛北海岸，有一座帕佩托艾教堂，因其八边形的形状而得名"八角教堂"。1822—1827 年间，新教传教士为了在这里传播新教，特意在一个古代神庙遗址上修建了这个教堂。19 世纪后期，这个锌黄色的带红顶的教堂得以重

---

① Fodor's 编写组编:《大溪地》，孙伟译，电子工业出版社 2010 年版，第 73 页。

新修建，但仍然是南太平洋地区迄今为止仍被使用的最古老的欧式建筑。

另外，在莫雷阿岛的提克村里，游客还可以参加一场当地的传统婚礼，婚礼由传统的波利尼西亚村长主持，一切的仪式与着装均按照古老的波利尼西亚人的习俗进行。

岛上有一座飞机场和一个港口码头，对外交通便利。机场位于莫雷阿岛东北角的特玛尔，有飞往波拉波拉岛、胡阿希内岛、瑞亚提亚岛的航班。港口位于机场南方5千米处的瓦尔瑞，有4种不同的轮船在莫雷阿岛和塔希提岛之间往返。

波拉波拉岛

地名由来

波拉波拉岛，英文名称为 Pora Pora，是法属波利尼西亚的旅游胜地，被誉为"南海天堂"。这座岛最先被称为"瓦那乌"（Vana'u），1776年，詹姆斯·库克将其改称为"波拉波拉"，在塔希提语中，波拉波拉有"新生、诞生"的意思。

区位

波拉波拉岛坐落于法属波利尼西亚的西北部，库克群岛的东北方向。波拉波拉岛西距莫皮蒂岛约53千米，北距图帕伊岛约24千米，东南距塔希提岛约270千米。

历史

大约在1100多年前，波利尼西亚人最先来到岛上定居，并开始了捕鱼耕作的原始生活。1722年，荷兰探险家杰克博·洛基文（Jakob Roggeveen）发现了这座岛屿，成为到达该岛的第一个欧洲人。1776年，英国航海家詹姆斯·库克在此靠岸停泊，补给物资，他把此岛称为波拉波拉。1820年，英国传教士来此传教，随后，在岛上建立了新教教堂。19世纪中叶，波拉波拉岛上居民追求独立，渴望"自治"，他们抵制法国的殖民保护，支持波马雷王朝。直到 1888 年，女王特瑞梅瓦如三世（Teriimaevarua III）被迫退位，波拉波拉岛被法国吞并，完全沦为殖民地。

二战期间，法国投身于战争之中，疏于管理，波拉波拉岛被美国侵占。1942 年，约 5000 名美军士兵抵达波拉波拉岛，在此建立军事供给基地。他们在莫土姆特小岛上建了飞机跑道，并安置了八门大炮和储油坦克，这里成为了美国在太平洋地区的海空军基地。美国政府还把波拉波拉岛当作通往澳大利亚和新西兰航路的中途加油基地。1946 年，美国的军事基地正式关闭，波拉波拉岛进入经济发展的新时期。1985 年，波拉波拉岛正式成为法属波利尼西亚的一部分。

地理

波拉波拉岛陆地面积为 38 平方千米，主岛海岸线长约 32 千米，人口为 9596 人。

波拉波拉岛由中部主岛和周围一系列小岛组成，主岛被巨大的环礁湖包围，环礁湖又被 30 多座大小各异的小岛环绕。在岛的西端有一条特瓦奴依通道，它是通往环礁湖的唯一航道。波拉波拉岛地势中部高峻，沿海平坦，主要的山峰有：奥特马努峰（727 米，最高峰）、帕希亚峰（660 米）、马塔胡阿山（314 米）。

波拉波拉岛属于热带气候地区，平均气温保持在 20℃—30℃左右，舒适宜人。每年 5 月—10 月为干季，降雨量较少，7、8 月份温度稍低，约为 20℃；11 月至次年 4 月为湿季，12 月份和 1 月份降雨量较多，温和湿润。

波拉波拉岛的主要城镇有瓦伊塔佩（主要居民点）、阿那乌、法奴依。

经济

在波拉波拉岛独立之前，岛上居民由于受到殖民统治的影响，经济发展较为缓慢，主要以农业生产为主，盛产椰子、香草等。1942 年，大批美国士兵来到波拉波拉岛建设军事基地，他们在建设基地的同时也为波拉波拉岛注入了新活力。美军在北海岸建立的飞机跑道，为波拉波拉岛日后的旅游业发展作出了巨大贡献。

现如今，波拉波拉岛已经发展成为法属波利尼西亚经济水平较高的一座岛屿。经济发展以农业、旅游业为主。农业上盛产椰子、面包果、菠萝、木瓜、芒果、香蕉、柑橘、香草等。旅游业发展较为成熟，已成为推动波拉波拉岛经济增长的领跑者。岛上拥有包括索菲特度假村、希尔顿酒店在内的 15 家度假村和酒店，还有 12 家特色家庭旅馆，是法属波利尼西亚群岛中住宿地点数量最多的岛屿。此外，岛上还有各种会馆、俱乐部等，已形成一定的规模。波拉波拉岛的官方货币为法属太平洋法郎（CFP），美元也可使用。

文化

波拉波拉岛的主要民族是波利尼西亚人，约占总人口的 78%，其次是华裔和法裔，分别占总人口的 12% 和 10%。[①] 受英国传教士的影响，波拉波拉岛居民多数信仰基督教和天主教，至今，岛上还保留着多座古代神庙的遗址。波拉波拉岛的官方语言是法语，波利尼西亚语、英语也被广泛使用。波拉波拉岛的传统节日有塔希提珍珠赛艇会、海瓦节等。

波拉波拉岛具有浓厚的波利尼西亚文化风情，精美细致的手工雕刻品、手绘的缠腰花布和波利尼西图案的文身无不展现了波利尼西亚人古朴纯情、原生原色的文化特点。波利尼西亚人能歌善舞，性情爽朗，热情好客。女孩们穿着草裙和椰壳文胸，活力四射地摆臀唱歌，欢迎来自远方的客人。

旅游

优越的地理环境和浓厚的历史文化，使得波拉波拉岛拥有得天独厚的旅游资源。波拉波拉岛自然旅游资源丰富多彩，有风景秀丽的奥特马努峰、精致迷人的白沙海滩等，其中，以优雅的环礁湖最为著名。整片环礁湖面积约有 80 平方千米，环绕了整座主岛，湖水清澈静谧，适宜进行潜水、钓鱼、赛帆船、喂鳐鱼、坐潜艇等户外活动。

波拉波拉岛的人文旅游资源丰厚多彩，血腥玛丽餐厅、二战大炮、海洋博物馆等都值得一看。岛上还保留了多座古代神庙的遗址，这些古老的神庙

① 世界地图网:《波拉波拉岛》; http://www.worldatlas.com/webimage/countrys/oceania/bora.htm，查询时间: 2016 年 2 月 5 日。

是宗教和社交聚会的场所，也是用人类和动物献祭的地点，饰有龟刻岩画，独具特色。

波拉波拉岛是世界级的知名潜水点。岛上拥有 5 家较具规模的潜水中心，有些饭店也提供潜水服务。终年温暖平静的海水，孕育了丰富缤纷的海底世界，从岸边轻跃入水，即能观赏到 500 种以上的海底生物。如果乘船出海到较深的海域，还可以看见巨大的彩色珊瑚。每年 8—10 月底是座头鲸迁徙到波拉波拉岛的季节，如果幸运的话，还能与座头鲸在南太平洋共泳。波拉波拉岛还是法属波利尼西亚的水疗之都，岛上有 8 个水疗中心，提供按摩、去角质、身体裹敷、美容和花瓣浴等服务。[①] 其中，玛如水疗馆拥有法属波利尼西亚唯一的树内水疗，养疗室藏在两颗高高的菩提树间，游客可以在做水疗的同时欣赏环礁湖的美景。

瓦伊塔佩是波拉波拉岛的主要港口，有通往机场和附近村镇的各种渡船，是波拉波拉岛的重要航站。波拉波拉岛的飞机场是法属波利尼西亚国际机场的前身，有飞往莫皮蒂岛、莫雷阿岛、帕皮提等地的航班，交通十分便利。

胡阿希内岛

地名由来

胡阿希内岛，英语名称为 Huahine，法语名称为 Vahiné，是法属波利尼西亚的主要岛屿之一，被誉为"花园之岛"。在塔希提语中，"Huahine"有"女人"的意思。对于胡阿希内岛的名字，有各式各样的传说。一些人说，"hua"的意思是"性别"，"hine"的意思是"女人"。另一些人说，依据费提伊半岛上一块岩石的造型推断，该岛的名字意味着"一位怀孕的妇女"。还有一些人说，在波利尼西亚传说中，世界上的第一个女人在这座岛上出生，并孕育了波利尼西亚的所有人。

---

① Fodor's 编写组编：《大溪地》，孙伟译，电子工业出版社 2010 年版，第 117 页。

区位

胡阿希内岛位于法属波利尼西亚的西端，塔希提岛的西北方向。西距瑞亚提亚岛约 40 千米，东南距迈奥岛约 105 千米，距塔希提岛约 175 千米。

历史

玛阿瓦村的历史古迹显示，在公元 850 年前，胡阿希内岛上就出现了人类文明的迹象。1769 年，英国航海家詹姆斯·库克最先发现并登上这座岛屿。1808 年，英国传教士为逃脱塔希提岛的动荡，来到了胡阿希内岛，但他们只待了一年。1818 年，传教士们又回到胡阿希内岛，并进一步传播基督教。胡阿希内岛上的居民富有强烈的独立精神和爱国精神。1844 年，胡阿希内岛上的勇士们积极抵抗法国侵略者的入侵，随后投身于一系列的小战斗之中。直到 1897 年，法国吞并了胡阿希内岛。[1] 1946 年，胡阿希内岛划为法属波利尼西亚的领地。[2] 如今，岛上的居民仍以祖先茂希（Maohi）为荣，富有强烈的自豪感，岛上飘扬着众多红白相间的茂希旗帜，以缅怀历史。

地理

胡阿希内岛长 16 千米，宽 13 千米，面积约 75 平方千米，人口为 6303 人。

胡阿希内岛由两个岛组成，分别是胡阿希内岛努伊（也称大胡阿希内岛）和胡阿希内伊蒂（也称小胡阿希内岛），二者通过一座跨环礁湖的桥连接起来。两个岛上一系列的高山是坍塌的火山残余。最高峰是胡阿希内努伊的图瑞山，高 670 米。胡阿希内岛的最北面是法乌那湖，除了一个通向环礁湖的狭长的海峡之外，几乎都被陆地包围着。胡阿希内岛有两个海湾，分别是西部的波瑞那海湾和东部的玛汝阿海湾。

胡阿希内岛属于热带气候地区。每年 11 月到次年 4 月是湿季，气温为 27℃—30℃，温暖湿润；每年 5—10 月是干季，气温为 24℃—28℃，清凉干爽，是旅游的高峰时期。

---

① Fodor's 编写组编:《大溪地》，孙伟译，电子工业出版社 2010 年版，第 134 页。

② Flyingtoaster paragliding and kitesurfing association :《Huahine》，http://flyingtoaster.ovh.org/huahineangl.htm，查阅时间：2016 年 2 月 18 日。

胡阿希内岛的主要城镇有法雷（主要的居民点）、玛阿瓦（胡阿希内岛的历史文化中心）、费埃阿（有"神圣鳗鱼"之称）、玛汝阿、帕黑阿、特法阿伊。

经济

胡阿希内岛的主要产业是农业，居民以种植香草、木瓜为生，主要农作物还有椰子、香蕉、面包树、西瓜等。

胡阿希内岛旅游业发展较为缓慢，接待的游客量要少于莫雷阿岛和波拉波拉岛。岛上只有两家酒店和若干个小旅馆，商业化水平不高。胡阿希内岛的官方货币是太平洋法郎，也可以使用欧元。

文化

胡阿希内岛居民多信仰基督教，岛上建有多座神庙和教堂。胡阿希内岛的官方语言是法语，在一些旅游景区也可以讲英语，当地居民也讲波利尼西亚语。

在每年 10 月底，胡阿希内岛上会举行一场南太平洋最为隆重的独木舟比赛。胡阿希内岛是整个赛程的起点，上百条独木舟从西海岸出发，划过环礁湖，奔向瑞亚提亚岛，三天后到达终点波拉波拉岛，比赛场面极其壮观。

旅游

胡阿希内岛的自然景观丰富。这里拥有上百种花卉，茂盛的热带丛林，广阔的海湾，蔚蓝的环礁湖。这里还有一个巨大的有机花园和果园，它是由园艺师兼环保主义者吉勒斯特哈乌帕兹于 1986 年建立的。这是个自给自足的公园，里面有很多热带水果树和药用植物，公园充分利用了园中的可再生资源，并进行着其他生态学实验。游客可以在这里品尝到烧香蕉、香草味朗姆酒和由 10 种热带蔬菜做成的沙拉。在北海岸的费埃阿里有一种珍奇的蓝眼睛鳗鱼，它们生活在北海岸的费埃阿村，当地人们常年不停地喂养这些鳗鱼，慢慢的把它们当成了小宠物——很多旅行社都把这一项活动包括在环岛旅行项目之中。①

　　胡阿希内岛的人文景观也很丰富。在法乌那湖东南岸有很多重要的考古遗迹和古代神庙遗址，其中玛泰瑞希神庙是胡阿希内岛上最重要的神庙，常用来举行人祭等庄严的宗教仪式。在法乌那湖湖畔上还有一座法阿珀特博物馆，它曾是一座会议屋，馆内陈列有古代的工具、纺织布和一些历史图片，展现了波利尼西亚人古代的生产生活方式。

　　胡阿希内岛的娱乐活动也有很多，有冲浪、潜水、帆船、钓鱼、远足、骑马等。胡阿希内岛是冲浪爱好者的聚集地。在法雷和费提伊以及南边的帕黑阿的海边，暗礁带来常规性的海浪，吸引了来自全世界的冲浪运动爱好者。胡阿希内岛上被珊瑚布满的环礁湖是浮潜的理想场所。潜水者可以在一群暗礁鱼的伴随下探索海底世界，还可以在深水洞穴中看到魟鱼、梭鱼以及鲨鱼。

土阿莫土群岛

地名由来

　　土阿莫土群岛，英语名称为 Tuamotu Archipelago，简称 Tuamotus；法语名字为 Archipel des Tuamotu，简称 Îles Tuamotu，曾译作土亚摩突群岛，亦称低群岛（Low Archipelago）。土阿莫土的意思是"大洋背上的岛屿"，常被人比喻为鲸鱼露出水面的背部。② 该群岛最初被塔希提人称为"Paumotus"，意为"服从的岛屿"，后来法国将之改为 Tuamotus，意为"遥远的岛屿"。

区位

　　土阿莫土群岛位于法属波利尼西亚东部，西为社会群岛，北为马克萨斯群岛，东南为甘比尔群岛。

---

① Fodor's 编写组编：《大溪地》，孙伟译，电子工业出版社 2010 年版，第 130 页。
② Fodor's 编写组编：《大溪地》，孙伟译，电子工业出版社 2010 年版，第 148 页。

历史

根据考古调查，公元 8 世纪左右，来自社会群岛的波利尼西亚人在土阿莫土群岛的西部登陆并定居。1521 年，费迪南·麦哲伦在环球航行中首次发现群岛东北的失望群岛。其后，包括约翰·拜伦（John Byron）和詹姆斯·库克等人在内的许多西方航海家相继来到这里。但是，这些西方探险家都没有占领该群岛，因此这里始终处于塔希提王国的影响范围内。1880 年，塔希提国王波马雷五世（Pōmare VI）被废黜，土阿莫土群岛随之并入法国属下。1881 年，土阿莫土群岛与其相邻的甘比尔群岛一起组成土阿莫土—甘比尔行政区（法属波利尼西亚的五大行政区之一）。

1947 年 7 月 30 日，为了证明波利尼西亚人可能来自古代秘鲁，挪威探险家托尔·海尔达尔和他的 6 名队员乘坐仿古的木筏"康提基"号，经过 101 天的航行抵达拉罗亚环礁，土阿莫土群岛便成了世界各地的头条新闻。1966 年至 1996 年，法国将群岛南端的穆鲁罗瓦环礁和方加陶法环礁作为核武器试验基地，进行了 193 次核试验，留下了不可磨灭的印记。

地理

土阿莫土群岛的陆地面积约 850 平方千米，海域面积广阔，和整个西欧相当，是世界上最大的珊瑚环礁群。土阿莫土群岛人口总数为 1.5 万。

土阿莫土群岛由 71 个珊瑚环礁和 5 个珊瑚岛组成，大致呈西北—东南走向，从最东北的马塔伊瓦环礁到东南的马鲁特阿环礁和莫拉内环礁，绵延约 1500 千米。土阿莫土群岛上有一种罕见的地貌——塔亚罗环礁，该环礁潟湖完全封闭，深且多沙。1977 年，联合国教科文组织正式宣布塔亚罗环礁为生物圈保护区。土阿莫土群岛的环礁和岛屿都是由生长在海底火山上的珊瑚礁形成，地势十分平坦，海拔皆在 10 米以内。

土阿莫土群岛只有 57 种鸟类，但都是该地所特有的，其中包括土阿莫土翠鸟、土阿莫土苇莺和土阿莫土鹬等 13 种濒临灭绝的鸟类。

土阿莫土群岛属于热带海洋气候地区，没有明显的季节变化。温和宜人，年平均气温为 26℃，降水丰富，年平均降雨量为 1400 毫米，9 月和 11 月的降水量较小。

土阿莫土群岛包括7组子群岛，7组子群岛，分别是帕利瑟群岛、拉耶夫斯基群岛、乔治王群岛、失望群岛、格洛斯特公爵群岛、双子群岛和阿克蒂恩群岛。但这些群岛并不能涵盖所有的环礁或岛屿。

经济

土阿莫土群岛土壤稀松，植被种类简单。农业生产自给自足，主要的经济作物是椰树，在一些环礁岛屿，也种植香草。主要的农作物还包括山药、芋头、面包果以及各种热带水果。

与社会群岛相比，土阿莫土群岛的旅游业收入微薄。最主要的旅游项目为水肺潜水和浮潜，主要集中在旅游基础设施比较齐全的伦吉拉环礁、马尼希环礁和法卡拉瓦环礁等地。

土阿莫土群岛盛产黑珍珠，该地的珍珠养殖已有上百年的历史。早在1818年，群岛上就出现了珍珠贝的交易。到19世纪后期，群岛出产的珍珠已流向欧洲市场。20世纪60年代，群岛上建立了黑珍珠养殖场，环礁的潟湖为珍珠养殖提供了天然优良的条件。如今，该群岛的黑珍珠产量极高，约占世界产量的95%，珍珠养殖成为土阿莫土群岛重要的经济来源。

文化

土阿莫土群岛居民多信仰天主教，群岛上建有多座天主教教堂。土阿莫土群岛的官方语言是法语，但当地人多使用方言，除普卡普卡环礁上的居民使用马克萨斯语外，其他地区均使用土阿莫土语。

在每年的5月，土阿莫土群岛会举办一场隆重的独木舟比赛。

旅游

土阿莫土群岛自然景观秀丽，有优美的潟湖，清澈的环礁湖，茂密的丛林。在朗吉罗雅岛上有座南太平洋唯一的葡萄园。园里生产红葡萄、白葡萄和玫瑰葡萄，游客可以在此参观酒窖，免费品尝葡萄酒。该岛的阿瓦图汝和提浦塔入海口是世界上漂流潜水的最佳地点。潜水者可以下潜到环状珊瑚岛的海底激流中，可以看到引人入胜的海底景色，有巨大的濑鱼、玳瑁海龟、鳐（一种体大而扁的海鱼，尾长而尖）、海豚以及各种各样的鲨鱼。

　　土阿莫土群岛的服务场所较少，住宿设施简单。整个群岛上只有五家规模较大的旅馆和若干个各具特色的私人旅馆，能为来此旅游的潜水爱好者和漂流者们提供住宿房间。在群岛的主要岛屿上还有几家珍珠饰品店和纪念品店，出售珍珠饰品、手工艺品、缠腰花布、塔希提衬衫以及其他杂货。

　　土阿莫土群岛的主要交通方式是航空。群岛共建有 38 个机场（包括 4 个私人机场），其中最大的机场位于原核试验后勤基地的豪环礁。土阿莫土群岛烟波浩渺、海域广袤，但航运并不便捷。除了一些拥有深广的潮汐通道的环礁外，大部分环礁或岛屿的地形都不允许船只直接靠岸停泊，一些没有码头的环礁只能通过驳船才能登陆。由于多数环礁由很多相隔着浅滩或通道的岛屿构成，因此公路建设仅限于某些人口聚居的主岛上。一些环礁相邻的主要岛屿通常有混凝土大桥连接，比如建有群岛最长桥梁的马塔伊瓦环礁。

库克群岛

　　库克群岛，英文名称为 The Cook Islands，其命名起源于其发现者詹姆斯·库克船长。库克群岛位于南太平洋，东邻法属波利尼西亚，西邻纽埃。库克群岛面积为 240 平方千米，人口为 1.7 万人。库克由 15 个岛屿和岛礁组成，主岛为拉罗汤加岛，岛上分为 5 个区。拉罗汤加岛以外的其他有人岛屿被划分为 10 组，并相应地设置了 10 个岛屿委员会。部分岛屿委员会辖区划分为若干个区。主要城市为阿瓦鲁阿等，主要岛屿包括拉罗汤加、艾图塔基、马尼希基、阿蒂乌等。

拉罗汤加

地名由来

　　拉罗汤加，英文名称为 Rarotonga，是库克群岛的主岛，也是全国的政治和商业中心。约 1400 年前，马克萨斯群岛的汤加艾提（Tongaiti）来到此岛，为它取了第一个名字 Tumu Te Varovaro，意思是"回声的来源"。13 世纪初，塔希提的 Tangi ia 酋长和萨摩亚的 Karika 酋长统治了该岛，并为之命名 Rarotonga。一说"raro"意味着西，"tonga"意味着南；一说"raro"意味着沿着，"tonga"意味着南。所以，两位部落首领可能以到达拉罗汤加岛的航行方向命名的。

区位

拉罗汤加位于库克群岛南部，东北距新西兰 3400 千米，四面环海，为库克群岛的最大岛屿。东南临玛娜加岛，北临艾图塔基岛，东北与阿蒂乌岛、马克岛、塔库提岛和玛努艾岛隔海相望。首都阿瓦鲁阿在拉罗汤加北岸中部。

历史

据口耳相传，拉罗汤加 1500 多年前就有人类活动的遗迹。据考证，位于拉罗汤加穆里海滩的古代遗迹已有 1500 年的历史。第一个发现拉罗汤加岛的人是来自法属波利尼西亚马克萨斯群岛努库西瓦的汤加鲁瓦。约 1400 年前，他划着独木舟来到此岛，但没有停留，而是按原路返回努库西瓦。后来，他的儿子和孙子也分别来到该岛。他的儿子汤加艾提（Tongaiti）为这个岛屿取了第一个名字 Tumu Te Varovaro。之后，拉罗汤加迎来了马克萨斯群岛和社会群岛的岛民，他们成了拉罗汤加的第一批定居者。但是这一批岛民并没有为拉罗汤加留下早期的历史记载。11 世纪修建的阿拉·梅图亚内陆通道是拉罗汤加有记载以来最早的历史锚点。13 世纪初，塔希提的 Tangi ia 酋长和萨摩亚的 Karika 酋长同时来到了拉罗汤加岛，经过一番战斗，二人协商共同统治这片领土，建立了六个部落。

1595 年，西班牙航海家阿尔瓦罗·德·门达尼亚（Álvaro de Mendaña de Neira）发现库克群岛，自此西方殖民势力逐渐向库克群岛渗透。1789 年，英国轮船"邦蒂"号发生哗变，反抗分子为逃避追捕，来到拉罗汤加岛，成为该岛第一批欧洲定居者。1814 年，来自欧洲的船长飞利浦·古迪纳夫（Philip Goodenough）率领"坎伯兰"郡号船员登陆拉罗汤加，目的是寻找檀香木，在逗留期间与岛民发生流血冲突，几位船员和古迪纳夫的女性同伴被杀。1821 年，传教士约翰·威廉姆斯（John Williams）从艾图塔基岛出发开始寻找拉罗汤加岛。1823 年，威廉姆斯登陆拉罗汤加岛，并花费了几年的时间在此传教并取得成功。1827 年，查尔斯·皮特曼（Charles Pitman）等一批传教士到达拉罗汤加，在此永久定居。他们将《圣经》翻译成毛利语，建立了新式的村落，将教徒重新安置以隔断他们与原始宗教的联系，拉罗汤加逐渐成为库克群岛的政治和宗教中心。

1843 年，法国对塔希提和社会群岛进行了武装占领，这引起拉罗汤加部落族长的高度紧张，他们请求英国的庇护，但遭到拒绝。1858 年，玛奇亚·纽·丹妮拉·阿里基统一了拉罗汤加岛，在岛上建立了第一个统一的拉罗汤加王国。1888 年，拉罗汤加成为英国的保护地，阿瓦鲁阿发展成为全国的首都、宗教和经济中心。1890 年，阿瓦鲁阿成为全国的行政和教育中心①。1893 年，拉罗汤加王国改名为库克群岛联邦；1901 年，成为新西兰属地。1962 年，库克群岛获得有限自治权；1964 年，实现内部完全自治，享有完全的立法权和行政权；1989 年，成为独立主权国家。

地理

拉罗汤加面积为 67.19 平方千米，周长为 32 千米，人口 1.3 万人，约占全国人口的 74%，是库克群岛诸岛中人口最多的岛。岛上有阿拉梅图亚古道和现代公路平行环绕，阿拉梅图亚古道长约 29 千米，环岛公路长约 39 千米。

拉罗汤加为椭圆形火山岛，周围是细软的沙滩，珊瑚礁散布在沙滩周围的无垠碧波中，山麓布满灌木丛，数条小溪流向大海。拉罗汤加中部为山地，四周为平原，全国最大的两座死火山特拉曼加山和阿图库拉屹立在岛中央。特拉曼加山海拔 658 米，是岛上的最高点，拥有陡峭的山谷、狭窄的山脊和崎岖的山丘，覆盖着茂密的丛林，热带果木研究所和南太平洋大学拉罗汤加分校就坐落在山坡上。

拉罗汤加为热带雨林气候，每年 5—10 月为冬季，气温为 18℃—28℃；11 月至次年 4 月为夏季，温度为 21℃—31℃，土壤肥沃，盛产柑橘等热带、亚热带水果。

拉罗汤加岛现划分为阿瓦鲁阿区、阿罗朗吉区、马塔维拉区、恩格汤加区、塔提卡维卡区五个区，阿瓦鲁瓦是库克群岛的首都所在地。

经济

拉罗汤加经济结构单一，主要以农业和轻工业为主。农业以生产柑橘、

---

① Brij V.Lal，Kate Fortune：*The Pacific Islands*，University of Hawai'I Press，2000，p.93.

菠萝、椰子、香蕉等热带、亚热带水果为主；轻工业主要为手工艺品制作，如草帽、木雕、沙龙、刺绣等。

1973年，阿瓦鲁瓦有了国际航空线后，旅游业慢慢发展起来。现在经济以旅游业为主，但仍需要官方援助，大部分外援来自新西兰和澳大利亚[1]。货币为库克群岛元和新西兰元。

文化

毛利人占拉罗汤加人口总数的88%，他们保持着波利尼西亚文化的传统特色，同时又受西方文化的影响。在岛上既可以看到非常美丽的教堂，也可以体验到浓厚的毛利文化。

毛利人属波利尼西亚人种，他们世代居于岛上，居民69%信奉基督教新教，15%信奉罗马天主教。基督教已渗透到库克人的生活中，每周日10点到12点为礼拜时间。通用语言为毛利语和英语。库克人喜欢跳舞，他们被称为波利尼西亚最棒的舞蹈演员，只要有新人结婚、孩子出生、宗教活动或者战争胜利，都可以看到库克人热情洋溢的舞蹈。传统舞蹈包括祈祷舞、鼓舞和教堂歌舞，男人主要以敲击腿部为主，女人主要以舞动臀部为主。文身是库克群岛的著名艺术珍品，不同的花纹代表不同的含义。

每年的8月初，有库克群岛最为著名的文化活动Maeva Nui Festival，这个文化节庆自1965年以来每年举行一次，是为庆祝库克群岛的独立而设立。每年11月举办赏花节比赛，体现岛国人对美的追求。重要的节日还有宪法日庆典即国庆日，时间为每年的8月4日；福音日庆祝活动，拉罗汤加7月25日举办，其他岛屿为10月26日。

旅游

拉罗汤加四季鲜花飘香，果树遍布，被誉为"花果之乡"。这里有令人羡慕的热带雨林气候，全年适合旅游。这里拥有众多的自然和人文旅游资源，旅游业是其主要的经济来源，游客主要来自欧洲、新西兰和北美。这里有世界排名第七位的穆里海滩，也有清澈蔚蓝的穆里潟湖和多样性的生物资源。

---

[1] 王胜三、陈德正：《一带一路列国志》，人民出版社2015年版，第386页。

拉罗汤加环岛一周只有 32 千米，自驾车环岛旅行是游客非常热衷的旅游方式。在库克群岛基督教堂里，游客可以聆听唱诗班美妙的歌声，它被称为"南太平洋岛上的天籁歌声"。在瓦拉文化村、高地文化村以及每周六热闹非凡的普纳加市场上，游客可以了解深邃的毛利传统文化。阿瓦鲁阿拥有众多的酒吧和夜店，夜生活相当丰富。拉罗汤加还有许多美丽而舒适的度假村和精致的餐厅，它们将拉罗汤加的美诠释得淋漓尽致。

拉罗汤加拥有令人震惊的手工艺制品，最有名的是草帽、木雕、沙龙、刺绣等，另外独木舟、鼓、尤克里里也是非常受欢迎的物件。在拉罗汤加还可以购买到珍贵的黑珍珠，它是这里的特色纪念品。

拉罗汤加岛的交通较为便利。在拉罗汤加岛阿瓦鲁阿区，市中心以西 3 千米，有拉罗汤加国际机场，是库克群岛的主要国际门户航空枢纽，可供波音 747 飞机起降。阿瓦鲁阿港口位于库克群岛北海岸中部，近萨摩亚群岛的东面，为库克群岛主要港口。港区主要码头泊位岸线长 91 米，水深为 5.4 米，能停靠小型沿海船舶和商船。

艾图塔基

地名由来

艾图塔基，英文名称是 Aitutaki。关于艾图塔基名称的由来，有这样一种说法：早期波利尼西亚的航海家 Ru 率领他的子民来到了此岛，为它取了第一个名字 Ararau'Enua O Ru Ki Te Moana，意为"Ru 在海上发现了这个岛"；后来名字变为"Aitutaki"，意为"让火延续下去"，但是旧名字仍在传说和歌谣中沿用。

区位

艾图塔基为库克群岛南部岛礁，是库克群岛中仅次于拉罗汤加的第二大旅游胜地。西北临帕默斯顿岛、东南临玛努艾岛、北距拉罗汤加岛 259 千米。

历史

大约在公元 900 年，波利尼西亚航海家 Ru 登陆艾图塔基岛，成为在艾图塔基定居的第一人。他原本生活在波利尼西亚的阿瓦基，阿瓦基由于人口增多而变得拥挤，所以 Ru 率领他的家人、20 名皇家少女和他的船员，开始了寻找新大陆的航行，最后到达艾图塔基岛。Ru 把这座岛分成 20 份，20 位皇家少女一人一份，但是他完全忘记了他的兄弟。他的兄弟们生气地离开，去了新西兰。后来，来自汤加、萨摩亚和法属波利尼西亚不同岛屿的人乘独木舟来到艾图塔基，追随 Ru 的领导，每一个新组织的人为了在岛上有可供定居的土地，必须接受 20 个少女或他们的后代的领导。1789 年 4 月 11 日，邦蒂号船长威廉·布莱（William Bligh）发现艾图塔基。1821 年，约翰·威廉姆斯来到此岛，留下 Papeiha 和 Vahapata 两位来自塔希提的新传教士后就离开了，两位传教士开始在艾图塔基传播基督教。1823 年，威廉姆斯回到艾图塔基，岛上的布教工作已取得了巨大成功，于是威廉姆斯前往拉罗汤加布教。1828 年，两位传教士在艾图塔基建立了"库克群岛基督教堂"，现为库克群岛最古老的教堂。

1831 年，查理·达尔文乘"贝格尔"号开启了长达五年的航行，1835 年曾到达艾图塔基。1850 年，艾图塔基成为最受太平洋捕鲸者欢迎的港口。1900 年 10 月 8 日到 9 日，拉罗汤加岛和其他岛屿的首领同英国签署了割让协议，然而，这些岛屿中并不包括艾图塔基。1900 年 10 月 9 日，艾图塔基正式被英国吞并，是库克群岛唯一被吞并而不是被割让的岛屿。

1942 年，新西兰和美国部队驻扎在岛上，建造了双向空军跑道。1942 年 11 月 22 日，第一架飞机——美国轻型轰炸机在机场着陆。1950 年，艾图塔基潟湖曾被用作塔斯曼帝国航空有限公司飞行船在珊瑚路线上的一个中途着陆点。在飞机加油期间，旅客会在阿卡阿米岛上休息，这项行动在 1960 年被终止，唯一留下的遗迹是阿卡阿米岛上的专用码头。1974 年双向跑道规模超过了拉罗汤加机场的跑道。2010 年 2 月 10—11 日，艾图塔基岛遭到飓风"帕特"袭击，60% 的房子遭到破坏，没有人员死亡，少数人员受伤，新西兰向其提供了 200 万美元的援助。

地理

艾图塔基面积 18.05 平方千米，人口为 2194 人。

艾图塔基由艾图塔基环礁和一系列小礁屿组成，15 个小岛中有 2 个是火山岛，其余是珊瑚岛。其中主岛占地 16.8 平方千米，奥图半岛（Ootu）占地面积 1.75 平方千米。一个三角形的礁石组成了艾图塔基的潟湖，潟湖面积 74 平方千米左右，东侧由包括曼格瑞、阿卡阿米、特库帕在内的小岛屿组成。

艾图塔基北部的曼卡山高 124 米，为艾图塔基的最高点，徒步大约 30 分钟可到达山顶，在山顶可以俯视整个艾图塔基潟湖。西岸的阿鲁坦加为主要居民点，建有小型海港。在三角形礁石的北端，是艾图塔基机场。

艾图塔基属热带雨林气候，终年温暖，平均气温在 23℃—29℃ 之间，土壤肥沃，盛产香蕉、柑橘等热带水果和蔬菜。

艾图塔基有阿穆里、耶利亚、阿鲁坦加、Reureu、尼卡帕拉、瓦帕、塔图、瓦培卡八个村。

经济

艾图塔基经济结构简单，以旅游业为主，农业和渔业为辅，农业产品主要有干椰肉、香蕉、菠萝、木瓜、芋头和柑橘等，是库克群岛最好的渔业岛。

至今艾图塔基的经济仍需要官方援助，大部分外援来自新西兰和澳大利亚。货币为库克群岛元和新西兰元。

文化

艾图塔基人大多数为毛利人，属波利尼西亚人种。艾图塔基既是库克群岛接受基督教的第一个岛屿，也是唯一被吞并而不是被割让的岛屿，在文化上深受基督教的影响，同时又保留了其独特的文化，基督教与毛利文化碰撞交融，形成了璀璨的艾图塔基文化。威廉姆斯为了在艾图塔基传播基督教，让岛民放弃跳舞和打鼓，然而强大的波利尼西亚基因并没有屈服，艾图塔基的鼓点是库克群岛最佳的，它的"火舞"美得令人惊讶。艾图塔基人被称为"最外向的库克人"，他们热情、好客、真挚、大方。

在古代，毛利人会为 12—13 岁的男孩子举行一个叫"Superincision"的宗教仪式。艾图塔基的住房皆用泥土和椰叶搭建，每个村庄都有毛利会堂、运动场和水箱，因全岛生活用水大都靠雨水，水箱成了岛上的一景。岛上面包树、木瓜树、木棉树、香蕉林和椰林随处可见，岛民房前屋后和街道两旁大多种植果树和鲜花。按当地习俗，已故亲人葬于房舍旁边的花圃里或教堂前院的公墓内。岛民生活简朴，习惯抓饭进食。妇女喜戴由鲜花和绿叶编织的花环。迎客时，除赠送花环、行碰鼻礼外，还给男女宾客耳边插上一朵黄色或白色的花朵。艾图塔基人热爱运动，最流行的运动是橄榄球、无挡板篮球和排球。

在艾图塔基，每年九月都有"国际风筝冲浪比赛"，重要的节日有宪法日庆典即国庆日，时间为每年的 8 月 4 日。

在艾图塔基有几所学校，Araura 学院是艾图塔基唯一的中学，从七年级到十二年级大约共有 200 名学生。岛上还有两所官立学校和一所教会学校：Araura 小学、Vaitau 小学和 Tekaaroa 小学。这些小学都设立在人口密集的区域，在所有的学校里面，Araura 是较大的一所小学。Tekaaroa 小学是一所指定的基督复临安息日特殊私立教会学校，学生主要为岛上的基督复临安息日儿童。Vaitau 的学生主要来自 Vaipae 和 Tautu 村庄。

旅游

艾图塔基岛是个美丽宁静的小岛，以蓝色珊瑚礁著名，是潜水者的天堂。这里有被 CNN 评为世界排名第二的海滩大脚岛，有著名的欧图海滩，有被称为"蜜月岛"的麦纳岛，还有绝美的蓝绿色的潟湖。游客可以在潟湖上巡游、趴趴板、独木舟或者风帆冲浪，在艾图塔基东侧进行浮潜和游泳，抑或在沙滩上的椰子棚中就地野炊烧烤；也可以在艾图塔基最古老的教堂里聆听唱诗班美妙的歌声，在艾图塔基最大的神庙 Te Poaki O Rae 里拜访遗迹，在艾图塔基毛利人村庄里参观保留完好的宗教圣地，感受浓郁的带有宗教色彩的毛利人文化。

艾图塔基岛的娱乐设施较多。租辆摩托车环岛旅行，或者租辆皮艇沿环礁湖巡游，都是探索艾图塔基的一种旅游方式。除此之外，在艾图塔基度假村度假也是不错的选择。艾图塔基有 9 家中小型旅馆和别墅，艾图塔基潟湖水疗度假村是库克群岛唯一的私人岛屿度假村，全新的皇家蜜月泳池别墅、美丽的热带景观花园庭院，使之成为新婚夫妇绝佳的蜜月胜地。

艾图塔基的手工艺制品非常受欢迎，比较出名的有刺绣、木雕和草帽。

马尼希基

地名由来

马尼希基，英文名称是 Manihiki，马尼希基最初的名字是 Manuhiki，关于它的由来，有两种说法：一说是以发现者名字命名，Manu 是此岛发现者的名字，hiki 意为登陆；一说是以发现者出发地命名，最初发现该岛的人来自 Manihi，所以意思是"小马尼希"。1606 年，西班牙探险家佩德罗·费尔南德斯·德·基洛斯（Pedro Fernández de Quirós）发现此岛，将此岛命名为"Gente Hermosa"，意为"美丽的人"；1822 年 10 月 13 日，美国"好望角"号船长 Patrickson 航行途经此岛，将此岛命名为"汉弗莱岛"（Humphrey Island）；1928 年，诸多捕鲸船在此岛停留，给此岛取了很多名字，如 Great Gange Island、Liderous、Gland、Sarah Scott、Pescado；后在原始名字 Manuhiki 的基础上，逐渐变为 Manihiki。

区位

马尼希基隶属库克群岛北部环礁，东北临彭林岛，西南临苏瓦若岛、纳索岛，西临普卡普卡岛，北临拉卡罕加岛，南距拉罗汤加岛 1160 千米。

历史

马尼希基被称作拉卡罕加的"姊妹岛"，传说马尼希基和拉卡罕加以前是连接在一起的，拉罗汤加的 Huku 和波利尼西亚的 Maui 发现了此岛，二人为了争夺领地，进行一番争斗，后来把这里分为"马尼希基岛"和"拉卡罕加岛"。据考证，公元 900 年左右，波利尼西亚人就已在马尼希基居住。1606 年，西班牙探险家佩德罗·费尔南德斯·德·基洛斯发现此岛，并为此岛命名。1822 年 10 月 13 日，美国"好望角"号船长 Patrickson 航行途经此岛，并为此岛命名，同年此岛被美国占领。1849 年，基督传教士来到马尼希基，留下两名波利尼西亚的传教士在马尼希基布道。1852 年，大多数岛民已成为基督教徒。1869 年，Bully Hayes 抓走了马尼希基的大多数岛民，当时这些岛民被认为送去了拉卡罕加，事实上被送到斐济的农场做苦力。1889 年，英国和法国在太平洋的关系紧张，使得马尼希基的岛民感到了不安，他们与传教士闹翻，随后请求驻扎在塔希提的法国人接管此岛。当法国船舰要到达马尼希基时，传教士挂起了英国国旗，法国经过慎重考虑，没有登陆马尼希基岛就撤回了。1889 年 8 月 9 日，该岛成为英国保护地。1901 年，成为新西兰殖民地。

1937 年，岛上设立了第一个无线电台。1963 年 8 月，岛民为了寻找食物乘船离开马尼希基岛，前往拉卡罕加岛，不久到达拉卡罕加岛，并于 8 月 15 日离开，途中被暴风吹离航线。10 月 17 日，岛民在瓦努阿图的埃罗芒奥岛着陆，船上的七个人只有四个人幸存，其中来自陶胡努村的 Teehu Makimare 因其在航行中突出的领导能力和英勇精神，被英国溺水者营救会授予勋章。1980 年，美国同库克群岛签订条约，马尼希基岛独立。1997 年 11 月，马尼希基岛遭遇"马丁"飓风，包括陶胡努村和图考村在内的许多村庄都被破坏了，岛民为了求生，欲划船离开马尼希基岛，然而很多船最终沉没。神奇的是，在这场灾难中，只有 19 人丧生。飓风过后，大多数马尼希基岛民被疏散到拉罗汤加岛，在此重建村庄。

地理

马尼希基岛陆地面积 5.4 平方千米，潟湖面积约 20 平方千米，人口有 238 人。

马尼希基岛坐落在一个高 4 千米的海底山脉上，但是马尼希基岛地势平坦，多为沙土，土地贫瘠，岛上布满茂密的棕榈树和椰子树，岛上最高点只有 4 米。马尼希基岛是一个三角形的环状珊瑚岛，又称"马尼希基环礁"，由 43 个小岛屿组成。

马尼希基岛属于热带雨林气候地区，平均气温在 23℃—29℃之间。

马尼希基岛有两个部落：Matakeinanga、Tukufare，每个部落又分为七个次部落或组织。[①] 主要村庄是陶胡努村和图考村，陶胡努村位于马尼希基岛西部的小岛上，以珍珠雕刻闻名，图考村位于马尼希基东南部的小岛上，在其北部建有飞机跑道。主要码头位于陶胡努村附近潟湖的西侧。

经济

马尼希基岛经济结构单一，以珍珠养殖业为主，此外还有农业和旅游业，农业产品包括椰子、香蕉等，由于航班和机票原因，旅游业发展尚不完善。货币为库克群岛元和新西兰元。

文化

马尼希基大多数为毛利人，属波利尼西亚人种，大多数岛民信奉基督教。通用语言是拉卡罕加—马尼希基语和英语。由于马尼希基位于库克群岛北部，位置偏远，较少受外界打扰，所以马尼希基呈现给世人的是淳朴的马尼希基文化。马尼希基人至今仍保留着传统的生活方式，家庭观念对马尼希基人来说非常重要，这与毛利人古老的酋长制度有密切关系。每个家庭都有自己的族谱，传统的土地使用权和所有权继承完全依赖族谱。大家庭在马尼希基非常普遍，孩子常与祖父母一起生活。

马尼希基人十分热爱运动。2006 年 8 月，马尼希基岛曾举办过一次比赛 Purapura Games，彭林岛、拉卡罕加岛、普卡普卡岛、纳索岛和帕默斯顿岛的运动员都前来参加。马尼希基人热爱足球、篮球和橄榄球，在陶胡努村建有橄榄球场，每年的 5 月到 8 月会有橄榄球比赛。

旅游

马尼希基以黑珍珠和潟湖而闻名。这里有库克群岛最大的珍珠养殖场，有梦幻般美丽的马尼希基潟湖，还有丰富多样的海洋生物。游客可以在这里体验黑珍珠养殖的有趣过程，可以在潟湖上垂钓、巡游，在潟湖中浮潜，与鱼儿嬉戏，还可以在马尼希基潟湖别墅里，俯瞰马尼希基清澈湛蓝的潟湖，品尝可口独特的食物，体验静谧安逸的海滨度假生活。

---

① Manihiki：https://en.m.wikipedia.org/wiki/Manihiki，查阅日期：2016 年 2 月 6 日。

在图考海湾寄宿家庭里住宿也是不错的度假方式，在这里可以与岛民共处，真切体验淳朴的马尼希基风情。作为库克群岛主要的珍珠产地，黑珍珠自然是最恰当不过的纪念品。

阿蒂乌

地名由来

阿蒂乌，英文名称是 Atiu。传说最初发现此岛时，岛上只有鸟和昆虫，所以阿蒂乌又称为 Enua Manu，意为"鸟之岛"。

区位

阿蒂乌隶属库克群岛南部群岛，东北临米提阿罗岛，西北临塔库提岛，东南临马克岛，西南距拉罗汤加岛 187 千米。

历史

阿蒂乌人认为他们的祖先来自于主神 Tangaroa，在波利尼西亚被认为是海洋的守护神。大约在 14 世纪，塔希提人来到阿蒂乌，他们成为在阿蒂乌定居的第一批人。他们乘独木舟在一个名为 Ava Tapu 的地方登陆，在被称为 Orongo 的毛利人集会地定居。第一个发现阿蒂乌岛的欧洲人是詹姆斯·库克。他于 1777 年 3 月 31 日到达阿蒂乌，4 月 3 日登陆该岛，目的是寻找喂牛羊的食物。起初库克船长的船员们由于不了解阿蒂乌，不情愿登陆此岛，后因为船上有塔希提人，他们的语言与阿蒂乌人的语言十分接近，通过塔希提人与阿蒂乌人的沟通，库克船长最终决定派两名船员登陆阿蒂乌，两名船员被带到 Orongo，得到了岛民热情的款待，并把吃剩的食物带到船上。由于这些食物不适合喂牛羊，库克船长离开阿蒂乌，前往塔库提，并在那得到食物。

1823 年 7 月 19 日，传教士约翰·威廉姆斯在寻找拉罗汤加岛的途中发现并登陆此岛，阿蒂乌的最高首领罗根马塔恩·拿卡艾拉在毛利人集会地举办了一次聚会，在聚会上他让传教士挑战吃甘蔗，传教士吃完甘蔗后没有死亡，罗根马塔恩立刻下令烧毁岛上所有的神像，让岛民听从传教士的教导，岛民成为基督教徒。随后，威廉姆斯在罗根马塔恩的帮助下找到拉罗汤加岛。

1901年，阿蒂乌成为新西兰属地。1965年，成为库克群岛自治区的一部分。1970年，岛上建立了第一个机场，跑道太短且不能延长。1984年，岛民们自发组织在沙滩附近建立了一个更大的机场。2015年，中国向该岛提供了几台大型机器，使机场更完善。

地理

阿蒂乌陆地面积26.9平方千米，是库克群岛第三大岛，人口1300人。

阿蒂乌是一座火山岛，中部为丘陵，中央较高的区域由火山岩构成，十万年前曾发生过强烈的地质活动，形成了6米高的石灰石珊瑚礁——麦卡梯，麦卡梯包围着整个岛屿，宽度从50米到100米不等。岛屿四周为3米至6米高的低悬崖，有很多地方凹进去，形成小型的多沙海湾。岛上布满丛林和洞穴，环岛公路长约20千米。

阿蒂乌为热带雨林气候，终年温暖，平均气温在23℃—29℃之间。

在阿蒂乌岛中央有提纽伊、马普麦、纳格太尔如、阿拉、腾加汤伊五个村庄。

经济

阿蒂乌经济结构较为简单，经济以农业为主，旅游业尚处于起步阶段。主要农产品有咖啡、芋头、柑橘、椰子、菠萝等。

阿蒂乌有很长的种植咖啡的历史。在19世纪，传教士和商人把咖啡引进到阿蒂乌。到1865年，每年从库克群岛出口的咖啡价值达30000英镑。1890年，拉罗汤加受植物疫病的影响，咖啡产量下降，咖啡出口主要依靠阿蒂乌、马克和玛娜加亚。在两次世界大战期间，咖啡出口量下降甚至停滞。1950年，在新西兰常驻代理人罗恩索比（Ron Thorby）和库克群岛农业部门的监督下，阿蒂乌建立了新的咖啡种植园，原咖啡出口到新西兰，在那里加工和销售。1983年，咖啡业崩溃，政府将种植园留给阿蒂乌的土地所有者，土地由农民自己使用，几乎不再种植咖啡。1984年，随着阿蒂乌咖啡公司的成立，咖啡业逐渐恢复商业化。

文化

阿蒂乌大多数为毛利人，属波利尼西亚人种。阿蒂乌是一个较为传统的岛屿，至今仍保留着诸多传统文化。大多数岛民信奉基督教，在提纽伊村建有库克群岛基督教堂，在教堂礼拜中有严格的规定，妇女需要戴帽子，衣服必须遮住肩膀，且不能用鲜花装饰自己，男士不能穿短裤。

阿蒂乌至今保留着一种称为 Tumunu 的传统酒吧。在早期殖民时期，当地居民被禁止饮酒，Tumunu 随之产生。男人们隐藏在种植园里，用椰壳饮酒，随着时间的推移，饮酒逐渐合法，现在每一个村庄都有一个用于饮酒和社交的地方，游客很喜欢来这种地方，人们围着酒保而坐，互相传递用椰壳制作的微型酒杯，跟着乐器弹奏的音乐一起唱歌，在离开时要留下一部分捐款。

阿蒂乌人出生在阿蒂乌，也希望被埋葬在阿蒂乌，所以他们称自己为"阿蒂乌的寄生虫"。在阿蒂乌有这样一个习俗，即新生儿的胎盘需要埋在一个新栽的树下。阿蒂乌有着悠久的用塔帕纤维布进行传统绘画的历史，岛上还种着塔帕花，这种花在拉罗汤加十分受欢迎。

每年的 7 月 19 日为阿蒂乌岛的"福音日"，在这一天通常会有传统戏剧表演。

旅游

阿蒂乌是一个生活节奏比较慢的岛屿，游客会在岛民的热情和景色的秀丽中忘却城市的喧嚣，尽情感受阿蒂乌的静谧。阿蒂乌的独特之处在于岛上有众多洞穴，最为著名的是阿娜塔基塔基洞穴，洞口周围布满灌木丛和榕树，洞穴内有钟乳石和石笋，还有美丽的地下泳池。阿蒂乌又被称为"鸟之岛"，岛上有各种珍奇的鸟类，最为独特的是金丝燕，只有在阿蒂乌才可以找到这种鸟，金丝燕将巢筑在洞穴中，像蝙蝠一样通过回声定位在黑暗中找到方向。此外，人们可在咖啡种植园采摘咖啡，亲身体验研磨咖啡，品尝当地世界级水准的咖啡。

在阿蒂乌中心村的郊外，有阿蒂乌别墅，这座别墅被一个热带花园包围，设有私人阳台、烹饪设施和独立浴室，徒步几分钟就可到达优质洁白的海滩，居住在阿蒂乌别墅会为度假增添不少乐趣。阿蒂乌最为著名的手工制品是塔帕和尤克里里琴。

汤 加

　　汤加，全名汤加王国，英文名称为 The kingdom of Tonga，位于太平洋西南部的赤道附近，西临斐济，西南与新西兰隔海相望，陆地面积约有 747 平方千米，水域面积 25.9 万平方千米，人口约为 10.6 万人，全国由 172 个大小不等的岛屿组成。汤加全国共划分为 5 个区，区下设 23 个县，主要城市为努库阿洛法、内亚富、庞艾等。

努库阿洛法

地名由来

　　努库阿洛法，英文名称为 Nuku'alofa。根据汤加的民间传说，1610 年左右，汤加国王图依·哈阿塔卡劳阿派他最小的儿子恩嘎塔（Ngata）去任希希福（Hihifo）的首领，因为前几任派去管辖的首领都死于希希福人手中，于是恩嘎塔与他叔叔努库（Nuku）和侄子纽卡素（Niukapu）商议是否要放弃汤加转逃到萨摩亚，后来，他们决定先在穆阿和希希福之间的沼泽区域停靠，再为登陆希希福做准备，并把沼泽区域命名为努库阿洛法，取意为爱的居所。该名由两个字组成，努库（Nuku），即居留的意思，阿洛法（Alofa），即爱的意思，努库阿洛法之名由此得来。

区位

努库阿洛法紧靠国际日期变更线西侧，是全球首个迎接新一天的城市。努库阿洛法位于汤加最大群岛汤加塔布岛的北部海岸，北临天然良港——努库阿洛法港，南邻卡纳泰阿岛，东临努库努库莫图岛，西临法泰，是汤加王国政府、王室所在地，也是汤加的工商业中心、交通枢纽和进出口货物的集散地。

历史

努库阿洛法的历史可以追溯到三千多年前，东南亚的拉皮塔人经过马来半岛和东印度群岛，迁移到南太平洋岛屿，其中一部分人到达努库阿洛法，为努库阿洛法打下了坚实的文化基础。1796年，第一批基督教传教士到汤加传教，但教会活动得不到当地人的承认，传教士还面临着生命危险，传教活动屡次失败。1826年，纳萨尔尼·特纳（Nathaniel Turner）等人将传教点定在了当时还是小村庄的努库阿洛法，传教活动开始取得突破性进展。

随着传教活动的深入开展，汤加塔布群岛上的旧势力日渐感到不安，哈阿哈维家族作为保守派，将基督教视为眼中钉，极力阻挠基督教在当地的传播，并企图破坏基督教传教点努库阿洛法，驱逐所有基督教徒。1837年，哈阿哈维家族发动内战，汤加北部岛屿哈派领主陶法阿豪（Taufa'ahau）率领众多战士重创哈阿哈维的部队，使对方承诺停止迫害基督教徒。然而陶法阿豪回到北方不久，1840年，内战再次爆发，陶法阿豪全速赶来，与英国军队共同遏止事态发展，最终迫使哈阿哈维投降。由于陶法阿豪在战争中的出色表现，1845年，努库阿洛法的领主阿里莫图阿去世前委任陶法阿豪为下一任领主，至此，陶法阿豪成为汤加三大岛屿的头领，也顺理成章地成为整个汤加的统治者。1852年，哈阿哈维家族在罗马天主教的支持下再次发动内战，然而战乱很快被平息，汤加得到最终统一，陶法阿豪成为乔治·图普一世，开启了大一统汤加图普王朝。1875年，汤加宪法中将努库阿洛法作为汤加的首都。

地理

努库阿洛法地势低平，平均海拔不超过30米，境内无河流。努库阿洛法的人口约为 3.6 万人，约占全国总人口的 35%，其中主要为汤加人，其余为其他太平洋岛国人、欧洲人、亚洲人及其后裔。

该地区属热带雨林气候，年平均气温约为 27℃，从 5 月到 11 月，为干季，天气较干燥凉爽，最低气温不低于 18℃，从 12 月到次年 4 月，为雨季，天气较温暖湿润，常伴有暴雨和大风，是一年中降雨量最高的月份，也是飓风高发季节，这段时间气候比较湿润，但最高气温不超过 35℃。此地年平均降水量 1600—2200 毫米，气候宜人，拥有丰富的生物资源，尤以檀香木出名，每年都会有很多国外商人前来订购。

目前，努库阿洛法一共分为三个区，即科洛莫图阿、科洛弗欧和玛乌凡嘎。

经济

努库阿洛法经济结构简单，以农业为主，旅游业和渔业为辅，农产品主要有芋头、木薯、南瓜、香草、卡瓦、香蕉、椰子等。至今努库阿洛法仍需要依赖外援和侨汇，外援主要来自澳大利亚、新西兰、日本、中国、欧盟和亚洲开发银行。官方货币为潘加。

文化

努库阿洛法居民大都笃信基督教，也有少数人信奉天主教。官方语言主要为汤加语，英语的应用也较为普遍。努库阿洛法的节庆活动数量较多，除汤加全国性的节日（如国庆日、解放日、独立日等）外，当地最知名的节日是海拉拉节。节日期间，正值海拉拉花盛开的时节，会有大型的园艺品展览、鲜花盆景集市等活动，海拉拉小姐选举比赛也会在节日期间举行，值得一提的是，节庆期间将会举行国王生日庆典，届时整个节日氛围将达到高潮。努库阿洛法还有很多手工艺品，包括复杂的骨雕、木雕，精美的编织篮等。此外，这里还保留了许多传统文化，如拉卡拉卡舞、乌拉舞等。

旅游

旅游业是努库阿洛法的支柱产业，游客主要来自欧洲、新西兰、澳大利亚、美国等地。努库阿洛法的旅游资源非常丰富，既有风景迷人的自然景观，也有文化底蕴深厚的人文景观。自然景观主要有喷潮洞和哈安蒙加。喷潮洞是这里的特色景观，每当涨潮时，惊涛骇浪汹涌地拍向海岸，海水顺着礁石中成千上万的大小洞穴竞相喷涌出来，形成数十米的水柱在空中绽放，令人叹为观止。努库阿洛法郊外，有一座三石塔古迹，名叫"哈安蒙加"，是用巨大石块盖成的皇宫拱门，拱门的两侧是两块相当大的珊瑚巨石，高达5米，在这两块巨石之间，横搭着一条6米长的巨大石条，据考证，这一宏伟的建筑是1200年前建成的。还有一个由巨石制成的"日晷"，巨石重约40吨，顶端刻着一年最长的一天和最短的一天，并刻有太阳升起时刻的标记。

努库阿洛法人文景观众多，汤加王宫、自由卫斯理教堂、汤加国家文化中心、汤加国家博物馆和努库阿洛法大市场都集中于此。1867年，汤加王宫在乔治·图普一世的主持下修建而成，整座王宫面海而立，红顶白墙，一面有红十字徽的汤加王国国旗在王宫上空高高飘扬，看上去美丽而和谐。自由卫斯理教堂由卫理宗创始人约翰·卫斯理建于1778年，以取代原来的铸造厂礼拜堂，这座教堂连同卫理宗博物馆和约翰·卫斯理故居，吸引着来自世界各地的游客。汤加国家文化中心是由国际援助建立的，汇集了汤加两千多年的古老文化，展品包括汤加历史上的各种手工艺品、生活用品、饰品等，在参观的过程中，游客可以购买喜欢的展览物。文化中心内还有很多特色民俗表演，是了解汤加文化的另一种途径。汤加国家博物馆位于努库阿洛法市区，它既是一个博物馆、一座美术馆，还是一所研究型图书馆。馆内的藏品种类众多，有艺术品、摄影作品、文化展品、考古展品、书籍、杂志等，还设有拉皮塔陶器的永久展区，这些展品中不乏珍贵的陶器，有些甚至来自汤加王国皇家收藏，且经过一代代传承与保护，是了解拉皮塔文化艺术的珍品。此外，博物馆内还设有咨询室，配有专业讲解员，力争让参观者更好地了解汤加文化。努库阿洛法大市场是这座城市最著名的商品买卖集市之一，大市场上集结了汤加各地的蔬菜、水果、手工艺品、生活用品等，所售商品多种多样，是了解汤家人日常生活和习惯的好地方。

努库阿洛法的住宿设施类型多样，相对齐全，既有豪华的套房酒店，又有条件舒适的海滨旅社和青年旅店，可满足不同层次游客的住宿需求。努库阿洛法的娱乐设施较多，可以进行的旅游活动有野外露营、骑马、攀岩、潜水、海钓、冲浪、划船、观鲸等，游客可尽情欣赏波利尼西亚原生态天然美景，如蓝天、碧海、白沙、礁石、椰林、繁花、绿地等。

努库阿洛法是汤加重要的交通枢纽，拥有努库阿洛法国际机场、努库阿洛法汽车站和努库阿洛法港，交通较为便利。市内交通工具主要有出租车、公共汽车、有轨电车、自行车等。

内亚富

地名由来

在波利尼西亚文化中，有许多关于毛伊钓起海岛的传说，瓦瓦乌群岛就是其中之一。传说，毛伊的四个哥哥非常看不起他，都不愿意带毛伊出海钓鱼。于是他偷偷用祖先下颌骨制作了一个鱼钩，在晚间爬入哥哥们的渔船内，藏在甲板下。直到渔船开出很远后，哥哥们才发现毛伊。毛伊将渔钩扔入海中，念起咒语，渔钩逐渐沉入海底，他轻轻拉动渔钩，和哥哥们一起将鱼拉出水面，鱼被拉出水面后就变成了瓦瓦乌群岛（Vava'u）。

内亚富是瓦瓦乌群岛的行政、旅游中心，也是汤加的第二大港。以其著名港口——避难港而闻名。

区位

内亚富在汤加王国北部，瓦瓦乌群岛（Vava'u）南部，三面环海，临近瓦瓦乌岛等34个岛屿，周边多是无人居住、有白色沙滩的珊瑚岛。内亚富距汤加塔布岛约240千米，东西宽约2千米，南北长约1.5千米。

历史

1781年，西班牙航海家唐·弗朗西斯科·安东尼亚·穆尔勒（Don Francisco Antonia Mourelle）从旧金山到马尼拉时，偏离了传统航线，无意中登上瓦瓦乌岛，成为第一个发现瓦瓦乌岛并到达内亚富的欧洲人，这是在库克船长登上汤加塔布岛（1777年）四年后的事。其实库克船长早就知道瓦瓦乌岛，只是当他抵达汤加王国第二大群岛——哈派群岛时，被岛民告知瓦瓦乌并不是个好地方，所以库克船长才没有去。当穆尔勒将船驶入内亚富内湾时，发现这里竟是一个天然良港，海湾外的海岬与小岛形成天然的屏障，使得湾内风平浪静，因此他将泊船处命名为避难港。虽然穆尔勒宣称瓦瓦乌岛归属于西班牙领土，然而西班牙从未占领或殖民此岛。到了19世纪中叶，内亚富联合附近诸小岛加入汤加王国，成为汤加王国的一员。

地理

内亚富（Neiafu）陆地面积为11.42平方千米，海拔高度约19米，人口约为4200人，内亚富所在的瓦瓦乌群岛东西宽约21千米，南北长约25千米，总陆地面积约为115平方千米。瓦瓦乌群岛总人口约1.6万人。瓦瓦乌岛是该群岛面积最大的岛屿，陆地面积为89平方千米，有良好的避风港、机场和独特的海岸洞穴。内亚富是瓦瓦乌群岛的行政中心，是汤加第二大港。内亚富为热带雨林气候，全年气候炎热，分干湿两季，年降水量可达2000毫米以上，季节间温度变化不大。

经济

内亚富经济结构单一，以农业为主。群岛土壤肥沃，农产品以谷物、面包果、甘薯为主。由于地处偏远，大部分岛屿无人居住，只有极个别岛屿有小村庄和度假村，多数居民过着自给自足的简朴生活。2005年，詹尼弗和她的父亲约翰·罗斯来到瓦瓦乌群岛，建立了香草兰种植园，给当地村民提供了大量的就业机会。后来，该种植园逐渐发展成为亚太地区最优质香草兰产地，盛产的香草兰以独特的香味、光泽和饱满度闻名世界。当地还广泛种植诺丽果，并建有大大小小的工厂，将诺丽果榨汁、装瓶、集箱后销往海外。内亚富航空机场的修建促进了旅游业的发展，使其逐步成为当地经济的支柱产业。内亚富的经济目前仍需外来援助，外援主要来自欧盟、澳大利亚、新西兰等地。

文化

内亚富种族复杂，以汤加人为主，还有部分欧洲人、印度人和其他太平洋岛国人等。当地居民多信奉基督教新教，也有少数人信奉天主教。官方语言为汤加语，英语在当地的使用也较为普遍。

旅游

相对于其他知名的南太平洋岛屿，内亚富就像是一处尚待开发的处女之地。岛上自然景观风光独特，有几十处小海湾，湾内海水湛蓝透明，珊瑚千姿百态，有"小夏威夷"之称。海边还有许多石灰岩溶洞，每当海浪袭来，海水就会穿过洞孔向空中飞溅，高达十多米，溅起的水花晶莹夺目，令人心旷神怡。最为壮丽的溶洞景观要数"燕洞"，燕洞高约 30 米，周长 60 多米，仿佛一座瑰丽的大厅，每当阳光从洞口射入，海水就会被倒映在洞内的四壁，呈现出一派五光十色、光怪陆离的景象。在内亚富旁有一座山峰名为塔劳山，这座山峰海拔 131 米，是瓦瓦乌群岛海拔最高的山峰，山顶视野极佳，可以俯瞰内亚富及避难港等地。

内亚富的人文旅游资源也十分丰富，如带有当地特色的民族舞蹈，精美的手工艺品等。每年的 6—10 月是瓦瓦乌群岛鲸鱼回游的高峰期，期间会有成群的座头鲸回游到此交配、分娩犊鲸，游客可以在此观看"鲸鱼表演"，听鲸鱼"唱歌"，还可以参加 9 月下旬举办的垂钓比赛。

除此之外，在临近内亚富的庞艾莫图岛南岸的海纳库阿和丽萨海滩，游客可以参加每周定期举行的餐宴，品尝当地的特色食物，了解当地的民族文化。由于在淡季旅游可以避免拥挤的人群，节省费用，因此即便是淡季，瓦瓦乌群岛也吸引着大量游客的前来。

庞 艾

地名由来

庞艾，英文名称为 Pangai，是哈派群岛的重要行政中心。据波利尼西亚神话传说记载，毛伊神与哥哥们在海中钓鱼时遇到一条奇特的鱼，当他们一起把这条鱼拉出水面，准备带回家中时，这条鱼突然消失，变成了哈派群岛，哈派群岛由此而来。

区位

庞艾位于汤加王国中部，利富卡岛（Lifuka Island）西岸，三面环海，西南临近汤加塔布岛，东北临近瓦瓦乌群岛。

历史

据考古记载，早在三千多年前庞艾就已有人居住。1643 年，亚伯·塔斯曼（Abel Tasman）到诺木卡岛补给物资，成为第一个到达哈派群岛的欧洲人。1774—1777 年，英国船长詹姆斯·库克多次到达该群岛，并称其为友好群岛。1831 年，基督教徒到哈派群岛传教，在当地举行了基督教的洗礼仪式，对当时的统治者陶法阿豪及其妻子进行了洗礼，陶法阿豪从此改名为乔治·图普。

地理

哈派群岛总陆地面积为 110 平方千米，约占汤加领土面积的七分之一。庞艾人口约为 2000 人，地广人稀，周围有 4 个主要的岛屿：福尔肯岛、利富卡岛、托福阿岛、诺穆卡岛及几个无人居住的小岛组成。庞艾所在岛屿利富卡岛多为珊瑚礁岛，岛上岩层多为钙质堆积物，土层较薄无法蓄水，因此地下水严重匮乏。

庞艾为热带雨林气候，全年高温多雨，气温年较差较小，有明显的干、湿季，年降水量在 1600—2200 毫米之间。

经济

庞艾地处偏远，经济结构较为单一，以农业为主，旅游业为辅。主要种植椰子、芋头、香蕉等农作物，饲养牛、羊等家畜，同时使用比较原始的工具在沿海捕鱼。当地政府较为重视旅游业的发展，开设了度假村，游客可以在此从事观光、潜水等多种旅游活动，极大地带动了当地经济的发展。但庞艾的经济仍依赖欧盟、澳大利亚、新西兰等国家的援助，且依赖侨汇。该群岛官方货币为潘加。

文化

庞艾人种复杂，以波利尼西亚人种为主，还有少数居民为欧洲人、印度人及其后裔。居民多信奉基督教、罗马天主教，也有少部分人信奉伊斯兰教。主要语言为汤加语和英语，汤加语是当地的官方语言。据统计，庞艾人均识字率高达99%，完全得益于当地政府对教育的重视。政府在各个主要岛屿均设有学校，学校还设有专门的英语课，以加强学生第二语言的学习。

当地居民服饰风格十分有特色，颜色随人物身份而不断变化，政府小学服饰以红色和白色为主，政府中学服饰则以褐色为主，卫理斯学院的服饰以蓝色为主，摩门教徒服装以绿色为主。人们在参加重大活动或庆祝节日时会身穿用树皮布做成的衣服，这种"树皮布"也叫"塔帕"，是当地最著名的民族工艺，它的制作工艺并不复杂：先把纸桑树和无花果的韧皮剥下来用水浸泡，然后放在特制的木板上反复捶打，数小时后，韧皮就会变成一块薄如蝉翼的"布料"，经过染色后，不仅色彩绚丽，而且结实耐磨。汤加人除了用它缝制衣服外，还将它用来做床单、地毯等。

镇上居民生活用水紧缺，来源除靠自然降雨外，还采用挖水塘，建人工湖等方法蓄水，另外家家户户都备有水缸或储水罐，以备不时之需。

旅游

庞艾是一个度假天堂，周边大部分都是原生态岛屿，自然环境十分优越，而且这里还拥有王室文化遗产。

庞艾南部的诺木卡岛风景秀丽，是游客的主要游览地。岛上保留着原始的自然景观，人烟稀少，不仅拥有未被污染的热带海滩，南部还拥有清澈的浅湖。前去观光的游客可以在岛上品尝当地的特色美食，还可以在岛上漫步，十分惬意。

庞艾人文景观众多，当地较为著名的人文景观为王室宫殿遗址，该遗址坐落在利富卡岛，是了解汤加王室文化的重要地方。游客在岛上可以开展浮潜、冲浪、海滩派对等活动，每年的下半年是鲸鱼回游的最佳季节，届时会有成群的座头鲸从极地回游到此交配、产子。鲸鱼表演是这里的特色活动，每年都吸引大量游客驻足观看，9—10月是观鲸的最佳时间，在这期间，游客可以聆听鲸鱼"唱歌"，也可以跳入水中与鲸鱼共舞。

前往庞艾的游客众多，主要来自澳大利亚、美国、新西兰、欧洲等地。当地政府利用其得天独厚的地理位置，建立港口，设立游艇俱乐部，大力发展船只租赁业，为游客提供了多种多样的出行方式，有力地促进了当地旅游业的发展。

所罗门群岛

所罗门群岛，英文名称为 Solomon Islands，位于太平洋西南部，澳大利亚东北方，巴布亚新几内亚东方。所罗门群岛陆地总面积共有 2.8 万平方千米，最大的瓜达尔卡纳尔岛面积 6475 平方千米，人口为 57 万人。所罗门群岛全国分为 9 个省，分别是中部群岛、乔伊索、瓜达尔卡纳尔、霍尼亚拉（首都直辖区）、伊萨贝、马基拉岛、马莱塔岛、拉纳尔和贝罗纳、泰莫图和西部群岛。主要城市为霍尼亚拉，主要岛屿包括瓜达尔卡纳尔岛、马莱塔岛等。

霍尼亚拉

地名由来

霍尼亚拉，英文名称为 Honiara，是所罗门群岛的首都，也是全国经济、金融和行政中心，与瓦努阿图的卢甘维尔是"姊妹城"。霍尼亚拉的名称来源于 nagho ni ara，在当地土语中译为"东风吹过的地方"。

区位

霍尼亚拉位于所罗门群岛的东南部，东邻克鲁斯岬角，南接瓜达尔卡纳尔岛，西临汤纳格海，北靠艾恩博特姆海峡。

历史

大约在新石器时代初期，巴布亚人迁移到此。约在 3200 年前，美拉尼西亚人迁入。1893 年，霍尼亚拉成为英国人的殖民地，第二次世界大战期间被日本人占领。1942 年 8 月，美国海军陆战队占领了霍尼亚拉所在瓜达尔卡纳尔岛上的日本飞机场。1943 年 2 月，日本溃败。现在市区周围还有许多太平洋战争的战场遗迹。二战结束后，因所罗门群岛原首都图拉吉遭受严重破坏，故英国选择拥有深水港的战略要地霍尼亚拉建设新首都。

20 世纪 60 年代和 70 年代，霍尼亚拉获得国家经济发展资助额分配额度的三分之二，使当地基础建设得到实质性的发展。1978 年 7 月 7 日，所罗门群岛获得独立，霍尼亚拉正式成为所罗门群岛的首都。1998 年 11 月 6 日，所罗门群岛和美国政府在霍尼亚拉签署了一项和平协议。

但是，20 世纪 90 年代末，由于种族冲突，所罗门群岛陷入内战，霍尼亚拉成为全国种族暴力和政治动荡的中心。2003 年 7 月，澳大利亚军队和警察部队进入该国家抑制内乱，重建受损的城市，恢复其破碎的经济、政治和法律秩序。2006 年，霍尼亚拉大选后，再次发生骚乱，同年 5 月，"五大联盟组织"形成，同总理梅纳西·索加瓦雷一起，平息了这场骚乱。自此，霍尼亚拉的发展逐渐稳定。

地理

霍尼亚拉面积大约有 22 平方千米。2015 年，霍尼亚拉人口数量有 5.6 万[①]。

霍尼亚拉位于所罗门群岛东南部平原地区，拥有铝土、镍、铜、金、磷酸盐等矿藏，水力资源丰富。霍尼亚拉森林覆盖率达 90%，林业发展迅速，但因过度开采，林业资源面临枯竭的危险。

霍尼亚拉属热带雨林气候，也受热带季风气候影响，每年 4—11 月多北风，12 月至次年 4 月热带气旋较为活跃。年平均温度 28℃左右，年平均降雨

---

① World Population Review : Major Cities in Solomon Islands Population 2015，http:// worldpopulationreview.com/countries/solomon-islands-population/，查阅日期：2016 年 1 月 27 日。

量约 2000 毫米。

霍尼亚拉分为三个议会选区，包括东霍尼亚拉、中霍尼亚拉、西霍尼亚拉。

经济

霍尼亚拉是所罗门群岛经济增长速度最快的城市。独立以来，霍尼亚拉经济有很大的大发展，已由过去的单一经济，逐步转变为农、渔、矿、林、旅游等多样化经济。1990 年以来，政府采取了一系列经济紧缩政策，如调整所元汇率、削减政府开支预算、调整税率、国营企事业单位私有化、调整经济结构、鼓励加工出口等，且于 1996 年 11 月，就林业资源枯竭的问题，同绿色和平组织及一些国际公司合作实施为期 3 年的林业可持续发展项目，使得 20 世纪 80 年代中后期一度困难的经济有所好转。受亚洲金融风暴冲击，自 1997 年下半年经济开始步入困境，出口减少，所元贬值 20%，财政严重亏空，且迄今无好转迹象。1999 年以来，受部族冲突影响，霍尼亚拉经济进一步恶化。

霍尼亚拉的经济基础是农业，主要的农产品包括薯类、椰子、油棕、可可、香蕉和香料等，其中椰子肉、可可及棕榈油等的出口是霍尼亚拉经济来源的重要组成部分。

霍尼亚拉是所罗门群岛的主要港口，港区分布在克鲁斯岬角东南凹部的库阿湾内，主要岸壁码头在库阿湾西北岸，西南—东北走向。东北段是深水码头，长 71.6 米，水深 9.4 米。西南段长 120 米，但水深仅 1.8—3.9 米，用于小船；东南两座新、老突堤，用于石油进口。老码头仅允许吃水最大 3.96 米的油轮停泊；新码头可允许吃水 8.84 米的油轮停靠；港湾中还有浮筒，供吃水 9.75 米的船只系泊。

文化

霍尼亚拉的人种主要是美拉尼西亚人，官方语言为英语，20 世纪 60 年代起，皮金语成为霍尼亚拉的通用语言。

霍尼亚拉 96% 的居民信仰基督教，由于居民大部分信奉基督教，所以他们每年都热烈庆祝基督教节日。

霍尼亚拉的人以猪为财富，养猪的数量越多越有钱。霍尼亚拉的婚俗非常奇特。达到结婚年龄的男孩父亲，为他的儿子选定一个合适的女孩，同时将一块贝币付给女孩的父母。然后双方父亲坐在一起商议最后的聘金。传统的聘金包括贝币、红羽毛货币、猪或海豚牙。最后聘金由新郎的母亲送予新娘的母亲，除此之外，还有相当数量的布匹放进独木舟中，再送给女方。霍尼亚拉的土著不穿衣服，小孩子们全都光着身体，即使是些年轻男女们，也常常是一丝不挂地走来走去。一般成年人习惯在腰胯之间围块布或一串树叶，或者挂块树皮在胸前，妇女们酷爱用贝壳或花瓣串起来挂在颈上，垂在胸前，或挂在双臂上，并喜欢用草扎成图案，戴起来作为装饰品。现在的男子通常穿着短裤或下身折布，妇女通常穿着裙子。许多岛上的男子都在皮肤上文身，花刺得越多越精细越显示美丽。在霍尼亚拉的年轻人中，跳舞的形式逐渐发展为自由式舞蹈，并成为城市娱乐活动中不可或缺的场景。

因为沿海地区交通方便，便于捕鱼和耕种，霍尼亚拉居民大部分居住在沿海地区。此外，有的村落建在陆地，每户都有自己的菜园，种着主人所需要的各种蔬菜和粮食，海龟、鸡、香蕉、各种水果以及甘薯是所罗门群岛居民的主要食品。

霍尼亚拉居民朴实热情，有礼貌地迎接来观光的客人，并习惯行握手礼。

霍尼亚拉著名教育机构包括所罗门群岛高等教育学院、伍德福德国际学校和南太平洋大学所罗门群岛学院。伍德福德国际学校也称为国际学校，在20世纪50年代中期创建时有12个学生。20世纪70年代，为吸引国外投资、学习国外专业知识，所罗门群岛群岛制订发展计划，伍德福德国际学校也在此机遇下发展壮大。1979年，随着所罗门群岛独立，并在英国的援助下，学校新校舍建成。伍德福德国际学校现在是一个独立的教育主管部门，所罗门群岛政府只参与给学校提供补助。自2007年以来，相关管理层开始加强学校建设，力求将伍德福德国际学校建设为"IB World School"。

旅游

白色的沙滩、浓绿的棕榈树丛、珊瑚礁防护的平静海湾，构成了霍尼亚拉的自然景观。霍尼亚拉不仅有风景优美的自然景观，还有丰富的人文景观。二战历史遗迹有血腥岭、红海滩、美国战争纪念碑、日本战争纪念碑等。

霍尼亚拉市内没有高楼大厦，也没有川流不息的车辆与熙攘的人群，到处是青翠的树木、如茵的绿草和五彩的鲜花，宁静而又清新。市内居民区的建筑物颇有特点，家家户户都居住在单家独院的二层木房，房屋四周有小花园，种着各种树木和奇花异草，绿树婆娑，异常宁静雅致。房顶部是用一种波浪形的锌铁皮盖成，沿着屋檐还装上水槽，每逢下雨，雨水便从屋顶流入水槽，全部集中到一个大型水罐或地下水池里，储水罐像小自来水塔，用水管连接，引到室内的厨房和卫生间，也同自来水一样。

霍尼亚拉市内的国家艺术馆公园是人们休闲的重要场所，主要建筑有重新建设的政府大厦和国家博物馆，此外还有植物园、植物标本馆，最吸引旅游者的还有游艇俱乐部和著名的所罗门奇达诺·曼达纳旅店。所罗门奇达诺·曼达纳旅店的对面是国家博物馆，馆内陈列着各种传统手工艺品、历史文物等。市中心附近有一条繁华的唐人街，许多华人商店分布在大街两旁。唐人街入口处对面还有中华公园，具有中华风格的亭台楼阁错落于红花绿树之间。离市区 45 千米的坦比亚啤酒花园，有美拉尼西亚人风格的平房和舒适的海滩。

瓜达尔卡纳尔岛

地名由来

瓜达尔卡纳尔岛，英文名称为 Guadalcanal，本土名称为 Isatabu，通常简称瓜岛，是所罗门群岛中最大和最主要的岛屿，并且是太平洋西部一系列火山岛之一。1567 年，西班牙航海家阿尔瓦罗·门达纳（Alvaro de Mendana）受命在南太平洋探寻未知的陆地，并于翌年发现了瓜达尔卡纳尔岛。门达纳探险队中有一名叫佩德罗·德·奥尔特加·瓦伦西亚（Pedro de Ortega Valencia）的队员，来自西班牙的安达卢西亚，他的家乡就是 Guadalcanal 城，瓜达尔卡纳尔岛之名由此而得。而 Guadalcanal 城的名字来自阿拉伯语 Wādī l-Khānāt（وادي القنات），这个名称的拼写最初并不统一，有如下几种拼法：Guadarcana、Guarcana、Guadalcana 和 Guadalcanar，反映了西班牙安达卢西亚不同地域口音不同。

区位

瓜达尔卡纳尔岛位于所罗门群岛的东南部。西北距严迪纳约 130 千米，北接霍尼亚拉，东北距离马莱塔岛约 100 千米，东南距马基拉岛约 150 千米，西南距离澳大利亚约 1800 千米。

历史

1568 年，西班牙人发现了该岛。18 世纪和 19 世纪，欧洲殖民者和传教士相继到此。1893 年，瓜达尔卡纳尔岛成为英国保护领地。二战期间，瓜达尔卡纳尔岛被日本军队占领。1942 年 8 月到 1943 年 2 月期间，瓜达尔卡纳尔岛战役（简称瓜岛战役）爆发，日、美两国激战于此，美军进攻该岛，攻占由日军控制的飞机场，两国在周围的海域也进行过多场的海战，最终，美军完全占据瓜达尔卡纳尔岛，日本战败。第二次世界大战中，总计有 3.8 万人丧生于此。1999 年起，瓜达尔卡纳尔岛上的居民与来自马莱塔岛的移民之间频发种族暴力，瓜达尔卡纳尔岛革命军恐吓来自马莱塔岛的移民，迫使大约 20000 名移民逃到霍尼亚拉，一部分返回了马莱塔岛。与此同时，由于种族冲突，所罗门群岛陷入内战。2003 年，为帮助所罗门群岛解决内乱问题，以澳大利亚为首的驻所罗门群岛区域援助团进驻所罗门群岛，瓜达尔卡纳尔岛的种族冲突问题也在区域援助团的帮助下得到了解决。

地理

瓜达尔卡纳尔岛长约 150 千米，宽约 48 千米，陆地面积约 5302 平方千米。人口大约为 11 万人。

瓜达尔卡纳尔岛中部为山地，最高峰是马卡拉空布鲁，海拔约 2447 米。北部沿海有较大平原，地势平坦。南岸是悬崖陡壁，直逼海边。许多湍急的小河从森林茂密的山区流向海边，沿岸部分地区多为红树沼泽。

瓜达尔卡纳尔岛拥有丰富的生物资源，包括著名的褐翅鸦鹃（世界上最大的杜鹃），以及蝙蝠和啮齿动物等哺乳类动物，除此之外，岛上还有不同种类的鹦鹉以及河口鳄。瓜达尔卡纳尔岛战役期间，岛上的蜈蚣被美国海军陆战队称为"刺痛的昆虫"，自此，岛上的蜈蚣便为人们所熟知。

瓜达尔卡纳尔岛是一个热带岛屿，年平均气温约为29℃，年平均降水量约为3000毫米，降水充沛，空气湿度大。每年的11月至次年5月为瓜达尔卡纳尔岛的雨季，每年的这个时候，岛上的热带气旋也较为活跃。

经济

瓜达尔卡纳尔岛经济落后，主要依赖渔业和农业。农业以种植椰子、油棕、生产木材和稻米等为主。所罗门群岛独立以来，瓜达尔卡纳尔岛的经济有较大的发展，已由过去的单一经济，逐步向农、渔、矿、林、旅游等多样化经济转变。1990年起，瓜达尔卡纳尔岛开始开采金、铜等矿产。

文化

瓜达尔卡纳尔岛是一个多民族聚居岛，居民比较混杂。其中，美拉尼西亚人占93%，波利尼西亚人占4%，密克罗尼西亚人占1.5%，欧洲人占0.8%，华人占0.3%，其他人占0.4%。瓜达尔卡纳尔岛也是一个信仰多元的岛，岛上的主要宗教是基督教，此外还有当地土著信仰。

瓜达尔卡纳尔岛每年都会热烈庆祝基督教节日，包括圣诞节、受难节、复活节、升天节、诸圣日（万圣节）等。瓜达尔卡纳尔岛的官方语言为英语，通用语言为皮金语。瓜达尔卡纳尔岛保持美拉尼西亚的传统文化，教育水平低，小学、中学和高等学府比较少。

旅游

瓜达尔卡纳尔岛的中部是被热带雨林覆盖的山区，这里的山云雾缭绕、青翠欲滴，美得让人感叹。海边有浓绿的棕榈树和白色的沙滩，呈现出海岸优美的风景。瓜达尔卡纳尔岛是顶级的潜水点。游客在清澈温暖的海水中潜水，可以观赏各种海洋生物，也可以探索战争中沉没的战舰，等等。除此之外，游客还可以享受许多其他水上运动，包括海上皮划艇、游艇、帆船以及划独木舟等。瓜达尔卡纳尔岛是野生动物和鸟类观察者的天堂。在瓜达尔卡纳尔岛上，徒步旅行者可以看到海龟、飞狐以及褐翅鸦鹃、吸蜜鸟、扇尾鸽、画眉等许多鸟类。此外，游客也可以开展等骑自行车、打高尔夫球等户外活动。

瓜达尔卡纳尔岛有很多二战历史遗迹，包括维录二战博物馆、66 号高地等。Betikama 高中中还有许多吸引人们视线的工艺品，包括木雕、托盘、贝壳饰品、陶器和二战纪念品等。

位于瓜达尔卡纳尔岛北部的霍尼亚拉国际机场，距离首都霍尼亚拉 8 千米，是所罗门群岛中唯一的国际机场，有通向巴布亚新几内亚和瓦努阿图的航班，为游客来岛旅游提供了便利。

马莱塔岛

地名由来

马莱塔岛，英文名称为 Malaita，本土名称为 Mala、Mara 或 Mwala，是所罗门群岛中的大岛，也是太平洋西部一系列火山岛之一。马莱塔岛西北部的奥基是岛上的主要居民点，也是马莱塔岛的行政中心和主要港口。

1567 年，西班牙航海家阿尔瓦罗·门达纳（Alvaro de Mendana）受命在南太平洋探寻未知的陆地。门达纳探险队在圣伊莎贝尔岛上探寻时，发现了与圣伊莎贝尔岛隔海相望的马莱塔岛。1568 年 2 月，门达纳探险队来到该岛，并将该岛命名为 Malaita。1850 年，乔治·奥古斯·塞尔温（George Augustus Selwyn）主教称该岛为 Malanta。英国人控制该岛屿期间，称该岛屿为 Mala。所罗门群岛独立后，该岛屿的官方称谓是 Malaita。该岛的称谓中还有"大马莱塔"一说，这一称谓主要用来与该岛相接的南马莱塔岛区分开来。南马莱塔岛又名小马莱塔岛或马拉马西凯岛。

区位

马莱塔岛位于所罗门群岛的中部，东南与南马莱塔岛相接，西北与圣伊莎贝尔岛隔海相望，北临马纳奥巴岛。

历史

关于马莱塔岛屿的早期历史，一说是：大约在 5000 年前至 3500 年前之间，南岛语族人定居于此。另一说是：大约在2000多年以前，南岛语族人迁移到此。南岛语族人祖先首先到达的地方是瓜达尔卡纳尔岛，随后，来到马莱塔岛的中部，并在该地区形成了自己的文化习俗。之后，南岛语族人分散到岛上的边缘地区繁衍生息。

1568年，西班牙人来到此地，并发现了马莱塔岛与南马莱塔岛之间的马拉马西凯通道。马莱塔岛被西班牙人发现后，岛民经常会受到来自外来者的暴力对待，但是，与外界的联系也促进了当地社会的发展。1880年左右，澳大利亚、斐济等国家来所罗门群岛进行契约劳动招工，Kwaisulia酋长与他们进行谈判，同意用岛上的工人来交换他们的武器设备，这些武器装备使得该岛屿逐渐强大起来。1893年，马莱塔岛成为英国殖民地。1909年，奥基成为马莱塔岛的行政中心。之后，在殖民官员威廉姆·贝尔的倡导下，政府采取了登记或没收枪支、征集人头税等一系列措施安定岛内局面。1927年，威廉姆·贝尔被居住在岛上的夸奥人杀害，还有几个殖民官员也在夸奥人居住区被袭击。由此引发了一场大规模的讨伐——马莱塔岛大屠杀，致使许多夸奥人被关押或杀害，许多圣地和物品被毁坏。第二次世界大战期间，所罗门群岛原首都图拉吉被日本人侵占，奥基成为所罗门群岛的临时首都。第二次世界大战结束后，马莱塔岛爆发反欧运动。1950年左右，马莱塔岛成立首届地方议会。1978年，所罗门群岛独立，独立后的首任总理是来自马莱塔岛的皮特·凯尼洛雷亚（Peter Kenilorea）。

地理

马莱塔岛长约164千米，最宽处约37千米，是一座狭长形的岛屿，陆地面积约4225平方千米，人口数量约为14万。岛上多山，最高点是科洛夫拉特山，海拔约1435米。

马莱塔岛处于热带辐合带，年平均温度29℃左右，年平均降雨量约3000毫米，气候非常潮湿。南半球冬季时，即大约每年的4—8月，马莱塔岛盛行东南信风。南半球夏季时，马莱塔岛边缘地区盛行季风。马莱塔岛唯一的极端天气是热带气旋。

马莱塔岛位于安山岩线（又称马歇尔线）附近，是太平洋火环（又称环太平洋带、环太平洋地震带、环太平洋火山带）的一部分。岛上地震较常见，但没有明显的火山活动迹象。

马莱塔岛的核心部分由玄武岩组成，地层主要由沉积岩覆盖，尤其以石灰石和燧石以及散落的化石居多。其中，石灰石地层为岛上形成大量的落水洞和溶洞提供了条件。

马莱塔岛内陆土壤主要有三种类型：湿黑土、干黑土以及红壤。湿黑土，土壤涵水力较强，在沟谷或山坡脚下常见，主要用来种植芋头；干黑土，适用于园地栽培；红壤不易吸收径流，也不易结成硬皮，适用于建立乡村居民区。

经济

马莱塔岛经济落后，主要依赖农业。主要的农产品包括芋头、甘薯、椰子、稻米以及可可等，其中椰子、稻米及可可等的出口是马莱塔岛经济来源的重要组成部分。所罗门群岛独立以来，马莱塔岛的经济有较大的发展，已由过去的单一经济，逐步向农、渔、矿、林、旅游等多样化经济转变。

文化

马莱塔岛有南岛语系美拉尼西亚语族的夸拉埃人、夸约乌鲁人、萨阿人、马卢人、乌古人、乌鲁人、巴恩古人、兰加兰加人、达伊人、阿派人、阿雷阿雷人、法塔勒卡人、拉乌人、科约人、索法人和塔夸人等。

当地土著人讲美拉尼西亚语族的 12 种语言，包括托阿拜塔语或马卢乌语、拜古语、夸拉埃语、多里奥语、瓦拉语、拜莱莱阿语、法塔莱卡语、夸奥语、劳语、古拉阿拉语、奥洛哈语或马拉马斯基语以及阿雷阿雷语。

马莱塔岛上的主要宗教是基督教，此外还有当地土著信仰，岛上传统的宗教习惯是祖先崇拜。

马莱塔岛贝币是所罗门群岛传统的货币，该贝币多是由背部凿有小孔且磨光的贝壳制成。它可以用来作为支付聘礼、丧宴、补偿以及现金等价物，也可以作为一种着装装饰或身份地位的象征。

旅游

马莱塔岛上有狭窄的沿海平原、幽静的海湾以及茂密的山林，是一个美得让人流连忘返的岛屿。岛上不同海拔高度地区有不同的植被分布，给人们呈现出不同的自然景观。靠近海岸的地方，人们可以看到露兜树、椰子树、葡萄树以及红树林沼泽和西谷椰子沼泽等。较低的山坡上，人们可以观赏到榕树、橄榄树以及印度马来硬木等不同种类的树木。而在高海拔地区，则以茂密的森林为主，其中还有相对较少的灌木丛，这里通常云雾缭绕，美得让人感叹。人们在马莱塔岛上见不到大量的哺乳动物，常见的主要包括蝙蝠、斑袋貂、儒艮、啮齿动物等。但是，马莱塔岛有品种多样、数量繁多的鸟类，包括美冠鹦鹉、猫头鹰等以及一些有地方特点的鸟类，例如马莱塔岛扇尾鸟。马莱塔岛最主要的运动是潜水，人们在清澈温暖的海水中潜水，能够观赏到各种海洋生物，并能够进行一些探险运动。除此之外，人们还可以享受许多其他水上运动。

瓦努阿图

瓦努阿图共和国，英文名称为 Republic of Vanuatu，位于南太平洋西部，西邻澳大利亚，东邻斐济，南邻新喀里多尼亚，北邻所罗门群岛。瓦努阿图国土面积为 86 万平方千米，其中陆地面积 1.2 万平方千米，水域面积 84.8 万平方千米，人口为 26.6 万人。瓦努阿图分为 6 省 2 市：托尔巴省、桑马省、彭纳马省、马朗巴省、谢法省、塔菲亚省以及维拉港和卢甘维尔市。主要城市有维拉港等，主要岛屿包括坦纳岛、埃斯皮里图桑托岛等。

维拉港

地名由来

维拉港，英文名称是 Port Vila，在当地简称为"维拉"（Vila）。维拉港是瓦努阿图的首都，也是谢法省的省会，是该国的政治、经济和文化中心，集中了金融、商业、教育、卫生和旅游设施。维拉港在南埃法特语中为 Efil，在迈利 - 菲拉语中为 Ifira，Vila 从这两个名字中演变而来。

区位

维拉港位于瓦努阿图埃法特岛的西南岸，拥有天然码头和国际机场，公共交通也极为便利，呈现水、陆、空立体化的交通架构，是全国的交通中心。东距斐济约 1028 千米，西南距新喀里多尼亚约 525 千米。

历史

据考证，维拉港最早的人类活动始于公元前 2500 年。1606 年 5 月，由葡萄牙探险家佩德罗·费尔南迪斯·切罗斯（Pedro Fernandes de Queirós）和路易斯·威兹·托雷斯（Luis Vaz de Torres）带领的第一批欧洲人到达维拉港。19 世纪，英法圈地运动扩展到维拉港，英国掌握了维拉港的经济控制权，法国殖民者在维拉港设立市政局，由新赫布里底群岛（瓦努阿图）管辖。1880 年年底，维拉港出现种植园，法国公民费迪南舍维拉尔（Ferdinand Chevillard）开始购买和开垦土地，建造了埃法特岛上最大的种植园。1882 年，维拉港成为埃法特岛的商业中心。1887 年，维拉港由英法联合管理。1889 年 8 月 9 日，维拉港成立弗朗斯维尔市，正式宣布独立，成为第一个实行无性别之分的普选的自治地区，当时维拉港只有 50 名白人和 500 名土著人，但只有白人才拥有统治权。1990 年 6 月，取消弗朗斯维尔市。1906 年 10 月，英、法签署了共管公约，维拉港沦为英、法共管殖民地，正式成为瓦努阿图的首都和政府所在地。1930 年，维拉港安静下来，英国常驻专员每周会为英国精英举办鸡尾酒会，法国农场主常与他们的妻子打网球和举办聚会。

二战期间，维拉港成为美国和澳大利亚的空军基地，美军在这里建立了一号、二号以及三号雷达站。1970 年，避税港的建立带动了一阵建筑热潮，殖民住宅被混凝土住宅取代。1972 年，维拉港建立主码头，每年吸引近 40 艘大型邮轮，维拉港开始成为旅游胜地。1980 年 7 月 30 日，瓦努阿图获得独立，建立瓦努阿图共和国。

1982 年，瓦努阿图同中国建交。2004 年，一支探险队在维拉港发现了 25 座墓地，其中的陶瓷可追溯到公元 13 世纪。2010 年 8 月 3 日至 6 日，在维拉港举行第 41 届太平洋岛国论坛首脑会议。2015 年 3 月 13 日，维拉港遭飓风"帕姆"袭击，大部分建筑物被摧毁，澳大利亚、新西兰等国提供了援助。

地理

维拉港面积为 23.06 平方千米，是瓦努阿图最大的城市。截至 2015 年 12

月，维拉港人口数为 3.6 万。[1] 维拉港位于迈利湾畔，背靠翠绿的山冈，面对蓝色的海洋。地势平坦，整个城市几乎被森林覆盖，犹如一个大花园。利尼大道是维拉港的主街道，与海岸线平行着蜿蜒向前。

维拉港属热带雨林气候，吹东南信风，有旱季和雨季之分，4 月为最潮湿的月份，9 月为最干燥的月份，年均降水量为 2360 毫米。

经济

维拉港长期为英法殖民地，在经济上带有一定的殖民色彩，因其便利的水、陆、空交通结构，经济又呈现出多样化。在殖民时期，经济以种植园经济为主，英法掌握其经济控制权。1972 年建立码头后，旅游业开始起步。

现维拉港以服务业、农业和渔业为主，工业为辅。服务业主要为旅游业，旅游者大多来自澳洲和新西兰，农产品主要有椰子、薯类、芋头等，工业有肉罐头厂、冶金厂、建材厂、小船厂等。维拉港的出口率占全国的 35.7%，进口率占 86.9%。通用货币为瓦图。

瓦努阿图是世界上最不发达的国家之一，作为首都的维拉港经济仍需外国援助，主要来自澳洲和新西兰，近年来，中国对维拉港也有援助。

文化

维拉港曾经历过英国与法国的圈地运动和英法共治，富有英法殖民色彩的文化与维拉港传统文化交融后，呈现出多元化的文化特色。维拉港人主要属于美拉尼西亚人，也有少量波利尼西亚人、亚洲人和欧洲人。大多数人信奉基督教，在维拉港建有一个现代的天主大教堂。官方语言为英语、法语和比斯拉马语，通用比斯拉马语。

维拉港建有南太平洋大学，由 12 个太平洋国家共同拥有。

跳舞和唱歌是维拉人生活中必不可少的一部分，他们极力保护着自己的历史和文化，同时他们也追随着时代变化而变化。维拉港没有收取小费的习惯，收小费和乞讨都被认为是不文明的行为。当地人比较传统，在维拉港拍

[1] World Population Review：Major Cities in Vanuatu Population 2015，http://worldpopulationreview. com/countries/vanuatu-population/major-cities-in-vanuatu/，查阅日期 2016 年 2 月 21 日。

照时最好先征得他们的许可，直接敲他们的家门会被视为没礼貌。在路边生长的蔬菜、水果等植物，大多为别人的私有财产，切勿随手采摘。10岁的男孩将树藤绑在身上，从几十米的高塔上跃身而下，勇敢者的脸会触及地面，这被称为"陆地跳"，是男孩进身为男人的标志，也是现代蹦极的前身。

旅游

维拉港是一个非常繁华的城市，号称"南太平洋的小拉斯维加斯"，拥有诸多自然旅游资源和人文旅游资源。游客可以搭乘玻璃底船欣赏美丽的海底世界，也可以乘独木舟在潟湖上荡漾，或在清澈的潟湖中浮潜，与各种鱼儿嬉戏。维拉港有着丰富的海洋生物资源，热带鱼品种极为多样。维拉港最美的风景莫过于瀑布了，美拉瀑布被称作是"维拉港最值得一看的瀑布"，瀑布延绵几十米，倾泻而下，与周围的青翠绿树勾勒出一幅绝美的图画。上帝之心瀑布位于维拉港比较隐秘的热带雨林之中，几十米的瀑布沿石而下，犹如天仙美池，游客可以在这里嬉戏，在清凉的泉水中畅游。维拉港有世界上唯一的水下邮局——海德威岛邮局，游客可潜入水底寄出一张独特的明信片。

在维拉港码头附近有"瓦努阿图国家博物馆"，展出着许多传统手工艺品，包括铜锣、大型独木舟、仪式头饰和拉皮塔陶器，还有图片展和录像，详细记述了瓦努阿图的发展历程。

这里随处可见法式咖啡厅与法式餐厅，还有独具一格的英式小酒吧，弥漫着浪漫和繁华的气息。维拉港被称为南太平洋最划算的"免税城市"，游客可以在这里购买到物美价廉的香水、美酒、法国香槟、珠宝、瑞士手表以及其他时尚物件。

维拉港是国际、国内海运及航运中心，有国际深水码头，可停泊万吨轮船。在市郊建有国际机场，可直飞澳大利亚、新西兰、斐济、所罗门群岛和新喀里多尼亚，是瓦努阿图国家航空公司的航运枢纽。

坦纳岛

地名由来

坦纳岛，英文名称是 Tanna。关于坦纳岛名字的由来，有这样一种说法：1774 年 8 月，英国航海家詹姆斯·库克被伊苏尔火山炽热的光吸引，遂来到该岛，将该岛命名为"Tanna"，在当地 Kwamera 语中，是"地球"的意思。

区位

坦纳岛位于瓦努阿图的东南部，属塔菲亚省。东南距阿纳托姆岛约 90 千米，北距埃罗芒阿岛约 79 千米。

历史

公元 400 年，美拉尼西亚人在此定居。1774 年 8 月，英国航海家詹姆斯·库克从一个小海湾登陆该岛，库克船长以他所航行的"决心"号皇家海军舰艇为这个海湾命名，名为"决心港"，并将此岛命名为"坦纳岛"。19 世纪，檀香木商人和波利尼西亚传教士来到决心港。当地居民用 3 头猪同商人交换一个埃罗芒阿人，用来做苦力。坦纳岛居民强迫传教士离开该岛，因为他们最初对基督教的印象是会带来灾难。1858 年，基督传教士约翰·佩顿（John Paton）到达该岛，他禁止村庄之间以雷酷瓦（Nekowiar）仪式举办婚礼，这一规定彻底打乱了坦纳岛原始的传统。此外，还强制规定一个男人只能有一位妻子，禁止岛民间发生斗争，让岛民穿欧洲服饰而不是南巴斯族服饰。1862 年，岛民反抗佩顿的统治，佩顿被迫搬到了阿尼瓦岛。20 世纪初，长老会传教士控制了坦纳岛民的宗教和政治生活，他们有自己的法院，并且惩罚冒犯基督教的人做卑贱的工作。岛民逐渐信奉基督教，很快岛上只有 25% 的人信奉 Kastom 教①。

---

① Kastom，瓦努阿图的一种传统宗教信仰。

二战时期，坦纳岛不是二战的主战场，美国在坦纳岛上建立了一个临时军事基地，岛民常看到美军从"大铁船"（军舰）里出来，用"大铁鸟"（军用飞机）运送穿着美军军服的人和一些货物。二战结束后，美军离开坦纳岛，留下一些美军军服和货物，这些货物对岛民来说十分有用，岛民认为这些货物有神奇的作用，且把美军当作"神"。他们希望"神"再次回来，给他们带来幸福的时代，但是美军没有再回去。于是岛民以穿着美军军服、升美国国旗的形式来表示对美军和货物的崇拜，这就是著名的"货物崇拜"。这种崇敬仪式产生了一种新的宗教"约翰布鲁姆教"[①]，是基督教与传统信仰的结合，约翰布鲁姆教、长老教会和 Kastom 教成为岛上三大宗教团体。每年 2 月 15 日为"约翰布鲁姆日"，岛民参加仪式时携带竹子做的步枪游行。

1970 年，坦纳岛实现了高度政治化，开始出现分离主义运动。1974 年 3 月 24 日，正式宣布坦纳国家成立，当时英国拥有瓦努阿图的控制权。1974 年 6 月 29 日，坦纳岛民反抗法国殖民统治的行为被英法联合镇压。1980 年 1 月 1 日，成立"塔菲亚国家"（Tafea Nation），Tafea 取自 Tanna、Aniwa、Futuna、Erromango 和 Aneityum 五个岛名的首字母。1980 年 5 月 26 日，英国对塔菲亚进行干预。1980 年 7 月 30 日，塔菲亚成为瓦努阿图独立国家的一部分。2015 年 3 月 13 日，坦纳岛遭飓风"帕姆"袭击，大量建筑物被破坏。不久，发生厄尔尼诺现象[②]，导致坦纳岛干旱，对岛民生活造成进一步影响。

地理

坦纳岛长 40 千米，宽 19 千米，面积约为 550 平方千米。人口 2.9 万人，是塔菲亚省人口最多的岛[③]。坦纳岛是一座火山岛，地貌丰富多样，水源充沛，森林茂密，土壤肥沃。位于坦纳岛南部的图考斯梅拉山海拔 1084 米，为岛上的最高点。在岛的东南部屹立着著名的伊苏尔火山，高 361 米，是一座圆形火山口的活火山。由于塔纳岛位于南太平洋板块交界地带，板块交互冲击，

---

① 约翰布鲁姆，由美国山姆叔叔、圣诞老人、施洗者约翰合并形成的神话般的人物。

② 厄尔尼诺现象，发生在热带太平洋海温异常增暖的一种气候现象，大范围热带太平洋增暖，会造成全球气候的变化。

③ 维基百科：Tanna，https://en.wikipedia.org/wiki/Tanna_(island)#Geography，查阅日期：2016 年 2 月 25 日。

经常会导致火山爆炸性喷发，喷出的熔岩多是直起直落，很少斜向溢出，一般不会伤及游人，因此伊苏尔火山被誉为世界上"最亲近的活火山"。

坦纳岛属热带海洋性气候，夏季平均气温最高达30℃，年均降水量约为2000毫米。

经济

坦纳岛经济结构单一，以农业和服务业为主。坦纳岛地处雨量充沛的热带，拥有被火山灰滋养的沃土，所以物产十分丰富，主要农产品有卡瓦胡椒、椰子、咖啡等。

坦纳岛的服务业主要为旅游业，坦纳岛的火山以及独特的文化吸引了诸多游客，旅游业在坦纳岛经济中逐渐占有重要地位。通用货币为瓦图。

文化

坦纳岛经历过英法共治，经历过基督教的统治，但仍保持着其最初的原始与狂野，独特的文化使坦纳岛成为瓦努阿图最具吸引力的岛屿。坦纳岛上几乎全为美拉尼西亚人，基督传教士到来后，岛民坚守他们的原始传统，因此坦纳岛的基督教徒比瓦努阿图的其他岛屿少。坦纳岛通用语言为比斯拉马语，北部常用 Kwamera 语，西南部常用 Tokosmera 语，此外还有几种方言。

传统仪式和活动在坦纳岛占据了主要部分。坦纳岛婚姻的传统是"父母之命"，一般人的婚姻是由父母来安排的，随着时代的发展，自由恋爱逐渐成为主流。儿子在一个家庭中十分重要，如果家庭里一直没有儿子，那么就要从叔侄辈里面过继一个，否则这个家庭的土地就会被其他人继承。男孩在5—6岁时要进行"割礼"，之后他就可以进到 Nakamal（男人屋），谈论国家大事和村落里的事情。女孩在第一次例假后将会被刺上文身，这是她成人的标志。女人们白天聚集在一起做饭、种植或制作手工艺品，女人也可以前往男人屋。

坦纳岛人对火山十分崇敬，经常向它祈祷，祈求赐福。传说部落中没有火种时，人们会上山求火。火山会适时将火石抛出，若不喜火山之人上山，则有可能被火石击中。坦纳岛上有 Yakel 原始部落，食物都是在石头堆上用火烤熟的，有些屋子建在树上。该部落是男权社会，男人们在三棵大榕树围成的空地上喝瓦卡（瓦努阿图的国饮），女人是绝不允许喝瓦卡的。

坦纳岛最重要的节日就是雷酷瓦节。这个节日每三年举办一次，岛上不同的首领会事先选出一个村子作为节日举办地，随后就是三天不断的舞蹈、歌会与宴会。

旅游

坦纳岛是瓦努阿图最令人期待的岛。该岛有被库克船长称为"上帝燃放的礼花"的伊苏尔火山，保护完好的热带雨林，迷人的北坦纳蓝洞洞穴，温泉、瀑布点缀在这些景观之间。该岛不仅有令人震撼的自然景观，也有独特的人文景观。游客可以在"留尼文化村"体验最原生态的生活方式，了解Kastom 的含义；可以探秘原始部落，欣赏土著人精彩的舞蹈表演；还可以体验"黑色魔幻之旅"，还原千年前食人族时代的生活。坦纳岛民间流传的关于伊苏尔火山的传说更吸引了无数游客前来。

埃斯皮里图桑托岛

地名由来

埃斯皮里图桑托岛，英文名称是 Espiritu Santo，简称"桑托岛"（Santo），是瓦努阿图最大的岛屿。关于桑托岛名字的由来，有这样一种说法：1606 年，葡萄牙探险家佩德罗·费尔南迪斯·切罗斯（Pedro Fernandes de Queirós）到达该岛，将该岛命名为"澳洲桑托岛"（Terra Australia Del Espiritu Santo），意为"神圣意志的南方大陆"，后简化成"埃斯皮里图桑托岛"。

区位

桑托岛坐落于瓦努阿图的最西端，属桑马省。桑马省的省会卢甘维尔市坐落在该岛，是全国的第二大城市。桑托岛西北距所罗门群岛约 960 千米，东南距斐济约 1300 千米。

历史

1606 年 5 月 1 日，葡萄牙探险家佩德罗·费尔南迪斯·切罗斯从大海湾登陆该岛，并为该岛命名。1606 年 6 月 11 日，切罗斯离开桑托岛，继续他的海上探险之旅。19 世纪，瓦努阿图由英法共管，桑托岛沦为英法共治殖民地，东北岸的霍格港成为英国行政区，南岸的塞冈德成为法国行政区。1853 年，桑托岛上的檀香木资源被发现。1856 年，砂金资源被发现。16 位商人来到该岛，用猪同岛民交换檀香木。1871 年，黑人"奴隶诱买卖"（也称"黑鸟运动"）发展到桑托岛，在之后的十年，许多船员在当地居民的反抗中被杀死。

20 世纪初，随着当地人对欧洲人的怨恨，兴起了一系列抵抗运动，其中最著名的是"Ronovuru 运动"。Ronovuru 的妻子被一个英国人杀死了，他告诉他的支持者，人能够起死回生，只有杀死这个英国人他们死去的亲人才能复活。Ronovuru 和他的两个朋友杀死了这个英国人，把英国人的尸体分给了 Ronovuru 的支持者。欧洲殖民者被激怒了，他们杀死了 Ronovuru。Ronovuru 死后，"起死回生"的观念仍在布什村中存在。

二战时期，桑托岛由于处于重要的战略位置而成为美军主要的军事基地。美军在桑托岛上建立了一些小型机场、四家医院，在卢甘维尔市建立了一个港口，建造了一排一排的小房子，为成功攻占所罗门群岛的瓜达尔卡纳尔岛打下基础。

1963 年，吉米·史蒂文斯（Jimmy Stevens）发起了 Nagriamel 运动，这场政治运动被反独立的法国派系和凤凰基金会操纵。1980 年 5 月 27 日，吉米·史蒂文斯和他的支持者们发起了"椰子叛乱"（Coconut Rebellion），占领了卢甘维尔市。5 月 28 日，桑托岛宣布独立，成为"Vemerana 共和国"。6 月 3 日，法国承认该共和国。6 月 5 日，桑托岛一个部落的首领被法国大使任命为 Vemerana 的国王，史蒂文斯成为总理，卢甘维尔市改名为"阿诺波利斯"。9 月 1 日，史蒂文斯被逮捕，Vemerana 共和国瓦解。

地理

桑托岛面积为 3799.5 平方千米，海岸线长 455.5 千米，是瓦努阿图最大的岛屿。人口有 4 万人。桑托岛为一座火山岛，西岸有绵亘的塔布韦马萨纳山，海拔 1879 米，为岛上最高点，同时也是太平洋地区最高的山。岛上森林茂密，土质肥沃，水源充沛，西半部是尚未开发的原始丛林，东部是众多迷人的海滩。

桑托岛为热带海洋性气候，夏季平均气温最高 30℃，年均降水量为 2000 毫米。

经济

桑托岛经济发展较为缓慢，旅游业为主要经济来源，居民通过农业和渔业自给自足，主要农产品有菠萝、芒果、甘蓝、芋头、山药、牛肉等。该岛四面环海，有天然良港，所以渔业较为发达。该岛出口牛肉、椰干、咖啡、可可、肉罐头和金枪鱼。通用货币为瓦图。

文化

桑托岛优越的地理位置使得该岛成为英法共治的行政中心和美军二战主要的军事基地，英、法、美文化与传统文化在这里交汇碰撞，形成了璀璨的桑托岛文化。桑托岛居民大多为美拉尼西亚人，大多数岛民信奉基督教，岛上有瓦努阿图长老会教堂、天主教堂和美拉尼西亚教堂。此外，还有使徒、基督复临安息日教会。在一些农村，特别是在大海湾和南桑托岛的农村中，有一部分人被称作"异教徒"，在这里，"异教徒"并不是一个贬义词，而是指不信奉基督教的一类人。

桑托岛的传统服装很独特，男人穿腰布（Mal Mal），女人穿草叶。在祭奠仪式上，居民都会用面具、头巾或是其他的装饰品来搭配他们的衣服。瓦努阿图人非常看重土地、海洋和潟湖的所有权，这一信念在桑托岛更为突出，并且岛民坚信他们所拥有的一切都来源于此。每个村落都有酋长，他的职责更多是类似于法官，酋长的话相当于法律，即便是政治家到访酋长的村落，也必须遵守酋长的命令。官方语言为英语、法语和比斯拉马语，通用比斯拉马语。

旅游

桑托岛是一个天然的游乐场，不同年龄阶段的人都可以在这里找到自己的乐趣。这里有瓦努阿图第一个热带雨林保护区国家公园——Vatthe 保护区，有在全世界排名第八的香槟海滩，还有置于热带雨林清澈湛蓝的蓝洞。二战时期美军在此留下的遗迹，使得桑托岛拥有众多人文旅游资源。游客可以在"百万金元角"潜水，探索美军遗弃的卡车、吉普车和军火枪支；可以在"SS 总统古烈治"号潜水，在水下 15—20 米可以观看到整艘游轮。这里是潜水爱好者的天堂，可以在潜水中探秘二战遗迹。

此外，在桑托岛最美丽的私人岛屿——"拉图阿岛"是知名的度假胜地。拉图阿私人度假村的客房风格迥异，分为不同的主题套房，众多复古的历史照片和动物皮毛让房间更加原生态，在这里垂钓、骑马会为度假增添不少色彩。

桑托岛有瓦努阿图的新国际机场，该岛在全国交通中占有重要地位。

萨摩亚

　　萨摩亚，全名萨摩亚独立国，旧称"西萨摩亚"，英文名称为 The Independent State of Samoa，位于太平洋南部的萨摩亚群岛，是波利尼西亚群岛的中心，具体位置大约在夏威夷至新西兰之间，美属萨摩亚的西方。萨摩亚陆地面积为 2934 平方千米，水域面积 12 万平方千米，由萨瓦伊和乌波卢两个主岛及七个小岛组成，人口约为 22 万人，全境共划分为 11 个政治区，主要城市为阿皮亚，主要岛屿有萨瓦伊岛、乌波卢岛。

阿皮亚

地名由来

　　阿皮亚，英文名称为 Apia，是萨摩亚独立国的首都，全国政治、经济、文化和商业中心，也是萨摩亚国内仅有的城市。最初的阿皮亚只是一个小村落，1962 年西萨摩亚独立后，在该地区建立了首都。并以之前这个小村落的名字命名了首都城市，这便是首都城市地名的由来。

区位

　　阿皮亚位于南太平洋波利尼西亚群岛中部，国际日期变更线紧挨其西侧，是世界上最西边的首都。该市位于萨摩亚独立国的东南部，乌波卢岛中部的北海岸，与萨瓦伊岛隔阿波利马海峡相望，俯瞰韦西加诺河口的天然海港。阿皮亚西南靠近斐济和汤加，西北靠近图瓦卢，东南濒临美属萨摩亚的首府帕果帕果，正南方向靠近纽埃，距离澳大利亚布里斯班 3922 千米。市区西部 40 千米处有法莱奥诺国际机场，维珍萨摩亚航空、新西兰航空、斐济航空均有航班连接此机场，可以非常便利地前往澳大利亚、新西兰、斐济等国。通过阿皮亚港的商船和客船可远渡重洋，也可驶过阿波利马海峡到达萨摩亚的第一大岛——萨瓦伊岛。主要岛屿为萨瓦伊岛、乌波卢岛。

历史

据考证，3000 年前萨摩亚人的祖先已在这里定居[1]。1722 年，荷兰航海家雅克布·罗杰温率领的探险队在绕过美洲前端前往爪哇岛的途中首次到达了阿皮亚。1768 年，法国人路易·布于维尔在环球航行中航行到此。1791 年，英国的爱德华兹船长也对阿皮亚进行了考察。19 世纪初，白人开始在阿皮亚定居。19 世纪 70 年代前后，美国开始在东萨摩亚的帕果帕果港建设海军加煤站，以供应其海军舰队。随后英、德两国也开始在阿皮亚附近建立海军基地。1879 年，美、英、德三国胁迫萨摩亚，使其同意在阿皮亚地区设立所谓的"自治区"，实际上是美、英、德三国共有的殖民地。1889 年，萨摩亚局势开始恶化，美、英、德三国派军舰集结于阿皮亚港。同年 6 月，三国签署了《柏林条约》。1914 年第一次世界大战爆发，新西兰对德宣战并占领了阿皮亚。1920 年，当时的国际联盟承认了新西兰对阿皮亚的管理权。1920—1936 年之间，阿皮亚人开展了反抗殖民统治的独立运动，史称"马乌运动"（意即政治反对派）。1946 年，新成立的联合国仍授权新西兰管理阿皮亚。1962 年，西萨摩亚独立后，阿皮亚成为首都。

地理

阿皮亚面积约为 60 平方千米。截至 2015 年 12 月，阿皮亚人口约为 4 万

---

[1] 翟兴付、仇晓谦：《萨摩亚》，世界知识出版社 2002 年版，第 29 页。

人①。阿皮亚地势南高北低，东西山岭突兀，俯瞰韦西加诺河口的天然海港。阿皮亚南面是瓦伊亚山，韦西加诺河穿越北面狭长的海岸平原，从阿皮亚港注入太平洋。韦西加诺河的东西两岸，各有南行山脉，大部分地区为丛林覆盖。阿皮亚属热带雨林气候，有两个截然不同的季节，5—10月为旱季，11月至次年4月为雨季。年均气温约为28℃，海洋温度低于20℃。年均降水量2000—3500毫米。

经济

阿皮亚的经济以农业为主，主产并出口椰子、可可、香蕉，还产芋头、菠萝等。畜牧业以养牛、猪为主，盛产金枪鱼。

在阿皮亚集中了萨摩亚全国的为数不多的中、小型轻工业企业，工业基础十分薄弱。独立后，萨摩亚在首都阿皮亚初步建立了一批消费工业和农产品加工业，主要生产食品、烟草、啤酒和软饮料、木材家具及椰油，还有印刷、日用化学业。此外，编织等手工艺品的生产较普遍。通过可泊5万—6万吨级轮船的阿皮亚港开展海洋贸易，主要的贸易对象是新西兰、澳大利亚、英国、美国等。

旅游业是阿皮亚主要的经济支柱之一和第二大外汇来源。阿皮亚致力于发展旅游硬件设施及其他与旅游相关行业。游客主要来自美属萨摩亚、新西兰、澳大利亚、美国和欧洲。影响其旅游业发展的主要因素是酒店设施简陋、客房数量不足及交通不便。

阿皮亚通用货币为萨摩亚独立国的货币塔拉，汇率换算为1美元约等于2.51塔拉（2015年3月）。

文化

阿皮亚居民大都是萨摩亚人，属波利尼西亚人种，皮肤为浅棕色。由于有移民传统，萨摩亚混血人口比例很高，在首都阿皮亚地区尤其突出。人们很难想象，这样的小城里竟有英国人、德国人、法国人、丹麦人、挪威人、

① World Population Review：Major Cities in Samoa Population 2015，http://worldpopulationreview.com/countries/samoa-population/major-cities-in-samoa/，查询日期：2016年2月19日。

瑞典人、美国人、中国人、日本人、韩国人、印度人、澳大利亚人、新西兰人等多个民族的后裔,有的人甚至具有10种以上的血统。值得一提的是,混血华裔(现只会讲萨摩亚语和英语)数量在外来血统中居首位,并且一些华裔对阿皮亚当地政治和经济的稳定发展起着举足轻重的作用。阿皮亚居民多数信奉基督教。阿皮亚的官方语言为萨摩亚语,但居民广泛使用的语言是英语,并且大多数人所说的英语略带新西兰口音。

阿皮亚实行中小学义务教育,大专院校有萨摩亚国立大学(2005年与萨摩亚工艺学院合并)和阿拉富阿农学院(南太平洋大学分校),每年约有4800名大中专毕业生。

旅游

阿皮亚市热带风光优美,有许多奇特的自然景观,比如由山顶火山坑形成的山顶湖、著名的"滑石"景点——帕帕塞阿溪降和深海帕莱奥诺国家海洋保护区。除自然景观之外,阿皮亚还有一些丰富多彩的人文景观。其中以罗伯特·斯蒂文森博物馆为代表,斯蒂文森博物馆是由大作家罗伯特·斯蒂文森当年的住所改造而成的。馆内展示了斯蒂文森的生平资料、文学著作和一些珍贵的作品手稿等。游客还可以沿着一条被称作"爱心小路"的小径参观他位于威亚山山顶的墓地。此外,阿皮亚的法爱阿大街素有阿皮亚"唐人街"之称,这里聚居了众多的华人华侨,街道两边建有许多具有中国特色的餐馆和商店。

从澳大利亚、新西兰、斐济等国均可以非常便利地前往阿皮亚。维珍萨摩亚航空、新西兰航空、斐济航空均有航班连接阿皮亚的法莱奥诺国际机场。阿皮亚市区街道还有待进一步建设,道路基本上为上下道,街道无路牌,红绿灯极少,私家汽车和出租车较多,也有少量公共汽车。

阿皮亚的住宿设施是萨摩亚国内最为完善的,已经成为促进当地旅游业发展的积极因素。其中艾吉·格雷旅馆已达到四星级宾馆的水平。此外还有各式各样具有萨摩亚特色的"法雷式"旅馆任游客自由选择。

萨瓦伊岛

地名由来

　　萨瓦伊岛，英文名称为 Savai'i Island，是萨摩亚独立国面积最大的岛屿。19 世纪早期，该岛也称作 Pola 岛。据神话传说，很久很久以前，太平洋上有两个相邻的岛国，分别叫作普洛图和帕帕泰阿。普洛图国王埃洛膝下有四个儿子。一天，四个儿子到帕帕泰阿游玩，遭到了冷遇和侮辱，一个儿子还被殴打。埃洛非常恼怒，决定对帕帕泰阿进行报复。交战中，帕帕泰阿岛的人战败，有的被抓遇害，有的驾船逃走。其中有一对名为萨和瓦伊的夫妇逃到了西边的大岛，即现今的萨瓦伊岛。当时这个岛上还没人居住，也没有名字，于是他们就把他俩的名字连在一起作为所在岛的名字，于是便有了萨瓦伊。①

区位

　　萨瓦伊岛位于南太平洋中部，地处萨摩亚独立国最西端，该岛东与乌波卢岛隔阿波利马海峡相望。南方距汤加王国约 1000 千米，西南距斐济约 1000 千米。其西端距国际日期变更线仅 32 千米，因此有时也自称为"世界上最西的地方"。

　　萨瓦伊岛东海岸的图阿西维与乌波卢岛的萨塔普阿法之间有轮渡往来，西北海岸的阿绍也有深水码头，为客货运输提供了便利。萨瓦伊岛的 Maota 和 Asau 机场可起降维珍萨摩亚航空运营的往返于萨瓦伊岛和乌波卢岛之间的小型飞机。

历史

　　据考古研究，在约公元前 1000 年就有萨摩亚人的祖先生活于此。约在公元 950 年至 1000 年间，汤加入侵萨摩亚，征服了萨瓦伊岛。1250 年，新任

---

① 翟兴付、仇晓谦:《萨摩亚》，世界知识出版社 2002 年版，第 30 页。

汤加王塔拉阿依菲依对萨瓦伊岛进行残忍统治。萨瓦伊岛的图纳和法塔这一对亲生兄弟在汤加王生日那天带领萨瓦伊岛勇士举行起义，成功赶走侵略者。1791年，英国的爱德华兹船长率"HBM潘多拉"号对萨瓦伊岛进行考察时，船员与当地人发生冲突，船员向当地人开枪，一些人中流弹而亡。这让萨瓦伊人知道了"洋枪"的厉害。1830年，英国伦敦公理会传教士约翰·威廉姆斯（1796—1839年）抵达萨瓦伊岛上的小村庄萨帕帕里伊村，开始在萨瓦伊岛上进行传教活动。不久，基督教的"十字架"，很容易地战胜了萨摩亚传统诸"神"。1839年10月，著名的美国探险家查尔斯·威尔克斯率领探险考察队对萨瓦伊岛进行了考察。19世纪初，白人开始在萨瓦伊岛定居。1902年，萨瓦伊岛奥波地带的火山在海拔1400米的山顶爆发，原来百米深的山谷变成了一座高达500米左右的山岭。1905年，萨瓦伊火山大规模爆发，地点位于萨瓦伊岛东南部的马塔瓦努一带，此次火山爆发时断时续，直到1910年年底才完全停止。熔岩覆盖面积达一百多平方千米。虽没有人员伤亡，但居民们赖以生存的作物全毁、住房全无。萨瓦伊岛上面临着大灾荒并且许多人因吸入硫烟而患上种种疾病，德国殖民当局只好安排他们在乌波卢重建家园。[1] 1914年第一次世界大战爆发，新西兰对德宣战并占领了萨瓦伊岛。1920—1936年之间，萨瓦伊人开展了反抗殖民统治的独立运动。1957年，杰克·格尔森开始在萨瓦伊岛上开展对萨摩亚的第一次考古研究，这是第一次系统考古学调查的一部分，他在岛上发现了陶器碎片和史前人类使用的器物。1962年，西萨摩亚独立后，萨瓦伊岛居民获得了自由。

地理

萨瓦伊岛陆地面积为1820平方千米，占萨摩亚全国总面积的62%，是波利尼西亚群岛中的第二大岛，仅次于夏威夷。东西长约80千米，南北最宽处约40千米。人口约4.3万人，居萨摩亚全国第二位。萨瓦伊岛上多山地，中部的西利西利山海拔1858米，为萨摩亚群岛最高峰。萨瓦伊岛地势中部高，四周低，岛上大部分地区被丛林覆盖。平原主要分布在西北部，萨瓦伊岛的其他沿海地带分布有少量的谷地。萨瓦伊岛属热带雨林气候，每年5—10月

---

[1]　翟兴付、仇晓谦:《萨摩亚》，世界知识出版社2002年版，第5页。

为干季，11月至次年4月为雨季。年均气温为28℃，海洋温度低于20℃。年均降水量2000—3500毫米。

萨瓦伊岛共分为6个政治区，在欧洲人到达之前很早就已设立，分别为东端的法塞莱莱阿加、北端的加加埃毛加、西北端的加盖福毛加、最西端的韦西加诺、被分为西南和东南两端的萨图帕伊泰阿、最南端的帕劳利。

经济

在西方人进入萨瓦伊岛之前，萨瓦伊岛的经济结构单一，基本上是封闭的自给自足的小农经济，每个村落大家庭共同进行农业生产，主要种植香蕉、椰子、芋头等，同时依靠捕鱼和养猪来获得基本的生活资料的保证。西方人打开萨瓦伊岛的市场之后，岛上经济结构在保持传统种植业的基础之上，增添了椰干、香蕉、可可、芋头、咖啡等初级产品的出口贸易。独立之后，萨瓦伊岛不断优化经济结构体系，在传统热岛农产品的种植业基础之上初步建立了一批农产品加工业，主要生产食品、烟草、啤酒和软饮料及椰油。1970年，萨瓦伊岛西北部的阿绍开始发展木材工业。此外，捕鱼业、编织等手工艺品的生产在萨瓦伊岛上较为普遍。

萨瓦伊岛东海岸的图阿西维港口，与乌波卢岛的萨塔普阿法之间有轮渡往来，进而通过可泊5万—6万吨级轮船的阿皮亚港开展海洋贸易，主要的贸易对象是新西兰、澳大利亚、英国、美国等。

目前，旅游业对经济增长的显著拉动作用已经引起当地政府和萨摩亚旅游局的普遍重视，同时当地政府推出了一系列促进旅游产业发展的政策措施。包括修建完善岛上的旅游基础服务设施，对岛上旅馆和度假村的资格资质进行审查，对外强力打造萨瓦伊岛的旅游品牌等。

文化

萨瓦伊岛居民大都是萨摩亚人，属波利尼西亚人种，皮肤为浅棕色。此外还有少部分的欧洲与波利尼西亚混血者和欧洲人。萨瓦伊岛居民的信教率很高，除占主导地位的基督教各教派外，还有摩门教、巴哈教（亦称大统教）等。西方宗教虽为"舶来品"，但萨瓦伊人对其虔诚程度较西方人更胜一筹，几乎所有的其他事项都要给宗教活动让路。值得注意的是，西方宗教的确使萨瓦伊岛上文化发生了革命性的变化，但同时也被萨瓦伊化了。西方传教士试图让萨瓦伊人完全接受西方教义的初衷并没有实现，西方的小家庭观念也没能取代萨瓦伊根深蒂固的大家族理念。萨瓦伊现代宗教是西方宗教教义与萨瓦伊传统相结合的产物，是具有萨瓦伊特色的宗教。萨瓦伊岛的官方语言为萨摩亚语，但居民广泛使用的语言是英语，并且大多数人所说的英语略带新西兰口音。

萨瓦伊岛文化与传统生活方式已有 3000 年历史，被称为 Fa'a Samoa。传统的烹饪方法是用烧得炽热的光滑石头烤熟食物，称为焙沐。萨瓦伊岛主要的节庆活动有 Teuila Festival 和国家独立日等。其中 Teuila Festival 最为盛大隆重，是萨摩亚的传统节日庆典，时间持续两周。

旅游

萨瓦伊岛热带自然旅游资源丰富，拥有覆盖着原始丛林的崎岖火山、倾泻的瀑布、蓝色的潟湖，以及充满了热带植物和野生动物的山地雨林等。曾经的火山活动造就了萨瓦伊岛鬼斧神工般的景观。塔格村旁壮观的"冲天水"是萨摩亚著名的"风洞奇观"。海浪在大量火山石前显得特别嚣张，咆哮着激起数十米的巨大水柱，蔚为壮观。还有坐落于萨瓦伊岛南部的阿福埃乌瀑布，在热带雨林中蜿蜒前进，遇断崖后直泻而下，汇入碧绿的池水，力量与柔和之美兼具。法莱阿卢波雨林保护区、Satoalepai 海龟保护区也是著名的旅游景点。其中在雨林保护区一个高达 40 米的树冠走道上高空漫步，是众多游客喜爱的惊险旅游项目之一。

相比于丰富的自然景观，萨瓦伊岛的人文景观较为稀少。其中值得一提的是颇具历史传奇的马塔瓦努熔岩遗址公园。从马塔瓦努山喷发的熔岩将 5 个村庄埋葬在了这宽广贫瘠的熔岩流之下。当游客走过这奇特而广阔的地方时，仍能发现被半埋的教堂、修女墓等。

乌波卢岛

地名由来

乌波卢岛，英文名称为 Upolu Island，是萨摩亚独立国的第二大岛屿，也是萨摩亚人口最多、经济最发达的岛屿。18世纪末至19世纪初，该岛也被叫作 Ojalava 或 Ojolava。据传说，很久以前，太平洋上有两个相邻的岛国，分别叫作普洛图和帕帕泰阿。普洛图国王埃洛膝下有四个儿子。一天，四个儿子到帕帕泰阿去游玩，遭到了冷遇和侮辱，一个儿子还被殴打。埃洛非常恼怒，决定对帕帕泰阿进行报复。交战中，帕帕泰阿岛的人战败，有的被抓遇害，有的驾船逃走。其中有三对夫妇最后逃到了现在的萨摩亚群岛一带，乌和波卢逃到了东边的大岛，即现今乌波卢岛所在地。当时这个岛上还没人居住，也没有名字，于是他们就把他俩的名字连在一起作为所在岛的名字，于是便有了乌波卢。①

区位

乌波卢岛位于南太平洋中部，萨摩亚独立国的东南部，该岛西隔阿波利马海峡与萨瓦伊（Savai'i）岛相望。东南濒临美属萨摩亚的首府帕果帕果（Pago Pago），正南方向靠近纽埃（Niue）。乌波卢岛交通区位便利，岛上有法莱奥诺（Faleolo）国际机场。同时阿皮亚港的商船和客船可远渡重洋，也可驶过阿波利马海峡到达萨摩亚的第一大岛——萨瓦伊岛。

历史

据考古研究，约公元前1500年从东南亚迁徙过来的原始人类在乌波卢岛上的穆利法努阿生活并定居下来。1722年，荷兰航海家雅克布·罗杰温率领的探险队在绕过美洲前端前往爪哇岛的途中首次到达了乌波卢岛。1768年，

① 翟兴付、仇晓谦:《萨摩亚》，世界知识出版社2002年版，第30页。

法国人路易·布干维尔在环球航行中航行到此。1787年，法国探险家佩罗斯率探险队来到乌波卢岛海域并在图图伊拉登陆，判定了整个群岛的地理位置。期间，当船员们准备在图图伊拉登陆时与当地人发生冲突，造成副船长M.朗热等12人被杀害、多数人受伤的悲剧。1791年，英国的爱德华兹船长也对乌波卢岛进行了考察。19世纪初，白人开始在乌波卢岛定居。到1830年前后，欧洲商人斯托瓦斯和汉金与萨摩亚人建立了最早的两个"欧—萨"家庭，并受到当地人的尊敬。19世纪70年代前后，英、德两国开始在乌波卢岛建立海军基地。1914年第一次世界大战爆发，新西兰对德宣战并占领了乌波卢岛。1920—1936年之间，乌波卢人开展了反抗新西兰殖民统治的独立运动，史称"马乌运动"。1941年，日本偷袭珍珠港，战争蔓延至乌波卢岛海域。1942年年底，约有1.2万名美国海军陆战队士兵驻守乌波卢岛。这些士兵修筑了新道路，挖了战壕等防御工事，修建了法莱奥诺国际机场和雷乌卢牟伊嘎至雷方嘎的穿岛公路。1944年，法莱奥诺国际机场建成启用。1974年和1976年，美国犹他大学考古队两次来到萨摩亚进行考察，在萨摩亚诸岛发现了不少遗址，其中在乌波卢岛阿阿纳地区的穆里法努阿发现了人类在这里留下的最古老的遗址。

地理

乌波卢岛长74千米，最宽处26千米，面积约为1125平方千米，人口已达14.3万人，居萨摩亚全国第一位。乌波卢岛是由玄武岩构成的盾状火山岛，岛上最高峰瓦艾费图山海拔为1097米。岛上多为森林覆盖，沿海有少量平原。乌波卢岛位于南半球热带地区，靠近赤道，属热带海洋性气候。全年温暖宜人，每年5—10月为旱季，11月至次年4月为雨季。年平均气温约28℃，年平均降水量2000—3500毫米左右。

乌波卢岛分为5个传统的政治区，它们分别为：图阿马萨加、阿纳、艾加伊勒泰、阿图阿和瓦奥福诺蒂。

经济

乌波卢岛的传统产业结构单一，以农业为主，主产并出口椰子、可可、香蕉、芋头、菠萝等。畜牧业以养牛、猪为主。独立后，乌波卢岛上初步建立了一批消农产品加工业，主要生产食品、烟草、啤酒和软饮料、木材家具及椰油，还有印刷、日用化学业等。乌波卢岛通过可停泊 5 万—6 万吨级轮船的阿皮亚港开展海洋贸易，主要的贸易对象是新西兰、澳大利亚、英国、美国等。萨摩亚独立国货币塔拉为乌波卢岛通用货币。

乌波卢岛的经济基础薄弱，主要依赖海外侨汇和外交援助。此外，旅游业已成为乌波卢岛重要的经济支柱之一。萨摩亚旅游局已出台一系列促进旅游业发展的政策，比如完善旅游基础设施，对包括中国在内的许多国家实行免签政策等，为旅游业成长创设一个良好的发展环境。

文化

由于有殖民历史，乌波卢岛上传统的萨摩亚文化受到西方文化价值体系的冲击，在传统与现代的碰撞与交融中，乌波卢岛上的传统文化并没有被先进的西方文明同化和替代，而是将其逐渐纳入到自己的传统文化体系之中。比如，西方的小家庭价值观念并没能取代乌波卢岛上的大家庭生产观念；西方传教士成功使乌波卢岛皈依耶稣，但人们所信仰的基督教也是融合了当地的文化观念。乌波卢岛居民大都是萨摩亚人，此外还有少部分的欧洲人和华人。由于有移民传统，乌波卢岛混血人口比例很高。乌波卢岛居民多数信奉基督教。岛上的官方语言为萨摩亚语，但居民广泛使用的语言是英语，并且大多数人所说的英语略带新西兰口音。

文身是乌波卢岛文化的重要组成部分，据说是从斐济传过来的，距今已有几百年的历史。在萨摩亚人的眼中，文身不仅是一种装饰，更是一种神圣的艺术，同时是美和力量的象征。乌波卢岛上的文身工具很原始、简单：鱼刺制成的梳子、龟壳制成的刀片和公猪牙制成的骨锥等，同时不同的文身图案都有不同的内涵。如果要想成为一名酋长，那么一定要文身，而且还要是萨摩亚的图案。

卡瓦仪式也是乌波卢文化的重要组成部分，该仪式是以敬献卡瓦酒为特征的表示对客人尊重的最高礼仪。每逢重要客人来访、马他伊委员会开会、请人盖房或造船等场合都要举行卡瓦仪式。卡瓦仪式常常在宽敞的法雷里面举行，由高级马他伊主持，主客按照一定的位次盘腿坐好。

旅游

乌波卢岛上自然旅游资源丰富，拥有高山、雨林、顶级白沙海滩和众多独特的瀑布。其中比较著名的是南海岸的瀑布群，包括 Papapapai-Tai 瀑布、Togitogiga 瀑布、Sopoagao 瀑布、Fuipisia 瀑布。萨摩亚旅游局对外宣传推广萨摩亚目的地的官方形象——海水洞穴景点，是乌波卢岛最著名的旅游景点。游客可以体验一下从 30 米高的梯子跃入海水洞穴的刺激感觉。这个海水洞穴被花园绿植环绕，还是乌波卢岛一个极受欢迎的野餐地点。自然景观之外，乌波卢岛还有一些比较有名的人文景观。比如，巴哈伊寺院、斯蒂文森博物馆。其中巴哈伊寺院建造于 1984 年，是全球八大巴哈伊信仰的标志性寺院之一，目前已经接待了来自世界各地成千上万的游客。寺院有九个对称的入口，礼拜教堂建筑为灰白色，造型独特。主教堂的宏伟穹顶高 28 米，嵌入镜像般的天际线。礼拜教堂被花园紧紧包围，幽静和谐。

另外，乌波卢岛上推出许多主题旅游活动。如蜜月婚礼主题产品、海洋户外主题产品、陆上户外主题产品等。其中海洋户外主题活动包括漫步 Lalomanu 海滩、冲浪、潜水、深海垂钓和到海龟保护区与海龟畅游五大海洋活动。陆上户外主题活动包括在拥有国际水准的高尔夫球场打高尔夫球、环岛骑行、在国家公园探索热带雨林和瀑布游泳等。

瑙 鲁

瑙鲁，全称瑙鲁共和国，英文名称为 The Republic of Nauru，位于南太平洋中西部的密克罗尼西亚群岛中，有"天堂岛"之称。西与巴布亚新几内亚隔海相望，东临基里巴斯。国土总面积为 24 平方千米，海洋面积为 32 万平方千米，人口为 1.1 万人。全国分为 14 个行政区，主要城市为亚伦。

亚 伦

地名由来

亚伦，英文名称为 Yaren，原名称为 Moqua。亚伦是瑙鲁的首府，同样也是该国的行政中心。

区位

亚伦位于瑙鲁的西北部，是该国的交通枢纽。亚伦也是瑙鲁的行政中心，是政府国会、国务会议和最高法院等国家行政机构的所在地。亚伦北距赤道约 41 千米，东离夏威夷 4160 千米，西南距澳大利亚悉尼 4000 千米，东距基里巴斯 306 千米。市区北接布雅达区，南邻南太平洋，西濒梅嫩区，东靠京东方区。

历史

据史料记述，大约在 3000 年前，密克罗尼西亚和波利尼西亚人就在瑙鲁居住。1798 年，英国船长约翰·费恩（John Finn）指挥着"猎手"号（一说美国"亨特"号捕鲸船）发现了瑙鲁岛。1888 年，亚伦被德国吞并，沦为德意志帝国的殖民地，并入德国马绍尔群岛保护地。19 世纪 90 年代，德国发现亚伦有丰富的磷酸盐资源，1901 年，英国人经德国人同意，获准在亚伦开采磷酸盐。1914 年 11 月，英国人雇佣澳大利亚远征军占领了亚伦，结束了德国的统治。1919 年，国际联盟将亚伦划归澳大利亚、新西兰和英国共同托管，由澳大利亚代表三国行使职权，而磷酸盐开采权则由英国磷酸盐委员会把持。1942 年，亚伦被日本占领，1945 年，澳大利亚占领亚伦，结束日本的统治。1947 年，亚伦成为联合国托管地，联合国让澳、英和新共同托管亚伦，由澳大利亚代表三国进行管理，而磷酸盐的开采权仍由英国磷酸盐委员会掌控。1964 年，瑙鲁发起争取磷酸盐控制权的斗争，但并没有成功。1968 年 1 月 31 日，瑙鲁独立，亚伦成为其首府，同年 11 月，瑙鲁成为英联邦特别成员国（不出席英联邦政府首脑会议）。1970 年，瑙鲁赎回英国磷酸盐公司的资产，获得磷酸盐的控制权。1999 年，瑙鲁被联合国接纳为成员国。

地理

亚伦面积为 1.5 平方千米，人口为 747 人，一半以上为瑙鲁人，外国人包括其他太平洋岛国人、欧洲人和华人等。[1]

亚伦属于热带雨林气候地区，终年温和湿润。白天，亚伦的温度可以上升到 32℃，而晚上的气温大都保持在 25℃左右。每年的 11 月到次年 2 月是亚伦的雨季，这时，亚伦的天气比较凉爽。而每年的 4 月到 10 月是亚伦的干季，理论上亚伦此时的天气较为干燥，然而信风使得亚伦干季的天气也较为凉爽。

---

[1] Maps of World：Nauru，http://www.mapsofworld.com/nauru/yaren.html，查阅日期：2016 年 2 月 27 日。

经济

亚伦自 1900 年发现磷酸盐之后，开采磷酸盐就成为亚伦的主要经济产业。但直到 1970 年，瑙鲁才从英国磷酸盐公司赎回资产，获得磷酸盐的控制权。磷酸盐的开采曾经给亚伦地区带来了巨大的财富，但也因此使亚伦地区的环境遭到了严重破坏。亚伦的农业区主要集中在沿海沿岸宽 150—300 米、海拔 30 米的海岸带地区，这一农业区主要出产椰子、甘蔗、香蕉和蔬菜等农作物，一般农产品勉强可以自给自足，但主要的粮食和日用品都要依赖进口。亚伦在瑙鲁独立后，主要发展以旅游业为主的第三产业。经过多年的发展，旅游业已超过采矿业成为亚伦的支柱产业。瑙鲁没有自己的货币，亚伦现在的通用货币是澳大利亚元。

文化

由于亚伦地处密克罗尼西亚群岛和波利尼西亚群岛的交汇处，故其土著居民混杂了密克罗尼西亚、波利尼西亚和美拉尼西亚人的血统。亚伦的瑙鲁人大多数信仰基督教，小部分的人信仰巴哈伊教、佛教和伊斯兰教。亚伦的官方语言是瑙鲁语，全区通用英语。

亚伦的节日有独立日（1 月 31 日）、宪法日（5 月 17 日）、青年节（8 月 25 日）和 Anganm 节（10 月 26 日）等节日。独立日期间的活动有演讲、升旗和唱国歌。青年节是全国性节日，在此期间，全国会进行一周的庆祝活动，包括拔河比赛、排球比赛等活动。亚伦的土著文化受到了殖民地和当代西方文化的显著影响，旧的习俗多数被取代，只有部分传统音乐、艺术、工艺和捕鱼等技艺得以保留并仍在传承。在欧洲入侵之前，亚伦的社会生活以母系氏族为主，在欧洲侵入后，逐渐发展为以父系氏族为主。

瑙鲁的成人识字率在 96% 左右，对 6—16 岁的学生实行义务教育。亚伦作为瑙鲁的首府，教育在全国处于领先水平，学校和师资力量在全国也是较好的。由于瑙鲁人的生活习惯不好，加上瑙鲁人并不喜欢体育锻炼，所以瑙鲁是世界上肥胖率最高的地区之一。

旅游

亚伦旅游资源非常丰富，既有风景优美的自然景观，也有文化深厚的人文景观。其中自热景观有洁白的沙滩、摇曳的棕榈、郁郁葱葱的椰子树、美丽的地下湖、Moqua 长城和反映太平洋地质剖面特点的 Moqua 洞穴。人文景观有瑙鲁的议会地点国会大厦和二战遗留下来的战争遗迹。另外，亚伦的户外活动也很丰富，在这里游客可以坐船体验海钓的乐趣，还可以参加一些当地人举办的娱乐比赛。每年的 4 月到 10 月是到亚伦旅游的最好季节，此时不仅天气适宜，而且海岸景色优美。

亚伦的住宿设施虽不多，但也能基本满足旅客们的住宿需求。其中有两个较为著名的酒店，分别叫门登酒店和爱华酒店，门登酒店位于亚伦安巴尔湾南部，是两家酒店价格较贵的一家。此外，亚伦还有瑙鲁唯一的酒吧。

亚伦是瑙鲁的交通枢纽，瑙鲁国际机场于 1969 年与澳大利亚和斐济开通航线，现已与中国香港和台湾开通了航线。游客们在亚伦旅游，可以选择租用汽车出行，也可以乘坐出租车和公交车游览。

基里巴斯

　　基里巴斯，全称基里巴斯共和国，英文名称为 The Republic of Kiribati，首都为塔拉瓦（Tarawa）。基里巴斯一词是通过用密克罗尼西亚语音译吉尔伯特群岛得来的。基里巴斯位于太平洋中部，西与瑙鲁相邻，南与萨摩亚和图瓦卢相对，西南距法属波利尼西亚约 2300 千米，北距夏威夷约 2020 千米。陆地面积为 812 平方千米，人口为 11.2 万人。基里巴斯没有明显的城市划分，岛屿分属三个群岛，主要群岛有吉尔伯特群岛和莱恩群岛等。

吉尔伯特

地名由来

　　吉尔伯特群岛，英文名称为 Gilbert Islands，别称金斯米尔群岛（Kingsmill），是基里巴斯共和国三大群岛之一。首都是塔拉瓦（Tarawa），由于塔拉瓦环礁拥有该国近一半的人口，使吉尔伯特群岛成为基里巴斯最重要的群岛。吉尔伯特一词源于英国吉尔伯特船长的名字。

区位

　　吉尔伯特群岛位于太平洋中西部，澳大利亚东北 4500 千米处。在地理位置上，吉尔伯特群岛处于美国和澳大利亚的海上交通线中间，交通区位十分重要。吉尔伯特群岛西北为马绍尔群岛，西南为所罗门群岛，东南为图瓦卢。

历史

3000 年前，马来—波利尼西亚人已经在此定居。约 14 世纪，斐济人和汤加人入侵，与当地人通婚，形成了基里巴斯民族。[①] 16 世纪时，西班牙探险家发现吉尔伯特群岛中的某些岛屿。1765 年，英国舰队司令约翰·拜伦（John Byron）率"多尔芬"号去太平洋探险，发现了尼库瑙岛。1788 年 6 月 17 日，英国吉尔伯特船长率"夏洛特"号到达此地并发现阿拉努卡环礁和库里亚岛，6 月 20 日到达塔拉瓦环礁和马拉凯环礁，并命名为吉尔伯特群岛。随后，在 1799—1826 年间，欧洲人陆续发现了其他各岛，基督教随之传入。1892 年，吉尔伯特群岛连同埃利斯群岛成为了英国的保护地。1916 年，吉尔伯特及埃利斯群岛成为英国的殖民地。

1941 年 12 月，日军占领吉尔伯特群岛主要岛屿马金岛（现称布塔里塔里环礁）和塔拉瓦环礁，并在岛上修建机场，对美、澳之间的交通线构成威胁。1943 年 6 月，美国参谋长联席会议决定：由太平洋舰队总司令尼米兹海军上将作总指挥，夺取该群岛，吉尔伯特群岛战役由此拉开帷幕。11 月 25 日，日本战败，美军以伤亡 3200 余人为代价占领了吉尔伯特群岛。

1974 年，基于种族纷争，属于波利尼西亚人的埃利斯群岛居民要求投票，和以密克罗尼西亚人为主的吉尔伯特群岛分开。1978 年，埃利斯群岛独立，改称为图瓦卢。1979 年，吉尔伯特群岛宣告独立，并改国名为基里巴斯，但不包括以前的巴纳巴岛、菲尼克斯群岛和莱恩群岛。1983 年，美国宣布放弃菲尼克斯群岛和莱恩群岛主权，这两个群岛遂成为基里巴斯的一部分。

地理

吉尔伯特群岛南北宽 1200 千米，东西长 2300 千米，陆地总面积约 430 平方千米。吉尔伯特群岛的人口总数为 8.3 万。其中，大部分为密克罗尼西亚

---

① 奥运资料库：《基里巴斯》，http://info.2012.163.com/country/3763.html；查阅时间：2016 年 2 月 26 日。

人，少数为欧洲人和华人。

吉尔伯特群岛地质为珊瑚砂质，岛上有珊瑚礁环绕并带有潟湖，生长着茂盛的热带植物。吉尔伯特群岛地势十分平坦，除巴纳巴岛（原称大洋岛）有海拔 81 米的火山外，其余都属低平环礁，平均海拔 3—4 米。

吉尔伯特群岛属于热带海洋性气候地区，气候湿热。年降雨量北部约 2000—2500 毫米，南部约 1000 毫米，年平均气温约为 27℃。

吉尔伯特群岛由塔拉瓦、布塔里塔里、阿贝马马、塔比特韦亚等 16 个珊瑚礁或岛屿组成。

经济

欧洲殖民者侵入前，吉尔伯特群岛经济以农业和渔业为主，种植薯、芋、椰子、面包树，捕猎海豚、章鱼和沙丁鱼。手工业发达，可用珊瑚、龟甲、贝壳、椰叶制作工艺品，尤以建造独木舟久负盛名。当地人航海技术甚高，能按星辰位置或潮水气味确定方向，善于避开洋流和暗礁。

20 世纪初期到中期，吉尔伯特群岛引进椰树，生产椰干。与此同时，政府在巴纳巴岛上开采磷酸盐矿，对外出口。磷酸盐的出口成为吉尔伯特群岛的主要经济来源。但好景不长，1979 年年底，由于磷矿枯竭，吉尔伯特群岛出口贸易锐减，外贸呈逆差。

独立之后，吉尔伯特群岛政府致力于经济发展的多元化，积极发展旅游业，鼓励开发海洋资源，并不断拓宽外汇收入来源。但吉尔伯特群岛的经济力量薄弱，仍需外援，主要的外援来自澳大利亚、日本、韩国和欧盟等。其中，日本在基础设施建设方面投入了大量资金，援建了塔拉瓦发电厂，其所发电量足够塔拉瓦大多数居民使用。基里巴斯的货币是澳大利亚元。

文化

在传教士来此之前，吉尔伯特群岛的居民拥有自己的信仰，他们说，自己的祖先是白皮肤、红头发的人。祖先们把自然赋予了力量，并命名了具有神圣色彩的名字（例如太阳、月亮），他们拥有超越黑暗和光明的力量。18 世纪时，海勒姆·宾厄姆二世（Hiram Bingham II）来此传教，他是第一个将翻译版的《圣经》传给群岛居民的人。现如今，吉尔伯特群岛的居民多信奉基督教和基里巴斯新教。

吉尔伯特群岛的土著人是吉尔伯特人（自称通加鲁人，也称基里巴斯人），属密克罗尼西亚人种。吉尔伯特群岛官方语言为英语，通用语言为基里巴斯语。

吉尔伯特群岛的主要节日有国庆日（7月12日）、元旦、复活节、耶稣升天节、感恩节、圣诞节等。

据统计，吉尔伯特群岛只有84%的居民识字，因而吉尔伯特政府积极响应殖民教育工作。岛上的所有教育都是在殖民教育署的监督下进行的，其目的是培养当地人在政府和商业中就业，提高和规范整座群岛的教育水平。吉尔伯特群岛居民勤劳勇敢，热情友善，民风淳朴。人们喜欢吃鱼，但不太爱吃蔬菜。每逢佳节，当地人身着传统服饰，唱歌跳舞，用木板、木箱作乐器打击出节奏，场面十分热闹。

旅游

吉尔伯特群岛自然旅游资源丰富，是一块远离现代文明的净土。群岛上有金黄色的柔软沙滩，波光粼粼的蓝色海水和美丽的水下珊瑚。此外，在吉尔伯特群岛中部的阿拉努卡环礁上有一片高15米以上的红树林，十分壮观。吉尔伯特群岛的人文旅游资源极具历史色彩。吉尔伯特群岛所属的马金岛、塔拉瓦环礁经历过惊心动魄的太平洋战争，岛上战争遗迹遍布，无言地诉说着那个艰难的时代。①

吉尔伯特群岛的珊瑚礁复杂多样，气候温和宜人，可以进行各种水上活动。这里的环礁湖湖水蓝而通透，是世界一流的游泳和潜水点。

吉尔伯特群岛的交通以海运为主，塔拉瓦是主要的港口，经营各岛间的客、货运业务。在塔拉瓦上还有一座国际机场，是与外界沟通的桥梁。目前，吉尔伯特群岛政府正在努力发展岛上公路运输。

① 王三胜、陈德正：《一带一路列国志》，人民出版社2015年版，第353页。

莱恩群岛

地名由来

莱恩群岛，英文名称是 line island，又译"线岛群岛"，是太平洋群岛中长度最长的群岛之一，根据其地理形态命名。莱恩群岛的主岛是基里蒂马蒂环礁（即圣诞岛），是太平洋上最大环礁。

区位

莱恩群岛纵跨赤道，原位于国际日期变更线以东，1995年，基里巴斯政府把日期线东移，以消除与首都塔拉瓦在日期上相差一天的不便。因此，莱恩群岛成为全球唯一使用东十四区（UTC+14）的地方，这使得基里巴斯成为全球一天当中清晨最早开始的国家。

莱恩群岛位于基里巴斯的最东边，东距菲尼克斯群岛（Phoenix Islands，亦译凤凰群岛）约1800千米，北距夏威夷约1600千米，南距库克群岛约2260千米。

历史

在地理大发现热潮的带动下，西方探险家开启了对太平洋群岛的探索之路。1521年，西班牙探险家费迪南·麦哲伦环球航行时发现了弗林特岛。1777年圣诞节前夕，詹姆斯·库克船长登上了莱恩群岛的主岛，并把此岛名为圣诞岛。在随后的48年里，莱恩群岛的各个岛屿相继被西方探险家发现，但这些探险家并没有占领该群岛，仅是把发现的岛屿命名具有纪念意义的名字。

19世纪中后期，帝国主义国家开始瓜分世界，进行殖民地扩张。英国和美国分别侵占了莱恩群岛的部分岛屿，并宣称拥有主权。在第二次世界大战中，美国占领圣诞岛（原为英国殖民地），并在岛上修建飞机跑道、港口设施、空军气象站和通信中心，提供休息和加油设施，圣诞岛成为飞机在夏威夷和南太平洋之间的中途站。在1956—1962年间，英、美两国将莱恩群岛作为核武器试验基地，共进行了30次核试验，其中，圣诞岛是主要试点。核试验使得本就不富裕的莱恩群岛在经济、文化等各个方面遭受了不同程度的严重损失。

1972年，基里巴斯脱离英国殖民统治，宣告独立，美国宣布对莱恩群岛中的10组环礁拥有主权。1979年，基里巴斯同美国签订《塔拉瓦条约》，1983年9月23日该条约生效，美国正式放弃了对其中7组环礁的领土要求，基里巴斯则承认美国对金曼礁、巴尔米拉环礁和贾维斯岛3组环礁的主权。

地理

莱恩群岛陆地面积约为515平方千米，总人口为9425人，其中有5586人住在基里蒂马蒂环礁，1960人住在塔布阿埃劳环礁，1690人住在泰拉伊纳岛。莱恩群岛中仅基里蒂马蒂环礁、塔布阿埃劳环礁（即范宁岛）和泰拉伊纳岛（即华盛顿岛）3座岛屿长期有人居住。

莱恩群岛整体呈西北—东南走向，自法属波利尼西亚向西北延伸约2600千米，是世界最长的岛屿链。莱恩群岛土地贫瘠多沙，没有河流和高山。各岛被珊瑚环礁围绕，其中有潟湖。在泰拉伊纳岛上有一个大型淡水湖泊——华盛顿湖，这是基里巴斯唯一的淡水湖。莱恩群岛地势平坦，属于低平的珊瑚岛。

莱恩群岛属于热带海洋性气候地区，温和多雨，没有明显的四季变化。年平均温度在25℃左右，年平均降水量约为1600毫米。

莱恩群岛生物种类多样。仅南莱恩群岛就探索到325种鱼，鱼类生物总量在全球所有的珊瑚礁中名列前茅。勘探员还看到濒危的曲纹唇鱼，这是世界最大的岩礁鱼类之一。莱恩群岛的鸟类也很丰富，圣诞岛是太平洋上最大的海鸟乐园，约600万只海鸟在此栖息。

莱恩群岛由11座岛礁组成，其中有8座岛礁的主权属于基里巴斯。在地理位置上，它们分为北、中、南三部分。北部包括特拉伊纳岛、塔布阿埃劳环礁和基里蒂马蒂环礁，中部包括莫尔登岛和斯塔巴克岛，南部包括沃斯托克岛、弗林特岛和加罗林环礁。

经济

莱恩群岛环境优越，气候温暖，是众多海鸟的栖息地。19世纪50—80年代间，莱恩群岛的几座岛屿因为拥有鸟粪而受到开发。与此同时，莱恩群岛引进椰树和棕榈树，生产椰干和棕榈油。但在殖民统治下，莱恩群岛的经济发展仍受牵制。独立后，莱恩群岛政府大力发展经济，农业上种植芒果、芋头、槟榔、咖啡等，对外出口椰干、可可及鸟粪。

莱恩群岛的渔业资源丰富，主要有金枪鱼、鲷鱼、鲣鱼、海虾。但莱恩群岛的捕捞业落后，当地居民只能进行小规模捕捞，基本为自食。莱恩群岛水质优良，物种多样。2014年，基里巴斯政府在南莱恩群岛区域12海里内建立禁止捕鱼区，以记录并保存地球仅存最原始纯净的海洋环境。

莱恩群岛的加罗林环礁和斯塔巴克岛盛产磷酸盐。1872—1895年，加罗林环礁共被开采出1万吨磷酸盐。但由于过度开采，磷酸盐枯竭，现岛上已无人居住。

莱恩群岛的主要服务业是旅游业，基里巴斯政府利用莱恩群岛是第一个进入21世纪的地理优势，在岛上举行隆重的庆祝活动，积极发展旅游业。

文化

莱恩群岛民族构成简单，主要是波利尼西亚人，另有少数的欧裔和华裔。岛上居民多信仰基督教新教和罗马天主教。莱恩群岛的官方语言是英语，当地人多使用方言，通用基里巴斯语。

莱恩群岛商业化水平较低，岛上保留了许多质朴传统的民俗。岛上居民之间从不冠称谓，在家庭里也同样，一律称呼姓名。但在外交场合，他们遵守国际上通用的称谓。莱恩群岛的传统茅舍较为低矮，但屋顶却很高，人在里面的活动不受影响，这种房子可以遮挡阳光的强烈照射和暴雨的猛烈冲击。

旅游

莱恩群岛的自然旅游资源丰富，风光绮丽。群岛四周为珊瑚礁所环绕，岛的外侧暗礁重重，巨浪冲天，内侧则细浪轻柔，银白色的沙滩全部是由珊瑚碎片形成，在阳光下熠熠发光。退潮时，珊瑚礁的尖顶露出水面，顺着银白色的海滩延伸，形成一个宽数百米的环岛珊瑚带。其中以圣诞岛最为著名，该岛拥有全世界最大的珊瑚礁，是现存最古老的珊瑚礁。

莱恩群岛环境优美，地貌多样，是一流的潜水场。游客可以在此欣赏到美丽的珊瑚礁和各种海底生物。莱恩群岛海水纯净，鱼类丰富，也是垂钓爱好者的天堂。

莱恩群岛的主要交通方式是航运，圣诞岛的伦敦村是主要港口。目前，基里巴斯政府正争取开通澳门途经圣诞岛至首都塔拉瓦的航线。莱恩群岛没有国内航空公司提供服务，斐济的太平洋航空提供由楠迪国际机场飞往圣诞岛的航线。

马绍尔群岛

马绍尔群岛，全称马绍尔群岛共和国，英文名称为 The Republic of Marshall Islands，位于太平洋中部，北部的威克岛，南部的瑙鲁，西部的密克罗尼西亚联邦和东南部的基里巴斯皆与之在海上相邻。陆地面积为 181.3 平方千米，人口为 7.1 万人。马绍尔群岛未正式划分行政区，但可分为 26 个立法选区。马绍尔群岛共计有 29 座环礁及 5 座偏远岛屿，地理上分为东面的拉塔克（日出）岛链和西面的拉利克（日落）岛链。主要城市包括马朱罗等，主要岛屿有夸贾林环礁等。

马朱罗

地名由来

马朱罗（马绍尔语：Mājro，英语：Majuro）是马绍尔群岛共和国的首都。马朱罗是马绍尔群岛的政治、经济和文化中心，被罗伯特·路易斯·史蒂文森（Robert Louis Stevenson，苏格兰小说家、诗人与旅游作家）誉为"太平洋的明珠"。"马朱罗"一词来自于当地马绍尔语。

区位

马朱罗坐落于拉塔克群岛（又被称为日出群岛）的马朱罗环礁，南距阿尔诺环礁约 21 千米，北距奥尔环礁约 115 千米，西南距贾卢伊特环礁约 200 千米，西距艾林拉帕拉普环礁约 240 千米。

历史

4000 多年前，密克罗尼西亚人利用简陋的航海工具，漂洋过海来到了马绍尔群岛，分散在各环礁定居。马朱罗环礁是主要定居点，人们以渔业为生。

1884 年，德国占领马绍尔群岛，并在马朱罗建立贸易前哨站。第一次世界大战期间，日本趁火打劫赶走了德国，占领了马朱罗。1920 年，国际联盟授权日本管辖马朱罗环礁，但地方事务大多由当地领导人管理。直到第二次世界大战中的太平洋战争爆发，美国人才从日本人手中夺取了马绍尔群岛。1947 年，联合国作出由美国托管马绍尔群岛的决定。美国为了军事需要，把军政管理机构设在马朱罗，还在此建立了飞机场和港口。美国的日用品、食品也随之进入马朱罗，电影、书报等美国文化也慢慢向马绍尔渗透。1983 年 6 月，马绍尔群岛与美国签署《自由联系条约》。1986 年，该条约正式生效，马绍尔群岛独立，结束了美国的托管，马朱罗取代了贾卢伊特环礁成为马绍尔群岛的行政中心。随着人口的集中和经济活动的增多，马朱罗渐渐繁荣起来，成为马绍尔群岛最大的城市。

地理

马朱罗陆地宽度狭小，长度约 70 千米，最高点只有 3 米，土地面积仅为 9.71 平方千米，周边为 295 平方千米的潟湖，人口有 2.8 万人。

全球变暖引起的冰雪融化、海水上涨，已经严重威胁马朱罗以及其他环礁居民的生存。自 1993 年以来，马朱罗附近海域的海平面平均每年上升 7 毫米，高于全球平均上涨速度。如果海平面上涨 0.5 米，则马朱罗所在的环礁将失去 80% 的土地。为延缓岛屿被淹没的进程、保护城市的基础设施，马朱罗修建了海堤。但其土质疏松，政府每年需花费大量资金来维护海堤。

马朱罗属热带海洋性气候，雨量充沛，年均降雨量为 3000 毫米左右，每年 10 月至次年 4 月常受台风影响。无四季之分,一年分为雨季和旱季。雨季为每年的 4 月到 10 月,气候潮湿闷热,气温一般为 30℃—35℃;旱季为 11 月至次年 3 月,降雨较少,气温在 21℃—25℃间。

马朱罗淡水资源短缺,但降雨丰富,人们可通过储存雨水来满足对淡水的需求。位于马朱罗的马绍尔群岛国际机场(也被称为阿马塔·卡布阿国际机场)的跑道两侧有排水沟,可以收集和储存雨水,是居民新鲜饮用水的主要来源。

经济

马绍尔群岛独立后,经济上并未能摆脱对外国的依赖。马朱罗的经济发展需依靠外国的援助,接受美国等国家或国际组织的贷款,把美元作为流通货币。

马朱罗因处于珊瑚环礁,土地面积狭小且土质主要是珊瑚砂砾,渗透性强,不适于农作物的生长,95% 的食物靠进口。马朱罗受西方文化的影响逐渐加深,人们的饮食习惯也有所改变。面包果、芋头和南瓜等传统食物所占比重下降,人们多食用快餐食品,但肥胖、糖尿病和高血压等健康问题也日益突出。近些年,马绍尔政府在外国的援助下,进行了较为成功的蔬菜种植,包括无土栽培蔬菜。马朱罗的自然环境适宜芋头、木瓜和面包树等植物的生长,椰树更是比比皆是,椰干是马绍尔群岛的主要出口货物。因为椰子产量丰富,来源广阔,马朱罗的椰子加工厂对椰子进行制油实验。6—10 个椰子可制 1 升椰油,以此来替代柴油作为汽车、船舶的燃料。

马朱罗处于太平洋深处,海洋资源丰富,以渔业为主,金枪鱼的产量最大。马朱罗是马绍尔群岛的交通中心,建有货、客运海港,是马绍尔群岛重要的贸易、运输港口。港区的主要码头泊位岸线长 300 米,水深 12 米,商业渔船、豪华游艇等均可在此停靠。

文化

马朱罗作为马绍尔群岛的教育中心,有马绍尔大学及南太平洋大学马绍尔分校。马朱罗还是马绍尔群岛的政治中心,议会和中央政府均设于此。

马朱罗以密克罗尼西亚人种为主,多信仰基督教新教和天主教。天主教的圣母升天大教堂坐落在马朱罗。近年来伊斯兰教的影响力不断扩大，穆斯林的数量逐渐增多，马朱罗的第一座清真寺开设于 2012 年 9 月。马朱罗曾被殖民主义者占领，本民族的文化受到了严重摧残，但其传统的习俗和固有的文化基本延续了下来，从服装、饮食、装饰、居室到日常生活习惯、交际礼仪，都具有独特的民族格调。马绍尔语为马朱罗官方语言，属波利尼西亚语系的分支，通用英语。

马朱罗与中国台湾的台北、美国的关岛以及日本的奈良县河合町建立了友好城市关系。马朱罗民风淳朴，居民十分热情友善，Yokwe yuk 是人们的传统问候语，意思为"对你的爱"。1979 年 5 月 1 日，马绍尔群岛宪法生效，定5 月 1 日为国庆日。

旅游

近几年，马朱罗通过发展旅游业带动了经济发展。马朱罗有得天独厚的自然环境，浩瀚的海洋、宜人的气候，如人间天堂。劳拉海滩公园位于马朱罗环礁的最西端，游客可以进行野餐、日光浴和淡水淋浴、潜水、出海捕鱼等活动。1918 年，马朱罗发生了最具毁灭性的台风。台风纪念碑矗立于劳拉海滩公园内，以此纪念在台风中遇难的 200 名受害者。马朱罗和平公园由日本建造，纪念在第二次世界大战中死于东太平洋战争的日本士兵。

马朱罗位于狭长的珊瑚礁岛屿，因其土质为珊瑚砂砾，修建公路难度较大，所以陆路交通不发达。人们出行主要交通工具是船，航运是连接外岛、各岛屿间人员进行交流和物资运送的主要交通方式。马绍尔群岛国际机场位于马朱罗环礁的东南部，可提供国内和国际航空服务。

夸贾林环礁

地名由来

夸贾林环礁，马绍尔语为 Kuwajleen，英语为 Kwajalein 或 Kwajalong，是马绍尔群岛的最大环礁。夸贾林岛是夸贾林环礁的主岛，位于环礁的南部。

区位

夸贾林环礁位于马绍尔群岛中部，隶属于拉利克群岛，该群岛又称为日落群岛。此环礁地理位置险要，是二战时期美国海军、空军以及反导弹基地。东北距夏威夷檀香山 3900 千米，东距沃杰环礁约 270 千米，西距莱环礁约 116 千米，南距纳穆环礁约 75 千米，北距朗格里克环礁约 218 千米。

历史

1543 年 1 月，西班牙探险队的鲁伊洛佩·德·洛沃斯（Ruy López de Villalobos）发现了夸贾林环礁，并绘制出地图。他是欧洲第一位发现该环礁的人。

1898 年，德意志帝国从西班牙手中购买了马绍尔群岛，自此，夸贾林经历了长达 16 年的和平发展时期。1922 年，国际联盟授权日本管理马绍尔群岛。起初，日本仅将夸贾林环礁作为椰干生产地和贸易港口。1941 年太平洋战争爆发，日本将其作为守备部队的指挥中心，分别在位于环礁东南的夸贾林岛、北部罗伊岛—那慕尔岛和西部的埃贝耶岛三个岛礁上设防，并在岛上建设供舰船停泊的码头等海军设施。夸贾林环礁成为日军在马绍尔群岛的主要海军基地。1943 年 12 月，美军通过侦察发现，夸贾林具有极其重要的军事价值，并且岛上的日军正在外调，防御力量减弱，因此美军决定攻占夸贾林。1944 年 2 月，美军成功占领夸贾林岛，并清剿了日军的零星残部。

二战结束后，美国在夸贾林环礁租借 11 座岛屿，建立里根防御导弹测试场（简称里根测试场或 RTS）。岛上建设雷达光学无线电遥测及运输设备，以矫正导弹弹道、拦截导弹测试及支援太空战争。2008 年 9 月 28 日，美国在夸贾林环礁东部的奥麦利克岛（也称欧姆雷克岛）发射液体运载火箭。这是美国政府在赤道附近唯一的发射设施。2015 年 2 月，美国空军和洛克希德·马丁公司启动未来新型"太空篱笆"雷达系统建设工作，夸贾林环礁是构建该系统的核心地带。

地理

夸贾林环礁陆地面积约 16.39 平方千米，礁湖面积约 2174 平方千米。夸贾林环礁的人口总数为 1.2 万，但大部分居民都居住在埃贝耶岛。夸贾林环礁是世界上最大的环礁之一，总共由 97 座小礁屿组成，岛礁周围分布着长约 283 千米珊瑚礁，陆地最高点约高出海平面 1.8 米。夸贾林岛上的夸贾林潟湖也是世界上最大的环礁潟湖之一。夸贾林岛是该环礁的主岛，长 4 千米，宽 0.73 千米，面积约 3.1 平方千米，该岛北面是潟湖，南面则是外海。

夸贾林环礁属于热带海洋性气候地区，终年温度较高，降雨丰沛，但经常遭受台风的袭击。该地区一年大致可划分为雨季和旱季两季。雨季为每年的 4—10 月，降雨量多，气温一般在 30℃—35℃之间；旱季为 11 月至次年 3 月，降雨量相对较少，气温则在 21℃—25℃之间。

经济

在马绍尔群岛，非本地公民不能购买土地，但可以租用，土地租用期限一般可达 50 年，并且可以续租。马绍尔对外国投资者借贷没有限制，也无限制资金返还的法律规定，同时政府还鼓励外国投资者扩大投资。自 2003 年启动新一轮自由联系协议磋商后，夸贾林环礁的土地主要求美国政府直接与他们沟通和磋商，但美国政府拒绝了夸贾林当地土地主们的要求。

夸贾林环礁的土质为珊瑚砂砾，土壤较贫瘠，不适宜农作物的生长。岛上椰树、芋头等传统作物产量较丰富，椰果多进一步加工后销往其他岛屿或国家。夸贾林拥有辽阔的海域，渔业资源十分丰富，捕鱼业为很多家庭提供了经济来源。

文化

夸贾林环礁的土著居民主要为密克罗尼西亚人种，岛上的外来人多为美国人。马绍尔语是该地区的官方语言，英语则是通用语言。夸贾林环礁虽经历了战火摧残，外民族的入侵，但其传统文化依然保留了下来。十五六岁的男子和即将出嫁的女子，都要进行成人礼。男子须剃光额发，女子则必须进行剃眉、染齿、结发等仪式。酋长的女儿举行成人仪式时，酋长管辖下的人民都要携食物、鲜花和席子等东西进行庆贺。男子在礁湖附近的小屋内接受巫人的洗礼，全身涂上椰子油，再到海滨驱邪，象征着祛除不祥。接下来的两三周内，男子闭居于小屋，严格遵从斋戒。白天绑紧伸直的双脚，处于安静状态；夜间横卧在席上。岛上的女子则食宿在邻室，一直到仪式结束。仪式结束后，便大办宴席。

夸贾林环礁仍保留着文身习俗。当地土著居民认为，文身是神圣的行为，因为它是由两位文身之神——里奥第和兰尼第传下来的。在文身时，必须举行隆重的祭神仪式。仪式中，人们手捧祭祀品，歌唱祈祷歌，跳着敬神舞，场面十分热闹。因为居民的生活同海洋、潮汐和风浪密不可分，故文身的图案大多有祈求平安之意。

旅游

夸贾林环礁被浩瀚的大海包围，海天一色，风景十分秀美。因处于太平洋西部，夸贾林环礁的海洋资源十分丰富。游客可以租用船艇出海打鱼，也可在专业人士的指导下潜水，真切地感受海洋的魅力。

夸贾林岛拥有多种娱乐设施，包括游泳池、网球场、垒球场和篮球场等。科利特娱乐中心位于夸贾林岛的东北部，可以在室内进行篮球、排球、足球等活动。岛上还建有机场、保龄球馆、图书馆、健身中心、电影院和高尔夫球场。珊瑚环礁多窄而狭长，修建公路难度较大，所以，在夸贾林环礁，自行车是人们的主要代步工具。

图瓦卢

　　图瓦卢，英文名称为 Tuvalu，在波利尼西亚语中意为"八岛之群"，但实际由 9 组大大小小、规模不同的岛群组成，其中包括 7 组环礁，2 座岛。图瓦卢位于西太平洋马绍尔群岛共和国西南部，南望斐济，北邻基里巴斯，西望所罗门群岛。国土面积约为 26 平方千米，人口为 9943 人。图瓦卢无明显的城市区划，由 9 个环形珊瑚岛群组成，主要城市为富纳富提，主要环礁为瓦伊图普环礁等。

富纳富提

地名由来

　　富纳富提，英文名称为 Funafuti，是图瓦卢的首都。它的主岛是风加法利岛（Fongafale），该岛也是富纳富提最大的岛屿。

区位

　　富纳富提紧靠国际日期变更线西侧，是世界上太阳最早照射到的首都。

　　富纳富提位于图瓦卢的东南部，是南太平洋地区的南北交通中转站，地理区位十分重要。富纳富提南距斐济约 1070 千米，西南距瓦努阿图约 1500 千米，西北距塔拉瓦约 1270 千米。主要城市为富纳富提，主要环礁为瓦伊图普。

历史

1819 年 5 月，美国人阿伦特·斯凯勒（Arent Schuyler）发现达富纳富提环礁，为了纪念英国政治家爱德华·埃利斯（Edward Ellis），他将此环礁命名为埃利斯岛。[①] 1821—1870 年，欧美人来此捕鲸，收购椰干、椰油，继而以招募劳工为名贩卖奴隶，将岛民送往斐济、萨摩亚和夏威夷等地的种植园做工。1892 年，富纳富提沦为英国的"保护地"，成为整个图瓦卢的殖民中心。

1916 年，富纳富提作为英国殖民地的一部分，属于英驻西太平洋高级专员管辖地域。1942—1943 年，日军占领吉尔伯特群岛期间，该殖民地的行政中心曾由塔拉瓦南迁至富纳富提。1943 年，美军在富纳富提建设军事基地，建造机场、控制塔、电台和港口等。

第二次世界大战结束后，当地居民要求自治，追求独立。1975 年 10 月，埃利斯群岛同吉尔伯特群岛分离，成为单独的英国属地，并改用旧名图瓦卢。吉尔伯特及埃利斯群岛的副总督就任图瓦卢的英国专员。1978 年，图瓦卢宣布独立，仍奉英国君主为国家元首，属于英联邦特别成员。富纳富提成为图瓦卢的政治、交通中心。

地理

富纳富提陆地面积为 2.79 平方千米。富纳富提人口为 6152 人，其中，有 6006 人居住在风加法利岛。[②]

富纳富提略呈瓢形。东部各礁屿相连成串，西部有许多孤立礁屿，环抱着一片潟湖。该潟湖长约 21 千米，宽约 16 千米，面积约为 275 平方千米，是图瓦卢最大的潟湖。富纳富提地势平坦，属于低平的珊瑚礁地区，环礁高度不超过海平面 5 米。

富纳富提属于热带海洋性气候地区，气温较高，雨量充沛。平均最高气

① 王岳雷：《图瓦卢南部的岛屿》，http://blog.sina.com.cn/s/blog_99761ae60102vrsg.html，查阅时间：2016 年 3 月 5 日。
② 王岳雷：《图瓦卢南部的岛屿》，http://blog.sina.com.cn/s/blog_99761ae60102vrsg.html，查阅时间：2016 年 3 月 5 日。

温为 31℃，平均最低气温为 27℃。每年 3—10 月为旱季，11 月至次年 2 月为雨季。

富纳富提的淡水资源短缺，一方面，由于人口众多，生活污水的乱排，水污染成为一个长期而又严重的问题；另一方面，由于富纳富提没有河流，也没有地下水，居民只能收集雨水用作生活用水。

富纳富提由 33 座岛屿组成，主要包括风加法利岛、阿马图库岛、法塔托岛、法莱法图岛、福纳法拉岛等。

经济

由于气候变化，海平面上升，富纳富提土地盐渍化，再加上珊瑚沙砾的地质，一般的农作物难以生存，只适合椰子、棕榈、木瓜等树木的生长。由于地质的影响，富纳富提农业落后，蔬菜、水果和粮食需依靠进口。富纳富提的主要农产品有椰子、香蕉、芋头等。在富纳富提，家族是生产和生活的最基本单位，居民集体劳动，所获物品在家族内平分。

富纳富提积极发展旅游业，但因地理位置遥远，所以每年只有少数旅客到达。富纳富提的渔业资源丰富，是世界上主要的鱼翅出产地之一，但自身无开发能力。富纳富提与日本、韩国和中国台湾签有渔业协定，允许外国在此捕鱼，但要收取一定的捕鱼费。

自 1975 年以来，富纳富提邮政局打印出的邮票受到世界各地的收藏家追捧，极具收藏价值。出售邮票成为政府的一项财政来源。美丽原始的邮票图案展现了图瓦卢的创造力和传统精神。

富纳富提的经济力量薄弱，需依靠外援。主要的外援国家有澳大利亚、新西兰、英国、日本和韩国。2013 年 11 月，世界银行向图瓦卢拨款，以改善富纳富提机场的运行安全和建设存储饮用水的水箱。

文化

富纳富提人大多信仰新教，少数人信仰巴哈伊教和其他宗教。在富纳富提岛上共有四间教堂，以维系当地居民的宗教与家庭信仰。富纳富提的官方语言是英语，通用语言是图瓦卢语。富纳富提主要是图瓦卢人，有少数的基里巴斯人和欧裔。图瓦卢人属波利尼西亚族，与汤加及萨摩亚属同一族。

由于各岛都有人迁到富纳富提生活，聚会成为维系居民感情的重要方式。平均一年约有3—4次的岛聚，岛聚时除有传统食物外，还有激情的歌舞表演，展现南太平洋人民的热情与民族风俗。

富纳富提没有高等学校，只有一所全国唯一的中学。有的学生在富纳富提中学毕业后，被政府或私人保送到设在斐济首都苏瓦的南太平洋大学继续深造。

旅游

富纳富提自然景观优美，这里有清澈蔚蓝的潟湖，茂密的棕榈树林，多姿多样的珊瑚和细致美丽的沙滩。游客可以在浅水区游泳、潜水、探索海底世界。富纳富提的人文景观也独具魅力，在风加法利和纳诺梅阿村之间，保留了第二次世界大战时残留的掩体和飞机残骸。图瓦卢中央政府的会议大厅对游客开放，该大厅是砖瓦结构的，只有屋顶和柱子，四壁空空，海风袭来，十分凉爽。议会开会时，就用作会议厅，不开会时，可以作法庭。

在整个太平洋，图瓦卢传统手工业的工艺精细，名列前茅。在富纳富提，游客可以购买到具有民俗特色的项链、垫子、风扇、篮子等。在妇女手工工艺品中心，游客还能看到精致的鱼钩、木雕和当地妇女制作的巨大纪念品，这些工艺品都展现了富纳富提的质朴和真实的民风。

富纳富提的主要交通方式是水运，在风加法利岛上有一个澳洲政府资助建设的深水码头，可供中小型散装货轮装卸货柜。岛上内陆的交通以机车和汽车为主，自2009年以来，富纳富提已有小型民营的巴士服务。富纳富提有图瓦卢唯一的机场，基里巴斯的航空公司每周有自塔拉瓦飞向富纳富提的航班，斐济航空公司每周也有自苏瓦飞往富纳富提的航班。

瓦伊图普

地名由来

瓦伊图普，英文名称是 Vaitupu，亦译作斐伊托波，是图瓦卢9座岛礁之一。瓦伊图普的行政中心是阿萨乌（Asau）。瓦伊图普的意思是"水中的喷泉"。

区位

瓦伊图普位于图瓦卢的中部，西南距努库费陶环礁约 60 千米，西北距纽淘岛约 210 千米，东北距尼库马罗罗岛约 810 千米，东南距富纳富提环礁约 120 千米。

历史

古代图瓦卢人没有文字，因此瓦伊图普的确切历史无从得知。根据语言学证据，大约在 2000 年前，图瓦卢开始有人居住。但当地传说和世系只能上溯到约 300 年前。依据口述历史，早在 13 世纪时，汤加人就登上了这座环礁，并在岛上定居。

由于地理位置偏僻，瓦伊图普较晚被西方探险家发现。1825 年，一位名叫欧波得·星巴克（Obed Starbuck）的美国捕鲸船船长发现该环礁，并将其命名为"特雷西岛"。1841 年，探险家查尔斯·威尔克斯（Charles Wilkes）的探险队远征时也到达过该环礁。19 世纪 60 年代，来自伦敦布道会的萨摩亚牧师在此传播基督教，他制定了宗教法规，废除一些文化习俗。牧师向当地人传播萨摩亚语，因为他的《圣经》是萨摩亚语版，这使得当地人通识萨摩亚语胜过他们自己的语言。

20 世纪 40 年代，瓦伊图普人口变得稠密，为此一些家庭迁移到斐济的基奥阿岛上定居。第二次世界大战结束后，一位名叫那里·利福卡（Neli Lifuka）的地方官员筹集资金，打算购买基奥阿岛。1947 年，基奥阿岛被正式买下，在随后的 10 年里，有 200 多名瓦伊图普居民相继迁至该岛。

地理

瓦伊图普是图瓦卢面积最大的环礁，面积为 5.6 平方千米，主岛陆地面积为 4.3 平方千米，潟湖面积为 1.3 平方千米。瓦伊图普的人口为 1558 人，约占全国总人口的 14.3%。

瓦伊图普四周围绕着珊瑚礁，南、北各有一潟湖，可停靠小船。瓦伊图普无山丘河流，地势低平，最高处不超出海平面 4 米。由于全球气温升高，海平面上升，瓦伊图普海岸常遭海水侵蚀，土地有减无增。目前，整个图瓦卢面临着被淹没的危险，瓦伊图普的海滩便是一个形象的例子。在过去 10 年里，瓦伊图普的海滩向后退了 3 米。

瓦伊图普属于热带海洋性气候地区，年平均温度 29℃。3—10 月为旱季，11 月至次年 2 月为雨季。

瓦伊图普由瓦伊图普岛、卢阿萨莫图岛、莫萨纳岛、莫图塔尼法岛、泰莫图岛、泰莫图奥莱帕岛、托费阿岛等 9 座小岛组成。

经济

瓦伊图普土地贫瘠，盐渍化严重，只有少数植物可以生长。该地主要的农作物是椰树、芋头、面包树和一些热带水果等，生活物资要依赖进口。瓦伊图普的渔业资源丰富，当地人进行小规模捕捞，以供自食。瓦伊图普的旅游资源丰富，但受到岛屿面积狭小和交通不便的限制，瓦伊图普的旅游业发展缓慢。瓦伊图普使用图瓦卢硬币和澳元。

2014 年，新西兰和欧盟同意向图瓦卢政府提供融资，以安装太阳能发电系统。2015 年 1—3 月，瓦伊图普开始建设新厂房，使用了德国太阳能发电技术。

瓦伊图普经常发生飓风或强风。1990 年 1 月 30 日到 2 月 1 日，"奥法"飓风侵袭了该地，使得 85% 的住宅、树木和农作物被毁。2015 年 3 月，瓦伊图普环礁遭受"帕姆"飓风的侵袭，房屋、农作物和基础设施损失严重。

文化

受传教士的影响，人们多信仰基督教，瓦伊图普建立了多座不同规模的教堂。其中，主教堂位于主岛的东南部。瓦伊图普的居民多讲图瓦卢语和英语。

瓦伊图普民风淳朴，热情好客。当地保留了许多传统民俗，对即将离开岛屿的人，人们会在其脖子上套上贝壳或是由当地种子制成的项链，以表达不舍之情。在服饰上，男女都会穿具有文化特色的沙龙裙。平日里，居民大多赤脚，即使到办公大楼上班也以拖鞋替代皮鞋。

瓦伊图普的社区活动也很精彩。塔罗比赛是一场芋头和鸡的竞赛，比的是谁家的芋头更重或者是鸡更沉，称重的环节是整个比赛的高潮。这是一场善意的竞争，也是岛民的一份生活乐趣。

旅游

瓦伊图普的自然景观优美。该地的海滩是当地人引以为自豪的地区，海滩也成为老人和孩子休闲娱乐的场所，闲暇时总是聚居着很多乘凉、聊天的人们，孩子们则喜欢在海滩上奔跑。瓦伊图普的海水清透，珊瑚礁多样，是潜水和游泳的好地方。

瓦伊图普没有飞机场，岛屿周围常有暗礁，无良好的深水港，只有几个小码头，供小船停靠。故海空交通均极为不便。

密克罗尼西亚联邦

密克罗尼西亚联邦，英文名称为 Federated States of Micronesia，希腊语为"小岛"之意。密克罗尼西亚联邦位于赤道以北西太平洋密克罗尼西亚地区的加罗林群岛中，西临菲律宾，东望马绍尔群岛，北接美国关岛，陆地面积 701.37 平方千米，海洋面积 258.8 万平方千米，人口为 11 万人。全国共有 607 个岛屿，其中 65 个岛屿上有人居住，主要岛屿为波纳佩岛、科斯雷岛、丘克岛和雅浦岛。

波纳佩岛

地名由来

波纳佩岛，英文名称为 Pohnpei，又可译为澎贝岛，又有人称其亚森欣岛（Ascension）。该岛是加罗林群岛中的一个小岛，属于密克罗尼西亚联邦四州之一的波纳佩州，密克罗尼西亚联邦的首都帕利基尔也位于波纳佩岛上。在密克罗尼西亚联邦中，波纳佩岛是面积最大、海拔最高、人口最为稠密且经济最为发达的单个岛屿。

区位

波纳佩岛位于太平洋加罗林群岛东端，由波纳佩岛、安特环礁、帕金环礁、明托环礁、平格拉普环礁、卡平阿朗伊环礁、莫基尔环礁、奥罗卢克环礁、努库奥罗环礁、恩加蒂克环礁等组成。该岛西北距离关岛1050千米，东北距夏威夷群岛3240千米，距火奴鲁鲁岛则有5214千米远。岛上设有国际机场，建有大约50千米长的公路线，还拥有40多条淡水河流，故其海陆空交通皆十分便利。

历史

在波纳佩的传说中，该地区的第一代王朝是邵德雷尔（Sau Deleur）王朝。但后来因为统治者贪索无度以及冒犯波纳佩神明，激起了波纳佩人民的愤恨，之后该王朝便在伊索克勒克（Isokelekel）的入侵下轰然倒塌。而伊索克勒克则以一种更为分权的酋长制度取代了邵德雷尔的专制统治。这种酋长制直至今日依旧存在于波纳佩岛的社会中。

1529年9月14日，阿尔巴罗·德·萨维德拉（Álvaro de Saavedra）来到波纳佩岛，成为第一个到访该岛的欧洲人。他将该地区在地图上标记为"San Bartolomé"，将周围的岛屿称为"Los Pintados"。1595年12月23日，佩德罗·费尔南迪斯·德·切罗斯（Pedro Fernandes de Queirós）带领着西班牙船只"San Jeronimo"到访该地区，但他当时并没有登岛，也没有留下详尽的记述。1825年9月10日，澳大利亚的约翰·亨利·罗（John Henry Rowe）也到达该地区，但由于他的船被当地居民的轻舟追逐，因此他也没有选择登陆，但可贵的是，他对该地区做了一定的文档记录。1828年1月14日到19日，俄罗斯探险家费奥多·利特克（Fyodor Litke）多次尝试登陆该岛，但最终还是没有成功。后来，岛上的居民登上了他的船，进行了一些交易，同时也交换了一些信息。利特克和其队员的记录向外界提供了关于波纳佩岛的第一份详尽资料。1832年1月3日，船长 J.H.Eagleston 驾驶着轻舟"Peru"观测到了该岛，当时他的航海图上已标记为"阿森松岛"，这个名字直至西班牙统治时期也一直被使用。

第一个到达波纳佩岛的传教士是罗马天主教神父路易·德西雷·梅格雷

（Louis Désiré Maigret）。他从夏威夷火奴鲁鲁乘帆船来到此地，从 1837 年 12 月开始传教，经历了不成功的 7 个月之后，他在 1838 年 7 月 29 日离开，去往瓦尔帕莱索，10 年之后成为火奴鲁鲁的主教。1854 年之后，由于同欧洲人进行接触，该地区爆发了天花，造成了人口的急剧下降。1886 年，西班牙人在岛上建立了新的城市，修建了一些政府建筑、一个堡垒、一所教堂和一所学校。一些西班牙修道士也从马尼拉被送到波纳佩岛以宣传天主教信仰。1898 年美西战争之后，德意志帝国于 1899 年从西班牙人手中购买了加罗林群岛，波纳佩岛也归德国管辖。第一次世界大战后，国际联盟将密克罗尼西亚交给日本托管，波纳佩岛成为该地区的行政中心之一。第二次世界大战中波纳佩岛的日本要塞被盟军占领。1947 年该岛被划入太平洋岛屿联合国托管地区，直到 1986 年托管区解除，波纳佩岛才正式独立。

地理

波纳佩岛大致呈圆形，是由珊瑚堆积形成的火山岛，在其周围有许多岛礁围绕。该岛面积大约有 334 平方千米，其海岸线大都覆盖在红树林沼泽中，岛内则多为崎岖的山地和郁郁葱葱的热带雨林，岛上的最高峰是 798 米高的南路德山。

波纳佩岛属于热带雨林气候地区，平均气温大约在 26℃左右。该地区土质肥沃，热带植物茂盛，有"密克罗尼西亚花园"之称，岛上生物的种类和数量也非常多，有几十种鸟类，还有丰富的鱼类和爬行类动物。该地区还是地球上最潮湿的地方之一，在某些山区，每年的降雨量要超过 7600 毫米。

全岛共分为 6 个区，分别为：科洛尼亚、苏克斯、奈特、Uh、凯提和玛都勒尼胡。主要的海岸城市有科洛尼亚、美塔拉尼姆和隆及第。

经济

波纳佩岛上到处是热带物产，咖啡、胡椒、香料植物、椰子、香蕉、芒果等遍及全岛，故岛上的热带产物十分丰富，包括椰干、面包果、芋头、可可豆等。在岛上，马蹄螺和罗非鱼的数量庞大，岛的许多堤礁通道处，各种深海鱼的活动量也十分惊人，潜水员经常会碰上鲨鱼、鲑鱼、金枪鱼等鱼类。这里的金枪鱼产量占全世界的 70%，而且每条鱼，轻则重几十公斤，重则近百公斤。日本每天有三个货机往返于密克罗尼西亚与日本之间，将新鲜的金枪鱼运回日本供应生鱼片。

文化

波纳佩的社会和文化紧紧围绕着部落，而部落则是在封建基础上组织起来的，在这个大的组织下还有各种宗派和子宗派，每个部落都由两个酋长领导。从理论上讲，所有的土地都属于酋长，酋长会收到定期的供奉，并且他能够行使绝对的权利。

波纳佩岛上的原住民皆为密克罗尼西亚人。尽管大多数人都认同自己的民族为波纳佩，但是比起密克罗尼西亚联邦的其他岛屿，波纳佩的民族更加多样化。这主要是由于一个多世纪的外国殖民占领造成的，殖民者们带来了西班牙人、德国人、日本人、查莫罗人、菲律宾人、美国人、澳大利亚人以及其他的西方的欧洲人，加上联邦政府的首都帕利基尔位于该岛，数以百计的雇员从其他三个州来到这里，而他们又有着不同的种族和文化起源，使得波纳佩岛成为密克罗尼西亚联邦的一个大熔炉。波纳佩人日常生活中使用波纳佩语，书面语使用拉丁文。波纳佩语是密克罗尼西亚语的一种，属于南岛语系马来—波利尼西亚语的一支。

密克罗尼西亚联邦最近分别在北京和悉尼举办的夏季奥运会中都派出了团队参加，参加的项目包括田径、游泳和举重。

旅游

波纳佩岛是密联邦一个未被开垦的处女地，这里生态环境保护得特别好，坐车行进在环岛公路上简直感觉像是在国家森林公园中穿行。全岛到处呈现的是祥和、静谧的景象。岛屿的顶部常年雨量充沛，并且形成40余条河流，大量的降雨让这里的空气格外清新，在河边甚至还有为野营爱好者准备的露营点，头枕河源，可以真切地感受人类在雨林里的渺小。

岛的四周被一圈圈珊瑚礁所包围，许多隘口、通道将岛屿与大洋相连。一进堤礁，珊瑚突然消失，形成了许多精美绝伦的"立式幕墙"。岛周围的海洋晶莹清澈，水下能见度在约30米左右。据称，波纳佩岛的海岸至太平洋有25千米长的珊瑚礁，再浑浊的海水，经过如此长的珊瑚礁过滤，也会变得清澈。而这美丽的珊瑚礁也为潜水增加了不少乐趣。

波纳佩岛在洛夫克拉夫特的作品《克苏鲁神话故事》中扮演着重要的角色。洛夫克拉夫特与黑兹尔·黑尔德合作的《超越万古》，其灵感来自南马都尔遗址。南马都尔实为 92 个史前人工平台岛屿，被人造沟渠所包围，经常被称为"太平洋的威尼斯"。岛上有曾统治全岛的邵德雷尔王朝的国王坟墓。这里给人印象最深的是荒芜与宁静，由于年久缺乏维护，岛上到处遍布着椰子树、番木树、芒果树、黄色和紫色的灌木丛等。每个小岛的珊瑚破碎带和玄武石柱上，遍布各种野花、树枝、树叶、椰子壳，俨然一个原始地带。在亚拉伯罕·梅利特的《The Moon Pool》中，南马都尔是一个已消失种族的遗迹，一些人认为南马都尔连接了消失的雷姆利亚大陆。波纳佩岛和南马都尔遗址还在作家詹姆士·罗林的书《Deep Fathom》中占据重要的角色。

科斯雷岛

地名由来

科斯雷岛，英文名称为 Kosrae Island，以前称库赛埃岛（Kusaie），隶属于密克罗尼西亚联邦，仅有本岛而无外岛（本岛已同其紧邻的 5 个小岛连成一体），是密克罗尼西亚联邦四个州之一。该州下设 4 个区，州府设在东部勒鲁区的托弗尔市。

区位

科斯雷岛位于太平洋加罗林群岛的最东部，同时也是密克罗尼西亚联邦最东边的一个岛，该岛位于关岛和夏威夷群岛之间，西北距波纳佩州 546 千米，东与马绍尔群岛为邻（距马绍尔群岛的马朱罗岛 1080 千米），向南距离赤道约 590 千米。

历史

有考古证据表明，至少在公元 1000 年左右，该地区就已经有了人类定居。最早的居民都是撑着独木舟从太平洋的其他地区来到该岛的。在1250年，勒鲁地区就已经有了成规模的城市，在其鼎盛时期，人口可达到1500人左右，占地可达27万平方米。1529年9月14日，西班牙航海家阿尔瓦罗·德·萨维德拉（Álvaro de Saavedra）到达该地，这是西方国家首次对该地区进行访问的记载。1688年，该岛主权归于西班牙，但当时西班牙并未能占领该地。直至1885年，在与德国的战争过后，依照凡尔赛条约的规定，西班牙海军才对该岛实行了有效控制。1898年，西班牙在与美国的战争中失败。1899年2月2日，西班牙为偿还债务便以17万马克的价格将加罗林群岛出售给了德国。第一次世界大战后，该岛又归于日本的统治之下。第二次世界大战期间，日本加强了在该岛的防御工事，但幸运的是，该地区当时并没有被卷入战争之中。1945年，科斯雷岛交由美国管理，美国将其列为太平洋托管领土的一部分。在托管期间，科斯雷被作为波纳佩岛的一个直辖区。20世纪60年代开始，美国加强了对该地区的援助和投资，在该地区投入了大量的人力、物力。1977年，科斯雷岛独立，成为一个独立的州，也是密克罗尼西亚联邦唯一的由一个岛屿构成的州。

地理

科斯雷岛面积大约有110平方千米，其中主岛陆地面积就有108平方千米，是密克罗尼西亚联邦第二大岛。岛上的人口已达到6016人。

岛内山地面积最大，约占整个岛屿面积的70%，岛上的最高峰克罗泽山海拔为628米。

科斯雷岛常年温暖潮湿，年平均气温约为25℃，很少超过32℃。全年可大致分为旱季和雨季两季，每年5月至10月是旱季，11月至次年4月是雨季。年平均降雨量在山地为7500毫米左右，在沿海地区为5000毫米左右。

科斯雷岛划分为勒鲁、马勒姆、塔夫萨克和尤特维四个区。其中位于勒鲁区的托弗尔市是科斯雷岛的首府。塔夫萨克则是科斯雷岛最大的城市。该市有着保存最好的热带丛林和环境优美的海滩。如果从海上远眺该岛，该岛的轮廓很像是一位躺着的女性，因此又被称为"睡美人之岛"。

经济

科斯雷岛家庭平均人口多,可居住土地面积小,经济活动有限,家庭所使用的燃料和食物主要来自于自然资源。尽管这种现象已通过贸易和人口迁徙得到缓和,但人口的增长以及美国经济援助的进一步减少可能会再次加重这种经济聚集现象。

在早期,科斯雷岛曾以贝壳作为货币,现在则以美元作为官方的通用货币。该地区主要产业为农业、渔业和旅游业。主要经济来源为传统农业与渔业。出产芋头、柑橘、面包果和香蕉。传统食品包括面包果、椰子、香蕉、芋头、山药和甘蔗,面包果是主食。该岛几乎无制造业,生活用品大量依赖进口,进口的食物包括大米、肉和鱼类的罐头等。岛上有许多珍贵的木材和铝矾土资源,海边红树林出产红树林螃蟹,质量上乘。我国曾援建该岛巨蛤养殖中心。

文化

科斯雷的主要人种是密克罗尼西亚人,还有一部分的亚裔和波利尼西亚人。科斯雷的官方语言是科斯雷语,虽然英语在政府中也可以使用,但大多数的情况下还是使用科斯雷语。自1825年,第一位传教士在该地区传教之后,当地人信仰的宗教就慢慢转变成了基督教。到19世纪70年代,几乎整个岛屿的居民已经改为信仰基督教。基督教很多教派都在科斯雷岛设有分支,宗教信仰已经成了科斯雷岛文化不可分割的一部分。岛上拥有六所公立小学(塔夫萨克小学、马勒姆小学、尤特维小学、勒鲁小学、瓦朗小学和斯瑞克小学)和一所高中(科斯雷高中),还有一所私立学校(科斯雷基督复临安息日学校)。所以在密克罗尼西亚联邦内,科斯雷的教育力量是位于前列的。该岛的手工艺品非常精美,编织品和雕刻品都非常有特色,因为他们的技艺是代代相传的,所以这些手工艺品不仅仅是一种艺术形式,更是一种文化的传递。

旅游

科斯雷山地连绵,崎岖陡峭,热带丛林保护完好,植被丰茂,大部分地区尚未被开发,非常适合远足探险,故其吸引了一大批探险家前来探索。此外，在科斯雷还可以体会到独特的原始文明。勒鲁市有著名的勒鲁城遗址，该遗址至今仍留有约 6 米高的菱型玄武岩，这些玄武岩便是当时古勒鲁城的城墙。在该遗址上还建有世界唯一使用珊瑚做的高塔陵寝，其上存有至少 5 座珊瑚金字塔。这些都是新石器时代人类活动的遗迹。在尤特维市，游客们也可以选择到芬克尔山探险，到尤特维—瓦隆海洋公园欣赏海景、观赏红树林或者到曼克考察古文明遗址。

纽　埃

纽埃，英文名称为 Niuē ，位于太平洋中南部，属库克群岛。北与萨摩亚隔海相望，西南与汤加王国相望，东南临库克群岛。国土总面积为 260 平方千米，人口 1331 人。全国共有 14 个村落，阿洛菲是最大的村落。

阿洛菲

地名由来

阿洛菲，英文名称为 Alofi，是该国的政治、经济和文化中心。1974 年纽埃自治后，阿洛菲成为该国的首都。

区位

阿洛菲位于纽埃的中西部，是纽埃的交通枢纽和经济政治中心。纽埃国际机场坐落在此地。阿洛菲共分为两部分，分别为南阿洛菲和北阿洛菲。纽埃的政府总部坐落在南阿洛菲。阿洛菲北距萨摩亚约 550 千米，西距汤加约 480 千米，西南距新西兰 2400 千米，东距拉罗汤加岛 900 千米。

历史

据史料记述，1000 多年前，波罗尼西亚人在阿洛菲地区定居。1774 年，英国探险家詹姆斯·库克发现纽埃岛，几次试图登陆，都遭到岛上居民的坚决抵制。1830 年，英国探险家约翰·威廉姆斯成功登陆纽埃岛。1846 年，移居萨摩亚的纽埃人潘尼亚米纳·纽卡伊（Panyamina Newcai）回到纽埃，在纽埃北部的穆塔拉乌登陆，带回了基督教，并在当地建立了教堂。此后的几年里，基督教传到阿洛菲地区，并在该地发展了较多的教徒。1850 年，英国海军准将厄斯金（Erskine）访问纽埃，英国政府开始在纽埃进行实质性的殖民统治。阿洛菲成为英国的殖民地。19 世纪 60 年代，奴隶贸易延伸到纽埃，阿洛菲是奴隶交易的重要据点。

纽埃各民族于 1876 年选举阿洛菲部落的首领马泰欧·图依托加（Matteo Tuitog）担任国王，自此，纽埃首次有了有历史记载的统一政府。1887 年，马泰欧·图依托加去世以后，继任国王法塔阿依基致信维多利亚女王，请求成为英国的附属国，寻求英国的保护。1895 年，英国宣布正式托管纽埃。1900 年 4 月，巴瑟尔·汤姆逊（Bhathal Thompson）从汤加来到纽埃，签订权利转让条约，在纽埃悬挂英国国旗，标志着英国法律上对纽埃政治托管的开始。

1901 年，纽埃作为库克群岛的一部分正式划归新西兰监管，但是英国的伦敦传道会继续在纽埃传教。1903 年，纽埃从库克群岛中脱离出来，成为独立的国家，接受新西兰的政治托管，新西兰于同年派遣议会代表团访问纽埃。1974 年，纽埃自治后，阿洛菲成为其首都。2004 年 1 月，纽埃被激烈的热带风暴"赫塔"（Herta）袭击，造成两人死亡，同时也对整个岛屿的建筑都造成了损坏。阿洛菲的许多建筑物也被摧毁，包括医院和政府大楼等建筑。

地理

阿洛菲面积大约为 30 平方千米，靠近环纽埃珊瑚礁的唯一缺口，海岸延伸大约为 7 千米。阿洛菲人口为 960 人，主要为纽埃人，有少量的外国人。

阿洛菲地势平坦，地形以平原为主，沿海主要为沙滩。阿洛菲属于热带雨林气候地区，年平均降雨量约 2000 毫米，但分布不均，多降于每年的 12

月至次年 4 月，这段期间也是阿洛菲的台风季节。每年的 6—9 月是阿洛菲的旱季，每月的降水量不超过 60 毫米。年平均气温较为稳定，年均气温约为 25℃。阿洛菲温度适宜，降水较多，植被较为丰富，有乔木、椰子树和灌木等植物，还有蜥蜴、长尾鹦鹉和圣马丁鸟等动物。

经济

阿洛菲自然资源贫乏，经济发展主要依赖新西兰的援助和侨汇。

阿洛菲地区的主要产业为农业、渔业和旅游业。农业主要以家族所有，该地区的土地不可以卖给外国人。阿洛菲主要的经济作物有百香果、椰子、巴婆和酸橙；自给农作物有芋头、薯蓣、香蕉、甘蔗、木瓜、番石榴和柑橘。阿洛菲主要的家畜有猪和鸡，牛放牧于椰子树下，可供牛乳及牛肉。阿洛菲的渔业主要供应境内所需。制造业以农作物加工为主，输出品有酸橙果汁、百香果、椰干、蜂蜜、皮货、手工艺品等。

阿洛菲市场上流通的主要货币为新西兰元，纽埃币主要作为收藏货币发行。

文化

纽埃人原为波利尼西亚的一支，在同西方国家交流的过程中，部分纽埃人有了欧洲白人的血统。纽埃语是纽埃人的民族语言，英语是阿洛菲的官方语言。

宗教信仰方面，目前的纽埃人主要信仰基督教，少部分人信仰天主教，还有少部分的人没有宗教信仰。

从人口数量上看，阿洛菲地区的人口一直保持非常低的增长水平，其主要原因是阿洛菲地区的人口大量移民新西兰。在婚姻方面，纽埃人结婚时间较早，实行一夫一妻制。育儿方面，纽埃儿童 10 岁时，男孩需要剪掉 10 年的长发，女孩则在其耳朵上扎孔，以示成人。

阿洛菲最主要的节庆活动包括元旦、义务运动、复活节、澳新军团日、英国女王日、宪法日、福音日、圣诞节、文化艺术节、白色星期日等节日。阿洛菲的传统文化、文学、艺术主要采用口头传播的形式，缺乏书面资料的保存。近年来，阿洛菲政府非常关注民族文学、民族文化、民族艺术、民族工艺、民族历史等传承问题，建立博物馆或文化中心，旨在保存草垫、草帽、腰带、树皮服装、项链等传统工艺品，传承建筑、木器制作、结网、独木舟制作、编制等民族传统工艺，以及民族表演、民族舞蹈、民族音乐等民族艺术。

　　阿洛菲属于高福利地区，5—14 岁儿童实行免费义务教育。阿洛菲政府免费为居民提供高质量的医疗服务。

　　旅游

　　阿洛菲旅游资源丰富，既有民族特色的人文旅游资源，也有风景优美的自然景观。自然景观有由两个池塘组成的利牧池、拥有较多教堂的阿外特勒村和阿外肯洞。另外，阿洛菲粗犷的海滩，静谧的环礁湖，蔚蓝清透的海水。这些浑然天成的风景吸引了来自世界各地的游客。人文景观有反映国家历史的纽埃博物馆和阿洛菲码头。

　　阿洛菲的住宿设施较为丰富，既有适合普通游客居住的经济适用房，也有提供给高档游客居住的豪华套房。其中以 Matavai-Niue Island 酒店、Matavai Resort 酒店、Clifftop Fale 度假屋和 Alofi Clifftop Fale 度假屋四家酒店较为著名。游客们在这里住宿不仅可以享受到舒适的住宿环境，也可以参加一些室外活动，比如观鲸、潜水、观海豚以及浮潜等活动。

　　阿洛菲的交通设施较为发达，有纽埃国际机场坐落在此地，还有便利的公路交通。游客们来到阿洛菲，既可以坐出租车进行旅行，也可以包车进行自驾游。

参考文献

王胜三、陈德正：《一带一路列国志》，人民出版社 2015 年版。

孤独星球（Lonely Planet）：《斐济》，中国地图出版社 2014 年版。

吕桂霞：《斐济》，社会科学文献出版社 2015 年版。

韩锋、赵江林：《列国志·巴布亚新几内亚》，社会科学文献出版社 2012 年版。

倪学德：《萨摩亚》，社会科学文献出版社 2015 年版。

［美］米德：《萨摩亚人的成年》，周晓虹、李姚军、刘婧译，商务印书馆 2010 年版。

日本大宝石出版社：《走遍全球海岛系列——帕劳岛》，中国旅游出版社 2014 年版。

张勇：《所罗门群岛》，社会科学文献出版社 2016 年版。

赵少峰：《图瓦卢》，社会科学文献出版社 2016 年版。

韩玉平：《瓦努阿图》，社会科学文献出版社 2016 年版。

A.K. Martin,” Concave slab out board of the Tonga subduction zone caused by opposite toroidal flows under the North Fiji Basin”, Tectonophysics, Vol.622, No.5, (May 2014), pp.56-61.

Alba Ardura,Serge Planes, Eva Garcia-Vazquez, ” Aliens in Paradise. Boat density and exotic coastal mollusks in Moorea Island (French Polynesia) ”, Marine Environmental Research, Vol.112, No.12, (December 2015), pp.56-63 .

Alfred King-Yin Lam, Stephen Weinstein, Kabwea Tiban, "Surgical pathology of patients living in Kiribati", Pathology, Vol.39, No.6, (December 2007), pp.606-609.

Angela Dawson, Mary Kililo, Lahui Geita, Glen Mola, Pat M. Brodie, Michele Rumsey, Felicity Copeland, Amanda Neill, Caroline S.E. Homer, "Midwifery capacity building in Papua New Guinea: Key achievements and ways forward", Women and Birth, Vol.29, No.2, (April 2016), pp.180-188.

Brooke Campbell, Quentin Hanich, Aurélie Delisle, "Not just a passing FAD: Insights from the use of artisanal fish aggregating devices for food security in Kiribati", Ocean & Coastal Management, Vol.119, No.1, (January 2016), pp.38-44.

Carissa J. Klein, Stacy D. Jupiter, Hugh P. Possingham, "Setting conservation priorities in Fiji: Decision science versus additive scoring systems" Marine Policy, Vol.48,No.9, (September 2014), pp.204-205.

Carol Farbotko, Heather Lazrus, "The first climate refugees? Contesting global narratives of climate change in Tuvalu", Global Environmental Change, Vol.22, No.2, (May 2012), pp.382-390.

Cathy Hair, David J. Mills, Rowan McIntyre, Paul C. Southgate, "Optimising methods for community-based sea cucumber ranching: Experimental releases of cultured juvenile Holothuria scabra into seagrass meadows in Papua New Guinea", Aquaculture Reports, Vol.3,No.5, (May 2016), pp.198-208.

Cecile Berthe, David Lecchini, "Influence of boat noises on escape behaviour of white-spotted eagle ray Aetobatus ocellatus at Moorea Island (French Polynesia)", Comptes Rendus Biologies, Vol.339, No.2, (February 2016), pp.99-103.

Chris W. Firth, Shane J. Cronin, Simon P, "Turner.Dynamics and pre-eruptive conditions of catastrophic, ignimbrite-producing eruptions from the Yenkahe Caldera", Journal of Volcanology and Geothermal Research, Vol.308, No.15 (December 2015), pp.39-60.

Colette Mortreux, Jon Barnett, "Climate change, migration and adaptation in Funafuti, Tuvalu", Global Environmental Change, Vol.19, No.1, (February 2009), pp.105-112.

Colin D. Woodroffe, Timothy J. Moss, "Litter fall beneath Rhizophora stylosa griff., Vaitupu, Tuvalu, South Pacific," Aquatic Botany, Vol.18, No.3, (April 1984), pp.249-255.

Colin E. Hindson, "Kiribati—The search for educational alternatives in a pacific micro-state", International Journal of Educational Development, Vol.5, No.4, (1985), pp.289-294.

Colin Newbury, "Cinderellas of empire. Towards a history of Kiribati and Tuvalu: Barrie Macdonald", Journal of Historical Geography, Vol.10, No.1, (January 1984), pp.107-108.

Debbie Futter-Puati, Linda Bryder, Julie Park, Judith Littleton, Phyllis Herda, "Partnerships for health: Decimating tuberculosis in the Cook Islands, 1920–1975",Health & Place, Vol.25, No.1, (January 2014), pp.10-18.

Dong Hui Ko, Shin Taek Jeong, Yoon Chil Kim, "Assessment of wind energy for small-scale wind power in Chuuk State, Micronesia",Renewable and Sustainable Energy Reviews, Vol.52, No.12, (December 2015), pp.613-622.

Eric Katovai, Myknee Sirikolo, Umesh Srinivasan, "Factors influencing tree diversity and compositional change across logged forests in the Solomon Islands",Forest Ecology and Management, Vol.372, No.15, (July 2016), pp.53-63.

Fes A. de Scally, "Evaluation of storm surge risk: A case study from Rarotonga, Cook Islands",International Journal of Disaster Risk Reduction, Vol.7, No.3, (March 2014), pp.9-27.

Fulitua Siaosi, Hsiang-Wen Huang, Ching-Ta Chuang, "Fisheries development strategy for developing Pacific Island Countries: Case study of Tuvalu",Ocean & Coastal Management, Vol.66, No.9, (September 2012), pp.28-35.

Gaelle Cuzon, Marc Levy, Elodie Jacob, "IMI-1-producing Enterobacter cloacae clinical isolate from Tahiti, French Polynesia",Journal of Global Antimicrobial Resistance, Vol.5, (June 2016), pp.1-2.

I.D. Lindley, "Plate flexure and volcanism: Late Cenozoic tectonics of the Tabar–Lihir–Tanga–Feni alkalic province, New Ireland Basin, Papua New Guinea",Tectonophysics, Volumes 677–678, No.23, (May 2016), pp.312-323.

J. Pandi, P. Glatz, R. Forder, W. Ayalew, J. Waramboi, K. Chousalkar, "The use of sweet potato (Ipomoea batatas (L.) Lam) root as feed ingredient for broiler finisher rations in Papua New Guinea" ,Animal Feed Science and Technology, Vol.214, No.4, (April 2016), pp.1-11.

J.K. Cunningham, A.D. Beard, "An unusual occurrence of mafic accretionary lapilli in deep-marine volcaniclastics on 'Eua, Tonga" ,Journal of Volcanology and Geothermal Research, Vol.274, No.15, (March 2014), pp.139-151.

James R. Hein, Francesca Spinardi, Nobuyuki Okamoto, "Critical metals in manganese nodules from the Cook Islands EEZ, abundances and distributions" ,Ore Geology Reviews, Vol.68, No. 7,(July 2015), pp.97-116.

Jean-Marie Jouannic, Stephanie Friszer, Isabelle Leparc-Goffart, "Zika virus infection in French Polynesia" ,The Lancet, Vol.387, No.10023, 12–18 (March 2016), pp.1051-1052.

Jessica Roeger, Simon Foale, Marcus Sheaves, "When 'fishing down the food chain' results in improved food security: Evidence from a small pelagic fishery in Solomon Islands" ,Fisheries Research, Vol.174, No.2,(February 2016), pp.250-259.

Joelle A. Albert, Andrew D. Olds, Simon Albert, "Reaping the reef: Provisioning services from coral reefs in Solomon Islands" ,Marine Policy, Vol.62, No. 11,(December 2015), pp.244-251.

John Evans, Kunei Etekiera, "Rural library service in the Republic of Kiribati" ,International Library Review, Vol.22, No.4, (December 1990), pp.225-237.

Jules Morgan, "Country in Focus: turning the tide of diabetes in Fiji" ,The Lancet Diabetes & Endocrinology, Vol.3, No.1, (January 2015), pp.15-16.

K.A. Druken, C. Kincaid, R.W. Griffiths, "Plume–slab interaction: The Samoa–Tonga system" ,Physics of the Earth and Planetary Interiors, Vol.232, No. 7,(July 2014), pp.1-14.

Kane Ditchfield, Simon Holdaway, Melinda S. Allen, "Measuring stone artefact transport: the experimental demonstration and pilot application of a new method to a prehistoric adze workshop, southern Cook Islands" ,Journal of

Archaeological Science, Vol.50, No.10, (October 2014), pp.512-523.

Karen Bernard, Samantha Cook, "Luxury tourism investment and flood risk: Case study on unsustainable development in Denarau island resort in Fiji" ,International Journal of Disaster Risk Reduction, Vol.14, Part 3, (December 2015), pp.302-311.

Kathleen L. McInnes, Kevin J.E. Walsh, Ron K. Hoeke, "Quantifying storm tide risk in Fiji due to climate variability and change" ,Global and Planetary Change, Vol.116, No.5, (May 2014), pp.115-129.

Kaushik Sharma, M. Rafiuddin Ahmed, "Wind energy resource assessment for the Fiji Islands: Kadavu Island and Suva Peninsula" ,Renewable Energy, Vol.89, No. 4,(April 2016), pp.168-180.

Kazuhiko Fujita, Sakie Nagamine, Yoichi Ide, "Distribution of large benthic foraminifers around a populated reef island: Fongafale Island, Funafuti Atoll, Tuvalu" ,Marine Micropaleontology, Vol.113, No. 11,(December 2014), pp.1-9.

Kirti Mala, August Schläpfer, Trevor Pryor, "Solar photovoltaic (PV) on atolls: Sustainable development of rural and remote communities in Kiribati" ,Renewable and Sustainable Energy Reviews, Vol.12, No.5, (June 2008), pp.1345-1363.

Krishnil Ram, Sumesh Narayan, M. Rafiuddin Ahmed, "In situ near-shore wave resource assessment in the Fiji Islands" ,Energy for Sustainable Development, Vol.23, No.12, (December 2014), pp.170-178.

Lois Englberger, Rebecca Lorennij, Mary Taylor, "Carotenoid content and traditional knowledge of breadfruit cultivars of the Republic of the Marshall Islands" ,Journal of Food Composition and Analysis, Vol.34, No.2, (June 2014), pp.192-199.

Maite Aubry, Jérôme Finke, Anita Teissier, "Seroprevalence of arboviruses among blood donors in French Polynesia, 2011–2013" ,International Journal of Infectious Diseases, Vol.41, No.12, (December 2015), pp.11-12.

Matthew Dornan, Frank Jotzo, "Renewable technologies and risk mitigation in small island developing states: Fiji's electricity sector" ,Renewable and Sustainable Energy Reviews, Vol.48, No.8, (August 2015), pp.35-48.

Matthew Dornan, "The political economy of power sector reform in Fiji" ,Energy Policy, Vol.67, No.4, (April 2014), pp.703-712.

Matthew G. Allen, Douglas J. Porter, "Managing the transition from logging to mining in post-conflict Solomon Islands" ,The Extractive Industries and Society, Vol.3, No.2, (April 2016), pp.350-358.

Megan Kessler, Robert Harcourt, Gillian Heller, "Swimming with whales in Tonga: Sustainable use or threatening process" ,Marine Policy, Vol.39, No. 5,(May 2013), pp.314-316.

Megan Kessler, Robert Harcourt, "Aligning tourist, industry and government expectations: A case study from the swim with whales industry in Tonga" ,Marine Policy, Vol.34, No.6, (November 2010), pp.1350-1356.

Megan Kessler, Robert Harcourt, "Management implications for the changing interactions between people and whales in Ha'apai, Tonga" ,Marine Policy, Vol.36, No.2, (March 2012), pp.440-445.

Natasha Lister, Ema Muk-Pavic, "Sustainable artificial island concept for the Republic of Kiribati" ,Ocean Engineering, Vol.98, 1 (April 2015), pp.78-87.

Robert M. Robertson, Christopher R.J. Kilburn, "Deformation regime and long-term precursors to eruption at large calderas: Rabaul, Papua New Guinea" ,Earth and Planetary Science Letters, Vol.438, No.15, (March 2016), pp.86-94.

Roniti Teiwaki, "Access agreements in the South Pacific: Kiribati and the distant water fishing nations 1979–1986" ,Marine Policy, Vol.11, No.4, (October 1987), pp.273-284.

Sarah L. Hemstock, "The potential of coconut toddy for use as a feedstock for bioethanol production in Tuvalu" ,Biomass and Bioenergy, Vol.49, (February 2013), pp.323-332.

Satoshi Kaneshima, Tomoaki Kubo, Shoichi Yoshioka, "Geophysical and mineralogical constraints on the post-spinel transformation for the Tonga slab" ,Physics of the Earth and Planetary Interiors, Volumes 196–197, (April 2012), pp.23-31.

策划编辑：邵永忠　王建虹

责任编辑：邵永忠

封面设计：徐　晖

责任校对：吕　飞

图书在版编目（CIP）数据

一带一路名城志：全五卷 / 王胜三，陈德正主编 . —北京：人民出版社，2016.9

ISBN 978-7-01-016630-8

Ⅰ . ①一… 　Ⅱ . ①王… ②陈… 　Ⅲ . ①城市—介绍—世界 　Ⅳ . ① K915

中国版本图书馆 CIP 数据核字（2016）第 199161 号

一带一路名城志

YIDAI YILU MINGCHENGZHI

（全五卷）

王胜三　陈德正　主编

人 民 出 版 社 出版发行

（100706　北京市东城区隆福寺街 99 号）

北京久佳印刷有限责任公司印制　新华书店经销

2016 年 9 月第 1 版　2016 年 9 月北京第 1 次印刷

开本：710 毫米 ×1000 毫米　1/16　印张：72.5　字数：1200 千字

印数：1 — 3000 套

ISBN 978-7-01-016630-8　定价：180 元（全五卷）

邮购地址　100706　北京市东城区隆福寺街 99 号

网址：http://www.peoplepress.net

人民东方图书销售中心　电话（010）65250042　65289539